KB214829

『갓 이즈 러브』는 기독교에 관심을 보이는 모든 이를 환대하듯 친절하고 신선한 느낌을 주는 신학 입문서이지만, 부드러운 문장과 자연스러운 논리 전개 이면에서 다뤄지는 내용은 절대 가볍지 않고 오히려 심정 속에 큰 울림을 만들어낸다. 영국 성공회 소속 신학자 제럴드 브레이는 복음주의자로서의 정체성과 교회사가로서의 학문적 배경을 조화롭게 녹여내어 성경적인 조직신학을 훌륭하게 주조해내었다. 성경을 신학적 언어와 사고의 근원이자 한계로 삼던 초기 교회와 종교개혁 전통에 따라 이 책은 각 교리적 주제마다 성경으로부터 시작하고, 성경을 통한 논증을 제시하며, 성경과 현실의 관계성을 보여주며 매듭을 짓는다. 저명한 역사신학자답게 기독교 전통을 넓은 시야에서 바라보며 균형감 있게 다루기에, 이 책을 읽으면서 과거를 이해하고 서로 다른 교파와 교단 전통을 존중하는 지혜와 예절도 자연스레 배우게 된다. 사랑이신 삼위일체 하나님의 내재적 관계에서 흘러나오는 사랑이라는 관점에서 창조, 타락, 성육신, 교회, 종말 등의 핵심 교리를 설명하는 방식은 기존의 조직신학 서술법과 구분되면서도 신학 전체를 하나님의 사랑이라는 관점에서 재조직할 수 있는 귀중한 통찰을 얻게 해준다. 이전에 출판되었던 여러 조직신학과는 뚜렷이 구별되는 소리를 내면서도, 기독교 전통 내의 다른 신학적 입장과 아름다운 화음을 만들어내는 이 소중한 책은 신학을 처음 접하는 독자나 이미 여러 권의 신학 책을 독파한 독자 모두에게 특별한 자산이 될 것이다.

김진혁 | 횃불트리니티신학대학원대학교 조직신학 교수

전혀 조직신학 책 같지 않은 조직신학 책이다. 책 제목으로 "하나님의 사랑"을 내세운 건 예사롭지 않다. 조직신학을 성경의 핵심 주제인 "하나님 사랑"으로 풀어내겠다는 시도다. 놀라운 점은 방대한 이 책 안에 오로지 성경 구절들만 각주에 자리 잡고 있다는 사실이다. 그러나 오해는 말라. 성경 구절을 증거본문으로 삼는 여타 조직신학 책과는 달리 이 책의 저자는 "오직 성경"이라는 종교개혁의 원리에 따라 성경 메타내러티브의 주제음조인 "하나님의 사랑"으로 조직신학의 골격을 세우고 있기 때문이다. 이 책을 읽으며 독자들은 대가의 발 앞에 앉아 넋을 놓고 유려한 강의를 듣는 듯한 느낌을 갖는다. 어느 곳을 읽어도 가독성이 상당히 좋다. 번역가의 수고가 빛을 발한다. 논리의 전개가 물 흐르듯 하고 분명한 설명에 독자들은 매료된다. 복잡한 내용을 이처럼 명쾌하고 쉽게 이야기하듯 풀어내는 학자라면 그는 분명 신학의 장인이다. 성경과 신학을 진지하게 생각하는 목회자, 신학도, 일반 신자들은 이 책에서 풍성한 신앙적 유익을 얻을 것이다.

류호준 | 백석대학교 신학대학원 구약학 교수

여러 면에서 통상적인 조직신학의 틀을 깬 파격적인 작품이 등장했다. 저자는 먼저 교리를 논하는 책에서 좀처럼 볼 수 없는 정갈한 표현과 간명한 해설로 조직신학은 지루하고 딱딱하다는 선입관을 일소해준다. 전문적인 신학지식을 원하는 소수 외에는 관심이 없는 해묵은 신학논쟁에 대한 상세한 논의를 과감하게 줄였다. 수많은 신학자의

이름과 그들의 견해를 끝이 나열함으로써 독자를 질리게 하는 과오를 답습하지 않았다. 그럼에도 진리의 양면성, 그 단순함과 심오함 중 어느 쪽도 희생하지 않으려는 저자의 독창적인 노력이 돋보인다. 고전적인 교리는 물론 귀신들림과 현대문화 등 목회현장에서 부딪히는 다양한 주제들을 다루었다. 삼위 하나님의 위대한 구원역사와 계시를 하나님의 사랑이라는 따스한 관점에서 조망함으로써 독자로 하여금 그 사랑에 새롭게 눈 뜨게 할 것이다.

박영돈 | 고려신학대학원 교의학 교수

신학은 우리시대의 질문에 대한 대답이어야 하며, 또한 성경을 통해 우리시대를 질문해야 한다. 그런 점에서 신학은 성경과 우리시대의 쌍방통행을 주선한다. 독자들은 이 책을 통해 성경과 시대 사이에 대화와 소통이 원활하게 이뤄졌는지를 살펴볼 수 있다. 이 책은 무엇보다도 두 가지 점에서 놀랍다. 먼저 저명한 신학자들의 이름을 전혀 거론하지 않으면서도 주요 신학적 논쟁점을 정확하게 집어낸다는 점이다. 또한 교의학에서 전통적으로 다뤄왔던 주제들과 현대 신학적 주제들까지 총망라하면서 이를 성경 구절들과 긴밀하게 연관시켜 사유하고자 했다는 점에서 놀랍다. 덧붙이자면 저자는 웅장하고 복잡한 신학전통 속에서 멍하니 헤매고 다니지 않도록 친절하면서도 솔직하고 단호하게 자신의 답변을 제안한다. 물론 때로는 저자의 답변이 맘에 들지 않을 때도 있고, 지나치게 세밀하다고 여겨질 때도 있다. 저자는 간혹 알 수 없는 것에 대해서는 솔직하게 침묵하고자 할 때도 있다. 하지만 우리가 그의 문제의식과 접근방식을 깊이 이해하게 된다면, 우리도 "성경적 신학"의 길을 걷는 용기를 얻게 될 것이다.

박영식 | 서울신학대학교 조직신학 교수

제럴드 브레이의 『갓 이즈 러브: 현대를 위한 조직신학』의 내용을 살피면서 든 생각은 저자가 참 겸손하면서도 무르익은 작업을 수행했구나 하는 것이다. 과거 저자의 『신론』이라는 책을 읽었을 때는 상당히 학술적인 작업을 즐기는 신학자구나 싶었는데, 이 작품은 그것보다는 삶 친화적인 차원이 더 분명하게 반영되어 한결 친숙하게 읽히기 때문이다. 그렇다고 학문성이 떨어진다는 말은 결코 아니다. 성경에 근간하여 제시된 하나님의 인간을 향한 언약적 사랑이 어디서 발원하여 어떻게 위기를 딛고 어떤 열매로 결실하는지를 끈질기게 보여주면서, 동시에 비록 직접적인 신학적 술어를 거의 사용하지 않으나 신학적인 깊은 성찰을 반영하여 전통적인 조직신학의 주제(locus)를 꼼꼼하게 챙기고 있다는 점에서 상당히 원숙한 신학적 인식이 이 책의 전반에 투영되었음을 확인할 수 있기 때문이다. 게다가 그리스도인이면 누구나 한 번쯤은 고민해보았음직한, 그러나 기존의 조직신학 책에서는 잘 다루지 않은 이슈를 삽화처럼 집어넣어서 설명하는 친절함까지 갖추었기에 더없이 매력적이기까지 하다. 성경신학과 조직신학이 조우하면 어떤 형태의 신학이 제안될 수 있을까 궁금한 신학생이나, 기독교신학이 도대체 무엇을 말하려는 것인지 알고 싶은 평신도나, 그리고 목회 현장에서 조직신학을 회중에게 더 친숙하게 자기말로 전하고 싶은 목회자라면, 이 책에서 적실한 내용을 찾을 수 있을 것이라고 생각되어, 즐거운 마음으로 추천한다.

유태화 | 백석대학교 신학대학원 조직신학 교수

"조진신학"? 반드시 그럴 필요가 없음을 보여주는 조직신학의 걸작이다. 저자는 하나님의 사랑으로부터 파편화된 신학이 아니라 본래의 신학, 곧 성경의 교리와 교회사 그리고 예배와 경건을 아우르는 포괄적 신학을 제시한다. 교회사에서 등장했던 다양한 교리들과 동방 교회, 로마 가톨릭, 종교개혁의 전통을 성경 말씀에 기초하여 아우르고 해설하되, 노동·고용·노예제도·장애인·여가·성·양성평등·동성애·이단·경제·사회·기술·스포츠 등 현대적 문제들도 분석하고 성경적으로 잘 정리하고 있다. 조직신학, 나아가 신학이 굳이 딱딱한 학문 언어를 구사하지 않고도 성경 말씀을 묵상하듯 전개할 수 있으며 성경이 여전히 우리에게 말씀하고 있음을 드러내어 보여준다. 무신론이나 진화론의 허점을 지적하는 한편 신자가 따라야 할 삶의 모범을 실천적으로 제시하는 새로운 가능성을 보인 뛰어난 작품이다. 한마디로 본서는 내용에서 성경적이며, 문체에서 대중적이고, 범위에서 포괄적이며, 고백적으로 종교개혁의 전통을 잘 잇는 탁월한 기독교 교양서이다.

유해무 | 고려신학대학원 교의학 교수

이 책에서 저자는 전통적인 기독교 신학의 주제들인 계시론(인식론), 신론(삼위일체론), 창조 및 인간론, 죄론, 섭리와 구속론, 성령, 교회, 종말론을 각각 "하나님의 사랑"이란 관점에서 6개의 장 안에 재구성했다. 시종일관 이 책의 주어는 하나님이며 주제는 하나님의 사랑이다. 이 책은 성경의 증언에 기초해서 복잡한 신학적 논쟁점은 가급적 피하면서 기독교 신학의 전 주제들을 하나님의 사랑 안에서 설명하는 "기본적인" 기독교 신학의 정수를 보여준다.

윤철호 | 장로회신학대학교 조직신학 교수

제럴드 브레이의 『갓 이즈 러브』는 인류를 향한 하나님의 사랑의 관점에서 전통적인 조직신학을 재분류하고 설명한다. 무신론과 과학주의의 지배를 받는 현대인들은 신의 존재를 믿지 않지만 사랑의 실재까지 부정하지는 못한다. 그들은 자신들이 신의 작품이라는 것은 받아들이지 않아도, 자신들이 부모나 사회나 익명의 모든 타자들의 사랑의 결과이고 작품이라는 것은 받아들일 수 있다. 그런 전제에서, 무신론자들은 모든 타자들에 대한 사랑의 형이상학이 신이고, 신이 그 모든 다양한 사랑들로써 자신에게 다가오고 영향을 미치며, 자신의 운명을 좌우하기까지 한다는 점을 인정할 수 있다. 무신론적 현대사회에서 신이 사랑의 이름으로 다가갈 필요성을 가지는 이유다. 더군다나 성경 자체가 "하나님은 사랑이라"고 선포하지 않는가! 그런 점에서 브레이의 조직신학은 정당하고 충분한 설득력을 가진다. 독자들은 브레이의 신학이 철저하게 성경적 계시에 근거하고 있으며, 보수주의와 진보주의를 포괄하는 기독교 전체를 대표할 정도로 표준적이라는 점을 쉽게 알 것이다. 그가 다루는 주제도 신론이나 삼위일체론, 인간론, 그리스도론, 성령론, 교회론, 종말론 등 전통적인 조직신학만이 아니라 현대사회의 이슈가 되는 창조와 진화, 환경과 생태학, 성차별과 평등, 동성애, 종교와 무신론의 문제 등을 포괄하고 있다. 브레이는 그 다양하고 광범위한 문제들을 성경의 계시에 따라서, 신학의 전통을 충분히 이해하고 존중하면서, 그리고 현대인들의 이성과 경험에 비추어 이해될 수 있도록 설득력 있게 풀어나간다. 보수나 진보를 막론하고 조직신학 과목의 충실한 교재로 적합할 뿐 아니라, 또한 신학이 무엇인지, 오늘 이 시대를 향한 하나님의 뜻이 무엇인지를 찾아가는 그리스도인들에게 훌륭한 가이드북이 될 것이다.

이오갑 | 케이씨대학교 조직신학 교수

"하나님은 사랑이시다"(God is Love). 이 단순해 보이는 명제가 이 책의 제목이다. 그래서 이 책은 도발적이다. 왜냐하면 지금 가장 믿기 어려워진 것은 "하나님은 사랑이시다"라는 기독교의 명제이기 때문이다. 그리스도인이 아닌 사람들을 길에서 만나 물어보라. 그들이 받은 인상으로는, 하나님은 무조건적으로 자신을 품어주고 용서했던 어머니보다 못하다. 기독교의 하나님은 혐오하고, 정죄하고, 배제하고, 벌주는 신이다. 메신저(messenger) 때문에 메시지(message)가 심각히 손상됐다. 누가 기독교를 "박애"(博愛)의 종교, 넓은 사랑의 종교라 했는가? 오늘날 기독교가 보여주는 사랑은 협애(狹愛)다. 좁은 사랑이다. 차별적인 사랑이다. 그런 사랑은 바리새인도 했다. 예수님이 오시기 5백년 전 중국의 묵자(墨子)는 공자의 인애(仁愛)가 차별적인 사랑이라고 비판하면서 "겸애"(兼愛), 즉 차별 없는 사랑을 이야기했다. 조선의 사상가 담헌(湛軒) 홍대용은 겸애를 넘어서 "범애"(汎愛)를 이야기했다. 인간 사이의 차별 없는 사랑을 넘어 만물 사이의 평등한 사랑, 차별 없는 사랑을 이야기했다. "하나님은 사랑이시다"가 기독교의 전유물이라는 착각을 그만두라. 기독교 바깥에서도 진정한 사랑은 차별 없는 사랑임을 깨닫고 있었다. "사랑"은 기독교의 전유물이라고 생각하니 그에 대한 신학적 성찰이 없었다. 인간은 당연하다고 여기는 것에, 익숙하다고 여기는 것에 고마움을 느끼지 못하는 법이다. 역설적으로 지금 기독교에 가장 필요한 것은 "사랑의 신학"이다. 사랑에 대한 성경적이고 조직신학적인 재성찰이다. 뼛속부터 다시 이를 검토하지 않으면 안 된다. 이 책은 그것을 위한 좋은 안내서다.

장윤재 | 이화여자대학교 기독교학과 교수

하나님은 사랑이시다(요일 4:15). 이는 하나님의 본성에 대한 가장 깊고 넓은 정의이며, 성경이 증언하는 기독교의 핵심 정신이다. 사랑은 기독교 신앙의 출발점이자 종착점이다. 제럴드 브레이는 『갓 이즈 러브』에서 하나님의 본질과 사랑의 본성에 대하여 진솔하고 편안하게 소개한다. 저자는 기독교의 역사와 전통적인 신학의 주제를 사랑의 관점으로 설계하고 건축한다. 특히 성서신학과 조직신학의 긴밀한 대화를 통하여 하나님의 사랑을 생생하게 발굴하고 현재화한다. 사랑을 주제로 한 성서적 신학의 원숙한 성과이다. 사랑 없는 거리에 서 있는 우리는 사랑에 대한 역사적인 유산과 풍부한 사유를 발견한다. 저자는 사랑의 하나님을 만나고 또한 사랑하기를 독자에게 권고한다. 우리의 사랑에서 하나님은 함께하신다. 사랑을 고민하는 오늘의 그리스도인과 현대인에게 매력적으로 다가오는 책이다.

전철 | 한신대학교 신학과 조직신학 교수

제럴드 브레이는 대표적인 복음주의 학자이자 교수다. 그는 이 책에서 기독교 신앙과 교리에 관해 권위 있는 개요를 제공한다. 이 책은 신학이 교회를 섬기는 위대한 예다.

티모시 조지 | 비슨 신학교 초대 학장, *Reformation Commentary on Scripture* 편집장

기독교 전통에 대해 폭넓고 깊이 있는 지식을 구비한 제럴드 브레이는 매우 쉽게 접근할 수 있는 그의 조직신학 책에 풍부한 지혜를 담아낸다. 브레이는 사랑을 중심으로 하는 자신의 접근법을 새롭게 조직하면서 값싼 감상에 빠지지 않고, 신의 사랑의 드라마와 이 사랑이 신학과 삶의 다양한 분야에 대한 우리의 이해에 어떻게 정보를 제공해야 하는지 주의 깊게 설명한다. 특히 신학생과 평신도에게 큰 유익을 줄 것으로 기대된다. 나는 모든 사람에게 이 책을 진심으로 추천한다!

켈리 M. 케이픽 | 커버넌트 신학교 신학 교수

당신은 신학 책들에 겁을 먹었는가? 그렇다면 이 책은 당신을 위한 책이다. 이 책에서 당신은 기독교 신앙의 전체 파노라마에서 굳게 발을 디뎌야 할 지점, 곧 하나님의 사랑이라는 경이롭고 경배를 자극하는 진리에 중심을 두고 안전하고 확실한 하나님의 말씀 안에 굳게 정박할 곳을 발견할 것이다. 만약 당신이 루이스의 『순전한 기독교』나 스토트의 『기독교의 기본 진리』를 읽어 보았고 기독교에 대해 깊이 알기 원한다면 이 책으로 넘어갈 준비가 되어 있는 셈이다.

스티븐 J. 니콜스 | 랭카스터 신학교 기독교와 문화 연구 교수, *Welcome to the Story* 저자

이 책은 대표적 복음주의 사상가 중 한 사람이 쓴 따스한 대화체의 현대적 조직신학이다. 그러나 이 책은 그 이상이다. 이 책은 성경에 흠뻑 적셔져 있고, 하나님의 사람들을 위한 신학적 지혜의 역사에 뿌리를 내리고 있다.

크리스토퍼 W. 모건 | 캘리포니아 침례 대학교, 기독교사역학교 학장, *Suffering and the Goodness of God* 편집자

제럴드 브레이는 그리스도인들에게 사랑이신 하나님에 관해 그리고 이 삼위 하나님이 다른 사람에게 보여주시는 사랑에 관해 가르쳐주겠다고 약속한다. 그는 성경에 나오는 하나님의 은혜로운 말씀을 끈질기게 지적함으로써, 그리고 하나님의 말씀이 하나님과 하나님의 복음에 관한 이야기 속에서 어떻게 조화를 이루는지 견실하게 보여줌으로써 이 약속을 지킨다. 이 책은 거장 교사에게서 나온 흥미진진한 교훈이다. 그리스도인들은 성경 교리에 대한 개론(그 원천과 함의)으로는 이 새로운 보물보다 더 나은 도움을 발견하지 못할 것이다.

마이클 앨런 | 녹스 신학교 조직신학 조교수, *Reformed Theology* 저자

God is Love

갓 이즈 러브

GOD IS LOVE

현대를 위한
조직신학

제럴드 브레이 지음
김귀탁·노동래 옮김

IS LOVE

새물결플러스

목차

서문

당신이 손에 들고 있는 책은 세계 여러 곳의 학생들에게 다년간 신학을 가르친 결실이다. 교회의 교리는 오로지 계시된 하나님의 말씀인 성경으로부터만 나와야 한다는 것이 초기 교회 교부 및 개신교 종교개혁자들의 기본 전제였다. "오직 성경으로"가 그들의 표어였고, 이 책도 가급적 그 규칙에 충실하고자 한다. 예컨대 교회 행정과 같이 성경 텍스트에서 충분히 언급되지 않는 주제들은 이 책도 간략하게만 다룰 것이며, 이런 문제들은 "아무래도 무방한 사항들"의 범주에 속한다는 입장을 취할 것이다.

이 책의 주목적은 하나님이 우리에게 계시하신 것을 정리하는 것이다. 그 계시는 우리의 필요를 만족시키는 데 충분하기는 하지만 모든 사항을 다 포함하지는 않으므로, 우리는 하나님이 우리에게 말씀하시기로 한 것을 넘어서는 내용들을 역설하지 않아야 한다. 기독교 신학의 핵심에는 하나님과의 인격적인 관계가 놓여 있다. 모든 인간관계와 마찬가지로 하나님과의 관계도 신뢰에 의해 뒷받침되는 어느 정도의 지식에 기반을 둔다. 우리는 하나님이 우리에게 말씀하신 것과 일치하는 방식으로 행동하시리라고 신뢰할 수 있기 때문에, 우리가 모르는 것을 하나님의 판단에 맡긴다. 우리는 비록 실수할 수 있는 피조물로서 다른 사람들을 실망시키고 또한 다른 사람들로부터 실망당할 수 있는 존재이지만, 인간관계에서 항상 사람들을 신뢰한다. 그렇다면 실수하지 않고 절대로 우리를 실망시키지 않으실 하나님에 대해서는 훨씬 더 기꺼이 신뢰해야 하지 않겠는가?

성경은 하나님과 사람 사이의 관계에 대한 기록이다. 성경은 하나님이 자신이 지으신 것들을 얼마나 사랑하시는지, 그리고 우리가 하나님과의 교제 가운데 자신의 창조 행위의 열매를 누리기를 얼마나 원하시는지 설명한다. 그러나 성경은 또한 가장 높은 일부 피조물들이 어떻게 하나님께 반역하고 그분의 사랑을 거부했는지, 그리고 그 반역의 지도자가 어떻게 인류를 꼬드겨서 자기를 따르게 했는지에 대해서도 말해준다. 그런데 이 비극으로부터 하나님이 우리를 버리지 않으셨으며, 오히려 우리가 영원히 그분과 함께 살 수 있도록 자신의 독생자를 보내셔서 우리와 똑같은 삶을 살게 하시고, 우리 대신 죽으시고, 죽은 자 가운데서 다시 살아나게 하심으로써 훨씬 더 깊은 사랑을 계시하신 메시지가 나왔다.

수 세기에 걸친 경험과 사색의 결과 하나님의 사랑의 비밀의 의미를 탐구하고자 하는 수많은 주석들이 나왔고, 그 과정에서 숱한 논쟁이 벌어졌다. 이 책의 자매편은 이러한 사항들을 다루고, 한 논쟁이 어떻게 다른 논쟁으로 이어졌는지 보여줄 것이다. 그러나 이 책에서는 우리가 설교하고 선포하는 내용들에 대한 확실하고 포괄적인 토대를 갖출 수 있도록 기독교 신앙이 하나님의 말씀에 얼마나 확고하게 기반을 두고 있는지 보여주는 것을 목표로 한다. 특정한 책들이 성경전서에 포함되어야 한다는 주장이나 일부 정경 텍스트에 제기된 의심에 대한 탐구는 이 책의 범위를 벗어난다. 고대인들이 "헤브라이카 베리타스"(히브리 성경 또는 구약성경)와 "크리스티아나 베리타스"(신약성경)라고 부른 것들이 여전히 우리의 신학의 토대이며, 이 책에서도 그렇게 다뤄졌다. 여기서 마가복음 16:9-20이나 요한복음 7:52-8:11 같이 진정성을 의심받고 있는 구절들은 어떤 교리를 지지하는 데도 사용되지 않았지만, 그렇다고 해서 이 구절들의 정경의 지위를 부인하는 것으로 이해되어서는 안 된다. (이사야서나 베드로서와 같은) 특정한 책들을 이름이 표시된 저자들의 저작으로 취급하는 전통 역시 (마태복음의 경우와 같이) 그들이 저자임을 지지하는 내적 증거가 없더라도 이를 존중한다.

어떤 저자도 자신의 책을 누가 읽게 될지 예측할 수 없지만, 이 책의 목표는 대체로 조직신학에 흥미를 느끼지 못하거나 이해할 수 없다고 생각할 사람들에게 다가가는 것이다. 전문 용어를 피했으며, 이의 바탕이 되는 개념은 가능한 한 단순하고 직접적으로 설명했다. 고전 문헌은 아주 단순하다는 특징이 있는데, 이를 요한복음에서 가장 잘 확인할 수 있다. "태초에 말씀이 계시니라. 이 말씀이 하나님과 함께 계셨으니, 이 말씀은 곧 하나님이시니라."[1] 어떤 말도 이보다 더 단순할 수는 없지만, 인간의 지성은 이 말이 의미하는 바의 깊이를 결코 완전히 헤아리지 못했다. 우리는 이 말의 소박한 심오함(simple profundity)을 깨달을 때만 비로소 성경을 이해하고 왜 성경이 계속해서 우리의 영적 생활의 무한한 근원과 원천이 되는지 이해하기 시작할 수 있다.

오늘날 신학 책을 쓰는 많은 사람들은 가톨릭이든 개신교든 (동방) 정교회든 기독교 교회의 한 분파에 확고히 소속되어 있다. 이 신학자들은 자신이 속해 있는 전통의 의미를 지지하고 설명하고자 하는 보수주의자일 수도 있고, 또는 전통이 받아들인 지혜에 의문을 제기하고 이 지혜를 아직 시험해 보지 않은 새로운 토대 위에 다시 세우고 싶어 하는 자유주의자일 수도 있다. 하지만 이 책은 이런 일들을 하지 않는다. 눈썰미 있는 독자라면 이 책의 저자가 영국 성공회 가운데 요즘 "복음주의"로 불리는 집단에 속한 성직자임을 알아차릴 것이다. 고전적인 영국 성공회는 비록 확고한 개신교이기는 하지만, 자신을 다른 교파들과 구별시키는 특정 창시자나 교리 및 관행에 헌신하는 것을 장려하지 않는다. 이 점은 저자들

---

1 요 1:1.

이 속한 교파의 경계를 넘어 널리 읽힌 두 권의 영향력 있는 책들의 제목을 존 스토트가 "기본적인 기독교"(Basic Christianity)라고 부르고 C. S. 루이스가 "단순한 기독교"(Mere Christianity)라고 부른 점에 비추어 보면 가장 잘 이해된다. (이 책들은 각각 생명의 말씀사에서 『기독교의 기본 진리』, 홍성사에서 『순전한 기독교』라는 제목으로 번역 출간하였다.)

기본적인 기독교 또는 단순한 기독교는 얕은 신앙이 아니라, 하나님의 말씀의 계시에 의존하며 그 계시의 진정성에 신실하고 진실하게 복종하는 모든 사람을 포용하고자 한다. 기본적인 기독교 또는 단순한 기독교는 성경 및 성경의 가르침에만 확고하게 기반을 두고 있기 때문에, 완전히 가톨릭이고 완전히 정교회이며 완전히 개신교다. 또한 기본적인 기독교 또는 단순한 기독교는 하나님 나라에 확실히 들어가려면 "거듭나야" 한다고 말씀하신 예수 그리스도의 가르침에 따라 형성되었다. 그 영적 변화를 위한 다른 대체물은 없으며, 이 책의 저자는 "필요한 한 가지"를 증언하는 모든 교회나 종파의 지체들과 함께하는 한 사람이다.

우리가 의존하는 고대 기독교 전통들은 기독교 신앙이 대체로 지중해 연안과 유럽 세계로 제한되어 있었을 때 형성되었다. 우리는 그 유산을 부정할 수 없으며 이에 대해 감사해야 하지만, 교회가 지난 두 세기 동안에 이 역사적 경계를 넘어 널리 퍼졌으며, 지금은 땅 끝까지 이르렀다는 점도 인식해야 한다. 오늘날 대다수 신자들은 거의 최근까지 기독교가 존재하지 않았거나 한때는 기독교가 성행했지만 이후 쇠퇴했다가 최근에 다시 활기를 띠고 있는 "지구촌 남쪽"(아프리카, 라틴 아메리카, 중동을 포함한 아시아 개발도상국)에서 살고 있다. 그곳 그리스도인들의 필요는 종종 서구 세계의 신자들의 필요와 다른데, 이 책은 가능한 한 이를 다루고자 한다. 저자는 중국이나 인도네시아나 아프리카 신자들에게도 유럽이나 미국이나 오스트레일리아 신자들에게 말하는 것과 똑같이 명료하게 말할 것이다. 이 목표가 성공할지 여부는 시간이 지나야 알 수 있을 것이다. 아무도 미래를 예측할 수는 없지만, 우리가 다시 오실 주님을 만날 때 더 이상 과거의 문화적·지리적 한계에 매여 있을 수 없다고 말해도 무방하다.

이 목표를 추구함에 있어 이 책은 특정 문제들이 교회를 형성하고 갈라놓았다는 점을 인식하고, 그 문제들을 성경의 맥락에서 보고자 노력했다. 이 책은 중대하고 장기적인 영향을 줄 것 같지 않은 추세를 반영하는 현재의 신학 문제들에 대한 상세한 논의를 피하며, 다음 세대에는 잊힐 현대 신학자들의 견해에 특별한 비중을 두지 않는다. 현재의 논쟁들에 대한 지침 또는 한 사람의 견해와 다른 사람의 견해를 대립시키는 일종의 신학적 핑퐁 게임을 찾는 사람들은 다른 책을 알아봐야 할 것이다. 한 저자가 자신의 진술을 지지하기 위해 인용하는 신학자와 책들의 수에 감명 받는 사람들도 그렇게 해야 할 것이다. 영원한 진리는 일시적인 개념과 주장들에 일반적으로 결여된 지속력을 갖고 있는데, 우리는 바로 그러한 영원한 진리에 집중하고자 한다. 각 세대는 자기들의 영적 경험을 심화시키고자 하며 성도들에게 전해진 신앙의 축적에 그 나름대로 기여하지만, 그 신앙은 어느 곳에서나 그리고 어느 때나 신실하고 진실하게 그리스도의 이름을 부르는 모든 사람들이 믿어온 진리로서 남아 있다. 이 책은 바로 그 진리에 관해 설명하고 하나님의 백성의 마음과 생각 속에 더 깊이 닻을 내려주고자 한다.

내게 이 책을 쓰게 해 준 사람들과 기관들, 그리고 저술 과정에서 큰 빚을 진 많은 사람과 기관들에게 감사드린다. 래티머 트러스트라는 단체는 친절하게도 이 책의 출간 프로젝트의 시작부터 후원해왔고, 크로스웨이 출판사는 이 책의 출판을 가능하게 했다. 케임브리지의 틴데일 하우스는 연구에 쾌적한 환경을 제공해주었다. 그리고 이 책의 많은 내용을 쓴 장소인 비슨 신학교에서 받은 지원이 없었다면 이 책은 햇빛을 보지 못했을 것이다. 이 책이 겨냥하는 잠재 독자들이 보다 더 쉽게 접근할 수 있도록 하기 위해 아낌없이 시간과 에너지를 제공한 조나단 베일즈, 조엘 버스비, 엘리자베스 차일즈, 크리스토퍼 쿨버, 스티븐 그린, 조나단

힉스, 조나단 루카도, 체이스 포터, 데이비드 튜, 도미닉 자피아에게 특히 감사드린다. 복음 안에서의 그들의 격려와 교제로 저자의 모든 노력이 훨씬 더 가치 있게 되었다.

2011년 3월 14일
케임브리지에서
제럴드 브레이

1부

사랑의 언어

1장
●
그리스도인의 하나님 경험

하나님 알기

하나님은 사랑이시다.[1] 우리가 하나님에 관해 아는 모든 것이 이를 가르쳐주고, 우리가 하나님과 만나는 모든 만남이 이를 표현한다. 우리를 향한 하나님의 사랑은 깊고 포괄적이지만, 그 사랑은 오늘날 종종 사랑이라는 이름으로 불리는 인정 많은 감상성은 아니다. 성경이 곧잘 상기시키는 것과 같이, 우리를 향한 하나님의 사랑은 자기 양에 대한 목자의 사랑과 비슷하다. 목자는 때로는 말만으로도 자기 양들을 인도할 수 있는데, 이상적으로는 말만으로 그렇게 할 수 있어야 한다. 그러나 양들은 종종 반응이 느려서 목자는 지팡이로 양들을 슬쩍 찌르기도 한다. 목자는 때로는 양들이 잘못된 길로 가려고 고집할 경우, 양들에게 자기를 따르도록 강요해야 한다. 하지만 자기 양떼들에게 규율을 지키게 하는 것이 아무리 힘들다고 해도, 목자는 절대로 자기 양을 버리지 않는다. 시편 저자는 이에 대해 이렇게 말한다. "주께서 나와 함께 함이라. 주의 지팡이와 막대기

---

1   요일 4:15.

가 나를 안위하시나이다."[2] 지팡이와 막대기는 목자가 양을 훈련시키기 위해 사용하는 도구다. 양들은 지팡이와 막대기를 싫어하고 그 힘에 저항하려 할 수도 있지만, 결국은 목자가 이끄는 대로 가야 한다는 사실을 알고 있다. 예수께서 이렇게 말씀하신 것처럼 말이다. "양은 그의 음성을 듣나니 그가 자기 양의 이름을 각각 불러 인도하여 내느니라."[3] 예수는 자기 양을 위해 자신의 목숨을 바칠 정도로 자기 양을 사랑한 선한 목자다. 우리에게는 아무리 많은 사람이 길을 잃을지라도 그중 하나도 잃어버리지 않을 것이라는 예수의 보증이 있다.[4]

우리는 우리 목자의 음성에 응답했고 그의 사랑이 우리 안에서 역사하는 것을 경험한 양이기 때문에 하나님을 안다. 하나님은 우리의 어리석음으로부터 우리를 구원했고, 우리의 즐거움을 위해 하나님이 지으신 세상 안으로 우리를 다시 통합시키셨다. 그리스도인이 아닌 사람들도 인류를 향한 하나님의 위대한 사랑으로부터 유익을 얻지만, 그들은 하나님의 양이 아니기 때문에, 하나님의 사랑을 이해하고 이에 대해 감사드려야 마땅함에도 그렇게 하지 않는다. 설사 그들이 신을 믿는다 해도 그들은 신이 자기들을 만들고, 보존하고, 신에 대한 반역의 결과로부터 구원하고, 자기들에게 새롭고 영원한 생명을 준 사랑의 아버지라고는 알지 못한다. 그들은 습관이나 의무감에서 또는 그것을 그들의 문화유산의 한 부분으로 알고 종교 전통을 따를 수는 있지만, 결코 자기들이 예배한다고 주장하는 하나님을 만나지는 못했다. 이런 현상은 다른 종교들이 삶의 의미에 대한 경쟁으로서 기독교와 경쟁하는 세상 대부분의 지역에서 아주 흔하다. 그러나 이런 현상은, 그리스도인이라고 자처하지만 그 주장에 어떤 의미를 부여할 만한 명확한 신앙의 형태를 갖고 있지 못한 사람들이 있는 교회 안이나 교회 주변에서도 발견할 수 있다. 이들은 표면

---

2 시 23:4.
3 요 10:3b.
4 요 10:11; 마 18:12-13; 눅 15:4-7; 요 18:9.

상으로는 아무리 양과 비슷해 보인다고 할지라도 양과 구별되어야 하는 염소다.

염소들 가운데는 (세례, 결혼식, 장례식을 위해) 삶의 특정 시점들(성탄절이나 부활절 같은)이나 중요한 절기에 교회에 나오는 사람들이 많이 있지만, 거기까지만이다. 그들 중 일부는 가끔, 특히 특별한 필요가 있을 때 기도하거나 성경을 읽을 수도 있다. 그들은 이런 영적 자원을, 필요할 때는 사용하지만 그렇지 않은 경우에는 안전하게 치워두는 벽장 안의 약처럼 다룬다. 그중 일부는 실제로 교인이 되어 교회 활동에 열심히 참여하고, 목사와 교사로 임명될 수도 있다. 그들은 이상주의적이고 선의를 보이며 교회가 세상에서 선을 행하기 위한 중요한 도구라고 믿을 수도 있다. 그들 가운데 일부는 나름의 방식으로 매우 영적이고, 기도를 자신의 지평을 넓히거나 자신의 내적 자아와 접촉하는 수단으로 사용하기도 한다. 그들은 기독교의 가르침을 이런 면에서 자신에게 도움이 되는 도구로 받아들일 수는 있지만, 기독교의 가르침을 의심할 바가 없는 최고의 권위로 인정하고 이에 복종하지는 않는다. 그들은 흔히 다른 종교나 다른 신앙 체계로부터의 통찰력을 환영하며, 전통적인 기독교에서 불편하게 느끼는 요소들이 있으면 그 요소들을 버리거나 더 이상 불편함을 느끼지 않도록 또는 심지어 이를 인정할 수 있는 정도까지 재해석한다. 이런 사람들은 교회의 전통을 받아들인다고 해도, 그들의 신념과 행동은 참된 기독교 신앙의 모조품이지 진짜가 아니다. 이 점은 그들이 양들과 부딪힐 때 명백해진다. 이런 일이 일어나면, 염소들은 종종 양들을 조롱하고 자기들이 보기에 순진한 양들의 행동을 비웃는다. 극단적인 경우에는 목자의 음성을 듣고 그 목자의 가르침을 따르는 사람들의 존재 자체가 항상 염소들의 부적절하고 피상적인 신앙심을 꾸짖기 때문에, 염소들이 양들을 교회에서 쫓아내려 할 수도 있다.

전혀 믿음이 없고 그 주제에 대해 별로 생각하지 않으면서도 질문을 받으면 자신의 불신앙을 인정하려 하지 않는 다른 염소들도 있다. 대신 그들은 어느 종교가 참된지 알 수 없다고 주장하고, 따라서 어느 한쪽으로의 결정에 헌신하려 하지 않는다. 이런 자세는 요즘 인기가 있는 입장이며, 사람들은 한때는(때로는 지금도) 공식적으로 "기독교" 국가였던 곳의 언론과 공적 생활에서 이런 자세를 가장 흔하게 취하고 있다. 그들은 종교적 신념을 제쳐둘 경우만 다른 사람들과 잘 지낼 수 있다고 생각한다. 하지만 종교적 신념은 우리의 사고와 삶의 방식에 본질적이지 않을 경우에만 제쳐둘 수 있다. 어떤 사람들은 이보다 더 나아가 신의 존재를 공개적으로 부인한다. 그들 가운데 일부는 그리스도인들을 무지하고, 편협하며, 부도덕하다고 생각해서 그리스도인들을 공격하기도 한다. 이는 유별난 비난으로 보일 수도 있지만, 그리스도인들이 예수 그리스도를 믿지 않는 사람들은 영원한 벌을 받는다고 가르치는 복음을 믿는다는 이유에서 그들에게 이런 공격이 정당화된다. 이런 무신론자들은 선한 하나님이 악을 용납하고 사람들이 고통을 겪도록 정죄할 수 있다는 개념이 너무나도 터무니없다고 여긴다. 그래서 그들은 세상에 고통과 악이 존재한다는 사실을 이런 선한 하나님이 존재할 수 없다는 증거로 받아들인다. 희한하게도 그들은 고난과 악에 대한 대안적인 설명을 갖고 있지 않음에도 불구하고 이에 대한 설명을 갖고 있는 사람들을 거리낌 없이 공격하고, 때로는 그들이 애초에 문제를 일으켰다고 비난하기까지 한다.

우리 그리스도인들은 이런 식의 반대를 구태여 초대하지는 않지만, 우리와 다르게 생각하는 사람들을 상대할 때 그리스도의 복음을 한쪽으로 제쳐둘 수는 없다. 하나님께 대한 우리의 신앙은 절대자에 대한 철학적 믿음에 불과한 것이 아니다. 그것은 우리를 지금의 모습으로 만드신 존재에 대한 경험이며, 이는 삶을 변화시키는 경험이다. 우리가 생각하고 말하고 행하는 모든 것이 이 신앙을 증언하고 있고, 우리의 삶에서 이 신앙의 영향을 받지 않는 측면은 없다. 다른 사람들은 이를 공유하지는 않을지라도 우리의 확신의 포괄적 깊이를 이해할 필요가 있다. 우리는 하나님이 그들을 사랑하신다고 믿기에 그들을 사랑한다. 그래서 우리에게 일어난 일이 그들에게도 일어날 수 있고 또 일어나야 한다고 그들에게 말해줄 의무가 있다. 우리가 받은 보물은 간직해두기 위한 것이 아니라 나눠주기 위함이며, 우리는 세상에 나아가 하나님이 자신의 양이 되라고 부르신 사람들을 찾아낼 의무가 있다.

말은 이렇게 했지만, 하나님에 관한 우리의 지식을 다른 사람들에게 아무리 나누어주고 싶다 해도 이를 강요할 수는 없다. 논쟁을 통해서 그리스도를 믿게 된 사람은 아무도 없다. 어떤 사고에서 구사일생으로 살아난 뒤 놀라서 일종의 믿음을 갖게 된 사람들도 있지만, 그런 "회심"은 보통 일시적인 것으로 판명된다. 보다 지성적인 차원에서 살펴보면, 기독교 신앙은 과학적 탐구나 학문적 조사를 통해 발견될 수 없다. 절대자의 존재를 증명하기 위해 노력한 철학자들이 있었지만, 철학자들이 하나님이 존재할 가능성이 높으며 다른 대안보다는 이를 받아들이기가 쉽다고 결론짓는다고 해도, 그런 지적 추론은 사람들을 그리스도인으로 만들기에 충분하지 않다. 보다 겸손한 사람들은 하나님을 찾겠다는 소망을 품고 교회에 출석하지만, 이 또한 그들을 그리스도인으로 만드는 데는 역부족이다. 진정한 그리스도인들은 선한 목자를 찾으러 가서 딱 들어맞는 것으로 보이는 사람을 발견한 양이 아니라, 하나님이 찾아나서서 발견하신 사람이기 때문에, 위의 두 유형의 사람들은 크게 착각하고 있는 것이다.

기독교 교회의 가장 초기 기록에 이 점이 분명히 제시되었다. 고대 세계에서 다소(Tarsus)의 젊은이 사울만큼 하나님을 섬기는 데 헌신하고 그분의 뜻을 행하는 데 열심인 사람은 아무도 없었다.[5] 사울은 자기 선조들의 지혜를 연구하기 위해 현재의 터키 지역인 자신의 고향을 떠나 예루살렘으로 갔다. 사울 자신의 설명에 따르면, 그는 그 지혜의 모든 말들을

---

5   전체 이야기는 행 9:1-19을 보라.

모조리 삼켰다.[6] 사울이 이를 실천하기로 한 결단은 비할 데가 없었다. 사울은 자신의 믿음을 위해 기꺼이 죽을 준비가 되어 있었고, 확실히 그 믿음을 전하고 지키기 위해 아무리 먼 곳이라도 찾아갈 용의가 있었다. 그러나 사울은 하나님을 믿었음에도 불구하고 하나님을 만나지 못했고, 하나님이 진정으로 어떤 분인지를 알지 못했다. 새로 등장한 기독교 교회의 집사인 스데반을 비롯하여 사울에게 그리스도에 관한 진리를 말해준 사람들이 있었지만, 사울은 그들의 말을 듣지 않았다.[7] 대신에 이런 자극으로 인해 자신이 이미 믿고 있던 것에 대한 사울의 열정은 더 불타올랐고, 사울은 할 수만 있으면 기독교 교회를 근절하기로 결심했다. 그런데 사울이 바로 그 일을 하려고 다메섹으로 가는 도중에 예수께서 사울에게 나타나 자기 자신을 계시하셨다. 사울은 죽은 사람처럼 엎드러졌고, 하늘에서 비취는 빛에 눈이 멀었다. 그 빛으로부터 나온 음성은 사울에게 자신이 곧 사울이 박해하던 하나님이라고 말씀해주셨다. 사울은 그 후에야 자신에게 무슨 일이 일어났는지 알게 되었다. 사울은 땅에서 일어났고(원문에 사용된 단어는 "죽은 자로부터의 부활"을 의미하는 것과 같은 말이다), 사울의 인생은 이전과 완전히 달라졌다.

사울에게 어떤 일이 일어났는가? 사울은 예수의 제자들과 함께 지낸 적이 없었기 때문에 예수가 제자들에게 가르치신 내용에 대해 알지 못했으며, 다른 방식으로는 이를 알아낼 방법이 없었다. 하늘로부터 자신에게 말씀하신 분에 관해 사울이 어떻게 생각했든 간에, 적어도 그는 그분이 유대교에 관해 새롭게 또는 자기가 예루살렘에서 배웠던 것보다 더 깊이 이해하고 있는 어떤 유능한 랍비나 종교 교사였다고 믿지는 않았다. 사울에게는 "위대한 종교 교사 예수"라는 현대적 개념 따위는 전혀 없었다. 사울은 결코 자신이 찾던 것을 마침내 발견한 "진리의 구도

---

6   빌 3:4-6을 보라.
7   행 7:58을 보라.

1부 • 사랑의 언어

자"가 아니었다. 사울은 자신이 이미 진리를 알고 있다고 충분히 확신해서 더 이상의 깨달음을 바라지 않는 사람이었다. 오히려 그는 환상을 보고 난 뒤에도 충분히 이해하지 못했다. 사울은 비틀거리며 일어나 혼란에 빠졌다. 사람들의 인도를 받아 다메섹의 기독교 장로인 아나니아에게 가서 자신에게 어떤 일이 일어났는지 설명을 들었을 때 사울은 비로소 자신이 경험한 일의 의미를 이해하고 믿었다. 사울이 하나님을 찾은 것이 아니라 하나님이 사울을 찾아오셨다. 아나니아는 사울에게 믿으라고 설득하지 않았고, 하나님의 존재 여부에 대해 논쟁하지도 않았다. 아나니아는 사울이 이미 자신의 경험을 통해 사실이라고 알고 있었지만 정확히 무엇인지 알 수 없었던 뭔가를 사울에게 명확히 설명해주었다.

비록 우리들 대부분은 하나님에 대해 사울처럼 극적인 경험을 하지는 않았지만, 다소 사람 사울의 회심은 그리스도인들의 본보기로 남아 있다. 왜냐하면 우리는 사울의 회심에서 하나님을 알게 되는 것에 관해 그에게 해당했던 것처럼 우리에게도 해당하는 패턴을 보기 때문이다. 우리가 과거에 어떤 사람이었는지(진리를 찾고 있었든지 진리에 무관심했었든지 또는 이미 진리를 알고 있다고 확신하고 있었든지)는 중요하지 않다. 중요한 점은 우리가 진리를 우연히 발견했거나 애써 진리 안으로 들어간 것이 아니라, 진리가 우리를 찾아내고 우리를 새 사람으로 만들었기 때문에, 지금 우리가 진리를 발견했다는 것이다. (바울로도 알려진) 사울은 갈라디아서에서 이렇게 말한다. "내가 그리스도와 함께 십자가에 못 박혔나니, 그런즉 이제는 내가 사는 것이 아니요 오직 내 안에 그리스도께서 사시는 것이라. 이제 내가 육체 가운데 사는 것은 **나를 사랑하사 나를 위하여 자기 자신을 버리신** 하나님의 아들을 믿는 믿음 안에서 사는 것이라."[8] 여기서 강조체로 된 말이 모든 것을 말해준다. 자기 제자들에게 "내가 곧 길이요 진리요 생명이니, 나로 말미암지 않고는 아버지께로 올 자가 없느

---

8   갈 2:20.

니라"⁹고 말씀하신 분이 사울을 사랑하셔서 다메섹으로 가고 있던 그를 만나셨다. 예수는 사울이 자기와 연합하여 새로운 삶을 살 수 있도록 자기 자신을 죽음에 내어 주셨다. 사울이 땅에 엎드러졌을 때 그의 옛 자아는 죽었고, 그가 다시 일어났을 때는 마치 죽은 자 가운데서 살아난 것과 같았다. 이후의 모든 것은 그 경험이 그의 삶과 세상의 삶에 어떤 의미가 있는지에 대한 설명이었다.

이 지식을 다른 사람에게 전하기

자기에 대해 죽고 그리스도와 함께 다시 사는 것이 기독교 신앙의 핵심이며, 우리가 받는 새 생명은 그리스도를 믿는 모든 사람에게 공통적으로 주어진다. 우리는 이 새 생명을 다양한 방식으로 경험하지만 핵심은 같으며, 우리가 그 생명에 관해 말하는 내용은 바울이 갈라디아교회 교인들에게 말한 내용과 공명한다. 우리가 사용하는 말은 단순하고, 종종 우리가 경험한 실재의 참된 차원들을 제대로 표현하지 못할 수도 있다. 우리가 한 번에 모든 것을 다 말할 수 없거나, 우리의 설명을 듣는 사람들이 그 말을 다 받아들일 수 없거나, 우리 자신도 그것을 완전히 이해하지 못하기 때문에 우리가 전하는 메시지가 생략될 수 있다. 우리가 이에 대해 적절히 표현할 줄 모르고, 이를 설명하려 할 때 버벅거릴 수도 있다. 우리 가운데 우리와 가장 가까운 사람들에 대한 우리의 감정을 말로 표현할 수 있는 사람이 몇이나 되겠는가? 인간의 사랑이 그와 같이 정확히 밝힐 수 없는 강력한 힘이라면, 하나님의 사랑은 얼마나 더 그렇겠는가? 단지 합리적이기만 한 것을 넘어서는 뭔가에 대한 경험을 포괄적이고 정확하며 설득력 있게 말하려면, 세심한 심사숙고가 요구된다.

---

9   요 14:6.

하나님은 우리가 이처럼 심오한 일들을 이해하고 표현하도록 이끌기 위해 교사와 안내원들을 세우셔서, 사울이 아나니아에게 배운 것처럼 우리도 그들을 통해 우리가 경험한 것을 전달하는 법을 배우게 하셨다.

효과적으로 전하려면 올바른 용어, 즉 듣는 사람들이 오해하지 않을 말을 찾아내야 한다. 우리의 지성은 혼동하거나 상치되는 말을 하지 않도록 올바른 개념 틀을 가져야 한다. 우리는 논쟁을 통해 다른 사람들이 하나님을 믿게 할 수는 없지만, 하나님을 믿지 않는 사람들이 자신이 누구를 거부하고 있는지 알 수 있도록, 하나님이 우리에게 어떤 의미가 있으며 하나님이 어떻게 이해되어야 하는지 말해줄 수는 있다. 우리는 세상 사람들에게 우리가 우주 자체에 대해, 그리고 우주 안에서 우리의 위치나 존재의 목적에 대해 어떻게 이해하고 있는지 말해줄 수 있어야 한다. 다른 사람들은 우리와 동의하지 않고 다른 견해를 제시할 수도 있지만, 그들이 어떤 면에서 우리와 동의하지 않는지 이해할 수 있도록 우리의 입장을 가능한 한 명확하고 논리정연하게 제시해야 한다. 이러한 점들에 대해 모호하거나 자신의 믿음을 명확히 설명할 수 없는 그리스도인은 자신의 신앙을 누구에게도 전하지 못할 것이다. 하나님은 사람들이 우리의 말을 듣거나 말거나 상관없이 모든 사람에게 우리 속에 있는 소망에 관한 이유를 제시하고 구원의 메시지를 선포하도록 우리를 부르셨다.[10] 비신자들을 항상 이해시킬 수는 없을지라도, 우리는 최소한 우리의 메시지가 거부당한다면 그 잘못이 우리에게 있는 것이 아니라 그들에게 있게 되도록 최선을 다해야 한다.

여러 형태와 규모의 그리스도인 교사들과 안내자들이 있다. "복음 전도자" 곧 복음 선포자들의 주된 과제는 우리의 믿음을 외부인들에게 설명하고 그들로 하여금 자신의 삶에 대한 그리스도의 주장을 고려해보도록 촉구하는 일이다. 설교자들의 주된 역할은 하나님의 백성이 믿음에

---

10   벧전 3:15; 마 28:19-20.

더 굳게 서고 보다 넓은 세상을 향해 더 잘 증언하도록 그들을 세우는 것이다. 여기서 교사들의 의무는 우리의 신앙의 함의를 더 깊이 개발하고, 설교자와 복음 전도자들이 그들의 소명을 보다 효과적으로 수행하도록 그들에게 자료를 제공하는 것이다. 물론 이런 분석은 추상적이며, 그리스도를 증언하도록 부름 받은 각 사람은 어느 정도는 이 세 가지 일들을 모두 수행할 것이다. 그러나 순회 복음 전도에 평생을 바치도록 부름 받는 사람이 있고, 정착된 회중들에게 사역하도록 부름 받는 사람이 있듯이, 신앙 자체의 연구를 위해 따로 구별되는 사람도 있을 것이다. 이런 사람들은 신학자와 교사로서, 그들의 주된 책임은 하나님에 대한 우리의 경험을 검토하고 이를 논리정연하게 표현하는 것이다. 그들의 수고의 결과가 우리가 신학이라고 부르는 지식 체계다.

신학의 범위와 한계

신학을 "체계"(system)라는 관점에서 생각하는 사람이 있는가 하면, 체계라는 말이 살아 있는 관계의 복잡성을 논리적으로 해부하여 교실에서 짜 맞출 수 있는 추상적인 공식으로 축소하는 것처럼 보인다는 이유에서 이 용어를 피하는 사람도 있다. 체계를 세우는 사람은 종종 체계가 완전하기 위해서는 답변이 요구되는 질문들에 대한 해답을 반드시 제공해야 한다는 유혹을 받지만, 현재 우리의 지식 수준으로는 답변할 수 없는 질문들이 있다. 증거가 뒷받침하는 수준보다 더 많이 주장하려는 시도가 신학이라는 학문의 평판을 떨어뜨렸다는 데는 의문의 여지가 없다. 몇 가지만 예를 들자면, 우리는 하나님이 세상을 창조하기 전에 무엇을 하셨는지 모르며, 하나님이 왜 이스라엘을 자신의 특별한 백성으로 선택하셨는지도 알지 못한다.[11] 우리는 세상이 언제 끝날지 모르고, 그들 자신의 잘못이 아닌데도 불구하고 왜 구원의 메시지를 들어보지 못한 사람들이 그토록 많은지도 알지 못한다.

하나님 자신은 선함에도 불구하고 왜 하나님이 악이 존재하도록 허용하시는지, 또는 내세에서는 행복하게 살도록 정해져 있는 신자들이 왜 이생에서 고통을 당하는지 아무도 모른다. 물론 우리는 이런 일들에 대해 가능한 이유를 제안할 수 있고, 때로는 이런 문제들에 대한 답변이 어떻게 해야 하는지에 대해 논리적으로 추론할 수도 있다. 예를 들어 단지 제한된 수의 사람들만 구원받았다면, 구원받은 사람들 안에 포함되지 않은 사람들은 하나님께 선택되지 않았다고 추정할 수 있다. 그러나 우리는 그들이 왜 간과되었는지 알지 못하며, 그들이 누구인지 특정할 수도 없다. 그러나 우리는 하나님이 우리가 구원 받아 하나님 앞에 설 것이라고 확신하기에 충분하도록 우리에게 말씀하고, 하나님이 우리의 선포와 증언을 사용해서 다른 사람들도 우리가 누리는 것과 똑같은 구원의 경험 안으로 들어가게 하시리라는 소망을 주신다는 것을 안다. 이 범위를 넘어서면 우리는 일반적으로만 말할 수 있으며, 우리가 영원한 영광 속에서 하나님과 함께 앉을 때까지는 우리의 이해에 메우지 못할 틈새가 있다는 점을 인정해야 한다.

참을성 없는 인간의 마음은 짜증이 날 수도 있지만, 하나님께서 우리에게 모든 것을 계시하지는 않으셨다. 하나님은 그분이 우리에게 배정하신 과제를 우리가 수행하는 데 필요한 것들을 우리에게 주셨고, 또 우리가 그분을 위해 하는 일들이 보상받을 것이라고 확언하셨지만, 우리가 감당하기에 너무 벅차거나 우리의 소명과 무관한 지식으로 우리에게 짐을 지우지는 않으셨다. 훌륭한 신학자는 우리의 이해의 한계를 인식하는 법을 알아야 하며, 호기심이 많은 사람들이 하나님께서 우리의 배움에

---

11   욥 38:3-7; 신 7:6-8을 보라.

부여하신 경계를 넘어가지 않도록 상기시켜야 한다. 우리가 알도록 의도된 것이나 흡수할 수 있는 것 이상으로 알게 되면, 어린아이가 알아듣기 너무 힘든 것을 들으면 당황하듯이 우리도 당황하게 될 것이다. 우리가 자녀에게 할 말을 제한하는 것은 자녀를 사랑하고, 그들이 준비되기 전에 어른스러워지도록 강요받지 않고 자녀의 지혜와 이해가 자라기를 바라기 때문이다. 이와 마찬가지로 하나님도 우리가 영생의 충만함에 들어갈 준비가 되기 전에는 자신의 존재와 계획의 일부만을 우리에게 계시하신다. 그때가 되면 우리는 하나님을 대면하여 보고 모든 것을 이해할 수 있을 것이다.[12]

신학적 불일치

신학이 그리스도인의 경험에 대한 분석이고 그리스도인의 경험이 본질상 누구에게나 동일하다면, 왜 신학자들이 종종 서로에게 동의하지 않는가? 이에 대해서는 몇 가지 이유가 있을 수 있다. 한 가지 이유는 우리 모두가 이해력이 한정된 유한한 존재라는 점이다. 아무도 모든 것을 똑같이 명확하게 알 수 없기에, 우리는 다른 사람의 관점으로부터 배우겠다는 겸손함을 갖춰야 한다. 우리가 연구하는 실재는 동일하지만, 그 실재에 대해 다른 각도에서 접근하거나 또는 다른 목적으로 접근할 경우, 이에 대해 다르게 해석한다고 해도 놀랄 일은 아니다. 예를 들어 어떤 사람은 예수 그리스도가 그 이전에 살았던 예언자들과 어떤 관련이 있는지 알고 싶어 하는 반면, 다른 사람은 우리가 아직도 고대 유대교의 율법을 준수해야 하는지에 대해 더 큰 관심을 보일 수 있다. 전자는 자연스럽게 구약성경에 높은 가치를 두는 반면, 후자는 구약성경의 부적합성에

---

12   고전 13:11-12.

초점을 맞추는 경향이 있을 것이다. 여기에 반드시 모순이 있는 것은 아니지만, 이들 다른 접근법들이 너무 멀리 나가거나 잘못 적용될 경우 자체의 맥락에서는 동등하게 타당하고 유용한 관점들이 결국 서로 충돌하게 될 것이다.

이 문제에 대한 해법은 둘 중 어느 하나를 선택하는 이분법에서 찾아져서는 안 되고, 전체 틀 안에서 질문의 각 측면에 적절한 비중을 부여하는 "양자"(both/and) 결합법에서 찾아야 한다. 방금 언급한 사례에서 근저의 질문은 구약이 그리스도 안에서 폐지되었는가, 아니면 성취되었는가에 관한 것이다. 이에 대한 답은 둘 다 맞지만, 각기 다른 방식으로 옳다는 것이다. 간단히 말하자면 그리스도는, 율법의 특정 부분들은 불필요해졌으며 따라서 그 율법들이 폐지되게 하는 방식으로 율법을 성취하셨다. "폐지하다"와 "성취하다"가 양립할 수 없는 반대말로 취급되고 사람들에게 둘 중 어느 하나를 선택하도록 요구할 때 문제가 발생한다. 그렇게 되면 정당한 차이가 화해할 수 없게 되고, 그 결과 신학자들이 서로 불일치하게 된다.

또 다른 문제는 모든 신학자가 동일한 기본 원칙에서 시작하지 않는다는 점이다. 기독교를 일종의 철학으로 생각하고 이를 철학처럼 분석하는 사람들이 있는데, 그 결과 그들은 기독교를 다른 준거 틀에 맞추려고 애씀으로써 결국은 기독교를 왜곡한다. 한 가지 특정 개념에서 진리의 정수(精髓)를 찾았다고 확신하고 자신의 이론에 반하는 증거는 깡그리 무시하거나 억압하는 사람들도 있다. 예를 들어 하나님은 사랑이시라고 말하기는 쉽다(이는 옳은 말이다). 그러나 이에서 더 나아가 사랑의 하나님은 악의 존재를 용인할 수 없다고 주장한다면, 하나님의 사랑의 원리에 대한 우리의 이해로 인해 성경의 다른 증거를 무시하고 뒷받침되지 않는 결론에 이르게 된다. 최근에 일부 신학자들은 자신의 신앙을 세속 세계의 언어와 개념으로 표현하는 데 너무 큰 관심을 기울인 결과, 기독교의 독특성이라는 관점을 잃어 버렸다. 외부 원천에서 빌려온 개념이 우리가 복음을 이해하도록 도움을 줄 것인지, 아니면 이에 대해 방해가 될 뿐일지 식별하기란 결코 쉽지 않다. 다른 사람들과 마찬가지로 신학자들도 바로 이 지점에서 잘못 판단하는 경향이 있다.

이런 경향을 한 걸음 더 들어가 보면, 자신의 결론을 성경에 나와 있는 하나님의 자기계시에서 도출하지 않은 다른 자료에 근거하는 것이 적절하다고(심지어 필요하다고) 생각하는 신학자들도 있다. 그들은 특정 사항을 설명하는 하나의 방법으로 자기들이 "자연"이라고 부르는 것에 호소할 수도 있고, 대대로 전해 내려온 유명한 전통에 의존할 수도 있다. 그런 오류가 우리와 동떨어진 맥락에서 발생하면 이를 찾아내기가 비교적 쉽지만, 그 오류가 우리에게 익숙할 때는 알아차리기가 더 어렵다. 시간이 지나면서 이전 세대들의 잘못들이 드러난 경우가 흔하다. 우리가 저지르는 실수도 지금 우리는 볼 수 없을지라도 우리의 자손들에게는 분명히 드러날 것이다. 예를 들어 과거에는 예루살렘이 우주의 중심이며 하나님의 모국어는 히브리어이고, 창세기는 세상에 존재하는 모든 부족과 국가를 나열한다고 생각되었다. 그러나 오늘날 우리는 많은 경건한 사람들이 오랫동안 진지하게 이렇게 믿었다는 사실에도 불구하고 이런 믿음은 오류라는 점을 알고 이를 버렸다. 그러나 그들의 무지를 비판하기 전에, 우리의 지평이 너무 제한적인 탓에 우리도 아마 어떤 사실들에 대해서는 그들과 똑같이 이상한 개념을 갖고 있으면서도 이를 인식하지 못할 가능성이 높다는 점을 기억해야 한다. 이러한 개념들이 우리에게는 명백해 보이지만, 미래 세대들은 우리와 다르게 보고 자기들에게는 아주 명백해 보이는 문제들을 우리가 보지 못했다고 비판할지도 모른다.

하나님과 관련된 문제들을 다룰 때는 겸손이 필수적이다. 하나님의 길을 발견하려는 우리의 노력이 경건한 예배 정신과 분리되면, 우리가 구하는 것들은 여전히 우리에게서 숨겨지고, 우리에게 배정된 과제는 다른 사람들이 성취하도록 그들에게 맡겨질 것이다. 신학을 할 때 우리는 우리가 관계를 맺으며 살고 있는 어떤 존재에 관해 말하게 되는데, 이 관계는 다른 모든 관계에서와 마찬가지로 매우 복잡하다. 우리가 부모, 배우자 또는 자녀들로부터 거리를 두고서 그들과 우리의 관계가 순전히 지적 관계인 듯이 그들을 검토할 수는 없는 것처럼, 하나님도 객관화해서 분석할 수 없다. 가까운 인간관계에서와 마찬가지로 하나님에 대한 우리의 지식도 우리가 인정하고 존중해야 하는 맥락 안에서 마음에 새겨진다. 우리가 우리 부모와 관계가 없다면 그들을 결코 알지 못했을 것이다. 이와 마찬가지로 우리가 하나님과 관계를 맺지 않으면 하나님을 알지 못할 것이다. 관계가 있다고 해서 우리의 지식이 훼손되거나 모호해지지는 않는다. 관계가 없으면 지식도 존재할 수 없지만, 관계는 이를 표현하는 방식에 관해 우리에게 특정한 책임을 부여한다. 자녀는 자기 부모에 대해 전기 작가처럼 감정의 지배를 받지 않고 냉정하게 말할 수 없지만, 자녀는 자기 부모에 관해 외부인은 충분히 이해할 수 없는 사실을 알고 있다. 우리와 하나님과의 관계도 마찬가지다. 성경은 하나님을 알고 하나님의 존재 여부에 대한 질문을 터무니없다고 생각했을 사람들에 의해 쓰였기 때문에, 결코 하나님의 존재 여부에 대해 심사숙고하지 않는다. 예수께서 니고데모에게 말씀하신 것처럼 말이다. "진실로 진실로 네게 이르노니 우리는 아는 것을 말하고 본 것을 증언하노라. 그러나 너희가 우리의 증언을 받지 아니하는도다."[13] 하나님을 모르는 사람은 하나님이 누구신지 또는 하나님이 어떤 분인지 결코 이해하지 못할 것이다. 먼저 그를 만나야 한다.

마지막으로 하나님에 대한 그리스도인의 경험은 말로 완전히 표현할 수 없다는 점을 기억해야 한다. 사랑은 하나의 공식으로 축소될 수 없다. 사랑을 표현하는 데는 여러 방법이 있으며, 그중 어떤 방법도 완전하지 않다. 참된 신학자의 과제는 이 가운데 어느 방법이 예수 안에서 우리에게 계시된 영적 실재를 가장 잘 반영하는지, 그리고 이 가운데 어느 방

---

13   요 3:11.

법이 이 실재를 제대로 표현하지 못하므로 폐기해야 하는지를 분간하는 것이다. 때로는 한 사상 체계가 다른 사상 체계보다 진리의 특정한 측면들을 더 잘 드러내지만, 보다 덜 만족스러운 사상 체계도 경우에 따라서는 고려할 필요가 있는 사항들을 말해 줄 수 있다. 예를 들어 우리는 하나님이 자신의 피조물을 다스리시며, 따라서 일어나는 모든 일을 통제하셔야 한다는 사실을 알고 있지만, 하나님의 일부 피조물이 그들 자신의 자유의지에 따라 하나님께 반역했다는 사실도 알고 있다. 이처럼 외관상 양립할 수 없는 일들이 어떻게 논리 정연하게 조화될 수 있는가? 하나님의 주권의 범위를 최소화함으로써 이를 조화시키려는 사람들이 있는가 하면, 인간의 선택을 망상으로 간주하는 반응을 보이는 사람들도 있다. 하지만 이러한 피상적인 해법은 어느 쪽도 이 딜레마를 사실에 비추어 정당하게 다루지 못한다. 결국 우리의 지성으로는 이런 일들을 완전히 만족스럽게 조화시킬 방법이 없다는 점을 인정할 수밖에 없다. 하지만 우리에게 해결할 수 없는 역설은 하나님의 생각이 우리의 생각보다 훨씬 더 높다는 또 하나의 표시에 지나지 않는다.

우리가 "신학"이라고 부르는 것은 진행 중인 연구다. 신학은 결코 성장하거나 발전이 불가능한 고정된 지식 체계가 아니다. 우리와 하나님의 관계가 깊어짐에 따라 신학도 계속 확대된다. 동시에 하나님이 변하지 않으시기 때문에 신학도 변하지 않는다. 신학자들은, 우리 선조들이 생각할 수 없었던 질문을 제기하는 새로운 발견들에 의해 도전받으면, 자신을 새로운 방식으로 표현해야 할 수도 있다. 우리는 우리의 언어를 달라진 상황에 적응시키고, 아주 오래된 그리스도의 메시지를 전에는 알려지지 않았던 방식으로 제시해야 할 수도 있다. 많은 신학자들이 이런 기회를 즐기며, 또한 이를 이용해서 교회를 그 토대에서 빗나가게 하는 염소들이다. 이로 인해 신학이 많은 진영으로부터 비난을 받는다. 그러나 이들은 정체가 폭로되어야 하고 우리가 피해야 할 거짓 교사들이다. 참된 신학자는 자신의 목자의 음성을 듣고 다른 양떼의 유익을 위해 목자의 말을 해석하는 양들이다. 신학은 더 이상 신학이 필요하지 않을 때가 올 때까지 이 과제를 계속할 것이다. 그때가 오면 우리는 모든 것을 알게 되고, 변하지 않고 모든 것을 포용하는 하나님의 사랑 안에 영원히 감싸질 것이다.[14]

---

14   고전 13:8-13.

2장
·
하나님이 우리에게 말씀하셨다

유한한 존재와 무한한 존재

위대한 예언자 이사야는 고대 이스라엘 백성에게 시간과 영원에 관해 말하면서 이렇게 외쳤다. "풀은 마르고 꽃은 시드나 우리 하나님의 말씀은 영원히 서리라."[1] 이사야는 인간 존재의 덧없는 속성을 이해했으며, "보물을 땅에" 쌓아두는 데 몰두하는 사람은 머지않아 자신이 얼마나 잘못된 곳에 노력을 기울여왔는지 알게 될 것이라는 예수의 말씀에 동의했을 것이다.[2] 이사야의 초점은 영원에 있었고 그의 생각은 하나님의 말씀에 집중되었다. 자기 이전의 다른 예언자들과 마찬가지로 이사야는 하나님이 말씀하셨으며, 이 메시지는 인간 역사의 특정 시점에 자기 자신을 포함한 특별한 사람들에게 주어졌다고 믿었다. 하나님이 항상 정확히 똑같은 말씀을 하신 것이 아니고 때로는 하나님의 메시지를 이해하기는 쉽지 않지만, 어느 특정 시점에서 하나님이 무엇을 말씀하셨든 그것은 **하나님**의 말씀이었고 영원히 지속될 것이다. 이는 하나님이 시간 속에서

---

1   사 40:8.
2   마 6:19-20.

행하시는 일은 영원 속에서 하나님이 어떤 분이신지를 반영하기 때문이다. 그래서 하나님의 행동에 일관성이 있게 된다. 비록 우리가 유한한 존재라서 그 일관성을 항상 인식할 수는 없을지라도 말이다.

무한이 유한한 용어로 정확히 표현될 수 있다는 주장을 받아들이지 못하는 사람은 항상 있어 왔다. 철학자들은, 만약 하나님이 무한하고 우리는 그렇지 않다면, 우리의 본성은 하나님의 본성과 양립할 수 없으므로 하나님은 우리와 소통할 수 없다고 말해왔다. 어떤 면에서 이 말은 사실이고, 그리스도인들은 결코 이 사실을 부인하지 않았다. 하나님은 우리에게 자신이 본질상 어떤 분인지 드러내 보여줄 수 없으며, 설사 하나님이 그러길 원하신다 해도 우리의 유한한 지성은 하나님의 무한함을 이해할 능력이 없다. 시공간의 제약을 받는 피조물이 어떻게 무한하고 영원하다는 것이 무슨 의미인지 알 수 있겠는가? 우리는 창조의 결과물들을 보고 하늘과 땅을 지으신 하나님이 어떤 분이셔야 하는지에 대해 뭔가를 추측할 수 있지만, 하나님에 관한 우리의 이해는 시계를 발견하고서 시계를 만든 사람이 어떤 존재인지 추측하려는 사람의 이해와 비슷하다. 그는 시계를 만든 사람이 누구든 그 사람에게는 틀림없이 이런 물건을 만들 수 있는 능력이 있었을 것이라는 점을 알 수 있지만, 거기까지만 알 수 있다. 그는 시계 만든 사람을 특정하거나 상세히 묘사할 수 없으며, 우연히 그를 만나더라도 알아보지 못할 것이다. 시계 속에는 시계를 만든 사람이 누구인지를 정확하게 특정할 수 있게 해 주는 것이 들어 있지 않다. 그가 시계를 만든 사람을 안다고 해도 그 사람이 시계를 만든 사람임이 확실하다는 점을 증명할 수 없을 것이다. 마찬가지로 우리는 우주를 바라보고서 우주를 만든 존재가 누구든 그 존재에게는 틀림없이 우주를 만들 능력이 있었을 것이라고 결론지을 수 있지만, 그것으로는 우리가 우주를 만든 존재를 특정하거나 그를 인격적으로 알게끔 해 주기에 충분하지 않다.

인간이 자신의 노력으로 하나님에 관한 지식을 어느 정도까지 얻을 수 있는가? 성경은 하늘이 하나님의 영광을 선포한다고 말한다.[3] 따라서 하늘에 대해 감탄할 수 있는 사람은 누구나 하나님에 대해 어느 정도의 지식을 갖고 있는 것이 틀림없다. 사도 바울은 이것을 확인하며, 하나님은 자신의 영원한 능력과 신성을 모든 사람에게 계시하셨다(우리는 하나님께 대한 반역으로 이 진리를 억압했다)고 덧붙인다. 그래서 바울은 우리가 하나님의 존재를 부인한다 해도 핑계를 대지 못할 것이라고 말한다.[4] 모든 사람이 자신의 마음속에 새겨진 율법을 갖고 있으며, 마음에 새겨진 이 율법은 모세의 율법이 유대인들에게 하는 것과 똑같은 기능을 한다.[5] 우주의 합리적 질서, 선천적인 선함, 아름다움, 정의 개념, 그리고 우리가 사는 세상과의 관계 속에서 우리 자신이 왜소하다는 느낌은 모두 만물을 유지하고 만물을 이해하는 더 높은 힘이 존재한다는 사실을 암시한다. 물론 그리스도인들은 그 힘이 성경의 하나님이라고 믿으며, 이런 관찰과 느낌을 하나님이 존재한다는 증거로 해석한다.

그리스도인의 관점에서 보면 이러한 "자연신학"은 본질상 "응용된 계시"에 불과하다. 이는 자연신학이 비신자에게 비판받는 한 가지 이유다. 만약 자연에 대한 관찰이 그리스도인이 믿음으로 이미 알고 있는 것을 확인하는 역할만 한다면, 그리스도인들이 자기들에게 알맞은 결과를 얻기 위해 데이터를 조작한 것은 아닌가라는 의문이 제기될 수 있다. 그리스도인의 자연신학에서는 우리의 지식의 시금석인 성경 계시와 일치하지 않을 여지가 없다. 그리스도인들은 자연신학을 자신의 믿음의 기초로 삼지 않고, 자연신학을 자기들이 믿는 것이 관찰을 통해 보고 알 수 있는 것들과 일치한다는 사실을 보여주는 변증 도구로만 사용한다. 그러므로 자연신학의 타당성은 그것이 객관적으로 사실인지 여부가 아니라, 그것이 복음 전도에 유용한지 여부에 따라 결정된다. 자연신학이 복음 전도

---

3   시 19:1.
4   롬 1:18-20.
5   롬 2:14-16.

에 유용하다면, 그리스도인들은 이를 사용할 것이다. 그러나 자연신학이 유용하지 않다면, 그리스도인들은 이를 포기하고 자기들의 믿음을 제시하고 변호하는 다른 방법을 모색한다.

비기독교적 관점에서는 자연신학은 관찰할 수 있는 현상에 기반을 둔 합리적 추론을 통해 반드시 어떤 알려진 신적 존재, 심지어는 성경의 하나님과 일치하지는 않더라도 "신"(더 나은 말이 없으므로 이 말을 사용한다)으로 불릴 수 있는 더 높은 힘이 있음을 증명할 수 있을 때만 타당하다. 이런 종류의 신학은 18세기에 "이신론"(deism)으로 불렸지만 요즘은 대개 "유신론"(theism)으로 불린다. 비록 예전보다 훨씬 드물기는 하지만, 종교가 없는 사람들 사이에서 이따금 고(故) 앤서니 플루(1923-2010) 같은 무신론자가 기독교에 대해서는 회의적이거나 관심이 없으면서도 유신론적 세계관으로 "회심한" 사례가 종종 있다. 이런 사람들이 있다는 사실은, 비록 고전적인 자연신학이 절대자의 존재를 "증명하는지" 여부는 여전히 미결상태이지만, 자연신학이 단순히 복음 전도의 도구 이상이라는 점을 입증한다. 지성인의 세계를 벗어나면, 하나님과 신적 존재에 대한 그들의 견해가 이런 의미에서 "유신론적"이라고 불러도 무방할 평범한 사람들이 많이 있다. 그들은 자기들의 믿음의 미세한 사항들에 대해 생각해본 적이 없으며, 18세기의 이신론자들처럼 기독교 용어가 자기들에게 가장 익숙하기 때문에 그들의 의견을 기독교 용어로 표현한다. 그러나 그들은 "제도권 종교"를 거부하고 총괄적인 일신론 외에 다른 것에는 미온적으로 반응한다.

기독교 전통 내에서 자연신학은 중세 시대로 거슬러 올라간다. 12세기에 시작하여 현대에 이르기까지 기독교 신학자와 철학자들은 하나님이 존재한다는 증거들을 아주 상세히 정리하고, 그 증거들을 기독교가 진리라는 주장에 대한 증거로 다양하게 사용했다. 어떤 신학자는 다양한 자연 현상들을 참조함으로써 삼위일체 교리를 증명하려 하기까지 했는데, 이는 (최소한 그들의 지성으로는) 그럴 법하고 심지어 필요해 보인다. 그린 증명의 가장 큰 난점은 그리스도인에게 논리적으로 보이는 출발점이 다른 사람에게는 그렇지 않을 수도 있다는 점이다. 예를 들어 그리스도인들은, 그런 범주들이 사용된다면, 하나님이 절대자, 최고 선 등임이 틀림없다는 데 동의할 것이다. 그러나 이 결론이 논리적인 데이터 분석에서 나온 결과인지, 아니면 우리가 이미 믿고 있는 하나님이 반드시 이런 존재여야 한다고 주장하는 신앙의 결과인지를 결정하기란 쉽지 않다. 자연신학으로부터 절대자의 존재를 증명하는 그리스도인들은 아마도 이 존재가 자신이 계시에 기초해서 경배하는 바로 그 하나님이라고 결론지어야 할 것이다. 왜냐하면 그렇지 않으면 그는 기독교 신앙을 고백하고 있지 않을 것이기 때문이다. 그러나 그 경우 결론은 미리 결정된 것이고, 이를 지지할 논거가 사용될 것이다. 부정적인 증거가 있다면, 원하는 결과를 얻기 위해 그 증거는 무시되거나 재해석될 것이다.

그리스도인들에게 한 가지 문제는 철학에 기반을 둔 어떤 하나님이 존재한다는 논거는 다소 일반적이고 성경이 요구하는 것만큼 구체적이지 않다는 점이다. 예를 들어 우주의 최초의 원동자(first mover) 또는 최초의 제1 원인이 틀림없이 존재하고 이 존재가 성경의 하나님과 동일하다고 말하는 것(그리스도인들이 그렇게 하고 있음이 분명하다)과, 이 제1 원인이 인간과 관계를 맺고 우리 죄로부터 우리를 구원하기 위해 자기 아들을 세상에 보내셨다고 말하는 것은 완전히 별개다. 이러한 것들은 우리가 성경의 하나님을 이해하는 데 본질적이며, 논리적 추론을 통해 증명하기에는 너무 구체적이다. 그러므로 어떤 사람이 하나님이 존재한다는 논리적 주장을 받아들인다고 해서, 그리스도인들이 하나님에 관해 가장 중요하다고 주장하는 점들을 믿게 될 만큼 설득될지는 불확실하다. 간단히 말하자면 그리스도인들은 반드시 일신론자여야 하지만, 일신론자가 모두 그리스도인인 것은 아니다. 일신론은 기독교에 필수적이지만, 기독교는 모든 일신론자에게 기독교를 참으로 합리적이고 일관성 있는 일신론 신앙에 대한 유일한 해설로 받아들이도록 강요하지 않는다. 오히려 세상에는 기독교가 합리적으로 일관성 있는 일신론이 어떤 것인지 또는 어떤 것이어야 하는지에 대한 그들의 견해와 양립하지 않기 때문에 기독교를 거부하는 일신론자가 무수히 많다.

세부적인 사항으로 들어가 보면, 하나님이 존재한다는 주요 "증거들"에 대해 역사적으로 다음과 같은 주장들이 있어왔다.

1. 세상은 다양한 종류의 존재들로 구성되어 있으며, 그 존재들 가운데 일부는 분명히 다른 존재들보다 "더 크다." 캔터베리 대주교 안셀무스(1033-1109)가 말한 것처럼 하나님은 그분보다 더 큰 존재가 존재할 수도 없고 심지어 생각될 수도 없는 존재다. 그리스도인들은 하나님에 관한 이 주장을 자연스럽게 믿지만, 그러나 이 주장은 하나님이 존재할 필연성에 대한 논거로서는 결함이 있다. 우선 "더 크다"는 것이 무슨 뜻인지 어떻게 결정하는가? 우리는 대부분 인간은 코끼리, 말 또는 황새보다 "더 크다(훌륭하다)"고 생각할 텐데, 그 이유가 무엇인가? 코끼리는 인간보다 덩치도 더 크고 힘도 더 세며, 말은 대체로 인간보다 훨씬 더 빨리 달리고, 황새는 하늘을 날 수 있다. 이런 기준들 가운데 어떤 (또는 모든) 것이 "크다"의 척도로 간주된다면, 인간이 진정으로 그런 동물들보다 더 크다고 주장할 수 있는가? 또한 이런 척도는 제약이 없다(open-ended)는 문제도 있다. 예를 들어 가장 큰 수(數)는 없다. 왜냐하면 우리가 아무리 큰 수를 생각해내더라도 이 수에 다른 수를 더할 수 있기 때문이다. 하나님이 가장 큰 (위대한) 존재라면, 비록 그 뭔가가 실제로 존재하지 않는다 해도, 하나님보다 더 큰 뭔가를 생각할 수 있지 않겠는가?

2. 우리는 세상의 모든 사물에 원인이 있다는 사실을 안다. 따라서 틀림없이 우리가 관찰하는 것들의 인과 사슬을 시작하게끔 한 최초의 원인 또는 최고의 원인이 있을 것이다. 그리스도인들은 이 또한

창조 교리의 한 부분으로 믿지만, 이를 합리적으로 증명하기는 좀 더 어렵다. 요즘에는 분명히 다양한 결과와 다양한 원인들이 있는데, 왜 꼭 하나의 궁극적 원인만 있어야 하는가? 그리고 최초의 원인은 왜 그 자체가 다른 원인에 의해 야기되지 않았는가? 최초의 원인은 어디서 나왔으며, 흔히 하는 말로 최초의 원인이 "최종 책임을 진다"는 것을 우리가 어떻게 아는가?

3. 세상은 우연히 생겨났다고 보기에는 너무 복잡하다. 세상은 어느 곳엔가 설계, 곧 우리가 인과관계의 작용 속에서 어느 정도 식별할 수 있는 목적이 들어 있다. 만약 설계가 있다면 틀림없이 자신이 설계한 피조물과 관계가 있지만 그럼에도 본질상 그 피조물과 구별되는 설계자가 있을 것이다. 이것이 시계와 시계 제조자 논증이다. 시계가 존재한다는 사실은 누군가가 그 시계를 만들었음을 강력히 시사한다. 그러나 시계를 만든 사람은 시계를 만들 능력이 있지만 그 자신은 시계도 아니고 시계와 같은 부류도 아니다. 이 논증은 하나님이 존재한다는 가장 강력한 논증 가운데 하나이며, 최근에 등장한 소위 지적 설계 기원론의 토대가 된 것도 놀라운 일이 아니다. 물론 그리스도인들도 이 논증을 받아들이지만, 이를 증명하기는 어렵다. 세상에는 민들레와 같이 "목적"이 없어 보이는 것들이 존재한다. 또한 멸종되고서도 자연 질서에 아무런 중대한 침해도 야기하지 않은 짐승이나 새들도 매우 많다. (날지 못하는) 도도새가 존재할 이유가 있는가? 마지막으로, 결과는 반드시 목적 지향적인가? 나는 내가 뭔가를 떨어뜨린다면 어떤 일이 일어날지 알고 있다. 그것은 땅으로 떨어질 것이다. 그런데 무엇을 위해 떨어지는가? 결과는 예상할 수 있으나 목적은 그렇지 않기 때문에, 우리는 거기에 어떤 목적이 내장되어 있기라도 한지 의문을 품게 된다.

4. 인간에게는 선악에 대한 의식이 있다. 이 의식은 어딘가로부터 와야 하며 모종의 표준과 관련되어야 한다. 그런데 어떤 표준과 관련이 있는가? 그리스도인들은 이에 대해 준비된 답변을 갖고 있지만, 다른 사람들에게는 이에 대한 답변이 보다 복잡하다. "선"의 본질이 누구에게나 명백한 것은 아니며, 전혀 객관적이지 않을 수 있다. 우리의 많은 판단들이 우리가 받은 교육과 우리에게 전해진 개념들에 기인하고 있는데, 어떻게 우리가 선악에 대한 의식을 타고 났다고 말할 수 있는가? 우리가 그런 교육을 받지 않았더라도 같은 방식으로 생각할 것인가? 우리는 이에 대해 알지 못하며, 이를 알아내기 위해 시간을 거슬러 올라갈 수도 없다. 출신과 배경이 다른 사람들은 공통적인 요소들도 많지만, 확실히 "선"과 "악"을 다르게 인식한다. 선악에 대한 인식은 너무 주관적이어서 쉽게 정의하거나 개념화할 수 없는 듯하다. 그래서 이를 성경의 하나님처럼 명확히 정의되는 존재가 있다는 논거로 사용하기 어렵다.

5. 인간에게는 미와 비율 개념이 있다. 우리의 미적 감각은 어디서 오며, 왜 우리에게 그토록 중요한가? 그리스도인들은 만물을 선하게 지으신 하나님을 믿기 때문에 이 주장도 의심 없이 받아들인다. 그러나 다른 사람들은 미(美)란 보는 사람에 따라 다르며 객관적 실재는 결코 없다고 반박할 것이다. 도덕도 마찬가지다. 도덕은 너무 주관적이어서 절대적이고 변하지 않는 하나님이 존재한다는 논거로는 그다지 유용하지 않다.

위에서 언급한 내용들을 종합하자면 그리스도인들은 하나님의 존재 증명을 사실로 받아들이지만, 이는 그 증명이 논리적으로 빈틈이 없기 때문이 아니라 우리가 이미 그 논거들이 증명하려는 내용을 믿고 있기 때문이라는 결론을 내려야 한다. 아마 우리는 그 증명들은 모두 논박 당할 수 있고, 그 가운데 어느 것도 하나님이 존재한다는 사실에 대해 논쟁의 여지가 없는 증거를 제공하지 못한다는 점을 인정해야 할 것이다. 그러나 동시에 비록 개개의 논거는 강력하지 않지만, 이 논거들을 모두 고려하면 이들의 주장에 충분한 개연성이 있다. 이 논거들은 입증될 수 없지만 반증될 수도 없으며, 증명 여부의 균형추는 그들의 주장을 인정하는 쪽으로 기운다. 그러나 결국 그리스도인들은 성경의 계시와 일치하는 한도 내에서 자연신학을 받아들일 것이고, 다른 사람들은 자연신학을 거부하거나 오해할 것이다. 자연신학은 누구도 그리스도께로 인도하지 못한다. 그리스도는 계시에 의해서만 알려질 수 있고, 우리 주변 세상에 대한 관찰을 통해 추론될 수 있는 분이 아니다.

그렇다면 자연신학은 무익하거나 시간 낭비인가? 그렇게 생각해서 자연신학을 다소 무시하는 신학자들도 있다. 어떤 신학자들은 자연신학은 복음에 대한 준비로서 자체로는 불충분하지만, 신적 자기계시에서 성취되는 개념들에 대한 유용한 토대라고 말했다. 또 다른 신학자들(우리도 이 범주에 든다)은 자연신학을 주로 세상을 보존하는 하나님의 사역의 한 부분으로 생각한다. 이것은 사도 바울이 다음과 같이 말하는 것과 유사하다.

> 이는 하나님을 알 만한 것이 그들[비신자들] 속에 보임이라. 하나님이 이를 그들에게 보이셨느니라. 창세로부터 그의 보이지 아니하는 것들 곧 그의 영원한 능력과 신성이 그가 만드신 만물에 분명히 보여 알려졌나니 그러므로 그들이 핑계하지 못할지니라.[6]

또는 바울이 루스드라 사람들에게 말하는 것과도 유사하다.

---

6   롬 1:19-20.

하나님이 지나간 세대에는 모든 민족으로 자기들의 길들을 가게 방임하셨으나 그러나 자기를 증언하지 아니한 것이 아니니, 곧 여러분에게 하늘로부터 비를 내리시며 결실기를 주시는 선한 일을 하사 음식과 기쁨으로 여러분의 마음에 만족하게 하셨느니라.[7]

하나님이 존재한다는 증거는 하나님을 모르거나 하나님을 하나님으로 예배하지 않았던 사람들에게 베푸신 하나님의 은혜에 놓여 있었다. 하나님은 다른 신들과 달리 자기 백성만 보살피거나 자기 백성의 요청에만 응답하지 않았다. 하나님의 보편적 임재는 단순히 신자들이 어디에 있든 그들을 돕는 수단이기만 했던 것이 아니라, 온 세상에 대한 하나님의 관심을 보여주었다. 바울의 요점은 자연 차원에서 볼 때 하나님은 모든 인간을 동등하게 대한다는 것이었고, 사도들은 비신자들에게 하나님이 존재한다고 설득하려 할 때 비신자들이 받은 복에 대해 선천적으로 느끼는 감사 의식에 호소했다. 미국에서 가장 인기 있는 공휴일 가운데 하나는 추수감사절인데, 이 날은 종교적이기도 하고 세속적이기도 하다. 추수감사절을 최초로 기념한 청교도 이주민들(Pilgrim Fathers)은 종교적인 이유로 그 날을 지켰다지만, 추수감사절은 본래 교회 달력에 들어 있지 않은 추수 축제였다. 오늘날 이 날은 사람들에게 감사드리도록 기대하고 장려하는 주요 기념일이지만, 누구에게 감사해야 하는지는 특정하지 않는다. 그리스도인들은 예수 그리스도의 하나님께 감사드리기 때문에 아무 문제가 없다 해도, 무신론자와 불가지론자는 말할 것도 없고 다른 종교를 믿는 사람들은 어떤가? 추상적으로 감사드릴 수는 없는 것이고, 대부분의 사람들은 자신이 받은 복이 어디서 왔는지 명확히 알지는 못하지만 자신이 복을 받을 만한 일을 한 적이 없는 데도 복을 받았다는 사실을 인정한다. 사람들은 대체로 자신이 받은 복이 어디서 왔는지는 몰라

---

7   행 14:16-17.

도 이에 대해 기꺼이 감사드리려 하는 반면에, 그리스도인들은 이러한 감사의 감정을 통해 하나님에 관해 말할 기회를 얻는다. 대부분의 사람들은 추상적인 철학 영역에서보다, 그로부터 모든 복이 흘러나오는 하나님이 확실히 있다는 기독교의 주장에 더 마음이 움직일 가능성이 있다. 그렇기 때문에 아마 다른 어느 곳에서보다 바로 이 지점에서 "자연신학"에 그 자체의 의미가 있을 것이다.

이런 복은 신자와 불신자에게 차별 없이 주어진다. 해와 비는 의로운 사람과 의롭지 않은 사람에게 같은 방식으로 영향을 주며, 모든 사람이 해와 비로부터 유익을 얻는다(또는 고난을 겪는다).[8] 그리스도인들이 믿음이 있다는 이유로 특별한 호의를 받는 것도 아니고, 다른 사람들도 믿지 않는다는 이유로 특별히 더 고난을 겪는 것도 아니다. 이 사실이 자신은 신앙 때문에 더 나은 대우를 받아야 한다고 생각하는 일부 신자들에게는 부당하게 보일 수 있지만, 이것은 사실 위장된 복(a blessing in disguise)이다. 사람들이 예수를 믿으면 물질적 이득을 얻는다고 생각하고서 예수께 나왔다가 나중에 참으로 예수를 따른 게 아니라는 사실이 드러나는 일은 너무도 흔하다.[9] 선교사들은 이른바 "쌀 그리스도인"(rice Christians) 현상, 즉 기독교가 어떤 물질적 이득을 가져다줄 것으로 생각해서 기독교를 믿는다고 고백하지만 막상 믿음은 모호하거나 아예 없는 경우에 익숙하다. 최근에 신자들은 이생에서 하나님으로부터 특별한 복을 받을 것이라고 설교하는 소위 "번영 복음"(prosperity gospel)이 널리 퍼져 있음을 목격하고 있다. 이런 종류의 메시지는 가난한 사람들과 소외 계층 사람들에게 특별한 매력이 있지만, 거부되어야 한다. 이는 우리가 가난한 사람들을 도와주고 싶지 않아서가 아니라 그리스도인이 되면 자동으로 물질적 복을 받는다는 약속은 거짓이고, 이 메시지에 속은 사람들에게 잔인

---

8   마 5:45.
9   눅 17:11-19에서 열 명의 나병 환자 이야기를 보라. 이 이야기에서 오직 한 명만 되돌아와 치료된 데 대해 감사드렸다.

한 일이기 때문이다. 번영 복음의 최악의 결과 중 하나는 약속된 번영이 오지 않으면(그런 일은 좀처럼 일어나지 않는다), 번영 복음은 복을 받도록 되어 있는 사람이 너무 사악해서 복을 받을 가치가 없다고 설명할 것이 거의 분명하다. 인간의 공적에 의존하는 복음보다 더 왜곡될 수는 없지만, 궁극적으로 번영 복음은 바로 그곳으로 이끈다. 예수는 자기를 따르는 사람들에게 손쉬운 삶을 약속하지 않고 오히려 정반대로 가르쳤으므로 우리는 다르게 주장하는 함정에 빠져서는 안 된다.[10]

자연신학이 타당한지 여부는 교회사에서 오랫동안 논란거리였다. 한쪽 극단에서는 인간의 정신과 세상은 서로 완벽하게 조화되게 설계되어서 자연에 대한 탐구와 논리를 통해 창조주에 관한 지식에 이르게 될 수 있다고 믿는 사람들이 있다. 다른 쪽 극단에는 자연신학은 아무런 가치가 없다고 주장하는 사람들이 있다. 그들에 의하면 하나님을 발견하기 위해 자연을 연구하면 거의 틀림없이 자연을 하나님으로 숭배하는 결과를 가져올 테고, 이는 기독교보다는 이교 사상에 더 가깝다.[11] 이런 문제들이 종종 그렇듯이, 진실은 중간 어느 지점에 놓여 있는 듯하다. 자연신학이 전혀 쓸모없지는 않으며, 성경의 하나님을 아는 사람들은 피조물 속에서 하나님의 솜씨를 쉽게 알아보고 갈채를 보낼 수 있다.[12] 그러나 우주에 하나님이 존재한다는 수많은 증거가 있다 해도, 그 증거는 우리가 성경에서 얻는 창조주에 대한 지식을 제공하기에는 충분하지 않다. 잘하면 지적 설계자인 절대자를 믿게 될 수도 있겠지만, 이 개념은 우리가 살고 있는 세상이 명백히 불완전한 것을 보면 그런 존재가 있다고 믿기 어렵다고 생각하는 사람들로부터 명백한 불완전한 요소로서 빈축을

---

10   마 8:20; 10:38; 16:24; 요 16:33.

11   "이교 사상"은 기독교가 궁극적으로 밀어낸 고대 세계의 비체계적인 다신교를 묘사하기에는 다소 잘 정의되지 못한 용어다. 현대에는 이와 동일한 현상을 대개 "애니미즘"(물활론, 정령신앙)이라고 부른다.

12   시 19:1.

샀다. 하나님을 거부하는 사람들은 우주의 기원에 대해 자기들이 완벽하게 적합하다고 생각하고, 창조주 하나님의 존재를 믿을 필요가 없게 해주는 무신론적 설명을 제시할 수 있었다. 그들의 이런 생각이 틀릴 수도 있지만, 자연신학은 그들처럼 근본적 믿음을 갖고 시작하기 때문에, 무신론자들이 스스로 틀렸다고 설득될 가능성은 거의 없다.

더구나 기독교 유산을 갖고 있는 사람들에게는 자연스럽게 떠오르는 생각, 곧 절대자는 틀림없이 인격적인 존재일 것이라는 가정은 자연신학만을 토대로 해서는 정당화될 수 없다. 그 가정은 "절대자" 개념을 만들어낸 고대 그리스인의 믿음이 아니었으며, 현대의 무신론자들은 이런 결론에 도달해야 할 아무런 이유를 찾지 못한다. 플라톤이나 아리스토텔레스 같은 사람들은 그(him)가 아니라 그것(it)을 믿었다. 그들은 궁극적 실재를 인격화하면 그 실재를 인간의 수준으로 축소시킴으로써(그리스인들은 자기들의 신들에 대해 그렇게 했다) 그 존재의 우월성을 훼손한다고 생각했을 것이다. 결론적으로, 이 논점을 논리적 극단까지 취하면, 결코 기독교의 하나님을 만나지 못할 것이라는 철학자들의 말에 동의해야 한다. 우리의 유한한 지성으로는 하나님의 무한한 본성을 이해할 수 없으며, 하나님을 이해하려는 시도는 실패나 우상숭배로, 또는 그 둘 다로 귀결될 것이다. 자연신학은 나름의 중요성이 있고 성경에서 진지하게 받아들여지지만, 복음에 대한 준비이지, 복음의 대체물은 아니다. 자연신학은 사람들이 구원의 메시지에 반응할 수 있는 충분한 지식을 주지만, 사람들이 스스로 구원을 얻게 하는 데는 충분하지 않다.

그리스도인들은 소위 "인격"에 의해 하나님과 인간 사이의 소통이 가능하다고 말함으로써, 양립할 수 없는 본성 문제를 해결한다. 성경은 인간이 하나님의 "형상"과 "모양"으로 지음 받았다고 말하는데,[13] 이 말이 무엇을 의미하는지는 많은 논란이 되어 왔지만 하나님의 형상과 모양

---

13   창 1:26-27.

의 특정 측면들은 논쟁의 여지가 없다. 모든 신학자가 오직 인간만이 하나님의 형상을 갖고 있는 유일한 물리적 피조물이며, 우리 안에 하나님의 형상이 있으므로 우리가 하나님과 소통할 수 있다는 데 동의한다. 신학의 관점에서 하나님은 본질상 인격적이고, 우리는 하나님의 형상으로 지음 받았기 때문에 인격적이다. 이 공통점으로 인해 처음부터 하나님과 인간 사이의 관계가 확립되었다. 창세기의 창조 기사에서 볼 수 있듯이 아담과 하와도 하나님과 접촉했다. 하나님의 형상에는 하나님과 소통할 수 있는 능력 외에도 다른 많은 요소들이 있지만, 소통은 어느 관계에서나 근본 요소이며, 우리가 하나님과 맺는 관계는 우리의 실존에 목적과 의미를 부여한다. 하나님이 자신의 말씀으로 세상을 창조하시거나, 자기 백성에게 대대로 말씀하시거나, 또 말씀이 육신이 되어 우리 가운데 거하신 일은 아무 이유 없이 이루어진 일이 아니다.[14]

우리의 인격성(personhood)은 유한하지만, 우리의 몸이 물리적 유한성에 제약되는 것과 같은 방식으로 유한성의 한계에 구속되지는 않는다. 우리는 시공간을 뛰어넘어 생각할 수 있는데, 그렇지 않다면 그 개념들이 무엇인지 이해하지 못할 것이다. 우리는 언젠가 인간의 몸이 죽을 것이고, 물질세계가 끝날 것임을 안다. 그러나 성경은 우리의 인격성은 사라지지 않을 것이라고 확언한다. 부활할 때 우리의 인격성은 유한하기는 하지만 더 이상 시공간의 제약에 구속되지 않는 변화된 몸 안에서 계속 존재할 것이다.[15] 이 일이 어떻게 일어날지는 신비로 남아 있지만, 최소한 우리와 하나님의 인격적 관계는 근본적인 변화 없이 이생에서 내세로 이어질 것이라고 말할 수 있다. 그래서 우리는 지금 여기서 영생의 "첫 열매"를 갖고 있다고 선언한다. 사도 바울이 로마서에서 다음과 같이 말한 것처럼 말이다.

---

14   요 1:14.
15   고전 15:35-57.

…성령의 처음 익은 열매를 받은 우리까지도 속으로 탄식하여 양자 될 것 곧 우리 몸의 속량을 기다리느니라.[16]

성경은 피조물로서의 우리의 유한성이 하나님과 우리 사이의 소통에서 극복할 수 없는 장애물이 아니라고 증언한다. 오히려 우리는 하나님의 형상과 모양으로 지음 받은 인격체이기 때문에, 우리 안에는 모든 인간이 누리고 있는 관계, 곧 인간이 된다는 것이 무엇인지에 대한 진정한 정의를 구성하는 하나님과의 관계가 내장되어 있다.[17]

이스라엘의 놀라운 독특성

신과 인간이 상호 작용할 수 있다는 점을 받아들이지만, 하나님이 한 국가의 특정 개인들에게 자신을 계시하셨다는 주장이 거북하다고 생각하는 사람들이 있다. 이 개인들이 그럴 가치가 있는 일을 한 적이 전혀 없고 그들은 인간 역사 속에서 아주 보잘것없다고 여겨지는 국가의 국민임을 고려할 때 특히 더 그렇다. 보편적 진리는 오직 한 가지 방식으로만 표현될 수 있다[18]는 기독교의 주장이 이러한 반대자들을 불편하게 한다. 고대 이스라엘의 예언자들이 영원한 진리를 어렴풋이 감지했다는 점을 인정한다고 해도, 무엇이 그들을 독특한 존재로 만드는가? 어떻게 감히 이 작은 집단의 사람들이 자신들만 하나님으로부터 메시지를 받았다고 주장할 수 있는가? 그들 자신이 인정하듯이 이 메시지는 보편적으로 타당함에도 말이다.

세속적 관점에서 고대 세계를 연구하는 사람들은 메소포타미아에

---

16   롬 8:23.
17   롬 1:19-21을 보라.
18   요 14:6.

서 많은 위인들을 만날 테지만, 아브라함은 그 위인들에 속하지 않을 것이다. 그들은 아시리아와 이집트, 바빌로니아, 페르시아, 그리스, 로마의 위대한 문명들을 연구할 것이다. 그렇지만 이스라엘은 (설사 다루어진다 해도) 그들의 정신적 지평 속에서 눈 깜빡할 순간만큼 이상의 비중을 차지하지 못할 것이다. 고대 역사를 서술하면서 이스라엘을 중심에 두는 것은 지리적으로는 중심에 있지만 다른 면에서는 중요하지 않은 룩셈부르크의 관점에서 유럽 역사를 서술하는 것과 비슷하다. 그러나 성경은 바로 그렇게 하고 있는데, 사건들에 의해 성경의 이런 주장이 옳다고 증명되었다. 과거의 대제국들은 역사의 뒤안길로 사라진 반면에 자그마한 이스라엘 국가는 아직 남아 있으며, 우리에게 유대교뿐만 아니라 기독교와 이슬람교도 물려주어 세계 구석구석까지 그 날개를 펼쳤다고 말해도 과장이 아니다. 전 세계의 아이들이 여전히 구약성경에 등장하는 다윗과 리브가의 이름을 물려받고 있지만, 느부갓네살이나 네페르티라는 이름은 주어지지 않는다. 게다가 다른 민족들은 외부 압력을 받으면 비교적 빨리 무너져 사라졌지만, 이스라엘은 수세기 동안 혹독한 박해를 겪었고 심지어 유대인 말살 시도까지 있었으나 그 모든 공격을 견뎌냈다. 오늘날 이스라엘은 과거 어느 때 못지않게 강하고 영향력이 있다. 이스라엘은 "하찮은" 국가치고는 오랜 세월 동안 존속했으며, 그들의 이야기는 아직도 끝나지 않았다.

왜 히타이트인들은 사라졌는데 히브리인은 사라지지 않았는지를 설명하는 세속적인 이유들을 찾을 수 있다고 해도 위 사실은 명확하며, 누구든 이를 인정해야 한다. 유대인들과 그리스도인들은 대개 세속적 논증의 힘을 기꺼이 인정하지만, 거기서 더 나아가 이스라엘이 살아남은 것은 하나님이 고대 이스라엘 백성에게 말씀하셨고, 그들을 자기 백성으로 삼으셨으며, 이스라엘 백성이 그들의 원수를 물리치고 세상 끝날까지 생존할 것이라고 약속했기 때문이라고 생각한다.

그러나 나의 종 너 이스라엘아. 내가 택한 야곱아. 나의 벗 아브라함의 자손아. 내가 땅 끝에서부터 너를 붙들며 땅 모퉁이에서부터 너를 부르고 네게 이르기를 '너는 나의 종이라. 내가 너를 택하고 싫어하여 버리지 아니하였다' 하였노라. 두려워하지 말라. 내가 너와 함께 함이라. 놀라지 말라. 나는 네 하나님이 됨이라. 내가 너를 굳세게 하리라. 참으로 너를 도와주리라. 참으로 나의 의로운 오른손으로 너를 붙들리라.[19]

이사야의 말은 그들의 왕, 종교 제도, 사회적 일치 등 모든 것을 잃어버린 민족을 향해 주어졌다. 그러나 하나님은 이사야에게 그런 폐허 속에서 자기 백성을 재건하고 그들에게 그들에 대한 자신의 계획과 목적에 대한 새로운 비전을 주겠다고 말씀하셨다. 바로 그 일이 일어났다. 예수가 태어난 백성은 1천 년 전에 다윗에게 주어졌던 왕국과는 아주 달랐으며, 다윗 시대로부터 또 1천 년 전에 하나님이 가나안 땅을 주겠다고 약속한 아브라함의 대가족과는 훨씬 더 달랐다. 그러나 가장 근본적인 차원에서 보면 그것은 똑같았다. 그들은 하나님의 말씀을 중심으로 모였고, 하나님의 말씀을 자기들의 존재와 지속적인 생존을 보증하는 헌장으로 존중한 하나님의 선민이었다.

오늘날 유대인이 온갖 역경을 딛고 오랜 세월 생존한 것은 인간 역사상 주목할 만한 현상이었다는 점을 아무도 의심하지 않을 것이다. 현대의 이스라엘 국가에 대해, 그리고 그 지역에 있던 최후의 유대 국가가 멸망한 지 거의 2천년이 지난 뒤 이스라엘이 팔레스타인을 점령한 일에 대해 어떻게 생각하든, 이와 같은 유례가 없다는 점은 인정해야 한다. 더욱이 비슷한 배경을 가진 다른 유목 민족이 없다는 이유만으로도, 다시는 이스라엘 같은 민족이 나오지 않으리라는 점도 거의 확실하다. 이 나라와 같은 경우는 거의 확실히 없을 것이다. 이스라엘 민족과 가장 가까

---

19   사 41:8-10.

운 사례는 "롬" 민족("집시들")으로서, 이들은 1천 년 전에 인도를 떠나 유럽으로 이주했지만 돌아갈 확실한 고국이 없고 자기들이 (아주 오랜 기간이기는 하지만) 일시적인 유배 생활을 하고 있다는 의식도 없다. 유대 민족의 이야기는 독특하지만, 다른 고대 민족들은 모두 사라졌는데 왜 이스라엘은 살아남았는가? 그것은 확실히 그들의 인구수나 문화적 업적 때문은 아니었다. 이스라엘은 이 두 가지 분야 모두에서 보잘것없었다. 이스라엘의 전성기 때에도 예루살렘의 솔로몬 성전은 이집트나 메소포타미아의 대신전과는 비교가 되지 않았고, 문화적 중요성 면에서 이스라엘에는 솔로몬 성전과 조금이라도 비교할 만한 것이 전혀 없었다. 이스라엘 민족은 전쟁, 포로, 외국인과의 통혼으로 끊임없이 인구가 크게 줄어들었다. 주전 722년에 북 왕국 사마리아가 멸망당해 거주민들이 포로로 잡혀가 흩어졌을 때 원래의 열두 지파 가운데 열 지파가 갑자기 사라졌다.[20] 그런데도 이스라엘은—이 모든 일을 당했음에도—이사야가 말한 대로 영원히 있을 하나님의 말씀을 갖고 있었기 때문에 사라지지 않았다

사실 우리가 지금 성경의 형태로 갖고 있는 그 말씀이 없었더라면 이스라엘은 결코 생존하지 못했을 것이다. 성경은 이스라엘이 나머지 인류에게 전해준 유일한 유산이며, 이스라엘의 위대함을 보여주는 척도다. 나아가 성경은 우리에게 이스라엘이 존속한 능력의 비밀을 다음과 같이 말해준다.

너는 여호와 네 하나님의 성민이라. 네 하나님 여호와께서 지상 만민 중에서 너를 자기 기업의 백성으로 택하셨나니, 여호와께서 너희를 기뻐하시고 너희를 택하심은 너희가 다른 민족보다 수효가 많기 때문이 아니니라. 너희는 오히려 모든 민족 중에 가장 적으니라. 여호와께서 다만 너희를 사

---

20   왕하 17:6.

랑함으로 말미암아 또는 너희의 조상들에게 한 맹세를 지키려 하심으로 말미암아….[21]

애초부터 이스라엘은 스스로를 하나님이 선택하고 부르시고 구별한 민족으로 알고 있었다. 이스라엘 민족을 하나로 묶은 것은 이스라엘의 통치에 반대하는 것을 모조리 박살낸 무자비한 초인적 능력도 아니었고, 이스라엘에게 하나님이 관심을 가지실 만한 어떤 업적이 있지도 않았다. 하나님과 이스라엘의 관계를 다지고, 모든 어려움을 무릅쓰고 그들을 서로 묶은 것은 바로 사랑, 즉 자기 백성에 대한 하나님의 사랑과 하나님이 그들의 조상에게 세상 끝날까지 그들을 계속 존속시키고 자기 백성이 되도록 하시겠다고 하신 맹세를 지키겠다는 하나님의 결심이다. 심지어 예루살렘이 연기 나는 폐허가 되고 이스라엘 사람들이 살육당하고 땅끝까지 흩어졌을 때도, 이 어조는 크고 분명하게 울려 퍼졌다.

> 여호와의 인자와 긍휼이 무궁하시므로
> 우리가 진멸되지 아니함이니이다.
> 이것들이 아침마다 새로우니
> 주의 성실함이 크시도소이다.
> 내 심령에 이르기를 '여호와는 나의 기업이시니
> 그러므로 내가 그를 바라리라' 하도다.[22]

하만의 유대인 학살 미수 사건 이야기가 분명히 보여주는 바와 같이, 이스라엘을 멸망시키려는 원수들이 항상 존재했다.[23] 이스라엘을 멸망시키려는 시도는 이후로도 다양한 방식으로 수차례 반복되었다. 유력한

---

21   신 7:6-8상
22   애 3:22-24.
23   에 3:6.

인사들이 이스라엘을 지면에서 쓸어버리려고 시도했으며 지금도 그런 시도를 하고 있는 사람들도 있지만, 그들의 시도는 모두 실패했고 앞으로도 계속 실패할 것이다. 의심할 바 없이 이스라엘은 부름을 받을 가치가 없지만, 그들을 억압하는 어떤 세력보다 더 강력한 보이지 않는 손의 보호를 받는다. 그 손은 다름아닌 하나님의 사랑의 보호 능력이다.

그리스도인과 이스라엘

예수 그리스도가 오셔서 이스라엘에 접붙임 받은 사람들인 그리스도인들도 하나님의 사랑과 이 사랑에 수반된 약속에 대한 권리를 갖고 있다. 예수는 자신의 선민에게 주어진 이전의 율법 및 그 율법과 관련된 약속들을 이루시려고 유대인으로 세상에 오신 하나님의 아들이었다. 대부분의 유대인들은 예수를 인정하지 않았는데, 이는 예수가 그들의 구원자가 된 방식이 그들의 기대와 달랐기 때문이다. 그들은 "기름 부음을 받은 자"[24]가 오면 다윗과 솔로몬 왕국을 재건하고 유대인이 다른 민족들을 지배할 제국을 세울 것이라고 믿었다. 그 기대와는 달리, 예수는 그들에게 하나님이 자기 아들을 온 세상의 죄를 위해 십자가에 달려 죽게 하려고 보내셨다는 사실을 받아들이라고 요구했다. 더욱이 예수는 모든 민족에게 그 선민의 일원이 되고 다윗이나 솔로몬이 알고 있었던 것보다 더 위대한 새 이스라엘을 구성하라고 초청했다.

예수를 따른 유대인들은 그들이 선조들의 율법, 예언서, 성문서로 받은 하나님의 말씀이 다른 무엇보다 구원자가 오기 위한 준비였음을 깨달았다. 이런 믿음은 당시 유대인들 사이에서 드물지 않았고 또한 오늘날에도 유대인들에게서 여전히 발견할 수 있다. 현대의 정통파 유대인들

---

24 히브리어로는 **마쉬아흐**(메시아)이고, 그리스어로는 **크리스토스**(그리스도)다.

은 메시아가 아직 오지 않았다고 믿는 반면, 그리스도인들은 메시아가 이미 왔고 예수 그리스도의 삶과 죽음 그리고 부활에서 고대의 약속들이 성취되었다고 말한다. 두 집단 모두 히브리 성경(그리스도인들이 "구약성경"이라고 부르는 책)이 하나님의 말씀이며 그것이 영원히 있을 것이라는 점을 믿지만, 그 성경이 어떻게 해석되어야 하는지에 대해 의견이 다르다.

신약성경은 그리스도인들이 이스라엘 민족에 접붙여졌으며, 모든 참 이스라엘 백성은 자신이 그들의 메시아와 구원자라는 예수 그리스도의 주장을 믿는다(또는 믿게 될 것이다)고 가르친다.[25] 또한 신약성경은 이스라엘을 다른 민족들과 구별시킨 구약 율법의 외적 특징들이 이제 내면화되었다고 가르친다. 그리스도인들은 유대인이 그런 것처럼 나머지 세상 사람들과 구별되지만, 그 구별의 본질은 영적 수단을 통해서만 인식될 수 있다. 예를 들어 할례는 유대인을 다른 민족들과 구별시키는 신체 의식이었지만, 그리스도인들에게는 "마음의 할례" 즉 할례가 상징하는 영적 헌신이 참된 차이를 만들어낸다.[26] 마찬가지로 고대 이스라엘의 중심이었던 성전은 이제 그의 몸이 성전인 예수 그리스도로 대체되었다.[27] 예수 그리스도와의 영적 연합 덕분에 우리도 성령의 전이며, 고대 성전 건물에 적용된 정결 법이 이제는 우리와 관련되어 해석된다.[28]

이런 맥락에서 고대 이스라엘에게서 신앙이 없는 사람들과 관습들을 제거하려 했던 **헤렘** 곧 "성전(聖戰)" 관습은 그리스도인들이 영원히 수행해야 할 영적 전쟁 개념으로 대체되었다.[29] 사도 바울이 지적했듯이 이 싸움은 혈과 육에 대한 싸움이 아니고, 우리가 살고 있는 세상을 지배하는 영적 세력에 대한 싸움이다.[30] 할례와 성전(聖殿)처럼, 성전(聖戰)도 개

---

25 롬 11:11-24.
26 롬 3:1-4:25.
27 요 2:19-21.
28 고후 6:16.
29 출 23:20-33; 신 20:1-20을 보라.
30 엡 6:10-20.

인적인 훈련으로서 물리적 폭력으로 번지거나 교회 및 종교 당국이 세속 권력을 장악하는 것을 정당화할 수 없다.[31] 간단히 말하자면, 지금 그리스도인들은 모든 국가와 민족으로부터 하나님께 선택된 백성으로서 이스라엘이 과거에 민족 국가의 맥락에서 외부적으로 행했던 것들을 내적으로 행한다. 원칙은 같지만 그 원칙이 적용되는 방식이 다르기에, 바울은 이스라엘의 율법이 예수 그리스도의 복음으로 대체되었다고 말할 수 있었다.[32]

이스라엘에게 주어진 하나님의 계시

신약성경 저자들은 구약 시대에 성령이 예언자와 거룩한 하나님의 사람들에게 영감을 불어넣어 성경을 쓰게 했다고 말한다.[33] 성령은 그리스도인들의 마음속에 거하는 것과 같은 방식으로 이스라엘 사람들 마음속에 거하시지는 않았지만, 구약성경 저자들은 하나님의 율법이 마음속에 기록되고 심지어 하나님의 말씀을 맛보고 먹는 때가 올 것이라고 말하면서 이러한 성령의 내주하는 임재를 갈망했다.[34]

성경의 특성은 그 책들이 "거룩하다"고 불리는 방식에서 드러난다. 그리스도인들은 거룩함이 사물에 적용될 수 있다는 개념을 거부한다. 거룩한 땅, 거룩한 기름, 그리고 그리스도를 믿는 신자 외에 거룩한 사람은 없다. 그리스도들은 모두 오직 그리스도와 연합되었기 때문에 거룩

---

31 요즘은 **헤렘**을 아는 사람이 극히 드물고, 유대인들도 더 이상 이를 실천하지 않지만, 우리는 '이와 유사한 이슬람의 **지하드** 개념에 점차 익숙해지고 있다. 자유주의 무슬림은 **지하드**는 순전히 영적 전쟁을 가리킨다고 주장하지만, 보다 보수적인 많은 무슬림은 이에 동의하지 않으며, 물리적 폭력을 기꺼이 **지하드**의 한 부분으로 포함시킨다.

32 갈 3:1-29.

33 벤후 1:21.

34 시 119:11; 렘 15:16.

해진다. 그러나 성경을 인정하는 이유는 성경 안에 하나님의 말씀이 담겨 있고, 성경에 의해 하나님의 말씀이 선포되었으며, 성경을 통해 하나님의 말씀이 효력을 일으키기 때문이다.[35] 어떻게 그럴 수 있는지는 많은 논란의 주제가 되어왔고 적지 않은 견해 차이가 있어왔지만, 이 문제는 기독교 교회에서 매우 중요하기에 이 질문을 피할 수 없다. 성경은 교회에 하나님의 음성을 들려주며 최고의 권위가 있다. 예수는 사탄의 시험에 자신의 말이 아니라 신명기에 나오는 구절을 인용해 대답함으로써 이를 증명했다.[36] "기록되었으되"라고 말씀하시기만 하면 텍스트가 하나님의 능력을 갖게 되었다. 성경책들이 거룩한 이유는 그 책의 역사적 정확성이나 심지어 그 책의 내용 때문이 아니라, 그 안에 하나님이 계시기 때문이다. 성경책들은 하나님이 자기 백성에게 보내는 연애편지이며, 그래서 하나님을 사랑하는 사람들은 그 책들의 말을 귀담아 듣고 이를 소중히 여긴다. 우리가 그 내용을 얼마나 많이 이해하느냐는 중요하기는 하지만 궁극적으로는 부차적인 문제다. 성경에는 항상 우리가 파악한 것보다 더 많은 내용이 담겨 있기 마련이지만, 이 사실이 성경에 대한 우리의 애착에 영향을 주지는 않는다. 우리는 그 속에서 하나님의 임재를 느끼기 때문에 그 의미를 알든 모르든 간에 하나님의 말씀을 소중히 여긴다. 시므온이나 안나 같은 사람들이 아기 예수를 보았을 때 그들에게 분명해졌던 것처럼, 우리는 하나님의 영의 숨겨진 일들이 때가 되면 분명해질 것이라고 확신한다.

하나님의 계시는 처음에는 문서 형태로 주어지지 않았고 간혹 하나님이 예언자들에게 쓸 내용을 불러주었다는 주장이 있기는 하지만, 받아쓰기는 하나님이 자기 백성에게 말씀하길 원하는 내용을 전달하는 일반적인 방법은 아니었다.[37] 에덴동산에서는 분명히 기록하는 일이 없었으며,

---

35   딤후 3:15-16.
36   마 4:4, 7, 10은 각각 신 8:3; 6:16과 6:13을 인용했다.
37   사 8:1; 30:8; 렘 30:2; 겔 43:11을 보라.

노아와 아브라함 시대에는 기록이 있었을 수도 있지만, 하나님이 노아나 아브라함과 소통할 때 기록을 사용했다는 증거는 없다. 바빌로니아와 이집트에서는 기록이 확실히 알려져 있었고, 창세기의 일부 내용과 이 나라들의 성문 기록들 사이의 유사점은 초기 히브리인들이 자기들의 전통을 보존하는 수단으로 기록을 사용했을 수도 있다는 점을 암시한다. 구약성경의 일부도 원래는 세속적 목적을 위해 작성되었으나 나중에 성령의 인도 아래 성경 텍스트 안으로 통합되었을 것이라고 볼 수도 있다. 고레스의 칙령에 그런 일이 발생했다.[38] 따라서 그 이전 시대에도 비슷한 일이 일어났을 가능성과 개연성을 배제해서는 안 된다.

그런 예외들을 제쳐두면, 하나님은 대개 자신이 영적 지도자로 부르신 남자들(때로는 여자들)을 통해 자기 백성에게 말씀하셨다고 해도 무방하다. 이 소통이 구술로 이루어졌는지 여부는 알기 어려운데, 이는 하나님이 그들에게 나중에는 말로 표현되었으나 자체로는 엄밀한 "구술"은 아닌 환상이나 꿈으로 말씀하셨을 수도 있고 때로는 사실상 확실하게 그런 방식으로 말씀하셨기 때문이다.[39] 그러나 이는 미묘한 구분이다. 여기서 중요한 요점은 하나님이 직접 기록을 통해 자기 백성과 소통하시지 않았다는 점이다. 사실 자기 백성이 이집트에서 오랫동안 종살이 할 때 그랬던 것처럼, 때때로 영적 지도자가 없을 때는 하나님은 그들과 전혀 소통하지 않으시기도 했다.

성경은 하나님이 자기 백성과 소통하는 한 가지 형태로서의 기록은 모세에게서, 그리고 보다 더 구체적으로는 시내산에서의 십계명 수여에서 시작되었다고 말한다.[40] 이후의 이스라엘 사람들은 모세 오경이 기록하고 있는 세상과 이스라엘의 초기 역사를 모세의 저작으로 돌리는데, 모세는 사람들의 구두 전승을 수집하여 기록한 것으로 추정되었다. 현재

---

38   대하 36:23; 스 1:2-4.
39   겔 1:1, 단 8:1-14를 보라.
40   출 24:4; 34:28.

우리는 이 일이 일어난 과정이 위에서 제안하는 것보다 더 복잡했다는 점을 인정하며, 이 과정에서 모세가 어떤 역할을 했는지에 대해서는 누구도 확신하지 못한다. 한쪽 극단에는 모세가 지금 우리가 갖고 있는 모세 오경의 모든 단어들을 기록했다고 주장하는 사람들이 있다. 다른 쪽 극단에는 그 이야기들은 실제로 꾸며낸 이야기는 아닐지라도, 모세가 살았던 때보다 훨씬 후에, 어쩌면 심지어 주전 586년의 포로 사건 후에 하나로 묶였을 것이라고 주장하는 사람들이 있다. 확실한 자료나 논쟁의 여지가 없는 외적 기준이 없이는, 두 가지 입장 중 어느 한 쪽을 독단적으로 고수하기는 불가능하지만, 모세가 그의 이름이 붙은 문서들의 기록에 중요한 기여자였을 가능성이 높다. 다른 많은 고대 사회들에 원형적인 입법자들이 있었으며, 확실히 그들이 고안한 기본적인 법체계에 다른 법률들이 추가되기는 했지만 최초의 입법자들이 그 법체계 확립에 중추 역할을 했다는 점은 아무도 부인하지 못할 것이다. 솔론이나 리쿠르고스와 같은 사람들이 나중에 이에 기초해서 아테네와 스파르타의 법이 발달하게 된 원형적인 법률 틀을 구축한 실제 인물이라면, 모세의 역사성이 떨어진다거나 모세의 업적이 솔론이나 리쿠르고스의 업적과 상당히 다르다고 생각할 아무런 이유도 없다.

신학적 관점에서 가장 중요한 점은 모세 시대 이후로 예언자 등을 통해 이스라엘에게 주어진 하나님의 계시가 후대를 위해 기록되었다는 것이다. 이 계시가 주어진 사람들에게 의견을 물어볼 수 없기 때문에, 이 기록이 원래의 계시와 얼마나 상응하는지는 알 수 없다. 우리가 지금 갖고 있는 기록은 원래 그들에게 계시된 내용에서 뽑아낸 추출물로서, 하나님이 말씀하신 모든 단어들이 아니라 그 골자만 우리에게 주어졌을 가능성이 높다. 요한복음 끝부분에 예수가 말씀하시고 행한 모든 것을 다 기록한다면 이 세상의 모든 책들로도 그 내용을 담기에 부족할 것이라는 진술이 나오는데, 이는 하나님이 자신이 택한 메신저들에게 준 계시와 우리가 지금 알고 있는 것 사이의 관계에 대한 합리적인 지침으로 보

인다.[41]

구전(口傳) 대비 기록된 텍스트의 장점이 당시에는 분명하지 않았을 수도 있지만, 지금 우리에게는 명확하다. 기록된 텍스트에는 구전 기록에는 없는 고정성과 영속성이 있다. 구전이 수백 년 동안 거의 또는 전혀 변경되지 않고 전해져 내려온다 하더라도 거기에는 고정성과 영속성이 없다. 책은 구전과는 다른 방식으로 작동하는 공적 문서다. 구전 기록은 그 내용을 전달하는 사람의 신뢰성에 의존하며, 구전을 전달하는 사람이 내용을 바꾸면 다른 사람이 이에 대해 할 수 있는 일이 별로 없다. 그러나 기록된 텍스트는 필사자가 베낄 때 실수할 경우에도 그리 쉽게 바뀔 수 없다. 기록은 비교적 고정된 준거점을 제공하기 때문에 구술 전달만큼 전달자에게 의존하지 않고, 원 저자(들)나 전달자(들)를 전혀 접촉하지 못한 우리와 같은 사람들도 텍스트에 접할 수 있다. 하나님의 말씀이 변경되지 않고 온전히 한 세대에서 다른 세대로 전달되려면, 기록이야말로 그렇게 할 수 있는 가장 좋은 방법이다. 학자들은 다양한 사본에서 나타나는 텍스트의 이형(variation)들을 강조하기 좋아하며, 많은 학자들이 이러한 변이들의 존재가 신적 영감 이론이 틀렸음을 증명한다고 주장한다. 그러나 사실은 이러한 변이들 중 신학적으로 중요한 경우는 거의 없으며, 이 중 많은 변이들은 의미에 전혀 영향을 주지 않기 때문에 무시될 수 있다. 확실히 불확실한 점들이 남아 있기는 하지만 그런 점들은 비판하는 사람들이 주장하고 싶어 하는 수준이나 구전에만 의존해야 했을 경우에 존재했을 수준보다는 훨씬 적다.

지금 우리가 히브리 성경이 편집된 역사를 확실하게 재구성할 수는 없지만, 히브리어로 토라로 알려진 "모세의 다섯 권의 책"(창세기-신명기)이 기초가 되는 문서이며 여기에 예언자들의 책과 소위 "성문서"가 나중에 추가되었다는 사실에 대해서는 일반적으로 동의하고 있다. 토라는

---

41 요 21:25.

모세가 하나님이 그에게 말씀하신 내용을 기록한 것은 하나님이 그렇게 하라고 명령하셨기 때문이라는 점을 강조하지만, 거룩하다고 간주된 것은 메시지였지, 메시지가 기록된 돌판이 아니었다. 모세는 하나님이 그의 율법을 계시하신 산에서 내려와 자기가 없는 사이에 백성들이 만든 금송아지를 숭배하는 모습을 보자 격분하여 돌판을 깨뜨리고 새 돌판을 받으러 다시 산으로 돌아가야 했다.[42] 신명기(Deuteronomy)라는 명칭이 암시하는 바와 같이,[43] 여러 해 뒤 이스라엘 백성이 약속된 땅에 들어가기 직전에 변화된 상황을 감안하기 위해 율법이 다시 기록되었다.

이 사실들은 율법이 기록된 돌판이 자체로 숭배되어야 할 성물(聖物)이 아니었다는 점을 가르쳐준다. 그렇다고 그 돌판을 무시하거나 그 돌판이 말하는 내용을 변경해도 된다는 뜻은 아니었지만, 중요한 것은 돌판에 담긴 메시지였다. 둘째, 우리는 율법은 변화하는 상황에 적용하기 위해 본래의 목적을 훼손하지 않고 개정될 수 있었다는 점을 배운다. 율법은 시간 속에서 주어졌지만 시간에 의해 고정되지는 않았다. 따라서 원래의 맥락을 넘어서 오늘날의 상황에 적용할 수 있도록 해석하는 것은 과거에도 적합했고 지금도 적합하다. 이는 중요하다. 왜냐하면 텍스트가 말하는 내용의 많은 부분이 사막 유목민의 삶에 맞춰졌고 오늘날 우리 대부분의 삶의 상황에는 적합하지 않기 때문이다. 그러나 율법의 뼈대를 구성한 원리들은 여전히 타당하며, 율법의 세부 사항이 우리의 상황에 적용될 때 이 원리들이 사용되어야 한다. 유대인 해석자들은 2천년 넘게 그렇게 해왔다. 그리스도인들도 방식은 다르지만 그렇게 하고 있다. 왜냐하면 우리 그리스도인들은 예수 그리스도의 인격과 사역 안에서, 그리고 그 인격과 사역을 통하여 율법의 의미를 파악하기 때문이다.

토라 다음에는 예언자들의 책이 나온다. 예언은 고대의 현상이며, 예

---

42   출 32:19.
43   Deuteronomy는 그리스어에서 "두 번째 율법"을 의미한다. 원래 히브리어 성경에는 이와 동등한 말이 없고 단지 이 책을 첫 줄의 표현을 따라 "이는 말씀이니라"로 부른다.

언의 기원은 다소 모호하다. 모세 당시에도 예언자들이 있었는데, 모세 자신은 그들을 인정했지만 그들은 모세가 임명한 사람들이 아니었기 때문에 다소 의심받았다.[44] 그 후에 사무엘 시대(주전 11세기)까지 예언에 관해 별로 더 듣지 못하는데, 그 무렵에는 사실상 예언이 사라졌다.[45] 그 시점에 하나님은 사무엘에게 말씀하셨고, 그 이후 상황이 바뀌었다. 예언이 회복되어 말라기 시대(대략 주전 400년)까지 계속되다가 다시 중단되었다. 예언이 존속하던 기간 중에 하나님은 예언자들 개인에게 말씀하셨고, 이 예언자들은 하나님이 주신 메시지를 의도된 사람들에게 전해 주었다. 예언자는 때로는 잘못을 범한 왕과 같이 오직 한 사람에게 말하도록 부름을 받기도 했지만, 이스라엘 전체 민족에게 메시지를 전하도록 부름을 받기도 했고 심지어 외국 땅으로 가 메시지를 전하라는 말씀을 듣기도 했다.[46] 초기 예언자들의 메시지는 구술로 전해졌으며, 히스기야 왕 시대(대략 주전 700년)가 되어서야 비로소 기록을 통해 메시지가 전달되었고 개별적인 모음집들로 보존되었다. 그래서 우리는 왕들의 역사를 기록한 책에서 엘리야나 엘리사 같은 예언자들에 관해 알게 된다. 반면에 이사야와 예레미야와 같은 예언자들의 말은 자체의 책으로 기록되었는데, 이는 아마도 그들을 수행했던 서기와 제자들이 예언자들의 말을 기록했기 때문일 것이다.[47] 이 후기 예언자들이 스스로 예언을 기록했는지 여부는 확실하지 않지만, 그들 가운데 일부는 스스로 기록했다고 해도 그들의 메시지는 처음에는 거의 모두 말로 전해졌으며 성문 형태는 나중에 나타났다. 예레미야서의 경우, 다양한 사본 전통들의 존재를

---

44   민 11:26-29.
45   삼상 3:1을 보라.
46   나단은 다윗 왕에게(삼하 12:1-15), 미가야는 아합 왕에게(왕상 22:13-28) 예언하도록 보내졌다. 대부분의 다른 예언자들은 그들의 예언이 외국 민족의 운명에 관한 것일 때에도 이스라엘 백성 전체에게 말씀을 선포했다. 그러나 요나는 이례적으로 이스라엘이 아니라 니느웨로 가도록 보내졌다.
47   예레미야의 경우에는 확실히 그랬으며, 그의 서기는 바룩이었다.

통해 예언자의 말을 성문 형태로 전환하는 데는 수백 년이 걸렸고, 주전 200년경 또는 그 이후에야 비로소 기록이 완결되었음을 알게 되었다.[48] 이 과정에 대한 직접적인 증거는 더 이상 존재하지 않지만, 다른 예언자들에게도 그런 과정이 있었을 것이다.

히브리 성경의 나머지는 "성문서"(Writings)로 알려진 다양한 책들의 묶음으로 이루어져 있는데, 이 문서들은 다양한 원천에서 나왔다. 이 책들과 "저자"라고 생각되는 사람들 사이의 관계의 정확한 성격은 그러한 저자 표시가 현대 독자들에게 암시하는 것보다는 더 복잡하지만, 일부 성문서는 다윗 왕(시편)이나 그의 아들 솔로몬(잠언, 전도서, 아가)이 저자라고 여겨졌다. 예를 들어 우리는 시편 전체의 저술 연대가 다윗에게까지 거슬러 올라가지는 않는다는 점을 확실히 알고 있다. 왜냐하면 예수 시대에 "다윗"이 보통 시편 전체를 가리키는 약어로 사용되기는 했지만, 일부 시편은 바빌로니아 포로 시대에 나온 작품이기 때문이다.[49] 욥기는 저자가 알려져 있지 않으며, 구술 전달이라는 사전 과정 없이 성문 텍스트로 작성되었을 수도 있지만 우리는 그 정확한 과정에 대해 알지 못한다. 그러나 그런 예외가 있을 수 있음을 인정하더라도, 히브리 성경은 대부분 원래는 구술 메시지였던 것이 나중에 문서로 기록된 것이라고 말해도 무방하다. 사도 베드로가 다음과 같이 인정하듯이 말이다. "예언은 언제든지 사람의 뜻으로 낸 것이 아니요, 오직 성령의 감동함을 받은 사람들이 하나님께 받아 말한 것이라."[50]

히브리어 성경이 아닌 다른 역본들을 조금만 살펴보면 그 성경들에서는 유대인들의 예언서와 "성문서" 간의 구분이 모호해져 있음이 곧바로

---

48 70인역으로 알려진 그리스어 구약성경 역본은 주전 200년 이전의 어느 시점에 만들어졌는데, 이 번역본은 현재 히브리 성경의 텍스트와 다르게 배열된 예레미야서 축약본을 담고 있다.

49 예컨대 시 2:1-2를 인용하는 행 4:25-26을 보라.

50 벧후 1:21.

드러난다. 이는 이 성경들이 주전 3세기 어느 시점에 알렉산드리아에서 만들어진 그리스어 역본(70인역으로 알려져 있음)에 포함된 책의 순서를 따르기 때문이다. 70인역은 히브리 성경의 예언서를 두 범주로 나누었는데, 우리는 그중 첫 번째를 "역사서"로 부르고 두 번째는 "예언서"로 부른다. 70인역은 또한 성문서들도 재배치했고, 일부는 역사서나 예언서에 포함시켰다. 역사서는 여호수아서에서 열왕기하까지며 룻기는 제외한다. 히브리 성경에서는 룻기, 역대기, 그리고 에스라서에서 에스더서까지의 책들이 예언서가 아니라 성문서에 들어가지만, 우리가 갖고 있는 성경에서는 그 책들이 역사서에 들어가 있다. 나머지 예언서는 이사야서에서 말라기까지의 책들이지만, 그중 예레미야애가와 다니엘서는 히브리 성경에서 성문서에 들어가 있던 책들이었다. 우리에게는 아주 비슷해 보이는 책들(열왕기와 역대기)이 히브리 성경에서는 다른 범주에 들어가 있기 때문에 이를 알아두면 좋다. (히브리 성경에서 열왕기는 예언서에 들어가 있고 역대기는 "성문서"의 마지막에 들어가 있는데, 현재 대부분의 비히브리 성경들에서는 이 사실이 가려져 있다.)

구약성경 책들의 편성이 다르다고 해서 큰 어려움은 없지만, 히브리 성경과 70인역 사이에는 중요한 차이가 있고, 이 차이가 오늘날에도 계속 불일치를 야기하고 있다. 개신교인들은 일반적으로 히브리 정경을 인정하지만, 70인역의 순서에 따라 이를 39권으로 나눴다. 시편은 이에 대한 주된 예외로서, 개신교 성경들은 시편을 70인역이 아니라 히브리 성경에 따라 나눈다. (70인역의 많은 텍스트가 우리에게 전해진 히브리 성경 텍스트와 상당히 다르기는 해도) 텍스트는 근본적으로 동일하지만, 붙여진 번호가 다르다. 70인역은 시편 9편과 10편을 하나로 결합하고, 시편 147편은 둘로 나눠서(1-11절과 12-20절), 대부분의 시편의 번호가 히브리 성경에 비해 하나가 적다.[51]

---

51 히브리 성경 시편 115편은 70인역 시편 113편의 한 부분이고, 70인역 시편 114편과

로마 가톨릭교회와 동방 정교회는 70인역 정경을 선호하는데, 70인역은 히브리 정경에는 더 이상 존재하지 않거나 애초에 그리스어로 먼저 기록된 책들이나 책들의 일부 내용을 포함하고 있다. 이 여분의 텍스트들은 전통적으로 "외경"(Apocrypha)으로 알려졌다. 아포크리파는 "숨겨진"을 의미하는 그리스어 단어이지만, 외경들은 실제로는 전혀 숨겨진 책들이 아니다! 오늘날 이 책들은 그 지위가 이차적임을 가리키는 하나의 방법으로 제2정경으로 불리기도 한다. 어떤 책을 정경으로 받아들일지에 대한 결정은 구약성경의 경계를 결정할 때 고대 이스라엘 공동체에 어느 정도의 권위를 부여할지에 의존한다. 우리 자신이 고대 이스라엘 공동체와 연속선상에 있음을 더 많이 이해할수록 그들의 정경을 선호할 가능성이 높다. 그러나 우리가 그들의 경계를 넘어섰다고 믿는다면, 어떤 책들이 성경에 속하는지에 대한 그들의 결정을 따라야 할 제약을 덜 받는다고 느끼고, 그들이 거부했던 텍스트들을 보다 기꺼이 받아들일 것이다.

70인역에 관한 한, 70인역이 그리스어를 사용하는 첫 세대 그리스도인들에게 널리 사용되었고, 신약성경에 종종 인용된다는 점은 의심의 여지가 없다. 사도들은 70인역에 대해 아무런 거리낌도 나타내지 않았으며, 사해 사본은 때로는 70인역이 후기 유대인 편집자들이 명백히 거부한 히브리 성경의 다른 독법을 나타낸다는 점을 밝혀주었다. 반면에 신약성경은 히브리 성경에는 들어 있지 않은 70인역 책은 결코 인용하지 않는다. 따라서 외경들이 초기 교회에서 권위가 있었는지 여부는 이런 식으로 답변할 수 없다.

다른 텍스트들의 권위에 대한 더 나은 지침은 고대부터 전해져 내려온 주석 자료에 대한 검토에서 발견할 수 있다. 그리스도인들은 설교자

115편이 히브리 성경에서는 116편으로 결합되어 있어서 (9절까지가 70인역의 114편에 해당한다) 한층 더 복잡해진다.

와 교사들이 보다 어려운 구절들을 이해하도록 도와주기 위해 성경 주석을 쓰기 시작했다. 그래서 그들은 교회의 삶에서 사용된 책들에 대해서만 주석을 썼다. 놀랍게도 히브리 성경에 들어 있는 모든 구약 책에 대해서는 주석이 있지만, 히브리 성경에 들어 있지 않은 책에 대해서는 주석이 하나도 없다[52]. 그러므로 비록 70인역에 추가로 포함된 책들을 쉽게 입수할 수 있었고 그 책들이 다른 책들과 함께 필사되었다고는 해도, 히브리 정경이 교회에서 실제로 사용된 성경이었던 것 같다. 성령은 히브리 정경에 들어 있는 책들을 사용해서 초기 그리스도인들에게 말씀하시고 그들을 가르쳤으며, 예수도 틀림없이 히브리 정경을 사용했을 것이다. 16세기 종교개혁 때 비로소 정경에 어떤 책이 포함되어야 하는지에 대해 최종적으로 정의가 내려졌지만, 초창기부터 교회가 성경을 사용해온 관례는 성령이 어떻게 교회가 그 신앙에 대해 적절히 이해하도록 인도하고 있었는지 분명히 보여준다.

기독교 교회에 주어진 하나님의 계시

신약성경은 구약성경과 달리 그리스도가 온 이후에 성령에 의해 주어졌다. 그러므로 신약성경은 구약적 의미에서의 약속이라기보다는 성취의 책이고, 구약성경에서 부분적으로 숨겨지거나 완전히 감춰져 있던 것이 신약성경에서는 완전히 드러나고 설명되었다.[53] 다른 한편, 신약성경 저자들이 성경이라고 말할 때 그들은 구약성경을 의미했는데, 그들은 구

---

52 유일한 예외로 키루스의 테오도레토스(5세기)가 쓴 바룩서 주석 및 보다 긴 에스더서와 다니엘서에 관한 한두 개의 주석이 있다. 그러나 이 주석들의 존재 이유는 문제의 텍스트가 히브리 정경에서 발견되는 책들의 한 부분으로 생각되었기 때문이라는 점을 주목해야 한다(바룩서는 예레미아서에 속했다). 베다 시대(673-735)가 되어서야 단편적인 토비트 주석이 나타나고, 그 후에 비로소 다른 외경들에 대한 주석이 나타난다.

53 히 1:1.

약성경을 그리스도가 오기 전에도 정경의 권위를 인정받던 독특하고 거룩한 문헌으로 간주했다.[54] 신약성경 저자들은 구약 정경에 추가하려 하지 않고, 사도들의 가르침에 바탕을 둔 새로운 정경을 만들었다.[55] 신약정경은 그리스도를 계시하고 그리스도에 관해 교회를 가르친 사도들의 저술들이 인정되고 수집됨에 따라 점진적으로 형성되었다. 사도 바울의 일부 서신 등 보존되지 않은 사도들의 다른 저술들도 있었는데, 그런 저술들이 보존되지 않은 이유는 아마도 교회 전체에 그만한 영적 가치가 없었기 때문일 것이다.[56] 또한 사도적 권위가 없으면서도 그런 권위가 있다고 주장한 위서(僞書)들도 많았다. 이런 문서들은 파악되어 제거되어야 했다. 그러나 4세기가 되어서야 신약정경의 선정 작업이 완료되었지만, 그보다 오래 전에 정경에 관해 널리 합의하고 있었다는 점은 주목할 만하다.

타티아노스가 네 복음서를 하나로 줄이려다 실패한 데서 알 수 있는 것과 같이,[57] 4복음서는 2세기 초에 이미 특별한 권위가 있는 책으로 받아들여졌다. 많은 학자들이 복음서 작성 과정을 재구성하려 했지만, 명확한 증거가 드물고 다양한 해석이 가능하다. 첫 세대 그리스도인들 사이에 돌아다니던 구전이 있었고, 이 구전이 최소한 세 가지 다른 방식으로 성문화되고 기록되었다는 점은 확실히 말할 수 있다.[58] 복음서 저자들(또는 편찬자들)이 자기들의 저술을 성문 자료에 기초했는지 또는 모두 구전에 기초했는지는 알려져 있지 않다. 네 번째 복음서는 독자적인 자료에 기초했을 개연성이 있다. 설사 이로부터 공관복음서를 작성한 다른 성문

---

54   딤후 3:16; 벧후 1:21.
55   벧후 3:15-16은 지금 신약성경에 들어 있는 책들이 첫 세대 그리스도인들에게 성경으로 간주되었다는 점에 대해 우리가 갖고 있는 유일한 증거다.
56   바울이 라오디게아 교회에 쓴 편지를 가리키는 것으로 보이는 골 4:16을 보라.
57   이 책은 그의 디아테사론(Diatessaron)인데, 이는 "하나 안의 넷"을 뜻한다.
58   고전 11:23-26을 보라. 여기서 직접 관련된 세 복음서는 "공관복음서"로 불리는 마태복음, 마가복음, 누가복음이다.

자료가 있었다 해도, 이를 인식할 만한 형태로 남아 있는 자료는 하나도 없다.

각각의 복음서들을 마태, 마가, 누가, 요한의 저술로 귀속시키는 문제에 관한 한, 가장 정확할 가능성이 있는 저자는 누가로서, 그는 자신의 복음서 후편으로 사도행전을 썼다. 그다음으로 정확한 저자는 아마 "사랑받는 제자" 요한일 것이다. 요한복음 마지막 구절[59]의 진정성이 논란이 되고 있기는 하지만, 요한은 그 구절에서 자신을 밝힌다. 2세기의 기독교 저술가 파피아스는 마가복음은 본질상 베드로가 자신의 제자 마가에게 구술한 베드로의 회고록이라고 말하는데, 그럴 수도 있을 것이다. 마태복음은 저자 미상이며, 마태라는 이름을 가진 제자와의 명백한 관련성은 없다. 그러나 초기 교회에서는 마태복음이 4복음서 중 최초로 쓰인 가장 중요한 복음서라고 여겨졌다. 그래서 마태복음이 우리가 갖고 있는 신약성경의 맨 처음에 위치한다. 현대에 이르러서야 대다수 학자들이 마가복음을 최초로 기록된 복음서로 간주했다. 그 이유는 주로 마가복음이 다른 복음서들보다 짧고 덜 다듬어졌으며, 사실상 마태복음 또는 누가복음에서 발견할 수 없는 내용을 전혀 담고 있지 않기 때문이다. 이는 합리적인 가설이지만, 그런 사항들은 으레 그렇듯이 증명될 수 없으며 우리는 그 문제에 관해서는 열린 자세를 가져야 한다.

복음서들과 사도행전은 공식 역사라는 느낌이 들지만, 바울과 다른 사도들의 서신은 전혀 다르나. 서신들은 단편적인 조각들로서, 대부분 교회에서 일어난 다양한 어려움을 다루기 위해 기록되었다. 대부분의 경우 우리는 제공된 답변들을 통해 당시에 어떤 문제들이 있었는지 추측할 수 있을 뿐인데, 이는 불가피하게 추측에 근거한 작업이다. 결국 우리는 우리가 갖고 있는 텍스트들을 통해 작업해야 한다. 이때 개연성이 별로 없는 결론을 이끌어내서는 안 되며 추정된 "배경"을 해석의 열쇠로 삼아

---

59   요 21:20-24.

이에 너무 매여서도 안 된다. 고대 도시인 고린도나 빌립보 발굴 작업은 흥미롭고 어떤 면에서는 중요할 수도 있지만, 대체로 특수한 유물이나 비문 또는 심지어 지역의 관습들이 교회의 삶에 실제로 어떤 영향을 미쳤는지 알아낼 방법이 없기 때문에 고고학의 발견사항은 극히 조심스럽게 사용되어야 한다. 서신서들은 확실히 현재 우리가 알지 못하는 몇 가지 사항들을 언급하지만, 서신서의 일반적인 취지는 명확하며, 서신서가 제시하는 원리는 대체로 원래의 문맥에 대해 거의 또는 전혀 몰라도 이해되고 적용될 수 있다.

서신서와 관련해서는 많은 학자들이 전통적인 저자들의 저작권을 의심하기 때문에, 서신서의 저자 문제는 특히 어려움을 제기한다. 사실상 모든 서신을 사도들이 썼음을 확실히 옹호할 수는 있지만, 여기서도 명확한 증거보다는 추측에 근거한다. 가장 큰 문제는 베드로후서인데, 베드로후서의 진정성은 현대에만 아니라 고대에도 널리 의문시되었다. 베드로후서는 베드로전서와 문체가 너무 다르고, 내용이 첫 세대 그리스도인들에게는 너무 "앞선" 것으로 보이기 때문에 흔히 2세기 중엽에 나온 위작으로 간주되었다. 그럼에도 불구하고 베드로후서는 「디다케」나 「헤르마스의 목자」와 같은 다른 초기 기독교 문헌들과는 달리 교회에서 신자들에게 믿음을 가르치고 권고하는 수단으로 계속 기능하고 있다. 그러므로 베드로후서를 둘러싼 여러 가지 난점에도 불구하고, 이 책은 그 가치가 증명되고 정경 안에 들어가는 지위를 얻었다.

요한계시록은 자신만의 독특한 범주에 속하며, 자주 오해를 받았다. 20세기 성서학에서의 진정한 진보 중 하나는 묵시문학 장르에 대한 재발견이다. 이 재발견으로 성경의 마지막 책(요한계시록)을 해석하기가 더 쉬워졌고 이를 정경에 포함시키는 것을 정당화하기도 더 쉬워졌다. 아무도 요한계시록의 풍부한 상징적 표현을 어떻게 이해해야 할지 제대로 알지 못했기 때문에, 요한계시록은 오랫동안 무시되거나 오해받았다. 많은 사람들이 요한계시록을 문자적 예언으로 간주하는 실수를 저질렀고,

이로 인해 세상의 종말이 임박했다는 등의 공상적인 예언으로 흘러갔다. 이런 식의 해석은 당연히 잘못된 것으로 판명되기 마련이며, 이로 인해 많은 진지한 학자들의 눈에 요한계시록은 믿을 수 없는 책이 되었다. 그러나 이제는 요한계시록 텍스트가 무슨 뜻인지 이해하고, 요한계시록이 성경 전체에서 신학적으로 가장 심원한 책들 중 하나라는 사실을 깨달을 수 있다. 아직도 선정적인 해석으로 오도될 가능성이 있는 평범한 교인에게 이에 대한 인식이 퍼지려면 어느 정도 시간이 걸릴 수도 있다. 그러나 학자들 사이에는 교회의 삶 속에서 요한계시록의 명성과 유용성이 감소되지 않고 오히려 강화되리라는 점에 대한 새로운 합의가 형성되고 있다.

신약성경에 관해 참으로 주목할 만한 점은 모든 기독교 교회 분파가 신약성경을 인정하며, 구약성경과 달리 신약성경에는 여분의 책, 즉 "외경"과 같은 논란이 전혀 없다는 점이다.[60] 고대의 어떤 교회 회의도 신약성경의 정경을 선포하거나 또는 그 문제를 논의한 적이 없지만, 신약성경은 하나로 묶였고, 교회사의 온갖 부침 속에서도 그대로 보존되었으며, 이는 오늘날에도 여전히 보편적으로 동의되고 있다. 이런 합의는 성령의 역사다. 성령께서는 하나님의 사람들이 이 거룩한 텍스트를 읽고 듣고 적용할 때, 이 저작들이, 오직 이 저작들만이, 사도들의 교훈과 그리스도의 복음에 대한 진정한 증언을 담고 있음을 납득시키신다.

구약성경과 신약성경의 한 가지 주된 차이는 작성 시기와 장소다. 구약성경은 대체로 오랜 세월 동안 익명의 사람들에 의해 쓰였다. 구약성경은 하나님의 백성들의 상황 변화에 따른 그들의 성장과 발전을 묘사한다. 구약성경은 아브라함, 모세, 다윗과 같은 위대한 인물들의 삶을 기록하는데, 이들의 삶은 오늘날 우리에게 경고와 격려의 역할을 한다. 반

---

60 오직 에티오피아 정교회만이 8권의 책들을 추가하지만, 이는 에티오피아에서만 특유한 현상이고 다른 곳에서는 그런 책들이 알려져 있지 않다.

면에 신약성경은 불과 한 세대만에 나온 작품이다. 우리는 신약성경 책을 쓴 사람들 대부분의 이름을 알고 있지만, 그 안에 언급된 사람들에 관해서는 아는 게 별로 없다. 우리는 베드로나 바울과 같은 사람들의 성격을 꿰맞출 수 있지만, 그들의 온전한 전기를 재구성할 수 있을 만큼 충분한 정보는 없으며, 심지어 그들이 언제 어디서 죽었는지에 대해서도 들은 바가 없다.

우리는 구약성경 저술이 왜 이처럼 오랜 기간에 걸쳐 이루어졌는지 모르지만, 신약성경이 한 세대 만에 기록된 이유에 대해서는 합리적인 추측을 할 수 있다. 한 가지 이유는 신약성경은 사도들의 증언을 기록한 책이라는 점이다. 사도들은 부활한 그리스도를 목격한 사람들로서, 첫 세대가 지난 후에는 당연히 죽어서 사라졌다.[61] 또 다른 이유는 신약성경 저자들은 자신들이 마지막 때에 살고 있음을 의식했고 하나님으로부터 추가로 오는 계시를 기대하지 않았다는 점이다.[62] 아마 모든 그리스도인들은 변하지도 않고, 발전할 필요도 없는 사도적 신앙을 공유하고 있다는 생각도 있었을 것이다. 육체적으로 예수를 본 사람들이 다른 사람들의 증언에 의존해야 했던 이후 세대들보다 특별히 더 큰 특권을 부여받지 않았던 것처럼, 이후 세대들도 첫 세대 그리스도인들이 받지 못했던 특별한 계시를 받지 않았다.[63] 제11시에 구제받은 사람도 하루 종일 포도원에서 일한 사람과 똑같은 삯을 받는 것은[64] 그리스도 예수 안에서는 우선과 나중이 없고 오직 모두 공유하는 영속적이고 영원한 생명만 있기 때문이다.

결국 성경의 신적 영감은 하나님의 백성을 형성하고 양육하는 데서 발휘하는 능력으로 확인된다. 그렇지 않다면 모세의 율법은 보존할 가치

---

61   고전 15:3-9.
62   히 1:1.
63   요 20:29.
64   마 20:1-16을 보라.

가 없었을 것이다. 왜냐하면 모세 율법의 많은 부분은 고대 언약 공동체 외부에서는 적용되지 않으며, 그 공동체는 이제 사라졌기 때문이다. 성경에서 우리는 우리 자신에게 말씀하는 주의 음성을 듣는다. 그래서 성경은 그의 가르침을 인정하고 그에 반응하는 신자들을 위한 책이다. 오랜 세월에 걸친 공통적인 경험에 비춰볼 때, 성경은 우리 이전의 무수한 세대들을 영적으로 양육했던 것처럼 우리를 영적으로 양육하기에, 오늘날에도 여전히 교회 생활의 중심이라는 점이 확실하다. 성경의 다양한 부분이 기록된 원래의 맥락들이 사라지고 난 오랜 뒤에도, 하나님은 계속 성경을 사용해서 오늘날 자기를 따르고자하는 사람들을 가르치고 그들에게 지시하신다.

성경은 어떻게 계시되었는가?

이상의 설명으로부터 나오는 그림은 하나님이 개인들에게 말씀하셨고, 그 말씀을 들은 사람들이 그 메시지를 기록했거나 자신을 위해 그 메시지를 기록해줄 다른 사람들에게 이를 전달했다는 것이다. 하나님은 구약성경 저자들에게 히브리어로 말씀하셨거나, 아니면 적어도 구약성경 저자들은 하나님께서 그렇게 말씀하시는 것처럼 들었을 것이다. 그러나 신약성경 저자들에 관해서는 덜 확실하다. 신약성경 저자들은 자기들이 들은 바를 확실히 그리스어로 **기록했다**. 그러나 하나님이 그들에게 그들의 모국어인 아람어(히브리어와 밀접한 관계가 있는 언어)로 말씀하시고, 그들이 그 메시지를 그리스어로 번역했을 가능성도 있다. 아람어로 설교하고 가르쳤던 예수의 경우에는 의심할 바 없이 그랬고, 바울도 하나님이 자신에게 아람어로 말씀하는 것을 들었을 것이라는 암시도 있다.[65] 진상이

---

65 갈 4:6; 고전 16:22를 보라.

야 어떠하든, 하나님의 말씀이 인간의 특정 언어로 주어졌다고 해도 하나님의 말씀이 그에 제한되지 않았다는 점은 확실하다. 그리스도가 오기 전에도 히브리 성경이 그리스어로 번역되었고 아람어 역본도 등장했는데, 확실히 이에 대해서 아무런 반대도 제기되지 않았다. 복음서에 기록된 많은 내용이 번역되어 우리에게 전해졌고, 원래의 아람어는 더 이상 존재하지 않는다. 비록 서유럽의 중세 교회는 다른 이유들로 번역을 억제하기는 했지만, 그리스도인들은 하나님의 말씀을 번역하는 일이 불가능하다고 믿지 않았다.[66]

하나님이 자신의 보편적 메시지를 특수한 개인들에게 그들이 사용하는 언어로 전하시고, 이 메시지가 (때로는 이 메시지를 받은 사람들 자신에 의해) 다른 언어로 번역되어야 했었던 점을 이상하게 여기는 사람들에게는 어느 것도 성경 자체에 명확히 언급되어 있지는 않지만 여러 가지 가능한 설명이 주어질 수 있다. 첫째, 하나님은 우리와 개인적으로 관계를 맺으신다. 비록 우리가 공동체에 속해 있을지라도 하나님은 우리에게 일대일로 말씀하시고, 특정인을 사용해서 자신의 메시지를 전체 집단에 말씀하신다. 예수조차도, 간혹 많은 무리들에게 말씀하시기도 했지만, 종종 중요한 일들을 한 사람에게만 말씀하셨다.[67] 후대를 위해 그리스도의 메시지를 기록한 복음서 저자들도 자기들의 내러티브를 구성할 때 다른 자료들에 아무리 많이 의존했다 할지라도, 자신의 개성을 반영하여 자기 책을 쓴 개인들이었다. 자기 백성에 대한 하나님의 메시지가 이를 위해 부름 받고 선택 받은 개인들을 통해 전해졌다는 점은 피할 수 없는 엄연한 사실이다.

둘째, 메시지가 한 개인을 통해 다수에게 전달되는 방식은 그것을 개인사로 만드는 것이 아니라 오히려 모든 사람이 공통의 원천으로부터

---

66 교회는 라틴어 역본인 불가타(물론 불가타 자체도 번역본이다)를 신성시했고, 자국어 번역본이 이단적이 될까 두려워 자국어 번역을 억제했다.

67 예컨대 니고데모(요 3)나 우물가의 여인(요 4)에게 그렇게 했다.

나오는 동일한 메시지를 받는 것을 보증해주었다. 이 점은 베드로와 다른 제자들이 오순절 날 예루살렘에서 부활한 주 예수의 소식을 선포했을 때 명확하게 드러난다. 거기서 우리는 그곳에 있던 사람은 누구나 자기들의 언어로 말하는 것을 들었다는 말을 듣는다.[68] 메시지는 하나였지만 소통은 보편적이었고, 듣는 사람 각자의 필요에 맞춰 적용되었다.

하나님은 오늘날에도 계속 이런 방식으로 말씀하신다. 우리에게는 하나님의 메시지가 최초로 기록된 히브리어와 그리스어 텍스트들이 있으며, 우리는 이 텍스트들에 기초해서 번역본 성경을 만든다. 이 언어들을 배우는 그리스도인들은 비교적 드물고, 요즘에 (히브리어와 그리스어를 사용하는 원어민을 제외하면) 이 언어들을 사용해서 하나님께 기도하겠다고 생각하는 사람은 거의 없을 것이다. 어떤 그리스도인도 하나님이 번역된 성경을 통해 우리에게 말씀하신다는 점을 의심하지 않으며, 우리는 하나님이 말씀하는 내용을 이해하기 위해 통역가가 필요하다는 생각을 조금도 하지 않으면서 우리의 언어로 하나님의 말씀을 듣는다. 의심이 일거나 어떤 말이 부정확하다고 주장하는 사람들이 있다 해도, 고대의 기록들이 우리가 잘못된 길로 새지 않도록 막아주며, 학자들은 내용이 왜곡되지 않고 이해되도록 부지런히 고대의 기록들을 연구한다. 하나님의 말씀은 언제나 언어 장벽을 극복해왔으며, 전 세계의 그리스도인들은 공통적으로 자신의 모국어로 똑같은 메시지를 이해했다고 증언한다. 그러나 원전 텍스트라는 공통의 기준점이 없으면 우리가 다 같은 내용에 대해 말하고 있는지 여부를 알 길이 없을 것이고, 성경을 해석하는 방법에 분쟁이 발생할 경우 도움을 구할 아무런 권위도 없게 될 것이다.[69]

만일 하나님이 자기 아들을 보내시기 전에 이스라엘에게 자기 자신을 계시했던 것과 같이 다양한 여러 방식으로 모든 민족들에게 자기 자신

---

68   행 2:6-11.
69   원어로 된 완벽한 텍스트는 없지만, 원문 텍스트들 간의 차이는 미미하며 의미에 중대한 영향을 주는 경우는 거의 없다.

을 계시하셨더라면, 예수 그리스도가 세상의 구주인지 여부를 알기가 거의 불가능할 것이다.[70] 만약 하나님께 나아가는 방법이 두 가지 이상이라면 그중 하나가 다른 방법들보다 나은지 여부, 또는 그중 어떤 방법을 선호해야 하며 왜 그런지가 불분명할 것이다. 역설적으로 보일 수도 있지만, 하나의 계시를 특정 개인들을 통해 특별히 선택 받은 한 민족에게 주는 것이 모든 사람을 동등하게 다루도록 보장하는 최선의 방법일 수 있고, 그래서 하나님이 실제로 그 방법을 택하셨을 수도 있다. 성경은 자기 백성을 향한 하나님의 사랑의 언어이며, 만일 성경이 영혼에게 말하지 않는다면 성경은 우리가 하나님의 말씀으로부터 기대하는 것을 하지 않고 있는 셈이다. 궁극적으로 성경은 다른 모든 것들이 이에 비추어 판단되어야 하는 기준으로서, 성경 너머에 있지만 성경이 확인하고 지지하는 하나님에 대한 경험을 향하도록 우리를 인도한다.[71]

성경의 신적 영감

성경의 영감(inspiration), 무류성(infallibility), 무오성(inerrancy)에 관해 쓴 책들이 많지만, 성경에는 이 세 용어 가운데 첫 번째 용어(이 말은 개역개정판에서 "감동"으로 번역되었다-역자 주)만 나온다.[72] 무류성과 무오성은 신적 영감이란 원칙으로부터 이끌어낸 논리적 추론의 결과로 볼 수 있다. 무류성은 19세기에 유행한 말로서, 당시 개신교인들은 이를 성경에 적용시켰고, 로마 가톨릭교회 교인들은 교황에 적용시켰다. 그러나 무오성은 비교적 최근에 등장했다. 이들은 일반적으로 성경이 신적 영감을 받은 책이라면, 하나님이 자기 백성을 잘못된 길로 이끌지 아니할 것이므

70　히 1:1-3을 보라.
71　사 8:20을 보라.
72　딤후 3:16.

로 성경 또한 절대 틀리지 않을(infallible) 것이라는 식으로 논리를 전개한다. 그런데 참으로 절대 틀리지 않으려면, 성경에는 어떤 오류도 있어서는 안 된다. 왜냐하면 아무리 작은 실수라도 있다면 사람들을 잘못된 길로 이끌고 사람들이 잘못을 저지르도록 하거나, (그들이 실수를 발견할 경우) 하나님의 말씀이 진리임을 의심하게 만들기 때문이다. 이런 식의 주장은 논리적으로는 일리가 있지만, 이 주장은 우리는 원본을 갖고 있지 못하고, 우리가 갖고 있는 모든 사본에는 온갖 오류가 있다는 명백한 반론에 부딪힌다. 이는 참으로 "오류가 없는" 텍스트는 존재하지 않는다는 것을 의미하지만, 그렇다고 반드시 우리가 갖고 있는 사본들이 우리를 잘못 인도하고 우리가 그 사본들이 하나님에 의해 영감을 받았는지 여부에 대해서 알 수 없다는 점을 함축하는 것은 아니다.

이 용어들을 둘러싸고 수많은 논쟁이 벌어지고 있다. 현대 교회에서는 이 용어들이 나타내는 것을 믿는 믿음이 보수적이고, 대체로 복음주의적인 신자들의 특징이라고 말해도 무방하다. 그러나 전통적으로 정통 그리스도인들은 항상 성경이 신적 영감을 받았다고 믿었으며, 기독교 예배에서 성경 텍스트가 차지하는 독보적 지위가 그 사실을 증명한다고 말하는 것도 무방하다. 고대에는 대체로 시인들이 그들에게 초인적인 재능을 준 뮤즈나 다른 천재에게서 영감을 받았다고 믿었다. 영감은 주로 문학 작품 자체가 아니라 문학 작품을 쓴 사람들에게 적용되었다. 신약성경에서는 이 두 가지가 모두 발견된다. 곧 거룩한 사람들이 하나님의 영에게 감동을 받았고, 그들이 만들어낸 텍스트들도 그의 감동으로 된 것이다.[73] 이 특질이 성경의 거룩함의 표지이자, 교회의 삶 속에서 성경의 최고 권위에 대한 보증이었다.

"무류성"은 성경은 오류를 가르치지 않는다고 말하는 하나의 방법으로 등장했고, "무오성"은 성경에는 오류가 없다고 주장함으로써 무류성

---

73   벧후 1:21; 딤후 3:16.

을 보다 정밀하게 주장한다. 이 두 용어들은 텍스트 자체로부터 증명될 수 있는 수준을 뛰어넘어 과도한 주장을 하는 일부 옹호자들의 지나친 열심에 시달렸다. 예를 들어 어떤 이들은 욥기라는 이름의 책에 욥이 역사적 인물로 묘사되었으니 욥은 역사적 인물임에 틀림없다고 말했다. 그러나 욥은 익명의 저자가 일련의 중요한 신학적 요점을 제시하기 위해 만들어낸 가공의 인물일 가능성도 있다. "무오성"을 욥의 역사성을 주장하기 위한 근거로 사용하는 것은 지나친 처사이며, 무오성에 기초해서 이런 주장을 하면 그 용어 자체가 신뢰성을 상실한다.

이 두 용어를 대하는 가장 좋은 방법은 두 용어를 본질상 사법 용어(juridical term)로 보는 것이다. 성경은 교회의 성문 헌법으로서 틀리지 않고 오류가 없다고 해석되어야 한다. 성경의 권위는 절대적이며, 따라서 교회의 삶에 관한 한, 성경은 틀리지 않고 오류가 없다. 어떤 기독교 설교자나 교사에게도 성경의 가르침을 왜곡하거나 경시할 권리가 조금도 없으며, 성경 안의 모든 단어가 주의 깊게 평가되고 그 의미가 고려되어야 한다. 인간의 법률도 종종 마찬가지이기 때문에, 성경의 어떤 부분(예컨대 구약의 음식 법)이 오늘날에는 더 이상 직접 적용될 수 없는 것이 아닌지를 걱정할 필요가 없다. 한 국가의 헌법에는 거의 확실히 지금은 시대에 뒤떨어진 조항들이 담겨 있지만, 이 조항들은 전체로서의 헌법의 권위를 그대로 보존하고 있으며, 이 조항들을 고안하게 된 상황이 다시 벌어진다면 다시 효력을 회복할 것이다. 성경도 원래 그 메시지가 계시되었던 물리적 상황이 사라지고 난 오랜 뒤에도 영적으로 적용될 수 있는 메시지를 담고 있다는 점을 제외하면, 이와 매우 유사하다. 문제들을 이런 식으로 보면 성경은 우리를 잘못된 길로 이끌지 않을 것이고, 또 우리에게 성경에 영감을 준 성령의 의도에 반하는 것을 결코 가르치지 않을 것이다.

필사 과정의 실수 중 많은 내용들은 바로잡을 수 있고 원문의 의미에 관해 정말 중요한 영향을 주는 실수들은 별로 없기 때문에 성경 필사자들이 필사할 때 저지르는 실수에 대해서는 너무 염려할 필요가 없다. 의심스러운 부분이 일부 남아 있지만, 우리가 명확하지 않은 단어나 구절에 너무 큰 비중을 두지 않는 한, 이러한 부분이 텍스트의 전반적인 의미를 이해하는 데 영향을 주지 않을 것이다. 성경에는 우발적인 실수에 기인하지 않은, 사실에 관한 오류 또는 판단상의 오류가 들어 있다는 주장은 보다 더 심각한 문젯거리다. 예를 들어 고고학자들은 여리고 성의 붕괴나 아이 성의 멸망에 대한 증거가 없거나 그것이 성경의 주장을 지지하지 않는다고 보기 때문에, 여호수아의 인도 아래 이스라엘이 팔레스타인을 침략한 사건에 의문을 제기했다.[74] 역사가들은 에스더나 다니엘이 실존했다는 증거를 찾아내지 못했으며, 많은 학자들은 에스더와 다니엘이 본질상 정치적 이유로 후대에 만들어진 가공인물이라고 믿는다.

신약성경이 다루는 기간은 훨씬 짧고 더 잘 알려져 있기 때문에 신약성경은 이런 식의 반론에 덜 노출되어 있지만, 텍스트들로부터 예수의 생애와 사도 바울의 경력에 대한 세부 내용을 뽑아내서 종합하기는 여전히 어렵다. 예수는 사역을 시작할 때 성전을 정화했는가, 아니면 사역 끝 무렵에 정화했는가? 그것도 아니라면 일부 학자들이 주장하는 바와 같이 예수가 성전을 두 번 정화했는가? 보다 급진적인 학자들은 그 사건 자체가 일어난 적이 있었는지에 대해 의문을 제기하고, 제자들이 신학적 요점을 제시하기 위해 조작했다고 제안할 수도 있다.[75] 이런 문제는 답변하기 어려우며, 어쩌면 답변할 수 없을 것이다. 왜냐하면 부분적으로는 어느 쪽이 맞는지를 판단하기에 증거가 불충분하기 때문이고, 또 부분적으로는 원 저자(들)의 의도가 불분명하기 때문이다. 학자들은 그 문제들이 처음에 그 텍스트들을 기록했거나 읽었던 사람들에게는 뚜렷하게 부각되지 않았으며, 따라서 분명히 이에 대해 모종의 설명이 있을 것이라

---

74 수 6:20; 8:20.

75 마 21:12-17; 막 11:15-18; 눅 19:45-47; 요 2:14-16. 앞의 세 복음서들은 성전 정화 사건을 예수의 사역 후기에 두지만, 요한복음은 예수의 사역 초기에 둔다.

는 합리적인 가정에 따라 이 어려움을 해결하기 위해 최선을 다한다. 그 설명이 반드시 우리가 기대했던 내용은 아닐 수도 있으며 현재 우리의 지식 상태로는 답변할 수 없는 문제들도 있다. 그러나 단순히 우리가 실상을 모른다는 이유로 텍스트가 거짓말하고 있다거나 사실을 잘못 제시했다고 비난하는 것은 가장 현명하지 못한 태도일 것이다. 참된 연구자는 훌륭한 탐정처럼 해결책을 찾아낼 때까지 인내하면서 텍스트의 증언을 무시하는 손쉬운 이론들에 호소하기를 거절할 것이다. 어쨌든 그 텍스트들은 우리가 갖고 있는 증거의 중요한 부분이며, 적절한 주의와 존중을 받아야 한다.

보통 신자의 관점에서 볼 때, 신앙은 진리에 기초하기 때문에 성경 텍스트의 "역사성"에 관한 주장이 중요하다. 하지만 텍스트의 역사성이 문제의 핵심은 아니다. 단지 성경에 오류가 없다는 이유만으로 성경이 우리의 교리와 영적 생활의 원천인 것은 아니다. 사전이나 컴퓨터 매뉴얼에도 오류가 없기는 마찬가지다. 무류성과 무오성에는 나름의 입지가 있지만, 신적 영감 때문에 성경 텍스트가 하나님의 말씀이 되는 것이기에, 신적 영감이 계속 텍스트를 해석하는 열쇠 역할을 한다. 사도 바울은 디모데에게 쓴 편지에서 우리 모두에게 다음과 같이 말했다.

…성경은 능히 너로 하여금 그리스도 예수 안에 있는 믿음으로 말미암아 구원에 이르는 지혜가 있게 하느니라. 모든 성경은 하나님의 감동으로 된 것으로 교훈과 책망과 바르게 함과 의로 교육하기에 유익하니 이는 하나님의 사람으로 온전하게 하며 모든 선한 일을 행할 능력을 갖추게 하려 함이라.[76]

달리 말하자면, 성경은 우리가 마땅히 살아야 할 삶을 살고, 그리스도

---

76   딤후 3:15-17.

예수 안에서 받은 복음의 진리를 증언할 수 있도록 신앙 안에서 배우고 자라기 위한 교과서다.

성경 해석

성령은 우리에게 성경을 주었으며, 우리가 성경을 읽고 그 말씀을 오늘에 적용하는 법을 알고자 할 때 우리의 마음과 지성에 이를 알려준다. 우리에게는 우리가 그분의 인도를 따르면 진리의 영이 우리를 모든 진리 가운데로 인도할 것이라는 예수의 보장이 있다.[77] 다음과 같은 근본 원리에서부터 시작해서 연구하면 이 진리의 본질과 내용이 이해될 수 있다. 첫째, 성령은 하나님의 계시를 우리에게 기록된 형태로 주셨다. 모든 성경 텍스트에 관해 물어야 할 주된 질문은 "이 텍스트는 하나님에 관해 우리에게 무엇을 말해주는가?"이다. 이 텍스트는 하나님이 누구시고 하나님이 어떤 일을 하시는가에 관해 뭐라고 말하는가? 두 번째 질문은 "이 텍스트는 우리 인간에 관해 뭐라고 말하는가?"이다. 우리는 어떤 존재가 되도록 의도되었고, 무엇이 잘못되었는가? 세 번째이자 마지막 질문은 "하나님은 이 문제에 관해 무슨 일을 하셨고, 자신이 한 일에 비추어 우리에게 무엇을 기대하시는가?"이다. 이 질문들에 답하기 위해 노력하면, 성령이 그리스도의 사람들에게 전체적으로나 개별적으로 주시는 메시지를 해석하는 데 도움이 될 것이다.

이런 원칙은 성경 중 외관상으로는 하나님에 관한 지침 제공과 거리가 멀어 보이는 부분에도 적용된다. 예를 들어 역대상의 계보를 살펴보자. 몇 쪽에 걸쳐 이름들이 나오는데, 우리는 그중 많은 이름을 발음할 수 없으며, 그들 중 대부분은 알려지지 않은 사람들이다. 우리가 알아보는

---

77   요 16:13.

사람이 한 명이라면 전혀 들어보지도 못했고 앞으로도 다시 나오지 않으며 아무런 실제적인 용도가 없는 사람이 틀림없이 50명은 될 것이다. 성경에 이런 명단이 들어 있는 것에 무슨 의미가 있는가? 하나님이 이 정보를 우리에게 주신 것은 시간 낭비이거나, 이런 상세한 정보는 신의 메시지 안에서 어쩌다 보니 그것들이 있어야 할 자리가 아닌 자리에 포함되지는 않았는가? 많은 사람들이 바로 그렇게 결론짓고 이런 텍스트들을 무시하려는 유혹을 받는다. 끝없는 "낳았다" 목록이 다소 우습다고 조롱하는 사람들도 있다. 그러나 믿는 그리스도인들은 그렇게 할 위치에 있지 않다. 그리스도인들은 어떻게 해서든 이런 텍스트들의 영적 의미를 파악해야 하는데, 그렇게 하려면 위에 열거한 질문들의 가이드라인을 따라야 한다.

이 계보들은 하나님에 관해 무엇을 보여주는가? 이 계보들은 하나님이 자신의 언약을 한 세대에서 다음 세대로 계속 이어가며 지키시는 신실한 주님이라고 말해준다. 우리가 누구이든 그리고 우리가 아담 안에서 시작된 인간 생명의 기원으로부터 아무리 멀리 내려왔든, 우리는 여전히 하나님의 계획의 일부다. 오랜 세월이 흐르는 동안 우리는 다르게 발전했고, 서로 접촉을 잃어버렸으며, 심지어 서로 적대적으로 되어 등을 돌리기도 했지만, 이 모든 전개에도 불구하고 우리는 여전히 우리의 직접적 이해나 경험을 뛰어넘는 방식으로 관련되어 있고 상호 연결되어 있다.

둘째, 이 계보들은 우리에 관해 무엇을 말해주는가? 이 계보들은 세상의 관점에서 볼 때, 우리들 대부분은 아무것도 아니라는 점을 말해준다. 우리는 인류라는 긴 사슬 속에서 살다 죽지만, 누군가가 우리 개인에 대해 기억할 만한 것은 별로 없다. 그러나 우리가 없으면 미래 세대가 태어나지 않을 것이고 과거의 유산이 보존되지 않을 것이다. 우리는 구름같이 많은 증인들, 즉 하나님이 두신 곳에서 하나님을 위해 산 신실한 사람들의 긴 사슬의 일원이다. 비록 우리 선조들에 대해 아는 것이 거의 없다

해도, 우리는 그들이 거기서 얻을 이익이나 그에 대한 결과를 보여줄 것이 거의 또는 전혀 없었을 때 그들이 보여준 충성과 인내에 대해 선조들에게 큰 감사의 빚을 지고 있다.

마지막으로 이 계보들은 하나님이 우리를 다루시는 것에 대해 무엇을 말해주는가? 이 계보들은 우리가 순종하도록, 그리고 물려받은 믿음을 지키고 그 믿음을 약화시키지 않고 다음 세대로 물려주도록 부름 받았다고 말해준다. 이 계보들은 우리에게 우리의 소명에는 우리 자신을 넘어서는 목적이 있다는 점을 상기시켜준다. 비록 우리가 미래 세대들의 축하를 받지 못하고 후손들이 우리를 기억해줄 만한 것을 거의 남기지 못한다 해도, 우리는 인간 역사에서 하나님의 목적에 불가결한 공헌을 할 것이다. 따라서 이 계보들은 표면상으로는 메마르고 무익해 보일지라도 우리에게 하나님으로부터 온 메시지를 가져다준다. 우리가 바른 질문을 던지기만 하면, 곧 그 의미를 깨달을 수 있을 것이다.

성경 텍스트에 관해 올바른 질문을 하는 것은 또한 그 텍스트에 관한 불필요한 논쟁을 피하는 가장 좋은 길이기도 하다. 종종 성경 텍스트에는 해석자들의 수만큼이나 다양한 의미가 있으며, 따라서 객관적인 진리를 추구하면 실망하게끔 되어 있다고 말해진다. 똑같이 성경을 믿는 많은 그리스도인들이 성경에 대한 서로 다른 해석 및 심지어 서로 양립할 수 없는 해석을 내놓을 수 있다. 이 사실은 성경이 모순으로 가득 차 있고, 따라서 완전히 다른 어떤 주장을 각각 지지하는 데도 인용될 수 있다는 점에 대한 증명은 아니더라도, 하나의 증거로 간주된다. 그러나 이런 불일치를 면밀히 검토해보면, 거의 언제나 이런 비판은 잘못되었음이 드러난다.

성경이 뭐라 말하고 뭐라 가르치는가에 관한 의견 차이는 일반적으로 성경에 대해 잘못된 접근법을 취하기 때문에 발생한다. 예를 들어 특정 사건들에 대해 성경이 설명하는 것의 역사적 정확성에 대해 질문할 수 있다. 성경이 이런 사건들을 상술하는 목적은 하나님이 사람들을 다루시는 방법을 설명하기 위함이지, 일어난 일에 대하여 "객관적" 보고서로 간주할 설명을 제공하기 위함이 아니다. 그렇기 때문에 세부 내용들은 그 이야기의 주된 목적을 드러내는 방식으로 선택된다. 성경 기사에서 그 목적에 기여하지 않는 사실들은 생략될 수 있으며, 다른 이유로 중요할 수도 있는 정보가 반드시 포함되는 것도 아니다. 예수의 생애의 경우 이 점이 특히 분명하다. 현대의 전기 작가라면 예수가 언제 태어났는지, 예수가 공개석상에 등장하기 전에 그의 생애는 어떠했는지, 그리고 그가 어느 해에 죽었는지 알고 싶어 할 것이다. 복음서들은 이런 사항들에 대해 현대의 역사가가 추구할 수 있을 정도로 정확하게 말해주지 않으며, 그런 것들은 복음서의 목적이 아니다. 예수의 생애에 관해 그러한 세부 사항이 빠져 있다고 해서 예수가 인간의 역사에서 가장 중요한 삶을 살았다는 사실이 퇴색하지는 않는다. 그것은 텍스트에 충분히 설명되어 있는 주장이며, 이에 관한 사실 정보가 그리 많지 않아도 우리가 기꺼이 받아들이는 판단이다.

성경이 말하려고 의도하지 않은 사항들을 말하게 하려는 우리의 습관도 혼란을 야기하는 경향이 있다. 예를 들어 성경에는 교회의 예배나 관리에 관해 말하는 내용이 별로 없다. 교회가 예배를 드려야 하고 장로와 목사에 의해 질서 있게 다스려져야 한다는 점은 명확히 진술되어 있지만,[78] 예배와 교회 행정 관리(church government, 교회 정치)가 어떻게 수행되어야 하는지에 관한 세부 사항은 감질날 정도로 모호하다. 이런 사안들은 복음의 기본적인 메시지에 영향을 미치지 않는 한, 특정 회중이나 교회 기구의 판단에 맡겨져 있는 것으로 보인다.

사람들은 때로는 이와 반대로 텍스트가 그 범위를 벗어나는 신학적 입장에 무게를 실어주도록 하려한다. 명백한 예를 하나만 들자면, 여성 사역에 관한 현대의 논쟁에서 이런 일이 아주 흔하게 일어났다. 신약 시

---

78   고전 14:40; 딤전 3:1-13; 딛 1:5-16.

대의 교회에서 목회 기능을 수행한 여성들이 있었다는 점은 명백하지만,[79] 그렇다고 해서 남성에게 주어진 지도자 역할이 취소되는 것도 아니고, 그런 원칙에 대해 여성에게 요구되는 복종을 뒤엎는 것도 아니다.[80] 다른 역할을 수행하는 여성에 관해 말하는 텍스트들을 오늘날 안수 받은 사역에 적용하기 위해서 "각색"하는 일은 더더욱 있을 수 없다.[81] 이런 식으로 자기에게 유리한 주장만 늘어놓는 일이 최근에 만연해 있으며, 어쨌든 이런 메시지를 듣고 싶어 하는 사람들만이 아닌 많은 사람들을 설득했다. 그러나 그것은 성경을 오용하는 것이며, 텍스트를 경청하거나 텍스트가 명하는 것을 행하려는 의향에서 나온 것이 아니라 현대의 욕구에서 나온 그들의 증언의 곡해이다.

텍스트 오용에 대한 다른 많은 예들이 인용될 수 있지만, 이 예들이 대체로 둘 중 어느 하나로 요약된다는 점은 주목할 만하다. 이런 사례들에서는 사용되는 해석학 방법이 잘못되었거나 애초에 논의되는 문제가 텍스트에 나와 있지도 않다. 성경은 성령을 통해 주어진 계시이며 성령이 세상에서 행하시는 사역에 비추어 해석되어야 하는데, 성령이 행하는 사역은 성부와 성자를 계시하시는 것이다. 성부와 성자는 창조, 택한 백성들과 맺은 언약, 그리고 이른바 언약 시대(dispensation of covenant) 안에 심겨진 발전 양상이라는 배경 아래서 여러 세대에 걸쳐 행한 사역을 통해 자신을 계시하신다. 이 위대한 원리들은 우리에게 성경이 의미하는 바를 해석하는 역사적이고 신학적인 틀을 제공해주는데, 이 원리들을 떠나

---

79   롬 16:1-2.

80   딤전 2:8-15. 고전 11:7-10도 보라.

81   텍스트의 그러한 오용에 대한 특히 터무니없는 사례에 대해서는 롬 16:7과 갈 3:28을 보라. 로마서 16:7은 "사도들에게 잘 알려진"(개역개정에서는 '사도들에게 존중히 여겨지고'로 번역되어 있음) 유니아라는 한 여성을 언급하는데, 어떤 사람들은 그 구절이 그녀 자신이 사도였음을 암시한다고 주장한다. 갈라디아서 3:28은 그리스도 안에서 남자와 여자 사이에 차이가 없다고 말하지만 이 구절은 구원에 관해 말하는 것이지, 다른 요소들이 작용하는 교회에서의 사역에 관해 말하는 것이 아니다.

면 금방 오류에 빠질 것이다. 고대에 많은 성경 텍스트들은 현재 상태로는 도덕적으로 불쾌하거나 더 이상 적용될 수 없는 수칙들을 포함하는 것처럼 보였다. 그러나 많은 해석자들이 이런 텍스트들을 언약의 맥락에서 보지 않고 비유적으로 해석하기를 좋아했다. 그래서 성경 텍스트, 특히 어려운 텍스트들을 그 텍스트의 문자적 의미를 무시하거나 심지어 그 의미를 조작하기까지 하면서 영적으로 해석하는 알레고리(풍유) 해석법이 태어났다. 알레고리는 하나님께 큰 영광을 돌리려는 의도였을 수도 있다. 아가는 이에 대한 고전적인 예다. 대부분의 초기 주석가들은 아가를 사랑의 시로 취급하려 하지 않고 자기 백성에 대한 하나님의 사랑에 대한 알레고리로 해석했다. 이에 대한 반작용으로 현대의 일부 주석가들은 이와는 정반대 극단으로 나아가 아가를 "영성"은 거의 또는 전혀 없는 관능적인 시로 간주한다. 그러나 만약 위에서 약술한 해석학적 질문을 묻는다면 우리는 금방 이들 두 견해 모두가 옳지 않다는 점을 알게 될 것이다.

솔로몬의 아가는 확실히 하나님에 관한 책이지만, 교부들이 그토록 자주 선택한 것처럼 알레고리 방식으로 그런 것은 아니다. 텍스트에서 하나님의 이름이 한 번도 나오지 않는 것은 그 안에 하나님이 없기 때문이 아니라 하나님이 숨겨져 있기 때문이다. 인간의 사랑은 멋지고 열정적인 것일 수 있지만, 복잡함과 모순으로 가득 차 있다. 거기에는 영혼의 고양과 더불어 유기(遺棄)와 죽음에 대한 위협이 함께 온다. 연인들은 한순간은 황홀한 포옹을 하다가 다음 순간에는 거리를 방황하면서 그들이 발견하리라 기대할 수 없는 무언가를 잃고 찾아다닌다. 인간의 사랑은 한동안 꽃을 피울 수 있지만, 새로운 세대가 일어남에 따라 옮겨가고 인생의 주기(cycle)가 다시 시작한다. 하나님은 인생의 주기가 계속되게 하시지만, 자신은 그 주기를 초월하신다. 하나님의 사랑은 신랑이 신부에게 베푸는 사랑 또는 연인이 자기 애인에게 베푸는 사랑과 다소 비슷한 점이 있지만, 결국 인간의 사랑과 애정은 부패로 오염되어 있고 이 세상의 한계에 구속되어 있다. 하지만 자기 백성에 대한 하나님의 헌신은 영속적이고 변하지 않는다. 우리에게는 가능하지 않은 일이 하나님께는 가능하며, 하나님의 언약은 우리가 죽은 뒤에도 오래 지속될 것이다. 이것이 아가의 참된 메시지인데, 우리가 성령의 음성에, 그리고 아가에서 성령이 우리에게 하나님을 계시하는 방식에 주의를 기울이면 그 메시지를 발견할 것이다.

구약성경을 예수 그리스도의 오심에 비추어 읽는 법을 아는 것은 교회가 직면해야 했고 또한 모든 세대에서 반복되는 도전이다. 한편, 이스라엘의 역사적 사명은 성취되었으며, 따라서 이를 위해 마련된 규정들은 최소한 원래 형태로는 적용되지 않는다. 다른 한편, 하나님은 어제나 오늘이나 영원토록 동일하시며 하나님의 말씀은 변하지 않는다. 하나님이 그때 말씀하신 내용이 예수의 삶과 죽음과 부활에서 성취되었다 할지라도, 그 내용이 하나님의 성품과 인류에 대한 하나님의 영원한 목적을 반영하는 한, 오늘날 우리에게도 여전히 타당하다. 어떤 수칙이 어느 범주에 속하는지 결정하는 것이 우리에게 도전이 되는 반면에, 특정 문제들에 관해 상당한 의견 차이가 있다고 해서 놀랄 일은 아니다.

예를 들어 어떤 사람들은 십계명의 네 번째 계명("안식일을 기억하라")이 기독교의 주일에 적용되며, 주일은 고대 이스라엘 백성의 안식일이 쉬는 날이었던 것과 같은 정도로 쉬는 날이어야 한다고 믿는다. 비록 대부분의 사람들은 주일이 예배의 날로 지켜져야 한다는 데 동의하지만 그럼에도 이런 해석을 거절하고 안식일 준수는 더 이상 의무가 아니라고 주장한다.[82] 누가 옳은가? 당시에 일부 유대인들의 엄격한 안식일 준수는 자선을 베풀어야 할 보다 근본적인 의무를 회피하는 구실이었기 때문에, 예수는 그것이 실제로는 율법 위반이었다는 것을 교훈과 행동으로 보여

---

82   여기서 제칠일안식일예수재림교회는 보다 문자적으로 해석하며, 어떤 면에서는 대부분의
     그리스도인들보다 더 논리적이다.

주었다.[83] 교회가 예배드리기 위해 교인들이 함께 모일 시간을 가질 필요가 있기는 하지만, 신약성경에는 하나님을 예배하기 위해 한 주일에 하루를 명시적으로 따로 떼 놓으라는 내용이 없다. 여기서의 결론은 우리가 예배를 위해 일주일에 하루를 따로 떼 놓을 수는 있지만, 어떤 결정을 내리든 사랑, 곧 우리의 모든 생각과 행동의 주된 동기여야 할 기본 원리를 손상시키는 방식으로 과장되거나 해석되어서는 안 된다는 것이다.

그런 어려움들에도 불구하고 그리스도인들은 구약성경이 예수 그리스도에 관해 말한다는 점을 기억해야 한다.[84] 구약성경은 흔히 예수 그리스도에 관해 단지 간접적으로만 말하는데, 그런 경우에 우리는 구약의 특정 텍스트들이 그에 관해 어떻게 말하는지 알아차리기 위해 노력해야 한다. 또한 구약성경은 그리스도 안에서 완전히 밝혀진 사항들에 대한 부분적인 계시라는 점도 기억해야 한다.[85] 이 점은 백성들의 죄를 위해 도살된 어린양은 십자가 위에서 일어난 그리스도의 속죄제사의 원형인 구약의 속죄제사 율법에서 특히 명백하지만, 그것은 전체 텍스트에 대해 다른 방식으로 적용될 수도 있다. 이 지침들을 유념하면, 비록 우리가 항상 옳게 하리라는 보장은 없지만, 구약성경을 정확히 읽을 가능성이 크게 증가할 것이다.

성경 외에 하나님의 계시가 있는가?

하나님이 성경에 우리를 위해 기록되어 있는 내용 외에도 사람들에게 말씀하신 적이 있는가? 하나님은 거의 확실히 그렇게 하셨다! 성경은 이 점에 대해 이렇게 말한다. "예수가 행한 일이 이 외에도 많으니, 만일 낱

---

83 마 12:1-12.
84 요 5:39; 눅 24:27.
85 히 1:1.

낱이 기록된다면 이 세상이라도 이 기록된 책을 두기에 부족할 줄 아노라."[86] 확실히 요한이 약간의 문학적 과장법을 사용하기는 했지만, 그가 말하고자 하는 요점은 분명하다. 그것은 복음서에 수록된 내용들은 선택된 것에 불과하고, 그것도 하나님이 자기 아들의 지상 생애에서, 그리고 그 생애를 통해 행한 일들 중 일부에 지나지 않는다는 점이다. 우리가 확실히 알 수는 없지만, 우리는 구약의 대부분의 예언자들도 구약성경에 기록되어 있는 것보다 더 많은 예언을 했다고 합리적으로 가정할 수 있다. 어쨌든 나단이나 미가야 같은 예언자가 그렇게 하지 않았더라면, 어떻게 애초에 그들이 예언자였다는 사실을 누군가가 알 수 있었겠는가? 또한 하나님이 신약성경이 완성되고 나서는 사람들에게 말씀하기를 멈추셨다고 말할 수 없다. 교회사에서 하나님이 자기에게 다른 방식으로 말씀하셨다고 주장한 사람들이 많이 있었으며, 우리는 하나님이 우리에게도 말씀하시는 것을 듣기를 **기대한다.** 우리와 하나님의 관계는 양방향이며, 하나님이 우리에게 기도로 자기에게 말하도록 격려하신다면, 우리는 하나님이 응답해주시는 말씀을 들을 준비가 되어 있어야 한다.

인간의 역사에서 보통 이런 일이 일어날 수 있는지를 의심하는 문제와 관련해서 하나님이 자신에게 말씀하시는 것을 들었다고 말하는 사람들이 너무도 많았는데, 그것이 무슨 뜻인지는 또 다른 이야기다. 예를 들어 내가 빵 한 개를 사라고 말하는 음성을 듣고, 그 음성이 하나님이 내게 직접 말씀하시는 것이라고 믿는다면, 그런 내 믿음이 옳거나 틀렸다고 증명할 길이 없다. 내가 다른 음식을 먹듯이 그 빵을 먹으려고 하는 것이 전부라면 그것은 그리 큰 문제가 되지 않을 수도 있다. 특히 성경은 하나님이 우리의 복지에 대해 관심을 보이시며 일평생 동안 한 번에 한 걸음씩 우리를 인도하신다고 말하기 때문에, 우리는 이런 주장을 하는

---

86   요 21:25.

사람들에게 그들이 옳을 리 없다고 말할 권리가 없다.[87] 나와 하나님의 관계가 이런 식으로 펼쳐진다면, 나는 내가 하나님을 이처럼 가깝게 느낄 수 있음을 즐거워하고 기뻐해야 한다. 동시에 우리는 성경에서 모든 영을 믿지 말라는 경고를 받고 있으며, 따라서 우리가 속임당하고 있을 가능성에 대해서도 경계해야 한다.[88]

우리가 듣는 음성이 하나님이 우리에게 하시는 말씀인지 어떻게 알 수 있는가? 여기서 절대적으로 따를 확실한 규칙은 없지만, 지침으로 의지할 수 있는 몇 가지 원리들이 있다. 첫째, 누구든 하나님에 관해 성경과 모순되게 말하는 사람은 오도된 것이다. 하나님은 자기 백성에게 살인하라, 도둑질하라, 간음하라고 말씀하시지 않을 것이다. 또는 아무에게도 자신에 관해 우리가 이미 알고 있는 것을 수정하거나 거기에 덧붙이는 새로운 계시를 주지도 않으실 것이다. 우리가 모든 시대의 성도들과의 교제 안에 있고, 하나님에 관해 첫 세대 그리스도인들이 알았던 것보다 더 많이 알 수 없도록 이런 계시는 사도 시대가 끝나자 중단되었다. 오늘날 교회가 이전에는 결코 듣지 못했지만 이제는 받아들여야만 하는 메시지를 받고 있다고 주장하는 사람들은 확실히 잘못 생각하고 있다. 그러므로 우리는 그들의 말을 들어서는 안 된다. 예를 들어 신약성경은 그리스도가 다시 오실 날은 아무도 알 수 없다고 명시적으로 말하고 있음에도, 이따금 그리스도가 특정일에 다시 오실 것이라고 예언하는 사람이 있다.[89] 사람들이 그들이 하는 말을 하나님의 말씀을 통해 검증하지 않고 그런 예언에 귀를 기울였을 때, 비극이 일어났다. 그러므로 우리는 이런 함정에 빠지지 않도록 조심해야 한다.

그 외에도 때로는 우리가 하나님으로부터 온 말씀이라고 생각하는 것이 진정으로 주님에게서 온 말씀인지 확실히 알 수 없는 경우가 있으며,

---

87 마 6:28-32를 보라.
88 요일 4:1.
89 행 1:7.

신자들은 그런 충동에 대해 어떻게 반응해야 할지 결정할 자유를 상호 간에 인정해야 한다. 예를 들어 내가 하나님이 내게 빵집을 열라고 말씀했고 내가 그렇게 하지 못하도록 막을 게 아무것도 없다고 믿는다면, 아마 이를 검증하는 유일한 방법은 빵집을 열고 어떻게 되는지 보는 것일 수도 있다. 그 빵집이 번창하면 나는 하나님이 내게 주신 말씀이 이루어졌다고 주장할 수 있을지도 모른다. 만약 그 빵집이 실패하면 나는 내가 실수했거나, 하나님이 자신이 생각하는 어떤 이유로, 이를테면 내가 나 자신의 노력보다 하나님을 더 의지하도록 만들기 위해 내가 실패하기를 원했다고 인정할 수밖에 없을지도 모른다. 어느 쪽이든 신과 인간 사이의 그러한 소통은 하나님과 나 사이의 소통이며, 교회에 대한 하나님의 뜻으로 확대 해석될 수 없다. 하나님은 모든 사람이 빵집을 열기를 원하지는 않으신다. 내가 내 경험이 다른 사람들의 모델이 되거나 다른 사람들의 영성을 재는 척도가 되어야 한다고 주장한다면, 나는 확실히 도가 지나친 것이다.

여기서 핵심적인 구분은 사적인 것과 공적인 것 사이의 차이다. 하나님과 개별 신자 사이의 사적인 소통은 성령에 의해서 그 사람에게 주어진 지혜에 따라 관련 당사자에 의해 받아들여지고 반응이 이루어져야 한다. 이런 일이 사적인 영역에서 공적인 영역으로 옮겨갈 때, 각별히 조심해야 한다. 성경은 하나님의 뜻에 대한 우리의 보편적인 지침으로서 우리에게 주어졌으며, 신의 지침을 받았다는 다른 모든 주장을 자기 자신에 비추어 판단할 수 있는 영속적이고 고정된 표준이다. 성경을 넘어서는 것은 무엇이든 개인적인 추측일 뿐이며, 하나님의 계시적 권위가 있는 말씀으로 교회에 부과될 수 없다. 어떤 사람이 세속적인 삶에서 좋은 생각이 있을 때 이에 따라 행동하기 전에 그것이 적법한지 고려해보아야 하는 것처럼, 그리스도인도 자신이 주님에게서 온 말씀이라고 생각하는 것에 따라 뭔가를 행하기 전에 그 생각이 성경적인지 물어보아야 한다. 만약 그렇다고 판단한다면, 이를 시험해보라. 우리 모두가 기록된 말씀이 하나님이 우리에게 주신 최종 결정권자이며, 교회가 유보 없이 복종하도록 요구받는 유일한 권위임을 기억한다면 말이다.

3장
•
기독교 세계관

우주의 일관성

기독교 세계관의 핵심에는 우주는 일관된 전체(coherent whole)라는 믿음이 놓여 있다. 이 믿음이 없으면 현대 과학은 불가능할 것이다. 초기 교회가 싸워야 했던 최대의 지적 전투는 창조 교리에 초점이 맞춰졌다. 창조 교리는 당시의 지배적인 철학에 반했지만, 기독교의 계시가 조금이라도 일리가 있으려면 반드시 주장되어야 했다. 그러나 초기 그리스도인들은 서양 문명으로 하여금 창조 교리를 받아들이게 하는 데는 성공했지만, 고대 그리스 과학 전체를 뒤집지는 않았다. 교회는 그저 오랫동안 고대 그리스 과학을 무시했고, 13세기에 이르러 자연 세계에 대한 관심이 소생하게 되자 당대의 신학자들은 성경과 고대 그리스 과학이 서로 양립할 수 있다는 관점을 취했다. 그들에 따르면 성경은 하늘의 일들에 대해 권위 있게 말했던 반면에, 고대 그리스 과학은 땅의 일들에 대해 똑같이 권위 있게 말했다. 성경이 세상에 관해 말한 내용은 비기독교적인 신앙 체계의 관점에서 해석되었고, 그로 인해 성경의 진정한 가르침이 흐려졌다. 성경의 창조 교리가 아리스토텔레스나 프톨레마이오스 또는 갈

레노스가 생각했던 것과 확연히 다르다고 이해되었을 때, 비로소 근대 과학의 발전에 필요한 지적 풍토가 형성되었다. 이러한 발전은 16세기와 17세기에 발생했으며, 이로 인해 신학적 전통주의자와 과학적 근대주의자 사이에 다소의 긴장이 생겼다. 이는 나아가 성경과 과학 사이에 성경의 패배로 귀결될 수밖에 없는 내재적인 긴장이 있다는 인상을 남겨놓았다.

오늘날 과학적 신념 때문에 로마 가톨릭교회의 박해를 받은 갈릴레이(1564-1642)의 사례를 지적하는 것이 유행이다. 갈릴레이가 박해를 받은 이유는 성경의 가르침을 반대했기 때문이 아니라, 교회가 고대 그리스 과학을 성경과 똑같이 오류가 없다고 잘못 생각했는데 갈릴레이가 고대 그리스 과학이 적절하지 않음을 드러냈기 때문이라고 생각하는 사람은 거의 없다. 이 사례 및 유사한 다른 사례들로부터 얻는 진정한 교훈은 성경이 틀렸다는 것이 아니라, 그리스도인들은 어떤 과학적 이론도 마치 그것이 절대적 진리인 양 이에 헌신하거나 언젠가 흐르는 모래로 판명될 수도 있는 취약한 토대 위에 신학 체계를 세워서는 안 된다는 것이다.

사실 갈릴레이가 옳았음을 깨달았던 사람들은 대부분 성경의 진리를 굳게 믿었으며, 성경의 권위를 뒤집으려고 하지 않았다. 세상의 위대한 과학자들 가운데 그리스도인들이 많이 있었고, 지금도 훌륭한 그리스도인 과학자들이 상당히 많다. 오늘날 대학 캠퍼스를 확인해 보면 과학 분야 교수들 중 그리스도인 비율은 다른 분야의 그리스도인 교수 비율보다 높지는 않을지라도 최소한 비슷한 수준은 유지된다. 무신론자들은 이를 이례적이거나 비뚤어진 현상으로 간주할 수도 있지만, 그것이 사실이라는 점은 부인할 수 없으며, 이는 기독교와 자연과학이 서로 양립할 수 없거나 적대적인 것은 아니라는 데 대한 최고의 증거 가운데 하나로 남아 있다.

자연과학이 성경의 오류를 입증했다면, 왜 그토록 많은 과학자들이 하나님을 믿는지 어떻게 설명할 수 있겠는가? 그들의 믿음에 대한 근본적인 이유는 틀림없이 우주의 일관성이 설명을 요청하기 때문일 것이다. 우리가 살아가는 세상을 더 깊이 탐구할수록, 우주를 하나로 결합시키는 포괄적 원리를 더욱더 찾게 되어 있다. 이런 복잡한 체계가 우연히 생겼다는 주장은 사실상 믿을 수 없을 정도로 개연성이 없다. 우리의 실존을 지배하는 조건이 조금만 바뀌어도 우리가 파멸할 것이라는 사실을 안다면, 세상은 초자연적이고 지적인 힘의 인도하는 손에 의해서만 유지될 수 있다고 주장하는 것이 훨씬 더 개연성이 커 보인다. 과학적 무신론자들이 믿듯이, 사실상 무한한 우주 가운데 중간 정도 크기인 한 행성 위에 던져진 인류가 단순히 우연한 진화의 산물로서 자신을 훨씬 뛰어넘는 우주를 이해하는 열쇠를 갖고 있다고 믿는 것은 명백히 터무니없는 생각이다.

또한 지난 일 이백년 전에는 고등 교육을 받은 사람들 중 극소수만 순전히 유물론적인 토대에서 우주의 작동을 설명할 수 있다고 주장했다는 점도 기억해야 한다. 다른 모든 사람들은 어떤가? 우리의 운명을 다른 사람들보다 더 똑똑하다고 생각되는 소수의 지성인들에게 맡겨야 하는가? 중요성이나 가치를 보유한 다른 종류의 지식(예컨대 예술적 감수성이나 기술 능력)은 없는가? 우리는 진정 셰익스피어나 렘브란트가 찰스 다윈이나 리처드 도킨스보다 인간의 상태에 관해 아는 것이 적었다고 믿는가? 그런 주장을 하는 사람들의 대담함을 숙고해보면 이런 질문들 및 다른 많은 질문들이 떠오른다. 궁극적 실재에 관한 인간의 지식이 대단한 것은 못되지만, 모든 과학적 무신론자가 갑자기 사라지면 심각한 손상을 입는가? 절대 그렇지 않다. 다른 것은 모두 제쳐두고라도 과학적 무신론자가 갖고 있는 지식은, 그 사실 관계만큼은 참된 것으로 받아들이지만, 그 지식으로부터 하나님의 존재(또는 비존재)에 관해서는 동일한 추론을 이끌어내지 않는 다른 사람들도 갖고 있는 것이다.

우주의 일관성을 믿는다고 해서 우주가 어떻게 만들어졌는지(창조), 그리고 우주가 어떻게 관리되는지(섭리)에 관한 기독교의 주장이 옳다고 받아들이도록 강요하는 것은 아니다. 왜냐하면 이런 주장들은 단순한 일관성을 넘어서는 주장이기 때문이다. 그러나 우주의 일관성에 대한 믿음은 필요한 출발점이다. 또한 우주의 일관성을 믿는다고 해도 고통과 악이라는 커다란 어려움이 제거되지는 않는다. 때로는 우리가 그 안에서 어떤 논리를 볼 수 있기는 하지만, 이 문제는 계속 우리를 괴롭힌다. 그러나 그리스도인들은 선과 악에 대한 객관적 정의조차 없는 우연한 진화를 믿기보다는 기독교 계시의 틀 안에서 그런 문제들을 다루기가 훨씬 쉽다고 믿는다. 옛날 속담이 말하듯이 "한 사람의 고기는 다른 사람의 독"이며, 도덕의식이 단지 개인적 선호에 기초를 두거나, "최대 다수의 최대 행복"이라고 생각되는 것에 기초를 둔다면, 그것은 적절할 수 없다. 올바르게 사는 방법이 있다면, 그것은 거의 확실히 사람마다 다르게 생각할 편의주의가 아닌 다른 어떤 견고한 것에 기반을 두어야 한다. 옳은 것과 그른 것을 결정하기는 쉽지 않다. 그러나 판단을 어떤 객관적 기준에 기초시키는 것이 단지 특정한 상황에만 반응하면서 이를 넘어서는 어떤 것과도 관련을 맺지 않는 개인적 직관의 인도를 받는 것보다 훨씬 더 낫다.

우주 안의 무질서는 어떻게 된 것인가?

기독교의 메시지는 우주를 다스리는 힘이 성경에서 자신을 계시하신 하나님, 곧 나사렛 예수라는 사람으로 이 세상에 오신 하나님이라고 선언한다. 이 주장을 반박하는 사람들은 이를 시험해 보도록 초대된다. 시편 저자는 이를 다음과 같이 말한다. "너희는 여호와의 선함을 맛보아 알지어다."[1] 또한 우리는 이 하나님은 사랑이시며, 하나님이 지으신 모든

---

1   시 34:8.

것이 우리에 대한 그 사랑을 반영하고 선포한다는 말을 듣는다. 세상은 그 사랑의 힘에 의해 창조되었고 지금도 유지되고 있다. 그래서 세상은 매우 일관성이 있으며 우리의 필요에 완벽하고 적합하게 맞춰져 있다. 그러나 우주에는 우리가 좋아하지 않는 것들도 있고, 우리를 공격하며 인생을 우리가 그래야 한다고 생각하는 것보다 더 힘들게 만드는 것들도 있다. 세상에는 우리가 할 수 있는 한 최선을 다해 저항해야 하는 악의 세력이 준동하고 있다. 우리는 이 악이 어디서 오는지, 그리고 왜 존재하는지 알 수 없지만, 그럼에도 우리 가운데 악이 존재하는 것은 정상이 아니고 우리 우주의 참된 본성과 조화되지 않는다고 느낀다.

이 느낌이 너무 강하다 보니 어떤 사람들은 악이 신의 본성과 양립한다고 인정할 수 없기 때문에 신의 존재를 부인한다. 그러나 이런 결론은 악에 대한 우리의 지식이 애초에 하나님이 우리에게 주신 계시에 의존한다는 사실을 무시한다. 하나님이 우리에게 악에 대해 말해 주시지 않았더라면 우리는 악이 무엇인지 몰랐을 것이고, 악과 대면했을 때 느끼는 분노도 거의 갖지 않을 것이다. 신적 계시가 없으면 우리는 세상이 어떻게 잘못되어 있는지 궁금해 할 수는 있겠지만, 악에 대한 우리의 개념은 흐려지고 이에 상응하여 악과 비교할 선에 대한 지식도 갖지 못할 것이다. 달리 말하자면 우리는 상황을 변화시키기 위해 우리가 할 수 있는 일이 아무것도 없다는 것을 알기에, 그저 우리의 상황을 견딜 수밖에 없을 것이다. 그러나 우리의 지성은 이런 숙명론적인 결론에 반발한다. 악의 존재는 우리가 살고 있는 세상의 본질적 선함에 대한 믿음을 무너뜨리지 않는다. 반대로 우리는 악은 비정상적이며 자연 질서의 불가피한 부분이 아님을 알기 때문에, 그 믿음을 더 강화시킨다. 우리는 악을 비정상적이라고 선고함으로써, 우리가 세상을 온전히 누리지 못하게 방해하는 원수인 악을 거부하고 이에 맞서 싸우고자 한다.

이상하게 보일지 모르지만, 악의 존재는 우리에게 하나님의 사랑은 하나님의 선함보다 더 위대하고 하나님의 존재에 더 근본적이라는 점을 가르쳐준다. 악의 존재가 하나님의 선함과 양립할 수 없다고 생각하고 하나님을 거부하는 사람들은 선함을 사랑과 같다고 보는 고전적인 실수를 저지르고, 이 두 속성은 반드시 서로를 함축해야 한다고 가정한다. 물론 우리는 하나님이 선할 뿐만 아니라 사랑하는 분이고, 만약 다른 모든 것이 하나님처럼 완벽하다면 둘 사이에 구분이 없을 것이라는 데 동의한다. 선함과 사랑의 차이가 나타나고 하나님의 선함보다 하나님의 사랑이 우월하다는 점이 드러나는 지점은 하나님의 선함이 거부되거나 부인될 때다. 하나님이 선하지만 사랑하는 분이 아니라면, 자신의 선함을 외면하는 것은 무엇이든 유죄판결을 내리고 파괴할 것이다. 반대로 하나님이 사랑하는 분이지만 선한 분은 아니라면, 존재하지 않는 자신의 선함을 거부하는 어느 누구에게도 등을 돌릴 수 없을 것이다. 자신처럼 선한 피조물을 사랑하는 선하신 하나님에 대해서는 놀랄 것도 전혀 없을 것이다. 우리는 그런 신을 기대한다. 그러나 기독교 복음은 하나님이 자기를 반역하고 악을 포용한 자들에게 사랑으로 접근하셨다고 말한다. 하나님이 자신의 선함을 부인한 자들에게 다가가 그들을 자기 자신과 화해시키심으로써 자신의 선함을 넘어서실 수 있다는 것이 하나님의 사랑의 경이(驚異)다.[2]

그래서 그리스도인들은 하나님 자신이 여전히 선하시다는 점을 잊지 않지만, 하나님의 사랑이 하나님의 선함보다 훨씬 위대하다고 믿는다. 그리고 우리는 하나님의 선함이 우리를 고치고 회복시키시는 것도 하나님의 사랑 때문이라고 선언한다. 심지어 악에 직면할 때도, 하나님은 사랑이시다. 그들은 비록 그런 대접을 받을 가치가 있는 어떤 일도 하지 않았지만, 하나님은 본성적으로 좋아할 수 없는 사람들에게 다가가 그들과 교제하신다. 피상적인 관찰자들에게는 악의 존재가 우주 안의 무질서로 보이겠지만, 이런 악조차 사랑의 하나님의 구원의 능력을 보여주는 데

---

2   합 1:13을 보라.

사용될 수 있다.

하나님의 보존하시는 사랑

성경은 하나님은 한 분이시지만, 그 한 분 안에 영원한 사랑의 무한한 깊이와 경이 가운데 결합되어 있는 세 신적 위격이 있다고 말한다. 그러므로 하나님이 자신의 피조물인 우리에게 베풀어주시는 사랑은 하나님이 자신 속에 갖고 계시는 사랑의 자연적인 발현이다. 그것이 보이는 것과 보이지 않는 것, 하나님 안에서 영원한 것과 시간 속에서 하나님이 창조하신 것을 연결한다. 하나님의 형상으로 지음 받고 하나님의 사랑에 참여하도록 초대받은 우리 인간은 나머지 창조 질서의 질투를 받을 정도로 존엄해졌다. 우리 인간은 단지 새들과 꽃들처럼 하나님의 섭리적인 돌봄의 수혜자에 그치는 존재가 아니기 때문이다. 우리는 우리의 지위를 하나님의 자녀와 피조물의 주인으로 확립하는 사랑의 교제의 적극적인 구성원이다.[3] 우리를 하나님과 결합시키는 사랑은 하나님 안에서는 완벽하고 완전히 알려져 있지만 우리 안에서는 하나님의 피조물로서의 우리의 한계와 하나님을 반역한 우리의 유산(이생에서는 결코 완전히 피할 수 없는 유산)에 의해 제한되어 있다.

우리 자신의 상황에 너무 사로잡혀서 우주를 보존하는 데 있어 하나님의 사랑이 얼마나 중요한지 잊기 쉽다. 우리가 너무도 쉽게 적대적인 환경으로 간주하는 것들이 사실은 우리가 누리도록 창조된 것이며, 하나님이 그것을 기뻐하시기 때문에 하나님에 의해 결합되어 있다. 예수는 제자들에게 다음과 같이 말씀하셔서 이 점을 상기시키셨다.

---

3   마 6:25-34를 보라.

공중의 새를 보라. 심지도 않고 거두지도 않고 창고에 모아들이지도 아니 하되 너희 하늘 아버지께서 기르시나니…들의 백합화가 어떻게 자라는가 생각하여 보라. 수고도 아니하고 길쌈도 아니하느니라. 그러나 내가 너희에게 말하노니 솔로몬의 모든 영광으로도 입은 것이 이 꽃 하나만 같지 못하였느니라.[4]

자연 세계는 유기체들 각자를 위해 특별히 설계된 균형 잡힌 환경 속에서 서로 부양하는 유기체들이 상호작용하는 복잡한 체계다. 이 유기체들을 연구하면 이 모든 것이 우연히 발생했다고는 생각할 수 없을 정도로 모든 것이 정밀하게 조율되어 있는 완벽한 미시 세계 속으로 들어가게 된다. 오늘날 이 미세 조정을 신이 존재한다는 가장 강력한 논거로 인정하는 과학자들과 철학자들이 점차 증가하고 있다. 그리스도인들은 이보다 한층 더 나아가 이 미세 조정이 하나님이 만물의 창조자라는 사실을 지지할 뿐만 아니라, 그 분이 사랑의 하나님이라는 점도 보여준다고 주장한다. 다른 동물을 먹고 사는 동물도 있고, 식물을 먹는 동물도 있다. 그러나 어떤 종도 다른 종의 탐욕 때문에 멸종하지 않으며, 각 종들은 생존하고 번성한다. 그런데 이 법칙의 서글픈 예외가 바로 인간이다. 우리는 우리의 환경을 파괴하고 우리의 환경이 담고 있는 자연적 균형을 교란하는 존재다.

그러나 우리의 약탈로부터 회복하는 자연의 능력은 참으로 놀랍다. 나무와 식물은 베어낸 뒤에도 다시 싹이 나 자라며, 심지어 한때 멸종된 것으로 생각되었던 일부 동물들이 마치 멸종된 적이 없었던 것처럼 다시 나타났다. 적절하게 관리해주면, 너무 오염되어 생명을 지탱할 수 없었던 강들도 회복되어 이전에 그곳에서 살았던 물고기, 수달, 및 기타 생물들이 돌아왔다. 채굴이나 삼림 파괴로 황폐해진 지역도 점차 회복되

---

4   마 6:26, 28-29.

었고, 이제는 황폐화가 시작되기 전과 그다지 달라 보이지 않는 경우도 있다. 인체도 선천적인 재생력을 갖고 있으며, 현대 의학의 발전 덕분에 종종 참으로 기적적이라고 보일 정도로 건강과 안녕이 회복될 수 있다. 물론 관련된 유기체들에게 그러한 잠재력이 이미 존재하고 있지 않았더라면 이 가운데 어느 것도 가능하지 않을 텐데, 그런 일들이 그토록 자주 나타난다는 사실은 자신의 피조물에 대한 하나님의 무한한 사랑을 보여주는 확실한 표지다.

4장

•

하나님에 관해 설명하기

부정의 방식

우리는 하나님의 사랑을 경험함으로써 그 사랑을 알 수 있지만, 우리의 경험의 깊이는 결코 말로 적절히 정의될 수 없다. 하나님의 사랑에는 우리의 유한한 지성이 사용할 수 있는 개념으로 포착할 수 없는 측면이 있기 때문에 어떤 사항들은 언제나 표현되지 못한 상태로 남아 있을 것이다. 달리 표현하자면, 비록 우리가 하나님의 완전한 사랑을 받는다고 해도, 우리의 유한성으로 신적 존재의 깊이를 헤아릴 수는 없고, 그래서 우리는 그 사랑을 완전하게 알 수 없다. 말로써 무한한 존재를 정의하려 하면 그 참된 본성이 왜곡되기 때문에, 하나님에 관해 말해진 어떤 것도 믿을 수 없다고 주장하는 사람들이 있다. 그들에 따르면, 신학은 하나님은 어떤 존재가 아니라고 말하는 것으로 만족해야 한다. 그들은 하나님의 실재를 표현하고자 할 때 인간의 말과 개념은 부적절하며 오도한다고 보고 이를 거부하기 때문에, 이 방법을 부인의 방식 또는 부정의 방식이라고 부른다. 이 관점에 따르면 인간의 언어는 우리에게 올바른 방향을 가리키고 우리가 하나님과의 관계에서 경험하게 되어 있는 영광을 미리 맛볼 수 있게 해 줄 수는 있지만, 그 실재를 대신하거나 그 실재에 대한 적절한 표현이 될 수는 없다. 그 명칭에 나타나는 것과 같이, 이 "네 거티브 신학" 또는 "부정 신학(apophatic theology)"의 기본 원리는 하나님 에 관해 뭐라고 말하든 그것은 하나님의 실제 모습을 표현할 수 없다는 것이다. 우리의 생각은 인간의 유한한 경험에 의해 형성되는데, 그렇게 형성된 생각은 하늘에 있는 "진정한 것"의 희미한 근사치 또는 비유에 그칠 수밖에 없다.

부정의 방식을 지지하는 사람들은 이렇게 주장함으로써 사랑은 논리 적 공식으로 축소되거나 우리 인간의 두뇌의 구성 개념을 통해 적절히 분석될 수 없다는 중요한 진리를 상기시킨다. 사랑에는 언제나 이보다 더한 뭔가가 있고, 이는 우리의 지성으로 산뜻하게 제시될 수 없으며, 최소한 어떤 경우에 우리의 타고난 확신과 모순되는 것처럼 보일 수도 있다. 예를 들어 우리는 하나님이 자신과 같이 선하고 의롭고 완벽한 것 들을 사랑할 것이라고 생각할 때, 놀라지 않는다. 하지만 하나님이 이런 존재가 아닌 사람들도 사랑하시는가? 무엇 때문에 하나님이 우리 가운 데 가장 그럴 것 같지 않은 사람들에게 다가가 그들을 자신에게로 인도 하시는가? 우리는 이 질문에 대한 답을 모르지만, 하나님이 그렇게 하시 지 않았다면 우리 중 어느 누구에게도 하나님께 대한 우리의 반역의 결 과로부터 구원받을 기회는 없었을 것이다. 반대로 우리 모두가 바로 하 나님의 선함, 공의, 완벽함이라는 엄연한 논리에 의해 오래 전에 멸망당 했을 것이다. 전통적인 부정의 방식이 이 진리를 증언하는 한, 그것은 그 리스도인의 의식의 소중하고 불가결하기까지 한 요소다. 부정의 방식은 우리가 하나님에 관해 결코 알지 못할 사항들이 있으며, 많은 사항들은 불완전하고 부적절하게 표현할 수밖에 없다는 점을 상기시킨다. 사도 바 울은 이렇게 말한다.

우리가 지금은 거울로 보는 것 같이 희미하나 그때에는 얼굴과 얼굴을 대 하여 볼 것이요, 지금은 내가 부분적으로 아나 그때에는 주께서 나를 아신 것 같이 내가 온전히 알리라. 그런즉 믿음, 소망, 사랑, 이 세 가지는 항상 있을 것인데 그중의 제일은 사랑이라.[1]

많은 사람들이 부정의 방식을 신비주의와 동일시하지만, 둘이 밀접하게 연결되어 있기는 해도 동일하지는 않다. 둘 다 지성적 용어로 표현될 수 있고 각자 상당히 많은 신학 문헌을 낳았지만, 부정의 방식은 철학적 입장인 반면에 신비주의는 영적 경험이다. 책에서 지식을 얻고, 배운 바를 합리적 사고 선상을 따라 가공 처리하는 경향이 있는 사람들은 이런 것들이 중요하기는 하지만 충분치는 않다는 점을 상기할 필요가 있다. 신에 대한 우리의 지식은 우리의 유한한 지성의 한계를 넘어서고, 우리로 하여금 하나님이라는 숨겨진 존재에게로 이끌려 갈 수 있게 해주는 기도와 헌신의 삶에 뿌리박아야 한다. 이례적인 사항들을 배제할 수는 없지만, 대부분의 경우 이것은 이례적인 것들과는 관련이 없다. 하나님이 시내산에서 모세를 만나려고 그를 부르셨을 때 자신이 빽빽한 구름 가운데서 오겠다고 말씀하셨는데, 이 사실은 둘 사이의 만남이 신비 속에 가려지리라는 점을 암시한다.[2] 신약성경에서 사도 바울은 셋째 하늘에 이끌려 간 한 남자를 알고 있다고 말한다. 이 말은 항상 보통 신자들에게는 주어지지 않은 종류의 신비 체험을 가리키는 것으로 이해되어 왔다.[3] 물론 요한계시록 거의 전체는 요한이 하늘로 들려 올라가 감추어진 하나님의 일들을 보고난 뒤에 그가 본 것을 기록하기 위해서 쓰였다.[4]

교회사 전체에 걸쳐 다양한 종류의 신비 체험들이 보고되었으며, 그런 경험을 추구하는 사람들을 위한 안내서를 쓴 사람들도 있다. 하나님의 신비 체험은 정의상 사적(private)이다. 따라서 우리가 이에 관해 뭐라고

---

1 고전 13:12-13.
2 출 19:9.
3 고후 12:2.
4 계 4:1-2.

4장 • 하나님에 관해 설명하기　　　　　　　　　　　　　　　　　113

말할지 알기 어려운 것은, 하나님에 관한 신비 체험은 정의상 은밀해서 외부인이 평가하거나 모방하기가 사실상 불가능하기 때문이다. 그러나 성경에서 신비 체험과 관련된 몇 가지 기본 원칙을 얻을 수는 있다. 첫째, 신비 체험은 가능하지만 드물다. 신비 체험을 했던 사람에 관한 바울의 말은 신비 체험이 얼마나 특이한지를 말해준다. 바울은 분명히 신비 체험이 진짜라고 받아들일 준비가 되어 있었지만, 결코 자기 교회 교인들에게 신비 체험을 당연한 일로 기대해야 한다고 말하지 않았다. 둘째, 신비 체험을 한 사람들이 다른 그리스도인들보다 우월하다고 믿거나 하나님이 그들에게 교회에서 가르칠 특별한 권위를 주었다고 믿을 어떤 이유도 없다. 그들에게 일어나는 일은 그들과 주님 사이에 일어나는 일이고, 다른 사람들이 본받게 할 의도가 아니다.

셋째, 신비 체험은 신자와 하나님의 관계를 심화시킬 수 있지만, 성경에 이미 나와 있거나 최소한 원리상으로 모든 그리스도인들에게 열려 있지 않은 어떤 것도 그 관계에 덧붙일 수 없다. 일부 신비주의 교파들은 신비 체험을 한 사람은 더 높은 영적 수준에 도달했고 평범한 것들 없이도 살 수 있기 때문에 교회 예배에 참여하거나 성찬을 받을 필요가 없다고 주장했다. 우리가 그렇게 믿을 근거가 성경에는 전혀 없으며, 신비주의를 다른 그리스도인들과의 교제를 피하는 방법으로 여기는 사람은 믿거나 따를 수 없다. 마지막으로, 신비 체험을 한 사람은 교회를 혼란에 빠뜨리거나 규칙에 따라 구성된 교회의 리더십을 무시할 권위가 없다.[5] 만약 이상의 지침이 확고하게 갖춰져 있고 신비 체험을 했다고 주장하는 사람들에게 그것이 존중된다면, 나머지 교인들은 그런 일이 일어날 때 이를 그대로 받아들이는 데 아무 어려움이 없을 것이다.

---

5   고전 14:26-40을 보라.

1부 • 사랑의 언어

긍정의 방식

부정의 방식의 가치를 인정하는 것은 중요하지만 그것이 전부는 아니다. 하나님의 사랑은 도처의 사람들에게 다가가 그들을 자신과의 신비한 연합으로 초대하기 때문에, 우리와 하나님의 신비한 연합은 전달하기에 적합한 언어로 세상에 선포되어야 한다. 하나님은 자신을 세상으로부터 숨기려고 세상을 만드신 것이 아니라, 자신이 만드신 세상 안에서 그리고 그 세상을 통해 자신의 영광을 나타내려고 세상을 만드셨다. 인간은 하나님의 형상과 모양으로 창조되었고 하나님과 관계를 맺을 능력을 부여받았다. 우리는 말로 표현할 수 있는 사고를 가지고 있기 때문에, 우리의 존재의 가장 근본적인 측면인 이 점에 관해 말할 수 있고, 이를 다른 사람들에게 소통할 수 있는 방식으로 말할 수 있어야 한다. 유한성의 한계를 넘어설 필요가 있다고 해서 유한성이 무시되거나 거부될 수 있다는 뜻은 아니다. 인간의 지성은 신적 실재를 완전히 받아들이기에는 부적절하지만, 그렇다고 해서 지성이 만들어진 목적의 범위 내에서의 지적인 정보 처리가 타당하지 않거나 믿을 수 없는 것만은 아니다. 유한한 피조물로서 우리는 일정한 경계 안에서 살고 있지만, 하나님은 다른 어느 곳에서와 마찬가지로 그곳에도 계시며, 우리는 바로 거기서 하나님에 관해 증언하도록 부름 받는다. 하나님은 우리가 이 일을 적절히 감당하도록 우리를 도와주기 위해 자신을 우리의 한계에 맞추셔서 우리가 자신과 관계를 맺을 수 있게 하셨다. 그러므로 부정의 방식은 **긍정의 방식**과 균형을 맞추어야 한다. 긍정의 방식은 유한성에 제한되어 있는 우리를 위로하고, 영생으로의 궁극적인 이동만이 제공할 수 있는 보다 높은 지식을 추구하도록 우리를 격려하는 하나님의 사랑을 긍정적으로 선포한다.

긍정의 방식은 **유비**(analogy) 원리에 크게 의존한다. 이는 긍정의 방식이 일상의 경험에서 이끌어낸 말과 개념을 취해서 하나님의 초월성과 위엄 등을 표현하는 데 사용한다는 것을 의미한다. 예를 들어 하나님을 우리 아버지라고 부를 때, 우리는 일상생활에서 흔히 쓰는 말을 취해서 우리와 하나님의 관계를 표현하는 데 사용한다. 인간 아버지가 (인간 어머니와 달리) 자기 밖에서 자식을 낳는 것처럼, 하나님도 자신의 존재 밖에서 우리를 만드셨다. 우리는 모종의 신의 자궁으로부터 나온 것이 아니라, 세상의 나머지 존재들과 함께 무로부터 창조되었다. 인간 아버지에게 자녀를 부양하고 훈계하며 성인의 삶을 준비시킬 책임이 있는 것처럼, 하나님도 우리를 부양하시고 우리가 잘못할 때 꾸짖고 징계하시며 언젠가 우리가 천국에서 자기 옆에 앉을 수 있도록 우리를 다듬으신다.

물론 우리의 인간 아버지들은 완벽하지 않기 때문에, 이 지점에서 유비가 단절된다. 궁극적으로 우리는 인간 부모에게서 벗어나 우리 자신의 자녀를 낳을 수도 있지만, 우리와 하나님의 관계는 결코 그렇지 않다. 하나님과의 관계에서 우리는 항상 어린 자녀이고, 역설적으로 우리와 하나님의 관계가 성숙해질수록 하나님께 대한 우리의 전적 의존 의식도 더 깊어진다. 자신의 인간 아버지에 대해 나쁜 경험을 갖고 있는 사람들이 많이 있으며, 자기 아버지를 전혀 모르는 사람들도 있다. 자녀들은 종종 자기 부모를 영웅으로 보지만 조만간 실상이 드러나고, 자녀들은 자기 부모도 다른 모든 사람들과 똑같은 인간이라는 점을 깨닫는다. 그러나 항상 완벽하고 신성한 존재인 하나님께는 절대 그런 일이 생기지 않는다. 우리는 하나님을 외면할 수 있지만 하나님은 결코 우리를 외면하지 않으시며, 우리가 우리 자신의 잘못된 행실을 알고 회개하면 언제나 기꺼이 우리를 자신의 가족으로 다시 받아들이신다.

이런 식의 유비는 우리가 하나님과의 관계에서 어떤 존재인가를 보여줄 의도로 사용되며, 동시에 우리가 서로 간의 관계 속에서 어떤 존재여야 하는지도 가르쳐준다. 성경은 신자를 그리스도의 신부라고 부르며 우리와 그리스도의 관계를 결혼으로 묘사한다. 이러한 묘사는 부분적으로는 우리로 하여금 그리스도와의 관계가 어떤 모습인지 더 쉽게 이해하게 해주지만, 또한 부분적으로는 우리에게 결혼생활이 어떠해야 하는지에 대해서도 더 분명한 개념을 제공한다. 이런 의미에서 신학적 유비는 양방향의 통로다. 곧 우리를 하나님께 데려가는 동시에 하나님을 우리의 일상의 삶으로 모셔온다. 이런 유비는 우리가 하나님과의 관계를 강하게 긍정하며, 하나님이 누구신지, 하나님이 어떤 분이신지, 그리고 우리에게 어떤 의미가 있는지 탐구하고 설명하는 가장 좋은 방법 중 하나다.

우리가 "신학"이라고 부르는 것은 이러한 긍정의 방식의 표현이다. 긍정의 방식은 그 한계에도 불구하고 유일한 참 하나님의 자기계시로부터 나오기 때문에 일관성이 있고 내적 모순이 없는 방법이다. 모순이 없다고 해서 반드시 역설이 없다는 뜻은 아니며, 이 점을 혼동하지 말아야 한다. 예를 들어 우리는 하나님이 선하지만, 악의 존재를 허용하신다고 말한다. 이 말이 모순인가? 이 말은 모순임이 틀림없다고 말하는 사람들이 있고, 그때 그들은 하나님을 믿지 않는다. 그러나 그리스도인들은 그말에 모순이 있다는 점을 부인한다. 우리의 마음으로는 선과 악을 조화시키기가 아무리 어렵더라도, 우리의 경험 속에서는 선과 악이 병존하므로 하나님의 생각 속에서는 틀림없이 선과 악이 공존한다는 사실이 조리 있게 설명될 수 있을 것이다. 하나님의 생각은 우리의 이해를 뛰어넘지만, 그렇다고 해서 그 존재나 논리의 힘을 거절할 이유는 없다. 하나님은 우리에게 자신의 길은 우리의 길보다 높으며, 우리는 하나님에 관해 그리고 우리를 위한 하나님의 목적에 관해 모든 것을 알기를 기대해서는 안 된다고 말씀하신다.[6] 우리 그리스도인들은 경험을 통해 외관상 정반대로 보이는 이 원리들이 긴장을 이루며 함께 존재하고 있고, 우리가 이를 완전히 설명하지는 못할지라도 이 원리가 작동한다는 점을 배웠다. 하나님의 사랑은 우리가 분리시키고 심지어 모순으로 간주하는 것들도 조화시킨다. 그러나 우리가 하나님의 사랑을 완전히 알게 되면 전체 그

---

6   사 55:8-9.

림을 보게 될 것이고, 지금 우리의 유한한 지성 속에 존재하는 역설들이 단번에 그리고 영원히 해소될 것이다.[7]

계시에 응답하기

하나님의 자기계시에서는 부정의 방식과 긍정의 방식이 결합되고 조화를 이룬다. 하나님의 계시는 최초의 창조의 날들까지 거슬러 올라갈 정도로 오래 되었지만, 또한 하나님이 살아 계시고 자신이 창조한 세상에서 일하고 계시기 때문에 아침마다 새롭다. 하나님의 계시는 우리가 이해할 수 있는 말(곧 그 목적을 위해 하나님이 택하고 임명한 사람들의 마음과 입술에 두신 말)로 전달된 메시지이며, 동시에 모든 인간의 이해를 뛰어넘는다.[8] 이 계시는 우리를 위한 하나님의 사랑의 표시다. 우리가 마땅히 해야 할 바대로 하나님을 사랑한다면, 우리는 하나님의 계시를 사랑하고 그 계시를 우리에게 전할 임무를 부여받은 사람들의 권위를 존중할 것이다. 하나님의 사랑은 오직 공동체 안에서만—그 공동체가 삼위일체라는 하나님의 세 위격의 교제이든, 우리에게 교회로 알려진 사회 곧 시간의 처음부터 끝까지의 하나님의 모든 백성의 총체이든—알려질 수 있다.

우리 중 누구도 스스로 하나님의 사랑을 알 수 없다. 우리 곁에 이를 나눌 사람이 아무도 없을 때도, 우리는 수많은 하늘의 증인들에게 둘러싸여 있으며, 우리의 마음에 말씀하는 음성은 옛날의 사자(使者)들에게, 그리고 그들을 통해 말했던 바로 그 음성이다. 우리는 그 음성에 더하거나 그 음성에서 벗어날 자유가 없다. 하나님의 사랑은 우리가 하나님께 순종하고 그분의 명령에 복종하도록 요구한다. 다른 음성들도 있지만,

---

7   고전 13:10-12.
8   빌 4:7.

하나님의 사랑에 충실한 사람들은 그런 음성들을 듣지 않는다.[9] 모든 말이 신의 계시인 것은 아니며, 모든 영적 경험이 하나님과의 조우(遭遇)도 아니다. 참과 거짓을 구별하고 선한 것을 고수하는 것이 건강한 모든 사랑의 관계에 필수적이며, 올바른 것에 시선을 고정하도록 우리를 도와주는 것이 신학자의 특별한 과제 중 하나다. 우리를 위한 하나님의 사랑은 지속적이고 변함이 없지만, 하나님을 향한 우리의 사랑에는 부침이 있다. 우리는 쉽게 산만해지며, 우리가 바라는 대상에 좀처럼 오랫동안 집중하지 못 한다. 하나님이 임명한 종들에게서 오는 교훈과 책망이 없으면 우리는 금방 길을 잃고, 비록 관계 자체는 상실하지 않는다고 해도 하나님과의 관계의 기쁨을 상실하고 말 것이다. 하나님은 자신의 깊은 사랑 안에서 우리에게 가장 좋은 것을 원한다. 하나님이 우리가 모든 신자가 추구해야 할 목표를 달성할 수 있도록 우리에게 하나님 자신에 대해 충분히 이해하게끔 하신 것은 우리가 그 목적을 달성하도록 돕기 위해서다.

모든 인간은 하나님의 형상과 모양으로 창조되었으며, 따라서 하나님과 관계를 맺을 특권을 갖고 있지만, 그 관계의 질은 개인마다 큰 차이가 있다. 우리는 하나님께 반역했고 더 이상 하나님이 원하시는 교제 안으로 들어가려 하지 않거나 들어갈 수 없기 때문에, 대부분의 사람에게 그 관계는 깨져 있고 기능을 못한다. 그러나 어떤 사람들에게는 과거에 깨졌던 관계가 바로잡혔고 하나님과의 교제가 회복되었다. 이런 사람들은 모든 민족과 족속과 언어로부터 나온 거대한 집단이기는 하지만, 인류 전체의 맥락에서는 소수에 불과할 수도 있다. 하지만 그들은 단지 그들의 삶 속에서 역사하는 하나님의 사랑에 대한 공통의 경험으로 함께 묶여 있으며, 그 사랑은 그들에게 모든 것이다. 그것은 새 탄생, 곧 그 안에서 옛 것이 부정되거나 버려지지 않으면서 변화되고 되살려진 새 창

---

9   요 10:7-9.

조에 다름 아니다. 다수의 인간의 학문 분야는 신자이건 아니건 모든 사람에게 접근 가능하지만, 하나님을 아는 지식은 하나님과의 신비한 연합 안으로 들어간 사람들만이 특별히 소유한다. 이것이 바로 신학을 "학문"으로 분류하기가 매우 어려운 이유다. 외부인들에게는 신학이 혼란스럽거나 무의미할 뿐이어서 화학이나 생물학 같은 방식의 학문으로 간주될 수 없다. 그렇지만 신자들에게는 신학이 하나님에 대한 우리의 공통의 경험에 대한 표현이기 때문에 의미가 있고 완전히 합리적이다. 또한 신학은 우리가 하나님과의 관계를 심화시키기 위해 필요로 하는 자극이기 때문에, 우리에게는 매우 중요하다. 결국 신학만이 다른 모든 종류의 학문이 사라지고 난 오랜 뒤에도 영원히 남아 있을 것이다. 그렇기 때문에 신학은 참으로 중요한 유일한 형태의 지식이다.

5장
·
신학의 실천

신학의 역할

신학의 첫 번째 목적은 모든 신자의 믿음에 공통적인 것이 무엇이어야 하는지를 가르쳐주는 것이다. 하나님의 사랑은 우리 각자에게 개별적으로 다가오며, 어떤 사람의 경험도 다른 사람의 경험과 정확히 똑같지는 않다. 그러나 우리 모두는 같은 하나님을 알고 사랑하기 때문에, 우리 모두에게는 많은 공통점이 있다. 신학은 우리와 우리의 감정에 초점을 맞추지 않고, 하나님과 그 하나님이 우리에게 자신을 계시하신 방식에 초점을 맞춘다. 그 계시는 모든 세대에 걸쳐 동일하며, 나라와 문화에 따라 달라지지도 않는다. 우리가 하나님의 계시를 인식하고 흡수하는 방식은 어느 정도 차이가 있을 수 있지만, 그 차이가 우리가 같은 하나님에 관해 말하고 있음을 인정하지 못할 정도로 크지는 않다. 우리는 다양한 사람들의 필요를 수용하기 위해 우리의 이해를 다양한 언어들로 번역하고 이를 표현하는 법을 각색하지만, 우리의 경험의 요점은 동일하게 남아 있고, 우리는 교회라고 부르는 하나의 포괄적인 공동체로 결합된다.

신학의 두 번째 과제는 우리의 믿음을 표현하는 방식을 정의하는 것이다. 모든 그리스도인들은 하나님에 관한 자신의 경험에 대해 말하는 방법을 갖고 있고 그 방법은 존중되어야 하지만, 믿음에 관한 순진한 표현은 종종 오해될 수 있다. 예를 들어 많은 그리스도인들은 예수가 "하나님의 아들"이라고 말하는데, 그들의 생각에 예수의 아버지는 특별하고 독특한 방법으로 "하나님"이시기에, 그 말을 사용할 때 그들은 예수가 자기 아버지보다 못한 존재라고 가정할 것이다. 이런 실수는 이해할 만하지만, 그 실수가 억제되지 않고 허용된다면 4세기에 많은 사람이 아리우스주의 이단에 빠졌던 것처럼 교회를 오류에 빠뜨릴 것이다.[1] 이런 의미에서, 신학자는 의사와 같은 과제를 수행한다. 사람들이 아파서 의사에게 가면, 의사는 아픈 원인을 진단하고 치료해주도록 기대된다. 그러려면 종종 환자의 이해를 넘어서는 전문가로서의 지식이 요구되지만, 그 지식이 없으면 치료될 가능성이 낮다. 민간요법은 우연히 치료로 이어질 수도 있지만, 환자를 죽이거나 환자의 증상을 더 악화시킬 수도 있다. 물론 의사들도 오류가 없지 않으며, 어떤 증상들은 일반인에게뿐 아니라 의사들에게도 불가사의한 것으로 보일 수 있다. 하지만 적어도 의사들에게는 특정한 문제점을 찾아내고 잘못된 처방을 피할 수 있게 해주는 분석 틀이 있다. 이와 유사하게 전문 신학자도 신자들이 자신의 경험을 올바르게 이해하도록 안내하고 잘못된 길로 나아가지 않도록 경고하는 역할을 한다.

또한 신학은 우리에게 믿음 속으로 더 깊이 들어가도록 도전을 줌으로써 우리의 믿음을 격려하고 강화한다. 경험에만 의존하게 되면 우리가 모르는 어떤 것이 있다 해도 그것이 그리 중요하지 않을 것이라고 가정하기가 쉽다. 이는 큰 실수다. 성경은 우리에게 우리가 이미 갖고 있는 것으로 만족해서는 안 되고 더 큰 것을 향해 나아가야 한다고 가르치는데, 여기서 신학은 더 성숙한 신앙으로 가는 길을 가리키기 위해 존재한다.

---

1   아리우스주의는 아리우스(336년 사망)에게서 유래하는데, 그는 하나님의 아들은 피조물이고, 그래서 성부보다 열등한 존재라고 주장했다.

우리는 어린아이와 같아서, 성장하기 위해서는 극복해야 할 다음 번 장
애물을 통해 끊임없이 도전받을 필요가 있다.[2]

마지막으로 신학은 우리의 지성이 제한되어 있다는 점과 우리의 지성
이 하나님의 뜻에 완전히 복종할 때조차 하나님에 관해 우리가 결코 알
지 못할 사항이 있다는 점을 우리에게 상기시킨다. 하나님은 우리를 자
기 자신과의 교제 안으로 부르시고, 그 교제를 참된 교제로 만들기 위해
서 우리가 필요로 하는 지식을 우리에게 제공하신다. 동시에 하나님은
우리보다 크신 분이기에, 하나님에 관해 우리가 완전히 이해하지 못할
사항들이 존재한다. 그러므로 신학은 지적 겸손을 요구한다. 신학은 우
리에게 충분히 해소될 수 없는 역설들과 명확한 답변이 없는 질문들을
남겨 놓는다. 우리가 이 점을 인정하고 우리 자신의 한계를 받아들인다
면, 모든 것이 잘 될 것이다. 그러나 우리가 알 수 있는 범위를 넘어서려
하면 우리는 저지당하고 거들먹거리는 교만의 불쾌한 결과에 직면해야
할지도 모른다.

신학과 철학

사람들에게 하나님의 사랑을 가르치고자 할 때 직면하는 큰 유혹 중
하나는 하나님의 사랑을 이를 표현하기 위해 고안되지 않은 범주에 집
어넣는 것이다. 신학을 합리적인 원리에 토대를 두고 변칙이나 역설을
수용하지 않는 체계 속에 세워진 일종의 철학으로 간주할 때, 이런 일이
일어난다. 특히 철학의 관심사가 종종 그리스도인들이 신학의 문제로 간
주하는 것들에 손대려고 할 때, 이렇게 하려는 유혹이 크다. 교회사 전체
에 걸쳐 복음을 종종 당대의 지적인 관심사에 영향을 주기 위한 수단으

---

2   히 5:11-14.

로 보고, 성경의 하나님의 계시를 철학적 관점에서 해석하려고 시도했었던 것도 그리 놀라운 일이 아니다. 많은 초기 그리스도인들은 플라톤 사상의 범주를 사용하여 자기들의 믿음을 표현했으며, 중세 시대에는 인기를 끈 "아리스토텔레스주의"가 같은 역할을 했다.[3] 16세기와 17세기에 이런 식의 신학이 전복되었는데, 이는 그것이 이런 신학을 너무도 쉽게 받아들인 교회에 대항했던 갈릴레이를 지지하는 사람들의 구미에 너무도 맞지 않았기 때문이었다.

보다 최근에는 거의 모든 종류의 현대 철학이 적어도 일부 신학자들에게 하나의 모델로 채택되었고, 이런 신학자들은 자신이 선택한 사상 체계를 하나님과 그분의 길에 대한 새로운 표현을 개발하는 수단으로 사용했다. 그들은 자신의 신학 모델이 동일한 지적 틀에 의해서 지성이 형성된 사람들의 흥미를 끌기를 바랐다. 예를 들어 많은 신학자들이 하나님의 말씀을 분석하는 모형을 제공하기 위해 임마누엘 칸트(1720-1804)와 게오르크 빌헬름 프리드리히 헤겔(1770-1831)의 철학을 주목했지만, 그 결과가 항상 만족스러운 것은 아니었다. 20세기에는 논리 실증주의, 언어 분석, 인격주의, 심지어 마르크스주의도 다양한 신학자들의 사고에 기여했다. 이 신학자들은 이런 방법들이 제공한 통찰력을 이전에는 충분히 탐구되지 않았던 기독교의 어떤 국면을 끄집어내는 수단으로 사용하거나, 하나님에 대한 새로운 관점을 만드는 원형(template)으로 사용하고자 했다. 이런 시도들이 조만간 끝날 것이라고 생각할 아무런 이유가 없으며, 많은 신학자들은 미래의 철학들도 과거의 철학들이 그랬던 것처럼 도발적이며 자극적이라고 생각할 것으로 보인다.

신학의 질문들에 대한 철학 기반의 접근법이 얼마나 타당한가? 하나

---

3   아리스토텔레스주의는 귀납적 탐구 방법을 사용한 반면, 플라톤주의는 연역법으로서 이상적 진리 개념에 판단의 기초를 두었다. 그러나 역사적으로 보면 아리스토텔레스는 플라톤의 제자이자 계승자였으며, 아리스토텔레스가 후대에 체계화된 자신의 사상이 그렇게 보일 수도 있는 것만큼 플라톤의 개념에 반대한 것은 아니라는 점을 기억해야 한다.

님은 일관성이 있는 존재이시며 하나님의 계시는 이치에 합당하므로, 표면상으로는 철학이 신학적 탐구의 좋은 출발점이다. 철학적 신학은 하나님에 관한 우리의 사고에 논리를 적용시킴으로써, 우리가 하나님의 자기 계시의 일관성을 이해하도록 도와주고 이를 정확히 표현하는 소중한 도구를 제공한다. 가장 중요한 점은, 철학은 어떤 주장들이 본질적으로 비논리적이거나 우리가 하나님에 관해 말하고자 하는 다른 사항들과 모순된다는 점을 보여줌으로써 오류로부터 우리를 지켜준다는 사실이다. 하나만 예를 들자면, 우리는 하나님이 전능하시다고 믿지만, 그렇다고 하나님이 자기 자신을 파괴할 수 있다고 생각하지는 않는다. 그렇게 되면 하나님이 존재하지 않게 되고 하나님의 전능도 아무런 의미가 없게 될 테니 말이다. 엄밀한 사고는 이런 자가당착을 드러내고 "전능"이라는 말이 의미할 수 있는 바를 제한하지만, 그 이상으로는 전능을 정의하지 않는다. 다른 한편, 자신을 파괴할 수 없는 하나님은 전능할 수 없다고 주장하는 철학자는 그의 지성의 경계 안에서는 논리적일지 몰라도, 이런 인간의 구성 개념에 의해 제약되지 않는 하나님의 존재를 이해하지 못한 것이다.

하나님에 대한 철학적 접근법들의 근본적인 문제는 그것들이 세상을 이해하기 위해서 개발된 이론들에 기반을 두고 있다는 점이다. 세상에 대한 이해라는 맥락에서 철학은 타당한 학문이다. 우리에게는 우리가 살고 있는 하나님의 창조세계의 질서를 조사할 지성이 주어졌으며, 우리는 창조세계에 대한 지배권을 책임 있고 건설적으로 행사하기 위해 창조 질서가 어떻게 작동하는지 파악할 의무가 있다. 우리가 피조물 속에서 인식하는 논리 안에, 물리적 우주에게 그런 방식으로 질서를 부여하신 분명한 이유를 갖고 있는 창조주의 마음이 반영되어 있다고 가정하는 것은 합리적이다. 그러나 이로부터 피조물을 연구하면 하나님의 존재와 마음을 알 수 있다고 추론하면 너무 멀리 가는 것이다. 우주는 하나님이 거울에 비친 모습이라고 말할 이유가 없다. 사실 우주에 관한 많은 사실들이 우주는 여러 모로 하나님과 완전히 다르다는 점을 암시한다. 무엇보다 먼저 우주는 가시적이다! 인간이 "하나님의 형상과 모양으로" 지음 받은 것은 사실이지만, 이 사실이 우리에게 하나님의 본성에 관해 얼마나 많이 말해주는지는 알기 어렵다. 세속적인 유추를 사용하자면 동전에 새겨진 여왕의 얼굴이 여왕의 형상이라는 데는 의문의 여지가 없지만, 그것은 여왕이 어떤 사람인지에 대해서는 아무것도 말해주지 않는다. 둘 사이에 관련이 있다는 점은 사실이지만, 그 관련성은 부분적이고 또한 부적합하다. 우리가 동전에서 보는 얼굴에 기초해서 여왕에 관해 가정하는 것은 조심스럽게 말해도 매우 위험하다. 마찬가지로 하나님의 형상도 하나님에 관해 우리에게 뭔가를 말해주지만, 그럼에도 우리는 진실의 근사치에 불과한 것으로부터 근거 없는 결론을 이끌어내지 않도록 조심해야 한다.

인간의 지성은 하나님이 우리를 창조하신 목적 곧 물질세계를 다스리는 데 적응되어 있다. 우리는 물질세계가 어떻게 작동하는지 알아낼 수 있고, 물질세계를 다스리고 그 잠재력을 개발할 과제에 우리의 지식을 적용할 수 있다. 그러나 영적인 영역은 인간의 지성이 이해할 수 있는 영역 밖에 있다. 우리는 영적 존재이기 때문에 그런 다른 세계가 존재한다는 점과 그 세계가 우리의 삶에 매우 중요하다는 점을 알 수 있지만, 우리 스스로는 그 세계를 이해할 수 없다. 이 세상의 종교들과 철학들은 인간의 상상력에 대한 인상적인 기념비이지만, 그러나 종교와 철학이 객관적으로 관찰할 수 있는 사실들에 대한 훌륭한 근사치를 제공할 경우에도 그것들은 근사치일 뿐이다. 그것들은 하나님의 계시가 아니고, 우리를 하나님께 더 가까이 데려갈 수 없다. 때로는 어떤 종교나 철학이 뭔가를 올바르게 해낼 수도 있고 우리는 이를 반갑게 생각한다. 하지만 그런 일은 생존 가능한 신학을 만들어내기에는 체계적이지 않고 또한 부적합하다. 궁극적으로 하나님에 대한 우리의 지식은 하나님으로부터 나와야 한다. 하나님에 대한 지식은 우리의 지성에 의해 이해되고 우리가 물질적 피조물에 관해 알고 있는 내용과 조화될 수 있지만, 그 지식의 원천은 우리 외부에 있다. 이 지점에서 철학과 신학이 갈라지는데, 그것은 각자의 지식이 의존하는 토대가 다르기 때문이다. 그리스도인 철학자의 과제는 자신의 학문이 어떻게 신학에 의해 수립된 매개변수들(parameters) 안에서 이해될 수 있고 또 이해되어야 하는지 보여주고, 신의 자기계시의 필요를 없애는 철학적 시도들은 결국 실패로 끝나게 되어 있음을 예시하는 것이다. 그의 의무는 물질적 실재로부터 이론을 세우고 나서 이를 통해 하나님의 존재와 활동을 정당화하는 것이 아니라, 하나님이 우리에게 자신에 관해 말씀하신 것이 물리적 실재와 어떻게 일치하는지 보여줌으로써 그 말씀을 변호하는 것이다.

신학의 원천인 성경

성경은 문자로 기록된 하나님의 자기계시다. 성경은 하나님의 존재와 활동에 대한 역사, 곧 우리가 철학 교재에서 예상할 법한 방식의 추상적 제시가 아니라, 하나님이 2천 년 이상 자기 백성들을 어떻게 다루셨는지에 대한 역사다. 그 역사에 나오는 원리들은 하나님의 마음을 반영하며, 이 원리들의 타당성을 확인하는 사건들은 실제로 발생했기 때문에, 그 역사는 오늘날 우리에게 규범적인 원리들을 명확하게 보여준다. 현대 세계는 그 역사의 산물이며, 그 역사는 계속해서 우리에게 현재를 살아갈 토대와 미래에 이루어질 더 큰 성취에 대한 소망을 제공한다. 우리는 성경이 우리에게 주어진 방식(다양한 목적을 염두에 두고 많은 사람들에 의해 오랜 기간에 걸쳐 쓰인 다양한 문서들을 수집해 놓은 책)을 존중하고, 성경으로부터 그것이 의도하지 않은 어떤 것을 만들어내려고 시도하지 말아야 한다.

우리는 성경이 말하는 것이 진리라고 믿지만, 또한 이 진리가 시간과 공간 속에서 계시되었다는 점도 믿는다. 그러므로 성경은 성경이 주어진 역사적 배경에 비추어 이해되어야 한다. 성경의 진리가 저자의 원래 의도에 의해 충분히 정의되지 않는다고 해도, 그 진리는 다양한 저자들의 원래 의도에 의존한다. 성경 텍스트는 그 저자가 기록할 때 이해했던 것보다 많은 내용을 의미할 수도 있는데, 우리는 이 점에 대해 놀라지 말아야 한다. 예를 들어 미국 헌법 입안자들은 자신들이 죽은 지 수백 년 후에 자기들의 말이 어떻게 적용될지 알 수 없었겠지만, 아무도 새로 발생하는 상황을 다루기 위해 그 말을 적용시키는 것이 잘못이라고는 생각하지 않는다. 특정 해석이 원래 텍스트의 의도에 충실한지 여부만 문제된다. 모든 법은 어느 정도는 이와 같다. 성경은 하나님의 백성을 위한 하나님의 법이기 때문에 성경이 하나님의 백성들의 필요가 생길 때 그 필요를 충족시키기 위해 고안된 방식으로 해석된다고 해도 놀라지 말아야한다. 만약 그것이 불가능하다면, 성경은 첨단 기술과 핵전쟁의 위협에 대처해야 하는 세상에 대해 할 말이 전혀 없게 될 것이다. 동시에 미국의 헌법 역사 연구자들이 잘 알고 있듯이, 가장 권위 있는 텍스트들을 잘못 해석하거나 잘못 적용하거나 무시해버릴 가능성도 있다. 그러므로 텍스트를 해설할 책임이 있는 사람들은 항상 이런 경향에 대비해야 한다.

그리스도인들에게 성경에 관한 근본적인 질문은 예수의 가르침과 신약성경이 고대 이스라엘에 주어진 하나님의 계시에 대한 올바른 해석인지 여부다. 오늘날 유대인과 현대 학자들은 종종 이 논쟁에서 한 진영에 속하는 반면, 기독교 전통과 이를 지지하는 데 전념하는 사람들은 다른 진영에 서는 것 같다. 구약성경은 그리스도가 오시기 전에 존재했었고, 이스라엘 사람들이 메시아에 대한 소망을 공유하고 있었는지 여부와 관계없이 그들에게 어떤 의미가 있었다는 점은 명백한 사실이다. 순전히 객관적인 관점에서는 구약성경을 쓰고 편찬한 사람들이 메시아에 대한 소망을 어떻게 생각했는지 알 길이 없으며, 일부는 다른 사람보다 메시아 대망 사상을 더 잘 알고 있었을 가능성이 있다. 그러나 고대 이스라엘의 모든 사람이 이스라엘 민족의 존재에는 목적이 있으며 하나님이 언젠가는 그 목적을 이루실 것이라는 점을 알고 있었다. 그리스도인들은 하나님의 아들이 나사렛 예수로 사람이 되셨을 때 그날이 도달했다고 주장한다. 그 믿음 때문에 그리스도인들은 히브리 성경을 순전히 "중립적" 또는 "객관적"으로 읽을 수 없다. 우리는 모든 구절에서 메시아적 메시지를 이끌어내기 위해 알레고리나 억지 해석에 의존할 필요가 없지만, 구약성경의 개별 저자들이 메시아의 오심을 깨달았는지 여부와 상관없이 그 텍스트들이 이스라엘에게 메시아의 오심을 준비하고 있었다는 점을 인정해야 한다. 그런 의미에서 구약성경은 우리에게 대다수 유대인들이 적절하다고 여길 만한 것보다 더 많은 것을 의미하게 되었다. 왜냐하면 우리는 구약의 약속과 예언들이 그리스도 안에서 성취되었다고 믿기 때문이다. 그리스도인들은 이 점을 고려하지 않는 구약성경 해석을 적절하지 않다고 여겨야 한다.

또한 우리는 위조되고 변조되고 함부로 변경된 문서들에 권위를 부여할 수 있음을 기억해야 한다. 그래서 우리는, 비록 지금은 소실된 원문의 사본에 의존하기는 하지만, 성경 텍스트가 무엇인지를 확립하기 위해 할 수 있는 최선을 다해야 한다. 소위 마가복음의 보다 "긴" 결말[4]과 같이 정말로 조심해야 할 근거가 있는 경우들이 있으며, 이런 텍스트들에만 기초해서 가르치지 않도록 주의해야 한다. 현대의 많은 학자들이 신약성경에서 흔하다고 주장하는 위서(僞書, pseudepigraphy)로 알려진 위조 문제는 더 심각하다. 그들이 던지는 질문 중 하나는, 바울이 쓴 것으로 알려진 서신들 가운데 얼마나 많은 서신을 실제로 바울이 썼느냐는 것이다. 현대 학자들은 히브리서의 저자가 바울이라는 견해를 만장일치로 기각한다. 하지만 히브리서 텍스트가 바울이 이 서신을 썼다고 주장하지 않기 때문에, 바울이 히브리서의 저자가 아니라는 사실은 히브리서가 신적 권위를 갖고 있다고 믿는 사람들에게 극복할 수 없는 문제는 아니다. 그

---

4   막 16:9-20.

러나 목회 서신(디모데전후서와 디도서)은 완전히 다른 문제다. 목회 서신은 (텍스트 자체에) 바울이 직접 쓴 것으로 언급될 뿐만 아니라, 바울이 쓴 것이 아니라면 거짓말이 될 개인적인 세부 사항도 많이 포함하고 있다. 목회 서신에 관한 한, 저자와 권위가 긴밀히 연계되어 있으며, 하나를 부정하면 사실상 다른 하나도 부정된다.

이 점은 그 서신들 자체의 무결성을 위해서뿐만 아니라, 이 서신들이 교회 안에서 갖는 권위를 위해서도 중요하다. 비록 위조자가, 원저자라면 말하지 않았을 내용을 전혀 말하지 않았다고 해도, 위조된 책의 가르침에 복종하는 것이 즐겁겠는가? 우리의 믿음은 사도들의 믿음이다. 현재 사도들의 이름으로 회람되고 있는 서신들 가운데 일부를 사도들이 쓰지 않았다면, 왜 우리가 그런 서신들에 신경을 쓰겠는가? 이 점은 특히 기독교 공동체의 삶에 중요하고 상세한 지침을 담고 있는 목회 서신에 대해서는 중대하고 실제적인 관련이 있다. 오늘날 목회 서신의 가르침 전부나 일부를 거절하는 사람들이 이 서신들은 진정한 사도의 작품이 아니며, 따라서 오늘날 우리를 구속할 권위가 없다고 주장하는 것은 우연이 아니다.

그리스도인들은 이를 받아들일 수 없다. 신약성경은 자기들이 진정으로 사도들의 작품을 편찬하고 있고, 또한 자기들이 위서로 알고 있는 책들은 포함시키지 않는다고 믿은 사람들에 의해 모아졌다. 그들은 현대에 재등장한 많은 반대들에 익숙했으며, 때로는 여러 해 동안 이 반대들과 논쟁을 벌였다. 그러나 그들은 결국 자기들이 가졌던 모든 의심을 극복했고, 그들의 판단의 지혜는 이 책들의 가르침의 열매를 보고 그들의 결정을 계속 존중했던 이후 세대들에 의해 확인되었다. 그러므로 입증 책임은 그 책들이 사도들의 저작이라는 신약성경 책들 자체의 주장을 반박하는 사람에게 있다. (신약성경이 사도들의 저작임을) 의심하는 사람들이 자기들의 주장을 입증하지 못하면, 그들의 주장은 정중하지만 단호하게 무시되어야 한다.

우리는 성경은 하나님께 영감을 받은 사람들이 기록했으며 이 영감의 특질이 성경 텍스트의 말들에 이어져 있다는 것을 알지만, 하나님이 그들에게 말씀하신 내용과 그들이 기록한 내용 사이의 관계가 정확히 어떤 성격의 것인지는 파악하기 어렵다.[5] 기록된 텍스트들은 하나님에 의해 직접 구술된 것이 아니며(적어도 구술이 보편적이지는 않았다), 예언자와 사도들이 명상의 시간에 지어낸 하나님에 관한 묵상에 불과한 것도 아니었다. 우리의 성경에 나와 있는 내용들은 하나님께서 자신이 택한 사자들에게 주신 메시지다. 그 메시지는 하나님이 우리가 갖기를 바라신 내용이며, 그 메시지의 진리는 겸손한 존중과 순종의 정신으로 그 메시지에 다가가는 사람들에게 계시된다. 그렇게 할 때, 우리는 성경이 우리의 삶에서 작동하는 노선에서 틀리지 않고 오류가 없다는 점을 발견한다. 사본 상의 많은 차이들이 쉽게 보여주는 것과 같이 성경의 물리적 텍스트들은 세월의 풍상에 시달렸지만, 그것들의 영적 메시지는 손상되지 않고 보존되었으며 이는 무식한 독자라도 충분히 이해할 정도로 명확하다.

기독교 교회의 신학은 본질적으로 인간 지성의 논리를 만족시키기 위한 것이 아니라, 하나님의 단일성 그리고 세상에 대한 하나님의 계획의 내적 논리와 아름다움을 정당하게 다루기 위해 일관성 있게 제시된 성경의 가르침이다. 구약의 음식법 등 성경에 나오는 일부 사항은 성경의 거룩함이 삶의 모든 측면에 미친다는 점을 상기시켜주기는 하지만, 그럼에도 오늘날 우리와 직접적인 관련이 거의 없다. 바빌론의 아이들을 죽이라는 명령[6]과 같은 구절들은 공의나 공정성에 대한 우리의 감정에 거슬릴 수 있지만, 우리는 영적 싸움에 종사하고 있으며 또한 그 싸움에서 우리의 원수들을 살려주거나 위로할 수 없다는 사실을 우리에게 상기해 준다.

---

5   벧후 1:21을 보라.
6   시 137:9.

우리 그리스도인들은 하나님의 말씀을 하나님이 우리에게 준 대로 받고, 현재 상태 그대로 해석하며, 성경이 말하는 내용을 좋아하건 좋아하지 않건 그 말씀에 복종한다. 인간의 "존엄성"은 우리가 하나님의 계시에 이의를 제기함으로써 하나님께 도전하고 그분께 질문하도록 허용하며, 심지어 그렇게 하지 않을 수 없게 한다고 주장하는 사람들이 있지만, 이는 그리스도인들로서 적절한 태도가 아니다. 인간으로서 우리의 존엄성은 하나님의 뜻에 대한 합리적이고 자발적인 순종 가운데 가장 명확하게 드러나는 우리와 하나님의 특별한 관계에 놓여 있다. 하나님과 우리를 향한 하나님의 목적에 관한 의심으로 괴로워하는 것(모든 그리스도인들은 의심의 시기를 거친다), 우리 자신이 하나님의 목적과 행동이 어떠해야 하는지에 대한 판정자라고 자처하는 것은 완전히 별개다. 다른 무슨 일을 하든 인간의 존엄성에 대한 우리의 의식이 우리의 교만을 덮는 가면이 되게 해서는 안 되지만, 우리는 종종 그렇게 한다. 하나님의 말씀을 대면할 때 그리스도인의 적절한 반응은 우리를 구비시키기 위해 하나님의 말씀이 주어졌다[7]는 것을 알고 그 말씀이 말하는 대로 행하는 것이다.

우리의 삶을 위한 하나님의 뜻을 발견하기 위해 성경을 탐구할 때, 하나님이 자신에 관한 모든 것을 계시하신 것은 아니라는 점도 받아들여야 한다. 우리가 하나님을 신뢰하고 섬기기 위해 알 필요가 있는 것들은 주어졌지만, 많은 경우 우리는 우리 눈에 숨겨져 있는 일들이 있다는 말을 특별히 듣는다.[8] 일부 신학자들은 우리의 지식의 틈을 메우고, 모든 질문에 대한 답변을 제공하는 사상 체계를 만들며, 하나님의 목적을 매우 상세하게 설명하려는 유혹을 끊임없이 받는다. 이것은 가능하지 않다. 우리는 우리가 결코 알지 못할 것들이 많다는 사실을 받아들여야 한다. 우리는 항상 하나님이 자신의 영광을 위해 세상을 창조했다고 말

---

7   딤후 3:16-17.
8   마 20:21-23; 25:13; 행 1:7.

할 수는 있다. 하지만 우리는 다음의 질문들에 대한 답을 모른다. 왜 완벽하고 자충족적인 하나님이 자신에게 영광을 돌리길 원해야 했는가? 선한 피조물이 하나님의 뜻을 반역하고 악이 되는 것이 어떻게 가능했는가? 하나님은 언제 모든 것을 마무리 짓고 자신의 피조물에게 원래 의도했던 완벽함을 회복시켜줄 것인가? 이런 질문에 대한 답을 아는 체하는 것은 하나님의 말씀을 조작하고 잘못 해석하는 것이다. 그러므로 성경에 뿌리를 둔 신학은 어떤 면에서는 불완전하며, 그런 추측이 유용해 보일지라도 우리는 우리 자신의 추측을 통해 틈을 메우려는 유혹에 저항해야 한다.

그렇다고 계시된 내용으로부터 때로는 특정한 결론을 이끌어낼 수밖에 없음을 부인하는 것은 아니다. 삼위일체 교리가 이에 대한 명확한 사례 가운데 하나인데, 이 교리가 성경에 별로 언급되지 않기 때문에 그 교리를 "비성경적"인 것으로 간주하는 사람도 있다. 그러나 한 분 하나님만 계심에도, 신약성경에서 성부도 하나님이고, 성자도 하나님이고, 성령도 하나님이라는 사실은 명확하다. 교회의 몸 안으로 연합되는 공인된 방법인 세례 행위에서도 하나님의 세 위격이 관련된다.[9] "삼위일체"라는 말은 단지 신적 위격들을 묘사하기 위한 편리한 용어에 지나지 않지만, 이 용어를 사용하면 신적 위격들에 대해 말하길 원할 때마다 한 단락을 써야 되는 필요를 덜 수 있다. 이 용어 자체는 신성하지 않지만, 이 용어는 성경에 나오는 어떤 내용과도 모순되지 않으며, 기능적으로 하나님 안에 존재하는 것을 묘사하기에 유용하다. 그래서 전 세계 모든 종파의 신자들은 이 용어를 버젓이 사용할 수 있다. 나아가 경험상 이런 말이 신약성경에 나오지 않는다는 근거에서 그런 말에 반대하는 사람들은 대개 이 말이 의미하는 교리 또한 반대하지만, 외관상 비성경적인 용어에 대한 진지한 반대로 보이는 배후에 이런 내용상의 반대를 숨기고 있다. 이

---

9   마 28:19.

런 경향은 이미 초기 교회에서 인식되었고, 그 이후 그런 식으로 행동하는 사람들의 피상적인 경건을 간파했던 지각 있는 사람들은 종종 이런 경향을 비판했다. 우리는 오늘날 이런 식의 반대를 만나면 주저없이 그 실상을 드러내고, 우리가 말하는 것은 성경의 가르침과 일치한다고 주장해야 한다.

알려지지 않은 사항들과 중요하지 않은 사항들

세상의 종말과 같이 아직 일어나지 않았고, 다소 모호한 상태로 남아 있는 일들과 관련된 질문을 접할 때, 성경에 기록된 것을 넘어서 추측하지 않도록 특히 조심해야 한다.[10] 불행하게도 많은 사람들이 그렇게 했고, 결국 자기기만으로 실망했다. 천년왕국 예언의 실패에 대한 많은 기록이 있음에도, 그런 예언들이 계속 재등장해서 그런 사안들의 확실성을 갈망하고 그 주제에 대한 하나님의 말씀을 액면 그대로 놔두지 못하는 사람들의 마음을 유혹하고 있다.

덜 고상한 측면에서는 교회 행정 관리(교회 정치)에 관한 문제도 이와 똑같이 말할 수 있다. 우리는 초기 교회에 사도들이 임명한 지도자들이 있었다는 것을 알고 있으며, 이 지도자들이 특수한 과제를 위해 선택되고 임명되었다는 것도 알고 있다. 또한 우리는 이제 교회를 다스릴 사도들이 없다는 이유만으로도 오늘의 교회가 신약성경의 회중들과 똑같은 방식으로 기능할 수 없다는 점도 알고 있다. 우리는 신약성경에 나오는 모든 교회들의 행정 관리 형태가 같았는지에 대해서는 알지 못하며, 누구에게 주의 만찬을 주재할 권리가 있었는가와 같은 질문에도 성경의 답은 없다. 오늘날 교회에서 어떻게 해야 하는지를 결정해야 하기 때

---

10   행 1:7.

문에 우리는 이런 문제들에 대해 우리의 지성을 행사한다. 그러나 이런 문제들에 대한 올바른 방향을 결정하는 데 필요한 증거가 결여되어 있기 때문에, 성경을 토대로 우리의 결정이 옳다고 독단적으로 주장하면 안 된다. 우리는 모든 것을 "품위 있게 하고 질서 있게" 하라는 말을 듣고 있다.[11] 우리는 우리의 공통의 교회 생활을 조직화할 때 이 명령을 수행하기 위해 최선을 다해야 하지만, 특정 교회의 행정 관리 형태가 가장 좋다고 아무리 많이 설득된다고 해도, 아무도 우리의 관행만 하나님의 재가를 받았다고 주장할 수는 없다. 그렇게 말하는 사람은 교회를 분열시키기만 할 것이다. 신약성경의 품위와 질서 원리를 존중하는 한, 우리는 필요나 편의에 따라 다양한 양상의 사역을 채택해서 개조하고 예배할 자유가 있다. 물론 다른 교회들과 협력하려고 할 경우 공통의 행정 관리 형태를 더 많이 공유할 수 있으면 더욱 좋다. 그러나 성경이 우리에게 어떤 형태도 부과하지 않듯이, 우리도 다른 사람들에게 한 가지 형태를 부과하려 해서는 안 된다. 역사를 살펴보면 이 영역에서는 항상 최소한 몇 가지의 변화가 있을 수 있다는 점을 확실히 알 수 있다.

　　교회의 보다 넓은 삶에 가장 중요한 신학적 개념 중 하나는 **경륜**(economy)인데, 이 개념은 근본 원리를 다양한 상황에 적용시키는 방식에서 유연성을 허용한다. 여기에 소위 '**아디아포라**' 곧 대수롭지 않음이라는 부차적 원리가 추가되어야 한다. '**아디아포라**'는 지역 교회가 매우 구체적으로 신의 재가를 받아서 다른 양상은 가능하지 않다고 주장하지 않으면서, 자유롭게 자신의 제도를 갖추고 이를 내부 규율의 한 부분으로 주장하는 사안들이다. **경륜**과 **아디아포라** 모두 우리가 본질적인 것들을 강조하고, 부차적인 문제보다 본질적인 문제들에 더 집중하도록 권한다. 이런 접근법은 그리스도인으로서의 공통적인 정체성을 부여하는 핵심 진리를 희생시키지 않으면서, 특정 교회들이 유연하게 행할 수 있

11　고전 14:40.

는 자유를 존중한다. 한 가정의 가족과 같이, 우리는 중요한 닮은 점들이 있지만 서로 동일하지는 않다. 여느 가족에서와 같이 조화의 비결은 우리 모두 공유하고 있는 공통의 목적을 잊지 않으면서도 각 구성원의 개성을 존중함으로써, 다양성이 작동하게 하는 것이다. 결국 우리는 우리 모두를 사랑 안에서 자신과 결합시키시는 그리스도를 머리로 하는 한 몸의 지체들이다. 우리가 그 사실을 배우고, 그들이 우리와 여러모로 아무리 많이 다를지라도 각 지체들이 누구이고 어떤 존재인지 이해하도록 자라가며 또한 그들을 우리 자신의 한 부분으로 사랑할 수 있다면, 그때 그리고 오직 그때만, 우리는 우리의 신학인 하나님에 대한 지식에서 자랄 수 있고, 그 지식을 사용해서 하나님께 영광을 돌리고 세상에 하나님을 증언할 수 있을 것이라는 참된 희망을 갖게 된다.

6장
·
신학과 신앙

좋은 신학의 필요성

현대 세계에는 기독교 교회의 분열을 통탄하고, 그리스도의 이름을 고백하는 사람들이 가시적으로 연합하기를 갈망하는 사람이 많다. 그 것은 당연히 바람직한 목표이지만, 이 목표를 향한 견실한 진보는 "정통"(orthodoxy) 또는 올바른 믿음이라고 부르는 일치된 신학의 토대 위에 서만 이루어질 수 있다.[1] 오늘날 이렇게 말하면 유행에 뒤떨어진다. 특히 주류 개신교 교파들 가운데는 교리가 분열을 초래하며 명확히 표현된 신학은 그리스도인의 교제의 성격에 부적합하다고 주장하는 사람이 많다. 어떤 사람들은 아돌프 폰 하르나크(1851-1930)와 그의 학파에 속한 사람들이 취한 노선에 따라, (그들이 그렇게 부르기를 좋아하는 표현을 쓰자면) "교의"(dogma)는 교회 전체의 건강을 위해 제거해야 할, 달갑지 않은 초기 기독교의 그리스화에 해당한다고 생각한다.[2] 그들에게 정통 따위는 없다. 그들에게 정통이라는 말은 권력을 쥐고 자기들의 적들을 박해

---

1   엄밀히 말하면 "정통성"은 "올바른 예배"를 의미하지만, 그리스도인들에게는 하나님을 믿는다는 것은 하나님을 예배하는 것이고, 따라서 실제로 이 두 개념은 합쳐졌다.
2   그리스화는 어떤 개념이나 원칙이 고대 그리스 세계의 사고방식에 동화되는 과정이었다.

해 내쫓고 그 과정에서 적들에게 "이단"이라는 딱지를 붙인 쪽의 믿음에 해당할 뿐이다. 이렇게 생각하는 사람들은 "이단들"을 소외된 희생자로 봐서 이단들 편을 들고, 그들의 명예를 회복시키려는 자신들의 노력을 과거의 죄에 대한 뒤늦은 배상으로 간주하는 경향이 있는 것도 놀랄 일이 아닐 것이다. 기본적인 믿음에서는 좀 더 정통적일 수 있지만, 모든 종류의 지성주의는 진리의 적으로서 피해야 한다고 설득하는 영적 조류의 영향을 받은 사람들도 있다. 그들의 생각에 따르면 "좋은" 신학 따위는 없다. 신학은 정의상 모두 나쁘고 참된 기독교 신앙에 잠재적으로 해를 끼친다.

이 두 집단은 많은 면에서 정반대지만, 하나님에 관해 말할 때는 놀라울 정도로 공통점을 갖는다. 성경에서 우리에게 계시된 하나님의 말씀을 성취하고 입증하는 분은 그리스도이기 때문에, 슬프게도 이 두 집단은 다른 방식으로 그리스도의 적이다. 우리를 향한 큰 사랑 가운데 하나님은 우리에게 자기 자신에 관해 어떤 사항들을 말씀하셨으며, 우리는 좋든 싫든 하나님이 우리에게 말씀하신 것을 믿고 세상에 선포해야 한다. 아담과 하와는 은혜에서 떨어져 나가기 전에는, 비록 악이 이미 존재하고 있었고 하나님이 악으로부터 그들을 보호하기를 원했지만, 악이 무엇인지 몰랐다. 선과 악을 아는 지식이 그들에게 죽음을 가져올 것이 확실했기 때문에 하나님은 아담과 하와에게 선악을 알게 하는 나무의 열매를 먹지 말라고 말씀하셨다.[3] 그러나 먹지 말라는 하나님의 명령에도 불구하고 일단 그들이 그 열매를 먹고 나자 되돌릴 길이 없었다. 우리에게 하나님을 안다는 것은 곧 옳음과 그름의 차이를 아는 것이고, 하나님을 대함에 있어 옳음을 선택하는 것이다. 하나님을 사랑한다는 것은 하나님의 계명에 순종하는 것이기 때문에,[4] 그렇게 하지 않는다면 마땅히 해야

---

3   창 2:17.
4   요 14:15, 21; 요일 5:3.

할 만큼 하나님을 사랑하지 않고 있는 것이다. 아담과 하와의 죄는 근본적으로 그들에 대한 하나님의 사랑에 대한 거절이었으며, 우리가 하나님과 맺도록 되어 있는 관계는 그 거절에 대한 극복을 통해서만 회복될 수 있다. 정통과 이단은 우리가 그 안에서 살고 있는 현실의 한 부분이다. 정통과 이단은 우리가 종사하도록 부름 받은 선과 악 사이의 영적 투쟁의 지적인 발현이다. 하나님의 종과 그리스도의 군사로서 싸우도록 부름 받은 큰 전투에서 우리는 에덴동산으로 돌아가 선과 악을 모른다고 주장할 수 없다. 신학은 이 싸움의 무기다. 확실히 말하자면 유일한 무기는 아니지만 이것 없이는 싸울 수 없는 무기다.

그리스도인들은 사랑 안에서 진리를 말하라는 부름을 받았는데,[5] 하나님에 관한 진리보다 더 큰 진리는 없다. 인류의 타락은 거짓말(영리하게 위장되고, 확실히 말해 상당한 진실이 포함되어 있기는 하지만 그럼에도 거짓말이라는 사실에는 변함이 없는 거짓말)에서 시작되었다. 아담과 하와는 거짓말에 속았고, 그 속임수는 오늘날까지 계속 우리를 떠나지 않고 있다. 하나님은 우리에게 자신이 경배 받아야 할 유일한 하나님이며, 예수 그리스도는 우리가 그분을 통해 하나님을 알 수 있는 유일한 길이라고 말씀하셨다.[6] 그러나 오늘날 교회 지도자들을 포함한 많은 너그러운 사람들이 세상에는 하나님께 나아가는 길이 많으며 그중 어느 길을 택하든 그다지 중요하지 않다고 말하는 것이 유행이다. 그런 사람들은 자신들이 예수 그리스도를 공경한다고 주장하는데, 이는 아마도 자기들이 그리스도가 하나님께 나아가는 여러 길 가운데 가장 명확한 길 또는 가장 좋은 길이라고 생각하기 때문일 것이고, 더 나아가 아마도 그리스도가 그들 자신이 택한 길이기 때문일 것이다. 그러나 얼핏 보면 예수에게 부여된 공경으로 보이는 것이 사실은 정반대다. 예수를 다른 종교 지도자들과 나란히 두는

---

5   엡 4:15.
6   출 20:3; 요 14:6.

것은 "나로 말미암지 않고는 아버지께로 올 자가 없느니라"[7]라고 말씀하신 분을 공경하는 것이 아니라 거부하는 것이다.

현대 세계는 그리스도의 주장이 모든 인간에게 길과 진리와 생명으로서 제한 없이 제공되었음에도 불구하고, 그 주장의 배타적 성격을 인정하지 못한다. 영적 진리가 이처럼 좁게 정의될 수 있다는 생각을 해괴하게 여기는 사람들은 이러한 구원의 제공이 모든 사람을 동등하게 다룬다는 (그리고 그것을 받는 사람은 그들의 성, 사회적 지위, 또는 민족적 배경을 막론하고 정확히 똑같은 것을 얻게 한다는) 사실을 간과한다. 그러나 예수가 독특하다는 주장에 본질적으로 신뢰할 수 없는 것은 없다. 유일하신 한 분 하나님만 있다면, 그가 한 가지 방법으로만 자신을 계시하셨다고 해도 불합리하지 않다. 사실 이 길이 모든 사람에게 적용할 수 있는 보편적 기준이라는 말을 들으면, 안심이 될 것이다. 사도 바울이 말하는 것처럼 그리스도의 길은 인간 평등의 길이다. "아담 안에서 모든 사람이 죽은 것 같이 그리스도 안에서 모든 사람이 살게 될 것이다."[8] 누구에게도 차별이 없다.

그리스도인들은 인류에게 알려진 유일한 구원의 길을 따르라는 하나님의 명령에 순종하지만, 이것이 자신의 믿음이나 하나님 앞에서의 지위에 대해 자랑할 이유는 아니다. 사도 바울은 생애 끝자락에 자신을 "모든 성도 가운데 가장 작은 자"[9]로 묘사한다. 이처럼 겸손한 태도가 진정한 신자의 특징이다. 우리가 자신의 공로가 아니라 은혜로 구원 받았고, 또 하나님의 자비가 가장 큰 죄인들이었던 사람들에게서 가장 밝게 빛나는 것을 아는데, 어떻게 그렇게 하지 않을 수 있겠는가? 하늘나라에서 큰 자가 된다는 것은 우리의 본성적 재능을 사용하라는 촉구가 아니다. 그것은 하늘에서 가장 높은 자리가 많이 용서받고 자신이 얼마나 가치 없는

---

7   요 14:6.
8   고전 15:22.
9   엡 3:8.

1부 • 사랑의 언어

존재인지를 이해하는 사람에게 속해 있다는 뜻이다.[10] 하나님 앞에서 적절하게 겸손한 자세는 필수적이지만, 그것을 그리스도의 주장의 배타적 성격을 부인하고 이를 다른 종교를 믿는 사람들이나 종교가 없는 사람에게 권하기를 거부하는 사람들에게서 보여지는 일종의 거짓 겸손과 혼동하지 말아야 한다.

그리스도를 유일한 길과 진리와 생명으로 선포하지 않는 것은 그리스도를 부인해서 우리 자신이 손해를 보는 일일 뿐만 아니라, 다른 사람들에게서 하나님의 말씀을 들을 기회를 박탈하는 일이기도 하다. 그것은 신자로서 우리의 책임을 포기하는 일이다. 우리는 사람들을 강권해서 억지로 하나님 나라에 들어가게 만들 수 없다. 심지어 우월한 논리로 사람들과 논쟁해서 그들을 하나님 나라에 들어가게 할 수도 없다. 마음과 지성을 설득시키는 일은 성령이 행하시는 일이며, 성령이 없으면 우리의 수고는 무의미하고 무익할 뿐이다. 우리가 예수 그리스도를 전하는 것은 자신이 다른 사람들보다 우월하다고 믿기 때문이 아니라, 그들도 우리가 그리스도 안에서 (그리고 오직 그리스도 안에서만) 발견한 영적 축복으로부터 똑같은 유익을 얻기를 바라기 때문이다. 하나님의 사랑은 우리의 선택에 따라 공유할 수도 있고 그렇지 않을 수도 있는 모호한 선의의 시시한 경험이 아니다. 오히려 그것은 삶을 변화시키는 메시지인데, 우리는 그것을 하나님께 대한 우리의 사랑과 자신이 창조하신 세상에 대한 하나님의 사랑으로 선포해야 한다.

우리의 신앙의 토대

삶 속에서 하나님의 사랑을 알고 또한 하나님의 사랑을 기꺼이 다른

---

10   눅 7:47.

사람들과 나누고자 하는 사람들은 하나님 안에 그 뿌리와 의미를 두는 공통의 믿음으로 연합되어 있다. 우리가 성경에서 이끌어내는 하나님의 존재와 활동에 대한 그림은, 비록 일부 세부 사항들에 대해서는 어떻게 표현하는 것이 가장 좋은지에 대해 자신이 없을 때도 있기는 하지만, 우리가 인정하고 서로 공유하는 그림이다. 예를 들어 우리는 하나님이 우리 눈에 보이지 않으며 하나님의 영이 믿음을 통해 우리 안에 거한다는 점에 동의하지만, 하나님의 주권과 우리의 자유의지 사이의 관계를 명확히 설명하는 것은 보다 더 어렵다. 우리는 우리가 인간 의지의 합리적 역량을 사용해서 선택한다는 것을 알지만, 우리가 한 일을 되돌아보면 거기서 일하고 있는 하나님의 손을 보게 된다. 우리는 하나님이 우리 위에 서서 우리가 결정하기 전에 우리의 결정을 지시하지 않으셨다는 것을 알지만, 또한 우리는 하나님이 우리의 삶을 통제하시며 우리가 당시에 이를 이해하든 못하든 우리에게 가장 좋은 것을 이뤄내신다는 것도 알고 있다. 아무도 이 일들에 대해 반박하지 못하지만, 이 일들을 서로 관련시키면 우리는 우리의 이해를 넘어서는 신비 속으로 들어간다.

아무리 열심히 노력한다고 해도 우리는 우리의 삶에 대한 하나님의 의지에서 벗어날 수 없지만, 하나님은 우리를 우리의 의지에 반해서 억지로 자기 자녀가 되게 하지 않으신다. 하나님은 자신의 사랑으로 우리를 이끌어 우리가 자유롭게 우리 마음속에 하나님 자신을 받아들이게 하신다. 하나님이 행동하지 않으시면 하나님께 가까이 나아가기 위해 우리가 할 수 있는 일은 아무것도 없지만, 하나님이 우리의 삶 속에 역사하시면 우리는 죄의 짐에서 벗어나는 큰 해방감을 느끼고, 온 마음과 지성과 영혼과 힘을 다해 하나님께 기꺼이 복종하게 된다. 우리는 우리 자신을 하나님께 종으로 내드리며, 그렇게 함으로써 죄에서 풀려나 하나님의 자녀가 되는데, 그것이 바로 사랑의 속성이다.

왜 이런 일이 어떤 사람에게는 일어나고 다른 사람에게는 일어나지 않는지는 신비이지만, 그 또한 사랑의 속성이다. 인간의 삶에서 우리는 종종 사람들이 서로 사랑에 빠지는 것을 보지만, 왜 그런지 항상 명확한 것은 절대로 아니다. 동시에 사랑을 구하지만 사랑을 찾지 못하는 사람들도 있는데, 그것도 신비다. 어떻게 내가 누군가를 사랑하는데 사랑으로 보답 받지 못할 수 있는가? 왜 어떤 사람들의 선의, 헌신, 자발적 희생은 아무 보답도 받지 못하는 반면, 자기와 가까운 사람들을 가장 명백하고 끔찍하게 학대하는 어떤 사람들은 자신이 학대하는 사람들의 사랑을 유지하는가?

우리는 주변에서 항상 이런 일들을 목격하고 있음에도 불구하고 이런 질문들에 대한 답을 모른다. 그러나 우리가 이해하고 어느 정도 통제할 수 있다고 생각하는 인간적 수준에서 경험하는 것조차 설명할 수 없다면, 자기 백성에 대한 하나님의 사랑을 어떻게 헤아릴 수 있겠는가? 하나님은 우리를 위해 모든 것을 희생하셨는데도 왜 우리는 하나님께 불순종하는가? 심지어 우리가 행하는 모든 일이 하나님의 마음을 상하게 하고 하나님을 부인할 때도 왜 하나님은 우리를 계속 사랑하시는가? 우리는 이것을 설명할 수 없지만, 모든 그리스도인들은 경험을 통해 그렇다는 것을 알고 있으며, 우리가 하나님에게서 아무리 멀리 떠나간다 할지라도 하나님이 자신의 사랑으로 우리를 결코 포기하지 않으실 것이라는 점에 대해 하나님께 감사드린다.[11]

이 점을 깨달으면, 신학이 자신의 교회를 가르치고 훈육하시는 하나님의 방법이라는 것을 이해할 수 있다. 오늘날 "훈육"(discipline)이라는 말은 운동성과나 체중 조절과 같이 좋은 목적을 위해 스스로 부과한 경우에조차 쉽사리 처벌을 연상시킨다. 그러나 규율은 본질상 배움이며, 이 맥락에서 배움은 하나님의 명령을 흡수해서 실천하는 것을 의미한다. 우리가 해야 할 것과 그 이유를 우리에게 가르치는 것은 신학의 과제이지만, 이를 실천하는 것은 가서 다시는 죄를 짓지 말라는 말을 듣는 개별 신자

---

11 롬 8:38-39.

의 마음과 생각에 맡겨져 있다.[12] 좋은 신학이 사람들을 하나님의 자녀답게 행동하도록 만들 수는 없지만, 좋은 신학이 없으면 하나님의 자녀들은 자신이 어떻게 행동해야 할지 알지 못하고, 따라서 하나님의 뜻에 합당하게 행할 가능성이 훨씬 더 줄어든다. 자녀에게 무엇이든 원하는 대로 하도록 놔두는 것은 사랑의 표지가 아니라 그 반대다. 자녀는 훈련 받을 필요가 있고, 그렇지 않으면 마땅히 되어야 할 성인이 되지 못할 것이다. 이와 유사하게 하나님의 자녀도 어떻게 생각하고 행동해야 하는지 배울 필요가 있다. 그렇지 않으면 그들 역시 영적인 일들에서 마땅히 자라야 할 만큼 성숙하지 못할 것이다.

교회의 규율은 누가 신자 공동체에 속하도록 허용되어야 하는가라는 관점에서 이해되는 경우가 너무 흔하다. 사람들은 다른 사람들을 교제 공동체로 받아들이기 **전에** 그들이 무엇을 믿는지, 그리고 그들에게 어떤 헌신을 기대할 수 있는지 알고 싶어 하는데, 그것은 충분히 이해할 만하다. 그러나 교회 규율의 진정한 과제는 사람들이 교제 공동체에 참여한 **후에** 시작된다. 규율은 우리 인간이 생각하기에 바람직하지 않은 사람을 쫓아버리기 위해서가 아니라 교인들의 성장을 돕기 위해 고안된다. 교회가 회개할 필요가 없는 의인 집단이 아니라 죄인들의 집[13]이라는 점을 깨달으면 많은 어려움을 피할 수 있을 것이다. 교회는 규율에 대한 생각의 초점을 처벌과 배제에 맞추는 것이 아니라, 복음의 교훈 아래 나아온 사람들에게 기독교적인 마음과 생각을 형성시키는 데 맞추도록 체계화함으로써 이 일을 시작할 수 있다. 우리의 신학이 우리가 그렇게 하도록 도움을 줄 수 있다면, 신학은 자신의 목적을 달성하고 영원한 하나님 나라 건설에 소박하지만 중대한 기여를 한 셈이다.

---

12   요 8:11.
13   눅 5:32.

하나님의 사랑 알기

그리스도인의 삶의 열쇠는 우리의 마음에 역사하는 하나님의 사랑을 아는 것이다. 학문으로서의 신학 통달은 이의 대체물이 아니며, 복음 전파도 마찬가지다. 이런 일들은 자체로는 좋고 옳은 일이지만, 이런 활동들이 더 높은 영적 훈련에 종속되지 않으면, 다른 사람들의 믿음을 세워주어야 할 때 우리를 딴 길로 벗어나게 할 것이다. 사도 바울은 자신을 운동선수와 비교하면서 이렇게 말했다.

> 이기기를 다투는 자마다 모든 일에 절제하나니, 그들은 썩을 승리자의 관을 얻고자 하되 우리는 썩지 아니할 것을 얻고자 하노라. 그러므로 나는 달음질하기를 향방 없는 것 같이 아니하고 싸우기를 허공을 치는 것 같이 아니하며, 내가 내 몸을 쳐 복종하게 함은 내가 남에게 전파한 후에 자신이 도리어 버림을 당할까 두려워함이로다.[14]

바울은 일들이 전개되는 속도가 느리고 오락 활동이 제한된 세상에서 살았다. 바울은 어쩔 수 없이 어떤 항구에서 겨울을 나야 했을 때 몇 달 간의 한가한 시간을 보내며 하나님의 일들에 관해 깊이 묵상할 수 있었다. 오늘날 우리는 그런 시대와는 다른 세상에서 살고 있다. 우리는 며칠 동안 외출할 때조차 전화나 컴퓨터에서 떠나지 못한다. 사람들은 우리가 접촉을 유지하고 자기들의 요청에 즉각 반응할 준비가 되어 있기를 기대한다. 설교자와 교사들은 특히 끊임없이 뭔가를 내놓도록 기대되고 자신을 재충전할 시간을 거의 내지 못하기 때문에 압박을 받고 있다. 어쩔 수 없이 모든 질문에 답변할 수밖에 없는 그들은 그 질문에 대해 묵상하거나 자신의 삶 속에서 스스로 실천해볼 시간을 내지 못할 경우, 표

---

14   고전 9:25-27.

준적인 답변을 제시할 함정에 쉽게 빠질 수 있다. 기독교 사역에서 이런 식으로 성공하려는 유혹이 있는데, 기독교 사역자들에게는 자신의 삶에서 하나님을 첫 번째 자리에 두기 위해 각별히 노력함으로써 스스로를 보호할 특별한 의무가 있다.

일부 교회에서는 새로 부임하는 목사가 날마다 성경을 읽고 하루에 두 번씩 기도하기를 기대한다. 이런 훈련의 목적은 목사가 늘 하나님을 가까이 함으로써 진부해지지 않도록 보호하기 위함이다. 물론 그런 훈련이 언제나 의도하는 효과를 낳는 것은 아니다. 일부 목사들에게는 이런 의무가 짐이 되고, 그 의무 이행은 예수가 당시 이방인들을 정죄한 것과 같은 일종의 헛된 반복에 지나지 않는 경우도 있다.[15] 또 어떤 목사들은 영적인 사람들은 자신들이 보기에 율법주의라고 생각하는 것들에 얽매여서는 안 된다고 생각하기 때문에 이런 의무가 무의미하다고 무시한다. 그러나 올바르게 이해되면 매일 성경을 읽고 기도하는 훈련은 그리스도인의 삶의 성장에 필수적이다. 이 훈련을 오용하거나 무시하는 사람들은 이로 인해 손해를 보고, 그 결과 그들의 사역은 부정적인 영향을 받는다. 멀지 않아 분별력 있는 청중은 자신이 무슨 말을 하고 있는지 아는 설교자와 그렇지 않은 설교자를 구별하게 되는데, 청중의 판단에서 지적 성취가 결정적인 요인인 경우는 별로 없다. 사람들은 설교자의 마음에서 나오는 것에 귀를 기울이기 때문에, 설교자의 마음이 주님과 올바른 관계에 있지 않다면 그들은 아무 말도 귀담아 듣지 않을 것이다. 오늘날 너무도 많은 교회에서 설교가 약한 것에 여러 가지 이유가 있다는 점에 대해서는 의심할 바가 없지만, 설교자의 마음이 주님과 올바른 관계에 있지 않다는 것이 주요 요인 중 하나임에는 틀림이 없다. "당신이 설교하는 것을 실천하라"는 말은 단순히 잘 알려진 속담에 불과한 것이 아니다. 이 말은 모든 성공적인 복음 사역을 위한 필수적인 준비다.

---

15 마 6:7.

여기서 우리는 전능하신 하나님의 일들에 접근할 때 겸손해야 하며, 아울러 겸손하지 않을 때 직면하는 위험에 대해 우리 자신과 다른 사람들에게 솔직히 경고해야 한다. 교회사는 사물들을 올바로 볼 수 없었던 신자들 사이의 싸움의 잔재로 어지럽혀져 있다. 자신의 진리 이해에 사로잡힌 그들은 다른 사람들을 별로 존중하지 않았고, 사실상 다른 사람들의 관점을 이해하지 못했다. 오늘날 우리가 16세기와 17세기의 위대한 종교개혁자들 및 청교도들의 저술을 읽을 때, 그들이 종종 기꺼이 (그 점을 인정할 수밖에 없다) 가장 저속한 말로 반대자를 가차 없이 공격하고, 반대자들도 기꺼이 그대로 돌려주는 모습을 보고 충격을 받는다. 물론 당시는 신학 논쟁의 시대였고 문학적 과장의 시대였으므로 그 점을 어느 정도 감안해야 한다. 그들의 일부 작품에서 너무도 가슴 아프게 나타나는 "오디움 테올로기쿰"(*odium theologicum*, "신학적 동기로 말미암은 증오")이라는 말은 그들이 만들어내지 않았고, 그들이 사망한 뒤에도 소멸되지 않았다. 슬프게도 교회 역사상 가장 위대한 사람들 중에도 최악의 공격자였던 사람들이 있으며, 오늘날에도 그리스도인들이 자신과 의견이 다른 사람들에게 무자비하게 말하는 것을 듣는 일은 결코 드물지 않다. 그러나 결국 이전 세대들의 행동에는 변명의 여지가 없으며, 이런 행동이 우리가 그들의 발자취를 따르는 구실로 이용되어서는 안 된다.

물론 우리는 절대로 진리를 부인하거나 타협하지 말아야 하는데, 그것은 때로는 진리를 부인하거나 타협하는 사람들에게, 특히 그들이 교회에서 책임 있는 지위에 있고 처신을 잘 해야 할 사람들일 경우, 꺼내기 어려운 말을 하는 것을 의미한다. 그러나 동시에 우리는 사랑 안에서 진리를 말하고, 반대자들에게 그들의 오류를 납득시키기 위해 노력하며 우월한 힘이나 단순한 논쟁으로 그들을 억압하지 말아야 한다. 반대자를 사랑으로 무장 해제시키는 것이 항상 성공할 수는 없지만, 그것은 예수가 제자들에게 가르치신 것처럼[16] 그리스도인들이 따라야 할 길이다. 그리스도의 복음이 공격 받으면, 우리는 이것이 복음을 대적하는 자들의 잘못이며 복음의 수호자와 옹호자가 되어야 할 사람들의 행동의 결과가 아니라고 말할 수 있어야 한다.

우리 그리스도인들은 모든 생각이 그리스도께 사로잡히도록 해야 한다는 말을 듣는데, 여기에는 우리 자신에 대한 생각과 다른 사람들에 대한 생각이 다 포함된다.[17] 우리는 모두 은혜로 구원받은 죄인들이며, 하나님의 자비의 측량할 수 없는 풍성함에 대해 빚진 자다.[18] 우리에게 어떤 은사가 주어졌건, 그리고 우리의 배경과 교육면에서 우리가 어떤 특권을 받았건, 진정으로 중요한 것은 그리스도가 우리의 삶에 임재하는 것이다. 사도 바울은 이 점을 다음과 같이 잘 요약했다.

그러나 무엇이든지 내게 유익하던 것을 내가 그리스도를 위해 다 해로 여길뿐더러 또한 모든 것을 해로 여김은 내 주 그리스도 예수를 아는 지식이 가장 고상하기 때문이라. 내가 그를 위해 모든 것을 잃어버리고 배설물로 여김은 그리스도를 얻고 그 안에서 발견되려 함이니…[19]

우리는 지금 초대형 교회를 세운 목사, 국제적인 스타가 된 설교자, 백만 권 넘게 팔린 책을 쓴 저자가 주축을 이루는 미디어 세상에서 살고 있다. 목회 사역을 하려는 사람들이 너무도 자주 그런 인물들을 모델로 보고, 그들에 견줄 만한 성공을 거두려면 어떻게 해야 하는지 궁금해한다. 학계에서는 박사 학위가 기독교 사역의 필수 자격으로 생각되기 때문에 박사 학위를 원하는 학생들로 가득 차 있고, 심지어 일부 교회들

---

16 마 5:39.
17 고후 10:5를 보라.
18 엡 3:7-8을 보라.
19 빌 3:7-9상.

도 자기들의 목사가 그런 자격을 갖추기를 기대한다.

이런 일들은 그 자체로는 잘못이 없지만, 그것들이 우상이 되면 우리의 삶에서 하나님을 대체하고 우리와 교회에 큰 피해를 입힐 것이다. 위대한 다윗 왕도 배워야 했던 것처럼, 겸손하게 회개하는 마음을 대체할수 있는 것은 없다.[20] 슬프게도 그리스도를 위해 밝은 빛으로 시작했다가이후에 실족하고 학계의 매력에 현혹됨으로써 진리에서 벗어난 사람이많다. 그들은 자신의 총명으로 온 세상을 얻으려다가 오히려 자신의 영혼을 잃는 것으로 끝나는데, 그 결과 교회 전체가 더 빈약해진다.[21]

신학 공부를 시작한 사람들은 자신이 거룩한 땅을 밟고 있으며, 세상과 육신과 마귀의 눈에 찍힌 사람이라는 점에 유의해야 한다.[22] 자기 앞에 놓여 있는 과업에 합당한 자로 판명될 사람은 마음이 사랑으로 양육받고, 생각이 하나님과 그분의 말씀에 대한 믿음과 충실함으로 부유하게 된 사람이다. 하나님이 사랑으로 우리를 구원하기 위해 자기 아들을보내셨기 때문에,[23] 신학의 언어는 사랑의 언어다. 우리는 사랑이라는 그정신 안에서 전진하라는 부름을 받았고, 언젠가 모든 것이 드러나고 우리가 (하나님께) 완전히 알려진 것같이 우리도 알게 될 날[24]에 그 정신 안에서 하나님 앞에 서게 될 것이다.

---

20   시 51:17.
21   막 8:36을 보라.
22   엡 6:10-12.
23   요 3:16.
24   고전 13:12.

하나님 자신 안에서의 사랑

7장
•
삼위일체의 신비

서로 교제하는 세 위격

하나님은 사랑이라고 말하는 것은 무슨 뜻인가? 하나님이 사랑이라는 것이 가능하려면 하나님이 어떤 존재여야 하는가? 세상이 어떤 기계에 의해 굴러간다고 상상할 수도 있겠지만, 그 기계의 기능상의 규칙성이 하나님이 되기에는 충분하지 않을 것이다. 또는 고대의 많은 그리스 사상가들처럼 세상이 최고 지성(supreme mind)에 의해 다스려진다고 생각할 수도 있지만, 그 지성의 지적 역량도 하나님이 되기에는 충분하지 못할 것이다. 그리스도인들은 하나님이 자신이 창조하신 우주를 통제하시며, 만물의 궁극적 원인이라고 믿는다. 우리는 하나님이 "절대자"라는 사실을 기꺼이 받아들이지만, 이는 하나님이 어떤 존재인가의 자연적 결과인 것은 아니며, 하나님조차도 순응해야만 하는 어떤 추상적인 이상(理想)도 아니다. 달리 말하자면 우주의 배후에는 틀림없이 제1원인이 있다는 결론을 내리고 나서, 이를 더 쉽게 이해하기 위해 그 제1원인을 인격적 존재로 바꾸어 하나님이라고 부르는 것이 아니다. 이와 반대로 우리는 성경에서 자기 자신을 계시하신 하나님을 만났기 때문에 우주 배후의 제1원리를 찾는다면 그 원리는 하나님이셔야 한다고 이해한다.

많은 현대 과학자들은 제1 원리 같은 것이 있다고 믿지 않지만, 하나님의 존재는 과학 이론에 의존하지 않기 때문에 그리스도인들에게는 그 점이 문제가 되지 않는다. 과학자들이 우주의 형성에 관해 어떻게 생각하든, 하나님은 여전히 우주를 창조하신 분이다. 그런 의미에서 하나님은 "제1 원인"이지만, 하나님은 우주에 존재하는 인과 관계 사슬의 한 부분이 아니시다. 하나님이 인과 관계 사슬의 한 부분이라면 자신이 창조한 체계를 초월하지 않을 것이기 때문에, 그는 하나님이 되지 못할 것이다. 물질과 물질의 기원에 관한 과학적 이해는 새로운 발견이 이뤄짐에 따라 변하고 발전하지만, 하나님의 존재는 세상이 어떻게 존재하게 되었는지에 대한 특정 이론에 의존하거나 수반되지 않는다. 그래서 하나님은 항상 동일한 존재로 남아 있다.

하나님에 관한 우리의 지식은, 설사 지적 구성 개념이 정확하다고 해도 그 구성 개념에 뿌리를 두는 것이 아니라 개인의 경험에 뿌리를 두고 있다. 그 경험은 실재의 본질에서 나온 지적 추론의 결과가 아니라, 성경에서 **믿음**의 관계로 표현되는 만남의 열매다.[1] 믿음(faith)은 인격체들 사이에서만 가능한 일종의 헌신(commitment)과 관계가 있기 때문에, 단순한 신념(belief)보다 많은 내용을 포함한다. 나는 발밑의 땅이 그 위에 집을 지어도 될 정도로 충분히 단단하다고 믿고서 그 신념을 토대로 그 땅 위에 집을 지을 수는 있지만, 나와 그 땅 사이에는 관계가 없다. 설사 내가 그 땅에 대한 "믿음"이 있다고 말한다 해도 마찬가지다. 예를 들어 내가 그 땅이 지진으로부터 나를 보호해주리라고 바라면서 그 땅에게 기도하는 것은 터무니없는 짓이다. 땅에는 이런 내 행동을 정당화할 지성이나 의지가 없으며, 그 땅과는 어떤 상호관계도 불가능하다. 그러나 하나님께 대한 믿음은 쌍방향 소통과 관련된다. 이는 그런 대화를 의미 있게 하는 요소가 우리와 하나님 양측 모두에 있음을 의미한다. 이 요소는 바로

---

1   이에 대한 가장 명확하고 완전한 설명은 히 11:1-40을 보라.

2부 • 하나님 자신 안에서의 사랑

우리가 "인격성"(personhood)이라고 부르는 것이다. 따라서 우리가 어떻게 하나님을 알고 경험하는지에 대한 우리의 분석은 바로 이 하나님의 위격성으로부터 시작되어야 한다.

그러나 많은 신학자들은 하나님의 위격성에서 시작하지 않았다. 신학 저서들은 하나님의 존재와 속성에서 시작하는 경향이 있고, 그때 하나님의 인격성은 하나님의 속성 중 하나로 간주될 수도 있다. 학자들은 계속해서 하나님의 위격성에 관해 말하는데, 인격성은 기독교의 관점에서는 하나님을 세 분의 동등한 위격의 삼위일체로 묘사함을 의미한다. 간단히 말해 신학자들은 종종 하나님이 **어떤 존재인지**(what he is)에 대해 말하는 것으로 시작하고, 이 설명을 마친 뒤에야 하나님이 **누구신지**(who he is)에 관해 말한다. 이런 접근법은 기독교 신앙에서 근본 원리인 오직 한 분 하나님만 있다는 원리부터 시작하는 장점이 있다. 구약성경에서는 하나님이 자기 백성에게 자신을 단일한 존재로 계시하셨으며, 신약성경 저자들도, 비록 성부와 성자와 성령을 완전하게 그리고 동등하게 하나님이라고 말하기는 해도, 결코 하나님의 근본적인 단일성(oneness)을 잊지 않는다. 그리스도인들은 모든 형태의 다신론을 거부하고, 유대인 못지않게 이스라엘의 한 분 하나님을 믿는다. 그러나 하나님에 대한 우리의 경험은 구약성경에서 하나님에 관해 계시된 수준을 넘어선다. 우리는 하나님이 한 분이라고 주장하기는 하지만, 우리가 세 분의 구별된 위격이 연루된 하나님과의 관계 속으로 들어갔다는 것을 알고 있다. 게다가 우리는 세 위격 가운데 단지 하나의 위격만 완전히 또는 진실로 하나님이고 다른 두 위격은 그렇지 않다고 말할 수 없다. 왜냐하면 세 위격에 대한 우리의 경험은 세 위격이 모두 동등하게 하나님이라고 말하기 때문이다. 사도 바울은 "너희가 아들들이기 때문에 하나님이 자기 아들의 영을 우리 마음속에 보내셔서 '아바, 아버지'라 부르짖게 했다"[2]고 말해 이를 잘 표현

---

2   갈 4:6.

했다. 하나님에 대한 우리의 지식은 우리를 자신과 성부와의 관계 속으로 통합시키시는 아들의 영을 통해 주어지는데, 이는 세 위격 각자가 완전히 신적 존재가 아니라면 가능하지 않고, 의미도 있을 수 없다.

우리는 오직 그 경험 안에서 그리고 그 경험을 통해서만 하나님의 존재가 근본적으로 한 분임을, 또 그것이 실제로 무엇을 의미하는지를 이해하기 시작한다. 우리의 신학의 근본 원리가 하나님은 사랑이라는 것이라면, 우리는 하나님의 존재의 통일성이 아니라 하나님의 세 위격부터 시작해야 한다. 사랑이라는 개념은 사랑받을 인물이나 사물이 있어야 함을 함축한다. 물론 하나님이 단일한 위격이라 해도 여전히 자기 자신을 인식할 수 있고 사랑할 수도 있다고 주장하지만, 사랑에 대한 성경의 개념은 자기 존중보다 더 많은 내용을 포함한다. 성경이 말하는 사랑은 거울에 비친 자기 모습에 의기양양해하는 자기중심적인 태도가 아니라, 다른 사람들에 대한 관심이다. 우리는 남이 우리에게 보여주기 원하는 바와 똑같은 배려를 남에게 보여주도록 기대된다. 예수께서 말씀하셨듯이 우리는 자신을 사랑하듯이 다른 사람들을 사랑해야 한다.[3] 위대한 히포의 아우구스티누스(354-430)는 "잉태"(conception)는 신체적일 수도 있고 지성적일 수도 있다는 사실을 이용해서 하나님의 자의식(self-awareness)에는 하나님이 성자라고 부른 자체의 정체(identity)가 있었다고 말함으로써, 어떻게 단일하신 하나님이 사랑의 하나님일 수 있는가라는 문제를 해결했다. 하나님은 참 모습 그대로의 자신을 마음속에 그리며, 그 자의식을 자신을 사랑하듯이 사랑하신다는 것이다. 아우구스티누스는 원초의 하나님을 성부로, 하나님의 자의식을 성자로, 그리고 그 자의식에 대한 성부의 사랑을 성부와 성자를 묶는 성령으로 파악했다.

이것은 영리한 생각이기는 하지만, 하나님의 자의식이—하나님의 신적 자기애(自己愛)를 표현하는 최고의 방법으로—이 땅에 와서 인류를

---

3   마 7:12; 19:19.

위해 죽었다고 하는 것이 말이 되는가? 성육신한 하나님의 아들이 죄 지은 인간을 위해 자기 목숨을 내어주기 위해서는 그가 하나님의 마음속에 있는 단순한 관념 이상의 존재여야 하기 때문에, 아우구스티누스(354-430)의 유비는 여기서 무너진다. 이 점이 중요한 이유는 우리를 향한 하나님의 사랑의 깊이가 드러난 것은 성부의 자의식 안에서가 아니라, 성육신한 성자의 성부에 대한 희생 안에서 그리고 그 희생을 통해서였기 때문이다. 성자의 성육신, 십자가 처형, 그리고 부활 이야기는 자신의 정체성을 갖고 있고, 단순히 하나님의 마음의 반영이나 반사보다 더한 어떤 존재의 행동을 보여준다. 그렇기 때문에 우리는 신적 지성의 형상이 그 지성이 원한 것을 행하기 위해 십자가에서 제물로 바쳐졌다고 말할 수 없다. 성부의 성자에 대한 사랑과, 이에 대응하는 성자의 성부에 대한 사랑은 하나님의 마음 안에서 이루어진 개념적 행위가 아니라 한 인격과 다른 인격 사이의 관계의 특징인 일종의 자기희생으로 이해하는 것이 가장 좋다.

그 개념을 하나님은 오직 한 분뿐이라는 믿음과 조화시키기가 아무리 어렵다고 해도, 성부와 성자 사이의 관계는 우리에게 그분들을 두 위격으로 생각하도록 권장한다. 그러나 아우구스티누스의 이론이 상기해주는 것과 같이, 그리스도인들은 이보다 더 나아가 하나님 안에는 두 위격이 아니라 세 위격이 있다고 주장한다. 왜 그래야 되는지는 순전히 논리적인 관점에서 설명하기 어렵다. 한 위격이 다른 위격을 위해 고난을 겪고 죽는다면 최소 두 위격이 있어야 한다는 점은 쉽게 이해할 수 있지만, 제 3의 위격을 이 시나리오에 꿰맞추기는 다소 애매하다. 아마도 예수가 죽기 직전에 제자들에게 자신이 떠나지 않으면 성령이 오실 수 없기 때문에 자신이 떠나는 것이 그들에게 더 낫다고 한 말씀 속에 이에 대한 답이 있을 것이다. 이 말씀의 중요성은 성령이 오시면 제자들의 마음속에 거하시고(성육신한 그리스도는 그러지 않았다), 그들 안에서 그리고 그들을 통해 예수가 그 말씀을 할 당시에 행했던 것보다 더 큰일을 행하실 것이라는 데 있다.[4] 우리의 죄를 위한 예수 그리스도의 죽음은 그가 하늘에 계신 자기 아버지께로 돌아가 자신이 드리신 희생제물을 아버지께 바치기 전에는 효력이 발생하지 않는다. 우리는 이 점을 명확히 하는 신약성경의 다른 부분을 언급함으로써 이 그림을 채울 수 있다.[5] 그리스도는 이제 아버지 우편에 앉아 그 희생제물을 토대로 우리를 위해 간청하고 계시며, 따라서 우리의 마음속에 그 사역을 적용하기 위해서는 세 번째 위격이 필요해진다. 그 위격은 성령이시다. 성령은 성부와 성자를 대변하며, 성부와 성자가 우리의 삶 속에 임재하고 활동하게 하신다.[6]

하나님의 세 위격은 어떤 의미에서 공통점을 공유하는가? 이 질문은 새로운 질문이 아니다. 이 질문은 전통적인 부정 신학(apophatic theology)의 핵심에 놓여 있다. 전통적으로 하나님을 묘사하기 위해 사용되었던 그 용어는 더 이상 타당하다고 여겨지지 않는 고대 그리스 철학 개념에서 나왔다는 주장 때문에 최근에 다시 대두되었다. 여기서 우리는 절반의 진실만을 다루고 있다. 확실히 고대 그리스 철학자들은 나중에 기독교 신학에서 발견된 용어들을 먼저 사용했지만, 그리스도인들이 이 용어들을 철학에서 빌려왔다고 말하는 것은 잘못이다. 고대 그리스 사상은 쉽게 전문 용어라고 인식될 만한 어휘들을 지닐 정도로 체계화되지 않았다. 다양한 사상가들이 **우시아**("본체")와 **휘포스타시스**("실체 또는 위격") 같은 보편적인 단어들을 채용해서 그 단어들에 자신의 의미를 부여하지만, 그 단어들은 때로는 그 단어들이 사용된 특정 맥락을 참고해야만 이해될 수 있었다. 그런 단어들은 매우 다양하게 사용되었고 별로 엄밀하게 사용되지도 않아서, 설사 그리스도인들이 그 단어들을 "빌려왔다" 해도, 그 사실 자체만으로는 그들이 이 단어들을 어떻게 사용했는지에 대해 거의 또는 전혀 말해주지 않는다. 사실 기독교 신학의 전반적인 영향

---

4   요 16:7.
5   엡 4:8-10; 행 2:33.
6   요 14:18-23.

으로 이전의 모호하고 산만했던 철학 용어들로부터 기술적인 신학적 어휘가 **만들어졌다**. 초기 교회를 혼란하게 했던 많은 논쟁들은 이런 엄밀함을 이뤄내고 이를 고수하기 위한 시도로 이해하는 것이 가장 좋다. 그리스도인들이 그렇게 하는 것이 중요했던 이유는 그들이 철학자들과 달리 추상적 개념이 아니라 구체적 실재를 다루었기 때문이다. 하나님은 인간의 육체, 곧 나사렛 예수라는 인간으로 나타나셨다. 그래서 그리스도인들은 이 나타나심을 정확히 묘사하고 이를 조리 있게 표현하기 위한 수단을 찾아내야만 했다.

이 점이 가장 중요하다. 기독교 신학자들이 행한 단어 선택은 어느 특정 고대 그리스 철학 학파(그들은 대체로 모두 기독교와 대립 관계에 있었다)에 대한 충성이 아니라, 성경의 증언에 대한 충성에 의해 결정되었다. 성경이 신학자들에게 이후에 그들이 신학적 목적을 위해 개발한 용어를 제공해 주었다. 이 용어들 가운데 일부는 철학 작품에서도 발견될 수 있지만, 누가 누구에게 무엇을 빌렸는지가 항상 명확한 것은 아니다. 예를 들어 기독교가 자신들의 반대자들이 미묘하게 "기독교화"한 용어들을 사용한 것이 아니라, 최소한 현재 신플라톤주의자로 불리는 후기 플라톤주의 철학자들이 자기들의 일부 개념을 기독교로부터 취했을 수도 있다.[7] 만약 그것이 사실이라면, 신플라톤주의자들이 어떻게 본질적으로 세속적인 사고방식을 플라톤이라면 거부했을 종교적 세계관으로 변형시킬 수 있었는지를 설명할 수 있을 것이다. 또한 모든 신학 용어 가운데 가장 중요한 용어인 "인격"(또는 위격, person)이라는 말의 경우도 마찬가지다. 이 용어는 고대 그리스 철학에는 존재하지 않았고, 고대 그리스 철학의 옹호자들은 결코 이 용어를 받아들이지 않았다. 심지어 절대자의 존재를 믿

---

7   그 과정은 2세기 플라톤주의 철학자 켈수스의 기독교에 적대적인 비방을 논박하기 위해 오리게네스가 쓴 **켈수스 논박**(*Contra Celsum*)에서 확인할 수 있다. 그런데 켈수스는 우연히도 플라톤주의를 기독교가 제공한다고 주장하는 모든 것에 필적할 수 있는 철학으로 제시했다. 켈수스는 부지중에 자신의 철학적 신념들을 기독교를 본뜬 종교로 바꿨다.

은 철학자들도 그 존재가 "인격"이라는 데에 기꺼이 동의하려 하지 않았으며, 따라서 그들은 유대교와 기독교 신앙의 가장 기본적인 측면을 즉각적으로 거부했다.

기독교 교회는 애초부터 하나님을 정의하기 위해 "존재"(being, 우시아)라는 단어를 사용했다. 이 단어의 정확한 형태는 성경에 나오지 않지만, 근저의 개념은 성경에 확실히 존재한다. 이스라엘의 하나님은 항상 야웨("존재하는 자[he who is]")로 알려졌고, "존재한다"(to be)라는 동사는 신약성경에서 하나님과 관련하여, 특히 예수의 입을 통해 자주 언급된다. 예수는 "아브라함이 [존재하기] 전부터 내가 [존재한다]"[8]라고 말씀하심으로써 유대인 청중들을 경악시켰다. 또한 이 동사는 특별히 요한계시록 첫 장의 기독교적 맥락 안에서 나온다. 거기서 하나님은 자신이 "알파와 오메가[처음과 끝]… 이제도 존재하고 전에도 존재했고 장차 올 자요 전능한 자"고 선언하신다.[9] 요한계시록의 첫 장이 특히 흥미로운 것은 거기서 이 말씀을 한 분이 누구인지가 완전히 명확하지 않기 때문이다. 이 텍스트는 흔히 "주 하나님"의 말씀으로 이해되지만, 문맥은 그분이 성부가 아니라 성자라는 점을 강력히 암시한다. 요한이 이렇게 설명하듯이 말이다. "내게 말하고 계시는 분을 보려고 몸을 돌이켰는데, 그때 나는 돌이킬 때 일곱 금 촛대와 금 촛대 한 가운데 인자 같은 이를 보았다…."[10] 요한이 본 사람은 부활하신 그리스도였고, 그때 그리스도는 요한에게 아시아의 일곱 교회들을 위한 메시지를 주셨다. 그러나 각각의 메시지가 다음과 같은 동일한 말로 끝맺는다는 점을 주목하라. "귀 있는 사람은 **성령**이 교회들에게 하는 말씀을 들을지어다."[11] 하나님의 말씀은 예수 그리스도 안에서 성육신하고, 그는 그 말씀을 자신의 성령 안에서

---

8   요 8:58.

9   계 1:8.

10   계 1:12-13.

11   계 2:7.

그리고 그 성령을 통해 교회들에게 주시며, 세 위격 모두 "알파와 오메가, 이제도 존재하고 전에도 존재했고 장차 올 자요 전능한 자"라는 문맥에 들어 있다!

성 삼위일체 하나님을 "존재하는 분"으로 보는 데서 조금만 더 나가면 하나님을 궁극적 존재나 절대자라고 부를 수 있다. 초기 그리스도인들은 철학자들이 어떻게 생각하든 이렇게 주장할 성경의 근거가 충분하다고 믿었기 때문에, 주저하지 않고 하나님을 그렇게 불렀다. 현대에 이르러 동사에서 명사로의 이러한 변화는 성경적 신앙의 정당화되지 않는 "그리스화"로서, 능동적이고 역동적인 신에 대한 믿음에서 떠나 신을 불변의 제1원리로 객관화시키는 첫 번째 단계라고 비판받아왔다. 그러나 이 비판은 부당하다. 초기 그리스도인들이 직면했던 가장 큰 문제는 하나님이 "존재"로 묘사되려면 하나님의 존재는 창조세계에 실제로 존재하는 어떤 것과도 근본적으로 달라야 한다는 점이 설명되어야 한다는 것이었다. 많은 철학 학파들과 달리 초기 그리스도인들은 가시적 세계를 궁극적인 존재가 원초의 본질에서 분리됨으로써 변질된 것이 아니라, 궁극적 존재와는 완전히 다른 어떤 것으로 생각했다. 그리스도인이 어떤 피조물을 "존재"라고 묘사하는 것은 영원 속에 거하시는 하나님의 존재와 양립할 수 없는 범주, 곧 시공간 속의 새로운 실존의 범주를 만들어내는 것을 의미했다. 그래서 초기 기독교 신학은 철학자들과는 정반대로 하나님이 **아닌** 것에 대해 말하는 일에 그토록 몰두했다. 철학자들은 일반적으로 참된 본질로부터 뭔가를 상실한 것은 절대자가 아니라 참된 본질로부터 자신을 분리해 그로부터 떨어져 나간 것이고, 따라서 다양한 형태의 "비존재"로 전락했다고 묘사될 수 있는 존재라고 믿었다. 존재의 본질에 대한 기독교 신학의 성찰은 철학 모델을 조잡하게 모방한 것이 아니라 오히려 당시의 지배적인 철학 이론들에 도전했으며, 여러 가지 면에서 철학 이론들과 정반대되는 믿음을 제시했다. 이제 그들이 이 일을 어떻게 수행했는지 다뤄보자.

삼위일체 하나님은 영원하시다

하나님이 우리에 대한 자신의 사랑을 시공간 속에 나타내셨다고 해서 그 사랑을 보여주는 삼위일체의 세 위격들이 그 시공간의 틀을 넘어서서는 존재하지는 않는다고 믿는 것은 큰 착각이다. 그런 식으로 생각하는 것이 잘못임에도 불구하고 그 개념은 기독교 초창기에 널리 만연해 있었다. 그 이유는 쉽게 이해할 수 있다. 그리스도인들은 구약성경의 일신론을 물려받았으며, 그들이 증언하도록 부름 받은 다신론적인 환경에서 그들은 둘 이상의 신이 있을 수 있다는 어떤 주장에 대해서도 격렬히 저항해야만 했다. 그들은 어떤 상황에서든 하나님이라는 영원하고 절대적인 존재가 자기들이 살고 있던 일시적이고 불확실한 세계에 의해 부과된 한계 안에 갇힌다고 정의할 수 없었다. 그들에게는, 하나님이 세상에서 일하실 때 천사들과 같은 중재자들을 통해 일하신다는 것이 자연스럽게 보였다. 여기서 천사들은 하나님과 소통하기 위한 충분한 신적 속성들을 하나님과 공유하지만, 동시에 자신들이 본질적으로 속해 있는 창조 질서의 유한한 상황에 적응할 수도 있는 존재였다. 이런 그리스도인들은 예수와 성령이 천사들보다 하나님과 더 가까운 관계에 있다고 이해했지만, 예수와 성령을 자신들이 생각하기에 시공간의 제약에 자신을 적응시킬 수 없는 하나님이라는 무한한 존재와 동일시할 방법을 알지 못했다. 이 어려움으로 인해 그들은 하나님이 자신의 초월적 신성을 훼손하지 않으면서도 어떻게 자신의 아들 및 영에 의해 세상에 존재할 수 있는지를 설명하는 방법들을 고안하게 되었다.

초기 그리스도인들에게는 단일한 신적 존재의 영원하고 불변적인 실재가 명백하고 논의의 여지가 없었던 것 같다. 그들에게 어려움을 야기한 것은 그런 존재 안에 신의 세 위격이 공존한다는 사실이었고, 그래서 삼위일체가 고대 기독교 신학의 주된 주제가 되었다. 세 위격들은 다른 시기나 다른 상황에서(또는 다른 시기 및 다른 상황 모두에서) 나타난 한 신

2부 • 하나님 자신 안에서의 사랑

적 존재의 특수한 표현들로 이해되어야 했는가? 그들은, 하나님의 말씀이 육신이 되었을 때처럼[12] 심지어 신적 존재로부터 분리될 정도로까지 신적 존재와 구별될 수 있었던 그 존재의 부분들이었는가? 또는 단지 이 세 위격 가운데 한 분만 진실로 하나님이고, 다른 두 위격은 하나님의 파생물로서 하나님의 특성의 일부는 공유했지만 전부를 공유하지는 않았는가? 초기 교회의 다양한 사람들이 위의 모든 관점들을 지녔지만, 그 관점들은 모두 고대 철학 사상의 개념 틀 안에서 각기 다른 방식으로 형성되었기 때문에 이들 중 어느 것도 정확한 관점으로 자리 잡을 수 없었다. 그래서 그토록 많은 사람들이 하나님은 영원 속에서는 하나이지만 시공간 속에서는 셋이라고 말하도록 유혹을 받았다. 이 해법은 다양한 형태의 그리스 철학과는 양립했지만 성경의 증언과는 일치하지 않는다. 성경적 세계관으로 고대 그리스 사상의 한계를 넘어서고 이를 대체했을 때, 기독교 신학은 비로소 고대 교회의 고전적인 신조들과 같은 적절한 표현을 발견할 수 있었다.[13]

신약성경의 기록이 끝나고 멀지않아 초기 그리스도인들이 직면했던 이 명백한 딜레마에 대한 두 가지 해결책이 제시되었는데. 이 해법들은 한 세기 남짓 교회에 큰 영향을 미쳤다. 첫 번째 해결책은 하나님이 세상을 창조하기로 결심했을 때 성자와 성령을 낳아 자신의 두 손으로 삼고, 이 두 손을 사용해서 우주를 창조하셨다고 말하는 것이다. 하나님의 손으로서 성자와 성령은 하나님의 신적 본성을 공유했으나, 신적 존재 자

---

12   요 1:14.
13   이에 속하는 신조로는 세 가지가 있다. 소위 "니케아" 신조가 가장 보편적이고 대표적이다. 니케아 신조는 381년에 개최된 콘스탄티노플 1차 공의회에서 또는 그 직후에 선포되었을 것이다. "사도"신경은 2세기로 거슬러 올라갈 수 있지만, 훨씬 뒤에야 현재 형태에 도달했고, 공의회에서 승인된 적도 없다. 마지막으로, 셋 중 가장 상세한 소위 "아타나시오스" 신조는 500년경에 남 갈리아에서 익명의 한 수도승이 썼는데, 알렉산드리아의 아타나시오스 (296-373)의 저작으로 알려지게 되었다. 그것은 아마 그 신조가 아타나시오스가 그랬던 것처럼 기독교 정통성의 잣대로 여겨졌기 때문일 것이다.

체와는 구별되었다. 성자와 성령은 한 가지 목적을 위해 생겨났고, 일단 그 목적이 달성되고 나면 원래의 신적 존재 안으로 되돌아가도록 되어 있었다.[14] 이 견해의 지지자들에게는 불행하게도 (하나님의 말씀 또는 이성인) 성자와 (하나님의 영인) 성령이 신적 본체(substance)로부터 분리되어 그 자체로서 구별된 존재가 된 신적 존재의 부분들이라는 주장은 터무니없는 결과로서 파열된다. 성자가 성육신했을 때도 하나님은 자신의 지성을 상실하지 않았고, 오순절에 성령이 강림했을 때도 하나님은 영적 존재이기를 멈추지 않으셨다! 그러므로 이런 개념들이 실제로 진척된 적이 없었다는 사실은 놀랄 일이 아니다. 삼위일체의 두 번째와 세 번째 위격이 홀로 완전한 하나님이신 성부보다 열등하다는 믿음은 위의 견해보다는 더 미묘하고 지적으로 더 만족스럽지만, 그럼에도 성자와 성령이 부분적으로만 하나님일 수는 없기에 이 견해 역시 거부되어야 했다. 초기 그리스도인들은 자기들이 활용할 수 있는 다양한 대안들을 조사했지만, 결국 세 위격이 어떻게 자신의 정체성을 상실하거나 하나님의 존재의 본질적인 단일성을 손상하지 않고 공존할 수 있는지를 해결하지 않으면 안 되었다.

이렇게 하는 가장 인기 있는 방법은 "양태론"으로 알려진 견해였다. 초기 기독교 사상가들은 흔히 하나님은 역사상의 시기마다 자기 백성에게 자신을 "양태"(modus)로 알려진 다른 모습으로 드러내셨다고 제안했으며, 이른바 이런 양태론이 한동안 인기가 있었다. 양태론은 사람들에게 구약 시대에는 하나님이 성부로 나타났고, 그리스도의 성육신에서는 성자로 세상에 왔으며, 오순절 이후로는 우리의 마음속에 성령으로 거했다고 주장할 수 있게 했다. 하나님의 세 이름들은 이러한 각각의 나타나심 속에서 하나님이 수행하신 다양한 기능에 상응한다고 주장되었다. 그리스도가 오기 전에 하나님은 주로 창조주로서 경배받고 이해되었다는 것이다. 구약성경은 창조의 책으로 여겨졌고, 모세의 음식법이 보여

---

14   이런 식으로 해석될 수도 있는 고전 15:28을 보라.

주는 것과 같이 백성들의 종교는 창조와 관계되어 수행되었다. 여기서 본질적 메시지는 창조주와 피조물 사이에 큰 간격이 고정되어 있어 어느 방향으로든 아무도 그 간격을 건너갈 수 없다는 것이다. 인간은 신이 될 수 없듯이 하나님도 인간이 되실 수 없다. 이 견해는 얼핏 보면 괜찮아 보이고 의심할 바 없이 히브리 성경에는 이 관점을 지지하는 표현이 많지만, 그것이 이야기의 전부는 아니다. 구약성경은 하나님을 자기 백성의 구속자로도 묘사하며,[15] 예언자와 시편 저자들이 주의 영으로 충만해지는 사례도 많다. 이런 사례들은 창조주와 피조물 사이에 고정된 것으로 여겨진 큰 간격을 극복할 수 있었던 창조주와의 친밀한 관계를 암시한다. 달리 말하자면 구약의 하나님을 단지 창조주로서의 역할의 관점에서만 보면 성경이 우리에게 주는 하나님에 관한 계시가 축소되므로, 그런 관점은 부적절한 것으로 거부되어야 한다.

그리스도 안에서 하나님은 주로 구속자로서 나타난다고 주장하는 이 공식의 두 번째 부분도 마찬가지다. 다시 말해 이 진술에 어느 정도의 진리가 들어 있지만, 신약성경은 우리에게 예수는 창조자이기도 하다는 사실을 상기시키기 위해 애쓴다.[16] 그렇기 때문에 예수를 오로지 구속자 역할의 관점에서만 보면 예수를 실제 모습보다 못한 존재로 축소하게 된다. 하나님이 이제는 "성령"이라는 이름이 주어진 거룩하게 하시는 분으로 나타난다는 주장에 대해서도 같은 말을 해야 한다. 성화가 성령의 중요한 활동 중 하나라는 점에 대해서는 아무도 의문을 제기하지 않지만, 하나님께 그 이상의 것이 없다면 성화에 무슨 의미가 있는지를 알기는 어렵다. 사실 신약성경은 성령이 우리가 하나님 아버지의 미리 아심을 따라 예수 그리스도께 순종하도록 우리를 거룩하게 하신다는 점을 분명히 한다.[17] 달리 말하자면 성령의 거룩하게 하는 사역의 목적에는 맥

---

15   욥 19:25; 사 43:1-3.
16   요 1:3; 골 1:16.
17   벧전 1:2.

락이 있다. 그 맥락은 삼위일체의 세 위격들 공통의 뜻과 삶이다. 이 점에 비추어 보면, 양태론은 예수가 자기 자신에게 말하는 것이 아니라 규칙적으로 자기 아버지(이 분은 확실히 자기 자신이 아닌 다른 존재다)에게 말씀하는[18] 것으로 묘사하는 신약성경을 정당하게 다루지 않는다. 또한 예수는 성령을 자기 자신이 다른 양태로 다시 나타나는 것으로 말씀하지 않고, 또 다른 위로자 또는 조력자로서 말한다.[19]

양태론이 일부 그리스도인들에게 하나님의 활동의 세 가지 양태들을 묘사하기 위해 "인격"(person, 위격)이라는 말을 사용하도록 장려했을 수도 있는데, 그것은 확실히 많은 사람들이 양태론을 삼위 하나님을 표현하는 하나의 타당한 방법으로 받아들이기를 꺼리도록 만든 하나의 요소였다. "인격"(person)은 본래 고대 그리스 연극에서 배우들이 쓴 "가면"에 사용된 말이었으며, 연극에서 묘사되는 인물이 누구인지 배우가 쓴 가면으로 알아볼 수 있었다. 역할이 바뀌면 가면(또는 인격)을 바꿔 썼는데, 이방법 덕분에 한 명의 배우가 다양한 부분을 연기할 수 있었다. 연극이 끝나면 가면이 버려지고 그 배우의 신원이 명확히 드러난다. 양태론자들은 하나님께도 이런 일이 일어날 것으로 생각했다. 그들은 세상의 종말에, 즉 구원 사역이 최종적으로 완성되고 피조물이 현재 모습과는 다른 영원한 존재로 바뀌고 나면, 하나님은 더 이상 창조주, 구원자, 거룩하게 하시는 분의 일부를 연기할 필요가 없게 되고, 따라서 삼위일체 곧 우리가 지금 이를 통해 하나님을 알고 있는 인격들의 삼위일체는 유일하신 참 하나님에 관한 지식으로 대체될 것이다.[20]

성경이 성부, 성자, 성령의 관계를 묘사하기 위해 사용하는 언어를 통해 세 위격(인격)을 완전히 시공간의 경계 내에서 해석하려는 유혹이 더 조장되었다. 예를 들어 성자는 성부의 독생자로 불리고, 또한 "모든 피조

---

18 이에 대한 아주 명확한 한 가지 사례는 요 17:1-5를 보라.
19 요 16:7-15.
20 그런 의미로 해석된 구절은 고전 15:28을 보라.

2부 • 하나님 자신 안에서의 사랑

물보다 먼저 나신 이"로 불린다.[21] 이 두 구절을 따로 떼어서 볼 경우, 이런 구절들이 어떻게, 성자는 확실히 유일한 존재로서 하나님의 피조물 중 으뜸이고 다른 모든 것들에 대한 우월적 지위를 누리지만 그럼에도 피조물이라는 믿음을 지지하는 데 사용될 수 있었는지 이해하기가 어렵지 않다. 그러나 이런 식의 해석에는 두 가지 문제가 있다. 첫째, 이런 구절들은 성자가 태초부터 성부와 함께 있었고 성부가 지으신 모든 것이 성자와 함께 만들어졌다고 명백히 진술하는 다른 구절들의 맥락 안에서 이해되어야 한다.[22] 또한 하나님이 "너는 내 아들이라. 오늘 내가 너를 낳았다"라고 말씀하는 시편 2:7을 인용한 히브리서 1장도 있다.[23] 이 표현이 원래의 문맥에서는 하나님이 이런 식으로 양자를 삼으신 솔로몬 왕을 가리킨다는 사실을 인정하더라도, "낳았다"는 말이 신격(Godhead) 안에서의 출생을 함축하는 말이 아닌 것은 분명하다. 이 말은 기껏해야 특정일에 하나님이 솔로몬 왕에게 그를 자기 아들로 입양해서, 일반적으로는 물리적 출생을 통해 생기는 부자 관계와 동등한 관계를 확립하겠다고 선언하셨음을 의미한다.

그러나 히브리서 저자는 시편의 의미를 시공간에서 영원으로 바꾸어 놓는다. 거기서 "오늘"이라는 말의 용법은 출생이나 입양 가능성을 배제한다. 더구나 히브리서 저자는 이 시편이 천사보다 높은 존재를 지칭한다고 주장하는데, 이는 고대 이스라엘의 어떤 왕도 배제한다. 천사들은 그들의 피조물로서의 지위와 양립할 수 없는 신의 속성들을 제외하고는 신의 본질에 속하는 모든 것을 공유한다. 그러므로 천사보다 높다는 것은 피조물 가운데 가장 높은 존재보다 더 높음을 의미하며, 그 묘사에 부합하는 유일한 존재는 하나님 자신이다. 히브리어에서 "낳았다"는 단어의 용법은 원래의 시편에서와 똑같다. 이 말은 물리적 출생을 가리

---

21 요 1:14; 골 1:15.
22 요 1:1-3.
23 히 1:5.

키는 것이 아니라 법적인 관계를 가리킨다. 시간에서 영원으로 전환해서 "오늘날"이라는 말을 덧붙인 것은 그에게는 어제나 내일 곧 과거나 미래가 없고 오직 "오늘"만 있는 하나님의 영원한 현존을 강조한다.

성령의 경우, 성경은 성부가 성령을 "낳았다"고 말하지 않는다. 성부가 성령을 낳았을 경우 성령이 둘째 아들이 되고, 그러면 요한복음 1:14와 모순되기 때문이다. 대신 우리는 성령이 아버지께로부터 "나온다"(proceeds, 발출)는 말을 듣는데, 여기서 사용되는 현재 시제의 동사는 그렇지 않았던 때가 결코 없었음을 암시한다.[24] 성령의 나옴은 과거의 어느 한 시점에 시작해서 어느 특정 시점에 완료된 일로 계시되지 않고, 지속적이고 영원한 실재로 계시된다. 그러므로 성경은 성자와 성령이 영원 속에서 신격 안에 존재하시며, 그분들 사이에 흐르고 또한 그들을 서로 결합시키는 사랑도 동등하게 영원하며 변하지 않는다고 가르친다고 할 수 있다.

삼위일체는 관계적이다

하나님의 사랑이 영원하다면 그 사랑을 표현하는 위격들도 영원해야 하며, 그러므로 그들 중 한 위격이 다른 두 위격을 존재하게 했다고 주장하는 어떤 이론도 기각되어야 한다. 그러나 성경에 사용된 낳음(generation, 출생)과 나옴(procession, 발출)이라는 언어를 시간상의 어느 한 시점을 콕 집어 말할 수 있는 사건과 동등한 것으로 볼 수는 없다고 해도, 그 언어는 성부로부터의 모종의 파생이 있음을 암시한다. 그렇기에 이렇게 말하기는 쉬워도 행하기는 어렵다. 초기 그리스도인들은 신격의 위격들 사이의 인과 관계 개념을 극복하기가 가장 어렵다는 점을 발견했다.

---

24   요 15:26.

그 결과 그들은 그 표현 자체는 모순임에도, 성경에 나오는 용어를 하나님은 영원한 존재라는 자신들의 전제와 조화시키는 최선의 방법으로 "영원히 낳았다"와 같은 표현을 사용하게 되었다. 그들은 이렇게 말함으로써 바른 방향으로 움직이고, "낳았다"는 말이 함축하는 시공간의 한계를 넘어선 것이다. 그럼에도 신학자들은 수백 년이 지나서야 성자의 출생과 성령의 발출을 인과 관계의 관점에서 이해하는 것이 근본적으로 잘못되었다는 점을 깨달았으며, 오늘날에도 그릇된 "인과" 모델의 유산이 교회를 분열시킬 수 있는(그리고 실제로 분열시킨) 잘못된 해석을 낳을 수 있다.

이 오류를 극복하는 첫 걸음은 "낳은"(begotten)과 "먼저 낳은"(firstborn)에 해당하는 히브리어 원어의 참된 의미를 회복하는 것이다. 오늘날 히브리어 원어의 참된 의미를 항상 깨닫는 것은 아닌데, 이는 천 년이 넘는 기간 동안 대부분의 그리스도인들은 히브리어를 거의 몰랐고 구약적 배경에 대한 참된 이해도 거의 없었기 때문이다. 대다수 그리스도인들은 삼위일체의 두 번째 위격에 사용된 아들 지위(sonship)라는 말이 법적인 배경에서 나왔다는 점을 몰랐다. "유일하게 낳은" 자이자 "먼저 난" 자인 성자는 만물의 **상속자**였고, 성자는 상속자로서 만물에 대한 성부의 권위를 공유했다.[25] 인간의 관점에서 상속자는 대개 소유자의 아들이나 딸이지만, 반드시 그런 것은 아니다. 다른 많은 상속 방식이 있으며, 특히 물리적 자손이 없을 경우 종종 상속자(들)를 지명할 수도 있기 때문이다. 하나님의 경우 자연적인 상속자는 하나님의 신적 존재를 공유해야 하고, 따라서 하나님과 똑같이 영원한 존재일 것이다. 성자가 성부의 자연적 상속자라는 가정에 따르면 성자의 상속 자격은 그 자신의 신적 존재에 기초해야 하며, 따라서 정의상 성자는 성부와 똑같이 영원하다. 성령에 관해서는 성령이 성부로부터 나오지 **않은** 때가 있었다는 암시가 전혀 없고, 따라서 성령도 성부와 똑같이 영원하다.

---

25   예컨대 마 21:33-41을 보라. 그것은 또한 고전 15:20-28의 기초를 이룬다.

신약에서 사용된 출생과 발현이라는 단어는 인과적 관점이 아니라 관계의 관점에서 이해되어야 한다. 이 말은 우리에게 알려지지 않은 모종의 신비한 방식으로 신격의 세 위격이 방금 묘사한 것처럼 **서로** 관계를 맺기로 결심했음이 틀림 없다는 뜻이다. 두 번째 위격의 아들 지위는 우연한 탄생의 결과가 아니고 자발적 행위의 결과다. 그 행위는 두 번째 위격만의 행위가 아니라 세 위격 모두의 행위다. 왜냐하면 세 위격은 모두에게 공통적인 하나의 의지를 갖고 계시기 때문이다. 마찬가지로 세 번째 위격의 정체성도 자기 혼자서 내린 선택이 아니라, 함께 행동하는 세 위격의 자유로운 선택의 결과다. 마지막으로 첫 번째 위격의 아버지 지위도 이런 용어로 묘사되지는 않았지만 세 위격 모두의 자유로운 행위의 결과임에 틀림없으며, 이는 그들의 공통의 마음과 목적을 우리에게 상기해준다. 어떻게 그럴 수 있는가는 우리에게는 이해될 수 없는 영원한 하나님의 존재에 속하고, 우리의 이해 능력을 넘어서는 신비다. 함께 행동하는 세 위격에 의해 취해진 "자발적 결정"이라는 말은 영원 속에서 벌어지는 신적 실재를 인간의 개념을 사용해서 설명하는 것이다. 우리에 관한한, 그 신적 실재는 항상 그 모습이었으며 앞으로도 항상 그럴 것이다. 하나님께는 시간이 존재하지 않기 때문에 그렇지 않았던 적이 없었고, 앞으로도 없을 것이다.

삼위일체의 세 위격의 상호관계는 완벽하고 포괄적이다. 성부는 성자와 성령을 완전히 그리고 절대적으로 사랑하지만, 특별히 성부로서의 자신의 정체성에 맞게 사랑하신다. 성자도 성부와 성령을 같은 정도로 사랑하지만, 특별히 성자로서의 자신의 정체성을 나타내는 방식으로 사랑하신다. 성령도 성부와 성자를 마찬가지로 사랑하지만, 그들 각각에 대한 자신의 관계의 특별한 성격을 나타내는 방식으로 사랑하신다. 이 주제는 성경에 깊이 새겨져 있지만, 신학자들은 그것을 충분히 설명하지 않았다. 아마 너무도 많은 신학자들이 삼위일체 관계의 인과 모델에 얽매여 이 주제를 균형 있게 제시하기가 어려웠기 때문일 것이다. 그 결과 성자가 성부와 관련되는 방식에 관해서는 많이 저술되었지만, 성부가 성자와 관련되는 방식에 대해서는 훨씬 적게 저술되었다. 또한 성령과 성자의 관계를 다루는 문헌도 상당히 많지만, 성령이 성부와 관련되는 방식에 관한 문헌은 훨씬 적고, 성부가 성령과 관련되는 방식에 관한 문헌은 거의 없다.

인과 관계 모델에서 왜 그런 결과가 나오는지 쉽게 알 수 있다. 성자-성부 관계 및 성령-성자 관계에 기울인 관심은 성자는 성부에 의존하고 성령도 성부(와 성자)에 의존한다는 생각을 반영하기 때문이다. 성자가 어떻게 지상 사역에서 자기 아버지의 뜻을 성취했는지 설명하는 책을 발견하기가, 성부가 그 기간 동안 성자를 인도하고 보존하고 궁극적으로 그가 옳았음을 밝힌 방식이나 이 사건들이 어떻게 성부의 영원한 계획에 들어맞는지 설명하는 책을 발견하기보다 훨씬 쉽다. 이는 이런 사실들이 부정되었다는 의미가 아니라, 단지 우리가 기대할 만한 정도로 정교하게 설명되지 않았다는 뜻이다. 이 사례는 삼위일체의 한 가지 모델을 따를 때 정상적이고 자연스럽게 보이는 것들이 다른 모델을 채택하면 편향된 것으로 보인다는 것을 예시한다. 어떤 관계는 다른 관계보다 더 중요하게끔 보이게 하는 인과 관계 모델에서와는 달리, 관계의 삼위일체 모델은 위격들 각자에게 적절하고 동등한 비중을 둔다.

관계의 삼위일체에서는 창조 사역과 같이 세 위격 모두 동등하게 공유하는 일들이 있다. 통상적으로 창조 사역을 주로 성부에게 돌리지만, 성경의 증거는 성자 그리고 때로는 (논쟁의 여지가 있기는 하지만) 성령이 관여했음을 지적한다.[26] 이 공동 행위는 확실히 위격들의 서로에 대한 사랑의 표지인 매우 높은 차원의 상호 침투(mutual interpenetration)를 암시하며,

---

26 요 1:3; 골 1:16; 창 1:2. 성경이 성령께서 창조에 관여했다고 분명히 진술하는지 여부는 창세기 1:2을 어떻게 해석하느냐에 달려 있다. 창 1:2은 삼위일체의 세 번째 인격을 가리키는가, 아니면 단순히 하나님의 영적 본질을 가리키는가? 명백한 이유로 그리스도인들은 대체로 전자의 해석을 선호하고 유대인은 그런 해석을 거부했지만, 어느 쪽으로도 해석할 수 있다.

세 위격들이 서로 어떤 관계를 맺고 있는지 알게 될 때 우리는 하나님의 사랑을 가장 분명하게 인식한다. 성부는 성자의 화해의 지상 사역 내내 성자를 지원하고, 그를 죽은 자 가운데서 다시 살리시고 결국은 성자가 자신의 공동 통치자와 공동 심판자가 되도록 그를 높이심으로써 성자에 대한 자신의 사랑을 보여주신다.[27] 성령에 대한 성부의 사랑은 공개적으로 진술되지는 않지만, 성부께서 자신의 의도를 성령과 나누시고 사도와 예언자들에게 성령을 보내 그 의도를 계시하셨음을 깨달으면 그 사랑은 분명해진다.[28] 성부에 대한 성자의 사랑은 우리를 위해 우리 대신 죄를 지고, 우리의 처벌을 감당하고, 성부의 공의에 의해 요구되는 대가를 치르심으로써 우리를 하나님과 화목하게 하신 십자가 상의 자기희생의 행위에서 가장 완전하게 드러난다. 그러나 성자는 지상 사역의 모든 시점에서 자신은 자기를 보내신 아버지의 뜻을 행하러 왔음을 분명히 했고, 그 뜻에 대한 순종에서 사랑의 요구가 어떤 의미일 수 있는지 보여주었다.[29]

성령에 대한 성자의 사랑은 성경에서 자주 언급되지는 않지만, 위로자가 오실 수 있도록 자신이 떠나가야 한다고 자기 제자들에게 말씀하는 요한복음 14-16장의 소위 예수의 고별 강화에서 드러난다. 예수는 그 일이 일어나면 자기 제자들이 자신이 한 것보다 더 큰 일을 할 것이라고 덧붙이신다.[30] 성자가 자신의 승계자를 또 다른 위로자로 지칭할 정도로 그에 대해 높게 말하는 것은 확실히 겸손의 행위일 뿐만 아니라 사랑의 행위이기도 하다.[31] 성령은 성자를 영화롭게 하러 오실 터였지만 그 길은 성자 자신에 의해 준비되었고, 성자는 제자들이 성령이 누구신지 알기도

---

27   고전 15:27-8; 빌 2:9-11.

28   벧후 1:21; 딤전 3:16.

29   요 4:34; 5:30; 6:39-40; 눅 22:42.

30   요 14:12; 16:12-15.

31   요 14:16.

전에 그들에게 성령을 천거했다.

성부에 대한 성령의 사랑은 성자에 대한 성령의 사랑과 밀접하게 연결되어 있어서 그 사랑이 실제로 구별될 수 있을지는 의문이다. 성자의 영으로서 성령은 우리의 마음속에 오셔서 우리가 성자 자신의 말로 성부께 기도할 수 있게 해 준다.[32] 동시에 아버지로부터 오는 영으로서 성령은 아들에 대해 증언하기 위해 세상에 오신다.[33] 이 둘은 병행하며, 성령의 역사 안에서 그리고 성령의 역사를 통해서 성부와 성자는 우리 마음속에 들어와 거하시고, 우리가 우리 삶 속에 역사하는 하나님의 사랑을 경험하게 해줄 뿐만 아니라 그 사랑에 참여할 수 있게 해주신다.[34]

위격이란 무엇인가?

초기 교회를 괴롭혔던 삼위일체에 관한 논쟁들이 혼란스럽다고 생각할 수도 있지만, 그런 논쟁들이 일어난 한 가지 주된 이유는 그리스-로마 세계에 우리가 지금 "인격성"(personhood)이라고 부르는 것에 대한 단일한 개념이 없었기 때문이다. 그래서 초기 그리스도인들은 자신을 계시하신 성경의 하나님을 "인격의"(personal) 관점에서 어떻게 묘사해야 할지 확신하지 못했다. 물론 당시에도 우리가 주저 없이 "인격"으로 묘사할 인간 존재들이 많았지만, 이 유비가 초기 교회 교부들에게는 도움이 되지 않았을 것이다. 그들은 이교의 신들이 미화된 남성이나 여성으로 묘사되었다는 점을 너무 잘 알고 있었고, 기독교의 하나님이 그런 존재들과 혼동되어서는 안 된다고 판단했다. 현대의 용법에서는 "인격"(person)이 종종 "개인"과 동의어로 간주되지만, 이 정의도 별로 유용하지 않다.

---

32 갈 4:6; 롬 8:15.
33 요 15:26.
34 요 14:23.

"개인"이라는 말은 다른 사람들과 다르고 또한 다른 사람들과 분리된 어떤 사람을 가리키지만, "인격"이라는 말은 그 개인의 관계 측면과 그 개인을 다른 사람들과 연결시키는 것을 강조한다. 달리 말하자면 인격은 관계상의 정체성을 함축하는 반면, 개인은 그렇지 않다. 그렇기 때문에 인간이든, 신이든 인격적인 존재에게는 개인적인 존재보다 더 많은 요소가 있다. 기독교 신학에서는 "인격"이라는 말을 신격 안에서의 관계, 인간들 간의 관계, 그리고 하나님과 인류의 관계를 묘사하는 데 사용한다. 그런 관계들이 가능하게 해주는 인격의 공유된 특질 때문에 이 세 관계들은 서로 연결되어 있다.

하나님은 인간이 아니시고 하나님의 신적 본성은 우리의 인간적 본성과 완전히 다르기 때문에, 이 관계를 표현할 방법을 찾는 것은 이교도들보다는 그리스도인들에게 더 어려웠다. 신들이 보통 인간은 할 수 없는 일을 할 수 있다고 해도, 이교도들은 신들을 자신의 형상으로 생각했다. 그리스도인들은 하나님이 어떻게 영원히 초월적인 존재이기를 멈추지 않으면서 자신이 인간이 될 정도로까지 인간과 관계를 맺을 수 있는지 설명할 방법을 찾아야 했다. 하나님의 아들이 예수 그리스도 안에서 사람이 되셨다는 사실 때문에 그리스도인들에게 그렇게 해야 할 필요가 부과되었지만, 그들에게는 일어난 일을 묘사하기에 알맞은 어휘가 없었다. 초기 기독교 신학은 신과 인간이 어떻게 상호작용할 수 있는지를 알아내기 위한 사색이 아니라, 그들이 자신과 그들이 살고 있던 세상에 관한 사고방식을 바꾼 한 사건을 이해하기 위한 시도였다. 그리스어가 당대의 국제어였기 때문에 그들은 그리스어로 작업했으며, 이미 존재하던 단어들을 선택했다. 그 선택을 하지 않았더라면, 그들은 반드시 자신들만의 특수 용어를 만들어 자신들의 메시지를 선포할 수밖에 없었을 것인데, 그런 특수 용어들은 소통에 도움이 되기는커녕 오히려 방해만 되었을 것이다. 그러나 그들은 이 작업을 하는 과정에서 그리스 용어를 선택하여 이를 고대 그리스인들보다 훨씬 주의 깊게 정의했다. 이 일은 시간이 걸리고 오해를 불러일으켰으며, 특히 그리스 용어를 라틴어로 번역하려고 시도했을 때 그랬다. 당시의 라틴어는 나중에 발전한 것만큼 완성된 언어가 아니었고, 따라서 전문적인 신학 용어를 수용할 능력이 그리스어보다 뒤떨어졌다. 그러나 지금 우리 자신의 용어들은 주로 라틴어에서 나왔기 때문에, 우리는 초기 교회가 번역의 어려움을 어떻게 다뤘는지 이해해야 한다.

신약성경에서 라틴어는 딱 한 번 나타나는데, 그 말은 본디오 빌라도가 예수의 십자가 위에 붙인 패에 쓴 세 가지 언어 중 하나였다.[35] 라틴어가 가장 널리 사용되는 언어였던 로마나 리옹 같은 곳에서도 기독교 공동체는 내부적으로 계속 그리스어를 채택했기 때문에, 교회가 생기고 난 뒤 처음 200년 동안은 교회에서 라틴어가 거의 사용되지 않았다. 라틴어 번역은 북아프리카에서 처음 나타난 것으로 보인다. 그때 카르타고의 테르툴리아누스(196-212 추정)가 라틴어 신학 어휘들을 고안해냈다고 하는데, 표 7.1이 보여주는 바와 같이 그 어휘들 대부분이 지금도 흔히 사용되고 있다.[36]

그리스어	라틴어	영어
ousia, ho ōn, to on, to einai	*substantia (essentia, esse)*	substance (본체), essence (본질), being (존재)
hypostasis	*persona (subsistentia)*	person (위격), subsistence (실체)
physis	*natura*	nature (본성)
(prosōpon)	*persona*	person (위격 또는 인격)

표 7.1

---

35 눅 23:38; 요 19:20.
36 괄호 안의 단어들은 테르툴리아누스 시대에는 사용되지 않고, 나중에 주요 신학 용어들에 대해 공식적으로 동등한 라틴어와 그리스어 용어를 확립하려는 진지한 시도가 행하여졌을 때 등장했다.

라틴어는 그리스어보다 어휘가 적고, 사용될 수 있는 방법에서 덜 유연해서 오랫동안 상당한 오해를 야기했다. "~이다"(to be)라는 동사를 예로 들어 보자. 그리스어에는 현재 분사에 세 가지 문법적 성이 있어서 남성 *ho ōn*; 호 온("~인 남자")과 중성 *to on*; 토 온("~인 것") 사이에 정교한 구분이 이루어질 수 있다. 명사 "존재"(*ousia*, 우시아)는 여성 형태 *hē ousa*; 헤 우사로부터 만들어졌다. 이와 대조적으로 라틴어에는 세 가지 성 모두에 대해 단 하나의 분사 형태(*ens*, 엔스)만 있다. 중세 동안 이 형태는 "존재"를 의미하는 명사로도 사용되었지만, 고대 세계에서는 라틴어가 "존재"를 표현할 수 있는 유일한 방법은 부정사 *esse*; 에세("~이다")를 사용하는 것이었다.[37] 분명히 주전 1세기에 누군가가 *ousia*(존재)를 번역한 단어로 *essentia*; 에센티아(본질)라는 말을 만들어냈다. 그러나 그 말이 오늘날 우리에게는 아주 정상적으로 들리지만, 로마인들은 그 말을 이상하다고 생각했고 4세기의 논쟁에서 자신들의 신학 어휘를 그리스어 용어와 더 긴밀하게 정렬시킬 수밖에 없게 될 때까지는 그 단어를 사용하지 않았다.

테르툴리아누스(160?-220?) 시대에는 아직 그 일이 일어나지 않아서 그는 *essentia*라는 단어 대신 *substantia*(실체)라는 말을 사용했는데, 이 말은 이후 *ousia*와 *hypostasis*라는 그리스어 단어의 번역어로서 일반적으로 인정되었다. 이 예는 그리스인들이 라틴어는 조잡하고 정교한 신학 담화에는 부적합하다고 한 말이 무슨 뜻이었는지에 대한 좋은 사례다! 그래서 테르툴리아누스가 **휘포스타시스**(실체)를 **우시아**(본체)와 구별해야 했을 때 휘포스타시스에 해당하는 명확한 라틴어 단어가 없었고, 이 점은 삼위일체의 경우에도 마찬가지였다. 이 문제에 직면한 테르툴리아누스는 에트루리아어(*phersu*)를 통해 라틴어로 들어 온 것으로 보이

---

37 그리스어(*to einai*)로도 존재를 표현할 수 있었다. 이 점에서는 영어가 라틴어보다 훨씬 더 빈약하다는 점을 주목하라. 영어에서는 이 그리스어 동사의 많은 다양한 형태를 번역할 단어가 "being" 하나뿐이다.

2부 • 하나님 자신 안에서의 사랑

는 *persona*; 페르소나라는 단어를 사용했다. 에트루리아 사람들은 본래 "가면"을 의미했던 그리스어 *prosōpon*; 프로소폰에서 그 말을 취했다. 그 결과 그리스어 단어들과 관련된 모든 문제들이 재부상(再浮上)할 가능성이 생겼고, 최종적으로 그 문제들이 다시 떠올랐다.

기독교 신학의 어휘를 만들어낼 때 히브리 성경은 생각만큼 큰 도움이 되지 못했다. 성경의 언어에서 인간은 예외 없이 고유한 이름(특정 개인이 지칭되는 경우) 또는 "사람"이나 "(어떤) 사람의 아들"과 같은 표현을 통해 다양하게 묘사되는데, 그 표현은 공유하는 본성을 기초로 해서 관계를 확립한다. 그것이 동일한 종의 구성원들 사이의 관계를 묘사하는 문제라면 그런 방식으로 충분했다. 인간이 아담과 하와로부터 내려온 공통의 자손이라는 점을 통해 서로 연결되어 있었던 것처럼, 신의 세 위격들도 신약성경에서 성부와의 관계라는 관점에서 묘사되었다.[38] 이런 사고방식에는 종이 다른 하나님과 인간 사이의 관계를 허용하지 않는다는 문제가 있었다. 구약의 유대교는 이에 대해 크게 걱정할 필요가 없었다. 아담과 하와는 하나님의 형상과 모양으로 지음 받았다는 유대교의 믿음 때문에[39], 창조주와 피조물 사이의 본질적인 차이를 훼손하지 않으면서도 인간과 하나님이 관계를 맺을 수 있었다. 하나님의 아들이 사람이 되신 이후에 그 사건을 적절하고 정확하게 묘사할 방법을 찾아야 했다. 그래서 그리스도인들은 그 정도에서 만족할 수 없었다. 예수 그리스도는 하나님의 형상으로 지음 받은 한 사람에 불과한 존재가 아니라, 하나님 자신이었다. 성육신(예수 그리스도는 하나님이신 동시에 사람이라는 함의)의 이해에 부딪쳐 교회는 오늘날 우리가 이해하는 것과 같은 방식의 "위격" 개념을 발전시켜야만 했다.

히브리서 저자는 성자의 존재와 정체성을 아주 적절하게 묘사했는데,

---

38 요 1:14; 15:26.
39 창 1:26-27.

영어 표준 번역본 성경(ESV)은 이를 다음과 같이 번역한다.

그는 하나님의 영광의 광채시요 그의 본성의 정확한 자국(the exact imprint of his nature)이시며, 자신의 능력의 말씀으로 우주를 붙드신다.[40]

다른 현대 영어 번역들도 이 번역과 비슷하지만, 이 번역들 모두 히브리서 저자가 말하고자 하는 의도를 제대로 전달하지 못한다. 그리스어 *charaktēr tēs hypostaseōs autou*를 번역한 어구인 "그의 본성의 정확한 자국"에 어려움이 놓여 있다. **카라크테르**의 문자적 의미는 도장(印)이나 금형(金型)으로 만들어지는 것과 같은 종류의 자국을 의미하며, 따라서 이 단어는 아마도 의미를 잘 번역한 것으로 받아들여질 수 있을 것이다. 성자는 성부와 똑같은 복제품이라는데, 이것이 무슨 뜻인가? 이것은 히브리서 저자에게는 문제가 되지 않는다. 성자는 여기서 "그의 본성"으로 번역된 *hē hypostasis autou*[41]의 명확한 형상이다. 그러나 그리스어에는 "본성"을 의미하는 또 다른 단어(*physis*; 퓌시스)가 있었고, 이 단어는 **휘포스타시스**(실체)와 동의어가 아니었다. 일반적으로 **휘포스타시스**는 어떤 물체가 무엇인지를 식별하는 데 사용된 반면, **퓌시스**는 그것이 어떤 모습인지 또는 무엇으로 구성되었는지를 묘사하는 데 사용되었다. 물론 이 둘은 서로 연결되어 있다. 왜냐하면 본성(퓌시스)은 실체(휘포스타시스) 안에서, 그리고 실체를 통해 인식되므로 실체가 없으면 존재할 수 없기 때문이다. 그러나 이 둘은 개념상으로는 구별되며, 언제나 상호 교차적으로 사용할 수 있는 것은 아니다. **휘포스타시스**는 부자연스럽게(즉 퓌시스의 내재적 속성들에 반해) 행동할 수 있다. 일반적으로는 날 수 없는 물체가 바람에 의해 날아갈 때 그런 일이 일어난다. 따라서 이 두 단어의 구분은

---

40   히 1:3.

41   *hē hypostasis*는 주격이지만 *tēs hypostaseōs*는 소유격이라는 점을 주목하라. 따라서 형태에 차이가 있다.

유지되어야 한다.

고대에 누군가가 **휘포스타시스**가 무엇인지를 정의하려 했다면, 그는 그것을 퓌시스로 묘사하려 하지 않고, **우시아**(존재)와 더 비슷하다고 말했을 것이다. 이로 인해 문제가 더 복잡해진다. 왜냐하면 **휘포스타시스**에는 **객관적 실존이 있었지만, 퓌시스**에는 객관적 실존이 없었기 때문이다. **휘포스타시스**와 **우시아** 모두 눈으로 볼 수 있었지만, **퓌시스**는 그럴 수 없었다. **퓌시스**는 **휘포스타시스**나 **우시아** 중 하나로 식별되어야 했다. **휘포스타시스**와 **우시아** 사이에 차이가 있다면, 한 **휘포스타시스**는 다른 **휘포스타시스**들과 동일한 본성(퓌시스)을 가질 수 있으며, 따라서 공통의 **우시아**를 공유하는 구성원, 즉 소위 종(種)을 형성할 수 있다. 예를 들어 "인간"(human being)이라는 말을 사용할 때 우리는 주로 특정한 개인(달리 말하자면 **휘포스타시스**)의 관점에서 생각한다. 그러나 동시에 우리는 그 개인이 그 사람을 제외한 우리와 공통적인 인간성(humanity) 또는 "존재"(우시아)를 공유하기 때문에, 그 사람을 인간으로 인식한다. **휘포스타시스**와 **우시아** 사이의 이 구분을 받아들이면, 인간의 본성(퓌시스)은 우리의 공통적인 인간성인 **우시아**에 속하지, 우리 개인의 정체성인 **휘포스타시스**에 속하는 것이 아니라는 점이 명백해진다. 따라서 **휘포스타시스**를 "본성"으로 번역하는 것은 정확하지 않다.

그러나 인간의 경우 정체성, 존재, 본성 사이의 구분이 명확하지만, 하나님의 경우 하나님은 한 분이시기 때문에 이런 구분을 유지하기가 어렵다. 하나님의 존재(우시아)의 완전성으로 인해 하나님의 본성에 속하는 모든 요소들은 매우 유사하며, 하나님은 자신의 본성에 반해 부자연스럽게 행동하실 수 없다. 따라서 선함과 불가시성이 하나님의 존재의 본성이라면, 하나님은 항상 완전히 선하고 완전히 비가시적이다. 그렇지 않다면 하나님은 완전하지 않고, 따라서 전혀 하나님이 아니게 될 것이다. 하나님의 존재와 그분의 본성은 일치하기 때문에 성경이 하나님을 전능하신 분 또는 영원하신 분으로 부를 때처럼 하나님의 특성 중 하나를 사용해서 하나님 전체를 묘사할 수 있다. 유대인의 사고에서는 하나님의 존재와 그분의 본성이 사실상 하나라는 점이 하나님이 우리에게 자신을 계시하시는 방식에 본질적인 요소였다. 그들에게는 하나님의 **휘포스타시스(실체)** 또는 정체성은 하나님의 존재 및 본성과 하나여야 한다. 그렇지 않으면 하나님에 관한 참된 표현이 아닐 것이기 때문이다.

여기서 히브리서 저자는 하나님에 관한 유대인의 사고방식에 새로운 요소를 도입한다. 자기 백성에게 스스로를 야웨("[스스로] 존재하는 자")로 계시하신 유일한 신적 존재만 있다는 것이 유대교 일신론의 근본 교리였기 때문에, 히브리서 저자는 **우시아(존재)**라는 단어를 사용해서 성자를 "그의 신적 존재의 정확한 복제"로 묘사할 수 없었을 것이다. 방금 설명한 것처럼 일신론에서 하나님의 존재(**우시아**)와 하나님의 본성(**퓌시스**)은 사실상 하나이고 동일하다. 그래서 하나님의 존재에 해당하는 것은 하나님의 본성에도 해당한다. 그렇기 때문에 히브리서 저자는 퓌시스라는 단어도 사용할 수 없었을 것이다. 그래서 "그의 본성의 정확한 자국"이라는 번역은 부적절하고 오해를 일으키는 것으로서 거부되어야 한다.

그러나 히브리서 저자는 성자가 *charaktēr tēs hypostaseōs autou*; 카라크테르 테스 휘포스타세오스 아우투라고 말함으로써, 성부는 구별된 **휘포스타시스**였다고 가정하며, 이를 통해 성자는 그의 신적 존재와 신적 본성에 있어서는 성부와 동일하지만, 또한 성부로부터 구별되는, 다른 **휘포스타시스(실체)**였을 가능성을 허용한다. 그러려면 하나님 안에는 동일한 하나의 불가분적인 **우시아**와 그 **퓌시스**를 갖고 있는 복수의 **휘포스타시스**가 있을 수 있다고 말하는 방법을 찾아야 했다.

이 도전 때문에 교회는 하나님의 하나의 신적 **우시아** 안에 똑같이 신적인 세 **휘포스타시스**가 있다고 말하는 공식을 만들어냈으며, 현재 이 개념이 표준적인 해석으로 인정받고 있다. **휘포스타시스**라는 단어는 신약성경에 나오기 때문에 인기가 있었던 반면에, **우시아**라는 말은 신약성경에 나오지 않는다. 이 점은 가급적 성경에 충실하겠다고 결심한 신학자들에게는 어느 정도 중요한 요소였다. **휘포스타시스**는 인간 개인의 객관적 실체를 묘사하는 데도 사용될 수 있었고, 따라서 하나님과 사람을 개념상으로 연결해준다는 추가적인 장점을 갖고 있었다.

그러나 전문 용어로서의 **휘포스타시스**(실체)는 기독교 신학이 발전함에 따라 더 분명하게 드러난 단점 때문에 고생했다. 한편으로 이 말은 모든 대상의 실체를 묘사하는 데 사용될 수 있었다. 식탁도 인간처럼 하나의 **휘포스타시스**였다. 다른 한편으로 이 말은 종종 공통적 존재의 복사판 또는 재생산품으로 이해되었고, 따라서 그것이 가리킨 구체적인 대상은 논리적으로 원본보다 못하다고 여겨졌다. 인간의 맥락에 적용하자면, 이 말은 개인들이 밀가루 반죽으로 만든 과자와 같은 존재라는 인상을 주었다. 곧 개인들은 "인류"라는 공통의 물질로부터 도려내졌으며, 형태와 크기가 다른 이유는 그렇게 도려내졌기 때문이다. 오늘날 우리가 그렇게 말할 법한 바와 같이 사람들은 모든 부차적인 면에서는 서로 다르지만 본질적으로는 그들의 공통의 본성을 벽돌에 의존하는, "오래된 벽돌에서 떼어낸 조각"으로 간주되었다.

이런 사례들에서 예시되는 것과 같이 **휘포스타시스**라는 말은 기독교 신학에 매우 중요한 "행동" 측면이나 "관계" 차원을 반드시 포함하는 것은 아니어서 이 말을 사용할 때 어려움이 있었다. 방 안에 놓여 있는 세 개의 탁자들은 세 개의 **휘포스타시스**들이지만, 탁자들이 스스로 행동하거나 서로 관계를 맺을 수는 없다. 하나님과 사람을 다룰 때 그 용어에 그런 측면들을 포함시킬 수는 있었지만, 그들 각각의 존재들(우시아들)이 본래 활동적이고 관계적이라고 가정될 수 있었을 때만 그럴 수 있었는데, 이 점은 결코 명확하지 않다. 하나님은 존재하고 있는 자신을 유지하기 위한 일을 아무것도 하지 않아도 존재할 수 있으시다. 만약 행동이 하나님의 본성에 본질적이라면, 하나님의 피조물도 하나님처럼 영원함이 분명하다고 주장하는 사람이 있을 것이다. 고대 이교도들 사이에서는 이런 관점이 일반적이었으며, 그들은 물리적인 우주로부터 독립적으로 존재하는 창조자를 상상할 수 없었다. 그러나 성경은 그런 관점을 특별히 부정한다. 이는 창조에 6일이 걸렸다는 주장에 의해서만 부정되는 것이 아니라, 창조가 완료되고 나서 하나님이 일곱째 날에 **쉬셨다**는 진술에 의해 훨씬 더 부정된다.[42] 본성상 영원히 활동적인 하나님이라면, 쉴 수 없었을 것이다.

나아가 하나님이 자신의 존재(우시아)로 완전히 정의된다면, 그 **우시아**가 관계를 맺을 어떤 존재나 사물도 없을 것이기 때문에 하나님이 관계를 맺는다는 것은 상상할 수 없을 것이다. 누군가가 하나님이 일단 뭔가를 창조하시고 난 뒤에 자동으로 그 피조물과 관계를 맺게 될 것이므로 신적 **우시아**는 **잠재적으로** 관계적이라고 답변한다면, 그것은 하나님은 본질상 영원히 완전하지 않고 스스로 충분하지 않다는 함축으로 인해 또 다른 문제를 일으킬 것이다. 하나님이 다른 어떤 것을 출현시키지 않고서는 실현될 수 없는 아직 개발되지 않은 잠재력을 갖고 있다면, 그것은 하나님은 결코 완전하지 않을 뿐만 아니라 항상 변하리라는 것을 의미할 것이다. 뭔가 새로운 것이 등장할 때마다 하나님은 그것에 맞추기 위해 적응해야 할 것이고, 하나님의 잠재력이 완전히 실현되었는지(또는 실현될 수 있는지) 알 길이 전혀 없을 것이다. 하나님의 존재를 영원한 에너지로 보고 세상을 그로부터 나온 일종의 파생물로 보는 이론인 "과정신학" 지지자들이 실제로 그와 비슷한 말을 했다. 이런 주장의 근본적인 난점은 창조주와 피조물 사이의 절대적 차이를 없애고, 기독교를 성경의 가르침보다 고대 그리스인들의 사상에 더 가까운 것으로 바꿔버린다는 점이다.

(어떤 사람들이 그렇게 말하는 것처럼) 하나님이 사랑할 대상을 갖기 위해 세상을 창조하셨다고 말하는 것은 하나님의 사랑은 완전하지 않으며, 하나님은 그 사랑이 완전해지도록 하기 위해 세상을 필요로 하셨다고 말하

---

42   창 2:3.

는 셈이다. 성경의 가르침에 의하면 그것은 사실일 수 없다. 그래서 초기 그리스도인들에게는 근저의 우시아의 한 현현으로 이해된 **휘포스타시스**라는 용어가 신의 세 위격을 묘사하기에 이상적이지 않다는 점이 점차 명백해졌다. 그 용어는 우시아가 관계를 맺을 수 있는 존재가 되지 않도록 하면서, 그것에게 정체성을 부여하는 것이었다. 그러나 그 말의 내재적 결함에 빠져들지 않으면서 그 말의 긍정적 측면을 유지할 수 있는 용어가 어디 있겠는가?

결국 그리스 철학 전통과 단호하게 단절하고, 하나님 안의 세 존재를 표현하기 위한 더 나은 용어로 **페르소나**(인격)라는 말을 채택함으로써 이 질문에 대한 답이 나왔다. 그 무렵에 **페르소나**와 그 말의 그리스어 선조인 **프로소폰**은 "가면"이라는 원래의 의미에서 크게 발전해 있었다. 멀게는 주전 4세기에 테오프라스토스(주전 371?-287?)가 배우, 극작가, 기타 관련 당사자들을 위한 편리한 매뉴얼에 각종 연극 가면(프로소폰)들을 상세히 편찬해 두고, 그 가면들을 자연스럽게 **등장인물들**(Characters)이라고 불렀다. 일단 그 일이 발생하고 나자, 금방 **프로소폰**이라는 말이 자연인의 얼굴을 가리키는 데 사용되었고, 사람의 얼굴의 두드러진 특징들은 그 사람의 성격을 가리키는 것으로 생각되었으며, 그 특징들을 "읽는" 훈련을 받은 사람들에게 그렇게 해석되었다. 테오프라스토스 사후 불과 몇 세대 안에 구약성경이 그리스어로 번역되었을 때 히브리어 단어 *panim*("얼굴")의 표준 번역어로 이미 **프로소폰**이 사용되고 있었으며, 그 결과 급속도로 "가면"에서 "얼굴"로의 의미 확장이 일어났다. 흥미롭게도, 그때쯤에 그 단어는 "가면"이라는 원래 의미에서 완전히 벗어나 정반대 즉 진짜 얼굴을 묘사하는 데 사용될 수 있었다. 그래서 중개자 없이 직접 하나님을 만나는 것을 가리키는 데 규칙적으로 사용되는 구약의 용어인 "대면하여(face to face)"는 그리스어로는 항상 *prosōpon pros* *prosōpon*; **프로소폰 프로스 프로소폰**으로 번역된다.[43] 사도 바울은 이런 용법에 익숙했으며, 고린도 교회 교인들에게 "지금은 우리가 거울로 희미하게 보지만, 그때에는 **대면하여** 볼 것이다"[44]라고 말함으로써 심지어 계시된 것과 감추어진 것을 대조하는 데 **프로소폰**을 사용하기까지 했다.

그리스 세계에서 이런 변화가 일어나고 있는 동안, 로마인들은 한 걸음 더 나아가서 **페르소나**를 법률 용어로 삼았다. 로마의 법률적 용법에서 **페르소나**는 법원에 소송을 제기하거나 소송을 제기당할 수 있었던 어떤 사람이나 사물을 가리켰다(현재도 그렇다). 이 특수한 용법은, 여성, 아동, 노예들과 같이 사람이지만 법률상의 "인격"이 아닌 사람들이 있었던 반면에, 기업체들과 같이 법률상의 "인격"을 가진 기관들이 있었음을 의미했다. 비전문가들에게는 이 점이 비정상적으로 보이지만, **페르소나**의 이런 법률적 용법은 항상 행위자(agency)와의 관계성의 본질적 특성을 보존하고 있었다.

테르툴리아누스는 이 점을 이해했으며, 하나님 안의 세 **휘포스타시스**(실체)에 **페르소나**(인격)라는 말을 채용할 수 있다고 생각했다. 그는 이 말을 사용해서 삼위일체를 한 본체 안의 세 인격(three persons in one substance)으로 정의해 큰 성공을 거뒀는데, 이 공식은 오늘날도 흔히 사용된다. 불행하게도 이 표현이 그리스어로 재번역되었을 때, 마치 로마인들이 "한 존재 안의 세 가면들"(three masks in one being)이 있다고 말하는 것으로 들릴 수 있었다. 따라서 일부 그리스인들이 로마인들이 양태론(그들은 양태론을 창시한 것으로 추정되는 사벨리우스의 이름을 본 따 사벨리우스주의로 불렀는데, 사벨리우스는 그 외에는 알려진 것이 없다)을 신봉한다고 비난한 것은 놀랄 일이 아

---

43 창 32:30; 출 33:11; 민 14:14; 신 5:4; 34:10; 삿 6:22. 그러나 요한3서 14절에서는 같은 의미임에 틀림없을 어구가 그리스어로 *stoma pros stoma*("입과 입을 맞대고")로 표현된다는 점을 주목하라.

44 고전 13:12.

니었다. 이에 대응해서 일부 로마인들은 그리스인들이 삼신론("한 존재 안의 세 본체")을 믿는다고 의심했다. 이런 생각들은 오해였고, 결국 오해였음이 인식되었다. 그러나 그런 일이 일어날 수 있었다는 사실은 교회가 이 핵심적인 믿음을 표현하는 공통의 방법을 찾아내는 일에 얼마나 큰 어려움을 겪었는지를 보여준다.

4세기에 접어들어서야 그리스어 사용 지역인 카이사레아의 바실리오스(379년 사망)가 로마인들이 **페르소나**를 **휘포스타시스**의 의미로 사용했다는 점을 깨달았다. 이로써 적어도 안디옥 학파에게는 **프로소폰**을 사용하는 문이 열린 것 같다. 안디옥 사람들이 **프로소폰**을 삼위일체의 세 구성원들을 가리키는 데 사용했다면, 이 단어를 **휘포스타시스**와 동의어로 간주하는 데 큰 어려움이 없었을 것이다. 그러나 안디옥 학파는 **프로소폰**을 자기들의 기독론에만 사용했는데, 거기서 **프로소폰**은 **휘포스타시스**와 명확히 구별되었다. 그래서 상당한 혼란이 야기되었고, 두 세대 동안 **프로소폰**을 **휘포스타시스**에 해당하는 말로 받아들이는 것이 지연되었다.

안디옥 학파의 기독론은 아리우스(256-336)의 가르침에 대한 반발로서 발전했다. 아리우스는 신적 존재는 고난당하거나 죽을 수 없으므로 하나님의 아들은 완전한 신적 존재일 수 없다고 주장했다. 아리우스는 성자는 단지 피조물 중 최고의 존재로서, 다른 어느 피조물보다 하나님과 더 가깝지만 절대적 의미에서는 여전히 신적 존재가 아니라고 주장했다. 아리우스의 입장은 곧 정죄되었지만, 안디옥 학파는 아리우스의 입장이 알렉산드리아 신학 학파에 전형적인 내재적 경향을 드러냈다고 생각했다. 알렉산드리아 학파는 하나님의 말씀(로고스)이 처녀 마리아의 태에서 인간의 육체를 취해서 그의 신적 본성(퓌시스)에 인간의 육체가 더해졌다고 믿었다. 그러므로 하나님의 말씀은 우리의 죄를 위해 고난당하고 죽을 수 있었지만, 그의 본성 중 인간적 요소가 고난당하고 죽을 수 있는 정도까지만 그럴 수 있었다. 불멸하고 아픔을 느끼지 않는 신적 요소는 변하지 않았고 변할 수도 없었다. 알렉산드리아 학파는 그리스도는 성육신 이후에도 한 가지 본성만 가질 수 있다고 주장했기 때문에, 성육신하신 그리스도께서 인간적 요소와 신적 요소를 구별하는 데 어려움을 겪었다. 한 본성 안에 인간적 요소와 신적 요소가 어떻게 융합했는지가 완전히 분명하지는 않았지만, 알렉산드리아 학파는 둘 사이에 모종의 통합이 있다고 생각한 듯하며, 그래서 자연스럽게 인간적 요소보다 신적 요소를 선호했다.

실제적인 면에서 이는 비록 성육신하신 하나님의 아들이 인간적 의지와 신적 의지를 모두 갖고 있기는 했지만, 당연히 신적 의지가 더 강하고, 따라서 신적 의지가 인간적 의지를 양도받아 이를 강화시켜 죄 지을 수 없도록 만들었음을 의미한다. 이로 인해 사람들은 예수의 시험이 진짜였는지 묻게 되었다. 만약 예수가 죄를 지을 수 없었다면 그가 시험받았다고 말하는 것은 어떤 의미였는가? 알렉산드리아 학파에서는 이런 종류의 논쟁이 흔했으며, 극단적인 경우 알렉산드리아의 신학자들은 예수가 인간의 영혼을 가졌다는 사실을 부인하거나(아폴리나리우스), 우리처럼 진짜 사람이었다는 사실을 부인했다(유티케스). 이런 극단적인 주장들은 적절하게 책망 받았지만, 그런 주장이 있었다는 사실이 알렉산드리아 신학의 일반적 경향을 보여준다. 알렉산드리아 학파에 따르면, 모든 본성(퓌시스)은 그에 대응하는 **휘포스타시스**(실체, 위격)에서 자신을 표현한다. 성자 안에는 하나님의 말씀인 오직 하나의 **휘포스타시스**만 있었기 때문에, 처녀 마리아의 태에서 그 말씀이 취한 인간적 본성은 그의 신적 **휘포스타시스**와 통합되어야 했다. 그렇지 않으면 성육신한 그리스도의 단일성은 보존되지 않았을 것이다.

알렉산드리아 학파의 이런 견해에 대해, 안디옥 학파는 신의 말씀은 어떠한 인간의 실패에 의해서도 영향을 받을 수 없고, 따라서 고난당하거나 죽을 수 없었다고 말하는 것으로 대응했다. 안디옥 학파에게는 신의 말씀이 고난당하거나 죽을 수 있다는 어떤 제안도, 심지어 고난당하고 죽기 위해 인간의 본성을 취해서 이 본성을 사용했다고 고안하더라도, 신의 말씀의 절대적 신성을 부인하는 길로 한걸음 나아가는 것으로 보였다. 그들의 견해로는 이런 생각은 반드시 아리우스주의로 인도하게 되어 있었다. 안디옥 학파가 이해하는 아리우스주의에서는 신의 말씀이 마리아의 태에서 인간으로 태어날 태아와 결합했다. 이 인간 태아는 자체의 인간 **휘포스타시스**(정체성)를 갖고 있었기 때문에, 신의 말씀이 이 태아를 버린다 해도 인간으로 태어날 터였다. 물론 그렇게 된 것이 아니었다. 그게 아니라, 마리아의 태에서 나온 아기 예수는 두 본성의 결합으로서 각 본성은 자체의 **휘포스타시스**를 갖고 있었고, 다른 본성과 독립적으로 존재할 능력을 유지했다.

그러나 세상이 본 것은 두 **휘포스타시스**의 결합이었으며, 이 결합에 따라 두 **휘포스타시스**는 상호 동의에 의해 공동으로 행동했다. 안디옥 학파는 이 결합을 성육신하신 성자의 **프로소폰**이라고 불렀다. 공통의 **프로소폰** 덕분에 예수 그리스도는 자신의 신성에 아무런 영향을 미치지 않으면서 사람으로서 고난당하고 죽으실 수 있었다. 이런 기독론의 극단적 형태 하나는 이렇게 말했다. 예수가 "나의 하나님, 나의 하나님, 어찌하여 나를 버리셨나이까?"[45]라고 외치셨을 때, 그 의미는 (예수 안의) 영원한 말씀이 (예수 안의) 인간을 떠나 그 인간이 그저 평범한 한 인간으로서 십자가에 달려 죽도록 놔두신 것이다. 하지만 이런 설명은 너무 멀리 나아간 것이다. 대다수 안디옥 학파 신학자들은 두 **휘포스타시스**의 결합이 손상되지 않고 유지되었다는 견해를 취했으며, 그 결과 신적 말씀이 실제로 고난과 죽음을 경험하지는 않으면서 예수의 고난과 죽음에 동행했다고 말할 수 있었다. 요약하자면 안디옥 학파의 기독론은 성육신하신 아들 안에서 신성과 인성이 자체의 정체성(휘포스타시스) 및 자연적 속성을 보존한다고 말했다. 그러나 안디옥의 기독론은 또한 두 본성이 예수

---

45   마 27:46.

그리스도라는 한 **프로소폰** 안에서 영원히 결합되었기 때문에 하나님의 아들이 우리의 구원을 위해 고난을 겪고 죽는 것이 가능했다고 말했다.

물론 여기서 문제는 신성의 **휘포스타시스**에 속한 "하나님의 아들"이라는 명칭을 이 **휘포스타시스**가 그 안에서 나사렛 예수라는 인간의 **휘포스타시스**와 결합된 **프로소폰**으로 바꿔야만 이렇게 말할 수 있다는 점이다. 그러나 인간적 **휘포스타시스**가 (그 본성에 따라) 죽고, 신적 **휘포스타시스**는 (또한 그 본성에 따라) 죽지 않았다면, 그 결합에 어떤 일이 일어났는가? 그 **프로소폰**은 인간인가, 신인가, 아니면 이 둘의 모종의 결합인가? 그 **프로소폰**이 둘의 결합이었다면 한 **휘포스타시스**는 죽고 다른 **휘포스타시스**는 죽지 않았을 때, 그 **프로소폰**은 왜 갈라지지 않았는가? 결국 안디옥 학파의 기독론은 논리적으로 그들이 기각한 극단적 형태로 귀결될 수밖에 없었는데, 이로 인해 교회는 구주가 하나님인지 인간인지에 대하여 일관성 있게 이해하지 못하게 되었다.

451년에 개최된 칼케돈 공의회에서 성육신한 성자의 연합 원리, 곧 알렉산드리아 학파의 **휘포스타시스**와 안디옥 학파의 **프로소폰**이 실제로는 하나이고 같다고 말함으로써, 이 막힌 곳이 뚫렸다. 이것은 칼케돈 공의회가 알렉산드리아 학파의 기독론의 기본 개요를 안디옥 학파의 옷으로 받아들였음을 의미했다. 칼케돈 공의회의 교부들은 알렉산드리아 학파가 주장한 것처럼 그리스도 안에는 오직 하나의 **휘포스타시스**만 있을 수 있다는 근거에서, 그리스도의 **프로소폰**은 인간적 **휘포스타시스**와 신적 **휘포스타시스**의 결합에 지나지 않는다는 안디옥 학파의 주장을 기각했다. 그러나 동시에 칼케돈 공의회의 교부들은 두 본성은 구별된 상태로 유지된다는 안디옥 학파에 동의함으로써, 두 본성이 모종의 방법으로 하나로 합쳐졌다는 알렉산드리아 학파의 견해도 기각했다. 그 교부들이 이 결론에 이를 수 있었던 이유는 그들이 항상 **페르소나**(프로소폰)를 **휘포스타시스**와 동의어로 간주한 서방 교회의 입장을 채택했기 때문이다. 칼케돈 공의회의 기독론은 서방 교회에서 즉각적으로 받아들여졌고, 서방 교회는 결코 이 기독론에서 흔들리지 않았다. 그러나 동방 교회에서 이 기독론은 분열을 일으켰으며, 분열을 극복하려는 숱한 시도에도 불구하고 그 분열은 지금도 계속되고 있다.[46] 정말 희한하게도 칼케돈 공의회는 이 회의에서 말한 내용에 그 사실이 분명히 함축되어 있었는데도 성육신하신 아들의 신적 위격과 삼위일체의 두 번째 위격을 명시적으로 연결시키지 않았다. 이 누락은 553년에 개최된 콘스탄티노플 2차 공의회에서 바로잡혔는데, 이 회의는 서방 교회(가톨릭과 개신교)와 주류 동방 교회(정교회)가 지금 우리의 신학을 표현하는 올바른 방법으로 간주하는 내용을 승인했다.

칼케돈 공의회의 가장 중요하고 장기적인 업적은 알렉산드리아 학파와 안디옥 학파 모두 그 안에 갇혀 있던 고대 그리스 철학의 사상적 세계의 제약을 뛰어넘어, 기독교 신학을 다른 새로운 토대 위에 재구축했다는 점이었다. 칼케돈 공의회는 "위격"(person, 인격)은 그 본체의 본성(퓌시스)에 따라 할 수 있는 것과 할 수 없는 것을 결정하는 근저의 본체(우시아)의 표현으로 이해되어서는 안 된다고 선언함으로써 이 업적을 이룰 수 있었다. 대신 "위격"은 논리적으로 본체와 그 본성보다 앞서고, 따라서 이들보다 더 우월한 자체의 신학 원리로 다뤄져야 한다. 칼케돈 공의회가 하나님의 아들의 신적 위격이 사람이 되심으로써 두 번째 본성을 취해 그의 신적 **휘포스타시스**가 그의 인간적 **휘포스타시스**도 되었다고 말했을 때, 신학적 사고에서 혁명이 일어났다.[47] 이후의 논쟁들을 통해

---

46 알렉산드리아 학파 신학자들은 자기들의 이전 입장을 고수하고 지금 우리가 "단성론자" 교회로 알고 있는 집단으로 발전했다. 일부 안디옥 학파 신학자들 역시 그들이 네스토리우스에게 귀속시킨 자기들의 이전 입장을 고수했으며, 따라서 그들의 후예는 지금 "네스토리우스파"로 지칭된다. 그들은 오랫동안 다른 교회들에 의해 이단으로 여겨졌지만, 현대의 에큐메니컬 연구는 대체로, 비록 그들의 용어가 칼케돈 공의회의 관점에서 보면 불만족스러워 보이기는 해도 그들의 의도는 정통이라고 결론지었다. 따라서 그들은 현재 세계교회 협의회와 같은 단체에서 받아들여지고 있으며, 그들은 대개 "비칼케돈 동방 교회"로 알려져 있다.
47 이 결정은 451과 553년 사이에 전해져 오다, 콘스탄티노플 2차 공의회에서 최종적으로 공인되었다.

이 두 번째 본성은 아들의 신적 본성에 종속되거나 신적 본성에 지배받지 않는 영혼, 지성, 의지를 완전히 갖춘 자체의 본체(우시아)라는 점이 확립되었다. 달리 말하자면 칼케돈 공의회의 교부들은 그리스도 안에서의 두 본성의 연합(union)은 휘포스타시스적(personal, 위격적)이었다고 말함으로써 두 본성들이 한 위격/휘포스타시스에 의존하게 했고, 그 반대로 하지 않았다. 성육신하신 그리스도 안에서 신적 **휘포스타시스**가 이 두 본성들(퓌세이스) 각각을 통제해서, 성육신하신 아들의 위격에게 두 본성 어느 쪽에 의해서도 제약되지 않으면서 원하는 대로 두 본성을 채택할 자유를 부여했다.

그리스도의 위격과 본성들에 관한 칼케돈 공의회의 정의가 가져온 영속적인 효과는 기독교 신학이 신약 시대 이후 그 어느 때보다 성경의 가르침에 더 가까워지게 만들어준 것이었다. 고대 이스라엘 사람들은 야웨가 "절대자"라는 사실을 부인하지 않았지만, 그들은 그런 추상적인 용어로 말하지 않았다. 그들의 하나님은 자신이 맨 위에 놓인 사상(idea)들의 계층구조에 따라 이해되어야 하는 개념(concept)이 아니었다. 고대 이스라엘 사람들에게 야웨는 항상 우리가 "위격"(인격)으로 부를 존재였으며, 따라서 우리는 "존재"(야웨, "존재하는 자")가 그의 고유한 이름이라고까지 말할 수 있다. 그리스-로마 세계의 도처에 흩어져 살았던 유대인들은 그리스 철학의 사고방식을 흡수했으며, 그렇게 해야만 했을 때 자기들의 믿음을 그리스 철학의 관점에서 해석할 수 있었지만, 그들에게는 그것이 결코 자연스럽지 않았다. 그리스도의 성육신은 유대교의 순전히 초월적인 일신론에 도전했고, 그리스도인들로 하여금 신에 대한 그들의 교리를 인간성에 대한 그들의 이해와 연결시키게 했다. 그 결과 그들의 구주를 완전히 신이고 완전히 인간이면서도, 그의 궁극적인 정체성을 삼위일체의 교제 안에 단단히 뿌리를 내린 하나의 위격(person)으로 이해하게 되었다.

"위격"이라는 용어와 관련된 현대의 어려움

지금은 "위격"이라는 말을 사용해서 성 삼위일체의 구성원들과 성육신하신 그리스도의 통일(unity) 원리를 묘사하는 것이 기독교 신학에서 아주 확고하게 확립되어 그 말을 제거하기가 거의 불가능하다. 그렇다고 해도 "위격"이라는 말은 그 의미가 너무 많이 변해, 많은 현대 신학자들은 하나님께 그 말을 계속 사용하는 것은 오도하는 일이거나 심지어 잘못이라고 비판해왔다. 그들의 주장과 같이 여기서 어려움은 요즘에 많은 사람들이 "위격/인격(person)"을 "의식의 중심"(center of consciousness)으로 생각한다는 점이다. 칼케돈의 용어에서 "의식의 중심"은 **휘포스타시스**가 아니고 본체(우시아)나 본성(퓌시스)의 한 부분이다. 따라서 어떻게 의식의 중심이 하나님 안에는 복수가 존재하는데 성육신하신 그리스도 안에서는 하나만 존재할 수 있는지 알기 어렵다. 현대 신학자들은 예수를 (인간적 의미에서) "위격/인격(인물, 사람, person)"으로 부르기를 선호하며, 때로는 한 분이신 하나님께 대해서도 그 말을 사용한다. 따라서 그들은 삼위 하나님을 묘사할 뭔가 다른 말을 찾아야만 했으며, 종종 "존재 양식"(modes of being)이라는 말에 의존하는데, 이 말은 불행하게도 고대의 양태론을 닮았다.

이런 추론은 처음에는 그럴듯해 보이고 많은 사람들을 설득했지만, 더 깊이 심사숙고해보면 부적절함이 드러날 것이다. 예를 들어 만약 위격/인격이 "의식의 중심"으로 정의된다면 의식을 잃은 인간은 사람(person)이 아닌가? 이 질문이 이상해 보일 수도 있지만, 오랫동안 회복될 수 없는 혼수상태에 있는 존재는 더 이상 사람(person)이 아니라고 주장하는 경우가 흔한데, 이런 입장을 받아들이면 (사람이 아닌) 신체의 "생명"의 나머지 부분을 끝내는 것을 정당화하기가 더 쉬워진다. 자연적 과정에 맡기지 않고 완전히 인위적인 수단으로 육체의 생명을 무한정 연장시키는 것이 옳은지 의문을 제기할 충분한 이유가 있을 수도 있다. 그러나 그것은 그런 상태에 있는 존재는 사람이 아니라고 말하는 것과는 다르다. 이런 접근법은 인간에게 의식이 없어지게 함으로써 인격체로서의 근본적인 존엄성을 박탈할 수 있다고 암시하는데, 그것은 기괴한 일이다.

오늘날 우리가 직면하는 또 다른 문제는 "인성"(개성, 인격, personality)이라는 말이 **휘포스타시스**보다는 **퓌시스**(본성)에 훨씬 더 가까운 의미를 취하게 되었다는 점이다. "개성"이라는 말은 한때는 우리가 지금 "인격성"(personhood)이라고 부르는 것을 의미했는데, 따라서 이전의 신학 작품들에서 성부와 성자가 위격이라는 것과 똑같은 의미에서 성령도 위격이라는 의미로 성령의 "인성"(personality)에 대해 논의하는 것을 발견할 수 있다. 그러나 현대의 대중적 용법에서 "인성"은 특정 개인들을 구성하고 구별하는 특성을 가리키고, 따라서 우리는 예컨대 어떤 사람이 "인성"이 좋다고 말할 수 있다. 또한 우리는 일정한 조건 아래에서 그런 인성이 바뀔 수 있다는 점도 인정한다. 트라우마 경험이나 최면상태는 개인이 자기 자신을 표현하고 다른 사람들과 관계를 갖는 방식에 영향을 미칠 수 있으며, 그때 우리는 그 사람의 "인성"이 바뀌었다고 말한다. 여기서 우리는 고전 신학이 그 존재의 "위격"(인격)이라고 부른 것이 아니라 한 존재의 본성에 속한 무언가를 다루고 있다는 것이 명백하다. 간단히 말해 심리적 인성이 바뀐 사람도 객관적으로는 (그리고 법적으로는) 이전과 똑같은 사람(person, 인격)으로 남아 있다.

이와 다르게 주장하게 되면 인성의 변화가 사람의 사회적 책임을 잠재적으로 해로운 방식으로 재편할 충분한 토대가 되는 상황으로 손쉽게 이어질 수 있을 것이다. 예를 들어 남편이나 아내의 인성이 더 이상 결혼 당시의 인성이 아니라는 근거로 이혼을 합법화하는 것이 과연 옳은가? 한 남성이 자신이 동성애자이며 따라서 공식적으로 서약한 이성애 관계에 적합하지 않음을 발견했다는 이유로 자기 아내와 이혼하는 사례들에서 이미 이런 일이 일어나고 있다. 그러나 이런 식의 추론이 타당하다고 받아들여지면 그 끝은 어디겠는가? 인성의 변화는 쉽게 일어날 수 있는

데, 심리와 구별된 "인격"(person) 개념이 없으면 비헌신적인 관계를 선호하는 현대의 경향이 거의 확실히 규범이 되어 장기적인 사회 안정을 무너뜨리는 데 악용될 소지가 있다. 결혼하는 부부가 그들의 인성이 변할 때까지만, 또는 "자기들이 진정으로 누구인지" 발견할 때까지만 서로에게 충실하겠다고 약속할 수 있다면, 그들 사이에 영구적인 유대를 창출할 어떤 희망이 있겠는가?

　하나님은 변하실 수 없기 때문에 하나님께는 이 단어의 현대적 의미의 "인성"은 없지만, 하나님이 어쨌건 인격적(personal) 존재라는 점은 부인하기 어렵다. "위격/인격"을 "의식의 중심"으로 정의하는 사람들조차 그것이 삼위일체 및 성육신하신 그리스도에 관한 우리의 이해에 대해 일으키는 문제에도 불구하고, 대체로 하나님이 인격적 존재라는 사실을 기꺼이 받아들인다. 성부, 성자, 성령이 세 "의식의 중심들"이 아니라면, 그들은 무엇인가? 칼 바르트 등과 같이 성부, 성자, 성령을 "존재 양식"으로 말하는 것은 문제가 있다. 왜냐하면 그런 말은 우리를 초기 교회가 그토록 피하려고 애썼던 양태론으로 되돌리기 쉽기 때문이다. 그것을 받아들인다면 어떻게 하나님이 단지 그의 존재 양식들 중 하나에서 인간이 되셨다고 말할 수 있겠는가? 만약 그것이 사실이라면 예수의 "의식의 중심"은 무엇이겠는가? 예수 그리스도는 분명히 사람이었는데, 무엇이 그가 하나님도 되시게 하는가? 비록 예수 그리스도의 인간적 "의식의 중심"이 하나님의 의식의 중심과 완전히 조화를 이룬다고 해도, 예수 그리스도가 신적 존재가 되지는 않을 것이다. 결국 "위격"이라는 말이 하나님에 관해 그리고 성육신하신 아들에 관해 "의식의 중심"이나 "존재 양식"이라는 말로는 포착할 수 없는 어떤 것을 표현한다고 말할 수밖에 없다. 그러므로 다른 어떤 개념을 선호해서 "위격" 개념을 버리면 예수가 누구인지, 예수가 신격의 다른 구성원들과 어떻게 관계를 맺는지, 그리고 우리는 예수와 어떻게 관계를 맺는지에 관한 우리의 이해를 약화시킬 뿐이라고 결론지어야 한다.

"위격"(person)이라는 말에 상응하는 가장 가까운 세속적인 개념은 심리적 개념이 아니라 사법적 개념이라는 점을 기억한다면 이 말에 대한 기독교의 전통적인 의미가 유지될 수 있으며, 지금도 이 말을 사용할 수 있다. 법률과 신학 모두에서 인격은, 일반적인 인간의 방식으로 기능을 수행할 수 있건 없건 간에, 양도할 수 없는 정체성을 갖고 있는 책임 있는 행위자다. 우리는 몸이 죽으면 그 시신이 더 이상 아무 가치가 없는 것처럼 내다버리지 않고, 그 몸이 속해 있던 사람(인격)에 대한 적절한 주의와 존중으로 그 시신을 대한다. 우리는 비록 인격이 더 이상 죽은 몸에 거주하지 않는다고 믿지만 이렇게 한다. 우리가 시신을 대하는 태도는 이전에 그 몸 안에 거주했던 인격이 여전히 살아 있다는 우리의 믿음을 증언한다. 시신에 대한 우리의 태도를 통해, 우리는 우리가 여전히 그 사람(인격)과 관련되어 있고, 그 사람의 유산에 대해 책임이 있다는 사실을 보여준다.[48]

인간의 인격은 변할 수 없는 우리의 한 부분이다. 그러므로 인간의 본성 가운데 지성, 의식, 의지와 같이 변하고 쇠퇴할 수 있는 것은 무엇이든 우리의 "인격"일 수 없다. 근본적으로 인간의 인격은 우리 안에 있는 하나님의 형상과 모양이며, 이 인격이 우리가 신과 연결될 수 있게 해준다.[49] 우리는 비록 시공간 안에 거하지만, 인간적 인격으로서 우리가 그와 영원히 관계를 맺는 하나님 안의 세 인격(위격)들을 반영한다. 그 관계는 좋은 관계일 수도 있고 나쁜 관계일 수도 있다. 좋은 관계에서는 우리가 삼위일체의 위격들과 교제로 연합되며, 나쁜 관계에서는 우리가 하나님이 우리에게 하나님과의 교제를 즐기라고 의도하신 그 교제를 거부한 이유로 하나님 앞에서 정죄 받게 된다. 어느 쪽이든 우리는 하나님과 관계를 맺는데, 그 관계는 인격의 관점에서 표현될 때만 올바르게 이해

---

48   이것이 최종 유언장이 이를 작성한 사람의 사후(死後)에도 쉽게 뒤집어질 수 없는 한 가지 이유다.

49   시 82:6; 요 10:34-35.

될 수 있다.

결국 인격성에 관해 생각하는 가장 좋은 방법은 인격적인 존재란 사랑을 주고받을 능력이 있음을 의미한다고 말하는 것이다. 하나님의 세 위격들은 서로 충분히 그리고 완전히 사랑하신다. 세 위격들의 상호 사랑은 그들의 존재를 구성하고, 그들의 행동을 결정하는데, 이 사랑은 그들의 신적 본성에 내재하는 한계에 제약받지 않고 그들 각자가 다른 분들과 갖는 관계에 의해 지배된다. 삼위일체의 위격들이 그들의 신적 본성에 의해 제약되었더라면 성자의 성육신은 불가능했을 것이다. 그러나 성자가 종의 역할을 맡아 인간의 몸을 입으심으로써 성부에 대한 자신의 사랑의 깊이를 보여주었을 때 성육신이 가능해졌다. 우리 인간은 사랑하도록(먼저 하나님을 사랑하도록, 또한 서로 및 자신을 사랑하도록) 지어졌기 때문에, 우리는 인격들이다. 우리의 사랑은 완벽하지 않을 수 있고, 차가워질 수 있고, 사랑받을 가치가 없는 것들을 향해 빗나갈 수도 있다. 그러나 우리가 사랑을 오용할 때조차도 사랑은 우리 삶의 의미를 표현하며, 우리는 우리가 행하는 모든 일 속에서 사랑을 보여준다. 우리는 이 세상의 것들을 사랑하고 하나님의 사랑에 대한 감사를 보여주지 않을 수도 있지만, 그럼에도 불구하고 하나님은 우리를 여전히 인격으로서 사랑하시며, 자신과의 영원한 교제 속으로 들어가도록 선택한 사람들을 인격으로서 부르신다.[50]

하나님과 우리는 인격성을 공유하고 있기 때문에, 하나님과의 인격적 관계는 우리가 하나님과 소통할 수 있는 유일한 길이다. 하나님은 우리를 사랑하셔서 하나님의 본성과 우리의 본성이 양립할 수 없다는 이유로 우리를 하나님 자신으로부터 단절시키지 않으셨다. 대신 하나님은 우리가 자신과 교제할 수 있도록 우리가 하나님 자신과 연결될 수 있는 길을 터주셨다. 고대 이스라엘 사람들은 이를 알고 있었고, 그들은 그런 기

---

50   롬 9:22-25; 딤후 2:20.

적이 가능하다는 생각에 깜짝 놀랐다.

우리 하나님 여호와께서 그의 영광과 위엄을 우리에게 보이시매 불 가운데에서 나오는 음성을 우리가 들었고, 하나님이 사람과 말씀하시되 그 사람이 생존하는 것을 오늘 우리가 보았나이다. 이제 우리가 죽을 까닭이 무엇이니이까? 이 큰 불이 우리를 삼킬 것이요, 만일 우리가 우리 하나님 여호와의 음성을 다시 들으면 죽을 것이라. 육신을 가진 자로서 우리처럼 살아 계시는 하나님의 음성이 불 가운데에서 발함을 듣고 생존한 자가 누구니이까? 당신은 가까이 나아가서 우리 하나님 여호와께서 하시는 말씀을 다 듣고, 우리 하나님 여호와께서 당신에게 이르시는 것을 다 우리에게 전하소서. 우리가 듣고 행하겠나이다.[51]

이 구절이 상기시켜주는 것과 같이 우리와 하나님 사이의 인격적 관계는 우리가 하나님의 명령에 순종할 때만 적절하게 작동한다. 그렇게 하면 우리는 살고 하나님의 현존의 불에 소멸되어 죽지 아니할 것이다.[52] 예수는 "너희가 나를 사랑하면 나의 계명을 지키리라"[53]고 말씀하셨다. 이 말씀은 하나님이 광야에서 이스라엘 백성들에게 준 말씀을 되풀이한 것에 지나지 않았으며, 이 말씀은 하나님을 아는 우리의 지식의 핵심에는 생명을 주는 사랑의 능력이 놓여 있다는 사실을 상기시키는데, 사랑은 우리가 신적 존재에 참여하는 정도의 참된 척도다.

---

51   신 5:24-27.
52   잠 7:2; 겔 18:23; 32, 33:11; 히 12:9.
53   요 14:15.

8장
•
하나님의 존재

신적 본체와 신적 본성

삼위일체 하나님에 대한 우리의 경험에서 성자와 성령은 우리에게 각각 다른 방식으로 다가오시지만, 성부는 우리 눈에 보이지 않으신다. 하나님이 다른 방식들로 아무리 가까이 우리에게 다가온다고 해도 하나님은 우리와 근본적으로 다르시다. 하나님의 존재의 초월성에 대한 이러한 감각을 유지시키는 것은 성부의 특별한 기능이다. 우리는 일반적으로 하나님을 우리의 수준으로 끌어내리길 원하고, 심지어 하나님이 우리의 존재를 훨씬 초월해 있다면 우리를 이해하지 못할 것이라고 하나님을 비난하려는 유혹을 받기 때문에, 하나님의 초월성의 감각을 유지하는 일은 매우 중요하다. 전적으로 인간이기만 한 예수를 요구하고 항상 인간적 감정을 성령의 역사로 해석하려는 세상에 직면해서, 하나님의 길은 우리의 길과 다르며 하나님에 비해 우리는 무능하고 아주 단순한 자연 현상도 만들어낼 수 없다는 사실을 우리에게 상기시켜주시는 분은 성부이시다.[1] 성부는 신적 존재의 의인화가 아니라, 하나님이 진정으로 어떤 분

---

1   사 55:8-9; 욥 38:4-39:30.

인지를 우리에게 상기시키는 신격(Godhead)의 인격이시다. 우리의 삶 속에서 성자와 성령의 사역은 그분께로 향해 있는 신격 가운데 한 위격이시다.

하나님을 절대자로 생각해도 되는가? 그리스도인들이 항상 하나님이 절대자라고 믿어왔지만, 절대자 개념은 얼핏 보기보다 문제가 많다. 삼위일체의 세 위격의 수위(首位)를 손상시키지 않으면서 하나님을 단일한 "본체"라고 말할 수 있는가? 많은 그리스도인들은 그렇게 말해왔지만, 추상적인 "절대자" 개념이 우리에게 자신을 인격/위격 관점에서 계시하는 하나님의 참된 본성을 빼앗고 이를 애매하게 만들 위험이 항상 있어 왔다. 일부 신학자들은 신적 존재(divine being)는 신격의 **네 번째** 실재를 구성한다고 주장하고 싶은 유혹을 받기도 했다. 신적 존재가 세 위격에 추가되었을 뿐만 아니라, 궁극적으로는 신적 존재가 세 위격보다 더 중요해졌다. 왜냐하면 신적 존재는 세 위격 모두에게 공통적이었기 때문이다.

교회에서 공식적으로 채택된 적은 없었지만, 이런 사고는 17세기 후반에 만개했고 유니테리언주의(unitarianism)의 발흥에 기여하는 요소들 가운데 하나가 되었다. "절대자" 또는 자연신(deity) 숭배는 영국에서 시작되어 프랑스 혁명에서 절정에 달했다. 자연신 사상은 미국 창건자들의 많은 저술과 19세기의 진보 사상가와 20세기의 자유주의 성직자들의 수많은 작품 속에서도 볼 수 있다. 지난 2백 년 동안 절대자 숭배는 서양의 많은 민주국가에서 인기 있는 시민 종교의 대들보가 되었으며, 비록 성경이 가르치는 것에 대한 서투른 모방이기는 했지만 자주 정통 기독교에 비유되기도 했다. 성경의 하나님을 예배하는 사람이라면 그가 절대자라는 이신론자의 견해에 동의해야 할 것이기 때문에 혼란이 일어났다. 문제는 하나님을 주로 "절대자" 관점에서 생각하는 사람은 기독교의 하나님을 예배하는 것이 아니라, 비록 자연신을 인격적인 관점에서 생각한다 할지라도, 자신이 인격적으로 알지 못하는 지적인 우상을 섬기

　　　　　　　　　　　　2부 • 하나님 자신 안에서의 사랑

고 있다는 점이다.[2] 이신론자들은 성경의 하나님 묘사를 충실하게 받아들이지 않고, 성경의 하나님을 자신들의 구미에 더 잘 맞도록 성경의 견해를 수정하는 현저한 경향이 있다. 성경은 종종 하나님의 진노에 대해 말하고 있음에도 불구하고, 이신론자들은 특히 하나님 안에 진노가 있다는 사실을 부인하고자 한다.

초기 그리스도인들은 이 점에 관한 오해의 소지를 이해했으며, 하나님을 철학자들의 절대자와 너무 가깝게 동일시하는 것에 관해 거북스러워했다. 한 가지 작은(그러나 강력한) 차이가 그 문제점의 뿌리가 무엇이었는지, 그리고 초기 그리스도인들이 이에 대해 어떻게 반응했는지 보여준다. 철학자들은 그들의 절대자를 **토 온**(to on, 존재하는 것)이라고 말했지만, 그리스도인들은 이 중성 분사를 남성 분사 **호 온**(ho ōn)으로 바꾸었는데, 이말은 그리스도인들에게는 야웨("존재하는 자")와 같은 의미였다.[3] 그리스도인들은 그렇게 함으로써 절대자가 추상적인 신이 아니라 우리와 인격적으로 관계를 맺는 인격체라는 점을 분명히 했다. 이 중대한 차이가 기독교와 다른 모든 종류의 철학을 구별했으며 지금도 계속 구별한다.

성경은 야웨가 절대자(supreme being, 최고의 존재)라는 생각에 적대적이지 않지만, 고대 이스라엘에서 우선순위는 백성들에게 오직 한 분 하나님, 곧 이스라엘과 맺으신 언약을 통해 이스라엘 백성들이 인격적으로 관계를 맺게 된 하나님이 있다는 사실을 각인시키는 것이었다. 오늘날 우리에게는 한 분 하나님만 있다는 것이 명백해 보이지만, 당시에는 주변의 모든 민족들이 다신교를 믿었기 때문에 이는 독특한 주장이었다. 이스라엘 주변 민족들의 관점에서 볼 때 영적 영역 안에는 다양한 존재들이 있었고, 그 가운데 일부는 영화롭게 된 인간으로 묘사될 수 있었지만 다른 존재들은 괴물과 유사한 것들이었다. 이 민족들에게는 영적 영

---

2   유대-기독교 유산으로 말미암아 서양에서는 흔히 절대자를 인격적 존재로 보지만, 절대자
     가 인격적 존재여야만 하는 논리적 이유는 없다.
3   계 1:8.

역과 물리적 영역 사이에 명확한 구분이 없었으며, 신의 세계와 구별되는 피조물 개념도 없었다. 그들에게는 신이 인간이 되거나 최소한 인간의 형태로 보이고 우리와 똑같이 행동하는 것이 자연스러워 보였다. 신과의 성적 접촉도 가능했을 뿐만 아니라, 그것으로 다산이 보장되고 초인적인 피조물이 생길 것이기 때문에 그것을 추구했다. 이 모든 사고가 이스라엘에게는 완전히 낯설었다. 성경의 계시에 따르면 유일하신 하나님은 철저히 창조 질서 밖에 거하시기 때문에 모든 인간적 개념으로부터 초월해 있다. 하나님은 영적이든 물리적이든 어떤 피조물과 비교되거나 비유될 수 없다. 하나님과의 교접은 불가능하다. 아무리 위대한 인간이라도 결코 신이 아니며, 천사들도 하나님과 같은 영적 존재이기는 하지만 그들 역시 신이 아니라는 점은 마찬가지다.

하나님에 관한 이런 관점에 비춰볼 때, 하나님이 과연 "존재"(being)로 묘사될 수 있는지 질문할 수 있다. 존재가 객관적으로 정의될 수 있다고 해도, 하나님은 무한하시기 때문에 이 범주에 들어가지 않는다고 말할 충분한 이유가 있다. 하나님에 관한 그 어떤 정의에도 한계가 있고 또 어떤 한계라도 하나님의 참된 자아를 축소시키기 때문에, 그 결과 하나님은 인간의 두뇌 능력에 적응된 정신적 우상이 되며, 따라서 참 하나님에 대한 졸렬한 모방이 될 뿐이다. 만약 존재가 인간의 관점에서 정의할 수 있는 어떤 것이라면, 하나님은 존재가 아니고 존재가 될 수도 없다! 그런데 이에 대한 통상적인 답변은 성경이 하나님을 존재로, 확실히 말하자면(특정하고 유일한) 그 존재(the Being)로 말한다는 것이다. 하나님을 "이제도 있고 전에도 있었고 장차 올 자"[4]로 묘사하는 데서 보는 것처럼 하나님의 이름 야웨("존재하는 자")가 이것을 나타낸다. 그러나 동시에 우리는 하나님을 그가 창조하신 시공간의 제한된 관점에서 정의할 수 없고, 하나님이 거하시는 초월적 실재의 맥락에서 정의해야 한다.

---

4   계 1:8.

그러나 일부 그리스도인들은 이보다 더 나아갔다. 부정의 신학 전통에서 하나님은 무한하시므로, 초월적 실재의 관점에서도 정의할 수 없다. 하나님은 **토 메 온**(*to mē on*, ~이 아닌, that which is not)으로만 묘사될 수 있는데, 이 말은 때로는 영어에서 "존재가 아닌"(nonbeing)으로 잘못 번역되고 있지만, "존재를 뛰어넘는"(beyond being)이 더 나은 번역일 것이다. 신적 존재에 대한 정신적 구성개념을 개발하고, 그 구성개념에다 추상적으로는 괜찮게 들리는 논리적 함의를 너무 강하게 밀어붙이면, 당혹감을 야기할 수 있는 속성들을 덧붙이게 되기가 너무도 쉽다. 예를 들어 신학자들은 오랫동안 하나님의 아들이 나사렛 예수로 성육신하셨을 때 그러셨던 것처럼 어떻게 영원한 존재가 시간 속에서 존재할 수 있느냐고 물었다. 신적 본체가 시공간 속에서 존재하면 더 이상 신적 본체가 아니기 때문에, 예수의 신성을 본체로 생각하는 사람들은 여기서 문제에 봉착한다. 또한 이 신적 본체는 성부 및 성령과 공유되어야 하며, 따라서 예수가 성육신하실 때 자신의 신적 본체를 창조세계에 갖고 올 수 있었다면 성부와 성령도 성자의 성육신에 연루되었을 것이라는 어려움이 있다. 이런 식으로 복잡하게 얽혀 있는 문제들은 많은 사람을 당혹하게 했는데, 부정의 신학은 신적 존재가 어떤 존재이든 그런 식으로 이해될 수 없다고 주장하기 때문에 그들에게는 유용한 해독제다.

하나님이 하나의 "존재"라고 말하는 것은 그 존재가 무엇인지를 정의하는 것이 아니라, 하나님이 객관적으로 있다는 사실을 강조하는 것이다. 하나님은 우리의 상상의 산물이 아니며, 어떤 정밀한 방식으로도 식별할 수 없을 만큼 파악하기 힘든 관념도 아니다. 하나님은 우리와 인격적으로 소통하시지만, 하나님의 음성은 허공에 울려 퍼지는 소리가 아니라 그 배후에 실체(substance)가 있다. 하나님이 어떤 종류의 실체이신지는 또 다른 문제다. 신학자들은 신적 실체(또는 존재)가 신격의 세 위격들이 공통으로 갖고 있는 것을 표현하는 지적 추상이라고 말하는 대신, 하나님의 존재가 삼위일체의 각 위격이 각자의 방식으로 지니고 있는 자체의 객관적 실재라고 말하는 것으로 방향을 틀었다.

하나님의 존재는 인간의 관점에서는 표현될 수 없다. 이 말은 하나님의 존재는 과학적으로 탐구되거나 탐지될 수 없음을 의미한다. 만약 우리가 우연히 하나님의 존재와 접촉하면 우리는 그 조우(遭遇)를 감당할 수 없어 그 자리에서 즉사할 것이다.[5] 성경이 이 점을 나타내기 위해 사용하는 이미지는 대개 불의 이미지다.[6] 불은 실제적이며 인간의 삶에 매우 중요하지만, 불과 접촉하면 그 결과 반드시 고통을 당하게 된다. 하나님과의 관계에서도 마찬가지다. 하나님의 존재와 우리의 존재는 서로 직접 접촉하며 공존할 수는 없지만, 동시에 우리는 하나님 없이는 존재할 수 없다. 신격의 세 위격들은 이처럼 불가해한 신적 존재를 우리에게 계시하고, 그렇게 함으로써 우리가 신격의 본성과 근본적으로 양립할 수 없음에도 불구하고 하나님과 어느 정도 연결될 수 있게 해준다. 그러나 세 위격들은 신적 존재의 표현에 불과한 것이 아니고, 신적 존재에 얽매이지도 않는다. 만약 삼위일체의 위격들이 신적 존재에 얽매였더라면, 그의 신적 본성이 이 일을 방해했을 것이기 때문에 삼위일체의 두 번째 위격은 사람이 되실 수 없었을 것이다. 오직 자신의 본성을 통제하는 위격만이 그 본성과 양립할 수 없는 어떤 일을 행할 수 있다. 이 점은 우리에게 삼위일체의 위격들과 신적 존재 사이의 참된 관계가 어떠한지 알려준다.

성부, 성자, 성령은 동일한 존재를 공유하지만, 그들이 그 존재를 통제하는 것이며, 그 반대가 아니다. 이 위격들은 우리와 소통할 수 있고 또 실제로 우리와 소통하며, 우리는 우리의 마음속에 내주하는 성령의 임재를 통해 신적 존재의 특성 또는 속성에 참여하도록 허용됨으로써 세 위격의 신적 존재를 공유하는 특권을 누린다. 예컨대 우리는 마땅히 하나

---

5   출 33:20.
6   출 3:2-6; 히 12:29를 보라.

님께만 속해 있는 영생의 선물을 받을 수 있다. 그러나 우리는 오직 피조물에게 주어진 본성을 초월하고, 하나님의 능력을 통해 하나님 앞에 설 수 있는 영적 존재로 변화되어야만 영생을 받을 수 있다.[7] 이것이 가능한 이유는 삼위일체의 위격들이 그들의 본성에 얽매이지 않듯이 우리도 하나님처럼 우리의 본성에 얽매이지 않는 인격이기 때문이다.

고전적인 "존재" 개념을 넘어서려는 부정의 신학의 욕구는 동방 교회에서 특히 매력 있게 받아들여졌지만 또한 서방 교회에서도 논의되어 왔는데, 특히 요즘에는 현대 물리학 이론이 고전적인 "실체"(substance) 관념을 옹호할 수 없게 해서 관심을 받고 있다. 우리는 정말로 하나님을 이런 식으로 말할 필요가 있는가? 한편으로 이에 대한 답변은 "아니다"여야 한다. "실체"를 아리스토텔레스의 물리학이 생각한 것처럼 생각할 경우, 부정의 신학이 늘 주장해왔듯이 그 용어는 확실히 포기되어야 한다. 하나님의 안, 아래, 또는 뒤에 우리가 하나님의 "실체"라고 정의할 수 있고 삼위일체의 위격들을 언급하지 않고서도 검토할 수 있는 어떤 추상적인 것은 전혀 없다. 하나님의 자기계시가 없으면 우리는 하나님의 신적 본성에 다가갈 수 없으며, 그 계시는 인격적(위격적)이다. 우리는 하나님은 다른 면에서는 우리와 완전히 다르며 그분이 그와 달리 생각하는 사람들을 책망하셨음을 알지만, 그 이상 넘어갈 수는 없다.[8] 이렇게 말은 했지만 또한 우리는 삼위일체의 세 위격들이 공통의 속성들을 공유한다는 점도 인정해야 하는데, 이를 묘사하는 말이 비록 식별될 수 있는 어떤 것에도 상응하지 않을지라도 그것을 갖고 있는 것이 도움이 된다.

과거에 신학자들이 하나님의 "실체"(하나님은 어떤 존재인가, what he is)라고 말했다면, 그 말은 실제로는 이런 공통적 속성들로 우리에게 계시된 하나님의 "본성"(nature, 하나님은 어떤 모습인가)을 의미했다. 따라서 예

---

7   고전 15:50-54.
8   예컨대 시 50:7-15; 사 66:1을 보라.

를 들어 하나님이 선하고, 비가시적이고, 전능하시다고 말하는 것은 그분이 완전히 선하고, 볼 수 없고, 전능하시다는 것을 의미한다. 삼위일체의 세 위격들 모두 이 속성들을 공유하는데, 각 속성은 절대적이며 따라서 논리적으로 하나님의 "존재"와 거의 동일하다. 달리 말하자면 하나님이 지극히 높으신 하나님인 것은 하나님의 선함은 절대적이고 단순히 다른 어떤 것과의 관계 속에서 정의되는 것이 아니기 때문이며, 또한 하나님 안에는 그 선함을 공유하지 않는 것이 아무것도 없기 때문이다. 우리는 하나님은 자신이 원하실 때만 선하고, 때때로 추악한 측면도 보이신다고 말할 수 없다. 심지어 하나님이 우리에게서 등을 돌리는 것처럼 보이실 때도 하나님은 여전히 절대로 선하시며, 우리의 불순종에 대한 하나님의 처벌은 이 점을 반영한다.[9] 이와 유사하게 하나님은 볼 수 없는 궁극적인 존재, 유일한 전능자 등이시다. 종합하면 하나님의 본성의 이 속성들이 합쳐져 하나님의 "실체"를 이루는데, 그것이 바로 우리가 "실체"(substance)라는 말을 사용할 때의 의미다.

하나님의 "실체"(substance)와 하나님의 "본성"(nature)이 일치한다면, 문제가 있는 "실체"라는 말은 버리고 하나님의 "본성"이라는 말만 사용할 수는 없을까? 하나님에 관한 한 그렇게 해도 큰 어려움이 없지만 하나님의 피조물에게 이 개념들은 일치하지 않으며, 하나님과 피조물을 비교할 때 실체와 본성의 구별을 유지하는 것이 종종 유용할 경우가 있다. 인간의 본성(human nature)과 인간(human being)은 같은 개념이 아니라는 사실을 고려하기만 해도 이 점을 이해할 수 있다. 인간이라는 개념은 한 남성 또는 여성이 어떤 존재인가를 뜻하는 반면, 인간의 본성은 사람들이 일반적으로 어떤 존재인가를 의미한다. 이 둘이 일치하지 않는다는 사실은, 비록 그런 행위가 논란을 불러일으키고 이상(異常) 행위로 취급될 수 있기는 해도, 인간은 본성을 거슬러 자신에게 부자연스러운(비본성적인)

---

9   렘 10:24를 보라.

일을 할 수 있다는 사실로 확인할 수 있다. 여기서 중요한 점은 인간의 본성과 존재가 구별될 수 있기 때문에 인간은 이런 식으로 행동할 수 있지만, 하나님의 본성과 존재는 사실상 하나이고 똑같기 때문에 하나님은 이런 식으로 행동하실 수 없다는 것이다.

하나님은 자신에게 부자연스러운(비본성적인) 일은 결코 할 수 없으시다. 만약 하나님이 우리가 기대하지 않거나 좋아하지 않는 어떤 일을 하신다 해도, 우리는 하나님께 뭔가가 잘못되었다고 말하는 식으로 그것을 설명할 수 없다. 하나님은 결코 자신의 성품에서 벗어난 행동을 하지 않으시며, 인간이 그러듯이 "제 정신이 들면" 후회할 수도 있는 일을 절대로 하지 않으신다. 우리가 하나님의 사랑의 성격을 고찰할 때 이 점이 특히 중요하다. 하나님이 사랑이시라면 하나님은 누구에게도 화를 내거나 아무도 처벌할 수 없다고 생각하는 사람들이 항상 있다. 왜냐하면 그들의 생각으로는 화내거나 처벌하는 것은 사랑과 양립할 수 없기 때문이다. 하나님이 사람들을 처벌한다는 성경의 증거는 하나님께 합당하지 않은 원시인들의 사상의 표현으로 무시되며, "하나님의 진노(wrath of God)"와 같은 개념을 지지하는 사람들은 하나님이 참으로 어떤 존재인지 전혀 이해하지 못하는 유치한 근본주의자라고 조롱받는다.[10] 그러나 아무리 이해하거나 받아들이기 어렵더라도, 하나님은 자신이 하시는 모든 일을 신적 사랑 안에서 그리고 신적 선함 안에서 행하신다. 하나님의 진노와 처벌도 그 맥락 안에서 이해되어야 한다.

하나님의 분노는 하나님의 성품에서 나오는 것이 아니라 특수한 상황과 관련하여 나타나는 신적 본성의 표현이다. 자신의 피조물인 우리를 사랑하시는 하나님은 또한 자신에게 반역한 죄인인 우리를 미워하시는데, 그것은 하나님이 자신을 반역한 상태에 있는 우리를 용납하실 수 없

---

10   흥미삼아 확인해보면 "하나님의 진노"라는 표현이 구약성경에서는 딱 한 번 나오지만(시
      78:31), 신약성경에서는 아홉 번 나오는데 그중 다섯 번은 요한계시록에 나온다(계 14:10,
      19; 15:1, 7; 16:1, 나머지는 요 3:36; 롬 1:18; 엡 5:6; 골 3:6에 나온다.

기 때문이다. 역설적이게도 하나님은 우리를 사랑하시기 때문에 우리를 미워하신다. 하나님은 어쨌든 우리를 사랑하지 않았다면, 우리에게 관심을 보이지 않고 우리에게 아무 일도 하지 않으셨거나, 더 생각할 것도 없이 우리를 멸망시키실 수도 있었을 것이다(그렇게 하셨을 가능성이 더 높다). 하나님은 우리를 사랑하셔서 우리를 구속했지만, 동시에 이 동일한 사랑이 하나님을 반역한 상태에 있는 우리를 미워하도록 이끌었기 때문에 하나님은 우리를 구속하셨다. 하나님 안에서는 이 정반대의 두 요소가 하나로 조화된다. 이것을 이해하기 어려운 사람들은 자녀가 사고를 치거나 골치 아픈 일을 저질렀을 때 부모가 그 자녀를 어떻게 다루는지 생각해 보기만 하면 된다. 다른 사람의 자녀가 그런 일을 하면 기꺼이 참아주고 때로는 이를 즐거워하면서도, 자기 자녀가 그런 일을 하면 화가 나는 경우가 있다. 이것은 이중 기준이 아니라, 우리가 사랑하고 특별히 책임지고 있는 사람을 대할 때 그렇지 않을 경우에 비해 덜 너그럽다는 점을 상기시켜주는 사례다. 마찬가지로 하나님도, 징계 받는 사람이 징계 받을 당시에는 아무리 이를 받아들이기 어렵다 해도, 자신이 사랑하는 사람들을 징계하신다. 우리가 그런 징계를 받는 사람들이라면, 우리는 우리를 이처럼 세심하게 보살피시는 것에 대해 하나님께 감사하고 고마워해야 한다.[11]

요약하자면 하나님의 속성들은 삼위일체의 세 위격들 모두에게 적용되는 특질이며, 그들의 신성에 내재하는 것으로 간주될 수 있다. 하나님의 속성들은 여러 범주로 나누어질 수 있지만, 그것들을 두드러지게 하는 요소는 그것들이 하나님의 피조물 속에서 발견되는 특성들과는 딴판이며, 때로는 피조물의 특성들과 정반대라는 사실이다. 그런 사례가 매우 많다. 하나님의 속성들은 종종 볼 수 없고 불멸하고 무한하다는 식으로 부정을 통해서만 묘사될 수 있을 뿐이다. 심지어 하나님이 인간 또는

---

11   잠 3:11-12; 히 12:5-6.

다른 피조물들에 적용될 수 있는 말로 묘사될 때도 그 적용의 규모가 하도 달라서, 우리는 그 말들이 같은 의미로 사용되지 않는다고 말해야만 한다. 예를 들어 우리는 하나님은 선하시며 하나님의 피조물도 선하다고 말하지만, 하나님의 선함은 도덕적 완벽함을 포함하는 반면에 피조물의 선함은 포함하지 않는다. 이와 유사하게 우리는 하나님이 합리적이고 인간도 합리적이라고 믿지만, 하나님의 합리성은 우리에게 이해되지 않을 정도로 인간의 합리성보다 훨씬 뛰어나다. 주님이 예언자 이사야를 통해 다음과 같이 선언한 것처럼 말이다.

> 이는 내 생각이 너희의 생각과 다르며
> 내 길은 너희의 길과 다름이니라. 여호와의 말씀이니라.
> 이는 하늘이 땅보다 높음 같이
> 내 길은 너희의 길보다 높으며
> 내 생각은 너희의 생각보다 높음이니라.[12]

이 속성들의 의미는 우리가 묘사하고 있는 존재나 실체의 본성에 따라 결정되는데, (피조물인 우리의 유한성과 반대되는) 하나님의 무한성으로 인해 하나님의 경우에는 속성들의 의미가 우리의 경우와 완전히 달라진다.

하나님은 전능하시다

하나님의 가장 근본적인 속성은 무엇인가? 어떻게 접근하느냐에 따라 대답이 달라지기 때문에, 이 질문은 답변하기 어렵다. 도덕적인 관점에서 생각한다면 아마 하나님의 의로우심, 하나님의 선하심, 또는 하나님

---

12   사 55:8-9.

의 사랑이 맨 먼저 떠오르는 말들일 것이다. 하나님의 위대하심에 관해 생각한다면 하나님의 무한성, 하나님의 불변성, 하나님의 고통당하지 않으심이 이 영예를 받기에 가장 합당하다고 여길 수 있을 것이다. 그러나 이 짧은 목록이 보여주는 것과 같이 하나님의 각 속성들은 다른 속성들을 함축하며, 따라서 사실상 무엇이 더 중요한지 순위를 정할 수 없다. 그 가운데 어느 하나라도 제거하면 하나님은 더 이상 하나님이 아니게 될 것이다. 다른 한편 성경의 증언에서 볼 때 최소한 우리나 기타 피조물에 관한 한, 한 가지 신적 속성이 다른 속성들보다 우월함은 분명하다. 이 속성은 하나님의 전능성이다. 전능성은 하나님이 지으신 만물에 대한 절대 주권 행사의 기초를 이루며, 우리가 다른 속성들의 참된 의미를 경험하고 이해하게 하는 맥락을 제공한다.

논리적으로 말하자면 "주권"은 피조물과 분리되어서는 의미가 없기 때문에 신적 속성이라고 말하기는 어렵다. 주권은 하나님 자신에게보다는 우리에게 더 의미가 있는 관계상의 용어다. 이 점은 하나님이 우리에게 자신을 계시하기 위해 사용하는 이름들에서 아주 분명히 알 수 있다. 이 이름들 중 가장 흔한 이름은 "주"이지만, 이 이름은 유대인들이 너무 신성해서 발음할 수 없다고 여긴 이름인 히브리어 "야웨"를 대신하는 말로서 매우 흔하게 사용되기 때문에 조심해야 한다.[13] 유대인들은 성경을 큰 소리로 읽을 때 "야웨"라는 이름을 말하지 않고 이 말 대신 많은 다른 이름들을 사용했는데, 그중 가장 흔한 이름이 "아도나이"("나의 주")였던 것으로 보인다. 그들은 "아도나이"(Adonai)의 모음과 "야웨"의 자음 YHWH를 결합해서 우리에게 여호와[예호바](Jehovah)라는 이름으로 전해져 내려온 혼성된 이름인 "야호와"(Yahowah)라는 말을 만들어낼 수 있었다.[14] 근래 이 이름이 여호와의증인과 관련을 맺게 되어 그리스도인들

---

13 히브리어는 일반적으로 모음을 표기하지 않아서, 이 단어는 구약성경에서 YHWH로 나타난다. 모음은 학자들의 추측을 통해 제공되었다.

14 이 형태는 영어 킹제임스역 성경(1611년)에서 일곱 번 나오는데, 그 이름 자체는 네 번 나

은 이전보다 이 이름을 덜 사용한다. 그렇지만 이 이름은 여전히 매우 친숙하고, "주"라는 관계상의 용어가 고대로부터 하나님의 존재 자체와 매우 긴밀히 연계되어 있었다는 사실을 우리에게 상기시켜준다.

주 되심(Lordship)은 다스릴 대상이 있을 때만 의미가 있는데, 그런 의미에서 주라는 이름은 하나님 자신에게는 외부적이다. 하나님과의 관계에서 우리의 종속적인 지위로 인해 하나님을 주라고 부르는 자는 우리다. "주"라는 명칭이 중요한 이유는 이 명칭이 우리의 삶을 통제하는 분이 누구신지를 항상 상기시켜주기 때문이며, 또한 이 점이 삼위일체의 세 위격들 모두에 똑같이 적용될 수 있기 때문이다. 예수가 규칙적으로 주라고 불린다는 사실은 그 역시 하나님이라는 표지다. 왜냐하면 예수의 주 되심은 그 역시 성부와 같이 우리를 다스리신다는 점을 의미하기 때문이다.[15] 또한 "주"라는 명칭은, 비록 우리가 하나님을 우리 아버지로 부르도록 배웠다고는 해도, 하나님이 우리의 통치자이시기도 하다는 점을 결코 잊지 않아야 한다는 사실을 상기시킨다. 우리는 하나님이 우리를 자신의 자녀로 삼아주신 친밀함을 토대로 하나님께 가까이 나아갈 권리를 갖고 있다고 추정할 권리가 없다. 하나님이 우리를 자신의 양자가 되도록 허락하신 것은 우리에 대한 하나님의 사랑이 매우 크다는 것을 나타내지만, 그 선택은 우리가 내린 것이 아니라 하나님이 내리신 것이다.

하나님이 자주 전능자로 불리신다는 사실은 하나님의 주권의 표지와 관련해서 훨씬 더 중요하다.[16] 이 호칭은 확실히 하나님의 전능성을 증

온다(출 6:3; 시 83:18; 사 12:2, 26:4). 다른 경우에는 여호와 이레(창 22:14), 여호와 닛시(출 17:15), 여호와 샬롬(삿 6:24)과 같이 지명의 일부로 나온다. 흥미롭게도 ESV와 같은 현대 영어 번역본들은 이 모든 경우에 "주"(Lord)라는 말을 사용하는 경향이 있다(YHWH를 가리키기 위해 대문자를 사용해 LORD로 표기한다).

15 고전 15:27-28. 성령도 빈도는 덜하지만 주라고 불린다. 고후 3:17을 보라.

16 다른 많은 사례 중 다음 텍스트들을 보라. 창 17:1; 출 6:3; 욥 5:17; 시 91:1; 겔 1:24; 고후 6:18; 계 4:8. 욥기는 그 말을 무려 31회나 사용한다.

언하지만, 그것이 성경에서 단순히 하나님의 속성 가운데 하나가 아니라 하나님의 고유한 이름으로 계시되는 이유를 이해하기 위해 그 기원과 적용을 연구할 필요가 있다. "전능자"라는 이름은 히브리어 단어 **엘-샤다이**(*El-Shaddai*)와 그리스어 단어 **판토크라토르**(*Pantokratōr*)를 번역한 말인데, 이 단어들은 한 쪽이 다른 쪽에 의존하기는 하지만, 모두 하나님의 내재적 능력보다는 주 되심을 일컫는다. 이는 하나님이 단지 자신이 원하는 것은 무엇이든 할 수 있고, 이에 대해 우주 안의 다른 어떤 능력에 의해서도 방해받을 수 없다는 것만이 아니라, 모든 것을 통제하며 자신의 세계를 직접 다스리신다는 뜻이다. 이 점이 매우 중요하다. 왜냐하면 이런 해석은 하나님이 어떤 일들에서 물러나거나, 피조물의 일부를 장악하고 그것을 이용해 하나님의 도움의 능력을 뛰어넘어 우리를 공격하는 적대적인 세력에게 일부 피조물을 넘겨줄 수 있다는 개념을 전부 배제하기 때문이다.

고대 세계에서 "주"로 숭배 받은 존재들이 많았던 것처럼, "신"이라는 말이 적용되는 영적 존재들도 많이 있었다. 이스라엘의 하나님이 많은 신들 가운데 하나의 신에 불과했다면, 비록 하나님이 이스라엘 주변의 신들과 주들보다 더 힘이 있었다고 해도, 하나님을 우주의 최고 통치자로 간주할 아무런 이유가 없었을 것이다. 성경의 하나님이 소위 신들로 불리는 다른 존재들과 비교될 수 없음을 명확히 드러내고, 하나님의 능력이 한 민족이나 지역에 제한된다고 생각되지 않게끔 담보해주는 요소는 "전능자"라는 명칭이었다. 이스라엘 백성들이 포로로 잡혀갔을 때, 하나님은 그들에게 자신이 이스라엘의 통치자인 것과 마찬가지로 바빌로니아와 페르시아의 주(主)라고 계시하셨고, 적절한 때 그들을 고국으로 돌려보낼 충분한 능력을 갖고 계시다고 말했다.[17] 그리스도의 오심을 통해 하나님은 자기 백성에게 자신이 모세 언약의 의식(儀式) 및 관습들

---

17   예컨대 사 43:1-3을 보라.

에 제한받지 않으시며, 자신의 구원 약속이 유대인에게만 한정되지도 않음을 보여주셨다. 전능자의 능력은 그들이 누구든, 그리고 그들이 하나님의 길에서 얼마나 멀리 벗어나 있든 관계없이 모든 남자들과 여자들을 구원하기에 충분히 강했고, 지금도 여전히 강하다.

하나님이 전능하시다는 말은 무슨 의미인가? 하나님이 자살하거나 자신의 본성에 반하는 일을 행할 수 있는지와 같은 천박한 논쟁은 무시해야 한다. 하나님이 우리가 자살이라고 생각할 만한 일을 행하실 수 있다고 할지라도, 하나님께는 "죽음"이 또 다른 형태의 삶에 불과하므로 그것은 단지 하나님이 하나의 삶을 다른 삶으로 바꾸신 것을 의미할 것이다. 그래서 그런 논의는 무의미하다. 하나님이 그 자체로 누구신지 그리고 어떤 분이신지는 우리의 이해를 넘어서며, 이런 식의 질문은 하나님의 속성들은 하나님이 그 자체로 누구신지 그리고 어떤 분이신지에 대한 설명이 아니라는 점을 이해하지 못한다. 그보다 하나님의 속성들은 하나님이 자신의 피조물인 우리와 관련해서 누구신지 그리고 어떤 분이신지 설명한다. 우리는, 하나님이 우리를 창조하셨고 우리가 그 아래에서 살고 있는 환경을 조성해서 유지하고 계시며 어떤 외부 세력에 의해 제약되거나 방해받지 않고 그 환경을 제거하거나 파괴할 수 있기 때문에 하나님을 전능하신 분으로 이해한다. 우리는 하나님이 우리와 관련해서 의도하는 것을 좋아하지 않는다고 해도 우리가 달리 향할 수 있는 곳이 없고, 하나님의 판단을 뒤엎을 상급 법원도 없다. 하나님이 마음을 바꾸실 수도 있다는 희망을 갖고 하나님께 간청할 수는 있겠지만, 그것은 별개의 문제다. 하나님은 바로 그 자신이 우리의 요청에 응답할 능력이 있기에 우리의 요청사항을 자신에게 가져오라고 말하셨는데, 하나님이 전능자가 아니라면 부담 없이 그렇게 말씀하지 않으셨을 것이다. 그러나 동시에 하나님이 우리의 기도에 대해 어떻게 결정하시든 간에, 하나님의 결정은 최종적이다. 심지어 사도 바울도 자신의 삶에 대한 하나님의 뜻이 자신이 선호했던 것과 다르다는 점을 받아들여야 했고, 예수도 마찬가지로 자신의 인간적인 뜻을 아버지와 공유했던 신적인 의지에 복종시키셨다.[18] 우리 중 아무도 그들보다 위대하지 않다. 우리는 모든 일에 있어서와 같이 이 일에 있어서도 그들의 본을 따라 그들이 "하나님을 사랑하는 자 곧 그의 뜻대로 부름을 입은 자들에게는 모든 것이 합력하여 선을 이루느니라"[19]라고 믿었던 것처럼 그렇게 믿어야 한다.

그러나 하나님을 사랑하지 않는 사람은 어떻게 되는가? 하나님은 그들에게 어떤 능력을 행사하시는가? 하나님이 자신이 만드신 어떤 것이라도 파괴할 수 있다는 것이 사실이라면, 하나님은 왜 자신에게 반역한 사람들과 천사들이 계속 존재하도록 허용하시는가? 특히 하나님은 왜 그들이 살아남기만 할 뿐 아니라 종종 하나님을 경멸하고 그분의 뜻을 무시하면서 번성하며 세상을 지배하도록 허용하는가? 시편 저자의 말은 그 당시와 이후의 많은 사람들의 생각과 맥을 같이한다.

나는 거의 넘어질 뻔하였고
나의 걸음이 미끄러질 뻔하였으니
이는 내가 악인의 형통함을 보고
오만한 자를 질투하였음이로다.…
이들은 악인들이라도
항상 평안하고 재물은 더욱 불어나도다.
내가 내 마음을 깨끗하게 하며
내 손을 씻어 무죄하다 한 것이 실로 헛되도다[20]

전능하신 사랑의 하나님이 원하신다면 언제든 악을 일소해버릴 수 있음에도 불구하고, 어떻게 세상에 악이 계속 존재하도록 허용하실 수 있

---

18   마 26:42; 고후 12:8-9; 빌 1:23-24.
19   롬 8:28.
20   시 73:2-3, 12-13.

2부 • 하나님 자신 안에서의 사랑

느지 이해하기란 확실히 어려운 일이다. 이 어려움은 처음부터 기독교 신학자들을 괴롭혀왔다. 그러나 하나님의 절대 주권이 부정될 때 파생될 문제들을 감당하느니 차라리 이 문제를 안고 살아가는 것이 더 쉽다. 하나님에 의해 통제되는 세상은, 비록 그 안에 우리를 공격하고 우리를 노예로 삼으려 하는 세력들이 있기는 해도, 하나님이 항상 우리를 구원하기 위해 행동하실 수 있는 세상이다. 하나님이 이 세력들을 궁극적으로 통제하지 않으신다면, 우리는 하나님이 우리를 도와주실 수 있다는 확신을 가질 수 없고 쉽게 절망의 나락에 빠질 것이다. 결국 왜 하나님이 악이 존재하도록 허용하는가라는 문제를 안고 사는 것이, 왜 악한 세력들이 하나님의 뜻을 좌절시킬 수 있어야 하는가라는 문제를 안고 사는 것보다 더 쉽다.

사탄과 그의 귀신들이 계속 존재하고 있다는 사실은 하나님이 계속 악을 허용하신다는 명백한 사례다. 그들은 하나님께 반역했고, 하나님이 화해의 여지를 남기지 않고 그들을 자신의 면전에서 쫓아 내셨음에도 불구하고 그들은 제거되지 않았다. 왜 하나님은 그들을 제거하지 않으셨는가? 왜 하나님께서는 그들을 원하지 않으신다는 것이 명백해 보임에도 불구하고, 그들이 존재하고 이 세상에서 그들의 힘이 계속 행사되도록 허용하시는가?[21] 하나님은 그들을 멸망시키지 못하도록 모종의 방식으로 방해받기 때문에 그들을 멸망시키지 못하신다고 말해야 하는가? 절대로 그렇지 않다! 하나님이 전능하시다고 주장한다면, 우리는 이 악한 세력들이 계속 존재하고 활동하는 이유가 무엇이든 하나님이 그들을 없애기로 작정하시더라도 그럴 수 없기 때문은 아니라는 결론을 내려야 한다. 실제로 성경은 우리에게 사탄은 하나님의 주권에 종속되며, 하나님이 허용하시는 한계 안에서 활동할 수 있을 뿐이라는 사실을 상

---

21   합 1:13.

기시켜준다.[22] 마귀와 그의 (악한) 천사들은 분명히 하나님의 능력에 아무런 제한을 가할 수 없다. 그러나 이 사실을 아는 것은 좋은 일이고 우리자신의 구원이 축소되거나 빼앗길 수 없다[23]는 큰 확신이 되기는 하지만,그렇다고 그것이 하나님이 왜 그들의 존재에 대해 그렇게 관용을 베푸시는지를 설명해주지는 않는다.

이에 대한 궁극적 이유는 우리에게 계시되지 않은 신비다. 우리는 창세기의 처음 몇 장을 통해 하나님이 세상을 창조하실 당시에 이미 악한영적 세력이 활동하고 있었고, 따라서 인간이 그들과 싸울 필요가 없었던 적은 결코 없었음을 안다.[24] 우리는 하나님이 자신이 지으신 것은 아무것도 미워하지 않으시고, 피조물들이 아무리 하나님 자신을 반역하더라도 어떤 피조물도 멸망시키기를 기꺼워하지 않으시기 때문에, 이런 악한 세력이 그들의 활동을 계속하도록 허용된다고 제안할 수 있다. 우리는 그렇지 않으면 의인이 이에 비추어 자신을 시험할 준거가 없을 터이기에, 의인의 믿음을 시험하기 위해 악한 세력이 존재한다고 주장하고싶을 수도 있을 것이다. 그러나 어떤 결론에 도달하든 모두 다 추측일 뿐이다. 우리는 하나님이 선하시며 악을 미워하시고 언젠가는 그 악을 끝내실 것이지만, 당분간은 악이 계속 존재하면서 세상에서 영향력을 행사할 것이라고 확실히 말할 수 있을 뿐이다. 우리는 하나님의 전신갑주를입고 악에 맞서 굳게 서라는 명령을 받고 있지만, 우리의 저항이 악의 근절로 이어지리라는 약속은 받지 않았는데, 이 일은 종말 때의 최후의 심판을 기다려야 한다.[25]

하나님의 전능성에 의해 제기되는 또 하나의 질문은 피조물의 자유와관련이 있다. 하나님의 전능하신 능력은, 내가 스스로 결정하고 있다고

---

22   욥 1:12.
23   롬 8:38-39.
24   창 3:1-7.
25   엡 6:13; 계 20:7-10.

생각하는데도 그럴 수 없다는 것을 의미하는가? 나는 선과 악 사이에서 선택할 자유가 있는가, 아니면 하나님이 이미 나 대신 그 선택을 해 두셨는가? 나는 하나님의 뜻에 저항할 수 있는가, 아니면 내가 하나님을 거역하고 있을 때조차도 불가피하게 하나님의 뜻을 행하는가? 여기서 근저의 질문은 책임의 문제다. 만약 인간에게 스스로 행사할 수 있는 능력이 없다면, 인간이 어떻게 자신의 선택에 책임을 질 수 있는가? 이것은 행동들이 선한 경우에는 그리 큰 문제가 아닐 수도 있다. 하지만 왜 우리는 피할 수 없는 일들을 했다는 이유로 지옥에 가야 하는가? 만약 하나님이 우리가 죄에 빠지기를 원하지 않았다면, 왜 하나님은 직접 개입하셔서 아담과 하와가 유혹에 굴복하지 않도록 방지하지 않으셨는가? 확실히 우리는 전능하신 하나님은 아무 문제없이 그렇게 하실 수 있고, 죄와 악이 세상에 가져온 온갖 불행으로부터 자신의 피조물을 구하실 수 있을 것이라고 생각한다. 그러셨더라면 우리의 모든 골칫거리를 없애주셨을 것은 물론이고, 하나님의 아들이 우리의 죄를 위해 자신을 희생할 필요도 없었을 것이다. 하나님이 그렇게 할 능력이 있었다면, 왜 하나님은 그렇게 하지 않으셨는가?

이런 질문들 및 이와 같은 다른 질문들은 기독교 신학의 역사에서 계속 재등장했으며, 이 질문들에 대하여 충분히 포괄적이고 설득력 있는 답변들은 지금까지 발견되지 않았다는 점이 인정되어야 한다. (만약 그런 답변들이 발견되었더라면 아마도 그 질문들은 해결되었을 것이고, 우리는 더 이상 그 질문들에 답하고 있지 않을 것이다.) 그럼에도 불구하고 성경에는 우리의 생각을 집중시키고 최소한 우리에게 유용한 설명의 범위를 좁힐 수 있게 해 주는 특정 원리들이 계시되어 있다. 첫째, 비록 우리는 하나님이 왜 우리에 대해 계시하신 자신의 뜻에 반하는 것처럼 보이는 일들이 존재하도록 허용하시는지 이해하지 못할지라도, 하나님이 일어나는 모든 일을 통제하신다고 말할 수 있다. 둘째, 우리는 이생에서 우리의 피조물로서의 본성의 한계에 의해 제약을 받고 있으며, 이를 거스르면 그 결과로 고통을 당할 수밖에 없다. 이 세상에는 우리가 아예 할 수 없는 일들이 있다. 예를 들어 우리는 갑자기 다른 세기에 살겠다고, 다른 부모를 갖겠다고, 또는 새로운 몸을 입겠다고 결정할 수 없다. 현대 의학은 우리가 성(性)을 바꿀 수 있게 했지만, 그것은 피상적일 뿐이고 남자가 진정으로 여자가 되거나 반대로 여자가 남자가 될 수는 없다. 성전환 수술을 받은 사람들은 종종 자기들이 취하기로 선택한 성을 가진 다른 사람들에게 완전히 받아들여지지 않는 중간 지대에 있음을 발견한다. 우리는 아무리 원해도 더 커지거나 젊어질 수 없고, 우리의 인종적 기원이나 민족적 기원을 바꿀 수도 없다. 어느 정도는 다른 언어와 문화를 받아들일 수 있지만, 아주 젊은 나이에(아마도 그 선택이 우리 자신의 자의가 아닐 때) 그렇게 하지 않으면 완전히 성공할 가능성이 낮으며, 우리가 귀화한 국가가 우리를 받아들이는 정도는 그 국가의 사회구조가 얼마나 개방적이고 수용적인지에 의존할 것이다. 이 모든 면에서 우리는 수족관 속에 들어 있는 물고기와 똑같다. 우리는 주변을 헤엄칠 자유가 있지만, 우리의 창조주가 우리에게 정해 놓으신 경계 안에서만 그렇게 할 수 있다.

도덕적 선택에 관하여 우리는 우리가 생각하는 것보다 그런 선택을 할 자유가 없다. 아담과 하와에게는 도덕 인식이 없었고, 그래서 그들은 그런 선택을 할 수 없었다. 그들은 하나님께 불순종하면 하나님처럼 될 것이라는 약속에 유혹되어 하나님께 불순종했다. 그 일이 일어나기까지 그들은 선악이 무엇인지 몰랐고, 따라서 그들은 우리가 그 용어를 이해하는 식으로 도덕적 선택을 할 수 없었다. 물론 그것이 아담과 하와의 불순종의 구실은 아니지만, 그럼에도 그것은 그들이 지닌 자유의 적절한 맥락을 알게 해준다. 처음에 하나님은 아담과 하와에게서 선악을 아는 지식을 보류함으로써 그들이 도덕적 결정을 내릴 필요가 없도록 보호했다. 그러나 그 지식은 에덴동산에 있었고, 그들이 그 지식을 얻기로 선택하면 그들은 그 지식을 가질 수 있었다. 그들은 그 지식을 얻으면 자기들이 자유롭게 되리라고 생각하고 그렇게 했지만, 오히려 그들은 자기

이 갖고 있었던 모든 자유를 잃었다는 것을 발견했고, 이후로 다시는 자유를 얻지 못하게 되었다.

이것이 우리가 처해 있는 상태다. 우리는 죄인이 되기로 선택하지 않았지만, 이를 좋아하던 좋아하지 않던 간에 그렇게 태어난다. 그 결과 우리는 때로는 그것이 선이라고 생각할 때조차 악을 선택한다. 우리는 하나님의 뜻에 순종하고 있다고 확신할 때조차도 하나님의 뜻에 저항한다. 우리는 그리스도 안에서 참된 자유를 얻을 때 이 점을 비로소 알게 되는데, 그때 우리의 해방된 마음은 우리가 아담에게서 물려받은 죄와 사망의 법과 싸우게 되며[26], 그 결과 영적 전투가 모든 그리스도인의 일상적 경험이 된다. 책임을 인정하는 것이 진정한 구원으로 가는 길의 첫걸음이기 때문에, 내 자유는 내가—비록 내가 이에 대해 아무것도 할 수 없을지라도—이 상황에 대한 책임을 인정해야 함을 의미한다. 하나님이 먼저 내게 죄에 대해 납득시키지 않고서도 개입하셔서 나를 구원할 수 있다 할지라도, 그 결과는 반드시 내가 원하는 것이 아닐 수도 있다. 그럴 경우 그 구원은 되돌릴 수 없음을 보증하지도 못할 것이다. 인간적 비유를 들어보자면, 알코올 중독자를 감금하고 그가 갈망하는 것에 접근하지 못하게 함으로써 그를 보호하는 것이 충분히 가능하다. 그런 상황에서는 그가 술을 끊고 유익한 삶을 살 수 있겠지만, 그것은 그의 개인적 자유를 희생하는 대가일 것이다. 그가 감금 상태에서 풀려나면 어떻게 할지는 아무도 모른다. 어쩌면 그는 과거의 삶의 방식의 잘못을 깨닫고 독한 술을 영원히 끊을 수도 있을 것이다. 그러나 그가 다시 술에 손을 댈 수 있게 되자마자 술로 되돌아갈 가능성도 있다.

이것은 하나님이 우리를 위해 마련하시는 종류의 천국이 아니다. 우리가 참으로 자유롭게 되려면 우리는 우리의 죄악으로부터 해방되어야 한다. 그것은 오직 우리가 그에 대한 책임을 받아들이고 스스로 변할 능

---

26   롬 7:21-25.

력이 없음을 인정하며, 우리의 삶 속에 하나님의 구원의 능력이 역사하도록 하나님께 의지할 때만 가능하다. 그 동안 하나님은 우리의 죄악을 용인하시는데, 그것은 하나님이 그것을 좋아하셔서가 아니라 우리를 사랑하시기 때문이고, 우리가 우리의 죄에서 돌이켜 하나님과의 교제 속에서 영생을 누리려면 이것이 우리가 가야 할 길이라는 것을 아시기 때문이다. 사실 인간의 자유의 신비는 신적 사랑의 신비다. 한쪽은 다른 한쪽 없이는 존재할 수 없다. 하나님은 자신의 사랑의 능력으로 우리를 자유롭게 하시는데, 우리의 자유는 그 사랑을 통해 보존된다. 하나님의 사랑은 하나님 자신과 같이 무한하고 영원하기 때문에, 우리는 하나님의 사랑으로부터 벗어날 수 없지만 그 사랑에 의해 제한되지도 않는다.

이 사실의 함의를 깨달으면, 우리는 하나님의 다른 속성들 대부분은 하나님의 전능성의 기능들이며, 전능성과의 관계에서만 적절히 이해될 수 있다는 점을 이해하기 시작한다. 예를 들어 하나님이 비가시적이지 않으면 하나님은 모든 곳에서 동시에 존재하고 행동할 수 없는데, 이 점은 하나님의 전능하신 능력의 한 가지 기능이기 때문에 하나님의 비가시성이 필요하다. 만약 하나님이 보일 수 있다면, 하나님은 가시성에 수반되는 한계에 제한될 것이고, 따라서 하나님의 전능성의 결정에 따라 행동할 자유를 갖지 못하시게 될 것이다. 예수께서 제자들에게 성령이 오시려면 자신이 떠나야 하며, 성령이 오시면 그들이 예수 자신이 육체로서 그들과 함께 계실 때 할 수 있었던 것보다 더 큰 일들을 할 것이라고 말씀하셨을 때,[27] 이 점이 강조되었다. 예수의 신성이 그의 성육신에 의해 감소했음을 의미할 수 없으므로 이 말은, 예수께서 아직 육체로 계셨던 때 예수의 인성이 예수의 능력에 실제적인 제약을 가했음을 의미하는 것이 틀림없다. 예수는 인간으로서는 동시에 모든 곳에 계실 수 없었고, 또 오순절 이후에 자신의 성령이 행하시게 될 것과 같은 방식으로 제자들의 마음속

---

27 요 14:12.

에 거할 수도 없었다. 그러나 이제 자신의 하늘 영광 속으로 복귀했기 때문에 예수는 더 이상 이런 식으로 제약받지 않으시며, 우리는 예수께서 성부 및 성자와 마찬가지로 언제나 그리고 어디서나 계심을 발견한다.[28]

하나님이 변하거나 고통당하실 수 있는가?

하나님의 전능성에 논리적으로 의존하는 또 하나의 속성은 하나님의 불변성이다. 불변성은 하나님이 고통당하실 수 없음과 밀접하게 연결되어 있다. 선도적인 많은 신학자들이 하나님과 피조물과의 관계가 진정한 관계가 되려면 피조물(특히 인간 피조물)과 상호작용하는 하나님이 변해야 하고 발전해야 한다는 주장에 설득 당했기 때문에, 하나님의 이런 속성들은 현대에 많은 비난을 받았다. 그들은 불변하는 하나님은 무정하고 따라서 동정심이 없는데, 그렇다면 그 하나님은 사랑의 하나님이 될 수 없을 것이라고 생각한다. 그들은 구약에서 하나님은 때로는 자기 백성의 기도를 듣고서는, 행하고자 했던 어떤 일에 대해 "뉘우치셨다"고 지적하며,[29] 이를 하나님이 사실은 인간의 행동에 대한 반응을 통해 변하신다는 증거로 제시한다. 이 견해에 의하면 우리가 고통당할 때 하나님도 우리와 함께 고통당하시며, 우리가 회개할 때 하나님은 마음을 바꿔 우리에게 임하게 되어 있던 처벌을 내리지 않으신다.

하나님의 불변성에 대한 전통적인 견해와 관련된 이러한 반대 의견의 타당성을 평가함에 있어 우리가 다루고 있는 것이 하나님은 상황에 따라 자신의 목적을 바꾸시기 때문에 하나님이 진술하신 목적이 반드시 그대로 실현되지는 않는다는 사실에 대한 증거임을 지적할 필요가 있다.

---

28 요 14:23을 보라.
29 대상 21:15; 욘 3:10.

요나서의 기록과 같이 하나님이 니느웨에 대해 선언하셨던 처벌이 그런 경우였다. 그러나 요나의 행적이 보여주는 것과 같이 니느웨를 멸망시키기로 하신 하나님의 결정은 결코 절대적인 것이 아니었다. 이 예언자는 니느웨 사람들에게 닥칠 멸망을 선포하기 위해 (자신의 의지와는 반대로) 니느웨로 갔다. 그러나 요나에게는 매우 짜증스럽게도 니느웨 사람들은 요나가 한 말을 듣고 회개했다. 그러자 하나님은 심판을 멈추셨다. 그것은 애초에 하나님이 심판을 내려야겠다고 결심하시게 만든 상황이 더 이상 적용되지 않았기 때문이다. 이것이 하나님이 자신의 내재적인 불변성을 부정하는 방식으로 마음을 바꾸신 것을 의미하는가?

이 질문에 대한 답은 "아니다"여야 한다. 죄를 벌하고 악을 제거하는 것이 하나님의 영원하고 보편적인 의도인데, 이 점은 변하지 않는다. 요나가 떠난 뒤에 니느웨는 이전의 길로 돌아갔고, 결국 하나님의 능력을 부인했던 고대의 다른 위대한 문명들과 마찬가지로 멸망당했다. 회개하고 하나님을 믿는 사람들을 구원하는 것도 하나님의 영원한 계획과 목적이다. 니느웨 사람들의 경우 회개했고 그들의 멸망은 지연되었지만, 그럼에도 그들은 믿지 않았고 결국 구원받지 못했다.[30] 하나님이 그들을 다루신 태도에는 완전히 일관성이 있었다. 요나 이야기가 분명히 보여주는 바와 같이, 니느웨 사람들의 일시적인 회개는 단지 니느웨 사람들뿐만 아니라 하나님의 은혜와 긍휼이 이스라엘로 제한되어 있지 않다는 점을 깨달아야 했던 요나에게도 하나님의 계획의 한 부분이었다. 이 이야기에서 아주 명백한 사실 한 가지는 하나님의 행동을 변화시킨 사람은 요나가 아니었다는 점이다. 만약 요나가 자기 길을 갔더라면, 니느웨는 요나가 그곳에 당도하기 오래 전에 멸망했을 것이다. 요나 이야기가 우리에게 가르쳐주는 것은, 비록 하나님의 외적인 행동은 상황에 따

---

30 구약 시대에 구원받는 믿음은 이스라엘 민족에 합류하는 것을 수반했지만, 니느웨 사람들은 확실히 그렇게 하지 않았다.

라 변할 수 있을지라도, 하나님의 본질적 성품이 변하지 않기 때문에 하나님의 내적인 목적은 언제나 똑같다는 점이다. 하나님이 하시는 모든 일은 하나님이 누구신지 그리고 하나님이 어떤 분이신지와 정확히 일치한다. 이것이 바로 우리가 신의 불변성에 관해 말할 때 의미하는 것이며, 우리는 하나님의 불변성에 감사해야 한다. 우리는 하나님이 하겠다고 약속한 것을 이루실 능력이 있음을 신뢰하기 때문에, 우리에게 영원한 구원이 있음을 확신한다.

하나님이 내적으로 바뀔 수 있다는 현대의 관점과 달리, 고대의 신학 전통 및 위와 같은 현대 신학을 제외한 모든 신학 전통은 하나님께는 "몸, 부분, 또는 감정"이 없다고 말한다.[31] 달리 말하자면, 하나님은 단지 볼 수 없는 존재이기만 한 것이 아니라, 하나님께는 내적 변화도 없고 하나님은 어떤 외적 영향도 받지 않으신다. 하나님의 본성이 어떠 하든 그것은 창조 질서와 직접 연루될 수 있는 모든 것으로부터 초월해 있다. 하나님이라는 존재가 고통 받을 수 있다고 상상하는 것은 하나님의 주권을 축소시키는 것이다. 어떻게 하나님이 지으신 어떤 것 혹은 어떤 사람이 하나님을 해칠 수 있겠는가? 이 입장에 대한 비판자들은 이를 "고전적 유신론"으로 부르고, 이 입장이 자기들이 제안하는 "역동적" 하나님과 반대되는 "정태적"인 하나님을 나타낸다고 믿는다. 그들이 생각하기에는 "정태적"인 하나님은 단지 변하지 않을 뿐만 아니라, 자기 자신 밖에 있는 어떤 것과도 결코 관계를 맺을 수 없다. 고전적 유신론에 대한 비판자들은 좀처럼 그렇게 멀리 나아가지는 않지만, 아마도 참으로 "정태적"인 어떤 하나님은 완전히 비활동적이고 아무것도 할 수 없어야 할 것이다.

그러나 그들은 "정태적"인 하나님이 대부분의 현대 무신론자들이 거부한 종류의 하나님이라고 주장하며, 그리스도인들은 무신론자들처럼

---

31   이 표현은 영국 성공회/감독 교회 전통에서 만든 39개조 중 1조에 나온다.

"정태적인" 신적 존재를 믿지 않는다는 것이 이 모델을 거부하는 또 하나의 이유라고 주장한다. 이와 반대로 성경은 하나님이 자신의 피조물과 긴밀하게 관계를 맺으시며, 특히 인간과는 생생하고 "역동적"인 방식으로 관계를 맺는다고 가르친다. 이 상호작용은 추상적 의미에서의 하나님의 능력을 축소시키지 않고, 오히려 하나님이 이 능력을 특별한 방식으로 사용하시도록 한다. 그것은 하나님 자신이 우리와 맺으신 언약(들)의 본질에 연계되고, 그에 의해 설명되는 방식이다. 하나님은 우리와 거리가 멀고 외딴 곳에 계셔서 이해할 수 없는 분이기는커녕, 우리에게 다가오셔서 우리의 마음속에 거하시고 우리의 모든 아픔과 고통과 소외감에 반응하신다. 우리가 하나님을 배역(背逆)할 때 하나님은 그런 감정을 깊이 느끼시는데, 사실은 그 감정이 너무도 사무쳐서 자기 아들을 세상에 보내 단번에 우리를 자신과 화목하게 하셨다. 이것이 그리스도인들의 경험이고 복음의 정수(精髓)로서 우리가 하나님에 관해 안다고 말하고 주장하는 모든 것을 정의해야 한다.

어떤 면에서 이 논쟁의 많은 부분은 무의미하다. 그것은 이 논쟁이 본질적으로 다른 두 가지를 조화시키려는 시도이기 때문이다. 소위 고전적 유신론자들은 주로 하나님의 전능성을 보호하고 하나님의 약속의 신뢰성을 확립하는 데 관심이 있다. 그들이 보기에 변할 수 있는 하나님은 인간을 구원하려는 자신의 계획을 포기하고 대신 다른 어떤 일을 하겠다고 결심할 수 있는 존재다. 그들은 결국, 일단 하나님 안에서의 변화 가능성을 인정하고 나면 변화가 어디서 멈추겠느냐고 묻는다. 하나님은 우리에게 긍정적인 결과로 이어지는 방식으로만 변할 것이라고 주장하는 것은 충분하지 않다. 왜냐하면 그것을 보증할 방법이 전혀 없기 때문이다. 다른 모든 것은 차치하더라도, 우리가 긍정적 변화로 간주하는 것이 우리와는 다른 필요와 포부를 갖고 있는 다른 사람들에게는 불리할 수도 있다. 다양한 "적극적 차별 시정 조치" 프로그램들이 발견한 바와 같이, 인간의 삶에서는 한 사람에 대한 차별을 피하려는 시도들이 다른 사람이나 집단에 대한 차별로 귀결되는 일이 종종 일어난다.

만약 하나님이 한 사람이나 한 집단의 유익을 위해 자신의 계획을 바꾸기로 결심하신다면, 그로 인해 다른 사람이나 다른 집단이 고통당하지 않을지 누가 아는가? 심지어 어떻게 이런 일이 일어날 수 있는지 성경의 예를 들 수도 있다. 사도 바울은 우리에게 이방인 신자들의 충만한 수가 구원받을 때까지 유대인들이 눈이 멀어 그리스도를 받아들이지 않을 것이라고 말한다.[32] 여기서 우리는 하나님이 갑자기 이방인들과 유대인들의 수가 적절히 균형을 이룰 때까지 자신이 선택하신 백성들이 천국에 들어가는 것을 거절함으로써 이방인들에게 적극적 차별 시정 조치 원칙을 적용하기로 결정하셨다고 말해야 하는가? 하나님이 유대인들에 대한 자신의 언약의 약속들을 어기셨는가? 만약 하나님이 그 약속을 어기셨다면 우리에게도 똑같이 할 수 있지 않겠는가? 바울이 "높은 마음을 품지 말고 도리어 두려워하라. 하나님이 원 가지들도 아끼지 아니했은즉 너도 아끼지 아니하시리라"[33]라고 말했을 때, 바울 자신이 이방인들에게 이 점을 경고하지 않았는가? 물론 바울은 하나님이 자의적으로 자신의 마음을 바꾸실 것이라고 생각하지 않았다. 바울에 관한 한, 하나님은 처음부터 모든 것을 계획했고 사건들을 완전히 통제했다. 바울이 다음과 같이 아주 분명하게 밝히는 것처럼 하나님은 조금도 변하지 않으셨다.

복음으로 하면 그들[유대인들]이 너희로 말미암아 원수 된 자요, 택함으로 하면 조상들로 말미암아 사랑을 입은 자라. 하나님의 은사와 부르심에는 후회하심이 없느니라. 너희가 전에는 하나님께 순종하지 아니하더니 이스라엘이 순종하지 아니함으로 이제 긍휼을 입었는지라. 이와 같이 이 사람들이 순종하지 아니하니 이는 너희에게 베푸시는 긍휼로 이제 그들

---

32   롬 11:25.
33   롬 11:20-21.

도 긍휼을 얻게 하려 하심이로다. 하나님이 모든 사람을 순종하지 아니하는 가운데 가두어 두심은 모든 사람에게 긍휼을 베풀려 하심이로다.[34]

하나님의 선물과 부르심은 취소할 수 없으며, 심지어 불순종하는 사람들도 유대인이나 이방인을 막론하고 자비를 받는다. 사람들과 상황들은 변하지만 하나님은 변하지 않으시며, 하나님이 행하셨고 예수 그리스도의 사역에서 성취하신 약속들은 어제나 오늘이나 영원토록 동일하다.[35] 그렇지 않다면 아무도 하나님이 한 말씀을 믿을 수 없을 것이고, "구원"으로 통하는 것은 개인마다 다를 것이다. 그런 교리의 함의는 파괴적이며, 하나님에 대한 우리의 관계를 주로 감정적 관여의 관점에서 생각하는 사람들은 이러한 함의들을 충분히 적절하게 고려하지 않았다.

동시에 고전적 유신론자들은 하나님과 하나님의 백성 사이에 참된 쌍방향 관계가 있다는 점을 부인하지 않으며, 그들의 비판자들과 마찬가지로 이 관계가 살아 있는 관계라고 주장한다. 그 관계는 정태적이지 않지만, 진정으로 "역동적"(dynamic)이지도 않다. 그것을 "활동적"(energetic) 관계라고 말하는 것이 더 나을 것이다. 여기서 구분은 모두 "힘"을 의미하지만 다른 방식으로 사용되는 **뒤나미스**(*dynamis*)와 **에네르게이아**(*energeia*)라는 두 그리스 단어 사이의 차이에 기반을 둔다. 적절하게 말하면 **뒤나미스**는 우리가 "잠재력"이라고 부르는 것을 가리키는 반면에 **에네르기아**(이 말에서 "에너지"라는 말이 나왔다)는 "실현된 잠재력"을 가리킨다. 하나님 안에는 실현되지 못한 잠재력이 없기 때문에, 하나님이 "역동적"이라고 말하는 것은 잘못이다. 하나님께는 발달되지 않았거나 덜 발달된 부분이 없다. 하나님은 자신의 현재 모습보다 더 완전한 어떤 것으로 자라지 않으며, 우주의 창조는 하나님의 자기성취감에 기여하지 않는다.

---

34 롬 11:28-32.
35 히 13:8.

하나님이 계속 성장하고 있다면, 그것은 하나님이 완벽해지기 위해서는 성장하고 확대되어야 하는 불완전한 존재일 것이다. 또한 그런 하나님은 그렇게 되기 위해 자신의 피조물을 필요로 하고, 따라서 어느 정도는 피조물에 의존할 것이다. 그러나 실제로는, 하나님의 능력은 잠재적이거나 휴면 상태에 있는 것이 아니라 완전히 활동적이다. 그러므로 하나님을 "활동적인"(energetic)이라고 묘사하는 것이 최선인데, 이는 하나님이 자신이 창조했고 계속 유지하고 계시는 우주 속에서 자신의 목적을 이루기 위해 자신의 능력을 사용하고 계신다는 것을 의미한다. 활동적 하나님은 자신의 피조물에 종속되거나 의존하지 않으면서 그 피조물과 충분히 상호작용한다. 따라서 하나님은 피조물과 접촉한다고 해서 변하지 않으신다. 활동적인 하나님은 우리의 특수한 상황 속에서 우리를 만나실 수 있고 또 실제로 만나시며, 그 과정에서 자신의 초월성을 상실하지 않으면서도 적절한 방식으로 우리와 관계를 맺으신다. 사실 하나님이 이런 방식으로 활동적이기 때문에, 우리는 하나님의 능력이 항상 우리를 도울 채비가 되어 있음을 알 수 있다. 우리가 하나님을 필요로 할 때 하나님의 능력은 우리를 실망시키지 않을 것이다. 활동적 하나님은 예측할 수 없거나 신뢰할 수 없지는 않으면서 유연하신데, 이 특성이 바로 우리가 추구하는 것이다. 이 분이 성경에서 자기 자신을 우리에게 계시하시는 구원의 주님이며, 우리는 하나님이 우리와 맺는 관계를 이런 식으로 이해해야 한다.

나아가 하나님의 활동적인 존재는 세상 속에서 본질적으로 그리고 저절로 작용하는 추상적인 존재가 아니다. 그것은 몸에 침투하는 모종의 열이 아니고, 방을 비추는 빛과 같지도 않다. 하나님의 활동적인 존재는 세 위격 안에서 그리고 세 위격을 통해 우리에게 알려지며, 세 위격은 각자 하나님의 완전한 능력을 갖고 행동한다. 그러므로 우리는 성자의 사역과 성령의 사역에 하나님의 완전한 존재가 관여하고 있다고 말할 수 있다. 하나님이 오직 자신의 능력의 일부만 우리에게 계시하셨다고 생각할 이유가 전혀 없다. 그것은 우리가 그리스도 안에서 경험한 것 너머에 무언가 있음을 함축할 것이다. 우리가 받은 복음의 메시지는, 모세의 율법의 경우처럼, 단순히 더 높은 계시로 나아가는 길의 한 단계이거나 앞으로 올 더 큰 어떤 것의 준비가 아니다. 그리스도 안에서 우리는 하나님을 완전하게 만났고, 하나님의 구원의 능력을 완전히 그리고 결정적으로 경험했다.[36] 앞으로 올 더 높은 단계도 없고, 아직도 계시되기를 기다리고 있는 더 큰 영적 진리도 없다. 심지어 현재의 세상이 끝나고 우리가 하나님의 영생 안으로 인도될 종말의 때에도, 오직 그리스도 안에서 그리고 그리스도를 통해서 하늘의 실재가 우리에게 열릴 것이다. 그리스도는 알파와 오메가, 처음과 끝, 전능자이시다.[37]

하나님은 어떤 존재가 아니신가?

같은 범주에 속하는 또 다른 하나님의 속성으로 비가시성, 불가해성, 무한성이 있다. 이 세 가지 속성들은 우리의 생각 속에서는 구분될 수 있지만, 결국 똑같은 것으로 귀착된다. 이 속성들은 모두 개념상 부정어(否定語)들이다. 이 속성들은 우리에게 하나님이 어떤 분이신가가 아니라, 하나님이 어떤 존재가 **아니신가**에 대해 말해준다. 이 말은 이 세 가지 속성이 우리의 이해를 넘어선다는 뜻이 아니라, 우리에게 익숙한 방법을 통해 하나님을 측정하거나 정의할 수 없다는 점을 의미한다. 오늘날 우리가 하나님이 보이지 않으신다는 사실을 받아들이는 데는 별 문제가 없지만, 성경이 기록될 당시에는 중대한 문제였다. 다른 민족들의 신들은, 적어도 그 신들의 그림들과 조상(彫像)들을 어디서나 볼 수 있었다는

---

36 골 3:9.
37 계 1:8.

의미에서, 아주 잘 볼 수 있었다. 그러나 이스라엘의 하나님은 그런 신들과 전혀 딴판이었다. 하나님의 유일성을 선언하는 계명 바로 뒤에 나오는 첫 번째 계명은 하나님을 표상하는 어떤 우상도 만들지 말라는 것이었고, 비가시성은 항상 뚜렷이 구분되는 하나님의 특성들 가운데 하나였다.[38]

이에 대한 이유가 구약성경에 계시되어 있다. 하나님이 비가시적이지 않으면 동시에 모든 곳에 존재하실 수 없기 때문에, 하나님이 초월적이려면 **반드시** 비가시적이어야 한다. 비가시성이 하나님의 존재의 실재성을 훼손한다고 주장하는 사람들은 아주 어리석은 사람들이다. 바람은 보이지 않지만, 아무도 바람이 있다는 사실을 의심하지 않는다! 비가시적인 하나님만이 하늘이 자신의 보좌이고 땅은 자신의 발판이라고 말씀하실 수 있다.[39] 오직 비가시적인 하나님만이 자기 백성에게 그들이 하나님을 사람의 손으로 만든 집이나 성전에 가둬놓을 수 없다고 말씀하실 수 있다.[40] 우리가 하나님을 기쁘시게 하는 일을 하고 있을 때도 하나님은 우리에게 속박되거나 통제되실 수 없다.[41] 하나님은 이스라엘 백성들에게 그들 가운데 거하고, 예루살렘에 자기의 이름을 두겠다고 말씀하셨지만,[42] 그렇다고 그들이 바빌로니아에 포로로 잡혀갔을 때 하나님이 그로 인해 방해를 받아 그들과 함께 하지 못하신 것은 아니었다. 하나님이 어느 한 장소에 임재하신다고 해도, 그 사실이 하나님이 다른 곳에 계시지 않음을 함축하지는 않는다. 이방 민족들은 지역의 신들에게 기도했으며, 그들이 다른 곳으로 이동하면 그 신들을 포기하거나 그 신들에게 새로운 이름을 붙여줬지만, 이스라엘은 절대 그렇게 하지 않았다. 야웨는 모

---

38 출 20:4.
39 사 66:1; 행 7:49.
40 삼하 7:5-7, 왕상 8:19; 대하 2:6.
41 시 50:12-13.
42 왕상 11:36; 14:21; 대하 6:6; 33:4; 스 6:12; 사 18:7; 렘 3:17; 계 3:12.

든 곳에 계셨고, 보이지는 않으셨지만, 자기 백성에게 알려지지 않은 적은 결코 없었다.

하나님의 불가해성(incomprehensibility)은 오늘날 어려움을 야기하는 개념이다. 왜냐하면 고대에는 "이해하다"(comprehend)는 말에 물리적인 의미와 지성적인 의미가 모두 있었는데, 오늘날에는 그 의미가 고대세계에서의 의미보다 좁기 때문이다. 손으로만이 아니라 지성으로도 붙잡을 수 있는 "포착하다"(grasp)와 같은 말도 마찬가지다. 따라서 이 말은 사전에 나오지는 않지만, 아마도 하나님을 "포착할 수 없음"(ungraspability)이라고 말하는 것이 더 나을 것이다. 하나님에 대한 우리의 인상이 어떠하든지 그것은 부분적일 수밖에 없으며, 설사 그 인상이 부분적인 한도에서 정확하다고 해도 결코 결정적일 수는 없다. 하나님이 우리보다 크시다는 점을 명심하는 것이 매우 중요한데, 특히 일이 잘못되거나 우리의 삶이 예상치 못한 방향으로 흘러갈 때 일어나는 질문들을 다룰 때 더욱 그렇다. 우리는 하나님이 우리가 원하는 어떤 것 혹은 특정한 방식으로 행하시기를 바라며, 하나님이 우리의 기대에 부응하지 않으실 때 이에 대처하기 어려워하는 경향이 있다. 하나님은 때로는 우리의 사고방식을 변화시키고, 우리가 하나님을 더 깊이 이해하도록 하시려고 우리에게 어떤 일을 행하신다. 그러나 또 다른 때는 우리가 하나님의 목적을 헤아리지 못하고, 우리가 결코 알지 못할 숨겨진 깊이가 하나님께 있음을 인정해야 할 때도 있다. 우리가 하나님에 관해 모든 것을 다 이해한다면 우리가 모든 것을 알 수 있는 수준에 있게 될 것이기 때문에, 하나님의 주권이 손상될 것이다. 지식은 힘인데, 우리가 하나님을 완전히 이해한다면, 우리는 하나님과 같이 행동하고 심지어 우리의 삶 속에서 하나님을 밀어낼 수 있게 될 것이다. 반항적인 인간은 바로 그렇게 하려고 시도한다. 그것이 바로 우리 위에 우리의 현재 모습 또는 우리가 될 수 있는 모습보다 측량할 수 없이 더 크신 분이 계시다는 점을 기억하는 것이 구원으로 가는 길의 첫 걸음인 이유다.

하나님은 우리보다 훨씬 크실 뿐 아니라, 무한히 더 크시다. 무한성은 수학에서는 한 원리의 끝없는 확대로 알려져 있다. 선(線)은 무한대로 펼쳐질 수 있다. 1과 2 사이에는 무한한 분수들이 놓여 있다는 식으로 말이다. 그러나 신학의 관점에서 이런 종류의 무한성은 유한성의 지속에 불과하다. 그것은 창조된 우주 너머에 존재하는 어떤 것이 아니라 우주 안에 담긴 어떤 것이며, 따라서 그런 무한성은 이 개념이 하나님께 적용되는 의미에서의 무한성과 동일시될 수 없다. 신의 무한성은 하나님께 가해질 수 있는 상상 가능한 한계가 없음을 의미한다. 우리가 어디에 가든 또는 무엇을 하든 그곳에 하나님이 계시지 않는다거나 하나님이 뒤로 처지시는 일은 없을 것이다. 우리가 자신을 아무리 계발한다 해도 하나님을 능가하지는 못할 것이다.

오늘날 "사람은 성년이 되었고" 이제 세상에는 하나님 없이 지낼 수 있다는 믿음이 만연되어 있기 때문에, 오늘날 이 점을 강조할 필요가 있다. 기독교가 오랜 세월에 걸쳐 이룩해 놓은 긍정적 효과들 가운데 하나는 많은 전통적인 종교들을 미신 수준으로 격하시킨 것이다. 우리는 더 이상 자연 현상의 배후에 악의 세력이 작용한다고 보거나 모든 특이한 사건들을 기적으로 간주하는 정신세계에서 살지 않는다. 여전히 설명할 수 없는 사건들이 있을 수 있지만, 더 이상 전통적 의미의 "신의 행위"로 보는 것은 없다. 과학자들이 일어나는 모든 일을 어떻게 설명해야 할지 모를 수는 있지만, 그럼에도 그들은 신 개념에 의존할 필요가 없는 설명을 찾을 수 있다고 믿는다.

이런 전개는 세상을 일관성이 있는 우주로 볼 수 있게 해 주고 하나님이 우리에게 의도하신 대로 우리가 세상을 다스릴 수 있게 해 주기 때문에, 여러 면에서 우리에게 긍정적이고 유익하다. 그러나 이 지식이 하나님은 이제 불필요하며 하나님 없이 살아가야 한다고 우리를 설득한다면, 그것은 크게 실수하는 것이다. 하나님은 결코 이 세상의 한 부분이셨던 적이 없으며, 분명 우리 스스로 이해할 수 없는 이 세상의 측면들에 국한되지도 않으신다. 성경은 하늘과 땅은 "[하나님의] 손가락으로 만드신 작품"이라고 말하는데,[43] 이 말의 함의는 건축자가 세운 집의 벽돌과 회반죽에서 건축자를 찾는 것이 말이 되지 않듯이 별이나 자연 세계에서 하나님을 찾는 것이 말이 되지 않는다는 것이다. 하나님은 완전히 다른 차원의 실재 속에 거하시는데, 우리가 그것을 가리킬 다른 말을 갖고 있지 않고 결코 그것을 정의하기를 희망할 수 없기 때문에 우리는 그것을 "무한"이라고 표현한다. 우리가 확실히 말할 수 있는 것은 우리가 하나님이 어떤 분이라고 생각하든 하나님은 그보다 훨씬 더 크시며, 따라서 우리가 하나님을 아는 지식에서 자라갈수록 그 새로운 지식은 하나님에 대한 우리의 종전의 가장 높은 기대조차 뛰어넘게 될 것이라는 점이다.

하나님의 선하심

신의 속성들 가운데 중요한 한 가지 하위 범주는 우리가 일반적으로 하나님의 도덕적 특질로 분류하는 범주다. 이 범주에서 가장 기본적인 개념으로 떠오르는 것은 하나님의 본질적 선하심이며, 하나님의 선하심과 관련된 모든 속성(하나님의 진실하심, 신실하심, 순결하심)은 궁극적으로 그 선함에 의존한다. 하나님은 진실하기 때문에 선하시고, 믿을 수 있기 때문에 선하시며, 일관성이 있기 때문에 선하시다. 사도 야고보는 이것을 다음과 같이 표현한다. "온갖 좋은 은사와 온전한 선물이 다 위로부터 빛들의 아버지께로부터 내려오나니 그는 변함도 없으시고 회전하는 그림자도 없으시니라."[44] 그리스도인들은 이런 방식으로 하나님을 경험해왔기 때문에 그리스도인들에게는 이런 속성들이 분명하지만, 우리가 그 속

43　시 8:3.
44　약 1:17.

성들의 의미를 적절히 이해하려면 더 깊이 생각할 필요가 있다. 하나님이 선하시다고 말하는 것은 정확하게 어떤 의미인가? 창세기의 창조 기사로 돌아가면, 이 말이 두 가지의 다소 다른 의미로 사용되고 있음을 보게 된다. 한편으로 우리가 구조적 선(structural goodness)이라고 부를 수 있는 것이 있는데, 이는 창조 기사가 주로 말하는 바다. 하나님은 세상을 창조했을 때 세상을 매우 좋게 (good) 보셨는데, 이 말은 세상이 하나님이 의도하신 것을 완벽하게 실현했음을 의미한다. 그런 종류의 선은 모든 피조물 속에 내재되어 있으며, 우리는 하나님은 완전한 존재이기 때문에 세상이 하나님의 성품 속에 있는 뭔가를 반영한다고 추정할 수 있다.

이 구조적 선이 중요하기는 해도, 그것은 이 맥락에서조차도 우리가 즉각적으로 생각하는 종류의 선은 아니다. 아담과 하와는 그 측면에서는 선했고, 타락한 후에도 선한 상태를 유지했다. 그러나 우리가 아담과 하와에 대해 생각할 때 우리는 주로 그들의 도덕적 선에 대해 생각한다. 아담과 하와는 자기들이 도덕적 선을 갖고 있던 당시에는 이 선을 알지 못했고, 불순종으로 그것을 잃고 난 뒤에야 비로소 자기들이 도덕적 선을 갖고 있었음을 알게 되었다. 인간의 도덕적 선은 성경에서 하나님의 명령에 대한 순종으로 정의되지만, 하나님의 선하심은 그런 식으로 정의할 수 없다.[45] 하나님은 어느 누구로부터도 순종하라는 요구를 받지 않으시기 때문이다. 그러므로 하나님 안의 선은, 그것이 나타나는 방식이 우리가 선하다고 인식하는 것들과 어느 정도는 비슷할지라도, 우리 안의 선과 전혀 다른 것이 틀림없다.

우리가 하나님은 "선하시다"라고 말할 때 그 의미는 무엇인가? 우리는 하나님의 성품은 그가 우리에게 주신 계명들과 일치해야 한다고 답변하려는 유혹을 받을 수 있다. 그렇지 않으면 우리와 하나님의 교제의 성격에 의문이 제기될 테니 말이다. 우리는 하나님이 살인이나 절도 또

---

45   예컨대 삼상 13:8-14를 보라.

는 간음이 잘못이라고 생각하지 않으신다면, 하나님이 왜 우리가 그런 일들에 빠지지 않기를 바라시는지 알기 어려울 것이라고 주장할 수도 있다. 아마도 하나님은 그런 행동들이 하나님의 본래의 성품에 반하기 때문에 우리에게 그런 행동들이 잘못이라고 말씀하셨을 것이다. 이것은 확실한 것처럼 보이지만, 조금만 생각하면 사안이 보다 더 미묘하다는 점을 알 수 있다. 우리가 하나님은 살인하거나 간음하거나 도둑질하거나 이웃에 대해 거짓 증언을 하지 않으신다고 말하는 것은 지극히 당연하지만, 하나님의 경우에 이런 일들이 어떤 의미가 있겠는가? 모든 것이 이미 하나님의 소유인데 하나님이 대체 누구에게서 훔치겠는가? 하나님께 어떤 이웃이 있는가? 하나님이 어떻게 간음할 수 있겠는가? 하나님이 살인하기로 결정한다고 해도, 하나님은 자신이 만드신 것을 파괴하는 것이기 때문에 그것은 하나님의 권리다.[46] 우리가 이를 통해 선을 측정하는 범주들이 하나님께는 적용되지 않는다는 것은 간단한 진리인데, 이는 하나님의 경우에는 그 범주들이 무의미하거나 하나님의 주권적 능력은 그 어떤 법에도 구속되지 않기 때문이다. 그러므로 도덕적 교훈의 점검표는, 그것이 우리에게 적용될 때는 아무리 타당하더라도, 우리가 하나님의 선하심을 측정하는 표준이 될 수 없다. 하나님의 선하심을 측정하려면, 우리의 삶 속에서 경험하는 선의 특수한 사례들을 넘어서 그런 사례들에 의미를 부여하는 근저의 원리들을 주목해야 한다.

예수는 도덕법을 두 가지 계명으로 요약했다. 첫째는 우리의 온 마음과 목숨과 뜻과 힘을 다해 하나님을 사랑하라는 것이고, 둘째는 우리 이웃을 우리 자신과 같이 사랑하라는 것이다.[47] 이 중 첫 번째 계명은, 아마도 삼위일체의 세 위격들이 서로 이처럼 완전히 헌신적으로 사랑한다는 의미에서 적용하는 것을 제외하면, 하나님께 적용될 수 없다는 것이 확

---

46 이런 취지의 논증에 대해 롬 9:19-23을 보라.
47 막 12:30-31.

실하다. 그러나 두 번째 계명은 하나님께도 관련이 있는데, 왜냐하면 하나님은 우리를 자신의 형상과 모양으로 창조하심으로써 우리와 인간 이웃들 사이의 것과 다르지 않은 관계를 확립하셨기 때문이다. 하나님은 우리가 동료 인간을 우리 자신을 사랑하는 것 같이 사랑해야 한다고 말씀하실 때, 또한 자신이 자기 자신을 사랑하는 것 같이 우리를 사랑한다고 말씀하시는 셈이다. 우리를 향한 하나님의 사랑과 하나님이 우리에게 하나님과 이웃을 사랑하라고 기대하시는 사랑에 의해 발생하는 신적 관계와 인간적 관계는 서로 관련되어 있다. 우리는 이 복잡한 관계들의 구조 안에서 하나님의 선하심이 우리에게 어떤 의미가 있는지 가장 분명하게 알 수 있다.

남을 사랑한다는 것은 우리가 그들을 존중하고 그들에게 피해를 끼치거나 그들을 폄하하는 일을 피해야 함을 의미한다. 이 점은 인간에 대해서와 마찬가지로 하나님께도 적용된다. 우리는 하나님을 존중하도록 부르심을 받았다. 이는 하나님이 우리의 창조자이시기 때문만이 아니라, 우리가 하나님을 사랑하도록 부름을 받았는데 사랑은 존중을 수반하기 때문이기도 하다. 하나님은 자신의 피조물인 우리를 존중할 의무가 없지만, 우리를 사랑하기 때문에 그 사랑의 표지와 산물로서 우리를 존중하신다. 하나님은 우리를 폄하하거나, 우리를 창조할 때 우리에게 준 것을 박탈하기 위해 우리의 삶을 침범하거나, 우리의 창조자로서의 자신의 지위를 이용하지 않으신다. 오히려 우리에 대한 하나님의 통치는 자애로우며, 우리가 누리도록 창조하신 세상 속에서 우리가 생존하고 번성하도록 우리에게 도움을 주신다. 예레미야는 이에 대해 다음과 같이 말했다.

주의 변함없는 사랑은 결코 중단되지 않고
그의 자비는 결코 끝이 없도다.
주의 사랑과 자비가 아침마다 새로우니

주의 성실함이 크시도소이다.[48]

시편 저자도 다음과 같이 노래했다.

주께서 내 원수의 목전에서
내게 상을 차려 주시고
기름을 내 머리에 부으셨으니
내 잔이 넘치나이다.
내 평생에 선하심과 인자하심이
반드시 나를 따르리니
내가 여호와의 집에
영원히 살리로다.[49]

우리가 어디에 있든 그리고 우리의 상황이 어떠하든, 하나님의 손이 우리에게 있어 우리를 해악으로부터 보호하고, 우리에게 온갖 복을 베풀며, 우리를 하늘의 영생으로 인도하신다. 다른 모든 것은 여기로부터 나오며, 이 일상적 공급과 보호를 통해 우리는 하나님은 "선하시다"는 말이 무슨 뜻인지 이해하게 된다.

그러나 하나님의 선하심이 우리에게 알려지는 또 다른 방법이 있는데, 그것은 그 선하심과 반대되는 것을 고려하는 것이다. 아담과 하와가 악에 노출되었을 때 선이 무엇인지 알게 되었던 것처럼, 우리도 하나님의 선하심을 우리가 경험하는 악과 대조할 때 헤아릴 수 있다. 사탄으로부터 우리의 삶 속에 들어오는 모든 것은 하나님이 우리에게 원하는 것과 반대이며, "악하다"고 간주될 수 있다. 그 사실을 인식하고 악을 거부

---

48 애 3:22-23.
49 시 23:5-6.

2부 • 하나님 자신 안에서의 사랑

하는 법을 배움으로써, 우리는 선이 진정으로 무엇인지 이해하게 된다. 여기서 진실 개념이 매우 중요하다. 선함과 마찬가지로, 진실 문제도 악이 나타나기 전에는 생기지 않았다. 그 전에는 어느 것에 관해서도 진실하지 않은 것이 없었기 때문이다. 아담과 하와가 하나님께 불순종한 뒤에 이전과 달리 옷을 입고 하나님으로부터 숨을 필요를 느꼈다는 에덴 동산의 이야기에서, 우리는 이 점을 분명히 알 수 있다. 아담과 하와는 자기들이 벌거벗은 줄을 알았을 때 비로소 자기들이 무력하다는 진실을 깨닫고 이에 반응했다. 진실은 항상 거기에 있었지만, 그들이 하나님께 순종하는 동안에 진실은 문제가 되지 않았다. 왜냐하면 그들은 하나님과 자기들에 대한 하나님의 신실함을 신뢰했고, 그와 달리 행하겠다는 생각이 결코 그들에게 일어나지 않았기 때문이었다.[50] 그 신뢰 관계가 깨졌을 때 비로소 그 문제가 생겼고, 진실은 직시하기 어려운 것이 되고 말았다.

우리 인간은 여전히 이러저러한 방식으로 진실을 피해 숨어 살고 있다. 우리는 우리가 우리 자신의 행동으로 인해 저주받아 우리를 지으신 하나님과 분리되어 불행한 삶을 사는 비참한 죄인이라는 사실을 직시하지 못한다. 우리는 우리가 완벽하지 않다는 사실을 인정할 수는 있으나, 여전히 우리 편에서 어느 정도 노력하면 문제를 바로잡고 하나님을 계속 즐겁게 하거나 최소한 우리를 천국에 들어가게 할 만큼 즐겁게 할 합리적인 기회를 가질 수 있다고 믿고 싶어 한다. 우리는 우리가 너무 악해서 하나님 앞에 나아갈 길을 전혀 얻을 수 없고, 그 길을 찾으려는 우리의 가련한 노력이 너무도 부적합해서 하나님은 우리의 그런 노력을 거부한다는 진실을 받아들일 수 없다. 영적 시장에서 제공되는 종교와 철학들을 둘러보면 그 속에는 한 가지 공통점이 있다. 그들은 모두 깊은 내면에서 우리는 근본적으로 선하고, 약간의 도움과 훈련으로 스스로 더 나아질 수 있다고 말한다.

---

50   창 3:7-11.

이런 사고방식은 우리의 자부심에 아첨하며 매우 인기가 있지만, 그 것은 거짓이며 하나님은 그 거짓을 용납하실 수 없다. 우리에게 진실하신 하나님은, 우리가 우리의 자의식에 무엇이 잘못되었는지 보도록 우리를 도우시고, 우리의 삶 속에서 그 잘못을 바로잡을 수 있도록 기반을 마련하신다. 우리에게 신실하신 하나님은 필요한 것을 이루시고, 그렇게 하겠다고 약속한 것을 행하신다. 순결하신 하나님은 아무리 작고 사소해 보일지라도 불완전한 것은 하나님 앞에 설 수 없기 때문에, 일을 다 마칠 때까지 계속하신다. 이 모든 것은 결국 하나님의 선하심으로 되돌아간다. 하나님은 선하셔서 우리를 창조하셨고, 우리가 이생에서 삶을 유지하는 데 필요한 모든 것을 우리에게 공급하셨다. 우리가 불순종했을 때 우리에게 다가와 자신과 화목하게 되는 수단을 제공하신 것도 하나님의 선하심 때문이었다. 그리고 자신의 선함 때문에 우리가 그 지식으로 우리를 정죄하기 위해서가 아니라 용서와 영원한 구원을 위해 자신의 선함을 신뢰하도록 우리를 설득하기 위해, 우리가 우리의 부패한 상태의 현실을 충분히 깨닫도록 최선을 다하신다.

하나님이 우리와 공유하시는 속성

하나님의 대부분의 속성들은 하나님께만 독특하며, 누구와도 또는 그 무엇과도 공유할 수 없다. 그러나 하나님의 주권의 더 놀라운 측면들 가운데 하나는, 비록 하나님의 속성들이 우리 인간의 본성에 상반될지라도, 하나님은 자신의 속성들 중 일부를 우리에게 확장시킬 수 있을 만큼 충분히 강력하시다는 것이다. 이 중 가장 중요한 속성은 우리가 하나님의 "거룩하심"이라고 부르는 속성이다. 하나님의 주 되심과 마찬가지로, 하나님의 거룩하심도 하나님 자신 안에서는 무엇을 의미하는지 알기 어렵다. "거룩하다"는 말은 기본적으로 "분리하다"를 의미한다. 그러나 하나님은 뭔가가 있어 그로부터 자신을 분리할 필요가 있을 때만 분리되실 수 있다! 그러므로 하나님 자신의 존재에 관한 한 이 분리는 아무 의미가 없고, 하나님과 하나님의 피조물의 관계와 관해서는 의미가 있다. 피조물은 정의상 하나님과 전혀 다르며, 따라서 하나님의 존재와 완전히 "분리된다"(즉 "구별된다"). 하나님의 거룩하심은 하나님을 세상과 분리시키는 하나님에 관한 모든 것을 포함하지만, 이 거룩함은 오랜 세월에 걸쳐 주로 하나님의 도덕적 및 영적 성품과 관련되어 이해되었다.

인간마저도 종속시키는 악한 세력의 손아귀에 붙잡혀 있는 세상 속에서 하나님은 완전한 타자로서만이 아니라, 우리에 대한 그분의 요구가 이제는 우리의 "본성적" 성향이 되어버린 것들과 반대되는 분으로서 있다.[51] 실제적인 관점에서 하나님의 거룩하심은 하나님의 본성 가운데서, 불순종한 피조물인 우리가 하나님과의 교제를 누릴 수 없게 만드는 측면이다. 우리가 거룩하다는 것은 우리가 모든 면에서 하나님의 본성에 일치해야 한다는 것을 의미하지 않는다. 그것은 애당초 불가능하다. 우리는 완벽한 상태에서조차 비가시적이거나 전능하지 않을 것이고, 하나님도 우리가 피조물로 지음 받은 것에 반하는 방식으로 자신과 같이 되기를 기대하지 않으실 것이다. 하나님이 우리에게 원하시는 것은 사도 바울이 말하는 것처럼 우리가 "우리 안에 그의 마음을 품는 것"이다.[52] 우리가 거룩해진다는 것은 하나님이 좋아하는 것을 알고 우리 자신도 그것을 좋아하기를 배운다는 것이다. 결혼한 부부는 부부 관계를 맺고 살 때 이것이 무엇을 의미하는지 발견하지만, 인간에 지나지 않는 그들은 좀처럼 완전히 성공하지 못하며, 배우자들이 좋아하는 것과 싫어하는 것을 공유할 수 없을 때는 그저 그것을 견디는 수밖에 없을 수도 있다.

---

51 우리는 여기서 조심해야 한다. 우리가 지금 갖고 있는 성향은 단지 우리의 타락한 인간의 상태를 반영한다는 의미에서만 "본성적"이다. 하나님이 우리를 창조하신 방식과 관련해서 우리의 현재 성향은 사실은 **부자연스러우며**, 따라서 하나님은 그 성향을 못마땅해 하신다.
52 고전 2:16; 빌 2:5를 보라.

이것은 타락한 인간 세상에서는 불가피할 수도 있지만, 이 점에서 우리와 하나님의 관계는 우리 인간들이 상호 간에 현실적으로 이룰 수 있는 수준을 넘어선다. 거룩해진다는 것은 우리가 하나님을 바꿀 수 없으므로 하나님과의 차이를 견디는 법을 배우는 것을 의미하지 않고, 오히려 우리가 마음과 생각으로 진정으로 하나님과 연합하도록 우리 자신이 변화되는 것을 의미한다. 이것은 사랑의 열매로만 가능하다. 사랑은 하나님께 대한 우리의 사랑, 그리고 그보다 더 훨씬 더 큰 것 곧 우리를 자녀로 삼으셔서 변화시키는 하나님의 사랑을 뜻한다. 하나님이 우리를 자녀로 삼지 않으셨다면, 우리는 결코 그렇게 변화할 수 없을 것이다.

우리는 하나님의 목적이 무엇인지 이해하고, 하나님의 사고방식을 공유하도록 허락되는 특권을 받았다. 우리는 우리가 생각하고 말하고 행하는 모든 것에서 하나님을 섬기도록 구별되었기 때문에 거룩하다. 주의 마음을 안다고 해서 우리가 자동으로 도덕적 또는 영적으로 완벽해지지는 않는다. 오히려 우리 자신이 실제로 이상(理想)에서 얼마나 멀리 벗어났는지 상기시켜줄 가능성이 더 크다. 그러나 우리는 또한 우리가 하나님의 눈에 거룩하다면, 킹제임스역 성경이 매우 생생하게 보여주듯이, 우리에게 "육체의 정욕"(the lusts of the flesh)에 맞서 싸우는 데 필요한 하나님의 능력과 보호가 주어졌다는 점도 알고 있다.[53] 이로 인해 그리스도인들은 주변 세상이 기대하는 것에 반하고, 세상이 이해할 수 없는 방식으로 살 수 있고, 실제로 그렇게 산다. 그리스도를 믿는 사람은 누구나 조만간에 자신의 생각은 다른 사람들의 생각과 다르며, 이런 생각들로 인해 우리가 하나님의 마음을 전혀 알지 못하는 우리의 비그리스도인 이웃에게는 아무 의미가 없는 일들을 하게 된다는 점을 발견할 것이다. 우리에 관한 한, 이것이 하나님의 거룩함이 의미하는 것이지만, 하나님의 거룩함은 우리가 일반적으로 "도덕성"이라고 생각하는 것과는 부분적으로

---

53 벧후 2:18.

만 그리고 불완전하게만 관련이 있다.

거룩함을 명확하게 규정된 어떤 행동들을 피하거나 삼간다는 의미에서 "세상을 부인해야" 한다는 의미로 해석하는 그리스도인들이 항상 있었다. 그들에게는 거룩하다는 것이 춤추기, 음주, 흡연 등과 같은 어떤 일들을 하지 않는 것을 의미한다. 정확한 세부 사항들은 시간의 흐름에 따라 바뀌고 교회에 따라 큰 차이가 있을 수 있다. 예를 들어 로마 가톨릭과 동방 정교회에서는 독신이 거룩함의 표지이지만, 대부분의 개신교인들에게는 그것이 이상하게 보인다는 점을 잊지 말자. 그러나 이런 차이들에도 불구하고 오늘날 우리는 모든 교파의 사려 깊은 사람들이 우리 그리스도인들의 거룩함은, 예수 자신이 가르치신 것처럼, 우리의 외부에 있는 것에 의해서가 아니라 우리의 마음과 생각에서 나오는 것에 의해 결정된다는 사실을 깨닫고 있다고 말할 수 있다.[54] 어떤 일을 하지 않는 데 대해 좋은 이유가 있을 수 있으며, 그리스도인들은 자신의 자유를 남에게 덕을 세우고 유익을 주는 방식으로 사용하라고 요청된다. 그러나 우리의 거룩함을 반영하는 것은 절제나 회피가 아니라 우리의 이웃에게 보여주는 사랑이다.[55]

불행하게도 대부분의 현대 그리스도인들이 거룩함 개념을 더 이상 일련의 금기로 해석하지 않는다는 사실이 종종 하나님과의 더 깊은 동행으로 이끈 것이 아니라, 더 나빠지는 않다 하더라도 그와 똑같이 나쁜 다른 문제를 낳았다. 현대 교회는 성경적 의미의 거룩함을 회복하기는커녕, 거룩함이 무엇을 의미하는지 또는 거룩함이 왜 중요한지에 대한 명확한 개념을 상실할 위험에 처해 있다. 슬프게도 요즘은 아무도 실제로 거룩해지기를 바라지 않기 때문에, 거룩해지기 위해서 무엇을 해야 하는지 거의 묻지 않는다. 오늘날 십계명의 네 번째 계명 때문에 일요일에 물

---

54   마 15:10, 18-20.
55   고전 6:12; 10:23.

건을 사지 않으려 하면서도, 이혼하고서 재혼하는 사람은 간음을 저지르고 있는 것이라는 예수의 가르침[56]은 완전히 잊고 당연히 그렇게 하는 부모를 둔 사람들이 많다. 설상가상으로 교회 사역자들도 종종 다른 사람들과 똑같이 나쁜 사람이며, 그래서 자기 양떼들에게 더 경건하게 행동하라고 권고할 입장이 아니다. 거룩함이라는 개념은 사실상 그리스도인들의 어휘에서 사라졌는데, 우리는 이렇게 된 주된 이유가 그리스도인들의 경험에서 거룩함이 사라졌기 때문이라는 점을 인정해야 한다.

그럼에도 불구하고 우리는 그렇게 쉽게 거룩함으로부터 벗어날 수 없다. 그리스도인이 된다는 것은 우리가 달성할 수 있는 수준을 넘어서 도덕적으로 완전한 삶을 추구하는 것이 아니다. 그러한 삶은 우리를 절망과 실패로 이끌 뿐이다. 거룩함은 우리와 하나님의 관계의 본질적 부분을 구성하는 하나님의 선물이다. 우리가 예수 그리스도를 우리의 주와 구주로 알고 있다면, 우리는 거룩해지기를 원하든 원하지 않든 거룩하다. 그러므로 우리의 당면 과제는 모종의 방법으로 거룩함을 획득하는 것이 아니라, 하나님의 선물로서 우리가 이미 갖고 있는 거룩함을 드러내는 것이다. 이것이 무슨 뜻인가? 우리는 세상을 떠날 수 없고, 오히려 세상 속에서 하나님의 자녀로서 살아야 한다.[57] 우리에게는 다행스럽게도 하나님의 주권은 이 세상에도 미치고 있다. 하나님은 세상 속에서 적극적으로 활동하시므로, 우리는 불가능한 어떤 일을 하라는 요청을 받지 않는다. 오히려 우리는 우주의 주님과 조화를 이루며 살고, 아담과 하와에게 원래 의도되었던 대로 하나님의 피조물을 누리라는 요청을 받는다. 거룩하다는 것은 부정하는 것이 아니라 긍정하는 것이지만, 그 긍정은 세상의 욕구가 너무도 쉽게 우리를 이끌 수 있는 유혹에 굴복하는 것이 아니라, 하나님이 자신의 피조물들에게 원래 의도하신 그대로의 세상을

---

56   마 19:3-9.
57   고전 5:10.

긍정하는 것이다.

이렇게 말하는 이유는 성경은 종종 "세상"이라는 용어를, 사탄과 그의 무리들의 "반역"의 결과를 의미하는 것으로 사용하기 때문이다. 사탄은 우리 인류도 그 "세상"으로 떨어지도록 유혹한다. 마귀는 "이 세상의 지배자"로 불리고, 우리는 거룩하기 때문에 마귀에게서 달아나라는 말을 듣는다.[58] 이 말은 실제로 어떤 의미인가? 사도 바울은 그리스도인들이 세상과 완전히 단절하는 것은 불가능함을 알았고, 고린도 교회 교인들에게 자신이 그들에게 그렇게 하라고 기대하지 않는다는 점을 분명히 했다.[59] 그러나 동시에 바울은 그들 안에서 벌어진 사건을 그들 스스로 처리하고, 하나님이 우리에게 주신 거룩함을 반영하는 방식으로 행동할 책임이 있다고 말했다. 하나님은 우리에게 세상을 바라보는 법을 가르치심으로써 우리를 세상의 마수로부터 구해내시고, 우리가 세상에 대한 통제권을 행사할 수 있게 하신다.[60] 고대에 우상을 만드는 데 사용된 나무와 돌이 그 자체로 나쁘지는 않은 것처럼 세상 자체는 악하지 않다. 악한 것은, 그 대상이 사탄과 같은 천사든 물질적 대상이든 간에, 피조물들에게 영적으로 굴복하는 것이다. 세상 것들에 의해 통제되는 데서 해방된다는 것은 세상에서 하나님의 뜻을 행하도록 해방된다는 뜻이며, 이것이 참된 거룩함의 본질이자 우리가 하나님과 같이 되도록 부르심을 받는 방식이다.

하나님이 우리에게 주시는 또 하나의 신적 속성은 하나님의 영원성이다. 이 선물은 하나님의 주권적 능력에 대한 최고의 발현이다. 왜냐하면 이 선물은 시공간 속에서 지음 받았고 따라서 시공간에 의해 제약되는 피조물로서의 지위로부터 우리를 벗어나게 해서, 하나님 자신의 영원한 존재의 수준으로 끌어올리기 때문이다. 어떻게 이 일이 일어날 수

---

58   요 12:31; 14:30; 16:11.

59   고전 5:9-10.

60   롬 12:2.

있는지는 대대로 신학자들을 당혹스럽게 한 신비이지만, 하나님은 우리에게 그렇게 약속하셨고 이를 지키실 능력이 있다. 하나님이 자신의 영원성을 우리에게 확장시키실 것이라고 말하는 것은 그다지 도움이 되지 않는다. 왜냐하면 그 말이 피조물인 우리가 변화된다기보다는 우리의 피조성을 부인하는 것으로 이해될 수 있기 때문이다. 우리는 영원 속에서도 여전히 유한한 피조물일 것이고, 그 점에서 하나님보다는 천사와 더 비슷할 것이라고 말할 수 있을 뿐이다. 우리는 영적인 몸을 약속 받았고, 영적인 몸으로는 (천사들처럼) 결혼도 하지 않고 자녀도 낳지 않으리라는 것을 알고 있지만, 그 이상 이에 관해 계시된 것은 별로 없다.[61] 또한 우리는 하나님을 대면하여 볼 때는 지금까지 우리 눈에 감추어져 있었던 비밀들을 알고 이해하게 될 것이라는 말도 듣는데, 이 말은 아마도 우리가 과거, 현재, 미래를 동시에 하나로 보게 될 것이라는 점을 의미하겠지만 지금은 절대로 그것을 이해할 수 없다.[62]

하나님의 영원성은 영원한 현재로서, 하나님이 자신을 우리에게 묘사하기 위해 사용하시는 방식이다. 현재는 시간 개념이 아니지만, 과거와 미래를 구분하기 위해 우리가 갖고 있는 유일한 수단이다. 일반적인 대화에서 우리는 "현재"(present)라는 말을 실제로는 직전의 과거와 아주 가까운 미래를 가리키는 의미로 사용한다. 왜냐하면 엄격하게 말할 때 "지금"(now)은 존재하지 않기 때문이다. "지금"이라는 말을 하자마자 그 말은 과거로 물러가고 "그때"(then)가 된다. 그럼에도 불구하고 우리는 모두 "현재"에 살며, 과거와 미래의 시간을 현재와 관련시켜 생각한다. 게다가 우리는 시간을 통해 우리 자신의 현재를 지니고 다니며, 이 땅에서의 삶이 아무리 길더라도 결코 현재를 버리지 않는다. 현재는 우리의 삶 속에서 가장 영구적인 실재인데도, 최소한 이 세상에서는 실제로는

---

61   고전 15:35-58; 마 22:30.
62   고전 13:9-12.

존재하지 않는다. 그러므로 현재라는 것은 어떤 의미에서는 영원한 것이다. 현재에 대한 우리의 개념 덕분에 우리는 자신을 하나님과 연결시키고, 하나님이 시공간 속에서 우리에게 말씀하시도록 할 수 있다. 우리의 현재 개념이 변하지 않듯이 하나님도 변하지 않으시며, 우리와 하나님의 관계도 변하지 않는다. 우리는 하나님의 자녀이기 때문에 심지어 이 세상에서도 영생의 첫 열매를 공유한다. 하나님의 영원성은 우리 안에 존재하며, 우리가 몸 안에 있든 몸 밖에 있든 우리 안에 머무른다. 언젠가 우리는 이 몸을 남겨놓고 떠나겠지만, 하나님은 우리의 삶 속에 존재하기를 멈추지 않으실 것이다. 오히려 하나님의 임재의 영원한 실재가 이미 그렇게 하고 있는 것보다 훨씬 더 명확하게 빛나고, 우리가 하나님을 영원히 바라보고 경배함에 따라 우리는 "한 수준의 영광에서 다른 수준의 영광으로" 변화될 것이다.[63]

이것이 부활의 소망이자 영원한 상급에 대한 약속이고, 우리의 삶 속에서 그리고 우리의 삶을 위한 하나님의 목적의 성취다. 이것을 이루기 위해 하나님은 우리에게 필요한 것을 주시는데, 무엇보다 거룩함을 주신다. 거룩함이 없으면 아무도 주를 볼 수 없고,[64] 나아가 영원도 볼 수 없다. 거룩함은 우리가 주를 볼 수 있게 해줄 뿐만 아니라 주와 함께 빛 가운데 영원히 살게 해줄 것이다.

63   고후 3:18.
64   히 12:14.

9장
•
구약의 하나님과 예수 그리스도의 아버지

구약의 하나님

삼위일체의 세 위격들은 오직 그들의 상호관계의 맥락에서만 알려질 수 있다. 세 위격들은 분리될 수 없고 각 위격은 우리에게 다른 두 위격들을 계시하기 때문에, 세 위격들을 다 알지 못하면 그중 한 위격이나 다른 두 위격에 대해서도 알 수 없다. 그러나 하나님이 구약성경에서 자기 백성에게 주신 계시는 어떻게 이해되어야 하는가? 이스라엘 사람들은 하나님을 세 분이 아니라 한 분으로 알았고, 초기 그리스도인들은 이스라엘 사람들의 경험의 진정성을 부인하거나 자기들을 그 경험으로부터 분리시키지 않았다. 그러나 우리가 이스라엘 사람들이 하나님을 알았다는 데 동의한다면, 그들이 하나님을 위격들의 삼위일체로 알지 못했다는 사실, 그리고 그들의 후손들도 기독교의 삼위일체 교리가 성경의 참된 일신론과 양립할 수 없다는 근거로 이를 일관되게 거부해왔다는 사실을 어떻게 설명할 수 있는가?

이런 질문들에 대해 다양한 답변이 주어졌다. 첫 번째이자 가장 단순한 답변은 삼위일체의 존재를 완전히 부인하는 것이다. 초교파적 관점에서 이 입장은 그리스도인들로 하여금 기독교적 삼위일체 교리를 다신교라고 의심하는 유대인들 및 무슬림들과 더 가까워지게 할 수 있는 이점이 있다. "삼위일체"(Trinity)라는 말은 성경에 나오지 않으며, 따라서 삼위일체는 성경에 명시된 교리가 아니라는 것이다. 삼위일체 교리는 교회의 초창기 몇 백 년 동안에 정교하게 다듬어졌는데, 많은 신학자들은 우리의 삼위일체 교리는 신약성경의 가르침보다 그리스-로마 세계로부터의 외부 영향을 더 많이 반영한다고 주장한다. 또한 예수가 사람의 육체를 입은 하나님이었음을 받아들이기보다는 그가 한 명의 위대한 사람이었다고 믿기가 더 쉽다. 삼위일체에 대한 믿음은 교회 안에서 오랫동안 격렬한 논쟁의 대상이었는데, 애초에 그리스도의 신성이 문제가 되지 않았더라면 이 논쟁을 피할 수 있었을 것이다. 그리고 이미 다양한 성인들에게 기도하는 그리스도인들이 있었지만 그 성인들 가운데 어느 누구도 하나님으로 간주되지 않았기 때문에, 교회는 종교적 관행을 바꿀 필요도 없었을 것이다. 예수는 단지 그런 성인들 중 가장 위대한 사람으로 여겨지고, 그에 따라 공경받는 데 그칠 수는 없었는가?

이런 주장들이 제기된 시기는 모두 다르지만, 어떤 주장도 전통적인 기독교 신앙을 무너뜨리지 못했다. 신약성경의 누적적인 증거는 그리스도의 신성을 부인하면 신약 본문의 일관성이 없어질 정도까지 그 신성을 명확히 지시하기 때문에, 그런 주장들은 실패했다. 우리가 유대교의 일신론에 아무리 가깝다고 해도, 그리스도인들은 항상 예수에 관해 유대인이 자신의 믿음과 양립한다고 받아들일 수 있는 것을 넘어서는 주장을 하게 된다. 다른 식으로 말하자면 유대교의 일신론을 결정적인 교리로 받아들이면, 우리는 그리스도인이 아니게 될 것이다. 왜냐하면 자기 자신에 관한 예수의 가르침은 전통적인 유대교 신학의 틀을 깨뜨리기 때문이다. 유대교를 고수하면 예수를 우리의 주와 구주로 받아들이기를 거부하는 것 외에 다른 선택이 없을 것이다.[1]

---

1   요 8:12-30을 보라.

이 질문에 대해 우리는, 유대인들은 삼위일체의 세 위격들을 다른 모습으로 경험했지만 하나님에 관한 지식이 부분적이고 불완전해서 기독교 교회의 교리에 비교할 수 있는 교리를 전개하지 못했다고 말하는 접근법을 취할 수도 있다.[2] 유대인들이 그리스도의 오심과 성령의 보내심 덕분에 우리가 알고 있는 것들을 이해했더라면, 우리가 더 깊은 계시를 기초로 해서 도달한 것과 같은 결론에 이르렀을 것이다. 지금 우리는 구약성경을 되돌아보고 거기서 고대 이스라엘 사람들의 눈에는 감추어졌으나 지금 우리에게는 분명하게 드러난 삼위일체에 대한 암시들을 발견할 수 있다. 이 견해의 지지자들은 구약성경의 삼위일체적 해석을 하나님이 "우리의 형상을 따라 우리의 모양대로 사람을 만들자"[3]라고 말씀하는 창조 이야기까지 거슬러 올라갔다. 이와 유사하게 아담과 하와가 유혹에 굴복한 뒤에 하나님은 "보라. 이 사람이 선악을 아는 일에 우리 중 하나 같이 되었다"라고 말씀하셨다.[4] 이때 하나님은 누구에게 말하셨는가?

구약성경에서 하나님의 이름은 (항상 그런 것은 아니지만) 종종 단수형 "엘" 대신 복수형 "엘로힘"으로 나타난다. 더구나 주의 말씀, 주의 영, 주의 지혜가 의인화되거나 최소한 그들 자신이 행위자임을 암시하는 방식으로 묘사되는 다수의 사례들이 있다.[5] 원래 본문에 이스라엘 사람들이 반석을 신적 존재라고는 말할 것도 없고 인격적인 존재라고 생각했다는 암시가 조금도 없음에도 불구하고, 사도 바울은 광야에서 이스라엘 사람들을 따랐던 반석을 그리스도와 동일시하기까지 했다.[6] 훨씬 더 중요한 것은 예수께서 자신을 반대하는 유대인들에게 구약성경이 자신에 관해 말한다고 공언하신 것이다. 그는 부활하신 후 제자들에게 관련된 본문을

---

2 히 1:1을 보라.
3 창 1:26.
4 창 3:22.
5 잠 8:22-36이 특히 이에 대한 좋은 예다.
6 고전 10:4. 원래 이야기는 출 17:6을 보라.

통해 그것이 어떻게 그런지를 알려주셨다.[7]

그러므로 어느 곳에서도 삼위일체를 분명히 진술하지 않더라도 그리스도인들이 성경에 삼위일체 개념이 나타나 있다고 믿는 것은 어느 정도 일리가 있다. 그러나 유대인들은 성경을 결코 그런 식으로 읽지 않았고, 성경에 대한 그런 해석을 항상 거부해왔다. 이런 태도는 맹목적인가, 아니면 그들이 구약 본문에 대한 그리스도인들의 독법을 받아들이지 않으려는 데는 타당한 근거가 있는가? 이 질문에 답하기 위해서는 예수가 당시 유대인들이 성경에서 자기를 알아보지 못한다고 비난한 것이 어떤 뜻이었는지 살펴보고, 그 의미를 이후 세대의 그리스도인들이 그런 본문들에 대해 제시한 주장과 비교해야 한다.

예수의 가르침은 주로 하나님이 이스라엘을 죄에서 구속하고, 그들의 원수로부터 구원하며, 그들을 하나님 자신의 영원한 영광을 반사하는 의로운 민족으로 영원히 세우겠다고 하신 약속들의 성취와 관련이 있었다. 이 일이 어떻게 이루어질지 숙고한 대부분의 유대인들은 세상 끝날에 하나님이 메시아 곧 "기름 부음 받은 자"를 보내실 것인데, 그 메시아가 이스라엘 백성을 자기 깃발 아래 모으고, 이스라엘을 정복한 외국 침략자들을 쫓아내어 예루살렘에 세계를 지배할 제국을 수립할 것이라고 믿게 되었다. 예수 당시에 메시아로 알려진 인물들이 없지 않았지만 그들은 모두 그들에게 기대되었던 일을 행하지 못해 신뢰를 얻지 못했다. 의심할 바 없이 예수에 대해서도 그렇게 생각한 사람들이 있었는데, 예수가 공개적으로 자기 자신을 메시아로 선포했다면 그들은 예수가 자기들의 메시아 대망을 이행하기 위해서 왔다고 가정했을 것이고, 예수가 그렇게 하지 않아서 큰 타격을 받았을 것이다.[8] 우리가 알고 있듯이 예수는 메시아가 누구이고 어떤 일을 할지에 대해 다른 개념을 갖고 있었고,

---

7   요 5:39; 눅 24:25-27.

8   눅 24:19-21을 보라.

예수의 대부분의 지상 사역은 사람들에게 그것에 관해 가르치는 데 할애되었다. 유대 지도자들에게 성경을 찾아보라고 말했을 때, 예수는 그들에게 메시아가 백성들의 죄를 단번에 그리고 영원히 처리할 희생제물을 드릴 고난 받는 종으로 이스라엘에 오실 것이라는 점을 알도록 기대했다. 이 양상은 구약성경에 분명히 제시되어 있었지만, 메시아가 오기를 고대한 사람들 가운데 아무도 자기들의 소망을 모세 율법과 관련된 본질적인 것(희생제물)과 연결해서 생각하지 않았던 것 같다.

예수는 자신의 주장을 정당화하는 과정에서 무슨 권위로 성경을 그렇게 해석하는지 설명해야 했는데, 여기서 우리는 예수가 사람의 육체를 입으신 하나님이라는 계시를 발견하게 된다. 어떤 사람이 자기 자신을 성경 본문에 적용시키는 것은 자신이 하나님이라고 주장하는 것과 마찬가지였기 때문에, 유대인의 눈에는 신성모독이었다. 그것은 자기 자신을 하나님으로 주장하는 것과 같았기 때문이다. 그리고 예수가 하나님을 자기 아버지로 부르신 것은 유대인들이 보기에 바로 그 죄를 범한 것이었다.[9]

아무도 구약의 하나님이 자기 백성과 인격적인 관계를 맺었다는 점을 의심하지 않았다. 그는 자기 백성들에게 말씀하셨고 그들의 기도를 들으셨으며, 그들을 위해 행동하셨다. 비록 하나님을 본뜬 우상을 만들지 말라는 엄격한 금지가 있기는 했지만,[10] 그리고 심지어 신약성경에서도 하나님을 볼 수 있다는 주장이 항상 단호하게 거부되기는 했지만,[11] 하나님을 마치 천상의 사람인 것처럼 묘사하는 사례가 많이 있다. 구약성경에는 "주의 팔"이나 "주의 눈"과 같은 어구가 흔하며, 하나님을 가리켜 하늘을 보좌로 삼고 땅을 발판으로 삼는 왕으로 묘사하기도 한다.[12] 아무도

---

9   요 5:18-40.
10   출 20:4.
11   요 1:18; 요일 4:12.
12   사 51:9; 잠 15:3; 사 66:1.

이 표현을 문자적으로 받아들이지는 않지만, 이런 어구를 사용하는 것은 우리에게 하나님이 서로 간에 어떤 접촉이나 상호관계가 없이 자기 백성의 운명을 결정하는 추상적 힘으로서가 아니라, 자기 백성들과 관계를 맺는 인격체로 묘사된다는 점을 상기시키기에 충분하다.

그러나 동시에 구약성경의 하나님에 관한 묘사는 하나님이 세 위격이 아니라 **한** 위격이라는 것이다. 복수형 "엘로힘" 사용은 위엄의 복수형 또는 너무 광대해서 단수형으로 생각할 수 없는 존재를 묘사하기 위해 사용된 언어 기법이라고 설명될 수 있다. 히브리어에서는 하나님의 이름뿐만 아니라 "하늘"이나 "물"과 같은 말도 복수형인데, 그것은 아마 하늘이나 물은 단순한 물체라고 생각하기에는 너무 방대하기 때문일 것이다. 창조 기사에서 하나님께 부여된 복수형 표현은 삼위일체의 증거를 찾고자 하는 사람들에게 보다 더 희망적일 수 있지만, 그렇게 표현된 하나님은 선과 악의 차이를 알고 있던 천사들에게 말씀하고 계신 것일 수 있고, 유대인들은 대개 이 표현을 그런 뜻으로 해석했다. 이 구절들에서 성부가 성자 및 성령에게 말씀하고 있다는 제안을 배제할 수는 없지만, 본문에 그렇게 명시되지는 않았기에 그런 결론을 이끌어내는 것에 관해 조심해야 한다. 다른 무엇보다도 하나님께 적용된 복수형이 세 위격들로만 제한된다고 가정할 아무런 이유가 없다. 어쨌든 하나님이 단수형으로 말씀하시는 것으로 분명히 이해되는 구약성경의 나머지 부분의 압도적인 증거와 비교해보면 하나님께 복수형이 사용된 것이 삼위일체의 세 위격들을 가리킬 가능성은 희박하다. "우리 하나님 여호와는 오직 유일한 여호와이시니, 너는 마음을 다하고 뜻을 다하고 힘을 다하여 네 하나님 여호와를 사랑하라."[13] 이 구절은 이스라엘의 신앙고백이었고, 예수에 의해 모세 율법의 정수(精髓)로 선택되었다.[14] 나중에 그리스도의 사

---

13   신 6:4-5.
14   마 22:37.

역에 관해 말할 때 사도 바울은 하나님은 한 분이시고 또 하나님과 사람 사이에 중재자도 **사람**이신 그리스도 예수 한 분이라고 말함으로써 동일한 요점을 지적했다.[15] 성자가 명백히 언급되는 그 문맥에서도 하나님의 본질적인 단일성은 양보되지 않았다.

구약성경에는 하나님을 아버지로 부르는 기도의 분명한 사례가 나오지 않는다. 이에 가장 가까운 사례는 이사야가 다음과 같이 기도하는 것이다. "그러나 여호와여, 이제 주는 우리 아버지시니이다. 우리는 진흙이요 주는 토기장이시니 우리는 다 주의 손으로 지으신 것이니이다."[16] 이사야는 하나님을 창조자로 인정하고 있으며, 그 사실을 표현하기 위해 "아버지"라는 말을 사용한다. 그러나 이사야는 계속해서 그들이 하나님의 백성이므로 이스라엘에게 긍휼을 베풀어달라고 간청하면서도 영적 자녀 개념에 대해서는 언급하지 않는다. 이 개념은 모세 오경에서 모세가 바로에게 이스라엘 백성을 보내라고 도전할 때, 그리고 그 이후에 이스라엘 백성이 광야에서 있었을 때, 나타난다.[17] 하나님을 직접 아버지로 부르는 유일한 다른 사례들은 예레미야 3장에 나오지만 그중 두 번째 사례는 실제가 아니라 가설에 더 가깝고, 첫 번째 사례는 정규적인 예배 양상이라기보다는 절망의 부르짖음 같아서 다소 모호하다.[18] 이스라엘의 영적 자녀 됨은 개인적 관점이 아니라 집단적 관점이었으며, 유대인들은 일반적으로 하나님을 개인적으로 그들의 아버지로 생각하지 않았고 기도에서도 하나님을 아버지로 부르지 않았다.[19]

다윗의 아들 솔로몬의 경우는 이 규칙의 중대한 예외였다. 그러나 솔로몬이 하나님을 자기 아버지라고 부른 것이 아니라 반대로 하나님이

---

15 딤전 2:5.
16 사 64:8.
17 출 4:22-23; 신 14:1.
18 렘 3:4, 19.
19 요 8:37-59.

솔로몬을 자기 아들이라고 부르셨다. 게다가 이 진술은 하나님이 솔로몬이 아니라 다윗에게 자신이 솔로몬의 아버지가 되고 그의 나라를 영원히 세우겠다고 약속한 절들에 나온다.[20] 솔로몬은 이것을 알았을 테지만, 그 지식이 그의 기도 방식에 영향을 미친 것으로는 보이지 않으며, 솔로몬이 하나님과 특별히 친했다는 표지도 없다. 오히려 생애 말년에 솔로몬은 하나님으로부터 등을 돌렸고 불순종으로 처벌받았다.[21] 예수가 본래 솔로몬에 관해 주어진 약속을 이루시기 위해 다윗의 자손으로 왔을 때, 그는 유대인들에게 솔로몬보다 더 큰 이가 왔다고 말씀하셨고, 그는 그것이 무슨 뜻인지 알고 있었다.[22] 솔로몬에 관해 다윗에게 주어진 약속은 구약에서 하나님과 사람 사이의 부자 관계에 대한 유일한 사례다. 그러나 그 약속은 다윗 가문에 주어진 영원한 왕권과 연계되어 있었고, 솔로몬을 포함하여 그 가문의 어떤 구성원도 그에게 기대되는 대로 살지 못했다. 예수 시대에는 다윗 가문의 통치가 중단된 지 오래 되었고, 당시 통치자들도 다윗 가문의 어떤 구성원이 다시 지배권을 행사하지 못하게 만드는 것을 큰 이해관계로 여겼기 때문에, 이 모든 것이 사실상 사문화(死文化)되었다.[23]

그러므로 우리는 예수가 자기 아버지에 관해 말했을 때 유대 지도자들이 예수가 감히 하나님을 이처럼 친밀하게 언급한다는 것에 대해 격분했던 이유를 이해할 수 있다.[24] 그들이 이해하기로는 자녀는 부모와 동일한 본성을 갖고 있기 때문에, 하나님을 "아버지"로 부르는 것은 자신이 신이라고 주장하는 것이었다. 심지어 예수의 제자들도 예수가 무슨 말씀을 하고 있는지 이해하지 못했고, 아버지를 보여 달라고 해서 예수

---

20   삼하 7:14; 대상 17:13; 22:10; 28:6; 시 89:26.
21   왕상 11:1-40.
22   마 12:42.
23   이것은 마 2:16의 헤롯왕의 행동을 설명해준다.
24   요 5:18.

를 다소 짜증나게 했다!²⁵ 그러므로 우리는 고대 이스라엘에서 하나님을 자기 아버지로 부르는 것이 아무리 합당했다고 해도 고대 이스라엘 사람들은 이런 말을 사용하지 않았으며, 이런 말을 하는 사람은 누구든 부정적인 반응을 불러일으켰을 것이라고 결론지을 수 있다. 만약 현대의 일부 유대인들이 기꺼이 이런 식으로 말하고자 한다면, 그것은 거의 확실히 그들이 그리스도인들의 영향을 받아 자기 조상들은 인정하지 않았던 구약의 계시적 요소를 수용하기 위해 자기들의 전통적인 언어를 확대 적용했기 때문일 것이다.

모든 증거를 고려하면, 하나님은 이스라엘 사람들에게 자신을 그들의 아버지로 계시하지 않으셨고, "창조주"와 동의어로 사용하는 경우를 제외하면 아버지로 지칭된 적이 없다고 말해도 무방하다. 그러나 그리스도인들은 이 문제를 그렇게 놔둘 수 없다. 하나님은 유대인들에게 한 위격으로서 말씀하셨는데, 우리는 하나님을 세 위격으로 알고 있다. 이것은 구약성경에서 우리가 알고 있는 세 위격 가운데 단지 한 위격만, 추측건대 성부만 이스라엘에게 말씀하신 것을 의미하는가, 아니면 세 위격 모두 한 목소리로 함께 말씀하신 것을 의미하는가? 이 질문에 답변하려면 신약성경, 특히 예수의 가르침으로 시선을 돌려야 한다. 예수가 하나님에 관해 말했을 때 구약의 하나님을 가리키신 것이라고 가정하면, 예수는 하나님을 성부와 동일시한 것이 분명해 보인다. 이에 대한 가장 유명한 예는 예수가 제자들에게 "하늘에 계신 우리 아버지여"라고 기도하라고 가르치는 주의 기도에 나온다.²⁶

제자들은 성부(the Father)와 야웨를 구별할 수 없었을 것이다. 이것은 예수가 자기 아버지를 분명히 구약의 하나님을 가리키는 의미로 언급하는 복음서의 다른 사례들에서도 마찬가지다. 이와 대조적으로, 예수는

---

25   요 14:8-9.
26   마 6:9.

자신을 아들이라고 밝히셨고, 성령에 대해서는 아직 오시지 않은 분이라고 말했다.[27] 예수가 아버지께 기도했을 때, 예수가 그 위격과 아무리 가깝게 연결되었다고 할지라도 다른 위격에게 기도했음이 분명하다.[28] 이를 모두 종합하면, 야웨와 성부는 하나이며 동일한 분임이 분명한 것 같다. 그러나 동시에 예수는 제자들에게 자기를 보는 것이 아버지를 보는 것이라고 말씀할 정도로 자신을 성부와 동등한 존재로 말했다.[29] 또한 아들이 세상을 창조했다는 말도 나오는데,[30] 그렇다면 "성부"와 "창조자"가 완전히 똑같다고 할 수 없게 된다. 창조는 성경에 기록된 하나님의 행위 중 첫 번째이자 가장 위대한 행위이므로, 그리고 하나님에 대한 이스라엘의 헌신은 항상 창조와 밀접하게 연계되어 있으므로, 야웨에 관해 말할 때 최소한 숨겨진 삼위일체의 존재에 대한 어느 정도의 여지를 둬야 하는 것으로 보인다.

성경의 모든 자료와 조화되는 것으로 보이는 최상의 해결책은 다음과 같은 사실로 설명된다. 구약의 한 하나님은 신약의 삼위일체 하나님과 동일시되며, 하나님이 한 분이라는 표현은 구약성경에서는 하나님이 성부의 위격으로 말씀하시는 것을 뜻하는데, 성부의 정체성은 오직 예수 그리스도 안에서만 완전히 계시된다는 사실이다. 이 관점을 지지해서 우리는 구약의 하나님을 통해 표현되는 성부의 두 가지 특성을 언급할 수 있다. 첫 번째 특성은 성부의 완전한 초월성이다. 어느 면에서도 성부는 피조물 안에 들어가거나 어떤 식으로든 볼 수 있게 되지 않는데, 이 점은 성경의 모든 곳에서 증언되는 진리다. 두 번째 특성은 야웨는 자기 백성을 직접 다루시지 않고 중재자를 통해 다루신다는 것이다. 이 점은 하나님의 초월성의 한 국면이지만, 신약성경에서는 성령께서 우리 마음속

---

27 요 14:16-17.
28 요 17:1-5.
29 요 10:30; 14:8-9.
30 요 1:3; 골 1:16.

에 들어와 거하시고 우리에게 우리 아버지로서의 하나님께 기도할 능력을 주시기 때문에, 이 점이 특히 중요하다.[31] 구약성경에서 하나님은 영적 사자들(천사들)을 통해, 불과 구름 같은 물리적 현상을 통해,[32] 그리고 그의 영의 방문을 통해 자기 백성들에게 말씀하신다. 야곱과 모세를 제외하면 아무도 하나님을 직접 대면하여 본 사람이 없는데, 그 이례적인 사실에서 하나님의 백성의 삶에 대해 그들이 맡은 특별한 역할이 강조된다.[33]

예수 그리스도의 아버지

예수 그리스도의 아버지가 신적 실체(substance)의 의인화(personification)로 이해되어서는 안 된다는 점이 중요하다. 그러나 많은 그리스도인들이, 공개적으로 어떻게 말하는 것과는 무관하게 그렇게 믿고 있다. 그들의 사고방식에 따르면 성부는 절대적 의미에서 하나님이지만 성자와 성령은 성부에게서 파생되어 나온 신성으로 추정되기 때문에 상대적 의미에서만 하나님이다. 그러므로 성부는 신격을 대표하는 위격으로 간주되는데, 이는 성경 본문이 "하나님"이라는 말이 성자나 성령을 가리킨다고 명시하지 않는 한, 주로 성부를 가리키는 것으로 간주되어야 함을 의미한다. 이 입장은 "하나님"이라는 말이 성자 및 성령과 나란히 사용되는 사례가 최소한 하나는 있다는 사실에 의해 지지되며, 이 말은 성부를 가리키는 것이 확실해 보인다. 잘 알려진 이런 본문은 다음과 같다. "주 예수 그리스도의 은혜와 하나님의 사랑과 성령의 교제가 너희 모두와 함

---

31 갈 4:6.
32 출 13:21.
33 창 32:30; 신 34:10.

께 있을지어다."[34] 얼핏 보면 이 주장은 매우 설득력 있게 들리고, 많은 사람들을 납득시킨 것이 놀랄 일도 아니다. 그럼에도 불구하고 이 견해에는 심각한 어려움들이 있는데, 최종 판단을 내리기 전에 이에 대해서도 고려해야 한다.

첫째, 이미 언급한 것과 같이 야웨를 성부와 동일시하는 많은 사람들처럼 성부만을 우주의 유일한 창조자로 보기는 불가능하다. 신약성경은 성자도 창조주라는 사실을 매우 명확하게 말하며, 신약성경에 명시적으로 언급되지는 않지만 성령에 대해서도 같은 결론이 도출된다.[35] 달리 말하자면 창조주는 동역하는 성 삼위일체시지, 홀로 일하는 신적 위격들의 한 분이 아니다. 초기 교회의 역사는 다음의 위험을 상기시켰다. 성부만을 창조자로 식별하면 성자와 성령은 틀림없이 피조물이고, 그들이 피조물이라면 하나님일 수 없다고 말하는 문이 열린다는 위험이다. 여기서 중간 지대는 없다. 창조자와 그가 만드신 피조물 사이의 구분은 절대적이고, 모든 존재는 창조자와 피조물 중 어느 한 쪽에 속해야 한다. 신약성경이 말하는 것처럼 성자와 성령이 참으로 하나님이시라면, 성자와 성령은 성부와 함께 공동 창조자여야 한다. 그러므로 성부는 성자 및 성령과 창조자-피조물 관계에 있지 않다(또한 그런 관계에 있을 수 없다).

둘째, 이스라엘의 언약의 하나님을 성부와만 동일시하면 어려움이 생기는데, 이는 그런 동일시가 아무리 구약성경에서 우리에게 계시된 사실들과 일치하는 것처럼 보일지라도, 우리는 예수가 유대인들에게 아브라함이 자기가 오실 것에 대해 알고 있었고 또한 그것을 기뻐했다고 한 말씀을 유념해야 하기 때문이다.[36] 불행하게도 예수는 이 진술을 지지하는 아무런 구약 본문도 언급하지 않기 때문에, 그가 이 말씀을 할 때 무엇을

---

34 고후 13:14.

35 성자에 대해서는 요 1:3; 골 1:16; 히 1:1을 보라. 성령에 대해서는 롬 8:18-27에서 바울이 말하는 것을 보라.

36 요 8:56-58.

염두에 두셨는지 알기 어렵다. 아마도 예수는 세 사람이 마므레에서 아브라함에게 나타났지만 아브라함은 그들을 단수형 "주"로 지칭한 창세기 18:1-21의 특이한 본문을 생각하고 있었을지 모른다. 유대인 학자 알렉산드리아의 필론(주후 50년 사망)은 이 본문이 하나님 한 분 안에 모종의 형태 셋이 있다는 암시라고 믿었는데, 예수나 예수의 제자들은 결코 그렇게 말한 적이 없지만, 오랜 기간 동안 기독교 전통은 이를 구약성경에서의 삼위일체에 대한 계시로 받아들였다.

예수의 말씀이 아브라함이 미래에 대한 환상을 보았다는 의미라고 주장할 수도 있는데, 그렇다면 그 주장은 아마 창세기 22:8-14에 기반을 둔다고 생각할 수 있을 것이다. 그러나 예수는 그 구절에 관해 아무 말씀도 하지 않았고, 아브라함이 있기 전에 자신이 있었다는 말을 덧붙이심으로써 이런 해석을 배제하는 듯하다. 우리는 아브라함이 당시에 그 점을 의식하지 않고 있었을지라도 그가 만난 하나님이 성 삼위일체였다는 결론을 내릴 수 있다. 그것이 사실이라면 구약에서는 하나님이 세 위격이라는 사실이 언급되거나 인정되지 않았을지라도, 이스라엘의 언약의 하나님은 단순히 성부만은 아님이 틀림없다.

셋째, 아들이 없으면 아버지가 아닐 것이기 때문에 성부는 홀로 존재할 수 없다. 아버지라는 말은 본질상 관계를 나타내며, 그 말이 의미가 있으려면 반드시 자녀가 있어야 한다. 만약 인간적 유추를 취해서 아버지가 되기 전에 남자가 존재한다고 말한다면, 우리는 이 점이 왜 하나님께는 적용될 수 없는지 즉각적으로 알 수 있다. 만약 우리가 하나님은 성부가 되기 전에도 존재했다고 말한다면 우리는 성자의 기원을 시간 안에 두게 될 것이다. 그러면 우리는 성자는 영원하지 않으므로 하나님이 아니거나, 신의 일시적 현현(顯現)에 지나지 않으며, 따라서 그 자체로 한 위격이 아니라고 말할 수밖에 없을 것이다. 이 대안들 중 어느 것도 신약성경의 증거를 정당하게 다루지 않으므로 둘 다 기각되어야 한다.

마지막으로 신약성경에서 우리는 성부가 알려지게끔 해주는 분이 성자라는 말을 듣는다. 이 말은 성자가 자기 자신을 성부와의 독특한 관계 속에 있는 아들로 계시하는 과정에서 나왔다.[37] 이스라엘은 하나님을 알았지만, 하나님 안에 부자 관계가 있다는 것은 알지 못했고 성령을 구별된 위격이라고 생각하지도 않았다. 예수는 구약성경이 자신에 관해 말한다고 지적했지만 유대인들은 예수의 주장에 설득되지 않았고, 결국 그들 대부분은 예수를 거부했다. 우리는 다만 이 사람들은 예수가 그들에게 의도했던 방식으로 하나님을 자기들의 아버지로 알지 못했다는 결론을 내릴 수 있을 뿐이다. 왜냐하면 그들이 하나님을 아버지로 알았더라면, 또한 그들은 아들도 알고 인정했을 것이기 때문이다. 그리고 그들에게 그 사실이 계시되지 않았던 동안에는 이에 대해 그들을 비난할 수 없겠지만, 예수가 아버지를 알려주었을 때 예수의 메시지를 거부한 유대인들은 그 거부를 통해 자기들이 사실상 하나님을 전혀 모르고 있었다는 점을 드러낸 것이다.[38]

그렇긴 해도 신약성경에는 "하나님"이라는 말이 구약의 하나님과 예수 그리스도의 아버지를 모두 가리킨다는 점을 분명히 말하는 구절들이 있다. 히브리서 1:1-2가 이에 대한 좋은 예다.

옛적에 선지자들을 통하여 여러 부분과 여러 모양으로 우리 조상들에게 말씀하신 하나님이 이 모든 날 마지막에는 아들을 통하여 우리에게 말씀하셨으니, 이 아들을 만유의 상속자로 세우시고 또 그로 말미암아 모든 세계를 지으셨느니라.

이 구절은 구약의 하나님과 예수의 아버지 사이의 관계에 관한 세 가지 중요한 점을 산뜻하게 요약한다. 무엇보다 구약의 예언자들을 통해

---

37   요 1:18.
38   요 8:19; 14:7.

말씀하신 하나님은 지금 자기 아들을 통해 우리에게 말씀하시는 분과 동일하다는 점이다. 여기서 차이는 하나님이 구약의 하나님에서 신약의 하나님으로 변한 것이 아니라, 지금은 이전에 말씀한 것보다 더 완전하고 심오한 것들을 말씀하신다는 점이다.

하나님이 고대 유대인들에게 말씀하신 것은 그의 영원한 말씀으로서 여전히 완전한 권위를 유지하며, 예수의 오심으로 취소되거나 뒤집어지지 않는다. 그러나 동시에 이 구절은 우리를 또 다른 차원의 이해로 이끈다. 구절의 첫 번째 역할은 우리가 아들을 하나님으로, 그리고 하나님을 그의 아버지로 인식할 수 있게 하는 것이다. 둘째, 이 구절은 성자는 성부와 함께 세상의 창조자이고, 따라서 피조물이 아니라는 신약의 표준 견해를 재진술한다는 점이다. 마지막으로 이 구절은 아들 됨을 법적인 관점에서 정의한다. 곧 성자는 만물의 **상속자**로서 그 자신이 바로 하나님이기에 이 지위가 주어진다. 종합하자면 이 세 가지 요소는 구약의 하나님이 이제 우리에게 성부 혼자로서만이 아니라 성자 및 성령과의 교제 속에 계시는 성부로 계시되신다는 우리의 믿음의 핵심 요소를 구성한다.

성부의 위격과 사역

우리는 이제 왜 구약의 하나님이 신약의 삼위일체임에 틀림없는지, 그리고 야웨라는 이름이 하나님의 존재의 단일성을 암시하기는 하지만 하나님은 우리와 그렇게 추상적인 차원에서 소통하지 않으시는지를 알았다. 하나님은 항상 세 위격들 가운데 한 위격 안에서, 그리고 그 위격을 통해 말씀하시는데, 구약에서는 그 위격이 우리가 예수 그리스도의 아버지로 알고 있는 바로 그분이시다. 이로부터 다음과 같이 추론될 수 있다.

1. 신적 존재의 **단일성**(oneness)을 우리에게 계시하는 것은 성부의 특수한 직무다. 성부는 다양한 시기에 그리고 다양한 방식으로 이 직무를 수행했지만 근저의 메시지는 항상 동일했다. "나는…네 하나님 여호와니라. 너는 내 앞에서 다른 신들을 네게 두지 말라."[39] "우리 하나님 여호와, 여호와는 한 분이시다."[40] 그래서 성자는 성부에게서 낳은(begotten) 것으로 묘사되고 성령은 성부에게서 나오는(proceed) 것으로 묘사된다. 즉 성자와 성령의 신성은 성부와 관련되어 표현된다. 그러나 그렇다고 해서 성자와 성령이 그들의 신성을 성부에게서 **이끌어낸다는**(derive) 것을 의미하지는 않는다. 또한 그것은 "아버지"라는 이름이 그 자신의 정체성에 대한 묘사로서의 본질적 가치가 없고 따라서 버리거나 다른 말로 대체될 수 있는, 신적 존재의 의인화라는 것을 의미하지도 않는다. 내재적인 독특성 때문에 하나님의 존재의 단일성은 정의할 수 없고 관계의 관점으로 표현될 수도 없다. 비록 이 단일성을 다른 위격과 관련해서 표현하는 것이 삼위일체 안에서 성부의 역할이기는 해도, 하나님의 존재의 단일성은 자체의 정체성이 없다. 성부 자신은 그 단일성이 아니고 그 단일성을 대표하며, 따라서 다른 두 위격들은 성부와 관련해서 식별된다.

2. 성부는 또한 우리에게 신적 존재는 영원히 초월적이며, 그 초월성은 성자의 성육신이나 성령의 강림으로 감소되지 않는다는 점을 보여준다. 성자가 지상에 성육신한 동안 많은 사람들 가운데 대부분은 비록 그가 누구신지 알아보지 못하기는 했지만 성자를 보았고, 성령이 누구신지 이해하지 못하는 사람들에게도 성령의 사역이 느껴질 수 있었다는 어느 정도의 암시도 존재한다.[41] 그러나 성부는 예수 그리스도를 통해 그에게 오는 사람들을 제외하면 사람들로부터 숨겨져 있고 접근할 수 없으며, 성령으로 충만하지 않으면 아무도 예수 그리스도를 통해 성부에

---

39   출 20:2-3.
40   신 6:4.
41   요 3:8.

게 올 수 없다.[42] 성부의 영원한 초월성과 성부와 성자 사이의 친밀한 연합은 성자가 사람이 되기 위해 "자기를 비우고" 종의 형체를 취했을 때[43] 성자의 신성에서 아무것도 제거되지 않았음을 보증한다. 지상 사역의 모든 시점에서 성자는 영원성 안에 계실 때와 똑같이 성부와 친밀한 관계 속에 있었고, 그 토대 위에서 인간의 구원을 위해 행한 일을 이루셨다. 이와 유사하게 우리의 마음속에 거하는 성령의 사역도 오직 신적 존재의 단일성에 기초를 두고 있기 때문에 가능하고 유효하다. 성령이 신적 존재의 단일성에 기초를 두고 있다는 사실은 성령이 영원히 성부로부터 나온다는 사실 안에, 그리고 그 사실에 의해 표현된다.[44]

우리가 성자와 성령에 관해 말하는 모든 진술은 그들의 성부와의 관계, 곧 매우 친밀해서 그들 사이에 어떤 모순도 있을 수 없음을 보증하는 관계에 비추어 해석되어야 한다. 만약 어떤 사람이 성령으로부터 싱자의 가르침과 일치하지 않거나, 성경에 나타나 있는 성부의 뜻에 대한 계시에 의해 지지되지 못하는 말씀을 받았다고 주장한다면, 그런 말은 거부되어야 한다. 그 말을 받아들이는 것은 신적 존재의 본질적 단일성을 파괴하는 것이기 때문이다. 마찬가지로 성령은 신격의 기본적 통일성을 부정하는 방식으로 행동할 수 없기 때문에, 그리스도에 관한 더 깊은 이해와 성부의 뜻에 대한 더 신실한 순종을 낳지 않는 영적 경험은 타당하다고 간주될 수 없다. 예수를 따르고 성령으로 충만한 사람은 누구나 성부의 뜻에 복종하기 마련이며, 다른 두 신적 위격들은 성부의 영광을 선포하고 또한 성부와 영원히 연합되어 있다.

성자와 성령은 자신들의 신성을 성부에게 의존하지 않으며, 그로 인해 성부에게 종속되지도 않는다. 그러나 동시에 우리가 인간적 관점에서 그렇게 이해할 수도 있는 것처럼 그들이 자신의 독자적인 생각이나 뜻을

---

42   요 14:6; 고전 12:3.
43   빌 2:7.
44   요 15:26.

갖고 있다고 말하는 것은 잘못이다. 신적 존재가 하나인 이유는 삼위일체의 세 위격들의 서로에 대한 사랑이 완벽하기 때문이다. 성자는 성부의 뜻을 행할 의무가 있어서가 아니라 성부를 극진히 사랑하셔서 달리 행동할 수 없기 때문에 성부의 뜻을 행한다. 성자가 성부에게 불순종하면 성부에 대한 성자의 사랑이 상실될 것이고, 만약 그 사랑이 상실된다면 세 위격들의 통일성뿐만 아니라 하나님 자신의 존재마저 해체될 것이다. 신적 사랑은 그것이, 마치 외적이고 통제하는 힘인 것처럼, 하나님의 세 위격들에 부가되는 어떤 것이 아니다. 오히려 신적 사랑은 이런 식으로 다른 위격들을 알고 싶어 하고, 그들의 정체성과 기능에 적합한 방식으로 서로와 관계를 맺고자 하는 하나님의 각 위격들의 내적 욕구로부터 나온다. 삼위일체의 두 번째 위격과 세 번째 위격이 첫 번째 위격을 사랑하고 그들 사이의 관계에서 성부에게 우선권의 영예를 부여했기 때문에, 그리고 성부가 영원한 초월성과 통일성 안에서 신적 존재를 대표하는 직무를 맡으심으로써 성자와 성령의 사랑에 반응했기 때문에, 모든 면에서 성부와 동등하신 성자와 성령은 그렇게 성부께 복종한다. 이 복종은 굴복의 표시가 아니라 성부께서 대표하시는 것이 자신들의 진정한 모습이라는 점과, 성부를 부인하는 것은 자신들을 부인하고 자기들의 존재와 행동의 모든 것을 무의미하게 만들어버린다는 점을 인정한다는 표시다.

3. 또한 성경은 하나님의 영원한 계획과 목적은 세 위격 모두의 공동 사역이기는 하지만, 그럼에도 불구하고 성부의 위격에 의해 발표되고 성부의 위격에 귀속되며, 그 계획과 목적이 반드시 성취되도록 하는 것은 성부의 책임이라고 계시한다. 신약성경은 성자를 보내신 분은 성부이고 성자의 사명은 자신을 보내신 성부의 뜻을 행하는 것이라고 말한다.[45] 그리스도의 성육신과 거기서 나온 나사렛 예수의 지상 사역은 성부와 성

---

45   요 3:16; 4:34.

자의, 그리고 성자와 성부의 영원한 관계의 한 가지 표현이었다(그리고 지금도 그렇다). 성부는 성자가 지상의 임무를 수행하는 동안 자신을 영화롭게 할 수 있도록 필요한 모든 것을 성자에게 주셨다.[46] 그리스도의 죽음과 부활은 영원 속에서 계획되었으며, 아담이 타락한 직후 또는 성자의 지상의 성육신 과정에서 생긴 역사의 우연이 아니었다.[47] 예수는 우연히 십자가에서 죽은 것이 아니다. 예수는 하나님의 영원한 목적에 따라 창세 전에 죽임을 당한 하나님의 어린양이었다.[48] 마찬가지로 성령의 사역도 목적이 없거나 무제한적으로 자유로운 것이 아니다. 성령은 성부와 성자를 증언하고 우리의 삶을 위한 하나님의 계획을 이루시기 위해 세상에 오셨다.[49]

하나님의 활동이 상황에 따라 변하거나 다른 방향을 취할 수 있는 "진행 중인 사역"이라고 믿는 것은 모든 시대의 인간이 흔히 저지르는 실수다. 극단적인 경우 인간은 자신의 행동이나 욕구에 의해 하나님의 뜻을 바꾸거나 빗나가게 할 수 있다고 믿게 된다. 우리는 반항적인 피조물로서 하나님이 하라고 시키신 일을 하고 싶어 하지 않는다는 것은 확실히 사실이다. 그러나 그렇다고 해서 우리에게 하나님이 의도하신 것을 성취되지 못하도록 방해할 힘이 있다는 뜻은 아니다. 예루살렘으로 승리의 입성을 할 때 바리새인들이 예수에게 "주의 이름으로 오시는 왕이여!"라고 외치는 무리들을 제지해달라고 요구했다. 예수께서는 만일 그 사람들이 침묵하면 땅 위의 돌들이 소리 지를 것이라고 말씀하셨다. 그것은 진실이 그리 쉽게 억제될 수 없기 때문이었다.[50] 때로는 아주 선한 의도로 그리고 심지어 (이 경우처럼) 하나님 자신이 직접 이를 행하도록 호

---

46 마 11:25-27.
47 벧전 1:2.
48 엡 1:4; 계 13:8.
49 눅 11:13; 엡 1:13-14.
50 눅 19:39-40.

소함으로써 하나님의 뜻을 좌절시키려는 인간의 시도가 많이 있었다. 그러나 우리가 하나님을 자신의 목적으로부터 돌이키게 만들기 위해 우리가 할 수 있는 일이란 아무것도 없으며, 하나님의 목적은 우리가 아무리 막기 위해 애쓴다 해도 반드시 이루어질 것이다.

예수의 지상 사역은 이에 대해 몇 가지 유익한 예를 제공한다. 예수가 사역을 시작하려는 바로 그때, 마귀는 예수가 지속적인 효과는 없을 자신의 신적 능력의 일시적 발현에 주의를 돌리게 해서 예수에게 자신의 장기적인 목적을 무효화할 일들을 하도록 시험함으로써 예수의 목적을 좌절시키려고 했다.[51] 예수는 지상 사역을 끝낼 즈음 십자가에 못 박히기 전날 밤에 겟세마네 동산에서 땀을 피처럼 흘리시며 자신과 전투를 벌여야 했다. 예수는 자기 아버지께 마지막 고통을 면하게 해달라고 요청했지만, 자신이 그 목적을 위해 세상에 온 것을 알고 있었다. 그 투쟁의 결과는 순종이었다. "내 아버지여, 만일 내가 마시지 않고는 이것이 내게서 지나갈 수 없거든, 아버지의 원대로 되기를 원하나이다."[52] 그것이 예수의 경험이었다면, 우리 자신에 관해서는 무슨 말을 할 수 있는가? 성경에는, 인간의 욕구나 겉모습이 아무리 그 반대로 보일지라도 이를 뒤집으시는 하나님의 능력을 확인해주는 사례가 많다. 요나는 하나님이 자신에게 니느웨 사람들에게 회개하라는 메시지를 전하라고 말씀하셨을 때, 도망치면 니느웨 사람들이 죄를 회개하지 못하도록 할 수 있다고 생각했지만 성공하지 못했다. 하나님은 아무도 예상할 수 없었던 방법으로 개입하셨고, 요나와 니느웨 사람들에 대한 자신의 목적이 확실히 이루어지게 하셨다. 요나는 니느웨 사람들이 자신의 말을 듣고 회개했을 때조차도 이를 받아들이고 싶지 않았던 점으로 볼 때, 하나님의 뜻에 진정으로 굴복하지 않았다. 결국 하나님은 무지로 죄를 지은 사람들 대신 요나

---

51 마 4:1-11.
52 마 26:42.

를 다루셔야 했다.[53] 그보다 수백 년 앞서 사라는 자신이 아이를 낳을 수 있는 나이가 지났기 때문에, 자신이 아들을 낳을 것이라는 하나님의 약속을 믿기를 거부했다. 그러나 하나님이 그 장애를 극복하셨을 때 아브라함은 그 아들을 이삭("그가 웃다")이라고 불렀는데, 이 이름은 인간의 불신은 아무리 반박할 수 없는 사실에 바탕을 두고 있다 하더라도 하나님의 뜻을 좌절시킬 수 없음을 상기시켰다. 아마 이에 대한 최고의 사례는 이스라엘 민족일 것이다. 그리스도로부터 등을 돌림으로써 자기들의 유산을 거부한 이스라엘 민족은 자기들의 반역에 대해 벌받지 않고 넘어가도록 허용되지 않을 것이지만, 그 사실에도 불구하고 조만간 하나님의 뜻으로 돌이킬 것이다.[54]

하나님의 아들은 화가 난 유대인들과 두려워하는 이방인들에게 죽임을 당했고, 성령의 사역은 불순종하고 신령하지 못한 그리스도인들에 의해 소멸될 수 있지만,[55] 성부의 뜻은 파멸될 수 없다. 사망이 성자를 붙잡아 둘 수 없었고, 대신 사망의 권세가 타도되었다.[56] 성부께서 이 일이 일어나야 한다고 결정하셨고, 하늘에서나 땅에서나 우리를 하나님의 사랑으로부터 떼어놓을 수 있는 세력은 아무 데도 없다.[57] 그렇기 때문에 아무리 많은 다른 세력들이 이를 방해하려 할지라도, 사람들을 그리스도께로 이끌고 그리스도의 교회를 세우는 성령의 사역은 계속된다.

요약하자면 삼위일체 안에서 대표 위격(anchor person)의 역할을 하는 것은 성부의 특별한 직무다.[58] 성부는 순종하는 사람에게 보상해주시는 분이시기에 우리는 그분께 감사드려야 하며 모든 영광과 경배를 돌려야

---

53 • 욘 1:17; 4:1-4.
54 • 롬 11:25-32.
55 • 살전 5:19.
56 • 고전 15:55.
57 • 롬 8:38-39; 요 6:37-39.
58 • 약 1:17; 마 5:16, 45, 48; 살전 3:11-13.

한다.[59] 이를 위해 성자는 성부를 계시하러 세상에 오셨고, 성령도 신자들의 마음속에 내주함으로써 이를 이루신다. 이런 책임들을 맡으실 때 성부는 삼위일체의 다른 위격들보다 우월하지 않고, 그들을 지배하지도 않으신다. 오히려 성부는 자신 안에 갖고 계신 모든 것을 그들에게 주셨고, 자신이 행하는 모든 일에서 그들과 함께 일하신다.[60] 성부께서 보유하시는 권위는 하나님의 다른 두 위격들에 의해 그에게 주어진 권위이며, 성부는 그들과 협력해서 그 권위를 행사하신다.[61] 이것이 바로 우리가 성부의 위격과 사역을 이해하게 되고, 그의 아들과 그의 성령 안에서 그리고 그 두 위격을 통해서 우리에게 계시된 대로 성부를 공경하게 되는 맥락이다.

"외부의" 하나님과 "내부의" 하나님

구약의 하나님을 성부로 이해하는 것은 성자의 성육신이라는 맥락에서만 의미가 통한다. 왜냐하면 아버지라는 말은 삼위일체 안에서만 의미가 있기 때문이다. 아들이 없으면 아버지도 있을 수 없고, 아버지가 없으면 아들도 있을 수 없다. 한 분 하나님과 세 신적 위격의 존재에 관한 성경의 계시 모두를 모순 없이 유지할 수 있는지 이해하기 위해 아마도 성경에서 발견하는 하나님에 대한 그림과 원자(原子)에 대해 우리가 알고 있는 바를 비교해 보는 것이 좋을 것이다. 밖에서 보면 원자는 하나이고 나누어질 수 없다. 원자는 다른 어떤 것으로 축소될 수 없고, 완전한 단일성과 통일성으로서 존재한다. 유대인들은 하나님을 이와 흡사하게 이해했다. 즉 그들은 말하자면 하나님을 "바깥"에서 보았다. 하나님은 그

---

59   마 6:1; 20:23; 요 4:24.

60   요 5:26; 10:29-30.

61   요 13:3; 14:10-21.

2부 • 하나님 자신 안에서의 사랑

들 가운데 거하셨지만, 하나님의 임재에 다가갈 수 없는 방식으로 그렇게 하셨다. 하나님은 접근할 수 없는 불이었고, 볼 수는 있지만 정의할 수 없는 구름이셨다. 하나님은 언약궤에 자신의 이름을 붙여놓았지만, 허가 없이 언약궤를 만지는 사람은 아무리 선한 의도였다 해도, 불쌍한 웃사에게 발생한 것처럼, 누구나 엄하게 처벌받게 되어 있었다.[62] 성전이 건축되자 언약궤는 성전 중앙의 내실(內室)인 "지성소"에 두어졌고, 대제사장 외에는 아무도 그곳에 들어가도록 허용되지 않았다. 심지어 대제사장도 일 년에 단 한 번, 백성들의 죄에 대한 속죄제물을 바칠 때만 그곳에 들어갈 수 있었다.[63] 자발적으로 제물을 바치려고 했던 사람들은 죽음이나 나병으로 엄하게 처벌받았다.[64]

성자가 오심으로써 모든 것이 변하고 고대의 속죄 제도는 필요 없게 되었다. 성자가 십자가 위에서 자기 자신을 속죄제물로 바치셨을 때, 지성소를 사람들로부터 분리시켰던 성전의 휘장이 둘로 찢어졌다.[65] 사도 바울은 그리스도 안에서 사람들을 하나님과 적당한 거리에 분리시키기 위해 성전에 세워졌던 장벽이 무너졌다고 기록했다.[66] 바울이 말한 것처럼 우리는 이제 성령 안에서 성자를 통해 성부께 나아간다. 우리는 "…그리스도 예수 안에서 그[성부]와 함께 하늘에 앉아 있다."[67] 이것은 단순한 미사여구가 아니다. 이 상징적 언어는 구약 시대에는 사람들이 야웨를 "바깥"에서 인식했던 경험이 예수 그리스도 안에서 하나님을 직접 경험하는 것으로 대체된 사실을 반영한다. 하늘에서 하나님과 함께 앉혀졌다는 것은 우리가 신격의 내적 생명과 통합되었음을 의미한다. 하나님이 전에는 우리 안에 거하시지 않고 우리 가운데 거했지만, 이제는 그

---

62 삼하 6:6-8; 대상 13:9.
63 출 30:10; 히 5:1-5.
64 민 16:5-40; 대하 26:16-21.
65 마 27:51.
66 갈 3:28.
67 엡 2:6.

의 성령을 통해 우리 마음속에 오셔서 우리를 자신의 자녀로 입양시키시고 우리에게 성자의 말로 "아바(Abba)! 아버지!"라고[68] 기도할 수 있게 하셨다. 성부를 아는 것은 성령에 의해 그리고 성령 안에서 성자와 연합되는 것이다.[69] 원자가 쪼개졌을 때 이전에 몰랐던 에너지의 세계가 알려졌다. 마찬가지로 하나님의 내적 생명 안으로 들어갈 때, 우리는 이전에는 상상하지 못했던 방식으로 하나님을 본다. 밖에서 본 원자가 항상 그 안에 원자의 참된 생명인 숨겨진 에너지를 담고 있었던 것처럼, 하나님도 항상 "내부"에서는 위격들의 삼위일체였지만, 이 신적 통일성을 대표하는 사명을 갖고 있었던 성부의 위격 안에서 그리고 성부의 위격을 통해서 고대 이스라엘 사람들의 "바깥" 세계에서 하나로 제시되었다.

초월성

하나님은 이스라엘에게 자신을 완전히 초월적인 존재로 계시하셨고, 다른 무엇보다 바로 이 믿음이 고대 세계에서 유대인의 특징이었다. 하나님은 어떤 피조물과 결코 동일시되거나 인간적 이해의 한계에 얽매일 수 없으시다. 구약성경에서 이 초월성은 우상숭배를 금지하는 많은 명령을 통해 우리에게 전달되었다. 오늘날에는 (힌두교 신도를 제외하고) 자기들의 신의 형상을 만들 생각을 하거나 나무나 돌 조각이 특별한 신적 능력을 가질 수 있다고 생각할 정도로 유치한 사람은 거의 없기 때문에, 우상숭배 금지가 이례적이라는 인상을 주지 않는다. 그러나 고대에는 대부분의 사람들이 그런 사고방식을 갖고 있었다. 라헬이 자기 아버지 라반의 우상을 훔쳤을 때, 그녀는 자신이 라반과 그의 가족을 지켜준 영적 힘을

---

68   갈 4:6.
69   엡 2:18.

제거했다고 생각했는데, 그것은 야곱조차도 죽임당해도 마땅하다고 믿었던 범죄였다.[70] 다곤(블레셋 사람들의 신) 신상이 넘어졌을 때, 그 사건은 블레셋의 힘이 상실될 것이라는 전조로 보였기 때문에 블레셋 사람들에게 큰 위기를 유발했다.[71]

바빌로니아 제국에서 로마 제국에 이르기까지 세속 통치자들이 자신의 권위를 강화하기 원했을 때 그들은 자신들의 입상을 만들었고, 그 국민들은 그 상을 신으로 숭배해야했다.[72] 이스라엘 사람들은 특히 바빌로니아 포로 이후로는 대체로 이들과 현저히 대조되었지만, 초기에는 이런 경향에서 예외가 아니었다. 모세가 하나님께 십계명을 받기 위해 시내산에 올라갔을 때 이스라엘 백성들은 골짜기에 남아 금송아지를 만들어 숭배했는데, 대제사장 아론도 여기에 가담했고, 이 사건으로 인해 모세가 중재한 하나님과 그의 백성 사이의 언약이 파기될 뻔했다.[73] 이후에 유다로부터 갈라선 북 왕국 이스라엘은 백성들이 참 하나님을 경배하러 적국의 수도 예루살렘에 가지 못하게 하려고 금송아지를 숭배하는 산당들을 세웠다.[74] 이 조치는 정치적 관점에서는 이해할 수 있지만 그럼에도 하나님께 반역하는 범죄로서, 이로 인해 북 왕국은 결코 남 왕국 유다가 누렸던 것과 같은 하나님의 호의를 누리지 못했다.

우상숭배를 책망했다는 점에서 이스라엘의 하나님은 확고하게 반문화적이었는데, 이 사실은 흔히 이스라엘의 이웃 국가들에게 약함의 표시로 인식되었다. 예를 들어 엘리야 시대에 바알의 선지자들은 분명히 자기들이 더 우수한 경배 형태를 갖고 있다고 생각했고, 엘리야는 하나님이 기적적으로 개입하시고서야 야웨 신앙이 패배하는 것을 막을 수 있

---

70 창 31:19-32. 라헬에게는 다행스럽게도 라반은 신들을 찾기 위해 야곱의 장막들을 뒤졌지만 찾아내지 못했다.
71 삼상 5:1-5.
72 단 3:1-7.
73 출 32:1-35.
74 왕상 12:25-33.

었다.[75] 초월적 일신론은 자신의 지적 우월성을 자랑하고, 철학자들이 대중의 미신을 노골적으로 경멸하던 그리스-로마 세계에서조차 정착하기 어려웠다. 그럼에도 불구하고 우상숭배가 대중의 종교 의식 속에 하도 깊이 뿌리박힌 나머지 로마도 우상숭배를 근절할 수 없었다. 기독교가 승리한 후에 비로소 우상숭배가 억제되었다. 이런 배경에 비춰볼 때, 이스라엘 사람들이 하나님의 완전한 초월성을 주장한 것은 더욱 더 감탄할 만하고 놀라웠다. 이집트, 바빌로니아, 아시리아가 무너지자 그들이 섬기던 신들도 먼지 속에서 짓밟혔고, 그 신들의 힘이 거짓된 것으로 드러났기 때문에 사람들은 그 신들을 잊어버렸다. 그러나 이스라엘의 성전이 완전히 파괴되고 이스라엘 백성들이 포로로 잡혀갔을 때, 그것이 하나님께 어떤 영향을 주지는 않았다. 하나님은 이 사건을 사용해서 자기 백성들에게 자신의 막강한 힘과 존재 때문에 자신은 사람의 손에 의해 파괴될 수 없다는 점을 상기시키셨다.[76] 포로상태에서 돌아온 이스라엘은 정치적인 면에서는 쇠약해졌지만, 영적으로는 아주 강해졌다. 포로로 잡혀간 뒤에 이방의 우상숭배에 다시 빠져들게 하는 유혹이 다시는 기승을 부리지 못했다.

그리스도의 성육신은 성부의 초월성을 강조했다. 성부는 성자를 죽은 자 가운데서 다시 살리시고 도로 하늘로 데려가심으로써 최종적으로 성자를 신원하시기 전에, 이미 성자의 지상 생애 동안 성자를 보호하셨다. 예수는 자기를 따르는 사람들에게 성부를 계시했고 그들이 성부께 접근할 수 있게 했지만, 그렇다고 해서 성부의 영광을 훼손하거나 성부의 힘을 감소시킬 수도 있는 방식으로 성부를 땅으로 내려오시도록 하는 것이 아니라, 오히려 제자들을 하늘로 끌어올리셨다. 하나님은 자신의 신성 안에서 완전히 초월적인 분으로 남아 있었고, 예수를 죽임으로써 문

---

75   왕상 18:20-40.
76   렘 29:1-29. 이사야서의 많은 부분과 에스겔서 전체도 이 주제에 할애되어 있다.

제를 해결할 수 있다고 생각한 자들에게 승리를 거두심으로써 이 점을 보여주셨다. 느부갓네살 치하의 바빌로니아 사람들처럼, 그들은 땅의 성전은 파괴할 수 있었지만 하나님께는 손댈 수 없었고, 하나님은 파괴된 뒤 사흘 후에 돌아오셔서 자신을 제거하려 했던 나라보다 훨씬 더 큰 나라를 세우셨다.[77] 성부의 힘은 성자가 죽은 자 가운데서 돌아온 첫 번째 부활절 아침에 가장 가시적으로 나타났지만, 성부는 여전히 볼 수 없는 분으로 남아 계시고 결코 모든 피조물을 다스리시는 보좌에서 내려오시지 않으면서도, 예수의 제자들의 마음과 생각에 역사하시고 그들을 믿음으로 이끄셨다.[78] 심지어 그 지점에서도 성부의 궁극적인 계획과 목적은 신비로 남아 있었고, 이 비밀은 성자에게 계시하라고 주어지지 않았다. 예수는 부활하신 후에 제자들에게서 하나님 나라가 언제 임할지 질문받았을 때, 그때는 성부께만 알려져 있기 때문에 자신은 대답해줄 수 없다고 말씀하셨다. 성부의 계획은 만물이 최종적으로 완성될 때야 드러난다는 것이었다.[79]

---

77   요 2:19-22.
78   행 3:15; 4:10; 13:30; 롬 4:24; 10:9; 갈 1:1; 골 2:12; 살전 1:10; 벧전 1:3.
79   행 1:6-7.

10장

•

하나님의 신적 아들

성자의 정체성

얼핏 보면 성자의 정체성은 정확히 밝히기가 무척 쉬워 보일 수 있다. 그는 인간 나사렛 예수가 아닌가? 그는 세례를 받을 때 하나님의 아들로 선포되었고[1], 적어도 승천 이후에는—아니, 어쩌면 이미 그 이전에도[2]— 그렇게 경배를 받지 않았는가? 기독교 교회는 삼위일체 교리가 완전히 발달하기 전에도 예수를 하나님의 아들로 간주했으며, 그 믿음이 없이는 기독교가 없었을 것이라고 말해도 무방하다. 그러나 오늘날에도 여전히 그런 사람이 있는 것처럼 예수 당대에도 예수를 위대한 스승으로 존경 했지만 하나님으로 경배하지는 않은 사람이 많았다. 대신 그들은 예수의 이례적인 영향력에 대해 다른 설명들을 모색했다. 그리스도의 신성에 대 해 제기된 반론들이 많이 있었지만, 이 반론들은 두 가지 주요 형태로 분 류될 수 있다.

첫 번째 형태의 반론은 신학적 반론이었다. 예수 당대의 유대인들이

1 　마 3:17; 요 1:29-34.
2 　이에 대한 증거는 마 16:16-17을 보라.

명백히 그랬던 것처럼 엄격한 일신론자들은 그리스도인들이 아무리 예수는 성부와 "하나"라고 주장해도, 두 번째 위격이 자신을 하나님으로 부르는 것은 불가능하다고 항의했다. 예수의 지상 사역 기간에 그를 본 사람들은 예수가 일으킨 기적에 깊은 인상을 받았고, 그들 중 보다 마음이 열린 사람들은 기꺼이 예수를 하나님으로부터 온 교사로 보았다.[3] 예수는 랍비 교육을 받지 않았지만, 지상 사역을 하는 동안 그의 가르치는 재능을 인정받아 종종 "랍비"로 지칭되었다. 예수의 성경 지식은 소문이 났고, 예수의 성경 해석은 종종 대담했지만, 예수가 한 말이 사실인지 의심한 사람은 아무도 없었던 것 같다.[4] 그것이 전부였더라면, 예수는 그 이전의 예언자들과 같이 박해를 받았을 수도 있지만,[5] 사후에는 이스라엘의 위대한 교사들 가운데 하나로 존경받았을 것이다. 예수는 아마도 궁극적으로 현대 유대교의 토대를 마련한 두 명의 유대인 랍비인 힐렐 및 가말리엘과 동등한 위치에 올랐을 것이다. 그런데 예수는 율법에 대한 새로운 재해석을 제공하는 것을 뛰어넘어 하나님을 자기 아버지로 부르기 시작하고, 성경이 자기에 관해 말한다고 하고, 마침내 자기를 비난하는 사람들에게 그들이 자신이 하나님 우편에 앉아 있는 것을 보게 될 것이라고 말했다. 이에 기존 질서에 대한 예언자적 도전은 참을 수 있었던 사람들마저도 격분해서 예수가 신성을 모독한다고 비난했다.[6] 예수는 교사로서의 지위를 주장해서 곤경에 빠진 것이 아니라, 그가 가르치신 내용 때문에 어려움에 처했다. 예수의 가르침에 동의한 사람들에게는, 예수는 어떤 교사나 예언자보다 훨씬 더 위대한 분이었다. 그러나 예수의 가르침에 동의하지 않은 사람들에게는, 예수는 이스라엘 민족을 무너뜨리기로 작정한 마귀의 심부름꾼 외에 다른 존재일 수 없었다.

---

3   요 3:2.
4   예컨대 눅 4:25-29를 보라.
5   마 5:11-12.
6   요 5:18, 39: 눅 22:67-71.

두 번째 종류의 반론은 "역사적" 반론으로 불릴 수 있다. 이 반론은 아무리 재능이 있다고 하더라도 어떤 인간도 자신을 하나님으로 주장할 수 없다는 믿음을 기반으로 한다. 이렇게 생각하는 사람들은 예수의 경건한 찬미자들이 그에게 신적 속성을 귀속시켰음을 부정하지는 않지만, 설사 그런 관점에 어느 정도 동의할지라도 그들은 이 견해에 객관적 정당성이 있다고 인정하지 못한다. 예수에 대한 믿음은 엘비스 프레슬리 같은 인물에 대한 믿음보다 더 존중받을 수 있고 확실히 더 지속적이지만, 이 두 현상은 본질적으로 동일하다. 두 경우 모두 사후에 이상화되고, 추종자들의 마음과 생각 속에서 "불멸의" 존재가 되었다. 비판자들은 이런 종류의 헌신을 삶의 한 현실로 받아들이거나, 그것을 옛적의 고지식함에 뿌리를 둔 근거 없는 미신으로 간주하고 제거하려 할 수도 있지만, 어느 쪽도 객관적·역사적 사실에 바탕을 둔 것으로 진지하게 취급하지 않는다. 엘비스 프레슬리 같이 카리스마가 있는 인물들이 종종 등장해서 여러 세대에 걸쳐 추종자를 끌어당기므로, 예수가 사람들에게 이와 비슷한 영향을 끼쳤다고 해서 그리 놀랄 일도 아니다. 열렬한 추종자들의 눈에 그들은 모두 "왕"이었지만, 아무리 도를 지나친 찬미자라고 해도 엘비스 프레슬리를 "하나님"으로 부르지는 않을 것이다. 그리고 많은 비판자들이 보기에 예수도 그렇게 불려서는 안 된다.

이 두 극단 사이에 다양한 대안들이 있는데, 그것에게는 각각 교회사에서 한때 지지자들이 있었다. 극단의 한 쪽 끝에는 예수가 하나님과 특별한 관계를 누렸음은 인정하지만 하나님과 동일했다고는 믿지 않는 자들이 있다. 아리우스와 같은 자들은 예수가 마리아의 태에서 성육신하기 전에는 천상의 존재로서 하나님의 일부였지만, 그가 특정 개인으로 성육신했다는 사실은 본질적으로 그가 자기 아버지라고 부른 하나님과 다름을 의미할 수밖에 없고, 따라서 하나님보다 열등한 존재였음이 틀림없다고 말하는 데까지 나아갔다. 이렇게 생각하는 사람들은 복음서에서 예수가 추측건대 성부의 뜻이 자신의 뜻보다 우월하기 때문에 자기 아버지의 뜻에 맡기는 많은 본문과 아버지가 자기보다 크시다고 공개적으로 진술하는 본문들을 제시할 것이다.[7] 그들은 그 말이 예수가 자신이 본래 자기를 낳으신 분보다 열등함을 인정한 것 말고 다른 무슨 의미일 수 있느냐고 물을 것이다. 예수의 기적적 탄생은 인정하지만, 여전히 예수는 세례나 부활 때 하나님에 의해 아들로 입양되었고, 오늘날 우리가 알고 있는 구주로 바뀐 인간에 지나지 않았다고 말하는 사람들도 있을 것이다.

이런 비판과 도전에 대응해서 그리스도인들은 일반적으로 다음과 같은 두 가지 접근법 중 하나를 택한다. 그들은 인간 나사렛 예수로부터 시작해서 그가 참으로 인간의 육체를 입으신 하나님이었음을 증명하려고 하거나, 하나님의 자기계시에서 시작해서, 이 계시가 우리를 하나님에 관한 참된 지식으로 이끌기 위해서는 예수가 자신의 본질적 초월성을 부정하거나 포기하지 않고 우리에게 이해될 수 있는 형태로 나타났어야만 했을 것이라고 주장한다. 우리는 이 주장을 하나님의 말씀이 육신이 되셨다는 교리에서 발견한다.[8] 전자의 접근법은 인간에게서 시작해서 하나님께 이르기 때문에 오늘날 "아래로부터의" 기독론으로 불리는 반면, 후자의 접근법은 하나님으로부터 시작해서 하나님이 어떻게 자기 자신을 우리의 이해에 맞추셨는지 설명하기 때문에 "위로부터의" 기독론으로 알려져 있다. 현대 자유주의 신학자들은 모두 아래로부터의 기독론으로 시작하기 때문에, 그 기독론은 종종 표준적인 자유주의 견해로 가정되고, 위로부터의 기독론은 정의상 보다 더 전통적이고 정통적인 견해로 가정된다. 그러나 신약의 증거를 조심스럽게 검토해 보면 문제가 그렇게 단순하지 않고, 처음에 복음의 메시지를 선포한 사람들은 두 가지 접근법을 모두 사용했다는 점이 증명될 것이다.

---

7   요 14:28; 마 19:17.

8   요 1:14.

두 가지 접근법은 사도 베드로가 오순절에 예루살렘에서 행한 설교에서 가장 분명하게 볼 수 있다. 그날에 3천 명의 사람들이 그리스도에 대한 믿음을 고백했고, 그 결과 우리가 알고 있는 교회가 생겨났다. 베드로가 그의 설교에서 얼마나 조심스럽게 인간의 관점과 하나님의 관점 사이의 균형을 유지하는지 유의해서 보라. 그 설교는 다음과 같이 위로부터의 기독론과 아래로부터의 기독론으로 분석될 수 있다.[9]

1. 예수는 그의 능력으로 기적을 행하도록 하나님에 의해 보내졌다(위로부터의 기독론).
2. 이 기적들은 잘 증명되었고 일반적으로 확실하다고 받아들여졌다(아래로부터의 기독론).
3. 예수는 하나님의 명확한 계획에 따라 하나님이 아시는 가운데 제물로 바쳐졌다(위로부터의 기독론).
4. 사람들이 예수를 십자가에 못 박아 죽였다(아래로부터의 기독론).
5. 하나님이 예수를 죽은 자 가운데서 살리셨다(위로부터의 기독론).
6. 다윗 왕에 대한 예언은 다윗이 죽었기 때문에 다윗에게서 성취되지 않았다(아래로부터의 기독론).
7. 그 예언은 대신 예수에게서 성취되었다(위로부터의 기독론).
8. 예수는 다윗에게 약속된 나라를 상속받았다(아래로부터의 기독론).
9. 그 나라는 부활하여 승천하고 영화롭게 되신 그리스도께 속해 있다(위로부터의 기독론).

하나님의 사역과 인간의 증언이 세심하게 얽혀 있어서, 때로는 이 둘을 분리시키기가 거의 불가능하다. 하나님이 자기 아들을 보내지 않으셨다면 아무런 복음도 없었을 것이기 때문에, 불가피하게 위로부터의 기

---

9   행 2:22-39.

독론에 어느 정도 논리적 우선순위가 있다. 복음이 선포된 방식의 특징은 일반적으로 인정된 사실에서부터 시작해서 듣는 사람들에게 무엇이 그 일들을 일어나게 했는지 결론을 내리도록 초청하는 것이었다. 아래로부터의 기독론은 손쉽게 입수할 수 있는 증거에 기초한 학문적 관찰 방법인 반면, 위로부터의 기독론은 그 증거가 가리키는 것을 설명하는 이론이다. 이 두 접근법은 각자 자신의 자리를 갖고 있다. 만약 오늘날의 교회가 하나님의 아들을 우리를 죄로부터 구원하고 하나님께로 다시 이끌기 위해 사람이 되신 삼위일체의 두 번째 위격으로 경배한다면, 그것은 오직 일어난 사건들이 그 사건들을 목격한 사람들에게 확실하다고 인정되었고, 그들이 그 사건들 배후에 하나님의 영원한 계획과 목적이 놓여 있음을 이해하게 되었기 때문이다.

그러므로 인간 나사렛 예수의 정체성은 그의 인간적 기원에 대한 관점만으로는 완전히 이해될 수 없다. 나사렛 예수는 확실히 다윗 왕의 자손이었지만, 그것은 이스라엘에서 결코 독특한 점이 아니었다. 오늘날 정복자 윌리엄의 자손이라고 주장할 수 있는 사람들이 많이 있는 것처럼, 그때도 자신이 다윗 왕의 자손이라고 말할 수 있었던 사람들이 수백 명은 있었을 것이다.[10] 메시아는 반드시 다윗의 자손이어야 했지만, 그것만으로는 충분하지 않았다. 베드로가 오순절 설교에서 지적했듯이 참으로 차이가 있었던 점은 다윗의 이 특정 자손이 다른 어느 누구도 해냈거나 스스로 했다고 주장할 수 없었던 어떤 일을 행했다는 것이었다. 죽어서 매장되었고 그 무덤이 아직도 남아 있는 다윗과 달리 예수는 하나님이 죽은 자 가운데서 살리셔서 자기 우편에 앉도록 높이셨기 때문에, 지옥에 버려지지 않았고 그의 영혼도 썩지 않았다.[11] 예수는 근본적으로 다윗의 자손 이상의 존재, 즉 하나님의 아들이었기 때문에, 다윗의 **한** 아들

---

10   마 1:1-17; 눅 3:23-38.
11   행 2:29-33. 본래의 예언은 시 16:8-11에 나온다.

에서 다윗의 그 아들이 되셨다.

베드로는 자신의 설교에서 하나님이 처음부터 예수의 생애와 죽음과 부활을 계획하셨다는 점을 여러 번 분명히 말했다. 신약성경의 다른 부분은 근거로서 예수가 항상 하나님과 함께 있었다는 사실을 말한다.[12] 사실, 예수 자신이 하나님이었고, 그것 때문에 다른 모든 것이 가능해졌다. 이 점은 사도 바울이 일어난 일들을 설명하는 빌립보서 2:6-11에서 가장 분명하게 제시된다.

1. 태초에 성자는 하나님(성부)과 동등했다.
2. 성자는 자기를 낮추시고 성부의 종이 되기로 작정했다.
3. 종으로서 성자는 인간이 되셨고, 그래서 성부께 순종하여 죽으실 수 있었다.
4. 성부는 이 순종에 응답해서 성자를 높이셨다.
5. 성자의 높여지심이 우리가 그를 경배하는 이유다.

이 다섯 가지 요점은 다윗의 자손으로서의 예수의 정체성을 보다 넓은 신학적 배경에 위치시킨다. 예수는 비록 성부와의 관계에서 어떤 면에서는 자신을 열등한 자로 만드는 역할을 받아들이기는 했지만, 하나님의 아들로서 영원히 성부와 동등하시다. 이 열등성은 성자에게 부과된 것이 아니라 성자가 자발적으로 선택했기 때문에, 실체나 본성의 하나가 아니다. 성자는 왜 이렇게 하기로 동의했는가? 이에 대한 대답은 그가 성부에 대한 사랑으로, 그리고 인간에 대한 사랑의 시행으로 그렇게 했다는 것이다. 우리는 예수가 우리의 구원을 위해 죽으셨다고 생각하는 데 너무 익숙해져서, 또한 그가 성부의 뜻을 이루시기 위해 죽으셨다는 사실을 망각한다. 예수께서 십자가에서 하신 말씀을 살펴보면 이 점이 분

---

12   요 1:1.

명해진다. 복음서들에 기록된 그리스도의 십자가 상의 일곱 말씀들 가운데 세 마디는 직접 성부께 드리는 말씀이다. 마태와 마가는 시편 22:1의 유명한 인용구를 다음과 같이 기록한다. "나의 하나님, 나의 하나님, 어찌하여 나를 버리셨나이까?"[13] 직접 성부께 드린 이 세 말씀들 중 두 말씀은 누가복음에서도 발견된다. "아버지, 저들을 사하여 주옵소서. 자기들이 하는 것을 알지 못함이니이다." "아버지, 내 영혼을 아버지 손에 부탁하나이다."[14] 누가복음에 나오는 세 번째 말씀은 자기 옆의 십자가에 달려 있던 강도가 예수를 믿는 믿음을 고백한 후 그에게 주어진다. 이에 대한 답변으로 예수는 그 강도에게 "오늘 네가 나와 함께 낙원에 있으리라"고 말씀하셨는데, 낙원은 성부가 계신 곳에 있기 때문에 이 말씀은 성부를 명시적으로 언급하지는 않지만 성부와 관련이 있는 진술이다.[15] 어쩌면 조금은 놀랍게도 성부께 드리는 말씀도 아니고 성부에 대한 언급도 전혀 없는 세 말씀은 요한복음에 나온다.[16]

예수가 누구였는지 이해하는 데 있어 그가 십자가에서 하신 말씀들의 중요성은 아무리 강조해도 지나침이 없다. 예수의 십자가형은 다른 어떤 것도 할 수 없는 방식으로 우리를 그의 정체성과 사명의 핵심으로 데려간다. 우리는 다른 어느 곳에서보다 십자가형을 통해 그가 진정으로 무엇을 하러 오셨는지 더욱 분명히 보게 된다. 우리를 위해 죽으심으로써 예수는 스스로 죄의 저주를 감당하셨는데, 이 죄의 저주가 예수를 자신의 목전에 악을 조금도 용납하실 수 없는 성부와 분리시켰다.[17] 여기서 성자는 버림받은 것으로 보였지만, 그들 사이의 관계는 죄가 그 관계를

---

13   마 27:46; 막 15:34. 흥미롭게도 예수는 이 말을 히브리어가 아니라 아람어 번역본으로 인용했다.

14   눅 23:34, 46.

15   눅 23:43.

16   이 말씀들은 다음과 같다. "여자여, 보소서! 아들이니이다"… "보라 네 어머니라"(요 19:26-27); "내가 목마르다"(요 19:28); "다 이루었다."(요 19:30).

17   고후 5:21; 갈 3:13.

파괴하기 위해 할 수 있는 그 어떤 것보다 깊었기 때문에, 성자는 여전히 성부께 부르짖을 수 있었다. 성부는 어느 순간에도 성자와의 개인적 관계를 끊지 않으셨다. 오히려 그러한 연결 관계가 있었고 그 연결이 변할 수 없었기 때문에, 성부는 성자가 우리 죄를 위해 아낌없이 희생제물로 드리셨던 그 몸을 처벌할 수 있었다.[18] 예수가 하나님의 아들이 아니었더라면, 그는 자신의 죄를 위한 희생제물을 바쳤어야 했을 것이고, 성부께 바칠 죄 없는 몸을 갖고 있지 않았을 것이다.[19]

누가복음에 나오는 말씀들은 예수가 십자가 위에서 영적으로 자기 아버지로부터 분리되지 않았다는 사실을 강조한다. 첫 번째 진술은 예수의 희생이 예수 자신과 성부(두 분은 하나다)께 죄를 범한 사람들의 용서를 구하는 기도로 의도되었음을 보여준다. 신격 안에서 성부와 성자가 맺었던 관계로 인해 예수가 죽어가고 있음에도 그 사역은 시작될 수 있었다. 그것이 단순한 빈말이 아니었다는 점은 예수가 자신과 함께 십자가에 못 박힌 강도에게 하신 말씀으로 증명된다. 왜냐하면 그 강도의 믿음이 자신을 구원하기에 충분했을 뿐만 아니라, 예수께서 드린 희생제물도 그 강도를 구원하기에 충분했기 때문이다. 예수는 이미 자신의 제물이 성부에게 받아들여질 것이라는 것을 알고 있었고, 강도에게 그렇게 말씀하심으로써 자신의 추종자들에게 구원 사역이 참으로 성취되었다는 확신을 주었다. 마지막으로 예수는 숨을 거두실 때 성부께서 자신을 사망과 지옥의 고통을 통과하게 하신 후에 다시 살리실 것을 알고, 아버지께 자신을 맡기셨다. 이 모든 일들은 성부의 뜻을 이루고 성부께서 자신에게 맡기신 사람들을 구원하기 위해 스스로 종이 되기로 하신 분의 사역이었다.[20]

완벽한 희생과 죽음 뒤에 성자를 높이실 때 성부는 그에게 어떤 새로

18　히 4:15; 5:8-10.

19　히 7:26-28.

20　요 17:12.

운 영예를 부여한 것이 아니라, 예수 자신이 이미 다음과 같이 말씀하신 것처럼 성자가 처음부터 갖고 있었던 영광을 회복시켜주셨다.

> 아버지께서 내게 하라고 준 일을 내가 이루어 아버지를 이 세상에서 영화
> 롭게 하였사오니, 아버지여, 창세전에 내가 아버지와 함께 가졌던 영화로
> 써 지금도 아버지와 함께 나를 영화롭게 하옵소서.[21]

이 말은 성자의 정체성을 이해하는 데 있어 가장 중요한 진술이다. 이 진술은 예수의 완전한 순종 때문에 성부께서 그를 입양했다는 모든 주장을 배격한다. 예수의 죽음으로부터의 부활은 그의 성공적인 희생제사에 대한 보상이 아니라, 애초에 그가 하나님이었다는 사실의 불가피한 결과였다. 예수는 사망에 예속되지 않기 때문에, 사망이 그를 구속할 수 없었다. 예수의 몸의 부활은 이전에 갖고 있지 못했던 신성으로의 모종의 변화가 아니라, 그의 인간적 본성의 갱신이었다. 그 몸을 하늘로 가져갈 때, 예수는 우리의 죄를 위해 희생제물로 드렸던 자기 몸을 가져 갔다. 이제 예수는 이를 이용해서 성부께 우리의 용서를 위해 간청하시지만, 그것은 예수에게 처음부터 마땅히 자신의 것이었던 성자의 지위가 다시 주어졌기 때문이다. 예수는 하늘 영광 중에 성부로부터 땅에서 자신의 목적을 이루기 위한 모든 능력을 받았고, 아버지의 이름으로 살아 있는 자와 죽은 자를 심판하러 오실 분이 바로 그이시다.[22]

---

21 요 17:4-5.
22 요 5:22.

영원에서의 성자의 출생

우리는 출생(generation) 개념을 어떻게 해석해야 하는가? 성경이 이런 언어를 사용한다는 점은 의심의 여지가 없으며, 이 개념은 성부와 성자의 관계를 묘사하기 위한 이름들 자체에 내재되어 있다. 피상적으로는, 그 말을 어떻게 해석하든, 성자는 성부에게 종속되어 있고 따라서 (최소한 어떤 면에서는) 열등하다고 말할 수도 있는 것처럼 보일 것이다. 그러나 성경의 언어가 잘못된 범주로 분류되어 오랫동안 잘못 해석되었다는 어려움이 있다. 탄생에 관해 말하는 것은 시간 속에서 일어나는 과정에 관해 말하는 것이다. 만약 성자의 경우가 이에 해당한다면, 논리적으로 성자가 존재하지 않았던 때가 있었다는 결론이 내려져야 한다. 그러나 그것이 사실이라면 하나님은 영원하시므로 성자는 하나님일 수 없음을 의미할 것이다. 초기 교회의 신학자들은 이 난제(難題)를 붙들고 씨름했으며, 궁극적으로 우리가 지금 초기 교회 신조들 속에서 발견하는 성자는 성부에게서 "영원히 낳은"(eternally begotten) 분이라는 어구를 만들어냈다. 탄생 과정은 시간 밖에서는 발생할 수 없기 때문에, 어떤 면에서 이 말은 논리적 모순이다. 물론 초기 그리스도인들도 이 점을 알고 있었다. 그들의 의도는 출생 개념에서 시간 요소를 완전히 제거해서, 성자의 출생을 우리가 통상적으로 상상하는 것과 다른 어떤 것으로 만드는 것이었다. 그들은 삼위일체라는 언어에서 출생을 삼위일체의 두 위격들이 그 안에서 서로를 성부와 성자로 인정하고 그에 따라 행동하는 관계를 맺는 과정으로 대체했다. 여기서 핵심 요점은 두 위격들이 자발적으로 그렇게 하시고, 하나님 안에 성자가 본질상 자기보다 우월한 존재인 성부에게 양보할 의무를 지우는 어떤 내적 구조가 있는 것은 아니라는 점이다.

출생이라는 언어를 사용해서 성자의 하늘 어머니가 누구인지 묻기까지 하는 사람들이 있다는 사실로 볼 때, 이렇게 말하는 것이 매우 중요하다. 이 질문의 배후의 논리는 인간의 출생은 남성과 여성을 다 필요로 하는 반면, 우리에게 계시된 바와 같은 신의 출생에는 남성 부모만 있다는 것이다. 이 주장은 만약 "출생"이 진정한 유비라면 반드시 어머니가 있어야 한다는 데까지 나아간다. 최소한 이런 식으로 생각하는 사람들 가운데 일부는 나아가 이 어머니는 성령이 틀림없다는 결론을 내리기까지 하는데, 이 이론은 "영"이라는 단어가 히브리어(루아흐, *ruakh*)와 아람어(루호, *rukho*)에서 모두 여성 명사라는 점을 근거로 지지되며, 이 주장은 성자의 출생과는 별도로 신격의 여성적 특질을 찾는 이들에게도 그럴듯하게 보였다. 그들에게는 불행하게도 "영"이라는 그리스어 단어(프뉴마, *pneuma*)는 중성이고 라틴어 단어(스피리투스, *spiritus*)는 남성이다. 이 사실은 문법적 성이 생물학적 성과는 거의 관련이 없다는 점을 우리에게 상기시켜준다. 확실히 삼위일체의 세 번째 위격을 어머니 또는 심지어 여성이라고 할 아무런 이유가 없다. 문법적 성이 이처럼 극단적으로 취해질 수 있는 사실은 잘못된 지적 틀을 안내자 삼아 성경을 읽는 위험을 경고해준다. "영원한 출생"(eternal generation)이라는 말이 상기시켜 주는 것처럼, 우리는 인간의 출생에 비견할 수 있는 하나님 안에서의 출생 과정을 다루는 것이 아니라, 완전히 다른 개념을 다룬다.

삼위일체의 두 번째 위격과 관련하여 "출생"의 참된 의미를 이해하기 위해 적용하는 틀은 생물학이나 문법이 아니라 법학에 의해 확립된다. 법적 원리로서의 "출생"은 하나님의 구원 사역을 이해하기 위한 기본 틀을 제공하는 언약 원리 및 구약의 계시 구조와 완전히 일치한다. 삼위일체의 첫 번째 위격과 두 번째 위격의 관계는 **상속** 개념에 기반을 둔다. 성자는 만물의 **상속자**로 임명되었고, 이런 의미에서 그는 모든 피조물보다 먼저 나신 이로 묘사된다.[23] 에서와 야곱 이야기가 알려주는 것과 같이, 장자 상속법에 따라 장자가 상속을 받는 자이다.[24] 인간사에서 상

---

23 골 1:15-16; 히 1:2; 갈 4:7도 보라.
24 창 27:18-35. 야곱(작은 아들)은 눈 먼 아버지 이삭 앞에서 자기 형(장남)의 흉내를 냄으로써 형의 유산을 훔쳤다.

속이라는 언어는 반드시 그런 것은 아니지만 통상적으로 출생과 인간의 생식 과정에 덧붙여진다. 증여자와 아무 관련이 없는 사람에게 유산을 물려주거나, 하나님이 우리에게 그렇게 하신 것처럼 상속해주기 위해 남을 입양할 수도 있다.[25] 상속 개념은 유연하고, 필연적으로뿐만 아니라 선택에 의해서도 다양한 상황들에 적용될 수 있는데, 이 점은 우리와 하나님의 관계 및 성자와 성부의 관계를 이해하는 데 매우 귀중하다.

부자 관계의 언어를 사용하면 아버지와 아들을 하나로 묶는 근저의 연합을 강조하고, 성자는 성부의 자연적인 상속자인 반면 우리는 입양의 은혜에 의한 상속자일 뿐이라고 말할 수 있다. "부전자전"은 부자관계의 본질을 전달하고, 우리에게 인간 자녀가 부모의 특성을 공유하는 것처럼 하나님의 아들도 진정한 아들이라면 자기 아버지의 본성을 공유해야 한다는 점을 상기시켜주는 유명한 표현이다. 이들의 관계를 묘사하기 위해 사용하는 성부와 성자라는 용어에는 존재와 본성의 공유가 내재되어 있다. 구약성경에서 천사들 및 아마도 다른 천상의 존재들이 간혹 "하나님의 아들들"로 불리는 것은 사실이다. 그러나 이것은 하나님 자신처럼 그들이 영적 존재라는 특성을 가리키는 말이고, 그들을 위해 유보된 상속과 연결되어 있지 않다.[26] 그런 의미에서 요한복음 서론이 명시하는 것처럼, 그리고 초기 교회의 신조들이 반복하는 것처럼, 성자는 **독생자**(the only begotten)이시다.[27]

시공간에서의 성자의 출생

성자의 출생이라는 주제는 신격 안에서 성부에 대한 관계로만 국한되

---

25   갈 3:29; 엡 3:6.
26   창 6:2-4; 욥 1:6, 2:1.
27   요 1:14.

지 않는다. 왜냐하면 성자는 또한 시공간 속에서 처녀 마리아의 태에서 출생했기 때문이다. 신약성경은 이 출생이 실제로 일어나기 약 7백 년 전에 이사야에 의해 예언되었다고 가르친다. 마태복음 1:23은 이에 대해 이렇게 말한다.

> 보라! 처녀가 잉태하여 아들을 낳을 것이요 그의 이름은 임마누엘이라 하리라 했으니, 이를 번역한즉 하나님이 우리와 함께 계시다 함이라.[28]

이것이 히브리어 원문의 정확한 번역인지 여부에 대해 자주 논란이 벌어졌다. 이사야는 그의 예언에서 **베툴라**(bethulah, "처녀")라는 말 대신 **알마**(almah, "젊은 여자")라는 말을 사용했다는 반론이 제기된다. 이 반론에 대해서는 세 가지 답변이 주어질 수 있다.

1. 젊은 여자의 출산에 관해서는 예언적인 요소, 또는 심지어 눈에 띨 만한 요소가 없을 것이다. 그런 일은 늘 일어나는데, 그것이 전부라면 예언자가 염두에 두고 있는 젊은 여자가 누구인지를 누가 어떻게 알겠는가?
2. 많은 사회에서 "젊은이"는, 특히 여성의 경우, 사실상 결혼 적령기와 성 경험에 의해 정의된다. 결혼 적령기에 이르지 않은 사람은 "젊은"으로 간주되지만, 그 단계에 이르고 더 이상 처녀가 아닌 사람은 "성인" 또는 "어른"으로 간주된다. 고대 이스라엘에서도 그랬다면 "젊은 여자"와 "처녀"는 동의어였을 것이다.
3. 기독교가 출범하기 전에 나온 구약성경의 그리스어 번역본(70인역)은 여기서 **파르테노스**(parthenos, "처녀")라는 말을 사용하는데, 이것은 적어도 예수가 탄생하기 2, 3백년전에 히브리어 **알마**라는 말이 어떻게 이해

---

28 사 7:14를 보라.

되었는지를 보여준다. 그것은 그리스도인이 삽입했거나 원래의 텍스트가 변질된 것으로 간주될 수 없다.

물론 예수의 처녀 탄생(또는 더 정확하게는 처녀 수태)을 부인하고, 예수가 세상에 오게 된 특수한 상황에 대한 몇 가지 다른 설명을 선호하는 이들이 항상 있었다. 흔히 요셉이 예수의 친아버지였다고 추정되며, 간혹 예수는 사생아였고 "처녀 탄생" 이야기는 이런 사회적 불명예를 감추기 위한 시도였을 수도 있다고 주장된다. 이런 종류의 이론들은 검증할 방법이 없으며, 결국은 믿음의 문제로 귀결된다. 우리는 신약성경의 기사가 신뢰할 수 있다고 믿을 수도 있고, 믿지 않을 수도 있다. 이 경우 처녀 수태는 복음서 기사에 나오는 두 가지의 중대한 탄생 내러티브에서 얼마 되지 않는 공통 요소 중 하나라는 점이 처녀 수태를 지지한다고 말할 수 있다.[29] 그 이야기가 꾸며졌다면 왜 두 기사에서 거의 모든 다른 세부 사항들이 완전히 다른지 알기 어렵다! 또한 요셉의 존재가 처녀 탄생을 정당화하려는 사람에게 골칫거리였을 텐데, 왜 번거롭게 요셉을 언급했는지도 알기 어렵다. 요셉이 언급될 뿐만 아니라 마리아가 잉태했다는 소식에 대한 (충분히 이해할 수 있는) 요셉의 부정적 반응이 크게 다뤄진다는 사실도 그 기사가 참이라고 믿도록 기울어지게 한다. 그렇지 않았더라면 요셉이나 마리아의 가족은 그들의 가문의 수치가 공개적으로 드러나는 것에 불쾌했을 것이고, 어떤 추문이든 거의 확실히 친척들에 의해 덮였을 것이다.[30]

간혹 예수의 탄생 기사에 기록된 사건들의 시간 순서에 관해 다양한 질문들이 제기되었지만, 이 질문들은 엄격히 말해 신학적인 문제들이 아니므로 길게 다룰 필요는 없다. 예수는 구레뇨가 수리아 총독이었

---

29   마 1:18-25; 눅 1:26-38.
30   마 1:19.

을 때(주전 9년) 시행된 인구 조사 발표와 헤롯 대왕이 죽었을 때(주전 4년) 사이의 어느 시점에 태어났을 것이다. 말이 난 김에 말하자면 예수가 주전 1년이나 주후 1년에 태어나지 않으신 것은[31] 6세기 수도사 디오니시우스 엑시구스가 헤롯과 아우구스투스 시기까지 역으로 연대를 계산하려다 저지른 계산 착오 때문이다. 그러나 그의 실수는 우리가 다루는 주제에 어느 쪽으로든 영향을 주지 않는다. 가장 큰 문제는 예수가 헤롯이 죽었을 때 아직 어린 아기였다면, 어떻게 그보다 4년이나 5년 전에 구레뇨가 실시한 인구 조사 기간에 태어날 수 있었느냐는 것이다. 고대에는 복음서에 묘사된 이런 인구 조사가 완료되려면 여러 해가 걸렸을 것이라는 답변이 이 질문에 대한 가장 간단한 답일 것이다. 관련 본문은 마리아와 요셉이 구레뇨가 **아직** 수리아 총독이었을 때 과세되었다고 말하지 않고, 단지 그 절차가 그때 시작되었다고 말한다.[32] 이것이 어떤 결과를 수반하는지 이해하기 위해 교황 니콜라스 4세의 1291년 인구 조사와 비교해볼 수 있다. 당시 교황 니콜라스 4세는 영국 제도(諸島)의 성직자들이 과세되어야 한다고 명령했다. 그 인구 조사는 15년 뒤에도 진행되고 있었고 결코 완료되지 못했는데, 아마도 그 이유는 1307년에 에드워드 1세가 죽으면서 실효(失效)되었기 때문일 것이다. 그 조사의 상당 부분은 1291년 이후에 수행되었음에도 불구하고 오늘날 그 조사는 교황 니콜라스 4세의 1291년 인구조사로 칭해진다. 요컨대 예수 탄생 기사의 본문들에 대하여 제기된 시기의 어려움은 결코 극복할 수 없는 문제가 아니며, 따라서 역사적 사실이 아니라는 증거로 사용되어서는 안 된다.

신학적 관점에서 예수의 처녀 탄생에 관한 가장 중요한 문제는 마리아의 태에서 일어난 잉태의 본질과 관련이 있다. 이 점은 고대 이후로 어

---

31 0년은 없었다는 점을 주의하라. 그러므로 주전(B.C.)과 주후(A.D.)연수를 합할 때 총계에서 1년을 빼야 한다. 예를 들어 가이사 아구스도는 주전 27년에서 주후 14년까지 도합 41년이 아니라 40년을 통치했다.

32 눅 2:1.

떤 식으로든 쟁점이 되었다. 엄격한 생물학적인 관점에서의 단성생식("처녀 탄생"에 대한 전문 용어)은 자연에서 극히 드물고, 인간에게서는 증명되지 않았지만 그럼에도 전혀 불가능하지는 않다. 문제는 단성 생식이 일어난다고 해도, 여성 자손만 낳게 될 것이라는 점이다. 그러므로 예수가 참으로 처녀에게서 태어났다면 예수를 남성이 되게 만드는 초자연적 개입이 있었음이 틀림없고, 따라서 우리는 예수의 탄생이 특이한 자연 현상이었을 가능성을 배제할 수 있다. 물론 성경은 예수의 탄생이 하나님에 의해 계획되었고 성령이 마리아의 태에 개입하심으로써 일어났다는 점을 분명히 말한다.[33] 여기서 마리아의 역할은 완전히 수동적이었다. 마리아는 예수의 어머니가 되기를 적극적으로 바라지 않았고, 사실은 가브리엘 천사의 말을 들었을 때 매우 혼란스러웠다.[34] 그러나 어떤 일이 일어날지 이해하게 되자 마리아는 하나님의 뜻에 복종했고, 사건들은 그렇게 진행되었다.[35] 마리아가 세례 요한을 임신하고 있던 사촌 엘리사벳을 찾아갔을 때 요한은 엘리사벳의 태중에서 뛰놀았고, 엘리사벳은 마리아를 "내 주의 모친"으로 환영할 수 있을 정도로 성령 충만을 받았지만,[36] 마리아의 임신이 비정상적이었다는 징후는 없다.

이후 세대들은 "내 주의 모친"이라는 말을 토대로 마리아를 "하나님의 어머니"로, 또는 더 정확하게는 "자신의 태로 하나님을 낳은 사람"이라는 뜻의 그리스어 단어인 **테오토코스**(Theotokos)로 공경하게 되었고, 그래서 이 말은 주목할 만한 역사를 갖게 되었다. 마리아가 잉태하고 있던 태아가 사람의 육체를 입은 하나님이었다는 것은 정통 기독교의 가르침이고 모든 주류 교회에 의해 받아들여지지만, 개신교인들은 "하나님의 어머니"라는 말이 오해를 야기할 수 있다는 이유로 이 말을 싫어

---

33 눅 1:35.
34 눅 1:29.
35 눅 1:38.
36 눅 1:43.

한다. 마리아는 아기 예수에게 자신이 줄 수 있었던 것(자신의 인간의 육체)을 주었지만, 그녀는 결코 예수의 신성의 원천으로 간주될 수 없다. 개신교의 관점에서는 이처럼 오해를 불러일으킬 수 있는 말은, 아무리 신학적으로 정당화될 수 있다고 하더라도, 피하는 것이 상책이다. 마리아의 태에서 하나님의 아들이 우리가 통상적으로 "영혼"(지성, 의지, 양심 등)과 연관시키는 속성들을 포함한 인간의 본성을 취했다. 마리아의 몸 안에서 하나님의 아들은 죄가 없는 것만 빼고는 우리 모두와 똑같은 방식으로 인간이 되셨다.[37]

죄가 한 세대에서 다음 세대로 전해지는 선천적 결함이라고 널리 믿어졌던 시대에, 사람들이 예수가 어떻게 죄를 피할 수 있었는지 의아해하는 것은 당연했다. 이에 대해 주어진 답변들은 거의 변함없이 마리아에게 초점이 맞춰졌다. 어떤 사람들은 천사가 찾아와 "은혜를 받은 자여, 평안할지어다. 주께서 너와 함께 하시도다!"라고 말했을 때, 마리아가 자기 죄로부터 깨끗해졌다고 말한다. 정작 본문 자체는 죄에 대해 아무 말도 않는데도 말이다.[38] 마리아가 자기 어머니의 태에서 잉태되었을 때 죄로부터 깨끗해졌다고 주장하는 사람들도 있으며, 어떤 신학자들은 심지어 마치 모종의 기적을 통해 죄 없는 사람들의 계보가 구주가 오실 때까지 보존되기라도 했던 것처럼 마리아의 완벽한 인간성을 아담과 하와까지 거슬러 소급시키려고 시도했다! 마리아의 무죄성에 대한 보다 온건한 형태의 믿음이 1854년 이후 로마 가톨릭의 공식 교리가 되었지만, 그 믿음은 성경의 지지를 받지 못하며, 다른 교회들에 의해 거부되고 있다.

또한 복음서는 예수에게 형제자매가 있었다는 사실을 명시적으로 언급하고, 심지어 그들의 이름까지 제시한다. 그럼에도 불구하고 로마 가

---

37 히 4:15.

38 눅 1:28. 이 말은 오늘날 라틴어 번역(Ave Maria, gratia plena)으로 잘 알려져 있으며, 종종 음악으로 만들어져 결혼식에서, 그리고 특히 로마 가톨릭교회 공동체의 다른 엄숙한 행사에서 자주 들을 수 있다.

톨릭교회는 마리아가 한평생 처녀로 지냈다고 믿는다.[39] 이는 성경의 증언에 의해 통제되지 않은, 그리고 이 경우 실제로 성경과 모순되는 대중적 경건의 한 가지 사례다. 유감스럽게도 로마 가톨릭과 동방 정교회의 경건의 관행은 종종 마땅히 그녀의 아들에게 집중되어야 할 주의를 마리아에게 돌려왔음을 보여준다. 마리아는 다른 모든 사람들과 마찬가지로 구원을 필요로 하는 죄인이었으며, 마리아가 자신의 태에 구주를 잉태하는 특권을 받았다는 사실이 그녀에게 하나님 나라에서 아무런 특별한 지위를 부여하지 않는다. 예수는 지상 사역 중에 자기 모친과 형제들이 그에게 접근하려 했을 때, 이 점을 매우 분명히 했다. 그 말씀은 완전하게 인용할 가치가 있다.

> 예수가 무리에게 말씀할 때에 그의 어머니와 동생들이 예수에게 말하려고 밖에 섰더니, 한 사람이 예수에게 여짜오되 "보소서! 당신의 어머니와 동생들이 당신에게 말하려고 밖에 서 있나이다" 하니, 말하던 사람에게 대답하여 이르시되 "누가 내 어머니이며 내 동생들이냐?" 하시고 손을 내밀어 제자들을 가리켜 이르시되 "나의 어머니와 나의 동생들을 보라. 누구든지 하늘에 계신 내 아버지의 뜻대로 하는 자가 내 형제요 자매요 어머니이니라" 하시더라.[40]

마리아 숭배에 관한 한, 성경에는 마리아가 "하늘의 여왕"이라는 가르침, 또는 마리아가 자기 아들의 구원 사역에서 어떤 역할을 맡고 있다는 로마 가톨릭의 가르침을 지지하는 내용이 전혀 없다. 이런 생각은 모두 단호히 거부되어야 한다. 그것은 우리가 마리아를 뒤로 밀어내거나 마리아의 중요성을 부인하고 싶어서가 아니라, 하나님의 뜻에 복종하고 자신

39 　마 13:55.
40 　마 12:46-50.

의 아들이 인류를 구속하기 위해 세상에 들어오게 한 수단이 된 여성에게 걸맞은 존경을 표하기 위해서다.

마리아에 대한 지나친 숭배의 부작용과 마리아의 무죄에 대한 잘못된 주장으로 인해 예수의 인성의 본질에 대한 의문이 제기된다. 마리아가 통상적인 인간이 아니었다면 어떻게 통상적인 인간적 본성을 예수에게 전해줄 수 있었겠는가? 선한 의도를 가진 사람들이 예수에 관해 과장된 주장을 함으로써 결국 그를 진정한 모습보다 못한 존재로 만들어버리기가 너무 쉽기 때문에 이 문제는 매우 중요하다. 예를 들어 신약성경은 예수가 우리와 똑같이 시험받았다고 명백히 말함에도 불구하고,[41] 예수의 무죄함을 그가 우리와 같은 방식으로 시험을 받은 것이 아니라는 의미로 이해하는 사람들이 있었다. 사람들은 때로 예수가 성적인 유혹을 받았다는 주장을 들으면 충격을 받는다. 그러나 예수가 다른 모든 사람과 똑같은 방식으로 시험을 받았다면 당연히 성적인 유혹도 받았을 것이다. 복음서들은 상세한 내용을 전해주지 않으며, 우리는 예수가 (막달라 마리아와 같은) 특정 여성들에게 육체적으로 매력을 느꼈다고 주장하는 사람들의 상상에 굴복해서는 안 되지만, 그런 생각 자체는 그리 놀랄 일이 아니다. 우리는 예수가 일상생활 속에서 어떤 고통을 겪으셨는지 정확히 알 수 없지만, 예수는 인간의 일상생활의 스트레스와 긴장으로부터 자신의 신성에 의해 보호되지 않았다. 그는 감기에 걸리셨는가? 그는 치통을 앓으셨는가? 그는 우울하거나 의기소침해졌는가? 우리는 이런 질문들에 대한 답을 모르지만, 예수가 그랬을 가능성, 나아가 아마도 그랬을 개연성을 배제해서는 안 된다. 확실히 우리는 예수가 생애 말기에 우리의 비통을 지고 우리의 슬픔을 당하였으며, 우리의 죄악 때문에 상처를 입으셨고 우리를 위해 억압받고 괴로움을 겪으셨다고 말할 수 있다.[42] 이런

---

41 히 4:15.

42 사 53:4-7.

일들을 나머지와 비교하면 다른 고통들은 사소해 보이며, 우리는 예수가 생애 동안 우리와 똑같이 겪었던 일들은 무엇이든 잘 대처했을 것이고, 그의 인성이 갖지 못했던 신성의 보호막 뒤로 피하지 않으셨을 것이라고 기대해야 한다.

마지막으로 우리는 하나님이 왜 자기 아들을 그때 세상으로 보내시기로 했는지 알 수 없다. 성경은 하나님의 아들이 "때가 차매" 세상에 왔다고 말하지만, 우리는 그 이상은 모른다.[43] 우리는 예수가 다윗 가문의 한 유대인으로서 와야 했고, 베들레헴에서 태어날 것이라고 예언된 것 정도만 알고 있다.[44] 우리는 또한 남자가 언약을 받은 자로서 여자보다 더 중요했던 유대인의 맥락에 비춰볼 때, 예수는 남자여야 했고 지상에서 사는 동안 모세 율법의 규정들을 지켜야 했다고 말할 수 있다.[45] 이 점은 예수가 예루살렘 성전, 성전 제사장, 성전 예배와 관계를 맺는 방식에서 아주 명확하게 볼 수 있다. 비록 예수는 성전 및 성전 제사를 대체하기 위해 세상에 왔지만, 그의 생애 동안 결코 성전 및 성전 제사에 간섭하려 하지 않았다. 예수는 많은 경건한 유대인들처럼 유월절을 지키기 위해 주기적으로 예루살렘으로 올라갔다.[46]

예수는 상업화와 제사장들의 비행에 의해 예루살렘 성전의 예배가 매우 부패했어도, 언제나 그 예배의 적법성을 인정했다. 예수는 결코 예루살렘과 경쟁하는 예배 본부를 세우라는 유혹에 굴복하지 않았고, 자기 조상들의 관습이 예루살렘의 성전 의식들에 대한 대안인지 묻는 사마리아 여인에 대해서도 아주 단호했다.[47] 또한 우리는 하나님의 아들이 세상에 오셔서 이루고자 한 과제를 수행하기 위해서는 그가 정상적이고

---

43 엡 1:10.
44 마 2:6.
45 갈 4:4.
46 요 2:23; 12:1.
47 요 4: 19-24.

건강한 성인이었을 것이라고 말할 수 있을 것이다. 그가 어려서 죽었거나 쇠약하게 하는 질병에 걸렸더라면, 그리 많은 일들을 하지 못했을 것이다. 그렇다고 해서 그가 이런 일을 겪으실 수 **없었다**는 뜻이 아니라, 그런 일을 겪으셨다면 자신의 보다 깊은 사역을 수행하기에 불편했을 것이라는 뜻이다. 그러나 우리는 만약 예수가 이런 시련을 면제받았다면, 그것은 오직 훨씬 더 끔찍한 어떤 일이 예수를 기다리고 있었기 때문이었다는 사실을 항상 기억해야 하며, 예수의 신성이 자신의 최고의 희생을 치를 시간이 다가올 때까지 그가 해를 당하지 않도록 지켜주었다고 말할 수 없다.

예수의 자기이해

예수는 자신의 지상 생애 동안 자신의 신성과 사명을 얼마나 의식했는가? 이 질문은 아마도 초기 교회의 대부분의 사람들에게는 제기되지 않았지만 현대에 종종 제기되었고, 이에 대한 다양한 답변들이 주어졌다. 초기 교회 당시에 거의 모든 사람이 인간 예수는 심지어 어머니의 태 안에 있었을 때도 자신의 신성을 완전히 의식하고 있었다고 생각했던 것 같다. 그리고 예수가 어린아기였을 때 기적을 행했다고 주장하는 많은 이야기들이 돌아다녔다. 오늘날 그런 공상들은 일반적으로 거부되지만, 많은 사람들이 이런 이야기에 반응해서 다른 극단으로 나아갔다. 그들은 유한한 인간의 지성은 무한을 담을 수 없기 때문에, 실제 인간은 아무도 동시에 자신이 하나님이라고 의식할 수 없을 것이라고 주장한다. 그런 식으로 생각하는 사람들에게 그리스도의 신성은 아마 부활과 관련된 신의 계시에 의해, 또는 더 가능성이 있기로는 초기 교회 안에서 그리스도인들이 예수가 하나님이었다고 믿게 되고 그 믿음의 함의를 생각해내기 시작한 진화 과정에 의해, 예수가 죽은 뒤 예수에게 귀속된 것임이 틀림없다.

복음서들에 나오는 예수에 관한 묘사는 예수의 생애의 초반부를 거의 완전히 빠뜨리기 때문에, 이 질문에 답변하는 데 별로 도움이 되지 않는다. 예수가 열두 살 때 요즘에 성인식이라고 부르는 일을 위해 부모와 함께 예루살렘에 올라간 사건이 예수의 어린 시절에 관한 유일한 기록이다.[48] 이 기록에서 우리는 소년 예수가 모세 율법을 보통의 또래 소년들보다 훨씬 더 많이 알고 있는 신동이었음을 알게 되지만, 그것은 그 자체로는 예수의 신성을 증명하지 않는다. 예수가 자신이 자기 아버지의 집에 있어야 한다는 것을 알고 있었고, 마리아와 요셉은 그것을 알지 못하고 있는 데 대해 놀란 것 같다는 사실이 더 중요하다.[49] 그들은 예수가 평범한 아이가 아니라는 점은 알고 있었지만, 이 사건은 예수의 말이나 행동이 마리아와 요셉에게조차 예수가 참으로 누구인지를 전혀 계시하지 않았음을 보여준다. 이 기록의 조금 뒤에 예수가 공적 사역을 시작한 후 나사렛으로 돌아가 회당에서 설교했을 때를 기록한 곳에서 예수의 어린 시절에 대한 유일한 다른 언급이 나온다. 예수가 다른 곳에서 이미 치료자 및 기적을 행하는 자로서 명성을 얻었음에도 불구하고, 나사렛 사람들은 아무도 예수를 특별한 사람으로 생각하지 않았다. 그들은 예수가 주제넘는다며 그를 동네 밖으로 쫓아냈다.[50] 우리가 예수의 지상 생활에 대해 확실히 알 수 있는 것은 예수가 자기 자신과 자신의 미래의 사명에 관해 어떻게 이해했던 간에, 그것을 혼자만 알고 있었다는 것이 전부다. 예수를 가장 잘 알았던 사람들도 예수가 누구신지 또는 어떤 일을 하러 왔는지를 거의 또는 전혀 이해하지 못했다. 우리는 마리아가 예수의 탄생을 둘러싼 사건들을 마음에 담아 두고 생각했다는 말을 듣지

---

48   눅 2:41-51.
49   눅 2:49.
50   눅 4:16-30.

만,[51] 마리아가 예수의 운명에 관해 진실로 얼마나 이해했는지는 분명하지 않다.

그러나 예수가 공적 사역을 시작한 뒤로 우리의 정보는 더 풍성해진다. 그중에서 예수의 세례에 관한 기사들이 특히 중요한데, 예수의 세례는 예수의 생애 중 네 복음서들에 모두 기록된 아주 드문 사건들 가운데 하나다.[52] 당시의 많은 경건한 사람들처럼 예수도 하나님이 이스라엘에서 행하시려고 하는 위대한 일에 대한 준비로서 세례 요한이 선포하고 시행했던 회개의 세례를 받기 위해 그를 찾아갔다. 그러나 다른 모든 사람은 별다른 어려움 없이 요한에게 받아들여지고 세례를 받았지만, 예수는 거부당했다. 요한이 처음에 예수에게 세례주기를 거절한 이유는 예수가 요한의 세례를 받을 자격이 없어서가 아니라, 요한이 예수에게 세례를 베풀 자격이 없어서였다. 요한은 하나님이 세례를 주도록 보내신 예언자였다는 점에 비춰볼 때, 이 점은 예수가 요한에게는 하나님으로부터 받은 임무를 뒤엎을 정도로 중요한 존재였음을 의미하는데, 이 일은 오직 하나님만이 그렇게 하실 수 있었다. 요한은 예수가 "세상 죄를 지고 가는 하나님의 어린양"이라는 사실을 알았는데 정작 예수 자신은 그 사실을 모르고 있었다고 가정한다면, 그것은 아주 놀라운 일이었을 것이다. 특히 예수가 하나님의 어린양이 아니었다면, 그렇다는 요한의 주장은 사실이 아닐 것이고 심지어 신성을 모독하기까지 하는데도 예수가 이를 바로잡지 않았다는 것은 아주 놀라운 일이다.[53] 대신 예수는 자신이 세례를 필요로 해서가 아니라 "모든 의를 이루기" 위해 세례를 받아야 한다고 주장하며, 요한에게 이의를 제기했다.[54] 이 말은 예수가 자신이 세상의 죄를 짊어지기 위해 보내졌고, 자신이 세례를 받는 것은 요한의

---

51   눅 2:19.
52   마 3:13-17; 막 1:9-11; 눅 3:21-22; 요 1:29-34.
53   요 1:29.
54   마 3:15.

사역의 목적이, 예수 자신이 이 세상에 온 목적이기도 한 속죄제사의 길을 준비하는 것임을 선포하기 위함이라는 것을 알고 있었다는 점을 의미한다.

예수가 자신이 신이라는 자의식을 갖고 있었음을 믿지 않는 현대 학자들은 복음서에서 예수에게 그런 자의식이 있었다고 제안하는 내용을 깡그리 무시하기 때문에, 복음서들의 증언을 어떻게 봐야 할지 결정하기가 복잡해진다. 그들은 그런 "증거"는 예수 자신이 했던 일이나 말이 아니라, 초기 그리스도인들이 전달하려고 했던 것들을 나타낸다고 말한다. 그 차원에서 논쟁은 그저 신앙 대 불신앙에 대한 것일 뿐이고, 어느 쪽도 자신의 요점을 증명할 수 없다. 그러나 예수가 제자들에게 자신이 하나님의 아들이라고 가르쳤음이 틀림없다고 받아들일 만한 설득력 있는 논거가 있다. 왜냐하면 예수가 그렇게 가르치지 않았더라면 제자들은 결코 그렇게 날조하지 않았을 것이고, 다른 사람들이 그렇게 주장했다면 그것을 용납하지 않았을 것이기 때문이다.

그리스도의 최초의 제자들은 유대인들로서 그들은 일신론을 잘 교육받았고, 체질적으로 두 번째 신의 존재를 받아들일 수 없었다. 유대인들에게 예수는 이스라엘이 과거에 알았던 위대한 예언자들 가운데 하나였을 것이다. 백성들이 듣고 싶지 않았던 진리를 전한 예언자들이 죽임을 당하는 일이 흔했기 때문에, 예수가 죽임당한 것이 그들에게는 전혀 놀랍지 않았을 것이다. 죽은 자로부터의 부활조차도 그 자체로는 예수의 신성을 증명하지 못했을 것이다. 엘리야는 평범하게 죽지 않았고,[55] 에녹과 같이 죽음을 피한 신비로운 인물도 있었다.[56] 확실히 나사로의 부활을 제외하면 이전에는 결코 부활이 없었지만,[57] 다른 유력한 설명이 나오지 않았다고 해도 부활을 이례적인 예언자의 경력에 맞출 수 있었을

---

55 왕하 2:11-12.
56 창 5:24. 에녹은 신약성경에서 두 번 언급된다(히 11:5와 유 14).
57 요 11:44.

것이고, 승천도 엘리야의 경험의 반복에 불과했을 것이다. 예수가 말씀
하고 행한 것은 모두 그가 인간의 육체를 입으신 하나님이었다는 이론
에 의존하지 않아도 얼마든지 설명될 수 있었을 것이다. 의심할 바 없이
예수가 제자들에게 달리 가르치지 않으셨더라면, 그렇게 설명되었을 것
이다. 결국 교회가 이후에 예수를 하나님으로 경배하게 된 것에 대한 유
일하게 그럴듯한 설명은 그것이 예수가 제자들에게 직접 가르치신 내용
이었다는 것이다. 예수는 지상 사역 동안에는 그림자와 비유로 제자들에
게 가르쳤지만, 부활하셔서 승천하기 전에는 보다 명백히 가르치셨는데,
그때 예수는 제자들이 지난 몇 년 동안 일어난 일들을 이해하도록 도와
주었다.[58]

예수는 이 땅에 계실 동안 자신이 행한 기적들을 통해, 특히 죽은 자로
부터의 자신의 부활과 이후의 승천을 통해, 신성에 대한 자신의 주장을
입증했다. 그러나 그 주장 자체는 이런 사건들에 기반을 두지 않았다.[59]
제자들이 그 사건들을 그런 식으로 해석한 것은 예수 자신이 그렇게 설
명했기 때문이다. 우리는 이미 예수가 하나님을 자기 아버지라고 부르셨
고, 그 말을 들은 유대인들에게 예수께서 자신을 하나님으로 간주했음을
분명히 했다는 사실을 보았다.[60] 유대인들로 하여금 자신을 그런 식으로
이해하게 할 의도가 아니었더라면, 특히 그렇게 함으로써 자신의 목숨을
보존할 수 있었더라면, 예수는 유대인들이 자신의 발언에서 끌어내고 있
던 추론을 부인하면 그만이었을 것이다.[61]

더구나 예수가 자신의 신성을 주장하는 표현의 힘은 그리스어나 다
른 서양 언어에서보다 예수가 사용했던 히브리어와 아람어에서는 즉각
적으로 더 확연하게 드러난다. 히브리어를 사용하는 사람들은 "~의 아

---

58 눅 24:44-49.
59 요 10:37-38; 20:29.
60 요 5:18.
61 눅 22:66-71.

들"(son of)이라는 표현을 형용사적 의미로 사용했다. 따라서 "인자"(son of man, 사람의 아들)라는 어구는 구약에 나오는 이 말의 사례로부터 보는 바와 같이[62] 단순히 "인간"을 의미했다. 예수도 자신을 "인자"라고 불렀지만, 그 말을 보다 한정적인 의미로 다니엘서에 나오는 종말론적 인물 및 아마도 "총칭적인" 인간 아담과 연계시켰다.[63] 그런 맥락에서 "하나님의 아들"이라는 말은 오직 "신적 존재"만을 의미할 수 있었고, 오직 한 분 하나님만 있었기 때문에, 예수가 하나님의 아들이라는 호칭을 자신에게 붙였다는 사실은 사실상 자신이 하나님이라고 주장했음을 나타낸다.

이와 관련해서 종종 제기되는 또 다른 질문은 예수의 성육신 기간 동안 행한 하나님으로서의 행동과 관련이 있다. 예수가 처녀 마리아의 태에서 성육신한 영원한 아들이라고 인정하는 것은 그가 엄마 팔에 안겨 우는 아기인 동시에 여전히 하늘에서 하나님으로 활동하면서 성부 및 성령과 함께 우주를 다스리고 있었음을 함축하는가? 우리는 이런 이중 활동을 상상할 수 있는가, 아니면 성자가 성육신한 생애 동안 일반적인 인간이 되기 위해 잠시 자신의 신성을 멈춘 것이라고 생각해야 하는가? 이 질문에 대한 전통적인 답변은 하나님의 아들이 자신의 두 본성 각각에 따라 동시에 활동했다고 보는 것이었다. 인간으로서 하나님의 아들은 자신에게 이목을 집중시키려 한다거나 단지 모든 사람에게 자신이 진정으로 누구인지를 보여주기 위해 아무 이유 없이 신적 행위를 행하지 않으셨고, 다른 인간들과 똑같은 방식으로 사셨다. 그러나 예수의 신적 본성으로는 삼위일체의 다른 두 위격들과 연합된 상태를 유지했는데, 이는 예수께서 결코 다른 두 위격과 함께 우주를 다스리기를 중단한 적이 없음을 의미한다. 예수가 이 두 가지 일을 어떻게 동시에 행할 수 있었는지는 본질상 양립할 수 없는 두 본성이 한 위격 안에 결합되어 두 본성이

---

62 이 말은 특히 에스겔서에서 흔한데, 거의 모든 장에서 등장한다.

63 마 9:6; 10:23; 12:8 등. 단 7:13; 계 1:13도 보라.

각각의 속성에 따라 계속 살고 활동하신 성육신의 신비의 한 부분이다.

그리스도인들 가운데 표준 견해인 이 견해는 빌립보서 2:6-8을 그 문제를 다르게 이해하는 토대로 사용하는 현대의 일부 신학자들에게서 도전을 받았다. 이 텍스트는 다음과 같다.

> 그[예수]는 근본 하나님의 본체시나 하나님과 동등됨을 취할 것으로 여기지 아니하시고, 오히려 **자기를 비워** 종의 형체를 가지사 사람들과 같이 되셨고 사람의 모양으로 나타나사 **자기를 낮추시고** 죽기까지 복종하셨으니 곧 십자가에 죽으심이라.

여기서 핵심 단어들은 강조되어 있는 단어들이다. 원래 문맥에서 사도 바울이 말하려는 것은 하나님의 아들이 자신을 아버지의 권위에 복종시켰고, 이 순종은 그의 성육신과 치욕적인 십자가의 죽음에서 절정에 달하는 이후의 낮아짐으로 이어졌다는 사실이다. 그것이 예수의 신적 본성에 근본적인 변화를 수반했는지 여부는 명시적으로 진술되어 있지 않지만, 그와 다른 어떤 일이 일어날 수 있었겠는지 질문할 수는 있다. 성자의 행동들은 최소한 그가 그 행위들을 수행하기 위해 자신의 신성을 어느 정도 포기해야 했음을 함축하지 않는가?

"자기를 비워"의 그리스 단어들은 **에케노센 헤 아우톤**(*ekenōsen he auton*)이다. 이 어구로부터 신학자들은 명사 **케노시스**(*kenōsis*) 즉 비움이라는 말을 만들어냈고, 이 말을 "케노시스 기독론"이라고 알려진 그들의 새로운 이론의 기초로 사용했다. 이 이론에 따르면 하나님의 아들은 사람이 되기 위해 자발적으로 자신의 신성, 또는 최소한 그 신성의 특권을 포기했다. 그러므로 나사렛 예수로서의 하나님의 아들은 모든 것을 알지 못했고 우주를 다스리는 일에 직접 관여하지 않았으며, 그럴 상황이 발생할 때 곤경에서 벗어나기 위해 자신의 신적 본성에 의존할 수도 없었다. 예수가 자신의 지상 사역 동안에 보통 인간이라면 할 수 없었던 일을 했다는 사실이 명백하기 때문에, 그 이론의 마지막 주장은 가장 이해하기 어렵지만, 그들은 그럴 경우에는 하나님 아버지가 도우러 오셔서 아들의 인성 안에서 그리고 그 인성을 통해 기적을 행하셨다는 설명을 제안했다. 케노시스 이론을 지지하는 신학자는 요한복음 17:5의 예수의 말씀을 지적할 수 있을 것이다. "아버지여, 창세전에 내가 아버지와 함께 가졌던 영화로써 지금도 아버지와 함께 나를 영화롭게 하옵소서." 그들은 아들이 그 영광을 상실하지 않았거나 한 쪽으로 제쳐두지 않았다면 왜 이런 식으로 기도하겠느냐고 논거를 이어간다.

또한 자신이 성부보다 열등하다고 암시하는 예수의 진술들도 있는데, 그것들도 고려되어야 한다. 예를 들어 요한복음 14:28에서 예수는 제자들에게 이렇게 말한다. "나는 아버지께로 간다, 아버지는 나보다 크시기 때문이다." 이보다 더 중요한 사례를 들자면, 젊은 부자 관리가 예수를 "선한 선생님"으로 불렀을 때 오히려 예수는 이의를 제기하고 이렇게 말씀하신다. "네가 어찌하여 나를 선하다 일컫느냐? 하나님 한 분 외에는 선한 이가 없느니라."[64] 이 말은 예수가 자신이 그 단어의 완전한 의미에서의 하나님이시라는 사실을 부인하는 것이 아닌가? 이런 구절들을 해석할 때 두 가지 어려움이 있다. 첫째, 아들이 종이 되기 위해 온 것은 아버지의 뜻이기 때문에 **종으로서의** 성자는 성부보다 "열등하다"는 점은 아무도 부인하지 못한다. 그러나 그렇다고 해서 성자가 자신의 신성을 포기해야 했다는 뜻은 아니다. 반대로 성자 자신이 바로 신적 존재였고 따라서 성부와 동등했기 때문에 성자가 종이 되기로 결정할 수 있었다고 주장할 수 있다. 성자가 본질적으로 또는 자신의 신적 속성을 포기함으로써 진정으로 성부보다 열등한 존재였다면, 성자에게는 어떤 선택권도 없었을 것이고 그의 복종의 성격은 완전히 달라졌을 것이다.

예수는 아버지의 종으로서 행한 일을 자발적으로 행했다. 이것은 어

---

64   막 10:18.

느 정도는 예수가 십자가에 못 박히기 전날 밤에 제자들의 발을 씻어준 방식과 비교될 수 있다.[65] 제자들의 발을 씻겨준 것은 예수가 제자들보다 열등하다는 표지가 아니라 오히려 그 반대였다. 예수는 제자들에게 자신이 바로 그들의 주와 주인이었기 때문에 그들 앞에서 기꺼이 자기를 낮출 수 있음을 보여주었다. 예수가 자신이 선하다는 점을 부인했는지 여부와 관련해서는 문맥상 예수가 젊은 부자 관리의 경건에 도전하고 있던 것으로 보인다. 그 젊은이는 참된 선이 무엇인지 몰랐고, 예수는 그를 가르쳐야 했다. 예수가 그렇게 할 수 있었다는 사실은 그가 단순히 젊은 부자 관리가 아첨하기 위해 부른 "선한 선생님" 이상의 존재였음을 보여준다. 예수는 모든 선의 원천이자 표준인 하나님이었다. 이런 종류의 진술들은 문맥 안에서 읽혀야 하며, 아들의 신성을 떨어뜨리는 방식으로 해석될 것이 아니라 단순히 사실을 진술할 때 달성할 수 있는 것보다 더 강력하게 그 신성을 드러내는 방식으로 해석되어야 한다.

케노시스 기독론은 하나님의 아들이 하늘에서 내려왔다는 전통적인 믿음이 예수의 완벽한 인성을 정당하게 다루지 못한다는 반론에 직면해서, 위로부터의 기독론을 유지하기 위한 시도라고 이해하는 것이 가장 좋다. 케노시스 견해를 제안한 사람들은 그리스도의 신성과 인성은 서로 양립할 수 없는 것으로 생각한다. 그래서 그들은 그리스도의 인성을 충분히 정당하게 다루기 위해 그리스도의 신성을 최소화하려 한다. 그들이 제시하는 그림은 신성과 인성을 모두 보유하는 존재가 아니라, 신성을 버리고 인성을 취한 신적 위격이다. 그럴 경우에 예수는 하나님의 아들로서 이 땅을 걸을 수 있었지만, 동시에 나머지 우리 인간들에게 영향을 주는 모든 제한에 종속되어 있는 통상적인 인간이 될 수 있었다고 주장된다.

이 이론은 일정한 매력이 있기는 하지만, 예수가 일으킨 기적들을 설

---

65   요 13:1-11.

명하는 어려움은 차치하더라도 궁극적으로 그 이론을 지지할 수 없게 만드는 심각한 결함들이 있다. 첫째, 성자가 성육신할 때 명백히 그렇게 했던 것처럼 신적 위격에 두 번째 본성을 추가할 수는 있지만, 그 과정에서 자신의 원래의 본성을 버릴 수 있는지는 그다지 분명하지 않다. 만약 신적 위격이 신성을 갖고 있지 않거나 그의 신성이 모종의 방식으로 정지되었다면, 그의 위격적 신성은 어떤 내용을 갖는가? 그는 자신의 신성 안에서 그리고 그 신성을 통해 자신을 표현할 능력을 갖고 있을 때만 진실로 신적 존재일 수 있었다. 그런 이유로 그의 인성은 그의 신성에 추가된 것이지, 그의 신성을 대체한 것이 아니다. 둘째, 그의 신성이 어떤 방식으로든 희석된다면, 우리를 구원할 그의 능력도 손상될 것이다. 하나님의 아들은 오직 그의 인성의 죽음이 그의 실존의 끝이 아니었기 때문에, 우리의 구원을 위해 자신의 인성을 희생할 수 있었다. 하나님의 아들은 자신의 신성 안에서 자신이 항상 존재해왔던 상태로 남아 있었고, 그가 완전히 신으로 남아 있었기 때문에 사망이 그를 붙들어둘 수 없었다.

그의 하늘 영광의 회복과 관련해서 이 점은 적절한 맥락 안에서 봐야 한다. 하나님의 아들이 사람의 육체를 취했을 때, 비록 그 점이 믿는 사람들에게만 계시되기는 했어도, 그는 자신의 영광을 상실하지 않았다.[66] 그렇지만 예수의 변형 사건이 분명히 보여주는 것처럼 이것이 제자들 편에서의 소망의 실현으로 오인되어서는 안 된다.[67] 베드로와 야고보와 요한은 예수에 의해 선택되어 다볼산에 올라갔는데, 거기서 예수는 "그들 앞에서 변형되사 그 얼굴이 해 같이 빛나며 옷이 빛과 같이 희어졌다."[68] 이어서 모세와 엘리야가 예수 양편에 나타났고, 예수가 여전히 그들과 대화를 나누고 있을 때 "구름 속에서 소리가 나서 이르시되 '이는 내 사

---

66   요 1:14.
67   마 17:1-11; 막 9:2-8; 눅 9:28-36.
68   마 17:2.

랑하는 아들이요 내 기뻐하는 자니 너희는 그의 말을 들으라' 하셨다."[69] 베드로와 동료들은 어떻게 반응했는가? "[제자들이 이 말을 듣고 얼굴을 땅에 대고 엎드려 두려워했다.]"[70] 이 이야기가 초기 그리스도인들에게 예수가 진정으로 하나님이었음을 납득시키기 위해 제자들이 날조해 낸 것이었다면, 그들이 자신을 이처럼 부정적으로 묘사했을 가능성이 낮다! 세월이 흐른 뒤에 베드로가 이 변형 사건을 예수의 자기계시의 핵심적인 순간으로 언급했기 때문에, 이 사건의 중요성이 과소평가되어서는 안 된다.

우리 주 예수 그리스도의 능력과 강림함을 너희에게 알게 한 것이 교묘히 만든 이야기를 따른 것이 아니요, 우리는 그의 크신 위엄을 친히 본 자라. 지극히 큰 영광 중에서 이러한 소리가 그에게 나기를 "이는 내 사랑하는 아들이요, 내 기뻐하는 자라" 하실 때에 그가 하나님 아버지께 존귀와 영광을 받았느니라. 이 소리는 우리가 그와 함께 거룩한 산에 있을 때에 하늘로부터 난 것을 들은 것이라.[71]

그때 베드로는 이 특별한 사건을 기념하여 예수, 모세, 엘리야를 위해 사당을 짓고 싶어 했지만, 예수는 그렇게 하도록 허락하지 않으셨다. 대신 제자들에게 자신의 신적 영광을 훨씬 더 크게 드러내는 사건인 죽은 자로부터 자신의 부활이 일어날 때까지 본 것을 말하지 말라고 말씀하셨다.[72] 무슨 일이 일어나고 있는지 이해한 사람들에게 성자의 영광이 충분히 계시된 곳은 바로 십자가 위였는데, 왜냐하면 십자가에서 죄인들에 대한 그의 사랑의 깊이가 모든 광채와 비애 가운데 드러났기 때문이다.

---

69   마 17:5.
70   마 17:6.
71   벧후 1:16-18.
72   마 17:9.

2부 • 하나님 자신 안에서의 사랑

본디오 빌라도가 자신의 군사들에게 예수의 머리에 "나사렛 예수, 유대인의 왕"이라는 패를 붙이라고 명령했을 때, 그리고 그 군인들이 가시관을 엮어 조롱의 대관식을 거행했을 때, 그들은 자기들이 하나님에 의해 복음 전파를 위해 사용되고 있다는 사실을 거의 깨닫지 못했다. 예수의 십자가 처형은 실로 예수의 대관식의 순간이었다. 그때 예수가 사역 기간 내내 선포했던 나라가 드디어 탄생했다. 그가 죄와 사망에 대해 승리했고 우리를 자신과 연합시켰기 때문에 우리는 우리의 구주를 왕으로 두고 있다. 그리스도의 상처와 그 상처에서 흘러나온 피에 의해 우리는 하나님 나라의 일원이 되고, 하나님의 사랑의 가장 깊은 표현 안에서 그리스도와 연합하게 되었다.[73] 이 세상의 권력 앞에 굴복한 그의 깊은 굴욕 가운데서 하나님의 아들의 신적 영광이 어떻게 가장 찬란하게 빛나는지 우리가 보는 장소는 바로 십자가 위다. 자신의 보좌를 되찾기 위해 하늘로 올라갔을 때 그는 그 영광을 취하셨고, 이제 아버지 우편에 앉아 계시므로 그의 상처가 계속 우리의 구원을 위해 간청하고 있다. 케노시스 기독론의 옹호자들은 예수의 속죄제사 속에 내재하는 이 영광을 이해하지 못하는데, 그래서 그들은 이처럼 받아들일 수 없는 역설을 피할 해결책을 모색한다. 그들은 그리스도의 신비를 인간이 이해할 수 있는 수준으로 끌어내림으로써, 결국 그리스도를 잃어버렸다는 것을 깨닫지 못한다. 그들이 그리스도 대신 십자가에 매단 그 사람은 그 일을 하러 온 성자처럼 우리를 구원할 수 없는 사람이다.

예수가 인간인 동시에 하나님의 아들이라는 사실에 대해 스스로 어떻게 느꼈는지 우리는 알 수 없지만, 아마도 이중 국적을 갖고 다른 두 문화 속에서 사는 사람들에 관해 생각해보면 이해하기 시작할 수 있을 것이다. 이런 사람들은 자기들이 사용하고 있는 언어를 전환했다는 사실을 항상 깨닫지 못하는 상태에서 때로는 한 언어로 생각하고 말하고 행동

---

73   마 27:27-31; 요 19:1-22.

하다가 때로는 다른 언어로 생각하고 말하고 행동한다. 어떤 언어로 꿈을 꾸느냐고 물어보면 그들은 종종 대답하기 어려워하는데, 그것은 무의식적으로 한 언어에서 다른 언어로 전환할 수 없는 사람만이 외국어로 꿈꾸는 것이 어렵다고 생각하기 때문이다. 예수도 틀림없이 그의 지상 생애 동안 그와 비슷했을 것이다. 예수는 자연스럽게 때로는 인성 가운데 행동하고 또 다른 때는 신성 가운데 행동했으며, 한 쪽에서 다른 쪽으로 전환했음을 완전히 의식하지 않았을 수도 있다. 오늘날 이중 문화를 갖고 있는 사람들의 경우에서처럼, 문제는 그들에게 발생하는 것이 아니라 외부인들에게 발생하며, 그들은 오히려 자동으로 하나의 문화에서 다른 문화로 전환될 수 **없는** 것이 어떤 것인지 궁금해 할 수도 있다.

마지막으로 적지 않게 중요한 요점은 예수가 스스로 자신의 신성을 주장했다는 사실만이 기독교 신학의 출현을 설명해줄 수 있고, 그렇지 않았더라면 기독교 신학은 탄생하지 못했을 것이라는 논증이다. 한 하나님 안에 성자가 성부와 함께 존재할 여지를 찾는 것은 초기 교회가 직면한 가장 큰 도전이었다. 한 하나님 안에 성자가 성부와 함께 존재한다는 것이 인정되어야 비로소 성자의 성육신의 본질에 관한 질문들이 유의미해진다. 예수가 참으로 하나님이었다면, 어떻게 그가 하나님으로 행동하는 동시에 인간으로 행동할 수 있었는지가 예수와 그의 사명을 이해하는 데 매우 중요해질 것이다. 그러나 만약 예수가 단지 이례적인 피조물에 지나지 않았다면, 예수와 우리 사이의 차이는 종류의 차이가 아니라 단지 정도의 차이에 불과하게 되기 때문에, 그런 어려움은 제기되지 않았을 것이다.

성육신한 아들의 지상 사역

예수는 자신이 단순히 하나의 특별한 피조물이 아니라, 살아 계신 하나님이라는 어떤 표시를 주었는가? 그런 표시들 가운데 가장 초기의 것은 예수가 사탄의 손에 겪은 시험에서 나타난다.[74] 시험은 우리가 그 일을 할 능력이 있지만 그것을 거부할 힘과 분별력을 지녀야 하는 어떤 일의 기회가 주어질 때 발생한다. 예를 들어 나는 더 먹어서는 안 된다는 것을 알면서도 케이크 한 조각을 더 먹고 싶은 유혹을 받을 수는 있다. 그러나 나는 내 앞에 있는 책을 케이크로 바꾸라는 유혹을 받을 수 없다. 그것은 내 능력 밖의 일이다. 그러나 예수는 돌을 빵으로 만들라는 유혹을 받았는데, 이 점은 예수가 그러기를 원했더라면 그렇게 할 수 있었음을 의미할 수밖에 없다. 누가 이런 기적을 행할 수 있는가? 하나님만 그렇게 하실 수 있다. 왜냐하면 하나님이 돌과 떡 모두를 만드셨고, 그래서 돌과 떡을 자신이 원하는 어떤 것으로든 바꾸실 수 있기 때문이다. 그러므로 예수는 하나님이었다고 추정해야 한다. 그렇지 않으면 예수가 당한 시험은 불가능할 것이기 때문이다.

예수가 하나님이었다는 두 번째 표시는 죄를 용서해주는 그의 사역에서 발견된다. 이 점은 치료받기 위해 지붕을 뚫고 아래로 내려진 중풍병 환자와 관련된 사건에서 아주 명확하게 드러난다.[75] 처음에 예수는 그 사람이 원하는 대로 그를 고쳐주지 않고, 그에게 그의 죄가 용서받았다고만 말씀하셨다. 이 말씀은 옆에 있던 유대 지도자들을 자극했다. 그들은 매우 올바르게 하나님 외에는 아무도 죄를 용서할 능력이 없다고 반박했다. 예수는 그 말을 듣고 그들의 믿음 없음을 비난했다. 자신에게 죄를 용서할 능력이 있음을 증명하기 위해 예수께서는 그 중풍병 환자에게 일어나 걸으라고 말씀하셨다. 그 사람이 죄를 용서받고 싶어 예수께 나아갔을 가능성은 거의 없다. 아마 그의 마음속에 그런 생각은 결코 떠오르지 않았을 것이고, 그는 자신이 여전히 장애인으로 남아 있음을 발

---

74   마 4:1-11.
75   막 2:1-12.

견하고 실망했었을 수도 있다. 게다가 그 이야기에서 그가 자신의 죄를 회개했다거나, 아니면 그가 자신의 죄를 회개해야 한다는 것을 알고 있었다는 암시도 없다. 확실히 예수는 자신이 용서한 다른 사람들에게는 삶의 방식을 바꾸라고 말했지만,[76] 그 사람에게는 그렇게 말씀하지도 않았다. 예수가 중풍병 환자의 신체 상태에 깊은 관심을 보였다는 점을 의심할 이유는 없지만, 예수가 그를 용서하신 것은 큰 소동을 일으켰다. 하나님 자신의 행위가 아니었더라면 그것은 용서할 수 없는 가식이었을 것이고, 예수의 기적은 아마도 예수가 귀신 들렸다는 표지로 간주되었을 것이다.[77] 다시 말하자면 예수는 여기서 (자신이 하나님이라는) 한 가지 주장을 하고, 증거를 제시함으로써 그 주장을 지지했던 것이다.

예수와 하나님의 관계 문제가 가장 신랄하게 전면에 부각된 것은 마귀에 맞서는 싸움과 치유의 기적이 함께 임했을 때였다. 이 점은 예수께서 귀신 들린 사람을 고쳐주시고, 그것을 본 사람들이 예수가 다윗의 자손(약속된 메시아)인지 여부에 대해 궁금하게 여기기 시작했을 때 분명해졌다.[78] 여기서 다윗의 자손 이상의 존재는 생각할 수 없을 것처럼 보였지만, 역설적이게도 예수가 귀신 들렸다고 주장한 것은 바리새인들이었다. 그로 인해 예수는 자신이 진정 누구인지 계시할 특별한 기회를 갖게 되었고, 그 기회를 충분히 활용했다. 예수는 그들에게 왜 마귀가 자기 종들을 쫓아내겠느냐고 물으셨다. 무슨 이유로 마귀가 자신의 이익에 반하는 행동을 하겠는가? 그것은 이치에 맞지 않았다. 그렇다면 유일한 다른 대안은 예수가 하나님의 능력으로 귀신들을 쫓아냈다는 것이었다. 왜냐하면 어떤 인간도, 심지어 약속된 다윗의 자손도 스스로의 힘으로 이런 영적 힘을 발휘할 수 없을 것이기 때문이다. 예수는 실제로 그들에게 이렇게 말하면서 자신이 귀신들을 쫓아낸 것은 하나님의 영에 의해서

---

76   예컨대 요 8:11을 보라.
77   마 12:24를 보라.
78   마 12:22-32.

2부 • 하나님 자신 안에서의 사랑

행한 일일 뿐만 아니라 그렇게 하는 과정에서 하나님 나라가 그들에게 임했다는 점도 지적했다. 그러나 하나님 나라는 왕이 있는 곳에서만 임하므로, 여기서 예수가 바로 그 왕이었다고 추론된다. 예수의 기적들은 그 자체에 대한 믿음이 아니라 그 기적들이 가리키는 자, 곧 하늘에서 내려 온 인자에 대한 믿음의 시험이었다.[79]

이런 사건들이 예수의 공적 사역의 초반에 일어났다는 점이 언급할 가치가 있다. 자신이 하나님이라는 예수의 주장은 예수에게서 점진적으로 자라난 의식도 아니고, 뜻밖의 성공에서 종종 비롯되는 일종의 과대망상증도 아니었다. 확실히 부활과 승천 후 자신의 신성에 대한 주장이 보다 더 그럴듯해지자 그때서야 비로소 생각해낸 것도 아니었다. 예수는 자신이 하나님이라는 주장과 함께 지상 사역을 **시작했다.** 그리고 나머지 주장은 논리적으로 거기서 유래했다. 예수가 하나님인지에 대한 질문이 제기되었을 때, 그의 신성을 인정하지 않고서는 결코 예수를 따를 수 없었다. 예수께서 제자들에게 자신을 누구라고 생각하느냐고 물으셨을 때, 베드로는 주는 그리스도시요 살아 계신 하나님의 아들이라고 고백했다. 예수는 이를 부인하지 않으셨는데, 그것이 사실이 아니었다면 베드로의 고백은 신성모독죄에 해당했을 것이다. 대신 예수는 베드로의 고백이 증거를 통해 자연적으로 이끌어낸 추론이 아니라, 계시가 아니면 접근할 수 없는 하나님 아버지로부터 온 계시라고 답변하셨다.[80] 부활 후에 도마의 불신은 예수께서 진정한 정체성을 주장하실 또 다른 기회를 제공했다. 도마는 자신이 직접 보고 만져야 부활을 믿겠다고 주장했지만, 그 요청이 허락되자 그는 엎드려 이렇게 고백했다. "나의 주님이시요, 나의 하나님이시니이다."[81] 그것은 올바른 반응이고, 참된 신앙고백이었다. 최고의 기적이자 마귀의 힘에 대한 궁극적 승리가 효력을 발휘

---

79   요 3:13을 보라.
80   마 16:15-17.
81   요 20:28.

했고, 이후 세대는 도마가 증언할 특권을 받았던 부활을 실제로 보지 않고서도 도마처럼 믿을 것이라고 예상될 것이다.

예수는 하나님에 의해 입양된 사람이었는가?

나사렛 예수가 하나님의 아들이라는 확신은 기독교 신앙의 특징이지만 언제나 이를 부인하려는 사람들이 있었는데, 그들은 때로는 그 말의 의미를 미묘하게 재해석함으로써 그렇게 한다. 3세기에 사모사타의 바울이라는 사람은 예수가 세례 받는 순간 하늘이 열리며 "이는 내 사랑하는 아들이요, 내 기뻐하는 자라"[82]고 선포하는 소리가 났을 때 그가 하나님의 아들로 입양되었다고 말해서 비난을 받았다. 이 이론에 따르면, 그때까지 예수는 요셉과 마리아의 친아들로서 평범한 인간이었지만, 하나님이 예수를 구별하셨을 때 그는 성령의 내주하는 능력을 받았고, 그 결과 완전히 다른 존재가 되었다는 것이다. 곧 더 이상 평범한 인간이 아니라 하나님의 아들로 입양된 사람이 되었다. 사모사타의 바울이 이 점을 완전히 깨달았건 그렇지 않았건, 그는 예수를 최초의 그리스도인으로 만들었다. 그의 사고방식에서 예수는 우리와 똑같이 세례 받을 때 하나님의 자녀로 입양되었다.[83] 이런 양자론(養子論)에 따르면, 예수와 그의 추종자들 사이의 차이는 본질상 정도의 차이에 불과하다. 모든 피조물 중 가장 먼저 지음 받은 존재로서 예수는 통상적으로 장자에게 주어지는 영예를 받았다. 나머지 우리는 우리의 맏형이 하나님 나라의 보좌라는 그의 상속 재산을 상속받는 모습을 지켜본다. 우리도 그의 상속 재산을 공유할 수 있기 위해 최선을 다해 예수를 따르는데, 예수처럼 성령으로

---

82   마 3:17.
83   롬 8:15.

충만하면 결국 그렇게 될 것이다.

양자론은 너무 조잡해서 그럴 듯하게 들리지 않지만 여러 세기에 걸쳐 큰 인기를 끌었으며, 대부분의 사람들은 인식하지 못하고 있지만 오늘날에도 널리 퍼져 있다. 예를 들어 마치 예수의 행동이 우리의 행동 지침이기라도 되는 양 "예수라면 어떻게 하실까?" 하고 묻는 사람들은 무의식적으로 일종의 양자론에 빠져 있을 수도 있다. 예수를 따르는 사람이 된다는 것은 예수의 행위를 모방하거나 예수라면 어떻게 했을지 상상해서 그대로 하는 것을 의미하지 않는다. 왜냐하면 그 원리를 논리적 결론대로 따를 경우 우리도 예수가 그랬던 것처럼 우리의 죄를 위해 죽어야 할 테니 말이다. 지도자를 본받아 자기를 희생하는 것이 추종자들의 목표가 되어야 한다고 말하는 것은 좋은 말 같지만, 이런 목표는 여러모로 비현실적이다.

첫째, 예수를 어느 정도까지 문자적으로 모방할 수 있는지 질문해야 한다. 유대인 독신 남성이 아닌 사람은 누구나 즉각적으로 불리한 입장에 처할 것이다. 왜냐하면 예수께서 행하신 일 중에는 유대인 회당에서 설교하는 일과 같이 아무나 모방하기 어렵거나 불가능한 일들이 있었기 때문이다. 둘째, 특수한 준비나 훈련이 없이 목수가 되고 이후에 순회 사역을 감당하는 것은 분명히 대부분의 사람들에게는 불가능한 일이고, 교회가 교인들에게 이런 규범을 부과하려 한다면 그것은 터무니없는 처사일 것이다. 셋째, 자신이 그리스도를 본받는 것의 일환으로 치유 사역을 한다고 주장하는 사람들이 일부 있기는 하지만, 우리 중 아무도 기적을 행할 능력을 받을 것이라고 기대할 수 없다. 물론 예수가 독신이었다는 사실은 간혹 그를 따르는 사람들 또는 최소한 자신이 제자임을 진지하게 여기는 사람들에게 같은 규율을 부과하는 것을 정당화하는 데 사용되었다. 그러나 이것은 신약성경이 다른 곳에서 말하는 내용과 정면으로 배치된다.[84] 예수가 원칙적으로 결혼을 반대했다면 갈릴리 가나에서 벌어진 혼인 잔치에 참석했으리라고 상상하기 어려운데, 예수가 그곳에서 첫 번째 기적을 행하셨다는 점은 주목할 가치가 있다.[85]

이 외에도 예수를 문자 그대로 모방하는 것은 불가능하거나 터무니없거나 잘못된 일인 경우를 더 추가할 수 있지만, 신학적인 관점에서 우리에게 그렇게 하도록 요구되지 않는 이유는 예수는 그리스도인이 아니었기 때문이다. 그리스도인들은 예수 그리스도를 믿는 믿음을 통해 은혜로 구원받은 죄인인데, 예수는 자신을 믿는 믿음을 통해 은혜로 구원받은 죄인이 확실히 아니었다! 양자론의 문제는, 예수와 그의 제자들 사이의 차이점도 유사점 못지않게 중요한데 그 차이점을 희생시키고 유사점을 강조한다는 것이다. 예수가 아무리 우리와 같은 사람이었을지라도, 예수는 또한 우리의 주님과 구주, 곧 인간의 육체로 와서 우리를 만나시고 우리에게 도전하는 하나님이셨다. 우리는 예수가 우리를 위해 행하신 일을 모방해서는 결코 예수와 관련을 맺을 수 없고, 오직 그가 우리에게 원하는 것을 말씀하실 때 그의 뜻에 굴복하고 순종함으로써 예수와 관련을 맺을 수 있다. 어떤 면에서 주께서 우리에게 요구하시는 것은 자신이 땅에 계실 때 행하신 일과는 완전히 다를 수 있지만, 우리를 예수와 연합시키는 연결 고리는 우리가 어떤 요구를 받던 간에 예수께서 자기 아버지의 뜻에 대해 보여주신 것과 똑같은 복종과 순종의 정신으로 그 일을 해야 한다는 것이다.

우리의 구원을 위해 예수를 십자가 위의 죽음으로 이끈 것은 겸손한 순종의 정신이었다. 우리가 하나님께 받은 소명은 세상을 구원하는 것이 아니기에, 우리는 예수가 밟았던 것과 똑같은 길을 가지는 않을 것이다. 우리에게 기대되는 일은 이미 세상을 구원하신 분을 증언하는 것이다.

---

84   고전 7:1-7을 보라.
85   요 2:1-11.

2부 • 하나님 자신 안에서의 사랑

우리는 십자가에 달려 죽지는 않겠지만, 그럼에도 불구하고 우리가 짊어지고 견디도록 요구되는 십자가는 매우 실제적이다.[86] 그 십자가의 아픔과 고통 또는 예수가 견뎌야 했던 것과 물리적으로 유사성이 있는 일과 관련이 있건 없건 간에, 십자가는 언제나 영적으로 죽고 다시 사는 것과 동등한 자기부인과 희생의 삶으로 인도할 것이다. 사도 바울은 이 점을 다음과 같이 분명하게 기록했다.

무릇 그리스도 예수와 합하여 세례를 받은 우리는 그의 죽음과 합하여 세례를 받은 줄을 알지 못하느냐? 그러므로 우리가 그의 죽음과 합하여 세례를 받음으로 그와 함께 장사되었나니, 이는 아버지의 영광으로 말미암아 그리스도를 죽은 자 가운데서 살리심과 같이 우리로 또한 새 생명 가운데서 행하게 하려 함이라.[87]

양자론은 본질적으로 영적인 요구를 물리적인 모방의 수준으로 축소시킨다. 따라서 양자론은 그리스도의 복음에 대해서는 생소한 일종의 자기구원으로 인도할 수밖에 없는 선한 행실과 선한 의도의 종교를 선포하는 것으로 마친다.

하나님의 아들은 피조물이었는가?

하나님의 아들로서의 예수의 자격 문제에 다가가는 데 보다 더 정교해지기는 했으나 오늘날에는 별로 신빙성이 없는 접근법이 4세기 초에 알렉산드리아의 아리우스에 의해 전개되었다. 그는 사모사타의 바울의

---

86 마 16:24.
87 롬 6:3-4.

개념을 간접적으로 흡수했을 수도 있다. 아리우스는 성자가 그 단어의 완전한 의미에서 하나님은 아니었다는 사모사타의 바울의 신념을 공유했지만, 성자는 하늘에서 내려왔고 따라서 단순히 하나님이 입양한 인간이 아니었다고 인정했다. 성자는 "모든 피조물보다 먼저 나신 이"였는데,[88] 아리우스는 이것이 성자가 최초의 피조물이고 가장 위대한 피조물임을 의미한다고 보았다. 아리우스에 따르면 하나님이 죄에 빠진 인간을 구원하기로 결정하셨을 때, 하나님은 자신이 만들고 우주의 지배권을 맡긴 아들을 보내 그가 사람이 되어 인간의 죄를 위해 죽게 하셨다. 아리우스의 관점에서 보면, 이런 사고에는 몇 가지 장점이 있었다. 첫째, 하나님의 아들이 어떻게 고통당하고 죽을 수 있었는지 설명하기가 더 쉬워진다. 고통당하고 죽는 것이 하나님께는 불가능하지만 피조물에게는 그렇지 않다. 둘째, 이 견해는 성자가 어떻게 성육신할 수 있었는지에 대한 이해를 쉽게 만든다. 왜냐하면 성육신은 초월적인 하나님이 모종의 방법으로 자신의 피조물의 한 부분이 되신 것이 아니라, 하나의 피조물이 다른 피조물로 바뀐 것에 지나지 않음을 의미했기 때문이다. 마지막으로, 이 견해는 성자의 구원 사역으로 인해 하나님의 초월적 주권이 축소되거나 손상될 수 있다는 주장으로부터 하나님의 초월적 주권을 보호한다.

아리우스의 견해가 지닌 이와 같은 문제점들은 쉽게 식별되지 않았고, 그는 오랫동안 기독교 세계의 대부분에 영향을 주었다. 그러나 아리우스의 접근법의 한계를 알아차린 몇몇 사람들이 항상 있었으며, 결국 그들이 승리했다. 요점은 하나님이 우리를 죄에서 구원하기 위해 한 피조물을 보내셨다면, 우리가 그 피조물을 통해 진정으로 구원 받았다고 말할 수 있느냐는 것이다. 아무리 최고의 피조물이라도 존재의 질서상 하나님보다 한참 아래에 있고, 피조물로서의 한계를 넘어서는 일은 아무것도 할 수 없다. 피조물이 하나님의 공의의 요구를 만족시킬 수 있는

88　골 1:15.

가? 성자가 피조물에 불과하다면, 그는 하나님의 뜻에 복종하는 것 외에 다른 일은 할 수 없다. 성자가 모종의 방법으로 우리의 죗값을 지불할 수 있었다고 해도, 율법의 제사가 이스라엘에게 죄의 용서 없이도 그들의 죄를 속죄해 줄 수 있었던 것처럼, 성자는 우리를 용서할 능력은 없었을 것이다. 게다가 피조물은 영원하지 않다. 아리우스의 반대자들은 "성자가 존재하지 않았던 때가 있었다"는 아리우스의 말에 계속 비난을 퍼부었다. 그것이 사실이라면 앞으로 성자가 존재하지 않게 될 때도 있을 수 있는데, 그가 더 이상 존재하지 않는다면 그는 더 이상 우리의 구원자일 수 없고 우리의 구원도 끝나고 말 것이다. 영생을 소유하지 않은 존재는 우리에게 영생을 줄 수 없지만, 우리는 그리스도 안에서 영생을 약속받았다.

아리우스는 신약성경이 그리스도께 적용하는 "중재자"(mediator)[89] 개념을 "중개인"(intermediary)으로 이해한 것으로 보인다. 이런 이해는 그리스도가 사물의 질서에서 인간보다는 높고 하나님보다는 낮은 피조물이지만, 중개인 역할을 할 수 있을 만큼 양쪽과 충분히 비슷한 피조물이었음을 의미할 것이다. 그 말은 그리스도 자신은 인간도 아니고 하나님도 아니었지만, 성육신에서 사람이 되고 이후에 승천해서 하나님이 될 수 없었음을 의미할 것이다. 그는 하늘로 돌아가 성부의 우편에 앉았을지 모르나, 대등한 존재로서 성부와 교제를 누릴 수 있는 성자로서가 아니라 은혜로 신의 임재 속에 들어가도록 허락받은 종으로서 그곳에 있었다. (성부의) 종인 구세주는 그렇게 하라는 말을 들었을 때만 말할 수 있을 텐데, 그러면 우리를 위해 중재할 능력이 손상되고, 심지어 그렇게 하지 못하도록 금지될 수도 있을 것이다. 이것이 실제로 무슨 의미였을지를 느헤미야의 경우에서 볼 수 있다. 느헤미야는 페르시아의 아닥사스다 1세(주전 465-424)의 술 관원이었다. 느헤미야는 자기 동족의 복지에 깊

---

89   딤전 2:5.

은 관심을 가진 유대인이었으며, 왕이 자기를 도와 유대인들을 원수들로부터 구해주기를 원했다. 그러나 느헤미야는 왕이 느헤미야의 얼굴에 뭔가 수심이 가득한 것을 알아채고 그에 관해 물었을 때에야 그 상황을 설명하고 자신이 필요로 하는 도움을 얻을 수 있었다.[90] 예수가 비슷한 입장에 있었다면, 예수에게 느헤미야에게 주어진 것과 똑같이 말할 기회가 주어지고 그렇게 도움을 받을 기회가 주어졌을 가능성이 있다. 그러나 그것은 완전히 성부의 선의에 의존했을 것이고, 그리스도께 연합한 사람들의 권리로서 요구될 수 없었을 것이다.

이 모든 이유들로 인해 아리우스가 제안한 성자의 존재에 대한 해석은 부적절했고, 따라서 교회에 의해 거부되었다. 그럼에도 불구하고 아리우스의 견해는 회복력이 대단했다. 아리우스주의의 한 가지 형태는 그의 사후 최소 두 세기 반 동안 살아남았다. 유사한 견해가 오늘날까지도 남아 있으며, 사실은 대부분의 "정통적인" 기독교 교회에서 다수파 견해라고 말할 수도 있다. 이 말이 사실인지 알아보려면 당신 교회의 교인들에게 예수가 하나님인지 물어보라. 이 질문에 주저하면서 예수는 하나님의 **아들**이라고(그러므로 진정으로 하나님은 아니라고) 답하는 사람들은 자기도 모르는 아리우스주의자다. 그들은 일신론에 대한 믿음과 그리스도의 신성에 대한 믿음을 조화시키고자 했으며, 예수가 신적 존재이기는 하지만 완전한 하나님은 아니라는 타협안을 만들어냈다.

그들이 깨닫지 못하는 것, 곧 아리우스의 비판자들이 항상 지적해온 것은 그런 해법이 논리적으로 불가능하다는 것이다. 하나님은 오직 한 분이시고 따라서 성자가 진정한 의미에서 신이라면, 그는 반드시 완전한 하나님이셔야 한다. 어떤 피조물도 절대적인 창조자와 같을 수 없기 때문에, 실제로 하나님이 아니면서 하나님과 **같을** 수는 없다. 성자는 절대적 창조자거나, 아니면 절대적으로 창조자가 아니다. 이 문제에는 타

---

90   느 2:1-8.

협이나 중도가 없다. 우리는 성자가 완전히 하나님이라고 말해야 한다. 성자를 그보다 못한 존재라고 하면, 성자는 피조물 차원으로 축소되고 우리를 하나님으로부터 분리시키는 간극을 메울 수 없게 되기 때문이다.

우리는 성자가 완전한 하나님이라고 말하는 것의 중요성을 신적 사랑의 맥락에서만 진정으로 이해할 수 있다. 성부는 사랑으로 우리가 자신과 영원히 살 수 있도록 자기 아들을 보내 그로 하여금 우리 죄를 위해 죽고 우리를 하나님 자신과 화해하도록 하셨다.[91] 하나님의 이 사랑의 행위가 하나님과 우리 사이에 어떤 종류의 관계를 낳았는가? 많은 회사들과 다양한 종류의 기관들에서는 말할 것도 없고 외교계에서는 사람들이 일반적으로 자신의 지위에 적합한 수준의 대접을 받는다는 것이 잘 알려져 있다. 대사는 국가를 대표하기에 국가원수에 의해 영접 받을 것이다. 그러나 외교통상부 장관은 아마도 다른 나라를 방문할 때 방문국의 외교통상부 장관보다 더 높은 지위에 있는 사람을 만나지 못할 것이다. 다른 한편 대사나 외교통상부 장관이 자신보다 훨씬 낮은 지위에 있는 사람을 상대해야 한다면, 자신이 모욕당하고 있다는 결론을 내려도 무방할 것이다. 이는 흔한 외교 관행이다. 우리가 하나님께 접근할 때, 우리는 궁극의 "국가 원수" 곧 우주의 왕에게 접근하는 것이다. 하나님은 어떤 수준에서 우리를 영접하시는가? 하나님은 우리가 자신의 임재 속으로 들어가도록 허락하시는가, 아니면 우리는 우리의 위치인 그곳에 머물며 하나님의 부하 중 하나를 상대해야 하는가?

이런 질문을 할 때, 우리는 그에 대한 답이 무엇이어야 하는지 즉각적으로 알 수 있다. 의심할 바 없이 우리는 하나님보다 열등하고 어떤 영접도 받을 자격이 없지만, 그럼에도 불구하고 그리스도 예수 안에서 하늘에 앉아 그리스도께서 성부와 갖는 관계 안에서 성부께 대한 아들의 관

---

91   요 3:16.

계를 공유하도록 부름 받았다.[92] 우리는 더 이상 종이 아니고, 참되고 살아 계신 하나님께 입양되었기 때문에, 친아들인 성자에게만 유일하게 속해 있는 바로 그 유산이 주어진 아들들이다.[93] 하나님의 사랑은 하나님이 우리를 부하가 아니라 자녀로 대할 정도로 큰 사랑이다. 이 사랑의 관계는 하나님 안에 성부와 성자 사이의 영원한 관계 속에서 이미 존재하지 않았다면 결코 가능하지 않았을 관계다. 아리우스주의는 우리에게 우리의 문제를 효율적이지만 비인격적인 방식으로 다루는 어떤 하나님, 곧 우리와 거리가 먼 하나님을 제시하기 때문에 실패한다. 그러나 성자는 성부와 하나이기에, 성부가 우리를 구원하도록 성자를 보내실 때 성부는 우리와 거리를 둔 것이 아니라 우리를 자신에게로 이끄신 것이었다. 성자는 성부와 동등하기에 성부 앞에 서서 우리의 중재자로서 행동하실 수 있다. 이것이 우리의 믿음이고 우리와 하나님의 관계다. 우리가 하나님의 사랑이 역사하는 것을 경험할 때, 우리는 우리에게 영생을 주신 예수께서 단순히 천상의 피조물이 아니라 영원한 주님이고 하나님 자신이심을 이해하기 시작한다.

---

92   엡 2:6.
93   요 15:15; 롬 8:14-17.

11장
•
성령

성령의 정체성

성자에서 성령으로 주제를 옮기면 삼위일체의 문제 가운데 가장 까다로운 문제와 마주치게 된다. 우선 신약성경에 성령의 위격과 정체성은 성부와 성자만큼 명확하게 진술되어 있지 않으며, 성령이 신격의 내적 생명 가운데 어디에 적합한지 파악하기는 더 어렵다. 그의 이름에서 시작하자면, 성부와 성자도 거룩하고 영적인 존재이므로 "거룩한 영"[성령]이라는 호칭은 성부와 성자에게도 똑같이 적용될 수 있다고 주장할 수도 있다. 요한복음 14:16에서 예수는 제자들에게 자신이 떠나가면 그들에게 "또 다른 위로자"를 보내 그들과 영원히 함께 거하도록 할 것이라고 말씀하신다. 이 위로자가 성령이라는 사실로 인해 많은 사람이 "위로자(또는 그리스어로 알려진 이름인 **파라클레토스**)가 성령의 개별적 이름이라고 가정하게 되었다.[1] 그러나 그것은 사실이 아니다. 첫째, 예수는 제자들에게 **또 다른** 위로자를 보내겠다고 말씀하시는데, 이 말은 예수도 위로자

---

1 **파라클레토스**의 표준 영어 번역어는 "위로자"(Comforter)이다. 그러나 "조력자"(Helper), "옹호자"(Advocate), "상담자"(Counselor)등과 같은 다른 번역도 발견된다.

임을 가정한다. 그러나 "위로자"가 신격의 두 번째와 세 번째 위격 모두에 사용될 수 있다면, 그 말이 성령의 독특한 이름일 수는 없다. "위로자"가 성령의 개별 이름이 될 수 없는 두 번째 이유는 삼위일체의 위격들이 **우리와 관련해서가 아니라 각각 다른 위격들과 관련해서** 이름이 불려지기 때문이다. 성령이 위로자이신 것은 그가 성부와 성자에게 위로를 주기 때문이 아니라, 우리에게 위로를 주기 때문이다. 성부와 성자는 성령에 대한 각각의 관계에서 그 점을 인식할 것이고, 따라서 위로자는 신격 안에서 성령의 고유한 이름이 될 수 없다.

성령은 이름이 없다고 결론을 내리고, 성령의 기능이 성령 자신에게 주의를 끄는 것이 아니라 성부와 성자를 영화롭게 하는 것이라고 설명하는 사람들이 있다. 성령이 자신에게 주의를 끌지 않는다는 것은 사실이지만, 그것이 성령이 자기 이름을 갖고 있지 않다는 이유가 될 수는 없다. 어쨌든 천사들은 자기 자신이 아니라 하나님이 주목받으시도록 하지만, 개별적으로 지목된 천사들은 미가엘이나 가브리엘과 같은 이름을 갖고 있다. 그렇다면 왜 이 사실이 성령에게 똑같이 적용되어서는 안 되는가? 어쨌든 성경에 성령의 고유한 이름이 계시되지는 않았다. 성경에서 삼위일체의 세 번째 위격은 항상 영이라고 칭해지며, 종종 한정적인 형용사나 "진리의 영"과 같은 묘사와 함께 언급되는데 이것은 일반적인 명칭이지 고유한 이름이 아니다.

성령은 구약성경에 나타나는가? 이것은 답변하기가 매우 어려운 질문인데, 특히 "영"이라는 말에 내재해 있는 모호함 때문이다. 예를 들어 창조의 첫째 날에 하나님의 영이 수면 위에 운행하셨을 때[2] 우리는 하나님의 영을 삼위일체의 세 번째 위격을 가리키는 것으로 이해해야 하는가, 아니면 하나님의 속성 중 하나에 초점을 맞춤으로써 여기서 묘사되는 존재는 단일하신 하나님을 가리키는 것으로 이해해야 하는가? 증거

---

2 창 1:2.

가 부족하므로 이 구절은 영으로 묘사되는[3] 한 분 하나님에 관해 말하고 있다고 가정하는 것이 더 안전하다. 이런 해석은 유대교의 일신론과 "하나님의 말씀" 및 "하나님의 지혜"와 같은 구약성경에 나오는 다른 말들의 용법과 더 잘 조화되는데, 이 말들은 성자를 지칭할 의도일 수도 있겠지만 아마도 그렇지 않을 것이다.[4]

성령과 성부의 관계

성령과 성부의 관계는 무엇이며, 어떻게 하면 그 관계를 가장 잘 표현할 수 있는가? 성부는 신격의 초월성을 대표하고, 그에 따라 성자와 성령의 신적 정체성은 주로 성부와 관련해서 표현된다. 성자는 성부로부터 출생하고(begotten), 성령은 성부에게서 발출한다(proceed)는 말은 두 분이 모두 성부와 신성을 공유하고 성부와 동등하시다는 고백이다. 예수는 우리에게 성령은 아버지에게서 나온다고 말하는데,[5] 이 주장에 대해 모든 그리스도인이 동의한다. "발출"(procession)이라는 말은 무슨 뜻인가? 이 말은 확실히 "출생"(generation)과 다르며, 동일한 사건일 수도 없다. 우리는 성령이 두 번째 성자라는 인상을 줄 수 없다. 그렇게 되면 성령을 또 다른 구주로 만들 위험이 있기 때문이다. 다른 한편 "출생"은 영원의 맥락에 적용될 때는 문자적으로 해석될 수 없는 시간적 용어인 반면, "발출은 그렇지 않다. 성경은 성령이 아버지로부터 **나온다**고 말하는데, 이때 현재 시제를 사용하는 것은 이것이 영원한 관계임을 함축한다.

"발출"이라는 말은 공유하는 본성의 관점에서만 의미가 있는 성부와

---

3   요 4:24를 보라.
4   예컨대 왕상 12:22; 대상 17:3을 보라. 그리고 "하나님의 말씀"이라는 어구가 성자를 가리킬 수 없는 눅 3:2와 비교해 보라.
5   요 15:26.

의 관계에 관해 말하기 때문에 이 말은 성령의 신성을 강조한다. 그렇지 않다면 성령은 피조물일 것이고, 따라서 열등한 지위의 한계에 봉착할 것이다. "발출"은 또한 성령 자신의 독특한 정체성을 표현한다. 성부로부터 나온다는 것은 대사(大使)로서 성부를 대표하고, 보내진 사람들에게 성부의 생각과 성품을 전달한다는 것이다. 성령이 행하시는 첫 번째 일은 우리에게 성부(또한 삼위일체)가 물리적 존재가 아니라 영적 존재라는 점을 상기시키는 것이다. 하나님은 인간의 관점에 따라 묘사될 수 없으며, 자신이 지으신 피조물에 의해 정의될 수도 없다. 구약에서 이 점은 우상숭배에 대한 여러 차례의 금지령으로 표현되었는데, 또한 우리 안에 및 우리 주위에 임하시는 성령 자신의 비가시적인 역사를 통해 강조된다. 바람과 같이 성령은 지각될 수 있고 그 임재가 느껴질 수도 있지만, 결코 시공간에 매이지 않으신다.[6]

하나님의 두 번째 위대한 속성은 거룩함인데, 이 속성도 삼위일체의 세 번째 위격에 의해 대표된다. 피조물이 거룩하다는 것은 지적 및 도덕적 관점에서 하나님을 닮았다는 뜻이다. 우주에는 자신의 주님과 창조자께 반역했기 때문에 거룩하지 않은 영적 존재들이 있다. 우리가 살고 있는 세상은 그들의 영향력에 굴복하게 되었고, 그들의 힘에 장악되어 우리도 하나님보다 그들과 훨씬 더 잘 조화를 이루게 되었다. 그러므로 삼위일체의 세 번째 위격을 만나면, 우리는 성령이 우리가 전에 만났던 존재들과 완전히 다르다는 사실에 충격을 받는다. 성령께서 먼저 자신을 우리에게 알려주실 때, 우리는 근본적인 차이 때문에 성령께 적대적이지만, 그럼에도 우리의 저항을 무너뜨리고 우리로 하여금 돌이켜서 우리를 창조하시고 우리가 자신과 영원히 살기를 원하시는 성부께 순종하게끔 하는 것이 성령의 직무다. 이렇게 해서 성령의 대사로서의 역할이 우리에게 명확히 납득된다. 즉 성령은 우리 마음속에 거하는 하나님의 사자

---

6   요 3:8.

(使者)로서 우리가 성부에 의해 입양되었다고 말씀해주시고, 그 입양을 우리의 영적 경험 안에서 실재가 되게 해주신다.[7]

이런 식으로 성령을 처음 받은 사람은 예수였는데, 그가 세례 받을 때 성령이 비둘기의 형태로 그에게 내려왔다.[8] 영원한 하나님의 아들로서 예수는 성령을 받으실 필요가 없었다. 그리고 예수의 세례가 성자와 성령이 신격의 내부에서 관계를 맺는 방식을 설명하는 데 사용되어서는 안 된다. 일부 신학자들(특히 동방 정교회 전통에 속한 신학자들)은 그렇게 설명한다. 그들은 성령이 성부에게서 나오며 성자의 세례 때 그랬던 것처럼 성자에게 머문다고 말하면서, 예수의 세례 사건을 신격 안에서의 내부 관계의 발출로 만들려고 했다. 그러나 이에 대한 아무런 증거도 없다. 예수가 성령의 임재로 인치심을 받을 필요가 있었던 것은 "죄 있는 육신의 모양으로" 보내진[9] 사람으로서였다. 예수의 세례는 우리가 하나님의 영으로 충만해지는 것이 불가능하지 않고, 신자들이 따르도록 기대되는 규범이라는 점을 상기시켜 주는 사건이다. 그것은 단순히 우리의 죄가 씻어지거나 제거되는 문제가 아니라, 하나님과 연합되고 세상에서 하나님을 섬기도록 구별되는 것에 관한 문제다. 예수는 이미 하나님과 연합되어 있었지만 세례 받을 때 지상 사역을 위해 구별되었다. 예수는 성령을 받음으로써 자기를 보내신 성부의 뜻을 행할 자신의 사명과 능력 모두를 표현했다. 성령은 성부의 뜻을 성자의 인성 안으로 옮기셨고, 이 점은 성령이 "비둘기 같이, 육체의 형태로" 예수에게 임했다고 말하는 성경 본문에 의해 강조된다. 이 사건은 우리의 구원이 단순히 영적 경험만이 아니고, 새 생명을 지닌 몸의 부활도 포함한다는 사실을 상기시킨다.

---

7   롬 8:14-17.
8   눅 3:22-23.
9   롬 8:3.

성령과 성자의 관계

성자에 대한 성부의 관계는 사랑에 뿌리와 근거를 두고 있으며, 성령이 성자에게 강림한 것은 그 사랑의 한 가지 표현이다. 모든 그리스도인이 이 점에 동의한다. 그렇다면 성자는 성부가 성자를 사랑하는 것만큼 성부를 사랑한다고 말할 수 있을까? 그들의 사랑이 완벽하려면 서로에 대한 사랑은 상호적이어야 한다. 이 점에 동의한다면, 그 대답은 "그렇다"여야만 한다. 성부에 대한 성자의 사랑이 성자에 대한 성부의 사랑과 동등하고 보완적이지 않으면 하나님의 사랑은 신격 안에서 결함이 있을 것이고, 하나님은 순수한 사랑이라고 할 수 없을 것이다. 더구나 성자께서 성부가 자기를 사랑하는 것과 동일하게 성부를 사랑하지 않는다면, 성자의 구속 사역이 유효할 수 있겠는가? 성자가 성부께서 자기에게 억지로 시킨 일을 분하게 생각하면서 죽음을 맞이했다고 상상할 수 있겠는가? 진실로 그 자리에 있기를 바라지 않았고, 단지 성부가 그렇게 하라고 지시해서 우리를 위해 중재한 어떤 성자에 의해 우리가 성부의 임재 안으로 나아가도록 허락되었다고 믿을 수 있겠는가? 그것은 터무니없다. 확실히 성자가 우리를 구속하기 위해 행하신 모든 일은 성부에 대한 사랑에서 나온 것이었다는 결론을 내려야 한다. 성자의 부활, 승천, 하늘 보좌에 앉으심에서 성부가 보여주신 인정, 곧 성자의 구속 사역에 대한 성부의 인정은 이에 대한 충분한 증거다.

성자는 성부가 성자를 사랑하는 것과 똑같은 방식으로 성부를 사랑하는가? 만약 그렇다면, 그리고 성령은 성자에 대한 성부의 사랑의 인침이라면, 성령은 성부에게서 나오는 것과 똑같이 성자에게서도 나올 것이다. 왜냐하면 성부와 성자 각 위격의 다른 위격에 대한 사랑은 동일하기 때문이다. 그러나 성자가 성부께서 성자를 사랑하는 것과 정확히 똑같은 방식으로 성부를 사랑하지 않는다면 그들의 관계는 보완적이기는 하지만 동일하지는 않기 때문에, 성령이 성자로부터 나온다고 말하는 것은 기껏해야 오해를 낳고 무익하기 쉬우며, 최악의 경우에는 오류와 이단으로 이어질 수도 있다. 이 점에 대해 동방 교회와 서방 교회는 서로 동의하지 않는다. 동방 정교회는 성부와 성자는 다른 위격이기 때문에, 성부에 대한 성자의 사랑의 성격은 성자에 대한 성부의 사랑의 성격과 다르다고 말한다. (그들에 따르면) 성부와 성자는 서로 동등한 정도로 사랑하지만 각기 다른 방식으로 사랑하며, 따라서 마치 성령과 성자의 관계가 성령과 성부의 관계와 동일하기라도 한 것처럼 "발출"이라는 말을 성령과 성자의 관계를 묘사하는 데 사용해서는 안 된다.

반면에 서방 교회는 로마 가톨릭교회과 개신교회 모두 이 문제를 회피하는 경향이 있으며, 중요한 것은 성부와 성자 사이에서 나타나는 사랑의 정도이지, 그들의 상호관계의 정확한 성격이 아니라고 말한다. 성부와 성자 모두 완전한 신적 위격들이기 때문에, 그들이 서로에게 보여주는 사랑의 정도는 같음이 분명하다. 그러므로 설사 그들이 구별되는 위격들이라서 서로에 대한 그들의 사랑이 다르다고 할지라도, 그 차이 때문에 성령과 성부의 관계 및 성령과 성자의 관계를 묘사하는 데 "발출"이라는 말을 사용하지 못하게 되는 것은 아니다. 동등함(equality)은 절대적인 동일성(sameness)을 요구하는 것은 아니며, 다른 위격들에 의해서도 표현될 수 있다. 하나님 안에서 세 위격들은 완전한 신이며, 따라서 세 위격 각자가 아무리 구별된다고 할지라도 그들은 서로 동등하다. 결과적으로 이렇게 주장된다. 공통된 위격성(personhood, 인격성)의 사실이 개별 위격의 차이보다 훨씬 더 보편적이고 근본적이다. 그 차이가 개별 위격 자신의 정체성에 아무리 중요하거나 필요하다고 해도 그렇다. 그러므로 성자에 대한 성부의 사랑은 성부에 대한 성자의 사랑과 동등하며, 성부와 성자 각자는 모두 완전하신 하나님이기에 그들의 상호 사랑은 하나이며 동일하다.

전통적인 신학 용어로 표현하자면, 논쟁의 주된 질문은 성령이 성부와 성자 모두로부터 나오는지(서방 교회 입장), 또는 성령이 성부에게서만 나오는지(동방 교회 입장)를 결정하는 것이었다. 성령이 성부와 성자 모두로부터 나온다는 합의가 이루어질 경우, 다음 질문은 성령이 성부로부터 나오는 방식과 성자로부터 나오는 방식에 차이가 있느냐는 것이다. 성령의 발출에 있어 성부와 성자는 함께 행동하고, 따라서 둘의 역할은 사실상 서로 구별될 수 없는가, 아니면 성령은 성자**를 통해** 성부**로부터** 나오고, 이를 통해 신격의 처음 두 위격들 사이에 참된 구분이 유지되는가?

서방 교회는 소위 성령의 "이중 발출"(double procession)이라는 입장을 취했는데, 이 말은 성령이 성부와 성자에게서 나옴을 의미하며, 이때 두 위격이 매우 긴밀하게 협력해서 서로를 구별하기가 거의 불가능하다고 한다. 동방 교회는 성령의 이중 발출이란 견해는 성부와 성자 두 위격의 구분을 흐리게 하고, 신격의 유일한 원천으로서의 성부의 역할을 손상시킨다는 이유로 이를 거부한다. 동방 교회는 예수가 제자들에게 아버지로부터 나오는 성령을 보내겠다고 하신 말씀[10]은 성령이 나오는 과정에서 성자도 역할을 담당할 가능성을 배제하는 방식으로 해석되어야 한다고 주장한다.

1439년에 열린 피렌체 공의회는 두 기독교 종파(서방 교회와 동방 교회)를 연합시키기 위해 마련된 타협안에 합의했다. 이 회의에서 성령의 "이중 발출"을 성령이 "아버지로부터 아들을 통해"(from the Father through the Son) 나오는 것으로 보는 해석이 채택되었다. 이 해석이 처음 두 위격들 사이의 혼동을 피하게 해 줄 것이라는 점을 동방 교회가 인정하리라는 희망에서 이러한 타협은 이루어졌다. 하지만 이 타협안은 성부가 유일한 "신격의 원천"이라는 동방 교회의 믿음을 충분히 명확하게 확인하지 않았기 때문에 효과가 없었다. 그러나 이 해석은 서방 교회에 받아들여졌고, 오늘날 로마 교회와 주류 개신교 교회 모두의 공식 입장으로 남아 있다.

이러한 신학 **난제**는 삼위일체의 "인과" 모델에 의존한 결과이며, 그 모

---

10   요 15:26.

2부 • 하나님 자신 안에서의 사랑

델의 한계를 명확하게 보여준다. 인과 모델에서 성부는, 성자의 경우 출생에 의해, 그리고 성령의 경우 발출에 의해 "야기된" 다른 두 위격들의 "원인"이다. 그런 사고방식이 받아들여지면, "이중 발출"을 반대한 사람들이 신격 안에 오직 한 가지 원인만 있을 수 있다고 주장한 것이 옳을 것이다. 그렇지 않으면 일신론의 기본 원리가 손상될 것이기 때문이다. 물론 이중 발출을 지지하는 사람들은 이를 부인하고, 삼위일체의 세 위격들이 창조된 우주의 단일한 원인으로 협력하는 것처럼 성부와 성자가 단일한 원인으로 동역할 수 있다고 주장했다. 그럼에도 불구하고 인과모델에 따라 설명된 이중 발출 교리는 하나님의 근본적 통일성을 위태롭게 하며, 실제로 그 이유에서 부인하지는 않는다고 해도, 폐기되어야 한다고 말하는 것이 아마 옳을 것이다.

그러나 인과적 접근법을 버리고 관계적 관점에서 보면 이 문제가 다르게 보인다. 신약성경의 증거는 성령이 성부를 증언하는 것과 똑같이 성자를 증언하며, 신자들의 마음과 생각 속에서 성부와 성자를 똑같이 대표한다.[11] 성령과 성부 간의 관계는 성령과 성자 간의 관계와 질적으로 다르다고 말하는 것은 신격 안에 불균형을 도입하는 것이며, 동방 교회는 서방 교회와 마찬가지로 이를 반대한다. 상호 관계에 근거한 모델에서 성령의 이중 발출은 교리로 인정될 수 있을 뿐만 아니라, 삼위일체 안에서 평형이 유지되려면 필수적이기도 하다. "영원히 낳은"(eternally begotten, 출생)이라는 말이 성부와 성자의 관계를 이해하는 말로 채택되었을 때 그랬듯이, 이 논쟁의 양 당사자가 인과관계를 뛰어넘어 관계적 관점에서 이해해야 한다는 데 동의할 수 있다면, 성령의 이중 발출에 대한 역사적 반론을 받아들이는 데 어려움이 없을 것이다. 곧 그 말을 이해할 수 있고 그 맥락에서 정당화될 수 있다.

서방 교회 전통에 대해 공평하게 말하자면, 서방 교회는 성부와 성자

---

11   요 14:17, 23.

의 서로에 대한 사랑이 두 위격 각자의 특수한 정체성을 고려해야 한다는 사실을 항상 인식했다. 그렇다면 그들 사이에 흐르는 사랑은 충만하고 완전하면서도 아울러 그 사랑이 어느 위격의 사랑인지에 대한 특징을 갖고 있기 마련이다. 부모의 자녀 사랑은 자녀의 부모 사랑만큼 강하고 효력이 있으며, 한 쪽이 없이 다른 한쪽만 존재하는 것은 자연스러워 보이지 않는다. 타락한 인간의 파열된 세상에서는 때때로 이런 불균형이 나타나지만, 하나님 안에서 이런 불균형은 상상조차 할 수 없다. 결국 성령이 성자에 대한 성부의 사랑과 성부에 대한 성자의 사랑이 동등하고 영원히 공존함을 계시하며, 우리를 이 상호 간의 사랑 안으로 통합시키신다는 사실이 긍정되어야 한다.

예수는 제자들에게 자신이 떠나간 후 성령이 오셔서 그들의 마음속에 거할 것이고, 그 일이 일어나면 자신과 아버지가 와서 그들 속에 거할 것이라고 말씀하셨다.[12] 이 내주하는 임재에 대해 말하면서 사도 바울은 신격의 세 번째 위격을 주저함 없이 "아들의 영"으로 불렀다. 바울은 그렇게 함으로써 성령이 삼위일체의 첫 번째 위격의 영일 뿐만 아니라 두 번째 위격의 영이기도 하다는 점을 분명히 했다.[13] 이 호칭이 소위 성령의 "이중 발출"에 대해 함의하는 바는 무엇인가? 이 질문에 답하고자 할 때, 신학자들은 삼위일체 안에 있는 성령의 **영원한 기원**과 성령이 지상에서 곧 신자들의 마음속에서 수행하는 **시간적(temporal) 사명**을 구분한다. 서방 교회는 시공간 안에서 일어나는 하나님에 대한 경험이 하나님의 영원한 자아 안에서의 하나님의 모습과 일치해야 한다고 주장한다. 우리가 하나님에 대해 아는 것과 하나님 자신의 존재 안에서의 모습에 차이가 있다면, 하나님에 대한 우리의 경험은 실재를 정확하게 반영하지 못하는 셈이고, 우리는 그 경험이 진정한 것인지(또는 어느 정도까지 진정한 것인

---

12 요 14:23.
13 갈 4:6.

지) 의심하게 될 것이다.

동방 교회는 성령이 시간적 사명에서는 성부와 성자 모두의 영이라는데 동의하지만, 이것이 하나님의 내적 존재에 일치한다는 점은 받아들이지 않는다. 우리는 유한하고 불완전한 세상에서 살고 있으며, 하나님 안에는 인간의 관점으로는 표현될 수 없는 숨겨진 신비의 깊이가 있다는 것이다. 우리에게 말씀하실 때 하나님은 우리의 이해의 한계에 자신을 맞추지만, 우리가 이 한계가 본질상 하나님이 누구인지 그리고 어떤 존재인지 묘사하기에 적합하다고 가정한다면, 이는 실수일 뿐만 아니라 인간적 지식의 한계를 넘어서는 존재로부터 지적 우상을 만드는 죄를 범하는 것이기도 하다.

이런 논쟁에서 흔히 그렇듯이 양측의 주장은 제 눈에는 옳지만 다른 편의 관점은 자신의 체계에 들어맞지 않으므로 이해하기 어렵다. 최근에 많은 사람들이 이 어려움에 대한 해결책을 찾아낼 수 있으리라는 희망을 포기하고, 성령의 시간적 사명에 집중하기를 선호한다. 그것은 부분적으로는 동방 교회와 서방 교회가 성령의 시간적 사명에 동의하기 때문이고, 또 부분적으로는 성령의 시간적 사명이 실제로 중요해 보이기 때문이다. 그들은 우리가 성령이 어떻게 역사하는지에 관해 동의할 수 있다면, 성령이 삼위일체의 다른 위격들과 어떻게 관련되어 있는지가 정말 중요하냐고 묻는다. 그 질문은 계시되지 않은 신비로 제쳐두고 일상의 영적 생활에 집중할 수는 없는가? 이런 추론은 많은 사람의 마음에 들지만, 문제가 그리 간단하지는 않다. 이 논쟁의 양 당사자는 성령이 행하시는 일은 성령이 누구신지를 반영한다고 주장하는데, 이는 우리가 성령이 누구신지에 대해 동의하지 않으면 성령이 무슨 일을 하시는지에 대해서도 동의하지 않으리라는 점을 의미한다.

이와 관련된 사례를 위해 교회 문제를 고려해보라. 동방 교회 그리스도인들과 서방 교회 그리스도인들 모두는 성령이 하나님의 백성에게 활력을 주고 그들을 다스린다는 데 동의하지만, 많은 동방 교회 신학자들은 성령의 이중 발출에 대한 서방 교회의 믿음은, 이론상으로는 아니더라도 실제로는, 성령이 성자에게 종속됨을 의미한다고 주장한다. 이것은 더 나아가 교회가 땅에서의 성자의 대표 곧 자신을 "그리스도의 대리인"으로 부르는 교황에게 종속되어 있음을 의미한다. 동방 교회 신학자들은 아마도 개신교인들이 교황의 우월성은 기각하면서도 이의 기초가 되는 성령의 이중 발출은 부인하지 않기 때문에, 신학적으로 일관성이 없다고 비난하기까지 하는 것으로 알려져 있다.

이처럼 다루기 어려운 상황을 고려할 때, 동방 교회와 서방 교회가 서로 일치하지 않는 상대적으로 미미한 요소들이 중요하지 않은 것은 아니지만 이를 적절한 관점에서 이해할 수 있도록 그보다 많은 일치점은 요약해볼 가치가 있을 것이다. 모든 그리스도인들은 다음과 같은 사항에 동의한다.

1. 성령은 삼위일체의 세 번째 위격으로서 모든 면에서 완전한 하나님이시고, 성부로부터 나온다.
2. 성령은 그리스도인들의 마음속에 거하며, 거기서 양자의 영으로 활동하면서 우리를 하나님의 자녀로 만드신다. 이 맥락에서 성령은 아들의 영으로 불릴 수 있다(그리고 그렇게 불린다).
3. 성령은 성자에 대한 성부의 사랑을 표현하며, 성부에 대한 성자의 사랑은 성자 자신에 대한 성부의 사랑과 그 정도가 똑같다.
4. 성부와 성자는 똑같이 완벽하고 신적인 존재이지만 다른 위격이기 때문에, 성자에 대한 성부의 사랑은 어떤 면에서는 성부에 대한 성자의 사랑과 다르다.

동방 교회와 서방 교회는, 하나님 안에서 두 사랑의 차이가 "발출"이라는 말을 사용해서 성령과 다른 두 위격들과의 관계를 차별 없이 묘사하는 것을 불가능하게(또는 최소한 매우 현명하지 못하게) 만들 정도인지에 관한 문제에 대해서는, 의견이 일치하지 않는다.

이러한 의견 차이가 해소될 수 있는가? 논쟁의 양 당사자들이 기꺼이 신선한 시각과 새로운 정신으로 문제를 객관적으로 바라본다면 아마도 문제가 해소될 수 있을 것이다. 그 문제에 대한 자신의 입장에 오류가 없다고 주장하는 것은 실패의 지름길이다. 진전이 이뤄지려면 지금까지 이 분야를 지배해온 삼위일체의 위격들 사이의 관계에 대한 "인과" 모델의 함정을 피하는 틀을 기초로 해야 할 것이다. 다른 한편 우리는 겸손하게 우리보다 지적으로 더 훌륭한 사람들이 이 문제와 씨름했지만 성공하지 못했으며, 우리는 양편 모두를 만족시키는 해결책을 결코 찾을 수 없을지도 모른다는 점을 인정해야 한다.

그것은 의심할 바 없이 교회일치 운동의 분야에서 수고해온 많은 사람들에게 실망스러울 수도 있지만, 또한 하나님께 대한 우리의 경험은 특정한 공식에 얽매일 수 없다는 하나님으로부터의 표지일 수도 있다. 사도 바울이 말한 것처럼 지금 우리는 거울로 희미하게 보고 있고 오직 다음 세상에서만 얼굴과 얼굴을 맞대고 볼 것이다. 지금 우리는 부분적으로 알고 있지만, 그때는 우리가 하나님께 완전히 알려진 것처럼 우리도 완전히 알게 될 것이다.[14] 만약 이 해묵은 문제에 대한 해결을 그때까지 기다려야 한다면, 그것은 우리의 신학이 우리에게 아무리 합리적으로 보일지라도, 하나님의 영원하고 초월적인 존재의 신비를 결코 완벽하게 파악할 수 없다는 하나님으로부터의 표지일 수도 있다. 우리 그리스도인들은 이런 차이들을 안고서, 양편 모두 그들의 입장에 보다 타당한 면이 있음을 인정하면서 살도록 부름 받는다. 결론적으로 우리만이 하나님의 자녀라는 것이 무슨 뜻인지 세상에 보여주는 일은 우리가 옳고 다른 사람들은 그르다는 사실을 얼마나 성공적으로 증명하느냐가 아니라, 이런 차이들이 있음에도 불구하고 우리가 얼마나 서로 사랑하느냐에 달려 있다.

---

14   고전 13:12.

피조물을 향한
하나님의 사랑

12장

·

하나님의 피조물

피조물의 본질

성경은 하나님이 왜 우주를 창조하셨는지 묻지도 않고 답하지도 않는다. 성경의 저자들에게는 하나님이 자신의 목적을 위해 우주를 창조하셨음을 아는 것으로 충분했지만, 그 목적이 무엇이었는지는 신비로 남아 있다. 우리는 하나님이 우리 자신에 관해 우리에게 말씀하시는 것과 창조 질서의 수호자로서 우리에게 기대하시는 것을 통해 하나님의 창조 목적을 어느 정도 알아낼 수 있지만, 그 이상을 넘어갈 수는 없다.

많은 사람들이 우주의 의미가 무엇인지 궁금해 했고, 자신의 추측이나 욕구에 기초해서 이에 대한 답을 모색했다. 고대 그리스인들은 물질은 영원하고 창조된 것이 결코 아니라고 믿는 경향이 있었다. 그들의 생각에 가시적 세계는 사물을 존재하게 하고 또 이를 해체하는 비인격적이고 불안정한 힘들(forces)의 산물이었다. 유일하게 영원한 실재는 영적이고 비가시적이었다. 그들에 따르면, 인간의 문제는 우리가 양립할 수 없는 그 두 가지가 결합한 존재라는 데 있었다. 그들은 우리가 물질 속에 갇혀 있는 영혼이라고 믿었는데, 이 점은 우리가 우리의 참된 운명을 알고 있지만 물질적인 몸을 떠나 본래 우리가 있었던 영적 영역으로 돌아가지 않는 한, 참된 운명을 이룰 수 없다는 딜레마다. 그러나 영원한 영으로의 재통합은 우리의 정체성이 해체되어 최고이자 모든 것을 포괄하는 하나의 존재가 된다는 것을 의미했다. 이 견해는 "구원"과 자기파괴가 하나이자 동일하다는 역설적인 결과를 낳았다.

창조에 대한 성경의 묘사는 이와 딴판이다. 따라서 초기 교회의 신학자들이 창세기의 처음 두 장을 자주 언급한 것은 놀랄 일이 아닌데, 그들 중 많은 사람이 특별히 창조 이야기에 대한 글을 썼다.[1] 카이사레아의 바실리오스(379년 사망)는 창조를 매우 상세히 묘사했다. 그는 자연과 흙을 가까이 하며 사는 사람들에게는 매우 통상적이지만 오늘날 도시 사람들에게는 대단해 보이는 생물학 지식을 드러냈다. 여기서 가장 중요한 점은 바실리오스 같은 그리스도인들에게 그들의 이교도 조상들에게는 변덕스럽고 예측할 수 없는 것으로 보였던 우주에서 질서와 조화를 발견하게 한 것은 성경 이야기였고, 그 발견이 궁극적으로 자연과학이 발전할 수 있는 토대를 놓았다는 점이다.

기독교 신학자들은 늘 하나님이 물리적 세계를 무로부터(*ex nihilo*) 창조하셨다고 믿었다. 하나님이 창조 사역을 시작하시기 전에 땅이 "형체가 없으며 비었다"고 묘사하는 창세기에는 무로부터의 창조가 명시적으로 진술되어 있지는 않다.[2] 그러나 무로부터의 창조(*creatio ex nihilo*)는 신약성경에 진술되어 있으며, 하나님이 태초부터 물질을 완벽히 통제하셨다는 사실에 함축되어 있다.[3] 무로부터의 창조는 또한 하나님이 결국은 창조 질서를 끝내시고 그 대신 새로운 세계를 새롭게 창조하실 것이라는 신약성경의 주장에도 함축되어 있다.[4] 우리는 이 이상 더 들을 필요가 없으며, 아마도 더 들어봐야 그것은 시공간의 제약을 넘어설 수 없는

---

1   그들은 창조 이야기를 그리스어로 "6일"을 의미하는 **헥사메론**(hexaemeron)으로 불렀다.
2   창 1:2. 히브리어 원문은 "뒤죽박죽"(topsy-turvy)을 의미하는 운문 표현이다.
3   히 11:3.
4   계 21:1.

3부 • 피조물을 향한 하나님의 사랑

우리의 이해 범위를 벗어날 것이다. 피조물은 끝이 있을 것이 확실한 것처럼 분명히 시작이 있었을 것이다. 그러나 시작 **이전**으로 거슬러 올라가 그때 하나님이 무엇을 하고 있었는지 묻는 것은 우리의 지성의 틀 밖으로 나가는 것이다. 우리는 우리의 이해 범위를 넘어서는 뭔가가 있다는 것을 이해할 만큼 충분히 알고 있지만, 그 이상은 말할 수 없다.

이러한 한계는 성경의 계속되는 주제이기 때문에 그 중요성을 과소평가해서는 안 된다. 성경 저자들은 주저 없이 우리가 아무리 열심히 노력하더라도 우주의 신비를 이해하거나 하나님의 생각의 깊이를 측량하지 못하리라는 점을 상기시켜준다.[5] 이런 한계의 한 가지 결과는 피조물 혹은 우리의 상상의 산물을 절대화하거나 경배하려는 어떤 시도라도 무의미할 뿐만 아니라 잘못이라는 것이다. 성서 시대의 거의 모든 사람이 그랬던 것처럼 나무나 돌로 조각한 형상에게 절하거나, 자신의 유한한 지성의 명상으로 삶의 철학을 구성하여 그에 따라 살아야 할 규칙을 부과하려는 것은 실패를 자초하는 일이다. 현대 세계에서 전통적 의미의 우상을 숭배하는 사람은 별로 없지만, 다른 인간이 만들어냈거나 그들이 조립해낸 세계관에 따라 사는 사람은 많다. 사람이 만들어낸 이념들이 처음에는 서양 세계에서 그리고 지금은 세계 도처에서 서로 권력 투쟁을 해왔으며, 인간 사회에 자신을 부과하려 해왔다. 기독교적 관점에서는 그 이념이 억압적인 공산주의이건 또는 자유적인 인본주의이건 모두, 인생의 문제들에 대해 순전히 물질적인 수단을 통해서는 달성할 수 없는 해답을 약속하는 거짓 복음이기 때문에 별 차이가 없다.

피조물은 절대적이지 않고 상대적인 영역에 속한다. 피조물의 상대성은 우리가 피조물과 맺는 관계를 이해하는 열쇠이며, 성경은 애초에 피조물이 왜 존재하는가라는 문제보다는 이 점에 집중한다. 창세기 1장은 세상이 어떻게 존재하게 되었는가보다는 세상의 다양한 부분들이 서로

---

5   욥 38-39; 롬 11:33.

어떻게 연결되어 있는가를 개략적으로 설명한다. 창세기 1장은 우리에게 **코스모스** 곧 만물이 자기 자리를 발견하는 질서정연한 우주를 제시한다. 창세기 1장이 전하는 이야기는 상세하지도 않고 완전하지도 않으며, 일반적인 범주로 말하고 질문들에 답하지 않은 채로 남겨 둔다. 예를 들어 하나님이 식물을 창조하셨을 때 "씨 맺는 식물과 그 안에 씨가 있는 열매를 맺는 나무"가 나타났는데,[6] 그것이 전부다. 풀이나 다른 종류의 나무나 꽃에 대해서는 한 마디도 없다. 이런 것들은 언제 창조되었는가? 이런 식물들은 모두 "식물" 창조의 일부였지만 특별히 언급되지 않았다고 가정할 수 있다. 이런 식물들이 존재한다는 사실은 부인할 수 없지만, 이 식물들의 기원에 관해 말하는 내용은 논리적 추론이나 추측 또는 과학적 탐구에서 나와야 한다. 이런 설명은 성경 기사와 모순되지 않으며, 이 이야기의 주된 요점을 이해하는 데 본질적이지 않은 정보로 성경 기사를 보완한다.

창세기 기사는 영적 존재들의 창조에 관해서는 아무 말도 하지 않지만, 그들은 창세기에 기록된 창조 활동 이전의 어느 시점에 창조되었음이 분명하다. 왜냐하면 그중 하나로서 우리가 사탄으로 알고 있는 뱀이 이 내러티브에서 중요한 역할을 수행하기 때문이다.[7] 또한 "별들"이라는 가장 간략한 언급 외에는 우주의 나머지에 대해 아무런 말도 나오지 않는다. 여기서 "별들"이라는 말은 아마도 다양한 행성, 혜성 등을 포함할 것이다.[8] 우리는 하나님이 어떤 목적을 위해 존재하는 만물을 창조하셨다는 말을 듣는다. 예를 들어 해와 달은 빛을 품은 물체(광명체)로 만들어졌다. 광명체가 존재하기 전에 빛이 존재했지만,[9] 광명체가 없으면 우리는 빛을 경험하지 못할 것이다. 지금 우리는 달빛이 햇빛의 반사광이

---

6   창 1:11.
7   창 3:1.
8   창 1:16.
9   창 1:3, 16.

라는 것을 안다. 성경의 창조 이야기는 태양과 달의 상호 의존 관계를 암시하는데, 성경 저자는 그 점을 이해하지 못했을 수도 있다. 곧 태양과 달은 함께 창조되었고, 같지 않으면서도 서로 보완적인 과업을 감당하도록 지정되었다. 과학자들이 훗날 이것이 어떻게 작동하는지 발견했지만 이를 이해하기 위한 기본 틀은 이미 성경에 나와 있다.

창세기 기사의 강조점은 피조물의 굉장한 다양성과 그들의 복잡한 상호관계에 주어져 있다. 창조 이야기는 피조물들 내부의 원동력을 제시하며, 피조물들은 우리가 "자체의 생명"이라고 부를 수 있는 것을 갖고 있다고 묘사된다. 이 이야기는 많은 피조물들이 변화나 발전이 불가능한 정적 양태로 고정되어 있는 것이 아니라, 다양한 환경에서 시간이 지남에 따라 퍼지고 적응하고 재생산한다고 말한다. 자연적인 소멸이든 유발된 소멸이든 소멸에 관해서는 어떤 언급도 없지만, 독립적인 관찰은 소멸이 이 과정의 한 부분이며, 애초부터 하나님에 의해 의도되었을 수도 있음을 보여준다. 환경이 변하고 서식지가 파괴됨에 따라 어떤 종들은 사라진다. 어떤 종들은 새로운 조건에 적응할 능력이 있어서 적응하지만, 한 종이 다른 종으로 돌연변이를 일으켜 바뀌는 명확한 사례는 거의 없다. 하나님이 일곱째 날에 일하기를 멈추고 안식하셨다는 말씀으로 보아 최초의 창조가 완료된 이후에 새로운 종이 출현할 수 있는 가능성은 배제되어야 하는 것 같지만,[10] 이에 대해서는 주의가 요구된다. 우리는 인위적으로 새로운 다양한 식물을 만들어낼 수 있음을 알고 있다. 따라서 이종 교배가 자연에서 일어날 수 없다고 말하면 현명하지 못할 것이다. 무로부터 어떤 것을 만들어내기는 불가능할 수도 있지만, 우리는 아직 이미 존재하는 것의 잠재력을 다 사용하지 못했다. 어떤 놀라운 일들이 우리를 기다리고 있을지 누가 알겠는가?

여기서 많은 것이 정의에 의존한다. 우리는 단지 공상과학 소설만이

---

10   창 2:2-3.

상상할 수 있는 종류의 완전히 새로운 종은 이제 등장하지 않을 것이라고 제안할 수 있지만, 존재하는 물질에서 새로운 형태의 생명이 발전할 수 있는 가능성을 배제할 수는 없다. 이제 "새로운" 어떤 것이 출현한다면, 그것은 이미 존재하는 어떤 것과의 관계와 의존성을 보여주는 초기 단계를 갖고 있을 것이다. 우리는 창조세계의 재생산과 내적 발전이라는 놀라운 능력을 과소평가하지 말아야 하는데, 이 점은 하나님을 믿어야 할 이유를 자연과학으로부터 이끌어낼 수 있는 가장 강력한 논거 가운데 하나다.

이 내적 잠재력은 어디서 오며, 이 잠재력은 왜 이처럼 놀랍도록 다양한 방식으로 작용하는가? 무엇이 생명을 그토록 다채롭고 생산적인 것으로 만드는가? 무엇보다 우리의 세상이 존재하도록 유지하는 많은 관계들은 어떻게 해서 조금이라도 힘의 균형이 변하면 그 관계들이 무너지고 사라져버리게 될 정도로 그토록 세심하게 "미세 조정"되는가? 아마 이런 일들 중 한두 가지는 우연이나 시행착오를 통해 일어날 수도 있겠지만, 우주 전체에 대해 그렇게 말할 수는 없다. 세상에는 완벽하지 않은 일들이 아주 많은데, 이 점은 우리에게 세상은 기계적으로 완벽하지 않으며 세상을 하나로 묶는 총괄적인 원리가 없다면 언젠가는 잘못될 것이라는 점을 상기시켜준다. 창조세계가 완벽하지 않다는 사실을 하나님의 존재를 부인하는 구실로 삼는 사람들이 있지만, 오히려 그 반대가 맞는 듯하다. 피조물이 서로 맞물려 있기는 해도 자족적이지는 않기 때문에, 우주는 이처럼 완벽하지 않음에도 불구하고 유지되고 있다. 가장 적합하지는 않은 종이 생존하는 사례가 증명하듯이, 하나님이 통제하시기 때문에, 피조물은 도처의 "미진한 부분"을 견뎌낼 역량을 갖는다.

피조물의 상호의존 관계는 하나님이 창조하신 세상의 어떤 부분도 본질적으로 다른 부분보다 더 좋거나 나쁘지 않다고 말해준다. 우리는 동물이 식물보다 "더 높은" 형태의 존재이고, 식물은 바위보다 "더 높은" 형태의 존재라고 생각하려는 유혹을 받을 수 있는데, 어떤 의미에서 그

3부 • 피조물을 향한 하나님의 사랑

것이 사실인 경우가 있다. 인간의 생명을 가장 높은 존재 형태로 생각한다면 말(馬)은 장미보다 "낫고," 장미는 금괴보다 "낫다"는 말이 일리가 있을 것이다. 그러나 대부분의 사람들은 이 가운데 어떤 것을 갖겠다고 선택하겠는가? 이에 대한 대답은 그다지 명확하지 않다! 실제로 사물이 갖고 있는 가치에 대한 우리의 평가는 대개 그 사물에 내재된 가치가 아니라 그 사물에 부여되는 용도에 의존한다. 대부분의 도시 거주자들은 아마도 말보다는 금괴를 가지려 할 것이다. 그러나 정원사가 색다른 종의 장미 대신 말을 더 원하겠는가? 부유한 아랍 족장들은 말과 낙타를 석유보다 더 귀중히 여기라고 배웠기 때문에, 석유가 그들의 마구간에 말과 낙타를 채울 수 있는 수단을 제공해준다는 사실에도 불구하고 때로는 자기의 말들 및 낙타들과 가까운 천막에서 살기를 선호할 것이다. 우리가 보기에 어떤 사물이 갖고 있는 가치는 우리가 그 사물 자체와 맺고 있거나 맺고 싶어 하는 관계와 직결되어 있다. 달리 말하자면 그것은 사랑의 표현이다. 우리 그리스도인들은 창조세계를 사랑하되 피조물을 우리와 창조주 자신과의 관계보다 더 높게 평가하지 말라고 부름받았다. 다른 피조물들은 선택권이 없으며, 단지 그들에게 자연스러운 것만 행할 수 있다. 그러나 인간은 하나님과 관계를 맺는데, 이 관계는 우리 인간이 다른 피조물들을 평가하고 그 피조물과 어떤 관계를 맺을지 선택할 관점과 책임을 부여한다.

피조물은 자족적인 실재가 아니라는 점을 이해할 때, 위에서 말한 내용의 중요성이 극명하게 드러난다. 그리스도인들은 모든 것에 원인이 있다고 믿기에, 세상은 스스로 만들어졌고 외부의 어떤 준거점도 없다고 주장하는 이론을 받아들일 수 없다. 우리는 어쨌든 창조세계 안에서 "제1원인"을 발견할 것으로 기대하지 않기 때문에, 이 "체계" 안에서 아무것도 "제1원인"으로 지목할 수 없다는 의미에서 그 "체계"가 순환적이라고 해도 그것은 우리에게 문제가 되지 않는다. 창조주는 자신의 피조물들의 외부에 계시기 때문에, 우리는 (창조세계 안에) 식별할 수 있는 "제1원인"이 없다는 이론을 기꺼이 받아들인다. 창조된 우주 안에서 "제1원인"이 발견될 경우에만 우리가 염려할 이유가 생긴다. 왜냐하면 (그 자신이 피조물인) 이런 원인은 하나님일 수 없을 것이기 때문이다.

창조자는 자신의 피조물 밖에 존재하시지만, 우리는 하나님이 일단 우주를 창조하신 후에 이제 자신이 시작한 연쇄 운동을 관찰하는 것 외에 더 이상 하시는 일이 없다고 믿지 않는다. 반대로 우주는 직접 하나님께 의존해서 계속 기능하고 있고, 그렇지 않으면 지속적으로 존재할 수 없다. 하나님은 절대적 존재로서 모든 피조물은 하나님에 비해 상대적이고 하나님께 의존한다. 우리는 우주 안에서 사물들이 어떻게 서로 조화를 이루는지 이해할 수 있고, 사물들의 기능을 설명할 수 있다. 그러나 사물들의 존재는 오직 그것들을 창조하신 하나님과의 관계 안에서만 이해될 수 있다. 외관상 어떤 기능이나 용도가 없지만 그럼에도 불구하고 창조 질서의 한 부분을 구성하는 사물들을 고려할 때 이 점이 특히 중요하다. 스스로 창조되었거나 완전히 맞물려 있는 세상이 어떻게 순전히 장식용이고 어떤 기능적 목적에도 도움이 되지 않는 사물들을 만들었는지, 혹은 그 존재를 용납할 수 있는지는 알기 어렵다. 그러나 하나님이 창조하신 세상에는 그런 어려움이 없다. 우리는 고슴도치나 돼지 풀의 존재 이유를 모를 수 있지만, 하나님은 그 이유를 아신다. 하나님은 우리가 그 이유를 이해하건 못하건 간에, 모종의 이유로 그것들을 창조하셨다. 다른 목적이 무엇이든 그것들의 주된 목적은 하나님을 영화롭게 하는 것이고, 그 점에서 그것들은 다른 피조물과 차이가 없다.

피조물의 선함

하나님이 만드신 모든 것은 근본적으로 선하다(좋다).[11] 창세기 1장에서 창조의 각 날마다 이 말이 체계적으로 반복되는 것은 이 말의 중요성을 충분히 증명한다. "선하다"는 말은 하나님이 피조물을 자신이 만들려고 의도한 그대로 만드셨고, 따라서 피조물은 모종의 추상적인 방식으로가 아니라 자신에 부여된 임무(들)를 수행할 수 있도록 완전하게 형성되고 구비되었다는 점에서 "완벽하다"는 것을 나타낸다. 이 "완벽함"(perfection)은 우리가 그 사물의 결함과 한계로 알고 있는 요소 및 아직 계발되지 않은 잠재력을 포함한다. 인간에게는 피조물의 숨겨진 역량을 이끌어내도록 피조물에 대한 지배권이 부여되었다. 조각 그림 퍼즐에서 조각들이 낱낱이 흩어져 있다고 해서 결함이 아닌 것처럼, 세상도 "불완전"하지 않다. 세상은 하나님의 목적의 한 부분으로서 그 모습대로 창조된 것이고, 피조물은 바로 그 점 때문에 "선하다."

피조물의 근본적 선함에 대한 성경의 확언은 물질에 대한 고대 그리스 철학의 관념과 대조되었기 때문에, 초기 그리스도인들에게 특별히 중요하게 받아들여졌다. 많은 고대 그리스인들, 특히 플라톤주의자들은 우리 주변에서 보는 사물들이 절대자의 정신 속에 존재하는 이데아(관념)들이 희미하게 변질된 복사본(또는 "형태들")이라고 믿었다. 예를 들어 세상에는 많은 다양한 식탁들이 있는데, 그 식탁들은 각각 자체의 형태와 크기를 갖고 있다. 그러나 이데아의 영역에서는 오직 하나의 완벽한 식탁만 있으며, 이 식탁은 모든 물리적 식탁들이 모방하려고 하지만 성공 정도는 각기 다른 정신적 개념이다. 우리 앞에 놓여 있는 식탁들이 서로 다른 근본 이유는 그 식탁들이 정신과 물질의 제약으로 인해 발생한 이상(理想)의 변질이기 때문이다.

---

11   창 1:4, 10, 12, 18, 21, 25, 31.

성경은 그런 견해를 지지하지 않는다. 오히려 성경은 창조세계에 존재하는 것은 그렇게 의도된 것이라고 말한다. 자신과 비교하여 우리 주위의 가시적 실재를 열등하게 보이게 하는 숨겨진 이상(理想) 따위는 없다. 이 말은 우리가 그렇게 하지 않았을 때에 비해 사물들로부터 더 많은 것을 얻어내기 위해 사물들의 잠재력을 계발하라는 명령을 받지 않았다는 뜻이 아니다. 우리는 사막에 물을 대고, 늪에서 물을 빼내며, 곡물 생산을 더 높이기 위해 유전자 조작 실험을 하는 등의 일을 할 권리를 부여받았다. 하지만 우리는 창조세계가 본질적으로 악하다는 근거에서 피조물의 어떤 부분을 **거부**할 권리는 부여받지 않았다. 미개발이나 저개발은 무익함이나 변질과는 다르며, 우리의 일차적인 과제는 우리에게 주어진 것이 아무런 가치가 없는 것처럼 그것을 거부하는 것이 아니라, 그 안의 잠재력을 계발하는 것이어야 한다.

고대 그리스인들은 물질은 악하며 물질과 관계를 맺으면 "죄"로 이어지게 되어 있다고 생각하는 경향이 있었다. 그들의 죄 개념이 반드시 도덕적이었던 것은 아니고, 종종 다른 무엇보다 의식적 정결에 초점을 맞추기도 했지만 그럼에도 어떤 죄든 물질세계의 오염으로 말미암은 것이었다. 이런 생각이 너무 강하다 보니 초기 교회에서는 창조주 하나님이 우리의 구속주일 수도 있다는 개념을 받아들이려 하지 않는 사람들도 있었다. 그들이 생각하기에 구세주의 역할은, 우리를 끌어내렸고 우리가 영적인 (그래서 자동으로 선한) 존재가 되지 못하도록 방해하는 물질세계의 손아귀에서 우리를 구하는 것이었다. 그리스도인들은 항상 이 개념을 거부했으며, 우리의 구세주는 우리의 창조주이기도 하다고 주장했다. 그러나 그것은 늘 기독교란 다소 "세상을 부정하는" 종교라는 널리 퍼진 인상을 불식시키기에 충분하지 않았다.

그리스도인들이 물질세계로부터 등을 돌려야 한다는 믿음에는 어떤 증거가 있는가? 구약에서 유대인들에게는 먹도록 허용된 음식법이 주어졌고, 그 차이를 묘사하는 데 "깨끗한"(정결한)과 "더러운"(부정한)이라는 단어들이 사용되었다. 그러나 유대인들은 그들의 독특성과 하나님에 대한 성별의 표지로 어떤 음식은 먹고 다른 음식은 먹지 말라는 명령을 받았지, 이것은 "더러운" 음식이 그 자체로 나빠서가 **아니었다**. 금지된 음식과 인체에 해로운 음식 사이에는 상관관계가 없다. 즉 유대인의 음식법은 "건강 다이어트" 요법으로 여겨지도록 의도되지 않았다! 그럼에도 불구하고 오래지 않아 "부정한" 음식은 뭔가 잘못되었다는 결론을 내리게 되었고, 예수 당시의 많은 유대인들은 그런 관점에서 생각했다. 유대인들은 아마도 "사람이 먹는 음식이 그 사람이 어떤 존재인지를 말해준다"는 가정에 기초해서 깨끗한 것과 더러운 것의 구분을 이방인들에게 확대 적용함으로써, 이방인에 대해 거의 근절할 수 없는 편견을 만들어냈다. 그러나 신약성경 곧 예수의 가르침과 제자들의 가르침 모두에서 계속 반복되는 한 가지 사실이 있다면, 그것은 모세 율법의 깨끗한 음식과 더러운 음식 사이의 구별은 도덕적(심지어 위생적) 의미가 아니라는 점이다.[12]

그래서 최초의 그리스도인들은, 구약의 음식법을 지키지 않았을 때 문젯거리가 되거나 교회를 분열시키는 일이 벌어지는 경우를 제외하면, 구약의 음식법을 준수하는 데 얽매이지 않았다. 만약 "더러운" 음식물에 본질적으로 잘못된 것이 없다면, 그 음식물에 특별히 "옳은" 것도 없다. 그리스도인들은 유대교가 부적절하다고 인식한 것에 대한 대응으로서가 아니라, 주어진 상황에서 무엇이 옳고 적절한가라는 맥락에서 무엇을 먹을지 결정했다. 달리 말하자면 그리스도인들은 음식을 세속화해서, 음식의 자리를 영적 성취에 대한 표지로 사용하는 것이 아니라 가장 적절하게 그리고 가장 적절한 때 몸을 위한 연료로 사용되는 데 두었다.

똑같은 원리가 창조세계의 다른 모든 것에도 적용된다. 요즘은 신약성경에서 성행위에 가해진 "제한들"에 많은 주의가 기울여지고 있지만, 이

---

12   행 10:9-16. 또한 마 15:17-20도 보라.

런 제한들은 유대교의 음식법에 대한 그리스도인들의 반응과 똑같은 방식으로 해석되어야 한다. 성행위 자체는 좋지도 않고 나쁘지도 않다. 성행위는 인류의 보존과 번식의 필수적인 부분으로서 자연적인 과정이다. 적법한 성관계는 일평생에 걸친 이성 간의 결혼으로 한정된다. 결혼 관계는 그 안에서 자녀를 낳고 양육하는 배경이 되며, 가족 및 보다 넓게는 사회관계의 안정적인 기초가 된다.

그러나 성(性)이 결혼의 한 부분으로 의도되기는 했지만, 성이 결혼 제도가 만들어진 유일한 목적은 아니다. 그리스도인들이 아무런 이유 없이 결혼생활에서 성관계를 삼가는 것이 잘못인 것처럼, 성적 만족을 위해 결혼하는 것도 똑같이 잘못이다. 결혼한 사람이 영적 생활에 특별히 주의를 기울이도록 전념하라는 부름을 받는 때가 있을 수 있는데, 그때는 성행위가 주의를 산만하게 할 수 있으므로 피하는 것이 가장 좋다.[13] 하나님을 더 효과적으로 섬기기 위해 독신 생활을 하도록 부름 받는 사람들도 있으며, 이 또한 교회에서 환영받고 존중되어야 한다.[14] 단지 주를 더욱 충분히 섬기는 데 집중하기 위해 금식하는 것이 옳을 때가 있는 것처럼, 때로는 당분간 성을 제쳐 놓도록 요구하는 다른 우선순위들이 있을 때가 있다.[15] 이렇게 하는 것은 세상을 부정하는 것이 아니라, 세상을 제 자리에 두는 것이다. 즉 세상을 우상화하거나 오용해서 우리의 충성에 대한 하나님의 우선권을 보지 못하게 되는 것이 아니라, 세상을 우리가 사용하도록 하나님이 만드신 방식으로 보는 것이다.

신약성경은 종종 "육체"나 "세상"과 같은 단어를 문자적 의미를 넘어 하나님께 적대적인 세력을 지칭하는 말로 사용하기 때문에 피조물의 선함에 관해 혼란이 일어난다. 이런 경우에 성경 저자들이 그 말들을 통해 물리적 실재를 가리키는 것이 아니라, 우리로 하여금 하나님이 아니

---

13 고전 7:5.
14 고전 7:8.
15 마 6:16-18; 고전 7:5.

3부 • 피조물을 향한 하나님의 사랑

라 물리적 실재들로부터 만족을 구하게 하는 영적 세력을 가리킨다는 점을 이해하는 것이 매우 중요하다. 순전히 우리의 육체적 필요나 현재 상황에 따라 우리 삶의 순서를 정하면 우리가 누구인지 그리고 하나님이 우리에게 어떤 존재가 되기를 원하시는지에 대해 오해하게 된다. 우리의 육체적 필요나 현재 상황이 중요하지 않은 것은 아니지만, 그럼에도 이런 것들은 부차적이다. 예수께서 제자들에게 가르치신 것처럼 하나님이 새들과 꽃들을 먹이고 입히실 수 있다면, 우리도 돌볼 수 있고 또 돌보실 것이므로 우리는 염려하지 말아야 한다.[16] 그런 문제들에 사로잡히는 것은 충분히 이해할 수는 있지만, 완전히 잘못된 것이다. 그것은 우리 그리스도인들의 삶을 규율해야 하는 우선순위를 착각하는 것이다. 그래서 "육체"와 "세상"이 부정적으로 말해진다. 그것들은 사탄이 우리로 하여금 하나님을 섬기는 데서 벗어나 모종의 형태의 우상숭배에 빠지도록 유혹하기 위해 사용하는 일시적인 제약들이라는 것이다.

비록 우리가 피조물을 사용하는 것이 우리의 육체적 복지와 영적 성장에 영향을 주기는 하지만, 현대 세계에서 다수 사람들은 피조물 속에 본질적으로 나쁜 것이 있는 것은 아니라는 견해를 받아들인다. 그러나 질병이나 창조세계가 야기할 수 있는 다른 "자연" 재해 때문에 창조된 우주의 특정 측면들을 악한 것으로 간주하는 경향이 있는 사람들도 여전히 많이 있다. 이것은 감정상의 문제인데, 그런 일을 당할 만하거나 또는 그런 일을 일으킬 일을 하지 않았음에도 불구하고 아주 많은 사람이 지진이나 가뭄 또는 전염병으로 죽임을 당할 때 특히 그렇다. 그러나 이런 사건들의 희생자들을 아무리 동정해야 한다고 하더라도, 그 사건들을 일으킨 물리력 자체가 본질적으로 악하다고 할 수는 없다. 불의 경우를 생각해보라. 불은 집을 다 태워버리고 그 안에 있는 모든 사람을 불길로 삼켜버릴 수 있지만, 불은 또한 삶에 필수적이며 많은 좋은 용도에 사

---

16   마 6:25-34.

용될 수 있다. 성경에서는 지옥이 때때로 불타는 고통의 장소로 묘사되지만 하나님도 불에 비유되며,[17] 인간의 죄를 소멸하는 불(속죄제사로 상징된다)은 지옥이 아니라 하늘로부터 온다.[18] 불은 좋은가, 나쁜가? 그 대답은 모든 피조물이 선하다는 의미에서는 불은 "좋다"는 것이 되어야 한다. 그러나 다른 모든 것과 마찬가지로 불은 해롭고 파괴적인 용도로 사용될 수도 있다.

자연 현상이 없어지기를 바랄 수는 없는데, 우리는 이를 인정하고 존중할 수는 있으며 또 그렇게 해야 한다. 예수는 지혜로운 사람은 자기 집을 모래 위가 아니라 바위 위에 짓는다고 말한다.[19] 이것은 명백한 상식으로 보이지만, 우리 주변을 보면 참으로 많은 사람들이 범람원(flood plain), 빈번한 태풍에 노출된 지역, 심지어 화산 비탈에서 살기로 선택한다. 그렇다면 사람들이 자신의 어리석은 선택의 결과로 고통을 당할 때, 하나님을 비난할 수 있는가? 기근과 전염병은 종종 인간의 무능력, 부주의, 불결함의 결과인데, 이것들은 모두 올바른 지도와 동기부여가 있으면 시정할 수 있다. 질병을 일으키는 박테리아나 바이러스는 그것들에게 자연스러운 일을 행한다는 이유로 비난받아서는 안 된다. 오히려 피조물에 대한 지배권을 부여받은 우리가 피조물이 가할 수 있는 피해를 당하지 않도록 피조물을 통제하는 법을 배워야 한다.

자연 질서 안에서 고통과 사망이 위치할 적절한 자리가 있는가? 성경은 죄 때문에 세상에 사망이 들어왔다는 점을 분명히 하지만,[20] 그러나 이 말은 문맥 속에서 해석되어야 한다. 죄는 하나님께 대한 영적 반역이며, 이것은 죄가 들어오는 사망도 영적이라는 것을 의미한다. 예수는 제자들에게 몸을 죽이는 자들에 대해 염려하지 말라고 말씀하셨다. 몸은

---

17 신 4:24; 겔 1:4; 히 12:29; 계 1:14.
18 레 9:24; 삿 13:19-20; 대하 7:1.
19 마 7:24-27.
20 롬 5:12.

시간 속에서 죽지만 영은 영원 속에서 죽기 때문에, 진정으로 중요한 것은 영적 죽음의 위험이다.[21] 육체적 죽음은 창조세계 내에서 자연적인 삶이 순환하는 주기의 일부라는 점이 명백해 보인다. 그렇지 않다면 우리 중 누구도 아무것도 먹을 수 없을 것이기 때문이다. 동물계의 "먹이 사슬"은 다른 피조물의 죽음 없이는 많은 종들이 존재할 수 없다는 점을 상기시켜 주는데, 이런 상태가 인간의 타락의 결과로 왔다고 생각할 이유는 없다. 아담이 죄에 빠진 결과 피조물이 고통을 당했지만, 피조물에게 가해진 많은 피해들은 인간의 게으름과 파괴성에 의해 야기되었다. 인간의 오용이 통제되면, 자연계는 종종 자신을 재평가하고 우리가 자연에 가한 피해를 수선해서 우리가 야기한 파괴 대신에 삶과 죽음의 자연적인 주기를 회복한다.

그러므로 육체적 죽음은 시공간의 제약을 받는 우주의 자연적인 한 부분으로 간주되어야 하며, 육체의 고통은 이 점을 상기시켜준다. 아무리 건강하고 활력이 있다 해도, 우리의 몸은 다른 모든 피조물과 똑같이 자라고 소멸되는 물체이다. 몸이 적절히 기능할 능력을 상실하기 시작하면서 찾아오는 고통도 있지만, "성장통"도 있다! 어떤 종류의 변화든 종종 불편을 수반하며, 육체에 대한 영향이 있건 없건 간에 감정적 고통이나 정신적 고통이 가장 괴로운 고통일 수도 있다. 복음의 메시지는 혈과 육은 어떤 희생을 치르더라도 보존해야 하며 혈과 육에 가해진 해는 어느 것이든 정의상 악하다는 것이 아니라, 오히려 혈과 육은 하나님 나라를 상속받을 수 없다는 것이다.[22] 혈과 육은 사라지기 위해서가 아니라, 그 본질이 우리 이해력의 한계 밖에 있는 영적 몸으로 변화되기 위해 죽어야 한다. 피조물은 현재 상태로 영원히 지속되도록 정해지지 않았고, 피조물이 하나님의 내적 생명을 공유할 수 있게 해주는 방식으로 변화

---

21   마 10:28.
22   고전 15:50.

되게끔 되어 있다.[23] 지금 존재하는 것은 영속적이지 않다. 그것은 앞으로 드러나게 되어 있고, 우리의 현재 상태에서 우리가 상상할 수 있는 것을 훨씬 능가할 영광에 대한 맛보기일 뿐이다.

피조물의 목적

이 세상은 참으로 아름답고 장엄하지만, 그 자체가 목적은 아니다. 하나님은 지속되지 않는 즐거움으로 우리를 조롱하려고 늘 변하는 우주 속에 우리를 두신 것이 아니며, 자신이 만든 피조물과 함께 우리를 파멸시키기를 바라지도 않으신다. 우리는 육체적으로는 우리 주변에서 보는 생사(生死)의 순환의 필수적인 한 부분이지만, 영적 관점에서는 보다 영원한 무언가를 위해 창조되었다. 하나님은 우리가 현재 그 안에 처해 있기는 하지만 완전히 속해 있지는 않는 자연 질서의 쇠퇴를 초월하는 우리의 삶에 대한 목적을 갖고 계신다. 우리가 주변 환경의 파괴를 통탄하고 삶에 어떤 의미가 있는지 질문할 수 있다는 사실은 우리가 마음속 깊은 곳에서 현재 갖고 있는 것보다 더 나은 어떤 것이 반드시 있음을 알고 있다는 점을 상기시켜준다. 비록 우리가 죽음을 막기 위해 할 수 있는 일이 전혀 없기는 하지만 우리에게는 생명이 죽음보다 위대하다는 의식이 심겨져 있으며, 어쨌든 우리는 죽음을 이기고 살아남을 것이라는 희망을 버리지 않는다. 삶의 의지는 우리에게 오직 무덤 너머에서만 실현될 수 있는 목적이 있음을 증언하는 하나님의 선물이다.

하나님은 모든 것을 아우르는 자신의 사랑의 지혜 가운데 이 세상을 우리에게 시험장으로 주셨다. 이 세상에서 우리는 하나님과의 관계를 발전시킬 수 있고, 시공간에 의해 우리에게 부과된 제한이 제거되고 우리

---

23 계 21:1-4.

의 잠재력을 완전히 실현할 때 임할 새로운 존재 질서를 준비할 수 있다. 우리는 하나님이 왜 우리를 이런 식으로 다루기로 하셨는지 모르지만, 하나님이 우리를 자기 자녀로 부르신다는 사실이 그것을 이해하는 데 도움을 줄지도 모른다. 아이들에게는 그들의 부모와 다른 성인들이 제약을 가하는데, 그것은 아이들의 성장을 제한하기 위함이 아니라 그들이 특정한 방식으로 성장하고 그들에게 주어진 유산을 이해하기를 배워야 하기 때문이다. 성인에게는 책임이 동반되기에, 아이들은 성장의 혜택을 누리기 전에 거기에 어떤 대가가 따르는지 배워야 한다. 그것은 영적인 생활에서도 마찬가지인 것으로 보인다. 우리는 그리스도의 영원한 영광 안에서 그와 함께 다스릴 것이다. 그러나 그 영광은 미리 이해하기를 배워야 하는 값진 것이다. 우리에게는 그 영광이 이생에서 미리 맛보도록 허락되었다. 그러나 잠깐 동안의 그 영광은 곧 사라져버려서 실망하게 되지만, 우리는 그 영광을 갖기를 얼마나 열망하는지 알게 된다. 지금 이것을 배움으로써 우리는 그때 그 영광의 진면모를 이해하게 될 것이며, 그 충만한 영광 속으로 들어갈 때 그 영광을 누리기에 더 나은 입장에 서게 될 것이다. 대가를 거의 또는 진혀 기대하지 않으면서 아이들에게 너무 많은 것을 주면, 그 아이들이 건강한 성인이 되지 못하고 버릇 없는 인간이 되고 만다. 하나님은 우리가 천국에서 그런 모습이 되기를 바라지 않으신다.

우리가 장차 될 모습은 우리에게 약속으로 주어져 있지만, 그동안 하나님은 현재 상태의 우리에게 말씀하시며 우리를 향한 자신의 목적을 우리가 이해할 수 있는 방식으로 계시하신다. 우리가 이생에서 장래에 대해 준비할 때 우리에게 많은 것이 요구되는 이유는 바로 우리 앞에 멋진 운명이 놓여 있기 때문이다. 하나님의 말씀은 때로는 가혹하게 보일 수 있지만, 그럼에도 그럴 만한 이유가 있다. 시편 저자가 이해한 바와 같이[24] 우리는 우리가 누구인지 그리고 왜 우리가 하나님께 중요한지 배워야 하지만, 또한 우리가 얼마나 많이 타락했는지 그리고 어떻게 이 세상적인 실존의 두려움과 의심으로부터 해방될 수 있는지도 배워야 한다. 우리는 우리가 현재 상태로 있는 것은 하나님이 우리에게 그렇게 의도하셨기 때문이 아니라, 우리가 하나님께로부터 등을 돌리고 세상에서 우리 자신의 길을 가기를 선호했기 때문임을 깨달아야 한다. 가출한 아이들처럼 우리도 실제로는 하나님만이 건져주실 수 있는 매우 깊은 함정에 빠져 있으면서도 "자유를 얻었다"라고 생각했다. 우리는 구원받을 만한 일을 아무것도 하지 않았지만, 하나님은 감히 하나님보다 더 잘 안다고 생각하는 가련하고 반항적이고 가치 없는 피조물에게 큰 사랑으로 다가와 우리를 다시 자신에게로 이끄셨다. 가증스럽게도 우리가 지금은 이에 대해 기뻐하고 있지만, 우리는 결코 그런 일이 일어나기를 원하지 않았다. 우리의 죄악된 삶이 나빴는데도 우리는 자신의 길을 가려 했다. 다소의 청년 사울이 그랬던 것처럼 우리가 가던 길에서 갑자기 죽은 듯 엎드러지고, 다시 일으킴 받아 다른 방향으로 보내진다는 것은 우리의 교만과 자존심 그리고 안일과 쾌락을 추구하는 우리의 욕망에 상처를 준다.[25] 그러나 그런 우리의 모습에도 불구하고 하나님의 사랑은 우리의 타고난 반역성을 뒤엎고 우리로 하여금 참된 사랑이 무엇인지 발견하도록 도와준다. 그 과정에서 우리는 하나님을 새롭고 더 친밀하게 알게 되며, 하늘이나 땅의 어떤 권력도 우리에게서 그 지식을 빼앗아가지 못한다. 그 지식은 우리의 실존에 의미를 주고 우리의 삶에 목적의식을 주며, 우리를 두려움과 걱정에서 벗어나게 해준다. 왜냐하면 우리는 우리에게 일어나는 모든 일이 결국은 선하게 귀결되리라는 점을 알기 때문이다.

---

24   예컨대 시 6:1-10을 보라.
25   행 9:1-19.

성경과 자연과학

오늘날에는 우리의 지식, 발견, 능력이 계속 확대되어 하나님께 대한 신앙이 불필요하며 심지어 불가능해진다고 말하는 사람들이 많다. 이전에 하나님의 존재뿐만 아니라 성경의 하나님이 계시하시는 방식으로 창조주의 필요성을 증명하는 데 사용되었던 논거들은 종종 자연과학이 그런 가설을 더 이상 요구하지 않을 정도로 발전했다는 점을 근거로 해서 무시된다. 그들은 세상의 작동을 설명하는 데 필요한 모든 것이 자연 질서 안에서 발견될 수 있기에 외부의 힘이 개입할 여지가 전혀 없다고 주장한다. 물론 그리스도인들은 이런 결론을 거부하며, 일부 그리스도인들은 과학 전체를 자신들의 신앙에 적대적이라고 간주하는 경향이 있다. 창조주 하나님께 대한 자신의 신앙을 방어할 준비가 되어 있는 그리스도인 과학자들이 많이 있지만, 그들의 목소리가 한편으로는 매우 강경한 무신론자들과 다른 한편으로는 순진한 "근본주의자" 신자들에게 묻혀버리는 일이 너무도 빈번하다. 만족스러운 중간 지점을 찾기란 어려워 보이며, 우리는 결국 서로 갈등하며 종종 상대방을 무시하는 두 개의 다른 정신세계에서 살고 있는 듯하다.

기독교적 관점에서 볼 때, 맨 먼저 언급할 점은 성경의 계시와 자연과학은 모두 하나님의 마음과 의지에서 나오기 때문에 둘 사이에 갈등이 있을 수 없다는 점이다. 이것이 애초에 자연과학이 발전하도록 했던 믿음이었다. 왜냐하면 인간을 자신의 형상으로 창조하신 하나님은 또한 이 세상을 지배하도록 맡기신 인간에게 세상을 이해하고 정복할 이성의 능력을 주셨기 때문이다. 자연과학 연구는 인간이 타고난 권리인 피조물에 대한 지배권을 행사하는 데 필수적 도구이며, 따라서 자연과학은 가급적 최대로 장려되어야 한다.

둘째, 성경은 과학 교과서가 아니고 결코 과학 교과서로 의도되지도 않았다. 성경의 창조 기사는 과학 이론의 토대로 삼기에는 너무나 간략하며, 사실은 사물들의 기원에 관심을 보이지도 않는다. 창세기 1장은 우리가 물질세계에서 보는 **질서**에 관한 진술이며, 일어난 일에 대한 다양한 과학적 설명과 양립할 수 있다. 성경이 기원에 관한 다른 모든 이론을 배제하고 하나의 특수한 이론을 지지한다고 주장할 수는 없다. 비록 일부 그리스도인들은 세상이 하루를 24시간으로 하는 날들의 6일 동안에 만들어졌다는 해석을 주장하려고 해왔지만, 창세기 1장에는 우리가 그렇게 믿도록 의무지우는 내용이 아무것도 없다. 넷째 날의 해와 달의 창조는 그런 해석을 배제하는 듯한데, 본문의 원래 독자들은 틀림없이 이 점을 깨달았을 것이다.[26] 천문학은 고대 세계에서 크게 발전한 과학이었으며, 창세기 편찬자들은 직접 별을 관찰한 사람들은 아니었다고 해도, 태양이 없다면 저녁과 아침에 대한 개념이 무의미하다는 것 정도는 충분히 이해하고 있었다. 태양숭배가 특히 이집트에서 널리 퍼져 있었고 인기가 있었던 것을 감안하면, 태양의 창조를 넷째 날에 둔 것은 최소한 부분적으로는 사물들의 전체 배열 안에서 태양의 중요성을 상대화하려는 의도가 있었던 것으로 볼 수 있다. 왜냐하면 창조 과정에서 그처럼 늦게 만들어진 것이 모든 생명의 원천으로 간주될 수는 없기 때문이다. 우리가 확신할 수 있는 한 가지는 세상은 새로운 상황에 자신을 적응시키고 본질상 자연 발생식으로 영겁에 걸쳐서 변하는 무작위 세력들의 산물이 아니라는 점이다. 하나님이 자신의 목적을 달성하기 위해 어떤 수단을 선택하셨든, 세상은 하나님이 그렇게 창조하셨기 때문에 현재의 상태가 된 것이다.

초기의 많은 그리스도인들은 이 점을 이해했고, 창조 이야기를 "상징"적으로 해석하는 데 문제가 없었다. 문제는 그리스 이교도들이 물질은 영원하다고 믿었고 "젊은" 우주 관념을 거부했다는 것이다. 그래서 일부 그리스도인들은 성경 기사를 정반대 극단으로 해석해서 창조를 부정하

---

26   창 1:16-19.

3부 • 피조물을 향한 하나님의 사랑

는 세력에 맞서야 한다는 결론을 내렸다. 그들은 창세기의 숫자들을 더해보면 알 수 있는 것과 같이 세상은 오래 되거나 영원한 것이 아니고, 몇 천 년 정도밖에 되지 않았다고 주장했다. 물질은 영원한 것이 아니라 창조되었다는 관념에 대한 적절한 변호로 시작되었던 것이 아마도 원저자가 의도하지 않았던 문자적 본문 해석에 기반을 둔 의심스러운 성경 해석으로 귀결되었다. 그런 해석은 히포의 아우구스티누스(354-430)까지 거슬러 올라갈 수 있고, 중세의 대부분의 기간에도 일반적이었으며, 오늘날에도 때때로 재등장한다.

이렇게 말은 했지만, 창조의 6일이 중요한 이유는 십계명의 네 번째 계명이 그날들을 일곱째 날을 안식일로 거룩하게 지키는 이유로 제시하기 때문이다.[27] 안식일 휴식은 일단 하나님에 의해 물질이 만들어지고 난 이상, 이미 존재하는 것의 내적 잠재력이 계속 발전하기는 해도, 더 이상의 창조 행위는 없으리라는 점을 나타낸다. 안식일 휴식은 우리가 행위가 아니라 전능하신 하나님께 대한 겸손한 순종으로 의롭게 되고 구원받는다는 것을 상기시킨다. 따라서 일상적 활동이 이 땅에서의 생존에 아무리 필수적이라고 해도, 우리는 일상적 활동을 멈추고 하나님을 섬겨야 한다. 마지막으로 안식일 휴식은 우리가 하나님의 영광 속으로뿐만 아니라 하나님의 영원한 안식에 들어갈 때 하늘에서 우리를 기다리고 있는 것을 가리키는 역할을 한다.[28]

이 모든 이유들로 인해 안식일 준수는 이스라엘 사람들의 삶의 주기의 중심이 되었고, 궁극적으로 이성과 상식의 경계를 넘어서는 정도로까지 추구하게 되었다.[29] 이스라엘 사람들은 자기들의 삶의 양상이 하나님의 마음을 반영하도록 의도되어 있었다는 점을 배워야 했는데, 이것이 안식일 휴식이 "거룩하다"고 불린 이유다. 하나님의 마음은 영원해서 기

---

27 출 20:11.
28 히 3:11; 4:9.
29 눅 14:5.

존의 피조물의 기원을 뒤돌아보는 동시에, 모든 것이 성취되어 더 이상 성취할 것이 없으므로 안식하게 될 만물의 새 창조를 내다본다. 완전한 존재이신 하나님은 이미 안식하고 계신데, 그래서 우리가 하나님을 예배하기 위해 안식일을 따로 떼어놓는 것이 특히 적절하다.

창조의 6일을 이 맥락에 둘 때 우리는 창조 내러티브를 원래 의도되었던 대로 해석할 수 있다. 인간에게는 피조물에 대한 지배권이 주어졌으며, 이 지배권은 사람이 자신의 필요를 만족시키고 하나님이 정하신 임무 수행을 지원하도록 고안되었다. 우리는 땅을 정복하고 짐승들을 다스리라고 부름 받았다. 동시에 우리는 성경이 하늘의 "궁창"이라고 부르는 것에 의존하는데, 이 궁창은 우리의 생존에 필수적이지만 우리가 통제하지는 못하는 맑거나 흐린 날씨, 빛과 어둠과 같은 주기적 순환을 확보하는 사물의 질서다.[30] 하나님은 이 질서가 좋다고 말씀하심으로써 이 질서가 우리의 유익을 위해 마련되었다고 말하며, 이 질서가 하늘에 둠으로써 이 질서를 우리의 손길이 닿지 않는 곳에 두셨다. 우리가 땅과 땅의 거주자들을 다룬 방식으로 보건대, 만일 우리에게 기회가 있었더라면 우리는 오래 전에 궁창에 큰 해를 입혔을 것이고, 그 결과는 확실히 우리가 우리의 통제 안에 있는 것들에게 가한 파괴보다 훨씬 더 끔찍한 재앙이 되었을 것이다. 하나님이 참으로 중요한 것들을 자신에게 유보해 두셔서, 어리석음에도 불구하고 우리가 아무리 그렇게 하려고 해도 우리 삶의 기본 틀을 파괴할 수 없게 하신 것은 하나님의 가장 큰 자비 가운데 하나이고, 우리를 향한 하나님의 사랑의 특별한 표지다. 성경은 하나님이 6일 동안 일하고 안식하셨다고 말함으로써 만약 이 점에서 하나님을 본받는다면, 우리가 하나님이 우리에게 의도하신 목적을 이룰 것이라는 점을 상기시켜준다. 그것이 우리의 삶의 리듬을 형성하도록 의도된 부르심이며, 그 이유에서 피조물은 현재 우리가 보는 이 모습으로 우리에게

30　창 1:8, 14; 9:12-17.

제시되었다.

셋째, 성경이 과학 교과서가 아니듯이, 자연과학의 이론들도 신의 계시가 아니며 신학적 진술은 더더욱 아니다. 우주의 나이는 140억년이고 우주가 소멸되기까지 약 70억년 가량이 남아 있을 수 있지만, 그것이 사실이라고 해도 우주에 관해 참으로 중요한 질문들은 아직 답변되지 않았다. 우주는 왜 존재하는가? 수십 억 년 전에 무슨 일이 일어나 우주가 생겨나게 되었으며, 최종적으로 우주의 에너지가 다 소진되고 나면 우주의 잔해는 어디로 갈 것인가? 성경은 이런 질문들에 대해 명확하고 논리 정연한 답변을 갖고 있지만, 이 답변은 과학적인 논거로써 옳다고 혹은 틀렸다고 증명될 수 없다. 성경은 그저 하나님이 세상을 만드셨고, 때가 되면 세상을 끝내실 것이라고 말한다. 성경의 설명은 우주가 어떤 명확한 이유도 없이 불쑥 나타났다고 말하고 나서 이 놀라운 사건에 정확한 연대를 부여하는 것보다 훨씬 더 일리가 있는데, 하나님을 개입시키지 않는 현대의 많은 과학자들이 바로 그런 식으로 설명하고 있다.

그리스도인들은 우리가 보고 경험하는 모든 것 뒤에, 대중적인 현대의 표현을 사용하자면, "지적 설계자"가 있다는 믿음을 갖고 있다. "지적 설계"는 논란이 많은 과학 명제다. 부분적으로 그 말이 종종 (비록 그 주된 옹호자들은 이를 부인하지만) 일종의 위장된 종교적 헌신이라고 생각되기 때문이기도 하지만, 논란의 주된 이유는 그 말이 "무작위" 선택과 적응을 허용하지 않는 것처럼 보이기 때문이다. 이 반론은 만약 모든 것을 완전하게 만드신 하나님이 있다면, 완전하게 창조되었다는 피조물 가운데 어떻게 그토록 많은 것들이 변화되어 새로운 상황에 적응하고 또 그중 일부는 적응하지 못해 소멸되느냐고 의문을 제기한다. 하나님이 정하신 완전함은 그런 가능성을 배제하지 않겠는가? 신학적 관점에서 보면 이런 식의 추론에 대한 답변은 하나님은 세상을 "선하게" 만드셨지만 세상을 절대적이고 변하지 않게 만들지는 않으셨다는 것이다. 세상의 설계자는 그 안에 변화 가능성을 남겨두셨으며, 이 우주는 그 자체가 목적이 아니기 때문에 그 능력에는 진보뿐만 아니라 쇠퇴도 포함되어 있다.

더구나 설계자는 자신의 설계보다 위대하며 자신의 설계에 매이지 않는다. 우리는 종종 세상이 어떻게 작동하는지 이해할 수 있고, 과정에서 자신의 피조물에 대한 하나님의 계획과 목적에 대해 뭔가를 배울 수 있지만, 우리는 이 과학 "법칙들"이 결코 초월될 수 없도록 고정되어 있다고 생각하는 함정에 빠져서는 안 된다. 그리스도인들은 늘 이렇게 믿었다. 자연 법칙이란 하나님이 자신이 창조하신 우주를 섭리적으로 다스리는 표지이며, 하나님은 우리가 일상의 과제를 수행할 때 우리에게 확신을 주시기 위해 세상을 이런 식으로 유지하신다는 것이다. 우리는 중력 법칙과 같은 것들이 자의적으로 정지되어 우리를 (문자적으로) 공중에 매달려 대롱거리게 할 것이라고 두려워할 필요가 없다. 그러나 말은 이렇게 했지만, 하나님이 자신이 만든 "법칙"을 뛰어넘어 예수가 (중력 법칙을 무시하고) 제자들이 보는 앞에서 하늘로 들려 올라간 그리스도의 승천과 같이 우리가 "기적"이라고 부르는 일을 행하지 못하실 이유는 전혀 없다. 우리가 누구이기에 감히 창조주께 그가 자신의 피조물에게 무엇을 하실 수 있고 무엇을 하실 수 없는지 말할 수 있겠는가?[31]

우리는 순전히 "무작위적인" 발생 따위는 없다는 점을 역설해야 한다 (이 지점에서 최소한 일부 생물학적 진화 이론에 직접적인 도전이 가해진다). 무작위 (randomness)는 우리가 설명할 수 없는 어떤 것을 묘사하기 위해 쓰는 말인데, 우리에게는 모든 것을 이해하지 못할 가능성이 항상 있으므로 순전히 인간적인 관점에서는 언제나 무작위 개념이 자리할 여지가 있을 것이다. 그러나 하나님의 마음속에서는 어떤 일도 우연히 일어나지 않는다. 제한적이고 유한한 우리는 모든 것을 이해할 수 있기를 기대할 수 없지만, 그렇다고 해서 아무런 설명이 없다는 뜻은 아니다. 사도 바울은 우리에게 "우리가 부분적으로 알지만…온전한 것이 올 때는 부분적으

---

31   롬 9:20을 보라.

로 하던 것이 폐하리라"고 말한다.[32] 우리가 이생에서 이해할 수 없는 것들은, 지금 당장은 그것들이 아무리 신비롭고 이해할 수 없다고 해도, 하나님을 대면하여 보고 우리에 대한 하나님의 목적을 이해할 때는 분명해질 것이다.

넷째, 성경이 우주의 기원에 관해 거의 또는 전혀 말하지 않는 것과 마찬가지로, 기독교 신학도 우주의 기원에 관한 어느 하나의 이론과 연계할 수 없다. 그렇게 하는 것은 인간의 추측에 신의 계시와 동일한 권위를 부여하는 격이고, 일종의 지적 우상숭배가 될 것이다. 교회사는 우리가 현재의 과학 이론들을 "진리"로 인가하는 것이 얼마나 어리석은 일인지 잘 보여준다. 이전 세대들이 그렇게 했고, 그 결과 이론들이 무너지자 그 이론들에 입각했던 신학의 신용이 떨어졌다. 이에 대한 고전적인 사례로서 중세 신학자들이 물리적 우주에 대한 설명으로 아리스토텔레스의 형이상학과 고대 그리스의 우주론을 채택하고 그것을 성경 자체만큼 권위가 있는 것으로 간주한 적이 있었다. 코페르니쿠스(1473-1543)가 태양이 지구 주위를 도는 것이 아니라 지구가 태양 주위를 돈다는 사실을 발견했을 때, 그는 자신의 발견 내용이 교회가 가르친 것과 충돌했기 때문에 그것을 믿기를 거부하고 그 발견 내용에 대해 침묵을 지켰다. 한 세기 뒤에 갈릴레이(1564-1642)가 자신은 성경의 증언과 양립할 수 있다고 믿던 코페르니쿠스 시스템을 가르친다는 이유로 이단으로 재판을 받고 가택연금을 당했던 것을 볼 때, 코페르니쿠스가 이렇게 조심했던 것은 지혜로운 처사였다. 비극은 그의 견해가 인정되자, 그의 견해를 억압했던 신학이 거부되고 성경의 신빙성이 손상되었다는 것이다.

지난 5백 년 동안의 역사를 광적이고 오도된 교회의 장악력이 점차 무너지고 그에 대한 반동으로 현대 과학의 원리를 옹호하게 된 역사로 묘사하기는 쉬우며, 이 주제에 관한 한 많은 세속 역사가들이 그렇게 하고

---

32 고전 13:9.

있다. 그러나 역사는 그렇게 단순하지 않다. 가장 뛰어난 과학자들 가운데 많은 이들이 갈릴레이와 같은 그리스도인이었을 뿐만 아니라, 성경의 가르침을 거부한 과학자들도 때로는 소위 발견이라는 것을 토대로 잘못된 주장을 펼쳤다. 예를 들어 19세기 진화론 발전의 분파 중 하나로 우생학이라는 유사 과학이 있었다. 우생학은 백인종이 다른 인종들보다 더 진화되었음을 "증명하는" 것을 목표로 삼았다. 이 믿음은 당연히 유럽-아메리카의 식민주의와 인종 차별을 정당화했고, 아돌프 히틀러의 이념에 강력한 영향을 끼쳤다.

요즘에는 우생학이 신뢰를 잃었고 대부분의 사람들은 이에 대해 들어본 적도 없을 정도로 사실상 퇴출되었다. 인종차별주의에 관해 생각한다면, 사람들은 이전 시대의 (우생학) 과학자들을 비난하기보다는 유럽인이 하나님의 선민이라고 설교했던 교회를 비난할 가능성이 더 크다. 물론 인종차별주의를 옹호한 신학자들이 더러 있다. 그러나 그들은 대부분의 동시대인들에 의해서뿐만 아니라, 늘 모든 인종은 아담의 공통 자손이므로 동등하다고 가르쳐온 모든 기독교 전통에 의해서도 반대를 받은 소수파였다. 전통적인 창세기 해석에서 아프리카 흑인들은 노아의 아들 중 한 명인 함의 자손으로 여겨졌다. 그 결과 그들은 함의 형제 야벳의 자손인 유럽인들과 노아의 셋째 아들 셈의 자손인 중동 지역 사람들[33]의 먼 사촌이 되었다.

이런 해석이 유별날 수는 있지만 인종차별은 아니다. 이 신념이 신학이론 수준으로 유지되지도 않는다. 오히려 이 신념은 아프리카인, 아시아인, 아메리카 원주민들도 구원의 메시지를 들을 필요가 있는 하나님의 자녀들이었으므로 교회가 비유럽 세계에 복음을 전해야 한다고 재촉했다. 이 신념이 하도 강하다 보니 인종 분리나 인종 차별을 지지했던 교회들도 "열등"하다고 간주된 인종들의 영혼을 그리스도께 이끌기 위해

---

33 그래서 그들은 아직도 "셈족"으로 알려져 있다.

선교 사역에 착수했다.[34] 여기에 함축된 모순은 그들이 인종차별의 이념을 진정으로 받아들일 수 없었음을 보여준다. 왜냐하면 그들은 자기들의 노력을 통해 회심한 사람들을 그리스도 안에서 자기들의 형제자매로 인정해야 했기 때문이다. 또한 우리는 이런 일이 진행되는 동안 과학계의 세속적인 구성원들은 백인이 아닌 사람들은 마치 기니피그(흔히 실험용 동물로 사용됨)인 것처럼 의학 실험에 사용하는 데 일말의 가책도 느끼지 않았으며, 그다지 오래 망설이지도 않고 인종적으로 자기들보다 열등하다고 가정한 비유럽 국가에 원자폭탄을 떨어뜨렸다는 사실을 기억해야 한다.

사실 "종교"와 "과학" 사이의 갈등은 각각의 방법론과 결론의 양립불가능성에 관한 것이 아니다. 그 갈등은 나머지 피조물에 대한 인간의 권한의 본질에 관한 도덕적·영적 불일치다. 이 논쟁에서 세속주의자들은 양 극단을 오간다. 곧 어떤 때는 인간이 다른 모든 피조물을 개발하는 것을 옹호하고, 또 다른 때는 우리가 지금 환경보호주의라고 부르는 것을 선택한다. 반면에 그리스도인들은 확고하게 중간 입장을 유지한다. 우리는 창세기에 따라 인류에게 땅에 대한 "지배권"이 주어졌다고 말하는데, 지배권은 특권과 책임 모두를 내포한다. 우리에게만 나머지 물리적 피조물을 조사하고 개발하고 통제할 자유가 부여되었기 때문에 이 지배권은 특권이다. 그러나 우리는 이 지배권을 행사한 방식에 대해 하나님께 답변해야 하기 때문에 그것은 책임이다. (우리가 자주 그러듯이) 우리가 이 지배권을 악용하면 그 결과로 고통을 당할 것이다.

세속 진영에서 새로운 유전자 변형 기법을 발견하고, 종종 자기들의 실험의 자유에 가해지는 사회적이고 법적인 제한들에 분개하는 과학자들이 있다. 그들은 시행착오가 없으면 진보는 있을 수 없고, 원하는 오믈렛을 만들기 위해서는 몇 개의 달걀이 깨져야 할 수도 있으며, 전체 인

---

34 남아프리카의 네덜란드 개혁파 교회와 남미의 다수의 교파들이 그렇게 했다.

류의 유익이 특정 개인들이 견뎌야 할지도 모르는 불편을 능가한다고 주장한다. 또한 인간을 가능한 한 좁게 정의하는 것이 그들에게 이익이 된다. 예를 들어 태아는 "인간"이 아니며(또는 최소한 완전한 인간은 아니다), 영구적인 혼수상태에 빠져 돌이킬 수 없는 사람도 더 이상 내재된 생명권을 가진 "인간"이 아니다.

반대쪽 극단에는 세상은 재생 불가능한 자원을 계속 소진할 수 없으며 지속 가능한 환경을 만드는 방법을 모색해야 한다는 매우 타당한 주장을 펼치는 환경보호주의자와 생태운동가들이 있다. 그러나 어떤 사람들은 여기서 더 나아가 인간은 쥐나 모기보다 더 특별한 존재가 아니고, 전체 환경에서는 쥐와 모기도 보호받아야 한다고 결론짓는다. 달리 말해 새로운 농경지를 만들기 위해 말라리아 습지의 물을 빼내거나 국립공원에 원유 시추공을 뚫는 것은 범죄 행위로 간주되어야 하는 자연 파괴다. 대부분의 경우 연구자들과 생태운동가들은 서로 다른 영역에서 종사해서 갈등을 피하지만(예를 들어 말라리아와 접촉하는 태아는 거의 없다), 그들의 궁극적 목표는 양립할 수 없으며(원자력 발전소 건설이 바람직한지에 대한 논쟁에서와 같이) 그들이 만날 때는 충돌이 불가피하다.

여기서도 그리스도인들은 대체로 중간 입장을 취한다. 우리는 과학적 진보와 개발의 중요성을 받아들이지만, 인권을 희생시키면서까지 이에 동의하지는 않는다. 또한 우리는 환경이 보호되어야 한다는 데 동의하지만, 인간을 희생시키면서까지 환경 보호에 찬성하지는 않는다. 결국 우리는 원인이나 의도가 무엇이든 간에 개인과 공동체 모두를 착취로부터 보호할 필요가 있다는 입장을 취한다. 우리는 창세기가 가르치는 바와 같이 인간에게는 피조물에 대한 지배권이 주어졌으며, 다른 무엇보다도 그 명령이 존중되어야 한다고 믿기 때문에 이런 입장을 취한다.

그리스도인과 생물학의 진화 이론

그리스도인들은 특정 과학 이론들에 관해 어느 정도까지 의견을 표명해야 하는가? 우리의 믿음 때문에 받아들일 수 없는 과학 이론들이 있는가? 우리가 받아들일 수 없는 이론들이 있다면, 세속 세계에서 그 이론들에 직면할 때 어떻게 해야 하는가? 극단적인 예로 보일 수 있는 이론으로 시작해보자. 다른 행성들에 생명체가 있다는 생각은 오랫동안 공상과학 소설의 영역에 속했지만, 최근의 과학계는 지구가 독특할 가능성은 통계적 개연성이 낮다는 주장을 근거로 그 생각을 훨씬 더 진지하게 받아들이고 있다. 어떤 외계인이 열어보고 우리의 존재를 알게 될지도 모른다는 희망에서 메시지와 심지어 현재의 대중음악까지도 담은 우주 캡슐들이 태양계 밖의 우주 공간으로 내보내졌다. 이런 외계인이 그런 물건들에 마음이 끌릴지 아니면 이를 거부할지는 확실하지 않으며, 우리는 다만 기다려볼 뿐이다. 성경은 다른 행성들의 생명체에 대해서는 아무 말도 하지 않지만, 만약 외계 생명체가 존재한다면 그 생명체는 하나님과 어떤 관계가 있을까? 특히 다른 행성 어딘가에 죄를 짓지 **않은** 인간(또는 인간과 동등한 존재)이 있을까? 만약 있다면 그들은 하나님이 우리에게 의도하셨던 에덴동산의 삶을 누리고 있을까?

실제로 이것은 그리 큰 문제는 아니다. 왜냐하면 외계 어딘가에 생명체가 있다 해도, 그 생명체가 우리가 보낸 우주 캡슐을 발견하고 지구와 접촉할 때까지 걸리는 시간이 너무 길어 그때쯤이면 지구가 사라져버릴 수도 있기 때문이다. 물론 우리는 단지 성경에 언급되지 않는다는 이유만으로 그런 생명체가 존재할 수 없다고 말하는 실수를 피해야 한다. 성경에 언급되는지 여부를 토대로 삼는다면, 미국도 존재하지 않을 것이다! 그러나 우리는 이런 생명체를 찾을 경우 얻을 것으로 추정되는 이익에 비해 지나치게 많은 자원이 그런 활동에 사용되고 있으며, 이 모든 주제는 그것이 속해 있는 곳, 즉 추측과 공상과학 소설에 맡겨 두는 것이 가장 좋다고 얼마든지 지적할 수 있다.

외계 생명체에 관해 생각하는 것은 교회의 주 관심사와는 거리가 먼 것으로 보일 수 있지만, 어떤 의미에서 그것은 기독교 신학과 자연과학의 차이의 본질에 관해 매우 중요한 뭔가를 보여준다. 종종 과학은 "실재"에 뿌리를 두고 있고 따라서 논쟁의 여지가 없는 반면에, 신학은 순전한 추측이고 따라서 대체로 신화적이라고 말해진다. 그러나 이 사례가 보여주듯이 그 반대가 진실에 더 가깝다. 외계인의 존재는 지구가 우주에서 생명체가 거주하는 유일한 행성일 수 없다는, 증명되지 않은 가정에 기초한 순전한 추측이다. 아무도 지금까지 이런 생명체를 만난 적이 없었고, 외계 생명체의 존재를 암시할 수 있는 특이한 흔적을 가진 운석조차 발견한 적이 없다. 이 이론을 지지하는 아무런 증거도 없으며, 설사 그런 증거가 있다고 해도 생명체가 거주하는 또 다른 세계가 실제로 발견될 때까지는 증명되지 않은 채로 남아 있을 것이다. 그런데 아마도 그런 일은 결코 일어나지 않을 것이다.

여러 면에서 현재 지배적인 생물학의 진화 이론도 하나의 정신적 구성 개념으로서, 이 이론을 지지하기 위해 제시되는 증거들도 언젠가는 아주 잘못된 것으로 판명될 수 있다. 그렇다고 **호모 사피엔스**를 포함한 동물계의 다양한 피조물들 사이에 공생 관계가 있다는 사실을 부인하는 것은 아니다. 의심할 바 없이 고릴라, 침팬지, 오랑우탄, 그리고 인간의 유전 암호는 매우 유사하며, 고래는 인간처럼 포유류다. 육체적 생명의 주기 면에서 우리는 의심할 바 없이 이런 피조물들과 연계되어 있으며, 지금까지 아무도 이에 대해 심각한 의문을 제기하지 않았다. 아이들은 언제나 동물들을 보고 "아기가 어디서 오는지" 배웠고, 새에게 빵을 주는 사람은 누구나 우리도 종종 새들과 같은 음식을 먹는다는 것을 알고 있다. 이런 상호연결성이 우리가 공통 조상으로부터 나왔음을 가리키는지 여부는 덜 명확하지만, 공통 조상 이론은 그것을 정당화하는 어떤 증거가 나오기 오래 전에 수립되었음이 확실하다. 그 이후로 새로운 화석들이 발견되자, 화석 기록에 많은 간격이 있고 많은 것들이 여전히 불확실한 상태로 남아 있음에도 불구하고, 공통 조상 이론을 더 그럴듯해 보이게 하려고 화석들을 그 이론에 꿰맞췄다.

그러나 진정한 문제는 이것이 아니다. 진화 이론들은 한 종(種)에서 어떻게 다른 종이 발전했는지 설명하려 할 때 어려움에 빠진다. 때로는 이종교배가 가능하지만, 이종교배는 대개 생식력이 없다. 말이 당나귀와 교배하면 노새를 낳을 수 있지만 노새는 불임인데, 이 양상은 생물계 도처에서 반복된다. 한 종 안에서의 적응은 매우 흔하고 잘 기록되어 있지만, 돌연변이가 일어날 경우 진화론이 예상하는 것과는 달리 결함이 있으며 열등한 것을 낳는 경향이 있다. 고릴라와 인간이 공통 조상으로부터 진화했다면, 진화는 틀림없이 매우 오랜 세월이 걸렸을 것이다. 돌연변이에서는 열등한 것이 나온다는 증거는 고릴라와 인간의 공통 조상이 있었다면 그 조상은 현재의 고릴라나 인간보다 더 우수했음을 암시하는데, 그랬을 리는 없다. 한편 인간 종(種)들 안에 존재하는 막대한 다양성에도 불구하고, 뉴기니의 사람 사냥꾼들, 아프리카의 피그미족, 서유럽과 미국의 교외 거주자들이 생물학적으로 동일하다는 데는 의심할 여지가 없다. 오스트레일리아에서 원주민과 이주민 사이에 벌어진 역사적으로 고통스런 관계가 상기시켜주는 것과 같이, 매우 다른 종류의 사람들이 만나면 문제가 있을 수 있지만, 가장 근시안적인 유럽 식민지 개척자들도 오스트레일리아 원주민들이 인간 이하의 존재였다고 진지하게 주장하지는 않았다. 원주민을 그런 식으로 다루려던 시도는 항상 저항에 부딪혔으며, 거기에는 그럴 만한 이유가 있다. 그러나 만일 오스트레일리아 원주민들이 인간 이하의 존재라면, 우리의 인간 이전의 조상들은 왜 사라졌는가? 그들은 폭력으로 제거되었는가, 아니면 단순히 멸종되었는가? 이것은 동시에 일어났는가, 아니면 오랜 세월에 걸쳐 일어난 과정이었는가?

우리는 이런 질문들에 대한 답을 모른다. 외계 생명체에 대한 탐구가 공간상의 추측인 것처럼, 인간 이전 조상들에 대한 탐구도 시간상의 추측에 불과하다. 성경은 아담과 하와가 창조되었을 때 그들에게는 현재 우리가 갖고 있는 도덕의식이 없었다고 말하기 때문에, 인간 이전의 조상의 존재를 전면적으로 부인하는 것은 현명하지 못할 것이다. 아담과 하와가 우리보다 생물학적으로 열등했다는 증거는 없지만, 도덕의식이 없었기 때문에 그들은 현대의 인간들과는 다소 달랐을 것이다. 그러나 계속 나아갈 만한 증거가 없는데도 불구하고 도덕의식이 없는 사람들이 어떤 모습이었을지 가정하는 것도 현명하지 못하다. 생물학적 진화론이 오늘날 과학계를 지배하고 있지만 여느 과학 이론과 마찬가지로 생물학적 진화론도 실수할 수 있으며, 참된 과학자들은 그것을 더 만족스러운 이론으로 대체할 수 있는지, 그리고 어떻게 대체할 수 있는지 알아볼 것이다. 기독교 신학자들이 다른 어떤 형태의 추측도 인가할 수 없듯이, 생물학적 진화론도 인가할 수 없다. 왜냐하면 생물학적 진화론이 옳다고 판명된다 해도, 그것은 여전히 신적 계시의 진리가 아니라 틀릴 수 있는 인간적 인식의 한 형태이기 때문이다.

현대 진화론은 그리스도인들에게 큰 어려움을 자아냈다. 그것은 진화론이 우리가 유전적으로 오랑우탄 및 침팬지와 관련이 있다고 말하기 때문이 아니라, 우리가 오랑우탄이나 침팬지와 근본적으로 다른 존재가 아니라고 주장하기 때문이다. 진화론자들은 이론상 이 동물들이 우리와 같은 인간이 되기 위해서는 몇 가지 작은 유전적 변화만 있으면 될 것이라고 말하고, 수백만 년 전에 우리는 모두 공통 조상으로부터 진화했다고 가정한다. 그리스도인들은 이 가능성을 완전히 부정하지 않으면서도 이에 대해 다음과 같은 두 가지 의견을 말해야 한다. 첫째, 이런 진화는 저절로 일어나지 않았고 또 저절로 일어날 수도 없었다. 무작위 시행착오 과정에 의해 한 종에서 다른 종으로 자연적으로 진화할 수 있다는 이론을 지지하는 증거는 거의 없으며, 이 과정에서 우연히 인간이 생겨났다고 말하는 사람도 없다. 오랑우탄, 고릴라, 침팬지는 지금도 존재하고 있는데, 어떻게 된 일이기에 모든 중간 종들이 흔적을 거의 또는 전혀 남겨놓지 않은 채 멸종했는가? 논리적으로는 어디선가 그런 흔적을 발견하리라고 기대하겠지만, 비록 때로는 원인(原人)의 뼈가 발굴되었다고 주장되기는 해도 그 증거는 논란이 많으며, 소위 이런 "빠진 고리들"(missing links)이 설득력 있게 확인된 적은 없었다고 결론지어야 한다.

둘째, 비록 특정 동물이 생물학적으로 인간으로 진화했었다 해도, 그 자체로는 오늘날 우리가 알고 있는 것과 같은 인간을 만들어내기에 충분하지 못했을 것이다. 그것은 아담과 하와가 땅의 흙으로 창조되었을 뿐만 아니라, 하나님의 형상과 모양으로 창조되었기 때문이다.[35] 이 말은 인간에게, 순전한 진화 과정으로부터 나오지 않았고 생물학적 분석을 허용하지 않는 어떤 것이 있음을 의미한다. 그리스도인들은, 비록 모종의 형태의 생물학적 진화가 있었을 수 있음을 인정하기는 하지만, 자연적이고 무신론적인 진화에 만족할 수 없다. 동물들처럼 순전한 물질적 존재도 아니고 천사들처럼 순전한 영적 존재도 아닌 인간에게는 인간을 창조세계에서 유일한 존재로 만드는 어떤 것이 존재한다. 우리는 확실히 동물 및 천사와 많은 공통점을 갖고 있지만, 우리에게는 또한 하나님과의 관계가 내장되어 있는데, 이 관계는 그런 자연적 관련성으로 축소될 수 없기에(또는 이에 의해 설명될 수 없기에), 우리는 동물이나 천사들과 다르다.

하나님의 형상과 모양은 말하는 능력을 통해 우리에게 전달되는데, 이 능력은 하나님과 인간에게는 공통적이지만 다른 물리적 피조물에게는 그렇지 않다. 하나님이 자신의 말씀으로 세상을 창조하셨을 뿐만 아니라, 하나님이 우리를 죄로부터 구원하기로 작정하셨을 때 그 목적을 이루기 위해 육신이 된 존재가 하나님의 말씀이었다는 것은 우연이 아니다. 말(언어)은 인간을 구별시키며, 말을 연구해보면 진화가 어떻게 작

---

35   창 1:26-27.

동할 수 있는지에 관해 몇 가지 재미있는 교훈을 얻을 수 있다. 이상하게 보일지 모르지만 가장 복잡한 인간 언어 가운데 몇 가지 언어는 원시인들이 말했던 언어다. 문명이 진보함에 따라 언어는 단순해지거나, 너무 복잡해서 숙달할 수 없거나, 너무 유연성이 없어 새로운 상황에서 사용할 수 없으면 사라지는 경향이 있다. 예를 들어 현대 로망어를 공부한 사람이라면 누구나 현대 로망어가 그 조상인 라틴어보다 훨씬 더 단순하다는 것을 아는데, 이 사실은 쉽게 비교해 볼 수 있다.

더구나 언어들에는 몇 가지 재미있는 우연의 일치가 있는데, 이 우연의 일치는 조심성이 없는 사람들을 속이며, 과학적으로 부주의한 사람들을 가르치는 중요한 교훈을 갖고 있다. 예를 들어 세 단어들은 모두 모양이 비슷하고 의미가 같은데도 불구하고 영어 동사 "have"는 라틴어 *habere*가 아니라 독일어 **haben**과 관련되어 있다. 언어학자들은 영어 "have"와 독일어 **haben**에 해당되는 라틴어 동등어는 *habere*가 아니라 *capere*("붙잡다")라고 말한다. 그렇게 보이지 않지만, 이 점은 독일어의 "h"와 라틴어 및 그리스어의 "c"나 "k" 사이의 보편적 대응관계로 확인된다.[36] 그러나 외관상 비슷한 모양과 비슷한 뜻에도 불구하고 "have"와 *habere*가 아무 관계가 없다면, 고릴라와 인간은 어떤가? 고릴라와 인간이 단지 아주 비슷하다는 이유만으로 그들이 공통 조상으로부터 나왔음이 **틀림없다**고 말할 필요가 있는가? 아마도 실상은 우리가 상상한 것보다 훨씬 더 복잡할 것이고, 언젠가는 현재 다수 과학자들에게 매우 명백해 보이는 해석과는 다른 해석을 허용할 단서들이 발견될 것이다.

성경의 창조 기사와 이에 대한 신학자들의 분석은 그런 제한에 매이지 않는다. 많은 과학적 무신론자들은 자연과학이 하나님을 폐위시키고, 대신에 자신들이 생각하기에 그 자리에 앉아야 한다는 인간을 올려놓

---

36   네 언어에서 다음 단어들을 비교해 보면 그 점을 알 수 있을 것이다. head/Haupt/**caput**/**kephalē**, heart/Herz/**cor**/**kardia**, hundred/Hundert/**centum**/**(he)katon**, hound/Hund/**canis**/**kyōn**.

았다고 말하기를 좋아한다. 그러나 사실은 그 반대다. 무신론자들은 하나님을 폐위시킴으로써, 인간을 아마도 지금도 계속되고 있고 결국 현재의 우리보다 더 "높은" 존재를 낳게 될 오랜 진화 과정의 열매로 이해하는 것 말고는, 인간의 독특성을 이해할 길이 없게 되었다. 그러나 내가 고도로 진화된 오랑우탄보다 그리 나을 게 없다면, 그리고 나의 아주 먼 자손들이 이에 상응하여 나보다 더 우수한 존재가 될 것이라면, 왜 내가 뭔가를 하려고 신경을 써야 하는가? 만약 동물들이 이것들을 이해할 수 없고 미래 세대들은 이것들이 받아들일 수 없을 정도로 원시적이라고 무시할 거라면, 내가 생각하고 말하고 예술, 음악, 문학으로 나 자신을 표현하는 것이 무슨 의미가 있는가? 가장 적합한 자만이 살아남게 되어 있다면 나의 도덕의식은 어디서 오며, 그것이 왜 중요한가? 과학자들이 모종의 방식으로 제공하는 설명들은 과학자들 자신의 영역에서는 옹호될 수도 있겠지만, 인간의 현실을 설명하기에는 턱없이 부족하다. 우리에게는 순전히 생물학적 관점으로 분석될 수 없는 뭔가가 있으며, 궁극적으로는 그 뭔가가 자연과학에 의해 설명될 수 있는 것보다 더 중요하다. 성경은 우리가 목적을 위해 창조되었지만, 그 목적을 반역했다고 말한다. 그 반역이 우리의 모든 문제들의 원인이며, 반역이 바로잡히지 않는 한 그 문제들에 대한 영구적인 해결책은 없을 것이다.

그러나 성경은 또한 하나님이 답을 주셨다고 말한다. 성경은 우리를 속박하고 끌어내리는 악의 힘이 어떻게 극복되었고, 언젠가 어떻게 완전히 제거될 것인지 설명한다. 이것은 모든 인간이 직면하는 실존적 현실이다. 이것은 어떤 일이 일어났었는지에 대한 이론이나 추측이 아니라, 바로 지금 여기서 존재하는 뭔가에 대한 묘사다. 악이 어떻게 생겨났는지가 중요하기는 하지만, 그것은 우리가 악을 제거하기 위해 어떻게 해야 하는지 이해하도록 도움을 준다는 점에서만 중요하다. 기독교 신학자가 우리가 어떻게 현 상황에 이르게 되었는지를 설명할 수 있는 것으로는 충분하지 않다. 기독교 신학자는 우리가 직면하는 문제들을 해결하려면 지금 어떻게 해야 하는지도 보여주어야 한다. 이것은 추가적인 진화의 문제가 아니라 구원의 문제이며, 구원은 진화와 다른 사건이다. 만일 진화가 일어난다면, 진화는 거의 확실히 나쁜 상황을 더 악화시킬 것이다. 반면에 구원은 다른 기초 위에 세워진 새 생명이다. 신학에 의미와 목적을 주고 그 과정에서 인간과 인간의 운명을 의미 있게 해 주는 것은 바로 그 사실이며―"진화"하는 것을 지켜보기 위해 수십억 년을 기다려야 하는 것이 아니라―바로 지금 그 사실을 경험할 수 있는 가능성이다.

13장

•

영적 피조물

천사들의 본질

영적 영역은 물질이 창조되기 전부터 존재했고, 물질이 궁극적으로 사라지더라도 계속 존재할 것이기 때문에, 피조물에 대한 이해의 출발점은 영적 영역이어야 한다. 영적 영역은 하나님 자신의 본성에 상응하는 실재의 차원이며, 하나님이 자신을 영원히 섬기는 천사들을 두신 곳이다. 성경은 천사들의 기원에 대해 많은 말을 하지 않지만, 그들은 피조물이고 따라서 하나님 자신과는 확실히 다른 존재임이 분명하다. 천사들은 영적 존재이기는 하지만 유한한 존재다. 그리고 그것이 하늘에서 무슨 의미인지는 알 수 없지만, 천사들이 공간의 제약을 받는다면 그들도 시간 속에서 창조되었다고 가정할 수 있다. 아마도 시간과 공간은 이에 상응하는 물리적 시공간이 창조되기 전에 영적 세계에서 물리적 시공간과는 독립적으로 창조되었을 것이다. 그럴 경우 물리적 우주가 파괴되더라도, 시간과 공간은 영적 영역에서 계속 존재할 것이기 때문에 끝나지 않을 것이다. 이 이론을 지지해서 성경은 구속받은 인간은 영적인 몸을 가질 것이라고 말한다. 이 말은 아마도 영적인 몸은, 시간의 관점에서는 아무것도 말하지 않았지만 공간의 관점에서 정의될 수 있을 것이라는 의

미다.[1]

우리는 성경에서, 심지어 물질 창조의 기사에서도, 영적 피조물의 존재가 전제되어 있음을 알고 있다. 따라서 영적 피조물은 물리적 피조물이 창조되기 전에 존재했음이 틀림없다. 이에 관해 우리가 기억해야 할 가장 중요한 점은 천사들이 물리적 세계의 창조에서 어떤 역할도 하지 않은 것으로 보인다는 것이다. 성경에는 하나님이 물질세계의 창조의 책임을 천사들에게 위임했다거나 자신의 영적인 종들을 사용하여 물질을 창조하셨다는 표지가 없으며, 오히려 천사들이 물질세계의 창조에 아무 역할도 하지 않았다고 가정할 충분한 이유가 있다. 우리의 세상이 천사들에 의해 창조되었다면(물론 하나님의 명령에 따라 행동했겠지만, 그럼에도 불구하고 하나님에 의해 직접 창조된 것이 아니라 천사에 의해 지어졌다면), 우리 인간은 하나님의 피조물인 것과 거의 마찬가지로 천사의 피조물이기도 할 것이다. 그렇다면 우리는 비록 정도는 덜하겠지만 천사에게 종속될 것이고, 어쩌면 하나님의 형상과 마찬가지로 천사의 형상으로도 지음 받은 존재일 것이다. 우리는 여전히 궁극적으로 하나님께 종속되겠지만, 그 종속은 천사들이 하나님과 우리 사이에서 우리를 위해 중재자 역할을 하는 질서의 맥락에서 작동할 것이다. 그러므로 우리가 하나님께 나아가는 것은 천사를 통해 나아가는 것을 의미하게 될 것이다. 그러나 이런 관점은 성경에서 명확하게 배제된다.[2]

성경의 증거를 보면 비록 하나님이 인간과 소통하는 한 가지 방법으로 천사들을 사용할 수 있고 또 때로는 그들을 사용하기도 하지만, 그것이 하나님이 우리에게 말씀하시는 유일한 방법도 아니고 가장 흔한 방법도 아니다. 천사의 출현은 대체로 어떤 특별한 일이 계시될 것이라는 표지다. 그런 출현은 우리의 일상적인 하나님과의 동행에 속한 "일반적"

---

1   고전 15:42-49.
2   딤전 2:5.

인 부분으로 간주되지 않았다. 이에 대한 가장 현저한 예는 세례 요한과 예수의 다가올 탄생에 관해 알려주기 위해 천사가 사가랴와 마리아에게 나타나는 누가복음의 시작 부분에서 일어난다.[3] 사가랴가 성전에서 섬기는 제사장이었음을 감안하면 사가랴는 하나님이 자기와 소통한다는 생각을 받아들일 준비가 더 잘 되어 있었을 수도 있지만, 마리아는 하나님이 자기와 소통하는 것은 이례적인 사건이라고 생각했을 것이다. 사가랴가 자신의 일상 직무를 수행하고 있을 때 천사가 소식을 갖고 사가랴를 찾아왔다. 우리는 사가랴의 반응에서 그가 매일 하나님을 섬기는 일이 천사와 관계를 맺는 일과 관련되지 않았음을 알 수 있다. 이 점이 더 중요한데, 성경 어디에도 우리가 천사와의 관계를 추구하거나 천사들을 하나님께 가까이 나아가는 수단으로 이용하기 위해 노력해야 한다는 암시가 없다. 천사들은 하나님으로부터 명령을 받기 때문에, 그들은 우리의 영향을 받을 수 없다. 성경 어디에도 이교적 만신전의 숭배와 비교할 만한 천사 숭배의 징후는 없다.

성경은 우리가 천사보다 조금 낮게(못하게) 지음을 받았다고 말하는데,[4] 이 말은 우리의 부분적으로 물질적인(순전히 영적이지는 않은) 존재로서의 지위에 대한 언급이다. 그러나 성경이 우리와 천사들의 관계에 관해 말하는 유일한 내용은 언젠가 우리가 천사들을 심판할 것이라는 언급이다![5] 하나님의 피조물의 중요한 부분인 천사보다 낮게 지어진 인간이 언젠가는 천사들보다 더 높이 들어 올려질 것이라는 사실은 인간의 위대한 역설이다. 왜냐하면 하나님의 형상과 모양으로 지음 받은 피조물인 우리는(천사에게는 결코 그렇게 말하지 않았다) 신격의 교제 안에 있는 성자와 연합하고, 나머지 창조세계에 대한 성자의 왕적 통치에 동참할 것이기 때문이다. 이렇게 말은 했지만, 이것은 현재가 아닌 미래의 비전이다.

---

3   눅 1:11-20, 26-38.
4   시 8:5; 히 2:7, 9.
5   고전 6:3.

창세기에서 인간에게는 더 낮은 피조물에 대한 지배권이 주어졌으나, 더 높은 피조물에 대한 지배권은 주어지지 않았다. 우리는 천사들의 지배를 받지 않으며, 천사들도 우리에게 종속되지 않는다.

창조세계에서 **타락한** 천사들의 위치 및 우리와 그들의 관계를 고려할 때 이 점이 특히 중요하다. 우리가 사탄이 은혜에서 떨어져나가기 전에 사탄에 의해 지배를 받았다면, 지금 사탄이 우리를 통제하고 있는 것은 원래 상태의 자연적인 연속에 지나지 않는다고 주장할 만한 어느 정도의 근거가 있을 것이다. 우리가 처음부터 사탄에게 종속되어 있었다면, 사탄이 타락했을 때 사탄의 부하인 우리도 사탄과 함께 끌어내려졌을 것으로 예상할 수 있을 것이다. 그러나 우리는 그렇지 않다는 것을 안다. 사탄이 세상을 지배하는 것은 사탄에게 그렇게 할 자연적인 권리가 있기 때문이 아니라, 사탄이 우리를 속이고 우리가 사탄의 덫에 걸렸기 때문이다. 이 둘은 경우가 다른데, 우리의 현재 상태를 하나님이 용납하실 수 없는 이유 중 하나는 우리는 선하든 악하든 간에 어떤 천사의 세력에 종속되도록 의도되지 않았기 때문이다.

천사들은 태어나거나 죽지 않기 때문에[6] 아마도 천사의 수는 늘어나거나 줄어듦이 없이 유한할 테지만, 우리는 천사들이 얼마나 많은지 알지 못한다. 천사들은 자신의 이름을 갖고 있고 인간의 개성을 공유하는 것으로 보인다. 하지만 천사들이 서로 어떤 관계를 맺는지는 명확하지 않다. 성경이 말하는 것으로 볼 때, 우리는 천사들이 하나의 군대 또는 일련의 군대들(따라서 "만군의 주"라는 말이 나온다)이며, 추측건대 각 군대는 천사장이 이끈다는 인상을 받는다.[7] 천사장들과 천사들 모두 인간 앞에 나타나지만, 그중 둘—가브리엘(천사)과 미가엘(천사장)—만 우리에게 이름이 알려져 있다. 가브리엘은 처녀 마리아에게 예수의 탄생을 전해준 일

---

6   막 12:25
7   이것은 "천사들의 수장(首長)"인 "천사장"(archangel)이라는 말의 의미에 근거한 추측이다.

3부 • 피조물을 향한 하나님의 사랑

로 알려졌고, 미가엘은 하늘에서 사탄과 싸웠다고 알려져 있다.[8]

우리는 천사에 관해 사실상 아는 것이 전혀 없다. 그럼에도 불구하고 그들에게 일어난 일이 우리가 알고 있는 세상에 커다란 영향을 미쳤다는 결론을 내릴 수 있다. 하나님이 왜 천사들을 만드셨는지는 알려지지 않았다. 하지만 하나님은 천사들에게 특별한 목적을 의도하셨으며, 천사들이 그 목적을 이루도록 기대될 때 그 기대대로 수행할 수 있는 능력을 주셨다고 말해도 무방하다. 그 목적들은 무엇이었는가? 천사들의 첫 번째이자 가장 큰 존재 이유이며 그들의 활동의 영원한 요소로 보이는 이유는 천사들이 하나님을 예배하고 영화롭게 하며 섬기도록 지음 받았다는 것이다. 이 세 가지 활동들은 각기 구별되지만 서로 긴밀하게 연관되어 있다. 하나님을 예배한다는 것은 하나님이 누구시며 예배자와 하나님의 관계가 어떠해야 하는지 인식하는 것이다. 예배는 우리에게 최우선인 것처럼 천사들에게도 확실히 최우선이어야 한다. 하나님을 영화롭게 한다는 것은 이 상황을 올바른 상황이라고 받아들이는 것이다. 천사들이나 인간들은 하나님과 동등하지 않다. 우리는 하나님과 교제하도록 허용되었지만, 천사들에게는 그런 특권이 없다. 천사들이 "자기들의 지위보다 더 높이" 올라가 그들에게 자격이 부여되지 않은 일종의 하나님과의 동등성을 주장하려 하면, 그것은 반역 행위가 될 것이다. 천사들은 영적 존재이기는 하지만 하나님 앞에서 어슬렁거리거나 하나님의 등을 툭 치며 자신들과 하나님은 모두 영적 존재로서 세상을 다스리는 일에 있어 동료라고 선언할 권리는 없다.

이와 반대로 하나님을 섬기고 영화롭게 하는 것이 천사들의 의무였는데, 이것은 하나님을 자신들 위로 높이고 그렇게 함으로써 우리에게도 기대되는 본보기를 제공함을 의미했다. 천사들은 하나님이 어떤 식으

---

8   눅 1:26; 유 9; 계 12:7. 성경 밖의 전통들도 또 다른 천사장으로 생각되는 라파엘을 언급하지만, 라파엘의 존재 여부는 확실하지 않다.

로 선택하시든 하나님께 활용될 수 있고 기꺼이 하나님을 섬기도록 부름 받았다. 하나님을 섬기는 것은 우리가 하는 말이 진심이라는 증거이기 때문에, 하나님께 예배드리고 영광을 돌리는 참된 표지다. 이스라엘 사람들은 외적 의식에서는 나무랄 데 없었지만 하나님을 진지하고 희생적으로 섬길 의도가 없었기 때문에, 그들의 마음은 하나님으로부터 멀어졌으면서도 입술로만 하나님을 공경한다는 비난을 받았다.[9] 천사들은 자신들의 본을 통해 이런 일이 자기들에게는 해당되지 않음을 보여주려는 의도로 창조되었으며, 우리는 천사들을 관찰하고 하나님께 대한 그들의 섬김의 효과를 경험함으로써 우리가 그들에 대해 아는 것의 대부분을 배운다.

그리스어로 "천사"라는 이름은 "사자"(使者) 또는 "전령"을 뜻하며, 성경에서 그런 의미로 언급되는 사례가 많이 나온다.[10] 때로는 천사들이 하는 일이 하나님과 너무 비슷해 보여 천사들을 하나님과 구분하기 어려운 경우도 있다.[11] 그러나 우리는 그리스도가 오시기 전에 하나님이 볼수 있는 형태로 나타나신 적이 없다는 것을 알기 때문에, 족장들이 보았던 환상들은 하나님 자신이 아니라 천사인 사자들의 계시였다고 말해야 한다.[12] 다양한 사람들이 오랜 세월에 걸쳐 천사들을 만난 경우를 일반화하기는 어렵지만, 그러한 만남들에는 몇 가지 전형적이고 뚜렷한 특징이 있다. 첫째, 천사의 출현은 기대되지 않았다. 심지어 사람들이 하나님께 자기들의 삶 속에 특별한 일을 행해달라고 기도하고 있었을 때도, 막상 이에 대한 응답이 천사의 출현으로 나타나면 그것은 그들에게 뜻밖의 일로 다가왔던 것 같다.[13] 둘째, 천사들은 인간의 형태로 나타나는데, 언

---

9   사 29:13.
10   창 24:7; 단 3:28; 행 12:8.
11   삿 13:21-2; 사 63:9를 보라.
12   창 18:1-3.
13   왕상 19:5.

제나 남성으로 나타나며 때로는 강한 전사(戰士)로 나타난다. 그러나 천사들은 사실상 신분을 숨기고(incognito) 나타날 수 있어서, 천사들을 만난 사람들은 자기가 천사와 대화를 나누고 있음을 모르고 있다가 천사들이 떠난 뒤에야 비로소 천사와 대화를 나눴음을 깨닫는 경우도 있었다.[14] 우리가 알고 있는 모든 경우에 천사들은 주님으로부터 특별한 전갈을 가져와서 그들의 정체성에 대한 호기심을 일으키기는 했지만, 그들이 신분을 숨기고 나타나는 상황에서는 틀림없이 아주 평범해 보였을 것이다.

천사가 외관상 남성이라는 사실에 어떤 의미가 있는지는 알기 어렵다. 우리는 천사들은 결혼하지 않는다고 들었는데, 이 말은 천사들의 성징(性徵)이 불필요함을 암시한다. 그래서 성경의 증거에 관한 한 천사들이 외관상 남성이라는 점은 아마 그다지 중요하지 않을 것이다. 아마도 고대 세계에서 여성이 느닷없이 사람들 앞에 나타나 권위 있게 말하기 시작한다면 이상한 일로 보일 것이기 때문에, 천사들은 인간의 형태로 자신을 드러냈을 때 남성의 모습을 취했을 것이다. 그러나 성경에서 천사가 남성으로 나타난다는 사실에 아무런 본질적 중요성이 없다면, 그 점이 오늘날 우리에게 뭔가 할 말이 있을 수도 있다. 요즘 유행하는 천사의 형상은 여성이 되었고 때로는 어린아이의 모습을 취하기도 한다. 지금까지 수백 년 동안 천사들은 대체로 젊은 여성이나 날개 달린 통통한 아기로 묘사되어왔지만, 이 중 어느 것도 성경의 묘사와는 거리가 멀다. 현대의 인식은 낭만적이고 매력적이지만, 성경에 계시된 천사들은 두려움과 심판의 인물들인 사나운 영적 존재들 가운데 하나일 가능성이 더 높다. 확실히 천사들은 만만히 볼 존재가 아니라 권위와 능력을 가진 존재였으며, 오늘날 우리가 갖고 있는 천사에 대한 일반적인 관점은 이 점에서 크게 수정되어야 한다. 그 점에서 우리가 천사들을 현대의 대중적인 관점보다 더 잘 존중하고 그들의 중요성을 더 잘 이해하기 위해서는

---

14   삿 13:21-22; 히 13:2.

성경에 나오는 천사의 남성상이 회복될 필요가 있다.

천사들이 남성의 모습으로 나타났다고 말하는 것은 또한 4세기에서 17세기 사이 그리고 그 이후의 저술가들 속에서 찾아볼 수 있는 고대의 한 가지 전통이 있음을 상기시킨다. 이 전통은 천사 출현들의 최소한 일부는 성육신하기 이전의 성자의 현현이었다고 말한다. 이러한 주장 배후에 놓여 있는 논리는 성자는 성부께서 그렇게 하시지 않는 방식으로 자신을 볼 수 있게 하며, 신약성경이 아브라함 등이 그리스도에 관해 갖고 있었다고 말하는 지식은 그들이 천사의 모습으로 나타난 성자를 만났다는 사실에 기인했다는 것이다. 이스라엘 백성들의 광야 여정에서 그들과 동행했던 "주의 사자"가 성자였다고 생각하려는 유혹을 받은 사람들도 있지만, 신약성경에는 이에 대한 증거가 없다. 성경은 성자는 외관상으로 천사가 아니었다는 사실을 분명히 하는데, 성자가 어떻게 자신의 본질을 버리고 이런 방식으로 자신을 나타낼 수 있었는지 알기 어렵다.[15] 우리는 천사들이 전능하시고 영원하신 하나님의 장엄한 대표들이라는 점과, 그들이 피조물로서 하나님의 이름으로 말하지만 다른 어떤 형태로도, 특히 성자의 형태로는 더더욱 말하지 않으며, 하나님 자신이 아니라는 점도 인정해야 한다.

천사들의 또 하나의 특징은 그들은 결코 자신의 권위로 말하지 않는다는 점이다. 사도 바울은 갈라디아 교회 교인들에게 그리스도가 선포한 복음에 반하는 것은 비록 그것이 천사로부터 온 것으로 주장된다고 할지라도 믿지 말라고 경고했다.[16] 왜냐하면 참된 천사는 그런 말을 하지 않고 또 할 수도 없기 때문이다. 갈라디아 교회 교인들이 천사의 계시를 받았다는 증거는 없지만, 바울이 그들에게 준 경고는 오늘날에도 유효하다. 후기성도교회(몰몬교)와 무슬림은 모두 그들이 천사의 계시라고

---

15   히 1:5-14.

16   갈 1:8.

주장하는 것을 상당히 강조하지만, 이런 계시들은 바울이 갈라디아 교회 교인들에게 수립한 것과 동일한 원리에 근거해서 기각되어야 한다.

현대 교회에서 천사들은 이전보다 관심을 훨씬 덜 받는다. 과거에는 천상의 전체 계급제도를 정의하고 그 계급제도 안에서 다양한 영적 피조물들의 위치를 발견하려는 저명한 신학자들이 있었다. 요즘에는 아무도 그런 일을 하지 않고 있고, 천사를 보았다는 보고도 매우 드물다 보니 사실상 천사들이 존재하지 않는 것으로 여겨질 정도다. 오늘날 천상의 존재를 만났다고 주장하는 사람들은 대개 성인들 가운데 한 명 혹은 동정녀 마리아를 만났다고 말하며, 이들의 출현은 특히 과거 2백 년 남짓 인기를 끌었다. 이것은 천사를 눈으로 보는 일이 중단되었음을 의미하는가?

이것은 답하기 어려운 질문이다. 천사들은 성경 시대에도 그리 자주 출현하지는 않았으며, 2천 년이 넘는 기간 동안 천사들을 만난 사건은 고작 30회 정도만 기록되었다. 성경에는 요즘은 천사가 나타날 수 **없다**고 판단할 만한 언급이 전혀 없으며, 확실히 마리아의 출현보다는 천사가 나타날 확률이 더 크다. 여기서 난관은 하나님이 지금 왜 천사를 보내는지 또는 천사가 어떻게 말하고 행동하는지 알기 어렵다는 점이다. 어쨌든 성경에 나오는 천사들의 등장은 계속 진행 중인 신적 계시와 연결되어 있었고, 천사들은 메시지를 선포하도록 보냄을 받았다. 이제 그런 계시가 중단되었기 때문에 계시를 전달하는 천사의 기능은 불필요하며, 어떤 새로운 활동이 그 기능을 대체했을지는 알기 어렵다. 그러나 천사들이 출현할 가능성이 낮기는 하지만, 우리는 천사들의 출현이 중단되었다고 말할 성경의 권위를 갖고 있지 않으며, 실제로 천사들의 출현에 아무리 회의적이라고 해도(물론 우리는 이에 대해 회의적이어야 한다) 그 가능성을 열어두어야 한다.

구원 역사에서 천사들의 역할

구약성경에서 천사들은 대개 하나님이 특정 개인의 기도를 들으셨고 그들을 구하러 오실 것이라고 말하기 위해 이따금 특정 개인들에게 나타났다. 이 중 첫 번째이자 여러 면에서 가장 유명한 사례는 마므레의 상수리나무가 있는 곳에서 세 사람이 아브라함에게 나타나 그의 아내 사라가 고령임에도 불구하고 아들을 낳을 것이라고 말한 사건이었다.[17] 성경 본문은 "천사"라는 말을 사용하지 않고, 하나님이 아브라함에게 말씀하셨고, 아브라함은 그 사람들을 "주"로 불렀다고 말한다. 이 말을 사용한 것으로 볼 때 아브라함이 그들을 신적 존재로 인식했음은 거의 확실하다. 아브라함이 세 사람을 단수형으로 불렀기 때문에 신학자들은 수백 년 동안 이 사건을 삼위일체 하나님이 자신을 아브라함에게 계시하신 사건으로 해석했다. 그러나 신약성경은 이 점에 대해 언급하지 않으며, 우리는 이런 결론을 이끌어내기 전에 조심해야 한다. 한편, 아브라함이 인간의 형태를 띠신 하나님의 계시를 받았다는 것은 의심할 바 없으며, 신격의 한 위격만 성육신했으므로 여기서 천사들에 대해 말하고 있음이 확실한 것 같다. 두 천사가 나타나 롯에게 소돔의 임박한 멸망을 선포한다고 특별히 언급하는 다음 장에서 이 인상이 확인된다.[18] 그들이 수행하는 기능은 독특하다. 그들은 한편으로는 아브라함과 사라에게 약속된 축복의 말씀을 전하지만, 또한 소돔과 고모라에 대한 심판과 멸망의 메시지도 가져온다. 두 경우 모두 그들의 보존하는 역할이 전면에 부각된다. 그들은 아브라함이 장래에 하나님의 백성이 될 자손을 갖도록 그에게 상속자를 약속하고, 또 악이 무한정 땅을 오염시키지 못하도록 악의 파괴를 예언한다.

17　창 18:1-21.
18　창 19:1.

보호하고 보존하는 천사들의 역할은 일찍이 아브라함의 첩 하갈이 아브라함의 아들을 잉태하고 그의 아내 사라의 분노를 산 뒤, 하갈을 위로하도록 보냄 받았을 때도 발휘되었다.[19] 그때 천사가 아기 이스마엘에게 축복을 선포했고, 이를 통해 하갈에게 하나님이 그녀와 그녀의 아들을 계속 돌보실 것이라고 확언했다. 이후 하갈과 이스마엘이 사라의 질투로 아브라함의 집에서 쫓겨난 후 그들이 광야에서 목말라 죽지 않도록 보호하기 위해 한 천사가 보내졌을 때, 그 약속이 성취되었다.[20] 천사들은 또한 아브라함의 적자인 이삭을 보존하는 데도 중요한 역할을 담당했다. 이삭이 아직 어린 소년이었을 때, 하나님은 (명백히 아브라함의 충성심을 시험하기 위해) 아브라함에게 아들을 제물로 바치라고 명령하셨다. 그러나 하나님은 한 천사를 보내 아브라함이 끔찍한 짓을 하지 못하도록 막으셨고, 그 뒤 아브라함의 충성스러움에 대한 보상으로 그에게 복을 주기로 약속하셨다.[21] 이러한 구원과 약속이라는 이중 양상은 야곱이 요셉과 요셉의 아들들을 축복할 때 회상하는 것과 같이, 야곱의 경험이기도 했다.[22] 우리에게 상세한 설명은 주어지지 않았지만, 요셉은 야곱이 총애하는 아들이었고 야곱이 매우 엄숙한 순간에 천사가 자신을 모든 환난에서 건졌다고 언급하는 점을 고려할 때, 천사의 보존 활동이 야곱의 인생에서 중요한 역할을 했음이 분명하다.

그다음으로 성경에서 천사들이 나오는 곳은 모세가 이집트에서 도망친 뒤 광야에서 지내고 있을 때를 설명하는 부분이다. 하나님이 불타는 덤불 속에서 모세에게 말씀하셨을 때 모세는 한 천사가 불꽃 안에서 나타난 것을 보았는데, 불꽃은 정결케 하고 능력을 주시는 여호와의 임재

---

19   창 16:7-12.
20   창 21:17-19.
21   창 22:11, 15.
22   창 48:16.

의 또 다른 상징이었다.[23] 모세는 그때 천사와 교류하지 않았지만, 나중에 이스라엘 백성들이 광야를 통과할 때 하나님은 이스라엘 백성을 천사의 보호와 인도에 맡기셨다.[24] 그 천사가 누구인지는 밝혀지지 않았지만, 그는 이스라엘 백성들의 광야 여정을 인도하도록 임명되었으며, 이스라엘 백성들은 가나안 땅에 도착하면 그 천사가 이스라엘의 적들을 쫓아낼 것이라는 약속을 받았다.[25] 이처럼 주의 천사는 이스라엘 백성의 삶에서 매우 강력하고 두드러져서 많은 사람들이 그를 성육신하기 이전의 성자의 현현으로 생각했으나, 그 견해를 정당화할 성경의 증거는 없다. 고대 이스라엘 사람들은 천사를 그런 식으로 말하지 않았고, 신약성경은 아무리 높은 천사라고 할지라도 그를 성자와 주의 깊게 구별한다.

이스라엘 백성들이 약속의 땅에 들어간 뒤에 천사들은 보다 덜 자주 나타난 것으로 보이지만, 여호수아가 죽기 직전과 사사 시대에 천사들은 한동안 다시 활발하게 활동했다. 천사가 다시 나타났음을 보여주는 첫 번째 표지는 보김이라는 곳에서 일어난 이상한 사건에서 발생한다. 거기서 한 천사가 이스라엘 백성들에게 나타나 그들의 불순종을 꾸짖었다.[26] 그 천사는 이스라엘 백성들에게 그들이 이집트로부터의 구원과 광야 여정에서 받은 복들을 상기시키고, 그들이 가나안 땅에 들어가자 그 복들을 잊었다고 비난했다. 그래서 이스라엘 백성들은 그들이 쫓아내지 못한 가나안 땅 사람들의 손에 고통을 당해야만 할 것이다. 성경은 이스라엘 백성들이 이 말을 들었을 때 회개하고 심지어 자기들의 죄를 용서받으려는 명백한 의도에서 하나님께 제사를 드렸지만 소용이 없었다고 기록한다. 천사는 그들을 용서할 권한이 없었고, 오직 하나님의 심판을 집행

---

23   출 3:2.
24   출 14:19; 23:20.
25   출 23:20-23.
26   삿 2:1-5.

할 권한만 갖고 있었다. 그래서 그 심판은 유효했다.

우리는 이후에 천사가 기드온에게 조언할 때와 삼손을 선택할 때 활동하는 것을 발견한다.[27] 두 경우 모두 이스라엘의 보존이 명백히 위기에 처해 있었고, 천사의 역할은 주로 이스라엘의 보존이라는 대의를 촉진하는 것이었다. 그러나 삼손의 부모에게 예언한 후 천사는 다시 자취를 감춘 것처럼 보인다. 이 사실은 그 시기에 일반적으로 주의 환상이 결핍했던 것과 관련이 있을 수도 있다.[28] 그다음에는 다윗이 하나님을 불쾌하게 한 인구 조사를 했을 때 천사가 나온다. 하나님은 천사들 가운데 하나를 보내 7만 명을 죽이심으로써 다윗을 처벌했다.[29] 이 사건은 하나님이 자기 백성을 다루실 때 보호 능력을 발휘할 의무가 있는 것은 아니라는 점을 무섭도록 상기시킨다. 하나님은 죄를 벌하는 데 단호하시며, 피해가 더 커지기 전에 살육을 멈춤으로써 이스라엘에게 긍휼을 베푸신 것처럼 긍휼을 베푸신다 하더라도, 잘못에 대한 하나님의 심판 집행은 천사의 활동의 본질적인 부분으로 남아 있다.

그 뒤에 천사들이 엘리야의 삶에서 다시 활발하게 활동하는 것을 발견한다. 엘리야는 아합과 이세벨의 분노를 피하기 위해 시내산으로 도망쳤을 때 천사의 보호를 받았고, 자신의 생애 말엽에 이스라엘 왕의 죄를 증언하도록 부름을 받았을 때도 천사의 보호를 받았다.[30] 그 뒤에 천사는 또다시 뒤로 물러난 것으로 보이며, 아주 드물게 등장한다. 이에 대한 현저한 예외가 스가랴인데, 예언자 스가랴에게는 한 천사가 여러 번 나타났고 그 천사는 스가랴가 본 환상의 주요 등장인물 중 하나다. 그러나 드물게 등장함에도 불구하고 천사들의 활동은 구약성경의 앞부분에서 보는 천사의 활동과 완전히 일치한다고 말해도 무방한데, 이 사실은 천사

---

27   삿 6:11-22; 13:3-21.
28   삼상 3:1.
29   삼하 24:16-17.
30   왕상 19:5-8; 왕하 1:3, 15.

들의 역할이 크게 변하지 않았다는 점을 가리킨다. 이상하게도 시편에는 천사가 두 번 밖에 나타나지 않지만, 두 번 모두 천사들의 행동은 다른 곳에서 발견되는 행동들과 완전히 일치한다. 시편 34:7은 "여호와의 천사가 주를 경외하는 자를 둘러 진 치고 그들을 건지시는도다"라고 말하는데, 이 말은 천사들의 보호 능력에 대한 명확한 확언이다. 그리고 시편 35:5-6에서는 주의 천사가 다윗의 적들을 마치 바람 앞의 겨와 같이 몰아낸다고 말한다. 여기 나오는 천사의 모습도 하나님의 백성의 보호와 방어다.

예언자 스가랴 시대 이후로는 천사에 대한 언급이 없는데, 이것은 아마도 그리스도가 오시기 전 4백 년 동안 예언이 중단된 것과 모종의 관계가 있을 것이다. 아무런 언급이 없는 데서 어떤 주장을 하기는 언제나 어렵지만, 이때 천사의 출현 중단과 예언 중단 시기가 겹친다는 점과 후기 사사 시대에도 이와 확실히 비슷했다는 점으로 미루어볼 때, 이런 지적에 일리가 있을 수도 있다. 그러나 천사가 언제 다시 등장하는지에 관해서는 의심의 여지가 없다. 마태복음과 누가복음의 탄생 내러티브는 천사를 최소 18회 언급하며, 그중 14회는 누가복음에 나온다. 마태복음에서는 천사가 딱 두 군데 나타난다. 한 번은 마리아가 이미 임신했을지라도 요셉이 마리아와 결혼해야 한다고 요셉을 안심시키기 위해 요셉에게 나타나고, 마리아와 요셉이 이집트로 피신하는 상황에서 다시 나타나는데, 이때 천사는 마리아와 요셉에게 이집트로 피하라고 혹은 고국으로 돌아오라고 말한다.[31] 누가복음 기사에서는 이와 대조적으로 천사가 중요한 역할을 맡는다. 천사 가브리엘이 세례 요한의 아버지 사가랴에게 그의 탄생을 알려줬고, 마리아에게 예수 탄생도 알려줬다.[32] 천사들은 또한 베들레헴 근처 들판에 있던 목자들에게 예수의 탄생을 알려줬다.[33] 그

---

31 마 1:20-24; 2:13-19.
32 눅 1:11-19; 26-38.
33 눅 2:9-13.

뒤로는 천사들이 다시 사라진 것으로 보인다. 예수가 광야에서 사탄에게 시험받은 뒤에 천사들이 예수께 시중들었지만,[34] 겟세마네 동산에서 한 천사가 예수를 위로하러 왔다는 누가의 언급을 제외하면,[35] 천사들은 예수께서 부활하신 날까지 다시 나타나지 않는데, 그날 천사들은 빈 무덤의 수호자로서 나타난다.[36]

그 후 사도행전에서 상당한 천사들의 활동이 있었다. 빌립은 한 천사에게서 가사 남쪽으로 가라는 말을 들었고, 그 길에서 에티오피아 환관을 만나 그를 그리스도께 인도했다.[37] 조금 뒤에 천사가 꿈에 베드로에게 이방인 고넬료에게 가서 그가 유대인이 아님에도 불구하고 도움을 주라고 말했다.[38] 베드로는 옥에 갇혔을 때 천사에 의해 풀려났으며, 여러 해 뒤에 바울이 몰타 연안에서 난파 직전에 있을 때, 한 천사가 바울에게 나타나 바울이 맡은 로마에서의 사명은 하나님의 뜻이기 때문에 반드시 이루어질 것이라고 그를 안심시켰다.[39] 이런 본문들과 천사의 활동에 대한 다른 언급들을 통해 우리는 인간의 타락 이후 하나님이 다음과 같은 목적을 위해 자신의 천사들을 사용하셨다는 결론을 내릴 수 있다.

1. 천사들은 우리를 해(害)로부터 보호하기 위해 존재한다.
2. 천사들은 하나님의 복과 심판을 알리도록 보냄 받는다.
3. 천사들은 하나님이 어떤 새롭고 위대한 일, 곧 그때까지 예상하지 못했거나 알려지지 않은 일을 시작하고자 하실 때 가장 자주 나타난다.
4. 천사들은 공개적으로 나타나지 않을 때도 보존 활동을 수행한다.

---

34 마 4:11.
35 눅 22:43.
36 마 28:2-7.
37 행 8:26.
38 행 10:3-22.
39 행 12:7-11; 27:23.

고대의 한 전통은 각 사람에게 그 사람을 보살피도록 지정된 수호천사가 있다고 말한다. 그러나 신약 시대에 어떤 사람들은 그렇게 믿은 것 같기는 하지만,[40] 사도들이 그렇게 가르치지는 않았으므로 우리는 그런 생각을 확언하거나 너무 중시하지 않도록 조심해야 한다. 다른 한편 요한은 아시아의 일곱 교회의 천사들에게 보내는 자신의 계시록을 썼다. 이 점에 비춰볼 때 아마도 기독교 교회들은 각자에게 지정된 수호천사를 갖고 있었던 것 같지만, 요한의 환상이 지닌 고도로 상징적인 성격 때문에 여기서도 조심할 필요가 있다.[41] 그럼에도 불구하고 천사의 보호 개념은 바울이 고린도 교회의 여성들에게 그들이 권위 아래 있다는 표지로 머리를 가리라고 말하고, 그것이 "천사들 때문"이라는 말을 덧붙인 것이 무슨 의미였는지 설명하는 데 도움이 될 수도 있다.[42]

천사들은 왜 머리 가리개 같은 것들에 신경을 쓰는가? 가장 그럴듯한 대답은 천사들은 교회의 수호자로서 교인들에게 하나님이 그들을 위해 정하신 권위의 신적 질서를 반영하기를 기대했기 때문이라는 것이다. 바울이 그렇게 말하지는 않지만, 하나님의 명령에 노골적으로 불순종하는 다른 경우들에 천사들이 한 일을 고려하면, 고린도 교회의 여성들은 머리를 가림으로써 하나님을 공경할 뿐만 아니라 이를 위해 임명된 천사들이 집행하는 하나님의 심판으로부터 자신을 보호하기도 했다고 보는 것이 가능하고, 그럴 개연성도 있다. 이와 관련하여 우리는 천사들은 사건들을 판단하도록 보냄 받은 것이 아니라, 그저 자기들이 받은 명령을 따르도록 보내심을 받았으며, 이스라엘 사람들이 오래 전에 발견했던 것처럼 회개와 제사도 천사가 자신의 정해진 직무에서 비켜가게 만드는 데 충분하지 않다는 점을 기억해야 한다.

천사의 보호하는 역할은 하나님과 하나님이 그 존재를 보존하시는 타

---

40   행 12:15.

41   계 2:1 등.

42   고전 11:10.

락한 세상 사이의 연결 고리다. 천사들은 인간에 대한 하나님의 마지막 말이 아니며, 천사들의 직무가 영원히 지속되도록 의도되지도 않았다. 오히려 천사의 직무는 만물이 잘못되었음에도 불구하고 자신이 창조하시고 사랑하신 만물과 모든 인간에 대한 하나님의 사랑의 표현이다. 타락한 세상은 천사들에 의해 보존되지만, 하나님의 자녀들은 성자에 의해 구속받는다. 이 차이를 깨달을 때 우리는 히브리서 저자가 천사들의 영광과 예수 그리스도의 훨씬 더 큰 영광을 그토록 뚜렷이 대조한 것이 어떤 의미였는지 이해할 수 있다. 그 차이는 우리가 시간 안에서는 천사들에 의해 보존되지만, 영원 안에서는 하나님의 아들에 의해 구원 받았다는 것이다.

우리와 영적 세계의 접촉

우리는 영적 세계와 어떤 관계를 맺는가, 또는 맺을 수 있는가? 이것은 어려운 질문이고 많은 추측의 주제가 되어 온 문제다. 한편으로 영적 피조물들은 이성적이고 인격적인 존재인데, 이로 인해 최소한 원리상으로는 그들과 의미 있는 관계를 맺을 수 있다. 그렇지 않다면 하나님이 천사들을 족장들에게 보내실 수 없었을 것이다. 왜냐하면 천사들이 족장들과 소통할 수 없었을 테니 말이다. 신실한 천사들에게 해당되는 것은 불순종한 천사들에게도 해당된다. 통상적으로 귀신들은 인간으로 가장하기보다는 인간 속에 들어가 인간을 점령하는 것으로 보이기는 해도 말이다. 최소한 성경은 그렇게 증언하며, 그 안에는 귀신들이 사람들로부터 쫓겨나는 기록들이 있다.[43] 이와 대조적으로, 하나님의 말씀을 전하기 위한 경우에도 선한 천사가 어떤 사람을 점령하는 사례는 전혀 없다.

---

43   막 9:38; 눅 4:41; 10:17; 행 16:16-19.

선한 천사들은 자신이 보냄 받은 사람들의 정체성을 존중하며 사람들을 각각 대면하여 다루고, 억지로 강요하기보다는 자신들의 내재적인 권위에 의존하여 자신들의 메시지에 복종하게 하는 것으로 보인다. 이 점은 그 자체로 우리에게 마귀의 본질에 관해 뭔가를 말해준다. 마귀는 하나님과 그의 천사들이 그렇게 하시는 것처럼 우리와 대면하는 것이 아니라, 우리의 자연적 능력을 자신의 의지의 도구로 삼으려고 우리의 능력을 억압함으로써 우리를 장악하고 지배하려 한다.

그러나 어느 경우든 우리는 영적 피조물들과 진정한 관계를 맺는다고 말할 수 없다. 여기에는 많은 이유가 있다. 한 가지 이유는 진정한 관계는 우정의 관계여야 하는데, 우정은 동등한 입장에서만 가능하기 때문이다. 우리는 천사보다 낮은 존재로 지음 받았고, 따라서 천사와 동등한 수준의 존재로 간주될 수 없다. 천사들이 우리에게 내려올 수 있는 것은 사실이지만, 우리는 천사들에게 올라갈 수 없다. 이 점이 참되고 지속적인 관계를 제한한다. 그러나 중요한 것은 천사들이 우리와 인격적 관계 속으로 들어가도록 허가되지 않았다는 점이다. 천사들은 자기 주인에게 충성스럽기 때문에, 그들은 우리와 관계 맺기를 원하지 않는다. 어떤 면에서 천사들은 직무를 수행하는 공무원들과 같다. 우리가 천사들과 소통하고 천사들이 우리와 소통할 수도 있지만, 우리와 천사들 모두 우리의 진정한 관계는 천사들과 맺는 것이 아니라 그들의 주인과 맺는 것이라는 점을 알고 있다. 우리는 하나님의 자녀로서 하나님과 교제하는 반면에, 천사들은 단지 하나님의 종들일 뿐이다. 천사들이 나름 중요하기는 해도, 우리는 그들과 우리의 타고난 권리이자 특권인 주님과의 친밀성과 같은 수준의 친밀한 관계를 맺을 수 없다. 성경 어디에도 인간이 천사에게 기도할 수 있다거나 기도한다거나 기도해야 한다는 언급이 없다. 이 주제는 전혀 언급되지 않는데, 이 경우에 우리는 천사에게 기도하거나 다른 사람들에게 천사를 상대로 기도하라고 권할 권한이 없다.

이렇게 말하는 것이 중요한 이유는 감히 하나님(또는 심지어 마귀)에 대해 언급하려고 하지 않는 영화와 텔레비전 프로에서 때로는 사람들이 천사들에게 의존하고 천사들과 소통하는 것이 가능할 뿐만 아니라, 적어도 어떤 사람들은 그것이 매우 일반적인 일인 것처럼 행동하기 때문이다. 그리스도인들은 이에 대해 어떻게 평가해야 하는가? 우리가 지적해야 할 첫 번째 요점은 성경에는 이런 일에 대한 아무 증거가 없다는 것이다. 갑자기 천사가 나타나 내게 조언하거나 어려운 상황에서 빠져나오도록 나를 도와줄 것이라는 생각을 지지하는 성경의 증거는 전혀 없다. 성경에서 이와 아주 조금이라도 유사한 사례는 하나님이 천사를 어떤 사람에게 보내실 때 발견되지만, 그때도 천사를 보내는 것은 그 사람에게 하나님의 뜻을 행하라고 말하기 위함이지 그 반대가 아니다. 천사들이 나타난 사례들은 인간과 천사들 사이에 독립적인 소통이 있다는 증거로 해석될 수 없으며, 그것이 하나님을 우회하거나 무시할 때는 특히 더 그렇다. 천사들은 하나님의 종이며, 천사가 올 때는 하나님의 사자로서 오기 때문에, 어떤 천사도 그렇게 할 수 없다. 천사는 자신이 주도적으로 행동하거나 자신의 권리를 앞세워 행동하지 않는다.

여기서 우리는 우리에게 확실히 문제의 핵심이 되어야 하는 것으로 돌아온다. 우리는 하나님의 자녀, 곧 더 이상 종이 아니라 전능자의 아들과 딸들이다. 우리는 영적 피조물과는 다른 범주에 위치하고, 우리에게는 언젠가 우리가 천사들을 심판할 정도로 천사들의 지위보다 훨씬 더 높은 지위가 주어졌다. 만약 우리가 많은 종을 둔 사람을 방문하도록 초대받는다면, 우리는 마치 그 종들이 우리가 방문하러 간 사람이기라도 한 것처럼 그들과 대화를 나누지 않을 것이다. 그리고 그 종들도 우리가 그렇게 할 것으로 기대하지 않을 것이다. 집주인의 초대를 받는다면 물론 그의 종들을 존중해야 하고 그들을 무시해서는 안 되지만, 그러나 또한 종들을 종으로 인식하고 그에 맞게 대우해야 한다. 땅에서도 그럴진대, 하늘 궁정에서는 얼마나 더 그렇겠는가? 우리는 아버지의 종들과 대화하기 위해 기도로써 아버지의 임재 속으로 들어가려고 하는 것이 아니다. 또한 아버지께서는 우리와 직접 대하기를 거절하지 않으시며, 천사들에게 우리의 일을 위임하지도 않으신다. 천사들은 하나님의 하늘 집에서 하나님과 함께 사는 하나님의 종들이다. 우리는 천사가 있다는 것을 알고, 때로는 천사들이 일하는 것을 볼 수도 있다. 때로는 천사들이 자기 주인의 명령에 따라 우리와 소통하기도 한다. 그러나 우리는 천사들과 관련이 없고, 천사들은 우리가 속해 있는 하나님의 자녀들의 가족에 속한 일원이 아니다.

14장
•
물질계

물질

우리가 주변에서 날마다 보는 물리적 피조물은 영적 피조물과는 아주 딴판이다. "창조"(creation)나 "피조물"(creature) 같은 말을 사용할 때 대부분의 사람들은 물리적 세계를 생각하며, 이런 경향은 창세기 기사를 통해 더욱 강화된다. 이 점을 강조해야 하는 중요한 이유는 현대 세속 세계의 다음과 같은 주장 때문이다. 종종 기독교는 물질세계와 상극이기 때문에 물질세계를 귀하게 여기는 사람들은 신앙인들 및 그들의 초세속적인 신념과 충돌할 가능성이 크다는 것이다. 어떻게 이런 인식이 생겼는지 이해하려면 거의 모든 사람들이 어떤 형태로든 물질을 숭배했던 고대 세계로 거슬러 올라가야 한다. 불을 숭배하는 사람들도 있었지만, 더 많은 사람들은 자연력을 신들과 여신들로 개념화했는데, 그들은 대개 이런 신들을 초인간적이거나 색다른 인물로 묘사했다. 이런 신들은 물질적이었기 때문에 형상을 만들 수 있었고, 그것의 숭배는 동물 제사에서부터 신전 사제와의 성관계에 이르기까지 매우 물질적인 활동들과 관련되었다.

구약성경은 우상숭배와 우상숭배로부터 나오는 모든 것을 반대한다.

예배의 대상으로 형상을 만들지 못하도록 금지하는 것은 십계명에서 일신론에 대한 고백 바로 다음에 나올 정도로 중요했다.[1] 다른 곳에서는 우상숭배와 관련된 의식(儀式)들이 강력하게 규탄되고, 때로는 물리적 대상을 영적 실재로 착각한다는 이유로 그런 의식들이 조롱당한다.[2]

유대교와 기독교는 무엇이든 피조물을 창조주보다 높이는 것은 다 반대하기 때문에, 그들 모두 물질주의[3]에 반대한다는 것은 의심의 여지가 있을 수 없다. 영적인 일들을 물질의 관점에서 설명하려는 시도는 매우 정교할 수도 있지만, 물질은 영이 아니기에 결국 그러한 시도들은 모두 실패한다. 예를 들어 세례의 물이나 성찬의 빵과 포도주처럼 하나님이 물체를 사용해서 영적 진리를 전달하실 수 있고 또 실제로 그렇게 하시기도 하지만, 물질과 영을 혼동하고 물리적 사물에 영적 힘을 부여하는 것은 커다란 실수다. 물과 빵과 포도주는 아무리 특수한 용도로 사용된다 해도 결코 그것들의 본질인 물질 이상의 어떤 것이 될 수 없다. 그것들이 영적 실체로 바뀌고 자체의 권리로 영적 복을 전달할 수 있다고 주장하는 이론들은 물질의 본성을 위반하는 것이다. 그것들은 목적을 위한 수단이며, 목적 자체로 오해되어서는 안 된다.

그렇게 말은 했지만, 그리스도인들이 물질을 과소평가하거나 물질로부터 벗어나려 한다고 상정하는 것은 커다란 오해다. 현대의 기독교 비판자들은 그 비난을 많은 고대 그리스 철학자들에게 가하는 것이 보다 더 정확하다는 점을 깨닫지 못하는 것처럼 보인다. 고대 그리스 철학자들은 그들 주변에서 목격하는 종교 의식들의 부도덕성을 혐오했고, 따라서 자기들이 더 고상하고 더 영적인 차원으로 간주한 것으로 도피하고자 했다. 그들 가운데 일부는 심지어 교회가 감히 하나님이 예수 그리스도 안에서 인간이 되었다는 교리를 선포했다는 이유로 교회의 순전한

---

1 출 20:4-6. 신 4:15-31도 보라.
2 왕상 18:27.
3 현대 소비주의가 아닌 철학적 물질주의

3부 • 피조물을 향한 하나님의 사랑

물질주의를 비난하기도 했다. 이런 철학자들의 맥락을 고려하면 그들의 견해에 공감하기 쉽고, 유대교나 기독교로 회심한 사람들이 어떻게 비슷한 감정을 느낄 수 있었는지 이해할 수 있다.

이해할 수 있다고는 해도, 고대 그리스인들의 철학적 초세속성은 그들의 부도덕한 종교 의식 못지않게 비성경적이었다. 기독교의 창조, 성육신, 몸의 부활의 교리들은 모두 초세속성에 반(反)했고, 초기 교회는 바로 그런 이유로 이런 가르침들을 방어하는 데 많은 시간을 보냈다. 그리스도인들이 자신의 금욕주의를 개발했고 그중 어떤 사람들은 세상을 부인하는 데까지 극단적으로 나갔다는 것은 사실이지만, 그것은 결코 일반적인 규범은 아니었다. 보통 신자들은 특별한 기도를 하는 동안에는 금식하고 성관계를 삼가라는 권고를 받았다(그렇지만 일반적으로 그렇게 하도록 명령을 받지는 않았다). 그러나 독서에 집중하기 위해 따로 시간을 내는 것이 물질의 가치를 부인하는 것이 아니듯이 특별한 경우의 금식이나 성관계를 삼가는 것은 물질의 가치를 부인하는 것이 아니라 영적 훈련이었다.[4] 수도원 생활은 보다 엄격한 금욕주의의 형태였으나, 그것은 기도 생활에 헌신한 소수의 사람들을 위해 마련된 것이었다. 그것은 확실히 그 자체로 물질에 반대하는 것이 아니었다. 많은 수도승들은 고된 노동에 종사했을 뿐만 아니라, 생산성이 매우 높은 농부, 사업가, 예술가들이었다. 그들의 물질적 자원은 영적인 목적으로 집중되거나 방향이 재설정되었지만, 단지 물질이라는 이유만으로 무시되거나 거부되지 않았다.

그리스도인들의 소명은 물질을 숭배하거나 멸시하는 것이 아니라 하나님이 물질을 만드신 목적에 맞게끔, 또한 우리의 유익을 위해 가장 효율적이고 생산적으로 물질을 사용하는 것이다. 그리스도인들은 이생에서 가난과 고통을 완화시키기보다 신령한 복음을 전하는 데 더 관심이 있다는 비난은 사실과 다르다. 그리스도인들은 항상 물질적 진보의 선봉

---

4   고전 7:5.

에 서왔으며, 교회가 없었더라면 세상의 많은 지역에서 수행되는 사회봉사는 훨씬 더 빈약하거나 아예 존재하지 않았을 것이다. 기독교 원조 기관들은 세속 원조 기관들만큼 유명하고 때로는 더 효율적이며, 교회들은 오랫동안 사회 정의 운동에 앞장서왔다. 그리스도인들과 다른 사람들 간의 차이는, 우리는 그런 일이 필요하고 적절하다고 믿지만, 그럼에도 이 일이 인간의 가장 기본적인 문제를 해결할 것이라고 인정하지는 않는다는 점이다. 물질적 도움과 위로를 주는 일은 그 자체로 가치 있고 필요하지만, 그럼에도 인류의 영적 필요를 채울 수는 없다. 그럴 수 있다면 부자는 천국에 가고 가난한 사람은 뒤에 남아 있게 될 것인데, 이것은 확실히 괴이한 개념으로서 성경은 이를 비난한다.[5] 결국 가난은 상대적이기 때문에 물질적 가난을 완화시킬 수는 있어도 완전히 없앨 수는 없다. 유럽이나 미국에서 가난한 사람은 아프리카 많은 지역의 사람들보다 더 부유할 것이고, 오늘날 살아 있는 거의 모든 사람은 신약 시대에 살았던 대부분의 사람들보다 부유하다. 예수는 제자들에게 가난한 사람들은 항상 우리와 함께 있을 것이라고 말씀하셨고 그 현상을 잠재적으로 긍정적인 것으로 보았다. 종종 영적인 일에 가장 민감하고 개방적인 사람들은 물질적 관점에서 보면 가장 적게 소유한 사람들이다.[6] 이렇게 보면 부(富)는 위험한데, 이 점은 아마 오늘날보다 고대에 더 잘 이해되었을 진리다.[7]

창조 기사에서 반복적으로 주장하는 것처럼 물질은 본질적으로 선하며, 물질의 모든 측면은 우리가 그것을 이해하든 이해하지 못하든 목적을 갖고 있다. 영적인 관점에서 보면, 우리는 물질을 가장 잘 사용하기 위해 물질세계가 우리를 지배하는 데서 구원받을 필요가 있다. 성경은 물질적 육체를 우리를 하나님을 섬기는 데서 멀어지게 하는 모든 것에 대한 상징으로 사용해 우리에게 "육체의 정욕"을 피하라고 경고함으로써

---

5   마 11:5; 막 12:42-43; 갈 2:10; 약 2:5-6.

6   마 26:11.

7   신 6:10-15.

이 점을 증명한다. 그러나 이와 동시에 성경은 마지막 때에 육체가 부활에 참여하고, 모든 물질적 질서가 다시 창조될 것이라고 약속한다.[8] 악한 것은 육체가 아니고, 육체를 너무 중시하거나 경시하는 잘못된 태도다.

물리적 피조물은 항상 고정 불변하는 것이 아니라, 그 안에 성장, 변화, 발전의 잠재력을 갖고 있다. 이 중 일부 현상은 자연 법칙의 결과로서 자동으로 나타나며, 어떤 일부 현상은 인간이나 심지어 동물에 의해서도 일어나는데, 예컨대 동물들도 재생산하며 일부 동물들은 둥지나 둑 같은 것들을 지을 수도 있다. 물리적 피조물들은 또한 영적 피조물들과는 달리 뚜렷한 종류의 실체로 나눌 수 있다. 일부 물체는 돌들과 같이 생명이 없고, 일부 물체는 식물들 및 나무들과 같이 살아 있어도 움직일 수 없다. 반면에 어떤 피조물들은 새나 짐승 그리고 인간과 같이 살아서 움직일 수 있다. 이런 차이들은 좀처럼 언급되지 않지만 명확하게 가시적이고 대개 당연히 여겨지는 물리적 우주 안의 계층 구조를 만들어낸다. 식물과 나무는 바위나 땅 위나 그 주위에서 자랄 수 있고, 심지어 나무뿌리가 매우 강하게 자라 돌을 갈라놓을 때처럼 바위나 땅을 옮겨놓을 수도 있지만, 그 반대는 불가능하다. 지진이나 사태 같은 것을 제외하면, 바위는 살아 있지 않고 스스로 활동할 수 없기 때문에 바위가 식물이나 나무에 대해 할 수 있는 것은 아무것도 없다. 마찬가지로 새들과 동물들은 식물들과 나무 열매들을 먹고 사는 반면에, 곤충들을 함정에 끌어들여 잡아먹는 꽃들을 제외하면 그 반대는 아니다. 새들과 짐승들은 서로 잡아먹을 수 있고, 많은 경우에 생존하려면 그렇게 해야 한다. 이러한 차원에서 인간은 동물계에 속해 있지만, 비록 인간과 다른 피조물들의 관계의 정확한 본질이 큰 논란거리이기는 해도, 사실상 모든 사람이 인간은 자기 자신만의 범주에 속한다는 데 동의한다.

생명 없는 피조물은 물질세계 가운데 가장 안정적이고 지속적인 부

---

8   계 21:1-2.

분이다. 고대에는 이것을 보통 네 가지 "요소" 곧 흙, 물, 공기, 불로 분류했다. 이 구분은 순진하고 비과학적이기는 해도, 우리가 일상생활 속에서 접하는 기본적인 실재들, 특히 소위 자연재해들의 대부분을 포함한다. 이러한 네 요소 분류법은 단지 지금은 보다 더 정교한 분류법에 의해 대체되었다는 이유만으로 무시되어서는 안 된다. 우리를 지탱하는 흙이 없다면 우리는 거의 존재할 수 없을 것이다. 그리고 물은 자체로는 생명이 없지만 그럼에도 생명에 필수적이다. 공기도 그것 없이는 생물이 살 수 없는 또 하나의 물질이다. 불은 다른 세 요소만큼 빈번하게 발생하지 않고 일반적으로 지펴야 발생하지만, 그럴지라도 불은 자연계를 새롭게 하는 데 매우 중요하며 불이 없는 우리의 삶은 상상할 수 없다.

현대 과학은 무생물에 관한 우리의 지식을 크게 확장했으며, 이를 다루기 위한 중요한 기술들도 발전시켰다. 고대에 7대 불가사의가 있었는데 그중 피라미드만 살아남았다. 하지만 현대 세계는 수천 개의 불가사의들을 만들어냈다. 건축에서 제약(製藥)까지 인간 활동의 모든 영역에서 엄청난 진보가 이루어졌고, 새로운 성과가 계속 등장하고 있다. 물질들이 주기율표에서 분석되었고, 새로운 요소들이 인위적으로 만들어졌다. 에너지에 대한 우리의 이해는 전자 혁명으로 이어졌고, 전자 혁명은 우리의 삶의 방식을 바꿔놓았다. 이런 일들은 우리가 이런 발전을 어느 정도까지 그리고 얼마나 빨리 진전시켜야 하는지에 대한 논란으로 이어졌고, 이 질문에 대한 쉬운 답은 없다. 기술은 악용에 면역되어 있지 않고, 누군가에 의해 어디선가 악용되지 않을 것이라는 보증이 없다. 핵무기가 파렴치하게도 이를 사용할 사람의 손에 들어갈 것이라는 두려움에는 근거가 없지 않으며, 이로 인해 언젠가 어떤 끔찍한 재앙이 초래될 가능성은 상존한다. 이와 유사하게 새로운 생명체의 창조나 기존 생명체의 변형은 특정한 상황에서는 엄청난 유익을 줄 수 있지만, 이 또한 끔찍하게 잘못될 수도 있다. 일단 그런 피해가 일어나면 이를 깨끗이 치우기는 사실상 불가능하다. 아무리 노력하더라도 이 딜레마를 피할 수 없다.

우리 그리스도인들은 그 과정에서 인류의 운명을 파괴하지 않고 이를 개선하기를 열망한다. 생각할 수 있는 모든 상황에 적용할 수 있는 백지 지침을 정하기는 불가능하지만, 성경은 우리에게 특정 상황들을 처리할 때 어떻게 할지 결정하는 데 도움을 줄 수 있는 중요한 원리를 제공한다.

이 원리들 가운데 첫 번째는 물질적 발전 자체가 악하거나 죄가 되지 않는다는 것이다. 물질적 발전이 실제적인 이유들로 잘못될 수는 있어도, 그것은 별개의 문제다. 우리는 과학이 필연적으로 위험하다고 믿는 유혹을 거부해야 하며, 과학자들에게 공동선을 위한 연구를 수행하는 데 필요한 자유를 허용해야 한다. 이 "공동선"에 다른 피조물(예컨대 실험용 재료로 사용되는 기니피그)에게 해를 끼치는 일이 포함되는지 또는 어느 정도까지 포함되어야 하는지는 일반적인 방식으로 해결될 수 없고, 사안별로 해결되어야 한다. 우리가 그 **유의사항**을 명심하는 한, 세상은 탐구되고 발전되기 위해 존재한다는 원리는 여전히 타당하다.

두 번째 원리는 참된 발전이 단지 소수 특권층의 이익을 위해서가 아니라 **공동** 선을 위해 이루어져야 한다는 점이다. 신약(新藥) 생산과 같은 과학의 많은 진보는 처음에는 소수의 사람들만 이용할 수 있다는 것이 사실이다. 하지만 이런 불리한 점은 "운 좋은 소수의 사람들"이 새롭고 검증되지 않은 기술이 가져올 수 있는 예기치 않은 결과를 무릅써야 한다는 사실로 상쇄된다. 시간이 흐르면 약이 더 안전하고 값싸고 더 널리 이용될 수 있을 것으로 기대되고, 따라서 처음의 제약들은 정당화될 수 있다. 그러나 으레 그렇듯이 여기서도 매우 조심해야 한다. 나머지 인간을 통제할 의도로 소수의 사람들만 이용할 수 있는 정신 강화제를 개발할 수 있을지도 모르지만, 그것은 우리의 과학 역량을 악용하는 것이 될 것이고 따라서 저지되어야 한다. 진정한 문제가 발생하는 때는 특수한 개발 비용이 잠재적 효용보다 큰 경우인데, 이런 때는 개발을 진행할지 말지를 결정할 때 협의와 판단에 의존해야 한다.

그런 문제들에서 기독교 교회는 독단적인 선언을 할 수 없고 때로는 어려운 선택을 해야 한다는 점을 인정해야 한다. 이에 대한 한 가지 사례로서 인위적으로 생명을 연장시키는 결정을 할 필요가 있는 경우를 들 수 있다. 회복에 대한 합리적인 희망이 없을 때 몸은 얼마나 오랫동안 생명 유지 장치에 의존해야 하는가? 자연적으로 놔뒀더라면 그 몸은 이미 죽었을 것이기에, 살인하지 말라는 명령은 사실 이런 경우에는 적용되지 않는다. 현대 과학기술의 목적이 생명을 구하는 것이기는 하지만, 그 기술이 아무런 명백한 이유도 없이 막대한 희귀 자원을 기괴하고 부자연스런 상황을 낳는 데 사용해서는 안 된다고 주장하는 사람도 있을 것이다. 그러나 정상적 생명을 회복시킬 가능성이 조금이라도 있는 한, 비용과는 무관하게 회복을 시도해야 한다고 주장하는 사람들도 있을 것이다. 아무리 받아들이기 어렵고 그 상황에 개입해서 어느 쪽으로든 판단을 내려주고 싶은 유혹이 들더라도, 교회는 이런 결정들을 관련 당사자 개인의 양심에 맡겨두고, 이런 딜레마들에 대해 일반적으로 복잡하며 감정적으로 격론을 불러일으키는 모든 측면들을 정당하게 다루는 장기적인 해결책을 찾기 위해 노력해야 한다.

우리가 반드시 고수해야 하는 기본 원리는 우리 인간에게는 땅에 대한 지배권이 부여되었고, 인간 생활에 유익을 주도록 그 땅을 개발할 책임이 있다는 것이다. 일반적으로 전염병 확산 방지, 토양의 생산성 향상, 세상을 더 안전하고 즐거운 곳으로 만드는 것이 우선순위여야 한다. 동시에 불필요한 환경상의 피해를 유발하지 않도록 조심하고, 하나님이 우리에게 남겨주신 자연 질서를 가능한 한 최대로 보존해야 한다. 이슈들이 명확한 때도 있지만, 그렇지 않은 경우도 아주 흔하다. 말라리아 습지의 물을 빼내야 하는가? 국립공원에서의 석유 시추를 허용해도 되는가? 동물이나 인간의 시신이 과학 연구의 목적으로 사용될 수 있는가? 줄기세포 연구는 어떤가? 이런 질문들에 대해서는 간단하거나 명확한 답이 없으며, 종종 찬반 양편 모두 좋은 논거를 제시할 수 있다. 어쩔 수 없이 신실한 그리스도인들도 이런 일들에 대해 견해가 일치하지 않을 것이고,

자기들의 견해가 유일하게 적합한 견해라고 주장하는 사람들도 있을 것이다. 우리는 그런 주장을 거부해야 한다. 하나님은 우리에게 올바른 답이 무엇인지 말해주지 않으셨는데, 그것은 아마 상황마다 답이 다를 수 있고, 모든 것을 포괄할 백지 해법이 없기 때문일 것이다. 우리에게 기대되는 것은 인간적 지각의 한계를 받아들이고, 이 세상에 사는 한 다른 문제들과 마찬가지로 이런 문제들에 있어서도 완벽은 우리의 수중에 있지 않음을 인정하면서, 각 사안에서 우리의 합리적인 판단과 도덕 원리들을 사용하여 최선의 결정을 내리는 것이다.

물질은 영원을 위해 만들어진 것이 아니라 시간을 위해 만들어졌다는 우리의 믿음이 물질에 대한 기독교적 이해의 핵심이다. 우리는 시간과 공간의 틀 안에서 물질을 사용하고, 물질의 잠재력을 충분히 개발해야 하지만, 이 모든 진보는 이 세상에서는 완전히 실현될 수 없는 더 높은 목적에 이르기 위한 하나의 단계라는 점을 인식해야 한다. 인간의 노력이, 설사 경건하고 헌신적일지라도, 이 땅에 천국을 가져올 것이라는 어떤 주장도 단호히 거부되어야 한다. 사회 복지는 선하고 필요한 것일 수 있어도, 보편적 의료와 교육의 제공이 완벽한 사회를 이루지는 못했으며 앞으로도 결코 완벽한 사회를 이루지 못할 것이다. 인간의 가장 절실한 필요는 영적 필요이며, 영적 필요는 결코 물질적 수단으로 채워질 수 없다. 여기서 교회는 세상과 정면으로 충돌하는데, 선거의 승리가 흔히 특정 경제 정책이나 정치 철학에 투표함으로써 삶이 더 나아질 수 있다는 약속에 의존하는 민주 국가에서는 특히 더 그렇다.

비록 우리의 물질적 복지 증진이 가능하며 바람직하다고 할지라도, 인위적인 모종의 공학을 수단으로 인간 상태의 참되고 영원한 개선이 일어날 수 있다는 개념은 옳지 않다. 다양한 아이디어들의 시장에서 우리는 항상 세상에게 세상의 한계와 인간 생활의 진보를 위해 제안될 수도 있는 모든 프로젝트들의 상대성을 상기시켜줘야 한다. 그렇다고 우리가 이런 발전을 반대해야 한다고 말하는 것은 아니다. 그런 많은 발전들이 바람직할 수도 있지만, 그럼에도 마치 그런 발전들이 삶의 모든 문제들에 "답변"을 제공하기라도 할 것처럼 우리 자신을 팔아먹는 것은 거부해야 한다. 그 답변은 물리적 피조물의 역량을 넘어선 곳에 있으며, 사람들에게 그 점을 상기시키는 것은 교회의 가장 중요한 기능 중 하나다. 우리는 세상 안에 있지만 세상에 속해 있지는 않으며, 우리 그리스도인들은 우리가 세상을 대하는 많은 일들에 있어 그 균형을 유지해야 한다.

자연 재해와 도덕 판단

자연의 요소들은 우리에게 유익을 주도록 의도되었고 또한 대개 우리에게 유익하지만, 우리는 자연 요소가 큰 피해를 일으키는 쪽으로 작용할 수 있다는 점도 알고 있다. 지진은 순식간에 건물들을 파괴하고 수백 명의 사람을 죽일 수 있다. 홍수도 쉽사리 똑같은 결과를 일으킬 수 있고 진정되는 데 훨씬 긴 시간이 소요된다. 허리케인, 사이클론, 토네이도는 큰 참화를 일으킬 수 있고, 통제되지 않은 불도 마찬가지다. 조상들이 수천 년 전에 그랬던 것과 같이 오늘날 우리는 여러 면에서 자연 요소의 처분에 좌우된다. 건물 붕괴로 많은 사람들이 죽을 때와 같이 역설적으로 인간의 진보로 인해 우리는 조상들보다 재해에 의해 훨씬 더 큰 고통을 겪을 수도 있다. 이런 재해들의 공통 요소는 대부분의 재해가 자연적으로 일어난다는 것이다. 사람이 흙, 물 또는 공기의 특이한 움직임을 일으키거나 막기 위해 할 수 있는 일은 많지 않다. 하지만 불은 인간의 행동의 결과인 경향이 있다. 불은 자연적으로 일어날 수 있고 또 자연적으로 일어난다고 해도 그렇다.

뉴스 보도들은 인간의 죽음을 야기한 강풍, 눈, 얼음을 비난하는 습관으로 인해 이 현실을 흐리지만, 이 맥락에서 "비난"은 진정한 의미가 없는 모호한 말이다. 화산 폭발과 같은 자연 현상은 그 자체로 선하거나 악하지 않으며, 이런 현상에 대한 우리의 판단은 전적으로 그 현상이 일으키는 결과에 의존한다. 예를 들어 주후 180년에 뉴질랜드의 노스 아일랜드에서 거대한 화산 폭발이 있었는데, 이 폭발로 전 세계에 붉은 먼지가 퍼졌고 로마인과 중국인도 이 먼지를 관측했다. 당시 노스 아일랜드에 사람들이 살지 않아서 인명 피해가 전혀 없었고, 오늘날 우리는 이 화산 폭발이 뉴질랜드에서 가장 아름다운 장소 중 하나인 타우포 호수를 남겨준 데 대해 감사한다. 반면에 그보다 불과 한 세기 전인 주후 79년에 일어난 베수비오 화산 폭발은 고대 세계의 가장 큰 재앙 가운데 하나였다. 오늘날 우리는 폼페이의 폐허 현장을 방문하여 사람들이 쓰러진 곳에서 시체들이 재에 덮여 영원히 굳어진 것을 보며, 오늘날에도 이 폭발이 야기한 당황과 공포에 대해 뭔가를 느낀다. 그러면 우리는 타우포 화산 폭발은 좋고 베수비오 화산 폭발은 나쁘다고 결론지어야 하는가?

고대의 역사가들과 철학자들은 도덕적으로 해석하는 경향이 있다는 사실이 잘 알려져 있음에도 불구하고, 당시에 희한하게도 아무도 폼페이의 멸망을 도덕적 관점에서 로마 제국의 죄에 대한 처벌로 해석하지 않았던 것으로 보인다. 초기 그리스도인들은 화산 폭발이 이미 자기들을 박해하기 시작했던 로마인들에 대한 하나님의 경고였다고 쉽게 주장할 수도 있었지만, 그렇게 하지 않았다. 그러나 14세기 중엽에 가래톳 흑사병(림프절 페스트)이 유럽을 강타하여 인구 3분의 1을 죽였을 때는 이야기가 달랐다. 이 재앙과 관련하여 교회, 성직자 또는 세상 전체의 죄를 비난하고 미래에 비슷한 재앙을 피하기 위해 문제가 있는 기관(때로는 자기 자신까지도)을 개혁하고자 한 사람들이 많았다.

여전히 자연재해에 이런 식으로 반응하는 사람들이 있지만, 그런 사람들은 대개 괴짜로 간주되고, 그들의 견해는 진지하게 받아들여지지 않는다. 그럴지라도 자연재해는 우리의 통제 밖에 있는 힘들에 종속되어 있으며, 사전 경고 없이 그런 힘들에 의해 타격을 입을 수 있다는 사실을 상기시켜준다. 만약 하나님이 우주의 주권자로서 우주 안에서 일어나는 모든 것을 결정하신다면, 자연재해가 우리의 불순종에 대한 하나님의 처벌 방식일 수도 있다고 가정하는 것은 불합리하지 않다. 그러나 자연재해는 무차별적으로 타격을 입히고, 그 결과 "의인과 악인"이 함께 고통당하기 때문에 이 결론은 부당해 보인다. 재해가 모든 사람에게 무차별적으로 고통을 가한다는 사실이 어떤 사람들에게는 하나님을 믿지 않을 충분한 이유가 된다. 왜냐하면 그런 하나님이 가하는 고통에는 명확한 도덕적 토대가 없기 때문이다. 그러나 이것은 별로 논리적이지 않다. 어쨌든 하나님이 없다면 우리의 도덕 원칙들이 우리 자신의 상상을 벗어나는 영역에서도 타당성이 있다고 가정할 이유가 없으며, 차라리 자연이 "인정사정 봐주지 않는다"라고 말하는 것이 옳을 것이다.

이렇게 말은 했지만, 인간은 도덕적 피조물이어서 우리는 자연재해를 도덕적 관점에서 해석하는 경향이 있다. 멀리서 본 화산 폭발은 장엄한 광경일 수 있지만, 그 결과로 고통 받는 사람들에게 그것은 다른 이야기다. 그들은 손쉽게 화산 폭발을 "악하다"고 하고 화산 폭발에 자연적으로는 찾을 수 없는 도덕적 차원을 부여하려는 유혹을 받을 수도 있다. 성경은 "하나님이 악한 사람들과 선한 사람들 위로 해가 뜨게 하시고, 의로운 사람들과 불의한 사람들 위로 비가 내리게 하신다"고 말한다.[9] 창조된 자연의 차원에서는 개인들의 도덕성에 근거한 차별이 없으며, 예수는 재해, 신체장애 등의 희생자들이 이런 피해를 입지 않은 사람들보다 더 큰 죄를 지었음을 암시하지 않는다고 주장했다. 탑이 무너져 18명이 죽은 사건을 언급하며 예수는 이렇게 말씀하셨다. "그들이 예루살렘에 살던 다른 모든 사람보다 더 큰 죄인들인 줄 아느냐? 아니다. 내가 너희에게 말하거니와 회개하지 않으면 너희도 마찬가지로 망할 것이다."[10] 마찬가지로 시각 장애인으로 태어난 한 사람을 만났을 때 그것이 그의

---

9   마 5:45.
10   눅 13:4-5.

잘못인지 또는 그의 부모의 잘못인지 질문을 받자, 예수는 이렇게 답변하셨다. "이 사람이나 그 부모가 죄를 지었기 때문이 아니라, 그에게서 하나님의 역사를 보이기 위함이다."[11]

이런 사건들에서 우리는 두 가지를 배운다. 첫째, 죽음은 궁극적으로 우리에게 닥칠 실재이고, 우리가 회개하고 그리스도께로 돌이키지 않으면 죽음은 영원하고 우리는 죽음을 당해 마땅하다. "모든 사람이 죄를 지었고 하나님의 영광에 미치지 못했기" 때문에,[12] 우리는 세상을 자신들이 겪는 고난으로 알아볼 수 있는 "죄인들"과 정의상 건강하고 부유하고 현명한 "의인들"로 구분할 수 없다. 둘째, 인간의 비극은 하나님의 구원의 능력이 드러나는 기회다. 시각 장애인으로 태어난 사람은 볼 수 있게 되었지만, 그것이 유일하게 가능한 결과는 아니었다. 끔찍한 고통을 겪었지만 그 불행을 극복함으로써 그 고통을 겪지 않았으면 발휘되지 않았을 내적 강인함을 드러낸 사람들의 사례가 많이 있다. 다른 사람들의 비극에 동정심을 자극받아, 그런 행동을 하는 데 필요한 상황이 없었더라면 결코 일어나지 않았을 거의 초인적인 자기희생의 행동으로 반응한 사람들이 있다. 우리는 거듭해서 영웅적인 구조, 이례적인 인내심을 발휘한 사람들, 남을 돕기 위해 자기가 갖고 있는 것을 다 내주는 사람들에 관해 듣는다. 요약하자면 우리는 인간의 삶 속에서 사랑의 내적 자원이 작동하는 것을 발견한다. 우리는 단지 이런 놀라운 반응을 얻기 위해 사람들에게 불행이 닥치기를 바라지는 않지만, 우리는 우리가 곤경에 처해 있을 때 그런 반응을 보여준 사람들에게 감사하며 우리를 도와주러 다가온 사람들과 더 깊은 유대를 느낀다. 우리는 비극을 설명할 수 없지만, 그 비극으로부터 선이 나올 수 있고 또 종종 나오기도 한다는 것과, 어쨌든 이것은 모두 우리의 삶에 대한 하나님의 계획과 목적의 한 부분이라

---

11   요 9:3.
12   롬 3:23.

는 것을 안다.

그리스도인들은 만물에 대한 하나님의 주권을 인정하기 때문에 자연재해가 하나님의 자의적인 심판이라거나, 하나님의 뜻에도 불구하고 일어난다고 받아들이지 않는다. 우리는 왜 어떤 사람들은 특정 재앙으로 고통을 받는 반면에 다른 사람들은 재앙을 당하지 않는지 모르지만, 죽음이 조만간 우리 모두에게 닥친다는 것은 안다. 우리가 저지르는 죄들과 우리가 겪는 고통들 사이에 직접적인 상관관계는 없다. 그러나 보다 더 큰 그림 안에서 이 둘은 연결되어 있고, 아무도 인간의 공통적인 운명에서 벗어날 수 없다. 우리 그리스도인들이 우리의 믿음 때문에 특별히 보호받는 것은 아니라고 해도, 우리가 고난을 이해할 수 없을 때 그것을 우리에 대한 하나님의 사랑의 한 부분으로 받아들이도록 도와주는 믿음과 소망이 우리에게 주어진다.

욥기는 자연재해가 때로는 사탄의 활동의 결과일 수 있으며 신자들이 자연재해를 자신의 믿음의 시험으로 보는 것이 잘못이 아니라는 암시를 준다.[13] 하나님이 사탄으로 하여금 욥에게 다양한 재앙들을 가져오도록 허용하기는 했지만, 욥 자신은 그 재앙들이 사탄에게서 비롯된 것으로 생각하지 않았다는 점을 주목하면 특히 흥미롭다. 욥에 관한 한 그에게 닥친 재앙들은 하나님에게서 온 것이고, 마귀의 활동이나 자신이 행한 어떤 일에 대한 처벌이 아니라 하나님의 주권적인 의지의 행위로 해석되어야 했다. 욥의 사례에서 두드러지는 특징은 각각의 새로운 재앙마다 하나님이 통제하고 계시며, 하나님은 자신이 하시는 일을 알고 계시고, 그래서 결국 욥 자신은 구원받고 억울함을 풀게 될 것이라는 점을 욥이 더욱 확신하게 되었다는 것이다.[14] 욥의 어려움이 커질수록 욥의 믿음은 강해졌고 그 반대가 아니었다. 이 사실은 우리가 욥처럼 고통당할 때 그

---

13 욥 1:6-12.
14 욥 19:25.

것이 근저에 있는 하나님의 목적일 수도 있는지 질문하게 한다.

자연 재해를 하나님의 존재를 부정하는 논거로 사용하는 현대의 전통은 1755년에 리스본에서 발생한 지진이 야기했던 참상에 대해 그렇게 반응했던 볼테르까지 거슬러 올라간다. 볼테르가 알고 있었듯이 공식 기독교 국가인 포르투갈에서는 날마다 하나님께 이생의 보호와 내세에서의 구원을 구하는 기도들이 드려졌다. 그럼에도 불구하고 바로 그 경건한 기독교 땅에서 뚜렷한 이유 없이 대규모의 파괴가 일어났다. 자체의 어두운 면이 있기는 했지만 당시 포르투갈은 확실히 프랑스나 이탈리아보다 더 나쁘지 않았고, 아마도 그 나라들만큼 나쁘지도 않았을 것이다. 그러나 다른 나라들은 고통을 겪지 않았는데 포르투갈은 고통을 겪었다. 당시의 많은 전통적인 그리스도인들이 그렇게 하곤 했던 것처럼 그 지진이 리스본 사람들에 대한 하나님의 진노의 표시였다고 주장하는 것은 볼테르에게는 전혀 이치에 맞지 않았다. 최소한 그 점에 대해서는 볼테르에게 동의하지 않기란 어렵다.

마치 자연재해가 반드시(또는 매우 자주) 인간의 죄의 직접적인 결과이기라도 한 것처럼, 자연재해와 인간의 죄 사이에 알아차릴 수 있는 관련성이 있는 것은 아니다. 2005년 8월에 뉴올리언스에서 시의 대비 부족과 늑장 대처로 허리케인 카트리나 피해가 확실히 악화되었는데, 인간의 시의적절한 행동에 의해 자연 재해가 예방될 수 있는 경우들이 있다. 아무도 뉴올리언스가 죄가 없는 도시였다고 주장하지 못할 것이고, 이 도시가 모든 임박한 재난 경고를 무분별하게 무시했다는 점만으로도 그런 벌을 받아 마땅했다고 생각한 사람들이 많았다. 그러나 도덕적으로 말하자면, 뉴올리언스가 라스베가스나 샌프란시스코보다 더 악하다고 주장하기 어려울 텐데, 적어도 최근에 이 두 도시는 재해를 면했다. 우리는 샌프란시스코에서는 언젠가는 또다시 파괴적인 지진이 일어나리라고 알고 있지만, 라스베가스에서는 누군가가 일부러 불을 질러야만 일어날 수 있는 큰 불에 의한 파괴 외에는 어떤 일이 일어날 수 있을지 알기 어렵다. 라스베가스는 입지상 상대적으로 자연재해로부터 안전한데, 도덕적 잣대로 보면 라스베가스는 아마 다른 도시들만큼, 아니 아마도 더 심하게 그런 모든 재앙을 당해 마땅한 곳이다.

이런 점을 알고 있기 때문에 우리는 자연재해와 도덕적 징벌 사이에 어떤 인과 관계가 있다고 생각해서는 안 된다. 우리는 지리상 일본에는 지진이 자주 일어나는 반면에 몽골에는 결코 지질 해일에 의한 홍수가 일어나지 않으리라는 것을 안다. 또한 우리는 이것이 몽골 사람들이 일본 사람들보다 더 도덕적이기 때문이 아니라는 점도 알고 있고, 그런 가정은 터무니없다는 데 대해 동의한다. 현재 우리가 갖고 있는 지리학 지식으로 우리는 흔히 사람들이 화산 근처나 범람원에서 살기로 하면 그들에게 어떤 위험이 닥칠지 말해줄 수 있으며, 실제로 그런 재앙이 닥치면 그들은 자신 외에는 아무도 탓할 수 없다. 인간은 자신의 행위에 대해 책임을 져야 하며, 이런 사건들의 희생자들에게 아무리 동정심을 느낀다고 하더라도 우리는 그들에게 그 사실을 계속 상기시켜줘야 한다. 결국 우리는 우리가 사는 세상이 위험한 곳일 수 있으며, 우리가 위험을 자초하든 안 하든 삶에는 그 자체의 위험이 있다는 점을 명심해야 한다. 물리적 우주 안에서 고통과 죽음의 법칙으로부터 면제되는 것은 아무것도 없고, 고난과 죽음은 우리 모두에게 찾아온다. 기독교의 복음은 고통으로부터 도피하는 메시지가 아니라, 다시는 그런 것들에 종속되지 않고 영원히 계속될 새 생명으로 다시 살아나신 예수 그리스도의 고난과 죽음에 의해 고통을 이기는 승리의 메시지다.

우리가 지진이나 허리케인과 같은 자연 현상을 통제할 수는 없지만, 언젠가 자연재해를 어느 정도 정확하게 예측하고 그 자연재해가 일으킬 피해를 피하기 위한 조치를 취할 수 있게 될 실제 가능성은 있다. 우리는 다음에 샌프란시스코에 지진이 일어나더라도 1906년의 대지진과 같은 정도의 피해를 입힐 가능성은 낮다고 생각한다. 그것은 지진에 대한 우리의 이해가 향상되었고 지진의 충격을 견딜 수 있는 건물을 짓는 데 필요한 기술도 훨씬 더 나아졌으며, 사람들이 다음 번 지진이 언제 발생할지는 확실히 알 수 없더라도 불가피한 재해 사건에 대비해야 한다는 사실을 알고 있기 때문이다. 오늘날 지진의 파괴적인 영향은 주로 너무 가난하고 개발이 되지 않아서 그런 충격을 견디는 데 필요한 건물을 지을 여유가 없는 아이티와 같은 나라들에서 느껴진다. 비록 자연 재해의 영향이 선진국들에도 영향을 주는 부패한 관행들의 결과이기도 하지만 말이다. 예를 들어 최근에 서유럽과 북미 일부 지역에서 발생한 엄청난 홍수는 종종 토기 투기꾼들이 기꺼이 범람원에 건물을 세웠거나, 탐욕스러운 정치가들이 댐과 제방을 세울 자금을 빼내 유용했기(종종 단기 이익을 자신이 차지했음) 때문이었다. 이에 대해 하나님을 비난하기는 거의 불가능하다!

기근은 나라가 잘 다스려지면 대체로 예방할 수 있는 또 하나의 재앙이다. 오래 전에 요셉은 이집트 사람들에게 이를 어떻게 수행하는지 보여주었고, 최소한 원리상으로는 그 이후 그 방법을 활용할 수 있었다.[15] 문제는 최근까지 그렇게 할 만큼 충분히 조직된 사회가 거의 없었다는 점이다. 1847-1850년의 끔찍한 아일랜드 기근으로 사람들은 적절한 계획을 세웠더라면 이 기근을 예방할 수도 있었음을 깨달았고, 이후 경제 선진국들에서는 그 기근에 비교할 만한 큰 기근이 일어나지 않았다. 오늘날 기근은 이런 계획을 시행할 수 없거나, 심지어 자신의 부도덕한 목적을 위해 기근을 조장하기까지 하는 정부가 이런 계획을 방해하는 나라에서만 일어난다. 다시 말하지만 이에 대해 하나님을 비난할 수 없으며, 무신론자들도 이런 재난이 일어날 때 종종 그리스도인들이 구제 활동의 선봉에 선다는 점을 인정해야 한다.

질병 및 기타 건강과 관련된 문제들도 마찬가지다. 우리가 땅을 정복하라는 하나님의 명령을 수행함에 따라 질병의 원인 제거나 치료에서

---

15   창 41:33-57.

큰 발전이 이루어졌다. 천연두나 소아마비 같은 재앙은 사실상 없어졌고, 오늘날 14세기 중엽에 유럽 인구의 3분의 1을 죽였던 가래톳 흑사병과 비견할 만한 것은 없다. 나병, 말라리아 등의 많은 기타 질병들에 대한 싸움은 계속되고 있고, 암, 관절염, 그리고 기타 신체 질환의 치료제를 찾는 연구도 계속되고 있다. 여기서도 그리스도인들은 항상 맨 먼저 이런 문제들과 맞서왔고, 지금도 호스피스 운동으로 대변되는 임종을 앞둔 사람들의 완화 치료와 같은 새로운 활동을 선도하고 있다(호스피스 운동은 안락사 정당화를 반박하는 데 매우 큰 역할을 했다). 그리스도인들은 인간의 고통에 대해 하나님을 비난하지 않고 우리 모두 언젠가는 죽을 것이라는 근본적 현실을 부정하지 않으면서, 하나님이 주신 은사를 사용하여 삶을 더 수월하게 만들고 우리가 사는 세상을 개선한다. 심지어 가장 기적적인 치료나 재앙으로부터의 가장 큰 탈출조차 한동안만 우리를 보존해줄 뿐이며, 우리는 이생에서의 물리적 구원이 다가올 삶에서 우리를 기다리고 있는 영적 구원의 맛보기에 불과하다는 점을 잊지 않는다.

도덕은 궁극적으로 영적이고 물리적이지 않기 때문에, 물리적 재앙은 도덕적 의미에서는 선하지도 않고 악하지도 않다. 그러나 물리적 불행은 영적 관점에서 우리가 **모두** 하나님이 보시기에는 유죄이며 어떤 사람들에게 가해진 처벌은 합당하다는 점을 상기시켜주는 역할을 한다. 우리가 다음 차례라면 우리도 그런 처벌을 받을 것이다. 우리는 모든 면에서 이미 처벌을 받은 사람들과 똑같은 처벌을 받아 마땅하다. 인간이 하나님께 죄를 짓지 않았더라도 이런 재앙들과 어려움들이 일어날 것인가? 우리는 이에 대해 알지 못한다. 우리는 죄 없는 세상은 자연재해를 겪지 않았을 것이라고 생각하기를 좋아한다. 하지만 선천적인 시각 장애가 죄의 결과가 아니라면, 타락이 없었더라면 그런 장애가 일어나지 않았을 것이라는 것을 어떻게 아는가? 우리가 말할 수 있는 것은 타락으로 인해 우리는 이 땅에서 아무런 권리가 없으며, 따라서 재해가 발생할 때 우리는 발생한 일에 대해 죄가 없다고 항변하거나 이에 대해 하나님을 비난할 수 없다는 것이다. 인간의 상태는 심각하지만, 그 잘못은 우리에게 있지 우리가 살고 있는 세상에 있지 않으며, 하나님께 책임이 있지 않다는 것은 확실하다. 아무도 여기서 제외되지 않으며, 상황이 얼마나 나빠질 수 있는지 알게 되면 우리는 그것을 회개하고 하나님께로 돌이켜 용서를 구하지 않는 한 우리에게 닥칠 일에 대한 경고로 여겨야 한다.

우리 그리스도인들은 죄로부터 구원받았지만, 이생에서 아담과 하와의 자손이라는 결과로부터 면제되지는 않았다. 사도 바울이 말하는 것과 같이 "모든 피조물이 지금까지 산고로 함께 신음하고 있다. 피조물뿐만 아니라 성령의 첫 열매를 받은 우리 자신도 아들로의 입양, 곧 우리 몸의 구속을 간절히 기다리며 속으로 신음한다."[16] 구원은 가까이 있지만, 최종 승리는 "그가 그들의 눈에서 눈물을 닦아줄 것이고, 이전 것들이 지나갔기 때문에 더 이상 죽음도 탄식도 울음도 고통도 없을 때"[17]인 마지막 때와 만물의 완성을 기다려야 한다.

자연 현상은 인간이 관련되고 그 결과로 고통을 겪을 때만 재앙이다. 가래톳 흑사병을 일으키는 벼룩들은 그 자체로는 악하지 않다. 벼룩들은 그저 하나님이 정하신 대로 자연적인 생애 주기를 살 뿐이다. 뇌종양은 큰 피해를 입힐 수 있고 심지어 사람을 죽일 수도 있지만, 뭔가 "악한" 일을 한다고 비난받을 수 있는 책임 있는 행위자가 아니다. 사실 다른 관점에서 보면 뇌종양은 뇌에 피해를 입고 있는 그 사람의 몸의 자연적인 결과물이다. 우리에게 부정적인 영향을 준다는 사실만으로 그것들이 나쁜 것이 되지는 않기에, 상당한 제한이 없이는 그런 것들에 "선"이나 "악"과 같은 말이 사용될 수 없다.

그렇다면, 우리는 하나님으로부터 자연재해를 방지하기 위해 노력하라는 명령을 받았는가? 수백 년 동안 그리스도인들을 포함한 많은 사람

---

16   롬 8:22-23.
17   계 21:4.

들이 소위 "섭리의 작용"을 방해하는 것은 죄라고 믿었다. 아일랜드의 대기근은 이에 대한 좋은 사례다. 한편으로는 거의 모두가 개신교인들이었던 국가 당국자들이 **자유방임** 경제 정책을 믿었고, 기근은 자연적인 인구 균형을 회복하는 하나의 수단이라고 생각했다. 그들의 사고방식에 의하면 아일랜드에는 땅이 부양할 수 있는 수준에 비해 사람들이 너무 많았고, 도태가 불가피했다. 그들이 꼭 무정한 것은 아니었고(많은 당국자들이 이민을 지원하기 위해 돈을 주었다), 그들은 자신들에게 부자연스러운 상황을 인위적으로 보존하는 것이 의미가 없다고 보았다.

관련된 대부분의 사람들의 영적 고향인 로마 가톨릭교회는 기근이 개입해서는 안 되는 하나님의 행위라고 믿는(그리고 확실히 그렇게 가르치는) 경향이 있었다. 사람들이 죽어가고 있다면 그들에 대해 교회가 할 일은 하나님의 뜻이 그들에게 이루어지는 것을 저지하지 말고 그들이 천국으로 가는 노정을 돕는 것이었다. 지금은 이런 관점들이 터무니없다고 생각되겠지만, 당시에는 그렇게 생각되지 않았다. 그러나 재앙의 규모가 너무도 커서 개신교인들과 로마 가톨릭 교인들 모두 자신들의 견해를 다시 생각하게 되었고, 이로 인해 자연재해에 대한 대중적 접근법에 커다란 변화가 일어났다고 해도 무방하다. 아일랜드 기근이 가져온 가장 큰 지속적인 효과는 사람들에게 이런 재해에 관해 뭔가를 할 수 있을 뿐만 아니라, 도덕적으로도 그럴 필요가 있음을 깨닫게 한 것이었다. 그 전에는 산발적이고 대체로 효과적이지 않았던 구제 활동이 주요 관심사가 되었고, 오늘날 재난 구호가 거의 재해 자체만큼이나 자연 질서의 일부로 보이는 상황으로 이어졌다.

물론 굶주린 몸을 먹이는 것이 필요한 일의 전부라면 이를 반대할 이유가 없을 것이다. 그러나 어떤 경우에 자연재해를 피하는 것은 하나님이 창조하신 뭔가를 제거하는 것을 의미한다. 천연두 바이러스가 이에 대한 명백한 하나의 사례다. 이 끔찍한 골칫거리는 20세기 후반에 제거되었지만, 비축해놓은 최후의 천연두 바이러스 재고를 1993년에 없앤

것은 일반적으로 환영받지 못했다. 아무도 아직 알려지지 않은 뭔가를 처리하는 데 있어 천연두 바이러스가 필요할 때가 언제 올지 예견할 수 없다. 하나님의 피조물에 개입하는 것은 위험한 일이며, 심지어 천연두 바이러스와 같이 명백히 해로운 것조차 이를 없애는 것이 반드시 좋다고 추정하는 것은 매우 현명하지 못한 처사일 것이다. 여기서도 우리는 쉽게 답할 수 없는 복잡한 문제를 다루고 있으며, 특정 상황에서 어떤 조치를 취하는 것이 최선인지 결정할 때도 겸손하게 그 점을 인정해야 한다.

생태 환경과 보존

자연재해에 관한 논의는 불가피하게 인재(人災) 문제를 제기한다. 인재는 원유 유출에서 동물 종의 멸종에 이르기까지 많은 사건들을 망라하는데, 감정을 자극하는 이 두 가지 재앙들은 재생 불가능한 에너지 자원을 사용하는 지혜 및 환경에 대한 피해를 어느 정도까지 용납할 수 있는가와 같은 보다 심원한 문제들을 강조한다. 이런 일들은 산업혁명의 결과가 명백해진 19세기까지는 어느 누구에게도 중요한 의제로 인식되지 않았고, 훨씬 최근에 이르러서야 대중의 관심사가 되었다. 불과 한 세대 전만 해도 사람들이 아무 생각 없이 석유와 가스를 태우고, 산에 쓰레기를 버렸지만, 이제 원자재 경쟁이 더 치열해지고 폐기물 처리가 중요한 문제가 되자 보존과 재활용의 필요성을 깨닫고 있다.

성경이 기록될 당시에는 환경 악화의 위험이 거의 없었기 때문에 성경은 이런 문제를 직접 다루지 않는다. 당시에 일어날 수 있었던(그리고 일어났던) 최악의 사건은 배를 짓기 위해 나무들이 베어져 숲이 벌거벗게 되고, 염소들이 덤불을 먹어치워 오늘날 우리가 보는 반(半)사막 상태가 되는 것이었다. 그러나 그것도 심각한 경종을 울릴 정도의 규모는 아니었다. 그럼에도 불구하고 성경은 인간이 물질세계에 대한 지배권을 받았고, 따라서 이에 대해 인간은 하나님께 책임이 있음을 분명히 한다. 우리는 자연자원을 개발하고 그 잠재력을 활용할 권리가 있지만 그럼에도 "진보"라는 이름으로 무모한 파괴를 일삼아서는 안 된다. 거의 모두가 최소한 명목상으로는 그리스도인이었던 유럽의 탐험가와 개척자들이 도도새와 전서구(傳書鳩)를 전멸시킨 것과 같은 종류의 경솔함은 정당화될 수 없으며, 비난받아야 한다. 또한 오늘날의 유사한 경향들도 단호하게 거부되어야 한다. 환경을 파괴한 많은 사람들이 신자를 자처하고, 환경에 대한 관심은 종종 "나무를 껴안는 사람들"(급진적인 환경보호 운동가)이라고 조롱받는 비주류 집단 등에게 맡겨지는 것은 그리스도의 복음의 명예를 더럽힌다. 비록 일부 환경보호주의자들이 이상한 개념을 갖고 있는 것은 사실이지만, 그렇다 해서 그들의 주요 우려가 타당하지 않은 것은 아니다. 만일 교회가 우리처럼 창조주를 공경하지도 않고 그분께 경배하지도 않는 사람들에게 창조 명령을 빼앗긴다면, 탓해야 할 것은 자신뿐이다. 결국 자연 환경의 보존은 상식이며, 애초에 우리에게 이 놀라운 자원들을 주신 하나님을 섬기려는 모든 사람들은 그렇게 받아들여야 한다.

점성술과 점

때로는 물질세계가 우리의 운명에 어떤 영향을 미칠 수 있는가라는 문제가 대두된다. 고대 이후로 많은 사람들이 해, 달, 별들이 지상에 존재하는 개인들의 운명을 지배한다고 생각해서 그것들을 경배했다. 심지어 그리스도인이라고 자처하면서도 하늘의 움직임에 기초해서 무슨 일이 예상되는지 말해달라고 전문 점성술사를 고용한 통치자들도 있었다. 성경에서 이런 일이 있을 수 있음을 암시하는 유일한 사례는 아기 예수가 유대인의 왕이 될 것이라고 알려주는 별을 보고 베들레헴에 있던 아기

예수를 찾아 온 바빌로니아의 "현자" 동방 박사들의 이야기다.[18]

바빌로니아는 점성술사들로 유명했는데, 그들은 위대한 과학자들이었고 현대 천체 관측 기술이 발명되기 오래 전에 일식 및 월식과 같은 것들을 예측할 수 있었다. 또한 포로기 이후에 바빌로니아에 남아 예수 당대의 가장 중요한 유대인 문화 공동체들 가운데 하나를 형성한 유대인들이 많았다. 이 점성술사들이 유대인의 메시아 대망에 대해 알고 있었으리라는 것은, 그들이 이런 예언들에 특별한 관심을 갖고 있었다는 점에서 놀랄 일이 아니다. 그들이 아마도 미래의 왕은 헤롯 가문의 일원일 것으로 생각하고 곧장 헤롯왕께 갔다는 사실로 볼 때, 그들은 이 예언들의 참된 내용을 몰랐다는 것도 알 수 있다. 그들은 유대인의 눈에는 헤롯이 왕위 찬탈자였고, 참된 왕은 베들레헴에서 태어났던 다윗의 계보에서 나와야만 했다는 점을 깨닫지 못했을 수도 있다.[19] 동방 박사들이 그것을 이해했더라면, 그들은 아마도 곧장 베들레헴으로 직접 찾아갔을 것이고 헤롯에게 아무 말도 하지 않았을 것이다. 사실 그들이 예루살렘에 도착했을 때 제사장과 서기관들이 그들에게 그 예언의 참된 본질에 대해 알려주었고 이에 관한 성경의 내용을 들려주었다. 그래서 그들은 아기 예수를 찾아내기 위해 어디로 가야 할지 알게 되었다. 비록 동방에서 본 그 별이 다시 나타나 그들이 옳은 길로 가고 있다고 안심시켜 주기는 했지만 말이다.

우리가 물어야 할 질문은 별들의 움직임에 대한 해석이 객관적으로 타당한지 여부다. 하나님은 별들을 사용해서 사람들에게 어떤 일이 일어날지 말해주는가? 동방 박사들은 자기들이 믿었던 뭔가에 반응하고 있었고, 하나님은 그들의 믿음을 사용해서 그들을 하나님 자신에게로 이끄신 것으로 보인다. 그럴지라도 동방 박사들은 여전히 성경이 자기들

---

18   마 2:1-12.

19   미 5:2를 보라.

이 찾고 있던 것에 대한 정확한 세부 사항들을 말해 주는 데 의존했으며, 또한 그들의 영적 무지가 커다란 피해를 야기했다는 사실을 덧붙일 수 있다. 헤롯은 이를 자신의 통치에 대한 위협 요소라고 생각해서 흔쾌히 받아들이지 않았다. 헤롯은 박사들의 순진함을 이용하여 자신의 통치에 대한 잠재적인 반대자를 없애기로 결심했다. 동방 박사들이 헤롯에게 돌아가 그들이 발견한 세부 사항을 알려주지 말라는 경고를 받았을 때, 헤롯은 격노했고 자신을 보호하기 위해 필사적인 노력을 기울였다. 이로 인해 요셉과 마리아가 예수를 데리고 이집트로 도망가야 했을 뿐만 아니라, 헤롯의 두려움과 질투로 베들레헴에서 두 살 아래의 모든 남자 아이들이 죽임을 당했다. 동방 박사들 이야기에서 별이 맡은 역할은 아무리 잘 보아도 애매하며, 확실히 그리스도인들의 점성술 이용을 정당화하는 선례로 사용될 수는 없다. 우리에 관한 한, 하나님의 뜻은 별들이 아니라 성경에 계시된다. 우리는 그런 방법에 의존해서 우리의 행동을 결정하려는 어떤 유혹도 피해야 한다.

점성술에 해당되는 것은 손금보기나 차나무의 잎으로 점치는 것과 같은 다른 형태의 점술에도 그대로 해당된다. 신학자들과 목회자들은 이런 것들을 얕잡아보고 이런 것들에 대해 반대하는 말을 거의 하지 않는 경향이 있지만, 그것은 잘못이다. 다른 면에서는 지각이 있는 많은 사람들이 그런 관습에 현혹되고, 권위자의 인도 없이 자신의 취향에 맡겨질 수 있다는 사실이 놀라울 뿐이다. 그런 행위들로부터 실제로 큰 피해를 입지는 않는다고 해도 그것은 여전히 잘못이며, 그리스도인들은 이런 행동들에 대해 하나님으로부터 받은 명령이 없다는 것을 상기할 필요가 있다. 성경을 아무 데나 펴 거기서 한 절을 취해 특정일 또는 특정한 상황에 대한 "지침"으로 삼는 것과 같이, 피상적으로는 더 "영적인" 형태를 갖는 점술도 마찬가지다. 그렇게 하는 사람들은 최소한 성경이 하나님의 말씀이라고 주장할 수 있겠지만, 성경이 잘못 적용되거나 문맥에서 벗어나 취해지면 그것은 찻잎으로 점치는 일과 다를 것이 없다. 예를 들어 어떤 사람이 읽은 구절이 하필 유다가 "가서 스스로 목매어 죽었다" 라는 구절이었다면 어떻게 하겠는가?[20] 그가 그 구절을 자신의 행동 지침으로 삼겠는가? 그것의 어리석음이 명백하지만, 불행하게도 많은 사람들이 자신의 행동의 결과를 미리 알지 못한 채 경건한 관습으로 보이지만 사실은 정반대인 것에 쉽게 빠져들고 있다.

약물

별들과 찻잎에 대한 비판들이 우리의 의식을 바꿀 힘은 갖고 있으면서도 우리를 하나님께로 더 가까이 인도하지 못하거나 아무런 진정한 영적 경험을 제공할 수 없는 약물 또는 다른 환각물질이나 기법들에는 훨씬 더 강력하게 가해질 수 있다. 성경은 약물을 명시적으로 비난하지 않는다. 그러나 살과 피는 하나님 나라를 상속받지 못하고, 하나님의 능력의 도움 없이는 영적 실재를 인식할 수 없다. 그렇다면, 이런 것들은 우리에게 영적 관점에서 가치 있는 어떤 것도 제공할 수 없고 또 제공하지 않는다고 가정해도 무방하다.[21] 우리가 예배하는 하나님은 몸과 영 모두의 창조주이시고, 모든 면에서 양쪽 모두의 유익을 원하시기 때문에, 우리의 몸에 큰 해를 끼치는 어떤 관습도 영적인 유익을 줄 가능성은 거의 없다.

고대에도 특정 약물이 사람의 의식을 바꾸고 사람을 죽일 힘을 갖고 있다는 사실이 상당히 잘 알려져 있었다. 치료 목적의 약물 사용이 알려지지 않은 것은 아니었지만, 의술이 거의 발전되지 않아서 약물이 환자를 치료하기는커녕 죽이는 것으로 끝나기 일쑤였다. 그런 경우가 하도 많아서 "독"에 해당되는 독일어 단어는 **선물**(gift)로 불리는데, 그렇게 불

---

20   마 27:5.
21   고전 15:50.

린 이유는 의사가 환자들에게 그것을 **주었기**(gave) 때문이다! 비록 일부 지역에서는 여전히 의사들과 병원들에 대한 불신이 팽배해 있고 여기에 전혀 이유가 없는 것도 아니지만, 요즘에는 의학이 한 두 세기 전만 해도 거의 상상할 수 없었을 정도로 발전했다. 오진에 기인한 잘못된 처방과 심지어 의술을 가장한 연쇄 살인도 알려지지 않은 것이 아니다. 예컨대 나치 독일에서처럼 오래 되지 않은 과거에 의사들이 "과학"의 이름으로 소모품으로 간주된 사람들에게 미심쩍은 실험을 하도록 장려된 적도 있었다. 이런 일들이 일어났다는 것을 부인할 수 없지만 그것들은 악용이라는 것을 인식해야 하며, 그런 일들이 발견되면 이에 대해서 책임이 있는 사람들을 그에 상응하여 다루도록 주장해야 한다. 이런 악용들로 인해 과학 자체의 타당성이 상실되는 것은 아니다. 그리스도인들은 어떤 치료법이 유익하다고 알려져 있거나 일반적으로 그렇게 믿어진다면, 설사 그것이 전적으로 자연스러운 방법이 아니라 하더라도 그런 치료를 두려워하거나 거부할 이유가 없다. 같은 이유로 신약(新藥) 개발 연구도 장려되어야 하고, 그 결과 개발된 약품들이 그 약품을 필요로 하는 사람들에게 최대한 널리 이용될 수 있도록 모든 노력을 다해야 한다.

이렇게 말은 했지만, 이 말이 오늘날 일부 사람들이 옹호하는 "기분 전환" 목적의 약물 사용을 권장하는 것과는 다르다는 점을 인식해야 한다. 특정 물질이 환각작용을 일으킬 수 있다는 사실에는 의심의 여지가 없으며, 언제나 이것을 모종의 "종교적" 체험으로 생각하는 사람들이 있다. 그러나 그리스도인들은 그것을 부인하고 그런 오해와 싸워야 한다. 영과 물질은 완전히 다른 것이기 때문에 영적 체험은 물체에 의해 이끌어내질 수 없다. 자신들에게 처방된 약물에 중독된 사람들도 더러 있지만 비교적 흔하지 않고, 그런 일이 일어나면 우리는 그 사람들에게 중독을 장려하지 말고 중독에서 벗어나도록 최선을 다해야 한다. 그럴 만한 이유 없이 약물을 사용하는 사람들도 적절한 자격을 갖춘 사람들의 감독 아래 똑같이 다뤄져야 한다. 그리스도인들은 어떤 상황에서도 아무도 시험 삼아 약물을 사용하거나 치료와 무관한 목적으로 약물을 사용하도록 권장하지 말아야 한다. "의료 목적"으로 대마초와 마리화나를 사용하는 것의 합법화를 옹호하는 사람들도 있다. 이런 약물들이 특정 상태를 완화하는 데 도움을 줄 수 있다고 믿을 만한 어느 정도의 근거가 있기는 하지만, 이런 약물의 사용을 찬성하는 논거들은 대부분 의심스러우며, 또 그렇게 인식되어야 한다. 확실히 약물을 원하는 누구나 자유롭게 구할 수 있게끔 하는 것을 정당화할 근거는 없다.

여기서 한 가지 복잡한 문제는 수백 년 동안 대부분의 국가들은 특정 약물 사용을 용인했고, 심지어 약물이라고 부르지도 않으면서 그런 약물들을 사용하도록 장려하기까지 했다는 점이다. 19세기 초에 영국 상인들과 정부가 중국 당국에 아편의 출하를 받아들이도록 강제하려고 한 수치스러운 행태는 제쳐두더라도, 중동의 '카트'(아라비아 아프리카의 화살나뭇과의 상록 관목)와 북미 인디언들 사이의 페요테 선인장 같은 온건한 마취제들은 훨씬 널리 받아들여져왔다. 전 세계적으로 담배와 술은 해로운 효과가 있다고 알려져 있음에도 불구하고, 오랫동안 일상생활의 필수품으로 받아들여졌다. 담배는 콜럼버스가 아메리카를 발견하기 전에 아메리카에서 일종의 약물로 사용되었고, 상당히 오랜 기간 동안 약효가 있는 것으로 믿어졌다. 담배는 18세기에 종종 다양한 질병에 사용되었지만(대체로 냄새를 들이마시는 방법으로), 지금 우리는 담배가 누구에게도 아무런 유익을 주지 않는다는 것을 안다. 그것은 특히 해로우며, 현대 의학은 흡연 습관에 흡연이 끼칠 수 있는 해악을 상쇄할 만한 아무런 유익이 없다는 것을 의심할 여지가 없도록 증명했다.

술은 더 다루기가 어려운데, 그것은 성경에서 포도주가 눈에 띄게 언급되기 때문만은 아니다. 포도주는 건강상의 이유로 추천되기도 한다.[22] 많은 기독교 교회에서 성찬식에 (발효되지 않은 포도 주스가 아닌) 포도주를

---

22   딤전 5:23.

사용하기 때문에 포도주는 기독교 예배에서 중심 역할을 할 수도 있다. 그러므로 그리스도인들이 포도주 사용을 금지하거나 완전한 금주를 교인에 대한 한 가지 기준으로 삼으려고 하는 것은 잘못이다. 술을 마시지 않음으로써 어떤 유익이 도출될 수 있다고 해도, 성경은 금주를 명하지 않으며 따라서 그리스도인들에게 금주를 신앙의 문제로 부과할 수는 없다. 이렇게 말은 했지만 그럼에도 성경은 술 취하는 것을 명확히 반대하고 있으며, 그리스도인들은 인간생활에 너무도 파괴적인 과음과 폭음에 반대해야 한다.[23] 음주는 젊은이들에게 적극적으로 권장되지는 않더라도 허용되어야 하는 "성인"으로서의 활동이라는 개념은 술을 파는 상인들을 제외하면 아무에게도 도움이 되지 않으며, 만취는 고대 이스라엘 사람들에게 받아들여질 수 없었던 것처럼 우리에게도 받아들여질 수 없어야 한다. 원할 경우 의식불명이 되도록 술을 마실 "자유"가 있어야 한다는 논거는 아무도 혼자 살 수 없다는 사실을 무시하는 것이다. 음주운전에 의한 사망 사건과 관련된 사람들이 증언하는 것과 같이, 한두 사람의 행동이 우리 모두에게 영향을 준다. 사고가 난 뒤에 그런 행동을 한 위반자를 처벌하는 것은 당연하지만, 피해자들이 애초에 그런 사고가 일어나지 않도록 방지하기 위해 더 많은 조치를 취할 수 있었다고 생각하는 것은 정당하며, 그리스도인들은 이에 확실히 동의해야 한다. 올바른 균형을 찾기란 결코 쉽지 않다. 우리는 과거에 교회가 너무 지나치게 음주를 반대했음을 인정해야 한다. 그 노력은 목적을 달성하지 못했고, 그 부정적인 영향은 아주 오래 갔다. 그러나 지금 우리는 이와 정반대의 극단으로 나아가는 위험에 처해 있는데, 이 역시 똑같이 해롭고 바람직하지 않다. 그리스도인들은 과거의 지나침에 겁을 먹고 현재의 잘못에 아무런 이의를 제기하지 못하는 일이 없어야 한다.

---

23 전 10:17; 겔 23:33; 눅 21:34; 롬 13:13; 갈 5:21; 딤전 3:3; 딛 1:7; 벧전 4:3.

15장
·
인간

아담과 하와의 창조

물질세계의 창조로부터 자연스럽고 손쉽게 인간의 창조로 진행한다. 창세기 기사에서 아담과 하와의 창조는 하나님의 창조 작업의 최고의 영광으로 묘사된다. 이로부터 우리는 창조의 이전 단계들은 인간이 거주하기에 적합한 우주를 준비하기 위해 설계되었다는 결론을 내릴 수 있다. 아담과 하와는 반만 지어진 집으로 입주하지 않았고, 그들의 필요를 충족시키도록 이미 완전히 갖추어진 동산에 두어졌다. 또한 우리는 아담과 하와가 "땅의 흙으로" 지음 받았다는 말도 듣는다. 이 말은 우리가 물리적으로 천사들이나 귀신들과 연결되어 있지 않고 동물들 및 기타 물리적 피조물들과 연결되어 있다는 사실을 상기시켜준다.[1] 천사들이나 귀신들은 사람의 모습으로 나타날 수 있지만, 그들은 원인(原人)들이 아니며, 우리 인간도 천상의 존재였다가 그 후 물리적 세계로 떨어져 그 안에 갇힌 것이 아니다. 이런 관념은 오늘날 대부분의 사람들에게는 억지로 갖다 붙인 것으로 생각될 수 있다. 그러나 고대에는 이런 관념

---

1   창 2:7.

이 널리 믿어졌고, 그 결과 인간의 삶의 물리적 측면은 손상되었고 영혼에 부패한 영향을 미치는 것으로 간주되었다. 하지만 성경은 조금도 주저하지 않고 그런 관념은 사실이 아니라고 말한다. 하나님은 아담을 만들 때 먼저(마지막이 아니라) 육체를 만드셨고, 그 육체에 생명의 숨을 불어넣으셨다. 성경은 이를 **네페쉬**(*nephesh*)로 부르는데, 이 단어는 대개 "영혼"(soul)으로 번역된다.[2] 이 점에서 성경의 인간 창조 기사는 고대 그리스 세계에서 널리 인정된 것과 정반대다. 그리스도인들은 기독교가 플라톤주의와 밀접한 관련이 있고, 자체의 신학적 견해에 그리스 철학의 많은 부분을 흡수했다고 주장하는 말을 들을 때마다 이 사실을 명심해야한다.

성경 기사에 따르면 인류는 처음에는 한 남자로 등장했으며, 그가 모든 인간의 먼 조상이다. 이 사람에게서 한 여자가 만들어졌으며, 이 여자는 그의 배우자가 되어 인류를 증식시킬 수 있는 수단이 되었다. 하와가 어떻게 존재하게 되었는지는 신비로 남아 있다. 일종의 생물학적 진화가 있었다고 받아들인다면, 어떻게 최초의 인간 부부가 나타나고 재생산이 시작되었는지 설명할 방법이 전혀 없다. 이론상으로는 남자가 한 지역에 나타나고 여자가 다른 지역에 나타났거나, 복수의 남녀가 동시에 생겼을 수도 있을 것이다. 그러나 어떻게 그럴 수 있었는가? 창세기 기사는 하와가 아담의 옆구리에서 취해졌다고 말한다. 그것은 과학적 설명이 아니며, 생물학적 관점에서 무슨 의미일 수 있는지도 알기 어렵다. 우리가 확실히 아는 것은 하와는 아담과 똑같은 물질로 만들어졌고 인간으로서 아담과 동등한 존재였다는 것이다. 또한 하와는 아담에게 의존했지만, 아담은 하와에게 의존하지 않았다. 그 일이 어떻게 일어났든, 하와의 인간성은 아담의 인간성으로부터 파생되었고 아담의 인간성을 반영

---

2   창 2:7. 그러나 ESV는 이 단어를 살아있는 생명체(living creature)로 번역한다는 점에 주의하라.

했지만, 아담의 인간성은 하나님으로부터 직접 나왔다.[3] 이 창조 기사를 여성을 남성에게 종속시키는 것을 정당화하려는 의도를 지닌 성적 계급 구조의 관점에서 읽기 쉽고, 많은 페미니스트들이 그렇게 이해했다. 하지만 이 이야기의 초점은 완전히 다르다. 남자와 여자 모두 하나님의 형상과 모양으로 지음 받았다는 진술이 분명히 암시하는 것처럼, 성경의 강조는 여성이 남성보다 열등하다는 사실이 아니라 여성은 남성과 동등하다는 사실에 놓여 있다.[4]

아담과 하와의 창조는 순서가 있었지만, 그 순서는 비판자들이 주장하는 식의 권력 다툼을 함축하는 것이 아니다. 아담은 하와를 사랑하는 것이 결국 자신을 사랑하는 것과 같았기 때문에, 자연스럽고 필요한 사랑의 관계로 하와와 맺어졌다.[5] 이 말은 이기적으로 들릴 수도 있지만, 사실은 그렇지 않다. 아담은 하나님의 물리적 피조물 전체를 사랑하도록 기대되었고, 물리적 피조물들보다 우월했기 때문에 물리적 피조물에 대한 지배권을 부여받았다. 농업 사회에 익숙한 사람이라면 농부들이 자기 가축을 얼마나 친밀하게 알고 있는지 알 것이다. 그리고 자동차가 발명될 때까지 사람들은 종종 자기 말들과 매우 가까워서 본능적으로 말들과 밀착되었다. 심지어 오늘날에도 도시에서 반려동물에 깊은 애착을 느끼는 사람들에게서 이런 일이 일어난다. 하지만 우리는 아담과 하와의 관계를 이런 배경에 비추어 이해해서는 안 된다. 아담과 하와의 관계는 이와는 완전히 다른 토대 위에 기초했다. 그들 사이의 유대는 말 타는 사람과 말 사이의 관계나 사람과 그가 기르는 개 사이의 관계와 같은 것이 아니라, 동등한 인간 사이의 관계였다. 하와는 아담과 똑같이 하나님의 자녀였고, 아담에게 주어진 창조세계에 대한 지배권을 공유할 권리를 갖고 있었다. 그러나 하와가 이 특권을 아담과 독립적으로 또는 아담

---

3   고전 11:7.
4   창 1:27.
5   엡 5:29.

과 경쟁적으로 가졌던 것은 아니다. 반대로 하와는 다른 어떤 피조물과도 다른 방식으로 아담에게 속해 있었기 때문에 그녀에게 그 특권이 주어졌다.

인류가 하나님의 명령대로 확대되고 발전하려면 아담과 하와는 각자 독립적으로 살 수 없을 것이다. 번식은 창조 명령의 한 부분이었고, 그들에게서 태어난 자녀는 남아와 여아가 대략 같은 비율이었을 것이다. 여기서도 우리는 아담과 하와가 어떻게 서로에게 속한 존재였는지 알 수 있다. 통계적으로 말하자면, 우리는 남아가 여아보다 약간 더 많이 태어나지만 남자의 사망률이 더 높기 때문에 이런 불균형은 자연스럽게 해소된다는 것을 안다. 이 모든 것이 명백해 보일 수도 있겠지만, 성경의 원리가 존중되지 않는 중국과 같은 나라에서 가족계획이 강제되는 방식을 고려하면 이 점을 상기하는 것이 매우 중요하다. 중국에서는 오랫동안 "한 자녀" 정책이 시행되었는데, 처음에 이 정책을 시행한 주된 목적은 이미 세계에서 인구가 가장 많은 나라로서 거대한 인구 증가를 억제하기 위함이었다. 그러나 한 자녀 정책은 의도하지 않은 (그리고 분명히 예상하지 못한) 결과를 낳았다. 한 자녀만 두도록 강제된 많은 부부들은 아들을 두기를 선호했고, 원하는 아들을 두기 위해 여아를 낙태시키거나 죽이기를 서슴지 않았다. 그 결과 한 세대 뒤에는 남자들이 너무 많아져 그들과 결혼할 여자들이 부족하게 되었다. 이 문제는 향후 잠재적으로 심각한 결과를 가져올 수 있는 긴장된 사회 상황을 조성했다. 성경의 원리를 따라 자연적인 출산에 맡겨졌더라면 이런 불균형은 일어나지 않았을 것이고, 오늘날 우리가 보고 있는 문제도 발생하지 않았을 것이다. 성경이 남성 편향적이라고 비난하려는 사람들은 그런 일에 대해 완전히 다른 견해를 갖고 있는 국가에서 도출된 이 사례를 숙고하고, 이를 항상 출산의 평등 원리가 가르쳐졌고 준수되었던 유대-기독교 전통과 비교해야 한다.

인류의 생존과 증가

하나님이 인류에게 주신 번식 명령은 우리가 동물계와 공유하지만 천사들과는 공유하지 않는 명령이다. 이 명령은 우리가 물리적으로뿐만 아니라 영적으로도—이것은 우리를 독특한 존재가 되게 한다—번식해야 한다는 것을 의미하기 때문에 중대한 명령이다. 하나님은 영원하시고 절대적이기 때문에 번식할 수 없으며 천사들도 번식하지 않는다. 그러나 하나님의 형상과 모양으로 지음 받은 우리 인간은 우리 자신과 같은 새 피조물을 낳을 수 있고, 따라서 다른 누구도 그렇게 하지 않거나 할 수 없는 방식으로 우주에 영적 존재들의 수를 증가시키는 특권을 갖고 있다.

하나님은 또한 아담과 하와에게 자연계에서 먹을 수 있는 것은 무엇이든 먹을 권리를 주셨고, 어떤 식물이나 채소의 소비도 금하지 않으셨다.[6] 홍수 이후로 채식주의가 끝나고 노아의 후손들은 약간의 제한이 있기는 했지만 고기를 먹도록 허용되었다.[7] 모세에 의해 이스라엘에게 부과될 먹을 수 있는 음식을 "깨끗한" 음식과 "불결한" 음식으로 구분하는 율법을 고려할 때,[8] 이 사실은 중요하다. 우리는 교회 자체의 내부로부터 다소 간의 어려움과 반대가 없지는 않았지만 신약성경에서 이 구분이 폐지되었음을 안다.[9] 그러나 우리는 음식법 폐지의 토대가 원래의 창조 명령에서 발견되어야 한다는 점을 항상 인식하는 것은 아니다. 노아 시대부터는 먹을 수 있는 것은 무엇이든 먹을 수 있었던 것으로 보인다. 이 명령은 이스라엘 백성이 나중에 자기들에게 가해진 제한을 이

---

6   창 1:29-30.

7   창 9:3-4.

8   레 11:1-47. "깨끗한" 것과 "더러운" 음식의 구분이 창세기 8:20에서 언급되는데, 거기서 이 구분은 제사로 바쳐진 짐승과 새에 적용되었다. 이 구분이 당시에 음식을 먹는 것에 대해서도 적용되었는지 여부는 언급되지 않았다.

9   로마서 14:14를 보라.

해하는 방식에 대해 아주 많은 것을 말해주었고, 그들은 기꺼이 이 점을 인정했다. 모세의 율법은 영원한 신의 명령을 반영했다는 "증거"로서 유대 서기관들이 창세기의 앞부분에 음식법을 끼워 넣는 것은 식은 죽 먹기보다 쉬웠을 테지만, 그런 일은 벌어지지 않았다. 유대인들이 아무리 자기들의 전통을 고수했다고 해도, 그들은 기본적으로 음식법은 하나님의 원래 의도의 한 부분이 아니라 그에 대한 제한이었음을 알고 있었다. 유대인들은 음식법이 언젠가 폐지될 것이라는 사실을 예상하지 못했다. 그러나 음식법이 폐지되었을 때, 그리스도를 율법의 성취로 받아들인 사람들 대부분은 음식법에 일어난 이 변화를 받아들였으며, 2세대 교회에서는 그 문제가 사라졌다. 이러한 입장은 이슬람교와 뚜렷이 대조된다. 이슬람교는 기독교에 비견한 자신들의 진보가 유대교에 대비되는 기독교의 진보에 비교할 만하다고 주장하면서 아직도 모세 율법과 아주 비슷한 음식법 체계를 갖고 있다. 심지어 기독교 전통의 한 분파인 몰몬교도 신자들이 먹을 수 있는 음식에 다소의 제한을 두고 있다. 이 점은 원하는 것은 무엇이든 다 먹고 마실 자유가 당연하게 여겨진 것은 아니라는 점을 다시 한번 상기시켜준다.

구약의 음식법에 주어진 목적이 끝났기 때문에 그 법은 그리스도인들에게 적용되지 않는다. 고대 이스라엘은 여러 면에서 주변 민족들과 구별되라는 명령을 받았는데, 특정 종류의 음식을 먹지 않는 것은 그러한 구별 방법 중 하나일 뿐이었다. 어떤 사람들은 돼지고기와 같은 음식을 먹지 못하게 금한 것에 대해 위생상의 이유를 찾으려 했지만, 이것이 하나님의 의도였다거나 어떤 과학적 사실과 일치한다고 암시하는 증거는 없다. 이스라엘 사람들이 먹을 수 있는 음식과 먹을 수 없는 음식을 결정하는 자연적인 논리는 없다. 음식법의 근거는 자기 백성들이 하나님 자신의 거룩함을 이해하기를 원하셨던 하나님에 의해 주어졌다. 하나님의 거룩하심은 그 백성들이 삶의 모든 측면에서 나머지 세상 사람들과 구별되어야 한다는 것을 의미한다. 그리스도께서 오셨을 때 이런 고대의 장벽이 무너졌는데, 그것은 그가 거룩함의 원리를 새로운 방식으로 정의했기 때문이다. 물체는 더 이상 하나님에 대한 사람들의 헌신의 진정성을 결정하거나 나타내기 위해 사용되지 않을 것이다. 따라서 음식법은, 비록 사도들이 옛 체계 아래서 자란 유대인 회심자들의 양심을 편안하게 해주기 위해 과도기 단계를 마련하기는 했지만,[10] 역사 속으로 사라졌다. 그래서 교회는 항상 음식법 준수에 아무런 잘못이 없다고 말했고, 이 측면에서 유대인 신자들에게 특히 관용적이었다. 교회는 또한 음식법 준수가 교인이 되기 위한 조건이 될 수 없다고 주장했다.

구약의 음식법에 해당하는 것은 다른 모든 형태의 식사법에도 그대로 해당된다. 어떤 것을 먹고 다른 것은 먹지 않는 데 좋은 의학적 이유가 있을 수 있으며, 그리스도인들이 의학 분야에서 특별히 훈련받은 전문가의 조언을 무시하는 것은 어리석은 일일 것이다. 그러나 그것은 완전히 다른 문제다. 예를 들어 "죄가 될 만큼 많은(a sinful amount) 양의 초콜릿 과자"에서처럼 "죄"(sin)라는 말이 특히 사치스러운 음식 광고에 사용되는 것은 흥미로운 현대 생활의 한 단면이다. 그러나 과자에, 심지어 과자를 먹는 것에 죄가 될 것은 하나도 없다. 과식은 분명히 나쁘기는 하지만 죄라는 말을 과식을 묘사하는 데 사용하는 것은 잘못이다. 우리의 몸은 성령의 성전이다. 그리스도인들은 신체적으로 자신을 돌보라고 하나님에 의해 부름 받았다. 몸에 해로울 수 있는 것은 무엇이든 먹지 않아야 한다. 무엇이든 과도하게 먹는 것은 피해야 하지만, 몸이 받아들일 수 있는 것은 사람마다 다를 것이다. 신체의 건강은 몸을 복종시키고 우리를 하나님을 섬기는 데 적합하게 만드는 하나의 수단으로서 합리적으로 가능한 범위 내에서 합리적으로 추구되어야 한다. 그러나 신체의 건강 자체가 목적은 아니며 신체의 건강이 우리가 하나님께 드려야 할 섬김

---

10   행 15:19-21.

의 자리를 차지해서는 안 된다.[11] 몸을 숭배하는 것은 다른 피조물을 숭배하는 것과 똑같은 우상숭배이며, 그리스도인들은 하나님이 우리에게 누리라고 주신 다른 모든 것과 더불어 몸도 제자리에 두는 법을 배워야 한다.

인간성의 본질

하나님에 대해 말하는 것은 우리를 향한 하나님의 사랑, 그리고 하나님이 만드신 모든 것에 대한 하나님의 사랑에 대해 말하는 것이다. 그러나 말할 수 있기도 전에 우리는 우리가 사는 세상에서 하나님의 사랑이 작용하는 것을 느낀다. 비록 그것을 인식하고 말로 표현하려면 시간이 걸리기는 하지만, 우리가 태어나는 순간부터 하나님의 사랑은 우리 안과 주변에 존재한다. 우리 부모가 신자라면 그들은 우리에게 하나님의 사랑에 관해 말해주겠지만, 하나님의 사랑에 대한 우리의 의식적인 자각은 우리가 살고 있는 우주가 얼마나 큰지, 그리고 우주에 비해 우리는 얼마나 하찮은지 깨달을 때 비로소 고취된다. 시편 저자는 3천 년 전에 이렇게 말했다.

주의 손가락으로 만드신 주의 하늘과
주께서 베풀어 두신 달과 별들을 내가 보오니,
사람이 무엇이기에 주께서 그를 생각하시며,
인자가 무엇이기에 주께서 그를 돌보시나이까?[12]

우리 주변의 동식물을 바라보든지, 또는 시편 저자처럼 우리 위와 우

---

11   딤전 4:8; 5:23.
12   시 8:3-4.

리가 닿을 수 없는 먼 하늘을 관찰하든지, 우리는 곧바로 다양성과 범위가 우리의 상상을 크게 뛰어넘는 실재라는 캔버스 위에서 우리 자신이 아주 작은 점들에 불과하다는 사실을 깨닫는다. 우리의 첫 번째 반응은 그 모든 방대함에 대한 경외이며, 우리는 그에 대해 더 많이 알기를 열망한다. 오랜 세월 동안 인간은 우주의 신비를 이해하기 위해 할 수 있는 일들을 해왔고, 우주의 자원을 활용하며 우주의 위험을 예방하고 우주와 조화를 이루며 사는 최선의 방법을 찾아내기 위해 노력해왔다. 그러나 머잖아 처음에 우리를 압도하던 경외심은 두려움에 자리를 내어준다. 우리는 땅을 경작하고 우리가 먹기 위해 필요한 것을 재배하지만, 비가 오지 않으면 곡물을 잃고 굶어죽을 위험에 처하지 않을까 두려워한다. 우리는 왜 이런 일에 대해 염려해야 하는가? 우리는 살 집을 짓지만 언젠가 발밑의 땅이 흔들리고 지진에 의해 모든 것이 삼켜진다. 우리가 그런 일을 당할 만한 어떤 짓을 했는가? 우리는 물결이 높은 바다를 항해하고 해양 생물의 풍부함에 놀란다. 그러나 바람이 일고 파도가 강해지면 우리는 갑자기 임박한 죽음의 위험에 처한다. 이처럼 좋은 것으로 가득 차 있는 물이 어떻게 우리의 생존 자체를 위협할 수 있단 말인가?

"자연"의 힘이 종종 아무 경고도 없이 하찮은 우리 피조물을 망치고 우리의 터전을 쓸어가는 것을 더 깊이 생각할수록, 우리는 우리 자신에 대해 더 회의적으로 되는 경향이 있다. 이처럼 방대한 구조 속에서 우리는 어떤 위치를 차지할 수 있는가? 우리는 한 줄기 바람에도 날아가버릴 수 있는 왜소한 존재인데 어떻게 다른 어떤 존재보다 더 중요할 수 있고 다른 것들에게 영향을 줄 수 있는가? 우리는 늙어감에 따라 지상에서의 우리의 시간은 짧고 기회는 별로 없다는 것을 깨닫는다. 어쩌면 우리 대부분은 생계를 위해 우리가 할 수 있는 일을 하느라 시간을 보내고, 이런 일에 대해 생각할 시간이나 에너지가 거의 없는 것이 자비일지도 모른다. 우리는 죽으면 누가 우리를 기억해줄지 또는 우리가 남겨놓을 유산은 무엇인지에 대해 생각하지 않으려고 최선을 다한다. 이런 생각이

든다 해도, 우리는 아마 우리의 삶이 아무것도 아니었던 것으로 드러나고 우리의 삶이 무의미하며 삶이 끝나면 처음에 시작되었던 망각으로 돌아가게 될 것을 두려워할 것이다.

이러한 무의미하다는 의식은 우리의 가장 깊은 두려움이고, 이 두려움은 "원시적인" 야만인이든 세련된 지성인이든 모든 인간의 심장을 갉아먹는다. 이 점이 바로 우리와 비슷한 수명을 갖고 있지만 이에 대해 성찰할 수 없고 따라서 우리의 두려움을 공유하지 않는 다른 피조물과 우리를 가장 뚜렷이 구별한다. 동물들은 이런 것들을 모르고 살다가 죽으며, 대부분 자기들의 운명에 무관심한 것으로 보인다. 반면에 우리 인간은 자의식을 갖고 살다 죽는데, 그 지식이 우리의 불안의 원천이다. 참으로 우리의 삶의 목적이었거나 관심을 가져온 모든 것이 무로 돌아가 아무런 흔적도 남겨놓지 않을 수 있는가? 우리 모두는 한때 자신의 왕국이었던 사막을 멍하니 바라보는 석상, 곧 위대한 오지만디아스와 같이 끝날 것인가?[13] 비록 우리의 명성이 수백 년 동안 지속된다 해도 그 명성은 결국은 끝날 것이고, 한때는 번성했던 우리의 왕국에는 황야만 남게 될 것이다.

이런 생각들은 모든 시대의 사람에게 보편적이지만, 시편 저자는 이런 생각들로 고민하지 않았다. 시편 저자는 자문자답하면서 다음과 같이 말했다.

그럼에도 주께서 그를 하늘의 존재들보다 조금 낮게 만드시고
그에게 영광과 존귀로 관을 씌우셨나이다.
주께서 그에게 주의 손의 작품들을 다스리게 하시고
만물을 그의 발아래 두셨나이다.[14]

---

13 출처는 1818년에 출판된 퍼시 비시 셸리(Percy Bysshe Shelley)의 시 "오지만디아스"(고대 이집트의 왕 람세스 2세를 가리키는 별명)이다.
14 시 8:5-6.

3부 • 피조물을 향한 하나님의 사랑

인간은 세상을 정복하고 세상의 잠재력을 개발하도록 세상에 두어졌다. 이것이 기독교 인간론의 정수(精髓)다. 아무리 우리와 동물계의 공통점이 많다 해도 우리는 털 없는 원숭이들이 아니다. 우리는 하나님과의 관계가 내장되어 있고 다른 모든 생물을 능가하는 정신 능력을 가진 영적 존재들이다. 영적 영역에서 우리는 천사들 곧 "하늘의 존재들보다 조금 낮게 만들어져" 서열상 가장 낮지만, 물질적인 피조물 중에서는 "영광과 존귀로 관이 씌워졌고" 하나님의 손의 "작품들을 다스리도록" 위임받았다.

역설적으로 이 점은 우리가 천사들보다 하나님과 더욱 가까운 관계를 갖는다는 것을 의미한다. 왜냐하면 천사들은 순전한 영적 존재로서 우리보다 "더 높기"는 해도, 그들에게는 중요성의 면에서 우리에게 부여된 것에 비교할 만한 특권과 책임이 주어지지 않았기 때문이다. 우리가 살고 있는 세상은 천사들의 유익을 위해서가 아니라 우리의 유익을 위해 창조되었다. 많은 면에서 세상은 원래 상태로서 완전히 기능하고 있지만, 또한 아직 이용되지 않은 잠재력과 수정되고 개선될 수 있는 자연 현상을 포함하고 있다. 사막에 잘못된 것은 없으며, 사막에서 사는 사람들은 때로는 사막도 생생하고 다양할 수 있음을 알고 있다. 그러나 동시에 인간은 사막에 물을 대고 장미와 같은 꽃이 피게 할 능력을 받았다.[15] 설사 그렇게 하는 것이 가능할지라도 그렇다고 해서 우리가 모든 사막에 물을 대야 한다는 뜻은 아니고, 그것은 우리 인간이 사용할 수 있도록 우리의 환경을 개선할 기술을 발전시킬 수 있다는 점과 또 그렇게 하는 것이 하나님의 주권 아래서 적법한 활동이라는 점을 보여줄 뿐이다. 마찬가지로 우리는 공동선을 위해 습지의 물을 빼고 해로운 질병을 제거하며 지구의 자연 자원을 활용할 수 있다. 하나님의 개발 명령은 하나님의 피조물을 남용하라는 허가증이 아니라 하나님의 피조물을 하나님이 의

---

15   사 35:1.

도했고 우리를 구비시키신 방식으로 사용하라는 허가증이다.

위대한 알버트 아인슈타인은 우주의 경이는 우주가 우리의 눈에 숨겨져 있는 신비라는 것이 아니라, 우주의 그토록 많은 부분이 단순한 인간에 의해 이해되고 분석될 수 있다는 사실이라고 말했다. 애초에 왜 우리에게 과학을 발전시킬 능력이 주어졌는가? 그리스도인들은 그것이 우리가 하나님의 형상과 모양으로 창조되었기 때문이라고 말하지만, 무신론자들은 이 현상을 설명하기 위해 진화론에 의지해야 한다. 그러나 누가 또는 무엇이 이 진화 과정을 움직이게 하며, 왜 어떤 인간은 매우 지성적인 학자가 되고 다른 인간은 열대림의 나무 위에서 사는가? 우리는 모든 곳의 사람들에게 인간성이 동일하다는 점을 증명할 수 있지만, 그들을 구분하는 선천적으로 우월한 유전자가 없는데도 불구하고 왜 어떤 사람들과 사회들은 다른 사람들과 사회들보다 이런 과학적인 탐구 분야에서 훨씬 더 발전했는지 설명할 수 없다. 이 점이 중요한 이유는 16세기에 유럽인들이 해외 확장을 시작한 이후 어떤 인종이 다른 인종보다 더 발전한 것을 인종의 타고난 차이에 의존하여 설명하려는 사람들이 있었기 때문이다. 요즘 대부분의 사람들은 이런 생각을 끔찍하게 여기지만, 그리고 그런 반응이 옳지만, 무신론적 세계관이 그런 생각을 가능하도록 해줬다는 점을 기억해야 한다.

질서정연한 창조세계가 특정한 목적을 위해 하나님에 의해 설계되었다는 개념이 도전을 받게 되면, 수십 개의 다른 질문들이 뒤를 잇는다. 인간은 동물보다 우월하다고 주장할 어떤 권리를 갖고 있는가? 최근에 침팬지와 인간이 공통 조상으로부터 갈라진 이후 침팬지가 인간보다 더 유익한 돌연변이를 거쳤다는 주장이 나왔다. 이런 주장은 어쨌든 침팬지가 인간보다 우월하다는 것을 "증명하는" 일에 사용될 수도 있다고 생각되는 진술이다. 그러나 이런 주장의 배후에 어떤 사실이 놓여 있건, 대부분의 사람들에게는 인간이 침팬지보다 우수하다는 것이 확실하다. 어쨌든 우리가 침팬지를 연구하는 것이지, 그 반대가 아니다! 인간이 동물보다 우수하다는 것을 의심하는 사람들은 다음과 같은 사항들을 고려하기만 하면 된다. 당신은 개에게 물리겠는가, 아니면 다른 인간에게 물리겠는가? 입게 될 잠재적 피해의 관점에서 보면 인간에게 물리는 것이 거의 확실히 덜 위험한 선택이지만, 우리는 그런 식으로 생각하지 않는다. 우리를 무는 개는 성가실 수 있고 아마도 그 개를 진압해야 하겠지만, 우리는 개가 사람을 물었다고 해서 동료 인간이 다른 사람을 물 경우 그를 비난하는 것과 같은 방식으로 개를 비난하지 않는다. 사람을 무는 인간은 확실히 자신의 행동에 대해 책임을 질 것으로 기대되며, 그래서 우리 모두는 그가 그 결과에 대해 고통을 당해야 한다고 기대할 것이다. 그런 상황이 발생하면 아무도 동물보다 인간에게서 더 많은 것이 기대된다는 점에 대해 논쟁하지 않는다. 그러나 왜 그래야 하는가?

또한 우리는 자연 진화나 과학 실험을 통해 우리 인간보다 더 높은 존재가 출현할 수 있는지 여부도 물어봐야 한다. 기독교는 인간이 창조의 절정이라고 말한다.[16] 이 말은 더 높은 형태의 창조된 생명체가 절대로 나타나지 않을 것임을 암시하지만, 무신론자들에게는 정말 그런지를 알거나 판단할 방법이 없다. 그러나 만약 초인간적인 인종이 등장한다면, 우리가 동물들을 지배하는 것과 같은 방식으로 그들이 우리를 통제하도록 허락하겠는가? 우리 가운데 어느 누가 그런 존재의 집에서 애완동물이 되는 것에 만족하겠는가? 초인간적인 존재가 출현할 가능성은 별로 없어 보이며, 사실은 그런 존재가 나타난다고 해도 우리는 우리 자신의 이익을 위해서라도 그들이 우리를 지배할 만큼 충분한 수가 되기 전에 그들을 멸종시킬 수밖에 없을 것이다. 달리 말해 우리는 더 이상의 진화가 일어나지 않게 하는 기득권을 갖고 있는데, 그것은 우리의 "빠진 고리"에 해당하는 조상들에게도 마찬가지가 아니었겠는가? 무엇이 우리가 자기 방어를 위해 했을 법한 일을 그들은 하지 못하도록 막았는가?

---

16 시 8:5.

인간과 오랑우탄의 유전자 암호는 매우 유사해서 우리는 쉽게 자신을 오랑우탄의 생물학적 사촌으로 생각할 수도 있지만, 인간과 오랑우탄을 고양이 옆에 두면 누가 두드러지게 다른 존재인지 금방 드러날 것이다. 우리가 어떤 동물과 아무리 가깝다고 해도, 그 동물과 우리 사이의 간극은 여전히 엄청나게 크고 보편적이기 때문이다. 중요한 모든 면에서 곧 지적, 영적, 사회적 측면에서 인간은 고양이나 오랑우탄과는 완전히 다른 세계에서 살고 있고, 그들은 정신세계에서도 우리의 세계와는 동일하게 먼 곳에 살고 있는 것으로 보인다.

다른 예를 들어보자. 돌고래는 지금 어떤 면에서 "인격들"로 분류될 수 있을 만큼 매우 영리하다고 생각된다. 그러나 이런 분류에 실제로 어떤 효과가 있겠는가? 우리가 습관적으로 다른 인간과 관계를 맺는 것처럼 돌고래와 관계를 맺을 수 있는가? 자기 행동에 대해 책임지는 것이 인격의 필수적인 부분인데, 돌고래가 자기 행동에 책임질 수 있겠는가? 이런 일들에 관해 곰곰이 생각해 보면, 이에 대한 답은 "아니다"여야 한다. 그러나 우주 배후에 하나님도 없고 어떤 계획도 없다면, 유전적으로 인간과 가까운 동물들이 어떻게 유전적으로 인간과 더 먼 동물들과 똑같이 이런 측면들에서 인간으로부터 멀리 떨어져 있을 수 있는가? 뭐니 뭐니 해도 어떤 동물도 지적 또는 영적인 관점에서 보면 인간 근처에 얼씬도 못하는데, 결국 지적·영적 요소들이 동물들과 인간 사이에 있을 수도 있는 신체적 유사성보다 훨씬 더 중요하다.

장애인들 그리고 특별한 도움이 필요한 사람들

신체의 건강과 힘은 모두에게 주어지는 것이 아니고, 다양한 사람들에게 같은 정도로 주어지는 것도 아니다. 많은 사람들이 장애나 다른 결함을 갖고 태어나는데, 그중에는 치료할 수 있는 것도 있고 그렇지 못한 것도 있다. 과거에는, 그리고 심지어 오늘날에도 일부 지역에서는 이런 상태로 고통받는 사람들이 골칫거리로 여겨졌고 극단적인 경우에는, 특히 갓 태어난 아기에게 장애가 발견되었을 때는 아이가 죽임을 당하기도 했다. 살아남는다고 해도 그들에게는 종종 구걸과 같은 비천한 일이 맡겨졌고, 문제가 무엇이든 간에 그것은 하나님의 불쾌함의 표지로 간주되기 쉬웠다. 시각 장애로 태어난 사람에 관한 복음서 이야기에서 볼 수 있는 바와 같이, 고대 이스라엘에서도 그런 관점이 취해졌다. 그 사람을 예수께로 데려오자 사람들은 예수께 그 시각 장애가 그 사람 자신의 죄 때문인지(태어날 때부터 시각 장애였기 때문에 그럴 가능성은 거의 없어 보였다), 아니면 그의 부모의 죄 때문인지(그것은 공정하지 않은 일로 보였다) 물었다. 그러나 예수의 답변은 완전히 다른 접근법을 취했다. 예수는 이렇게 말씀하셨다.

> 이 사람이나 그 부모의 죄로 인한 것이 아니라 그에게서 하나님이 하시는 일을 나타내고자 하심이라. 때가 아직 낮이매 나를 보내신 이의 일을 우리가 하여야 하리라. 밤이 오리니 그때는 아무도 일할 수 없느니라. 내가 세상에 있는 동안에는 세상의 빛이로라.[17]

물론 이 설명이 모든 경우에 적용되지는 않는다. 어떤 사람들은 부모가 무책임하게 행동했건 아니건 간에 부모의 행동의 결과로 장애를 입고 태어난다. 엄마가 임신 중에 담배를 피우거나 술을 마시면 아기에게 해로울 수 있다는 사실이 잘 알려져 있고, (탈리도마이드 같은) 임신 촉진제를 복용한 여성들이 선천적 기형아를 출산한 경우도 있었다. 출산에 직접적으로는 덜 관여하지만 남성들도 성병의 효과를 물려줄 수 있으며, 이 점에서는 여성 못지않게 책임을 면할 수 없다. 드물기는 하지만, 부모

---

17   요 9:3-5.

가 유전병이나 기타 질환이 있어서 자녀를 낳는 것이 현명하지 않은 경우도 있다. 많은 사람들이 다양한 이유로 태어난 후에 장애를 입게 되는데, 그중 일부는 그들의 잘못이 아니다. 예를 들어 어린아이는 생명을 위협하는 병에 걸렸다가 이러저러한 장애를 안고 살아남을 수도 있다. 치료 경과가 좋지 않아 평생 장애가 남는 사람들도 있다. 더 많은 사람들은 자신에게 책임이 있을 수도 있고 그렇지 않을 수도 있는 사고를 당해 시력을 상실하거나 다른 심각한 피해를 입는다. 모든 경우를 다루는 하나의 답을 줄 수는 없다. 위에서 언급한 가능성들을 감안하더라도 죄와 질병 사이에 반드시 인과관계가 있는 것이 아니듯이 (비록 특정한 죄는 거의 확실히 그 방향으로 이어지기는 하지만) 죄와 신체장애나 결함 사이에 직접적이거나 필수적인 관련성은 없다. 비록 어떤 장애는 거의 확실히 죄의 결과일 수 있을지라도, 죄와 질병 사이에 필수적이거나 인과적인 연계성은 없다고 보아야 한다. 사람들을 그들이 결코 저지르지 않았을 수도 있는 죄로 인해 고통받고 있다고 비난하는 것은 신자들에게 그들은 신앙 때문에 이런 문제들을 전혀 겪지 않을 것이라고 약속하는 것만큼이나 도움이 되지 않는다. 우리는 왜 어떤 사람들이 그런 일들을 당하고 다른 사람들은 당하지 않는지 모르지만, 최소한 육체적으로 완벽한 사람은 없고, 우리 가운데 가장 건강한 사람이라도 언젠가는 늙고 죽을 것이라고 말할 수 있다.

성경은 우리에게 육체적 건강과 복지에 대한 권리가 있다고 가르치는 것이 아니라, 우리의 상태가 어떠하든지 그 상태 안에서 그리고 그 상태를 통해 하나님을 영화롭게 해야 한다고 가르친다. 우리가 건강한 마음과 몸의 복을 받았다면, 그 몸과 마음을 하나님을 섬기는 데 사용하고, 하나님의 이름을 욕되게 하는 일이나 활동으로 몸과 마음을 더럽히지 말아야 한다. 우리에게 장애가 있다면 할 수 있는 한 최선을 다해 장애를 극복하기 위해 노력해야 하며, 교회는 최근에 이 점에서 큰 진보가 이루어졌음을 기뻐해야 한다. 장애가 있거나 특별한 필요가 있는 사람들의 업적은 놀랄 만하다. 그들의 업적과 그들이 극복해낸 큰 장애물들 및 이로 인해 장애가 없는 사람들이 받은 큰 혜택을 생각해보면, 우리가 하나님을 영화롭게 할 뿐만 아니라 그렇지 않았더라면 당연하게 여겼을 선에 대해 하나님께 감사하는 데 도움이 될 것이다. 우리는 이것이 이상적인 상황이 아니라는 것을 알지만, 우리가 살고 있는 세상은 이상적인 세상이 아니다. 하지만 우리에게는 언젠가 걷지 못하는 사람이 걷고 듣지 못하는 사람이 들으며 보지 못하는 사람이 보게 될 것이라는 약속이 주어졌다.[18] 복음은—이생에서는 아니라 해도—이런 모든 장애가 사라질 죽은 자들로부터의 부활의 때에 있게 될 신체 회복에 대한 소망의 메시지다. 때때로 우리는 하나님의 개입(예수의 치유의 기적에서처럼)이나 의술의 진보를 통해 이 영광을 이생에서 미리 맛보기도 한다. 우리는 이런 일이 일어날 때 하나님께 감사하지만, 이생에서의 치료는 일시적일 뿐이고 앞으로 올 더 큰 치료에 대한 약속과 그림자에 불과하다는 점을 명심해야 한다.

특히 다루기 어려운 장애 형태 중 하나는 일반인들이 다양한 상태를 "정신질환"으로 함께 묶어서 생각하는 질환이다. 이 현상은 아주 오랫동안 제대로 이해되지 못했으며 정신질환을 앓는 사람들은 종종 감금되고 매우 끔찍한 학대를 받았다. 오늘날에도 많은 사람들이 정신장애가 있는 사람들을 다루기 어려워하며, 특히 그들의 장애를 조롱함으로써 그들을 잔인하게 대할 수도 있다. 그러나 다른 극단에서는, 어떤 사람들은 정신질환을 하나님으로부터 온 선물로 간주했고, 심지어 "머리가 만져졌다"는 의미에서 "복을 받았다"는 말이 사용될 수도 있었다.[19] 이런 일은 요즘에는 그리 자주 일어나지 않지만, 정신질환이 신들의 신탁이라고 악용되었던 빌립보의 불운한 소녀 이야기에서 볼 수 있듯이 성서 시대에

---

18   마 11:4-6.
19   "바보같다, 어리석다"는 말이 원래는 "복을 받았다"는 의미였음을 주목하라. 독일어 selig를 비교하라.

는 이런 일이 아주 흔했다.[20] 그것은 귀신 들렸던 경우로 보이지만, 성경은 특별히 그 영이 악했다고는 명시하지 않으면서 단지 "점술의 영"이라고만 말하기 때문에 귀신 들렸다고 단정하기는 어렵다. 그것이 일종의 정신질환이나 간질이었을 가능성도 있지만 그 소녀는 축사(逐邪)를 통해 고침 받았고, 그녀의 불행을 이용해서 돈을 벌어왔던 사람들은 부당하게 얻은 그들의 재산을 빼앗겼다.

　교회에 관한 한, 장애인들을 존중하고 그들의 삶을 풍요롭고 의미 있게 해주기 위해 할 수 있는 모든 일을 하는 것은 아주 옳은 일이다. 장애가 아무리 심할지라도 그들은 우리와 똑같은 인간이며, 우리는 단순히 그들이 귀찮은 존재로 보인다는 이유만으로 그들을 없앨 권리가 없다. 물론 우리는 의학 연구자들이 그들의 상태를 완화하거나 원인을 제거할 수도 있는 기타 기술들을 개발하기 위해 최선을 다하도록 격려해야 하지만, 그런 증상으로 고통을 겪고 있는 사람들이 그 이유로 이류 인간이나 열등한 인간으로 여겨지면 안 된다. 고대 예루살렘 성전 예배 때부터 적용되었던 유일하게 타당한 제한은 기독교 사역과 교회에서의 섬김에 종사하도록 부름 받은 사람들은 그들이 수행하도록 기대되는 직무를 수행할 수 있어야 한다는 것이다. 중증 장애인이 자신에게 할당된 역할을 수행할 수 없는데도 그의 곤경에 대한 동정심에서 그를 임명하는 것은 정당화될 수 없다. 이미 기독교 사역을 하고 있다가 심한 장애를 입은 사람들은 그들이 제대로 수행하지 못할 것이 확실한 직무를 계속하도록 격려될 것이 아니라, 명예롭게 은퇴하고서 적절한 보살핌을 받아야 한다. 이것은 차별이 아니라 그들과 하나님의 백성에 대한 사랑의 표지다. 공적 예배는 모든 관련 당사자들을 당황스럽게 하는 방식이 아니라 "품위 있고 질서 있게"[21] 드려져야 하는 것이다.

20　행 16:16.
21　고전 14:40.

노동

신체적 건강은 하나님이 세상에서 부여하신 과제를 수행할 수 있는 복을 받은 사람들에게 도움이 될 수 있기에 귀중하다. 때로 인간의 노동이 아담과 하와가 은혜로부터 타락한 결과로 주어진 벌이라고 생각하는 경우가 있는데, 이것은 창조 이야기에 대한 정확한 해석이 아니다. 에덴동산에서 쫓겨난 뒤에 아담과 하와의 삶이 더 힘들어진 것은 사실이지만, 하나님이 처음에 그들에게 배정하신 기본적인 과제는 이전과 똑같았다.[22] 일은 하나님이 우리에게 주신 창조 명령의 한 부분이며, 따라서 그 명령에 따라 발전해야 한다. 오랜 세월 동안 그리고 오늘날도 여전히 세계의 많은 지역에서는 남녀 모두 생존을 위해 열심히 일할 수밖에 없다. 산업혁명으로 많은 사람들이 단조롭고 지루한 일에서 벗어나 보다 더 창의적인 일을 모색할 수 있게 된 19세기까지는 거의 모든 지역에서 이것이 당연하게 여겨졌다. 그러나 육체노동이 오늘날보다 훨씬 더 필요했던 고대에도 숙련된 일, 탐험, 그리고 오늘날 우리가 "학문적" 직업으로 부르는 일에 종사하도록 부름 받고 그 일을 할 수 있는 사람들이 있었다. 그런 사람들은 소수였을 수도 있지만, 고대 사회의 사람들은 확실히 오늘날 우리 가운데 많은 이들보다 더 상호 의존적이었으며, 우리는 목수의 아들 예수가 성경을 공부할 시간도 냈다는 데 대해 놀라지 않아야 한다. 예수의 제자들 가운데 많은 이들이 어부였지만, 그것이 이후의 삶에서 설교자와 교사가 되는 데 방해가 된 것은 아니었다. 과거에는 현대에 일반화된 지적 능력을 더 개발하고 사용할 자유에도 대가가 따랐다. 오늘날 우리는 오직 한 가지 일에 전문화되고 그 일에 전념해야 하지만, 옛적에는 "만물박사"나 "르네상스적 만능형 교양인"이 되고서도 직장을 구할 수 있었다.

---

22   창 2:15을 창 3:17-19와 비교해 보라.

그리스도인들에게 적합하지 않은 직업이나 일이 있는가? 그리고 우리는 어떤 직업을 다른 직업보다 더 선호해야 하는가? 예수는 목수였고, 따라서 예수를 따르는 사람들에게 목수는 합법적인 직업으로 보일 것이다. 그러나 모든 교회 지도자들이 목수가 되어야 한다고 주장한 사람은 아무도 없었다. 어부나 천막 제조자 모두 종종 기독교 사역에 대한 비유로 사용되기는 했어도, 그리스도인들 가운데 어부나 (사도 바울처럼) 천막 제조자가 되려는 사람들도 그리 많지 않았다. 예수는 제자들에게 그들을 "사람 낚는 어부"로 만들겠다고 말씀하셨고,[23] 오늘날 사람들이 "천막 제조자"(또는 천막 만드는) 사역을 한다고 말하는 것을 듣는 것도 드문 일이 아니다. 그 말은 모종의 설교나 복음 전도 활동 자금을 마련하기 위해 세속적인 직업에서 일하고 있다는 뜻이다. 그 일이 어떤 종류의 일이어야 하는지를 결정하는 정해진 규칙은 없다. 성경에는 몇 가지 원칙들이 주어져 있고 그 원칙들이 우리의 직업 선택을 인도해야 한다.

첫째, 우리는 무슨 일을 하든 하나님께 영광을 돌려야 한다. 이 말은 그 일이 정직하고 흠잡을 데가 없어야 한다는 것을 의미한다. 획득한 자금을 복음 전파에 사용하기 위해 무장 강도짓을 하자고 제안하는 사람은 위선자일 것이다. 그러나 오늘날 세상에는 테러 활동이 그들의 신앙과 완전히 양립할 수 있다고(심지어 신앙에 의해 테러 활동이 **요구될** 수도 있다고) 생각하는 사람들이 있기 때문에, 비도덕적인 행동을 하나님을 섬기는 것으로 정당화하는 사람들이 있을 수 있다고 봐도 억지 주장은 아니다. 그럴지라도 매춘이 설사 일부 지역에서는 불법이 아니라 해도 매춘을 그리스도인들에게 적합한 활동이라고 옹호하는 사람이 있으리라고는 상상하기 어렵다. 또한 신자들이 부주의한 사람들의 돈을 빼앗기 위한 사기 수법에 가담하거나 전문적인 도박에 관여하리라고 기대하지도 않을 것이다. 이런 일들은 그런 일들을 하는 사람들의 도덕적 고결성을 훼손

---

23 마 4:19.

하며, 다른 사람들을 타락시키도록 고안된 것이다. 이런 일들이 성경에서 명시적으로 비난받지는 않는다고 해도, 우리가 다른 사람들을 대해야 하는 방식에 관한 성경의 일반적 가르침에는 어긋나며, 따라서 그리스도인들이 적법하게 참여할 수 있는 활동에서 배제되어야 한다.

그러나 여기서 적법한 활동과 적법하지 않은 활동을 구분하는 선이 흐려지기 시작한다. 교회들은 카지노 운영이 잘못이라고 생각할 수도 있지만, 주식 시장에서 투자하는 것은 어떤가? 주식 투자는 도박으로 간주될 수도 있는 일종의 리스크 취하기이며, 주식 투자를 통해 우리는 일하지 않고서도 확실히 엄청난 금액을 벌거나 잃을 수 있다. 그러나 세계 경제는 투자에 의존하는데, 주식 시장을 통해 부과되는 조정 기능은 자금이 올바른 프로젝트에 투입되게 하는 효과적인 방법이다. 소위 "비윤리적 투자"에 의해 야기된 딜레마에 직면하는 사람은 비교적 드물지만, 거의 모든 사람이 어느 정도는 도덕적으로 미심쩍은 수단으로 창출된 자금에 의존하는 회사나 기관에 고용되어 있다. 예를 들어 그리스도인이 담배 회사에 투자하거나 그곳에서 일해도 되는가? 저개발 국가들의 가난한 노동자들을 착취하는 다국적 회사는 어떤가? 잠재적으로 타협하는 상황들의 목록은 계속될 수 있으며, 어떤 식으로든 더러워지지 않은 것은 거의 없다. 심지어 바울의 천막 만들기도 완전히 순수하지는 않았다. 왜냐하면 바울의 주요 고객은 로마 군대였는데, 바울이 로마 군대에 천막을 납품한 것은 아마도 그의 아버지나 할아버지가 로마에 협조해서 바울의 가족이 로마 시민권을 얻었기 때문이었을 것이다. 로마 시민권은 바울이 예루살렘에서 재판 받을 때 큰 도움이 되었다.[24] 경제생활의 복잡성으로 인해 이 질문에는 간단한 답이 있을 수 없지만, 성경의 증거는 본질상 합법적인 직무에서 올곧게 일할 수 있는 한, 그리스도인들은 그렇게 할 자유가 있다는 것을 암시한다.

---

24   행 22:25-28.

현대에 이 문제는 더 복잡해졌다. 독재 정부 아래서 "명령을 받기만" 하는 사람들이 매우 끔찍한 일을 저지르는 상황에서 일하거나 살고 있는 현상 때문이다. 그들이 일했던 정권이 무너진 뒤에 구정권에서 일했던 사람들을 색출해 내는 데 상당한 노력이 기울여졌다. 그러나 그들에게 정의가 시행되기를 보기 원하는 열망은 이해할 수 있지만, 그 정의가 무엇이어야 하는지가 반드시 명확한 것은 아니다. 현대의 삶은 너무도 복잡해서 때로는 개인들이 그들의 재판관들이 그들에게 기대하는 책임 있는 도덕적 선택을 할 수 없는 경우가 있으며, 그런 선택을 할 수 있는 경우에도 그들이 선택할 수 있는 대안들이 전혀 명확하지 않을 수도 있다. 아우슈비츠 수용소의 간수는 자기가 한 짓을 하지 말았어야 했다고 말하기 쉽지만, 그 간수 또한 자신이 다뤄야 했던 사람들 못지않은 희생자가 아니었는가? 이와 같은 상황들은 사실상 순전히 도덕적인 관점에서 해결할 수 없으며, 그런 상황들은 세상은 타락한 곳으로서, 비록 어떤 사람들은 다른 사람들보다 죄를 지을 기회가 더 많기는 해도 이 세상에 참으로 죄가 없는 사람은 하나도 없다는 사실을 다시 한번 상기시켜 준다.

신약성경에서 우리는 예수와 사도들은 사람들을 사안에 따라 개인별로 대했다는 사실을 발견한다. 고넬료는 외국 제국 세력의 권력을 대표했다는 이유로 배척당하지 않았고, 에티오피아 환관도 그의 여주인 곧 에티오피아 여왕 때문에 질책당하지 않았다.[25] 고대에는 정직한 세금 징수관 같은 것은 없었고 젊은 부자 관리는 한평생 십계명을 지켰음에도 불구하고, 세금 징수관 마태는 제자로 받아들여진 반면에 젊은 부자 관리는 거절당했다.[26] 결국 하나님의 부르심은 부름 받는 사람들의 가치에 의존하지 않는다. 우리가 그리스도의 뜻에 순종하고 복종하는 마음으로

---

25 행 8:26-40; 10:1-33.
26 마 9:9; 19:16-30.

그에게 돌이키면, 우리가 따라야 할 길이 분명하게 드러날 것이다. 그러나 우리는 우리의 길이 다른 사람들에게 열려 있는 길들과 다른 것으로 판명된다고 해도 놀라지 않아야 한다. 우리는 우리가 보기에 반대할 만하더라도 성경에서 명시적으로 비난하지 않는 일들을 해야 하는 상황에 놓였던 사람들에 대해 판단하기를 삼가야 한다.

고용

오늘날의 경제 상황은 성서 시대의 경제 상황과는 딴판이다. 경제를 공부하는 사람들은 아마도 18세기 말과 19세기 초의 산업혁명이 커다란 전환점이었다는 데 동의할 것이다. 그 이전에는, 그리고 오늘날에도 여전히 "산업화 이전 상태"에 머물러 있는 세계의 일부 지역에서는 대부분의 사람들이 농부, 장인(匠人), 또는 상인으로서 (고용되지 않고) 자기 일을 했다. 그들이 종종 지주들과 귀족들에게 의존했던 것은 사실이지만, 그 경우에도 그들은 대개 자기들의 일에서 상당한 자유를 누렸다. 바울은 자신의 형편에 맞춰 천막을 만들었고, 갈릴리의 어부들도 비록 통상적으로는 상당한 어획량을 갖고 돌아갈 것으로 예상되기는 했어도 할당량을 채우기 전에 귀가할 수 없던 것은 아니었다. 이 사람들은 대부분 전 가족이 생산 활동에 종사하는 가사노동에 종사했다. 어린아이들은 오늘날 일부 국가의 어린아이들이 그렇듯이 집에서 여러 자질구레한 일들을 했기에, 그리스어 단어 **파이스**(*pais*)가 "자녀"와 "종"을 모두 의미했던 것은 우연이 아니다. 노예의 노동으로 경작되는 **라티푼디아**라는 대규모 농장들이 있었고 광산과 같은 국영 기업들도 있기는 했지만, 우리가 알고 있는 것과 같은 대기업은 존재하지 않았다. 이런 곳들과 많은 다른 곳에서 대부분의 일은 노예들이 수행했다. 우리는 이에 대해 당혹해 하며 초기 교회가 어떻게 그것을 용납할 수 있었는지 의아해 한다.

약 1750년까지 그리고 심지어 그 이후에도 세계 대부분의 국가들은 성경에서 발견하는 것과 매우 비슷한 방식으로 작동되었다. 개신교 종교 개혁자들은 중세 수도원에서 나온 "부르심"또는 "소명" 관념에 기반을 둔 노동 철학을 발전시켰으며, 수도원들은 그들에게 모델이 된 기독교 사회를 발전시켰는데, 그 사회에서 사람들은 공통의 믿음과 질서 있고 목적이 있는 방식으로 배정된 일상생활의 과제에 대한 헌신에 의해 결합되었다. 잡일이나 농사일을 하는 수도승들도 있었고, 필사본들에 삽화를 집어넣는 것과 같은 창의적인 일에 종사하는 수도승들도 있었다. 소수의 수도승들은 뛰어난 설교자들과 교사들이 되기도 했고, 그들의 저작들이 오늘날에도 연구되고 있다.

종교개혁자들은 이 양상을 취해 그것을 모든 사람에게 개방했다. 모든 교인이(유럽에서 그것은 전 국민을 의미했음) 기독교적 섬김을 위해 부름 받았음을 증명하도록 기대되었고, 그 섬김은 수도원들의 경우에 그랬던 것처럼 사회 복지에 이바지하는 어떤 것이라도 될 수 있었다. 다양한 필요가 있었기 때문에 남자들과 때로는 여자들도 남에게 의존하지 않고 장인(匠人)이나 상인이 될 수 있었다. 소작농들은 장사 기술이 있다면 시골을 떠나 도시에서 출세의 길을 찾을 수도 있었다. 많은 사람이 그렇게 했고, 그 결과 네덜란드와 영국에서 최초로 진정한 도시 사회가 만들어졌다. 노예 제도는 중세 시대에 사라졌기 때문에 그들에게 문제가 되지 않았고, 교회는 그리스도인들을 노예로 삼는 것을 금지했다. 유럽의 확장에 의한 해외 식민지들에서 노예제도가 재등장했을 때 그 희생자들은 아프리카와 같은 미전도 지역에서 잡혀온 사람들이었다.

산업혁명은 이 모든 것을 변화시켰다. 무엇보다도 산업혁명은 대량 생산 수단을 만들어냈고, 그로 인해 많은 장인들이 폐업했다. 예를 들어 기계에 의해 구두가 훨씬 저렴한 비용으로 만들어질 수 있는데 왜 구두장이가 필요하겠는가? 또한 산업혁명은 이전에 어린아이들이나 종들이 담당했던 많은 잡일도 없앴다. 그로 인해 어린아이들에게 교육이 시행되었고 종들은 다른 곳에서 일자리를 구하게 되었으며, 종종 식민지에서 일거리를 찾았다. 그 결과 산업혁명은 더 이상 자기의 일을 하지 않고, 국제 시장으로부터 이익을 얻고 또 국제 시장에 의해 통제되는 거대한 산업 기계 속에서 톱니바퀴로 일하는 고용 노동자 계급을 만들었다. 호황과 불황의 경제 순환은 늘 있어왔지만, 이제 처음으로 엄청나게 많은 사람들이 동시에 경제 순환의 영향을 받게 되었다. 그들은 상황이 호전될 때까지 불황을 극복할 다른 생계 수단을 갖고 있지 않았다. 전에는 어느 정도 독립적이었던 노동자들이 임금 노동자가 되어 자신들이 하는 일과의 관계가 달라졌다. 오늘날 그 양상은 대부분의 사람들에게 규범이 되었고, 우리는 성경이 노동에 관해 말하는 것을 이 양상에 비추어 해석해야 한다.

산업화는 엄청난 피해를 야기했지만 몇 가지 좋은 효과도 있었고, 그중 하나가 노예제도의 폐지를 가속화한 것이다. 교회는 종종 외관상 노예제도 용인에 대해 비판받고 있으며, 현대 그리스도인들은 이전 세대 그리스도인들이 노예제도에 무감각한 것처럼 보이는 데 대해 분개할 것이다. 그러나 그것은 그 맥락에 비춰 이해되어야 한다. 사실은 유대인이나 그리스도인들은 노예제도를 인정하지 않았고, 둘 다 노예제도를 통제하기 위해 할 수 있는 최선을 다했다. 유대인들은 이집트에서 노예로 살았고, 국가적 정체성은 이집트로부터의 해방과 긴밀하게 연계되어 있었다. 따라서 유대인들은 우리가 생각하는 것보다 더 쉽게 노예 집단에 공감할 수 있었다. 이스라엘 백성들은 (자기들을 신들의 후손으로 보고, 그러므로 다른 민족들보다 자기들이 우월하다고 보는 경향이 있던 다른 고대 민족들과 달리) 끊임없이 자기들의 비천한 출발을 상기했고, 이 기억이 그들이 노예를 대하는 방식을 인도해야 했다. 노예제도가 완전히 폐지되지는 않았지만, 이스라엘은 노예에 의존하는 사회가 되지 않았고, 노예제도는 외국인으로 한정되었다. 유대 사회에서는 상대방이 자청하지 않는 한 다른 유대

인을 6년 넘게 노예로 삼는 것이 허용되지 않았다.[27]

기독교 교회는 이런 상황을 물려받고 그 상황과 함께 살았는데, 그것은 교회가 인간의 속박 자체가 옳다고 생각했기 때문이 아니라 교회의 우선순위가 달랐기 때문이다. 1세기 팔레스타인에서 유대인들은 자신들이 로마인에게 억압되어 있다고 생각하고 자신들을 일종의 노예로 간주했다. 예수는 심지어 자기 제자들로부터도 로마에 대항해 반란을 일으키라는 상당한 압력을 받았다.[28] 그러나 예수는 이를 거부하고 그들에게 자신의 나라는 이 세상에 속해 있지 않다고 말씀하셨다. 이 말은 예수가 억압의 문제에 무관심했다는 뜻이 아니라, 억압 문제를 해결하는 방법은 상황을 더 악화시키는 폭력 혁명이 아니라 마음과 생각의 영적 변화에 있다고 가르쳤다는 뜻이다. 처음부터 사도 바울은 회심한 노예들이 자유인과 똑같은 발판 위에 서 있는 교인이라고 주장했다.[29] 나중에 바울은 도망친 노예 오네시모의 주인인 빌레몬에게 쓴 편지에서 그것이 무슨 뜻인지 보여주었다. 바울은 오네시모를 그의 주인에게 돌려보냈지만, 그것은 그 주인을 난처한 입장에 처하게 하는 방식이었다. 빌레몬은 법의 힘을 사용해서 오네시모를 처벌할 수도 있었으나, 바울은 그렇게 하는 것이 기독교적 형제애 원리에 어긋날 것이라고 지적했다. 바울이 보기에 형제애 원리는 그들의 관계를 완전히 바꿔놓아야 했다.[30]

또한 바울은 주인들과 노예들에게 서로 어떻게 대해야 하는지에 대한 지침을 주었으며, 이 지침으로 볼 때 바울은 주로 우리가 지금 고용 관계라고 부르는 관점에서 상황을 본 것이 분명하다. 노예들은 생계비를 벌어야 했고 주인들은 그들을 선대해야 했는데,[31] 이 요구는 오늘날에도 노

---

27 레 25:39; 출 21:6; 신 15:17.
28 행 1:6.
29 갈 3:28.
30 몬 17-20.
31 엡 6:5-9.

3부 • 피조물을 향한 하나님의 사랑

사관계에 대한 기독교적 접근법을 계속 규율하고 있다. 바울은 또한 일꾼이 삯을 받는 것은 마땅하다고 지적한다. 이 원칙이 일관성 있게 적용되면 노예제도는 사실상 불가능해진다.[32] 주인들과 노예들은 "권리"가 아니라 양측 모두 책임과 의무를 수반하는 상호관계 속에서 공존해야 했다. 그리고 이 원리는 교회 전체의 삶으로 확대되었다. 바울에 의하면 모든 인간은 어떤 형태든 이 세상의 초보적 원리들의 노예다.[33] 그리스도인이 되는 사람들은 그 노예 상태에서 해방되지만, 그것은 다만 그들이 새롭고 더 좋은 주인인 예수 그리스도의 노예가 되기 때문이다. 이런 종류의 노예 상태는 전통적 의미의 속박이 아니라 참된 자유이며, 이것은 모든 사람에게 적용된다. 기독교의 관점에서 주인들이 자기도 노예라는 사실을 깨달으면 자기 밑에 있는 사람들을 대하는 태도가 달라지고, 경제적 노예 관계가 교정되며, 공식적으로 폐지되기도 할 것이다.

기독교가 로마 제국의 공식 종교가 되었을 때 교회는 노예제도를 제한하려 했고, 세월이 흐르자 이에 성공했다. 고대의 노예제도는 농노제도로 진화되었다. 농노제도는 일꾼과 주인 관계의 경제적 측면에 집중하고 주인에게 일꾼의 생살여탈권을 주지 않는 도제 계약 노동의 한 가지 형태였다. 전통적 의미의 노예제도가 시행되는 곳은 비기독교 세계로 국한되었는데, 당시 동유럽의 슬라브 민족이 이에 포함되었다. 이런 역사적 전개가 영어 단어에 보존되었으며, 영어에서 노예를 가리키는 "slave"라는 말은 "슬라브"(Slav)에서 파생되었다. 이후에 슬라브 민족은 기독교를 받아들였고, 16세기 유럽의 대확장 시대가 되자 노예제도는 식민지들에서만 번성할 수 있었다. 그럴지라도 교회는 멕시코 원주민이 스페인 정복자들에 의해 노예로 팔려나가지 않도록 막는 데 심혈을 기울였다. 이 노력은 성공했지만, 스페인 정복자들은 대신 아프리카로 방향을 돌

---

32   딤전 5:18.
33   갈 4:3.

렸다. 아프리카에서 유럽인들은 노예무역에 발을 들여놓았는데, 이것은 아프리카 부족들에게 집중되었고 나중에 무슬림 아랍인들에 의해서도 북쪽과 동쪽에서 장려되었다. 한편 무슬림 아랍인들은 오늘날에도 노예무역을 시행하고 있다.

그러므로 현대의 노예제도는 인종을 따라 전개되었고, 유럽에는 결코 존재한 적이 없었던 방대한 노예경제가 신세계에서 펼쳐졌다. 노예제도에 반대한 사람들은 항상 있었지만, 17세기와 18세기의 가장 영향력 있는 사람들에게는 노예제도가 눈에 띄지 않아 그들은 이에 신경을 쓰지 않았으며, 유력한 노예 소유주들은 노예제도를 그런 식으로 유지하길 원했다. 서구 세계에서 다시 양심을 일깨우고 노예제도에 반대하는 마지막 싸움을 벌이게 한 요인은 "대각성"으로 알려진 종교 부흥이었다. 그리스도인들은 노예제도의 폐지를 추진했지만, 또한 그들은 받아들일 수 없는 수준의 사회 불안과 경제 혼란을 야기할 것이라는 비난에 답해야 했다. 이 비난은 단순히 이론적인 반대가 아니었다. 프랑스 혁명 이후에 발생한 아이티 노예 봉기로 이런 일이 실제로 일어났다. 봉기는 성공했지만 그 대가는 매우 컸으며, 이 나라는 그것으로부터 결코 회복되지 못했다. 여기서 산업화가 노예폐지론자들에게 도움이 되었다. 산업화가 노동력의 성격을 변화시켜서 노예제도는 경제적으로 효율적이지 않게 되었다. 노예들은 호황일 때는 괜찮을 수 있었지만, 노예들이 경제적으로 큰 부담이 되는 경기 침체 때는 그들을 정리 해고할 수 없었다. 경제적 관점에서는 노예들을 해방시키고 그들에게 임금을 주며, 어려울 때 그들이 스스로 헤쳐 나가도록 맡겨 두는 것이 더 나았다. 물론 그것이 이상적인 해결책은 아니었지만, 이런 속사정으로 인해 노예 해방이 촉진되었고, 과거에 노예였던 사람들이 자유인들과 똑같은 지위의 새로운 노동 계급이 되었다.

기독교가 이 영역에서 실패했다면 그 실패는 사람들이 생각하는 것과 같이 노예제도를 용인한 데 있는 것이 아니라, 경제적 계급투쟁의 현상을 이해하지 못한 데 있다. 19세기에 이 문제는 이전과는 전혀 다르게 전면에 부각되었다. 그러나 교회는 너무도 자주 노동자들이 아니라 사용자들 편을 들었고, 노동자들은 점점 자기들 문제에 대해 비기독교적인, 심지어 무신론적인 해결책을 강구하게 되었다. 초기 공산주의자들은 본질적으로 기독교적 이상에 고취되었지만, 그 이상을 선포할 의무가 있던 사람들이 바로 그 이상이 새로운 고용 관계의 세계에 대해 갖고 있는 함의를 파악하지 못했기 때문에 복음에서 멀어졌던 사람들이라는 것은 큰 비극이다. 오늘날의 많은 그리스도인들은 그 점을 충분히 잘 알고 있고 그 실수를 교정하기 위해 최선을 다하고 있지만, 교회는 아직 이 끔찍한 잘못에서 회복되지 못했다. 노동자들이 자기가 "권리"라고 생각하는 것을 요구하면서도 자기들의 책임과 의무를 고려하는 데는 매우 미온적인 태도를 보이는 작금의 상황은 이에 대한 한 가지 불행한 결과다. 이러한 책임과 의무를 첫 번째 자리에 두는 것이 다른 모든 관계와 마찬가지로 경제 관계에 관해서도 올바른 기독교적 접근법이고, 이 접근법은 고용자와 종업원 양측에 똑같이 적용된다. 노사관계의 역사에서 일반 법칙에 대한 명예로운 예외가 있기는 하지만 대체로 교회는 여전히 이 문제를 해결하지 못하고 있고, 이로 인해 일터에서 교회의 메시지가 들려지지 않고 있다. 교회는 노사관계 및 기타 고용 관계에서 합의와 상호작용의 중요성을 강조하는 일을 주도할 수 있고 또 주도해야 한다. 노동자들은 자신이 일하는 회사의 지분을 획득하도록 장려되어야 한다. 그 결과 고용주-종업원 관계가 피해를 입을 수 있음이 입증될 수 있으면 거대한 대기업이 발전하도록 허용되는 경향이 저지되어야 한다. 교회들은 또한 장애인들의 주장을 지지하고 저숙련 노동자들의 재교육을 장려해서, 그들이 유리한 조건으로 고용되고 또한 그들이 하는 일에서 개인적인 만족감을 얻게 해야 한다. 경제 발전은 많은 사람들에게 큰 복을 가져왔지만 언제나 뒤처지는 사람들이 있기 마련이다. 교회는 그런 사람들을 찾아내서 최대로 도와줄 특별한 책임이 있다.

여가

대부분의 사람들에게 여가라는 사치는 산업 혁명 이전에는 알려지지 않았고, 대부분의 사람들에게 여가가 도입된 것은 산업혁명의 결과였다. 그것은 의도하지 않은 사건이었다. 기계가 처음 발명되었을 때, 공장주 등은 종업원들에게 전보다 더 열심히 그리고 더 오래 일을 시킬 수 있다고 생각했다. 물론 그것은 재앙적인 정책이었고 노동자들의 저항이 확산되었으며, 노동자들은 처음으로 노동자 조직을 만들기 시작했다. 종종 헌신된 그리스도인들의 활동으로 점차 근로 조건이 개선되었고, 현대의 교대 근무 방식과 주 40시간 근로 제도가 등장했다. 기술 진보로 이 양상을 더 유연하게 적용할 수 있게 되었으며, 그래서 지금은 24시간 내내 생산하면서도 개인적인 여가 시간을 많이 가질 수 있게 되었다. 사실 현대 세계에서는 여가가 인류 역사상 처음으로 그 자체로 중요한 산업이 되었고, 이전에는 거의 상상할 수 없었던 사회 문제가 되었다. 초기 그리스도인들은 도시 대중들에게 즐거움을 선사한 서커스와 연극을 반대했지만, 당시의 서커스나 연극은 문자 그대로 수십 억 명의 사람들이 (자기들이 좋아하는 스포츠에서) 거의 동시에 월드 챔피언십 경기를 지켜보는 오늘날 우리의 경험에 비하면 아주 소규모였다.

우리는 여가를 어떻게 사용해야 하는가? 성경의 안식일 규정이 명확히 보여주는 것처럼, 일하지 않고 쉬는 것은 하나님께 예배드릴 시간을 갖는 것을 의미했다. 예배는 오늘날에도 여전히 그리스도인들의 주 관심사이고, 작금에 예배는 우리가 해야 할 일과의 경쟁보다는 우리의 주의를 끄는 여가 활동과의 경쟁에 직면해 있다. 때로는 그리스도인들이 예컨대 스포츠 경기가 공예배를 방해하지 않게 하려고 노력하지만, 어떤 경기라도 녹화가 가능하고 세상 다른 편에서 벌어지고 있는 경기까지도 관람할 수 있는 상황에서 이런 종류의 통제는 사실상 불가능해졌고 의미도 많이 퇴색했다. 올림픽 게임조차 가장 많은 텔레비전 시청자를 끌어들일 수 있는 시간에 일정이 짜이고 있는 마당에, 일요일에 시내 공원에서 풋볼을 못하게 하려고 노력할 가치는 없다. 기술과 정보통신은 우리가 살고 있는 세상을 바꿔놓았는데, 교회는 이제야 겨우 이것이 그리스도인들의 삶의 방식에 대해 어떤 의미가 있는지 고려하기 시작했다.

수백 년 동안 여가는 소수의 특권이었고, 그 특권층들에게 지금 우리가 서양 문명의 전형적인 업적으로 간주하는 것들을 후원할 기회를 부여했기 때문에 중요했다. 교회는 건축, 법, 의학뿐만 아니라 미술, 음악, 문학에 대해서도 주요 후원자였다. 이렇게 전개된 것이 가능했던 이유는 기독교가 기본적으로 인간은 창의적 본능을 부여받았다고 믿었기 때문이었는데, 유일한 질문은 이런 창의성의 열매들이 기독교 예배의 목적에 어느 정도까지 사용될 수 있느냐는 것이었다. 여기서 개신교와 로마 가톨릭 사이에 차이가 있고, 이 차이는 오늘날도 남아 있다. 개신교인들은 음악과 문학을 지지했지만, 그들은 시각 예술에 대해서는, 특히 그림들이 그리스도, 동정녀 마리아, 또는 성자의 반열에 오른 성인들을 숭배할 목적에 사용될 수 있는 종교적 주제들을 묘사했을 경우에는 덜 열정적이었다. 이 점에서 동방 교회가 성상을 사용한 것이 특별히 문제가 되었으며, 성상 사용은 서방 교회에서는 개신교인이나 로마 가톨릭교인들 어느 쪽으로부터도 인기를 얻지 못했다. 그림을 종교적 목적에 사용한 것은 불행한 결과를 가져왔다. 왜냐하면 이로 인해 모든 그림에 어두운 그림자를 드리웠고 그 그림자는 완전히 퇴출되지 않았기 때문이다. 그러나 그리스도인들은 원칙적으로 그런 인간의 재능 개발을 하나님의 선물로 간주해서, 이에 반대하지 않았다.

그러나 현대에 이르러 이런 고급문화가 뒷전으로 밀려났다. 이런 문화는 여전히 존재하고, 특히 이를 이해할 교육을 받은 사람들에게는 아주 인기가 있을 수도 있지만, 일상생활에서는 거의 접하기 어렵다. 일상생활에 큰 영향을 준 것은 음악뿐인데, 그것도 전혀 다른 종류의 음악이다. 최근에 교회는 현대적 대중음악 스타일을 대거 받아들였고, 지금은 교회 예배에서 기타도 오르간만큼 자주 사용된다. 그러나 이런 음악 중 얼마나 많은 음악이 세월의 시험을 견뎌낼지 판단하기란 거의 불가능하다. 예상한 대로 오늘날 만들어지고 있는 음악 가운데 많은 음악의 질이 그다지 좋지 않으며, 지속적인 가치가 있는 작품들은 이전처럼 흔하지 않다. 그럼에도 불구하고 교회는 음악이 창의성을 방해하지 않으며, 결과가 사람들이 바라는 것만큼 화려하지 않더라도 장려하기까지 한다.

대중의 여가 문화에 중대한 영향을 주는 또 다른 분야는 스포츠인데, 여기서도 살펴볼 필요가 있는 고대 역사가 있다. 성서 시대에 스포츠는 주로 그리스인들의 활동이었고, 델포이나 올림피아와 같은 곳에서 벌어진 이교 의식과 관련이 있었다. 교회가 4세기에 권력을 잡게 되자 이런 연관성 때문에 올림픽 게임 및 유사한 다른 축제들을 폐지했고, 그것들을 대체하는 활동은 어떤 것도 후원을 받지 못했다. 이와 비슷한 이유로 검투사 경기 등도 억제되었다. 이후에 기사들의 대결과 같은 형태로 그와 유사한 것이 재현되었을 때도, 교회는 그런 대회를 부정적으로 바라보았다. 창작 예술을 후원한 것과는 대조적으로 교회는 시합이나 운동 경기에 그다지 열의를 보이지 않았고, 이런 활동들은 현재 전적으로 세속적인 활동으로 간주된다.

이런 시각은 최근에 스포츠가 큰 사업이 되었고 많은 사람들의 눈에는 스포츠가 거의 대체 종교의 역할을 하고 있다는 점을 제외하면 그다지 큰 문제가 아닐 수도 있다. 어쨌든 많은 교회들이 이에 굴복했고, 스포츠 행사에 관한 한 그리스도인들이 다른 사람들과 현저히 다르다고 주장하기는 어려울 것이다. 육체적 운동 자체에 잘못은 없지만, 스포츠화의 결과로서 실제 운동은 소수의 엘리트에게 제한되고 다른 모든 사람은 그저 지켜보기만 하기 때문에 실제로는 운동에 부정적인 영향을 주었다고 주장할 수 있다. 불행하게도 이토록 많은 구경꾼들은 신체적 건강이 자신들의 최대의 강점이 아님을 충분히 보여주고 있다! 그리스도인들은 성경이 스타 선수 숭배를 장려하지 않다는 것을 생각해야 하며,

나아가 운동장에서 공을 차는 일 외에 하는 일이 없는 선수들에게 수백만 달러를 지불하는 사회는 뭔가 심각하게 잘못되었다는 사실을 직시해야 한다. 물론 그것이 죄는 아니지만, 창조 명령을 성취하는 것도 아니다. 그리스도인들은 이것이 진정으로 우리의 여가 시간과 에너지를 가장 잘 사용하는 방법인지 긴급히 고려해보아야 한다. 우리의 창의성을 성취할 여가의 기회가 늘어남에 따라 하나님의 영광을 위한 참된 창의성을 회복하는 것이 우리가 직면하는 도전적 과제이며, 아마도 오늘날 우리의 삶에서 창의적인 상상력을 그리스도의 왕국을 섬기는 데 사용하라는 위대한 소명의 재발견만큼 중요한 것은 없을 것이다. 이 소명을 효과적으로 수행하기 위해서는 하나님의 형상과 모양으로 지음 받았다는 것이 무슨 의미인지를 깨닫는 의식을 회복해야 한다. 이제 이 중요한 주제에 대해 살펴보기로 하자.

16장
•
인간관계

하나님의 형상과 모양

창조 질서 안에서 우리의 위치는 우리가 하나님의 형상과 모양으로 지음 받았다는 사실에 의해 정의되며, 이 점이 우리를 천사를 포함한 다른 모든 피조물들과 구별한다.[1] 이것이 바로 우리에게 물질적 피조물에 대한 지배권이 부여된 이유이며, 이로 인해 우리는 그렇게 의도된 대로 하나님과 관계를 맺는다. 현대 무신론자들은 인간 생활 속에서 신적인 차원을 없애려고 했지만, 그 결과가 그들이 의도한 대로 흘러간 것은 아니었다. 그들은 자기들이 주장한 대로 인간을 이전에 하나님이 차지했던 보좌 위에 앉혀놓기는커녕 인류가 어떤 존재인지조차 잊어버렸고, 따라서 더 이상 인간을 나머지 우주와 효과적으로 구별할 수 없게 되었다. 우리가 그저 고도로 진화한 동물에 불과하다면, 어떻게 나머지 피조물에 대한 지배권을 주장할 수 있겠는가? 그런 지배는 힘이 정의보다 우선하는 궁극적 사례이자 독재의 정수(精髓)일 것이다. 더구나 사람이 동물에 불과하다면 도덕적이고 영적인 성찰은 실제로 전혀 중요하지 않게 되고,

---

1   창 1:26-27.

우리는 계몽된 이기심과 정교하지만 틀림없는 형태의 정글의 법칙인 적자생존의 수준으로 전락한다.

아무에게도 책임이 없다면 어떤 것에 대해서도 죄가 없게 되고, 권리와 의무를 규정한 전통적인 법들은 억압과 피해에 대한 주장으로 대체된다. 이것은 강자의 힘에 대항하는 약자의 요구에 지나지 않을 것이다. 이스라엘에서 유대인들이 과거에 자기들이 겪은 고통을 상기시키는 방식으로 아랍인들을 차별하는 것, 그리고 남아프리카 원주민들 가운데 일부가 한때 그 조상들이 자기들을 식민지 삼았던 유럽인들을 추방시키려고 한 것에서 볼 수 있는 것과 같이, 역할이 바뀌면 양상도 바뀐다. 이런 사례들은 성경의 하나님을 믿는다고 주장하는 사람들과 관련이 있기 때문에 특히 당혹스럽지만, 어디서나 마찬가지다. 경험으로 볼 때 정의와 평등에 대한 요구는 이런 이상들의 실현에 동반될 수도 있는 희생과 박탈의 경험보다 오래 가지 못하고, 대체로 하나의 억압적인 제도가 단순히 또 다른 억압적인 제도로 바뀔 뿐이다. 인간이 하나님의 형상으로 지음 받았다는 믿음만이 우리에게 인간으로서의 존엄성과 하나님께 대한 그리고 서로에 대한 책임 의식을 줄 수 있다. 우리는 하나님의 형상과 모양으로 지음 받았기 때문에, 온 마음과 영과 정신과 힘을 다해 하나님을 사랑하고, 그에 비추어 이웃을 우리 자신과 같이 사랑하라는 부르심을 받는다.[2] 이 믿음이 없으면, 우리 주님의 율법 요약은 아무 의미가 없을 것이고 인간으로서 우리의 자기 이해는 알아볼 수 없을 정도로 완전히 왜곡될 것이다.

하나님의 형상이 진정으로 의미하는 것이 무엇인지는 고대 이후로 널리 퍼진 추측의 주제였다. 고대의 일반적인 합의는 하나님의 형상은 하나님이 아담에게 주셨고 아담을 동물들로부터 구별시키는 지성 또는 합리적 영혼에서 발견되어야 한다는 것이었다. 그리스어권에서는 대체로

---

2   막 12:30-31.

하나님의 형상과 모양이 서로 다르다고 생각되었고, 따라서 타락했을 때 아담과 하와는 하나님의 모양은 상실했으나 하나님의 형상은 손상되지 않은 채 유지했다고 생각했다. 교부들은 동전의 빛이 바랜 뒤에도 동전에 새겨진 여왕의 머리는 손상되지 않고 뚜렷이 볼 수 있는 것처럼, 비록 인간이 하나님의 모양의 광채를 잃어버리기는 했어도 근저의 형상은 보존되어 있었고, 그리스도가 와서 원래의 광채를 회복했다고 믿었다. 교부들은 사도 바울이 "…주의 영광을 보고 [우리가] 한 수준의 영광에서 다른 수준의 영광으로 그와 같은 형상으로 변화되고 있다"고 말한 고린도후서 3:18과 같은 구절을 이런 식으로 해석했다. 교부들이 그렇게 본 것처럼 타락한 인간도 계속 하나님의 영광을 반영하고 있지만, 복음이 옴으로써 복음을 받아들이는 사람들은 그 영광으로부터 한층 더 높고 완벽한 다른 영광으로 변화되고 있는데, 이 다른 영광은 우리가 처음부터 소유하도록 의도되어 있던 영광이다.

이와 같은 고대의 견해는 히브리어에 대한 재발견으로 학자들이 형상과 모양이 두 개의 분리된 실재가 아니라 단일한 실재를 가리켰다는 사실을 받아들일 수밖에 없게 된 16세기까지 팽배했다. 이를 통해 학자들은 타락 때 모양이 부패하거나 상실되었다면 형상도 마찬가지라고 결론지었고, 이 결론이 종교개혁 이후 사고의 표준적인 해석이 되었다. 그들의 사고방식에 따르면, 타락한 인간은 그들의 마음이 부패했기에 하나님의 일들을 이해하거나 하나님을 올바로 예배할 수 없다. 그들 안에 있는 하나님의 형상과 모양은, 우리 안에서 약간의 잔여물을 찾아낼 수 있건 없건 간에 사실상 무효화되었다. 그러므로 우리가 거듭나고 성령으로 충만해져야만 우리 안의 하나님의 형상과 모양이 원래 의도된 상태로 회복될 수 있다는 결론이 나온다.

이 견해의 난점은 성경 어디서도 아담의 타락으로 하나님의 형상이나 모양이 상실되었다거나, 심지어 그로 인해 영향을 받았다는 암시가 없다는 것이다. 창세기 9:6에는 사람이 하나님의 형상으로 지음 받았다는 이유로 살인을 금하는 명령이 있다. 야고보서 3:9에서 우리는 다른 사람들이 하나님의 모양대로 지음을 받았기 때문에 그들을 중상하지 말라는 경고를 받는다. 타락으로 하나님의 형상과 모양이 상실되었거나 부패했다면 이 구절들 가운데 어느 것도 거의 말이 되지 않을 것이다. 문맥상 성경 저자들은 인간이 아직도 하나님의 형상을 유지하고 있다고 가정한 것이 분명하다. 그러므로 우리는 하나님의 형상/모양이 무엇이든 간에 성경은 타락한 인간 속에 하나님의 형상/모양이 아무런 어떤 내적 변화나 왜곡이 없이 계속 존재하고 있음을 가정한다는 주장과 함께 이 주제에 대한 검토를 시작해야 한다. 이런 점에서 그것은 타락한 천사들의 본질과 비교될 수 있다. 타락한 천사들은 단지 타락했다는 이유로 영적 피조물로서의 지위를 상실하지 않는다. 타락한 천사들이 이전의 그들의 모든 능력과 힘을 그대로 보유하고서 그 능력과 힘을 지금은 하나님을 반역하는 데 사용하는 것처럼, 인간도 지금 하나님의 형상과 모양을 하나님을 섬기는 데 사용하는 대신 하나님의 뜻에 대한 자신들의 불순종과 반역의 정도와 심각함을 드러내는 데 사용하고 있다.

성경 기사는 하나님의 형상과 모양을 정의하지 않지만, 우리가 그것에 속할 것으로 상상하는 두 가지를 배제한다. 두 가지 중 하나는 불멸성이다. 아담과 하와는 에덴동산에서 죽음으로부터 보호되었지만 여전히 죽을 운명을 지닌 존재였고, 생명나무에 대한 접근권이 주어지지 않았다. 이 점은 타락 이야기의 마지막 부분에 하나님께서 사람이 영원히 살지 못하게 하려고 생명나무로 가는 길을 막으시고 아담과 하와를 에덴동산에서 쫓아내실 때, 아주 분명히 드러난다.[3] 두 번째 사실은 선과 악에 대한 지식이다. 이 또한 아담과 하와에게 주어지지 않았지만 그들은 불순종에 의해 선과 악에 대한 지식을 얻었고, 낙원에서 쫓겨났을 때 이 지식을 다시 상실하지 않았다. 그 이야기는 아담과 하와가 선과 악에 대한 지식을

---

3   창 3:22-23.

획득함으로써 하나님과 같이 되었다고 말한다. 하지만 이 지식은 그들 속에 있는 하나님의 형상의 한 부분이 아니었다. 하나님은 그들이 사탄의 유혹에 굴복하기 전에 이미 그들에게 자신의 형상을 주셨기 때문이다. 이것은 우리가 하나님의 형상과 모양으로 기능하면서 도덕에 관한 질문들에 무관심할 수 있다는 뜻이 아니다. 왜냐하면 우리는 도덕의식을 갖고 있기 때문에 그 의식을 고려해야 하지만, 하나님의 형상과 선악에 대한 지식이 같은 것은 아니기 때문이다. 선과 악에 대한 우리의 지식은 우리가 그 안에서 하나님의 형상의 의미를 파악하는 배경이 되었지만, 그것이 하나님의 형상과 동일시되거나 혼동되지 않아야 한다.

하나님의 형상을 지성이나 이성적 영혼을 의미하는 것으로 보는 전통적 정의는 처음에는 매력적으로 보이지만, 그럼에도 문제가 많다. 특히 이 견해를 받아들이면 정신질환을 앓는 사람은 다른 사람보다 저급하고 심지어 귀신들렸다고 결론을 내리기 쉽다. 이 견해는 수백 년 동안 널리 퍼졌고, 정신 장애가 있는 사람들이 아무 잘못도 없이 감금되거나 학대받는 것과 같은 잔인한 결과가 빚어지기도 했다. 오늘날 우리는 이런 일들에 대해 더 잘 알고 있고, 따라서 하나님의 형상의 본질에 관해 잘못된 결론에 이르지 않도록 더 조심해야 한다. 하나님의 형상을 지성과 동등시하면 머리가 아주 좋은 사람들은 나머지 사람들보다 하나님과 더 가깝다고 암시될 것이다. 이 견해가 받아들여질 경우 초래될 "전문가들의 횡포"가 오늘날에도 결코 없지 않다. 그리고 "전문가"가 아주 좁은 범위의 주제에 관해 많이 알고 그 외에는 거의 아무것도 알지 못하는 사람을 가리키는 시대에는 특히 더 위험하다.

대표적인 과학자들이 자신의 전문 분야를 벗어나면 얼마나 어리석을 수 있는지 인식하려면, 도덕적·영적 질문들에 대한 그들의 의견을 알아보는 것으로 충분하다. 물론 성경적 세계관을 갖고 있지 않은 사람들도 사물의 보다 높은 질서에 대해 어떤 개념을 가질 수는 있지만, 그렇더라도 그것은 지극히 모호하고 잠정적이며 심지어 일관성이 없을 가능성이 높다. 그것은 그들이 자기들이 알고 있는 것에서 자기들이 알지 못하는 것을 추론하기 때문이다. 그러나 지적인 명성 때문에 그들의 전문 분야 밖의 사안들에 대한 그들의 무지가 가려진다. 우리는 운동선수나 인기 영화배우가 자신이 잘 알지 못하는 정치 등에 관해 거드름피우며 얘기하면 그다지 주의를 기울이지 않는 경향이 있다. 그러나 우리는 지성의 힘을 본능적으로 존경하기 때문에 지적 분야에서는 덜 조심하게 되는데, 그래서 그것은 훨씬 더 위험하다. 그렇다고 해서 지성이 아무런 기능을 수행하지 않는다거나 우리 안의 하나님의 형상과 무관하다는 말은 아니다. 도덕 의식과 마찬가지로 지성도 우리가 우리 안에 있는 하나님의 형상과 모양의 의미를 이해하는 방식에 있어 중요한 요소이지만, 그럼에도 지성을 형상과 모양 자체로 착각하지 말아야 한다.

하나님의 형상과 모양을 위격성(personhood) 개념과 연계시키면 형상과 모양이 의미하는 바에 보다 더 가까이 다가갈 수 있다. 하나님이 한 분 안에서 세 위격이신 것과 마찬가지로, 남자와 여자는 개별 인격들(persons)이다. 우리는 개별 인격들이라는 사실로 인해 하나님 및 우리 서로와 관계를 맺을 수 있는 능력을 갖고 있다. 우리와 하나님의 관계는 선천적이며, 인간 상호 간의 관계는 살아가면서 개발된다. 인간 상호 간의 관계에서 가장 근본적인 관계는 부모와의 관계다. 따라서 성경은 계보를 개인(인격)의 정체성을 확립하는 주요 수단으로 사용한다. 순서상 그다음에는 형제자매 및 우리가 속해 있는 더 넓은 가족과의 관계가 따라온다. 그 후로 배우자와의 관계가 있는데, 이 관계는 아담과 하와 사이의 관계를 복제하는 것과 가장 가깝다. 여기에 인척들, 자녀들과의 관계 등이 이어진다. 우리는 가족의 경계를 넘어 다른 사람들과도 관계를 맺는데, 타인과의 관계는 세월이 흐르면서 발전하고 변하고 사라진다. 이처럼 관계를 맺는 능력은 우리의 실존에 매우 중요하다. 그것은 특히 이 능력이 우리의 삶 속에서 하나님의 사랑을 표현하는 통로이기 때문이다.

인간 사이의 관계는 다양한 방식과 정도로 하나님의 사랑을 반영하며, 그리스도인들은 각각의 경우에 그 사랑을 어떻게 표현하는 것이 적절한지 이해해야 한다. 우리는 부모에게 순종하고 배우자와 우리의 몸을 연합하며 자녀에게 훈계한다. 이렇게 하는 이유는 우리가 이들과 맺는 관계의 성격이 그들 각자에 대한 적절한 사랑의 반응이 무엇인지 결정하기 때문이다. 이것이 잘못되면 심각한 결과가 빚어진다. 부모가 자녀에게 복종하는 것은 미련한 짓이고, 자녀가 부모를 지배하려 하는 것도 미련한 짓이다. 부모와 자녀 사이의 성관계는 근친상간으로 엄격히 금지된다. 오히려 이 관계들은 동등한 사랑의 표현이고, 예외적인 상황에서만 한 관계가 다른 관계보다 우선시된다. 결혼한 부부는 부모를 떠나 서로 연합하도록 요구되지만, 그렇다고 노년의 부모를 돌볼 의무와 같은 책임에서 벗어날 자유가 있다는 뜻은 아니다. 부모에 대한 관계와 배우자에 대한 관계가 동등하기는 하지만, 두 관계는 다르기 때문에 자녀는 부모에 대한 사랑 때문에 배우자에 대한 사랑을 침해해서는 안 된다. 관계성은 일방적이거나 단조로운 것이 아니라 다양한 표현 방식이 있을 수 있으며, 각각의 표현 방식들은 다른 방식들과 똑같이 타당하고 모든 방식들이 결합해서 조화로운 전체를 이룰 수 있다.

다른 곳과 마찬가지로, 여기서도 열쇠는 적절성이다. 우리는 특정인들과 어떤 관계를 맺게 되는지 이해하고, 그에 따라 행동해야 한다. 사랑은 나와 내 가족과의 관계 및 나와 하나님과의 관계를 규율하는 원리이기만 한 것이 아니라 또한 나와 내 이웃, 내 고용주 및 종업원, 내 친구들, 그리고 완전한 남들과의 관계를 규율하는 원리이기도 하다. 각각의 경우에 관계의 성격은 다르지만, 사랑의 질은 다르지 않고 동일하게 유지된다. 모든 상황에서 사랑이 관계를 안내하고 규율해야 한다.

인격성이 하나님의 형상의 중요한 부분이라는 점은 의심할 바 없지만, 천사 및 귀신들도 인격적인 존재이기에 인격성이 하나님의 형상에 대한 적절한 정의는 아니다. 우리가 하나님과 관계를 맺는 것과 같은 방식으로 천사들 및 귀신들과 관계를 맺지 않는다면, 그것은 하나님의 종이라는 그들의 지위 때문이지, 그들이 우리와 인격적으로 관계를 맺을 수 없기 때문이 아니다. 천사들과 귀신들은 인격적인 존재이기는 하지만, 하나님의 형상으로 지음 받지는 않았다. 따라서 하나님의 형상을 설명하려면 인격성 외에 다른 것을 찾아야 한다. 천사들이 갖고 있지 못한 다른 요소는 인간에게 주어진 피조물에 대한 지배권으로서, 이 지배권은 하나님의 기능과 유사한 기능 및 그것의 행사에 관해 하나님께 대해져야 하는 책임 전체를 수반한다. "형상"과 "모양"으로 번역된 히브리어 단어의 의미를 연구해보면, 이 단어에 왕적(통치적) 측면이 있다는 점이 지지된다. 바빌로니아 등에서는 국민들에게 그들이 통치자들의 지배를 받고 있다는 사실을 상기시켜주는 표지로서 통치자들의 형상과 모양이 새겨진 조상(彫像)을 세웠다. 우리는 하나님의 피조물에 대한 우리의 지배권의 표지로서 하나님의 형상을 지니고 있다. 도덕의식 및 합리성과 마찬가지로 인격성도 하나님의 형상을 행사하는 데 필수적인 요소다. 인격성은 우리가 하나님의 형상에 일치하는 행동을 할 수 있게 해주지만, 그럼에도 형상 자체와 혼동되지 않아야 한다.

타락의 결과로 하나님이 아담과 하와에게 주신 지배권이 상실되었는가? 성경에는 그 지배권이 상실되었다고 암시하는 내용이 전혀 없다. 인류는 확실히 원래 그들에게 부여된 과제를 더 잘 수행할 다른 종으로 대체되지 않았다. 우리의 최초의 조상들은 에덴동산에서 쫓겨나 슬픔과 큰 고통 속에서 땅을 경작하고 자녀를 낳을 것이라는 말을 들었지만, 그들의 기본적인 임무가 바뀌었다는 말은 듣지 않았다. 오히려 그들의 벌의 정수는 에덴동산에서 하나님이 제공하셨던 보호 없이 그들에게 부여된 일을 수행해야 한다는 사실이었다. 더 낮은 지위로 전락했더라면 그들은 확실히 자신들의 죄의 결과로 인해 고통을 받았겠지만, 더 이상 완전히 인간이 아닌 존재가 되었다면 자기들이 죄로 인해 고통 받는다는 것을 인식하지 못했을 수도 있다. 타락한 인간은 타락하기 전의 아담과 하와처럼 창조 명령을 수행할 능력과 책임을 갖고 있었다. 타락 전에 비해

달라진 점은 이제 결실을 거두기가 더 힘들어지고 더 모호해졌다는 것이다. 이제 성취는 쉽게 이루어지지 않고, 그 효과는 해로울 수도 있는 부수적인 효과를 가져올 수도 있다. 타락이 일어나지 않았더라면 그렇지 않았을 것이다. 그러나 타락에 수반된 모든 것에도 불구하고 인간의 문화는 계속 발전했고 땅이 개발되었으며 인간의 위대한 발견과 발명도 많이 있었는데, 우리는 이에 대해 즐거워해야 한다. 상황은 변했지만 하나님의 형상은 인류 안에 여전히 건재하고 변화된 상황 속에서 가능한 최대로 계속 기능한다.

아마도 그리스도인들은 자신들의 잠재력과 한계를 모두 알고 있기 때문에 기독교 문명이 다른 문명들보다 더 생산적이었다고 말할 어느 정도의 근거가 있을 테지만, 그것이 사실인지 여부는 그리 중요하지 않다. 인간의 많은 업적들은 경탄할 만하고 우리 모두에게 큰 유익이 되며, 단지 그 업적들이 경건하지 않은 사람들에 의해 이루어졌다는 이유만으로 그리스도인들이 그것들을 거부할 필요(또는 권리)는 없다. 아담과 하와에게 주어진 명령은 인류 전체에게 주어진 것이며, 사람들이 그 명령을 깨닫고 있는지 여부와 무관하게 모든 사람에 의해 이행되고 있다. 이 점에서 요한계시록에 나오는 생명나무가 동산(자연의 산물)이 아니라 도시(인간의 창의성의 표지) 중앙에 나타나는 것을 주목하면 흥미롭다. 이것은 종말의 때에 창조된 자연뿐만 아니라 인간의 문화도 구속받는다는 점을 상기시켜준다.[4] 그리스도인들 가운데 비신앙적인 과학을 거부하는 경향, 혹은 과학에 굴복하여 불합리해 보이는 기독교 신앙의 배타성을 포기하는 지속적인 경향이 지속적으로 나타나기 때문에, 그 점을 이해할 필요가 있다. 세속적인 문제들을 다룰 때 그리스도인들이 다른 사람들보다 더 나을 것이라고 가정할 이유는 없으며, 사실 성경은 그 반대를 암시하는 것으로 보인다. 예수는 제자들에게 "이 세상의 아들들이 자기 세대를

---

4   계 22:2.

다룸에 있어 빛의 아들들보다 더 영리하다"라고 말씀하셨다.[5] 그리고 사도 바울은 고린도 교회를 향해 하나님이 현명한 사람들을 부끄럽게 하시려고 세상의 미련한 것들을 선택했다고 말했다.[6] 이런 상황에 비춰볼 때, 예수의 권고는 불신자들의 불경건함에 빠지지 않으면서도 그들의 똑똑함에서 유익을 얻도록 그들을 친구삼으라는 것이었다.[7]

이 점에서 그리스도인들과 다른 사람들 사이의 주된 차이는 다른 사람들은 고대의 속담이 표현하는 바와 같이 "인간이 만물의 척도"라고 믿는 경향이 있는 반면에, 그리스도인들은 표준을 세우는 분은 하나님이라고 말한다는 것이다. 비기독교 세계는 이미지(image)를 실재(reality)로 착각하며, 그것이 터무니없다는 점이 자명한데도 불구하고 마치 "인간"이 주권자인 것처럼 행동한다. 결국 "인간"이란 무엇인가? 일반적인 인간과 같은 것은 없으며, 창조 명령의 궁극적인 결정자로서 행동하는 개인은 한 명도 없다. 이런 식으로 말하는 사람들은 거의 언제나 자기들에게는 원하는 대로 할 수 있는 권위가 있다고 주장하려 한다. 이것은 특히 과학 연구 분야에서 분명한데, 그 분야에서는 가능하기는 해도 비윤리적인 일을 삼갈 의무를 부여할 수 있는 도덕적이거나 영적인 문제들은 전혀 고려하지 않은 채 자기들에게 가능한 일은 무엇이든 다 할 수 있는 권리를 달라고 요구하는 사람들이 있다. 내가 하려고 생각하거나 하고 싶어 하는 것 위에, 그리고 그 너머에 기준이 전혀 없다면 왜 내가 그렇게 하지 않아야 하는가? 물론 이 원리가 보편적으로 적용되면 혼란이 일어날 것이다. 이런 종류의 주권적 자유는 자기들도 우리가 갖고 있다고 주장하는 것과 똑같은 "권리"를 갖고 있다고 주장할 것으로 추측되는 이전 세대와 아직 태어나지 않은 미래 세대 사람들은 말할 것도 없고, 현재 지구상에 살고 있는 70억 명의 사람들에게조차 동시에 허용될 수 없다. 이

---

5   눅 16:8.

6   고전 1:27.

7   눅 16:9.

렇게 생각하는 사람들은 결국 거의 항상 소수 집단의 주장을 개진하고, 원하건 원하지 않건 이를 다른 모든 사람들에게 부과한다. 개인의 주권은 지배권 없이는 행사될 수 없으며, 필연적으로 그 지배권은 약자들과 소외층에 대한 지배로 귀결될 것이다. 창조 명령은 우리가 원하는 것은 무엇이든 하라는 허가증이 아니다. 창조 명령은 하나님이 부여하신 특권으로서 우리는 궁극적으로 그 실행에 대해 하나님 앞에서 책임을 지며, 우리가 그 명령 위에 가해진 한계를 지키지 않거나 그 명령이 제공하는 기회를 악용한다면 하나님은 우리를 심판하실 것이다.

인간의 성의 목적

아담과 하와의 창조는 하나님이 태초부터 인류에게 무엇을 의도하셨는지에 대한 그림을 보여준다. 하나님이 의도하신 목적은 부부가 연합하여 동행하고 자녀를 낳는 것이다. 이 중 첫 번째가 부부 관계에 더 근본적이다. 왜냐하면 이 동행이 새로 태어난 아기가 균형 있게 성장하고 발전하는 데 필요한 안전을 담보할 수 있는 배경을 제공하기 때문이다. 또한 이 동행은 자녀 양육이 끝난 뒤에도 지속되고 부부에게 노년에 이르기까지 위로와 안전을 제공할 수 있다. 이렇게 형성된 유대는 이생에서만 유효하며, 홀로 된 배우자는 자신이 재혼을 원하고 다른 요소가 허락된다면 다른 배우자를 찾을 자유가 있다. 사도 바울은 60세 미만의 과부의 경우 남편 사후에 재혼을 긍정적으로 장려했으며, 60세 후에도 재혼이 금지되지 않는다.[8] 바울은 홀아비에 대해서는 아무 말을 하지 않는데, 그것은 아마 고대에는 홀아비의 수가 적었기 때문일 것이다. 그리고 홀아비들은 권하지 않아도 다른 아내를 찾을 가능성이 매우 컸기 때문

---

8   고전 7:39-40; 딤전 5:9-16.

일 것이다. 고대에는 남성이 결혼할지 말지를 선택하기가 더 쉬웠고, 자기보다 상당히 젊은 여성과 결혼하는 것이 더 잘 수용되었다. 성경은 남성이든 여성이든 여기에 제한을 두지 않지만 대부분의 경우에는 상식이 통용되며, 결혼한 부부의 나이 차이가 극단적으로 큰 경우는 언제나 이례적이었다.

쾌락을 위한 성관계는 결혼의 유대 안에서는 인정될 수 있지만 다른 경우에는 인정될 수 없으며, 이 점에서 기독교적 가치에 가장 큰 도전이 제기된다. 고대에는 매춘과 축첩이 만연했는데, 이런 관행은 종종 다산 의식으로 뒷받침되었고 그 의식에서 신전이 매음굴 역할을 했다. 여성들은 훨씬 더 자유가 없었고 종종 결혼하기 전에 처녀성을 잃으면 낙인을 찍힐 수도 있었지만, 남성들은 할 수 있는 어느 곳에서나 성관계를 맺기가 쉬웠고 사회적으로 그런 일은 용인되었다. 오늘날에는 강력한 포르노 산업, 성행위 자체를 정상적이고 바람직한 것으로 여기는 지적 문화, 여성들로 하여금 전보다 더 성행위에 몰두하게 만들어주는 여성에게 주어진 더 큰 자유의 영향으로 이런 고대의 경향이 강화되었다. 아동을 성적 대상으로 삼는 일도 하도 흔해서 대중의 걱정거리가 되었으며, 특히 그것이 아주 어린 사람들 사이에 성적 실험으로 이어질 때는 특히 더 그렇다. 그리스도인들은 성행위를 반대하기 때문이 아니라 성행위를 소중히 여기고 성행위가 적절한 배경 안에 보존되기를 원하기 때문에 이런 풍조에 반대해야 한다. 또한 우리는 가능한 한 성행위는 결혼의 맥락 안에서도 하나님을 영화롭게 해야 한다고 주장해야 한다. 예를 들어 가학성 또는 피학성 성행위 습관은 그리스도인의 결혼에서는 설 자리가 없으며, 배우자 어느 한 쪽이 받아들일 수 없는 것도 그렇다. 결국 성교는 사랑의 표현이고, 사랑은 단순히 육체적 욕망이 아니라 관련 당사자의 마음과 생각에서 시작된다. 그 규칙이 지켜지면, 나머지는 어떻게 하든 무방할 것이다.

최근까지도 이런 일을 공개적으로 언급하는 것은 점잖지 못한 것으로

3부 • 피조물을 향한 하나님의 사랑

간주되었지만, 지난 세대에 일어난 성 혁명으로 그런 태도는 더 이상 현실적이지 않게 되었다. 우리 그리스도인들은 우리가 성에 부여하는 중요성에 대해 솔직해야 하지만, 또한 성이 삶에서 가장 중요한 것은 아니며 다른 많은 종류의 관계들도 가능하고 바람직하다는 점, 그리고 인간의 몸은 정욕의 대상으로 간주되어서는 안 된다는 점도 기억해야 한다. 이것은 특히 쉽게 하나님을 욕되게 하는 성적 표현을 선택하라는 압박을 느낄 수 있는 미혼자들에게 중요하다. 늘 여성들을 쫓아다니는(또는 여성에 관해 말하는) 부류의 남성들과, 지나가는 모든 남성에게 추파를 던지고 노출이 심한 옷을 입는 데 아무런 잘못이 없다고 생각하는 부류의 여성들은 단지 이런 종류의 압력에 대응하고 있을 뿐일 수도 있다. 그러나 교회는 이런 행위가 용인되지도 않고 반드시 주의를 끌지도 않는 공간을 만들 필요가 있다. 특히 그리스도인들은 교회 활동이 그리스도의 몸 전체가 서로 교제하기 위한 시간이지, 데이트 중개 기관을 대체하는 것이 아님을 기억해야 한다. 물론 교인들이 교회 활동을 하다가 미래의 배우자를 만나는 것은 바람직할 수도 있지만, 그것이 기독교 예배의 주된 목적 중 하나로 간주되지는 않아야 한다. 하나님은 교회 지도자들을 중매쟁이로 부른 것이 아니며, 특히 많은 사람들이 이미 세속적인 세상으로부터 상당한 압력을 받고 있는 때에 이런 행동은 기독교 사역을 하는 사람들에게 어울리지 않는다. 하나님만이 영광을 받으시고 성적 활동 및 잠재적인 성적 활동에 참여하지 않거나 참여하려 하지 않는다는 이유로 아무도 배제하지 않는 친교, 곧 성적이지 않으면서도 건전한 친교와 교제를 창출하고 촉진시키는 것이 오늘날 우리가 당면한 큰 도전이다.

성에 대한 현대의 집착이 갖는 가장 해로운 측면들 중 하나는 성에 대한 의심과 두려움이 다른 관계들을 손상시키는 경향이 있다는 것이다. 지금은 이성 간(그것은 항상 어려웠다)뿐만 아니라 동성 간에도 우정을 유지하기가 이전보다 훨씬 더 힘들다. 우리는 이제 어른들이 불온한 의도를 갖고 있다고 비난받지 않을까 두려워 어린아이들에게 가까이 가지 못하는 사회에서 살고 있다. 이전에는 동성끼리 있는 상황에서는 (라커룸이나 공중목욕탕 등에서) 흔했던 노출이 이제는 종종 그런 곳에서도 용인되지 않으며, 사람들은 그런 광경을 보면 근거 없는 결론을 내리도록 미묘하게 자극 받는다. 불행하게도 이러한 과민성으로 인해 그렇지 않았더라면 사람들이 생각하지 못했을 일들을 의식하게 함으로써 그것이 피하고자 하는 상황을 만들어낼 가능성이 더 크다는 것이다. 이런 문제들만큼 건전한 관점이 요구되는 곳은 없으며, 교회는 할 수 있는 한 이런 문제들에 대해 솔직하고 정직할 필요가 있다.

인간의 성에 관한 논의에서 성경 시대 및 오늘날에도 중요한 한 가지 주요 요소는 출산 문제다. 그것은 종종 나이 많은 남성이 자기보다 더 젊은 여성과 결혼하는 것이 그 반대의 경우보다 더 잘 용인되었던 이유 중 하나이며, 결혼생활에서 자녀가 없으면 늘 잠재적인 문제들이 있었다. 첫날밤을 치르지 않은 경우 교회는 대개 그 결혼을 무효화시켰지만, 생물학적인 요인으로 자녀를 낳을 가능성이 거의 없거나 혹은 전혀 없는 경우에 상황은 더 복잡해진다. 과거에 이것은 때로 일부다처제나 축첩제도를 허용하는 논거로 사용되었지만, 결코 이혼의 적합한 근거로는 간주되지 않았다. 결혼한 여성의 권리는 유대교와 기독교 진영 모두에서 보호되었으며, 만약 결혼한 여자가 불임이라면 언젠가 그 고통이 제거될 것이라는 약속이 주어졌다.[9] 어쨌든 한 남자와 한 여자는 결혼으로 상대에게 묶이며, 그 유대는 자녀들이 태어나든 그렇지 않든 유효하다.

아울러 출산은 인류의 생존에 근본적 요소이기 때문에 무시되어서는 안 된다. 자녀를 낳을 수 없는 부부들도 있고 자녀를 낳지 않기로 선택하는 부부들도 있지만, 교회는 언제나 인류가 번성할 수 있도록 부부들에게 출산을 장려해왔다. 물론 과잉 출산과 같은 문제도 있고, 결혼한 부부가 낙태에 관련되지 않은 형태의 산아 제한을 실행하는 것도 허용할 수

---

9   사 54:1; 갈 4:27.

있다. 가족계획은 지극히 합리적이며 성경에서 금지하지 않는다. 인위적인 출산제한 수단을 금지시키려는 그리스도인들도 있지만 이를 정당화하는 성경적 근거는 없으며, 우리는 이 문제에서 상황에 따라 스스로 선택할 자유가 있다. 자연적인 출산 제한 수단이 인위적인 수단보다 더 안전하고 건강할 수도 있다. 하지만 그것이 인위적인 수단의 금지를 정당화하는 논거는 아니며, 종종 인위적인 수단이 실천적인 면에서 보다 더 실제적일 수도 있다.

낙태는 또 다른 문제다. 낙태는 생명을 끝내는 일이기 때문에, 그리스도인들은 꼭 필요한 이유 없이 낙태를 추구하거나 시행해서는 안 된다. 성경은 잉태할 때 생명이 시작된다는 점을 분명히 하며, 하나님은 세상에서 우리를 알고 보살피는 것처럼 우리가 태중에 있을 때도 그렇게 하신다.[10] 그럼에도 불구하고 낙태가 두 가지 악 가운데 덜 악한 상황이 있을 수도 있기 때문에, 이에 대해 절대적인 법칙을 만들 수는 없다. 산모의 생명이 심각한 위험에 처해 있거나 태아가 회복할 수 없을 정도로 손상된 경우가 여기에 해당될 것이다. 상황마다 다르므로 모든 상황에 적용될 수 있는 일반적인 규칙을 만들기는 불가능하다. 우리 그리스도인들은 기본적으로 생명을 중시하지만, 누구의 생명을 구해야 할지에 관해 선택해야 하는 어려운 상황이 있음을 인정하고, 가장 직접적으로 관련된 사람들이 그들의 양심에 따라 행동하도록 허용해야 한다.

현대에는 임산부의 임신중절권(abortion on demand)이 다수의 선진국에서 유효한 규칙인데, 여기에도 그 자체의 문제가 있다. 임신 중 얼마나 늦게까지 낙태가 허용되어야 하는가? 이 문제에 있어 아버지에게 어떤 권리가 주어져야 하는가, 아니면 그것은 오로지 어머니의 결정인가? 자기 잘못이 아닌데도 건강한 아이의 생명이 위협받을 수 있는 성폭행의 경우는 어떤가? 또한 산부인과 의사의 양심 문제도 있다. 의사는 생명을 구

---

10   렘 1:5; 눅 1:41.

하고 생명을 끝내지 않기로 서약하며, 그래서 많은 의사들이 완전히 합법적인 낙태 수술을 거부한다. 그런 의사들에게 낙태 수술을 거부하도록 허용해야 하는가, 아니면 일종의 공공 서비스로서 법의 테두리 안에서 원하는 누구에게나 낙태 수술을 할 의무를 부여할 수 있는가? 이런 질문들에 쉬운 답은 없지만, 가능하면 생명을 구해야 한다는 원칙이 최상의 해결책을 찾아내려는 그리스도인들을 인도해야 한다. 어떤 의료인도 자신의 양심을 위반하도록 강제되어서는 안 된다. 여기서 교회는 낙태 문제에 대해 원칙에 입각한 입장을 취하는 사람들을 옹호할 준비가 되어 있어야 한다. 또한 교회는 낙태하려는 사람들에게 자신의 결정을 재고하도록 설득하고, 아이가 정상적인 삶을 살게 해줄 입양과 같은 대안을 제안해야 한다. 낙태가 최선의 해결책인 경우는 별로 없고, 유일하게 가능한 해결책인 경우도 거의 없다. 그리스도인들은 이 점을 지적하고, 결정을 내리는 사람들이 다른 대안들에서도 실행가능한 매력을 느끼게 만들 의무가 있다.

양성 평등

남성과 여성의 차이에는 복잡한 문제가 있음을 인정하고 이를 고려해야 하지만, 모든 인간의 선천적인 평등은 남성과 여성 사이의 차이에도 적용된다. 하나님이 보시기에 그리고 영원한 구원과 관련해서, 똑같이 하나님의 사랑을 받고 영원히 하나님의 선택을 받은 남성과 여성 사이에 차이는 전혀 없다.[11] 동시에 남성과 여성 사이에는 인류의 본성과 생존에 근본적인 중요한 차이들이 있다. 이 점을 인정하지 않고 (종종 이 차이를 인종들 사이에 세워진 인위적이고 불법적인 장벽이나 노예제도에 내재된 착취와 비

---

11   갈 3:28.

교함으로써) 이처럼 적법한 특수성을 철폐하려는 과장된 형태의 "평등"을 주장하는 것은 우리 시대의 가장 큰 오류들 가운데 하나이고, 종(種)으로서의 우리의 존재 자체를 위협한다. 그러므로 그것은 교회가 무시할 수 있는 일이 아니다. 성과 관련된 다른 모든 문제와 마찬가지로 우리는 성경이 이 주제에 관해 가르치는 것에 귀를 기울이고, 그것을 우리의 삶에 적용해야 한다.

성경이 말하는 첫 번째 사실은 남성과 여성이 상호보완적이고 한쪽이 없으면 다른 한쪽도 오래 존재할 수 없다는 것이다. 물론 항상 "모두 남성으로 이뤄진" 활동과 "모두 여성으로 이뤄진" 활동이 있어왔고, 이것은 문화마다 다르다. 그리고 기독교 교회는 종종 하나님을 섬기고 복음을 전하려는 목적에서 한쪽 성으로만 구성된 종교 공동체를 증진해왔다. 그러나 모두 남성으로 구성되거나 모두 여성으로 구성된 종교 공동체는 완전히 자체적으로 존재할 수 없고, 둘 다 궁극적으로 남성과 여성이 함께 살면서 상호작용하는 보다 더 넓은 사회에 의존한다. 기독교 공동체는 의도적이고 의식적으로 대항 문화적이며(countercultural), 결코 일반 사회의 모델이 될 의도가 없다. 사도 바울은 (자기와 같이) 전업으로 기독교 사역에 종사하는 사람들의 독신을 선호했지만, 모든 사람에게 독신을 부과하지도 않았고 독신 자체를 장려하지도 않았다.[12] 일반적으로 알려진 바와 달리 바울은 여성에 대한 반감이 없었고, 루디아나 브리스길라와 같은 여성들과 기꺼이 협력했다.[13] 바울은 남성과 여성이 상호작용하는 공동체가 인간의 생존에 필수적이라고 이해했으며, 교회는 항상 이런 공동체 모델을 옹호하고 증진했다.

하나님의 형상과 모양은 남성과 여성 모두에게 똑같이 주어졌으며, 이 점은 창세기의 창조 기사에 분명히 언급되었다.[14] 그러나 남성과 여성

---

12   고전 7:6-7.
13   행 16:14-15: 18:1-2
14   창 1:27.

이 하나님의 형상과 모양을 받는 방식에는 차이가 있다. 그 차이는 창조 이야기에 함축되어 있는데, 바울은 자신의 목회 사역 과정에서 그 질문을 다룰 때 그 차이를 명시적으로 언급한다.[15] 그 차이는 하나님의 형상을 아담은 하나님으로부터 직접 받았고, 하와는 아담을 통해 받았다는 것이다. 이 구분이 여전히 유효하다는 것은 바울이 이에 대해 언급하는 문맥에서 알 수 있다. 여성은 아담이 하와의 생명의 근원이라는 사실을 반영하는 방식으로 남성과 관계를 맺어야 한다. 이 관계는 남성에게 여성에 대한 권위와 책임을 부여한다. 이 둘은 보완적이고 똑같은 정도로 병행한다. 따라서 하나를 무시하면 다른 하나도 무효화되듯이, 하나를 지나치게 강조하면 다른 하나가 왜곡된다. 남편과 아내의 관계는 아담과 하와의 상황을 가장 근접하게 복제하기 때문에 부부관계는 남녀 관계의 전형이지만, 바울이 암시하는 것처럼 같은 원리가 모든 남녀 관계에 반영되어야한다.[16]

아내는 남편에게 복종하고, 남편이 자신에 대해 갖고 있는 권위를 인정하며, 남편이 말하는 대로 하도록 기대된다.[17] 이 복종은 결혼 관계라는 사생활 안에서만 지켜지도록 의도된 것이 아니라, 공개적으로 표현하도록 의도되었다. 이것은 바울이 여성들에게 심지어 천사들을 포함한 모든 사람이 그들의 정숙함을 볼 수 있도록 머리를 가리라(고대 세계에서 여성의 복종의 표지였음)[18]고 말하는 데서 상기시켜 주는 바와 같다. 여기서 우리는 신기하지만 중요한 사실 하나를 기억하게 된다. 그것은 곧 우리가 그런 일들이 무관하다고 생각될 수도 있는 영적 영역까지 확대되는 맥락, 곧 우리보다 훨씬 넓은 교제의 맥락에서 살고 있다는 것이다. 순종은 결코 선택이 아니다. 우리는 궁극적으로 주님께 대한 복종에서 모든 일

---

15   고전 11:3-16.
16   고전 11:7-16.
17   엡 5:22-24.
18   고전 11:10.

을 행하기 때문에 순종은 우리의 모든 관계의 기반이다. 남성에게는 복종의 외적 표지는 다르지만 내적 정신은 같으며, 보다 많은 것이 요구될 수도 있다. 아내에게는 자기 남편에게 복종하라고 말하는 반면, 남편에게는 자기 아내를 위해 희생하고 그리스도가 교회를 위해 자신을 내어 주신 것과 같은 방식으로 남편도 아내를 위해 자신을 주라고 말하기 때문이다.[19] 남편과 아내는 서로 양보해야 하며, 남편이 아내의 머리로 간주되려면 남편은 그 영예를 정당화하기 위해 아내가 남편에게 양보하는 것보다 훨씬 더 많이 양보해야 한다.

인간의 역사와 현대 사회의 다양한 인간관계에서 남성이 그들의 권위를 사용해 여성들에 대한 부당한 우월성을 주장해서 엄청난 불의와 억압으로 이어지는 경우는 적지 않다. 여성들이 천을 쓰도록 강요되고 독립적인 삶을 살지 못하도록 제한되는 이슬람 사회를 살펴보기만 해도 이런 태도가 어떤 결과를 가져올 수 있는지 알 수 있다. 기독교에서는 이슬람에서처럼 극단적으로 행동한 적은 거의 없다고 해도 무방하지만, 그리스도인들도 때때로 비슷한 잘못을 저질렀다. 빅토리아 시대의 여성들은 오늘날의 여성들보다 더 제한된 삶을 살았지만, 결코 격리를 강요받지는 않았다. 당시 많은 여성들이 자신들에게 적합하다고 생각된 영역에서 큰 성공을 거두었다. 그렇다고 여성들에게 제한을 둔 것이 옳았다는 뜻은 아니다. 다만 오늘날 우리가 보는 어떤 일들에 비하면, 당시 여성들의 삶은 흔히 우리가 알고 있는 것만큼 나쁘지는 않았다는 뜻이다.

오늘날 서양 세계에서는 추가 정반대 방향으로 너무 기울어져서 지금은 여성들의 권리가 어느 정도 남성들에게 남겨지는 것이 적절할 영역까지 침범할 정도로 높아졌다. 교육 분야에서 이 점이 아주 명백하다. 일부 엄마들은 자기 아들들이 여교사들만 있는 학교에서 평등 원칙이 지켜질 수 있도록 남녀 모두에게 적합하다고 여겨지는 활동들을 하도록

---

19   엡 5:25-28.

강요받고 있는 시스템에 의해 남자다움이 없어지고 있다는 우려를 표명하기 시작했다. 이 말은 실제로는 소년들이 더 공격적이고 통제하기 어렵기 때문에 거의 항상 소년들에게 그리기나 종이 오리기와 같이 "소녀다운" 활동들을 하도록 강제하는 것을 의미한다. 소년들과 소녀들은 차이가 있고, 어떤 면에서 그들은 따로 양육되어야 한다는 생각이 간혹 인정되기도 하지만, 그런 주장은 종종 소녀들에 대한 차별을 가리는 것에 지나지 않는다는 공격을 받는다. 그 결과 어느 정도 소년들에 대한 차별이 이루어지고 학교 활동이 여성에게 유리하도록 편향되어 있어, 소년들은 종종 소녀들보다 학교 성적이 떨어지고 소외감을 느낀다.

이 문제가 실제로 얼마나 만연해 있는지는 논란거리지만, 이제 이런 종류의 우려가 엄마들에 의해(아빠들에 의해서보다 더 자주) 표명되고 있다는 사실은 이 문제의 심각성에 대한 경종이 되어야 한다. 성인 사회에서 남성들끼리만의 유대는 전보다 어려워졌으며, 서로 어울리고 싶은 남성들은 종종 그들의 신체 능력에서 여성들과 확연히 차이가 있는 스포츠와 같은 영역으로 활동을 제한한다. 그러나 모든 남성들이 스포츠에 흥미를 느끼는 것은 아니며, 이런 남성성의 이미지 투사(透寫)는 특히 자기들이 경기나 팀에 의해 희생당하고 있다고 느끼는 여성들에게 아주 해로울 수 있다.

또한 우리의 현대 문화에서 명백히 동성애가 성행하는 것은 부분적으로는 양성을 적절히 구분하지 못했기 때문일 개연성이 높다. 확실히 남성 동성애 집단에는 여성 같은 남성들도 있지만 지극히 남성적인 남성들도 있고, 이것은 (역할만 바뀌었을 뿐) 여성 동성애 집단도 마찬가지다. 우리가 점점 더 그 안에서 살아갈 수밖에 없는 남녀 공통(unisex) 환경은 성경이 우리에게 처방하는 환경이 아니며, 인간의 본성에도 부합하지 않는다. 우리는 한 성이 다른 성을 지배하는 함정에 빠지지 않고 두 성의 차이를 존중할 수 있으며 또 존중해야 한다. 그리고 이에 관한 성경의 권고는 2천 년 전의 지침이 그랬듯이 지금도 확실한 지침이다.

독신

금욕은 성관계에 대한 첫 번째이자 가장 보편적인 접근이며, 모든 인간은 삶의 어느 시점이 되면 성관계를 갖도록 요구된다. 사춘기가 시작될 때부터 결혼할 때까지의 시간은 사람마다 천양지차겠지만, 그 기간이 길건 짧건 그리스도인들에게는 이 기간 동안 금욕이 요구된다. 이 기간이 감정적·신체적 힘이 넘치는 시기라는 것을 감안하면 금욕은 매우 힘들 수 있어도, 그것은 사랑의 행위, 즉 하나님, 자신, 그리고 잠재적인 배우자에 대한 사랑의 행위로 간주되어야 한다. 우리는 우리의 몸을 살아 있는 제물로 바치라는 부르심을 받았다.[20] 받을 만한 제물은 흠이 없어야 하기에, 이 요구는 부분적으로는 모든 면에서 우리 몸을 순결하게 유지하는 것을 의미한다. 이 상황에서 금욕은 하나님께 대한 섬김이자 미래의 배우자를 안심시키는 수단이다. 우리가 성적 만족 자체를 목적으로 여기지 않고, 우리의 삶의 그 부분을 지속되는 결혼을 세우는 데 바치려고 한다는 점에서 그렇다. 결혼생활 안에서도 성적 금욕을 실천할 때가 있다. 특별한 금식과 기도를 위한 시간을 내기 위해 의도적으로 금욕을 실천할 수 있다.[21] 그러나 금욕은 사업이나 다른 적법한 이유로 배우자가 떨어져 있는 경우처럼, 상황에 따라 행해질 수도 있다. 배우자 중 한 쪽이 질병이나 기타 이유로 성관계를 가질 수 없으면, 금욕이 필요해질 수도 있다. 마지막으로 결혼이 이혼이나 죽음으로 끝나면, 재혼하지 않는 한, 그리고 재혼할 때까지 금욕은 또다시 기대되는 규범이 된다.

이런 종류의 금욕은 어떤 식으로든 모든 사람에게 영향을 주지만, 헌신된 삶의 방식으로서의 독신과는 구별되어야 한다. 진정한 독신은 성행위를 할 수 없는 신체적 무능력의 결과가 아니며, 우리의 통제를 벗어

20　롬 12:1.
21　고전 7:5.

날 수도 있는 상황의 부산물도 아니다. 반대로 독신은 하나님을 더 완전하게 섬기기 위해 의도적으로 이 영역에서 금욕의 삶을 살겠다는 의식적인 헌신이다. 어쩌다 보니 결혼하지 않아서 독신의 삶의 양식을 채택하는 것도 얼마든지 가능하지만, 독신이 전업으로 기독교 사역에 종사하는 데 대한 전제조건이라고 주장할 근거는 없다. 그렇게 말은 했지만, 신약성경에서 독신은 그것이 주어진 사람 그리고 넓게는 교회 전체가 감사하게 받아야 하는 영적 은사의 하나로 제시된다.[22] 이렇게 말해야 하는 이유는 독신자들이 너무도 자주 독신이 자연스럽지 않다고 생각하는 사람들로부터 압력을 받고, 어떤 경우에는 음란한 뒷말의 희생자가 될 수도 있기 때문이다. 그리스도인들은 예수와 바울이 독신이었다는 점을 기억해야 한다. 바울은 교회를 향해 독신이 다른 사람들의 유익을 위해 자기에게 주어진 복이라고 말하기를 두려워하지 않았고, 주어지는 규율을 받아들일 수 있는 사람들에게는 독신이 최상의 선택이라고 추천했다.

그리스도인들에게 규범으로 의도되지는 않았지만, 독신의 은사가 주어지면, 이 은사는 존중되고 예우를 받아야 하며, 실패의 표지나 가치가 낮은 삶의 방식의 특징으로 무시되어서는 안 된다. 바울이 독신을 선호한 것은 결혼을 싫어해서가 아니라, 결혼한 부부는 서로에게 매여 있고 따라서 독신자들과 같은 방식으로 마음껏 주를 섬길 수 없다고 생각했기 때문이다.[23] 바울은 그리스도인들에게 이 점을 고려하라고 말하며, 결혼한 사람들이 독신자들이 할 수 있는 것처럼 교회 일에 완전히 헌신할 수 있을 것으로 기대하지 말라고 경고했다. 그래서 순회사역 또는 이례적으로 혼자서 하는 사역으로 부르심을 받은 사람들이 결혼하면 그들의 배우자들이 너무 큰 대가를 치르게 되므로 그들은 아마 결혼하지 말아야 할 것이다. 불행하게도 현대 교회에는 이런 상황이 흔하며, 이 상황이 많은 결

---

22 고전 7:32-35.
23 고전 7:7.

혼생활의 파탄에 기여했다. 전업 기독교 사역으로 부름 받은 사람들은 사역을 위해 독신을 유지하고, 불행하고 즐겁지 않은 결혼생활의 압력을 받는 상황에 처해지지 않는 방안에 대해 진지하게 고려해야 한다.

결혼

독신이 교회 생활에서 중요한 역할을 감당하기는 하지만, 이것이 다수를 위한 규범이 되어서는 안 된다. 성관계는 인류의 번식에 필수적이며, 성관계가 합법적으로 일어날 수 있는 맥락을 규제하는 것은 중요하다. 개인과 사회 모두의 더 큰 유익을 위해 이렇게 할 필요가 있다. 억제되지 않은 난잡한 성관계는 재앙과 공동체의 해체로 이어질 것이 거의 확실하다.[24] 본질적으로 결혼 제도는 결혼 관계가 무엇인지를 명확히 해주기 때문에 이웃 사랑의 한 형태이며, 그 자체로서 그리스도인의 삶의 중심에 속한다.[25] 합법적인 결혼이 언제 시작되었는지는 알려져 있지 않다. 일부일처의 원칙은 아담과 하와 이야기에서 규정된 것으로 보이며, 창세기에 기록된 최초의 세대들도 일부일처제였던 것으로 보인다. 그러나 여러 면에서 생각할 때 지금 우리가 알고 있는 결혼은 창조에 본래 내재된 것이 아니라 사회적으로 구성된 개념이다. 아담과 하와가 달리 어떻게 했든, 그들은 증인들 앞에서 거행되는 의식에서 평생 서로에게 충실하겠다고 서약하지는 않았다. 그것은 우리에게 결혼은 주로 그 자체로 유효한 두 사람 사이의 개인적 약속이라는 점을 상기시켜준다. 인류가 성장하고 다양화함에 따라 지금 결혼을 둘러싸고 있는 법적이고 의식적인 상부 구조가 발달했지만, 오랜 세월이 흘러서야 결혼은 비로소 우리가

---

24   고전 7:2.
25   창 20:1-7을 보라.

"성경적" 형태로 인식할 만한 것으로 고정되었다.

결혼이 다양한 형태를 띨 수 있다는 몇 가지 암시를 세 명의 고대 이스라엘의 위대한 족장들의 삶에서 볼 수 있다. 아브라함은 아내가 하나였는데, 자녀가 없어 아내 사라가 아브라함에게 첩을 두라고 권했다. 아브라함은 결국 다른 여러 여자들을 통해 자녀를 낳았지만, 그녀들과 결혼하지는 않았다. 여기서 그두라는 예외였을 수도 있다.[26] 이삭도 아내가 하나였고, 우리가 아는 한 이삭은 평생 그 상태를 유지했다. 야곱은 전적으로 자신의 선택에 의한 것은 아니었지만, 아내가 둘이었고 첩들을 통해서도 자녀를 낳았는데, 첩들은 명백히 아내들에 의해 제공되었다. 이에 관해 가장 흥미로운 점은 첩들이 낳은 아들들이 모두 이스라엘의 조상으로 인정되었다는 것이다. 이 아들들은 공식적인 적출이나 서출에 따라 분류되거나 낙인찍히지 않고, 표 16.1이 보여주는 바와 같이 모두 똑같이 취급되었다.[27]

레아(아내)	라헬(아내)	빌하(첩)	실바(첩)
르우벤 시므온 레위 유다 잇사갈 스불론 (디나)	요셉 베냐민	단 납달리	갓 아셀

표 16.1

야곱의 첫째 아내 레아는 야곱의 아들들 중 절반의 어머니였다. 그리고 이 아들들에는 장자(르우벤)와 이후 이스라엘 민족의 역사에서 가장 중요해질 두 아들(제사장들의 조상 레위와 왕들의 조상 유다)이 포함되었다. 또

---

26   창 25:1.
27   창 29:31-30:24; 35:18.

한 레아는 이름이 언급되는 야곱의 유일한 딸도 낳았다. 야곱의 둘째(그리고 야곱이 더 좋아한) 아내의 아들 요셉은 갑절의 복을 받았고, 에브라임과 므낫세 지파의 조상이 되었다. 둘째 아내의 두 번째 아들 베냐민 지파는 솔로몬 사후에 이스라엘이 떨어져 나갔을 때 유다 왕들에게 충성했고, 따라서 우리가 지금 알고 있는 대로 유다를 구성하는 남은 자들의 일부가 되었다. 그러나 두 아내의 아들들과 두 첩의 아들들 사이에 식별할 수 있는 차이는 없으며, 따라서 이후 이스라엘 역사에서 나타나는 것과 같이 결혼이 그들의 유산에 결정적인 요인은 아니었다는 결론을 내릴 수 있을 뿐이다.

야곱의 시대 이후로, 비록 일부일처제는 아마도 이스라엘에서 가장 빈번한 결혼 형태였겠지만, 하나님의 선민들 가운데서 시행될 수 있고 용납되었던 다양한 결혼 형태들 가운데 하나에 불과했다. 우리에게는 이상하게 보일지도 모르지만, 이스라엘의 가장 위대한 지도자들 중 일부는 아내를 여럿 두었다(모세, 다윗, 솔로몬). 사무엘의 아버지 엘가나와 같이 미천한 사람들 중에서도 두 명 이상의 아내를 두는 사람들도 있었다.[28] 비록 일부 현대 주석가들이 다윗이 직면했던 가족 간의 어려움들은 다윗조차도 아내를 하나만 두는 것이 좋았을 것이라는 점을 미묘하게 암시한다고 주장했어도, 이들 중 어느 누구도 아내를 여럿 두었다고 비난받지 않았다. 700명의 아내와 300명의 첩을 둔 솔로몬은 타의 추종을 불허했다. 그럼에도 불구하고 솔로몬은 성전을 지은 사람이었고 다윗의 아들이었으며, 예수 그리스도를 통해 실현될 더 위대한 다윗 자손의 원형이었다.[29] 솔로몬의 아내들은 어려움을 야기했지만, 솔로몬은 많은 아내들을 둔 데 대해 비난받지 않았다. 솔로몬의 아내들의 문제는 그들의 수가 많았다는 것이 아니라, 그들 중 많은 이가 **이방** 여인이었다는 사실이

---

28   삼상 1:2.
29   왕상 11:3; 마 12:42도 보라.

었다. 이 여인들은 솔로몬을 설득해서 자기들 고국의 신들의 산당을 세우게 했고, 그 결과 순수한 야웨 예배를 오염시켰다.[30] 이것은 훗날 아내를 하나만 두었지만 외국 여왕과 결혼했던 아합에게 적용된 것과 본질적으로 똑같은 비판이었다. 그 왕비는 이스라엘이 자신의 고국의 신들을 받아들이게 하려고 할 수 있는 일을 다 했다.[31]

일부일처제는 솔로몬 이후 이스라엘과 유다에서 점차 규범이 된 것으로 보인다. 그러나 이와 더불어 이스라엘 민족이 아닌 외국인과 결혼하는 것이 바람직하지 않다는 점이 더 강조되었다. 우리는 이런 통혼이 얼마나 만연했는지 알 길이 없다. 다만 자신이 이방인 아내였던 룻의 시대에는 용납되었던 이 관행이 포로기 이후에는 매우 보편적이 되어 공식적으로 억제되어야 했고, 그래서 금지되었음을 안다.[32]

세월이 흐름에 따라 이스라엘 백성의 결혼 관습은 점점 엄격해졌고, 예수 시대가 되자 그리스-로마 세계의 다른 지역들과 유사한 양상이 정착되었다. 일부일처제가 정착된 데는 많은 이유가 있었다. 신학적으로 가장 중요한 이유는 남자가 부모를 떠나 아내와 합하여 둘이 "한 몸"이 되라는 성경의 명령 때문이다.[33] 결혼은 새 관계뿐 아니라 새 가족 단위의 출발이기도 했다. 이러한 가족 단위는 일부다처제와 처첩제도가 규범이었을 경우와 똑같은 방식으로 존재할 수 없었을 것이다. 남편과 아내가 한 몸으로 연합한다는 것은 특히 여성에게 실제로 큰 유익이 되는데, 왜냐하면 남편과 아내의 하나 됨은 기본적으로 아내가 남편과 평등하다는 점을 강조했고 아내가 가정에서 다른 누구와도 자신의 위치를 공유할 필요가 없을 것이라는 점을 분명히 했기 때문이다.

신약성경에 특정한 형태의 결혼 제도가 규정되어 있지 않은 이유는

---

30 왕상 11:8.
31 왕상 16:31-33.
32 스 10:14-44.
33 창 2:24.

유대인들이나 이방인들이 그리스도인이 되었을 때 자신들이 물려받은 관습을 크게 바꿀 필요가 없었기 때문일 것이다. 교회는 결혼식을 실시하지 않았고, 교회가 결혼에 관해 주장하려고 했던 유일한 사항은 그리스도인들은 신자와 결혼해야 한다는 것이었다.[34] 그것을 제외하면 그리스도인들이 어떻게 결혼해야 하는지에 관한 내용이 없으며, 사람들은 계속 이전에 해왔던 대로 했을 것이다. 물론 그리스도인들이 결혼할 수 있는 상대에 대해서는 명확한 제한이 있었으며, 기본적으로 세속적인 배경에서 가족 간의 합의로 이루어졌을 것이라고 추정해야 한다.[35] 심지어 4세기에 기독교가 합법화되고 이어서 국교가 되었을 때도 교회는 기존의 법률적인 틀을 받아들였고, 사실상 교회 자체의 결혼 규정을 따로 정하지 않았다. 서양에서는 로마 제국의 멸망 이후에야 비로소 교회는 결혼 문제에 깊이 관여하게 되었는데, 그 이유는 주로 로마 법정의 기능이 중단되었을 때 혼인신고를 할 수 있는 다른 수단이 없었기 때문이다.

교회는 전통적인 결혼 법률의 특정한 측면들을 좋아하지 않았고, 그런 요소들을 기독교의 원칙들에 더 잘 부합하도록 바꾸는 데 힘썼다. 이 중 가장 중요한 요소는 각 당사자에게 결혼에 대한 동의권을 부여한 것이었다. 이것은 남성뿐만 아니라 여성에게도 결혼 상대를 거절할 권리가 있다는 것을 의미했다. 비록 이 원칙이 지켜지는 것보다 위반되는 경우가 더 많기는 했지만, 그럼에도 불구하고 이 원칙은 새로운 표준을 설정했고 점차 결혼에 대한 인식을 변화시켰다. 교회는 결혼이란 부모가 자신들의 이유로 정하는 가족 간의 합의가 아니라 결혼에 동의하는 두 동등한 성인 사이의 엄숙한 서약이라는 점을 주장하길 원했다. 이 점은 지금 우리에게는 당연해 보이지만, 결혼이 마치 비즈니스 계약처럼 여겨지던 시대에 가족들로 하여금 그들의 경제적인 이익을 결혼 당사자들의

---

34   고후 6:14.
35   딤전 3:2, 5:9; 마 19:3-6.

행복보다 앞세우지 말라고 설득하기란 극도로 어려웠다. 많은 실패와 잘못에도 불구하고, 결혼에서 쌍방의 동의권에 대한 교회의 강조는 서유럽에서 결혼 관계의 토대를 변화시켰고, 지금은 우리가 당연히 여기는 선택의 자유의 길을 닦았다. 기독교가 세계 전역으로 전파될 때 이와 같은 결혼 개념도 따라 갔고, 이에 따라 종종 중세 유럽에서와 똑같이 조상으로부터 물려받은 결혼 전통을 변화시키는 결과를 가져왔다.

또한 중세 교회는 결혼을 교회에서 사제가 주관하는 성례로 바꿔놓았다. 그 결과 결혼이 이전에는 없었던 거룩한 성격을 부여받고 나눌 수 없는 것이 되었다. 왜냐하면 일단 하나님의 은혜가 주어지면 신실한 그리스도인이라고 자처하는 사람이라면 누구도 그 은혜를 거부하거나 멸시할 수 없기 때문이다.[36] 그러나 동시에 서방 교회는 성직자로부터 결혼할 권리를 빼앗았고, 성직자들은 1123년 이후로는 독신이어야만 했다. 동방 교회는 이런 양상을 따르지 않고 아내 사후에 재혼할 수 없다는 조건으로 계속 신부의 결혼을 허용했다. 그러나 주교들은 서방 교회처럼 독신이어야 했다. 이 제도는 동방 교회에서 오늘날도 적용되고 있으며, 로마 가톨릭교회에서도 신부와 주교 모두에게 독신 규칙이 적용된다.

서양에서 이 양상에 도전한 것은 개신교의 종교개혁이었다. 개신교인들은 베드로와 많은 초기 교회 지도자들이 결혼한 사실을 알았고, 성직자에게 독신이 요구되어야 할 성경적 이유가 없다고 보았다.[37] 또한 개신교인들은 결혼은 그리스도가 복음의 표지로 특별히 지시한 의식이 아니라 보편적인 인간의 관습이었기에, 결혼이 성례라는 관념도 거부했다. 그러나 개신교인들은 교회에서 결혼하는 전통은 보존하고, 결혼할 수 있는 상대와 결혼할 수 없는 상대에 관해 몇 가지 규칙을 부과하려 했다. 중세 교회에서는 일정한 범위 이내의 친인척(원래는 7촌까지 제한되었으나 나

---

36   마 19:6을 보라.
37   고전 9:5를 보라.

중에 4촌까지 제한됨)끼리는 서로 결혼할 수 없다는 제도가 있었다. 하지만 실제로는 촌수를 증명하기가 매우 힘들었으며, 그래서 그 금지 규정은 종종 무시되었다. 그러나 결혼생활을 지속할 수 없을 경우, 부부가 애초에 불법으로 결혼했다는 근거로 결혼이 금지된 친인척 범위 안에 든다고 주장하여 비교적 쉽게 결혼을 쉽게 무효화시킬 수 있었기 때문에 이 규정은 편리했다. 중세에는 마을 주민이 모두 서로 친척이었고, 그래서 "금지된 촌수"가 불행한 결혼생활을 끝내는 안전판으로 작용했다. 그래서 종교개혁자들이 이것을 악습으로 보고, 레위기 18장에 나오는 친인척 표를 결혼 여부를 결정할 수 있는 기준으로 삼은 것은 놀라운 일이 아닐 것이다. 이후에 세월이 흐르면서 약간의 수정이 있기는 했지만, 이 기준은 오늘날 대부분의 서구 국가들에서 시행되고 있다. 큰 차이는 요즘은 누구와 결혼할 수 있는지에 대한 제한이 유전적인 고려에 기초하고, 따라서 가까운 혈족은 근친상간에 내재해 있는 위험 때문에 서로 결혼할 수 없다. 이전에는 "인척 관계"도 중요한 역할을 했다. 따라서 혈족이 아니더라도 예컨대 계모와는 결혼할 수 없었고, 전혀 친척 관계가 없는 대모와도 결혼할 수 없었다. 오늘날 그런 제한들은 점차 폐기되었지만, 다른 이유에서 그런 결혼의 경우는 특성상 매우 드물다.

일부 국가에서는 먼저 국가에 혼인 신고를 해야 하지만 교회가 여전히 결혼식을 거행하며, 현대의 결혼 예식의 대부분은 기독교에 기원을 두고 있다. 좋든 싫든 간에 오늘날 교회는 성경 시대보다 결혼에 더 깊이 개입하고 있으며, 최근에 결혼 제도가 전통적인 기독교 가치들로부터 상당히 멀어지고 있음에도 불구하고 교회는 여전히 결혼에 관한 입장을 유지하며 이를 시행하기 위해 할 수 있는 일을 하고 있다. 이것을 성경적이라고 할 수 있는지 의문이 있을 수 있지만, 사실상 성경을 가장 확고하게 붙들고 있는 교회들은 대체로 교회의 전통적인 결혼 관습을 결연히 지지하고 있다. 이렇게 하려면 결혼 제도에 대해 가능한 한 더 많은 통제권을 주장하고 행사해야 한다. 그리스도인이 비신자와 결혼해서는 안

된다는 신약성경의 기본 원리는 대체로 보존되고 있어도, 거기에 종종 일반적이고 포괄적으로 "결혼 준비"라고 여겨지는 다른 많은 일들이 덧붙여진다. 많은 교회들과 기독교 집단들은 결혼 안내와 상담 서비스들을 제공하는데, 이런 활동들은 초기 교회에서는 알려지지 않은 것이다. 그러나 갓 결혼한 부부는 과거와 달리 친척들과 함께 살거나 가까이 살 가능성이 낮기에, 이런 현대 생활이 주는 스트레스로 인해 그 활동들은 정당화될 수 있다.

그러나 기독교가 결혼 제도에 대해 만들어놓은 큰 차이점, 그리고 궁극적으로 제 자리를 잡은 다른 개혁들의 근저에 자리한 요소는 결혼은 사랑의 사건이어야 한다는 믿음이었다. 사도들은 오늘날 아주 흔한 사고방식인 남녀가 사랑에 빠져 결혼한다는 식으로 이해하지 않았다. 오히려 결혼은 대개 그 반대의 경우가 더 흔했다. 남녀가 먼저 약혼하고 그다음에 서로 사랑하도록 기대되었다.[38] 이렇게 한 이유 가운데 하나는 젊은 처녀들의 평판과 가족의 명예를 보호하는 것이 중요했기 때문에 젊은 처녀들이 사교 활동을 하는 것은 그리 흔하지 않았고, 남편이 될 수 있는 사람들과도 사전에 어울리지 않았기 때문이다. 그 결과 남녀가 약혼할 때까지 완전히 생면부지인 경우가 드물지 않았고, 때로는 대리 결혼을 해서 결혼한 **뒤까지** 만나지 않는 경우도 있었다! 그러나 그것은 또한 초기 그리스도인들이 사랑을 육체적 매력에 대한 인간적 반응이 아니라, 하나님께로부터 나온 명령으로 보았기 때문이기도 했다. 그들은 사랑에 빠지는 것에 관해 알고 있었지만, 그것을 잠재적으로 위험하다고 간주했다. 감정은 조만간 약해지고 아름다움도 시들지만, 결혼은 한평생 지속되어야 한다. 그래서 교회는 결혼 예식을 거행할 때 신랑과 신부에게 "좋을 때나 나쁠 때나, 부유하거나 가난하거나, 병들거나 건강하거나, 죽음이 우리를 갈라놓을 때까지" 서로에게 자신을 완전히 내주겠다는 약

---

38   고전 7:36-38을 보라.

속을 요구한다. 이 말들과 그 배후에 놓여 있는 약속은 성경에서 직접 취하지는 않았지만 그 근저의 사상은 확실히 성경에 나와 있으며, 여기에 표현된 기준은 오늘날까지 기독교 결혼의 이상과 규범으로 남아 있다.

성경의 관점에서 이를 기록한 예식이 있었건 없었건 성교는 결혼**이기** 때문에, 성경은 "혼전 성교"에 대해 아무것도 알지 못한다는 점을 간략히 언급해야 한다. 이 원칙은 많은 교회들에서 두 가지 방식으로 유지되고 있다. 첫째, 만약 결혼한 후에 성관계를 맺지 않았다면, 결혼식에서 행한 약속대로 결혼이 완성되지 않았기 때문에 그 결혼은 비교적 쉽게 무효화될 수 있다는 것이다. 둘째, 함께 살기로 결심한 사람들은, 결혼했다는 공식적인 증거가 있건 없건 실질적으로는 서로 결혼했다는 것이다. 증인들과 공식적인 문서는 귀중하기는 하지만 절대적인 필수 사항은 아니며, 동거한다는 현실이 법적 정확성이나 교회 의식에 우선한다.

오랫동안 로마법에서(그리고 이후에 교회에서) 결혼이 가능한 최저 연령이 여자는 12세, 남자는 14세(대략 사춘기 시작 연령)로 정해지기는 했어도, 성경은 이에 대해 아무 말도 하지 않는다. 우리에게 이 연령은 아주 어린 나이로 보이지만, 수명이 40세를 넘는 경우가 드물고 부모가 자녀가 태어나자마자 결혼시키거나 최소한 약혼시키는 것이 관례였던 시대에 이 결혼 제한은 별로 부담스럽지 않게 느껴지는 일종의 제한 장치로 작용했다. 현대 세계에서 결혼이 가능한 최소 연령은 거의 항상 이보다 높지만, 부모의 동의가 있으면 16세, 부모 동의가 없으면 18세까지 낮아질 수 있다. 이전과 달리 결혼한 부부가 부모나 대가족과 가까이 살 가능성이 낮고, 함께 사는 데 내재된 문제들을 부부 스스로 해결해야 하는 세상에서는 성숙한 삶의 경험이 훨씬 더 중요하기 때문에, 이처럼 어린 나이에 결혼하는 것은 합법이라고는 해도 권장할 만하지는 않다. 여성이 너무 어리면 출산이 오래도록 부정적인 영향을 미칠 수 있고, 따라서 가급적 너무 어린 나이에 결혼하는 것은 피하도록 조심해야 한다.

결혼은 특별한 기독교의 제도인가? 아니면 오늘날의 교회는 이제는 더 이상 적용되지 않는 역사적 이유로 결혼이 기독교의 제도가 되었다는 사실을 받아들이고, 그에 따라 결혼이 대체로 세속적인 사건이었던 신약 시대로 돌아가는 것에 반대하지 말아야 하는가? 결혼이 세례와 같은 성례라고 옹호될 수는 없지만, 결혼은 예수 그리스도와 교회의 관계에 대한 상징이자 원형이기 때문에 그리스도인들에게 결혼은 거룩한 속성을 갖고 있다. 천국에서는 결혼하지 않을 것이라는 것이 사실이기는 해도, 그것은 우리 모두가 그리스도와 "결혼할" 것이기 때문이다. 예수 자신이 지혜로운 처녀들과 어리석은 처녀들에 대한 이야기에서 이 이미지를 사용했다. 결혼은 바울에게 잘 알려진 주제였고, 요한계시록의 대단원에 등장하는 어린양의 큰 혼인 잔치에서 가장 장엄하게 표현되는 주제이기도 하다.[39] 그래서 그리스도인의 결혼은 장차 올 것에 대한 증언이다. 올바른 정신으로 결혼에 헌신하는 사람들은 하늘의 영광을 미리 맛보는 헤아릴 수 없는 특권을 갖게 된다. 그러므로 결혼은 하나님께로부터 온 선물로 존중되고 보호되어야 하며, 죽음이 결혼을 자연스럽게 끝낼 때까지 유지되어야 한다. 배우자가 죽으면 홀로 된 배우자는 재혼할 자유가 있고, 새로운 삶을 찾기에 충분히 젊다면 재혼이 권장된다. 그러나 이 문제에 대한 강제성은 없으며, 바울은 대체로 과부들은 그냥 그 상태로 지내면서 자신들의 시간을 독신자들에게서 기대되는 것과 같이 하나님을 섬기는 데 할애하는 것이 낫다고 생각했다.[40]

이혼

결혼에 대한 기대가 높아지면 결혼에 실패하는 비율도 높아진다. 결

---

39   계 19:6-9.
40   고전 7:8-9.

3부 • 피조물을 향한 하나님의 사랑

혼의 실패는 항상 문제였지만, 오랜 세월 동안 그리스도인들이 취할 수 있는 대안은 본질상 둘 중 하나였다. 하나는 잠자리와 식사를 따로 하는 것(a thoro et mensa), 곧 법률상의 허구로서 결혼생활은 유지하지만 화합할 수 없는 부부가 헤어지도록 허용하는 해결책[별거]이고, 다른 하나는 결혼이 이루어지지 않았다고 선언하는 무효화였다. 별거의 경우, 결혼은 해체되지 않았고 자녀가 있을 경우에는 적출로 간주되었다. 적출 자녀만 상속권이 있었기 때문에 그 점이 중요했다. 결혼 무효화의 경우에 결혼은 공적 기록에서 말소되고, 자녀들이 있을 경우 그 자녀들은 자동으로 사생자가 되어 상속권이 박탈되었다. 상상할 수 있는 모든 상황, 또는 거의 모든 상황을 다루기 위해 복잡한 규칙들과 방대한 판례법 체계가 고안되었다. 중세 시대에 결정되지 않은 극히 드문 사례 가운데 하나는 증조부가 증손녀와 합법적으로 결혼할 수 있는지 여부였는데, 왜냐하면 그 관계는 매우 넓게 규정한 친인척 관계 표에도 나와 있지 않았기 때문이었다. 로마 가톨릭교회는 최종적으로 1917년에 이런 결혼을 금지시켰지만, 개신교 교회는 이를 금지하지 않았다. 이런 사례는 실제로는 매우 드물겠지만, 아마도 개신교에서는 이런 결혼이 여전히 합법적일 것이다. 그러나 거듭 말하지만 결혼이 주로 재산과 상속에 관련된 사회에서는 남자가 자기의 증손녀와 결혼하고 그녀에게 모든 재산을 물려줌으로써 중간 세대를 배제할 수 있었다.

중세 교회는 결혼 무효를 조장했지만, 결혼의 성례적 성격 때문에 현대적 의미에서의 이혼은 인정하지 않았다. 그러나 간음을 저지른 경우 결혼의 유대가 깨지고 사실상 무효화되기 때문에, 예수는 간음의 경우에는 이혼을 허용했다.[41] 중세 교회는 이러한 "마태의 예외"(이 텍스트가 마태복음에 기록되어 있기 때문에 그렇게 불린다)를 다루는 데 큰 어려움을 겪었고, 이 본문의 신적 권위에도 불구하고 이혼을 허용하지 않았다. 그러나 종

41 　마 19:9.

교개혁 시대에는 간음을 사유로 한 이혼이 허용되었고, 지금 대부분의 개신교 교회들은 간음을 이혼의 타당한 근거로 인정할 것이다. 예수가 다른 계명들의 효력을 몸의 행동뿐만 아니라 마음의 의도까지 포함하도록 "확장"한 것처럼, 다른 많은 행위들도 이 범주 안에 들어가는 것으로 간주했을 것이라고 주장하고 싶은 사람들도 있을 것이다. 예를 들어 배우자를 버리는 것은 다른 것을 결혼 관계보다 앞세우는 일이기 때문에, 일종의 간음으로 간주될 수 있을 것이다. 학대는 다른 사람을 유린하는 것이고 따라서 결혼의 고결성을 침해하기 때문에, 배우자에 대한 학대도 그렇게 간주될 수 있을 것이다.

"마태의 예외"를 이런 식으로 확대 적용하는 것이 적법한지에 관해서는 분명히 의견 차이가 있을 것이다. 특히 이혼이 점차 쉬워지는 시대에 그런 관점은 거의 모든 것을 정당화할 수 있을 것이기 때문이다. 우리는 이런 위험에 민감해야 하지만, 동시에 열린 마음으로 인정할 수 있는 이혼의 한계가 무엇인지 논의해야 하며, 비교적 최근까지 많은 곳에서 그렇게 해왔던 것처럼 사실상 **현행범으로** 발각되어야 이혼을 허용하는 엄격한 율법주의 형식에 의존해서는 안 된다. 올바른 균형을 찾기는 결코 쉽지 않고 완벽한 해법은 거의 불가능하지만, 우리는 서로에 대한 사랑으로 각각의 사례를 별도로 다루고 그 구체적인 상황에서 가장 좋은 방법이 무엇인지 결정하기 위해 노력해야 한다.

그리스도인들의 결혼은 두 당사자의 자발적인 동의로만 맺어질 수 있는 반면에, 동의에 의한 이혼은 법적으로는 가능하다고 해도 교회에서 이를 너무 쉽게 인정할 수는 없다. 결혼은 다른 사람들, 특히 결혼한 부부의 자녀에게 큰 영향을 미칠 수 있는 공개적인 서약이며, 또한 하나님의 영원한 계획과 목적에 대한 증언이기 때문이다. 그래서 교회는 결혼식은 거행하지만 결혼을 해체시키는 일은 하지 않는다. 교회는 (시민들의 결혼뿐 아니라) 시민들의 이혼을 국가의 관할에 귀속시키는 것은 타당한 것으로 받아들여야 하지만, 교회의 관할에 귀속시키는 것에 대해서는 타당한 것으로 받아들일 수 없다. 이것은 이혼한 사람들이 전 배우자가 살아 있는 동안에 재혼하는 경우에 특히 중요하다. 이런 결혼은 첫 번째 결혼할 때 죽을 때까지 충실하겠다고 다짐했던 서약에 대한 위반이기 때문에, 교회는 이런 경우의 결혼을 거행할 수 없다. 국가의 관점에서의 이혼이 하나님의 관점에서는 이혼이 아니며, 교회는 이 두 관점 가운데 어느 쪽을 섬길지 공개적으로 선언할 의무가 있다. 예수는 이런 결혼을 하는 사람은 누구나 간음을 저지르는 것이라는 점을 매우 분명히 했으며, 편의상 이것을 "재해석"하려는 것은 그리스도인들에게 걸맞지 않다. 물론 이것은 매우 어려운 말이지만, 예수의 제자들도 똑같이 생각했고, 예수는 제자들에게 그들이 좋든 싫든 그것을 받아들여야 한다고 말씀하셨다![42] 동시에 간음은 용서받을 수 있는 죄이고, 과거의 잘못을 진정으로 회개한 사람들은 교회 공동체 안으로 되돌아올 수 있고 또 되돌아와야 한다.

이렇게 말은 했지만 이혼 뒤의 재혼에는 치러야 할 대가가 있는데, 그 대가는 교회의 설교와 가르치는 사역에서 배제되는 것이다. 전 배우자가 살아 있는 동안 재혼한 사람은 교회에서 사역자로 임명되거나 다른 사람들에 대한 목회적 돌봄과 관련된 가르치는 일이나 행정 관리 일을 하도록 허용되어서는 안 된다. 기독교 사역자들은 솔선수범해야 하는데, 굴곡진 결혼 경력을 가진 사람들은 이 일을 효과적으로 수행하는 데 필요한 도덕적 권위를 행사할 수 없다. 바울은 교회 지도자는 "한 아내"의 남편이어야 한다고 주장했다.[43] 그 당시 그리스-로마 세계에서 일부다처제가 소멸되었음을 감안하면, 바울의 이 명령은 오로지 일부일처제의 의미로만 해석될 수 없다. 이 말은 또한, 특히 이 주제에 관한 예수의 말씀을 감안하면, 이혼 뒤의 재혼에도 적용되어야 한다.

결혼하거나 이혼한 적이 없는 사람이 결혼하거나 이혼한 적이 있는

---

42   마 19:10-12.
43   딛 1:6.

다른 사람과 결혼할 때 복잡한 문제가 발생한다. 오늘날 이혼이 횡행하고 있는 현실을 고려해서 많은 그리스도인들이 결혼했거나 이혼한 적이 있는 사람과 결혼한 사람을 기꺼이 목회자로 받아들이려 한다. 그 목회자가 자기 배우자의 이전의 이혼에 관여하지 않았고, 심지어 하나님에 의해 그 배우자의 심리적 치유를 위해 사용된 경우 특히 그렇다. 이런 식의 유연성이 좋은 일인지는 알기 어렵다. 어떤 경우에 그것은 진정한 동정의 한 표지일 수 있지만, 다른 경우에는 면죄부를 더욱더 확대시키는 데 사용될 수 있는 선례를 세움으로써 더 깊은 부패에 문을 열어놓는 것에 지나지 않을 수도 있다. 현대 사회에서 이런 분야에서의 모종의 타협은 거의 불가피할 수도 있지만, 이혼이 더 흔해질수록 신실함의 본을 세우고 결혼 파탄의 조류를 막기 위한 교회의 규율은 사회적 흐름과는 반대로 가야 한다. 어쩌면 결혼하기 전에 진지한 준비 과정을 거치도록 강조하고 그리스도에 대한 진정한 헌신이 없는 사람들이 결혼에 대한 보증으로 교회에서 결혼식을 거행하려는 것을 억제함으로써 결혼의 장벽을 높이는 것 외에는, 이 문제에 대한 쉬운 답은 없다.

일부다처제

한평생 한 이성(異性)과 동행하는 일부일처제는 성경이 결혼에 대해 제시하는 양상이지만, 인간 역사에서 이 이상은 종종 다양한 방식으로 훼손되었으며 반드시 이혼으로만 훼손된 것은 아니라는 점을 인식해야 한다. 일부일처제에 대한 가장 빈번한 훼손 형태는 일부다처제(또는 더 드물게는 일처다부제)다. 일부다처 관계에서는 한 남성이 여러 여성들을 아내로 취해서 그들 모두와 동등하거나 거의 동등한 관계를 맺는다(일처다부제에서는 한 여성이 다른 많은 남성들에 대해 똑같은 일을 한다). 일부다처제 사회는 아주 오랜 옛날부터 존재해왔으며, 우리가 이미 살펴본 바와 같이 구약성경에는 그 사례가 많이 있는데, 심지어 우리에게 믿음의 본보기로 제시되는 경건한 사람들 사이에서도 그것은 비난받지 않았다.

일부다처제는 고대 이스라엘에서 차츰 사라져갔고, 비록 이슬람에서 용인되고 일부 몰몬교도들에게서도 발견되지만,[44] 교회에서는 큰 문제가 되지 않았다. 오늘날 일부다처제와 관련되어 있는 주요 배경은 사하라 사막 이남의 아프리카 지역이며, 그곳에서는 상당히 많은 일부다처 가정들이 있고 그중 많은 사람들이 기독교로 회심했다. 요즘 교회의 일반적인 정책은 과거에 이미 벌어진 일은 그대로 인정하되, 이미 그리스도인이 된 사람들에게는 일부다처 결혼을 하지 못하도록 금지시킴으로써 일부다처 관습이 한 세대에 걸쳐 사라지게 하는 것이다. 한 남성이 그리스도인이 되자마자 자신의 많은 아내들을 내보내면 그 아내들에게 심각한 (그리고 매우 부당한) 문제들이 생길 수 있기 때문에 이것은 상당히 좋은 정책이다. 부모에 의해 추장의 세 번째 아내로 시집보내진 젊은 여성은 그리스도인이 아닐 수도 있는 친정으로 쉽게 돌아갈 수 없었고, 자신의 잘못이 아님에도 불구하고 무일푼의 버림받은 사람이 될 수도 있었다. 그녀를 그 남성의 집에 계속 두고 거기서 그녀가 자신에게 할당되었던 역할을 해 온 것을 존중해주는 것이 그런 경우에 가장 지혜롭고 동정적인 태도일 것이다.

지금은 아마도 일부일처제에 내재된 평등성을 명시하는 여성의 권리에 대한 강조 때문에 일부다처제가 부당하다는 데 대해 폭넓은 합의가 이루어져 있다. 심지어 무슬림과 몰몬교에서도 최소한 공식적인 진영에서는 일부다처제에 대해 눈살을 찌푸리고 있다. 확실히 일부다처제를 적극적으로 장려하는 기독교 교회는 없다. 의심할 바 없이 어디선가는 기꺼이 일부다처제를 시행하려는 사람들이 늘 있겠지만, 우리는 대체로 일

---

44 몰몬교 주류 교단은 일부다처제를 금지했다. 그러나 일부 개인들과 주류 교단에서 떨어져 나간 집단들은 비공식적으로 일부다처제를 계속 시행하고 있다.

부다처제란 가까운 장래에 주요 문제가 될 가능성이 없는 과거의 일이
라고 말할 수 있을 것이다.

동성애

하나님의 원래 의도가 점점 더 자주 위반되고 있는 다른 분야는 일
부다처제와 현저히 대조되는 동성애다. 성경에는 일부다처 결혼 사례가
많이 나오지만, 일반적으로 그에 대해 언급하지 않고 넘어간다. 성경은
동성애에 대해서는 좀처럼 언급하지 않지만, 그럼에도 이를 언급할 때는
부정적으로 평가한다.[45] 반면에 현대 서구 사회는 일부다처제는 받아들
이려고 하지 않지만, 동성애는 점점 더 또 다른 하나의 삶의 방식으로 받
아들이려는 것으로 보인다.

성경에서 동성 간의 우정은 흔하고 때로는 잘 알려진 다윗과 요나단
의 경우와 같이 칭송되기도 한다. 그러나 다윗과 요나단 사이의 성관계
에 대해서는 전혀 언급이 없으며, 그 관념은 성서 문화에는 생소한 것
같다. 동성애 취향은 복잡한 문제이고, 교회는 동성애에 대해 어떤 식으
로든 선언을 한 적이 없었지만, 동성애 관습은 관련 당사자가 그런 "취
향이든" 아니든 간에 받아들일 수 없다. 동성애자들도 다른 사람들과 똑
같이 그리스도인의 공동체에 참여하도록 환영받는다. 그러나 동성애자
들은 그런 형태의 성관계에 관여하라는 명령을 받지 않았고, 교회는 동
성애를 지지할 수 없다. 동성 "결혼"은 성경의 결혼 개념에는 아주 낯설
고, 부도덕을 합법화하려는 시도에 지나지 않을 수도 있다. 서구 국가들
의 시민 사회는 동성애와 같은 일에 더 관용적으로 된 것이 사실이다. 교
회도 이를 따르도록 강력하게 권장되고 있지만, 그러나 교회는 자신의

---

45   레 18:22; 20:13, 롬 1:26-27.

원리를 고수하고 출산에 대한 부인이자 따라서 궁극적으로 죽음의 메시지인 동성애에 저항해야 한다. 교회는 이미 이혼 문제에서 국가가 인정하는 것보다 더 엄격한 규율을 갖고 있다(또는 가지려 하고 있다). 그러므로 교회가 동성애 문제에 대해 국가의 법과 보조를 맞춰야 할 이유가 없다. 기독교의 원칙들은 대중의 의견에 의해 결정되지 않고 하나님의 말씀에 의해 결정되며, 대중의 의견과 하나님의 말씀이 동성애 관습 문제에 대해 의견을 달리할 경우(지금이 그런 경우로 보인다), 신자들이 우선시하고 충성해야 할 대상은 현재의 지적 유행이 아니라 하나님의 말씀이다.

가족

가족의 원리는 결혼의 원리와 면밀하게 연계되어 있는데, 가족은 성경이 인정하는 기본적 사회 단위다. 창세기와 역대기상에 나오는 긴 족보 목록은 가정의 중요성을 증언한다. 특히 이 족보가 이스라엘 민족이 실상은 확대된 가정이라는 점과 궁극적으로 모든 인간은 서로 관련이 있다는 점을 보여주기 때문이다. 성경에서 가족 단위는 여러 이유에서 중요하다. 첫째, 가정은 우리에게 개인으로서의 정체성을 부여한다. 나는 특정인의 자녀이고, 그 사람은 이런 식으로 기원이 태초까지 거슬러 올라가는 또 다른 사람들의 자녀이기 때문에, 내가 누구이며 어떤 사람인지가 결정되었다. 내 유전자 구조, 내 체질, 내 기질의 많은 부분은 대부분 그들로부터 온 것이다. 많은 사람들이 자기 가문의 배경을 자랑하고, 조상을 가능한 한 멀리 거슬러 올라가려 하는 이유는 그것이 그들에게 그들이 누구인지에 대한 의식을 부여하기 때문이다. 이것이 반드시 나쁜 것은 아니며, 고대 이스라엘의 계보는 확실히 이스라엘 백성이 자기들이 물려받은 유산에 대한 의식과 그 유산을 지킬 의무를 강화시키는 데 사용되었다. 동시에 가문의 역사를 파고 들면 기대하는 결과를 낳지 못할 수도 있다. 잘 알려진 한 가지 예를 들자면 엘리자베스 2세 여왕은 크게 존경받는 여성이지만, 여왕의 계보를 그리 멀리까지 추적하지 않아도 품성이 그다지 좋지 않은 사람들을 발견할 수 있다. 우리가 그들에 대해 아는 이유는 그들이 왕족이었기 때문인데, 가장 신분이 높은 사람들에게도 가문의 수치스러운 비밀이 있다면 다행스럽게도 자신들의 족보가 추적되지 않고 있는 보다 신분이 낮은 개인들의 경우에는 얼마나 더 그렇겠는가? 물론 궁극적으로 우리는 모두 아담과 하와의 후손이며, 성경은 그것이 복이기도 하고 저주이기도 하다는 점을 매우 분명히 밝힌다. 조상을 추적하는 일이 흥미로운 소일거리일 수 있지만, 그것이 우리에게 가르쳐주는 것이 있다면 그것은 우리의 인간적 유산이 우리에게 중요하고 대체할 수 없는 업적을 남겨놓았다고 하더라도 그 유산을 자랑하는 것은 오늘날 우리의 삶에서 하나님께 영광 돌리는 최상의 방법은 아니라는 점이어야 한다.

가족이 중요한 두 번째 이유는, 가족이 우리를 그 안에서 인간으로 형성시키고 발달시키는 주요 배경이기 때문이다. 이 배경의 일부 측면들은 다른 권위, 특히 학교와 교회에 위임될 수 있다. 그러나 자녀 양육의 주된 책임은 부모에게 있으며, 부모는 자기 자녀에게 기준을 세운다. 비록 자녀들은 당시에는 그것을 깨닫지 못하지만, 그 기준의 수립은 실제로는 종종 상호적이다. 많은 사람들은 부모가 되어 자신이 훈육을 실시해야 할 때까지는 가정에서의 훈육의 필요성을 이해하지 못한다. 따라서 가정이라는 작업장은 자녀에게뿐만 아니라 부모에게도 가파른 학습 곡선을 제공하는데, 이것은 바울이 부모와 자녀에게 주는 권면에서 강조하는 요점이다.[46]

가족이 중요한 세 번째 이유는, 가정이 우리의 삶의 매우 기본적인 요소인 정서적 안정과 안전을 제공하기 때문이다. 깨어진 가정에서 자란

---

46 엡 6:1-4.

사람들은 다른 방식으로 그 안정감을 얻을 수도 있을 테지만, 그것이 보장되지는 않는다. 우리들 대부분은 불안정한 가족 배경이 중대한 단점이라는 점을 쉽게 인정한다. 통계적으로 어렸을 때 깨어진 가정의 희생자였던 사람들 가운데 범죄자와 기타 사회 부적응자 수의 비율이 특히 높다는 점은 이것을 증명한다. 교회는 그런 일의 발생을 줄이도록 화목한 가족 관계를 증진시키기 위해 할 수 있는 모든 일을 해야 한다.

가족이 중요한 네 번째이자 마지막 이유는, 가족이 우리가 힘들 때 아주 자연스럽게 향하는 곳이기 때문이다. 가족은 우리가 도움을 필요로 할 때 우리를 도와주며 아무것도 묻지 않고 우리를 받아준다. 공공복지가 보급된 시대에도 가족이 노인들과 장애인들을 보살피는 선봉에 서며, 도와줄 가족이라는 안전망이 더 이상 없으면 사회적 서비스도 붕괴할 것이다. 가족과 함께 사는 것이 힘들 수 있지만, 가족 없이 사는 것은 거의 불가능하다. 가족이 없다면 외롭고 적대적인 세상이 될 수도 있는 곳에서 가족은 우리를 위한 하나님의 대비책이다.

가족이 무엇인지 정의하기는 얼핏 생각하기보다 문제가 많을 수 있다. 가족의 핵심에는 부모라는 기본 단위가 있고, 그들은 친 자녀들과 함께 대부분의 지역에서 규범으로 간주되는 이른바 "핵"가족을 구성한다. 물론 이 기본 단위에 다양한 변형이 있으며, 변형된 단위의 가족들이 전통적인 단위의 가족들보다 많을 수도 있다. 그러나 이런 가족들은 변칙적인 가족이며, 이 점을 이해할 필요가 있다. 예를 들어 사망, 이혼, 또는 버림 때문에 부모 중 한 명이 없을 수 있다. 재혼으로 생물학적으로 관련이 없거나 한쪽 부모만 공유하는 다른 자녀가 가정에 들어올 수 있다. 또 친부모가 할 수 없거나 하려고 하지 않는 정서적·영적 역할을 하는 다른 사람으로 친부모가 대체되는 입양 사례도 흔하다. 이런 변형된 형태 가운데 어느 것도 가족 훈육의 기본 구조를 바꾸지 않으며, 가족 단위의 중요성을 감소시키지도 않는다. 오히려 변형된 가족들은 다양한 상황들을 망라하도록 가족 단위를 확대함으로써, 가족의 중요성을 확인한다. 교회는 가족을 약화시키거나 파괴할 수 있는 온갖 압력에 직면해서 가족을 지원해야 한다.

모든 교회는 가족들을 환영하며 그들이 함께 예배하기를 기대한다. 특히 부모의 출신 배경이 다르고, 부모 중 한쪽이 신자가 아닌 경우 때로는 가족이 함께 예배하기가 어려울 수 있다. 이것이 바로 교회가 교인들에게 믿지 않는 사람과 결혼하지 말라고 경고하고, 그 경고에 불순종하는 사람의 결혼식을 거행하기를 거부함으로써 그 경고를 뒷받침할 준비가 되어 있어야 하는 한 가지 이유다.[47] 성경에는 가족이 어떻게 교회 생활 안으로 통합되어야 하는지에 대한 정밀한 세부 사항이 정해져 있지 않으며, 지역적 전통과 상황에 따라 다양한 관습이 있다. 일부 교회들은 가족을 하나의 단위로 인정하고, 가장으로 구성원의 수를 센다. 자녀들은 다르게 다루어진다. 자녀들은 때로는 완벽한 교인으로 인정되기도 하고, 더 빈번하게는 그들의 시민으로서의 지위(그들은 권리를 행사하거나 관련된 의무를 수행하지 않고 구성원의 혜택을 누린다)와 비교할 수 있는 일종의 중간 지위가 부여된다. 또 때로는 자녀들이 스스로 신앙고백을 할 때까지 비(非)교인으로 간주되기도 한다. 이에 관해 어느 한쪽으로 강력한 의견을 갖고 있는 사람들도 있지만, 성경은 자녀가 주님에 대한 지식과 두려움 안에서 양육되어야 한다는 점을 강조한다. 이것이 참으로 중요한 일이다. 주님에 대한 지식과 두려움 안에서의 양육 형태는 다양할 테지만, 최종결과가 동일하다면 이를 얻기 위해 사용된 다른 방법들을 놓고 지나치게 다투지 말아야 한다.

첫째, 가장은 남편 또는 아버지다. 가장은 자기 부모를 떠나 새로운 가정을 시작하고 그 가정을 신의 통치의 모델로 삼는 데 필요한 권위와 규율을 행사하라는 명령을 받는다.[48] 여기서 첫 번째 과제는 가장이 양가

---

47   고후 6:14.
48   마 19:5.

의 "인척"들로 구성되는 확대 가족과 관련하여 자신의 위치를 정의해야 한다는 것이다. 결혼한 부부가 부모를 떠났어도 부모가 사사건건 끼어들면 문제를 자초한다. 결혼한 자녀들은 항상 부모를 공경하고 필요하면 부모를 보살필 의무가 있지만, 부모의 통제에 굴복해서는 안 된다. 때로는, 특히 상속이 기다리고 있고 부모가 자녀들이 자기에게 복종하지 않으면 상속을 취소할 수 있는 위치에 있을 때는, 부모의 통제를 거부하기가 매우 어렵다. 조부모는 손주들에 대해 일차적인 책임을 지는 사람이 아닌 경우에도 종종 손주들의 양육에 발언권을 갖고 싶어 할 것이다. 대부분의 경우 할아버지들보다 할머니들이 더 문제인데, 그것은 아마 애초에 할머니들이 대체로 더 가족 지향적이고 일반적으로 더 오래 살기 때문일 것이다. 자기 어머니가 하라는 대로 하는 남성은 독립적인 가정의 가장이 되기에 부적합하고, 자기 어머니로부터 떠날 수 없는 여성은 실제로 남편에게 자기를 떠나라고 청하는 셈이다. 건강한 결혼을 위해, 아무리 고통스럽더라도 처음부터 이런 상황이 해결되어야 한다. 이런 종류의 가정불화는 대부분의 경우 오래 지속되지는 않는데, 그럼에도 대개 처음에 입장을 확립해서 모든 사람이 자신의 위치를 알고 이에 따라 적응할 시간을 갖도록 하는 것이 낫다.

둘째, 가장은 아내에게 자신의 권위를 세워야 한다. 이론상으로는 아내가 복종의 원리를 받아들일 때 남편이 권위를 세우기가 그리 힘들지 않아야 하지만, 실제로는, 특히 아내의 직업이나 관심사가 남편의 직업이나 관심사와 딴판일 경우 종종 문제를 일으킬 수 있다. 남편이 자신의 야망을 희생하고 아내가 주된 소득원이 되게 하는 것이 최선인 경우가 있을 수 있지만, 이런 경우는 예외적이지 규범으로 간주되어서는 안 된다. 가족을 부양하고 외부, 특히 아내의 친구들과 친척들에게 가족을 대표하도록 기대되는 사람은 가장이다. 때로는 결혼생활 중에 심각한 의견 불일치가 있고 힘들고 어려운 결정을 해야 할 때도 있을 것이다. 그럴 때는 남편의 사려 깊은 판단이 우선해야 한다. 이 말은 가장이 관련된 모든 사람들과 문제를 철저히 의논할 필요가 없다는 뜻이 아니며, 가장이 다른 가족의 기분은 상관없이 자기가 원하는 대로 하는 데 대한 핑계도 아니다. 그러나 결국 의견이 일치하지 않는 문제에 대한 결정과 책임은 가장에게 있고 그 결정이 존중되어야 한다.

마지막으로 가정에서 훈육에 대한 주된 책임은 아버지에게 있다.[49] 자녀를 어떻게 가르치고 교정할지 결정하는 것은 일차적으로 아버지에게 달려 있으며, 이를 위해 아버지는 자녀들의 복지와 활동에 진지한 관심을 가져야 한다. 어머니는 보통 일상생활 속에서 자녀와 더 가깝게 관여하는데, 자녀들에게 자신의 소명을 더 효과적으로 성취할 수 있도록 허용하는 보다 먼 권위에 의존할 필요가 있다. 무대 뒤에서 아버지는 종종 아내의 충고에 의존하고, 그에 따라 자신의 훈육 조치를 완화해야 할 것이다. 그러나 자녀의 관점에서 보면 아버지의 목소리가 더 큰 비중을 차지하며, 어머니는 아버지를 지지할 자세가 되어 있어야 한다. 자녀들이 자기가 농간을 부려 부모를 갈라놓을 수 있다는 것을 알게 되면 자녀들을 훈육하는 일은 사실상 불가능해지고, 가족 단위는 심각하게 약화된다. 모든 가족 구성원은 행복하고 경건한 가정을 만들기 위해 자기의 역할을 하도록 요구된다.

결혼이 하늘나라의 표지이듯이 가족은 교회의 모델이다. 그리스도 안에서, 모든 신자는 하나의 영적 가정에 속해 있고 서로를 형제자매로 대하도록 요구된다.[50] 성 문제에서 이 점이 특히 중요한데, 왜냐하면 교인들 사이, 특히 목사와 여신도 사이의 불법적인 연애에 의해 회중이 심각한 피해를 입기가 너무도 쉽기 때문이다. 성경의 관점에서 그런 행동은 영적 근친상간과 마찬가지이며, 육체적 근친상간과 같이 끔찍하게 여겨 이를 피해야 한다.[51] 다른 차원에서 형제자매들은 종종 서로 다투지만

---

49 골 3:20-21.
50 딤전 5:1-2.
51 고전 5:1-2.

3부 • 피조물을 향한 하나님의 사랑

결국 연합해서 외부의 위협에 맞선다. 맞설 때는 서로 힘을 모으기 마련이다. 우리와 그리스도 안의 우리의 형제자매들 간에 어떤 차이가 있든, 그들은 우리에게 속하고 우리는 그들에게 속한다. 바깥세상은 이것을 즉각 알아차리고, 왜 우리 자신은 그것을 잘 알지 못하는지 의아해한다. 물론 언제든 거짓 신자들이 있는데, 그들이 누구인지 정체를 폭로하고 공동체에서 쫓아낼 필요가 있지만,[52] 공동으로 하늘 아버지를 모시고 그의 아들에 함께 참여하는 사람들은 그들의 공동의 유산으로 그들에게 주어진 성령의 연합을 보여줘야 한다. 가정생활이 항상 쉽기만 한 것은 아니지만, 그것은 하나님이 우리에게 자신을 계시하시는 방법일 수 있다. 우리가 교회와 우리의 가정에서 배우는 교훈은 이생과 내세에서 우리에게 큰 도움이 될 것이다.

인종 및 민족의 평등

구약성경의 족보는 우리에게 모든 민족들이 어느 정도 서로 연결되어 있다는 점과 모든 사람이 보편적인 인간 가족에 속해 있다는 점을 상기시켜준다. 이 모든 것에는 다양한 함의가 있다. 무엇보다 먼저 지상의 모든 인간은 인간성 면에서 동등하다는 점을 아무리 강조해도 지나치지 않다. 이것은 현재 서구 각국과 국제기구에서는 표준적인 가정이지만, 우리는 최근까지도 그렇지 않았다는 점과 지금도 이론적으로나 실제적으로 세계의 많은 곳에서 모든 인간의 동등성이 부정되고 있다는 점을 기억해야 한다. 스페인 정복자들이 신세계에 도착했을 때 그들은 원주민들이 자기들 보기에 매우 열등한 사회적·문화적 상태에서 살고 있는 것을 발견하고, 원주민들이 완전한 인간인지 여부에 대해 논쟁했다. 뒤이

---

52   요이 7-11; 유 4.

은 많은 노예 무역은 아프리카인들은 유럽인들보다 열등한 인종이라는 믿음에 입각했으며, 20세기 중반까지도 여전히 어떤 인종은 다른 인종보다 유전적으로 우월하거나 열등하다는 사실을 증명하기 위한 실험을 수행하는 사람들이 있었다. 나치 독일의 과잉 행위로 그런 실험이 적어도 당분간은 중단되었지만, 그 관념이 언젠가 소생할 가능성이 무시되어서는 안 된다.

기독교 교회는 이런 생각에 단호히 반대한다. 문화적 차이가 매우 클 수 있고, 의심할 바 없이 어떤 사회는 발전 면에서 다른 사회보다 더 원시적이거나 그런 것처럼 보인다. 하지만 그렇다고 해서 그런 사회에서 살고 있는 사람들이 진보된 사회에서 사는 사람들보다 덜 완전한 인간인 것은 아니다. 기독교 선교의 이론과 실제는 사회적 또는 문화적 수준과 무관하게 모든 사람에게 복음을 전하는 것이다. 역사의 경험은 거듭해서 가장 "원시적인" 부족들도 가장 진보한 서구 사회와 마찬가지로 그리스도를 받아들일 수 있음을, 아니 그들은 비교적 덜 세련되어서 서구인들보다 선과 악을 보다 명확하게 인식할 수 있기 때문에 서구인들보다 그리스도를 훨씬 더 잘 알 수 있음을 보여 주었다. 무엇보다, 자신들이 그렇게 주장하는 열등성의 근거에서 다른 사람들을 학대하는 데는 어떤 핑계도 있을 수 없다. 지금 살아 있는 사람들이 이런 학대가 광범하게 일어났다는 것을 생생히 기억한다는 사실은 그리스도인들에게 이 원리를 더욱 단호하게 주장하도록 한다.

이론은 이렇지만 현실은 더 복잡하다. 다양성이 우리의 기본적인 인간성에 영향을 주지는 않았지만, 인류의 성장과 확산에 따른 다양성은 실제적이었다. 종종 "인종"(race)이나 "민족"(ethnicity)이 무엇인지 정확히 꼬집어 말하기는 어렵지만, 우리는 이런 차이들을 인식하고 그 차이들을 인종과 민족의 관점으로 분류한다. 노르웨이 사람들은 백인이고 우간다 사람들은 흑인이라는 것은 의심할 바가 없다. 그러나 비록 피부가 희고 머리카락이 붉은 사람은 포르투갈 사람일 가능성보다는 아일랜드 사람일 가능성이 더 높다고 말할 수는 있지만, 이는 그다지 과학적이지 않은 관찰이며 구체적인 반증을 대면 아주 쉽게 반박될 수 있다. 미국인들은 아주 다양한 민족으로 구성되어 있지만, 다른 나라 사람들은 미국인들이 오면 그들 개개인의 민족적 배경과 상관없이 미국인 전체를 구별된 집단으로 인식한다. 반면에 서구인들은 중국인을 한국인, 일본인, 동남 아시아인과 쉽게 혼동한다. 그러나 이 민족들은 대개 서로에 대해 이런 실수를 하지 않는다.

그들은 왜 우리에게 영향을 주지 않는 것을 알아차리는가? 인종은 정의하기 어려운 범주다. 그래서 아마도 몇 가지 잘 알려진 예들이 있기는 해도 엄밀한 인종 갈등이 비교적 드문 이유일 것이다. 그러나 어떤 차원에서 인종의 차이는 존재하는데, 특정 맥락에서는 이를 고려해야 한다. 예를 들어 겸상(鎌狀) 적혈구 빈혈은 다른 인종보다 아프리카계 미국인이 더 잘 걸린다고 알려져 있고 그렇지 않은 척 해봐야 아무 소용이 없다. 인종 요소가 있는 갈등은 대개 다른 이유로 일어나며, 특히 아주 다른 사회 집단이 갑자기 함께 살면서 같은 공간을 차지하려고 경쟁할 수밖에 없을 때 그렇다.

궁극적으로 인종 차이가 아니라 바로 이 점이 미국과 남아프리카에서 일어난 갈등을 설명한다. 미국에서 흑인에 대한 편견은 흑인으로 한정되었던 노예제도의 역사에 뿌리를 두고 있다. 이 점이 일부 백인들이 흑인과 결혼하는 것은 거부하지만 아시아인과 결혼하는 것은 아주 기꺼이 받아들이는 이유를 설명할 수도 있다. 이런 태도는 표면적으로는 위선적으로 보일 것이다. 남아프리카에서 인종 갈등은 또한 흑인 공동체 안에서(그리고 심지어 백인 공동체 안에서도 아프리카 언어를 사용하는 백인과 영어를 사용하는 백인 사이에) 벌어지는 부족 갈등이기도 하다. 17세기에 그곳에 정착한 유럽인들이 단순한 식민지 지배자가 아니라 어느 정도 독자적인 아프리카 부족이 되었기 때문에 부족 갈등이 더 악화되었다. 인종은 그 투쟁의 본질을 정의하는 데 도움을 주었으며, 아마도 아프리카의 다른 지역에는 해당되지 않는 방식으로 인식된 공통의 위협에 대항하여 부족들을 연합시키는 효과가 있었을 것이다. 그럴지라도 근저의 문제는 인종 문제가 아니라 문화 문제다.

남아프리카나 미국과 같은 곳에서는 이론상 그리스도의 몸 안에서 별도의 실체로 존재해서는 안 되는 인종에 기반을 둔 교회와 심지어 교파가 만들어지기는 했지만, 교회는 결코 공식적으로는 인종을 교회 안에서 교인 자격이나 권위자 역할을 결정하는 분류 기준으로 받아들이지 않았다. 일단 그런 교회나 교파가 만들어지고 확립되고 나면 그들을 어떻게 대해야 하는지가 문제다. 예를 들어 미국에서 흑인 교회들이 그들 자신의 창의적인 문화를 갖고 있고 흑인들이 높은 지도자 지위에 오를 수 있는 공간을 제공했다는 점은 의심할 바가 없다. 음악의 관점에서는 아마도 흑인 교회가 미국 백인 교회보다 기독교 세계에 더 큰 공헌을 했을 것이다. 흑인 교회들이 백인 교회들과 통합되었더라면 독특한 흑인의 목소리는 소수파가 되고 대체로 감춰졌을 것이다. 누가 그런 일이 일어나기를 바라겠는가? 인종주의자가 아니어도 흑인 교회는 그 자체로 독특한 기여를 하고 있으며, 의도는 좋지만 궁극적으로 잘못 인도된 통합 추진으로 이 기여가 상실된다면 그것은 큰 수치일 것이라고 믿을 수 있다. 아마도 하나님이 악에서 선을 이끌어냈다고 말하는 것이 이 경우에 가장 좋은 답일 것이다. 개인들이 자기들이 원하는 대로 할 자유가 있는 한, 그리고 이런 교회들로부터 소수파를 배제하기 위한 장벽이 세워지지 않는 한, 이것이 치욕스런 이유일 필요는 없으며, 심지어 다채로운 그리스도의 몸에 대한 우리의 이해를 더 풍성히 하는 데 도움이 될 수도 있다.

언어와 문화에 기반을 둔 민족 분열은 다루기가 훨씬 더 어렵다. 미국에서는, 비록 공식적으로는 "스웨덴의", "네덜란드의", "독일의"와 같은 형용사를 떼어내기는 했어도, 명확히 그렇게 인식될 수 있는 민족적 유산의 교파들이 많이 있다. 그들은 자신의 언어를 사용하는 이주민 집단의 교회로서 처음 시작되었는데, 지금은 그것이 바뀌었지만 그들의 원래의 정체성은 기관의 형태에 계속 보존되어 있다. 남침례교단(Southern Baptist Convention)이 보여주는 것과 같이 심지어 미국인들은 고향의 유산에 기반을 둔 교단을 만들 수도 있다. 간혹 이제 "남"(Southern)이라는 말을 떼어낼 때가 되었다고 제안하는 사람들이 있지만, 이 제안은 언제나 (실제적인 이유가 아니라) 상상만 할 수 있는 이유들로 저항에 부딪힌다.

다른 나라들에서는, 종종 사태가 훨씬 더 심각하다. 예를 들어 동방 정교회에 속한 교회들은 각각 서로 다른 민족 집단들과 너무 가깝게 동화된 결과, 많은 사람들은 각각의 교회들이 모두 하나의 동일한 교회의 지체라는 사실을 깨닫지 못할 정도가 되었다. 미국 정교회를 만들려고 시도했을 때 바로 이 문제에 봉착했다. 왜냐하면 러시아인들과 그리스인들은 우크라이니인, 세르비아인, 루마니아인, 레바논인 등과는 말할 것도 없고 둘 사이에도 서로 연합할 수 없었기 때문이다. 심지어 명확한 언어적 장벽이 없을 때에도 민족주의가 손쉽게 끼어들어 분열을 일으킬 수 있다. 잘 알려져 있지는 않지만, 이에 대한 강력한 예를 서유럽의 영어권 교회들에서 발견할 수 있다. 서유럽에서는 미국 감독 교회에 속한 교회들이 영국 성공회가 세운 예배당과 나란히 위치한다. 그들은 같은 언어를 말하고 서로 교제를 나누지만, 하나는 미국인들의 교회이고 다른 하나는 영국인들의 교회이며, 각각 별도의 길을 간다.

교회는 이에 관해 무엇을 할 수 있고, 무엇을 해야 하는가? 언어 차이는 중대한 문제이며, 사람들이 두 나라 말을 하지 않는 한 극복하기가 거의 불가능하다. 예를 들어 엄밀히 말해 웨일스어 예배가 전혀 필요 없는 웨일스가 그런 경우다. 그러나 웨일스어는 종교 전통의 힘으로 살아남았고, 웨일스어로 예배하는 사람들은 그것이 다른 사람들에게 아무리 불필요하고 "분리적인" 것으로 보일지라도 단호하게 웨일스어 예배를 보존한다. 다민족으로 구성된 아프리카 국가들에서 언어의 다양성 문제는 공통 언어의 사용으로만 해결될 수 있는데, 공통 언어는 대개 과거 식민지 지배국의 언어이고, 따라서 모든 사람에게 똑같이 생소하다. 희한하게도 아프리카의 이런 해결책은 초기 교회에 존재했던 것과 가장 가까운 해결책일 것이다. 초기 교회에서 그리스어는 아마도 (전부는 아닐지라도) 대부분의 사도들을 비롯한 많은 그리스도인들에게 모국어가 아니었음에도 불구하고 예배의 공통 언어였다.

수백 년 동안 민족의 다양성 문제에 대해 많은 해결책이 시도되었지만, 지금까지 완전히 성공적인 해결책은 하나도 없었다. 1,500년이 넘도록 로마 가톨릭교회는 많은 교인들이 라틴어를 모르는데도 불구하고 라틴어로 예배를 드렸다. 지금은 이 관습이 포기되었지만, 그로 인해 상당한 손실이 없지 않았다. 개신교 교회들은 종교개혁 때 자국어를 사용하기로 했다. 이것이 실제로 의미한 바는 지방 사투리를 희생시키는 대가로 영어와 독일어의 표준어를 발달시킨 것이다. 표준어는 이미 존재하고 있던 언어를 가급적 많이 반영하는 전국적 언어를 의미했다. 많은 부족이 있는 지역에서는 현대의 성경 번역자들도 비슷한 딜레마를 겪고 있다. 그들은 성경을 모든 지방의 언어로 번역하고 이를 통해 구별되는 여러 언어들을 만들어내는가, 아니면 연결되는 방언의 역할을 해서 집단들을 분리시키지 않고 연합시킬 수 있는 중간 형태의 언어를 모색하는가? 그 결정이 언어적 고려에 의존할 수도 있지만, 특히 같은 지역에서 서로 경쟁하는 기독교 선교 기관들이 일할 경우에는 정치적 결과일 수도 있다.

여기서 우리를 인도할 어떤 성경적 원리가 있는가? 우리가 말할 수 있는 첫 번째 원리는, 교회는 유대교가 과거에도 그랬고 지금도 그런 것과 같은 방식의 민족 공동체가 아니라는 점이다. 기독교 언어나 우리가 돌아가기를 염원하는 기독교 조국은 없다. 초기 교회에는 기독교를 유대교의 성취와 확장으로 생각해서 이방인 회심자들이 유대인이 되기를 바란 사람들이 있었지만 그 바람은 거부되었고, 오래지 않아 우리가 신약성경에서 볼 수 있는 독특한 유대인 기독교는 사실상 사라졌다. 바울은 선교 여행 중에 간혹 자신이 의사소통할 수 없는 사람들을 만났지만 복음을 그들의 언어로 번역하려는 시도는 하지 않은 것으로 보이며, 확실히 아무에게도 그리스어 이외의 다른 언어로 편지를 쓰지 않았다. 민족 집단에 대한 민감성은 바울의 주 관심사가 아니었고, 초기 그리스도인들도 그 점에 대해 그리 크게 염려하지 않은 것으로 보인다. 사도들은 오순절 날 일어나 설교할 때 외국어의 은사를 받았고, 그래서 사도들의 설교를 들은 사람들은 모두 사도들이 자기들의 언어로 말하고 있다고 생각했다. 그러나 이 기적은 다시는 똑같이 반복되지 않았으며, 타문화 선교 시도로 이어지지도 않았다. 심지어 예수와 그의 제자들의 모국어였던 아람어도 요행히 신약성경에 들어간 **"아바"**와 같은 몇 마디 단어를 제외하면 부차적인 지위로 전락했다.[53]

우리는 출신 민족이 교회의 구성원이 되는 데 장애가 되지 않는다는 점을 확실히 말할 수 있다. 처음부터 모든 민족이 복음의 메시지를 듣도록 땅 끝까지 복음을 전하는 것이 사도들의 목표였다. 결국 이 일에는 번역과 그에 따르는 문화적 적응이 요청되겠지만 그것은 결코 우선순위가 아니었으며, 아마도 교회의 역사는 왜 그런지 약간의 단초를 제공해 줄 것이다. 성경이 새로운 언어로 번역될 때, 이전에는 결코 갖지 못했던 지위를 얻는 거룩한 언어를 만들어내는 경향이 있다. 심지어 신약성경의 원어인 그리스어에서도 이 일이 일어났다. 신약성경 저자들은 당시의 평범한 말로 썼지만 수백 년 동안 그들의 말은 종교적 분위기를 얻었고, 지금은 그 말을 현대 그리스어로 번역하기가 극도로 어려워졌다. 여러 세기 동안 라틴어도 마찬가지였고, 9세기에 마케도니아 방언에서 발달하여 오늘날에도 여전히 강력한 힘을 갖고 있는 고 교회 슬라브어도 그렇다. 심지어 영어권 세계에서도 예배 때 튜더 시대 영어를 보존하기 원하는 사람들과, 시대에 따라 변해야 한다고 믿는 사람들 사이에 긴장이 있다. 오랜 세월 동안 성경 구절에서 복음은 여러 언어와 문화 안에 내장

---

53 막 14:36; 롬 8:15; 갈 4:6.

되었지만, 그 가운데 어느 한 언어에 복음이 담겨 제한될 수는 없다. 번역과 문화적 상황화는 나름의 역할을 갖고 있지만, 결코 그 자체가 목적은 아니다. 결국 교회가 진정한 다민족 공동체로 남아 있도록 담보하는 유일한 방법은 어느 특정 민족, 언어, 문화를 규범화하지 않는 것이다. 교회는 모든 사람에게 열려 있으며, 복음은 접하는 모든 사람을 변화시켜서 그들을 새롭고 초문화적인 하나님의 백성으로 만들 것이다.

인간의 공동체와 정부

모든 인간 사회는 바람직하게 성장하고 번성하려면 모종의 조직과 정부를 필요로 한다. 그것은 가정도 확실히 마찬가지며, 이미 살펴본 바와 같이 부족과 민족들은 사실은 확대된 가족 구조에 지나지 않는다. 16세기와 17세기에는 인간의 정부가 처음부터 하나님이 의도하신 창조 질서의 일부인지, 또는 타락한 이후에 출현해서 타락에 수반된 무질서의 일부인지에 대해 격렬한 논쟁이 있었다. 에덴동산에는 인간 공동체가 없었기 때문에, 어떤 면에서 이 논쟁은 순전히 학문적이고 해결할 수 없는 논쟁이다. 그리스도인들이 자기 시대의 세속 당국에 대해 어떤 태도를 취해야 하는가가 실제로 더 중요한 문제다. 보다 급진적인 많은 개신교 종교개혁자들은 국가와 계급 구조가 본질적으로 사악하며, 완벽한 사회에서는 폐지될 것이라고 믿었다. 그들의 태도는 당시의 한 인기 있는 시구에 다음과 같이 잘 요약되어 있다.

아담은 땅을 파고 하와는 실을 자았을 때
그때 누가 신사였던가?

지금 무정부주의로 알려져 있는 견해는 극좌파 정치인들에게서 간헐적으로 소생했고, 때때로 독재로 가기 쉽고 따라서 권위에 대해 미심쩍어하는 스페인과 같은 나라들에서 영향력을 행사했다. 그러나 무정부주의의 비현실성은 명확하며, 그것은 결코 오래 가지 못했다. 더 교활하고 훨씬 더 만연되어 있는 견해는 모든 정부는 부패했고 따라서 가능하면 피해야 한다는 관념이다. 타락 이후로 어떤 인간의 권위 체계도 완벽하지 않다는 점과, 그 체계가 이상적 세계에서는 전혀 존재하지 않을 것이라는 주장은 전혀 확실하지 않다. 아담과 하와가 하나님이 그들에게 의도한 대로 피조물에 대한 지배권을 행사하려면 조직화가 필요했을 텐데, 그것은 모종의 정부 형태였을 것이다. 우리는 그 이상은 알 수 없다. 하나님이 자기 백성들에게 의도하신 것은 무엇이든 도중에 하나님께 대한 반역으로 끝났고, 이로 인해 새로운 상황이 만들어졌다. 하나님은 자신의 피조물을 계속 사랑으로 돌보시겠지만, 그러나 이후로는 사랑을 받는 사람들이 원래 사랑이 주어진 정신 안에서 그 사랑을 받아들이는 것이 아니라, 그 사랑에 분개하고 그것을 거부하는 경향이 더 커지는 맥락 안에서 그 사랑이 행사될 것이다.

4부

하나님의 사랑을
거절하다

17장

•

천사들이 하나님의 사랑을 거절하다

하나님께 대한 천사들의 반역의 본질

하나님께 대한 반역은 그의 사랑에 대한 거절이다. 왜 이런 반역이 하나님을 직접 대면하여 보고 자기들이 무엇을 하고 있는지 정확히 알았던 (지금도 알고 있다) 영적 피조물에게서 먼저 일어났는가?[1] 누가 하나님의 뜻에 의식적으로 반대하며 살기로 선택하고, 또 하나님은 왜 그들이 그렇게 하도록 허용하시는가? 여기서 우리는 순전히 인간적인 관점에서는 해소할 수 없는 신비를 만난다. 우리가 우리 자신의 마음과 생각의 가장 깊은 동기를 이해할 수 없다면, 천사들의 깊은 마음을 살필 수 있으리라는 희망은 아예 없다. 그러나 천사들의 반역이 우리의 지성에 신비이기는 해도, 우리가 이미 그 반역에 휘말려 있기 때문에 그것은 우리의 이해를 넘어선다는 이유로 무시할 수 있는 사건이 아니다. 우리가 경험하는 악은 자연적으로 발생한 것이 아니고, 자신의 반역에 가담하도록 우리를 유혹한 사탄이 초래한 것이다. 우리가 빠진 곤경을 이해하기 위해서는 사탄이 왜 하나님에게서 돌아섰는지 알아보기 위해 노력해야 한다.

---

1   약 2:19.

어느 시점에, 그리고 우리에게 알려지지 않은 이유에서 천사들 가운데 하나가 하나님께 대한 반역을 이끌었다. 성경은 무엇이 사탄으로 하여금 자기의 신적 주인에게 반역하도록 동기를 부여했는지 말하지 않지만, 이 사야서 14:12-15가 일어난 일에 대해 단서를 제공할 수 있다.

너 아침의 아들 계명성이여,
어찌 그리 하늘에서 떨어졌으며
너 열국을 엎은 자여,
어찌 그리 땅에 찍혔는고
네가 네 마음에 이르기를
"내가 하늘에 올라
하나님의 뭇 별 위에
내 자리를 높이리라.
내가 북극 집회의
산 위에 앉으리라.
가장 높은 구름에 올라가
지극히 높은 이와 같아지리라" 하는도다.
그러나 이제 네가 스올 곧 구덩이
맨 밑에 떨어짐을 당하리로다.

이사야는 사탄에 대해 쓴 것이 아니라 자신이 신인 체하는 바빌로니아 왕의 허세와 그로 인해 그가 겪은(또는 겪게 될) 징벌을 묘사한 것이다. 에스겔 28:2-10에도 두로 왕에 관해 비슷한 구절이 있는데, 그 구절도 사탄의 타락에 대한 암시일 수 있다. 고대의 군주들은 종종 신을 자처했으며, 신약성경에서 사탄은 이 세상의 신이자 지배자로 언급된다. 이 점은 사탄의 타락과 이 두 왕의 몰락이 약간만 연결된 것이 아님을 암시한다.[2] 바빌로니아 왕과 두로 왕은 하나님께만 속한 권위를 자기 것으로 주장하고 있었고, 그들은 이 세상 지배자의 종이었기 때문에 그들이 자기 주인의 본을 따른 것은 논리적이었을 것이다. 이사야는 바빌로니아 왕이 자처한 터무니없이 과장된 호칭을 사용하여 그를 조롱했을 수도 있지만, 이 구절의 어조는 바빌로니아 왕이 하나님께 대한 영적 반역에 관여하고 있었고 그들에 대한 하나님의 처벌도 영적이었음을 분명히 드러낸다. 스올과 "구덩이 맨 밑"은 지옥과 아주 유사한 말로 들리며, 지옥행이 바빌로니아 왕의 무모함에 대한 궁극적 보응이었다고 결론을 내려도 불합리하지 않다. 그렇다면 이 구절들의 배후에 사탄의 타락에 대한 암시가 있다고 주장해도 전혀 엉뚱해 보이지 않으며, 이 점은 최소한 사탄에게 일어난 일에 대해 어느 정도의 통찰력을 제공한다.

우리가 사탄의 타락에 대한 세부 내용은 알 수 없을지 모르지만, 이에 대해 어느 정도 자신 있게 확언할 수 있는 사실이 몇 가지 있다. 첫째, 우리는 사탄이 틀림없이 자유의지를 가졌을 것이라는 점을 안다. 사탄이 하나님의 종으로 지음 받기는 했어도 아무런 선택권이 없이 하나님이 원하는 것은 무엇이든 하는 자동인형이 아니었다. 이것이 중요한 이유는 하나님과 천사들의 관계가 위계 관계이기는 해도, 그 관계는 사랑의 관계라는 점을 상기시키기 때문이다. 천사들은 그렇게 할 수밖에 없기 때문이 아니라 그들이 스스로 원하기 때문에 하나님의 명령을 이행한다. 그들은 자기 주인의 종들이지만, 온 마음을 다해 주인에게 순종한다. 무엇이 부추겼든 사탄의 반역은 틀림없이 그의 자유의지의 표현으로 시작되었을 것이다. 사탄은 그것을 보여주는 어떤 행동을 하기 전에 이미 마음으로 하나님에게서 등을 돌렸고, 하나님은 틀림없이 그것을 아셨을 것이다. 사탄의 행동은 그의 반역성을 보여준다. 사탄의 행동은 그의 반역성의 원인이 아니라 결과이며, 그 원인은 사탄의 마음과 생각의 가장 깊

은 심층에서만 발견될 수 있다.

사탄은 자신의 자유의지로 하나님을 반역하기로 했고, 자기가 무엇을 하고 있는지 충분히 알면서 그렇게 했다. 사탄은 악을 아직 경험하지 못했기 때문에 악이 무엇인지 알지 못했을 것이라고 주장할 수도 있겠지만, 이는 사실을 오도하는 주장이며 사탄의 반역의 심각성을 평계대거나 완화시킬 수 없다. 사탄은 불순종이 하나님이 원하시는 것이 아님을 알았지만 기꺼이 불순종을 선택했다. 사탄이 이후에 다른 존재들을 유혹했던 것과 같은 방식으로 사탄을 유혹한 다른 힘이나 영향은 없었다. 따라서 결정은 전적으로 사탄이 내린 것이고, 하나님께 대한 그의 마음속의 증오에서 나왔다. 하나님은 사탄을 창조하실 때 사탄이 이렇게 되리라는 것을 알았는가? 이것은 대답할 수 없는 질문이다. 하나님은 천사들에게 자유의지를 줌으로써 반역의 가능성을 열어 놓았지만, 반역이 하나님의 의도였을 수는 없다. 천사들은 자기의 자유의지를 사용해서 하나님과 영원한 교제를 누리도록 의도되었고, 이 교제는 천사들이 하나님께 대해 보여주는 섬김과 예배에서 완성되었다. 우리가 아는 한 대부분의 천사들은 자신의 지위에 완전히 만족하고 결코 이를 거부할 생각을 하지 않았다. 그러므로 사탄의 반역은 피조물로서의 그의 지위로 인해 개연성이 매우 높았거나 불가피했던 일이 아니라, 사탄이 다른 천사들과는 달리 자기의 창조주를 섬기고 싶지 않기 때문이었다.

이사야는 바빌로니아 왕이 하나님을 폐위시키길 원했다고 암시했지만, 우리는 이것이 사탄에게도 해당되는지 알 수 없다. 사탄은 틀림없이 자신이 하나님을 폐위시키기는 불가능하다는 점을 알았을 것이고, 따라서 아마도 그런 시도를 하지 않았을 것이다. 사탄이 원했던 것은 자신의 독립이었고, 하나님은 마치 탕자의 비유에서 아버지가 둘째 아들에게 자기 길을 가도록 허락한 것과 같이[3] 사탄에게 그렇게 하도록 허용하셨다.

---

3   눅 15:12.

사탄은 스스로 선택할 자유가 있었으나, 자신이 피조물이라는 사실에서 벗어날 수 없었다. 하나님을 반역하는 것이 사탄이 자신의 자유를 과시할 수 있는 유일한 길이었다면 완벽한 자유는 자멸 행위였을 텐데, 사탄은 자멸을 택하지 않았다. 사탄은 두 가지 방식으로 자유를 원했던 것으로 보인다. 사탄은 하나님과 독립적으로 자신의 의지를 행사하길 원했지만, 동시에 자신이 만들지 않은 우주에서, 그리고 자신의 선택에 따른 것이 아니라 자신에게 주어진 자연과 함께 계속 살기 원했다. 하나님께 대한 사탄의 반역은 자신의 상태에 대한 반란이었다. 창조주에 대한 사탄의 증오는 피조물, 그리고 무엇보다 자기 자신에 대한 증오였다. 사탄의 반역의 역설은 사탄은 자신의 행위로 하나님을 불쾌하게 할 수는 있었어도 하나님께 아무런 해를 입힐 수 없었던 반면에, 자신에게는 해를 입힐 수 있었고 실제로 해를 입혔다는 것이다. 사탄의 삶은 자신의 내적 모순으로 인한 끊임없는 좌절의 삶이다. 사탄은 자신을 파괴함으로써만 자신이 원하는 것을 얻을 수 있지만, 그렇게까지는 하고 싶지 않아 절대로 자신의 욕망을 만족시키지 못한다. 자신의 목표를 이룰 수 없는 사탄은 자신이 할 수 있는 모든 존재에게 자신의 좌절을 퍼붓는데, 바로 이 지점에서 인간이 등장한다.

사탄과 함께 타락한 천사들이 사탄과 똑같이 자유롭게 선택했는지 여부는 분명하지 않다. 아마도 그들도 자유롭게 선택했을 것이고, 사탄이 가졌던 자유에 대한 똑같은 욕망에 이끌렸을 것이다. 그럴 경우 그들도 자신의 자유의지를 행사했고 그 때문에 타락했을 것이다. 아마도 그들은 천사장들 가운데 하나인 사탄의 부하들이었을 것이고, 사탄이 타락하자 충성심에서 사탄을 따랐을 것이다. 그렇다고 확신할 수는 없지만 그들의 반역이 사탄에 대한 충성 행위였다면, 그것이 지금도 그들이 사탄에게 종속되어 있고 자기들의 길을 가지 않은 이유를 설명해줄 것이다. 또한 그것은 타락한 천사들의 계급 체계가 타락하지 않은 천사들의 계급 체계와 똑같은 내적 체계를 갖고 있음을 의미할 것이다. 왜냐하면 그들은 원래 하나였고 똑같았기 때문이다. 사탄의 나라는 무정부 상태에 있지 않고, 세상에서 악의 세력으로 기능할 수 있게 해주는 자체 조직을 갖고 있다. 예수 자신이 우리에게 사탄의 세상은 자기들 사이에서 분열된 집이 아니라, 하나님께 반대해서 연합한 악한 영들의 영역이라고 말씀하신다.[4] 이 말은 그들의 원래의 반역이 일련의 불연속적이고 독립적인 행위들이 아니라 공동의 반란이었음을 강력히 암시한다. 이 결론이 옳다면, 그것은 장점이자 약점이다. 사탄의 관점에서 보면 귀신들이 서로 상반된 목표를 위해 일하지 않기 때문에, 그것은 장점이다. 그러나 그것은 약점이기도 한데, 왜냐하면 사탄이 패배하면 그 패배는 사탄에게 예속된 귀신들도 정복되는 것을 의미하기 때문이다. 그것이 바로 예수가 사탄의 나라를 무너뜨렸을 때 그리스도인들이 사탄으로부터만 해방된 것이 아니라 모든 악한 세력들로부터도 해방되었음을 우리가 확신하는 이유다.

우리는 사탄이 혼자서 반역하지 않았고 타락한 상태에서 지지자가 없는 것도 아니라는 점을 확실히 알 수 있다.[5] 그들이 왜 사탄의 말을 들었는지는 알 수 없다. 아마도 사탄은 원래 미가엘과 같은 천사장이었고, 사탄이 타락했을 때 그가 자기 휘하의 천사들을 데려갔을 것이다. 타락한 천사들의 수가 지금도 하늘에 있는 천사들의 수보다 적은지는 알 수 없지만, 그것은 그다지 중요하지 않다. 사탄의 반역에서 그를 섬긴 타락한 천사들이 상당히 많았던 것은 사실이고, 우리는 원하건 원하지 않건 이들을 다뤄야 한다.

타락한 천사들은 하나님께 맞서 반란을 일으켰지만, 그들은 본질적으로 신실한 천사들과 똑같은 유형의 영적 피조물이다. 이것은 그들이 태어나지 않고 결혼하지 않으며 죽을 수 없음을 의미한다. 그들은 자기들이 반역하기 전에 갖고 있던 하나님에 관한 지식을 그대로 간직하고 있

---

4 마 12:24-26.
5 벧후 2:4.

으며, 그들의 반역은 결코 그들의 무지의 결과가 아니었다. 타락한 천사들은 자기들의 영적 본질에 내재한 능력도 유지하고 있는데, 그들은 이제 이 능력을 하나님을 섬기기 위해 사용하는 것이 아니라 하나님을 거역하기 위해 사용한다. 그들이 피조물로서의 성격을 보존하고 있다는 것은, 그들의 반역에도 불구하고 그들은 여전히 하나님의 뜻에 종속되어 있음을 의미한다. 우리는 왜 하나님이 타락한 천사들에게 그렇게 하도록 허용하시는지 이해하기 어렵지만, 그들은 무엇을 하든 하나님이 허용하실 때만 그렇게 한다.[6]

타락한 천사들이 계속 하나님의 뜻에 예속된다는 사실이 우리에게 가장 중요한 실제적 측면은 사탄과 그의 대리인들이 하나님의 신적 능력에 의해 쫓겨나고 통제될 수 있다는 점인데, 이 능력은 인간에게 귀신을 쫓아내는 은사로 주어질 수도 있다. 우리에게 주어진 영적 능력은 마귀가 동원할 수 있는 어떤 세력보다 크기 때문에, 그리스도인들은 마귀를 두려워할 이유가 없다. 충성스러운 천사들은 하나님의 사자로서 우리는 그들에게 순종해야 한다. 이 점에서 타락한 천사들은 충성스러운 천사들과 다르다고 덧붙일 수 있다. 충성스러운 천사들은 하나님의 능력과 권위를 갖추고 오며, 우리는 그들을 무시하거나 쫓아낼 수 없다.

무법의 지배

사탄과 그의 천사들의 타락은 물질세계의 창조 이전에 일어났는가, 이후에 일어났는가? 성경은 사탄이 이 세상의 지배자라고 말하는데, 사탄은 무슨 권리로 그런 영예를 주장하는가? 사탄은 하나님의 은혜에서 떨어져 나갔는데, 어떻게 우리 가운데 존재하면서 강력한 힘을 발휘하는

---

6   욥 1:12를 보라.

가? 사탄이 반역하기 전에 세상의 지배자가 아니었다면, 왜 반역한 이후에 세상을 지배하도록 허용되었는가? 우리는 사탄이 하늘에서 쫓겨난데 대한 모종의 위로의 보상으로 세상을 소유하게 되어, 사탄에게 반란이전에는 갖고 있지 못했던 권위가 주어짐으로써 그의 반란이 보상을받았다고 말할 수 있는가? 그렇다면 그것은 우리의 행위에 따라 보상하고 그와 반대로 하지 않는 하나님에 대해 우리가 알고 있는 모든 것에서어긋날 것이다.[7] 이 문제에 대한 한 가지 답은 "세상"은 물리적 피조물과동일시되어서는 안 되고, 하나님께 대한 영적 반역 상태를 가리킨다고말하는 것이다. 물론 이 답 안에 상당한 진리가 들어 있기는 하지만, 그것이 이야기의 전부는 아니다. 물리적 우주는 그 자체로 악은 아니지만, 그럼에도 불구하고 사탄에게 사용되어 인간에게 해를 입힌다. 우주가 모종의 방법으로 사탄에게 예속되어 있지 않다면 사탄은 그렇게 할 수 없을것이다. 그러므로 하나님이 사탄에게 그가 타락하기 **전에** 세상을 다스릴 과제를 주었다고 볼 수 있을 것이다. 이 세상의 지배자로서의 사탄의지위는 그가 반역한 결과로 얻게 된 것이 아니라, 그의 반역조차도 이를취소하기에 충분하지 않았던 하나님의 선물이었다. 이것이 우리에게는생소해 보이지만, 하나님이 운영하시는 표준 양상에는 아주 잘 들어맞는다. 이스라엘 민족이 하나님을 반역하고 그분의 아들을 죽였을 때, 하나님은 이스라엘 민족을 박멸하거나 포기하지 않으셨고, 이스라엘 민족도 하나님의 선민으로서의 지위를 상실하지 않았다. 바울의 설명처럼 이것은 "하나님의 은사와 부름이 취소될 수 없기" 때문이다.[8]

만약 이 결론이 정확하다면, "세상" 또는 최소한 물질은 틀림없이 사탄의 반역 이전에 모종의 형태로 존재했을 것이다. 이 이론을 지지하는증거가 창세기의 창조 기사에서 나오는데, 이 창조 기사는 하나님이 말

---

7   마 16:27; 딤후 4:14.
8   롬 11:29.

하기 전에 땅이 "형태가 없고 비었다"고 말한다. 이 말은 히브리어 **토후 와-보후**(*tohu wa-bohu*)를 번역한 것으로, 영어의 "topsy turvy"(뒤죽박죽) 처럼 자체로는 아무 의미가 없지만, 자초지종을 말해준다.[9] 창세기 1장 은 땅이 하나님이 창조하시기 전에는 존재하지 않았다고 말하지 않고, 땅이 어둡고 조직화되지 않았다고 말한다.[10] 하나님이 땅을 그런 식으 로 만드셨는가? 아마 그러셨을 것이다. 그러나 하나님이 우주를 하나님 자신답게 만들지 않고 사탄답게 만드셨다는 것은 이상해 보인다. 세상 을 보살필 책임이 부여된 사탄과 그의 천사들이 자신들의 직무를 이행 하지 않고 사물들이 파괴되고 황폐해지게 했기 때문에 모든 것이 어둡 고 질서가 없게 되었을까? 여기서 우리는 추측할 수밖에 없지만, 그 이 론이 그리 이상하게 들리지는 않는다. 우리는 아담과 하와가 창조되었을 때 사탄이 이미 에덴동산에 있었다는 것과 그 당시에 악이 알려질 수도 있었다는 것을 알고 있기 때문이다. 더구나 이 이론은 사탄의 지배를 "혼 란"으로 묘사하는 보편적인 구약성경의 습관에 의해 강화되며, 이러한 묘사는 신약성경에서도 발견된다.[11]

사탄에 대한 바울의 극적인 묘사가 분명히 보여주는 것과 같이, 법과 질서의 부재(不在)가 사탄적인 것들의 특유한 속성이다.

> 누가 어떻게 하여도 너희가 미혹되지 말라 먼저 배교하는 일이 있고 저 불 법의 사람 곧 멸망의 아들이 나타나기 전에는 그 날이 이르지 아니하리니 그는 대적하는 자라 신이라고 불리는 모든 것과 숭배함을 받는 것에 대항 하여 그 위에 자기를 높이고 하나님의 성전에 앉아 자기를 하나님이라고

---

9 창 1:2.
10 이것이 창세기 1장이 진실로 엄밀한 의미에서의 "창조"에 관한 장인지 의심하는 한 가지 이유다.
11 이 주제는 킹제임스역 성경에서 가장 일관되게 볼 수 있다. 예컨대 다음 구절들을 보라. 레 20:12; 시 35:4; 44:15; 109:29; 사 45:16; 고전 14:33; 약 3:16.

내세우느니라.[12]

이 본문은 이번 장을 시작할 때 언급한 바빌로니아 왕에 관한 이사야의 말과 명백한 유사점이 있으며 그 시나리오를 서로 비교할 만하다. 말하자면 하나님을 반역하고 하나님의 자리를 차지하려는 강력한 인물이 있다. 사탄적인 욕망을 "무법적"이라고 한 바울의 묘사는 사탄과 그의 대리인들의 지배가 자체적으로 내적인 일관성을 갖고 있지 않다는 것을 의미하지 않는다. 무법 세상을 잘 아는 사람들은 법과 질서에 대한 일반적인 기준은 없을지라도, 거의 언제나 자체의 "정글의 법칙"을 시행하여 그 지배 아래서 살 수밖에 없는 사람들의 마음속에 두려움을 심고, 자의적인 살인 등으로 자신의 권위를 유지하는 지역 마피아가 있다는 점을 알고 있다. 사탄이 우리 가운데서 활동하는 방식이 이렇다. 사탄이 언제 공격할지 또는 어떤 도구를 사용해서 자신의 계획을 실행할지는 알 수 없다. 사탄은 예수까지도 자신의 뜻에 굴복시키려고 시도했다. 그러나 사탄은 예수에 대해서는 실패했지만 예수의 제자들 가운데 한 명에게는 성공했고, 그 제자는 스승을 배반하고 그를 죽음으로 이끌었다.[13] 자신이 이런 책략으로부터 안전하다고 생각하는 사람은 크게 착각하는 것이며, 성경은 우리에게 항상 사탄을 경계하라고 경고한다.[14]

무법은 자의적이며, 바울이 우리에게 상기시키는 것처럼 파괴적이기도 하다. 좋은 의도로서 전 세계에 선의를 확산시키는 하나의 방법으로 "무작위적인 친절의 행위"를 실천하라고 조언하는 말이 있다. 비록 그 말의 의도는 좋을 수 있지만, 그 말이 추천하는 방법은 좋지 않다. 무작위로 친절을 베풀 경우 친절에 맥락과 목적이 없어질 텐데, 이 둘은 친절의 참된 의미에 필수적이기 때문에 친절은 무작위적으로 될 수 없다. 어린

---

12   살후 2:3-4.
13   마 4:1-11; 눅 22:3.
14   벧전 5:8.

아이에게 젖을 먹이고 싶을 때마다 젖을 먹이는 엄마는 그 아이에게 친절을 베푸는 것이 아닐 테고, 이를 확대하면 다른 모든 것에도 똑같은 원리가 적용된다. 반면에 악은 유지할 질서도 없고 성취할 목적도 없기 때문에 무법적이어도 된다. 악은 하나님이 주신 것을 파괴할 수 있을 뿐이고, 파괴 자체를 목적으로 본다.

그러나 이 맥락에서 "파괴"는 상대적인 용어다. 사탄은 창조세계를 없애거나 자연 법칙을 뒤엎을 수 없다. 사탄은 자연 세계에 중대한 영향을 줄 능력이 없기 때문에, 사탄의 활동에 의해 자연 세계가 부패하거나 오염되지는 않았다. 사탄이 할 수 있는 것은 그보다 더 미묘하고, 따라서 더 위험하다. 사탄은 하나님이 만드신 것을 원래 의도되지 않았던 목적에 사용한다. 사탄이 가져오는 파괴는 좋은 것이 나쁜 목적에 이용되고 따라서 불신되기 때문에 발생한다. 예를 들어 총은 주민의 건강과 안전이 위협 받는 상황에서는 유용하게 사용될 수 있는 살상 무기다. 그러나 총이 나쁜 사람들의 수중에 들어가 사람들을 보호하는 대신 위협하는 데 사용되면, 총이 가져올 수 있는 유익은 쉽게 시야에서 사라진다. 일부 국가에서는 이론상 합법적인 법률 집행 기관들이 독재 정권에 의해 그들의 권력을 떠받치는 데 이용된다. 그런 일이 일어나면 사람들은 법에 대한 신뢰를 잃고, 때로는 국가에 대항해서 자기를 방어할 필요가 있다고 간주하고 무기를 들기도 한다. 그런 경험을 거친 나라는 법을 수호해야 할 사람들을 더 이상 믿을 수 없기 때문에 악한 정권이 무너지더라도 법과 질서를 회복하기가 매우 어려울 수 있다. 이것이 바로 사탄이 최선을 다해 조장하는 종류의 혼란과 파괴다.

그런 운명을 겪지 않은 나라들에서 사는 사람들은 이에 대해 고마워할 수도 있지만, 사탄은 그런 나라들에서도 존재하고 활동한다. 심지어 가장 성공적인 민주국가에서도 사람들은 "평화", "번성", "정의"에 투표하라고 쉽게 설득된다. 이런 약속들을 한 정치인들이 공약을 이행하지 않을 때는 흔히 냉소주의가 만연하고, 그 결과 절망한 대중들은 어떤 변화든 발전이라고 믿게 된다. 더구나 그런 민주국가들은 흔히 부분적으로는 모든 문제가 사람이 만들어낸 것이고 따라서 순전히 인간적인 수단을 통해 해결될 수 있다고 가정하며, 부분적으로는 "종교"가 사회 분열을 조장하는 세력이라고 주장하기 때문에, 최선을 다해 하나님에 대한 어떤 언급도 억압한다. 그들은 영적인 문제를 영적인 관점에 따라 처리하지 못하면 제안된 어떤 해결책도 실패할 수밖에 없고, 그 과정에서 사회 전체 질서가 손상된다는 점을 보지 못한다. 그 결과 자유 민주주의 국가들은 인류를 영적 속박에서 벗어나게 할 수 없는 "자유"를 설교한다. 그 망상은 하도 강력해서 대부분의 사람들이 그 망상에 빠지고, 영원한 좌절을 가져올 수밖에 없는 체계에 기꺼이 예속된다. 이에 비춰보면 자유 민주주의의 출현은 지금까지 인간의 역사에서 사탄이 거둔 가장 큰 승리일 수도 있다.

악의 문제

하나님이 자신의 영광을 위해 창조하신 창조세계는 영적 피조물들의 아집에 의해 부패했다. 그들은 하나님께 등을 돌리고, 자기들에게 주어진 은사와 능력을 할 수 있는 한 하나님의 작품을 많이 파괴하는 데 사용한다. 이것은 슬픈 이야기이며, 하나님이 자신의 사랑에 대한 이러한 거절에 대응해서 자기가 만드신 것들을 쓸어버리고 다시 시작하신다고 해도 아무도 놀라지 않을 것이다. 그러나 하나님은 그렇게 하지 않으셨다. 심지어 자신의 피조물들이 자기에게 불순종하고 제 갈 길로 갔을 때도 하나님은 자신의 능력을 사용하여 그들에게 보복하지 않으셨다. 이것은 하나님이 그럴 권한이 없으셔서가 아니었다. 우주를 지배하는 주권자로서 하나님은 자기의 피조물들에게 자신이 원하는 대로 할 수 있으시며,

우리는 그에 대해 하나님을 비판하거나 불평할 위치에 있지 않다.[15] 순전히 논리적인 관점에서 보면, 하나님이 자신의 성품에 반하는 것은 무엇이든 제거하셔야 옳아 보이며, 하나님이 그렇게 하지 않으신다면 우리는 하나님 안에 뭔가 모순이 있다고 생각할 수도 있다. 예언자 하박국은 수백 년 전에 바로 이 문제와 씨름했다. 하박국은 이렇게 말했다.

주께서는 눈이 정결하시므로 악을 차마 보지 못하시며 패역을 차마 보지 못하시거늘, 어찌하여 거짓된 자들을 방관하시며 악인이 자기보다 의로운 사람을 삼키는데도 잠잠하시나이까?[16]

수백 년 뒤에 바울도 똑같은 딜레마에 봉착해서 이렇게 말했다. "자신의 진노를 보이고 자신의 능력을 알리길 원하시는 하나님이 멸망을 위해 준비된 진노의 그릇들을 큰 인내로 참으셨다면 어떻게 하겠는가?"[17] 바울은 계속해서 그것은 모두 소위 "진노의 그릇들"과 대조되는 "긍휼의 그릇들"을 구속하기 위한 하나님의 목적의 일부였다고 주장한다. 그러나 우리는 하나님이 행하신 일에는 틀림없이 목적이 있을 것이라는 점을 이해하지만, 어쨌든 하나님이 자신의 공의를 집행하기를 연기하신 것은 이상하게 보인다. 그런데 하나님은 바로 그렇게 하셨다. 논리와 공의는 적절한 처벌을 요구하지만, 하나님의 사랑과 긍휼은 논리와 공의보다 더 크다. 반역적인 자신의 피조물들이 행한 모든 일과 그들이 받아야 마땅한 모든 것에도 불구하고, 하나님은 그들에게 다가가신다. 그리고 자신이 그들을 무척 사랑한다는 점과, 자신이 만드셨고 여전히 그들에 대해 완전한 주권을 행사하는 그들이 자신에게 계속 중요하다는 점에 대한 표지로 그들이 계속 존재하도록 허용하셨다.

---

15   롬 9:20.
16   합 1:13.
17   롬 9:22.

사탄과 그의 천사들의 보존, 그리고 그들에게 주어진 제한적이지만 여전히 상당한 권위는 세상에서 가장 큰 신비다. 하나님이 반란 후에 그들을 제거하셨더라면, 그들은 아담과 하와를 유혹해서 타락시킬 수 없었을 테니 지금도 아무런 문제가 없을 것이다. 우리가 지금 벌이고 있는 영적 전쟁도 존재하지 않을 것이고, 인류는 악의 힘을 알지 못하는 세상에서 하나님이 정하신 목적을 달성하고 있을 것이다. 그러나 이런 낙원은 존재할 수 없었다. 하나님은 사탄이 생존하도록 허용함으로써, 자신을 반대하는 세력이 자신이 창조하신 우주의 중요한 부분을 지배하고 최초의 인간들이 사탄을 따르도록 자유롭게 유혹하는 상황을 묵인하셨다. 하나님은 왜 그렇게 하셨는가?

선한 하나님이 만들고 다스리시던 세상에 악이 존재한다는 사실은 신학자들에게 "신정론"(theodicy)으로 알려진 역설인데, 이 역설은 결코 만족스럽게 설명되거나 해결되지 않았다. 결국 우리는 하나님이 왜 이렇게 하셨는지 모르고, 하나님이 왜 피조물에게 계시된 자신의 뜻에 반하는 악이 계속 존재하도록 허용하시는지 이해하지 못한다. 그러나 좋든 싫든 우리는 이 상황에서 살아야 한다. 우리는 상황이 다르기를 바랄 수도 있지만, 우리가 상황을 바꾸기 위해 할 수 있는 일이란 전혀 없다. 따라서 우리의 주된 과제는 그 상황을 받아들이는 법을 배우기 위해 노력하는 것이다. 그러나 신정론이 우리에게 풀 수 없는 철학적 딜레마를 제기하기는 하지만, 그것은 또한 우리의 목회 소명에 완벽한 도전도 제공한다. 왜냐하면 우리는 하나님의 뜻에 관해 알고 있는 것을 (최소한 어떤 의미에서는) 하나님의 뜻에 반하는 것으로 알고 있는 상황에 적용할 방법을 모색하기 때문이다.

우리는 신정론과 관련된 문제들이 이생에서 우리에게 주어진 하나님의 계시의 한계 내에서는 풀릴 수 없다는 점을 받아들이는 데서 시작해야 한다. 그렇다고 해서 우리가 논쟁의 적절한 맥락을 정의하기를 모색하지 못하는 것은 아니다. 먼저 악이 무엇인지를 정의할 필요가 있다. 아우구스티누스와 초기 교회의 다른 사람들은 악이 본질상 "비존재"(nonbeing)라고 믿었다. 이것은 그들이 하나님을 절대 존재와 절대 선으로 해석했고, 그 결과 본질적으로 플라톤의 종합에서와 같이 "선"과 "존재"의 관념을 융합시켰기 때문이다. 자신이 옳다고 알고 있는 것에서 멀어지는 사람은 더 이상 하나님이 의도하신 존재가 아니기 때문에 더 이상 선하지 않으며, 따라서 그의 존재는 감소된다. 이런 일이 더 많이 일어날수록 그는 더 작은 존재가 되고, 따라서 결국 순전한 악은 "비존재"와 마찬가지다.

이런 사고방식은 많은 어려운 문제들을 야기한다. 첫째, 그것은 사탄은 순수한 악일 수 없음을 의미한다. 왜냐하면 사탄이 순수한 악이라면 그가 존재하지 않게 될 것이기 때문이다. 그러나 사탄이 계속 존재한다면, 어떤 방식으로 그의 존재가 감소되었는가? 사탄은 영적인 존재들의 모든 능력을 누리는 영적 피조물이기를 멈추지 않았다. 사탄은 분명히 시공간의 방해를 받지 않고 언제 어디서든 활동할 수 있다. 사탄은 빛의 천사로 나타날 능력이 있는데, 이 점은 사탄이 여전히 타락하기 전에 할 수 있었던 모든 일을 할 수 있다는 것을 암시한다.[18] 사탄과 하나님의 관계는 변했을 수 있지만 창조에 의해 사탄에게 주어진 본성은 똑같이 남아 있고, 따라서 악이 "비존재"라는 관념은 확실히 옳지 않다. 기독교적 접근법과 플라톤적 접근법에 차이가 있다면, 그리스도인들에게는 특수한 목적을 위해 하나님이 선하게 만드신 존재, 곧 단지 유한한 존재라는 사실로 인해 악하다고 선고되지는 않는, 선하면서도 "창조된" 존재가 되는 것이 가능하다는 점이다.

그렇게 말은 했지만, 오늘날도 여전히 악은 선의 감소 또는 결핍이라고 주장하는 신학자들이 있다. 그들은 인격성은 본질적으로 선하기 때문에 악은 인격적 관점에서 묘사될 수 없다고 말한다. 그러므로 악이 무

---

18 고후 11:15.

엇이건 악은 틀림없이 인격보다 낮고(sub-personal), 악이 인간에게 미치는 영향은 우리의 인간적 성품을 부패시키고 약화시키는 것이다. 아무도 악이 그것에 접촉하는 사람들에게 해로운 영향을 준다는 점을 논박하지 않을 테지만, 악이 참으로 이런 식으로 묘사될 수 있는지는 그리 분명하지 않다. 인간 역사상 명백하게 가장 악한 사람들 가운데 일부는 이례적인 재능을 갖고 있었는데, 그 재능이 특별히 감소한 것 같지 않다. 이런 사람들이 지적으로는 매우 탁월했을지 몰라도, 객관적으로 확인할 수 없는 주관적 판단이기는 하지만 도덕적으로나 영적으로 결함이 있었다는 주장에 대해서는 틀림없이 이의가 제기될 것이다. 악에 대한 그런 정의는 기껏해야 논란의 여지가 있고 성경의 명확한 지지가 결여되어 있다고 말하는 것으로 충분하다.

악은 그 자체로는 실재가 아니고 항상 선한 것에 기생하며 선이 없으면 존재할 수 없다. 악은 하나님이 만드신 우주와 경쟁하는 또 다른 형태의 존재가 아니라, 존재하는 것에 대한 부정(a denial of what is)이다. 이 관념은 "이원론"으로 알려져 있다. 이원론은 조로아스터교와 같은 일부 고대 종교들에서 발견할 수 있으며, 다양한 모습을 띤 이원론이 다수의 초기 기독교 이단들에 의해 받아들여졌다. 고대 그리스인들도 이원론자인 경향이 있었지만, 그들의 이원론은 영적인 것은 선하고 물질은 악하다고 보는 약간 다른 종류의 것이었다. 이것은 성경의 가르침과 비교하면 너무 단순해 보인다. 고대 그리스의 이원론에 따르면 악과 악의 결과는 우리 안에 내재해 있기 때문에 이를 피할 수 없다. 악은 물질에서 나오며 몸에서 벗어남으로써 악에서 벗어날 수 있다고 생각되었기 때문에, 영적 문제로 간주될 수도 없다. 그리스 사람들은 순전한 영적 존재가 악할 수 있다고 생각할 수 없었는데, 왜냐하면 그들에게 "영적 전투"의 개념이 있었다고 해도, 그들은 영적 전투를 물질의 영향력을 극복하기 위한 영혼의 투쟁으로 생각했기 때문이다. 그러므로 금욕주의가 영적 성장의 길이었고, 영적 성장은 그 본질상 이생에서 물질에 얽매여 있는 한 결실을

4부 • 하나님의 사랑을 거절하다

맺을 수 없었다. 자기파괴가 유일한 탈출 수단이었지만 고대 그리스인들은 좀처럼 자기파괴를 이원론의 논리적 결론으로 취하지는 않았고, 따라서 그들은 인류의 이 기본적 딜레마에 대한 해결책을 찾을 수 없었다.

그리스도인들은 모든 형태의 이원론을 거부했는데, 그것은 부분적으로는 이원론이 악의 문제를 해결할 수 없었기 때문이고 심지어 악을 정의할 수도 없기 때문이다. 결국 "선"과 "악"이 동등하고 경쟁하는 힘이라면, 우리는 왜 한 쪽을 다른 쪽보다 선호해야 하는가? 사탄이 하나님과 동등한 힘이라면, 왜 사탄은 그의 추종자들의 눈에 선하게 보이지 않고 한 쪽을 선택하지 않은 자들에게 동등하게 매력적이지 않은가? 그렇다면 한 쪽을 제쳐두고 다른 쪽을 선택하는 것은 순전히 편견일 것이다. 그리스도인들은 우주에 조화와 질서를 제공할 수 있는 유일한 존재이신 하나님의 주권과 경쟁할 수 있는 어떤 힘(설사 잠재적으로 선한 힘이라고 할지라도)이 있다는 것을 받아들일 수 없기 때문에 이원론을 거부한다. 독립적으로 존재할 수 있는 경쟁적인 힘이 있다면, 왜 세상은 그 힘들 각자가 주권을 행사할 수 있는 각각의 영향력의 영역들로 분리되지 않는가? 영과 물질이 서로 어울릴 수 없다면, 왜 영과 물질은 각자 자기 길을 가서 평화롭게 살지 않는가? 물론 그 이유는 하나님이 영과 물질 모두를 창조하셨고, 둘 다 근본적으로 선하기 때문이다. 그 사실이 악의 문제를 해결하는 것은 아니지만, 악이 독립적인 실재가 아니라면 악이 무엇인지 물을 수밖에 없기 때문에 그것은 악을 재정의한다. 선한 하나님이 참으로 주권자시라면, 왜 악은 계속 존재하는가?

성경에 제시된 바와 같이, 악의 본질은 존재의 부재나 감소가 아니라 하나님께 대한 반역이다. 악은 반역자의 본성에 어떤 객관적인 변화도 일으키지 않지만, 그 반역자가 자기의 힘을 하나님께 대한 자신의 불순종을 드러내고 증진하는 방식으로 사용하도록 한다. 우리를 겨냥한 악의 세력들은 약하지 않으며, 그들의 존재의 원천으로부터 멀어질수록 줄어들지만 그 자체로 강력한 힘이며, 하나님의 백성과 맞서 만만찮은 싸움을 벌일 수 있다. 마귀와 그의 군대들과의 영적 싸움은 이 세상에서 그리스도를 믿는 우리의 믿음을 증언하는 소명의 일부이기 때문에, 그리스도인들은 이것을 모를 수 없다. 누구든 이것을 부정하는 사람은 그리스도인이 된다는 것이 무슨 뜻인지 전혀 모르는 사람이다.

악과 싸우는 것은 사탄과 싸우는 것이고, 악을 말살하는 것은 사탄을 말살하는 것이다. 그러므로 악은 인격적이기도 하고 영적이기도 하다. 악은 고도로 조직화되었고 공격적이며, 하나님에 의해 그 존재가 허용된다. 하나님은 악 자체를 창조하지 않으셨지만 악을 말살하지도 않으신다. 그것은 우리의 이해를 넘어서는 어떤 깊은 차원에서 하나님이 비록 자신이 창조했지만 반란에 의해 악을 들여온 자를 사랑하시기 때문이다. 신정론의 문제는 무엇보다도 하나님이 왜 사탄이 창조 질서 안에서 활동하도록 허용하시는가의 문제다.

두 번째 원리는 사탄이 지금 하나님을 대적하는 방식으로 활동한다고 하지만, 하나님은 사탄의 활동에 대한 분명한 경계를 정해놓으셨고 사탄은 그 경계를 넘어설 수 없다는 것이다. 예를 들어 사탄은 물질을 창조하거나 파괴하거나 물질의 본성을 바꿀 수 없다. 사탄은 사물을 존재하게 할 능력이 없으며, 하나님이 자신의 영광을 위해 창조하신 사물들을 제거할 수도 없다. 사탄은 고대 연금술사들이 시도했던 것처럼 귀금속이 아닌 금속을 금으로 변하게 할 수 없고, 사람을 개구리로 만들거나 날게 할 수도 없다. 사탄은 어느 누구도 억지로 자신의 뜻대로 하게 만들 힘도 없다. 사탄은 아담과 하와를 유혹한 것처럼, 그리고 나중에 예수를 유혹한 것처럼[19] 우리를 유혹할 수는 있지만, 우리로 하여금 자기에게 복종하도록 강제할 수는 없다. 우리는 언제든 "안 돼"라고 말할 수 있는데, 이 사실은 사탄의 권위를 제한하고 우리에게 우리가 주장하기만 하면 효과

19　마 4:1-11을 보라.

를 발휘하는 영적 자유를 준다.[20] 하나님이 사탄에게 어떤 능력을 주었든 간에 하나님이 우리에게 주신 능력이 더 크며, 우리가 하나님께 매달리고 하나님의 사랑을 신뢰한다면 사탄에게 패배하지 않을까 두려워 할 이유가 없다.[21]

세 번째 원리는 사탄은 참으로 악하다는 것, 곧 비극적으로 오해받은 선한 천사가 아니라는 것이다. 악은 관점의 문제라고 생각하는 경향이 있는 사람들과 종교들(힌두교와 같은)이 있기 때문에 이렇게 말할 필요가 있다. 비가 농부에게는 복이지만 휴일을 즐기려는 사람들에게는 저주일 수 있는 것처럼, 우리에게 해로워 보이는 행위가 다른 사람들에게는 다른 관점에서 달리 보일 수도 있다고 주장될 수 있다. 이에 대한 고전적인 한 예가 십계명의 다섯 번째 계명인 살인하지 말라는 명령[22]과 연결되어 있다. 나중에 구약성경에서 하나님은 사울 왕에게 이스라엘의 정치적·영적 통합을 위협했던 이방 부족인 아말렉 사람들을 죽이고, 그들의 모든 소유를 파괴하라고 명령하셨다.[23] 사울은 아말렉 족속에게 승리를 거뒀지만, 사울의 군대는 그들의 재산을 파괴하는 대신 약탈만 했고 그들의 왕을 사로잡았다. 이것은 하나님이 원하신 것이 아니었고, 사울은 그의 왕국을 빼앗길 것이라는 말을 듣는 것으로 그의 관용에 대해 처벌받았다.[24]

현대의 관점에서는 사울의 절제가 보다 더 인도주의적으로 보인다. 그러나 고대의 군대들은 대개 자기 적들에게 행한 일에 대해 어떤 결벽증이 있지는 않았고, 따라서 우리는 아마도 사울에게 그런 고상한 동기가 있었다고 인정해줄 필요는 없을 것이다. 그보다 사울은 아말렉 족속의

---

20   고전 10:13; 약 4:7.
21   롬 8:38-39; 요일 4:4.
22   출 20:13.
23   삼상 15:3.
24   삼상 15:26-27.

재물로 한몫 챙기고 생포한 왕을 전리품으로 과시하고 싶었을 것이다! 그 점은 그렇다 치고 하나님이 사울에게 죽이라고 명령하신 사실은 남는데, 이는 명백히 제 6계명의 위반이다. 어떻게 그럴 수 있었는가? 이에 대한 답은, 비록 도덕법이 십계명의 권위를 갖고 있다 할지라도 "선"은 도덕법에 의해 정의되는 추상적 개념이 아니라는 것이다. 대부분의 경우 그리고 대부분의 상황에서 살인은 옳지 않지만 하나님은 자신의 명령을 뒤집을 수 있으시고, 하나님이 그렇게 하시면 우리는 순종해야 한다.[25] 사울은 이 교훈을 배우지 못했고, 그것은 이스라엘의 적절한 왕이라면 반드시 하나님의 자녀여야 했는데도 사울은 그렇지 않았음을 보여주었다. 그러나 선이 고정된 도덕법으로 축소될 수 없다면, 악도 비슷하게 탄력적인가? 예를 들어 하나님이 사탄에게 욥을 공격하도록 명시적으로 허용하셨는데, 사탄이 하나님이 정하신 한계 안에서 욥을 공격한 것이 잘못이었는가?

여기서 답은, 사탄이 행하는 모든 것은 비록 그것이 선으로 귀결된다고 해도 악하다는 것이어야 한다.[26] 왜냐하면 사탄은 하나님께 반란을 일으켰고, 하나님께 대한 반역은 악이기 때문이다. 사탄이 다른 사람들의 환심을 사기 위해 어떤 좋은 일을 할 수 있는 경우를 상상할 수 있다. 그러나 사탄이 그렇게 하더라도 그 일들은 나쁜 의도로 행해지기 때문에 여전히 옳지 않다. 악은 사탄의 인격 안에 있는 객관적 실재이며, 사탄과 그의 창조자 간의 깨진 관계가 악을 악으로 만든다. 악이 단순히 관점의 문제라거나 상황에 따라 조정될 수 있는 어떤 것이라고 믿을 이유가 없다.

우리가 명심해야 할 그다음 사항은 결국 공의가 시행될 것이라는 점이다. 하나님은 의로우시며, 자신의 명예와 주권이 훼손되도록 허용하지

---

25   삼상 15:22.

26   고후 11:14.

않을 것이다. 사탄에게 당분간 어느 정도의 재량권이 주어질 수 있지만, 사탄은 이미 자신의 반역으로 정죄 받고 처벌 받았으며 그 처벌은 완화되거나 취소되지 않을 것이다. 하나님의 백성들이 사탄의 손에 고난 받을 수도 있지만, 결국 사탄이 심판을 받고 하나님의 백성은 의롭다고 인정될 것이다. 우리에게는 왜 하나님이 사탄에게 그가 하는 일을 하도록 허용하시는지 아무리 이해하기 어렵다 해도, 하나님이 그렇게 하시는 것은 부당하지 않으며, 최후의 심판이 올 때 우리는 하나님의 외관상의 관용이 피조물과 인류에 대한 하나님의 전반적인 계획에 어떻게 들어맞는지 이해하게 될 것이다.

마지막으로 이상하게 보일 수도 있지만, 만약 사탄이 지금 제거된다면 인류의 대부분은 사탄과 함께 멸망할 것이다. 마귀의 파멸은 우리가 태어나면서부터 그의 백성으로 있는 그의 나라의 소멸을 함축할 것이다. 위에서 인용한 로마서 9장에 나오는 구절에서 바울은 하나님이 구원을 위해 선택하신 "긍휼의 그릇들"을 구원하기 위해 소요되는 기간 동안 멸망을 위해 준비된 "진노의 그릇들"을 참고 계신다고 추측했다. 사탄은 하나님이 선택하신 사람들을 모으시기 위해 소요되는 시기까지 용납될 것이고, 이후에 다른 모든 진노의 그릇들과 함께 멸망당할 것이다. 그때까지는 사탄의 종들을 함께 처리하지 않고서는 사탄을 근절할 수 없는데, 그들 중에는 구속받기로 정해졌지만 아직 구속받지 못한 사람들이 포함되어 있다. 비록 그것을 받아들이기가 어렵다고 해도, 우리는 이것이 현재 상황에서 더 좋은 길이라는 것을 인정해야 한다. 만약 하나님이 우리가 회심하기 전에 사탄을 멸망시키기로 하셨더라면 우리는 사탄과 함께 멸망당했을 텐데, 확실히 우리는 그런 일이 일어나기를 바라지 않을 것이다!

악의 본질

   사탄의 반역이 악의 본질에 관해 말해주는 것을 이해하려면, 먼저 사탄의 반역을 이해해야 한다. 사탄이 무지로 반란을 일으킨 것이 아니라는 점은 확실하다. 사탄은 유한한 존재이기는 하지만 그럼에도 불구하고 하나님이 누구신지, 그리고 피조물로서의 자신의 한계가 무엇인지 완전히 알고 있다. 종종 귀신들로 불리는 타락한 천사들도 하나님이 누구신지 아주 잘 알고 있고, 그래서 벌벌 떨지만, 그럼에도 그 지식이 그들에게 회개하도록 야기하기에는 충분하지 않다.[27] 악의 본질에 관해서는 사실에 반하고 합리적 논쟁에 굴복하기를 거절하는 뭔가가 있다. 만약 누군가를 회유해서 하늘나라로 데려갈 수 있다면, 그 회유 대상은 타락한 천사여야 할 것이다. 그러나 사실 그들은 다른 어떤 피조물보다 화해에 저항한다. 하나님을 아는 것은 단지 지성의 일만이 아니고, 오직 성령만이 그런 지식을 산출해낼 수 있다. 왜 성령이 타락한 천사들에게는 역사하지 않는지가 우리에게는 신비이지만, 타락한 천사들이 그들의 어리석음에서 구원받으려면 성령이 역사하셔야 한다는 점은 확실하다.

   또한 악이 자연(nature)의 일부가 아니며, 특히 사탄의 본성(nature)의 일부가 아니라는 점도 분명하다. 사탄은 처음부터 악한 존재로 지음 받지 않았다. 하나님의 창조 행위에 관한 한 사탄은 다른 모든 피조물과 같이 "선한" 존재였고, 그를 반역으로 이끌 수도 있는 내재적 편견이나 결함을 갖고 있지 않았다. 잘못에 대해 우리 안에 내재해 있고 우리가 통제하지 못하는 어떤 것을 비난하려는 유혹이 항상 있기 때문에 이 점을 이해하는 것이 중요하다. 어떤 사람들은 우리가 유한한 존재이기에 불가피하게 조만간 타락할 것이고, 그것은 우리를 하나님으로부터 분리시킬 것이라고 말한다. 사탄도 유한한 존재였지만, 사탄이 불가피하게 타락할 수

---

27 약 2:19.

밖에 없도록 지어졌다는 암시는 없다. 사탄은 미가엘이 하나님을 섬기는 것과 똑같은 방식으로 하나님을 계속 섬길 수 있었지만, 그렇게 하지 않았다. 비록 성경에 이에 대한 약속이나 기대가 나와 있지는 않아도, 지금 만일 사탄이 모종의 방법으로 구속받는다면 그는 아마도 원래의 지위로 회복될 것이다. 우리에게 주어진 그림은 사탄의 반역은 결정적이고, 지금 하나님이 사탄에게 보여주시는 관용은 언젠가 철회되리라는 것이다.[28] 그것이 사탄이 멸절될 것을 의미하는지 또는 사탄이 영원한 처벌에 처해질 것을 의미하는지는 알기 어렵지만, 어떻게 되든 실질적인 차이는 거의 없다. 아무튼 사탄의 남은 힘은 제거될 것이고, 사탄에게 개인적으로 어떤 일이 일어나든 세상은 사탄의 지배로부터 해방될 것이다.

사탄이 하늘에서 쫓겨났을 때 하나님의 면전에서 제거되지 않은 것은 결국 피조물로서의 그의 선함 때문일지도 모른다. 전통적인 관점은 사탄이 하나님께 대한 반역의 처벌 장소인 지옥에 보내졌다는 것이다. 지옥이 어떤 곳인지 또는 어디에 있는지는 알 수 없다. 우리가 유일하게 확실히 알고 있는 것은 많은 사람들이 그렇게 상상하는 것처럼 지옥이 땅 아래에 있지 않다는 것이다. 영적인 일들을 다룰 때에는 항상 그렇듯이, 상징적 심상을 그것이 전달하고자 하는 실재로 오해하지 않도록 조심해야 한다. 성경은 "천국"과 "지옥"이라는 말을 사용하고, 성경 저자들은 천국과 지옥을 땅의 "위"와 "아래"에 있는 것으로 묘사하지만, 이 말은 문자적으로 취하도록 되어 있지 않다. 창세기의 창조 기사는 땅 위에 있는 물리적 하늘을 언급할 때, 그곳을 하나님의 거처로 명시하지 않으며 지하세계에 대한 언급도 없다. 이 상징적 표현은 우리가 그 배후에 놓여 있는 영적 개념들을 더 쉽게 이해하도록 도와주기 위함이고, 천국이나 지옥을 창조 질서의 다른 부분들에 위치시키는 데 대한 구실로 사용되어서는 안 된다.

---

28   계 20:10.

성경은 하나님이 지옥에도 존재하신다고 말한다. 하나님은 어느 곳에나 존재하시기 때문에 이 말에 놀라지 않아야 하지만,[29] 사탄이 땅을 자유롭게 두루 돌아다니고 심지어 천국 궁정에서도 발견될 수 있다는 개념은 우리에게 낯설게 다가온다.[30] 우리에게 이해되든 말든 마귀는 집어삼킬 사람들을 찾아서, 그리고 심지어 하나님의 자녀들조차 속이기 위해서 으르렁대는 사자같이 어슬렁거릴 수 있다.[31] 그러나 이 모든 활동은 결국 무의미하다. 이른바 사탄의 위업은 무너지고 사탄의 나라는 제거되며, 사탄 자신은 결국 그가 굴복하게 될 하나님의 힘을 환기시키는 생생한 용어인 "불 못" 속으로 던져질 것이다.[32] 이것이 우리에게 주는 메시지는 하나님께 대한 사탄의 반역에 가담하는 것은 시간 낭비라는 점이다. 왜냐하면 사탄에 가담하는 사람들도 불 못 속에 던져지고 그들의 주인과 똑같은 처벌을 받게 될 것이기 때문이다. 하나님은 사탄을 멸망시키지 않는 것처럼 그들도 멸망시키지 않으시고, 피조물에 대한 사랑으로 그들의 반역에도 불구하고 그들의 존재를 유지시키시며, 그들에 대한 자신의 주권을 행사하실 것이다. 이것은 그들의 관점에서는 궁극적인 굴욕과 처벌이 될 것이다.

영적 피조물들은 순종하건 반역하건, 존재론적으로 서로 동등하다. 사탄과의 전투에 하나님이 직접 참가하지 않으시고, 천사장 미가엘을 보내 그들의 동료들에 대한 전투에서 하늘의 천군을 이끌게 하신 사실에서 이 점을 볼 수 있다. 이것은 사탄이 영적 피조물이라는 사실에 대한 인정이지만, 또한 사탄에게는 커다란 굴욕이다. 사탄은 하나님과 같이 되고 싶었고 그래서 하나님께 반역했지만, 하나님은 사탄을 비웃듯이 "누가 하나님과 같은가?"라는 뜻의 이름을 가진 그의 동료 미가엘(Mi[누가]–

---

29 시 139:7-9.
30 욥 1:6-12.
31 벧전 5:8.
32 계 20:10.

cha[같은가]–el[하나님과])의 심판에 맡기는 것으로 그를 처리했다.[33] 이 질문에 대한 답은 명확하다. 곧 사탄은 여기에 해당하지 않는다!

미가엘은 모세의 시체를 두고 사탄과 싸웠다. 이 애매한 사건은 아마도 사탄이 이스라엘의 율법과 제사 제도를 포함한 모세의 유산에 대한 소유권을 주장하려고 했고, 그래서 격퇴되어야 했음을 가리킬 것이다.[34] 또한 미가엘은 요한계시록에서 하나님을 대신해 마귀와 싸우기 위해 보냄 받은 자로서 등장한다.[35] 다니엘서에서 미가엘은 인자에 대한 원군 대장으로 활동하고 환난 중에 백성들을 보호하는 이스라엘의 수호자와 군주로서 등장한다.[36] 미가엘에게서 우리는 두 가지가 함께 나오는 것을 본다. 첫째, 미가엘은 하나님의 뜻을 집행하도록 하나님이 보내신 하나님의 대리인이자 사자(使者)다. 둘째, 미가엘은 하나님의 백성의 보호자로서 그들 곁에 와서 그들로 하여금 적들에게 저항하고 적들을 물리칠 힘을 준다. 미가엘은 우리에게 우리 그리스도인들이 치르고 있는 전투는 영적 전투이며, 우리는 오직 하나님의 성령의 힘으로만 이 싸움에서 이길 수 있다는 점을 상기시켜준다.[37]

하나님은 사탄을 그의 본질인 피조물로 대함으로써 그를 제자리에 둔다. 이렇게 함으로써 하나님은 우리에게 악이 아무리 강할지라도 절대로 하나님만큼 강할 수 없다는 점을 상기시키신다. 악의 힘과 하나님의 힘은 결코 같을 수 없고, 하나님이 악에게 자신과 비슷한 지위를 부여함으로써 악을 예우하실 것이라는 암시도 없다. 선과 악 사이의 투쟁은 동등하지 않은 두 세력 사이의 싸움이다. 사탄의 영향력에 저항하기가 아무리 어렵더라도, 우리는 우리에게 행사되는 사탄의 힘이 하나님의 힘에

---

33   계 12:7.

34   유 9.

35   계 12:7.

36   단 10:13, 21; 12:1.

37   슥 4:6을 보라.

비하면 아무것도 아니라는 점을 알아야 한다. 아무리 오래 걸리더라도 또는 그 일이 우리에게 아무리 어려워 보일지라도 하나님은 자신이 선택한 자들을 의롭다고 인정하고 그들을 악에서 구원하실 것이다.

사탄의 힘

놀랍게도 하나님은 사탄이 계속 존재하도록 용인할 뿐만 아니라 사탄에게 어느 정도의 독립성과 권위를 허용하신다. 하나님은 반역의 첫 번째 조짐이 있을 때 마귀를 제거하기는커녕, 마귀가 모종의 방식으로 제한되었을 수는 있지만 여전히 매우 넓은 세력권 내에서 다소간 자유롭게 활동하도록 허용하셨다. 하나님이 그렇게 하신 이유는 우리의 이해를 벗어나지만, 우리는 반드시 이 사실을 감안해야 한다. 사탄이 욥을 유혹했을 때, 비록 하나님이 욥의 생명을 빼앗는 것을 허용하지 않은 것이 주목할 만하지만, 어쨌든 사탄은 하나님의 허락을 받아 욥을 유혹했다.[38] 그러나 항상 그런 것은 아니었다. 하나님은 엘리야를 통해 주어진 예언의 성취로서 악한 왕 아합이 길르앗 라못에서 전사하도록 결정하셨을 때,[39] 자신이 아합을 직접 죽이지 않고 한 영적 존재가 나서서 필요한 일을 하도록 요청했다. 이에 반응해서 이 과제를 떠맡은 존재는 사탄 자신(사탄이 아니라면 확실히 그의 추종자들 중 하나)이었을 수도 있으며, 하나님은 그에게 파멸 계획을 진행하도록 허락했다.[40] 아합은 악령이 그의 예언자들의 입에 둔 거짓말을 들었기 때문에 죽으러 갔지만, 성경은 이것이 하나님의 허가를 받아 그리고 궁극적으로는 하나님의 명령에 따라 일어난 일임을 분명히 밝힌다.

---

38   욥 1:12.
39   왕상 21:19.
40   왕상 22:19-23.

사탄은 이와 다르게 행동할 수 없다. 아무리 받아들이기 어렵다고 해도 우리는 사탄이 우리를 공격하도록 하나님이 허락하셨기 때문에 사탄이 우리를 공격할 수 있다는 점을 기억해야 한다. 바울은 이것을 힘들게 배웠다. 사탄은 바울이 "육체의 가시"로 부른 것으로 그를 공격했는데, 바울은 이로부터 벗어나게 해달라고 하나님께 기도했으나, 그것을 견디라는 말씀을 들었다. 하나님의 은혜는 사탄의 어떤 공격보다 강했고, 그의 믿음과 순종이 계속 유지되는 한 바울은 그것을 계속 견뎌낼 터였다.[41] 사탄의 모든 공격이 이 목적을 위해 하나님에 의해 인가되었다고 말할 수는 없지만, 욥과 바울의 경우에는 그것이 사실이었기 때문에 우리는 그 가능성을 매우 진지하게 고려해야 한다. 그리스도인의 삶은 마귀의 책략에 맞서는 영적 전투에 참여하라는 도전이다. 그리고 우리는 그리스도 안에서 약속받은 "마귀의 힘으로부터의 구원"과, 우리에게 주어지지 않은 약속인 "마귀의 공격을 받지 않는 것"을 혼동하지 말아야 한다.[42] 그리스도와 연합하는 것은 사탄의 힘으로부터 보호받는 것이지만, 그것은 또한 그리스도가 그랬던 것처럼 사탄과의 싸움에 참여하도록 부름 받는 것이기도 하다. 그 싸움에서 우리를 도와주는 하나님의 전신갑주가 주어졌지만 천국의 이편에 우리를 위한 안전한 항구는 없으며, 우리는 그런 곳이 있는 척 가장하지 않아야 한다.

사탄은 원했던 독립성을 갖게 되자 자신이 어떤 능력이 있는지와 새로 얻은 자유를 유지하기 위해 어디까지 갈 수 있는지를 드러냈다. 진리를 품을 수 없는 사탄은 자신의 지배력을 확대시키기 위해 거짓말에 의존했다. 생명을 줄 수 없는 사탄은 대신 생명을 빼앗기를 선호했다. 예수께서 지적하신 것처럼 사탄은 처음부터 살인자이자 거짓말쟁이였고, "마귀"(devil)라는 이름이 가리키는 것처럼 큰 사기꾼이었다.[43] 사탄은 아

---

41   고후 12:7-9.

42   엡 6:11.

43   요 8:44. 이것이 그리스어 단어 "디아볼로스"(*diabolos*)의 의미이며, 여기서 "devil(마귀)"

담과 하와에게 그들이 갖고 싶어 하는 뭔가를 제공하고 그들에게 절반의 진실을 말하는 영리한 계책으로 거짓말함으로써 그들을 속였다. 특히 하나님의 형상과 모양으로 지음 받았다면 하나님과 같이 되는 것은 좋은 일인데, 사탄은 아담과 하와에게 그들이 단지 선악을 알게 하는 나무의 열매를 따먹기만 하면 그 바람직한 목표를 이룰 수 있다고 약속했다. 아담과 하와는 그 열매가 자신들에게 금지되었다는 것을 알기에 처음에는 주저했지만 결국 굴복했고, 그들에 대한 사탄의 약속은 예상한 대로 성취되어 아담과 하와는 하나님과 같이 되었다.[44] 그러나 이 일이 잘못된 방식으로 일어났기 때문에 아담과 하와는 그 혜택을 누리지 못했으며, 대신 사탄의 권세 아래로 떨어져 에덴동산에서 쫓겨났다. 그 속임수는 매우 영리했고, 그로부터 이익을 얻은 유일한 장본인은 사탄이었다. 이 양상은 바뀌지 않아서 오늘날에도 사탄에게 속는 사람들은 종종 비슷한 경험을 한다. 그들은 잠시 동안 약속된 것을 얻을 수도 있지만, 그것은 곧 먼지와 재로 판명되고 나중 상황이 처음 상황보다 악화된다.[45]

아마도 사탄의 가장 큰 속임수는 빛의 천사로 나타나 자기 추종자들이 스스로를 의의 종으로 제시하도록 채비를 갖춰주는 일일 것이다.[46] 이것은 거짓 교사와 사도들이 바울과 같은 사람들의 신임을 떨어뜨리고 그들의 가르침을 무너뜨리기 위해 할 수 있는 모든 것을 했던 초기 교회에서 중대한 문제였다. 당시에 벌어졌던 일들이 오늘날도 그대로 벌어지고 있다. 기독교 신앙의 가장 큰 적들은 공개적으로 이를 거부하는 사람들이 아니라, 기독교 신앙이 나타내는 모든 것을 속으로는 부정하면서도 그것을 받아들인다고 주장하는 사람들이다. 이것은 때로는 전하는 것과 행하는 것이 다른 위선자의 형태를 띠기도 하지만, 그들은 나쁘기는 해도 대

라는 말이 파생되었다.
44　창 3:22.
45　벧후 2:20.
46　고후 11:14-15.

체로 자신 외에 아무에게도 해를 끼치지 못한다. 성경은 본문이 말하는 것을 의미하지 않는다거나, 현대 생활에 대해 이해하지 못하는 사람들이 쓴 고대의 책이기 때문에 더 이상 그리스도인들에게 권위가 없다고 가르치는 사람들이 훨씬 더 나쁘다. 이런 사람들은 자신들이 계몽되었고 과거 시대의 미신을 떨쳐버렸다고 주장하지만, 실제로는 그리스도의 복음을 배반하고 하나님의 계시된 진리를 희생시켜 자신의 지성을 높였다. 현대 교회는 이런 눈먼 안내자들로 가득 차 있다. 그러므로 우리는 끊임없이 그들의 거짓 교훈을 경계해야 한다. 사탄은 사람들에게 자신을 두려워할 필요가 전혀 없다고 설득하기를 가장 좋아한다. 그렇기에 기독교 교사로 자처하면서 사탄의 존재를 부정하고 사탄에 관한 성경의 가르침을 시대에 뒤쳐지고 신화적인 것으로 간주하는 사람들을 피해야 한다.

또한 사탄은 자기 무리의 열렬한 보호자이자 옹호자다. 일단 인류를 속이고 난 사탄은 인류를 그냥 놔주려 하지 않는다. 그는 기회가 있을 때마다 우리가 하나님의 말씀을 듣고 받아들이지 못하도록 방해한다. 물론 사탄이 하나님의 능력을 이기지는 못하지만, 사탄은 하나님의 말씀이 선포되었지만 뿌리를 내리지 못한 곳에서 재빨리 하나님의 말씀이 끼쳤을 수도 있는 영향력을 제거하고 더 이상 그 방향으로 진전되지 못하게 한다.[47] 이러한 사탄의 활동은 히브리서 저자가 다음과 같이 말한 것을 설명해준다.

한 번 빛을 받고 하늘의 은사를 맛보고 성령에 참여한바 되고 하나님의 선한 말씀과 내세의 능력을 맛보고도 타락한 자들은 다시 새롭게 하여 회개하게 할 수 없나니, 이는 그들이 하나님의 아들을 다시 십자가에 못 박아 드러내 놓고 욕되게 함이라. 땅이 그 위에 자주 내리는 비를 흡수하여 밭가는 사람들이 쓰기에 합당한 채소를 내면 하나님께 복을 받고, 만일 가

---

47   막 4:15.

시와 엉경퀴를 내면 버림을 당하고 저주함에 가까워 그 마지막은 불사름이 되리라.[48]

사탄이 가장 좋아하는 술책 가운데 하나는, 우리 자체는 의가 없고, 따라서 하나님 면전에 설 권리가 없다고 지적하면서 하나님 앞에서 우리를 고소하는 것이다. 다시 말해 우리는 조심하지 않으면 쉽사리 잘못된 길로 이끄는 절반의 진리에 직면한다. 사실에 대한 진술로서 우리가 하나님 앞에 설 만한 가치가 없다는 사탄의 말은 옳다. 그러나 사탄은 이렇게 말할 때 하나님의 은혜와 긍휼을 계산에 넣지 않는데, 그는 은혜와 긍휼에 대해서는 문외한이다. 이 점을 보여주는 고전적인 하나의 예가 스가랴 3:1-2에 나온다. 그곳에서 스가랴는 더러운 누더기 옷을 입은 대제사장, 따라서 백성들의 죄를 속죄할 막중한 임무를 수행하기에 부적합한 자의 환상을 본다. 그러나 여호수아라는 대제사장은 하나님에 의해 구원 받으며, 여호수아 자신이 백성들의 죄를 떠안았기 때문에 그의 속죄제사가 받아들여진다. 여호수아의 더러운 옷은 그의 성품의 표지가 아니고, 그가 속죄제사를 드리고 있는 백성들의 죄의 표지다. 그리고 대제사장 자신이 백성의 죄를 떠안는다는 사실은 사탄이 파악할 수 있는 그 어떤 것보다 더 깊은 의를 드러낸다.

우리 죄를 가져가고 우리로 하여금 하나님 자신의 의를 공유할 수 있게 하려고 우리를 대신해서 죄를 뒤집어 쓴 예수의 속죄제사에서 스가랴의 환상이 성취되었다.[49] 내면이 더럽고 하나님의 은혜를 받을 가치가 전혀 없는 우리는 우리 대신 죽임을 당한 자의 피로 물들여진 의의 옷으로 덮였다. 그 덮음으로 자신의 공적이 전혀 없는 우리가 하나님께 받아들여질 수 있게 되었다. 사탄은 예수가 선택하고 자신에게 연합시킨 사

---

48 히 6:4-8.
49 고후 5:21. "예수"는 "여호수아"의 그리스어 형태라는 점을 주목하라.

람들을 고소할 권리가 없다. 왜냐하면 우리는 예수가 그렇게 하지 않았더라면 받아야 했을 정죄에서 벗어났기 때문이다.[50] 물론 그렇다고 사탄이 고소를 멈추는 것은 아니다. 그러므로 다른 어디에서보다 바로 이 지점에서 우리는 사탄이 우리에게 쳐 놓기 원하는 덫에 빠지지 않도록 끊임없이 경계해야 한다.

사탄은 우리가 이미 한 일에 대해 우리를 고소하려고 시도할 뿐만 아니라, 아담과 하와를 끌어내린 유혹도 계속한다. 이에 대한 분명한 한 가지 사례가 구약성경에 나오는데, 거기서 우리는 다윗 왕이 이스라엘의 인구 조사를 실시하도록 설득당했다는 말을 듣는다.[51] 그런 행동이 악하다고 간주되는 것이 우리에게는 이상해 보이지만, 문맥은 다윗이 자기 휘하의 군사들이 매우 많은 것을 자랑하고 자신의 힘을 뽐내기 원했음을 암시한다. 다윗과 같은 지위에 있는 사람들은 성공을 위해 인간적 힘에 의존하려는 끊임없는 유혹을 받는데, 다윗도 그렇게 함으로써 하나님을 부인한 셈이었다. 하나님의 선민으로서 이스라엘은 결코 물리적으로 강해서 번성한 적이 없었고, 앞으로도 결코 그렇게 되지 않을 것이다. 이후에 스룹바벨이 포로에서 귀환한 이스라엘을 재조직하려고 했을 때, 스가랴는 그에게 이렇게 말했다. "만군의 여호와께서 말씀하시되, '이는 힘으로 되지 아니하며 능력으로 되지 아니하고 오직 나의 영으로 되느니라.'"[52] 비록 물리적 힘이 이 세상에서 성공할 더 확실한 희망을 제공하는 것처럼 보일지라도, 영적인 사람들은 물리적 힘이 아니라 영적인 힘에 의존해야 한다. 예수가 지상 사역을 시작할 때 이와 매우 비슷한 일이 사탄에 의해 예수께 일어났다.[53] 사탄은 예수에게 그의 영혼에 대한 보답으로 지상의 제국을 주겠다고 약속했다. 그러나 예수는 자신의 나라

---

50   롬 8:31-39.
51   대상 21:1.
52   슥 4:6.
53   마 4:1-11.

는 이 세상에 속해 있지 않음을 알았고, 따라서 사탄을 향해 그의 거짓된 가면을 폭로하고 그를 내쫓았다. 이 사례에서 우리는 사탄은 자신의 뜻에 저항하는 것을 견디지 못하며, 저항에 부딪히면 도망친다는 것을 배운다. 이것은 나중에 신약성경에서 우리에게 명시적으로 주어진 약속이며, 사탄에게 맞설 수 있는 우리의 능력은 우리가 보유한 가장 강력한 무기들 가운데 하나다.[54]

사탄은 자신의 기만 및 유혹 작업과 더불어 우리에게 큰 고통을 가하는 존재이기도 하다. 우리는 이 점을 욥의 사례에서 매우 명확하게 볼 수 있으며, 그것은 또한 사탄이 하나님의 백성들에게 다양한 종류의 질병과 어려움을 가할 수 있고 또 실제로 가하는 다른 사례들에서도 나타난다.[55] 그렇다고 모든 고난이 사탄에게 기원을 두고 있다는 뜻은 아니지만, 사탄이 우리를 공격하고 쓰러뜨리기 위해 할 수 있는 모든 일을 할 것이라는 사실을 감안하면 우리는 사탄이 이런 수단을 사용할 수 있다는 가능성을 명심해야 한다.[56] 또한 사탄은 사람들을 사로잡을 수 있는데, 신약성경에는 예수나 그의 제자들이 특정 인물에게서 사탄을 쫓아내는 몇 건의 사례들이 나온다.[57] 그러나 성경에 사탄이 그리스도인을 사로잡은 예는 없으며, 우리의 마음속에 내주하시는 성령의 임재가 그 가능성을 배제함이 틀림없다. 예수는 악령이 들렸다고 비난 받았다.[58] 그러므로 우리 그리스도인들이 이런 비난을 받아도 놀라지 말아야 하지만, 예수가 자신에 대한 주장이 잘못이라는 증거로 자신의 행동에 호소한 것처럼 우리도 그럴 수 있어야 한다. 우리 마음속에 내주하시는 성령의 임재는 우리의 삶 속에서 성령의 열매를 맺는다. 이런 열매가 있다면 우리는 마

---

54   약 4:7.
55   눅 22:31; 고후 12:7; 살전 2:18.
56   벧전 5:8.
57   마 9:32; 12:22; 눅 10:17-20; 행 10:38.
58   마 12:24.

4부 • 하나님의 사랑을 거절하다

귀에게 사로잡힐까봐 두려워할 필요가 없다.[59]

그러나 사탄이 사람들의 마음과 생각 속에 들어가 그들로 하여금 자신의 뜻을 행하게 하는 방식은 노골적인 점령보다 훨씬 미묘하다. 사람들은 스스로 사탄의 뜻과 반대로 행동하고 있다고 생각할 때조차 예수가 고난을 받고 죽어야 한다는 것을 받아들이기를 거절하는데, 불쌍한 베드로에게 이 일이 일어났다.[60] 예수의 안전에 대한 베드로의 우려는 완전히 이해할 만하고 자연스러웠지만, 그것이 문제였다. 예수는 평범한 인간의 삶을 영위하기 위해 온 것이 아니라 세상 죄를 위해 자신을 제물로 바치려고 왔고, 예수가 그 일을 하지 못하도록 막으려고 한 시도는 아무리 그 동기가 선하다고 해도 사탄의 일을 하는 것이었다. 만약 예수가 고난과 죽음을 면했더라면 세상은 구원받지 못했을 것이고, 사탄의 지배는 계속 영향을 받지 않았을 것이다. 사탄은 정말 영리하다! 이후에 사탄은 베드로를 손에 넣으려고 또 다른 시도를 했지만, 예수는 자신의 그 제자를 보호하셨고 사탄은 성과를 얻지 못했다.[61] 그러나 유다에게는 그렇지 않았고, 사탄은 그를 성공적으로 장악했다.[62] 이후에 사탄은 아나니아에게도 똑같은 짓을 해서 그가 성령에게 거짓말하도록 설득했다.[63] 그러나 이 두 사례들에서 사탄의 승리는 상처뿐인 승리였다. 사탄은 유다와 아나니아를 장악해서 모두 파멸로 이끌었지만, 일단 그들이 죽자 그들에 대한 사탄의 힘은 무의미해졌다.

사탄이 가장 좋아하는 활동 가운데 하나는 교회에 분란을 일으키는 것이다. 그는 이 일을 아주 다양한 방식으로 행할 수 있다.[64] 예를 들어 사탄은 사람들을 성적으로 유혹할 수 있는데, 사람들이 자신의 결혼 생활

---

59 갈 5:16-26.
60 마 16:23.
61 눅 22:31-32.
62 눅 22:3; 요 13:27.
63 행 5:3.
64 고후 2:11.

의 책임을 무시하려고 할 때 특히 그렇다.[65] 깨진 결혼과 이혼으로 골머리를 앓고 있는 교회는 그리스도의 복음을 부정하고 있는 셈이고, 사탄은 바로 그것을 원한다. 불행하게도 오늘날 서구세계의 많은 지역에서 사탄이 바로 이 일에 성공을 거두었다. 심지어 교회 지도자들도 종종 이 악에 굴복했고, 따라서 그들은 다른 사람들에게 이 악이 퍼지지 않도록 막을 권위가 없다. 우리는 성경에서 그리스도의 재림과 세상 끝날이 오기 전에 하나님께 적대적인 무법의 힘이 교회를 지배하고 교회를 자신의 뜻에 굴복시키려고 시도함에 따라, 교회 자체에 큰 반역이 있을 것이라는 명시적인 경고를 듣는다.[66] 사탄은 강제되기 전에는 우리를 그냥 놔두지 않을 것이고, 그의 관점에서는 교회가 자신의 명령을 수행하게 할 수 있으면 훨씬 더 좋을 것이다.[67] 이에 대한 흥미로운 사실을 보여주는 주석으로서, 교회 내부에서 만족스럽게 징계할 수 있는 방법이 없을 경우에 바울은 주저하지 않고 사람들을 사탄에게 넘겨줬다는 점을 상기할 수 있을 것이다.[68] 어떤 사람들에게는 잠시 사탄의 수중에 들어가 그것이 어떤 것인지에 대해 따끔한 교훈을 배우고, 영원히 그 상태로 지낼 수밖에 없게 되기 전에 회개하는 것이 구원의 유일한 소망인 것 같다. 하지만 영원히 사탄의 지배하에 지내는 것은 바울이 원한 일이 아니었고, 어떤 의미에서는 그것은 사람들을 사탄에게서 하나님께로 되돌리는 것을 목적으로 하고 그 반대를 목적으로 하지 않는 바울의 사역에 완전히 반하는 일이었다.[69] 그러나 바울은 또한 사람이 죄를 자각하고 진정으로 그 죄를 회개하기 원하지 않는 한, 그때까지 그 사람의 마음을 돌리기 위해 할 수 있는 일이 별로 없다는 점을 이해했다. 슬픈 일이기는 하지만, 때로

---

65   고전 7:5; 딤전 5:15.
66   살후 2:9.
67   계 2:9; 3:9.
68   고전 5:5; 딤전 1:20.
69   행 26:18.

는 따끔한 맛을 봐야만 교훈을 얻는다.

다른 귀신들도 사탄의 일을 한다. 사탄과 마찬가지로 귀신들도 사람들을 사로잡고 사람들을 통해 말하며, 그 말이 신에게서 받은 말이라는 인상을 준다. 그러나 실제로는 귀신들이 자신들의 주인인 사탄처럼 사람들을 이용해서 그들을 속이는 것이다.[70] 초기 교회에서 이교의 신들이 귀신들인지 아니면 단지 가공의 인물들인지에 관해 약간의 논쟁이 있었다. 그것은 우상들에게 제사지낸 고기가 귀신들에게 제사지내진 것인지 여부를 결정하는 데 있어 중요한 문제였다. 왜냐하면 그럴 경우 그 고기는 모종의 귀신의 세력에게 노출되었을 수 있기 때문이다. 그런 관념에 대한 바울의 반응은 그가 이교 신들을 순전히 상상의 산물로 생각했다고 암시하지만, 그렇다고 이교 신들이 마귀의 흉계가 아니었다거나 마귀가 자기 종들을 보내 다양한 이교 의식들을 통해 역사하지 않았다는 뜻은 아니다.[71]

다른 종교들의 의식들에도 비슷한 생각이 적용될 수 있다. 이 의식들이 마귀에 의해 고취되었다고 주장하고 싶은 사람은 거의 없을 테지만, 마귀가 그 의식들을 자신의 목적에 이용하는 것은 충분히 가능하며, 사실 그럴 개연성이 매우 크다. 어쨌든 사탄이 빛의 천사로 나타난다면, 다양한 계몽 수단들에 사탄의 영향이 미쳤을 것으로 예상할 수 있다. 자기들도 하나님으로부터 특별한 계시를 받았다고 주장하지만 기독교 신앙의 기본 요소들을 부인하는 여호와의증인, 몰몬교, 크리스천사이언스 등과 같은 종파들을 포함한 기독교 이단들에 대해서도 같은 말을 할 수 있다. 또한 우리는 사탄이 완전히 정통적인 진리들을 맥락에서 떼어내거나 그 진리들에 그럴 만한 가치가 없는 중요성을 부여함으로써 그 진리들을 자신의 목적을 위해 사용할 수도 있음을 잊어서는 안 된다. 예를

---

70   행 16:16-19.
71   고전 8:1-13.

들어 그리스도인들은 세례를 받도록 요구받는다. 그러나 물세례를 영적 거듭남과 동일시하거나 세례의 시행 방식에 관해 우리와 동의하지 않는 사람들을 인정하지 않을 정도까지 물세례를 그리스도인들의 교제의 핵심 요소로 삼는다면, 우리는 그리스도의 몸을 하나로 묶는 것이 아니라 오히려 분열시킴으로써 사탄의 덫에 빠지는 것이다. 이 사례 및 비슷한 다른 모든 사례의 교훈은 사탄의 계략에는 끝이 없으며 우리는 끊임없이 그 계략을 경계해야 한다는 것이다.[72] 이 세상에 대한 사탄의 지배가 계속되는 한, 사탄은 자신이 결국은 멸망할 운명이라는 점을 알고 있으면서도 우리를 유혹하기 위해 애쓰기를 포기하지 않을 것이다. 사탄은 우리가 자기와 함께 망하기를 원하는데, 우리는 최선을 다해 그것을 피해야 한다.

귀신들림

타락한 천사들은 우리 인간과 일종의 관계를 맺을 수 있지만, 그것은 하나님이 우리가 하나님 자신과 맺기를 바라시는 관계와는 전혀 딴판이다. 사탄은 우리에게 아첨하고 우리를 유혹하기 위해 매우 노력하지만, 우리를 자신의 자녀로 인식하지는 않는다. 사탄에게는 오직 한 종류의 관계만 가능하며, 그것은 심지어 노골적인 지배로까지 확대되는 완전한 통제의 관계다. 기독교 교회가 오랫동안 강력한 힘을 발휘하고 있는 나라들에서는 귀신들림 현상이 비교적 드물고, 요즘도 이에 대해 많이 말하지 않는다. 그러다 보니 어떤 사람들은 귀신 들리는 일이 있다는 것을 부인하고, 귀신들림에 대한 성경의 기사를 그런 일들이 제대로 이해되지 않았던 때 기록된 간질이나 정신질환에 관한 기록으로 취급한다.

---

72   벧전 5:8.

그러나 귀신들림은 심지어 서구세계에서도 완전히 사라지지 않았고, 복음이 들어가지 않았거나 최근에야 뿌리를 내린 지역에서는 귀신들림 현상이 아직도 상당한 규모로 발견된다. 이를 비웃는 사람들은 귀신들림을 무지한 미신으로 설명하는 경향이 있지만, 그것은 그렇게 단순하지 않다. 최근에야 악의 세력으로부터 해방된 사람들은, 특히 여전히 악의 세력에게 붙잡혀 있는 다른 사람들 주위에 살고 있을 경우, 악의 세력의 존재에 더 민감하다. 기독교화된 사회에서 귀신들림 현상이 비교적 적다는 것은 그리스도인들의 기도가 우리 가운데서 귀신을 쫓아내는 힘을 갖고 있다는 증거일 수도 있다. 그것이 사실이라면 우리는 귀신 들리지 않게 보호해달라고 기도하지 않으면 더 이상 보호를 받지 못할지도 모른다는 점, 그리고 귀신들림이 과거에 비해 최근에 더 자주 일어날지도 모른다는 점에 대해 경고를 받아야 한다. 때로는 사람들에게 사탄이 존재하지 않는다고 설득하는 것이 사탄의 가장 효과적인 계략이라는 말을 듣는데, 그런 방향으로 나아가는 문화는 사탄이 제기하는 위험을 알아차리고 이에 대해 경계하는 문화보다 그런 단견(短見)의 결과로서 더 큰 고통을 겪을 것이다.

사탄과 그의 귀신들은 우리를 점령하기 위해 노력할 수 있지만, 우리가 그리스도인이라면 그들은 우리를 사로잡을 수 없다. 왜냐하면 우리 마음속에 내주하시는 하나님의 영이 그것을 배제하기 때문이다. 그리스도인이 아닌 사람은, 전설적인 파우스트 박사가 그렇게 했다고 알려진 것처럼, 마귀와 계약을 맺기를 원할 수도 있지만 그것은 망상이다. 이 세상의 지배자인 사탄의 목표는 우리를 지배하고 파괴하는 것이기 때문에, 사탄의 입장에서는 거래를 맺을 일이 없다. 중간 지대는 없으며, 우리의 삶의 일부만 사탄에게 줄 수 있다고 생각한다면 그것은 오산이다. 지상에서의 일들을 정리하고 난 후 예수를 따르겠다고 약속하면서 예수와 이런 거래를 하려고 했던 사람들이 있었지만, 예수는 그들을 거부했다.[73] 마귀는 자신이 이미 그들을 자신의 힘 아래 두고 있음을 알고 있기 때문에, 자기에게 이런 거래를 시도하는 사람들을 조소한다. 그들은 자기 삶의 일부를 마귀의 영향에서 벗어나게 할 수 있다고 생각할지 모르지만, 마귀는 악덕 사기꾼이기 때문에 그럴 수 없다. 마귀의 기만은 바로 우리가 우리 자신의 주인이라고 생각하게 만드는 데 있다. 그렇기 때문에 마귀는 우리가 우리의 삶을 통제한다고 생각하도록 만드는 데 문제가 없다. 나머지는 단순히 정도의 문제이고, 실재보다 인식 탓이 더 크다.

동시에 우리는 마귀가 이 세상의 지배자이므로 모든 인간이 마귀의 속박 아래 있고 공개적으로나 은밀하게 적극적으로 마귀를 섬기는 사람들도 더러 있다는 점을 인식해야 한다. 이에 대한 가장 명백한 사례는 많은 문화들에서 발견되고, 심지어 오랜 기독교 유산을 갖고 있는 나라들에서조차 전혀 소멸되지 않은 주술 관습이다. 합리주의적인 서구 사회에서는 마법과 주술이 종종 폄하되었고, 마치 이전의 미신이 지배하던 시대의 불합리하고 민속학적인 잔재에 불과한 것처럼 취급되었다. 그것이 사실일 경우도 있겠지만 모든 경우에 다 그런 것은 아니며, 귀신적인 것에 손대는 것이 고대 이스라엘의 유대인들에게 엄격히 금지되었듯이 그리스도인들에게도 엄격히 금지된다. 어떤 목적으로든 죽은 자와 접촉하려는 시도가 여기에 포함된다. 구약성경에 이에 대한 유명한 사례가 나온다. 사울 왕이 엔돌의 마녀를 찾아가 그녀에게 예언자 사무엘을 불러내도록 요구했다.[74] 그 이야기에 따르면 사무엘이 유령의 형태로 무덤에서 돌아와 사울에게 그의 운명이 어떻게 될지 말해주었는데, 이 사건은 초기 그리스도인들 사이에 엄중한 경각심을 불러일으켰다. 그들은 지상의 사람들이 이런 식으로 죽은 사람들을 다시 불러낼 수 있는지 알고 싶

---

73 마 8:18-22.
74 삼상 28:7-25.

4부 • 하나님의 사랑을 거절하다

었다. 우리가 이생에서 벗어난 뒤에도 악한 세력들에 의한 이런 조종에 예속될 것인가?

이에 대한 답변은 "아니다"여야 한다. 그리스도인이 죽으면 하늘에 가서 그리스도와 함께 있고, 그의 영원한 행복에 대한 지상의 모든 방해나 마귀의 방해로부터 보호된다.[75] 우리는 비신자들에게 일어나는 일에 대해서는 들은 바 없지만, 그들도 다시 불러낼 수 없다고 추정해야 한다. 죽은 비신자들을 다시 불러낼 수 있다면, 누가 구원받았는지 그리고 누가 구원받지 않았는지 알게 될 것이기 때문이다. 히브리서 11:39-40은 구약 시대의 성도들이 그리스도인들이 그들에게 합류할 수 있을 때까지 영원한 안식에 들어가는 것이 보류되었다고 말한다. 그러나 이것이 그들을 마귀의 세력에 노출되도록 방치한 것인지는 불확실하다. 그것은 속임수였음에 틀림없다고 주장한 사람들도 있지만, 엔돌의 마녀는 분명히 사무엘을 불러낼 수 있었다. 우리는 이에 관한 판단을 보류하고, 하나님이 사울을 책망하기 위해 사무엘이 죽은 자 가운데서 돌아오도록 허락하셨을 수도 있음을 인정할 수 있을 뿐이다. 그것이 사실이었든 아니든 우리는 이제 그런 일은 우리에게 일어날 수 없다고 완전히 자신 있게 말할 수 있다. 모종의 심령술을 통해 자신이 죽은 사람을 만났다고 생각하는 사람은 누구든, 그 속임수가 아무리 실제처럼 보일지라도, 미혹 당한 것이다.

사탄의 반역의 결과

하나님의 사랑을 거절하는 것은 심각한 일이며, 그 결과는 광범위하다. 천사들의 반역으로 인류가 유혹을 받았고, 우리의 존재와 삶의 모

---

75   롬 8:38-39.

든 측면에 죄가 파급되었다. 그러나 타락한 천사들의 보존은 그들의 구속으로까지 확장되지 않는다. 우리는 왜 그런지 모르지만, 그것은 그들이 성부의 자녀들이 아니라 종들이기 때문일 수도 있다. 그것은 아마도 모든 천사들이 타락한 것은 아니고, 따라서 하늘에는 여전히 선한 천사들이 거주하고 있다는 사실과 관련이 있을 것이다. 그런데 우리 인간 가운데 어느 누구도 구속받지 못한다면, 인간은 하늘에 하나도 없게 될 것이다. 이것은 추측일 뿐이다. 따라서 우리는 하나님이 우리에게 계시하신 것을 넘어 하나님의 마음속을 들여다보려고 애쓰지 말고, 우리가 옳다고 알고 있는 것을 받아들여야 한다.

사탄은 회개하고 구원받을 수 있는가? 논리적으로는 사탄이 구원받지 못할 이유가 없다. 왜냐하면 사탄은 선하게 지음 받았고, 그의 본성이 근본적으로 악했기 때문이 아니라 그의 반역 때문에 정죄 받았기 때문이다. 아마도 그래서 하나님의 절대적인 주권과 이와 동등하게 절대적인 선함을 근거로 해서 사탄조차도 결국은 구속받을 것이라고 추측한 사람들이 더러 있었다. 그러나 성경은 이와 반대로 증언하며, 사탄이나 사탄과 함께 타락한 천사들에게 그런 희망이 있다고 제시하지 않는다. 베드로후서 2:4은 이렇게 말한다. "하나님은 천사들이 죄를 지었을 때 그들을 아끼지 않고 지옥에 던져 그들을 심판 때까지 음울한 어둠의 사슬에 맡겨 두었다." 물론 이런 종류의 진술은 물리적으로가 아니라 영적으로 해석되어야 한다. 지표면 아래에 사탄과 타락한 천사들이 갇혀 있을 지하 토굴이 있는 것은 아니지만, 이 심상은 하나님의 임재로부터 분리되는 것이 어떻게 느껴질 것인지를 보여준다. 사탄은 "이 현재의 어둠"을 지배하는 것으로 여겨지는데,[76] 이것은 타락한 천사들이 왜 어둠 속에 묶여 있는 것으로 묘사되는지 설명해준다. 그러나 우리는 타락한 천사들이 모종의 잊혀진 감옥에서 아무 일도 안 하고 움직일 수도 없어서 쇠약해

---

76   엡 6:12.

지는 것이 아니라, 적극적으로 사탄을 섬기고 있음을 안다. 우리에게와 마찬가지로 천사들에게도 심판이 있을 텐데, 주된 차이는 우리가 하나님과 함께 천사들을 심판하는 자리에 앉아 있을 것이라는 점이다.[77] 우리가 이렇게 할 수 있는 이유는 우리가 그리스도에 의해 구속 받고 그리스도께 연합되었기 때문이다. 이 점은 천사들은 그런 특권을 받지 않을 것임을 강력히 암시한다.

또한 성경은 사탄이나 그의 추종자들이 모두 회개하고 용서 받고자 하는 욕구를 보이지 않았다는 사실을 암시하며, 복음을 훤히 알고 있다는 사실에도 불구하고 그들이 회개하고 용서받을 것이라는 암시 역시 조금도 없다.[78] 대신 성경은 하나님이 사탄을 우리의 발아래 으깨실 것이고, 사탄의 작품들은 파괴될 것이며, 최후의 심판 이후 사탄은 폐위되어 "불못"에 던져져 거기서 "영원토록 밤낮 괴로움을 받을" 것이라고 말한다.[79] 이것이 영적 실재에 대한 물리적 묘사라는 사실을 인정한다 해도, 사탄이 회개하거나 멸절될 것이라고 가정할 근거는 전혀 없다. 우리가 알 수 있는 한, 사탄은 자기를 따른 천사들과 함께 자기가 마땅히 받아야 할 영원한 형벌을 받으러 보내질 것이다. 더구나 이 일은 우리가 천사들의 심판석에 앉기 전에 일어날 것으로 보인다. 왜냐하면 우리가 아는 한, 우리의 심판은 사탄이 멸망당한 후에 일어날 것으로 보이기 때문이다.[80] 늘 그렇듯이 우리는 이런 영적 현상들을 어떻게 문자적으로 해석하는지에 대해 조심해야 하지만, 설사 우리가 그렇게 하고 싶다 하더라도 우리가 하나님께 사탄과 그의 천사들에게 긍휼을 베풀어달라고 간청할 기회는 없을 것이라고 말해도 무방한 것 같다. 그러므로 하나님의 심판에 우리가 참여하는 것은 하나님이 하셔야 할 일에 관해 하나님과 상

---

77   고전 6:3.

78   약 2:19.

79   롬 16:20; 요일 3:8; 계 20:10.

80   계 20:7-15.

의하는 것이 아니라, 하나님이 이미 행하신 일을 확인하는 것이다.

영원한 벌인가, 멸절인가?

이제 우리는 마지막으로 사탄과 그의 천사들에 대한 심판이 모종의 옥에 갇혀 영원한 벌로 이어질 것인지, 아니면 즉각 또는 어느 정도 간격을 둔 후 단순히 소멸되는 것인지에 관한 문제를 다룬다. 최근에 우리는 영원한 지옥형을 선고받는 인간과 관련하여 이 문제에 친숙해졌지만, 사탄을 두고 이 문제를 논의하는 것이 더 논리적이다. 왜냐하면 마귀는 어둠의 왕국의 지배자이며, 정죄를 받은 인간들은 그곳으로 던져지고, 마귀에게 일어나는 일은 아마도 그들에게도 일어날 것이기 때문이다. 역으로 생각해보면, 하나님이 왜 인간은 지옥에서 일정 기간을 보낸 뒤에 멸절시키시고, 사탄과 그의 천사들은 멸절시키지 않는다고 하는지 이해하기 어렵다. 어떤 논리로 하나님이 그들의 존재를 유지하고 싶어하시겠는가? 만약 고통이 끝나게 되어 있다면, 확실히 인간에게뿐만 아니라 귀신들에게도 끝나야 한다!

우리는 이미 성경의 증언을 토대로 영원한 벌이 더 가능성이 있는 결론이라는 점을 명시했다. 따라서 멸절주의자의 주장의 근거를 고려할 필요가 있다. 성경의 증언에 관한 한, 멸절주의는 주로 마귀가 "그 짐승과 그 거짓 예언자가 있는 불과 유황의 연못에 던져졌고, 그들은 영원토록 괴로움을 받을 것이다"라고 말하는 요한계시록 20:10의 증언에 의존한다. 이 말은 멸절주의로 들리지 않지만, 이에 대한 반응은 이 말이 비유적으로 취해져야 한다는 것이다. 문자적인 불못은 없고, 따라서 문자적인 영원한 고통도 없다. 이 생생한 묘사가 의미하는 바는 사탄과 그의 천사들이 말살될 것이라는 점이고, 그것이 바로 우리가 멸절이라고 부르는 것이다!

우리도 불못은 비유적 또는 영적 의미로 이해되어야 한다는 데 동의한다. 물리적 불은 영적 존재에 영향을 줄 수 없고, 따라서 문자적 해석은 이치에 맞지 않는다. 그러나 말은 그렇게 했어도, 이곳이나 성경의 다른 어떤 곳에도 사탄의 지배 아래 있는 사람들은 말할 것도 없고 사탄과 그의 천사들이 멸절되리라는 언급이 없다. 이 주장의 배후에 놓여 있는 논거는 성경에서 도출되지 않고, 끝없는 고통은 무의미하고 그래서 하나님께 무가치하다는 도덕의식에서 도출된다. 만약 영원한 고통에 어떤 구속의 목적이 있다면 그것이 이해되고 받아들여질 수 있을 테지만, 영원한 고통에 그런 목적이 없기 때문에 아무런 긍정적 결과도 없이 고통이 영원히 계속될 것이라고 추정하는 것은 잔인해 보인다. 인간의 관점에서 말하자면, 멸절주의자가 옹호하는 견해는 일종의 사후 안락사다. 안락사도 무의미한 고통은 끝나야 한다는 근거에서 정당화되는데, 멸절주의는 단순히 그 원리를 무덤 너머의 삶까지 확장한다.

그러나 멸절주의자들은 하나님의 사랑과 공의를 간과한다. 대부분의 사람들은 종신형이 사형보다 더 가벼운 형벌이라는 데 동의하며, 아마 양자택일해야 할 경우 종신형을 선택할 것이다. 종신형에 처해진 사람은 언젠가 무죄가 판명되어 석방될 수도 있지만, 사형이 집행된 죄수에게는 이런 일이 있을 수 없다. 그러나 비록 지옥형이 선고된 사람의 경우 판결이 번복될 기회가 없다 해도, 우리 안에 생명이 있는 한 희망이 있고, 삶이 죽음보다 낫다고 말하는 뭔가가 있다. 또한 하나님이 자신이 만든 피조물이 자신의 원래 뜻과 목적에서 아무리 멀어졌다고 해도 여전히 그 피조물을 사랑하기 때문에 피조물을 말살하지 않을 것이라는 고려를 덧붙일 수도 있다. 비록 사탄이 살기를 바라지 않고 자신의 파괴를 바란다 해도 하나님은 사탄과 그를 섬기는 자들을 향한 깊은 사랑으로부터 그것을 허락하지 않으실 것이다. 하나님은 그들의 불순종으로 인해 그들을 처벌해야 하지만, 그들의 불순종으로 인해 그들을 미워하지는 않으신다. 영원토록 그들은 여전히 하나님의 피조물일 것이고, 그들의 계속되는 존재는 하나님의 영광과 능력이 그가 지으신 다른 모든 것에게서와 마찬가지로 그들에게서도 역사하는 것을 증언할 것이다.

18장

•

인간이 하나님의 사랑을 거절하다

아담과 하와는 왜 반역했는가?

사탄의 가장 큰 성취는 인류를 속인 것인데, 우리는 그 영향을 지금도 느끼고 있고 세상 끝날의 최후 심판 때까지 계속 그 고통을 겪을 것이다. 아담과 하와는 영적인 동시에 물질적인 존재로 지음 받았는데, 그들은 물질적인 존재라는 점에서 천사보다 조금 낮은 존재가 되었다. 왜냐하면 천사들은 물리적인 제한을 받지 않지만, 그들은 물리적으로 제한을 받았기 때문이다.[1] 그러나 영적인 측면으로 인해 아담과 하와는 하나님 및 다른 영적 피조물과 소통하는 능력을 가졌는데, 우리는 지금 그 요소를 "인격적"(personal)이라고 부른다. 동시에 그들에게는 선악에의 접근이 금지되었다. 이것은 그 지식이 너무 커서 그들이 감당할 수 없다거나 그들의 존재상의 한계들과 양립할 수 없기 때문이 아니라, 그들이 사탄과 그의 추종자들로 대표되는 하나님께 대한 반역 집단에 노출되지 않도록 보호하기 위해서였다. 원칙은 "그들이 모르는 것은 그들을 해치지 않는다"라는 것이었던 것으로 보인다. 우리는 아담과 하와가 하나님의 명령에 순

---

1   시 8:5; 히 2:7, 9.

종하고 자기들에게 맡겨진 지배권을 하나님의 원래의 뜻과 계획에 따라 행사했더라면, 그들이 번성했을 것이라고 가정해야 한다. 사탄과 달리 아담과 하와는 자발적으로 타락한 것이 아니라, 그때까지 그들에게 알려지지 않던 힘의 유혹을 받아 하나님으로부터 분리되었다. 그들은 사탄을 자신들의 삶 속에 초대하지 않았고, 사탄이 나타났을 때 그가 특별히 환영받았다는 암시도 없다. 아담과 하와는 사탄이 자신들에게 하라고 요청하고 있는 것은 금지되었다는 점을 알았기 때문에, 처음에는 사탄에 저항했다. 그들이 타락하게 된 것은 그들이 따먹은 열매의 독성의 효과가 아니었다. 불순종이 그들을 하나님으로부터 잘라냈고, 다른 모든 것은 거기서 흘러나왔다. 아담과 하와는 자기들의 길을 가기로 선택한 후에 "자유로워"지거나 "독립적으로" 된 것이 아니라 사탄에게 예속되었고, 자기들이 시작하지 않았고 자기들이 통제하지 못하는 반역에 말려들었다. 무엇이 아담과 하와로 하여금 그런 운명을 선택하게 했는가?

전통적인 답변은 교만이 모든 악의 뿌리이므로 아담과 하와의 타락은 그들의 교만 때문이었다고 말하는 것이다. 사탄의 경우에는 그것이 사실이었을 것이고, 아담과 하와가 사탄의 반역에 휘말리게 된 점에서 그것은 인간의 죄에 대한 타당한 설명이기도 할 것이다. 그러나 교만이 아담과 하와로 하여금 뱀이 유혹하는 말을 듣고 뱀을 따르게 한 직접적인 원인이었는지는 분명하지 않다. 교만은 자의식이 있을 때만 존재할 수 있는데, 성경은 아담과 하와가 타락 때 그리고 타락을 통해 자의식을 획득했다고 말한다.[2] 창세기 기사는 아담과 하와가 이기적 교만보다 더 긍정적이고 매력적인 어떤 것에 의해 동기가 부여되었다는 인상을 준다. 아담과 하와는 하나님과 같이 되기를 원했다.[3] 아담과 하와는 자기들이 하나님의 형상과 모양으로 지음 받은 것을 알고 있었고, 그들의 현재 상태

---

2   창 3:7.
3   창 3:5.

보다 더 하나님과 같이 되고 싶어 했다. 그들은 자기들의 창조된 본성의 경계를 넘어서 천사들과 같이 되려고 시도하지 않았다. 아담과 하와는 선악을 알게 하는 나무에 쉽게 접근할 수 있었고, 언제든 그 나무의 열매를 먹을 수 있었다. 문제는 그들이 얻은 도덕 인식이 인간으로서의 그들의 능력 밖에 있었다는 것이 아니라, 그들이 도덕 인식을 얻는 것이 금지되었다는 것이었다. 그들은 타락 이후에 이전보다 더 높거나 낮은 인간이 되지도 않았고, 불순종에 대한 벌로 에덴동산에서 쫓겨났을 때 선과 악에 대한 지식을 상실하지도 않았다. 우리는 오늘날에도 여전히 그 지식을 갖고 있으며, 우리가 최종적인 영광 속으로 들어갈 때 그 지식이 몰수될 것이라는 암시도 없다. 아담과 하와가 도덕적 인식을 잘못된 방법으로 얻기는 했지만, 우리의 도덕적 인식은 계속 유지될 것이고 우리가 도덕적 인식을 갖고 있는 것은 좋은 일로 보인다.

아담과 하와의 죄에 대한 설명은 그들이 자체로는 선한 뭔가를 잘못된 방법으로 원했다는 것으로 보인다. 그들은 사탄에게 굴복하도록 강제되지 않았고 사탄의 교사(敎唆)를 거절할 수도 있었지만, 유혹이 아담과 하와의 호기심을 부추겼고 결국 그들은 타락했다. 그 대가는 그들이 받았을 수도 있는 유익을 훨씬 능가했으며, 그 관점에서 보면 아담과 하와의 죄는 매우 불합리했다. 창조주에 대한 불순종은 본질적으로 불합리한 행위다. 우리가 아담과 하와의 불순종을 탓하지 않을 수 있는 유일한 길은 우리 자신의 마음을 들여다보고 우리가 그들 입장이었다면 어떻게 했을지 자문해보는 것이다. 우리는 그들과 달리 금지된 열매를 거부했겠는가? 우리가 정직하다면, 우리에게 금지된 것을 먹으라는 유혹이 너무 커져서 그 유혹에 대한 우리의 저항이 처음에는 아무리 원칙에 입각했고 선한 의도를 갖고 있었을지라도 결국은 무너졌을 것이라는 점을 인정할 것이다. 우리는 왜 그런지 설명할 수 없는데, 왜냐하면 그것은 언어도단이기 때문이다. 우리의 마음은 이런 굴복이 하나님에 의해 우리에게 강제되었거나 우리의 유한한 인간의 본성에 의해 불가피해진 어떤 것이 아니라, 우리의 자유의지의 행위라는 것을 안다. 그렇지 않은 척 가장하면 우리 자신을 이해하지 못한다.

아담과 하와의 타락의 결과

아담과 하와는 일단 선과 악에 대한 지식을 획득하고 나자, 그것을 버릴 수 없게 되었다. 그들은 자기들의 실수를 사과하고 그 열매를 원래 있던 나무 위로 돌려놓을 수 없었다. 이런 의미에서 그것은 우리가 실수로, 예컨대 무심코 주위에 놓여 있는 편지를 읽음으로써 해롭거나 불쾌한 뭔가를 발견한 것과 비교될 수 있다. 우리는 그 편지를 읽지 않았기를 바랄 수 있지만, 우리의 기억에서 그것을 지워버릴 수 없다. 마찬가지로 아담과 하와도 자기들의 행위의 결과를 안고 살아야 했고, 하나님도 그렇게 하실 수밖에 없었다. 일어난 일은 일어난 일이고, 이전 상태로 되돌아갈 수는 없었다.

금지된 지식을 얻게 된 직접적인 결과로 아담과 하와는 자의식을 갖게 되었는데, 그들은 자기들이 본 것이 마음에 들지 않았다. 성경에 기록된 것과 같이 "그들 모두의 눈이 열려서 그들은 자기들이 벌거벗은 것을 알게 되었고, 무화과나무 잎을 엮어 허리 가리개를 만들었다."[4] 이 이야기는 잘 알려져 있지만 종종 오해되었고, 그에 따른 처참한 결과가 종종 오늘날까지 계속된다. 창조 내러티브의 다른 곳에서와 마찬가지로 하나님은 물리적 상징을 사용하여 영적 진리를 표현하신다. 그러나 이곳보다 이 사실이 제대로 이해되지 않은 곳은 없었다. 벌거벗음은 그 자체로는 죄가 아니다. 벌거벗음이 죄라면 우리는 샤워나 목욕을 할 때마다 뭔가 잘못을 저지르고 있는 셈이 될 것이다. 지금 우리에게는 이상하게

---

4   창 3:7.

보일지 모르겠지만, 수백 년 동안 바로 그런 이유로 "거룩함의 악취"가 개인위생보다 더 낫다고 확신해서 결코 자기 몸을 씻지 않은 경건한 그리스도인들이 많이 있었다. 그것은 터무니없으며, 그것이 전부라면 우리는 그저 웃어넘기고 말 수 있을 것이다. 불행하게도 그리고 훨씬 더 심각하게도 이 구절은 인간의 성(性)에 뭔가 오염된 것이 있다고 주장하는 데에도 사용되었다. 이 잘못된 주장은 한쪽 극단에서는 거세로, 다른 쪽 극단에서는 흥청대는 방탕으로 광범위하게 왜곡되었다. 이로 인해 우리는 성을 오해했고, 따라서 우리가 성에 대해 하는 어떤 말도 타당성이 없다는 것이 기독교와 교회에 대한 인기 있는 비난 중 하나가 되었다. 마귀는 아담과 하와가 먹은 그 과일 조각에서 자신이 상상할 수 있었던 것보다 훨씬 더 많은 것을 얻어냈다!

아담과 하와가 벌거벗은 것은 몸의 욕구의 사악함이 아니라, 우리의 연약함을 지적한다. 우리에게 창조 때 주어졌던 하나님의 보호 능력에서 분리된 우리는 지금 육체적·도덕적·영적인 모든 방면에서 위험에 노출되어 있다. 세상에서 벌거벗은 상태가 되는 것은 무방비 상태가 되는 것이고, 그것이 허리 가리개가 상징하는 것이다. 생식 기관은 우리가 인류를 재생산하는 소중한 수단이다. 생식 기관은 다치기 쉽고, 쉽게 공격받을 수 있다. 그래서 우리는 자신을 보존하려면 생식 기관을 매우 조심스럽게 보살펴야 한다. 생식 기관이 손상되면 우리는 가장 기본적인 수준의 실존이 침해된다. 우리는 우리의 성이 부끄러워서가 아니라 바로 이런 이유로 우리의 가장 취약한 부분이 손상에 가장 덜 노출되도록 극도로 조심하는 것이다.[5]

성관계는 죄로 얼룩져 있고, 그것이 종종 "영혼의 오점"이라고 언급되는 일종의 선천적 결함으로서 한 세대에서 다음 세대로 이전된다는 끊임없이 지속되는 주장은 상당히 해로운 영향을 주었다. 또한 거기서 한

---

5   고전 12:23.

걸음 더 나아가 "육체"를 본질적으로 악하다고 간주하고, 육체와 관련된 성경의 모든 언급을 그에 비추어 해석한다. 성경은 육체가 약하고, 언젠가는 죽을 수밖에 없으며, 우리가 하나님의 뜻에 반하는 것을 바라도록 조장한다고 말한다. 이 모든 것은 육체라는 말이 하나님께 대한 반역을 가리키는 의미로 들리게 만드는 요소들이지만, 성경은 그 어디서도 육체가 그 자체로 악하다고 말하지 않는다. 아담과 하와는 언젠가는 죽을 수밖에 없는 존재로 지음 받았지만, 에덴동산에서는 그들의 죽을 운명의 숙명으로부터 보호되었다. 그들이 타락했을 때 그 보호가 제거되었고, 그 결과 그들은 죽었다. 그들이 타락하지 않았더라면 그들이 어떻게 되었을지는 알려지지 않았지만, 그들은 아마도 불멸하지 않는 우주에서 죽을 수밖에 없는 존재로 남아 있었을 것이다. 만약 아담과 하와가 통상적인 물리적 삶을 살고 자녀들을 낳았다면 성장과 쇠퇴의 과정이 있었을 것이고, 결국 그들의 지상의 삶은 끝났을 것이다. 이것이 우리가 알고 있는 죽음에 의한 것이었을지, 또는 에녹이나 엘리야에게 일어났던 것[6]과 같은 또 다른 종류의 삶으로의 변화에 의한 것이었을지는 알 수 없다.

왜 우리의 첫 조상이 본성상 불멸의 존재가 아니라 죽을 존재였다고 생각하는가? 이런 결론을 내리게 하는 두 가지 사항이 있다. 첫째는 그들에게 일어난 일과 타락한 천사들에게 일어난 일의 비교다. 천사들은 본성상 불멸의 존재였고, 따라서 그들은 타락한 후에도 계속 살아남았다. 즉 죽음은 그들의 불순종의 결과로 세상에 들어온 것이 아니다. 이것이 사탄과 그의 동료 귀신들이 여전히 우리와 함께 있는 이유를 설명해 준다. 그러나 인간이 죄를 짓자 그들은 죽었는데, 그것은 에덴동산에서 그들이 유익을 입었던 보호가 제거되었기 때문이다. 두 번째 사항은 에덴동산에 있던 생명나무의 존재다. 아담과 하와가 하나님께 불순종한 뒤에 생명나무 열매를 먹을 수 있었던 짧은 순간이 있었는데, 그들이 그

---

6   창 5:24; 왕하 2:11

4부 • 하나님의 사랑을 거절하다

열매를 먹었더라면 영원히 살았을 것이다.[7] 아담과 하와가 불멸의 존재였다면 생명나무는 필요 없었을 것이다. 선과 악에 대한 지식과 마찬가지로 영생도 인간의 본성과 양립할 수 없으며, 영생을 얻는 것은 예수 그리스도의 복음에 의해 주어진 위대한 약속들 가운데 하나다. 동시에 영생은 인간 본성에 본질적인 것도 아니다. 그랬더라면 우리가 인간 본성의 다른 부분을 상실할 수 없는 것처럼, 영생도 상실할 수 없었을 것이기 때문이다.

어떤 사람들은 창세기 2:17에서 하나님이 아담과 하와에게 "네가 그것을 먹는 날에는 반드시 죽을 것이다"라고 말씀하시는 것을 예로 들며 위의 견해에 반대하고, 이 말을 아담과 하와가 타락하기 전에는 불멸의 존재였음을 의미하는 것으로 해석할 것이다. 그러나 이것은 본문을 잘못 해석하는 것이다. 첫째, 아담과 하와가 그 열매를 먹은 날에 죽지 않았다는 점은 명백하다. 창세기 5:3-4에 따르면 아담은 930년을 살았는데, 이 중 최소 800년은 타락한 이후였을 것이다. 죽음이 아담과 하와의 범죄의 직접적인 결과라면, 오랜 시간이 흘러서야 죽음이 왔다. 둘째, 아담과 하와의 불순종으로 그들은 하나님으로부터 단절되었다. 그 결과 아담과 하와는 그 열매를 먹었을 때 **실제로** 죽었지만, 죽음은 육체의 죽음이 아니라 영적 죽음이었다. 모든 인간은, 육체적으로는 계속 살아 있더라도 영적으로는 죽은 상태로 태어나며, 그리스도 안에서 다시 태어난 사람들은 여전히 육체적 죽음을 경험해야 하지만 육체적 죽음에 대한 두려움이 없다. 한 쪽 죽음이 자동으로 다른 쪽 죽음을 수반하는 것은 아니다. 죽음을 문자적으로 이해한다면, 문맥으로 볼 때 하나님이 아담과 하와에게 경고하신 것은 육체적 죽음뿐만 아니라 영적 죽음이기도 하다는 점이 분명하다. 어떻게 육체적 죽음이 완전히 영적인 범죄에 대한 적절한 처벌일 수 있는지를 이해하기가 어렵기 때문에, 이 해석은 참으로 일리

---

7   창 3:22.

가 있다.

이것은 물질세계뿐 아니라 인간에 대한 우리의 이해에 방대한 함의가 있다. 타락 이전에는 육체적 죽음이 존재하지 않았다고 생각한 사람들이 있지만 성경에 그런 진술은 없으며, 그것은 동식물의 생명 주기에 관해 우리가 알고 있는 것에도 어긋난다. 만약 자연적인 죽음이 죄의 결과라면, 왜 참나무가 장미보다 훨씬 더 오래 살고, 어떤 종류의 거북이는 개보다 열 배 심지어 스무 배나 더 오래 사는가? 인간으로만 한정할 경우, 현대의 선진국에서 기대 수명이 늘어난 것은 그곳에서 살고 있는 사람들이 다른 곳에서 사는 사람들이나 이전 세대 사람들보다 죄를 덜 짓는다는 뜻이라고 말할 수 있는가? 그것은 기괴한 관념이지만, 타락의 결과에 대한 그런 이론의 논리적 결론이다.

여기서 우리는 일차적으로 영적인 문제를 다루고 있으며, 우리가 죄와 죽음에 관해 말하는 모든 것은 영적인 관점에 따라 이해되어야 한다. 인간은 영적 피조물이자 물질적 피조물이라는 점을 감안하면, 우리에게 영적으로 영향을 주는 것은 당연히 물리적으로도 영향을 미칠 것으로 예상된다. 그러나 둘 사이에 단순한 상관관계는 존재하지 않으며, 물질세계에서 취한 증거(예컨대 질병과 같은)를 특정 개인이나 집단의 영적 상태에 대한 지표나 지침으로 사용하는 것은 타락의 본질을 오해하는 것이다. 우리가 살고 있는 물질세계는 모든 인간의 공동유산이며, 우리 모두는 우리가 겪게 되어 있는 물리적 세계의 위험에 똑같이 노출된다. 이생에서 영적으로 다시 태어나 하나님과 교제하며 영생의 첫 열매를 누릴 수 있지만, 죄와 사망의 세계로부터 그리 쉽게 벗어날 수는 없다. 그 일이 일어나려면 우리의 물리적 몸이 죽고 우리에게 약속된 새로운 하늘의 생명으로 부활해야 한다. 그 생명은 실제로 존재하지만, 우리의 경험 밖에 머물러 있기 때문에 대체로 우리의 이해를 넘어선다.[8]

---

8   고전 15:35-57.

원죄

죄를 "물려받은 육체적 결함"으로 취급하는 이론들은 옳지 않지만, 그 이론들은 뭔가 매우 중요한 점을 지적한다. 아담과 하와의 타락은 전체 인류에게 지금도 그때에 비해 전혀 덜 심각하지 않은 영향을 끼쳤다. 아이들이 죄 없이 태어나서 어릴 때의 어느 한 시점에 죄에 "빠진다"고 말하는 것은 옳지 않지만, 이런 믿음은 공개적으로 인정하건 인정하지 않건 매우 널리 퍼져 있다. 이런 믿음이 야기하는 문제는 영아 때 죽은 사람들이나 책임질 수 있는 방식으로 죄를 지을 정신적 능력을 받지 못한 사람들의 영적 상태에 관해 제기되는 문제들에서 명확하게 볼 수 있다. 많은 사람들은 책임질 수 있는 나이가 되기 전에 죽은 아이는 죄가 없고 따라서 자동으로 천국에 갈 것이라고 믿고 싶어 하며, 목사가 자녀를 여읜 부모에 대한 위로로 이런 확약을 제공하려는 유혹도 매우 강할 수 있다. 심지어 그리스도에 대해 개인적인 결단을 한 사람만 천국에 갈 것이라고 믿는 사람들도 아기를 사산해서 비통해하는 부모에게, 그 아기가 필요하다고 생각되는 결단을 하지 않아서 지옥에 갔다고 말할 만큼 무정하지는 않을 것이다.

이런 사고방식이 옳다면 어려서 죽는 것이 아주 유리할 것이고, 죄에 빠질 가능성이 있는 나이에 도달한 사람들은 심각한 문제에 직면하게 될 것이다. 그러나 정신 나간 부모가 아니고서야 자기 자녀가 순진함을 잃기 전에 천국에 가도록 하겠다는 희망으로 자녀를 죽이지는 않을 것이고, 어떤 기독교 교회도 인간의 죄악성에 대한 이런 해석을 받아들일 수 없다. 보다 긍정적인 관점에서 보면, 어린아이들을 죄로부터 보호해서 그들이 구주를 필요로 하지 않도록 자라게 할 수도 있을 것이다. 그러나 그런 일은 일어나지 않으며, 이는 성경의 명백한 가르침에 반한다.[9]

---

9   롬 3:23.

어떻게 설명하든 죄에는 소위 분별력 있는 연령에 도달한 각 개인의 선택 이상의 것이 있음에 틀림없다.

어린아이들에게는 어른들에 비해 영적인 이점이 있는가? 예수는 자기를 따르는 사람들에게 "이런 사람들이 천국에 속해 있기" 때문에 어린아이들이 자기에게 오는 것을 막지 말라고 하시고, 제자들에게 우리가 어린아이들에게서 발견되는 것과 똑같은 절대적 확신과 신뢰를 갖고 자기에게 나아오지 않으면 구원받을 수 없다고 경고하셨다.[10] 그러나 당연히 예수는 이 말을 그런 태도를 갖고 있는 어린아이들이 아니라, 그런 태도를 갖도록 기대되는 어른들에게 했다는 사실에 주목해야 한다. 이 구절이 그리스도인들에 의해 어른으로서 믿음 안에서 성장하지 않는 데 대한 핑계거리로 사용되어서도 안 된다.[11] 어린 시절은 소중한 시기이며, 어린아이도 성인과 똑같이 하나님과 살아 있는 관계를 맺을 수 있다. 그러나 어린 시절은 또한 이후로는 내리막길만 있을 수 있는 인생의 황금기가 아니라, 성인기와 인생의 준비를 향해 나아가는 여정의 한 단계이기도 하다. 바울이 이렇게 말했던 것처럼 말이다. "내가 어린아이였을 때 나는 어린아이처럼 말했고, 어린아이처럼 생각했고, 어린아이처럼 추론했다. 성인이 되자 나는 어린아이와 같은 방식을 버렸다."[12] 바울의 눈에는 그것이 좋고 필요한 발전이었으며, 그가 고린도 교회에 권하는 것이었다. 똑같은 원리가 우리에게도 적용된다. 바울은 다른 곳에서 구약의 율법은 우리를 그리스도께 인도하는 교사였다고 말하는데, 이 말의 함의는 예수가 왔을 때 이스라엘의 자녀들은 자신들의 믿음과 복음에 대한 이해에 있어 어른이 되도록 되어 있었다는 것이다.[13]

그러므로 갓 태어난 아기가 실제로 죄를 범하지 않은 것이 분명히 사

---

10   마 18:3.
11   마 19:13-14; 히 5:11-14.
12   고전 13:11.
13   갈 3:24-25.

실이기는 해도, 어린아이들이 영적으로 죄가 없다거나 이 점에서 어른들보다 우월하다고 믿을 이유는 없다. 아기가 부모나 먼 조상이 저지른 일로 비난받을 수 있는가? 이 질문은 우리를 소위 "원죄"의 핵심으로 들어가게 한다. 많은 사람들이 아담과 하와가 죄를 지었기 때문에 그들의 모든 후손이 죄를 짓는 성향을 물려받았고, 그럴 기회를 얻는 즉시 그 성향을 행사할 것이라고 믿는다. 그들의 사고방식에 따르면, 아기와 나이든 사람들 사이의 단 하나의 참된 차이는 아기는 아직 자신의 사악한 성향을 드러낼 기회를 갖지 못했다는 것이다. 일반적인 의미에서 이 말은 완전한 사실이지만, 더 주의 깊게 생각해 보면 그것이 인간의 죄악성에 대한 설명으로는 부적절하다는 점을 곧바로 알게 될 것이다. 아담과 하와는 하나님의 계시된 뜻에 반하는 의도적인 행동으로 하나님께 불순종했으며, 그런 방식으로 그들과 하나님의 관계를 깨뜨렸다.

우리는 아담과 하와로부터 하나님과 깨진 그 관계를 물려받았는데, 이 깨진 관계가 아직 활성화되지 않은 단순한 죄의 성향보다 더 심각하다. 최초의 인간들은 실제로 죄를 지을 때까지는 죄인이 아니었지만, 우리에게는 그런 특권이 주어지지 않았다. 우리가 물려받은 하나님과의 잘못된 관계는, 우리가 그에 상응하는 잘못을 했든 하지 않았든, 우리가 안고 살아야 할 삶의 현실이다. 이것이 부당하다고 생각한다면, 우리가 조상으로부터 다른 것들을 얼마나 많이 물려받았는지 고려해 보라. 우리가 이 생에서 갖고 있는 거의 모든 것이 그런 것처럼, 우리의 인간성은 그 자체가 조상들에게까지 거슬러 올라간다. 내 부모가 백인이었기 때문에 나도 백인이다. 그러나 나는 아프리카 마을에서 살았을 때, 내 피부색에 대해 유감스럽게 생각했던 적이 있었다. 왜냐하면 나는 원하지 않는데도 피부색 때문에 사람들 눈에 띄었기 때문이다.

불행하게도 내 피부색에 관해 내가 할 수 있는 일은 아무것도 없었다. 좋든 싫든 나는 태어날 때 받은 몸으로 살아야 했다. 신체적인 차원에서는 누구나 선하게 사용되거나 악하게 사용될 수 있는 재능과 성향을 물려받았음을 인정한다. 우리는 이런 사실을 받아들이는 법을 배워야 하고, 또 우리가 물려받은 것으로부터 최선을 이끌어내고 또한 최악을 피하도록 자신을 수양한다. 그런데 영적인 차원에서도 이와 똑같다고 말하면 왜 그 말에 반대하는가? 사실 영적인 관점에서 우리 모두는 똑같기 때문에, 영적 차원의 유산이 신체적 차원의 유산보다 훨씬 공정하다. 신체적으로 말하자면, 부모로부터 부러지기 쉬운 뼈나 희귀한 혈액 결핍증을 물려받아 대부분의 다른 사람들은 겪지 않는 고통을 당할 수 있다. 또는 대부분의 다른 사람들과는 달리 음악이나 운동에 특별한 재능이 있을 수 있고, 그 결과 명성과 큰돈을 얻을 수도 있다. 그러나 영적인 관점에서는 모든 인간이 창조주와의 깨진 관계라는 똑같은 조건을 물려받았기 때문에, 모두가 똑같은 죄인이고 구원을 필요로 한다. 더구나 신체적 문제들은 개별적인 필요와 상태에 주의를 기울여야 하며, 따라서 일반적으로 적용될 수 있는 한 가지 해결책이란 거의 없지만, 우리의 영적 문제는 필요한 일을 할 자격이 있는 한 개인의 행위나 행위들로 처리될 수 있다. 이에 관한 바울의 말을 인용한다.

> 한 사람에 의해 죽음이 온 것 같이, 죽은 자의 부활도 한 사람에 의해 왔다. 아담 안에서 모든 사람이 죽은 것 같이, 그리스도 안에서 모든 사람이 살아날 것이다.[14]

한 사람이 잘못한 것을 다른 한 사람이 바로잡을 수 있다. 이런 일이 실제로 일어났다는 것이 복음의 영광스러운 메시지이고, 이 복음이 우리가 "원죄"라고 부르는 문제에 대한 궁극적이고 유일한 해결책이다.

원죄는 우리가 후천적으로 획득하는 뭔가가 아니라, 선천적인 "인간성"의 한 부분이다. 우리는 원죄를 없애기 원한다고 해도 그럴 수 없고,

---

14   고전 15:21-22.

원죄를 치료하거나 완화할 어떤 치료법이나 운동 같은 것도 없다. 영적인 문제들은 영적인 방법으로만 처리할 수 있는데, 이 지점에서 우리는 하나님의 수준으로 올라가지 못하도록 가로막는 한계에 부딪친다. 원죄는 단순히 우리의 첫 조상으로부터 물려받은 결함에 불과한 것이 아니기 때문이다. 또한 원죄는 성경이 "이 세상의 초급 원리들에 예속되게 했다"고 말하는 헌신으로 이어졌다.[15] 이 "원리들"은 추상적인 관념이 아니라 사탄을 우두머리로 하는 악한 영들이다. 달리 말하자면 아담과 하와의 선이 그들이 행한 어떤 일로부터 나온 것이 아니라 그들이 지음받아 들어간 관계로부터 나온 것처럼, 우리의 사악함도 우리가 행한 어떤 일로부터 나오는 것이 아니라 우리가 태어날 때 가입한 관계로부터 나온다. 이런 관계들 가운데 하나는 하나님과의 깨진 관계이고, 또 다른 하나는 사탄에게 의존하는 관계다. 하나님과의 깨진 관계는 사탄에게 의존하는 관계가 깨지지 않는 한, 그리고 그 관계가 깨질 때까지는 회복될 수 없는데, 그래서 개인 구원이 중요하기는 하지만 그리스도의 복음의 메시지는 오로지 개인의 구원의 관점에서만 표현될 수 없다. 개인으로서의 나는 구원받을 수 있고 또 구원받아야 하지만, 그 일이 일어나려면 먼저 사탄의 힘이 깨뜨려져야 한다. 달리 말하자면 나는 악의 세력에 대한 하나님의 승리에 포함됨으로써 구원받을 수 있고, 그것이 없이는 구원받을 수 없다.

우리 자신이 원죄를 들여오지 않은 것이 명백한데, 왜 우리가 원죄에 대해 책임을 져야 하는가? 여기서 신학자들 사이에 큰 견해 차가 있으며, 그 영향이 오늘날도 명백하게 남아 있다. 한편 우리가 직접 저지르지 않은 죄로 어떤 유익을 얻었다고 해도, 그 죄에 대한 책임을 질 수 없다는 말은 옳다. 나는 나의 먼 조상들이 노예제도를 시행했고, 어느 정도는 여전히 많은 서구 국가들의 번성의 기초로 남아 있는 부를 축적했다는 사

---

15   갈 4:3.

실에 대해 책임이 없다. 나는 이 상황에 기인한 부당함을 시정하기 위해 내가 할 수 있는 일을 해야 할 책임이 있지만, 그 책임이 내 은행 잔고를 비워서 그 돈을 먼 조상이 노예가 되었던 서인도 제도의 누군가에게 보내는 것과 같은 일은 아니다. 실제적인 잘못과 상상의 잘못에 대한 보상이 특정 죄인의 모든 자손에게 부과되는 누적적인 법적 의무라면, 각각의 세대는 그 이전 세대보다 못 살 것이고, 지금 우리 모두는 물려받은 죄책으로 과부하가 걸려 어찌할 바를 모르고 끙끙대고 있을 것이다.

그러나 고대 세계에서 그리고 심지어 오늘날도 많은 곳에서 여전히 죄의 결과뿐만 아니라 특정 잘못을 속죄할 책임이 한 세대에서 다음 세대로 이전된다고 상정하고, 이에 따라 소위 "피의 복수" 현상이 만들어졌다. 이 현상은 한 부족이나 폭력집단이, 비록 직접적인 책임이 있는 사람들은 오래 전에 죽었을지라도, 다른 부족이나 폭력집단의 구성원들이 과거에 자신들에게 가했던 피해에 대해 보복을 감행하는 것을 가리킨다. 예언자 에스겔은 아래와 같이 쓴 글에서 이 문제를 매우 확고하게 다루었다.

그런데 너희는 이르기를 "아들이 어찌 아버지의 죄를 담당하지 아니하겠느냐" 하는도다. 아들이 정의와 공의를 행하며 내 모든 율례를 지켜 행하였으면 그는 반드시 살려니와 범죄하는 그 영혼은 죽을지라. 아들은 아버지의 죄악을 담당하지 아니할 것이요, 아버지는 아들의 죄악을 담당하지 아니하리니, 의인의 공의도 자기에게로 돌아가고 악인의 악도 자기에게로 돌아가리라.[16]

죄가 특정 개인들에 의해 저질러진 한 가지 행위 또는 일련의 행위라는 의미에서 하나님의 눈에는 물려받은 죄책(inherited guilt)이란 없으며, 심판 날에 각 사람은 자신의 행위 또는 악행에 대해 하나님께 답변해야

---

16   겔 18:19-20.

할 것이라고 말할 수 있다. 그러나 방금 본 바와 같이 원죄는 행위가 아니라 깨진 관계이며, 우리는 이 깨진 관계를 물려받았다. 우리가 이것을 "물려받은 죄책"으로 부를지 말지는 대체로 정의(definition)의 문제가 된다. 여기서 물려받을 수 없는 "비난"과 물려받을 수 있는 "책임" 사이를 구분하는 것이 더 좋을 수도 있다. 죄를 주로 "비난"의 관점에서 생각하면, 우리가 원죄에 대해 죄책이라고 말하는 것은 오해의 소지가 있다. 왜냐하면 죄책은 우리가 그렇게 판단될 만한 어떤 일을 했음을 암시하는데, 그럼에도 우리는 그 일을 하지 않았기 때문이다. 이 경우 에스겔의 말이 우리의 상황에 적용되고, 물려받은 죄책은 전혀 없게 될 것이다.

불행하게도 원죄는 그보다 더 깊고 심각하다. 만약 원죄가 내 편에서의 악행의 결과라면, 나는 모종의 배상 행위에 의해 그것을 바로잡겠다고 제안할 수 있을 것이다. 예를 들어 내가 어떤 물건을 훔쳤다면 그것을 돌려줄 수 있을 것이고, 내가 어떤 사람을 기분 나쁘게 했다면 사과할 수 있을 것이다. 훔친 과일을 먹어버린 경우처럼 특정한 배상이 불가능하다면, 최소한 그에 대한 대가를 지불하거나 그것을 대신할 만한 다른 것을 찾아낼 수 있을 것이다. 확실히 그런 행동으로 인해 세상이 타락하거나 하나님으로부터 영원히 단절될 필요는 없다. 그러나 원죄에 부착되어 있는 문제는 원죄가 우리가 행한 어떤 일이 아니라 우리가 물려받은 상태이며, 따라서 우리가 그것에 관해 할 수 있는 일이 아무것도 없다는 사실이다. 동시에 우리는 그저 원죄를 받아들이고 살아갈 수도 없다. 왜냐하면 원죄는 사탄에 예속되는 관계를 수반하는데, 이것은 하나님이 우리에게 바라시는 것이 아니기 때문이다. 원죄에 대해 "죄책"이라고 묘사하든 안하든 우리는 하나님과 잘못된 관계 속에 있고, 그에 대해 책임이 있다는 사실은 그대로 남아 있다. 원죄로부터 벗어나는 유일한 길은 그 관계를 바로잡는 것인데, 우리는 그럴 능력도 없고 그럴 자유도 없기 때문에 그렇게 할 수 없다. 한정된 영향만 끼치는 악행들과 달리, 원죄 곧 이 죄의 상태는 모든 것을 포괄한다. 심지어 우리가 행하는 선마저도 그 배경 안에서 행해지며, 그 상태를 변화시킬 수 없다.

깨진 관계는 악행들과 다르며, 우리가 이에 대해 책임을 져야 하는지에 관해 논의할 때 이 차이가 고려되어야 한다. 나는 내가 들어보지도 못한 사람들이 오래 전에 저지른 죄에 대해 비난받을 수 없지만, 그 죄가야기했을 수도 있는 피해를 회복시킬 책임이 있을 수 있다. 만일 죄로 인해 관계가 깨졌다면, 내가 선택했건 안 했건, 나는 얼마든지 거기에 연루될 수 있다. 이 점을 보여 주는 데 도움이 될 만한 몇 가지 잘 알려진 사례를 들어보자. 미국에서는 오래 전부터 백인과 흑인 사이의 관계가 나쁜데, 이 관계는 아직도 기억이 생생한 인종 차별의 시대와 그 이전의 노예제도 시대까지 거슬러 올라간다. 오늘날 살아 있는 어느 누구도 그 과거에 대해 개인적으로 책임을 질 수 없지만, 누구나 오랫동안 다수파 백인들이 소수파 흑인들을 억압했다는 것과 문제를 바로잡을 책임의 짐이주로 다수파에게 놓여 있다는 것을 인정한다. 이에 대해서는 누구나 동의하며, 이제 모든 것이 바로잡혔다고 말하는 것은 과장이겠지만, 화해를 향한 진정한 진전이 시작되었다고 말해도 무방하다.

다른 한편 영국에서는 (주로 개신교인인) 브리튼 사람들과 아일랜드 가톨릭교인들이 오랫동안 반목하고 있는데, 이것은 미국의 노예제도와 같이 오늘날 살아 있는 어느 누구에게도 비난을 돌릴 수 없다. 이 경우에 문제의 책임이 누구에게 있는지는 덜 명확하며, 모든 비난이 개신교인들에게돌려져야 한다는 많은 가톨릭 교인들의 주장이 상황을 악화시키는 주요 인이었다. 양측이 일어난 일에 대한 책임을 분담해야 한다는 점을 인정하지 않으면, 그리고 그때까지는 지속적인 화해를 향한 진정한 진전은이루어지지 않을 것 같다. 또 다른 사례를 들자면, 1948년의 이스라엘 건국은 어느 정도까지는 6백만 명의 유대인이 목숨을 잃은 대학살이 일어난 뒤에 서양 세계가 죄책감을 느낀 결과였다. 팔레스타인에 세워진 유대인들의 조국은 많은 사람들에게 그 비극에 대한 일종의 보상으로 보였지만, 이스라엘 건국은 그 지역에 수백 년 동안 살고 있었고 대학살을 일으킨 데 대해 결코 책임이 없었던 수천 명의 아랍인들을 추방한 대가로 이루어졌음을 아무도 알아차리지 못했다.

유대인들과 아랍인들은 수백 년 동안 꽤 사이가 좋았지만, 지난 두 세대 동안 원래 그들과 아무 상관이 없는 이유들로 인해 견원지간이 되고 말았다. 이 경우에도 무엇에 대해 누구를 비난해야 하는지 전혀 명확하지 않으며, 과거의 잘못들이 생생한 기억으로 남아 있더라도 그 잘못들을 어떻게 교정할 수 있는지 알기도 쉽지 않다. 슬프게도 양측이 서로에 대해 자행한 잔학 행위의 목록들이 길어지고 시간이 지남에 따라 상대방의 입장을 이해할 수 있는 능력은 약해지고 있어, 상황이 더 악화될 것이라는 조짐만 보이고 있다. 이 세 가지 사례들 및 인용할 수 있는 비슷한 다른 많은 사례들은 깨진 관계가 얼마나 심각해질 수 있는지, 그리고 일단 일이 꼬이면 그것을 바로잡기가 얼마나 어려운지 보여준다. 그러나 이 사례들은 또한 우리가 무엇인가를 해야 한다는 점도 보여준다. 왜냐하면 그렇게 하지 않으면 깨진 관계는 계속 악화되고, 시간이 갈수록 훨씬 더 다루기 힘들어지며, 원래의 명분들이 시야에서 사라지기 때문이다.

아담과 하와의 타락의 경우에 비난의 할당은 명확하다. 잘못은 완전히 인류에게 있고, 따라서 인류는, 비록 화해를 이루는 것이 우리의 통제를 넘어선다 할지라도, 화해를 이루기 위해 필요한 모든 책임을 져야 한다. 불행하게도 이것을 받아들이기를 거절하고, 하나님도 우리에게 일어난 일에 대해 최소한 어느 정도는 비난을 받아야 한다고 생각하는 사람들이 많다. 심지어 하나님은 인간의 상태를 즉각 완화시킬 수 있었다는(그러므로 그들의 눈에는 **완화시켰어야 했다는**) 근거에서, 하나님이 인간의 상태에 대해 전적인 책임이 있다고 비난하는 사람들도 있다. 이 배후에 놓여 있는 추론은 만약 하나님이 사랑의 하나님이라면, 고통의 원인이 무엇이든 간에 고통을 묵인할 수 없으셔야 한다는 것이다. 이런 식으로 생각하는 사람들에게는 우리 자신의 불행에 대해 우리에게 책임이 있을 수도 있다는 관념은 완전히 받아들일 수 없으며, 그들은 자기들의 요점을 증명하기 위해 소위 "무고한 고통"의 사례들을 즐겨 인용한다. 죽는 아기는 아무런 잘못을 저지르지 않았고, 따라서 아기의 죽음은 부당한 것이 틀림없다. 여기서 우리는 죄란 비행(wrongdoing)이고, 그러므로 (최소한 원리상으로는) 피할 수 있다는 개념으로 되돌아간다. 우리의 죄악성이란 물려받은 일종의 상태라는 진리를 받아들이는 것은 인간의 자존심에 큰 상처를 주고, 그 점에 대해 우리가 할 수 있는 일이 아무것도 없다는 것을 깨달을 때 그 상처가 훨씬 더 커진다.

원죄는 우리로 하여금 하나님과의 교제 밖에 머물게 만든다. 그것은 선택이 아니고 우리가 처리해야 하는 삶의 현실인데, 이에 대해 우리는 스스로 처리할 방도가 없다. 우리는 죄가 없이 태어나서 나중에 소위 "분별 연령"이 되어 우리가 무엇을 하는지 알게 될 때 비로소 죄를 짓는 것이 아니다. 우리는 수족관의 물고기처럼 태어나 수족관 안을 헤엄쳐 다닐 수 있고 아마도 그 너머 세계의 뭔가를 볼 수도 있지만, 우리의 삶에 두어진 근본적인 한계를 바꿀 수는 없다. 물고기는 자신이 태어난 물 밖에서는 살 수 없기 때문에, 만약 물고기가 어떻게 해서 수족관에서 튀어나와 더 넓은 세상을 경험하고자 한다면 금방 죽을 것이다. 영적으로 말하자면, 우리에게도 똑같은 사실이 해당된다. 우리는 하나님과 같이 되지 않고서는 그의 면전에서 살 수 없기 때문에, 우리가 모종의 방법으로 이생에서 벗어나 하나님을 "대면해서" 볼 수 있다고 하더라도, 즉시 죽고 말 것이다.[17] 구원의 기적은 (수족관에서 뛰쳐나온 물고기와 달리) 우리가 죽음을 면했다는 것이 아니라, 우리가 죽음에서 벗어나 천국의 변화된 상태에서 생존할 수 있는 새 생명 속으로 되돌려졌다는 것이다.

우리는 하나님을 반역하는 세상에 갇혀, 불가피하게 그 세상의 특성을 취하고 세상의 원리에 따라 산다. 왜냐하면 우리가 환경에 적응하지 않

---

17   출 33:20; 신 4:33; 5:26.

는다면 그 안에서 살 수 없기 때문이다. "적자생존"은 현대의 다원주의 개념이기는커녕 예수에게도 잘 알려져 있었다. 예수는 "이 세상의 아들들이 빛의 아들들보다 자기 세대를 다룸에 있어 더 영리하다"고 말했을 뿐만 아니라 심지어 이 점에서 그들의 지혜로 인해 그들을 칭찬하기까지 하셨다![18] 예수는 이 세대의 아들들이 한 일이 옳다거나 그들의 지능이 그들을 구원할 것이라고 말씀하신 것이 아니라, 그들이 죄악성에 의해 조성된 조건 안에서 세상이 자기들을 위해 작동하도록 최선을 다하고 있음을 인정하신 것이다.

일단 "원죄"가 무엇인지 이해하고 나면, 우리는 의식적으로 죄를 짓지 않은 사람들이 죽을 때 일어날 목회적 문제를 다루기 시작할 수 있다. 그들이 나쁜 짓을 했건 하지 않았건 그들은 우리 모두에게 영향을 주는 죄악된 상태 안으로 태어났기 때문에, 우리는 그들이 "결백하다"고 말할 수 없다. 아마도 타락하지 않은 세상에서는 그들이 장애인으로 태어나거나 어려서 죽지 않았겠지만, 그렇다고 해서 그런 일들이 죄의 결과라고 말할 수 없기 때문에 우리는 이에 대해 조심해야 한다. 예수는 시각 장애로 태어난 사람을 치료했을 때, 그 장애는 죄와 아무 관계가 없고 하나님의 영광을 드러낼 의도였음을 명백히 말씀하셨는데, 따라서 그 장애는 아담과 하와가 죄에 빠지지 않았더라도 일어날 수 있었다.[19] 원죄는 우리를 하나님으로부터 단절시키고, 우리가 그 아래서 옳지 않은 일을 하는 상태를 만든다. 따라서 우리가 실제로 얼마나 많은 죄를 저질렀는지 또는 저지르지 않았는지는 큰 차이가 없다. 비록 우리가 이생에서 하는 모든 일이 선하다고 해도, 우리가 하나님과 맺는 근본적인 관계가 깨졌기 때문에 하나님의 눈에는 우리가 여전히 죄인이다. 이런 맥락에서 본다면, 아기나 정신 장애가 있는 사람들도 나머지 사람들과 똑같은 상황 속

---

18   눅 16:8.
19   요 9:1-3.

에 있다. 하나님의 눈에 중요한 것은 그들이 무엇을 했느냐 하지 않았느냐가 아니라, 그들이 누구냐다.

이것은 그들이 회개했다는 증거가 전혀 없으므로 그들이 지옥에 가야 한다고 정죄해야 한다는 것을 의미하는가? 전혀 그렇지 않다! 심판자는 우리가 아니라 하나님이라는 사실을 제쳐두더라도, 우리는 하나님이 왜 특정인들을 그런 방식으로 다루는지 또는 그들에 대한 하나님의 궁극적인 목적이 무엇인지 알 길이 없다. 그리스도인 부모들은 자녀들이 하나님이 주신 선물이라고 이해하고 있으며, 자녀 가운데 하나를 잃으면 하나님이 그 아이를 데려가셨다고 생각한다. 그들은 그 아이의 구원에 대해 하나님을 신뢰한다. 우리는 알지 못해도 하나님은 자신이 하시는 일을 알고 있고, 비정상적인 상황에서 죽는 사람들은 하나님의 수중에 있다. 우리는 그들을 잃은 것을 슬퍼하지만, 그럼에도 욥과 같은 마음으로 슬퍼한다.

욥이 일어나 겉옷을 찢고 머리털을 밀고 땅에 엎드려 예배하며 이르되 "내가 모태에서 알몸으로 나왔사온즉, 또한 알몸이 그리로 돌아가올지라. 주신 이도 여호와시요 거두신 이도 여호와시오니 여호와의 이름이 찬송을 받을지니이다" 하고 이 모든 일에 욥이 범죄하지 아니하고 하나님을 향하여 원망하지 아니하니라.[20]

우리는 아마 다른 어떤 경우보다 여기서 우리가 사랑하는 사람들을 위해 하나님께 기도하고 하나님이 그들에게 옳은 대로 행하실 것이라고 확신하면서, 보는 것이 아니라 믿음으로 행해야 한다. 하나님은 확실히 그렇게 하실 것이기 때문이다.[21]

---

20 욥 1:20-22.
21 창 18:25.

죄의 확산

아담과 하와가 에덴동산에서 쫓겨났을 때, 아담은 생계를 유지하기 위해 수고해야 한다는 말을 들었고 하와는 출산할 때 고통을 겪을 것이라는 경고를 들었다. 하와는 또한 그녀가 남편을 원하고 남편이 그녀를 다스릴 것이라는 말도 들었다. 현대 기독교 여성주의자들은 이 진술을 저주로 해석하고, 그리스도가 오심으로써 이 저주가 제거되었다고 주장한다.[22] 이것이 옳은 해석인가? 만약 옳다면 아담에게 주어진 저주도 그리스도가 오심으로써 제거되었을 것이다. 그러나 오늘날 생계를 유지하는 일은 그 당시보다 쉽지 않다. 마찬가지로 출산의 고통 역시, 비록 현대 의학이 최악의 고통을 완화시킬 수는 있어도, 과거 어느 때와 마찬가지로 오늘날도 극심하다. 이처럼 보다 넓은 맥락에서 볼 때, 제거된 저주의 유일한 측면이 자기 남편에 대한 하와의 종속뿐이라면 그것은 이상한 일이다. 따라서 우리는 그것이 무슨 뜻이든 이전과 마찬가지로 지금도 계속 유효하다고 결론지어야 한다.

하와가 남편을 원하고 남편이 하와를 다스리는 것을 저주로 해석해야 옳은가? 하와는 그녀가 남편에게 매달리기 원할 것이라는 말을 들었고, 남편이 그녀를 지배하는 것은 그녀의 뜻에 반하지 않을 것이다. 정면으로 처벌 받은 사람은 아담이었는데, 그에 비하면 우리는 아마도 하와의 운명을 뭔가 긍정적인 것으로 보아야 할 것이다. 즉 최초의 부부는 역경 속에서 더 가까워져서 서로에게 유익한 방식으로 관계를 맺어 나가라고 요구받았다. 아담을 향한 하와의 욕구는 "다스림"이 의미하는 바인 하와에 대한 아담의 관심과 균형을 이루도록 되어 있었다. 좋은 지배자는 백성을 압제하지 않고 보살피며 백성의 복지를 증진시킨다. 지배자가 백성을 학대하거나 착취하면 그 결과로 지배자도 백성이 겪는 것과 똑같은

---

22   창 3:16.

고통을 겪게 되고, 따라서 그렇게 하는 것은 지배자에게 이익이 되지 않는다. 에덴동산 밖의 세상에서 하와의 과제는 남편을 사랑하고 보살피는 것이었고, 아담의 과제는 보다 연약한 아내를 인도하고 해로부터 그녀를 보호하는 것이었다. 타락 이후에 남성과 여성의 다른 필요와 은사는 더 이상 당연하게 여겨지지 않을 것이며, 그들이 공통의 적들과 맞서 싸울 때 드러나고 더 큰 긴장 아래 놓이게 될 것이다. 그래서 그들의 유대는 당연한 일로 가정될 수 없었지만, 그럼에도 불구하고 죄가 점차 지배적이고 억압적이 되어가는 풍토 속에서 그들이 살아남으려면 필수적인 요소였다.

사람들이 불어남에 따라 서로에 대한 그들의 관계는 더 어려워졌고, 사람들은 곧 서로 으르렁거리게 되었다. 심지어 아담과 하와의 아들인 가인이 자기 아우 아벨을 살해하기까지 했는데, 이 사건은 인간의 삶을 위한 하나님의 계획이 붕괴될 때 어떤 결과로 이어질 수 있는지에 대한 으스스한 사례다.[23] 일단 세상에 살인이 들어오자 가인 자신이 실행한 것처럼 살인이 늘어나고 확산되게 되었다. 가인의 아버지인 아담에게 경작하기 어려웠던 땅은 이제 경작하기가 거의 불가능해졌고, 가인은 유목민의 삶으로 전락했다. 가인은 집이 없다는 것이 어떤 의미인지를 이해했고, 떠돌이로서 자기보다 힘 있는 자의 눈에 띄면 죽임을 당하지 않을까 두려웠다. 이것을 방지하기 위해 하나님은 사람들이 가인에게 손대지 않고 내버려두도록 그에게 표를 주셨다. 이 이야기에 나오는 다른 많은 것들과 마찬가지로 이 "표"도 상징적이었음이 틀림없다. 비록 확실히 다른 사람들이 이 표를 알아 볼 수 있는 것이었지만 말이다. 그것을 어떻게 알아보았는가? 만약 그 표가 가인의 얼굴의 점 같은 것이었다면 보기 쉬웠을 테지만, 누가 그것을 해석하는 법을 알았겠는가? 고대 세계에서 신체적 흠집은 보통 하나님의 호의의 증거가 아니라 불쾌감의 표지로 간주

---

23   창 4:1-16.

되었다. 따라서 가인의 표가 점과 같은 것이었을 가능성은 아주 낮아 보인다. 그러나 그 표가 우수한 지능과 같이 뭔가 덜 명확한 것이었다면, 사람들이 가인에게 충분히 더 가까이 접근해야 그것을 알아봤을 텐데, 아마도 가인은 사람들이 그 표를 알아볼 수 있기 전에 맞아 죽었을 것이다. 아마 그것이 할례와 같은 표라도 마찬가지였을 것이다. 할례는 처음 만났을 때 곧바로 명백하지 않았을 것이고, 아마도 너무 늦게 발견되었을 것이다.

그러므로 이 표가 정확히 무엇이었는지 알 수 없지만, 그것이 무엇을 가리키든 하나님이 인류를 그들의 행동의 결과로부터 보호하고 계셨다는 것은 분명하다. 이것이 지금 우리가 "형평"(equity)이라고 부르는 것의 첫 번째 사례다. 이 절차에 의해 더 중한 벌을 받아 마땅한 사람들에게도 삶이 견딜 만해지도록 정의가 완화된다. 가공할 진리는 가인은 제거됨으로써만 그의 잘못의 대가를 치를 수 있었을 것이고, 그랬더라면 배상의 회복적 측면이 배제되었을 것이라는 점이다. 가인은 하나님의 긍휼을 받음으로써 살아남을 수 있었지만, 그것은 공의가 적절히 만족되지 않았다는 것을 의미했다. 의로운 아벨의 피가 여전히 복수를 호소하고 있었고, 아벨에 관한 서류는 그 필요가 만족될 때까지 덮이지 않을 것이다.[24]

가인과 아벨 이야기는 우리에게 폭력이 타락한 인간 실존의 피할 수 없는 현실이라는 것을 가르쳐준다. 하나님께 대한 불순종은 우리의 삶의 원천에 대한 거부로서, 우리의 정의감이 요구하는 처벌인 죽음으로 인도할 뿐이다. 죄가 저질러지면 우리는 반드시 그에 대한 대가가 지불되어야 한다고 믿는다. 그 죄가 죽음으로 이어진다면, 궁극적으로 죽음이 유일하게 받아들일 수 있는 대가다. 가인과 아벨 이야기는 심지어 가인이 아벨을 죽이기 전에 이 점을 분명히 한다. 우리는 가인은 악했고 아벨은 선했다고 생각하는 경향이 있지만, 그 이야기는 그렇게 단순하지 않다.

---

24   마 23:35; 히 11:4; 12:24.

두 사람은 자기들이 그들 부모의 죄로 하나님과 단절되었다는 것을 알고 있었다. 또한 그들은 자기들이 하나님과의 깨진 관계를 바로잡을 필요를 이해한다는 점을 보여주기 위해 하나님께 제물을 드려야 한다는 것도 알고 있었다. 그들 사이의 차이는 가인은 열매와 채소를 드린 반면, 아벨은 어린양을 죽여 그 피를 제물로 드렸다는 것이다. 그렇게 함으로써 아벨은 자신이 가인보다 죄의 폭력적인 결과와 죄를 처리하는 데 필요했던 속죄제사의 본질을 더 깊이 이해했음을 보여주었다. 죄는 세상에 죽음을 가져왔고, 하나의 죽음은 오직 다른 죽음을 통해서만 속죄될 수 있었다.

좋은 의도를 가진 사람들이 죄의 끔찍한 결과를 과소평가하려는 끊임없는 유혹을 받고 있다. 상당히 편안한 삶을 살았던 사람들과 다른 사람들의 폭력으로 고통을 당해보지 않은 사람들은 종종 피의 제사는 야만적이라고 쉽게 설득된다. 그들에게는 가인의 제물이 아벨의 제물보다 더 받아들일 만한 것으로 보인다. 왜냐하면 가인의 제물은 비폭력적이고 환경 친화적인 반면, 아벨은 무고한 어린양을 죽임으로써 훨씬 더 큰 해를 입혀야 한다고 느꼈기 때문이다. 그와 같이 생각하는 사람들은 아벨을 정죄하고 가인은 무죄라고 주장하는 경향이 더 강하며, 그들은 하나님이 이와 반대로 판단했다는 사실을 고대 이스라엘 사람들이 우리는 폐기해야 할 원시적인 신관을 갖고 있었음을 암시하는 것으로 본다.

순전히 인간적인 관점에서는 이런 반응이 이해할 만하지만, 그런 식으로 생각하는 사람들은 죄와 우리의 악한 상태가 얼마나 심각한지를 이해하지 못했다. 폭력을 당한 사람들은 종종 징벌을 요구하는데, 그것이 그들에게는 단순한 정의일 뿐이다. 국가가 사형을 부과하는 것이 정당한지에 대해 상당한 논란이 있지만, 사람들이 자기 손으로 문제를 처리하고 더 이상의 소동 없이 범죄자를 직접 죽이는 사례가 많다. 폭력에 의해 직접 영향을 받은 많은 사람들은 보다 일반적으로는 아니더라도 자기들과 관련된 사안에서 사형이 적용되는 것을 반대하지 않을 것이다. 그런 사람들은 죄와 폭력의 무서움을 직접 경험했고 그것을 효과적으로 다루기 위해 무엇이 필요한지 알기 때문에 아벨의 제물을 더 잘 이해한다. 아벨이 가인보다 더 나은 사람이었던 것은 아니다. 하지만 그는 가인이 이해하지 못한 방식으로 자신의 사악함의 정도를 이해했기 때문에 하나님으로부터 의롭다고 선언되었다. 히브리서 저자는 이에 대해 이렇게 말한다. "믿음으로 아벨은 하나님께 가인보다 더 받아들일 만한 제사를 드렸고 그것을 통해 의롭다고 칭찬받았는데, 하나님은 그의 선물을 받음으로써 그를 칭찬하셨다."[25]

이 이야기에서 가장 인상적인 점은 제물이 거부당했을 때 가인이 보여준 반응이다. 가인은 쉽게 아우를 본받을 수 있었을 테지만 그러는 대신 아우를 죽임으로써 죄에 대한 자신의 이해가 부적절했음을 드러냈고, 잘못된 이해를 바로잡기는커녕 자신에게 올바른 본을 보여준 사람을 제거하기를 선호했다. 두 사람의 차이를 요약하자면, 아벨은 하나님을 만족시키기 위해 어린양을 잡았지만 가인은 자신을 만족시키기 위해 아우를 죽였다.

가인의 이야기에는 우리가 이해하기 어려운 것들이 더 있기 때문에, 아담과 하와 이야기 못지않은, 아마도 그보다 많은 논쟁을 불러일으켰다. 예를 들어 아담과 하와가 최초의 유일한 인간 부부였다면, 가인이 어떻게 남들을 만날 수 있었는가? 확실히 그들은 바로 가인의 형제들이었을 것이다! 만약 그의 아내가 그의 누이가 아니었다면, 가인은 어디서 아내를 얻었는가? 이런 질문들은 고대 이후로 해석자들을 곤혹스럽게 했고, 오늘날도 계속 우리의 상상력을 자극한다. 한편 인류는 하나이고 우리는 모두 동일한 원죄의 유산을 공유하기 때문에, 우리는 다 한 부부에게서 나왔다고 말할 필요가 있다. 다른 한편으로 성경 이야기는 다른 사람들이 있었다는 인상을 주지만, 그들이 누구였는지 또는 그들이 아담

---

25   히 11:4.

과 어떤 관련이 있는지에 대해 설명하지 않는다.

창세기 6장의 첫 부분에 다음과 같은 신비로운 구절이 있다. "사람이 지면에 번식하기 시작했을 때 그들에게서 딸들이 태어났는데, 하나님의 아들들이 사람의 딸들이 매력적인 것을 보았고, 그들이 선택하는 누구나 그들의 아내로 삼았다."[26] 이 말은 무슨 뜻일까? 아담이 딸들을 낳지 않았다면 번식할 수 없었을 테니, "하나님의 아들들"이 무대에 등장하기 전에 상당히 많은 딸들이 있었을 것이다. 하나님의 아들들은 누구였는가? 그들은 어떤 사람들이 생각하는 것처럼 천사들일 수는 없었다. 앞장에 나오는 계보의 지지를 받는 가장 자연스러운 해석은 그들이 아담의 직계 후손이었다는 것이다. 이것의 함의는 그들이 열등한 종족("사람의 딸들")과 섞임으로써 자신을 격하시키고, 이미 타락해 있던 상태보다 훨씬 더 타락하게 되었다는 것이다. 성경은 이 종족이 어디서 왔는지에 대해 아무 말도 하지 않는다.

이 주제는 이후 이스라엘의 역사에서 정확히 이런 이유로 외국 여인들과의 결혼이 금지되었을 때 재등장하며, 그리스도인들도 믿지 않는 사람들과 결혼하지 말라는 조언을 받는다.[27] 우리가 여기서 이끌어내게 되어 있는 교훈은, 신자들이 믿지 않는 배우자를 취하면 그들의 신앙이 무너지지, 그들 배우자의 불신앙이 무너지지는 않을 가능성이 높다는 것일 수도 있다. 창세기 초반부의 장들에 관해 한 가지 신기한 점은 이 장들을 지금 우리가 경험하는 것에 비추어 생각한다고 해도 아무 문제가 없다는 것이다. 이 장들이 묘사하는 세상은 우리가 살고 있는 세상과 서로 연결되어 있고 복잡한 세상이다. 그러나 어떻게 그렇게 되었는지 이해하려면 어려움에 부딪히고, 우리가 풀 수 없는 신비에 직면한다. 하나님이 우리에게 감춰두신 것들이 많이 있으므로 우리는 겸손하게 이것을 인정해

---

26   창 6:1-2.

27   스 10:2-5; 고전 7:39.

야 한다. 동시에 우리는 하나님이 다른 것들을 명확히 하시려고 어떤 것들은 우리 눈에 감추었다는 것도 인정해야 한다. 우리가 하나님의 말씀으로부터 이해하는 것만으로도 우리의 현재 상태가 얼마나 심각한지, 그리고 하나님이 우리가 살고 있는 타락한 세상으로부터 우리를 구원하시기 위해 우리에게 다가온 것을 얼마나 많이 상기할 필요가 있는지 말해 주고도 남는다.

이에 대해 특히 중요한 것이 계보들인데, 그 가운데 창세기 5장의 계보가 첫 번째로서 가장 자세하다. 이 계보에는 족장들의 이름만 아니라 그들의 나이도 나온다. 우리는 일반적으로 계보와 숫자들을 다른 방식으로 연구하고 대개 창세기처럼 그 둘을 연결하지는 않지만, 오늘날도 계보와 나이에 대한 연구에 매료되는 일이 흔하다. 고대인들이 누렸다고 주장되는 매우 긴 수명은 많은 비판의 대상이었고, 사람들은 흔히 그것을 순전히 신화적으로 보고 무시한다. 이것은 큰 실수다. 고대인들은 그런 일들에 대해 우리와 다르게 생각했고, 자신들의 계산을 매우 중요하게 생각했다. 그래서 창세기 5장은 나머지 창조 내러티브만큼 중요하고, 어떤 면에서는 그보다 훨씬 더 의미가 있다고 말해도 과장이 아니다. 그들은 이 계보들과 족장들의 높은 수명을 자기들에게 완전히 이치에 맞게끔 연결했으며, 만약 족장들의 높은 수명이 우리에게 더 이상 똑같은 방식으로 이해되지 않는다면, 문제는 원래의 편찬자나 독자에게 있는 것이 아니라 그것을 이해하지 못하는 사람에게 있는 것이다.

그 계보들을 어떻게 해석하든, 몇 가지 사항들이 뚜렷이 드러난다. 첫째, 죄와 사망의 문제는 해결되지 않았다. 개별 족장들이 아무리 오래 살았다고 해도, "하나님과 동행했고 하나님이 데려가서 이 세상에 있지 않았던" 에녹만을 제외하고 그들은 다 죽었다.[28] 히브리서는 에녹과 하나님의 특별한 관계 때문에, 에녹은 통상적인 죽음의 과정을 겪지 않고 하

---

28   창 5:24.

늘로 옮겨졌다고 실명한다.[29] 달리 말해 그런 고대에도 구원은 가능했지만, 그것은 매우 드물었다. 에녹이 땅에서 다른 사람들보다 훨씬 더 짧은 기간을 살았다는 사실도 틀림없이 어떤 의미가 있을 것이다. 에녹이 하늘로 옮겨졌을 때 겨우 365살이었는데, 365라는 숫자는 1년의 날수와 똑같기 때문에 이 나이가 우연이 아니었다고 생각할 유혹을 받는다. 왜냐하면 그 나이가 달력의 1년의 날수와 정확히 똑같기 때문이다. 이 둘 사이에 관련이 있는지, 그리고 관련이 있다면 그 의미는 무엇일지는 지금 우리에게 알려지지 않았지만, 이것은 365라는 그 숫자들과 역사적 시간의 관계가 무엇이든 이 숫자들을 상징적 목적으로 사용하는 이 본문에 대해 제기해야 하는 질문의 좋은 예다.

창세기 5장에서 명백한 또 다른 사항은 인류의 번성에 대한 우리의 정밀한 지식이 족장의 가계로 한정되어 있기는 하지만, 그럼에도 인류가 빠른 속도로 불어났다는 점이다. 우리가 주목해야 할 가장 중요한 점은 모든 족장들이 아담과 같이 하나님의 형상과 모양으로 만들어졌다는 것이다. 우리의 근본적인 인간성 면에서는 세대가 지나도 진보나 쇠퇴가 없었고, 본성의 면에서 우리는 모두 아담과 하와가 창조되었을 때의 모습 그대로다. 또한 기록된 수명들은 상당 기간 겹치며, 따라서 세대들의 계승은 하나의 역사적 시대로부터 다른 시대로의 변화가 아니라 조상들의 전통이 중단 없이 이어질 수 있게 해주는 연속적인 과정이었음이 분명하다. 이렇게 겹치는 정도를 아래의 도표 18.1에서 볼 수 있다. 이 도표는 우리에게 더 익숙한 "주전"(B.C.) 연도가 아니라, 창조로부터 이어지는 해들을 보여준다.

이 계산에 따르면 노아를 제외한 모든 족장들이 아담이 죽기 전에 태어났고, 그들 대부분은 노아가 태어났을 때 아직 살아 있었다. 이것은 아담과 노아의 연결이 직접적이지는 않았지만, 적어도 여섯 명이 그들 사

---

29   히 11:5.

이의 간극을 이어 줄 수 있을 만큼 충분히 오래 살아서 아담과 노아 사이의 연결이 매우 긴밀했음을 의미한다. 또한 에녹이 하늘로 옮겨졌을 때는 아담만 죽었고, 노아와 그의 아들들을 제외한 다른 모든 족장들은 이미 태어났다는 것을 주목하라. 특히 그들 가운데 가장 오래 산 므두셀라는 홍수가 나던 해에 죽었다는 점을 주목하라. 므두셀라가 홍수로 물에 빠져 죽은 악인들 가운데 하나였다는 암시는 어디에도 없다. 따라서 우리는 홍수가 무드셀라의 죽음 직후에 일어났다고 추정할 수 있는데, 이것은 선사시대의 끝을 장식했다. 성경의 다른 곳에서 천 년을 중요하게 다루는 점에 비춰보면,[30] 므두셀라가 천 년이 조금 안 되는 969세에 죽었다는 사실도 중요할 수 있다. 또한 창조부터 노아의 죽음까지의 기간이 대략 아브라함부터 예수까지의 기간과 같다는 것도 주목하라. 이 점역시 이 두 가지 기간이 서로 어떻게 관련되어 있는지 이해하도록 도움을 주는 데 다소 중요할 수도 있다.

　도표에서 볼 수 있는 것과 같이 홍수 이후 셈의 자손의 연대기가 계속된다(창 11:10-32를 보라). 여기서도 특이한 사실은 노아 이후의 모든 족장들이 아브람(뒤에 아브라함으로 개명함)이 태어났을 때 아직 살아 있었고, 아브람은 분명히 노아가 죽고 나서 불과 5년 뒤에 가나안을 향해 떠났다는 점이다. 또한 족장들 가운데 두 명이 아브라함보다 오래 살았고, 이삭이 태어났을 때 최소한 여섯 명의 족장들이 아직 살아 있었다는 점도 주목할 만하다. 홍수 이전의 족장들과 마찬가지로 홍수 이후 족장들의 나이를 어떻게 이해해야 하는지 알기가 극히 어렵다. 전반적인 수명은 홍수 이전에 이미 상당히 많이 줄어들었지만, 오늘날 우리가 인정할 수준까지 내려가지는 않았다. 통상적인 가계의 양상 외에, 언급된 사람들 사이의 개인적인 상호작용에 관한 조짐은 없다. 예컨대 아브라함이 노아를 방문했는지, 또는 아브라함이 젊었을 때 노아가 아직 살아 있음을 알았는지

30　시 90:4; 계 20:2-7.

에 대해서는 언급되지 않는다.

이 점은 끊임없이 개인적인 차원에서 상호 작용하고 우리가 인간으로서의 그들을 안다고 느끼는 이후의 족장들, 즉 아브라함, 이삭, 야곱, 그리고 그들의 아내들 및 자녀들과 현격히 대조된다. 선사 시대로부터 우리가 합리적으로 "역사 시대"로 부를 수 있는 시대로 옮겨감에 따라, 고대의 혈통과 현대의 현실이 이 계보에서 만나 뒤섞인다.

이 본문의 신학적 중요성은 우리로 하여금—노아의 아버지 라멕의 표현을 빌리자면—자기 백성들에게 "우리의 일과 우리 손의 고통스러운 수고로부터의 경감"을 가져올 노아[31]와 하나님이 그에게 이스라엘 민족을 떠받칠 언약의 약속을 준 아브라함 사이에 존재하는 밀접한 상호 관련성을 되새기게 해준다는 점이다. 여기서 주어지는 메시지는 아담의 시대부터 하나님에 대한 증인이 없던 적이 결코 없었다는 점이다. 인류의 일반적인 사악함에도 불구하고, 하나님을 알고 지상에서 그분의 뜻을 행하라고 보내진 누군가가 항상 살아 있었다. 동시에 이런 증인들의 지속적인 존재는 상황이 점점 악화된다는 의식의 증가와 짝을 이뤘다. 세월이 흐를수록 유일한 참 하나님에 관한 지식은 더 희박해졌고, 사람들은 더 이상 서로 쉽게 소통할 수 없게 되었으며, 상호 의심과 적대감이 일상 생활의 통상적인 부분이 되었다. 상황이 이렇게 악화되자 하나님은 노아 시대에 홍수를 보냈는데, 노아의 생애가 그 이전과 이후를 어떻게 분리시키는지 주목할 만하다. 아담과 노아 사이의 간격에 다리를 놓은 사람들이 있었지만, 홍수는 그 다리를 끊어 놓았다. 노아와 그의 가족을 제외하고 누구도 홍수에서 살아남지 못했고, 이후 세대들이 홍수 이전에 존재했던 세상과 연결되려면 노아를 거쳐야 했다.

---

31   창 5:29.

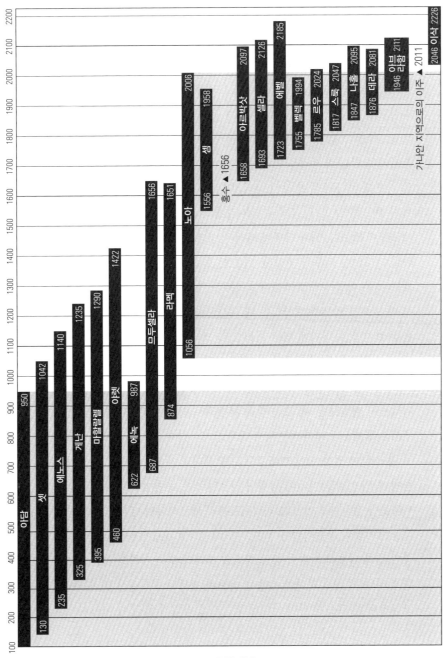

그 홍수는 죄의 확산에 대한 하나님의 반응이었지만, 홍수가 인간의 사악함을 끝내지는 못했다. 홍수가 끝나자마자, 인간에 관한 한 죄는 평소 모습으로 돌아갔다. 우리는 이 점을 노아 자신의 가족에게서 본다. 홍수 후에 노아는 농사를 시작해서 포도나무를 심었지만, 포도주를 너무 마시고 취했다.[32] 중동에서 술 취하는 것은 수치스러운 일로 간주되었고 (지금도 여전히 그렇다), 이 구절의 독자들은 이것이 노아가 자신을 죄에 노출시키고 있는 표지임을 이해했을 것이다. 아니나 다를까, 노아의 아들들 가운데 하나인 함이 자기 아버지가 술 취했을 뿐만 아니라 벌거벗기까지 한 것을 보았다. 그러나 함은 그에 대해 뭔가를 하는 대신, 자기 형제들에게 말했다. 셈과 야벳이 와서 사태를 수습했고, 이 일로 함과 그의 아들 가나안은 저주를 받았다. 이 모든 일은 오늘날 대부분의 사람들에게는 매우 이상하게 들리겠지만, 가족의 명예가 매우 중요했던 사회에서 이 일화가 말해주는 함의는 매우 강력하다. 함은 자기 아버지의 허물을 보았지만, 아버지에 대한 자식으로서의 경건한 마음이 없었다. 반면에 그의 형제들은 자신들의 첫 번째 의무가 노아가 자초한 불명예로부터 그를 보호하는 것이라는 점을 알았다. 노아가 자기에게 무슨 일이 일어났는지 깨달았을 때, 그는 함을 저주해서 미래 세대들에게 그런 상황에서 어떻게 반응해야 하는지에 대해 상기시켰다. 저주는 함으로 제한되지 않고 악한 영향이 한 세대에서 다음 세대로 계속 이어질 것이었기 때문에, 함의 아들 가나안이 특별히 언급된 것은 우연이 아니다. 이스라엘 사람들은 셈의 자손이었고, 히타이트족과 페르시아인 같은 많은 북방 민족들은 야벳의 자손이었다(우리는 지금 그들을 인도-유럽 민족이라고 부른다). 나중에 셈과 야벳의 자손이 중동 지방을 지배하게 되고 함의 자손은 패배하게 되었다. 특히 가나안 족속은 나중에 정복되어 사실상 멸절되는데, 그들에게 왜 그런 운명이 닥치게 되는지 설명하기 위해 이 이야기가 기

---

32   이 이야기는 창 9:20-27에 나온다.

록되었다.

하나님이 아담과 하와에게 생육하고 번성하라고 말씀하실 때 모든 민족이 이런 식으로 멸망당할 것이라고 예언하지는 않으셨지만, 죄가 확산함에 따라 이것은 죄의 불가피한 결과 중 하나가 되었다. 성경은 모든 인간이 서로 관련이 있지만, 종종 가장 가까운 관계가 가장 힘들어진다는 점을 분명히 한다. 셈과 야벳이 함과 사이가 나빠졌다는 말은 나오지 않지만 그것이 이 이야기에 담긴 분명한 함의이며, 나중에 형제들 사이의 적대감은 거의 규범이 되었다. 아브라함은 이스마엘이 이삭에게 가한 위협 때문에 그를 내보내야 했고,[33] 쌍둥이 에서와 야곱은 처음부터 경쟁자였다.[34] 에서와 야곱의 갈등은 그들이 태어나기 전부터 예언되었고, 여러 세대 동안 계속되었다. 에서는 에돔 족속의 조상이 되었다. 그들은 이스라엘에 동화될 정도로 이스라엘 민족에 아주 가까웠지만(헤롯 대왕은 에돔 족속이었다), 동시에 이스라엘의 심각한 적이기도 했다.[35] 야곱의 아들들은 심지어 형제 요셉을 이집트에 종으로 팔아먹기까지 했는데, 그 행위는 단기적으로는 그들을 기근으로부터 구원했지만, 장기적으로는 그들의 자손들이 외국 땅에서 종이 되고 박해에 노출되도록 하는 양날의 칼이었다.[36]

노아 이후 어느 정도 시간이 흐르자 인류는 바벨탑 건설로 상징되는 도시화 과정을 시작했다.[37] 농경 부족들과 유목민들은 같은 언어를 말하는 경향이 있고, 좀처럼 심각한 갈등에 빠지지 않는다. 그러나 도시 거주자들의 접촉 정도는 훨씬 더 크고, 협력해서 개선을 도모하고자 하는 노력은 쉽게 문제로 이어질 수 있다. 도시 생활은 타협과 관용을 요구하

---

33   창 21:9-14.
34   창 25:22-23.
35   옵 10-14.
36   창 46:1-4; 출 1:8-22.
37   창 11:1-9.

는데, 사람들이 의견이 일치하지 않으며 따라서 같은 언어를 말하지 않는다는 것이 곧바로 명백해진다. 바벨에서의 언어의 혼란은 조직화된 국가들이 지상에서의 지배권을 위해 서로 다투게 될 미래에 대한 맛보기였다. 오늘날 우리는 문명의 확산이 곧 대량 살상 무기의 확산임을 알고 있으며, 사실상 모든 사람과 소통할 수 있는 능력은 우리가 일치하는 일이 얼마나 적은지 보여준다. 그러나 공통의 토대가 없으면, 우리는 기능적 사회에서 함께 살 수 없다. 우리는 누구나 평화롭고 조화롭게 함께 살기를 바라지만, 또한 누구나 자기가 하고 싶은 대로 할 자유를 갖기를 바란다는 것이 현대 사회의 커다란 딜레마다. 궁극적으로 이 두 가지 목표는 양립할 수 없지만, 현대 사회의 건축자들은 이 사실을 무시하려 한다. 우리에게 이 고집스러운 맹목성의 결과를 상기시켜주기 위해 바벨의 교훈이 존재한다. 하지만 이것은 죄악에 빠진 사람들은 배우지 않고 또 배울 수도 없는 교훈이다.

이 모든 것을 요약하자면 온 지면 위로 인류가 성장하고 확산한 것은 복을 보급하기는커녕 도리어 저주를 가져왔고, 자연에 대한 인간의 지배권 행사는 하나님이 인간에게 공급하신 아름다움과 자연에 대한 (때로는 대규모의) 남용과 파괴의 이야기가 되었다. 세월이 흐르면 모든 종들이 멸종하게 되고, 탐욕과 분별없는 자연 자원의 착취에 의해 알아볼 수 없을 정도로 경관이 바뀌는 곳도 생길 것이다. 사람들은 영토뿐 아니라 식량과 재산을 위해 서로 싸우고, 역사 속에서 나라들이 일어섰다가 흔적도 없이 사라지게 될 것이다. 궁극적으로 세상은 오늘날처럼 소수의 권력자들이 몇 초 안에 모든 사람을 날려버릴 수 있는 군사 기지가 될 것이다. 과학기술의 발전은 인간 지성의 용량을 드러냈지만, 동시에 훨씬 더 크고 무자비한 파괴 수단도 제공했다. 여태까지 인류가 가장 큰 진보를 이루었던 시기인 20세기는 한 세대 안에 온 세상을 그리스도께로 이끌 것이라는 소망으로 시작했으나, 바로 이 시기에 지금까지 상상할 수 없었던 대규모 살인, 집단 학살, 종교 박해가 확산되었다고 생각하면 정신이 번쩍 들게 된다. 그리스도인들도 다른 사람들과 마찬가지로 이 사실에 등골이 오싹해진다. 하지만 우리는 이에 대해 놀라지 않는다. 이것은 인간의 타락과 죄악성의 확산에서 직접적으로 나오는데, 그 결과가 완전히 발현되려면 아직도 멀었다.

타락한 인간 지성

아담과 하와가 에덴동산에서 타락한 결과로 인간의 지성도 어두워졌다. 하나님은 빛이시기 때문에, 하나님으로부터 돌아서면 악한 행위를 감출 수 있는 어둠을 더 좋아하게 된다.[38] 어둠은 은폐와 기만을 촉진하는데, 이 두 가지 모두 하나님께 대한 반역의 전형이다. 성경의 증거는 인류의 어둠 속으로의 전락이 점진적이었음을 암시하는 듯한데, 잠시 생각해 보면 그것은 충분한 일리가 있다. 아담과 하와는 에덴동산에서 쫓겨났지만 그들은 여전히 하나님에 관한 지식을 갖고 있었고, 그 지식을 자손들에게 전달할 수 있었다. 바울의 지적과 같이 그들이 하나님을 알지 못한 것이 문제가 아니라, 그들이 하나님의 명령에 순종함으로써 하나님을 자신의 주(主)로 공경하지 않은 것이 문제였다.[39] 세월이 흐름에 따라 전달된 지식은 점점 줄어들고 변질되어 최초 세대들이 알고 있던 믿음과 예배에서 점점 더 벗어나게 되었다. 결국 상황이 너무도 악화된 나머지 사람들은 더 이상 진리를 인식할 수 없게 되었고, 그들에게 진리가 제시되었을 때 그것을 거부하는 지경에까지 이르렀다.[40] 우리는 바로 그런 세상에 살고 있었다. 대부분의 사람들이 자신의 삶에 대한 하나님의 요구를 고려하기는커녕 하나님에 관해 얘기조차 하지 않으려는 것이 우리

---

38 요 3:19.
39 롬 1:21.
40 눅 16:27-31을 보라.

그리스도인들이 세상에서 직면하는 주된 장애물이다.

이러한 어둠 속으로의 전락 과정이 우리를 위해 성경에 요약되어 있기는 해도 정확한 세부 사항에 대해서는 거의 언급하지 않기 때문에, 경험으로부터 추론해야 할 사항이 많다. 타락 이후 첫 단계에서 참된 하나님에 관한 진정한 지식을 소유한 사람들의 수가 점점 줄어들기는 했지만 그럼에도 그 지식이 계속 존재했다. 노아는 아담과 하와가 에덴동산에서 알았던 것과 같은 하나님과의 교제를 누리지 못했다. 하지만 홍수 무렵에는 노아만 하나님을 예배하고 있었던 것 같다.[41] 우리는 노아가 자신의 믿음을 어떻게 표현했는지 알지 못하지만, 그것은 공식적인 가르침이 없이 "영과 진리 안에서"[42] 노아를 인도하신 하나님과의 인격적 관계에 기초했음이 분명하다. 노아는 성문 형태의 하나님의 율법을 갖고 있지 않았다. 이는 아마도 노아가 죄에 대해 자세하게 이해하지 못했음을 의미할 것이다. 그러나 노아는 자기 주변 사람들의 행동들을 통해 인류가 하나님을 모른 결과로 세상이 큰 문제에 빠져 있음을 확실히 알았다.[43]

노아에게 어떤 영생의 약속도 주어지지 않았다는 점을 주목해야 하지만, 노아는 멸망으로부터 구원받기에 충분할 만큼 하나님에 대해 알았다고 말할 수 있다. 노아는 홍수의 죽음으로부터 보존받기는 했어도 궁극적으로 영생을 얻었는지는 분명하지 않다. 아마도 노아는 영생을 얻었겠지만, 그것은 하나님이 그 단계에서 인류에게 계시하신 내용의 일부는 아니었다. 신약성경은 예수가 죽은 후 노아 시대에 옥에 갇혀 있던 사람들의 영혼들에게 설교하러 갔다고 말하는데, 이 말은 노아와 그의 동시대 신자들이 결국 구원 받았음을 암시할 수도 있다. 하지만 이 말은 노아 시대 사람들이 용서와 구원의 복음에 관해 아무것도 알지 못했다는 점

---

41   창 6:9.

42   요 4:24을 보라.

43   롬 7:8은 율법이 없으면 죄가 죽은 것이라고 말한다.

을 상기시키기도 한다.[44]

인류의 점진적 타락의 그다음 단계는 노아 홍수 이후에 일어난 것으로 보인다. 노아의 자녀들과 같이 참된 하나님에 관해 알고 인류에 대한 하나님의 계획과 목적에 대해 뭔가를 이해했던 사람들이 아직 남아 있었다. 그러나 그들은 더 이상 노아처럼 하나님과 인격적으로 접촉하지는 않았던 듯하다. 그들이 갖고 있었던 하나님에 관한 지식은 더 이상 하나님과의 인격적 관계에 근거하지 않았고, 모든 인간이 하나님의 형상과 모양으로 지음 받았기에 사람들은 자신의 창조주에 관해 어느 정도 타고난 관념을 갖고 있다는 사실에 근거했다.[45] 우리의 도덕의식은 하나님의 도덕적 표준에 대한 우리의 지식을 반영하며, 우리의 양심에게 해야 할 일과 해서는 안 되는 일을 상기시켜준다. 그러나 인간은 더 이상 하나님을 인격적으로 알지 못하기 때문에, 도덕의식과 양심은 쉽게 왜곡될 수 있다. 우리는 모두 선과 악에 대해 이해하고 있지만 그 이해를 잘못된 방법으로 얻었기에, 우리가 이런 단어들에 부여하는 내용이 반드시 하나님이 의도하신 것과 같은 것은 아니다. "선"에 대한 우리의 관념은, 항상 그런 것은 아니라 해도, 계몽된 자기이익에 지나지 않을 수 있다. 많은 사람들이 다음과 같이 증언한다. 옳은 일을 함으로써 도출되는 쾌감이 있으며 희생하는 것이 때로는 자부심을 느끼게 해줄 수 있고, 우리는 그런 것에 성취감을 느끼며 그것을 하나님을 기쁘게 하는 증거로 제출하게 될 수 있다는 것이다.

심지어 오늘날도 이런 식으로 자신을 정당화하는 사람들이 세계 도처에 널려 있다. 그들은 선을 행하고 문제를 피하기 위해 노력하며, 자신의 기준을 지키는 데 성공하면 하나님이 그들의 행동을 인정하고 그들이 죽으면 천국에 들어가도록 받아주실 것이라고 믿는다. 이런 사람들은 특

---

44 벧전 3:18-20을 보라.
45 롬 1:19-20.

별히 "종교적"이지 않거나, 신학 및 예배와 같은 일들에 많은 시간을 내지 않을 수도 있지만, 만약 하나님이 존재하시고 그 하나님이 그리스도인들이 말하는 사랑의 하나님이라면, 심판 날에 자기들에게 공정하실 것이라고 생각한다. 물론 그 말은 하나님이 그들의 선한 의도를 인정하고 그 덕분에 그들을 천국으로 인도하실 것임을 의미한다. 한편 그렇게 하면 위선적일 수 있고 하나님은 위선자들을 원하지 않으시므로, 그들은 그에 관해 너무 열심히 생각하거나 너무 무리할 필요가 없다. 이것이 가장 뛰어나고 가장 영리하며 가장 깨뜨리기 어려운 사탄의 속임수다. 마귀에 관한 한, 많은 사람들이 하나님에 관해서는 염려하지 않으면서 최선을 다해 정직하고 존경받을 만한 삶을 사는 선하고 품위 있고 친절한 사람이 되는 상황이 "누이 좋고 매부 좋은" 상황이다. 이런 사람들이 사는 세상은 즐거운 환경이다. 거기서는 아무도 자기들이 믿는 것에 관해 광신적이거나 무례하지 않고 누구나 천국에 가는 즐거운 환경이 조성된다. 사탄의 입장에서는 은폐와 기만에 대해 그보다 더 좋은 어떤 사례가 있겠는가?

이런 사고방식이 확립되는 경우, 거기서 조금만 더 나가면 본질적으로 참된 하나님에 관한 믿음을 지키는 데서 벗어나고 결국 교묘한 방식으로 그 믿음을 위조하게 된다. 예를 들어 우리는 하나님은 사랑이라고 말하면서 "사랑"을 성경의 하나님을 배제하는 방식으로 해석할 수 있다. 만약 우리가 믿기 원하는 사랑의 하나님이 아무도 지옥에 보낼 수 없다면, 그것은 성경에서 발견되는 내용에 반하며 우리가 아무리 믿고 싶어할지라도 거짓인 하나님에 관한 심상을 만들어내는 것이다. 성경자체에서 이런 경향에 대한 명확한 사례를 찾기는 어렵지만, 전통적인 신관은 시대에 뒤졌으며 대체될 필요가 있다고 설득된 이 시대에는 그것이 흔한 현상이다. 하나님에 대한 비판 가운데는 하나님이 결혼 혐오자, 자기 아들을 괴롭힌 아동학대자, 모든 사람을 비참하게 만드는 것을 주된 목표로 하는 심술궂은 폭군이라는 주장도 포함되어 있다. 그러므로 사람들

4부 • 하나님의 사랑을 거절하다

이 오늘날 우리에게는 사용자 친화적인 신이 필요하다고 생각한다 해도 별로 놀랄 일이 아니다. 덜 부정적으로 평가하는 사람들도 있을 수 있지만, 그들 또한 어떤 사람은 구원하고 다른 사람은 구원하지 않는 신관은 잘못되었음이 분명하다고 생각한다. 그들은 하나님이 자신을 그런 식으로 계시하셨다는 것을 믿지 않고, 대신 고대 이스라엘의 국수주의를 비난한다. 그러나 그들이 어떤 노선을 택하든 최종 결론은 똑같다. 전통적 신관은 폐지되고 그것은 그들이 "현대인"으로 부르기를 좋아하는 사람들의 기호에 더 맞는 신관으로 대체되어야 한다는 것이다.

이런 식의 접근에는 몇 가지 잘못된 점이 있다. 무엇보다 이 접근법은—옳든 그르든—우리 시대의 가치 체계를 반영하는 신을 만들어낸 다음, 과거 시대와 미래 시대의 가치 체계는 무시한다. 하지만 우리 세대가 이런 일들을 다른 세대들보다 더 잘 이해한다고 확신할 수 있는가? 둘째, 이 접근법은 현대의 관념들이 정착되지 않았거나 서로 충돌할 때 논란을 야기한다. 예를 들어 그 하나님은 안락사를 찬성하는가, 반대하는가? 오늘날 사람들은 이 질문에 대해 견해를 달리하는데, 그렇다면 그것이 하나님이 이 문제에 관해 결정하지 않았음을 의미하는가? 셋째, 이 접근법은 다양한 인간 문화에 맞추기 위해 다양한 신들을 만들어낼 위험이 있다. 서양의 교외 거주자들의 "필요"는 열대 우림 거주자들의 필요와는 완전히 딴판일 수도 있는데, 우리가 이해하는 신이 이런 다양한 시장에 맞추기 위해 조정될 수 있는가? 여성의 권리나 동성애와 같은 사안에서처럼 그들 사이의 가치들이 충돌하는 경우는 어떻게 되는가? 그러나 이 견해는 하나님의 존재와 하나님의 자기계시의 객관성을 부인한다는 점에서 심각한 문제를 안고 있다. 하나님으로부터 떨어져 나간 인간들이 하나님과 함께 사는 것이 편안하다고 생각할 이유가 전혀 없고, 오히려 그와 정반대일 가능성이 매우 높다. 하나님과 더 이상 조화를 이루고 있지 못하다면, 우리는 하나님이 어떤 존재인지에 대한 우리의 이해도 아마 잘못되었을 것이라고 예상해야 한다. 이를 받아들이기를 거부하고 우리가 우리 자신의 우선순위와 선입관에 맞추기 위해 전통적인 신관을 재조정할 권리를 갖고 있다고 주장하는 것은 기본적으로 타락 및 타락의 결과를 부인하는 것이다. 다시금 진실은 숨겨지고 우리는 속임을 당한다. 설상가상으로 우리는 단순히 사탄의 종이나 희생자가 되는 것이 아니라, 스스로를 속이는 일에 앞잡이가 되고 사탄의 동료들이 된다. 그 것이 사탄에게는 얼마나 대단한 승리이겠는가!

일단 거짓 믿음이 인간의 지성을 통제하기 시작하면, 비록 어느 지역에서는 "위대한 영"의 존재에 대한 어느 정도 막연한 인식이 남아 있다고 하더라도, 참 하나님을 인식하기가 점점 더 어려워진다. 사태가 이 단계에 이르면, 인간의 지성은 신적 또는 초월적 능력을 묘사할 다른 방법들과 그 능력에 다가갈 방법들을 모색하기 시작한다. 사탄이 이 상황을 어떻게 다루는지 성찰해보면 흥미롭다. 사람들은 궁극적으로 사탄의 수중에 있지만, 모종의 이유로 사탄은 우리에게 하나님 대신 자신을 경배하도록 강요하거나 심지어 권장하지도 않았다. 악마 숭배가 존재하기는 하지만, 그것은 소수 종교에 지나지 않으며 폭넓은 추종자가 있다고 말할 수 없다. 초기 교회에서는 이방인의 우상숭배가 마귀 숭배인지, 아니면 실체가 없는 인간의 고안품인지를 두고 논란이 많았지만, 어떤 면에서는 어느 쪽이든 그것은 그다지 중요하지 않다. 마귀는 너무도 영리해서 사람들에게 자신을 공개적으로 경배하도록 초청하지 않으며, 드러내놓고 자신을 숭배하는 사람들이 계속 괴짜로 여겨지는 데 대해 만족해한다. 모든 사악함의 원천이자 원형인 사탄은 자연히 은폐와 기만을 선호하는데, 이 점은 사탄과 우리의 관계에까지 확장된다. 사탄이 우리로 하여금 참 하나님을 잘못된 방법으로 경배하도록 설득하지 못하면, 그는 우리의 영적 에너지를 우리 스스로 신들이나 관념들을 만들어 그것들로 하나님의 자리를 차지하게 하고 그렇게 만들어진 영적 공백을 채워주게 하는 데 쏟게 할 것이다.

하나님을 믿지 않는 사람들은 아무것도 믿지 않는 사람이 아니라 아무 거나 믿을 사람이라는 말이 있다. 공식적으로 무신론을 표방했던 소비에트 연방에서 미신이 성행했는데, 종종 종교의 폐지로 남겨진 공허를 채울 필요를 느낀 당국에 의해 미신이 권장되었다. 서구 국가들의 많은 사람들이 기독교를 버리고 나서는 기껏 비합리적인 신념들을 황당하게 모아놓은 소위 "뉴에이지" 숭배로 돌아섰다. 바로 이 점을 가리켜 바울은 다음과 같이 말했다. "스스로 지혜 있다 하나 어리석게 되어 썩어지지 아니하는 하나님의 영광을 썩어질 사람과 새와 짐승과 기어다니는 동물 모양의 우상으로 바꾸었느니라."[46]

고대에는 영적 세계를 받아들이려는 인간의 타고난 필요가 지금 우리가 우상숭배라고 부르는 형태를 취했다. 사람들은 자신의 도덕적이고 영적인 가치들을 생명이 없는 사물들에 투사해 스스로 신들을 만들어냈고, 때로는 다양한 신들 사이에 책임을 정교하게 나누기도 했다. 전쟁의 신, 사랑의 신, 비의 신 등이 만들어졌고, 이 신들은 각자 올바른 방식으로 요청하거나 달래면 자신이 수행하기로 되어 있는 일들을 했다. 올바른 결과를 얻지 못했다는 것은 신들이 화가 났다는 것, 그리고 신들의 마음을 바꾸려는 희망을 갖고 예배와 달래는 행동으로 이어져야 한다는 것을 의미했다. 그런 종류의 행동은 어리석으며, 심지어 고대에도 이 점을 간파한 지성인들에게 비난받았다. 그러나 우상숭배는 대중의 생각을 강력하게 사로잡았다. 이런 사고방식이 하도 강하다 보니 기독교가 발흥한 뒤에 이 중 많은 부분이 교회 안으로 흘러들어와 오늘날에도 성행하고 있는 성인 및 유물 숭배로 전환됨으로써 "정화되었다."

이 형태에서 고대의 우상숭배가 또다시 아주 교묘해졌다. 현재와 같이 기독교에 덧붙여진 이 우상숭배는 참된 하나님께 대한 예배와 연결되어 있다고 주장할 수 있으나, 사실은 흔히 기독교와 정면으로 대치한다. 그러나 교회의 태반은 이를 억제하기보다, 이를 통해 대중의 신앙심을 기

---

46   롬 1:22-23.

독교적인 방향으로 돌리려는 희망에서 이를 규제하고 통제하기를 선호해왔다. 이교 신들은 기독교 "성인들"과 동화되었고, 이교 신전들은 교회로 바뀌었다. 기독교 이전의 우상숭배에 기원을 둔 의식들이 소리 없이 "기독교화" 되었으며 그것은 종종 전혀 또는 거의 바뀌지 않고 계속되도록 허용되었다. 무식한 신자들뿐 아니라 지식이 높은 교회 지도자들도 이 함정에 빠졌다. 하나님 대신 동정녀 마리아나 공식적으로 추앙된 성인들과 같이 하나님과 가까운 자들에게 집중하게 함으로써 사람들을 하나님으로부터 빗나가게 하는 방식에 의해 그러한 함정의 사탄적인 성격이 드러난다.

직접 하나님께 가는 대신 마리아나 성인들에게 기도하는 것은 겸손하고 경건한 것으로 보일 수도 있다. 왜냐하면 주님을 귀찮게 하지 않고, 주님의 미천한 종들이 그들의 간청을 조신(朝臣)들에게 가져가면 조신들이 그들을 위해 주님께 중재하기 때문이다. 이것은 동양의 궁정에 잘 어울리는 외교적 접근법이다. 그러나 예수는 사람들에게 주저 없이 자기에게 나아오도록 초대했고, 제자들이 자신을 대중으로부터 "보호하려고" 하자 오히려 그들을 꾸짖었다.[47] 신약성경은 하나님과 사람 사이에 인간이신 예수 그리스도라는 오직 한 분의 중재자만 있다고 말하며,[48] 따라서 하나님에 대한 직접적인 접근을 막는 계층을 만드는 것은 우리와 하나님의 관계의 근본적인 토대를 부인하는 것이다. 자신은 너무도 하찮은 존재라서 하나님과 직접 관계를 맺을 수 없다고 설득함으로써 사람들을 하나님으로부터 멀어지게 하면서, 동시에 하나님의 관심을 끌기 위해 다른 통로를 제공하겠다고 제의하는 것은 하나님이 자기에게 나아올 수 있는 길을 주겠다고 약속하는 바로 그 순간에도 우리를 하나님으로부터 멀어지게 하려는 마귀의 아주 영리한 또 다른 속임수다.

---

47   마 11:28; 19:13-14.
48   딤전 2:5.

고대 세계에서 알려진 것과 같은 우상숭배는 지금은 거의 사라졌으며, 우상숭배의 기독교화된 형태인 성인 숭배와 유물 숭배도 주로 교육받지 못한 사람들에게 관심을 끄는 경향이 있다. 그러나 조잡한 형태의 우상숭배는 사라졌거나 열외로 취급된다고 해도, 우상숭배를 가져온 정신은 아직도 건재하다. 고전적인 우상숭배의 정수는 창조주 대신 피조물을 섬기는 것이었다. 주체로부터 객체들 가운데 하나로 관심을 옮기려는 원동력은 하나님이 아니라 사람이 만물의 척도라는 믿음에서 나왔다. 인간은 창조주를 우러러보고 그분을 인간의 번성의 원천으로 공경하는 대신, 스스로 자신의 운명을 개선하고 무슨 성공을 거두든 그것은 자신의 공이라고 주장하려고 했다. 그 과정에서 하나님의 계시의 확실성이 인간의 상상력의 변덕으로 대체되었다.

자신의 생각들이 지혜롭고 분별이 있을 뿐만 아니라 발생할 수 있는 어떤 필요도 충분히 충족시킬 수 있다고 생각한 인간은 자기 나름의 천국을 만들려고 했다. 정의상 인간이 만드는 천국은 인간 자신의 지성의 한계를 넘어설 수 없었고, 이 한계는 창조 질서의 틀에 의해 결정되었다는 것이 뜻밖의 장애였다. 구약성경에 나타나는 하나님의 자기계시의 양상 안에서 우리는 이 점이 작용하는 것을 본다. 거기서 하나님은 그림으로 표현된 피조물들을 사용해서 우리에게 말씀하시며, 우리가 그분을 이해할 수 있도록 도와주신다. 구약성경에서는 심지어 "하늘"과 같은 개념도 이중의 의미를 갖는데, 하나는 기본적으로 물질세계의 한 부분인 우리 위의 창공을 가리키고, 다른 하나는 우리 눈에는 숨겨져 있는 하나님이 계신 영적 영역을 가리킨다. 그 그림에서 하나님을 제거해도 물리적 하늘은 계속 존재하지만, 그러면 하늘은 더 이상 창조 질서 너머로는 아무것도 가리키지 않을 것이다. 초월적인 하나님에 대한 믿음을 포기한 사람은 그 공간을 자신의 관념들로 채우는데, 그 관념들이 신의 자리를 차지하고 신과 비교할 수 있는 지위를 얻는다.

가장 기본적인 차원에서는 인간 생명의 재생산이 하나님의 창조 능력을 위해 적절히 유보되어야 할 수준까지 지나치게 높여질 때 이런 일이 일어난다. (고대에 흔했던) 다산 숭배 의식에서나 현대 세계 도처에서 볼 수 있는 성관계의 예찬 속에서 인간의 성이 신격화 된다. 심지어 "사랑"이라는 말도 성교와 관련된 것으로 완전히 왜곡되어서 어떻게 성교 없이 사랑이 있을 수 있는지 상상하기 어려워하는 사람도 생기게 되었다. 이에 관해 흥미로운 점은 성이 신격화될수록, 비록 근본적인 생물학적 목적이 남아 있기는 해도, 성이 종의 재생산과 거리가 멀어지는 경향이 더 강해진다는 것이다. 피임, 낙태, 동성애는 모두 출산을 제한하거나 부정하며, 성행위가 그 자체로서 목적으로 미화될 때 이런 일들이 크게 부각되는 것은 결코 우연이 아니다. 이러한 성의 숭배에서는 문란한 성교가 해방의 한 형태로 제시되고, 육체적 만족이 최고선으로 간주된다. 사악하게 성에 기초한 삶의 방식을 조장하는 자들은 성의 왜곡과 과잉이 행복과 성취감의 증가를 가져다줄 것이라고 주장하지만, 현실에서는 그 결과가 불임, 질병, 사망으로 이어진다. 다시금 은폐와 기만이 시대의 풍조가 되었고, 이 모든 일의 사탄적인 특성이 잔인하게 드러난다.

언론과 정보의 자유는 포르노 유포의 변명이 되었고, 이전 세대들이었더라면 창피하다고 간주했을 일들이 지금 우리에게는 당연한 일로 제시되며, 심지어 어린아이들마저 놀라운 규모로 너무 이른 나이에 성에 노출되고 있다. 소위 성의 해방으로 많은 관계들이 깨지게 되었고, 그 결과 마음의 고통, 외로움, 그리고 그에 수반된 냉소주의를 가져왔다. 자유로서 제시된 것이 또 다른 형태의 속박으로 전락하고, 거짓된 축복의 약속에 걸려든 사람들이 복이 아니라 불가피한 저주를 거두어들이는 일이 너무도 흔하다. 이 재앙은 인간의 마음속에 있고, 인간이 제약 없이 자신을 자연스럽게 표현하도록 허용되는 곳에서는 어디서나 다시 부상할 것이기 때문에, 그런 현상은 어디서나 나타난다. 우리가 살고 있는 "허용적인 사회"는 부도덕이 합법일 뿐만 아니라 인기도 있고, 사실은 정반대인데도 종종 개인의 "자유"의 한 표현으로 장려되기도 하는 사회다.

인간의 생각들을 신적 지위에 준하는 자리에까지 높이고, 그로 인한 불가피한 결과로 사람들이 이 생각들을 지적 우상으로 섬기는 함정에 빠지는 것은 보다 더 세련되었지만 똑같이 해롭다. 플라톤 시대 이래로 호색한들과 지성인들의 연결이 명백했는데, 플라톤은 동성애를 호색한들의 정욕을 지성인들의 요구로 승화시키는 수단으로 보았다. 따라서 우리는 바울에게서 같은 연결을 발견해도 놀라지 않아야 한다.[49] 우리 시대의 학생들도 현대의 이념들의 발전은 종종 성적인 영역과 긴밀한 평행 관계를 이루고 있고, 이의 승화일 수도 있는 폭력과 지배욕의 폭발을 동반했음을 인식했다. 더구나 그 이념이 무엇인지는 별로 중요하지 않다. 파시즘과 공산주의는 그들이 인간 사회를 분석하고 조종하려 했던 방식에 있어서는 상당히 달랐지만 실제 결과는 사실상 동일했고, 그 둘 사이에서 선택할 것은 거의 없었다.

훨씬 더 교묘하고 정교한 방식이기는 하지만, 지금 대부분의 서구 (그리고 아마도 "기독교 이후") 사회를 지배하고 있는 자유주의적 인본주의도 마찬가지다. 맥락이 파시스트건 공산주의자건 또는 자유주의적 인본주의자건 간에, 하나님을 믿는 믿음은 개인적인 영역으로 강등되었고 일반적으로 무시된다. 사람들은 신앙은 퇴보적이고 인간의 발전에 해롭다는 말을 듣는다. 이렇게 말하는 데는 여러 이유들이 있지만, 그 이유들이 무엇인지는 별로 중요하지 않다. 한편으로는 이 이유들은 큰 어려움 없이 모두 반박될 수 있기 때문이고, 다른 한편으로는 그 이유들이 종교의 억압에 동기를 부여하는 주된 요인들이 아니기 때문이다. 인간 이성의 신격화가 그 자체로 합리적인 것은 아니며, 그것이 합리적인 체하면 초점을 놓친다. "이성"이 참으로 다른 모든 것이 그에 비추어 측정되어야 하는 표준이라면, 이성은 모든 인간에게 존재하는 기능(정신 장애 등의 경우를 제외하면 실제로 그렇다)이어야 할 뿐만 아니라 모든 사람에게서 똑같이 작용

---

49   롬 1:24-27.

하기도 해야 하는데, 이 점은 결코 확실하지 않다.

합리주의자들은 대개 모든 사람이 왜곡 없이 지성을 사용할 수 있을 정도로 충분히 숙달된 것은 아니라는 점을 기꺼이 인정하기는 하지만, 원칙적으로 인간의 지성은 모든 개인에게 동일하다고 주장할 것이다. 합리주의자들이 이해하는 바와 같이, 인간의 뇌는 명확히 정의된(그리고 정의될 수 있는) 방식으로 투입된 자료를 처리하는 컴퓨터와 같다. 만약 자료 처리가 일어나지 않으면 컴퓨터에 뭔가 잘못이 있는 것이고, 결함을 찾아내 제거하기 위해 컴퓨터를 분해해서 재조립해야 한다. 우리의 내장된 컴퓨터 시스템인 두뇌도 똑같은 방식으로 바로잡혀야 한다. 그래서 세뇌가 이 과정에서 매우 중요한 부분이다. 자유주의적 인본주의 사회는 파시스트나 공산주의 국가가 할 수 있는 것보다 더 세련된 방법으로 똑같이 세뇌를 한다. 그 시스템에는 하나님이 있을 곳이 없고, 따라서 하나님은 무력에 의해서가 아니라 보다 교묘한 다른 수단들을 통해 삭제된다.

이 과정의 최종 결과로서 과거에 소비에트 연방에서 그랬던 것처럼, 오늘날 서구 민주주의 국가들에서 하나님에 대해 진지하게 말하는 것은 용납될 수 없게 되었다. 하나님에 관해 진지하게 말하는 사람들은 사회 분열을 일으키고 잠재적으로 위험한 인물로 간주된다. 종교는 소위 "근본주의"와 동일시되고, 나아가 현대의 다문화, 다원주의적인 민주주의에 대한 테러를 조장한다는 생각이 널리 퍼져 있다. 이런 식의 결론을 이끌어내는 주석가들은 보통 대학 캠퍼스에서 복음을 전하는 그리스도인 학생들과 제3세계 국가들에서 서구의 대사관들을 폭파하려는 이슬람 전사(戰士)들을 구별하려 하지 않는다. 그리고 대중의 상상에서는 이처럼 전혀 다른 두 현상이 하나가 된다. 테러리스트들을 제거하는 것보다 학생들을 징계하는 것이 훨씬 더 쉽다는 점이 유일한 차이이고, 따라서 기독교는 비록 여전히 문화유산으로나 개인의 괴팍한 취향으로 용인되고 있기는 해도 진지한 공적 담화에서는 점점 제거되고 있다.

아마 이런 경향의 최악의 표출은, 우리와 삶의 방식이 전혀 다른 사람들이라도 용납해야 하지만, 종교는 순전히 주관적이라는 신념과 같이 일반적으로 받아들여지는 견해에도 동의하지 않는 사람들은 용납할 필요가 없다는 자유주의 국가의 요구일 것이다. 이는 어떤 종교적 입장도 유일하게 참되다고 주장할 수 없고, 그래서 모두 동등하게 취급되어야 한다는 것을 의미한다. 한편으로는 이에 반대할 만한 것은 아무것도 없으며, 우리는 확실히 모든 사람이 자신이 원하는 대로 예배할 (또는 예배하지 않을) 권리를 인정해야 한다. 그러나 동시에 우리는 모든 종교적 견해가 똑같이 중요하다는 점은 받아들일 수 없다. 다른 어느 지식 분야의 전문가도 그 분야에 관해 아무것도 모르는 사람들의 의견을 그리 진지하게 고려하지 않을 것이다. 그러나 영적 문제에서, 현대인의 지성은 영성이란 단지 삶의 내적 경험의 표현일 뿐이고 어떤 객관적 기준에 따라 도전받을 수 없기 때문에 공평한 경쟁의 장이 마련되어 있다고 가정하는 경향이 있다. 그렇다면 기독교 신앙은 다른 신앙들에 비해 더 타당하거나 덜 타당하지 않으며, 다른 사람들이 기독교 신앙을 받아들여야 할 설득력 있는 이유도 전혀 없다. 그러므로 회심이나 전도는 타인이 자기들이 좋아하는 대로 생각할 권리를 침해한다는 근거에서 배제되어야 한다.

어떤 그리스도인도 이에 동의할 수 없다. 우리는 관용을 영적 문제들에 대해 성경에 계시된 것과 다른 의견들을 기꺼이 받아들이는 것이라고 정의할 수 없다. 우리는 그런 사람들을 핍박하는 일을 용인하지 않지만, 그들이 옳지 않다는 점을 그들에게 설득하기 위해 노력할 수 있고 또 그렇게 노력해야 하며, 다른 사람들에게 그들의 메시지를 듣지 말도록 경고해야 한다. 인간의 지성은 하나님에게서 떨어져 나갔고 스스로는 진리를 발견할 수 없다. 그리스도 안에서 계시된 진리를 받은 사람들은 스스로 진리를 발견했다고 주장하는 사람들에게 저항해야 한다.

우리는 지금 "종교의 자유"가 이전의 어느 때보다 더 확산되었지만, 동시에 사탄과 그의 공범자들의 지배도 과거의 어느 때보다 더 강력하고 광범위한 세상에서 살고 있다는 점이 현 상황의 역설이다. 서구 선진국에는 (예컨대 사우디아라비아나 이란에서와 같은) 강제적인 종교가 없으며, 국가 교회가 있는 나라들에서도 아무도 국가 교회에 속하거나 재정적으로 그 교회를 지원하도록 강요받지 않는다. 어떤 종류의 이단이나 신성모독도 공적 영역에서 표현될 수 있는데, 유일한 제약은 명백하게 허위이거나, 모욕적이거나, 저속한 진술을 거부하는 소위 "여론"의 경향이다. 한 세대 전만 해도 예수와 제자들이 동성애자들이었을 수도 있다고 주장하는 것은 충격적이었고, 그렇게 주장하는 사람들은 대중의 지지하에 기소될 수도 있었다. 이 견해는 여전히 거의 개연성이 없다고 여겨지고 있고 어느 저명한 학자도 이를 역사적 사실로 인정하지 않고 있다. 그러나 그런 의견은 이제 더 이상 저속하다고 여겨지지 않으며 동성애 공포증이 있는 사람들만 그런 의견에 불쾌해할 것이라고 가정되기 때문에, 이제 자신의 의제에 대한 보조품의 하나로 그런 생각을 조장하면서도 아무 일도 당하지 않는 사람들이 있을 것이라고 상상할 수 있다.

그러나 믿음과 교리의 관점에서는 현재 종교의 자유가 사실상 절대적이라 해도, 다른 면에서는 종교의 자유가 크게 제약되어 있다. 미국에서는 지금 공적인 장소에서 공개적으로 기도하는 것이 어떤 피해를 입히는지 설명된 적은 없지만, 감히 그렇게 하려는 사람은 거의 아무도 없을 것이다. 영국에서는 환자 자신은 간호사가 자신을 위해 기도하는 데 대해 아무런 문제가 없다고 해도, 간호사들이 환자들을 위해 기도했다는 이유로 일자리를 잃었다. 더 심하게는 예컨대 십자가 목걸이를 함으로써 자신이 그리스도인이라는 점을 조금이라도 암시했다는 이유로 사람들이 해고당했다. 선출직 공무원들은 원하면 종교적 신념을 표현할 수 있고 그렇게 해도 언론의 조롱을 받을 뿐이지만, 학자들은 더 조심해야 한다. 하나님을 사건들의 섭리적인 원인으로 지칭하는 역사를 쓰려고 시도하는 학자는 심한 비판을 받고 해임될 수도 있으며, 학자가 예수의 부활을 있을 법한 역사적 사건으로 언급하기란 거의 불가능하다. 반면에 그것을 부인하는 것은 완전히 인정받을 수 있고 공식적인 모욕으로 간주되지 않는다. 상황이 매우 악화되어서 "기독교" 출판사들도 이제 연대를 표기할 때 기독교력(AD/BC) 대신 서력기원(CE/BCE)을 사용하는 책을 내놓고 있는데, 이것은 기독교 달력의 세속화를 의미한다. 우리의 현재 연대측정체계가 왜 "공통적"인 것으로 간주되어야 하는지는 말할 것도 없고, 왜 현재의 체계와 같이 되어 있는지에 대해서도 설명이 전혀 없기 때문에, 심지어 이와 같이 아주 사소한 일도 은폐와 기만의 대상이 되었다.

오늘날 우리는 대부분의 사람들이 사소하거나 왜곡된 다양한 면에서는 "자유스럽지만" 그럼에도 전 지구 차원의 사상 통제가 과거 어느 때보다 더 편만한 세상에서 살고 있다. 게다가 우리는 이것을 "진보"라고 믿도록 배웠고, 우리가 받은 세뇌는 매우 효과적이어서 우리 대부분은 실제로 그렇게 믿고 있다. 예를 들어 요즘 누가 참으로 백 년 전의 삶이 더 나았다고 생각하는가? 하지만 객관적으로 말하면 여러 면에서 백 년 전의 삶이 나았다고 말할 수 있다. 무엇보다 그때 지역 사회는 지금보다 더 결집력이 있었고 가정생활은 더 안정적이었으며, 세계의 거의 어디든 여권 없이 안전하게 여행할 수 있었다. 그러나 그 이후 엄청난 기술 진보가 이루어져 이에 대한 반론을 제시하기 쉬우며, 우리는 전자 기기들에 너무 밀착되어서 그것들 없이 사는 인생을 상상할 수 없기 때문에, "진보"가 진행 중이라고 믿도록 쉽게 설득 당한다. 사람들은 텔레비전이 발명되기 전에는 무엇을 했는가? 바보 같은 질문이라고 생각할지 모르지만, 이 질문은 그렇게 먼 옛날을 기억할 수 없는 사람들을 당혹스럽게 하는 질문이다. 이 질문은 우리가 현실을 인식하는 방식을 형성하는 데 전기(電氣)가 갖고 있는 힘을 상기시킨다.

사실은 현대 세계의 자유는 속임수이며, 사탄이 지금까지 우리에게 가해왔던 가장 효과적인 속임수일 수도 있다. 상황이 계속 더 나아지기만 할 것이라는 대중의 믿음은 여러 면에서 상황이 오히려 더 악화되고 있다는 사실을 은폐한다. 확실히 석유 및 가스와 같이 대체할 수 없는 자원들을 낭비적이고 무책임하게 써버리는 태도는 되갚음 받고 미래 세대에 타격을 입힐 것이다. 현재의 과도한 소비 자금을 조달하기 위해 우리가 쌓아올리고 있는 산더미 같은 부채도 마찬가지다. 우리는 마치 내일이 없는 것처럼 아주 행복하게 살면서 내일에 관해 생각하지 않으려고 하는데, 이것은 참으로 무책임한 자세이지만 우리의 동시대인들에게는 아주 잘 들어맞는 자세다. 이 문제를 영적인 측면과 관련시키려는 모든 시도는 애초부터 거부되며, 따라서 사탄은 숨을 필요조차 없다. 언론을 통해 형성된 여론이 사탄을 숨겨주고 사탄을 위해 그의 일을 해준다. 아담과 하와 시대 이후 오랜 세월이 흘렀어도, 타락한 세상의 현재 상태는 그때보다 나아지지 않았다. 죄는 더 널리 퍼졌고 노아 시대에는 상상할수도 없었던 방식으로 뿌리를 내렸다. 그리고 만약 이것이 과거의 양상이었다면 미래에는 상황이 더 악화될(그리고 의심할 것 없이 더 교묘해질) 것으로 추정할 수 있을 뿐이다. 우리가 예수 그리스도의 이름으로 그리고 예수 그리스도를 위해 참여하고 있는 영적 전투는 세월의 흐름에 따라 약화된 것이 아니라 더 격렬해져왔으며, 이 싸움은 마지막 때가 다가올수록 훨씬 더 심화될 것으로 보인다. 우리가 갖고 있는 유일한 위로는 최후의 심판이 올 때 우리의 마음의 비밀이 적나라하게 드러나게 된다는 것이고, 누가 모든 상황에도 불구하고 충실했기 때문에 주의 즐거움 안으로 들어갈 양들이며, 누가 마음은 하나님으로부터 멀어졌으면서 입술로만 하나님을 섬겼기 때문에 쫓겨날 염소들인지가 모든 사람들에게 명백해진다는 기대에 있다.[50]

---

50   마 25:31-40.

영적 죽음

우리가 생명나무로부터 차단당했다는 사실은 인류의 타락의 가장 심각하고 다른 모든 결과를 무색하게 만들어버리는 결과다.[51] 아담의 불순종은 영적이었고, 그 결과 모든 사람에게 퍼진 죽음도 영적이었다. 영적 죽음은 아담의 때 이후로 세상에 태어난 모든 사람의 삶을 지배하는 실재다.[52] 이것은 우리가 더 이상 영적 존재가 아니라거나, 우리의 영이 휴면 상태에 들어갔다는 뜻이 아니다. 어떤 면에서는 우리의 영은 살아서 활동하고 있지만, 하나님이 원래 의도하지 않은 방식으로 살아서 활동한다. 우리는 존재하기를 멈추었기 때문이 아니라 사탄에게 종속되어 있기 때문에 영적으로 죽었다. 그래서 우리가 생각하고 말하고 행하는 모든 것이 영적 죽음의 영역에 속해 있다. 우리 안에 남아 있는 하나님에 관한 지식은 더 이상 우리에게 생명을 주지 않고, 우리의 영적 상태의 참된 성격을 드러냄으로써 우리를 정죄한다. 하나님의 율법은 너무 거룩해서 우리가 이를 지키지 못하며, 율법에 대해 더 많이 알수록 우리는 더 절망하게 되기 때문에 하나님의 율법조차 우리에게는 사형 선고다.[53]

캄캄한 곳에서 사는 사람들이 빛이 들어올 때까지는 그 사실을 깨닫지 못하는 것처럼, 영적으로 죽은 사람들은 그것을 모르기 때문에 자신의 상태로 인해 괴로워하지 않는다. 그러나 빛이 들어온다고 해도, 그들이 자동으로 순종하는 하나님의 자녀로 변화되지는 않는다. 대신 그들은 빛에 눈이 멀게 되는데, 그것은 그들의 타락한 영적 상태로는 그 빛을 견디지 못하기 때문이다. 바울은 이에 대해 힘차고 오싹하게 묘사한다.

우리가 [하나님의] 율법은 신령한 줄 알거니와 나는 육신에 속하여 죄 아

---

51   창 3:22-23.
52   고전 15:22.
53   롬 7:10-11.

래에 팔렸도다. 내가 행하는 것을 내가 알지 못하노니, 곧 내가 원하는 것은 행하지 아니하고 도리어 미워하는 것을 행함이라. 만일 내가 원하지 아니하는 그것을 행하면 내가 이로써 율법이 선한 것을 시인하노니, 이제는 그것을 행하는 자가 내가 아니요 내 속에 거하는 죄니라. 내 속 곧 내 육신에 선한 것이 거하지 아니하는 줄을 아노니 원함은 내게 있으나 선을 행하는 것은 없노라.[54]

바울은 영적으로 죽은 사람으로서가 아니라 하나님의 말씀에 의해 교화된 하나님의 자녀로서 말하고 있다. 바울은 무엇이 옳은지 이해할 뿐만 아니라 그것을 받아들이고 행하길 원한다. 문제는 자체적인 마음을 갖고 있고 자체적인 원리에 따라 행동하는 죄와 사망의 법이 바울 안에서 작용하고 있기 때문에, 바울이 자신이 원하는 것을 할 수 없다는 것이다. 이것이 바울이 "육신"이라고 부르는 것이다. 왜냐하면 그것은 우리가 아담과 하와에게서 물려받은 인간 유산의 총체이기 때문이다. 바울이 그리스도 안에서 받은 영적 생명은 아담에게서 받은 그의 영의 소생이 아니라, 바울 안에 거하게 된 그리스도의 생명이다.[55] 바울은 자신이 계속 육신 안에 살면서 아담에게서 물려받은 영적 죽음을 다뤄야 한다는 사실을 부인하지 않는다. 그러나 바울은 하나님께 반응할 새로운 능력을 준 모종의 내적 변화에 의해 사는 것이 아니라, 그리스도를 믿는 믿음에 의해 산다. 기독교의 믿음은 신자들에게 능력을 부여해서 그들의 숨겨진 잠재력을 개발할 수 있게 해주는 자생력이 아니다. 오히려 바울이 이 구절에서 말하는 바와 같이 우리 안에는 천성적으로 선한 것이 조금도 거하지 않기 때문에, 기독교 신앙은 자아에 대한 죽음이다.

바울이 여기서 그리스도께 나아오기 전의 **비신자들**이 옳은 일을 하려

---

54   롬 7:14-18.
55   갈 2:20; 빌 1:21.

고 시도하다가 실패해서 계속 좌절하기라도 하는 듯이 그들의 영적 갈등을 묘사하고 있다고 말하고 싶어 하는 사람들도 있다. 그런 해석은 텍스트의 명백한 문구에도 반하고 영적 생명과 죽음에 관한 우리의 경험과도 모순되기 때문에, 잘못된 해석이다. 영적으로 죽은 사람은 그런 내적 갈등으로 괴로워하지 않는다. 선이 무엇인지 알고 선을 행하고 싶어 할 때, 그는 자신의 목표를 성취할 수 있는 수준에 맞추기 때문에 목표를 달성할 수 없는 자신의 무능에 좌절하지 않는다. 예수 당시에 바리새인들이 이렇게 했고, 그래서 예수는 그들의 선한 의도를 심하게 책망하셨다. 영적으로 살아 있는 사람만이 목표를 우리가 달성할 수 있는 수준으로 수정할 수 없다는 점을 이해한다는 점에서, 그런 사람만이 영적 죽음이 진정으로 무슨 의미인지 안다. 우리의 삶 속에 하나님이 있다면 우리는 하나님의 기준이 우리의 기준이어야 한다는 점과 우리의 타락한 상태로는 우리가 옳다고 알고 있는 것을 행할 수 없다는 점을 받아들여야 한다. 우리는 그리스도를 발견하기 전에는 이 문제로 갈등하지 않았고, 그리스도께서 우리를 "발견하셨을" 때 비로소 이 문제를 이해하기 시작했다. 그때 비로소 우리는 그리스도가 없으면 우리 스스로는 결코 옳은 일을 할 수 없었다는 사실, 그리고 구원을 위해 그리스도께 붙어 있어야 한다는 사실을 깨닫게 되었다.

우리는 영적으로 살아나게 되었을 때 우리 "육신"의 영적 죽음이 영원하고 되돌릴 수 없음을 이해한다. 아무리 열심히 노력하거나 아무리 간절히 원한다고 해도 에덴동산으로 되돌아갈 수 없다. 우리는 그리스도와 연합함으로써 영적으로 그리스도와 함께 죽고 새 생명으로 다시 살아나는데, 이 새 생명은 우리가 이 세상에서 물려받은 생명과 대립한다. 그리스도를 믿은 직후에 그리스도와 함께 지내러 가는 사람들도 있지만, 우리 대부분은 당분간 지상의 상태에서 계속 살도록 요구된다. 우리는 이곳에 있는 한, 우리의 인간적 유산과 맞서 싸워야 한다. 우리의 신체적 죽음으로 이생의 삶이 끝날 때 비로소 아담 안에서의 우리의 영적 죽음의 결과들이 최종적으로 사라진다. 우리가 부활한다면, 그것은 우리의 현재의 물리적 몸이 죄로 오염되지 않고 타락의 불이익들에 종속되어 있지 않는 영적인 몸으로 대체되는 새로운 종류의 존재일 것이다.[56]

우리는 그 일이 일어날 때까지 이를 이해하지 못하는 세상 속에서 계속 살아야 하는데, 우리가 그리스도께 더 가까워질수록 이 점이 더 큰 문제가 된다. 새로 믿은 그리스도인들은 흔히 그들의 새 생명의 기쁨과 경이에 압도되고, 그 생명을 다른 사람들과 공유하고 싶어 한다. 그들에게는 많은 사람들이 그것이 무엇인지 전혀 모를 뿐만 아니라 그것을 찾고 싶어 하지도 않는다는 사실이 충격으로 다가올 수도 있다. 그들은 영적으로 죽어 있어서 그리스도인들이 무슨 말을 하고 있는지 이해할 수 없다. 그들에게는 죽음이 순전히 육체적인 것이며, 그들은 죽음이 다가오고 있다는 사실을 알고 있지만 죽음을 받아들일 수 없기에, 이 주제에 대한 언급을 피하려 한다. 하지만 그리스도인들은 죽음에 대해 염려할 이유가 없다. 그래서 이 주제를 다루기를 두려워하지 않는다. 우리는 신체의 죽음이 우리가 땅에 살고 있는 동안 날마다 우리를 빤히 바라보는 중대한 현실이라는 점을 안다. 우리는 죽음이 우리 인간의 모든 업적을 상대화하고 부와 명성에 대한 우리의 세속적 권리를 부정하는 기본 진리라는 점을 이해한다. 비신자들은 종종 "재산을 저승으로 가져갈 수 없다"는 말을 하는데, 그들 가운데 얼마나 많은 사람들이 마치 그럴 가치가 있는 것처럼 땅에 보물을 쌓아두느라 삶을 허비하는가?[57] 확실히 자기 영혼에게 다음과 같이 말한 어리석은 부자 바보보다 더 비극적인 사람은 없다.

"영혼아, 여러 해 쓸 물건을 많이 쌓아 두었으니 평안히 쉬고 먹고 마시고

---

56   고전 15:35-58.
57   마 6:19-21.

즐거워하자." 그러나 하나님은 그에게 이렇게 말씀하셨다. "어리석은 자여! 오늘 밤에 네 영혼을 도로 찾으리니, 그러면 네 준비한 것이 누구의 것이 되겠느냐?"[58]

어리석은 부자는 진리를 너무 늦게 발견했지만, 그때까지 그는 사탄의 덫에 걸려 있었다. 우리는 그가 큰 고통 속에서 천국에 있는 아브라함과 가난한 거지 나사로를 보고 다음과 같이 외치는 것을 상상할 수 있다.

"아버지 아브라함이여, 나를 긍휼히 여기사 나사로를 보내어 그 손가락 끝에 물을 찍어 내 혀를 서늘하게 하소서. 내가 이 불꽃 가운데서 괴로워 하나이다." 아브라함이 이르되 "얘 너는 살았을 때에 좋은 것을 받았고 나사로는 고난을 받았으니 이것을 기억하라. 이제 그는 여기서 위로를 받고 너는 괴로움을 받느니라. 그뿐 아니라 너희와 우리 사이에 큰 구렁텅이가 놓여 있어 여기서 너희에게 건너가고자 하되 갈 수 없고, 거기서 우리에게 건너올 수도 없게 하였느니라."[59]

여기서 우리는 영적 죽음이 절대적이라는 점을 배운다. 그리스도 안에서 영원히 살고 있는 사람들은 그들이 원할지라도 이 부자와 같이 정죄 받은 사람들에게 도움이 될 수 없으며, 영적 재탄생은 사람이 아니라 하나님의 선택이기 때문에 그것을 잃어버린 사람들에게 "두 번째 기회"는 없다. 가혹한 말이기는 하지만, 구속받은 사람들과 구속받지 못한 사람들 사이에 관심사의 일치, 또는 심지어 이해의 일치는 없다. 삶과 죽음은 근본적으로 양립할 수 없으며, 사망의 판결을 받은 사람들이나 생명

---

58   눅 12:19-20.
59   눅 16:24-26. 누가복음 12장의 어리석은 부자가 누가복음 16장의 부자와 동일 인물인지는 분명하지 않다. 그러나 아무도 신원이 밝혀지지 않았고 원리는 같으므로, 나는 여기서 마음대로 이 둘을 융합시켰다.

의 보상을 받은 사람들은 각자 자신의 길을 가야 한다. 그렇다고 우리가 영생을 얻지 못한 사람들을 동정하거나 이해하지 않는다는 뜻은 아니다. 결국 그리스도인들은 이전에 다른 모든 사람들과 마찬가지로 자신의 죄로 죽었던 사람들이며, 우리가 어떤 식으로든 그들보다 낫다고 생각할 이유가 없다. 바울이 다음과 같이 말하는 것처럼 말이다.

그때에 너희는 그 가운데서 행하여 이 세상 풍조를 따르고 공중의 권세 잡은 자를 따랐으니, 곧 지금 불순종의 아들들 가운데서 역사하는 영이라. 전에는 우리도 다 그 가운데서 우리 육체의 욕심을 따라 지내며 육체와 마음의 원하는 것을 하여, 다른 이들과 같이 본질상 진노의 자녀이었더니…[60]

이 점을 안다면 우리는 겸손해지고, 아직 그리스도를 아는 지식을 갖지 못한 사람들에게 각별한 관심을 가져야 한다. 우리는 그들을 위해 기도하고, 하나님이 우리의 메시지를 사용하여 긍휼을 보여주고 믿음으로 그분께 나아오도록 그들의 마음을 돌려놓기를 바라면서 좋은 소식을 나누기 위해 우리가 할 수 있는 모든 일을 한다. 우리는 이 일이 우리에게 일어났기 때문에 이 일이 가능하다고 알고 있지만, 또한 그 일이 하나님만이 하실 수 있는 그분의 사역이라는 점도 안다. 바울이 다음과 같이 계속 설명하는 것처럼 말이다.

긍휼이 풍성하신 하나님이 우리를 사랑하신 그 큰 사랑을 인하여 허물로 죽은 우리를 그리스도와 함께 살리셨고(너희는 은혜로 구원을 받은 것이라) 또 함께 일으키사 그리스도 예수 안에서 함께 하늘에 앉히시니…[61]

---

60   엡 2:1-3.
61   엡 2:4-6.

우리 그리스도인들은 여전히 이생에서 영적 죽음의 결과를 처리해야 하기는 하지만, 그럼에도 영적 죽음에서 해방되었다. 영적인 관점에서 우리는 하늘에서 그리스도와 함께 앉혀졌는데, 이것은 우리의 관점을 바꾸고 우리의 사명과 운명이 무엇인지 이해할 수 있게끔 해주는 확약이다. 그러나 하늘에서 우리의 자리가 확보되기는 했지만, 또한 우리는 아직 우리가 물려받은 영적 죽음의 유산에서 해방되지 않았기 때문에 여전히 영적 싸움을 벌이고 있다. 진리를 안다 해도 우리가 이 땅에서의 미래에 대해 두려워하지 않게 되는 것도 아니고, 우리가 죽는 날까지 이 삶의 유혹이 우리를 계속 공격한다. 이성, 상식, 그리고 영적 확신은 이 공격을 없애기에 충분하지 않으며, 우리는 하나님이 우리를 자신의 손바닥 안에 두고 우리를 보호하겠다고 약속한 것을 알면서도[62] 지상의 복지라는 신기루를 추구하기 쉽다. 사탄의 기만하는 힘은 우리가 우리 하늘 아버지의 품 안에서 안전하다고 확신할 때조차 우리를 계속 지상의 실존에 대한 염려에 사로잡아둘 수 있을 정도로 강력하다고 말하는 것보다 이에 대해 더 논리적인 설명은 없다.

바울은 우리가 혈과 육에 맞서 싸우지 않고 영적 세력에 맞서 싸워야 한다고 말한다.[63] 우리의 인간적 문제들은 기본적으로 영적인 문제들이며, 하나님의 반응도 마찬가지다. 우리는 영적 영역에서 살고 움직이고 존재하며, 우리에게 반대하는 악들과 싸우기 위해 영적 힘으로 무장한다. 영적 죽음은 우리가 직면하는 적이자 우리가 맞서 싸우는 힘이다. 영적 죽음은 우리가 그로부터 구원받은 운명이지만, 또한 우리 주변 사람들의 운명으로 남아 있다. 우리는 그들에게 은혜의 복음과 그 복음이 담고 있는 영생의 약속을 전하라고 하나님의 사랑에 의해 부름 받았다.

---

62   마 6:25-34; 롬 8:38-39.

63   엡 6:12.

19장
•
종교와 윤리의 기원

삶의 의미에 대한 성찰

모든 것을 당연하게 여기며 사는 사람들도 있지만, 멈춰서 왜 일들이 그런 식으로 진행되는지 숙고하는 사람들은 거의 불가피하게 이 모든 일의 배후에 목적을 가진 지성이 있는지, 만일 그러한 지성이 있다면 그 지성이 어떤 모습일지 생각하게 된다. 역사상 모든 부족과 국가에서 사람들은 존재의 신비를 숙고하고 이를 이해하는 방식을 개발했다. 모두가 같은 결론에 도달한 것은 아니지만, 사실상 모든 인간의 문화가 "신"이라고 부르는 존재에 대한 모종의 관념을 갖고 있다(또는 갖고 있었다)고 말해도 무방하다. 사려 깊은 사람들은 모두 감각적 인식 세계의 배후에 우리보다 강한 무언가가 놓여 있고, 이 존재가 우리가 인식하지 못하는 방식으로 우리에게 영향을 준다는 것을 알고 있다. 많은 사람들에게 이것은 우리의 "운명"이며, 그들이 아는 한 우리가 이에 대해 할 수 있는 일은 아무것도 없다. 우리가 그 감춰진 힘에게 올바른 정도의 겸손을 보이고 그 힘을 진정시키기 위해 적절한 제사를 드린다면, 최소한 그 힘이 우리를 위해 행동하도록 그 힘을 설득해볼 수는 있다고 믿는 덜 비관적인 사람들도 있다. 그것이 통할지는 예측할 수 없지만, 그런 더 강한 힘이 만족했음을 암시하는 어떤 일이 발생한다면, 아마도 그 일의 동인이 된 것으로 여겨지는 제사가 반복될 것이다. 시간이 지나면 그 제사는 이 제물을 드린 사람들과 이 제물의 수혜자들이 인정하고 받아들이는 의식이 될 것이다.

이런 논리의 배후에 놓인 가정은 전에 통했던 것은 또다시 통할 수 있다는 것이다. 원하는 결과가 나오지 않으면 제물 또는 제물을 드리는 사람에게 뭔가 부적합한 요소가 있기 때문이라고 얘기할 수 있다. 제물에 흠이 있기 때문이라고 파악되는 경우, 앞으로는 제물이 더 잘 통하게 되리라는 희망에서 의식이 보다 더 정교해지고 까다로워질 가능성이 높다. 제물을 드리는 사람에게 잘못이 있다고 생각되는 경우, 그가 제물을 바칠 자격을 갖추도록 종종 의식상의 정결 형태로 추가로 자신을 낮춰야 할 수도 있다. 그것이 실패할 경우, 그는 더 적합한 누군가로 교체될 것이다. 마지막으로 바쳐진 제물의 수혜자가 그 혜택을 받기에 합당하지 않을 가능성이 항상 존재하는데, 그럴 경우에 바로 그들이 자신을 더 낮추고 자신의 잘못을 "깨끗하게" 해야 할 것이다. 바쳐진 제물의 수혜자에게 실패의 책임을 돌리는 것이 제물을 바친 자에게 이득이라는 것은 큰 상상력을 발휘하지 않아도 쉽게 깨달을 수 있으며, 대개 그런 일이 실제로 일어난다. 그 결과 이런 사회는 법적 혹은 다른 형태의 면책에 의해 보호되는 존경받는(또는 두려움의 대상이 되는) 제사장 계급에 의해 지배되는 반면, 대부분의 백성들은 제사장들이 말하는 대로 하면서 최선의 결과를 바라게 될 것이다.

구약성경의 독자들은 이스라엘 백성의 삶에서 이런 현상을 인식할 것이다. 이스라엘 종교와 다른 문화들의 관습 사이의 유사성은 잘 알려져 있지만, 이 유사성의 이유에 대해서는 격론이 벌어지고 있다. 세속 역사가들과 인류학자들 사이에서는 흔히 이스라엘 종교가 주변 민족들의 종교와 매우 흡사하며, 동물 제사와 같은 것들은 "원시적"인 것으로서 거부되어야 한다고 가정된다. 요즘은 소위 "원시" 민족들의 관습을 더 존중하는 경향이 있어 일부 인류학자들이 고대 이스라엘을 덜 부정적으로 평가하지만, 그들도 이전의 인류학자들과 마찬가지로 이스라엘의 종교 관습이 이웃 민족들의 종교 관습과 근본적으로 다르지 않다고 본다. 주전 586년에 바빌로니아로 유배되기 전에 이스라엘 사람들은 종종 다른 가나안 족속들이 숭배했던 것과 같은 신들을 숭배했고, 이스라엘의 하나님 야웨는 최고 지위를 두고 그 신들과 경쟁해야 했던 것으로 보인다. 회의적인 많은 현대 학자들은 구약성경은 그 싸움에서의 승자들의 기록이며, 그들은 자연히 야웨가 결국 이기게 되어 있다고 믿는 성향이 있었다고 생각한다.

역사가들과 인류학자들에 의해 관찰된 유사성이 있다는 점을 부인할 수는 없지만, 우리 그리스도인들은 이 유사성을 그들과는 다르게 설명한다. 가장 기본적인 수준에서 이스라엘 및 다른 민족들은 해결을 요구하는 실제 문제들과 씨름하고 있었다. 그들은 모두 인간의 삶에는 뭔가가 잘못되어 있는데, 그것은 단순히 사람들의 행위를 바꾸는 것으로는 바로잡을 수 없다는 점을 알고 있었다. 세상에서 가장 좋은 법들을 갖고 있더라도 근본적인 흠결은 계속 나타날 것이고, 이 문제를 다루는 유일한 희망은 더 높은 힘에 호소하는 것에 놓여 있었다. 그래서 이 힘에 대한 겸손과 희생제사가 요구된다는 점도 보편적으로 인정되었다. 고대 근동의 민족들에 의해 시행되었던 이런 식의 종교는(심지어 오늘날도 세계 여러 곳의 종교들에서 많은 구조적 유사점을 갖고 있다) 다신론이고, 우리에게 매우 비도덕적으로 보이는 아동 제사 및 신전 매춘과 같은 의식들이 있다고 비판하기 쉽지만, 심지어 이런 이교들의 가장 부패한 의식들에조차 일말의 진리가 있었다. 바울과 바나바가 (소아시아의) 루스드라에 복음을 전하러 갔을 때 그들은 신들로 환영받았고, 그들이 이의를 제기하지 않았더라면 그들에게 희생제물이 바쳐졌을 것이다.[1] 물론 바울과 바나바는 그 잘못을 바로잡아주었고, 루스드라 사람들을 향한 설교에서 창조주 하나님은

---

1   행 14:8-18.

다음과 같이 설명되었다.

하나님이 지나간 세대에는 모든 민족으로 자기들의 길들을 가게 방임하셨으나 그러나 자기를 증언하지 아니하신 것이 아니니, 곧 여러분에게 하늘로부터 비를 내리시며 결실기를 주시는 선한 일을 하사 음식과 기쁨으로 여러분의 마음에 만족하게 하셨느니라.[2]

바울은 로마인들에게 이방인들에 관해 말할 때 다음과 같이 묘사했다.

이는 하나님을 알 만한 것이 그들 속에 보임이라. 하나님이 이를 그들에게 보이셨느니라. 창세로부터 그의 보이지 아니하는 것들 곧 그의 영원한 능력과 신성이 그가 만드신 만물에 분명히 보여 알려졌나니, 그러므로 그들이 핑계하지 못할지니라. 하나님을 알되 하나님을 영화롭게도 아니하며 감사하지도 아니하고 오히려 그 생각이 허망하여지며 미련한 마음이 어두워졌나니, 스스로 지혜 있다 하나 어리석게 되어 썩어지지 아니하는 하나님의 영광을 썩어질 사람과 새와 짐승과 기어다니는 동물 모양의 우상으로 바꾸었느니라.[3]

아첨하는 장면은 아니지만, 이 두 구절들은 소위 "원시적"인 또는 이교적인 관습들에 관해 매우 중요한 뭔가를 말해준다. 이방인들은 그들의 마음속으로 하나님을 알고 있었고, 하나님은 그들에게 아낌없이 베풀어주신 섭리적인 돌봄을 통해 계속 그들에게 말씀하셨다. 그들은 영적 지식에 접근하지 못해서 잘못되었고 물질세계 안에서 대체물을 찾게 되

---

2   행 14:16-17.
3   롬 1:19-23.

었다. 그 결과는 터무니없었지만, 이 사람들은 신앙의 주장들에 대해 무관심한 무신론자나 불가지론자가 아니었다. 그들은 문제가 있음을 알았고 그에 대한 답을 찾고 있었다. 그들에게는 그들의 눈먼 상태를 제거하고 그들이 뭔지 모르면서 찾고 있었던 것이 무엇인지 그들에게 보여줄 수 있는 존재가 필요했다. 그들은 신들을 만들어내 그것들에 이름을 붙였지만, 이 신들이 서로 어떤 관계가 있는지 또는 이 신들을 하나로 묶는 어떤 포괄적 원리가 있는지에 대해서는 거의 알지 못했다. 제물을 바치는 신(또는 여신)이 달래야 할 신이 아닐 수도 있었고, 또는 어떤 다른 신이 개입해서 모든 것을 망쳐놓을 힘을 갖고 있을 수도 있었기 때문에, 한 신에게 바치는 제물이 효력이 없을 수 있었다. 이방인들의 편재한 영적 세계는 혼란스럽고 예측 불가능했지만, 그들은 그 세계로부터 도움이 필요함을 이해했다. 하나님은 그들에 대한 사랑으로 그 점에 대한 충분한 인식을 보존했다. 그래서 그들에게 복음이 전해졌을 때, 이방인들은 복음에 반응할 준비가 되어 있었고 또 반응할 수 있었다. 루스드라 사람들은 우습게도 바나바를 제우스(유피테르) 신으로, 바울을 헤르메스(메르쿠리우스) 신으로 오해하기는 했지만, 최소한 그들은 하늘의 메시지를 가지고 온 사람들을 환영해야 한다는 점을 이해했고, 그들의 무지에도 불구하고 하나님의 존재를 완전히 부정한 사람들보다 하나님께 더 가까이 나아갔다.

이스라엘은 하나님의 부르심을 받고 선택된 한 사람을 통해 형성된 민족이었기 때문에 이웃 민족들과 달랐다. 하지만 그도 동시대 이방인들의 배경과 관점의 많은 부분을 공유했었다. 구약성경은 이 점을 부인하려 하지 않는다. 아브라함은 갈대아 우르 출신이었고 그의 가장 가까운 친척들은 메소포타미아 상류에 살았으며, 그의 자녀 중 몇 명은 다른 이방 민족들의 창건자가 되었는데, 이 과정은 다음 세대의 에서에게서 반복되었다. 구약성경에 보존된 계보는 이스라엘의 이웃들이 이스라엘과 사촌이었다는 점을 명확히 진술하며, 그들은 이스라엘이 곤경에 처했을 때 도와주지 않았다고 비난을 받기까지 했다.[4] 아브라함을 그들과 구별한 요소는 아브라함이 완전한 순종으로 하나님으로부터 약속을 받았다는 사실이었다.[5] 성문 기록은, 비록 아브라함은 당시에 알지 못했지만, 그에게 말한 존재가 이스라엘의 하나님 야웨였다고 말한다.[6] 하나님은 아브라함에게 다른 민족들이 인간의 상태에 대해 그들의 방식대로 생각하는 것이 잘못이라고 말하지 않았다. 이것은 아마도 그들이 근본적인 문제를 어떻게 해결해야 할지 알지 못했지만, 여러 면에서 그들의 본능이 옳았기 때문일 것이다.

여기서 야웨가 개입하신다. 아브라함에게 자신을 유일한 참하나님으로 계시하심으로써, 야웨는 영적 세계에 대한 아브라함의 이해를 정돈하고 그의 자기 비하 행위와 희생제사에 대한 초점을 제공했다. 그러나 하나님은 거기서 그치지 않으셨다. 하나님은 아브라함과 그의 자손들을 압제하기 위해서가 아니라 그들을 곤경에서 구하기 위해 그들에게 복종과 희생을 요구했다. 다른 사회들에서는 미지의 변덕스러운 영적 힘들에게 좋은 인상을 주기 위해 만들어진 일종의 추정에 의해 행해졌던 의식 행위들이 이스라엘에서는 인류에게 무엇이 잘못되었는지, 이 잘못을 어떻게 바로잡아야 하는지, 그리고 (가장 중요하게) 왜 이 땅에서 아무도 그렇게 할 수 없는지 설명할 의도로 고안되었다.

이스라엘의 희생제사는 분노한 신을 달래려는 의도가 아니었다. 사실 그 희생제사 자체는 아무것도 성취할 의도가 없었다. 하나님은 이스라엘 백성에게 이미 익숙하고 그 자체로 타당한 희생제사의 원리를 취하셔서, 자신이 선택한 백성에 대한 사랑과 일치하는 양상으로 이를 재구축하셨다. 이스라엘의 희생제사는 근본적으로 미지의 어떤 더 큰 힘과 올바른 관계를 맺기 위해 무작정 해보는 것이 아니라, 하나님이 언젠가 그

---

4   욥 10-14.
5   창 12:1-3.
6   출 6:3.

4부 • 하나님의 사랑을 거절하다

들을 어떻게 자신과 화해시킬지에 대해 말씀해주실 의도를 지닌 시각적 교훈이었다. 이 점은 아브라함에게 그의 유일한 적자이자 상속자인 이 삭을 제물로 바치라고 말씀하셨을 때 분명해졌다.[7] 이 명령은 그의 상속 자를 통해 그에게 이루어질 것이라고 약속된 모든 것에 반함에도 불구 하고 아브라함은 하나님께 순종함으로써 자신의 믿음의 깊이를 보여주 었다.[8] 아브라함이 이삭을 칼로 찌르려던 마지막 순간에 하나님은 아브 라함의 행동을 중단시키고 수풀에 걸려 있던 숫양을 가리키며 그 양을 이삭 대신 제물로 바치라고 말씀하셨다. 이 이야기는 하나님이 아브라함 에게 원하신 것이 제사가 아니라 순종이었음을 말해주며, 하나님은 아브 라함이 자신의 혈육보다 자신을 더 사랑하고, 자신의 이해의 한계를 넘 어서까지 하나님께 순종할 준비가 되어 있음을 알고 만족하셨다.

때가 되면 하나님은 자기 아들을 희생시키고 우리를 위해 우리가 스 스로 할 수 없는 일을 행하실 것이다. 언젠가 예수는 자기 아버지의 뜻에 순종해서 자기를 낮추고 희생제물로 죽음으로써, 우리의 죄를 위해 치러 져야만 하고 또한 오직 자신만이 치를 수 있는 대가를 지불할 것이다. 그 러나 그 희생제사가 필수적이기는 했지만, 그 자체로는 우리의 구원의 궁극적 토대가 아니었다. 그 토대는 사랑이었다. 곧 애초에 자신을 계시 하신 자기 백성에 대한 하나님의 사랑과, 아무리 고통스럽고 자기 마음 에 들지 않을지라도 그에게 아버지의 뜻을 행할 힘과 용기를 준 성자의 성부에 대한 사랑이 우리의 구원의 궁극적 토대였다. 그리스도의 희생제 사의 의미와 힘은 그가 흘린 피의 양이나 그의 몸이 겪은 고통의 정도에 놓여 있지 않고, 성부에 대한 그의 관계의 질에 놓여 있었다. 그 원리는 예수 당시에 새로 등장한 것이 아니라 최소한 예수 시대 보다 천 년 전에 도 잘 이해되었다. 다윗 왕은 이를 다음과 같이 말했다. "하나님이 구하

---

7   창 22:1-18.
8   창 17:19.

는 제사는 상한 심령이라. 하나님이여, 상하고 통회하는 마음을 주께서 멸시하지 아니하시리이다."⁹ 이스라엘이 다른 민족들과 달랐던 점은, 그들의 종교의 중심에 두려움이 놓여 있지 않았으며, 그들이 하나님의 사랑을 알았다는 것이었다. 이 하나님의 사랑은 이스라엘의 외적인 의식들에 또 다른 의미를 부여해서, 그 의식들이 원래 고안되었던 결과를 이룰 수 없게 하고, 동시에 하나님 자신이 사랑으로 그들을 위해 언젠가 행할 일을 보여 주는 데 필수적인 요소가 되게 했다.

의식과 도덕

특정 예식들의 발전이 소위 "조직화된 종교"(organized religion)의 기초인데, 이 과정은 이교 세계와 이스라엘 모두에서 작동한다. 우리는 대부분의 이교 사회들에 대해 잘 알지 못하므로 그들의 발전 과정을 자세히 제시할 수 없지만, 그들의 상황이 이스라엘의 역사에서 볼 수 있는 상황과 근본적으로 달랐다고 가정할 이유가 없다. 어느 시점에 조직화되지 않은 종교·문화가 대개 특정 신에 대한 숭배를 중심으로 한 고정된 규범 또는 율법들로 발전된 것으로 보인다. 마르두크나 아톤 또는 아폴론과 같은 신이 숭배의 초점이 되었고, 이 숭배는 자체적인 숭배 장소와 관리자, 즉 오늘날의 사제들을 두고 있었다. 이 사제들은 올바른 방식으로 그리고 합당한 제물로 신을 숭배함으로써 그 신을 즐겁게 할 책임이 있었으며, 이 숭배는 이를 실천한 경건한 신자들을 끌어들였고 점차 이와 연결된 예식 준수 사항들을 개발했다. 궁극적으로 다양한 신들과 여신들의 숭배가 함께 묶였고, 그들 사이에 책임을 할당하려는 다소의 노력도 이루어졌다. 그 시점에서 만신전이 등장했고, 종종 신들 가운데 하나가 다

---

9   시 51:17.

른 신들의 "왕" 역할을 했지만 그들을 대체하지는 않았다. 때로는 고대 그리스와 로마에서처럼 지정된 "법 수여자"가 있었다. 그 수여자는 대개 전설적인 존재, 그럼에도 법을 수여했다고 인정되는 역사적인 인물이었다. 이렇게 되고 나면 다신교 사회는 광범위한 종교 관습들을 수용할 수 있었는데, 그중 일부는 (신성한 처녀성과 신전 매춘과 같이) 서로 양립할 수 없었지만, 포괄적인 만신전에서 그 모든 관습들은 포용될 수 있었다.

사제들은 통상적으로 특정 신에게 할당되었지만, 그들의 기능은 공적으로 인정된 만신전으로 확대될 수 있었고, 그럴 경우 사제들은 세속 정부의 대리인이 되는 경향이 있었다. 그렇게 되면 사제들이 수행한 의식들이 뿌리를 내리고, 삶의 모든 국면들로 확대되는 인간 공동체의 유대감이 창출되었다. 그런 다음에 공적 예배의 성격과 이를 수행하는 사람의 지위뿐 아니라, 공동체 전체의 행위까지도 정의하는 의식법이 정교하게 다듬어졌다. 이 법의 요구들을 지키지 못하면 "죄"로 간주되었고 예식상의 부정(不淨)을 낳았으며, 그런 범죄에 의해 화가 난 신이나 신들을 달래기 위해서 추가로 희생제사가 요구되었다. 체계가 정교해질수록 이러한 연결 관계도 더 정교해졌고, 마침내 그 정점에서는 생각할 수 있는 모든 죄마다 그에 상응해서 그 죄를 제거하기 위해 드려져야 할 희생제사가 제공되었다.

현대 세계에서는 종교 예식의 준수가 대개 모종의 도덕과 연계될 것이라고 가정하는 것이 일반적이지만, 반드시 그런 것은 아니다. 이교 신들은 신도들에게 일상의 삶에서는 받아들여지지 않을 방식으로 자신을 달래라고 쉽게 요구할 수 있는데, 신들은 평범한 존재가 아니라는 점을 들어 이를 정당화한다. 따라서 신들은 매춘, 살인, 심지어 근친상간까지 요구할 수도 있다. 그런 종교에서 부도덕은 예식상의 부정이라기보다는 "불순종"을 의미했는데, 이는 기독교의 죄 개념과 어느 정도 공통점을 갖고 있다. 신들의 명령을 거역하는 사람들은 그 위반에 대해 처벌되고, 자신의 무분별에 대한 속죄의 길을 찾기 위해 노력해야 한다. 이 점에서 아무리 원시적인 종교일지라도, 비록 그것을 적절하게 표현하는 방법을 알지는 못했어도 인간과 하나님의 관계에 관해 참된 뭔가를 반영한다. 죄는 불순종에 뿌리를 두고 있고, 그 불순종은 속죄되어야 한다. 왜냐하면 지켜지지 않은 그 명령을 내린 존재는 자신의 권위에 대한 이런 공개적인 공격에 보복해야 하고, 그렇게 하지 않으면 그 권위가 상실될 것이기 때문이다.

또한 고대 이스라엘에서 전개된 내용은 종종 다른 지역에서 통상적이었던 내용들과 평행을 이룬다. 우리는 제도화되지 않은 종교로부터 세심하게 규제된 예식 준수의 양상으로의 변천이 이스라엘 백성이 이집트에서의 속박에서 탈출한 직후에 일어났다는 것과 그때 그들에게 주어진 율법이 그들의 위대한 율법 수여자인 모세에게 귀속된 것을 잘 알고 있다. 율법에 포함된 제사법은 세심하게 고안된 예식 요건들의 양상이며, 그 요건들은 특정 범죄의 악한 정도를 가리키고 그에 맞추기 위해 고안된 단계적인 처벌 체계와 균형을 이룬다. 속죄제사의 양상, 제사장의 역할, 그리고 백성들에게 부과된 요구 사항들이 상세히 제시되었으며, 그들 자신은 제사제도의 일부가 아닌 율법 수여자의 계승자들에게 이를 감독하고 모든 사람이 자신에게 기대되는 바를 행하게 하는 직무가 주어진다. 이스라엘에서는 이 직무가 모세에게서 여호수아에게 승계되었고, 이후 일련의 사사들에게 승계되었는데 그들의 지배는 단속적(斷續的)이었고 만족스럽지 못했으며, 최종적으로는 이 직무가 주전 586년에 예루살렘이 멸망할 때까지 세습 왕들의 가문에서 이어졌다. 최소한 표면상으로는 이스라엘이 만신전의 신들을 숭배하는 대신 오직 한 신에게만 초점을 맞춘 것을 제외하면, 주변 민족들의 표준 양상을 따른 것으로 보일 것이다.

이스라엘의 제사제도와 이웃 민족들의 제사제도 사이의 유사성을 부인하는 것은 쓸데없는 일이겠지만, 다시금 이 유사성은 피상적이고 기만적이라는 점을 주목해야 한다. 하나님은 자기 백성들을 그들이 이해할 만한 방식으로 다루셨는데, 이스라엘이 역사적 환경의 관점에서 인식할 수 있는 종교 국가로 등장했다는 사실을 발견해도 놀라지 않아야 한다. 핵심적인 차이는 이스라엘이 어떤 동료나 경쟁자도 용납하지 않으려는 한 분 하나님만 경배했다는 것이다.[10] 하나님 자신에 대한 시각적인 표상도 받아들이지 않았으며, 하나님이 마침내 성전 건축과 세습 왕정의 수립을 허락했을 때도 마지못해 그것을 허용했을 뿐이었다. 그런 것들은 구약성경에서는 이웃 민족들을 모방하고 싶었던, 그리고 심지어 자기들의 길을 가기 위해 기꺼이 하나님을 거역할 자세가 되어 있던 백성들로부터 나온 요구라고 제시된다.[11] 그럼에도 불구하고 왕정과 성전은 자기 백성에 대한 하나님의 목적 안으로 통합되었고, 결국 그리스도 안에서 이 통합이 성취되었다. 그리스도는 왕정과 성전을 전혀 알아볼 수 없을 정도로 변화시키고, 백성들의 마음속에 남아 있을 수도 있었던 이웃 민족들의 제사와의 모든 관련성을 끊어버렸다(고 말해도 무방하다).

이스라엘과 다른 고대 국가들 사이의 또 하나의 중요한 차이는 이스라엘의 인간 율법 수여자는 율법의 진정한 창시자인 하나님의 심부름꾼에 불과했다는 점이다. 그래서 율법은 결코 국가를 잘 다스리기 위한 단순한 기능상의 제도가 아니었다. 율법은 애초부터 하나님의 성품을 반영했고, 그 점에서 율법은 이스라엘이 갖고 있었거나 종속되어 있었던 모든 정치 체제를 초월했다. 함무라비(주전 18세기경의 바빌로니아 왕으로서 가장 오래된 성문법인 함무라비 법전 제정자)와 솔론(주전 7-6세기의 아테네 정치가)과 리쿠르고스(주전 9세기경의 고대 스파르타 입법자)의 법들은 그 법들을 인정한 나라와 함께 사라졌지만, 이스라엘의 율법은 오늘날까지 살아남았고 아직도 유대인들과 그리스도인들에게 근본적인 것으로 간주된다. 이것이 가능했던 이유는 이스라엘의 율법이 본질상 도덕적이고 영적이었기 때문

---

10   출 20:2-3.
11   삼상 8:1-22.

이다. 율법을 어기는 것은 인간 피해자에게 해를 입히는 것만이 아니라, 인간 피해자가 있건 없건 하나님께 죄를 짓는 것이다.

이스라엘의 율법은 주변 민족들의 예식상의 관습들과 비교했을 때 도덕적이라고 간주될 수 있는 정도가 달랐다. 애초에 모든 사람이 똑같은 도덕 개념을 갖고 있는 것은 아니기 때문에 이것은 논란이 많은 주제다. 오늘날 많은 사람들이 모세 율법의 예식법에서 요구되는 동물 희생제사의 정도에 대해 경악한다. 또한 하나님이 자기 백성에게 그들의 적들을 죽이라고 특별히 명령하는 사례들도 있는데, 이 사례들도 오늘날 대부분의 사람들이 혐오하는 것이다.[12] 문제는 모든 도덕이 행위와 관련이 있고, 따라서 관련된 상황에 따라 상대적이라는 것이다. 고대 이스라엘의 주된 의무는 주변 민족들의 이교 신앙에 의해 변질되지 않도록 자신을 보호하는 것이었고, 이 의무는 하나님이 그들에게 약속하신 땅에서 각인되어야 했다. 그들의 적들을 말살하는 것은 비정한 개인적 보복이 아니라, 특수한 목적을 염두에 두고 세심하게 계획된 행동이었다. 동물 희생제사의 경우도 마찬가지다. 죄의 대가가 죽음이었기에 동물들이 백성의 죄를 짊어지고 죽임을 당했다. 이 의식들은 매우 특수하고 제한적인 목적을 갖고 있었는데, 궁극적 목표는 인간의 구원이었다. 결국 모세 율법의 도덕성은 모종의 이상적인 규범과 연계된 추상적 개념이 아니라 사랑, 즉 먼저 하나님에 대한 사랑과 그 이웃에 대한 사랑의 원리의 구현이다. 이것이 십계명이 우리에게 제시된 방식이며, 처음 네 계명은 주로 하나님께 대한 우리의 예배와 관련이 있고, 뒤의 여섯 계명은 우리가 다른 사람들을 대해야 하는 방식을 설명한다. 그런 관점에서 보면 십계명은 확실히 도덕적이고, 따라서 십계명이 원래 하나님의 백성들에게 주어졌던 상황을 전혀 모르는 세대들에게도 계속 강력한 영향력을 행사한다.

법률의 기능들 가운데 하나는 범죄에 상응하는 처벌이 내려지게끔 하

---

12 삼상 15:9-23; 시 137:9을 보라.

는 것인데, 이스라엘의 율법은 타인과 타인의 재산에 관해 저질러진 범죄와 관련하여 이 일을 한다. 그러나 그 배후에는 더 심오한 요소가 놓여 있다. 즉 그런 행위가 하나님께 가하는 공격은 그리 쉽게 교정될 수 없다는 것이다. 이스라엘 주변의 이방 족속들은 영적 세계에 대한 통일된 관점이 없었고, 자기들이 전능하신 한 분 하나님께 책임져야 한다는 점을 알지 못했기 때문에 이 차원은 그들에게는 알려지지 않았다. 그들의 신을 달래는 개념은 속죄(atonement)를 포함하지 않았다. 왜냐하면 그들에게는 하나님과 관계를 맺는다는 개념이 없었고, 따라서 그들은 자신들의 삶을 통제하는 영적 힘과의 화해가 가능하다는 것을 몰랐기 때문이다. 이 점에서도 이스라엘 사람들은 주변 이방 족속들과 달랐다. 왜냐하면 이스라엘 사람들은 자기들이 이미 하나님과 갖고 있었던 관계를 회복하면 죄 문제에 대한 영원한 해결책이 제공될 것이라고 믿었기 때문이다. 그들의 성전 제사는 다양한 위반들을 포괄했고, 희생제사들이 (더 자주는 아니라 해도) 해마다 반복되기는 했어도, 그것이 반드시 필요한 것은 아니었다. 70년 동안(주전 586-516) 성전이 파괴되었을 때 그들은 유배되어 율법에 규정된 희생제사를 드리지 못했지만, 하나님은 자기 백성을 버리지 않고 그 경험을 사용해서 자신이 그들을 사랑하고 보살핀다는 점을 가르쳤다. 사실 하나님은 희생제사 자체를 필요로 하거나 원치 않으셨다. 하나님이 원하신 것은 자신이 선택하신 백성의 사랑과 순종이었다.

내가 가령 주려도 네게 이르지 아니할 것은
세계와 거기에 충만한 것이 내 것임이로다.
내가 수소의 고기를 먹으며
염소의 피를 마시겠느냐?
감사로 하나님께 제사를 드리며
지존한 이에게 네 서원을 갚으며
환난 날에 나를 부르라.

내가 너를 건지리니, 네가 나를 영화롭게 하리로다.[13]

이 모든 내용을 요약하자면, 종교는 인간의 삶에서 인식된 문제에 대한 인간의 반응이므로, 세계 전역의 다양한 문화들에서 발견되는 매우 다양한 예식들과 관습들에도 불구하고 반복되는 공통 주제가 많다는 사실을 발견해도 놀랄 필요가 없다. 숭배 받는 높은 힘이 정의되지 않으면 희생제사가 올바른 대상에게 바쳐지는지 알 수 없기 때문에, 운에 맡기고 시도해보는 일이 되기 마련이다. 그런 제도의 고질적인 불확실성 때문에 이런 체계의 신봉자들은 그 종교가 부적합하다는 공격에 민감하며, 보다 잘 조직화된 체계들이 그들에게 도전하면 정의되지 않은 종교의 추종자들은 조직화된 체계들을 열렬히 받아들이는 경향이 있다. 역사는 얼마나 많은 부족들이 본질적으로 이런 이유로 쉽사리 기독교나 이슬람교로 회심했는지 보여준다. 중세 시대에 북유럽의 야만족들과 현대에 이르러 아프리카 및 아메리카 종족들은, 비록 그들의 과거 종교들의 측면들이 다른 모습들로 가장하고 살아남기는 했지만, 한두 세대 만에 대체로 기독교인들이 되었다(또는 아프리카 일부 지역에서는 이슬람교 교인들이 되었다). 때로는 그 측면들이 단순히 새로운 종교에 흡수되어서 (하나의 예를 들면) 조상 숭배가 죽은 자들을 위한 (그리고 그들에 대한) 기도로 바뀌었지만, 종종 그 영향이 보다 미묘했다. 화가 난 신을 달래야 할 필요성은 한 종교에서 다른 종교로 이전되는데 왜냐하면 그 필요성이 두 종교 자체보다 더 근본적이기 때문이다. 그 결과 이전 종교의 제사 제도가 새로운 종교에 의해 재구축될 수도 있는데, 이때 새로운 종교는 그에 대해 훨씬 더 엄격한 형태의 통제를 부과하지만 그 효능도 보장해서 신도들에게 그렇지 않았더라면 갖지 못했을 확신을 준다.

기독교는 신들을 이전보다 더 잘 달랠 수 있는 방법을 발견했다고 생

---

13 시 50:12-15.

각하지만, 자기들이 새로 채택한 신앙은 전체 문제에 대해 완전히 다른 접근법을 취한다는 사실을 이해하지 못한 사람들에 의해 은연중에 이교화될 수 있는 위험이 있다. 이런 일이 중세 유럽에서 대대적으로 일어났는데, 그때 그리스도의 구원 사역을 가리키는 기독교의 예식들(rites)과 상징들이 그 자체로 마술적 힘을 갖고 있는 것으로 간주되었다. 기독교 용어가 계속 사용되었지만, 교인들과 함께 빵을 뗀 목사가 사람들의 죄를 위해 제단에 그리스도를 제물로 바치는 제사장으로 바뀌어버렸다. 이것은 표면상으로는 그리스도의 사역을 존중하는 듯 보이면서도 실제로는 부인하는 일종의 "세례 받은 이교 사상"이다.

대체 종교로서의 도덕 체계

영적 세계가 어떤 모습인지에 대한 설명은 다양한 형태를 취할 수 있다. 중국과 같은 일부 문화에서는 전통 종교를 발전시키려는 시도를 거의 하지 않았다. 대신 그곳에서는 일반적으로 "하늘의 명령"에 의존하며, 실제로는 공자나 도교의 창시자인 노자와 같은 법 수여자에게 의존하는 복잡한 윤리적, 법적 체계가 발달했다. 이들은 오래 전에 사회에 행동 규범을 부여했는데, 이 규범은 지금도 윤리 체계를 제공하고 있다. 이 체계는 수백 년 동안 아주 잘 작동했으나, 내적 영성을 개발하지 못한 까닭에 일련의 사회 규범들에 대한 외적인 순응이라는 양상을 낳았다. 이렇게 하지 못하는 사람들은 "체면을 구기게"된다. 이는 심하면 불운한 희생자를 자살로 내몰 수도 있는 일종의 공개적 수치였다. 여기서 양심의 고통이 아니라 두려움이 선악을 결정한다. 유신론 전통에서 자란 사람들은 이것을 이해하기 어렵다. 또한 이 점이 유교나 도교 신봉자들이 기독교의 가르침을 받아들이길 어렵게 하는데, 왜냐하면 기독교의 가르침의 외적 형태(도덕 행위 포함)는 부과된 사회적 순응이라는 외적 체계에 근거한 것이 아니라 영적 세계에 대해 잘 조직된 이해에 의존하는 내적 확신에서 나오기 때문이다.

그럼에도 불구하고 이런 배경을 가진 사람들이 기독교로 회심하는 일이 상당히 많이 일어나고 있다. 그것은 아마 기독교가 유교나 도교에서 대체로 소홀히 했거나 억압했던 인간 경험의 한 측면을 다루기 때문일 것이다. 그러나 이런 회심자들 중에는 그들의 (새로운) 신학적 확신과 (오래되었지만 다른 원리들에 의해 규율되는) 윤리적 행위가 눈에 띄게 일치하지 않는 사람들이 많다. 그 결과 도둑질의 옳고 그름, 또는 심지어는 "도둑질"의 정의가 사람과 하나님의 관계 및 하나님께 대한 의무의 관점에서 결정되지 않고 비기독교적인 사회 규범에 따라 결정될 수도 있다.

현대 세계의 더 희한한 특징들 가운데 하나는, 비록 유교에 물든 문화에서 기독교로 회심한 사람들이 많지만, 전통적인 유대-기독교 전통을 버리고 사실상 역회심한 사람들도 많다는 점이다. 그들 중 전통적인 중국 윤리를 채택한 사람들은 별로 없지만, 많은 사람들이 그들의 유대교나 기독교에 대한 이해와 실천을 유사 교훈적인 수준으로 전락시켰다. 이 문제는 새로운 것이 아니고, 바로 그 이유로 예수에게 혹독하게 비난받았던 바리새인들의 행위에서 볼 수 있는 것처럼 이미 신약에서 분명하게 드러났다. 바리새인들이 지켰던 유대교 율법은 도덕법을 훨씬 뛰어넘는 것이었지만, 너무도 많은 유대인들이 율법을 피상적인 준수로 제한하고 율법의 바탕에 놓여 있는 영적 메시지를 놓쳤다.[14] 예로부터 유사한 비판이 종교 개혁 지망자들에 의해 제기되었는데, 그들은 19세기의 소위 "부르주아 도덕"이 근본적인 신학 원리들을 율법주의적인 윤리 규범의 형식적 준수로 대체하는 비슷한 경향이 있다고 비난하기를 서슴지 않았다.

그러나 더욱 최근에는 이전과 달리 도덕에 대해 보다 긍정적인 입장

---

14   마 23:23-24.

이 출현했고, 많은 사람들이 도덕을 기독교의 본질에서 그리 멀지 않은 것으로서 수용했다. 그 이유는 기독교 신앙의 계시로서 기적의 성격에 대한 믿음이 쇠퇴했기 때문으로 보이는데, 이러한 쇠퇴는 18세기 계몽주의의 특징이었다. 그나마 기독교의 교리를 공격했던 많은 회의주의자들이 기독교가 사회의 생존에 필요한 도덕적 토대를 제공한다는 점을 이해하지 않았더라면 기독교의 종말이 초래될 뻔했다. 어쨌거나 신학적으로는 계몽된 회의주의자의 입장을 취한 많은 사람들이 사회적으로는 교회라는 단체를 지지했는데, 왜냐하면 그들이 보기에 교회가 도덕 원리를 가르치는 데 필요하다고 생각했기 때문이다. 대중의 신앙은 계몽주의의 영향을 덜 받았지만 그들 자신의 사회적인 이유로 많은 사람들이 도덕에 대한 요청을 쉽게 받아들였고, 1900년경에는 "안식일 엄수주의" 및 "절대 금주주의"와 같은 것들이 여러 곳에서 강력한 세력이 되었다.[15]

그런 정책을 옹호하는 사람들의 목표는 엄격한 도덕적 행위 수칙을 시행함으로써 사회를 개선하는 것이었다. 이런 경향은 미국에서 헌법 개정으로 주류 판매가 금지된 1920년에 절정에 달했다. 주류 판매 금지는 실패했고 오늘날 대부분의 사람들은 그것이 커다란 실수였음을 인정할 테지만, 기독교와 "도덕" 사이의 연결은 대중의 마음에 강하게 남았다. 사람들은 법률로 도덕을 강제하려 하기보다는 자신들 스스로 품위 있고 도덕적이고 법을 준수하면서 살면 자신들의 기독교적 가치가 사회에 스며들어 점차 사회를 개선할 것이라고 믿고 도덕을 민간의 영역에 맡겼다. 그 방면에서 명백한 성공을 거두지 못한 데 대한 불만으로, 공익으로 가정되는 것을 증진하기 위해 고안된 사회 정책을 옹호하는 소위 공공신학 또는 행동주의 신학이 등장해서 오늘날 "평등"과 "정의"가 유행어가 되었다.

---

15   절대 금주주의(Teetotalism)는 주로 미국에서 알코올성 음료를 절대로 마시지 않는 것을 옹호하는 운동을 가리키는 데 사용된 용어다.

이 접근법을 채택하는 사람들은 "네 이웃을 네 자신 같이 사랑하라"[16] "그러므로 무엇이든지 남에게 대접을 받고자 하는 대로 너희도 남을 대접하라, 이것이 율법이요 선지자니라"[17]와 같이 자신들의 주장을 지지하는 것처럼 보이는 예수의 말을 인용할 수 있었다. 뒤의 말은 특히 "황금률"로 알려지게 되었으며, 많은 사람들이 이 말을 기독교뿐만 아니라 다른 모든 종교에서도 정수라며 널리 인용한다. 공교롭게도 이 구절은 마태복음의 산상 설교 마지막 부분에 나오는데, 산상 설교는 종종 그리스도의 주장에 대한 더 이상의 진지한 관심을 물리치기 위해 사용된다. 그 문제에 대해 더 이상 거론하고 싶지 않음을 암시하는 사람들의 입에서 "내 종교는 산상 설교다"라는 말이 잘 나오는데, 이 말은 아마도 교리 문제에 대해 더 깊이 파고들기를 원하는 사람들은 다소 위선적이며 그들의 신앙의 요점을 놓쳤음을 암시할 것이다.

기독교에 대한 이런 오해가 중요한 진리의 요소를 포함하고 있기 때문에 이를 다루기가 어렵다. 어떤 그리스도인도 부도덕한 삶을 살 권리가 없으며, 그렇게 사는 사람은 바울에게 심한 책망을 듣는다.[18] 십계명에서 부과된 것과 같은 도덕적인 행동은 좋은 일이고, 예수는 결코 자기를 따르는 사람들에게 마치 율법이 중요하지 않은 것처럼 죽이고 훔치고 간음할 어떤 권리가 있다고 암시하지 않았다.[19] 은혜로 구원받은 죄인들이 신의 은혜의 확산을 증진하기 위해 계속 죄를 지을 수 있다는 개념은 성경이 올바르게 비난하는 불합리한 생각이다.[20] 그러나 예수는 계명들을 지킴에 있어 율법의 문자는 지키면서 율법의 정신은 부인한 사람들을 신랄하게 공격했다. "살인하지 말라"는 말은 아주 명확해 보이고,

---

16   레 19:18에서 인용한 마 22:39.

17   마 7:12.

18   예컨대 고전 5:1-3을 보라.

19   마 5:18-19.

20   롬 6:15.

어떤 면에서는 이 명령에 불순종한 사람들이 별로 없다고 말할 수 있다. 대부분의 경우 사람을 죽이지 않기는 비교적 쉬우며, 인구의 극소수만 살인을 저질렀다.

그러나 예수는 이 계명을 가리켜 심지어 마음속으로라도 다른 사람에게 화를 낸 사람은 이미 그 사람을 죽인 것이라고 해석한다![21] 만약 그것이 요구되는 기준이라면, 우리 가운데 참으로 죄가 없다고 주장할 수 있는 사람이 몇이나 되겠는가? 확실히 길이 꽉 막힐 때 운전해본 사람 중에는 아무도 없을 것이다! 예수가 말하려고 했던 요점은 도덕적인 행동이 그 자체로 선하고 필요하기는 하지만, 근본적으로는 영적인 문제의 핵심에 결코 다가가지 못한다는 것이다. 외적인 준수는 나름 역할이 있고 사회가 제대로 기능하기 위해 꼭 필요하기는 하지만, 하나님과의 살아 있는 관계에 대한 대체물은 아니다. 도덕이 도덕주의로 이어지면, (영국 런던의) 터소 밀랍 인형관의 밀랍 인형이 그것이 나타내는 사람을 닮은 것처럼 실제와 비슷한 기독교의 복제품을 만들어낸다. 멀리서 볼 때는 쉽게 속을 수 있지만, 생생하게 살아 있는 것처럼 보이는 밀랍 인형이 가까이 다가가보면 사실은 그 곁을 지나가는 사람들에게 무슨 약속을 하더라도 그 약속을 지킬 수 없는 말 못하는 물체라는 것을 알게 된다.

---

21 마 5:21-23.

20장
•
세계의 종교들

그리스-로마 종교와 철학

중국과 마찬가지로 그리스-로마 세계도 법적·윤리적 규범이 영적 발전을 능가한 위대한 문명의 한 가지 다른 사례를 제공하지만, 그곳은 다른 경로를 취했다. 그리스-로마 문화는 우리에게 특히 중요하다. 그 이유는 초기 기독교가 그 환경에서 발달했을 뿐만 아니라 오늘날도 그 문화가 널리 존중받고 있기 때문이다. 학교와 대학에서 고전 연구의 쇠퇴에도 불구하고, 고대 그리스-로마에 대한 기독교의 승리가 소위 "서구 지성의 종말"로 이어진 재앙이라고 믿는 사람들을 손쉽게 발견할 수 있다. 이 과정에 의해 신학 교리가 사회의 지적 토대로서의 합리적 탐구를 대체하게 되었다는 것이다. 그리스가 고대 세계에서 두드러지게 된 이유는 그리스의 선도적인 사상가들이 그리스의 종교 생활이 적절하지 못함을 인식하고, 이성의 힘으로 방향을 돌려 사물의 본질을 설명하는 다양한 종류의 철학을 발전시켰기 때문이었다. 이 철학들 가운데 일부, 특히 플라톤주의는 때로 그들이 "신"이라고 부른 절대자를 믿었다는 의미에서 일신교라고 묘사될 수 있을 것이다. 그러나 이 "신"은 계시된 존재가 아니라 합리적 구성 개념이었고, 그 존재를 그럴듯하게 옹호할 수는 있었지만 이 신과 인격적인 관계를 맺을 수 있는지에 대한 질문은 전혀 없었다. 고대 그리스인들에게는 "인격"(person) 개념이 없었고 그들의 철학에서는 이 용어가 사용되지 않았다. 그리스 철학자들은 그리스 종교의 전통적인 신들을 경멸하고 무시했다. 제우스, 아폴론 그리고 다른 신들은 자연력의 화신이었지만, 그들 중 아무도 절대자가 아니었다. 오히려 그 신들을 "인격적"이라고 인식할 수 있게 해 준 요소는 바로 그 신들에게 철학의 절대자 개념에 필수적인 절대성을 갖지 못하게 한 한계들이었다.

오늘날 고대 그리스에 대한 가장 열렬한 찬미자들조차 델포이의 아폴론이나 밀로의 비너스[1]를 잠재적인 숭배 대상으로 보기보다 위대한 예술 작품으로 보고 그리스 종교에 대해서는 별로 관심을 기울이지 않는 것은 주목할 만하다. 현대 세계의 주목을 끄는 것은 그리스 문화의 세속적 측면들이지만, 우리는 그 측면들이 그리스 문화 전체의 일부에 불과하다는 사실을 망각하는 경향이 있다. 고대 그리스와 로마 세계에서 종교와 윤리는 둘로 갈라졌다. 종교는 저속하고 비도덕적으로 것으로 널리 인식되었고, 윤리는 철학과 법에 기초를 두었는데, 이 둘은 그리스-로마인들이 탁월함을 발휘했던 분야였다. 그러나 궁극적으로 사회 전체에 널리 퍼진 이 이분법은 유지될 수 없었다. 초기 그리스도인들은 별 어려움 없이 이교 신앙을 비난할 수 있었다. 그것은 특히 그리스-로마 세계의 보다 지적인 요소들이 종종 그들에게 동의했기 때문이었다. 그 지적인 요소들에는 다양한 철학적 일관성이 결여되었고, 그리스도인들이 지적한 바와 같이 무미건조한 합리주의 외에는 제공할 것이 거의 없었다. 그리스도인들은 일반적으로 종교나 철학이 할 수 없는 방법으로 로마 제국을 하나로 묶은 로마법을 칭송했지만, 그들은 또한 기독교 신앙이 로마법에 이교 세계의 어떤 것과도 필적할 수 없는 기반을 제공했다고 믿

---

1   그리스 여신 아프로디테(비너스)의 상(像)이 멜로스 섬에서 발견되었는데, 지금은 파리 루브르 박물관에 있다.

었다. 그리스도인들의 견해로는, 고전 문명의 좋은 점은 기독교와 양립할 수 있는 범위에서만 존속할 수 있었다.

요즘에는 흔히 유대-기독교 종교와 결합된 고대 그리스 철학이 "서양 문명"을 낳았다고 말하지만, 당시에는 그렇게 인식되지 않았다. 바울은 골로새 교인들에게 자신이 참된 믿음의 적으로 인식했던 철학의 허영에 속지 말라고 경고했다.[2] 고대 기독교 저자들은 오늘날 많은 사람들이 철학자들을 칭송하는 것만큼 그들을 칭송하지 않았으며, 일반적으로 대부분의 동시대인들보다 그리스의 영향에 더 개방적이었다고 생각되는 순교자 유스티누스(100?-156) 같은 사람은 기꺼이 플라톤을 어둠 속에서 진리를 찾다가 간혹 진리에 부딪혀 넘어지면서도 그것이 무엇인지를 모른 사람이라고 묘사했다.[3] 한두 세대 뒤에 카르타고의 테르툴리아누스는 "아테네와 예루살렘이 무슨 상관이 있는가?"라는, 오늘날에도 계속 논란이 되고 있는 유명한 질문을 했다.[4]

그리스도인들이 철학 용어를 자유롭게 사용해서 자기들의 신학을 발전시켰다는 것은 사실이지만, 그들은 철학 용어에 다른 (그리고 일반적으로 더 엄격하게 정의된) 의미를 부여했다. 게다가 그들은 철학 용어들이 자기들이 말하고 싶어 하는 내용을 표현할 수 없을 때는 새 단어들을 만들어내기도 했다. "위격/인격"과 "삼위일체"는 이러한 신학적 창의성에 대한 가장 명백한 사례다. 이교 철학자들은 좀처럼 이렇게 수용적이지 않았다. 켈수스(2세기)와 포르피리오스(4세기) 같은 사람들은 기독교에 대한 신랄한 반론을 썼고, 새로운 종교의 승리에도 불구하고 그들은 생각을 바꾸지 않았다. 오히려 아테네의 철학 학파들은 고대 세계에서 기독교에 대한 최후의 저항 세력 중 하나였는데, 그들은 최종적으로 529년에 소멸되었다.

기독교가 조직신학의 발전에 의해 그리스화했다거나 기독교 이전의

---

2   골 2:8.

3   Justin Martyr, *Apologia* I.20, 59-60, II.13.

4   Tertullian, *De praescriptione haereticorum* 7, 9.

그리스 철학이 성경의 종교보다 더 합리적이고 따라서 더 우수하다는 믿음은 사실이 아니며, 이는 역사의 곡해에서 비롯된 생각이다. 기독교가 헬레니즘에 승리한 이유는 기독교가 고대 그리스 세계가 제공할 수 있는 그 어떤 것보다 범위 면에서 더 풍부하고 포괄적이기 때문이었다. 기독교의 선도적인 사상가들은 자기들이 철학 학파들에 의해 제기된 문제들에 답할 수 있고, (답변이 무엇이어야 하는지에 관해 학파들 사이에 큰 차이가 있었다) 전에는 가능하지 않았던 방식으로 인간 생활의 영적 측면과 합리적 측면을 통합할 수 있음을 보여주었다.

그리스-로마 문명에서 기독교로의 전환을 열린 마음으로 연구한 사람이라면 누구나 기독교가 고대 그리스-로마 문명의 종교와 철학보다 우수하다는 것을 확실히 알 수 있다. 그러나 여전히 그리스-로마 문명에 강하게 붙들려 종교는 법의 지배에 의해 규율되는 사회에 해만 끼치는 비합리적 힘이라는 플라톤의 주장에 동의하면서, 플라톤과 같은 철학자들이 이상적인 공화국에서 종교를 추방한 것이 옳았다고 주장하려는 사람들이 있다. 이런 사람들은 기독교가 사실은 고대의 이교 신앙과 전혀 다르지 않고, 플라톤이 기독교를 알았더라면 기독교도 몰아냈을 것이라고 추정한다. 하지만 플라톤도 당대의 다른 사람들과 마찬가지로 철학에 기반을 둔 종교 개념을 갖고 있지 않았다. 플라톤은 자신의 신념이 단지 소수의 사람들에게만 호소력이 있을 것이라는 점을 알았지만, 그 소수의 사람들은 자신의 신념을 받아들임으로써 대중의 천박함을 벗어날 계몽된 사람들이었기 때문에 플라톤은 이를 기쁘게 생각했다. 추상적인 지적 원리들은 대개 서슴지 않고 자신을 다른 누구보다 우월하다고 선언한 소수에게만 호소력이 있었다. 현대 세속화의 많은 부분이 궁극적으로 플라톤주의에서 도출된 원리들에 의해 인도되었다. 이 사실은 우리에게 다음과 같이 경고해준다. 우리는 현대의 플라톤주의는 고대 플라톤주의가 궁극적으로 그랬던 것처럼 다른 어떤 형태의 합리주의보다 삶의 참된 의미를 더 깊이 파악하는 종교 세력에게 굴복할 것이 확실하다는 것이다.

플라톤이 기독교에 대해 알았더라면, 그가 기독교를 거부했겠는가? 여러 세대의 그리스도인들은 플라톤이 기독교의 통합력을 인정하고 기독교를 자신의 이상적인 공화국의 법률적 기초로 삼았을 것이라고 주장했으며, 오늘날도 비슷한 입장을 취하는 사람들이 많이 있다. 이에 대해 확실히 알 방법은 없지만, 최소한 기독교와 그리스적 철학 개념이 양립할 수 없다고 생각한 사상가 각각에 대해 그와 반대로 말한 사람이 최소 한 명은 있었다는 점을 기억해야 한다. 일부 고대 기독교 저자들은 철학자들이 이방인들의 예언자였고, 비록 그들이 당시에는 그 점을 깨닫지 못했지만 철학자들의 개념들은 그들에게 그리스도의 오심을 가리켜주었다는 입장을 취하기까지 했다. 바울은 아테네에 갔을 때 자신의 메시지를 지지하기 위해 주저 없이 이교도 저자들을 인용했으며, 심지어 테르툴리아누스는 스토아 철학자 세네카가 종종 기독교와 완전히 양립할 수 있는 것들을 말했다고 주장했다.[5] 그러나 고대 철학에 대한 그리스도인들의 평가가 기본적으로 부정적이든 긍정적이든, 모든 그리스도인들은 고대 그리스 철학이 구원에 충분하지 않다는 한 가지 사실에는 동의했다. 철학은 사람들에게 단순히 자기 지성의 힘으로가 아니라, 자기 피를 흘림으로써 그들을 구원할 그리스도를 기껏해야 가리킬 수 있을 뿐이었다.

힌두교와 불교

현대 세계에서 고대 그리스 종교와 가장 가까운 것은 힌두교다. 힌두교도 다신교이고, 역사적으로 공통의 인도-유럽 원천을 통해 고대 그리스 종교와 연결되었을 수 있다. 그러나 그것이 사실이건 아니건, 힌두교는 그리스도인들과 그리스 철학자들이 그리스 종교에 대해 제기한 모든

---

5   행 17:27-29, Tertullian, *De anima* 20.

반론들에 노출되어 있다. 힌두교의 많은 신들 가운데 어느 신도 최고 유일신이라고 주장될 수 없는데, 이는 한 신을 진정시키는 것이 다른 신들에게 아무런 효과도 없을 수 있고, 심지어 다른 신들의 숭배자들이 자신들의 경쟁자 중 하나에게 너무 많은 관심을 기울인다는 이유로 질투하고 보복하려 할 수도 있음을 의미한다. 힌두교는 인도 및 인도 문화와 긴밀하게 연결되어 있기 때문에 그리스도인들은 힌두교를 즉각 거부하기 어렵다. 우리가 인도 문화에는 그것을 뒷받침할 힌두교가 없었어도 좋은 요소들이 존재할 수 있었고 그들이 기독교화되었더라면 훨씬 더 좋았을 것이라고 주장할 수는 있겠지만, 인도 문화에는 감탄할 만한 것들이 많다. 유럽에서 일어났던 이교 신앙으로부터 기독교로의 회심과 마찬가지로, 인도에서 일어난 회심에서도 인도 전통 문화의 어떤 측면들이 보존되어야 하고 어떤 측면들이 이교 종교와의 관련에 의해 훼손되었거나 본질적으로 틀렸기 때문에 거부되어야 하는지 알기 어렵다.

궁극적으로 이 문제는 인도의 그리스도인들이 스스로 결정해서, 전통적인 인도의 삶의 적절한 특징들을 그들 자신의 기독교적 관습 안으로 흡수하기 위해 그들이 할 수 있는 일을 해야 한다. 그러나 힌두교는 확실히 기독교적 가치와 조화될 수 없는 특징들을 포함하고 있으며, 그리스도께 나아오는 사람들은 그런 요소들을 확실히 버려야 한다. 카스트 제도는 이에 대한 명백한 한 가지 사례이며, 윤회 교리도 마찬가지다. 또한 그리스도인들에게는 "**사티**"(아내의 순장)라는 고대 힌두교 관습도 혐오스럽다. 이 관습에 따르면 과부가 된 아내는 남편을 화장하는 불 속으로 뛰어든다. **사티**는 영국령 인도에서 폐지되었지만, 이 관습이 최근 일부 지역에서 다시 등장했다는 보고가 있다. 따라서 그리스도인들은 힌두교 전통에서 하나님, 인간, 피조물에 대한 기독교적 관점과 모순되는 요소들에 대해 다른 어느 때보다 더 조심할 필요가 있다.

고대 그리스 종교와 마찬가지로 힌두교도 내부의 반대 운동을 낳았는데, 불교가 그중 가장 유명한 사례다. 불교는 본질상 무신론적인 명상의 "종교"로서 "신자"가 의식의 다양한 단계들을 거쳐 최종적으로 원하는 목표인 열반에 도달할 것으로 기대된다. 열반은 개인의 자의식 상실을 의미하는 보편적인 영(universal spirit)과의 재통합이기 때문에, 열반을 기독교적 의미에서의 천국과 혼동해서는 안 된다. 따라서 불교는 플라톤주의, 특히 신플라톤주의로 알려진 신비적 형태와 가깝다. 이것이 서구 전통에서 자란 일부 지성인들이 불교에 매력을 느끼는 한 가지 이유일지도 모른다. 불교는 도덕의 한 가지 형태를 갖고 있지만, 인간의 성에 대한 태도가 보여주는 바와 같이 그리스도인들에게 쉽게 인정되지 않을 것이다. 불교 신자들은 영적 탐구에서 인간의 몸이 일익을 담당한다고 생각하며, 따라서 기독교가 거부하는 동성애를 비롯한 성적 표현 형태에 대해 개방적이다. 플라톤주의에서처럼 이런 것들은 그 자체가 목적이 아니고 더 높은 상태의 존재를 향해 나아가는 중간 과정이다. 목표가 초월성일 경우 거기에 도달하기 위해 사용된 수단은 깨달음에 이르는 도상에서 지나가는 단계에 지나지 않기 때문에 상대적으로 중요하지 않다.

불교는 그리스적 의미에서의 철학이 아니지만, 그 상호 관계와 경쟁 관계가 그리스 철학 학파들의 상호 관계와 경쟁 관계를 상기시키는 다양한 사상의 조류를 낳았다. 이러한 유사성은 고대에 그리스 세계와 인도를 모두 접촉했던 소수의 사람들에게 인식되었고, 심지어 기독교가 등장한 이후에도 한 쪽이 다른 쪽에게 다양한 시기에 영향을 주었을 수도 있다고 믿는 학자들이 있다. 예를 들어 요가와 그리스 헤시카스트주의(hesychasm)의 수도원 관습은 하도 유사해서 그들 사이에 모종의 관련이 있다고 생각하기 쉽다.[6] 증거가 충분하지 않아서 우리는 아마도 이 문제에 대해 결코 답변할 수 없을 것이다. 그러나 이런 질문이 제기될 수 있다는 사실 자체는 다신교가 그 종교에서 알려진 어떤 신들이 제공할

---

6   헤시카스트주의는 반대자들이 "배꼽 응시하기"(쓸데없이 생각에 빠짐)으로 폄하한 일종의 신비적 명상의 한 형태이다. 헤시카스트주의는 14세기까지는 그리스에서 두드러지지 않았지만, 그보다 오래된 것은 거의 확실하다.

수 있는 것보다 더 깊은 진리의 통일성을 요구받을 때, 그 진리에 대한 신비 체험의 추구가 영적으로나 지적으로 더 만족스러운 종합을 가져올 수 있다는 점을 상기시킨다.[7]

이슬람

이슬람교는 다른 그림을 제시한다. 이슬람은 세계 주요 종교 가운데서 그리스도가 오신 이후에 등장했고, 자신이 성육신한 하나님의 아들이라는 그리스도의 주장을 명시적으로 거부하는 유일한 종교다.[8] 유대교와 마찬가지로 이슬람은 기독교적 의미의 신학을 갖고 있지 않으며, 하나님(알라)에 관한 이슬람의 가르침은 기독교보다는 유대교에 더 가깝다. 이슬람의 하나님은 완전히 초월적이고, 인간으로든 다른 존재로든 결코 가시적 형태로 등장하지 않는다. 따라서 하나님의 성육신 가능성은 처음부터 배제된다. 이슬람의 위대한 예언자 무함마드의 메시지는 율법의 한 형태이며, 따라서 그런 방향으로 연구되어야 한다. 유대인들의 경우와 마찬가지로 이슬람의 위대한 해석자들은 기독교적 의미에서의 신학자라기보다는 법률가다. 또한 이슬람은 유대교와는 전혀 다른 방식으로 보편성의 원리를 국가 원리와 조화시키려 시도한다. 최소한 이론상으로 이슬람은 교회를 구성하는 대신 출신 민족과 무관하게 모든 무슬림들을 포괄하는 신성한 "국가"인 **움마**를 구성한다. 이슬람은 구약과 신약 모두를 자신이 출현하기 이전의 중간 단계로 격하하고, 자신이 하나님의 계시의 세 번째이자 마지막 단계라고 주장한다. 어떤 의미에서 무슬림들은 기독교를, 그리스도인들이 유대교를 생각하는 것과 똑같은 방식으로 생

---

7   초기 그리스도인들은 이 점을 알고 있었다. 행 17:22-23을 보라.
8   유대교는 이 점을 묵시적으로만 거부한다.

각한다. 즉 기독교는 참되지만 그럼에도 이제는 자신들이 주장하는 종교의 낡은 형태라는 것이다. 그리스도인들이 구약성경을 역사로 취급하고 자신들이 구약과 연속성이 있다고 보는 반면, 이슬람이 기독교의 성경을 전용하는 방식은 역사적이라기보다는 차라리 신비적이고 인상주의적이다. 성경의 인물들이 이슬람 경전인 쿠란에도 등장하지만, 그들은 역사 기록과 조화시키기 어려운 방식으로 제시된다.

이 점은 어느 누구보다 예수에게 해당되는데, 예수는 동정녀 마리아에게서 태어난 반(半)신적 존재로 간주되지만, 그의 신성으로 인해 십자가에 달려 죽는 것과 같은 수치스런 죽음은 그에게 합당하지 않기 때문에 그는 십자가에서 죽을 수 없었다. 무슬림들이 예수 대신 죽었다고 말하는 사람은 벌을 받아 마땅한 가룟 유다였다! 이런 주장들은 우리가 실제로 일어났다고 알고 있는 모든 것에 반할 뿐 아니라, 기독교가 무엇인지에 대한 무지를 보여준다. 그리스도의 죽음의 전체 요점은 죄 없는 자가 죄 있는 자를 위해 자기 생명을 내줘서 성육신하신 하나님의 아들의 피로 인간의 죗값을 치렀다는 것이다. 예수는 그렇게 죽기에는 너무 선한 존재라는 무슬림들의 주장은 옳지만, 그렇다고 해서 그 일이 일어났음을 부인하는 것은 복음의 메시지를 파괴하는 것이다. 우리 그리스도인들은 예수는 죽기에는 "너무 선한" 존재였다는 점에는 그들에게 기꺼이 동의한다. 하지만 우리에게는 바로 그 점이 그의 죽음을 의미 있게 한다! 만약 예수가 마땅히 죽어야만 했다면, 그는 우리의 구주가 될 수 없었을 것이다. 무슬림들은 하나님이 "우리를 사랑하셔서 우리 죄를 속하기 위해 자기 아들을 화목제물로 보내신다"[9]는 것을 이해할 수 없다. 바울이 말한 것처럼, 우리는 우리를 사랑하셔서 우리를 위해 자신을 내어주신 하나님의 아들을 믿는 믿음 안에서 산다.[10]

---

9   요일 4:10.

10   갈 2:20.

이슬람은 예수 그리스도의 인격과 사역을 신약성경에 제시된 대로 받아들이지 않기 때문에 그리스도인들은 이슬람을 하나님으로부터 나온 참된 계시로 간주하지 않는다. 예수는 자기를 따르는 자들에게 그를 통하지 않고는 아무도 하나님께 올 수 없다고 말했고,[11] 신약성경은 모든 것이 최종적으로 완성되기 전에 더 이상의 계시는 없을 것이라고 말한다.[12] 그러므로 그리스도인들은 이슬람이 하나님으로부터 오는 추가적인 (그리고 함축적으로 더 높은) 계시라는 무함마드의 예언자적 주장을 인정할 수 없다. 이 거절은 새로운 것이 아니고, 무함마드의 생전에 그가 만난 그리스도인들이 바로 이런 이유로 그의 메시지를 기각했을 때로 거슬러 올라간다. 무함마드 자신이 충분히 그리스도인이 될 수도 있었지만, 그는 그리스도인이 되지 않았다. 왜 그랬는가? 그 이유는 틀림없이 자신이 예수의 주장들을 뒤엎고 그 주장들을 불필요하게 하는 계시를 하나님으로부터 받았다고 믿었기 때문이었을 것이다.

기독교 입장에서 이슬람은 예수 그리스도의 구원의 메시지로부터 더 제한적인 것으로의 퇴보다. 이슬람은 사랑의 종교가 아니라 정의의 종교이고, 용서와 새 생명으로 회복되는 종교가 아니라 운명의 종교다. 유대교와 마찬가지로 이슬람은 은혜에 의한 구원의 종교가 아니라 율법의 종교다. 따라서 기독교의 관점에서는 그리스도의 복음에 대한 진보가 아니라 퇴보다. 어떤 면에서 이슬람은 사실상 구약으로의 후퇴다. 구약에서는 하나님을 직접 알 수 없고 하나님과 우리의 모든 소통은 천사들이나 **진**(*jinn*) 같은 중재자들을 통해 온다.[13] 삼위일체 및 그리스도의 신성과 같은 교리를 잘라낸 이슬람은 그 추종자들에게 기독교보다 단순한 형태의 일신론을 제시한다고 주장하지만, 이슬람은 이에 대한 대가로 하나님과의 인격적 관계를 상실하고, 우리가 예수가 흘린 피로써 우

---

11 요 14:6.
12 히 1:1-4.
13 이슬람에서 **진**(*jinn*)은 우리에게 "지니"(genies, 정령)로 알려져 있는 영들이다.

리의 죄로부터 구원받았다는 복음을 포기했다. 이슬람은 무함마드가 그 이전이나 이후의 어떤 인간보다 하나님과 가까운 예언자였다고 주장하지만, 기독교는 예수 그리스도가 하나님 자신이었다고(그리고 지금도 하나님 자신이라고) 주장한다. 우리는 예수를 위대한 "교사"로 인정하면서 그가 하나님이신 것을 부인할 수는 없는데, 왜냐하면 바로 그것이 그가 (교사로서) 제자들에게 가르치신 것이기 때문이다.[14] 예수의 신성을 부인하는 것은 예수를 거짓말쟁이와 속이는 자로 만드는 것이기 때문에, 인간으로서의 그의 위대함을 부인하는 것이다. "그리스도에 대해 어떻게 생각하는가?"라는 질문은 시금석으로 남아 있고, 이 질문에 대해 무슬림들이 제시하는 답변은 그들과 그리스도인들 사이의 틈이 얼마나 넓은지를 드러낸다.

이슬람에도 좋은 면들이 많이 있고, 이슬람은 종종 (일부일처제와 같은 도덕 문제들에 있어서는 덜 그렇지만) 사회 정의의 문제에 관해서는 기독교와 가깝다는 것을 부인할 수 없다. 하지만 이슬람이 자신을 기독교를 보완하고 대체하는 것으로 보는 한, 우리로서는 이슬람이 틀렸다고 간주할 수밖에 없다. 사실 이슬람은 기독교보다 몇 백 년 뒤에, 그리고 기독교와 접촉하면서 창시되었음에도 불구하고 죄에 대한 이슬람의 이해는 기독교의 이해보다 덜 심오하다. 무슬림 전통에 따르면 아담과 하와는 자기들의 죄악성을 자손에게 물려주지 않았고, 그들의 자손들은 죄인으로 태어나지 않았으며, 따라서 적어도 이론상으로는 죄를 피할 수 있다. 이 점은 기독교의 믿음에 완전히 반하며, 이슬람이 성경을 직접 언급할 때조차도 성경의 설명에 얼마나 불충실한지를 다시금 보여준다. 이와 유사하게 천국에 대한 이슬람교의 묘사는 하나님 앞에서의 영생이라는 성경의 관점에 대한 서투른 모방이며, 천국에 가는 방법에 대한 이슬람의 개념은 사랑하고 용서하는 구주에 대한 믿음에 근거하지 않고 행위에 근거한다.

---

14   마 16:16-17.

또한 이슬람은 매우 원시적인 이교 신앙에서 나온 몇 가지 희한한 가르침도 갖고 있는데, 그중 가장 유명한 사례는 이슬람의 주요 순례지인 메카에 있는 카아바로 알려진 검은 운석을 중요하게 여기는 것이다. 하지만 어떤 그리스도인도 이런 물체를 숭배의 초점으로 삼지 않으며, 그런 미신과 이슬람이 전달한다고 하는 영적 메시지를 조화시키려는 사람은 누구나 그 모순을 쉽게 알 수 있다.

이슬람이 유대교보다 기독교에 더 가까운 한 가지 영역은 회심에 대한 열심인데, 그것은 처음부터 이슬람의 특색이었다. 그러나 기독교의 확장은 예수의 죽음과 부활 뒤에 비로소 시작되었고, 예수의 죽음과 부활의 의미가 사도들이 전한 메시지의 주요 내용을 형성한 반면, 무함마드는 칼을 들이대며 아라비아 전역에 자신의 가르침을 전파하는 군대의 수장이었다. 무함마드 직후의 추종자들은 신속하게 세계를 정복했고, 이 제국은 이교도인 신민(臣民)들에게 회심과 죽음 가운데서 하나를 선택하라고 강요했다. 무함마드와 예수의 대조는 이보다 더 현저할 수 없을 것이고, 두 종교는 아주 다른 방식으로 확장했다고 말해도 무방하다. 기독교의 관점에서 볼 때, 평화의 종교(이슬람은 자신이 그런 종교라고 주장한다)는 평화롭게 전파되어야 하고, 그렇지 않다면 그 종교의 타당성에 의문이 제기되어야 한다.

무슬림들은 자기들이 "그 책의 사람들", 말하자면 동료 일신론자들인 유대인들과 그리스도인들에게 관대하다고 주장하기를 좋아하는데, 이 말에는 어느 정도의 진실이 담겨 있다. 확실히 과거에 무슬림들이 당대의 그리스도인들보다 다른 일신론자들을 더 잘 받아들였던 때가 있었지만, 그럼에도 그 관용의 본질이 오해되어서는 안 된다. 유대인들과 그리스도인들은 무슬림 국가들에서 2급 시민으로만 받아들여질 수 있었고, 공적 생활에 완전히 참여하도록 허용되지 않았다. 그들에게는 종종 이슬람으로 회심하라는 압력이 가해졌으며, 일단 회심하고 나면 그 회심이 인위적이거나 강요되었다고 해도 이전 종교로 돌아갈 수 없었다. 또한 무슬림이 아닌 사람들이 자신의 견해를 전할 자유가 허용되는지에 대해서도 의문의 여지가 있을 수 없었다. 왜냐하면 그렇게 하려고 하는 사람은 누구나 혹독한 대가를 치를 것이기 때문이었다. 심지어 오늘날에도 전도는 말할 것도 없고 소수파 종교가 자신의 견해를 공개적으로 표현하는 일을 용납하는 데서 조금이라도 더 나아가는 무슬림 국가는 거의 없다. 많은 무슬림 국가들에서는 아직도 이슬람에서 다른 종교로 회심하면 사형에 처해질 수 있는데, 이는 다른 거의 모든 나라에서는 상상할 수 없는 일일 것이다.

대부분의 무슬림들은 평화를 사랑하고 비폭력적이라는 점을 의심할 이유가 없지만, 그럼에도 이슬람은 이와 상충하는 메시지를 보내고 있다. 따라서 이러한 비폭력성이 참으로 그들의 신앙의 필수적인 부분인지 물어볼 수 있을 것이다. 이 질문은 이슬람이 여러 세대 동안 해오지 않았던 방식으로 자신을 전하는 현대 세계에서 특히 중요하다. 무슬림 정부들은 모스크(이슬람 사원)에 출석하는 사람이 거의 없는 경우에도 무슬림 국가가 아닌 나라들에 거대한 모스크들을 세우면서도, 그리스도인이 자국에 교회를 세우는 것을 허락하지 않는다. 이 모스크들은 때로는 그들의 신념을 확산시키기 위해 테러분자들이 모집되어 훈련되는 급진적 이슬람의 본거지가 되기도 했다. 특히 이런 활동이 참으로 이슬람 정신에 반하는지(대부분의 무슬림들의 성향에는 반한다) 여부를 알기 어렵기 때문에, 이런 활동을 어떻게 또는 누가 중단시킬 수 있는지는 명확하지 않다. 다른 한편 현대 그리스도인들은 수단과 목적 사이의 모순이 너무도 명백해서 이를 용납할 수 없다는 이유만으로도, 아무도 그런 식으로 복음을 전하는 일은 꿈도 꾸지 않는다고 말해도 무방하다. 그들이 아무리 받아들이기 어렵다고 해도, 이슬람의 대변인들은 그들의 믿음이 이 영역에서 비판의 여지가 있고, (적어도 지금까지는) 그들 편에서 이 점에 대해 뭔가 조치를 취하려는 의향이 별로 없는 것으로 보인다는 사실을 직시해야 한다.

이슬람과 유대교는 모두 일신교이지만, 그리스도인들은 이슬람에 접근할 때 유대교에 대해서와는 다른 방식으로 접근해야 한다. 유대인들과 같은 성경을 공유하고 우리 자신을 영적으로 고대 이스라엘과 동일시하며 우리의 구주가 그들의 메시아라고 믿기 때문에, 우리는 유대인들과 훨씬 더 가깝다. 하지만 우리와 이슬람의 관계는 이 중 어느 것에도 해당되지 않는다. 무슬림들은 성경을 존중하지만 성경을 쿠란과 같은 수준에는 두지 않으며, 그들은 기독교가 유대교에서 나온 것이라고 말할 수 있는 방식으로 이슬람을 기독교에서 나온 것으로 보지도 않는다. 그들은 자기들이 유대인과 그리스도인을 가리키는 용어인 "그 책의 사람들"과 유사성이 있음을 인정하지만, 이것은 그리스도인이 자신을 이스라엘과 동일시하는 것과는 전혀 다르다. 또한 증거의 왜곡도 무슬림들이 예수, 마리아, 그리고 성경의 다른 인물들에게 보여주는 존경을 의심스럽게 만든다. 기독교의 관점에서 무슬림들이 존경하는 사람들은 실제 인물들이 아니라 알려진 역사적 사실과 완전히 일치하지는 않는, 그들 자신이 재구성한 인물들이다. 또한 무슬림-그리스도인 관계는 유대인-그리스도인 관계보다 훨씬 더 불행했지만, 이에 대한 책임은 보다 균등하게 나눠져 있으며 아마도 그리스도인들보다 무슬림들 탓이 조금 더 크다는 점도 말해져야 한다. 두 종교 모두 회심자들을 얻기 위해 전도하는 가운데 오늘날 전 세계적으로 무슬림들보다 그리스도인들이 약 2배 정도 많기는 해도 역사적으로 그리스도인이 (종종 강제로) 무슬림이 된 경우가 그 반대의 경우보다 훨씬 많다. 이 모든 사실은 그리스도인들이 이슬람과 가질 수 있는 "대화"의 성격과 이슬람에 대해 우리가 수행해야 할 복음 전도의 특성에 영향을 줘야 한다. 신실한 무슬림들이 하나님의 선민(選民)이고 마지막 때에 구원받으리라는 성경의 약속은 없다. 따라서 우리가 그들을 다른 비그리스도인들과 다르게 간주할 이유가 없다. 무슬림들을 대상으로 하는 선교는 결코 쉽지 않았고, 이 사역에 종사하는 사람들에게 죽음을 초래할 수도 있지만, 그것은 복음을 가지고 모든 민족들에게 가라는 지상 명령의 한 부분이며,[15] 이슬람의 일신론은 그리스도인들이 하나님께서 분부한 이 명령을 포기하거나 경시하는 데 대한 핑계거리가 아니다.

복음을 위한 준비인가?

그리스도인들이 다른 종교들에 대해 좋게 말할 요소들이 있는가? 고대 이스라엘 사람들은 다양한 형태의 우상숭배적인 다신교를 믿는 부족과 민족들에 둘러싸여 있었는데, 이 종교들은 모두 하나님께 받아들여질 수 없었다. 바알 숭배를 이스라엘에 도입하려는 시도는 거센 저항에 부딪혔고, 이교 신앙에 대한 열렬한 옹호자였던 이세벨 왕비의 이름은 "악한 여자"의 원형으로서 히브리의 전승이 되었다.[16] 초기 교회도 비슷한 상황 속에 놓여 있었고 거의 같은 태도를 취했지만, 초기 교회가 이방인들을 복음화하기 시작했을 때 그들의 과거 종교 유산에 대해 뭔가 말을 해야 했다.

이방인들은 모세 율법을 갖고 있지 않았다. 따라서 율법을 지키지 않았다고 비난할 수 없었다. 그러나 하나님이 그들에게 자신에 관한 지식을 조금도 남겨놓지 않으신 것은 아니었다. 하나님은 이방인들에게 그들의 마음에 기록된 율법을 주셨고, 그들은 그 율법에 따라 심판받게 되어 있었다.[17] 여기서 그리스도가 오시기 전에 이방인들의 종교 관습에 그 율법이 어느 정도 반영되었느냐가 유일한 문제다. 이 점에서 바울은 그다지 고무적이지 않다. 비록 바울이 이방인들도 하나님을 안다는 점을 인정하기는 했지만, 그들은 반역적인 아담의 자손들이기 때문에 하나님께

---

15   마 28:19-20.
16   계 2:20. 역사적 인물로서 이세벨에 대해서는 왕상 16:31-왕하 9:37의 곳곳을 보라.
17   롬 2:12-16.

로부터 돌아섰고, 진리를 억압했으며, 자신을 위해 피조물들을 신으로 삼았다. 그 결과 그들은 책망을 자초했고, 그들이 만들어낸 종교를 자기들의 행위의 구실로 삼을 수 없었다.[18] 바울은 다른 곳에서 그리스도의 복음에 대한 자신의 주장을 지지하기 위해 고대 그리스 저자들을 인용하면서 그들 중 일부는 자신들이 창조주에게 의존하고 있음을 알고 있었다고 지적했지만, 이러한 바울의 말은 듣는 사람들에게 거의 아무런 영향을 주지 못했다.[19]

그럴지라도 이방인 선교가 확산되고 탄력을 얻게 됨에 따라 그리스도인 복음 전도자들도 때로는 고대 그리스인들의 지혜에 호소했는데, 왜냐하면 그 지혜가 비록 그들의 우상숭배 관습으로 흐려지기는 했어도 하나님이 주신 진리의 잔재로 해석될 수 있었기 때문이다. 그러나 그리스도인들이 기독교 이전의 일부 그리스-로마 저자들에게 아무리 크게 공감한다 하더라도 구약성경에 필적할 "이방인 경전"을 만들어낼 생각은 전혀 없었으며, 일부 이교 개념들이 그리스도인들의 사고 안으로 스며들었다면 그것은 개념들이 성공적으로 "정화되고" 다른 그리스도인들의 사고로 재활용되었기 때문이었다.[20]

오늘날 우리가 다른 종교들을 볼 때, 우리는 초기 그리스도인들이 그당시 이방인들의 신앙에 적용했던 것과 똑같은 원리를 그 종교들에 적용해야 한다. 하나님은 자신에 대한 증인을 두시지 않은 적이 없었다. 비그리스도인들이 복음을 들어보지 못한 것은 그들의 잘못이 아님에도 불구하고 우리는 그들이 타고난 도덕적 및 영적 의식을 갖고 있다고 기대해야 한다. 이 의식은 그들에게 선과 악이 차이가 있으며, 세상은 그들이 마

---

18   롬 1:18-32.

19   행 17:22-34.

20   이에 대한 가장 유명한 사례가 6세기에 한 수도승(위디오니시우스)이 신플라톤주의 철학을 전용한 것이다. 그는 자신을 바울이 사역할 때 아테네에서 회심한 아레오바고의 관리 디오누시오(행 17:34)로 제시했다.

땅히 알아야 함에도 알지 못하고 오히려 대적한 더 높은 영적 힘의 지배를 받고 있다고 말해준다. 모든 종교 문화에는 진정으로 진리를 찾는 사람들이 있으며, 우리는 그들에게 복음이 전해지면 그들이 그런 이유로 복음에 반응할 것이라고 믿는다. 바울이 아테네 사람들에게 말한 것처럼, 하나님은 그들이 알지 못하고 한 일에 대해서는 책망하지 않으시겠지만, 이제 그들은 무엇이 옳은지를 알기 때문에 회개하고 믿어야 한다.[21]

그러므로 우리는 하나님이 사랑 안에서 자신의 반역적인 피조물들에게 충분한 빛을 남겨 두었다고 결론지을 수 있다. 그 빛을 진지하게 받아들이는 사람은 자신이 그 이상으로부터 얼마나 멀리 떨어져 있는지 충분히 이해할 수 있다. 그래서 하나님은 이제 훨씬 더 큰 사랑으로 그들을 구원하기 위해 자기 아들을 보내셨고, 따라서 세상에 더 많은 빛을 주셨다.[22] 고대 율법이 성취되고 난 뒤에 유대인들이 그 율법을 고수할 이유가 없어진 것처럼, 참 빛이 오고 난 뒤에는 이방인들도 자기들이 이전에 받았던 빛에 의존할 명분이 없어졌다. 왜냐하면 참된 길이 모든 사람들에게 명백해지게끔 하려고 모든 사람에게 참 빛이 주어졌기 때문이다.[23] 달리 말하자면 기독교 외의 모든 종교가 전적으로 나쁘기만 한 것은 아니고 그들 중 대부분은 진리의 요소들을 갖고 있지만, 어느 종교도 그 추종자들을 구원하기에 적합하지 않다. 하나님은 그들에 대한 자신의 큰 사랑으로 더 좋은 것, 곧 자기 아들 예수 그리스도의 복음을 주셨다. 일단 그것이 이해되고 받아들여지면, 이전에 행하던 방식으로는 돌아갈 수 없다. 신약 시대에 기독교로 회심한 유대인들은 계속 모세 율법에 따라 살 수 있었고, 그것이 의무가 아닌 것은 오늘날도 여전히 마찬가지다. 그러나 이방인들은 유일한 참 하나님을 알고 나면 자기들의 과거와 깨끗이 단절해야 했으며, 이 원리는 계속 적용된다. 과거의 좋은 것은

---

21   행 17:30.
22   요 1:9-10.
23   요 1:9-12.

살아남을 수 있지만, 홀로 "길과 진리와 생명"이신[24] 그리스도에 비추어 그렇게 해야 할 것이다.

---

24   요 14:6.

21장
•
기독교와 종교 혼합주의

기독교의 독특성

다른 종교들의 주장들에 직면한 기독교의 반응은 모든 사람이 예수 그리스도 안에서 하나님과 인격적인 관계를 맺을 필요가 있다고 선포하는 것이다. 그것만이 모든 사람이 찾고 있지만 아무도 발견하지 못한 마음과 영의 평화를 제공할 수 있다. 우리 그리스도인들은 예수 그리스도 안에서 하나님을, 곧 우리를 만들었고 우리의 죄에서 우리를 구원했으며 우리가 이 세상에서 겪고 있는 문제들로부터 우리를 구원하겠다고 약속하신 분을 만났다고 단언한다. 우리는 누가 그 길을 발명했거나 발견했기 때문이 아니라, 그 길이 하나님에 의해 직접 계시되었기 때문에 구원의 길이 발견되었다고 선포한다. 영원히 성부에게서 출생했고 모든 면에서 성부와 전적으로 동등하신 하나님의 아들이 사람이 되셔서 우리를 자기와 연합시키고, 우리의 죄에 대한 대가를 지불하고, 우리를 하나님께로 되돌려놓을 수 있었다. 다른 어떤 종교도 그런 주장을 하지 않으며, 기독교 복음이 하는 것과 같은 방식으로 인간 상태의 핵심에 그토록 깊이 침투하거나 그 상태를 해결하지 못한다. 기독교는 인간의 영성에 대한 하나의 민족적 또는 문화적 표현이 아니라, 하나님이 계시하셨고, 어떤 구별이나 편애 없이 모든 사람이 자유롭게 얻을 수 있는 보편적 신앙이다. 기독교가 배타적이라는 것은 사실이지만, 그것은 오직 사람들이 구원받을 수 있는 다른 길은 없다는 의미에서만 맞는 말이다.[1]

기독교를 타종교나 철학과 나란히 두거나, 기독교를 여러 영적 대안들 가운데 하나로 생각하거나, 기독교를 다른 곳에서 나온 신앙 및 관습들과 혼합시키는 것은 단순히 기독교를 손상하는 것이 아니라 완전히 부인하는 것이다. 기독교가 모든 사람에게 열려 있다는 사실은 아무도 하나님께 나올 수 있는 가능성에서 배제되지 않으며, 또한 아무도 차선에 불과한 것을 받아들이도록 강요되지 않는다는 것을 의미하기 때문에, 기독교의 보편성과 배타성은 모두 하나님의 사랑의 행위다. 기독교가 보편적이지 않다면 기독교를 모든 사람에게 제시하지 못할 것이고, 기독교가 배타적이지 않다면 모든 사람이 기독교를 받아들일 필요가 없을 것이다. 하나님께 나아가는 다른 길들 역시 비록 모든 면에서 기독교와 동등하지는 않더라도 적어도 유효한 대안이 될 요건을 갖추어야 할 것이다. 기독교에 대한 적절한 대안이 되기를 원하는 어떤 종교나 신앙 체계도 영원한 구원에 대한 약속을 제공해야 한다는 점에 비춰보면, 그 대체 신앙은 기독교보다 우월하거나 열등할 수밖에 없는데, 대체 신앙이 기독교보다 우월할 경우 그리스도인들이 자신의 신앙을 버리고 대신 그 신앙을 추구할 충분한 이유가 있을 것이고, 대체 신앙이 기독교보다 열등할 경우 다른 길을 따르는 사람들은 하늘나라의 2급 시민들이 되고 결과적으로 그리스도인들은 그들에게 전도해야만 할 것이다. 기독교의 복제물만이 완벽하고 명백하게 기독교와 동일할 텐데, 거기에 어떤 의미가 있겠는가?

그러나 이런 논리에도 불구하고 많은 사람들에게 기독교 신앙은 어떤 면에서는 매력이 있지만 다른 면에서는 매력이 없는 많은 종교 가운

---

1   요 14:6; 행 4:12.

데 하나일 뿐이다. 심지어는 기독교를 믿는다고 고백하는 사람들 사이에서도 종종 예컨대 그리스도인들은 다른 종교의 신자들보다 자연 세계를 덜 존중하는 태도를 보이며, 우리는 힌두교도, 불교도 등에게서 환경 존중에 대해 많은 것을 배울 수 있다는 주장을 들을 수 있다. 하지만 이 중 많은 부분이 다른 종교들의 실제 주장에 대한 엄격한 분석이 아니라 관점의 문제이고, 주관적 가치 판단의 결과다. 때로는 다른 종교의 한 가지 측면을 취하여 그것을 맥락에서 분리시키고, 그래서 그 측면을 그것이 속해 있는 보다 넓은 전체의 한 부분으로 볼 경우에 비하여 그 측면에 더 높은 가치를 부여하려는 유혹을 받는다.

그리스도인의 일부일처제 고수와 무슬림의 일부다처제 수용을 비교함으로써 관점이 판단에 어떤 영향을 주는지에 대한 명백한 예를 볼 수 있다. 이 점에서 이슬람이 보다 관용적이라는 근거에서 이슬람을 선호해야 하는가, 아니면 기독교가 여성을 남성과 완전히 동등한 존재로 다루기 때문에 기독교를 선호해야 하는가? 두 견해 모두 옹호자들이 있으며, 우리는 그중 한 견해가 다른 견해보다 명백하게 우월하기 때문에 올바른 사고를 하는 사람이라면 모두 자동으로 그 견해를 받아들일 것이라고 추정해서는 안 된다. 어떤 사람들은 선택이란 대체로 이처럼 극명한 대비를 이루지 않으며, 여러 종교들에서 좋은 것을 취해 그것들을 절충하여 혼합할 수 있다고 말한다. 이는 좋은 말처럼 들리고 어떤 개인들은 자신의 구미에 따라 이렇게 하고 있지만, 아마도 그들은 자신의 취향이 변하거나 상황이 요구하면 자유롭게 수정할 수 있는 선택을 했을 것이다. 불행하게도 혼합주의라 불리는 이런 접근법에는 두 가지 큰 문제들이 있는데, 그 문제들 때문에 혼합주의는 매우 의심스러운 방법이고 일관성 있게 실행할 수 없다.

첫 번째 문제는 혼합주의는 기생(寄生)적이라는 점이다. 혼합주의는 명확히 정의된 종교 체계들의 선재(先在)에 의존하며, 이 체계들은 누구든 그것을 선택하여 구미에 맞는 내용을 찾는 사람에 의해 "습격"당한다. 그러나 어떤 종교도 개별적인 믿음들을 잡다하게 끌어 모은 것이 아니며, 한 종교에서 나머지는 취하지 않은 채 한 두 요소들만 취하면 그 종교는 왜곡된다. 예를 들어 그리스도인들은 하나님은 사랑이라고 믿지만, 일부다처제 관행은 기본적인 인간관계가 한 남자와 한 여자 사이에 맺어져야 한다는 점을 분명히 밝히는 창조 이야기[2]에 반하기 때문에 거부된다. 그러나 무슬림은 하나님이 사랑이라면 남자에게 아내가 많을수록 좋다고 쉽게 결론을 내릴 수 있다. 왜냐하면 그들의 생각으로는 일부다처제는 그렇게 하지 않으면 세상에 홀로 남겨질 수 있는 여성들을 보호하는 하나의 방법이기 때문이다.[3] 불교도는 성관계는 신의 최고의 사랑을 경험하는 과정의 한 단계이므로, 신성과의 궁극적 합일을 원한다면 결혼과 상관없이 장려되어야 한다고 주장할 수도 있다. 그러나 그리스도인들에게는 그런 접근법은 일부다처제보다 더 받아들일 수 없다. 그것은 인간의 가치를 떨어뜨린다. 그러면 우리는 누군가가 하나님은 사랑이라는 기독교의 원리를 취해 그것을 무슬림이나 불교도의 방식으로 적용한 사람이 한 종교와 다른 종교를 성공적으로 융합시켰다고 말할 수 있는가? 그것은 그가 기독교에 생소한 관습을 취해 기독교 용어로 그 관습을 정당화하고, 그 과정에서 그 용어의 의미를 공허하게 만들었을 가능성이 더 높지 않은가? 그리스도인들은 두 번째 질문에 대해 그렇다고 말하고, 이런 식으로 생각하는 사람을 기독교 신앙의 참된 의미를 모르는 사람으로 간주한다. 달리 말하자면 이런 식의 절충주의는 근본적으로 일관성이 없고 통하지 않는다.

혼합주의의 두 번째 문제는 논리적으로 일관성 있는 정체성을 가지기 위해서는 공통적인 (그리고 바람직하기로는 일관성이 있는) 결정에 도달해야 하는 조직화된 종교 집단에서는 개인에게 자신이 좋아하는 것을 취사선

---

2   창 2:18, 21-25.
3   일부 무슬림들이 실제로 이런 주장을 한다. 그들은 일부다처제가 서구 사회에서 독신 여성들이 종종 느낄 수 있는 외로움과 배제를 피하게 한다고 주장한다.

택할 자유가 없을 가능성이 있다는 것이다. 어떤 요소를 취하고 어떤 요소를 거부할지 결정하기는 쉽지 않고, 이해관계가 충돌할 잠재력이 아주 크다. 위의 예에서 한 교회가 어떻게 일부일처제(성적 사랑에 대한 기독교의 견해), 일부다처제(무슬림에게 받아들여질 수 있는 견해), 그리고 혼외 성관계의 공존을 묵인할 수 있겠는가? 비록 세 가지 모두가 하나님의 사랑을 표현하는 가능한 방법으로 간주된다고 해도, 이 세 가지가 나란히 실행되도록 허용하기란 쉬운 문제가 아닐 것이다. 어떻게 일부일처제를 선호하는 여성이 일부다처제를 선호하는 남성과 함께 살겠는가? 많은 남성들이 혼외 성관계를 갖는 것이 사실이지만 그렇다고 해서 그들의 아내들이 이를 승인한다는 뜻은 아니며, 아내가 혼외 성관계를 남편이 하나님께 더 가까이 나아가도록 돕는 영적 훈련으로 간주한다는 뜻은 더욱 아니다. 그러나 바로 그 이유로 그런 관습을 옹호하는 극단적인 종교 집단이 더러 있는데, 그런 집단의 구성원들은 지도자가 정한대로 따르는 것 외에는 다른 대안이 거의 없다. 그 결과는 전혀 "자유"가 아니다. 그런 집단이 대중의 시선에 노출되면, 종종 성 노예 등에 관한 끔찍한 이야기로 가득 차 있다. 대규모 종교적 절충주의의 과거 실적은 좋지 않으며 , 이 사례가 보여주는 것처럼 악용될 잠재력이 매우 크다.

혼합주의가 통할 수 없는 가장 근본적인 이유는 모든 종교 집단은 그 집단의 믿음과 관습이 어떠해야 하는지 결정할 수 있는 지도자가 필요하다는 것이다. 리더십은 집단적일 수도 있고 분산될 수도 있지만, 그 집단이 유지되도록 담보할 의사결정을 안내할 원리(합의 또는 다수결)가 있어야 한다. 누가 받아들일 수 있는 것과 받아들일 수 없는 것을 결정할 권한을 행사할 수 있는가? 집단의 구성원에 의한 지도자 선출은 효과적일 가능성이 낮다. 왜냐하면 그렇게 선출된 사람은 자신의 권위를 공동체에 의존하게 될 것이고 따라서 그들에게 절대적인 명령을 내릴 위치에 있지 않을 것이기 때문이다. 이런 리더십이 효과적이려면 모종의 초자연적인 영적 권위가 요구되는데, 그런 권위가 부여되면 새로운 종교가 태어난다. 처음에 시작할 때는 아무리 혼합적이더라도, 그리고 아무리 다른 종교들의 가르침과 관습에 의존하더라도, 그 종교는 자신의 원리에 의해 운영되고 그 종교를 탄생시킨 교사에게 헌신하는 새로운 종교 체계가 될 것이다. 달리 말해 종교적 절충주의는 종교 공동체가 영원히 견지할 수 있는 입장이 아니라, 새로운 종교 집단을 세울 때의 과도기적인 단계다. 진정한 선택은 기존 종교를 받아들이거나 새 종교를 창시하는 것이다. 기존 종교들은 모두 변화무쌍한 역사가 있고 상당한 마음의 응어리들을 갖고 있지만, 그들의 모든 잘못에도 불구하고 그 종교에 만족해하는 사람들이 무수히 많다. 새 종교를 창시하면 역사의 부담을 피하지만, 새 종교는 검증되지 않았고 권위가 결여되어 있다. 기존 종교와 새 종교의 창시 사이에서 선택해야 한다면, 궁극적으로 우리 자신의 상상력보다 크지 않은 어떤 것을 만들어내기보다, 이미 시험되고 검증되어서 신뢰성이 있는 기존의 종교를 선택하는 편이 확실히 낫다.

서구 문화의 하나의 표현으로서의 기독교

기독교가 단순히 모든 인간에게 공통적인 종교성의 특정한 형태에 지나지 않는다면 그 자체로 실천되고 칭송받을 수는 있겠지만, 다른 종교보다 내재적으로 우월하거나 근본적으로 다른 종교라고 홍보될 수는 없을 것이다. 대개 여러 세대동안 역사적으로 기독교 국가였던 나라에 이런 관점을 가진 사람들이 더러 있다. 이런 관점은 어느 정도는 유럽, 북아메리카, 오스트레일리아의 세속 정부의 공식 노선이다. 그들의 사고방식에 따르면 기독교는 아무리 많은 진리라도 포함할 수 있지만, 절대적인 진리로 간주될 수는 없는 종교 현상이다. 왜냐하면 결국 기독교는 인간의 다른 어떤 영적 전통에 비해 나을 것이 없는 전통적인 서구 영성의 한 가지 표현일 뿐이기 때문이다. 그들은 다른 문화적 배경을 가진 사람들에 대한 기독교 선교 사역을 서구 제국주의의 한 가지 형태로 보는 경향이 있으며, 그런 이유에서 선교 사역을 반대한다. 본국에서 그들은 교회 공공도서관을 사용하거나 콘서트 시리즈 관람권을 구매하는 식으로 지역 교회에 참여하고 지역 교회를 지원할 수도 있다. 그러나 그들은 기독교의 보다 배타적인 주장에는 찬성하지 않으며 자기들의 믿음에 너무 진지한 사람들을 의심한다. 범죄나 알코올 중독의 삶에서 구출된 사람들의 경우를 제외하면 그들에게 회심 개념은 일반적으로 매우 혐오스런 말이다. 그러나 그런 예외적인 경우에도 그들에게 매력이 있고 "회심" 개념을 존중할 만한 것으로 보게 만드는 것은 궁극적 진리의 본질에 대한 어떤 지적 확신이 아니라 도덕적 개혁이다.

이런 관점이 인기가 있음에도 불구하고 기독교는 문화에 관한 것이 아니다. 기독교는 자신이 더 높은 문화를 발전시키기 수백 년 전에 이미 살아 있는 믿음으로서 출범했고, 최근에는 세계 전역으로 확산되어 서구 문명(최소한 보다 세련된 형태의 서양 문명)에 대해 거의 알지 못하거나 서구 문명과 거의 접촉하지 않은 사람들도 받아들였다. 개발도상국의 그리스도인들에게는 중세의 대성당 보강은 안중에도 없으며, 과거 세대의 (주로 유럽) 그리스도인들이 만든 위대한 미술, 음악, 문학 작품들이 그들에게는 이질적이다. 오히려 아프리카나 아시아의 그리스도인들은 전통적인 기독교 국가들의 그리스도인들을 부끄럽게 만드는 생생한 믿음을 갖고 있을 수 있다. 이 사람들을 움직이게 만드는 것은 이질적인 문화유산이 아니다. 우리의 믿음의 핵심은 다른 곳, 즉 모든 인종, 언어, 민족의 사람들이 접근할 수 있는 영적 경험 속에 있다. 보편적 진리를 선포하는 것은 보편적 믿음이다. 기독교가 다른 종교들과 공유하는 유사성들은 모든 종교가 반드시 답해야 하는 인간의 보편적인 상태 때문이지만, 이 유사성들은 기만적이다. 대부분의 종교들과 달리, 기독교는 우리의 이해를 뛰어 넘는 신비들을 다룸으로써 너무도 자주 우리에게 적대적으로 보이는 그 신비들이 우리에게 적대적인 대신 오히려 유리하게 작동하게끔 만들려는 시도가 아니다. 기독교는 미지의 더 높은 힘을 달래기 위해 어둠속에서 더듬는 종교가 아니라 하나님으로부터 온 메시지라고 스스로 주장하며, 하나님은 스스로를 가리켜 우주 배후의 창조의 힘 및 보존하는 힘이라고 말씀하신 인격적인 존재라고 설명한다.

이 메시지는 전에 유럽인들에게 그랬던 것처럼 아프리카인과 아시아인들에게 강력하게 말한다. 유일한 차이는 대부분 유럽인이거나 또는 유럽에 기원을 둔 전통적인 기독교 국가에 속한 사람들이 기독교 계시를 하도 오랫동안 갖고 있다 보니, 지금은 기독교가 원래 대체했던 민속 종교의 몇 가지 측면들을 취했다는 것이다. 성탄절 및 부활절과 같은 기독교 축제들은 이 측면에서 악명이 높은데, 산타클로스와 부활절 토끼는 많은 사람들이 이를 알아차리지 못할 정도로 예수 그리스도의 생애와 죽음, 부활을 기념하는 일에 깊숙이 통합된 비기독교적 기층(基層)을 대표한다. 보다 최근에는 두 번에 걸친 세계 대전의 끔찍한 대학살과 더 나쁜 일이 닥칠 것이라는 위협 때문에 전사자들의 희생을 기념하는 비공식적인 (그러나 종종 국가가 후원하는) 의식이 만들어졌는데, 그 기원과 지향점이 세속적임에도 불구하고 종종 기독교의 옷을 덧입고 있다. 이것이 기형적인 기독교인지 "정화된 이교 신앙"인지 논쟁할 수는 있지만 어느 쪽이든 성경적 신앙과는 아무 관계가 없으며, 교회들은 종종 그것을 완전히 제거하기는 어렵다 해도 그것을 경시하기 위해 할 수 있는 일을 한다. 여기서 개발도상국들의 보다 새로운 교회들의 생생한 증언이 우리가 믿는 것은 그런 문화의 표출을 초월한다는 점을 상기시켜 주고, 서구 문명을 물려받은 사람들에게 그들의 핵심 가치가 진실로 무엇인지 또는 무엇이어야 하는지 다시 생각해 보도록 도전을 줌으로써 서구 교회를 구해준다.

"아브라함 종교(들)"와 바하이교

유대교와 이슬람교는 하나님에 대해 기독교와 비슷한 믿음을 갖고 있지만, 최소한 전통적으로는 세 종교 모두가 상대의 주장을 거부해왔다. 그럼에도 불구하고 서구 사회에는 18세기 유럽의 계몽주의 시대부터 이세 개의 위대한 일신론을 "아브라함 종교(들)"로 함께 묶고자 하는 지속적인 기류가 있다. 이 이론에 따르면 일신론은 다신론보다 더 높은 형태의 종교이고, 고대 근동에서 유래했다. 성경 기사에 따르면 대체로 최초의 일신론자라는 영예를 누리는 아브라함에게는 많은 자녀가 있었고, 그중 이삭이 적자(嫡子)였으며, 우리가 갖고 있는 성경 기사는 이삭의 후손의 관점에 따라 기록되었고, 따라서 자연히 그들에게 유리하게 기울었지만 그들조차 이삭이 독자가 아니었음을 인정했다. 특히 이삭에게는 이복형인 이스마엘이 있었는데, 그도 하나님의 복을 받았고 큰 민족의 조상이 되었다.[4] 이슬람을 전파한 아랍인들은 처음부터 자기들을 이스마엘(이스마일)의 자손으로 주장했으며, 그리스도인들도 암묵적으로 이 주장을 인정했다. 그리스도인들은 종종 아랍인들을 가리켜 이스마엘의 어머니 하갈의 이름을 따서 "하갈인"이라고 부르기도 했다. 요즘에는 이처럼 지어낸 계보에 주의를 기울이는 사람이 거의 없지만, 그것은 어느 정도 역사적 사실에 기반을 두고 있을지도 모른다. 왜냐하면 우리는 이스마엘의 후손들이 사막으로 들어가 그곳에서 다양한 부족들을 형성했고 이스라엘과 무함마드 사이에 놓인 2,500년이라는 세월 동안 수없이 통혼을 해왔음이 틀림없다는 사실을 알기 때문이다.[5] 그러므로 무슬림들은 하나님으로부터 이스마엘에게 주어진 복에 대한 권리를 주장할 수 있는가? 만약 그렇다면 그것은 그리스도인들이 무슬림들을 이복형제, 곧 오

---

4   창 21:12-18.
5   창 25:12-16을 보라.

랜 세월 동안 축적된 문화적 부착물들에 의해 그들의 공통 조상이 희미해진 이복형제로 받아들여야 함을 의미하는가?

이것은 솔깃한 관점이며, 종종 신학의 세부사항을 연구할 시간은 별로 없지만 본질적인 내용(그들에게는 이 내용이 주로 거룩한 책의 말로 자신을 계시하신 거룩하고 초월적인 한 분 하나님을 믿는 믿음으로 구성되는 것으로 보인다)에 동의하는 사람은 공동의 노력을 기울일 수 있어야 한다고 믿는 선의를 지닌 사람들의 지지를 받는다. (문제의 거룩한 책들이 다른 말을 하거나 심지어 서로 양립할 수 없는 말을 한다는 사실과 같은) 그 이상의 것은 모두 잡다한 것들이고 (물론 어떤 거룩한 책도 갖고 있지 않았던) 아브라함의 순전한 믿음에 덧붙여진 것들로서 떼어내도 되는 요소들이다. 그들이 보기에 우리 모두는 그 모델을 우리의 영적 뿌리에 다시 연결시키고 오늘날 세상에 평화를 가져오는 최선의 길로 열망해야 한다. 이 주장을 검토하기 전에, 이 세 종교의 전통 모두에서 이런 식의 사고는 대개 지적 엘리트의 영역이었음을 지적해야 한다. 이런 견해를 유지했던 유대인들은 독자적인 집단으로 남아 있기에는 수가 너무 적어서, 주변의 기독교나 무슬림 환경 속에 흡수되었다. 그리스도인들과 무슬림들은 대개 그들 자신의 공동체 안에 머무를 수 있었고, 그 안에서 자유주의적인 (무슬림의 경우에는 서구화된) 요소를 구성한다. 그러나 일반적인 아브라함 종교를 만들어내려는 최소한 하나의 진지한 시도가 있었는데, 흥미롭게도 그 시도는 이슬람 배경에서 나왔다.

19세기 중반에 미르자 알리 무함마드(Mirza Ali Muhammad)라는 젊은 페르시아인이 모세와 예수와 무함마드는 하나님의 영광을 반영하고 위대한 창조자에게서 메시지를 받아온 예언자라는 취지의 계시를 하나님으로부터 받았다고 주장했다. 미르자는 자신을 하늘에 들어가는 관문(바브)으로 보았고, 자기 뒤에 하나님에 의해 마지막이자 가장 위대한 예언자로 선택된 사람이 올 것이라고 예언했다. 이 예언은 페르시아(현재의 이란)의 통치자들에게는 아주 싫은 말이었다. 그들이 속한 이슬람 시아파는 보다 보편적인 수니파보다 호전적이었고, 그들은 1850년 7월 8일에 미르자를 총살했다.[6] 그것으로 이야기가 끝날 뻔했지만, 그의 추종자 중 하나인 미르자 후세인 알리가 그의 역할을 이어받았다. 그는 바하울라("신의 영광")라는 이름을 취하고, 1863년에 자신이 **바브**가 오리라고 약속한 바로 그 예언자라고 선언했다. 그는 모든 인간이 본질적으로 하나이며 그 실재에 부응하는 종교가 필요하다고 선포하고, 유대교, 기독교, 이슬람에서 공통 요소들을 통합하고 나머지는 버림으로써 새 종교를 창시했다. 이것은 다른 무엇보다도 기독교의 근본 교의들, 곧 자신이 하나님이라는 그리스도의 주장과 삼위일체에 대한 거부를 의미했다. 그는 1892년 5월 29일에 하이파에서 죽었고, 현재 바하이교의 본부가 된 사당에 묻혔다.

하이파는 당시에 오토만 제국의 일부였지만, 1918년에 영국령이 되었고, 1948년 이후로 이스라엘 국가의 일부가 되었다. 따라서 바하이교는 짧은 역사에도 불구하고 자기들이 이미 이슬람에서 기독교를 거쳐 유대교의 지배를 받았다고 주장할 수 있다![7] 오늘날 바하이교는 세계적으로 퍼졌으나 추종자는 그리 많지 않은데, 그들 중 많은 이들은 특히 단합에 대한 요구에 마음이 끌린 지성인들이거나 사회의 소외 계층들이었다. 그들은 발상지인 이란에서 심한 박해를 받았다. 하지만 이 사실이 바하이교 집단 외부에서는 많은 주목을 받지는 못했다. 시간이 흐르면서 그들의 원래의 일신론적 혼합주의는 다른 세계종교들을 수용하는 방향으로 확장되었다. 그 결과 바하이교는 바하울라에게서 나온 인류애라는 메시지를 제외하면 신학적으로 일관성이 없는 종교가 되어버렸다. 현재 바하울라의 지위는 다른 위대한 세계 종교들의 창시자의 지위와 동등하다(실

---

6 역설적으로 그를 사살하도록 선택된 사람들은 무슬림들이 아니라 아르메니아 그리스도인들이었다!

7 바하이교가 이것을 경험한 순서는 이 세 위대한 일신론이 처음 출현한 역사적 순서와 정반대라는 점을 주목하라.

제로는 우월하다). 바하이교는 카리스마가 있는 인물이 새 종교를 창건했을 때 어떤 일이 일어날 수 있는지를 흥미롭게 상기시켜준다. 차이를 극복하려는 취지에서 "단합"의 메시지로 시작된 종교가 자신의 새로운 차이를 만들어내는 것으로 끝났는데, 이런 모순은 불가능한 것을 시도하려고 할 때 초래되는 불가피한 결과인 것으로 보인다.

22장
•
기독교 이단들

이단의 개념

기독교를 상대화하거나 다른 종교들과 통합하려는 시도 외에도, 때로는 기독교라고 자처하지만 기독교 신앙의 근본적인 어떤 요소를 부인하고 따라서 정통 기독교의 핵심적인 믿음에서 벗어난 기독교의 위성 종교들, 또는 "사이비 집단"의 등장을 낳은 이탈 사례 역시 많았다. 그들은 종종 다른 믿음들을 자신의 믿음으로 대체했고, 이로 인해 그들을 주류 교회로부터 격리시킨 간격은 더 벌어졌다. 이 양상은 그리스도인들에게 "이단"으로 알려져 있는데, 신약 시대 이후 다양한 형태의 이단이 존재했다.[1] 초기 교회에는 카리스마적인 교사로 자처하는 사람들이 많았는데, 그들은 공식적으로는 사도들의 가르침을 받아들였지만 그 본질을 복음과 양립할 수 없는 다른 내용으로 바꿨다. 이들 중 가장 잘 알려진 사람이 마르키온(사망 144?)이었다. 그는 구약성경을 폐지하고 교회를 유대

---

1   고전 11:19; 갈 5:20; 벧후 2:1. 이 구절들 중 마지막 절은 교리적 이탈에 가까운 것으로 보이지만(ESV의 "heresies"를 보라), 신약성경에 사용된 하이레시스(hairesis)가 교리적 이탈과 관련이 있는지는 확실하지 않다. 그렇지 않을 경우 이 말은 단순히 "당파"나 "파벌 다툼"을 의미할 수 있고, 이에는 여러 이유가 있을 수 있다.

교 뿌리로부터 단절시키려 했는데, 이는 그리스도의 생애와 사역을 이해할 수 없게 만드는 주장이었다.

현대 학자들은 이런 많은 교사들을 느슨하게 한 집단으로 묶고, 그들에게 "영지주의자"라는 이름을 붙였다. 왜냐하면 그들은 존재와 영적 인식에 위계질서를 만들고 새 신자들이 참된 지식을 얻기 위해서는 그것들을 숙달해야 한다고 가르쳤기 때문이다. 이 "영지주의자"들은 물질의 선함을 부인하고 형상(forms)과 관념(ideas)의 세계를 참된 실재로 간주한 플라톤주의의 정신에 물들어 있었다. 어떤 "영지주의자"도 그들의 세계관과 완전히 반하는 교리인 하나님의 아들의 성육신을 받아들일 수 없었고, 따라서 그들의 사고방식은 교회에서 제거되어야 했다. 오늘날 영지주의자들은 주로 자신들의 반대자의 저술이나 최근에 발견된 문서들을 통해 알려진다. 4세기에는 그리스도의 완전한 신성을 부인하는 아리우스주의라는 심각한 이단이 등장해서 몇 세기 동안 존속된 자체 교회를 세웠지만, 늦어도 주후 600년 무렵에는 소멸된 것으로 보인다.

세월이 흐르면서 다양한 이단들이 등장했다가 사라졌고, 거의 모든 이단들이 결국 소멸되었다. 훨씬 오래된 관념들을 취해 자체적인 사상 체계로 통합한 사례들이 있기는 하지만, 오늘날 존재하는 이단들의 기원은 기껏해야 16세기까지 거슬러 올라가는 것에 그친다. 예를 들어 현대의 여호와의증인은 아리우스주의자들과 마찬가지로 그리스도의 신성을 부인하기 때문에 종종 후기 아리우스주의자들이라고 불리지만, 이 유사성은 4세기의 아리우스주의를 소생시키려는 의식적인 시도라기보다는 우연의 일치로 보는 것이 좋다.

유니테리언파

오늘날에 가장 오래되고 가장 오랫동안 지속되고 있는 기독교로부터의 이탈은 유니테리언파다. 유니테리언파는 일부 인본주의 학자들이 교회의 권위에 의문을 품고 삼위일체 교리의 진리를 의심하기 시작한 16세기에 시작되었다. 이런 경향의 유명한 초기 대표자는 미카엘 세르베투스(1511-1563)였는데, 그는 제네바에서 화형을 당했다. 그러나 세르베투스는 종파를 남기지 않았다.[2] 종파는 라엘리우스 소키누스(1525-1562)와 그의 조카 파우스투스(1539-1604)의 업적이었다. 소키누스는 세르베투스의 생각과 비슷한 생각을 발전시켰지만 죽을 때까지 그로 인해 정죄 받지는 않았다. 그러나 파우스투스는 박해를 피해 헝가리로, 그 뒤에는 폴란드로 도망쳐야 했다. 1605년에 그들의 추종자들은 라코 요리문답을 만들었고, 이 요리문답은 곧 기독교 세계 전역에 유포되었다.[3] 소키누스주의로 알려진 이 이단은 일부 엘리트 지성인들 사이에서 약간의 추종자들을 발견했지만, 당대의 주도적 신학자들에게 심각한 위험으로 간주되어 세력을 널리 확장하지는 못했다.

그러나 17세기 말에 세상은 하나님에 의해 창조되었지만 하나님은 그 이후 세상이 자체적인 법칙들에 따라 운행하도록 내버려두었다는 입장을 유지하는 이신론(理神論)의 형태로 반(反)삼위일체 사상이 되살아났다. 이신론은 18세기 내내 지식인들 사이에 널리 퍼졌고, 일부 이신론자들은 그들이 공식적으로 속해 있던 교회들이 자기들이 유니테리언파라고 부른 입장을 취했기 때문에, 그 교회를 떠났다. 유니테리언파는 18세기와 19세기에 급진적인 정계와 제휴했고, 상당히 많은 추종자를 모았지만 그 이후 중요성이 감소되었다. 오늘날 유니테리언파는 비주류

---

2 심지어 당시에도 세르베투스에 대한 처형의 책임을 제네바의 지도적인 설교자이자 개혁자인 장 칼뱅에게 돌리려는 시도가 있었고, 이런 시각은 오늘날도 널리 받아들여진다. 그러나 현대 학자들이 보여주는 것처럼 세르베투스의 처형을 요구한 곳은 제네바 도시 평의회였고, 칼뱅은 사실 이를 막으려 했다. 물론 세르베투스가 당시 유럽 다른 어느 곳에 있었다고 해도 똑같은 운명에 처해졌을 것이라는 점도 사실이다. 세르베투스는 제네바가 대부분의 다른 지역들보다 자기를 더 잘 받아줄 것으로 생각하고 그곳으로 간 것으로 보인다.

3 라코 요리문답은 그들이 피난했던 폴란드의 도시 라코의 이름을 딴 것이다.

종파이며, 때로는 "유니테리언 보편주의"로 알려져 있다. 그들은 급진적인 사회적 행동주의로 명성을 유지하고 있기는 해도, 일관된 신학 체계로서는 더 이상 존재하지 않는다. 유니테리언파는 보수적인 기독교 교회들에 속해 있다가 아마도 이혼이나 동성애 같은 문제들 때문에 그 교회들을 떠나 자신들의 견해를 펼칠 보금자리를 찾은 사람들에게 매력적이다. 그 결과 보다 정통적인 교회에 환멸을 느낀 도피자들이 유니테리언파를 자기들이 거부하는 기독교를 비난하는 기반으로 이용하게 되었다. 이 점에서 유니테리언파에게는 때로 신랄한 면이 있다.

유니테리언파의 또 다른 형태로 그리스도아델피안(Christadelphianism)이 있는데, 이들의 믿음은 존 토머스(1805-1871)까지 거슬러 올라간다. 그리스도아델피안은 유니테리언 보편주의보다 더 정통적이지만, 그들도 유니테리언 보편주의자들과 마찬가지로 그리스도와 성령의 신성을 부인한다. 그들은 성경이 오류 없는 하나님의 말씀이라는 점을 인정하지만, 그리스도의 재림과 성도들의 천년 동안의 통치를 강조하는 것 외에는 성경을 최대로 단순하게 해석한다. 그리스도아델피안은 수가 많지는 않았어도 세계 전역에서 선교 활동을 펼쳤고, 특히 아시아와 남태평양 지역에서 간간히 볼 수 있다.

퀘이커교

17세기에 퀘이커교라는 또 다른 종파가 등장해서 지금까지 기독교 교회의 변두리에서 소수 집단으로 존재하고 있다. 퀘이커 교도들은 17세기에 영국 내전의 종교적 혼란 속에서 나온 다수의 유사 집단들의 잔존자들이다. 특히 그들 가운데는 일종의 원시 공산주의를 실천한 수평파(Levelers)와 개간파(Diggers), 자신들이 요한계시록에 오리라고 예언된 두

증인⁴이라고 자처한 루도빅 머글톤과 그의 형제를 따랐던 머글톤파가 있었다. 퀘이커 교도들은 그들이 행하는 무아지경의 방언들 때문에 소요파라는 이름이 붙여졌다. 그들은 모든 형태의 법과 정부를 비난하고 원시 무정부 상태로의 복귀를 옹호했다. 17세기 이후 이 집단들의 대부분이 사라졌지만, 퀘이커교는 급진적인 신비 종파에서 주로 평화주의와 실제적인 자선사역에 대한 헌신으로 유명한 정적주의자(quietist) 운동으로 성공적으로 변신해서 살아남았다.

대부분의 퀘이커교도들은 그리스도인을 자처했고 또한 그리스도인으로 받아들여지기는 했으나, 그들의 신조를 참으로 기독교와 양립할 수 있는 것으로 수용하기에는 심각한 신학적 어려움이 있다. 퀘이커교도들은 앉아서 성령이 오기를 기다릴 때 자신들에게 말하는 성령의 음성인 "내면의 빛"을 믿는데, 성령이 임하면 그들의 "몸을 떨게" 한다. 성령이 그들에게 하는 말은 하나님께로부터 온 말씀으로 간주되고, 따라서 교화(教化)를 위해 다른 신자들과 공유할 수 있다. 문제는 성령에게 귀속되는 말이 성경의 가르침과 일치해야 한다는 사전 주장도 없고, 그 말이 왜 예수 그리스도를 영화롭게 해야 하는지에 대한 필수적인 이유도 없다는 것이다. 자신들의 기독교적 유산을 알고 있는 퀘이커교도들은 확실히 사안들을 그런 식으로 해석할 수 있고 많은 사람도 그렇게 해석하지만, 이것은 그들의 선택일 뿐 믿음의 본질에 따라 그들에게 부과되는 것이 아니다. 이 점에서 정통 그리스도인들은 그들에 반대해야 한다. 우리는 성령의 내적 증언을 믿으며 성령이 개인들에게 말할 수 있고 또 말하신다는 사실을 받아들일 수 있지만, 그것을 성경에서 발견되는 하나님의 계시를 무시하거나 그 계시에 반하는 방식으로 받아들이지는 않는다. 불행하게도 최근에 세속화의 물결은 다른 곳에서와 마찬가지로 퀘이커교에도

---

4   계 11:3-12. 머글톤파에 속한 마지막 인물이 1979년에 죽었다. 그는 머글톤파의 문서들을 서섹스 대학교에 남겼다.

침투했고, 그 결과 내면의 음성의 기독교적 맥락이 종종 모호해지거나 완전히 사라졌다. 그러므로 현대의 퀘이커교도들은 그들의 신앙에서 정통 그리스도인들보다는 유니테리언파와 더 가까울 가능성이 있으며, 그것이 사실이라면 그들은 참된 기독교에서 이탈한 것으로 간주되어야 한다.

퀘이커교와 비슷하지만 그보다 나중에 등장한 셰이커교(Shakers)가 있는데, 그들의 영감은 종교 박해를 피해 1774년에 미국으로 이주한 영국 여성 앤 리(1736-1784)에게서 나왔다. 셰이커교의 신학은 퀘이커교의 것과 비슷하며, 성 평등을 보다 더 강조한다. 그들의 경우 성 평등은 성관계의 전면 금지로 해석된다. 그 결과 셰이커교도들은 새로운 구성원을 끌어들임으로써만 증가할 수 있었다. 하지만 20세기에 새신자들이 점점 줄어들었고 지금은 거의 남아 있지 않다. 그러나 셰이커교도는 그들의 독특하고 아름다운 가구들로 인해 기억되고 있으며, 그들의 원시적이고 개척자적인 삶의 방식은 칭송을 받고 있다.

프리메이슨

프리메이슨의 기원은 모호하지만, 현재 형태의 프리메이슨 현상은 17세기로 거슬러 올라갈 수 있다. 프리메이슨은 오늘날 다양한 형태로 존재하며, 그들 모두는 구성원들에게 "우주의 위대한 건축자"로 알려진 절대자에 대한 믿음을 인정하도록 요구한다. 또한 대부분의 경우 그들의 모임과 지부에 자신들이 "신성한 법의 책"이라고 부르는 것을 진열한다. 기독교 국가들에서는 일반적으로 "절대자"는 하나님이고, 신성한 법은 성경(대개 1611년에 발행된 킹제임스역 성경)으로 이해되는 반면에, 프리메이슨 규약에는 그렇게 주장하는 내용이 없으며, 다른 종교에 속한 프리메이슨 단원은 그리스도인들이 사용하는 것을 자기들의 신앙과 경전으로 대체할 자유가 있다. 프리메이슨은 구성원들 간에 존재하는 어떤 신학적 차이보다 우선하는 형제애를 구축하고, 거기에 충성을 맹세하게 한다. 이 사실은 프리메이슨이 그리스도의 유일성과 성경 계시의 배타성을 강조하는 기독교와 양립할 수 없다는 점을 보여주기에 충분하다. 또한 프리메이슨의 의식이 다양한 이교 의식들과 기타 생소한 요소들을 통합한다는 것도 사실인데, 이 의식들의 대부분은 해롭지 않은 것으로 보이지만 그리스도인들은 이를 쉽사리 타당하다고 받아들일 수 없다. 프리메이슨이 매우 까다롭게 선발된 남성 집단(여성은 전혀 참여가 허용되지 않는다)이라는 점도 남성과 여성 모두에게 차별 없이 열려 있는 기독교와는 거리가 먼 또 하나의 표지다. 프리메이슨은 과거에 일부 기독교 교회들과 긴밀하게 연결되었었지만 최근에는 이를 점점 더 불편하게 여기고 있으며, 지금은 기독교인이 프리메이슨 회원이 되는 것을 금하거나 강력히 제지하는 교단들도 있다. 기독교인이 프리메이슨 단원이 되는 것이 기술적으로는 가능하다고 해도, 그가 어떻게 프리메이슨에 충성하면서 동시에 기독교인으로서의 증언을 유지할 수 있는지는 알기 어렵다.

제칠일안식일예수재림교회

한때 사이비 종교로 간주되었던 제칠일안식일예수재림교회는 그들의 믿음에 관해 아직 완전히 해결되지 않은 논쟁점들에도 불구하고 지금은 참된 기독교 교파의 하나로 널리 인정되고 있다. 제칠일안식일예수재림교회는 19세기 중반에 미국에서 시작되었고, 의심할 바 없이 그때는 지금보다 더 극단적이고 도발적이었다. 시간이 흐르면서 이들의 모서리는 부드러워졌고, 성찬식의 필수적인 부분인 세족식과 같이 그들이 특별히 강조하는 요소가 있기는 해도 그들은 보다 보수적인 개신교 교회를 닮아갔다.[5] 그들을 기독교 교파로 완전히 받아들이는 데 대한 주요 장애물은 토요일을 예배의 날로 고수하는 것이다. 재림교회에게 토요일 예배는 아무래도 좋은 것이 아니라 그들의 믿음의 본질적 요소로서, 그들은 토요일 예배가 자기들을 그리스도의 사랑에 특히 더 가까이 데려다 준다고 주장한다. 일요일이 고대 이후 거의 보편적인 예배일이었고, 특히 예배일을 고의적으로 바꾸는 것이 다른 기독교 세계로부터 떨어져나가는 것을 의미할 경우 그렇게 하는 것이 이상해 보이기는 해도, 대부분의 그리스도인들은 예배를 위해 어떤 날을 따로 떼어놓아야 하는지에 대해 그리 크게 신경 쓰지 않는다. 토요일 예배에 대한 더 심오한 반대는 토요일 예배 자체가 아니라 이에 붙여진 의미에 있다. 왜냐하면 이 문제는 특히 그리스도가 오심으로써 모세 율법이 대체되었음에도 불구하고 유대인 그리스도인들이 모세 율법을 계속 지켜야 한다고 주장했을 때, 분명히 초기 교회에서 문제가 되었기 때문이다.[6] 바울은 특별히 안식일을 그리스도인들에게 강제하지 않아야 할 것으로 언급했다.[7] 제칠일안식일예수재림교회는 사소한 문제를 중대한 주제로 만들고 그것을 자기들의 정체성의 표지로 삼았다. 그래서 다른 그리스도인들은 그들을 완전한 정통 교회로 받아들이기를 주저한다.

최근에 일부 재림교회 신자들 중에서 주류 개신교 복음주의로 이동하는 경향이 있지만, 재림교회의 다른 신자들은 그 교회의 율법주의적인 기원에 더 가깝게 결합되어 있다. 이들 가운데 어느 쪽이 승리할 것인지 또는 서로 갈라질 것인지는 아직 분명하지 않지만, 재림교회가 다른 그리스도인들에게 더 가까이 이동할수록 애초에 이 교회를 탄생시킨 독특한 특성을 강조하거나 심지어 실천할 가능성이 더 줄어들 것이라고 말

---

5   다른 교회들은 때로, 특히 최후의 만찬이 특별한 방식으로 상기되는 세족 목요일에 세족식을 거행하지만 세족식이 성찬식 자체의 필수적인 부분은 아니다.
6   갈 4:10; 롬 14:5-6.
7   골 2:16.

해도 무방할 것 같다.

여호와의증인

여호와의증인은 구약성경의 풍취가 강한 또 하나의 집단이다. 그들은 찰스 테이즈 러셀(1852-1916)의 가르침과 설교를 통해 19세기 말에 생겨났고, 1931년에 현재의 이름으로 확정되었다. 그들은 시작부터 성경을 지나치게 문자적으로 읽는 특징이 있었고, 또한 성경의 일부 핵심적인 부분이 변질되었다고 믿는다. 그 결과 그들은 자신들의 특정한 견해를 반영하도록 고안된 자체 성경 번역본을 만든 극소수의 기독교 또는 반(半)기독교 집단 중 하나가 되었다. 다소 이상하게도 그들은 그리스도의 신성을 부인하는 동시에 그리스도의 임박한 재림을 기대하고 있으며, 기꺼이 재림 시기를 예측하기도 했다.[8]

그들의 이름이 암시하는 것처럼 그들은 자기들이 하나님의 "참된" 이름이라고 믿는 것에 큰 중요성을 부여하며, 유대인들과 그리스도인들 모두가 하나님의 이름을 감추고 왜곡했다고 비난한다. 러셀은 히브리어는 자음만으로 기록되었기 때문에 하나님의 히브리 이름이 모음이 없는 YHWH라는 것을 알고 있었다. 이 이름은 결코 발음된 적이 없었고, 심지어 그리스도의 시대 이전에도 발음할 때 특별히 "주"나 "나의 주"와 같은 다른 말로 대체되었다. 이 관습은 히브리어 본문의 그리스어 번역본과 신약성경에도 반영되었다. 거의 확실히 하나님의 이름이 그 형태로 사용된 적이 없었고 오늘날 대부분의 학자들은 이를 야웨(Yahweh)로 재구성하지만, 러셀은 이 히브리어 이름에 대한 전통적인 영어의 재구성인

---

8   한때 1914년과 1975년이 유명했다.

"여호와"(Jehovah)가 하나님의 "참된" 이름이라고 주장했다.[9]

전통적인 기독교에 대한 이런 식의 반대는 고지식하며, 또한 주된 구성원이 교회와 학자들이 잘난 체한다고 생각하며 분개하는 교육받지 못한 사람들이라는 점이 특징이다. 이런 측면은 특히 로마 가톨릭과 동방정교회 국가들의 노동자 계층에게 인기가 있었는데, 그들은 종종 공식적인 교회로부터 소외감을 느꼈으며 그들의 눈에는 여호와의증인이 흔히 복음적인 개신교로 간주된다. 개신교 국가들에서 여호와의증인은 보다 미미하며, 요즘은 주로 그들의 공격적인 전도 활동으로 알려져 있다. 그들은 (그들의 성경 이해에 따라) 전도 활동을 하면 마지막 때에 그리스도가 재림할 때 그들이 그리스도와 함께 세상을 다스리는 특권을 부여받을 144,000명 가운데 하나가 될 것이라고 믿고서 전도 활동을 수행한다.[10]

여호와의증인의 성경 해석은 진지한 검토를 견딜 수 없기에 거부되어야 한다. 진지한 학자 가운데 아무도 그들의 성경 해석을 채택하거나 옹호하지 않는다. 여호와의증인은 대부분 그들에게는 열렬한 행동주의와 신학적 단순함이 매력적인 조합으로 통하는 반(反)지성인들과 노동자 계급의 운동으로 남아 있다.

크리스천사이언스

크리스천사이언스는 본질적으로 19세기에 보스턴에서 매리 베이커 에디(1821-1910)가 만들어낸 종교 철학에 붙여진 이름이다. 크리스천사

---

9 야웨는 보통 히브리어 동사 "있다(to be)"의 한 형태로 간주된다. 여호와는 신성사문자 (YHWH)에 "아도나이"(adonai, 히브리어로 "나의 주")의 모음이 삽입된 형태다. 여호와는 70인역에서 처음 나타나고, 영어 성경의 킹제임스역에서 네 번 발견된다(출 6:3; 시 83:18; 사 12:2; 26:4).

10 계 7:4.

4부 • 하나님의 사랑을 거절하다

이언스는 물질의 실재를 부인하고 오직 영적 사물만이 참되다고 주장한다는 점에서 매우 플라톤주의적이다. 이것은 나아가 고통이나 질병은 없으며, 그것들은 물질세계의 환영으로서 영을 올바르게 이해하면 사라질 수 있다고 주장한다. 에디 부인은 『성경의 열쇠가 있는 과학과 건강』 (Science and Health with a Key to the Scriptures)이라는 책에서 자신의 믿음을 선전했다. 이 책은 크리스천사이언스 운동의 기본적인 책으로 남아 있다. 크리스천사이언스는 항상 부유한 사람들의 호기심을 끌었고, 그들은 크리스천사이언스의 선교 사업에 자금을 대고 크리스천사이언스의 가장 중요한 신문인 〈크리스천사이언스모니터〉를 후원했다. 〈크리스천사이언스모니터〉는 뉴스와 여론을 다루는 매우 평판이 좋은 신문이다. 크리스천사이언스 신도들은 또한 많은 도시에서 "독서실"을 운영하는데, 관심 있는 사람들을 그곳으로 초대하여 그들의 교리를 읽고 숙고하게 한다. 창조를 부인하고 악은 망상에 불과하다고 주장한다는 사실로 보아 크리스천사이언스는 기독교나 과학으로 인정될 수 없다. 이들은 신학자들이나 지성인들에게 진지하게 받아들여진 적이 없었고, 갖은 노력에도 불구하고 많은 추종자를 끌어들이지도 못했다.

예수그리스도후기성도교회(몰몬교)

예수그리스도후기성도교회는 19세기 초에 조셉 스미스(1805-1844)에 의해 창시되었고, 이후 그의 추종자들이 전파한 독자적인 종파다. 몰몬교는 미국 북동부에서 시작되었지만, 그곳에서 박해를 받자 교인들이 서쪽으로 이주해 1896년에 유타주가 될 사막 지역에 최종적으로 정착했다. 몰몬교는 지금도 유타주와 이웃 주들의 일부에서 지배력을 행사하고 있으며, 광범위하고 때로는 공격적인 선교활동을 통해 전 세계적으로 교세를 넓혔다. 이들은 자신의 믿음을 과학적 관점에서 정당화하기 위해 진지하게 시도한 유일한 집단이라는 점에서 기독교 이단 중 독특한 집단이다. 대부분의 외부인들은 조셉 스미스가 상상력이 풍부하고 이야기를 잘하는 카리스마적인 은사가 있었으며, 그 은사를 잘 활용했다고 믿는다. 하늘로부터 하나님의 계시가 기록된 금판을 받아 그것을 『몰몬경』으로 옮겨 적었다는 조셉 스미스의 주장은 몰몬교 진영 밖에서는 전혀 신뢰를 얻지 못했는데, 이는 특히 그 금판이 기적적으로 사라져서 스미스 자신을 제외하고는 아무도 그 판을 본 적이 없기 때문이다.

그들의 신앙은 성전 예배의 중요성과 족보에 대한 깊은 관심에서 볼 수 있는 바와 같이 구약의 풍취가 강하다. 그래서 몰몬교는 그 분야에서 세계적인 선도자들이 되었다. 그들은 심지어 사라진 이스라엘 열 지파가 미국으로 이주했다고 주장하며, 그래서 몰몬교 고고학자들이 그들의 유적을 찾아 나섰지만 지금까지 성공하지 못했다. 기독교와 관련해서 그들은 성경에 이미 주어진 계시를 보완하고 사실상 그것을 대체하는 계시를 받았다고 주장한다. 그들은 무슬림들보다 기독교의 성경에 더 관심을 기울이며 자신들의 예배에서 예수 그리스도께 어느 정도 중심적인 지위를 부여하지만, 어떤 면에서 그들의 믿음은 이슬람교와 비슷하다.

몰몬교 신학과 정통 기독교와의 관계는 그들의 삼위일체 교리가 보여주는 바와 같이 때로는 파악하기 어렵다. 몰몬교도들은 일반적으로 "한 본체 안의 세 위격"이라는 고대의 공식을 거부하는데, 그 이유는 그들이 이에 동의하지 않기 때문이 아니라 그 공식이 직접적 계시를 통해 하나님께서 받은 것이 아니라 교회의 회의를 통해 다듬어졌기 때문이다. 그들은 교회의 역사적 신조들을 받아들이는 대신, 그들 자신의 예언자들이 하나님을 "목적에서 연합되고 위격에서 분리된 세 존재"로 계시했다고 주장하기를 좋아한다. 그러나 고전 기독교 신학에서 "존재"와 "본체"는 동의어이며, 따라서 그 기준에 따르면 후기 성도들은 세 명의 신들을 믿는 것처럼 보일 것이다. 물론 그들은 이를 부인하겠지만 말이다. 아마도, 그들은 고지식하며 만일 기독교의 신학 전통에 더 주의를 기울였더라면 피할 수 있었던 덫에 빠지는 경향이 있다고 말하는 것이 그들의 믿음에 대한 가장 좋은 평가일 것이다.

다른 문제들에서 그들은 일부다처제 관습이 장려되고 흑인들이 그들의 구성원에서 배제되었던 초창기보다는 좀 더 발전한 것 같다. 이런 초기의 믿음이 비공식적으로 계속 존속했는지(또는 어느 정도까지 존속했는지)는 알기 어렵다. 확실히 아직도 일부다처제를 따르는 몰몬교도들이 많이 있는데, 일부다처제는 대부분의 서구 국가에서 법률에 위배되기 때문에 그들 중 대부분은 그 사실을 숨긴다. 예수그리스도후기성도교회는 모든 종류의 정통적인 그리스도인들에게 계속 거부되고 있기는 하지만, 다른 면에서는 그들이 이상으로 삼는 매우 보수적인 미국 개신교의 한 형태와 비슷하다.

기타 이단 집단들

기독교의 이단으로 간주될 수 있는 다른 소규모 집단들이 많이 있는데, 그 집단들 가운데 일부는 여러 이유로 종종 유명해진다. 그중 하나가 새 예루살렘 교회다. 이 집단은 대체로 창시자 에마누엘 스베덴보리(1588-1772)의 이름을 딴 스베덴보리주의로 더 잘 알려져 있다. 스베덴보리는 당시의 과학에 잠깐 발을 담그고 다양한 종류의 새로운 기계들을 발명하고자 한 다소 괴짜지만 재능 있는 천재였다. 스베덴보리는 왕들과 친구였고 유럽의 궁정을 여행하고 다녔으며 1745년에 하나님으로부터 환상을 받았다고 주장했으며, 그것이 그의 여생의 행로를 정했다. 그는 몇 년 동안 일련의 환상들을 보았고, 이 환상들은 주로 예언 및 그의 교회의 이름이 암시하는 바와 같이 새 예루살렘의 도래와 관련되어 있었다. 스베덴보리는 자신의 종교적 각성을 그리스도의 두 번째 도래로 해석하고, 자신의 가르침이 진리임을 보여주기 위해 많은 책들을 썼다.

스베덴보리 교회는 영국 성공회나 루터교회와 비슷한 전례 공동체이지만, 이들의 교리는 아주 딴판이다. 스베덴보리주의는 삼위일체를 부인하고 구원을 일종의 영적 계몽으로 해석한다. 그들은 수는 적어도 출판에 적극적이며, 그들의 저술들은 스웨덴보리 회중 밖에서도 널리 유포되고 있다. 정통 그리스도인들은 그들의 믿음을 인정하지 않는다. 전체적으로 그들은 보다 넓은 기독교 교회에 큰 위협을 주기에는 규모가 너무 작고 은밀한 조직이어서 대체로 무시되었다.

또 하나의 운동은 대중적으로 "무니즈"로 알려진 한국인 문선명(1920-2012)의 통일교다. 통일교는 1970년대에 성행했지만 지금은 본산지인 한국으로 물러난 듯이 보이며, 한국에서는 여전히 추종자들을 끌어 모으고 있다. 본질적으로 통일교는 기독교와 불교 그리고 한국 민속종교의 혼합이며, 본거지 밖에서는 별로 호응을 얻지 못하고 있다.

또 다른 그런 운동으로 창시자 시몬 킴방구(1887-1951)의 이름을 딴 콩고 민주공화국(킨샤사)의 킴방구주의자들이 있다. 킴방구는 1915년에 침례교 설교자가 되었지만, 몇 년 뒤에 기적적인 치유 능력을 가진 예언자를 자처했다. 그 기간 동안 자신이 많은 치유 사역을 수행했다고 주장한 1921년의 짧은 공적 사역 뒤에, 킴방구는 콩고의 벨기에 통치자들에 의해 투옥되었고 30년 뒤 감옥에서 죽었다. 그의 교회는 이후에 합법화되어(그의 아들이 1992년에 죽을 때까지) 그의 아들을 통해 운영되었고, 지금은 그의 손자가 그 교회를 이끌고 있다. 킴방구 교회는 1969년에 세계교회협의회에 받아들여졌다. 그것은 아마도 그 교회가 식민 통치자의 억압에 맞선 아프리카인의 진정한 저항의 일환으로 간주되었기 때문일 것이다. 그러나 시몬 킴방구를 성령의 성육신으로 숭배하는 것은 확실히 그 교회를 적법하게 기독교로 간주할 수 있는 경계 밖에 두게 한다.

통일교나 킴방구주의와 같은 집단들을 다룰 때 한 가지 어려움은 그들이 지속될 것인지, 또는 그들이 전통적인 신앙들이 최근에 전파된 기독교와 혼동되고 일단 기독교가 보다 확고하게 뿌리를 내리면 사라지게 될 과도기 단계를 대표하는지 알기 어렵다는 것이다. 그들 중 일부는 후기 성도들이 그랬던 것처럼 계속 살아남아서 독특한 종교로 발전할 수도 있을 것이다. 어떤 집단들은 제칠일안식일재림교회가 그런 과정을 밟고 있는 것으로 보이는 것처럼 정통 기독교에 더 가까워지고, 결국 정통 기독교와 통합될 수도 있을 것이다. 또 다른 집단들은 17세기의 소요파처럼 완전히 사라져버릴 수도 있다. 만약 그런 집단이 있다면, 그들 가운데 어떤 집단이 존속할 수 있는 힘이 있을지, 그리고 그들의 사역과 영향력을 얼마나 널리 확장시킬 수 있을지는 오직 시간만이 말해줄 것이다.

또 하나의 흥미로운 종파로 사이언톨로지가 있다. 사이언톨로지는 라파예트 론 허버드(1911-1986)가 창안했으며, 그 주된 가르침은 1950년에 출판된 그의 책 『다이어네틱스: 정신건강의 현대과학』(*Dianetics: The Modern Science of Mental Health*)에서 발견된다. 사이언톨로지의 믿음은 기독교에 대한 전면 부인에 해당하며, 그 점에서 그들은 크리스천사이언스보다 훨씬 더 과격하다. 그들은 다신교이고, "그리스도 전설"을 예수에게 잘못 덧붙여진 영원한 신화로 간주한다. 그들은 어떤 형태든 죄나 지옥을 부인하고, 자기들의 자립 사상을 따르는 사람에게 행복한 삶을 약속한다. 사이언톨로지는 일부 저명한 추종자들을 얻었지만 재정과 기타 운영에 대한 비판이 따라다녔고, 그로 인해 세속 정부로부터 여러 번 조사를 받았다. 특히 사이언톨로지 교도들은 부유한 젊은이들을 자기 종파로 끌어들이기 위해 납치하고 세뇌시켰다고 고소당했다. 이제 창시자가 죽었으므로 사이언톨로지가 얼마나 오래 지속될지는 알기 어렵지만, 사이언톨로지는 "교회"로 발전할 몇 가지 징후를 보여주고 있으며, 궁극적으로 크리스천사이언스와 다르지 않은 신지(神智)적 종교 집단이 될지도 모른다.

마지막으로, 역사적으로 영국 및 미국과 더불어 기독교 분파들의 주요 근거지 중 하나였던 러시아에 관해 말할 것이 있다. 17세기부터 20세기 초까지 러시아 정교회는 분리되어 나가는 집단들을 처리해야 했는데, 그들 중 대부분은 러시아 정교회의 정교한 전례와 국가와의 밀접한 관련을 거부하고서 단순하고 심지어 극단적 형태의 금욕주의적인 경건을 선호했다. 그들 중 대부분은 점차 사라졌지만, 두호보르파("영과 씨름하는 자")라는 집단은 아직도 활발하게 활동하고 널리 알려져 있으며, 그들의 기원은 17세기로 거슬러 올라간다. 그들은 물질이 악하다고 간주하고 러시아 정교회의 신학과 의식들을 거부함으로써 국가와 반목했으며, 국가는 그들을 박해했다. 19세기 말에 벌어진 그들의 수난은, 두호보르파에게 종교의 자유가 주어지기를 원했던 유명한 러시아 소설가 레오 톨스토이의 후원으로 광범위한 국제적 항의의 대상이 되었다. 1899년에 두호보르파는 캐나다로 이주하는 것이 허용되었고, 아직도 많은 신자들이 그곳에서 살고 있다. 시간이 흐름에 따라 두호보르파는 보다 넓은 공동체 안으로 점차 동화되어 그 수가 줄어들었다. 그러나 그들은 아직도 자신들의 예배의 자유가 위험에 빠졌다고 느끼면 나체 시가행진을 함으로써 신문의 머리기사를 장식하곤 한다. 그러나 전체적으로 그들의 기행(奇行)과 개종자를 꺼리는 태도로 인해 대중이 그들을 알아채지 못하게 되었고, 대부분의 그리스도인들은 현재 그들과 거의 관계를 맺지 않고 있다.

기독교 분파의 본질

기독교 분파의 출현을 설명하기 위해 많은 이론들이 제안되었지만, 분파들 자체가 너무 다양하다 보니 그 설명들 가운데 어느 하나가 모든 사례를 다룰 수 있을지는 의심스럽다. 그럼에도 불구하고 분파 현상은 다음의 요소들 가운데 하나 또는 그 이상의 이유로 인해 나타나는 것으로 보이며, 이 요소들은 특수한 상황 속에서 출현하거나 결합해서 정통 기독교로부터의 이탈을 낳는다.

1. 세속적이라고 인식된 주류 교회(들)에 대한 불만. 이 점은 고대 및 17세기에 강력했고, 오늘날도 고려해야 할 요소다. 여러 이유로 제도권 교회는 종종 비기독교 세력과 타협했고 그 결과 부패한 것으로 보이며, 따라서 특수한 새 분파의 형성이 원시 기독교가 지녔던 순수성의 복귀로 여겨진다.

2. 기독교 신학에 대한 반대. 이런 반대들의 대부분은 삼위일체 교리와 그리스도의 신성 교리에 집중되었는데, 이런 교리들은 "순수한" 성경적 신앙에 불필요하게 첨가된 것으로 해석된다.

3. 신비주의. 많은 종파들은 환상(들)을 받았다고 주장하는 카리스마적인 개인으로부터 시작되었다. 정통 그리스도인들은 신약성경으로 계시가 완성되었다고 보기 때문에 언제나 그런 주장들을 거부했지만, 그래도 공상가들을 막지는 못했고 그들은 자기 말을 들을 준비가 되어 있는 사람이라면 누구에게나 자신들의 믿음을 선포했다. 그 결과 종종 새로운 공동체가 형성되었는데, 이런 공동체는 초기에는 과도한 모습을 보이다가 때때로 국가 당국의 박해를 받은 뒤 사회적으로 훨씬 더 존중받을 만한 존재로 정착했다.

4. 독립적인 마음자세. 특히 영적인 문제에서 지시받기를 싫어하고, 자기들이 종교의 자유에 대한 권리로 보는 것을 실제로 자신의 종교를 만들어내는 지점까지 밀어붙인 사람들이 있다. 이런 접근법의 개인주의는 너무 강해서 어떤 공동체도 형성될 수 없는 경우가 흔하지만, 간혹 충분히 많은 사람들이 공동의 관점을 공유해서 교회의 한 형태를 구성할 수 있게 된다.

이러한 기독교 종파들의 앞날이 밝은지는 알 수 없다. 현재 존재하는 대부분의 이탈 집단들을 낳았던 상황들은 크게 변했으며, 고대에 크게 번성했으나 사라진 지 오래된 이단들에게 일어났던 것처럼 그들도 향후 몇 세대 안에 쇠퇴하고 소멸될 수도 있다. 반면에 위에서 언급한 한 가지 이상의 요소에 기초해서 새로운 이름을 사용하고 다양하게 혼합된 믿음을 고백하는 새로운 종파가 등장할 가능성도 있다. 이런 종파가 어떤 모습을 띨지 그리고 얼마나 많은 추종자를 끌어들일지는 분명히 알 수 없지만, 한 가지는 확실하다. 곧 정통 기독교는 계속 번성할 것이며, 이 모든 종파들은 이런 기준에 반역할 것이고 이 기준에 비추어 판단될 것이다. 결국 이단은 왔다가 사라지지만, 우리 하나님의 말씀은 영원히 존재하며, 말씀의 위대함은 그처럼 단호한 결단으로 하나님의 말씀을 거부하는 사람들에 의해 줄어드는 것이 아니라 오히려 강화된다.

4부 • 하나님의 사랑을 거절하다

23장
•
기독교와 무신론

현대 무신론의 기원

지금까지 우리는 종교의 범위 안에서 말하면서 왜 기독교가 경쟁 종교들보다 우월하다고 믿는지, 그리고 왜 정통 기독교가 기독교 이단들보다 선호되어야 하는지 설명했다. 그러나 요사이 많은 사람들은 어떤 형태든 종교적 사고방식을 완전히 거부한다. 그들은 존재를 증명할 수 없는 어떤 초자연적인 힘의 영향을 받으려 하는 대신, 자신의 이해력에 바탕을 둔 합리적 탐구에 의존한다. 나아가 그들은 인간의 과학이 우주를 통제하고 구성해감으로써 보다 오래된 문명들이 종교를 통해 추구했지만 얻지 못한 결과들을 얻게 해줄 것이라고 주장한다. 현대 과학 사상의 일부 옹호자들은 자기들은 모든 형태의 신앙이 필요 없게 되었다고 가정하지만, 어떤 면에서 그들이 선호하는 사상은 그들이 깨닫고 있는 것보다 훨씬 더 모종의 원시적 형태의 이교 사상과 비슷하다. 현대 과학자들이 물리적 수단을 통해 세상의 문제들을 해결하려 한다면, 그들은 덜 정교한 방법으로 똑같은 일을 하는 주술사들처럼 행동하고 있는 셈이다. 양자 사이의 차이는 과학자들은 일관성이 있고 신뢰할 수 있는 결과를 얻기 위해 실험을 통해 자기들이 사용하는 수단을 분석하고 검증한다는 점이다. 물론 그것은 그 자체로는 완전히 타당하지만, 그것이 그런 식으로 해결될 수 없는 문제를 다루는 데 사용된다면 제시된 해결책은 마법의 약처럼 소용이 없을 것이다. 예를 들어 "악한" 유전자를 찾아내서 그 유전자의 행태를 교정하려고 하는 것은 헛수고다. 왜냐하면 악은 우리의 신체 구조 속에 들어 있는 것이 아니기 때문이다. 이 지점에서 무신론적 유물론은 불충분할 뿐만 아니라 그 자체가 악이 된다. 왜냐하면 무신론적 유물론은 제공할 수 없는 어떤 것을 약속할 뿐만 아니라, 이 점을 지적하고 다른 방도를 제시하는 사람들을 비과학적이고 따라서 위험하다고 공격하기 때문이다.

현대의 무신론적 세계관을 채택하는 사람들은 그 세계관이 기독교가 삶의 문제들을 극복함에 있어 제공할 수 없는 방식으로 궁극적인 성공을 약속한다고 보며, 그래서 거의 언제나 그 세계관을 기독교보다 낫다고 생각한다. 그리스도인들은 이 세상의 문제들로부터 벗어나고자 노력은 하지만 그 문제들을 근절하겠다고 약속해주지는 않으며, 과학 연구가 궁극적으로 인류에게 가난, 질병, 및 죽음을 극복하도록 도와줄 수도 있다는 희망을 공유하지도 않는다.[1] 그리스도인들에게 건강, 부, 영생에 대한 보장은 존재의 다른 차원에 속한다.[2] 많은 "현대"인들은 그 차원이 종교적 신자들의 상상 속에서만 존재한다고 믿으며, 그들은 교회가 우리가 지금 이 땅에서 살고 있는 삶보다 높고 더 진정한 실재가 있다고 주장함으로써 이 세상에 악이 확산되는 것을 묵인했거나 심지어 조장하기도 한 메시지를 선포한다고 비난한다. 그들은 이를 정당화하는 근거로 부패한 교회가 지방 귀족들과 제휴해서 농민 대중을 착취한 남미, 혹은 일부 보수적인 개신교인들이 구약성경의 모호한 절들에 근거하여 인종차별을 옹호했던 남아프리카 및 미국 남부 지역과 같은 곳들을 지적할 수

---

1   예컨대 마 26:11을 보라.
2   마 6:19-21.

있을 것이다.[3] 그리스도인들이 오랫동안 세계 도처에서 자선 사업의 선봉에 서 왔다는 사실, 선교사들이 복음과 함께 교육과 의료 제도도 들여왔다는 사실, 그리고 오늘날도 다른 모든 사람이 가난한 도심 빈민가를 떠날 때 교회는 남았다는 사실은 쉽사리 간과되거나 "제국주의" 또는 "온정주의"로 매도된다.

현대 무신론의 한복판에는 세상의 곤경에 대한 **분노**가 놓여 있다. 무신론자들은 이에 대해 사람들을 비난하는 대신, "종교"나 종교가 지지하도록 고안된 것으로 보이는 "사회경제 체계"와 같은 추상적 개념 탓으로 돌리기를 좋아한다. 칼 마르크스와 프리드리히 엥겔스가 19세기에 일어난 산업화의 부당성을 목격했을 때 분노가 그들에게 동기를 부여했으며, 그들의 유산은 오늘날까지도 무신론에게서 떠나지 않고 있다. 샤프츠버리 경과 같은 그리스도인들은 가난한 사람들의 사회적 상태를 변화시키기 위해 최선을 다했던 반면, 마르크스와 엥겔스는 단지 당시 사회 "체계"에 대한 반대 운동만 벌이고 있었다. 기독교의 자선 활동이 이루어진 곳에서는 그들의 미사여구에 아무도 귀를 기울이지 않았지만, 교회가 사회적 불의를 지지하는 것으로 보인 곳에서 그들의 추종자들은 혁명을 일으켰다. 불행하게도 그들은 과학적 무신론이 실행되었을 때의 결과가 그것이 고치려고 했던 악보다 더 나빠지는 않았다고 해도 최소한 그만큼 여전히 나빴음을 계속 증명했다. 그리스도인들은 정의를 실현하기 위해 무대 뒤에서 그리고 은밀하게 최선을 다해 일하는 반면, 현대 무신론자들은 이처럼 분명하고 재앙적인 실패에도 불구하고 계속 자기들이 "정의"로 간주하는 것을 선전한다. 현대 무신론은 대체로 과거에도 선전이었고 지금도 여전히 선전이며, (남아프리카의 인종 분리와 같은) 정의롭지 못한 특수한 사례들을 보편적인 피해의식으로 일반화시키고, 그것들을

---

3   창 9:20-27에 나오는 소위 "함의 저주"가 특히 인기가 있었다. 이 본문이 인종 차별을 옹호하는 데 합리적으로 사용할 수 있는 내용을 조금도 말하지 않는다는 사실은 말할 필요도 없다.

자기들에게 방해가 되는 하나님을 믿는 믿음과 신자들을 제거하는 구실로 삼았다.

그리스도인들은 예수 그리스도의 계시를 받아들일 때 삶의 신비들을 적절한 관점에서 볼 수 있는 열쇠를 얻게 되지만, 그렇다고 해서 그것이 반드시 삶의 신비들을 쉽게 "풀어"주는 것은 아니다. 그리스도의 메시지가 지닌 치유 능력에도 불구하고 고통과 고난은 계속 존재하고, 본질상 근본적으로 선한 세상에 악이 계속 존재한다. 그리스도인들은 그 이유를 알지 못하며 자신이 이런 일들이 일으키는 결과에서 면제되었다고 주장할 수도 없다. 하지만 그들은 자기들이 하나님, 곧 세상사를 통제하고 계시고 또한 이 땅에서 분투하고 있는 자기 백성을 보호하시는 하나님과 접촉하고 있음을 믿는다. 우리는 이 땅의 삶의 한계 안에서는 이것을 알 수 없고, 언젠가 우리의 당면 문제들을 극복하고 지금은 여전히 우리 눈에 숨겨져 있는 것을 결국 이해하게 되리라는 소망을 주는 영원하고 신령한 세계를 바라볼 뿐이다. 다른 어떤 종교도 기독교와 같은 방식으로 이것을 약속할 수 없다. 아마도 이슬람이 이에 가장 가까울 수 있지만, 이슬람은 하나님의 내적 생명 안에 있는 성부, 성자, 성령과의 교제가 아니라 전능하고 숨겨진 신에 대한 복종을 의미한다. 달리 말하자면 무슬림들은 결코 스스로를 하나님의 종 이상의 존재로 보지 못하는 반면, 그리스도인들은 자신들이 하나님의 자녀라고 확언하는데, 이것은 세상의 모든 차이를 만들어내는 지위의 차이다.[4]

무신론에 대한 기독교의 답변

그리스도인들은 현대의 과학적 무신론에 어떻게 대처해야 하는가? 영

---

4   요 15:15; 롬 8:16-17.

적인 것들은 물질적인 형태로 축소될 수 없기 때문에, 우리는 영적 실재에 대해 과학적 무신론자들이 그들 자신의 관점에서 받아들일 수 있는 증명을 제공할 수 없다. 우리는 영적 영역이 존재한다고 믿고 그 믿음에 따라 행동할 수 있지만, 그 존재에 대해 합리적 의심이 없도록 입증하는 과학적 증명은 없다. 물질세계가 자신 너머에 있는 실재를 아무리 많이 가리킨다고 해도, 그리고 우리 눈에 보이지 않는 것에 기초해서 우리가 볼 수 있는 것을 아무리 만족스럽게 설명할 수 있다고 해도, 영적 세계가 존재한다는 구체적이고 논박할 수 없는 증명은 나오지 않는다. 왜냐하면 영적 세계의 본질 자체가 그 가능성을 배제하기 때문이다. 그러므로 비록 영적 세계가 존재한다 해도, 과학적 무신론자는 그 세계를 알 수도 없고 그 세계에 대한 어떤 의미 있는 것도 말할 수도 없다. 그렇기 때문에 과학적 무신론자에게는 영적 세계가 존재하건 존재하지 않건 아무 상관이 없다. 그리스도인들이 과학적 무신론에게 태클을 거는 유일한 방법은 그 전제들을 검토하는 것, 그리고 할 수만 있다면 그 전제들이 부적당하여 데이터를 설명하지 못하며 그 무신론자들이 할 수 있다고 주장했던 과업을 수행할 능력도 없다는 사실을 보여주는 것이다. 사실 역사적으로 볼 때 그리스도인들은 17세기에 과학적 무신론이 등장한 이후로 이렇게 해왔다. 그리스도인들이 과학적 무신론을 확실히 제거하지는 못했지만, 그들은 무신론자들의 주장이 그 지지자들이 생각하는 것만큼 설득력이 없다는 점을 보여주었다고 합리적으로 주장할 수 있다. 사실 무신론은 (문자적인 의미에서) 부정하는 믿음이다. 무신론의 방향을 가리키는 객관적 증거는 없고, 유신론보다 무신론을 믿는 것을 더 어렵게 하는 증거는 상당히 많다. 과학이 인격적인 하나님의 존재를 증명할 수 없다고 말하는 것은 별개이지만, 과학이 그것을 의도한 적이 있었는가? 자연과학은 물리적 실재를 조사하기는 해도, 그것이 어디서 왔는지, 그것이 왜 거기에 존재하는지, 또는 그것에 궁극적으로 어떤 일이 일어날지는 설명하지 못한다. 기독교는 이 모든 질문에 답을 갖고 있다. 물리적 실재는 무로부터 하나님에 의해 만들어졌고, 하나님이 그것을 통제하시기 때문에 그곳에 있으며, 궁극적으로 하나님의 명령에 따라 영적 실재로 변화될 것이다.[5]

무신론자들은 이런 주장들을 신화적인 것으로 일축하지만, 그럼에도 그들이 어떤 대안을 제공할 수 있는가? 그들은 물질이 무로부터 나왔다는 데 동의할 수 있을 것이다. 그러나 어떻게 그렇게 되었는가? 현재의 과학 이론들은 약 137억 년 전에 물리적 우주가 폭발하여 존재하게 되었다고 말하는 "빅뱅" 우주 기원 이론의 설명을 선호한다. 그렇다고 해도 그것은 어디서 나왔는가? 과학자들은 물리적 우주가 무로부터 나온 것으로 보인다는 것 외에는 답변할 수 없다. 역설적으로 그리스도인들은 현대 과학 지식에 제공하는 유익이 없이도 수백 년 동안 이렇게 말해왔고, 그것은 이제 줄곧 옳았던 것으로 보인다. 그러나 과학자들은 빅뱅이 어떻게 일어났는지 설명하는 데도 어려움을 겪고 있기에, **왜** 일어났는지에 대해서는 더더욱 말해줄 수 없을 것이다. 기독교는 그것이 자연과학의 영역 밖의 문제이기 때문에, 자연과학은 결코 설명할 수 없다고 주장한다. 자연과학이 제시할 수 있는 유일한 답변은 그것이 왜 그렇게 했는지는 영원히 신비로 남아 있겠지만, 어딘가에 그 일이 일어나기를 원했고 그 일을 일으키기에 충분한 능력을 가진 지성(an intelligent mind)이 있었다는 것이다. 거듭 말하거니와 이것은 바로 그리스도인들이 항상 말해왔던 내용이다. 다만 중요한 차이는 "그것"(it)이 우리에게는 "그분"(he)으로, 즉 과학계의 연구 역량의 너머에 있는 개념, 곧 우리와 관계를 맺고 사랑으로 우리를 창조하신 인격적인 존재로 알려져 있다는 것이다.

세계의 기원도 마찬가지다. 무신론자들도 우주가 정해진 "법칙"에 따라 운행함으로써 계속 존재하고 있다는 데 동의해야 하는데, 그렇다면 이 질서는 도대체 어디서 오는가? 전체 우주가 배후에서 통제하는 어떤 지성이 없이 그토록 복잡한 합리적인 질서를 개발했다는 것이 참으

---

5   계 21:1.

로 있을 법한가? 때로는 세상에 사안을 예측할 수 없게 만드는 자연적인 "무작위성"이 있기 때문에, 세상은 이를 지배하는 하나님의 뜻에 의해 유지될 수 없다고 주장된다. 이런 무작위성이 실제로 존재하는지, 또는 어느 정도로 존재하는지에 대한 논란이 있다. 어떤 과정에는 어느 정도 불확실성이 있는 것처럼 보이는 것이 사실이고, 그것은 무작위성으로 간주될 수도 있다. 하지만 그런 종류의 불확실성이 인위적으로 만들어져서 하나의 체계(예컨대 컴퓨터 분석) 속에 삽입될 수 있다는 사실을 감안하면, 그것이 진정한 무작위성에 대한 사례일 가능성은 별로 없다. 마찬가지로 주사위를 던지면 예측될 수 없는 무작위적인 결과를 낳을 것이라고 말할 수 있지만 그 가능성의 범위는 제한되어 있으며, 통계 분석은 측정 시 그 범위가 허용하는 것에 비례하여 어떤 조합이 나타날 확률이 있음을 보여줄 것이다. 또한 특정 결과를 결정했어도 우리가 알지 못하는 요인들을 의미하는 "숨은 변수들"도 있을 수 있다. 그것은 주의 깊게 정의된 매개 변수들(parameters) 안에서만 존재하기 때문에, 수학자들과 기타 과학자들은 이런 종류의 변수를 유사무작위성이라고 부른다.

참된 무작위성은 어떤 현상이 예측불가능하다는 믿음을 넘어선다. 예를 들어 곤충은 포식자를 피하기 위해서 별난 양상으로 날 수 있다. 우리는 그 곤충이 어디로 날아갈지 알 수는 없어도, 그 현상을 이해하고 설명할 수 있다. 만약 그것이 참으로 무작위적이라면 그 곤충이 그 안에서 운행할 합리적인 틀이 없을 것이기 때문에, 그런 설명도 있을 수 없을 것이다. 바로 이 차원에서 무작위성의 존재에 관한 논쟁이 벌어지고, 그것을 받아들이는 데 대한 가장 큰 반대가 일어난다. 그리스도인들에 관한한, 세상에 자연법칙으로 설명되거나 예측될 수 없는 일들이 있는 것으로 판명된다고 해도 염려할 필요가 없다. 이것은 자신이 만드신 것들을 자신의 뜻에 따라 유지하시는 창조주 하나님을 믿는 우리의 믿음과 충분히 양립할 수 있다. 여기서 창조주의 뜻은 예측된 법칙들에 예속되지 않는다. 우리는 하나님이 자신이 만든 피조물의 본질을 부정하지는 않으시지만, 우리의 이해를 넘어서고 고정된 원칙들로 축소할 수 없는 방식으로 피조물을 안내하고 인도하실 자유가 있다고 믿는다.

하나님이 궁극적인 "숨은 변수"라고 주장하고 싶은 사람도 있을 것이다. 그리스도인들이 그 제안에 어느 정도 공감한다고 해도 숨은 변수들은 창조세계의 일부분인 반면 하나님은 그렇지 않으시기 때문에, 우리는 그 제안을 받아들이지 않는다. 결국 이 "불확정성의 원리"는 우주의 복잡성이 인간 지성의 이해 능력을 넘어선다는 점을 보여주는데, 그렇다고 해서 우주의 중심에 무질서가 놓여 있다고 말하는 것은 아니다. 사실은 불확실성도 법칙의 지배를 받는 것으로 보이며, 이것은 (만약 사실이라면) 초월적 지성의 존재에 반하는 주장이 아니라 오히려 이를 **지지하는** 주장이다. "과학적" 무신론자들이 주장하는 것과 정반대로 과학의 모든 발전은 무신론의 입지를 약화시킨다고 말해도 과언이 아닐 것이다.

과학자들은 우주가 정확히 어디로 가고 있는지도 말해주지 못한다. 과학자들은 우주가 계속 확장되고 있다는 것을 알고 있는데, 이는 본질적으로 거의 필수적으로 외부의 운동자(mover)를 필요로 하는 사실이다. 그러나 이 확장이 얼마나 오래 지속되고 이 모든 확장이 어디서 끝날지는 알 수 없다. 에너지가 결국 소진되면 물질에 어떤 일이 일어날 것인가? 우리는 태양이 약 50억 년 안에 모든 수소를 태워버릴 것이라고 알고 있지만, 결국 태양이 사라지게 되면 무슨 일이 일어날 것인가? 그때까지 지상에 생명이 존재한다고 해도—아마도 끝나겠지만—우리가 그렇게 오래 존재할 수 있을 것인가? 향후 몇 세기의 전망에 관해 경고를 발하기는 쉽고, 어쩌면 기후학자 등이 제시하는 묵시적 시나리오들은 과장되었을 수도 있다. 그러나 누가 알겠는가? 그들이 말하는 세부 사항은 틀렸을지라도, 인류가 계속 성장하고 대체 불가능한 천연자원을 무한정 소비할 수 없다는 이유만으로도 재앙에 대한 그들의 경고는 심각하게 받아들여져야 한다. 조만간 모든 것이 끝나게 될 텐데, 그리스도인들은 이를 예상할 뿐만 아니라 이를 위해 열심히 기도하며 기다린다. 우리는 그 끝이 언제 올지 모르지만, 과학은 그 끝이 올 것이라는 우리의 믿음을 확인해 준다. 다시 말하거니와 무신론자들은 이에 대해 제시할 답변을 갖고 있지 않다.

무신론과 인간의 도덕적 책임

무신론자는 우리가 직면한 문제들을 이 세상의 물질적 맥락 안에서 해결해야 한다고 믿으며, 종교는 틀렸고 해롭다는 증거로 (어떤 신적 존재가 인간을 위해 개입하기를 바라며 기도하거나 제사를 드리는 것과 같이) 비합리적인 일들을 하는 종교인들을 지적하기를 좋아한다. 거기서 그 외에 다른 어떤 것이 없다면, 그리고 종교가 우리의 지적 능력을 사용하지 않는 데 대한 평계일 뿐이라면, 이 점에 대해 우리가 무신론자들에게 반대하기란 어려울 것이다. 하지만 그리스도인들은 종교 활동이 물리적인 문제들을 해결하기 위한 진지한 사고와 실천적 헌신을 피하도록 허용한다고 믿지 않는다. 이런 회피 행위는 독실하고 경건한 것으로 보일 수도 있지만, 우리는 그런 행위가 우리에게 지성을 부여하고 그 지성을 사용해서 자신의 피조물을 다스리라고 명령하신 하나님의 명예를 손상한다고 믿기 때문에, 이 문제들을 무신론자들만큼, 아니 그들보다 더 중요하게 생각한다.

그러나 그리스도인들은 그 문제들이 어디서 왔는지, 그리고 왜 그 문제들에 그토록 신경을 쓰는지와 같은 보다 심오한 문제들에서는 무신론자들과 결별한다. 동물계 내에도 육체적 도전들이 존재하는데, 우리는 새들이 겨울을 날 곳을 찾기 위해 그토록 먼 거리를 여행하는 것이나 연어들이 알을 낳기 위해 어느 개울로 돌아가야 하는지 알고 있는 것으로 보이는 현상 등에 놀란다. 인간도 자신의 환경에 의해 부과된 도전에 직면하고 그 도전을 해결해야 한다. 우리는 어떤 일은 자기 보존을 위한 기본적인 본능에 따라 할 수도 있지만, 그러나 대개 우리는 의사 결정에 사려 깊은 요소를 투입하는데, 이는 동물들에게는 알려져 있지 않다는 것이 주목할 만하다. 더구나 어떤 사안에 대한 우리의 생각은 우리가 본능에 반하도록, 그리고 심지어 자신의 이익에 반하도록 행동하게 할 수도 있는데, 이는 비합리적으로 보인다.

선악이라는 도덕 문제에서 우리 인간은 동물과 다른 차원에 속해 있는 존재임이 분명하다. 인간의 모든 도덕은 결국 자기 보존의 한 형태라고 말하는 사람들이 있는 것이 사실이지만, 인간의 위대한 도덕 교사들이 이와 반대로 말하고 그런 말을 비난했다는 사실은, 우리가 이 점에서 동물과 다른 존재라는 점을 상기시켜준다. 어느 누가 개나 뱀에 대해 도덕적 차원에서 비난하려고 한 적이 있는가? 그 생각 자체가 우리를 웃게 하지만, 우리는 다른 사람들을 항상 그런 식으로 생각한다. 실로 지성적인 무신론자들은 종종 (최소한 자신이 이해하기로는) 가장 도덕적인 사람들이기는 해도, 자기들이 교회 등에서 보는 위선과 도덕적 탈선을 이유로 종교인들, 특히 그리스도인들을 비판하기를 서슴지 않는다. 그러나 그들이 그렇게 비판할 수 있는 어떤 근거가 있는가? 그리스도인들은 우리가 그에 따라 살지 못한다고 인정하는 선의 표준을 갖고 있으며, 우리의 믿음의 메시지는 우리가 사랑이 많으신 하나님의 은혜로 용서받고 영적 건강을 회복할 수 있다는 것이다. 다른 사람들보다 도덕적으로 우월하다고 주장하거나 또는 다른 사람들의 결점을 비난하는 것은 모든 사람이 죄를 범했고 하나님의 영광에 이르지 못했다는 그리스도의 복음의 기본 전제를 부인하기 때문에 반(反)기독교적이다.[6] 우리가 죄인일 때, 하나님의 아들이 우리를 사랑하셔서 우리 자신의 행위의 결과로부터 우리를 구원하러 오셨는데, 이 점을 이해하지 못하는 사람은 천국에 들어갈 희망이 전혀 없다.[7] 다른 사람들을 정죄하는 것은 우리 자신을 정죄하는 것

---

6   롬 3:23.
7   마 9:13.

이다. 우리는 마음속으로 그것이 사실이며 그 진리가 우리를 자유롭게 하리라는 것을 알기 때문에, 그렇게 한다.[8]

　도덕적 심판을 내리는 무신론자들에게는 그 심판을 가늠할 고정된 원칙이 없으며, 따라서 그들은 자신의 행동을 규범으로 삼을 수밖에 없다. 그들이 명시적으로 표현하지는 않는다고 해도 그들이 말하고 행동하는 방식으로 볼 때 그들이 그렇게 믿고 있다는 것이 분명하며, 그들의 전제에 비춰볼 때 그들이 달리 생각하리라고는 보기 어렵다. 그들의 판단은 객관적 기준에 기초한 것이 아니며, 그들은 객관적 기준을 얻을 수 없음을 고백한다. 대신 그들은 암묵적으로 그들이 도덕적으로 우월하다는 관점에서 판단하는데, 이는 사실을 통해 뒷받침되지 않는 가정이다. 우리는 모두 다른 사람들이 우리의 마음에 떠오른 적이 없거나 우리 스스로 행할 가능성이 없는 일을 한 데 대해 비판할 수 있지만, 우리가 참으로 그들보다 도덕적으로 우월하다고 주장할 수 있는가?

　반사회적인 행동을 나쁜 배경이나 가난한 경제 상태 탓으로 돌리려는 시도에는 어느 정도 타당성이 있다. 그러나 가장 사악하고 치명적인 범죄자들 가운데 일부는 완전히 정상적이고 이런 측면에서 특권을 부여받기까지 한 사람들이기 때문에, 그것이 모든 범죄 행위에 대한 보편적인 답변을 제공할 수는 없다. 또한 무엇이 악인지 누가 어떻게 결정하는가? 특수한 사례들에서 어떤 원리들이 우리의 행동을 다스려야 하는가? 우리는 이따금 어떤 사람이 공격받을 가능성을 두려워해서 자신을 방어하기 위해 무고한 사람을 죽였다는 말을 듣는다. 이것이 옳은가, 그른가? 그런 사람에게 살인 유죄 평결을 내리는 배심원은 그 평결에 의해 일반 대중의 반발을 유발할 것이 거의 확실하며, 많은 사람들이 자신의 생명과 자유가 잠재적으로 위협받았다고 느낄 것이다. 그러나 더 이상의 소동 없이 그를 방면하면, 정당성이 있건 없건 자기 방어의 권리를 사용하

8　요 8:32.

려는 사람들에게 문을 열어줄 것이다. 그런 상황에서 무엇이 선이고 무엇이 악인가?

이에 대한 기독교의 답변은 도덕을 도덕의 근사치에 불과할 수밖에 없는 법과 구분하는 것이다. 법적으로 사건의 진상을 판단해서 죄가 있다면, 그 상황에서 어떤 처벌이 적절한지 결정할 필요가 있을 것이다. 그러나 하나님의 눈에는 죄 없는 사람이 하나도 없고, 심지어 정당방위로 살인한 사람도 회개하고 용서를 구해야 할 죄를 저지른 것이기 때문에 도덕적으로는 의문의 여지가 없다. 그런 살인은 타락한 세상의 맥락에서는 필요할 수도 있고, 특정한 맥락에서는 종종 합법적이기도 하다. 예를 들어 불가피하게 전쟁터에 나가야 할 때가 있는데, 그때는 살인을 할 수밖에 없다. 특정 범죄에는 사형이 적절한 처벌이라고 주장하는 사람들도 있겠지만, 그리스도인들은 무거운 마음으로 그렇게 주장할 수 있을 뿐이고 그것이 하나님이 자신의 피조물에게 원래 의도하신 것이 아님을 인정한다. 그런 합법적인 살인을 "선하다"고 말하는 대신, 우리는 그것이 두 가지 악 가운데 더 작은 악이라고 말하며, 이에 기초해서 정당화하는 것을 선호한다. 하나님의 시각으로 볼 때 그것은 여전히 잘못이다. 그리스도인들이 우리도 타락한 세상의 일부이며, 이 타락한 세상에서 모든 행동은 우리의 사악함으로 물들어 있음을 기억하는 것은 옳은 일이다.

이것은 배우기 힘든 교훈이지만, 그리스도인들은 자신의 표준이 단지 법률 규범에 의해서만 결정되게 하지 않는다. 반면에 무신론자들에게는 법률의 표준보다 더 높은 표준이 들어설 자리가 없기 때문에 다른 대안이 없다. 무신론자들의 주장이 의롭다고 보이는 것은 다수의 서구 사회의 법들이 최근까지 기독교적 규범에 의해 규율되었다는 사실 때문이다. 종교의 토대가 제거되고 나면, 법에는 방어벽이 없다. 20세기에 우리는 소비에트 연방과 나치 독일에서 이 결과를 보았는데, 그곳에서는 통치자들의 무신론 이념에 맞게 법이 제정되어 끔찍한 결과를 초래했다. 무신론적인 학자들은 공산주의자들과 나치들이 무신론을 종교로 바꿔 사용함으로써 그 추종자들에게 종교와 같은 광기를 일으켰지만, 물론 자기와 같은 학자들은 결코 그런 일을 하지 않기 때문에 그런 예들은 옳지 않다고 말할 것이다. 그러나 이런 주장은 어리석다. 공산주의나 나치가 승인한 더러운 행위들이 덜 세련된 사람들에 의해 행해졌다 할지라도, 그들은 전혀 어려움이 없이 그들의 행동을 지지하고 정당화해 줄 지성적인 무신론자들을 찾아낼 수 있었다. 하나님에 대한 두려움이 없는 곳에서는, 아마도 이제 우리가 값을 치러야 할 때라고 말해주는 노크 소리 외에는, 어떤 것에 대한 두려움도 없다.

무신론과 절대자

무신론자는 삶의 의미가 무엇이라고 생각하건, 우리 모두가 인정하듯이 죽음이 불가피하다는 점을 인정해야 한다. 땅에서 영원히 사는 것을 염원하는 사람도 있겠지만, 그것은 실재가 아니고 공상과학 소설에 더 가까울 것이다. 미래 세대를 위해 자신을 희생하는 것이 가치 있다고 믿는 고상한 영혼들이 더러 있지만, 그들의 이런 사명감에는 논리적인 근거가 없다. 우리가 그곳에서 그것을 보지 못할 거라면 더 나은 미래를 위해 일하는 것이 무슨 의미가 있는가? 다른 사람들이 우리의 수고로 이득을 얻어야 하는가? 그리고 그들이 스스로 인생의 쓴 맛을 보지 않아도 되는 것이 정말 좋은 일인가? 만물의 토대가 되는 절대자가 없다면 도덕에 어떤 기초가 있을 수 있는가? 사실 대부분의 현대 무신론자들은 역사적으로 기독교 문화에서 살고 있고, 성경의 도덕 기준을 밑받침하는 하나님에 대한 헌신은 없이 그 기준을 넘겨받았다. 그들의 믿음은 그들이 존재하지 않는다고 주장하는 하나님에 대한 부인으로서만 의미가 있기 때문에 근본적으로 기생적이다. 무신론자들은 어떤 신적 존재에 대한 개념도 갖고 있지 않다고 주장하지만, 사실 그들이 거부하는 것은 성경의 하나님이다. 이 점은 그들이 자기들의 입장을 옹호하기 시작하자마자 명백해진다.

예를 들어 다양한 힌두교 신들은 명백히 그 자체로 실재하는 존재들이 아니라 자연력의 의인화에 불과하기 때문에, 굳이 그들의 존재를 부인하는 무신론자는 거의 없을 것이다. 그들의 공격 목표는 기독교의 하나님이고, 그 하나님이 없으면 우리가 알고 있는 무신론은 아무것도 의미하지 않을 것이다. 돌려서 말하자면 무신론자들의 자기 정의는 성경의 하나님이 참으로 존재한다는 증거다. 왜냐하면 아무도 무신론자들이 대놓고 하나님께 반대하는 것과 같은 열정을 가지고 환영(phantom)을 거부하지는 않을 것이기 때문이다. 하나님이 존재하지 않는다고 주장하는 무신론자들이 소위 "존재하지 않는" 하나님에 대해 보여주는 태도와 다른 어떤 사물에 대해 보여주는 태도를 비교해 보면 그들의 입장이 별나다는 점이 분명해질 것이다. 예를 들어 나는 요정을 믿지 않지만, 요정이 존재하지 않는다는 것을 증명하기 위해 책을 쓰거나 강의할 생각은 결코 하지 않을 것이다. 나는 요정들을 믿고 요정들이 자기들의 삶에 큰 영향을 미친다고 확신하는 사람들이 있음을 알지만, 나는 그것에 별로 신경을 쓰지 않는다. 그래봐야 차이가 없다는 것을 알기 때문에, 나는 그들에게 요정에 대한 내 불신을 공유하라고 설득할 마음이 별로 없다. 무신론자들이 참으로 하나님이 요정들과 같은 범주에 속한다고 생각한다면, 그들은 왜 기독교 신자들을 공격하는 데 그토록 심혈을 기울이는가? 신자들이 단순히 공상에 잠겨 있는 것이라면, 그에 대해 왜 그토록 우려하는가? 특히 대부분의 신자들은 나쁜 일이 아니라 좋은 일이 일어나도록 기도하는데도 말이다. 사실은 하나님이 공상이 아니므로 위험하기 때문이며, 무신론자들도 그들의 마음 속 깊은 곳에서 그것을 알고 있다. 결국 무신론자들은 단순히 하나님을 무시하기만 하면 그들 자신의 존재가 아무 의미가 없게 될 것이기 때문에 하나님을 대적할 수밖에 없다.

불가지론

많은 사람들이 자신을 무신론자라고 부르는 대신 "불가지론자"로 부름으로써, 절대적 확실성을 주장하는 위험을 피하려 한다. 불가지론자는 하나님의 존재를 단정적으로 부인하고 싶어 하지는 않지만, 그렇다고 이를 기꺼이 긍정하지도 않는 사람이다. 이처럼 어정쩡한 입장은 양다리를 걸치기 원하거나 노골적인 무신론은 모든 형태의 신앙과 마찬가지로 증명할 수 없다는 점을 인정하는 사람들에게 인기가 있다. 그러나 근본적으로 불가지론자는 자신의 입장을 강하게 주장하기를 원하지 않는 무신론자에 지나지 않기에, 실제로는 무신론자이건 불가지론자이건 진정한 차이가 없다. 비신자 중 불가지론자인 무신론자는 기독교로 치자면 교회에 가지 않는 그리스도인인 셈이다. 오히려 불가지론자는 무신론자보다 하나님으로부터 거리가 훨씬 더 멀다. 왜냐하면 불가지론자는 자신이 이 문제들에 대해 결정을 내려야 할 필요에 직면하는 것을 허용하지 않음으로써, 이 문제를 회피하기로 결심하기 때문이다. 무관심에 대해서는 진지하게 대처할 수 없기 때문에, 이런 의미에서 무관심은 적대감보다 더 나쁘다. 공개적으로 하나님께 적대적인 사람들은 대체로 기꺼이 이에 대해 말하고자 하며, 최소한 이론상으로는 대화가 있는 곳에 회심할 가능성이 있다. 그러나 문이 닫히고 대화가 일어날 수 없을 때는, 회심의 기회가 줄어들고, 불가지론은 참으로 확고한 무신론자들의 마지막 피난처가 된다.

무신론의 존속

만약 무신론이 본질상 기생적이고 옳을 가능성이 낮다면, 오늘날 서양 국가들에서 무신론이 왜 그토록 확산되고 지배적인가? 이에 대한 주된 이유는 그리스도인들이 예수 그리스도 안에서 하나님을 알지 못하는 사람은 누구나―그들이 이 점을 깨닫고 있건 깨닫지 못하건―사실상 무신론자라고 믿기 때문이다. 유대인, 무슬림, 명목적 그리스도인들은 명백히 이와 반대로 고백하기 때문에 그들을 무신론자의 범주에 두는 것은 틀린 것으로 보일 수 있지만, 그럼에도 불구하고 그들을 이 범주에 두는 것이 적절하다. 왜냐하면 하나님에 대한 신앙은 단순한 지적 활동이 아니기 때문이다. 물론 우리는 하나님이 존재하신다는 것을 믿어야 하지만, 또한 그분과 관계를 맺어야 한다. 그것은 예수 그리스도 안에서 나타난 그분의 자기계시를 받아들이고, 그 계시가 우리에게 요구하는 순종을 감수하는 관계다.[9] 이렇게 하지 않는 것은 "세상에서 하나님 없이" 사는 것이고,[10] 이것이 그리스도를 모르는 모든 사람의 상태다.

하나님 없이 사는 것은, 이론상으로는 아닐지라도, 실제로는 무신론자가 되는 것이다. 16세기로 되돌아가면 무신론자라는 말이 당시에 어떻게 사용되었는지 확인할 수 있다. 그때 무신론자는 설사 하나님의 존재를 의심하지 않는다고 해도 하나님의 계명에 불순종하는 사람으로 정의되었다. "신에 대한 믿음"이 일반적으로 "성경의 하나님에 대한 믿음"으로 이해될 정도로 기독교적 가치에 의해 형성된 사회에서, 성경의 하나님을 거부하는 사람이 자연스럽게 무신론자에 포함되는 것에 놀랄 필요는 없다. 사실상 다른 범주에 들어갈 곳이 없기 때문이다. 지성적 무신론은 사람들 사이에 널리 퍼져 있는 이런 기본적인 불신앙의 보다 정교한 표출이다. 전형적인 서구 국가에서 대부분의 사람들은 하나님을 믿는다고 주장할 테지만, 그럼에도 극소수만이 그 믿음에 따라 행동할 것이다. 물론 세속적 인본주의자들은 이것을 알고 있으며, 자기들이 아주 정확하게 동지로 간주하는 많은 이론적 "신자들"의 암묵적 지지를 받아 자기들

---

9   히 11:6.
10   엡 2:12.

의 무신론적 의제를 촉진한다. 그리스도인들도 그것을 알고 있고, 사람들이 여론 조사원들에게 그들의 "신앙"에 대해 말하는 것을 그다지 신뢰하지 않는다. 다시 말하지만, 하나님을 아는 것 또는 예수가 말한 것처럼 "거듭나는" 것을 대체할 수 있는 것은 없다.[11] 다른 선택지는 실천적 무신론 뿐이다. 그 이름으로 불리건 그렇지 않건 간에 말이다. 하나님의 사랑에 대한 거절은 다양한 가면 아래 숨겨질 수 있지만, 결국 실천적 무신론으로 귀결된다.

---

11   요 3:7.

5부

하나님이 세상을
이토록 사랑하셨다

24장

•

물질세계에 대한 하나님의 사랑

인류의 보존

반역에도 불구하고 하나님이 타락한 영적 피조물을 기꺼이 보존하신 것은 인류를 계속 보존하시려는 그분의 바람과 조화를 이룬다. 이것은 오직 자신의 피조물에 대한 하나님의 깊은 사랑으로만 설명될 수 있는 신비다. 순전히 합리적인 관점에서 보면, 하나님이 우리를 없애버리고 다시 시작하기로 결심하셨다고 해도 놀랍지 않을 것이다. 도예의 대가는 결함이 있는 그릇을 용납하지 않고 박살내거나 고칠 것이다. 성경은 우리가 하나님의 손안에 있는 도자기이며 하나님이 먼저 우리와 상의하지 않고 우리를 만드셨다는 점을 상기시킨다.[1] 아담과 하와가 타락한 뒤에, 하나님이 피조물에 대한 자신의 실험은 잘못되었고 그것을 끝내는 것이 최선이라는 결론을 내리시는 것은 당연했을 것이다. 우리가 하나님이라면 아마 그렇게 했을 것이고, 하나님이 그렇게 하셨다고 하더라도 우리 가운데 반대할 사람은 아무도 없었을 것이기 때문에 더 이상 문제가 없었을 것이다. 성경은 하나님이 실제로 악의 확산에 대응해서 악을

---

1 롬 9:19-23.

파괴하기 위해 홍수를 내려 지면에서 악을 근절하기로 결정하셨다고 말한다.[2] 그러나 그때조차도 완전한 파괴는 아니었다. 하나님은 인류를 완전히 멸망시키지 않고 노아의 가족 안에서 보존하셨으며, 다시는 그런 처벌을 내리지 않겠다고 계시하셨다. 심지어 우리가 타락한 상태에서도 하나님은 우리를 자신의 피조물로 존중하시며, 처음에 우리에게 주신 본질을 변경하거나 감소시킬 어떤 일도 하지 않으셨다. 이 또한 하나님의 생각이 우리의 생각과 얼마나 다른지, 그리고 우리는 우리에 대한 하나님의 사랑을 얼마나 이해하거나 알아보지 못하는지 상기시켜준다.

하나님이 타락한 인류를 멸망시키지 않으신 것은 명백하지만, 애초에 왜 우리에게 하나님 자신에게 불순종할 능력을 주셨는지는 설명하기 어렵다. 하나님은 아담과 하와를 에덴동산에 둘 때 그들이 어떻게 할지 알고 계셨는가? 그들의 타락은 처음부터 계획되었고, 따라서 사실은 전혀 하나님의 뜻에 반하는 것이 아니지 않은가? 우리의 지성은 만일 하나님이 우리가 하나님 자신에게서 떨어져 나가기를 원하지 않으셨다면 우리가 그런 일을 저지르지 못하도록 막을 수 있으셨을 것이라고 생각한다. 아담과 하와는 창조되었을 때 확실히 결함이 없었는데, 그들이 의도된 존재였다는 의미에서 하나님이 그들을 "완벽하게" 만드셨다면, 하나님은 그들이 사탄의 유혹에 긍정적으로 반응하도록 의도하셨다는 말인가? 이런 논리에 따른 자연스러운 결론은 그들의 범죄가 하나님의 계획의 일부였다는 것이다. 그것이 아무리 이해하기 어렵더라도 말이다. 중세 시대에 바로 그렇게 주장한 학파가 있었는데, 그들은 아담의 죄에 의해 인간은 지상의 낙원의 한계들에서 해방되고, 대신 하늘의 영생을 상속받을 길이 열렸기 때문에 아담의 죄를 "복된 죄"(*felix culpa*)라고 불렀다. 이 점에서 타락은 영구치가 나올 때의 귀찮음 같은 것과 비교될 수 있다. 젖니에서 영구치로의 이동이 때로는 고통스러울 수도 있지만 처음 치아들

---

2   창 6:5-8.

을 잃는 고통을 겪는 것은 더 좋은 치아들이 기다리고 있기 때문이다.

복된 죄에 관한 논증은 진정한 문제를 해결하려는 영리한 시도였다. 우리는 하나님이 완벽하지 못한 어떤 것을 창조했다고 믿을 수 없다. 왜냐하면 그것은 하나님 자신의 본성과 모순될 것이기 때문이다. 그렇다고 아담과 하와의 타락이 피조물에 대한 하나님의 주권적인 계획을 좌절시켰다고 믿을 수도 없다. 애초에 우리가 타락을 그런 식으로 경험하지는 않지만, 타락이 하나님의 계획에 내재했다고 보면 그것을 하나님의 전체적인 완벽함의 일부로 만듦으로써 이 난제를 해결할 수 있다. 그럼에도 불구하고, 그리고 그 명백한 논리에도 불구하고 **복된 죄**에 관한 논증은 그다지 성공을 거두지 못했다. 우리를 위한 예수 그리스도의 십자가상의 희생은 말할 것도 없고, 인류의 고통과 고난이 다 우리의 운명을 개선하기 위해 미리 정해진 계획의 일부였다고 생각하는 것은 터무니없는 것으로 보인다. 틀림없이 그것을 달성하기 위한 더 쉬운 길이 있었을 것이다. 만약 하나님이 자신의 사랑하는 피조물에게 그들이 이미 갖고 있던 것보다 더 좋은 생명을 주기를 원하셨다면, 왜 그들에게 이런 잔인함과 황폐를 가하시겠는가?

또한 그 문제에 대한 이런 해법에 대해 심각한 도덕적 반론이 있다. 우리는 누군가가 죄를 저지르면 그로 인해 고통을 받아야 하며, 때로는 사람들이 거기서 교훈을 배우고 자기들의 행동을 발전시킨다는 것을 이해할 수 있다. 하지만 우리는 그들이 이 모든 어려움을 겪지 않고도 교훈을 배우기를 선호할 것이다. 모든 사람이 그렇게 따끔한 맛을 봐야 교훈을 얻는 것은 아니기에, 우리는 그것이 가능하다는 것도 안다. 하나님이 자신의 피조물들이 그렇게 하도록 의도하셨다거나, 자신의 피조물이 탈선할 내재적 성향을 가진 존재로 창조하셨다고 주장하는 것은 터무니없는 말로 보인다. 그러나 이런 사고방식에 대한 가장 큰 반론은, 만약 죄가 아담과 하와 안에 내재하는 성향이었다면, 죄는 하나님이 그들에게 계획하신 것이었을 터이므로 그들은 그에 대한 책임을 질 수 없을 것이라는 주장이다. 만약 내가 차를 운전하다가 도로에서 벗어나 도랑에 빠졌다면 그것은 내 탓이다. 그러나 내가 그 차의 조종 장치가 내가 원했건 원하지 않았건 도로를 벗어나도록 고정되어 있었음을 증명할 수 있다면, 그것은 내 잘못이 아닐 것이고, 나는 배상을 요구할 수 있을 것이다. 그러나 인류의 보존은 우리가 받을 자격이나 권리가 없는, 하나님으로부터의 선물이다. 그것은 확실히 우리에게 책임이 없는 어떤 것에 대한 배상이 아니다. 그것을 어떻게 설명하려고 하든, 우리는 아담과 하와는 창조되었을 때 그들에게 주어진 죄에 대한 내재적 성향을 갖고 있지 않았고, 타락은 전적으로 우리 자신의 잘못이며, 하나님은 그 잘못에 사랑으로 반응해서 그렇게 하지 않았더라면 우리가 보지 못했을 사랑의 깊이를 계시하셨다고 말해야 한다.

그러므로 우리는 비록 타락한 인간이 주장할 수 있는 어떤 권리보다 더 큰 사랑을 받았고 더 높은 보상을 약속받았다는 **"복된 죄"** 논증의 주장을 긍정할 수는 있지만, 이 논증을 타락 문제에 대한 해법으로 받아들일 수는 없다. 말은 다리가 부러지면 안락사 시키고 차는 사고가 나서 너무 많이 파손되면 폐차될 테지만, 인간은 하나님의 눈에 여전히 귀한 존재로 남아 있다. 우리가 우리 자신에게 아무리 큰 해를 입혔다 해도 우리는 여전히 구조 받을 수 있다. 이 점에서 우리는 반역한 뒤에 구원받을 수 없는 타락한 천사들과 다르다. 그 사실은 하나님이 우리를 얼마나 끔찍이 사랑하시는지 우리에게 알려준다. 우리는 하나님의 신뢰를 배반하고 자신을 마귀에게 노예로 팔아넘겼지만, 하나님은 우리가 자신의 수중에서 벗어나도록 놔두지 않으셨다. 인류를 구속하기 위한 하나님의 계획은 에덴동산에서 쫓겨난 뒤 보호를 약속받고, 또 미래의 어느 단계에서 여자의 "후손"이 뱀의 머리를 으깰 것이라는 약속을 받은[3] 아담과 하와 자신들로부터 시작되었다. 그것이 정확히 어떻게 일어날 것인지는 명확

---

3   창 3:15.

하지 않지만 뱀이 저지른 잘못은 보복을 받을 터였다. 자연스런 해석은 인간이 뱀을 잡아 죽이려 할 것임을 의미한다는 것일 수 있다. 어떤 면에서 그럴 수도 있지만 그것이 하나님의 약속의 본질이라고 믿기에는 다소 시시해 보이며, 이 구절에 그 이상의 뭔가가 있음에 틀림없다고 믿지 않기가 어렵다. 기독교 해석학자들은 종종 이 구절을 그리스도가 올 것에 대한 예언으로 해석했는데, 그리스도께는 인간 부친이 없기 때문에 올 사람이 아담의 후손이 아니라 하와의 후손으로 묘사된다는 사실은 특히 이 점을 암시한다.[4] 이러한 해석이 확실하다고 말하기에는 문맥이 너무 모호하고, 신약성경에 그것이 실현된 예언으로 언급되지는 않지만, 그것은 올바른 해석일 수도 있다.[5]

다른 한편 바울이 그리스도가 오신 것을 아담의 죄에 대한 하나님의 답변으로 보았다는 데는 의심의 여지가 없으며, 그는 주저하지 않고 그리스도와 아담을 비교한다. "아담 안에서 모든 사람이 죽은 것 같이 그리스도 안에서 모든 사람이 삶을 얻으리라."[6] 그리고 더 명시적으로 다음과 같이 말한다.

> 그런즉 한 범죄로 많은 사람이 정죄에 이른 것 같이 한 의로운 행위로 말미암아 많은 사람이 의롭다 함을 받아 생명에 이르렀느니라. 한 사람이 순종하지 아니함으로 많은 사람이 죄인 된 것 같이 한 사람이 순종함으로 많은 사람이 의인이 되리라.[7]

아담은 그의 본성상의 모종의 결함 때문에 죄를 지은 것이 아니라 뱀

---

4   통상적으로 예수가 육신을 따르자면 다윗의 후손이라고 묘사되는 롬 1:3처럼 그는 사람의 후손으로 묘사될 것이다.
5   그러나 갈 4:4을 보라.
6   고전 15:22. 또한 롬 5:14-16도 보라.
7   롬 5:18-19.

의 유혹을 따라 하나님께 불순종하기로 선택해서 죄를 지은 것이다. 하나님은 그에 대한 벌로 아담을 멸망시킬 수 있으셨지만, 아담의 죄는 자연적 결함이 아니라 깨진 관계였기 때문에 그렇게 했더라도 그 죄를 바로잡지는 못하셨을 것이다. 자연적 결함은 제도판(製圖板)으로 돌아가 무슨 결함이든 개조함으로써 치유될 수 있지만, 깨진 관계는 관계를 끝내고 다시 시작한다고 해서 고쳐지는 것이 아니다. 그러므로 그 약속이 이행되려면 아담을 보존할 필요가 있었다. 아담이 멸망되었더라면 바로잡아야 할 하나님과의 관계가 없어졌을 것이고, 하나님의 아들이 세상에 와야 할 이유도 없었을 것이다. 태생에 의한 그리스도와 아담의 관계는 그리스도의 화해 사역에서 근본적인 역할을 한다. 그래서 죄 많은 아담조차 계속 살도록 허락되었다.

이것은 아담이 결국 구원받았음을 의미하는가? 성경은 이 질문에 대해 침묵한다. 이것은 우리가 이 질문에 대한 답을 모른다는 것을 암시한다. 아담의 타락 때문에 이제 모든 사람이 죄인이라는 점은 분명히 진술되어 있다. 양적인 관점에서 아담의 범죄는 전체 인류에게로 확장되었고, 그 영향에서 벗어날 수 있었던 사람은 아무도 없다. 비록 그리스도의 죽음이 아담의 죄에 대한 대가를 지불했고 어떤 면에서 그 효과를 뒤집었다고 해도, 모든 사람이 그리스도 안에서 구원받는 것은 아니라는 점도 분명하다. 그리스도가 이룬 일의 효력이 훨씬 범위가 좁은데도 불구하고, 어떻게 바울이 말하는 것처럼 그리스도의 성취가 아담의 죄보다 더 컸다고 말할 수 있는가? 솔직히 말해 비록 구원받은 사람들은 전보다 또는 애초에 타락하지 않았을 경우보다 더 나아지기는 했지만, 구원받은 사람들보다 잃어버린 사람들이 많다. 바울의 말을 이해하는 유일한 길은 양이 아니라 질의 측면에서 생각하는 것이다. 아담은 불순종으로 죄를 지었는데, 이것은 육체적 관점에서는 고통스럽지 않았고 사소했다. 그러나 그리스도의 순종은 매우 고통스러웠고 최고의 인간을 희생시키는 일이었다. 우리를 구원하기 위해 그리스도가 기울이신 노력은 아담이 행한 어떤 일보다 훨씬 컸고, 따라서 우리는 그 효과도 훨씬 더 클 것이라고 예상해야 한다.

인류는 복음을 들어본 적이 없거나 복음을 듣고 거부한 무수한 사람들을 포함하고 있다. 아담에게 복음이 선포된 적이 없었으니 아담은 확실히 복음을 들어본 적이 없었던 사람에 속했다고 말할 수 있다. 아담은 히브리서 11장에 나오는 구약의 위대한 성도의 명단에서도 빠져 있다. 아담이 어느 시점에 복음을 들은 적이 있다고 말할 수 있는 논거가 있는가? 아담은 그리스도께서 지옥에 가셨을 때 자신에게 선포된 복음을 들었을지도 모른다. 아담은 그때 복음을 받아들이고 자유를 얻었을 수도 있지만, 성경에는 이에 관한 내용이 진술되어 있지 않으며 아담이 과연 그랬는지 여부에 대해 우리는 알지 못한다.[8] 그러나 한 개인으로서의 아담에게 어떤 일이 일어났든, 아담이 인류의 머리로서의 그의 대표 역할에서는 구원받지 않았다고 말할 수 있다. 만약 아담이 대표 역할에서 구원받았다면 성경이 분명히 그렇게 말할 테지만, 성경에는 그런 말이 없다. 더구나 아담이 우리의 머리로서 구원받았다면 아담의 모든 추종자들과 자손들은 아담 안에서 구원받았을 텐데, 사실은 그렇지 않다. 예수의 가르침, 복음 선포, 그리고 적대적인 세상 속에서 신실하게 남은 자로서의 교회라는 실재를 종합해 보면 인간의 원형인 아담이 구원받았다고 긍정할 수 없으며, 아마도 신약성경이 이에 관해 아무 말도 하지 않는 이유도 바로 그것 때문일 것이다. 타락 뒤에 아담에게 주어진 약속은 그가 구원받을 것이라는 점이 아니라 보호받을 것이라는 사실이었고, 우리는 그것을 그대로 놔둬야 한다.

---

8   벧전 3:18-19을 보라. 그곳에 아담에 대한 언급이 없다.

하나님이 노아와 맺으신 언약

하나님이 아담과 그의 후손들에게 약속해주신 보호가 노아 시대까지 대대로 계속되기는 했지만, 그 보호가 철회될 수 없는 일반적이고 절대적인 약속은 아니었다. 땅 위의 상태가 악화되고 죄 문제가 더 심각해질수록 하나님의 분노는 더 강해졌고, 이에 대해 뭔가 조치를 취해야겠다는 하나님의 결심도 그에 상응하여 점점 더 커졌다. 아담과 하와에게 가해지지 않았던 멸망이 궁극적으로 그들의 후손들에게 가해졌고, (노아와 그의 가족을 제외한) 아담의 모든 후손이 그들의 죄악으로 제거되었다. 홍수가 인류를 죄로부터 정화했다고 생각하면 좋겠지만, 사실은 그렇지 못했다. 노아와 그의 가족은 멸망되지 않고 보존되었다. 그래도 그들의 반역성은 치유되지 않았다. 머지않아 인류는 이전 상태로 돌아갔다. 유일한 차이는 노아는 신실했고 홍수 물이 가라앉은 뒤에 올바른 제사를 드렸다는 것이다. 그래서 하나님이 노아와 언약을 맺으셨으며, 아담에게 주셨던 창조 명령을 새롭게 하고 더 확대시키셨다.[9] 그 언약의 정확한 조항은 다음과 같다.

생육하고 번성하여 땅에 충만하라. 땅의 모든 짐승과 공중의 모든 새와 땅에 기는 모든 것과 바다의 모든 물고기가 너희를 두려워하며 너희를 무서워하리니 이것들은 너희의 손에 붙였음이니라. 모든 산 동물은 너희의 먹을 것이 될지라. 채소 같이 내가 이것을 다 너희에게 주노라.[10]

원래 아담에게 주어진 땅에 대한 지배권을 행사하라는 기본 명령이 반복되지만, 이제 하나님은 노아에게 다른 피조물이 인간의 지배를 두

---

9   창 9:1-7.
10   창 9:1-3.

려워하며 살고 그 지배권에 굴복할 것이라고 말씀하신다. 또한 하나님은 노아에게 짐승과 새와 물고기를 잡아먹도록 허락하신다. 홍수 이전에 인간은 채식을 했지만 이제는 아니다. 건강상의 이유나 종교적 거리낌 또는 둘 다로 인해 채식을 선호하는 일부 그리스도인들이 있는 것도 사실이다. 동물들이 식품으로 가공되는 방식에 대해 원칙에 입각해 반대하고, 그래서 육식을 삼가는 사람들도 있다. 육류나 생선을 먹지 않을 충분한 생물학적 이유가 있다면, 물론 우리는 그것을 인정해야 한다. 그리고 항상 여러 가지 이유로 죽이지 않거나 먹지 않는 생물들이 있어왔다. 심지어 노아도 아직 피를 빼내지 않은 채 고기를 먹지 말라는 명령을 받았다. 따라서 우리는 특정 유형의 동물을 먹는다는 생각에 대한 관습에 의해 가해진 제한이 있다 해도 놀라서는 안 된다. 그러나 우리는 그리스도인들이 순전히 종교적인 이유로 채식주의자가 될 이유가 있다는 주장을 받아들일 수 없으며, 그런 주장을 옹호하는 사람은 누구든 하나님이 노아와 맺으신 언약에 반하는 것이다.

하나님이 노아와 맺으신 언약 덕분에 우리는 여전히 이 세상에 존재하고 있으며, 하나님의 정의의 일격에 의해 우리가 갑자기 근절될 것이라는 두려움 없이 아담으로부터 우리에게 내려온 유산을 누리며 살 수 있다. 신약성경에 홍수로 멸망당한 사람들이 지옥에 갇혔고, 예수께서 죽고 부활하시기 전에 그들에게 설교하러 가셨다고 암시하는 신기한 구절이 있기는 하지만,[11] 그들에게 어떤 일이 일어났는지는 확실하지 않다. 만약 예수께서 정말로 그렇게 하셨다면—그들 중 이에 대해 반응한 사람이 있었는지는 알려지지 않았지만—이는 노아 시대에 멸망당한 사람들에게 하나님의 구원 계획을 들을 기회가 주어진 것이다.

하나님의 사랑의 표현으로서 노아의 보존의 중요성은 아무리 강조해도 지나침이 없다. 인간은 상상할 수 있는 온갖 잔인한 행위를 저질렀고

---

11 벧전 3:18.

가는 곳마다 말로 다할 수 없는 파괴를 자행했지만, 하나님은 우리가 세상에서 계속 살도록 허락하셨다. 사람들은 모든 인종들과 부족들을 멸망시키려 했고 때로는 성공을 거두기도 했다(더 이상 뉴펀들랜드에는 베오투크 인디언이 없고, 태즈매니아 원주민도 없다). 그러나 이런 식의 집단 학살은 보복하는 정의의 한 표지로서 하나님이 명령하신 일이 아니었다. 설사 그것이 하나님이 허용하신 것이라고 해도, 그것은 언젠가 심판받을 인간의 죄악성의 한 사례로 허용된 것이며, 우리는 이런 잔혹한 행위를 저지른 사람들은 회개하지 않는 한 그 범죄에 대해 처벌받을 것이라고 확신할 수 있다. 그러나 거의 끝없는 어리석은 행동들에도 불구하고 홍수 후에 인간은 정부를 세우고, 법과 질서 체계를 발전시키고, 교육과 의료를 장려하고, 지구상의 모든 사람의 삶의 질을 유지하고 향상시키도록 돕기 위한 다른 많은 일들도 했다. 이런 활동들에서 그리스도인들은 다른 종교를 가진 사람들 및 종교가 없는 사람들과 함께 일하고 있으며, 우리가 이해하기로 하나님이 노아와 맺으신 언약에 따른 인간의 보존이라는 공동 목표를 그들과 공유한다.

여러 성경 구절들이 증언하는 것처럼 하나님을 믿는 사람들은 이 상황에 대해 감사할 이유가 있다. 이 일이 가능하도록 했던 사람들은 자신이 무슨 일을 하고 있는지 알지 못했지만, 하나님이 노아와 맺은 언약으로 그 안에서 하나님의 말씀의 진리가 선포되고 전파될 수 있는 상황이 만들어졌다. 페르시아의 이교도 왕 고레스는 이후에 그것이 얼마나 중요해지는지 알지 못한 채, 유대인들이 팔레스타인에 그들의 조국을 재건하도록 허락했다.[12] 예수의 탄생을 위해 마리아와 요셉을 고향 베들레헴으로 돌려보내고, 나중에 사도들이 널리 여행하면서 가는 곳마다 복음을 선포하고 교회를 세울 수 있도록 지중해 연안을 아우르는 제국을 세운 사람들도 이교도 로마인들이었다. 오늘날에도 종교에 관심이 없는 세

---

12 스 1:1-4.

속적인 사람들은 그리스도인들이 제안한 계획이 다른 이유로 자기들이 바라는 효과를 낳을 때 적극적으로 흥미를 갖고 주목한다. 예를 들어 많은 재소자들을 회심시켰고, (세속적 관점에서는 아주 중요하게도) 재소자 수가 현저히 줄어들게 한 "내면의 변화"(Inner Change)로 불리는 교도소 사역에서 이런 일이 일어났다. 그 결과 "내면의 변화"는 복음을 듣거나 선포하는 일에는 관심이 없지만 본질적으로 하나님과 노아의 언약에 속하는 이유들로 이를 인정하는 사람들에게 존경받는다. 이런 일들을 한 황제들 및 다른 사람들은 자기들의 행동이 어떤 결과를 가져올지 알지 못했지만, 정작 그들 자신은 믿지도 않은 메시지가 부지중에 전파될 수 있게 했고, 그래서 하나님의 말씀이 전파되는 데 일익을 담당했다.

세속 정부의 역할

바울은 로마의 그리스도인들에게 그들의 통치자들이 사회 전체의 유익을 위해서 하나님에 의해 임명된 하나님의 대리인들이기에 그들을 위해 기도하라고 말하면서, 세속 정부의 섭리적 역할을 인정했다.[13] 바울은 로마 제국이라는 배경에서 편지를 썼는데, 아마도 그때는 일반적으로 (그리고 다소 부당하게) 가장 사악하고 방탕한 황제들 중 하나로 여겨지는 네로 황제의 재위 기간(54-68년)이었을 것으로 추정된다. 그것에 대해 어떻게 생각했든, 바울은 로마 제국이 자유롭게 선출된 정부 모델이 아니라는 것, 그리고 심한 불의를 저지르고서도 아무도 그에 대해 책임지지 않을 수 있다는 것을 틀림없이 알고 있었을 것이다. 예수의 십자가 처형은 본디오 빌라도가 유대인 폭도에 대해 비겁하게 굴복해서 일어난 오심(誤審)이었다. 그리고 예수의 처형이 세상을 구원하기 위한 하나님의

---

13   롬 13:1-10.

영원한 계획의 한 부분이기는 했지만, 어떤 그리스도인도 예수의 처형의 그 측면을 잊을 수 없을 것이다. 이교도 빌라도는 예수의 죽음을 잘못 허가한 국가 관리였다는 바로 그 이유 때문에, 동정녀 마리아를 제외하고 사도신경에 들어가 있는 유일한 인간이 되었다.

그러나 명백한 많은 남용들에도 불구하고, 바울은 세속 정부의 유익을 인정했고, 이를 하나님이 보내신 복으로 간주했다. 구약성경에는 유대인들이 복종해야 했던, 세속 정부라고 부를 만한 것이 확실히 있었지만, 이 점은 구약에서 강조된 주제가 아니다. 요셉 시대 이전의 상황은 분명하지 않다. 어쨌든 이스라엘이 이집트로 내려간 뒤로 하나님의 백성들은 자신들의 신앙과는 이질적인 신앙을 가진 세속 당국의 통치 아래 들어갔다. 그러나 아마도 그 당시에는 이스라엘의 종교 생활이 조직화되지 않았기 때문에, 실제로는 큰 차이가 없었던 것으로 보인다. 이집트인들은 다른 다신론자들과 같이 일반적으로 다른 민족의 신들을 용납했다. 나중에 사사 시대와 왕정 시대에 이르러서야 이스라엘과 유다의 정부 당국과 종교 당국은 긴밀하게 연계되었다. 성전을 세운 사람이 대제사장이 아니라 솔로몬 왕이었다는 사실은 우연이 아니었고, 대제사장은 높은 지위에도 불구하고 조신(朝臣)들 중 하나보다 나을 것이 없었다. 솔로몬 사후에 왕국이 분열되자, 북 왕국의 왕들은 자기 백성이 예루살렘에 예배하러 가도록 허용하기가 정치적으로 어려워졌고, 머지않아 이스라엘은 자기들의 예배 처소를 세웠다.[14] 그러나 국가의 분열이 필연적으로 국가 종교의 분열을 가져와야 한다는 관념은 이스라엘에서는 잘 받아들여지지 않았다. 성경은 이것이 변질된 예배 형식의 시작이었음을 분명히 밝힌다.[15] 이 예배는 나중에 유대인들이 상종하지 않게 될 사마리아인의 종교가 되었다.

---

14   왕상 12:25-33.
15   요 4:9.

5부 • 하나님이 세상을 이토록 사랑하셨다

주전 586년에 예루살렘이 바빌로니아에게 함락당한 뒤에, 유대인들은 그들을 지배하는 종교적으로 이질적인 국가 체제와 어떤 관계를 맺어야 하는지의 문제와 수시로 부딪쳤지만, 그 문제는 결코 해결되지 않았다. 페르시아인들은 유대인에게 우호적이었고 그것은 정말 감사한 일이었다. 하지만 시리아의 그리스인 통치자들은 그렇지 않았다. 결국 유대인들은 반란을 일으켜 자신의 독립 국가를 세웠다. 이 국가는 스스로 왕이 된 제사장들이 다스렸는데 이것은 고대 이스라엘에서는 알려지지 않은 조합이었다. 이 국가는 약 백 년 정도 존속하다가 이후에 로마인들에게 정복되었다. 로마인들은 그들이 직접 통치했던 유대 속주뿐만 아니라 일련의 분봉 왕국들을 세웠다. 주후 70년 이후 분봉 왕국들이 폐지되었고, 유대인들은 자신들의 최후의 정부를 박탈당했다. 그 뒤로 1948년까지 그들은 독립 국가를 회복하지 못했다. 고대에 유대인들은 일반적으로 세속 당국과 별로 사이가 좋지 않았다. 특별히 그들과 세속 당국들이 종교적으로 양립할 수 없었기 때문이었다. 모든 고대 국가는 자체의 신들과 공식 종교들을 갖고 있었는데, 유대인들의 일신론은 근본적으로 이런 신들과 종교들에 적대적이었다. 그리고 이 종교들은 근본적으로 유대교의 일신론을 반대했다. 포로기에 유대인들은 지역의 통치자들과 사이 좋게 지낼 수 있었지만, 그들은 결코 자신들에게 약속된 팔레스타인 땅에 대한 시야를 잃지 않았고, 그들의 독립 국가를 회복하는 것이 항상 주된 목표였다. 이와 관련해서 예수가 하나님 나라를 선포하러 왔을 때 많은 유대인들이 하나님 나라를 그렇게 해석했고, 심지어 예수께서 부활하신 뒤에도 제자들은 여전히 예수가 언제 "이스라엘 나라를 회복할"지 궁금해 했음을 기억해야 한다.[16]

세속 정부 그 자체의 중요성과 합법성을 가장 먼저 인정한 사람은 예수였다. 유대인들에게서 외국 정권에 세금을 내야 하는가라는 질문을 받

---

16   행 1:6.

앗을 때, 예수는 가이사에게 속한 것은 그에게 돌려줘야 하지만 하나님께 속한 것은 분리되어야 한다고 말씀하셨다.[17] 오늘날 우리는 이 답변을, 끊임없이 반란을 설교하고 그들의 과격함으로 인해 다음 세대에 예루살렘을 멸망으로 이끈 성미 급한 유대인들과는 달리 예수께서 로마의 통치를 인정한 것으로 이해한다. 물론 그런 뜻도 있지만, 그것은 이야기의 한 면에 불과했다. 다른 한 면은 로마가 자신의 종교를 요구했다는 것이다. 선임 황제들은 사후에 관례적으로 신격화되었기 때문에, 황제는 신은 아니라 해도 신의 아들로 숭배되어야 했다. 예수는 하나님께 속한 것을 하나님께 바치라고 말씀하심으로써 우리가 지금 정교 분리라고 부르는 것을 확립하고 있었던 셈이다. 교회와 국가는 각자 자신의 영역에서 합법적이지만, 다른 쪽의 권한을 침범해서는 안 된다.

　속세의 필요를 돌보는 것은 국가의 일이었고, 하나님 나라를 선포하고 그 구성원들에게 하늘의 삶을 준비시키는 것은 교회의 일이었다. 일반적으로 이 둘은 겹치지 않아야 하지만, 모종의 이유로 이 둘이 충돌할 경우 그리스도인들은 하나님께 대한 충성을 우선시하는 것 외에 다른 선택이 없었다. 이교 국가인 로마 제국은 신민들에게 영적 충성을 요구했기 때문에 갈등이 불가피했고, 이것은 그리스도인들에 대한 박해로 이어졌다. 이 갈등은 황제가 기독교를 합법화하고 사실상 자신의 신성을 철회했던 주후 313년에 비로소 해소되었다. 기독교가 합법화되자 그리스도인들은 거리낌 없이 로마 제국에 충성할 수 있게 되었으며 실제로 충성했다. 반면에 교회의 삶에 간섭하려는 로마 제국의 시도는 인기가 없었고, 그런 시도가 이단의 조장으로 이어지면 단호하게 거부되었다. 380년 2월 27일에 기독교가 로마의 공식적인 국가 종교가 되었을 때, 제국이 교회를 접수한 것이 아니라 오히려 그 반대였다. 로마 제국은 최소한 서방에서는 곧 사라지지만 교회는 지금도 존재하고 있고, 과거 로마 제국의 실

17　마 22:15-21.

제 규모보다 그리고 로마 제국이 그렇게 될 수 있었던 것보다 훨씬 더 크고 강력하다.

이에 관해 고대의 교회-국가 간의 관계 양상이 계속 변하는 동안, 신약성경에 제시된 근본 원리는 변하지 않고 계속 그대로 남아 있었다는 점이 주목할 만하다. 국가가 비록 공식적으로 이교를 채택하고 또한 이교적 통치자들이 교회를 박해한다고 하더라도 감당할 적법한 역할이 있었다. 동시에 교회는 신자들의 영적 고향으로 머물렀고, 신자들의 국가에 대한 충성은 항상 국가와 어느 정도 감정적으로 분리된 것이 특징이었다. 로마가 멸망했을 때 그리스도인들은 로마의 멸망을 환영하지는 않았지만, (살아남은 이교도들처럼) 비탄에 잠기지도 않았다. 신약성경은 로마 제국을 인정했지만, 로마 제국을 이상적이거나 유일하게 적법한 인간 정부 형태라고 규정하지도 않았다. 그리스도인들은 결코 어느 한 국가에 들러붙지 않고, 공식적으로 어느 한 정부 체제를 옹호하지도 않았다. 오늘날 대부분의 그리스도인들은 아마도, 받아들일 수 없는 통치자들을 제거하는 평화적인 방법을 민주주의가 제공한다는 이유만으로도 민주주의가 가장 좋은 세속 정부 형태라는 데 동의할 것이다. 그러나 우리는 민주주의의 잘못을 모르는 바가 아니며, 그것이 신앙의 문제라고 주장하지도 않는다. 우리에게 중요한 것은 우리가 통치자들을 선택하는지 여부나 선택하는 방법이 아니라, 그 통치자들이 하나님께 대한 자신의 책임을 알고 그 의무를 충실하게 수행하는지 여부다. 달리 표현하자면 시민이 공직자들을 선출할 권리를 갖고 있는지 여부보다 공직자들의 책임이 우리의 관심사다.

그리스도인들은 좋건 싫건 권력을 가진 정부를 받아들이라고 요구되며, 이 점이 중요하다. 민주국가에서 우리는 평화롭고 질서 있는 변화를 위해 일할 수 있지만, 우리의 견해와 가치에 공감하는 사람들이 선거에서 승리하지 못하더라도 우리는 그 결과를 받아들이고, 우리에게 요구되는 주된 일을 해나가야 한다. 동시에 국가는 교회에 적절하게 맡겨진 일들에 간섭하려 해서는 안 되는데, 오늘날 바로 이 지점에서 갈등이 가장 흔하게 발생한다. 신약성경만을 기초로 해서 어떻게 해야 하는지를 결정하기가 얼마나 어려운지에 대한 하나의 예로서 결혼 문제를 고려해보라. 로마 제국에서 결혼은 이와 관련된 지참금 때문에 법원에 의해 규제되고 재산법의 일부로 간주된 세속적인 문제였다. 그리스도인들은 믿지 않는 사람과 결혼하지 말라는 권고를 받기는 했지만,[18] 성경에는 이 제도가 그리스도인들에게 부적절하다는 암시가 없다. 반면에 그리스도인들은 믿지 않는 배우자가 떠난다면 그것을 받아들여야 했지만, 그럼에도 믿지 않는 배우자를 버려서는 안 되었다.[19]

로마 제국이 무너진 뒤 교회는 점점 더 결혼 문제에 관여하게 되었고, 그러자 결혼 제도에 대해 기독교의 표준을 부과하고자 했다. 실제적인 면에서, 그것은 (고대 세계에서 흔한 중매결혼과 달리) 양 당사자의 동의를 얻는 것과 이혼을 금지하는 것을 의미했다.[20] 약 천 년 동안 그것이 서구 국가들의 표준 양상이었고, 이 표준은 민사 결혼(그리고 민사 이혼)이 도입된 19세기에 들어와서야 붕괴되기 시작했다. 교회는 어쩔 수 없이 민사 결혼은 받아들였지만 민사 이혼은 받아들이지 않았다. 이것은 교회가 전(前) 배우자가 살아 있는 동안에는 이혼한 사람의 재혼을 인정하지 않을 수 있었음을 의미했다. 실제적인 측면에서 이는 교회가 재혼을 위한 결혼식을 거부하거나 재혼한 사람을 성직자로 임명하거나 교회 직원으로 채용하지 않을 수 있게 했다. 하지만 세월이 흐르고 이런 사례가 더 흔해짐에 따라 경계선이 흐려졌고, 이혼 문제를 다루기 위한 교회의 내부 절차들이 점차 무너졌다.

보다 최근에는 점점 커지는 결혼의 기강 해이 문제에 훨씬 더 심각한 문제인 동성 결혼 문제가 동반되었다. 그리스도인들은 동성 결혼을 할

---

18   고전 7:39.
19   고전 7:12-16.
20   마 19:6.

수 없음에도 불구하고, 국가의 방침상 동성 결혼이 합법인 곳에서는 교회에게 실제로 동성 결혼식을 거행하지는 않더라도 동성 결혼을 축복하라는 압력이 있었다. 동성 결혼을 한 사람들은 법적으로 차별할 수 없는데, 이는 그런 사람들을 채용하기를 원하지 않는 교회들에 문제를 야기한다. 이때 동성 결혼을 한 사람을 고용하고 싶지 않은 교회에서는 문제가 생긴다. 교회나 기독교 단체는 이제, 성경에 제시되었고 거의 지난 2천 년 동안 시행되어 온 기독교적 결혼의 표준을 공개적으로 거부하는 사람들을 차별한다는 이유로 고소당할 수 있다. 이것은 국가가 본연의 경계를 넘어서 교회의 고유 영역을 침범하는 사례의 하나인가? 아니면 교회가 과거에 전통적으로 국가에 속했던 영역을 침범했고, 국가가 "결혼"의 의미를 교묘하게 재정의함에 따라 이제 교회가 그 대가를 치르는 것인가? 합법화된 동성애 관계를 맺고 있는 사람이 그리스도인이 되면 어떻게 해야 하는가? 그리고 교회 안에서 동성 결혼을 인정하고 심지어 장려하기까지 하는 사람들을 어떻게 다루어야 하는가?

근본적인 문제는 교회와 국가가 더 이상 신약 시대처럼 명확하게 분리되지 않지만, 기독교 역사의 대부분의 기간 동안 그랬던 것만큼 긴밀하게 연결되지도 않는다는 점이다. 우리는 지금 지도에 나와 있지 않은 길을 가고 있으며, 그 결과 교회는 국가가 합법이라고 결정하는 것은 무엇이든 따라야 한다고 주장하는 사람과, 합법이라고 인정되었지만 기독교의 가르침과 양립할 수 없는 결혼 형태에 저항해야 한다고 말하는 사람으로 나눠졌다. 두 번째 집단이 성경 편에 선 사람들이지만, 현대 교회 생활에서 성경의 규범을 고수하도록 하는 것은 결코 말처럼 쉽지 않으며, 국가가 이 문제에 대해 뒷전에 앉아 교회에게 자체의 원리에 따라 운영하도록 해줄 것이라는 보장도 없다.

결혼과 관련된 문제들은 교회와 국가의 관계에서 일어날 수 있는 어려움들의 한 가지 예일 뿐이다. 오랜 역사를 가진 또 하나의 문제는 양심적 병역 거부다. 공식적으로 평화주의자인 교회는 거의 없지만, 개인적으로 평화주의자인 그리스도인은 많다. 교회는 그들을 지원해야 하는가, 아니면 가이사에게 그의 몫을 주는 것은 의무적인 군 복무의 합법성을 인정하는 것도 포함하는가? 신약 시대에도 그리스도인이 된 군인들이 있었고, 아무도 그들의 직업과 그들의 믿음이 양립할 수 없다고 주장하지 않았기 때문에,[21] 여기서 문제는 기관으로서의 교회와 국가의 군대 사이에 있는 것이 아니다. 이 문제는 오히려 개인의 양심과 국가의 요구 사이의 문제다. 교회는 반드시 개인의 양심이 중요하게 생각하는 내용 자체는 지지하지 않아도 개인의 양심의 자유에 대한 권리를 지지할 수 있다. 이에 대한 선례를 약한 양심 때문에 우상에게 제사지내진 고기를 먹지 않았던 "약한 형제들"에게 보여준 바울의 관용에서 발견할 수 있다. 바울은 그들의 추론에 동의하지 않았지만 그들의 꺼림칙한 입장을 존중했고, 고린도 교회 교인들에게 그들도 자기와 똑같이 해야 한다고 말했다.[22]

　잠재적으로 갈등이 벌어질 수 있는 또 하나의 영역은 교육 영역이다. 현대에는 국가가 아동에 대해 보편적인 교육 의무를 부과했는데, 그 법을 지켜야 하는 사람들의 종교적 양심을 보장해주는 것은 아니다. 국가가 부모의 믿음과 소원에 따른 종교 교육을 허용해야 하는가, 아니면 종교 교육이 불필요하고 논의할 가치가 없는 것이라고 배제해야 하는가? 원칙적으로 종교의 자유가 받아들여진다면, 그 자유는 누구에게 주어져야 하는가? 개신교인들과 로마 가톨릭 교인들이 그들 자신의 학교를 가져야 한다고 말하는 것은 그렇다 치고, 딸들에게 아들들과 같은 교육을 시켜야 한다고 믿지 않는 무슬림들은 어떤가? (많은 소위 "신이교도들"이 그랬던 것처럼) 심지어 자기들의 종교를 창안하고 자기들이 만들어낸 신앙에 대해서도 동등한 권리를 요구하는 사람들은 어떤가? 이처럼 복잡한 문

21　행 10:1-2을 보라.
22　고전 8:4-13.

제들의 결과, 우리는 지금 그리스도인들이 자기 자녀를 교육할 권리를 인정받지 못하는 상황에 처해 있다. 왜냐하면 국가는 무슬림들에 의해 가해지는 차별을 용납할 수 없고, 모든 종교가 비슷한 대우를 받아야 하기 때문에, 그리스도인들은 다른 종교에 가해지는 것과 같은 제한에 복종해야 하기 때문이다.

신약 시대에는 교회와 국가의 관계가 지금처럼 발달하지 않았기 때문에 이런 문제들이 제기되지 않았다. 그러나 현대 세계에서는 두 기관 사이에 갈등의 잠재력이 커질 가능성이 거의 확실해 보이며, 따라서 그리스도인들은 자기들의 기본 원리가 무엇인지 분명히 해야 할 필요가 있다. 기본 원리들이 적용되어야 하는 상황이 우리 시대에 특수하기는 하지만, 성경에서 이런 기본 원리들을 찾아낼 수 있다. 첫 번째 원리는 교회와 국가 모두 합법적인 실체라는 것이다. 어느 한 쪽도 다른 쪽을 접수할 권리가 없고, 각자 자신의 권리와 책임을 존중받아야 한다. 국가의 주된 과제는 법과 질서를 보존하는 것이다. 이를 위해 국가가 물리력을 갖고 또 필요하면 이를 사용할 필요가 있으며, 교회는 그 힘이 악용되지 않는 한 이에 복종해야 한다. 사람들이 정당한 근거 없이 체포되거나 임의로 재산을 몰수당한다면, 교회는 국가가 적법하게 행동하고 있다고 인정할 수 없다. 그러나 교회는 교인들이나 다른 사람들에게 가해진 잘못에 보복하기 위해 칼을 사용할 권리가 없기 때문에, 그런 항의도 비폭력적이어야 한다.

특히 지금은 삶이 이전보다 훨씬 더 복잡해졌기 때문에, 국가는 일정 수준의 교육을 확보하는 일에 이해관계를 갖는다. 예를 들어 아무도 국가가 부과하는 운전면허 시험에 합리적으로 반대하지 않을 것이고, 국가는 이런 종류의 서비스를 규제하고 증진하려는 노력에 대해 지지받아야 한다. 국가가 공동의 유익을 위해 일정한 기준을 부과할 권리를 갖고 있기는 하지만, 국민이 양심적으로 지니고 있는 신념에 간섭하는 것은 국가의 일이 아니다. 예컨대 낙태가 합법화된다고 해도, 낙태를 반대하는 사람들은 낙태를 실행하도록 강요받지 않아야 한다. 낙태를 선택할 국민의 "권리"가, 만약 의사의 양심이 그렇게 지시한다면, 낙태를 거부할 의사의 권리보다 더 중요해서는 안 된다. 아무리 중립적인 국가라도 특정 국민에게 권리를 부여하는 것이 다른 국민의 자유를 박탈하는 것을 의미한다면, 그 권리를 부여할 수 없다. 옛 속담에서 말하는 것처럼 "갑에게 적용되는 것은 을에게도 적용"되며 진정한 평등 정책이라면 그것을 인정해야 한다.

결혼과 관련하여 교회는 예식을 거행하거나 결혼을 등록할 권리를 주장할 필요는 없지만, 교인들이 설사 합법적인 테두리 안에 있다고 할지라도 교회의 기준에 따라 살지 않는다면 그들을 징계할 수 있어야 한다. 국가는 교회가 갖고 있는 것과 똑같은 도덕적·영적 의무를 갖고 있지 않으며, 교회보다 더 폭넓게 허용할 수는 있지만 교회가 국가의 법 제도에 그대로 동조하리라고 기대해서는 안 된다. 교회는 언제나 이혼 및 동성 결혼과 같은 문제들에 대해 국가보다 더 제한적일 것이다. 그리고 교회는 이런 분야에서 성경이 가르치는 것이 보다 넓은 사회에서 규범으로 받아들여지건 그렇지 않건 이를 실천할 자유를 보유해야 한다.

시민 종교

하나님의 존재를 인정하지 않고서 시민 사회가 오랫동안 존속할 수 있는가? 성경 시대에는 그럴 수 없다는 것이 누구에게나 자명했기에 이 질문이 제기되지 않았다. 소크라테스(주전 469-399)와 같은 사람은 신들의 존재를 의심한 것으로 보이자 죽임을 당했다. 왜냐하면 일반적으로 소크라테스의 관념이 유행하면 사회가 무정부 상태로 전락해서 무너질 것이라고 믿었기 때문이다. 비슷한 의견이 18세기까지 그리고 심지어 그 이후에도 거의 보편적으로 유지되었다. 미국은 현대적 의미에서 최초의 세속 국가였지만, 무신론 국가라기보다는 이신론 국가였다. 초기의 미국에는 일종의 시민 종교가 있었다. 인간 이성은 절대자가 존재한다고 가정한다는 원리에 기반을 둔 유대-기독교가 대부분의 시민들에게 인정된 전통이었기 때문에, 이 시민 종교는 강한 유대-기독교적 색채를 띠었지만, 그럼에도 이 종교는 다른 원리에 기반을 두었다. 이 시민 종교는 성경에 포함된 신의 계시에 복종하지 않고, 자신의 도덕적 기초를 합리적 계산과 분석에 두었다. 사실상 이 종교는 기독교의 결론과 매우 유사하고 대체로 양립할 수 있는 결론을 내놓았다. 그리고 대부분의 사람들이 기독교는 지금까지 지상에 등장한 합리적인 종교의 가장 높은 표현이라고 믿었기 때문에 둘 사이에 갈등은 없었다. 20세기 중반이 될 때까지 이 둘의 통합은 심각하게 도전받지 않았고, 지금에서야 그 통합이 해체되고 있는 중이다.

다른 나라들은 다른 경로를 통해 세속화되었다. 프랑스나 러시아 같은 경우에는 그 과정이 폭력적이었고, 공개적으로 무신론적인 국가가 모든 종류의 종교 신자들, 특히 기독교 교회를 박해했다. 이런 나라들에서는 세속적인 이념이 공개적·적대적인 방식으로 기독교 신학을 대체했다. 다른 나라들에서는 일반적으로 보다 평화롭게 세속화가 진행되었다. 대부분의 유럽 국가들은 국가 교회와 공적인 종교 의식의 외양을 보존했지만 더 이상 기독교의 가르침에 복종하라고 강제하지 않았고, 기독교의 가르침은 존경할 만하지만 점차 주변으로 밀려난 소수 집단의 전유물이 되었다. 20세기 초에는 독일의 국가 사회주의 같은 이념이 집권하고, 교회를 심각하게 방해하지 않고서도 급진적으로 무신론적인 사회 프로그램을 시행할 수 있었다. 신학적으로 깨어 있는 소수파로부터 약간의 반대가 있기는 했어도, 대부분의 제도권 교회는 이전과 다름없이 운영되었고 대체로 이 사태에서 피해를 입지 않고 살아남았다. 많은 나라들에서 시민 교회는 계속 존재하며 심지어 어느 정도 특권을 누리기까지 하지만 국민들 대부분은 시민 교회와 멀어졌고, 시민 교회의 지도자들은 일반적으로 만연하는 세속적 규범에 일치하는 것이 현대 사회에서 조금이라도 발언권을 보존할 수 있는 유일한 방법이라고 믿고서 그 규범에 순응한다. 시민 종교가 여전히 존재하고 있는 경우에도 그것에는 본질보다 허세와 의식만 남았고, 미래에 대한 전조라기보다는 과거를 상기시키는 존재가 되었다.

진지한 지성적 영향력으로서의 시민 종교가 종말을 맞았다고 해서 공적 생활에서 기독교가 죽었다는 뜻은 아니다. 여러 면에서 기독교는 건재하며, 지배적인 신앙 체계로서가 아니라 서구 사회에서 하나의 대항 문화로서 존재한다. 시민 종교가 무너지면서 그리스도인들은 종종 자신의 신앙의 초자연적 성격에 대한 의식을 회복했고, 이제 기독교가 합리적 원리들로 축소되거나 인기 있는 이념에 순응하게 될 수 없다는 것을 이전보다 더 잘 이해한다. 동시에 기독교의 전통적인 반대자들은 인간의 이성이 스스로 설 수 있고 어떤 형태의 종교의 지원도 필요로 하지 않는다는 자기들의 주장을 재천명했다. 그들은 시민 종교의 잔재를 싫어하지만, 기독교가 사회 질서를 지원하는 것이 아니라 위협한다고 보기 때문에 되살아난 기독교에 대한 그들의 분노는 사그라들지 않고 지속된다. 이 양극단 사이에 무관심한 다수파가 있다. 그들은 영적인 질문들에 거의 관심이 없거나, 전통적인 교회들이나 호전적인 무신론자들이 제공할 수 없는 것으로 보이는 답변을 얻기 위해 대안적인 삶의 방식을 찾는다.

신앙과 합리주의의 결별은 이제 서구 세계에서는 사실상 완결되었으나, 이 둘이 그저 각자의 길을 갈 수는 없다. 기독교 신앙은 항상 자신을 합리적으로 표현해왔고, 인간의 지성을 절대적 권위의 수준으로 높이지는 않았지만, 그렇다고 결코 그것을 무시하거나 과소평가하지도 않았다. 그들 편에서는 합리주의자들이 종교 현상이나 영적 현상의 존재뿐만 아니라 그 지속성도 설명할 필요가 있다. 대부분의 합리주의자들은 선악의 구분에 기초한 도덕과 같은 것이 있다는 것을 인정한다. 또한 비서구 세계에는 종교의 영향력이 매우 강하고 점점 더 강해지는 것으로 보인다는 사실을 회피할 수 없다. 비서구인들을 모두 무식한 미개인으로 무시하는 것은 결코 합리적이지 않다. 따라서 종교에 대한 종종 사악하고 때로는 필사적인 공격이 증명하는 것처럼, 종교가 실재하는 어떤 것을 나타낸다는 주장이 새로운 힘을 얻었다. 이 모든 것이 어디로 나아갈지는 알기 어렵지만, 박해와 갈등은 사람들에게 자기들이 진정으로 믿는 것이 무엇인지 결정할 수밖에 없도록 만들기 때문에 대체로 교회에 유익했다. 반대에 직면해서 예수를 옹호하는 사람들은 일반적으로 시대의 흐름이 기독교에 호의적인지 여부와 상관없이 단순히 시대의 흐름을 따르는 사람들보다 더 확신과 신뢰성이 있다.

일반 은총과 인간의 문화

모든 인간은 하나님을 아는 지식을 타고 났기 때문에, 시민 종교가 계속 존재한다. 이 지식은 우리 모두의 마음과 지성 속에 심긴 하나님의 계시의 한 형태이며, 신학자들은 때로는 그것을 "일반 은총"이라고 부른다. 성경은 보통 사람은 우주에 순전히 우연이라고 보기에는 너무 복잡한 질서가 있다는 것을 안다고 말한다.[23] 또한 보통 사람은 옳고 그름에 차이가 있다는 점과, 인간은 스스로를 다른 피조물과 구별하고 다른 피조물을 조종하고 통제하고 개발하고 복종시킬 수 있게 해주는 능력과 특성을 갖고 있다는 점도 안다. 나아가 보통 사람은 이 점에서 우리의 우월성은 특권과 책임을 모두 수반한다고 말해주는 양심도 갖고 있다. 비록 창세기 1장에서 발견되는 "통치"(dominion)라는 말을 사용하지는 않아도, 그는 여전히 창세기 1장이 전하고자 하는 내용의 타당성을 인정할 것이다. 보통 사람은 그것을 명확히 표현하지는 않아도, 인간은 세상

---

23   시 19:1; 롬 1:18. 또한 욥 38-39장도 보라.

에 대해 다른 피조물은 결코 할 수 없는 일을 할 수 있으며 우리가 세상을 존중하고 최선을 다해 세상을 보살피는 것은 모든 사람에게 이익이 된다는 데 동의할 것이다. 보통 사람은 이 상황이 우월한 힘을 지닌 존재에 의존한다는 사실을 알 수 있어야 하는데, 이 우월한 힘에 대한 증거는 하나님의 특별한 계시를 필요로 하지 않고 자연 법칙 속에서 볼 수 있다.

그것은 최소한 성경이 가능**해야 한다**(should)고 말하는 것이다. 실제로는 그에 대해 아무것도 들은 바가 없거나 의도적으로 거부했기 때문에 그런 견해를 유지하지 않거나 최소한 명확하게 말하지 않는 사람들이 많다. 보다 세련된 사람들은 성경이 자명한 진리로 간주하는 것을 배제하는 실재에 관한 경쟁적인 이론들을 정교하게 다듬을 수 있다. 미국의 독립선언서 작성자들이 그런 것처럼 이 목록에 추가 항목을 더하는 사람들도 있을 수 있다. 독립선언서의 작성자들은 "생명, 자유, 행복 추구" 개념은 특정한 계몽주의 이념을 반영하며 그들 자신의 상상력 너머의 어떤 정당성도 발견하기 어려움에도 불구하고, 이에 대한 천부 인권을 자명한 것으로 생각했다. 아무튼 우리는 성경이 모든 사람에게 명백해야 한다고 말하는 진리는 종종 그렇지 않고, 자명하다고 간주되는 것이 항상 성경의 진리 개념과 일치하지는 않는 세상과 직면하고 있다.

그래서 그리스도인들은 모든 인간에게 공유되는 공통 규범을 기독교의 하나님이 존재한다는 것에 대한 증거로 호소할 때 조심해야 한다. 심지어 (때로는 오랫동안 기독교의 가르침을 받은 전통이 있는 나라들에서 그러는 것처럼) 성경의 가르침이 일반적으로 동의될 때도, 하나님이 인격적인 존재이고, 위격들의 삼위일체가 있으며, 예수 그리스도는 성육신한 하나님의 아들이라는 것을 증명하는 것은 자연 안에는 아무것도 없다. 우리는 예수를 위대한 교사, 지도자, 심지어 철학자로 존경하지만 예수에 대해 말해진 초자연적인 주장을 거부하는 사람들을 만날 때 이것을 가장 분명하게 깨닫는다. 이런 사람들은 기독교 교회의 동지로 보일 수도 있지만(또 스스로를 그렇게 볼 수도 있지만), 그들은 기독교 신앙의 서투른 모조품을 받아들이고 그 모조품이 실물에 대한 수용할 만한 대체물이라고 결정했기 때문에, 사실 그들이야말로 교회의 가장 큰 적들이다. 그들은 복음을 받아들일 준비가 되어 있기는커녕 복음에 대한 면역 접종을 받았고, 자기들의 자연신학이 허용하는 것보다 더 많은 것들을 받아들이는 사람들을 광신자라고 생각하기 쉽다.

기독교의 메시지는 실제로 사람들을 갈라놓을 것이고 그 사람들 가운데 일부만 메시지의 전체를 받아들일 것이기 때문에, 위와 같은 두려움은 실제적이다. 그 진리가 모든 사람에게 전해질 수 있지만, 보편적으로 받아들여지지는 않을 것이라는 점이 교회가 제시해야 하는 가장 힘든 주장 중 하나이며, 이 점은 인간 사회를 통합하는 힘으로서의 교회의 위상에 관해 심각한 질문을 제기한다. 교회가 참으로 모든 사람을 포용할 수 있는가? 교회는 자신의 메시지의 전부나 일부를 거부하는 사람들을 어떻게 대해야 하는가? 교회가 기독교 신조 전부를 믿는 사람들을 교회 안에서 환영받지 못하는 소수파로 용인하면서, 공개적으로는 자신의 신조의 최소한만 지지할 수 있는가? 오늘날 대부분의 서구 국가들의 상황이 그런 실정이며, 그 결과 종종 교회 안에 큰 갈등의 근원이자 근본적으로 적대적인 세상 속에서 교회의 신뢰성을 감소시키는 긴장이 초래된다. 비판자들은 복음을 믿는다고 고백하는 교인들이 복음이 참으로 무엇인지에 대해 서로 동의하지 않으면서 어떻게 복음이 참될 수 있느냐고 주장한다. 물론 그런 교인들은 사안을 다소 다르게 본다. 그들은 교회 안에서 복음을 선포한다고 주장하지만 그럼에도 복음이 진정으로 무엇을 의미하는지 모르는 사람들에 의해 복음이 거부당한다고 생각한다.

이 모든 이유들로 인해 그리스도인들은 종종 교회 밖에 하나님에 대해 자기들의 믿음과 똑같은 믿음을 갖고 있는 사람들이 있다는 관념을 받아들이기 싫어한다. 하나님은 그분이 참으로 어떤 존재인지 모르는 사람들이 그분의 작품들을 연구하는 것으로는 알려질 수 없고, 자기 백성에게 자신을 계시할 때만 알려질 수 있다. 그러나 하나님을 믿는 믿음에 문제가 있는 경우에도, 인간 사회에서 준수되어야 하는 도덕규범이 있다는 일반적인 합의가 있는 것 같다. 가장 기본적인 수준에서 살인과 절도는 더 많은 살인과 절도를 퍼뜨릴 수 있고 가해자에게도 피해자만큼이나 큰 피해를 끼치게 되고 만다는 이유만으로도, 사실상 모든 사람이 살인과 절도는 옳지 않다는 데 동의한다. 그러나 자기 이익에 기초한 그런 윤리가 하나님과 동료 인간에 대한 사심 없는 사랑에 도덕규범의 기초를 두는 기독교 윤리와 참으로 공존할 수 있는가?

실제적인 측면에서는 그럴 수 있는 것으로 보인다. 그리스도인들은 다양한 인간 사회 속에서 다른 사람들과 공존하며, 많은 시간을 평화적으로 공존할 수 있게 해주는 많은 공동의 가치들을 그들과 공유한다. 이렇게 하는 것은 분명 기독교 윤리가 시민법의 근본 내용을 결정하는 도덕적 척도를 제공한 나라들에서 더 쉽다. 그런 경우 그리스도인들은 손쉽게 세속 제도의 대변인으로 보일 수 있다. 모든 서구 사회에서 일부다처제를 금지하는 것은 이에 대한 좋은 예다. 일부다처제를 옹호한 집단들이 있었고(특히 몰몬교도들), 일부다처제 금지는 그들의 종교의 자유를 침해하는 것이라고 주장하는 무슬림 소수파가 있을 수도 있지만, 기독교의 견해가 우세하도록 사회적 합의가 이루어져 있다. 따라서 대부분의 사람들은 기독교의 견해가 자연법과 동등한 것으로 생각한다.

최근까지 동성애에 대해서도 마찬가지였다. 주로 동성애가 "본성을 거스르는 죄"로 믿어졌기 때문에 그리스도인들은 동성애를 반대했고, 다른 사람들도 마찬가지였다. 그러나 최근에 동성애는 피할 수 없는 신체적 상태로서, 왼손잡이를 차별해서는 안 되는 것과 마찬가지로 그런 상태에 있는 사람을 차별해서는 안 된다는 생각이 점점 지지를 얻고 있다. 동성애를 받아들이기를 거부하는 사람의 견해가 공적으로 그들의 행동에 영향을 줄 경우 그들이 법적 제재를 받을 수 있을 정도까지, 이런 견해가 세속 사회에 만연해 있다. 교회는 이 문제에 대해 분열되어 있는데, 이 분열은 오직 진정한 의미에서의 그리스도인들과 기독교적 문화유산을 물려받은 유신론자들 사이의 분열일 뿐이다. 최소한 이 분열은 많은 사람들이 줄곧 의심해왔던 것, 즉 그리스도인들과 세속주의자들이 공유하고 있다고 생각하는 공통 가치는 실제로는 전혀 공통적이 아니라는 점을 드러냈다. 가치들이 일치할 경우, 그것은 역사적 이유나 미리 인지된 자기 이익으로부터 그렇게 된 것이며, 둘 중 어느 하나의 요소가 변하거나 사라지면 신자들과 비신자들 사이의 피상적인 제휴도 무너지고 제도권 교회가 분열되기 쉽다.

그럼에도 불구하고 그리스도인들은 타락한 인간이라도 옳고 그름에 대한 타고난 의식을 갖고 있으며, 우리는 이 의식에 호소할 수 있다는 입장을 계속 유지한다. 우리가 갖고 있는 증거로 보면, 이 의식은 많은 사람들이 자기네 문화의 이상과 일상생활의 실재 사이의 괴리로 인해 혼란에 빠진 로마 제국에서 복음 전도의 도구로 특히 효과적이었던 것으로 보인다. 철학자들에 의해 선포된 고상한 도덕 개념은 그들의 예배의 일부로서 종종 터무니없고 비도덕적인 관습에 탐닉한 독실한 종교인들에게 공개적으로 거부되었다. 이 괴리는 초기 그리스도인들이 좋아하는 주제였는데, 그들은 이 괴리를 사용하여 고대인들이 진리라고 주장한 것들을 효과적으로 무너뜨렸다.[24] 초기 그리스도인들의 주장은 기본적으로 올바로 사고하는 사람들이 일상생활에서 적용된 진리를 보기 원한다면, 오직 그리스도인들만 참과 거짓, 옳음과 그름 사이에서 올바른 균형을 이루었기 때문에 그들이 그리스도인이 되어야 한다는 것이었다. 물론 그들은 일반적으로 자기들이 이런 균형을 이룬 것은 자신의 노력에 의한 것이거나 (신플라톤주의자들이 종종 그랬던 것처럼) 철학 원리를 종교 관습으로 전환시켰기 때문이 아니라, 성경과 그리스도 안에 나타난 하나님의 계시의 진리를 받아들였기 때문이라고 덧붙였다. 그러므로 아무리 고상한 고대의 이교도라도 기독교 신자들에게는 명백한 것을 찾기 위해 어둠 속

---

24 Tertullian, *Apologeticum*과 Augustine, *The City of God*, I-V 등을 보라.

을 더듬거리는 눈먼 안내자에 불과했다.

그리스도인들은 영적으로 세상 사람들과 구별되지만, 우리가 세상 사람들과 공통의 이해관계로 묶일 때는 우리가 믿는 것을 진척시키기 위해 서로 협력하고 우리의 역할을 감당하는 것이 옳다. 우리는 세상 사람들이 종종 그들 자신의 영역에서는 그리스도인들보다 더 지혜롭고 그들의 현실주의가 우리에게 복이 될 수도 있음을 인정해야 한다.[25] 예를 들어 많은 그리스도인들이 (올바르게) 전쟁은 나쁜 것이라고 생각하기 때문에 평화주의와 일방적 군축을 지지하는 경향이 있다. 그런데 그들은 종종 잘 무장하는 것이 분쟁을 예방하는 최선의 방법이라는 점을 알지 못한다. 일부 비신자들의 단호함은 성경이 뱀의 지혜라고 부르는 것일 수 있지만,[26] 그 자체의 맥락에서는 많은 그리스도인들의 순진한 이상주의보다 더 잘 통한다. 가난한 사람들을 돕는 일에도 유사한 고려사항이 적용된다. 인간이 지닌 죄악성의 실재를 바르게 고려하지 못하게 만드는 부적절한 동정 때문에 원리상으로는 옳은 일이 완전히 잘못된 방식으로 실행될 수도 있다. 예를 들어 종종 제3세계 국가들을 돕는 데 거액을 쏟아 붓고도 가시적인 결과가 별로 없고, 종종 절도와 사기로 인해 재해 구호품이 피해자들에게 도달되지 않는다. 그리스도인들이 동정심을 보여주는 것은 옳지만, 그것이 효과적이려면 그 동정심이 세상 지혜에 따라 전달될 필요가 있다. 이 영역에서는 비신자들이 때로는 신자들보다 목표를 달성함에 있어 더 현실적(그리고 따라서 더 성공적)일 수 있다.[27]

그리스도인들은 자신에게 주어진 피조물에 대한 통치권과 관련된 과제를 감당할 때 다른 사람들과 가장 성공적으로 협력할 수 있다. 심지어 같은 동기를 갖고 있지 않고 같은 도덕적 원리나 목표를 공유하지 않

---

25   눅 16:8.
26   마 10:16.
27   공정하게 말하면, 항상 그런 것은 아니다. 이상주의자인 비신자도 적지 않고 타락한 인간성의 본질에 대해 철저하게 현실적으로 이해하는 신자도 많이 있다.

5부 • 하나님이 세상을 이토록 사랑하셨다

을 때도, 우리는 종종 협력을 가능케 해주는 공통점을 충분히 많이 갖고 있다. 넓게 얘기하자면, 이처럼 중복되거나 일치하는 분야는 일 혹은 여가로 분류될 수 있다. 일은 우리가 생계를 위해 하는 일 및 경제, 사회, 기술의 발전이라는 보다 넓은 문제들을 포함한다. 여가는 우리가 종종 "문화"로 생각하는 것들 즉 음악, 미술, 문학을 포함하며, 물론 스포츠도 여기에 포함된다. 여가 산업에 종사하는 사람들에게는 분명 일과 여가 사이의 명확한 구분이 없을 테지만, 그들도 여가의 한 측면에서만 그렇다는 것이며 여가의 나머지 분야에서는 그들도 일반인과 동일하다.

경제, 사회, 기술의 발전을 먼저 다루자면, 그리스도인들은 법과 질서 유지 및 진보와 번영을 위해 필요한 자원 개발에 다른 사람들과 공통의 이해관계를 갖고 있다. 경제를 떠받치는 원리들은 그리스도인이든 아니든 누구에게나 동일하며, 우리의 믿음을 공유하지 않는 사람들과 상거래를 하지 못하도록 가로막을 것은 아무것도 없다. 심지어 바울도 천막 제조자였고, 바울의 친구 브리스길라와 아굴라도 마찬가지였다.[28] 우리가 알 수 있는 바로는 바울이 세운 교회들은 종종 장사로 생계를 꾸린 상인들로 구성된 것으로 보인다. 그들은 전 세계에 연락망들을 갖고 있었고 바울은 복음을 전하러 다닐 때 네트워크를 사용할 수 있었기 때문에, 이 점은 바울에게 큰 유익이었다. 그러나 그들의 직업들은 그 자체로 합법적이고 정직했으며, 바울은 결코 그들에게 복음을 전하기 위해 또는 오로지 기독교 공동체를 세우기 위해 직업을 포기해야 한다고 제안하지 않았다. 애초에 그리스도인들은 자유롭게 주변 사람들과 어울렸고, 유대인들의 특징이었던 배타성, 곧 하나님을 경외하는 많은 이방인들을 그들의 회당에 참여하지 못하게 한 의식상(ritual) 또는 사회적인 배타주의에 찬성하지 않았다.

그리스도인들은 합법적인 목적을 증진하기 위해 세워진 사회단체에

28　행 18:3.

참여하는 것이 금지되지 않는다. 그들은 장인 조합, 노동조합, 정당, 지역 자치회, 환경 보호주의자 단체 등에 소속될 수 있다. 실로 이런 집단들이 선을 행할 수 있으며, 또 그들 안에 신자들이 있으면 이런 집단들이 정직성을 유지하고 그들의 주된 목적에 초점을 집중하도록 도움을 줄 수 있기 때문에, 그리스도인들이 그런 일들을 지원해야 한다고 말할 수도 있다. 이 점에서 그리스도인들은 "세상의 소금"과 "세상의 빛"이 되라고 요구된다.[29] 이런 조직에 소속되면 복음을 전할 기회가 주어질 수도 있고 그렇지 않을 수도 있으며, 일정한 타협이 필요할 수도 있다. 예를 들어 그리스도인들은 일요일에 사람을 만나거나 일하는 것을 좋아하지 않을 테지만, 이에 대해 다른 사람들을 설득할 수 없고 우리가 원칙적으로 반대하는 다수의 결정을 받아들여야 할 수도 있다. 어느 지점에서 이런 식의 양보가 더 이상 용납되지 않는지 말하기란 극히 어렵다. 이것은 각각의 상황에서 결정되어야 하는 문제다. 굳센 양심을 가진 사람과 세상이 요구할 수도 있는 행동에 참여하는 데 있어 섬세한 균형을 맞추기를 어려워하는 소위 연약한 형제 사이에는 항상 차이가 있을 것이다.[30] 우리의 타락한 상태에서는 어떤 상황도 죄에서 완전히 자유롭지 못하며, 보다 넓은 공동체에는 무관하거나 부적절할 표준들을 우리가 우리 자신에게 부과하는 경우가 많을 것이다. 바울은 다음과 같이 말할 때 이 점을 다루었다.

내가 너희에게 쓴 편지에 음행하는 자들을 사귀지 말라 하였거니와, 이 말은 이 세상의 음행하는 사람들이나 탐하는 사람들이나 속여 빼앗는 사람들이나 우상 숭배하는 자들을 도무지 사귀지 말라 하는 것이 아니니, 만일 그리하려면 너희가 세상 밖으로 나가야 할 것이라. 이제 내가 너희에게 쓴

---

29 마 5:13-16.
30 롬 14:1-2.

5부 • 하나님이 세상을 이토록 사랑하셨다

것은 만일 어떤 형제라 일컫는 자가 음행하거나 탐욕을 부리거나 우상 숭배를 하거나 모욕하거나 술 취하거나 속여 빼앗거든 사귀지도 말고 그런 자와는 함께 먹지도 말라 함이라. 밖에 있는 사람들을 판단하는 것이야 내게 무슨 상관이 있으리요마는 교회 안에 있는 사람들이야 너희가 판단하지 아니하랴. 밖에 있는 사람들은 하나님이 심판하시려니와 이 악한 사람은 너희 중에서 내쫓으라.[31]

여기서 경계선은 매우 분명해 보인다. 그리스도인인 체하지 않는 사람들은 기독교의 표준에 따라 판단받을 이유가 없지만, 그리스도의 이름을 주장하는 사람들은 기독교의 표준에 따라 살아야 한다. 이것은 명백한 말로 들리지만, 복잡한 문제들이 많이 발생한다. 무엇보다 만약 그리스도인이 위에서 언급된 일들의 일부나 전부를 행하고 있는 사람과 거래한다면, 그는 그것을 용납해야 하는가? 우리는 과연 잠재적 고객들에게 그들이 그리스도인이 아니라는 이유로 그들과 함께 식사할 수 없다고 말할 수 있는가? 여기서 일들이 더 어려워진다. 예를 들어 직장 동료들과 함께 점심 식사를 해야 할 수 있지만, 그것이 과음, 성적인 부적절 또는 비용 계정의 남용과 관련되면 그들에게 가담할 필요가 없다. 이런 영역들에서는 비그리스도인들도 일반적으로 양심적인 원칙을 갖고 있는 사람들을 존경한다. 종종 입장을 정하고 "갱단의 일원"이 되기를 거절하는 것이 직접 복음을 설교하는 것보다 더 힘들고도 강력한 복음의 증언이다. 이질적인 환경에서 일하는 그리스도인들은 자신의 일에 대한 태도와 다른 사람들에 대한 행동에서 모범이 될 의무가 있다. 왜냐하면 우리는 마음과 생각으로 사람들이 아니라 하나님을 섬기고 있기 때문이다.[32] 만약 우리가 그런 식으로 생각하고 행동한다면 우리의 믿음을 나누어줄

---

31 고전 5:9-13.
32 골 3:23.

기회가 많지 않을 수도 있지만, 그럴 경우 다른 사람들도 우리가 전하는 것을 우리 자신이 먼저 실천하고 있음을 깨달을 것이기 때문에 더 존경하면서 우리의 말을 들을 것이다.

신자들이 다른 사람들보다 더 똑똑하고 더 재능이 있고 더 올바르고 더 성공적일 것이라고 가정할 이유가 없으며, 우리는 그들이 우리의 신앙을 공유하건 그렇지 않건 이런 측면들에서 우리보다 나은 사람들을 존중해야 한다. 그들이 하나님을 인정하지 않는다고 하더라도 그들의 재능은 하나님이 주신 것이며, 그들이 누구의 종인지 아는 우리는 그들로부터 유익을 얻을 특권을 갖고 있다.[33] 때로는 그리스도인들이 자기들의 기업이나 학교를 세워 기독교적 노선에 따라 운영할 수 있지만, 세상의 지혜가 하나님의 피조물을 이해하는 데 진정으로 도움을 준다면 그것이 세상의 지혜를 거부해야 할 구실은 아니다. 예컨대 아무도 단지 컴퓨터를 발명한 사람이 아마도 신자가 아니라는 이유로 컴퓨터를 거부하지는 않을 것이다!

성공에 의해 생겨난 문제들이 또 다른 복잡한 분야로 대두될 수도 있다. 오늘날 세상에는 자신의 신앙의 원리를 사업장에 적용하는 그리스도인들이 있고, 그들이 소유하고 운영하는 가족 회사로 시작한 주식 회사들이 많다. 시간이 흐른 다음 이 기업들은 성장해서 더 이상 창업자들이나 심지어 그들의 원칙을 공유하는 다른 사람들에 의해 운영되지 않는다는 의미에서 "특정 개인과 관계가 없는" 회사가 되기도 한다. 많은 경우에 이 회사들은 더 큰 회사에 팔리거나 합병될 것이고, 원 창업자의 이름만 남는다. 그 과정에서 지금 그 회사에서 일하는 그리스도인들은 불편함을 느낄 타협이 이루어졌을 가능성이 크다. 신자는 이에 대해 어떻게 해야 하는가? 회사 정책이 개인의 양심에 반하기 때문에 사직해야 할 상황이 있을 수도 있지만, 이런 경우는 비교적 드물다. 문제가 불분명

---

33   롬 13:4을 보라.

한 경우가 훨씬 더 흔할 것이고, 어떻게 해야 할지 알기도 어렵다. 예를 들어 회사의 퇴직연금 기금이 수익률이 높은 주식에 투자될 수 있지만, 그 수익률이 주식을 발행한 기업 측의 미심쩍거나 불법적인 관행에 의해 떠받쳐졌을 수 있다. 이에 대해 무엇을 할 수 있는가?

최근에 나타난 보다 고무적인 표지 중 하나는 바로 이런 문제들을 다루고자 하는 비즈니스 윤리에 대한 관심이 높아지고 있다는 것이다. 기준이 유지될 수 있도록, 그리고 부패가 완전히 제거되지는 못하더라도 통제될 수 있도록 사람들에게 나쁜 관행을 보고하도록 장려하는 감시 기구들이 점점 늘어나고 있다. 그리스도인들은 이런 전개를 환영하고, 필요할 경우 이를 이용하기를 두려워해서는 안 된다. 태도를 정하기는 결코 쉽지 않고 관련된 개인들은 값비싼 대가를 치를 수도 있다. 그러나 하나님이 우리의 증인이시고, 우리가 옳다고 알고 있는 일을 한다면 하나님은 우리를 실망시키지 않으실 것이다.

일터의 문제들은 어렵고 복잡할 수 있지만, 그것들은 종종 "여가" 분야에서 생긴 문제들에 비하면 하찮아지는 경우가 있다. 기업에서 요구되는 타협은 본질상 실용적이고 기술적인 경우가 매우 흔하다. 사람들은 양심적인 사람들에게 짜증을 낼 수도 있지만, 그들은 대개 마지못해 양심적인 사람들을 존경하고 특히 들킬 위험이 있으면 발을 뺄 수도 있다. 그러나 예술에서는 이야기가 달라진다. 음악, 미술, 문학은 보다 고상한 의식을 다루며, 따라서 더 정교하고 더 쉽게 부패된다. 세계에서 가장 뛰어난 고등 문화의 기념물들 가운데 일부는 그리스도인들 혹은 기독교적 규범과 가치를 받아들인 사람들에 의해 만들어졌다는 데는 의심이 있을 수 없다. 사람들은 윌리엄 셰익스피어가 실제로 무엇을 믿었는지 논쟁을 벌이지만, 아무도 그의 희곡들을 외설적이거나 비도덕적이라고 말하지 않을 것이다. 그의 희곡들이 종종 다양한 모습으로 죄를 다루기는 해도 그렇다. 예술은 삶의 거울이고, 영광과 비극의 조합은 예술이 이룰 수 있는 가장 근접한 삶의 모방이기 때문에, 진실로 위대한 예술 작품들은 일반적으로 창조의 영광을 경축하고 타락의 비극을 비난할 것이다. 우리는 어떤 위대한 책이 우리가 일반적으로 피하려고 하는 불쾌한 주제에 관해 말한다는 이유만으로 그 책을 거부하거나 금지해서는 안 된다. 그 책이 예술로서의 자신의 소명에 충실하고 (두 가지 명백한 예를 들자면) 살인이나 성적 부도덕이 왜 나쁜지에 대한 보다 깊은 통찰력을 주는 한, 그 책을 진리의 음성으로 긍정하지 않을 이유가 없다. 만약 어떤 것이 우리의 속을 뒤집어놓는다면 우리는 그것을 피하고 싶을 테지만, 묘사되고 있는 매우 실제적인 악에 의해 우리의 속이 뒤집어져야 하는 상황이라면, 우리는 우리의 부정적 반응의 뿌리가 예술가의 부도덕이 아니라 우리의 연약함이라는 사실을 인정해야 한다.

그리스도인들은 인간 활동의 다른 모든 분야처럼 이 분야에서도 이 땅의 소금과 세상의 빛이 되도록 요청을 받는다. 인생이 항상 그렇게 되는 것은 아니어도 사람들은 대부분 자기들이 읽는 소설이 "행복한 결말"을 맺고, "경찰과 도둑"의 드라마가 좋은 사람인 경찰의 승리로 끝나기를 기대한다는 것을 생각해보면 흥미롭다. 사람들은 옳은 것이 그른 것을 이기기를 바라는 타고난 열망이 매우 강하며, 현실 세계에서 항상 그렇게 되지는 않는다면 최소한 허구 속에서라도 그렇게 되어야 한다! 오락은 도덕적으로 중립이 아니며, 여가가 점점 더 보편화되어가는 세상에서 우리가 제공하는 오락의 종류를 고려하는 것이 어느 때보다 중요하다. 오늘날과 같은 시청각 시대에는 훨씬 더 충격적인 광경으로 대중에게 충격을 주라는 압력이 끊임없이 존재한다. 그리스도인들은 위대한 예술가들이 항상 알고 있었던 것, 곧 억제와 미묘함이 종종 가장 강력하고 효과적인 소통 형태라는 것을 강조할 의무가 있다. 음란물은 예술이 아니고, 오래 지속되지도 않는다. 사람들은 처음에 그것에 충격을 받지만 그 충격은 금방 수그러지고, 무의미함만 기억될 것이다.

현대 세계에서 매우 중요한 또 하나의 분야는 스포츠인데, 일부 집단에서는 스포츠가 거의 하나의 대안 종교가 되었다. 이론상으로, 스포츠는 건강과 미모를 유지하는 유용하고 유쾌한 방법인 육체 운동이 되도록 의도되었다. 성경은 이 점에 대해 우리가 원하는 것만큼 장려하지는 않지만,[34] 스포츠가 그 목적을 상실하지 않는 한 이에 대해 반대할 이유는 별로 없는 것 같다. 올림픽 경기와 같은 행사들이 증언하듯이 스포츠는 고대 세계에서 중요한 활동이었으나, 그리스도인들은 결코 스포츠에 깊이 연루되지 않았다. 그것은 부분적으로는 스포츠가 이교 의식과 밀접하게 연결되어 있었기 때문이고, 또 부분적으로는 소위 스포츠가 폭력적이고 잔인했기 때문이다. 로마 원형 경기장 안의 사자들에게 던져진 그리스도인들은 대중의 유희 대상이었다. 당시의 그리스도인들이 왜 스포츠를 인정하려고 하지 않았는지는 쉽게 알 수 있으며, 스포츠에 대한 그들의 태도가 우리의 태도보다 덜 열정적이라 해도 그들을 탓할 수 없다.

그러나 오늘날 우리는 모든 그리스도인이 세상에 관여할 때 받는 도전을 스포츠 분야에서 가장 명확하게 본다. 한편으로 우리가 하는 일 대부분은 그 자체로는 잘못이 아니다. 실로 하나님은 테니스 코트, 축구 경기장, 수영장에서 활동하는 신자들을 사용해서 스포츠 자체의 기준을 유지하고 세상에게 그리스도인들이 인간의 몸과 건강의 유익에 대해 긍정적인 태도를 갖고 계심을 보여주셨다. 그러나 다른 한편으로 현대 세계에서 다른 어느 분야에서도 본질적으로 좋은 것이 어떻게 부패하고 악을 위한 힘이 될 수 있는지를 스포츠보다 더 명백하게 보여주는 예는 없다.

이런 경향은 여러 단계에서 드러난다. 첫째, 스포츠가 수반할 수 있는 다른 것들로부터의 혼란이 있다. 탁월함을 위해 훈련하는 것이 너무도 중요하다 보니, 스포츠에 깊이 빠진 사람들은 경쟁에서 이기기 위해 자신의 건강을 포함한 모든 것을 희생할 수 있다. 그렇게 되면 육체 운동이 가져다주기로 의도된 유익이 정반대가 되고, 건장한 젊은이들이 너무 젊

---

34 딤전 4:8을 보라.

은 나이에 힘을 다 소진해버린다. 또한 일부 스타 선수들은 평생 쓸 충분한 돈을 벌 수 있지만, 다른 많은 선수들은 운동을 위해 공부를 희생했기 때문에 빚을 지거나 적절한 생계 수단 없이 지내게 된다. 특히 일요일이 아주 많은 사람들에게 자유의 날이고, 비신자는 사람들이 교회에 가고 싶어 하는 이유를 알지 못하는 시대에 가장 나쁜 것은, 운동을 위해 하나님께 드리는 예배를 포기하는 것이 세상에서 가장 하기 쉬운 일이라는 점이다. 경기를 위해 모든 것을 포기하라는 요청은 큰 유혹이며, 그리스도인들은 최선을 다해 그 유혹에 저항해야 한다.

둘째, 스포츠에는 명성과 명예뿐만 아니라 많은 돈이 연결되어 있다. 이것은 부패가 거의 불가피하다는 것을 의미하고, 이제 추문들이 정규적으로 일어난다. 불법 스테로이드를 복용한 선수들이 올림픽 메달들을 땄고, 매우 젊은 선수들이 벌어들이곤 하는 엄청난 돈은 근면한 노동과 돈의 가치에 대한 존중을 장려하는 것과는 아무 관계가 없다. 스포츠 영웅들은 그런 일들에 자격이 있는지 여부와 관계없이 역할 모델, 여론 형성자, 그리고 심지어 정치인이 될 정도까지 우상화된다. 경기장에서 공을 차는 능력이 멸시되어서는 안 되지만, 그것이 왜 어떤 사람을 백만장자와 사회적 유행의 선도자가 되게 해야 하는가? 활동으로서 스포츠는 비생산적이고 본질상 무의미한데도 전 세계 젊은이들의 꿈이 되었다. 계급, 인종, 종교의 분열을 넘어 사람들을 연합시키는 한도에서 스포츠는 좋은 것일 수 있지만 궁극적으로 그 연합은 피상적이며, 영적인 것들에 대한 관심을 무뎌지게 하며 그것들이 중요하지 않고 무익해 보이게 하므로 진리와 구원의 적이다. 스포츠를 통한 연합은 영적인 일에 대한 욕구를 둔화시키고 영적인 일을 무가치하며 무익한 것으로 보이도록 만들기 때문이다.

스포츠가 매우 두드러지고 인기가 있기 때문에 이 땅의 것들의 부패는 스포츠 영역에서 가장 분명하게 드러나고 있으며, 같은 원리가 인간 문화의 다른 모든 측면에도 적용된다. 위대한 그림은 매우 아름답다. 하지만 그 그림이 기독교 교회의 어떤 부분에서와 같이 예배의 대상이 되면 그 그림의 매력적인 여러 특질들에도 불구하고 악용되고 해로워진다. 음악도 감동을 주고 정신을 고양시킬 수 있지만, 사람들을 장악하고 사람들이 지배당하기 시작하면 음악도 해롭다. 확실히 대중가요 인기 가수들의 부도덕한 삶의 방식은 음악이 악용될 때 어떤 일이 일어날 수 있는지에 대한 볼썽사나운 주석이다. 문학도 지성과 영혼에 큰 만족을 줄 수 있지만, 문학이 신이 되도록 허용되면 우리를 잘못된 길로 이끌 것이다. 믿음의 중심에 책이 있기 때문에, 그리스도인들에게 문학은 특별히 어려운 분야다. 성경은 위대한 문학 작품인가, 아닌가? 성경을 그 안의 영적 메시지를 희생시키고 위대한 문학 작품으로 읽을 수 있는가? 어떤 사람들은 그렇게 하려고 했고 일반 대학교들에는 심지어 "문학"으로서의 성경 과목들도 있지만, 궁극적으로 그것은 무익한 시도다. 성경에 "위대한 문학"으로 부를 수 있는 부분이 있다면 그것은 우연이며, 성경의 진정한 목적은 사뭇 다르다. 신학 없이 성경을 읽으려는 것은 성경을 악용하는 것이며, 성경이 삶을 변화시키는 구원의 메시지가 아니라면 많은 사람들이 성경을 인간 문명에 대한 지대한 공헌으로 연구하지 않을 것이다.

　슬프게도 미술은 포르노물이 될 수 있고, 문학은 외설적으로 될 수 있으며, 음악은 사람들을 장악하는 악마와 같아질 수 있다. 그리스도인들은 이 모든 악용들에 맞서 싸워야 하며, 우리는 문화계에서 잠재적으로 좋은 이런 것들이 그런 함정에 빠지지 않게 하라는 요청을 받는다. 이와 유사하게 우리는 경제와 사회 분야에서도 인류 전체의 유익을 위해 빛의 자녀로서 우리의 존재와 가치를 이 분야에 보여주는 역할을 하도록 기대된다. 우리는 이 일에 성공하면 하나님께 감사하고, 성공하지 못하더라도 우리가 가진 것을 하나님께 드릴 수 있다. 이생에서의 명성과 성취는 덧없으며 궁극적으로 영원한 중요성이 없다. 거듭 말하지만, 일찍 완벽한 정상에 도달하고 대체로 중년쯤이 되면 명성이 사라지는 스포츠에서 이 점이 가장 명백하다. 다른 분야들에서는 인정받기까지 오랜 시간이 걸리고 때로는 사후에야 인정받을 수도 있다. 그리스도인들은 이 것을 기억하고, 세상은 명백한 진리여야 하는 것을 자주 조롱하고 싫어 한다는 사실을 다른 사람들에게 상기시켜주도록 요구된다. 바울이 다른 맥락에서 한 말을 여기에도 적용할 수 있다.

> 그러므로 우리가 낙심하지 아니하노니 우리의 겉사람은 낡아지나 우리의 속사람은 날로 새로워지도다. 우리가 잠시 받는 환난의 경한 것이 지극히 크고 영원한 영광의 중한 것을 우리에게 이루게 함이니, 우리가 주목하는 것은 보이는 것이 아니요 보이지 않는 것이니, 보이는 것은 잠깐이요 보이 지 않는 것은 영원함이라.[35]

일반 은총이라는 주제를 마치기 전에 교회를 자주 힘들게 했던 한 측 면을 간략히 살펴보자. 하나님을 섬기고 예배하는 데 재물과 이 세상의 성취가 어느 정도까지 사용될 수 있는가? 교회를 그림으로 장식해도 되 는가? 예배에서 음악은 어떤 지위를 차지해야 하는가? 드라마와 소설 등 은 보편적인 그리스도인의 삶에서 어떤 역할을 하는가?

이 질문에 대해 간단하거나 확실한 답변은 없다. 초기 그리스도인들이 예배 중에 노래를 불렀다는 것이 확실하기는 하지만,[36] 성경은 이에 관 해 거의 아무 말도 하지 않는다. 특히 그것이 오늘날의 예배를 위한 모델 의 근거로 주장될 때, 그들이 부른 노래와 방식이 논란이 되었다. 예배에 서 시편(아마도 신약성경에 나오는 찬송시들)만 노래해야 한다고 주장한 그리 스도인들이 있었고, 악기 사용은 "비성경적"이라고 반대한 그리스도인 들도 있었다. 이런 의견들이 특정 그리스도인 집단의 세심한 선택이라면 그 의견을 존중하지 않을 이유가 없지만, 그런 견해들을 참으로 성경의

---

35   고후 4:16-18.
36   골 3:16.

가르침으로 옹호할 수는 없다. 초기 그리스도인들은 시편 외에도 찬송과 "영적인 노래들"을 불렀고, 악기가 금지되었다는 아무런 암시도 없다. 악기들은 구약에서 확실히 사용되었고, 증거가 드물기는 하지만 초기 기독교 예배에서도 설 자리가 있었을 것이다. 고대 세계가 끝날 즈음에는 생생하고 기운찬 **아카펠라** 노래 전통이 발전했으며 아카펠라는 지금도 존속하고 있다. 이것이 악기의 거부로 이어지지는 않았고, 오늘날 교회에는 두 종류의 음악이 공존한다.

그림에 관해서는 초상들과 심지어 조각들을 예배의 중심으로 삼은 많은 교파들이 있다. 이런 것들 자체에는 잘못이 없어도, 이런 경향이 너무 지나쳐 본래의 목적에서 벗어났다고 암시하는 온갖 이유들이 있다. 처음에 교회의 경건 생활에서 그림을 사용한 사람들은 그리스도의 성육신의 실재를 긍정하고 싶어서 그렇게 했다. 하나님이 참으로 사람이 되셨다면 하나님 자신을 나사렛 예수 안에서 가시적인 존재가 되게 하신 것이고, 나사렛 예수는 확실히 그림으로 그릴 수 (당시에 그런 기술이 있었다면 사진으로 찍을 수) 있었을 것이다. 그러나 신약성경 어디에도 그런 그림들이 그려져야 한다는 암시가 없고, 그런 그림들이 초기 교회의 예배에서 인식할 수 있는 역할을 하지도 않았다. 우리가 확실히 아는 것은 로마의 지하 묘지들에 기독교 프레스코화들이 그려져 있다는 것이 전부다. 그러나 그 그림들이 숭배의 대상이었던 것으로 보이지는 않으며, 그런 관행에 대한 성경적 정당성도 없다.

마지막으로 예배에서 세속 문학을 사용할 수는 있지만, 그것은 통제되고 복음의 요구에 종속되어야 한다. 바울은 아테네에 갔을 때 자신의 복음 전도 목적을 증진하기 위해 그리스 시인들 중 일부를 인용했다.[37] 하지만 바울은 결코 그들의 말을 신의 영감을 받은 말로 간주하지 않았고 교회 예배에서 성경 대신 그들의 말을 사용하는 것을 묵인하지도 않았을

---

37   행 17:28.

것이다. 초기 교회는 일반적으로 영감을 주는 소설에 찬성하지 않았다. 그것은 아마 그런 사례들에 이단의 기미가 있었기 때문일 것이다. 그러나 이후에 존 번연의 『천로역정』과 같이 하나님께 크게 사용된 현저한 사례들이 있었다. 물론 존 번연은 자신이 무슨 일을 하고 있는지 알고 있었고 그의 독자들도 그랬으며, 그들 가운데 아무도 존 번연의 소설을 성경의 대체물로 보려 하지 않았다. 그의 우화 소설은 성경의 원리를 신자의 영적 삶에 생생하게 적용시켰고, 이 소설의 목적은 독자들을 성경 텍스트에서 멀어지게 하는 것이 아니라 성경 텍스트로 돌려놓는 것이었다.

일부 교회들에서 성경 구절을 읽는 것을 시인들이나 소설가들의 글들을 읽는 것으로 대체하는 경향은 정당성이 없다. 성경은 하나님의 말씀이고 이 모든 다른 글들은 사람의 말이다. 그런 글들이 훌륭하고 정신을 고양시킬 수 있다고 해도, 그것들은 본연의 자리를 굳게 지켜야 한다. 그런 글들은 진리를 조명하는 보조재로서 유익하고 도움이 될 수 있지만, 진리의 대체물은 아니다. 다른 분야에서처럼 문학에서도 천재들의 작품들은 자기 자리를 갖고 있지만, 그 작품들의 일시적 성격이 인식되고 또 그러한 작품으로 존중되어야 하며, 문학 작품들 자체가 유일하게 영혼을 구원하고 위로할 수 있는 영원한 하나님의 말씀과 혼동되어서는 안 된다.

우리 자신의 타락한 상태 다루기

그리스도인들이 하나님으로부터 이 땅의 소금과 세상의 빛이 되라고 부름 받았다면, 예수께서 제자들에게 상기시켜주신 것처럼 소금이 맛을 잃으면 아무 데도 쓸모가 없기 때문에[38] 그 소금이 맛을 잃지 않게끔 하는 것이 매우 중요하다. 이것은 그리스도인들은 실제로 영적 전투를 벌

---

38 마 5:13.

이고 있는 군인들이며, 주님께 도움이 되기 위해 완전 무장하고 잘 훈련되어야 한다는 것을 의미한다. 비록 그리스도 안에서 거듭났다고 해도 우리는 여전히 죄인들이다. 이 세상에서 살고 있는 한 우리는 이 기본적인 현실을 다뤄야 한다.

우리가 다루고 극복해야 할 첫 번째 문제는 유혹이다. 종종 우리의 약점을 틈타 유혹이 찾아온다고 생각되지만 반드시 그런 것은 아니다. 우리 중 올림픽 메달이나 노벨상을 받으려고 노력하라는 유혹을 받는 사람은 거의 없을 것이다. 그것은 우리가 이런 유혹에 저항할 수 있을 만큼 충분히 강하기 때문이 아니라, 너무 약해서 아예 그 경쟁에 들어갈 수도 없기 때문이다! 우리는 우리가 강점을 지닌 분야에서 가장 위험에 덜 노출되어 있다고 생각하기 때문에, 사실은 우리의 강점이 유혹이 뿌리를 내리는 데 가장 효과적인 토양을 제공한다. 돈을 벌 재능이 있는 사람은 그 재능을 합법적인 경계를 넘어 사용하도록 쉽게 유혹받고 탐욕의 유혹에 굴복할 수 있다. 선천적으로 매력적이고 설득력이 있는 사람은 그 재능을 이기적인 목적에, 혹은 정상적인 상황에서는 아무도 사고 싶어 하지 않을 물건을 파는 데 사용하도록 유혹받을 수 있다. 매우 영리한 사람은 자신의 두뇌를 세금 납부와 같은 의무를 피하거나 불법으로 힘을 행사하기 위해 온갖 수상한 기법을 고안하는 데 사용하도록 유혹받을 수 있다. 이런 가능성의 목록은 사실상 끝이 없지만, 바울은 이스라엘 사람들의 광야 여정의 슬픈 역사를 검토하면서 이를 깔끔하게 요약하고, 고린도 교회에 다음과 같이 경고하는 것으로 결론을 맺는다.

그런즉 선 줄로 생각하는 사람은 넘어질까 조심하라. 사람이 감당할 시험 밖에는 너희가 당한 것이 없나니, 오직 하나님은 미쁘사 너희가 감당하지 못할 시험 당함을 허락하지 아니하시고 시험 당할 즈음에 또한 피할 길을

내사 너희로 능히 감당하게 하시느니라.[39]

우리의 힘은 우리 자신에게 있는 것이 아니다. 그 힘은 우리가 우리 자신이 아니라 주님을 신뢰하는 한, 우리의 길에 어떤 유혹이 와도 그 유혹에 저항할 수 있게 해 주시는 주님께 있다.

그렇다고 우리가 진정한 약점을 갖고 있지 않다는 말은 아니다. 그 약점들이 무엇인지 인식하는 것이 매우 중요하다. 그리스도인들은 삶에 시련이 있다면 그것은 하나님을 섬기는 데 완전히 전념하지 않는다는 표지라는 이유로, 삶에서 어떤 시련도 만나서는 안 된다고 생각하는 함정에 빠지기 쉽다. 그러나 그것은 사실이 아니다. 바울은 "육체의 가시"로 고생했고 그 고통에서 벗어나게 해달라고 기도했다. 그가 세 번 기도한 뒤에 하나님은 이렇게 응답하셨다. "내 은혜가 네게 충분하다. 왜냐하면 너의 약함 가운데서 내 능력이 완벽해지기 때문이다." 그 뒤 바울은 이렇게 결론을 내렸다. "그러므로 나는 그리스도의 능력이 내게 머물도록 내 약함을 더 기쁘게 자랑할 것이다."[40] 그러나 우리는 바울에게 약점이 있었음을 알아도 그 약점이 무엇이었는지는 듣지 못했음에 주목하라. 여기서 우리는 바울의 본을 따라 우리 자신과 다른 사람들 앞에서 우리의 불완전함을 인정해야 한다. 하지만 그 약점들을 공개적으로 드러내거나 너무 많은 시간을 그것에 대해 말하는 데 보내느라 막상 하나님을 볼 수 없게 되는 일은 없어야 한다. 우리에게 약점이 주어진 것은 자신에게 몰두하는 핑계로서가 아니라, 우리로 하여금 겸손해지고 자신을 하나님께 의존하도록 만들기 위함이다. 바울은 고린도 교회가 자신을 애처롭게 생각하기를 기대하지 않았고, 우리도 오늘날 다른 사람들에게 그렇게 기대해서는 안 된다. 약함 가운데 자랑하는 것은 우리 자신에게 관심을 끌기 위

---

39 고전 10:12-13.
40 고후 12:9.

5부 • 하나님이 세상을 이토록 사랑하셨다

함이 아니라, 하나님의 은혜 안에서 자랑하기 위함이다.

다음으로 기억해야 할 것은 비록 우리가 결코 감당할 수 없는 유혹은 받지 않는다고 해도, 알게 모르게 죄를 지을 때가 있다는 사실이다. 이것을 피할 수는 없다. 이생에서 죄 없는 완벽함을 달성할 수 있다고 설교하는 사람들은 틀렸을 뿐 아니라 속고 있는 것인데, 속는 것이 잘못 아는 것보다 더 나쁘다. 회개는 우리가 그리스도께 나아올 때 한 번 하고 끝내는 일회성 사건이 아니라, 우리가 알고 있는 죄뿐만 아니라 알아차리지 못한 죄에 대해서도 하나님께 용서를 구하는 일상의 훈련이다. 우리 중 아무도 우리의 생각과 행동을 완전히 알지 못하며, 우리는 모두 여러 모로 죄를 짓는다.[41] 그리스도인의 영적 성장은 더 높은 수준의 완전함으로의 이동이 아니라, 더 큰 수준의 자기 인식으로의 이동을 수반한다.[42] 다른 사람들을 판단하는 것은 우리가 할 일이 아니고, 다른 사람들에게서 너무도 쉽게 발견하는 것과 똑같은 죄에 빠지지 않도록 스스로 조심하는 것이 우리가 할 일이다.[43] 모든 사람들에게서 잘못을 보면서 우리 자신의 잘못을 바로잡지 않는 것보다 더 쉬우면서도 하나님 앞에서의 우리의 지위에 더 해로운 것은 아무것도 없다. 예수께서 다음과 같이 말씀하신 것처럼 말이다.

어찌하여 형제의 눈 속에 있는 티는 보고 네 눈 속에 있는 들보는 깨닫지 못하느냐? 보라! 네 눈 속에 들보가 있는데 어찌하여 형제에게 말하기를 "나로 네 눈 속에 있는 티를 빼게 하라" 하겠느냐? 외식하는 자여, 먼저 네 눈 속에서 들보를 빼어라. 그 후에야 밝히 보고 형제의 눈 속에서 티를 빼리라.[44]

---

41   약 3:2.
42   예컨대 엡 3:8에서 바울의 자기 인식에 대한 표현을 주목하라.
43   마 7:1; 눅 17:3.
44   마 7:3-5.

자기 인식은 다른 사람들과의 모든 관계에서 우리를 불가피하게 다시 하나님의 은혜로 돌아서게 하는 중요한 현실 점검이다. 이것은 그리스도인들의 공동체에서 사안들을 처리할 때 특히 중요하다. 신자들이 흔히 자신은 성령에 의해 인간 생활의 제약에서 벗어났기 때문에 인간 생활의 평범한 규칙들을 지킬 필요가 없다고 생각한다. 예를 들어 어떤 그리스도인들은 사실은 선서가 외부 세계에 대해 우리가 진실을, 완전한 진실을, 그리고 진실만을 말하기로 약속한다고 안심시키는 것에 지나지 않는데도 불구하고, 성경에 반한다고 생각해서 이를 거부한다.[45] 진실만 말하는 데 별도의 격려가 필요 없다고 생각할 수도 있지만, 우리는 다른 사람들에게 의미 있는 방식으로 우리의 정직함을 보여줄 책임이 있으며, 그것이 법정에서 선서하는 것이 다른 사람들에게와 마찬가지로 그리스도인들에게도 합법적이고 필요한 이유다.

또한 우리가 공적으로 책임감 있고 의심의 여지가 없는 방식으로 우리의 일을 처리하는 것도 중요하다. 그리스도인 남녀가 동거하면서 그것을 "결혼"이라고 부를 수 있지만 세상의 눈에는 그 상황이 명확하지 않으며, 결혼이 공적으로 인정되는 것이 중요하다. 아브라함이 자기 아내 사라를 두 번이나 누이로 속였고, 두 번 다 잘 풀리지 않았던 것을 생각하면 이 점을 알 수 있다.[46] 그것은 두 경우 모두 아브라함이 완전한 진실을 말하기를 두려워하면서 절반의 진실만 말하면 안전할 수 있을 것이라고 생각했기 때문이다. 아브라함은 우리의 믿음의 조상이고 우리는 아브라함보다 낫지 못하다. 그 상황에서는 충분히 이해될 수 있고 자기가 합리적이라고 생각하는 행동을 취하게 한 아브라함의 유혹은 더 심각한 어려움과 아무도 아브라함을 믿을 수 없는 상황으로 이어졌다. 그 전철을 밟고 있는 그리스도인들은 그 길을 멈추고, 소금이 빠르게 맛을 잃

---

45   마 5:34-37; 약 5:12를 보라.
46   창 12:10-20; 20:2-14. 사라는 아브라함의 이복누이다.

어가고 있으며 자기들의 증언이 복음 전파에 아무 가치가 없게 되어버린다는 사실을 깨달아야 한다. 그것은 그들이 표방하는 주장에 해를 입히고 불신을 조장하기 십상이다.

그리스도인들은 또한 서로를 대할 때 인정할 만한 절차를 따라야 한다. 이 절차는 지역마다 다르겠지만, 모든 사회와 기관은 구성원들이 따르도록 기대되는 규범들을 갖고 있으며, 그리스도인들은 단지 자신의 믿음을 이유로 이 규범들에서 제외된다고 주장할 권리가 없다. 그리스도인들은 적절한 회계 기록을 유지하고 사람들을 합법적으로 고용하며, 아무도 그들이 다른 사람들을 대할 때 표준 이하의 행동을 했다고 비난하지 못하게 해야 한다. 교회 그리고 관련된 다른 기관은 어느 곳에서나 기대되는 것과 똑같은 견제와 균형 및 똑같은 모니터링 절차를 운영해야 하며, 할 수 있으면 거기서 한 걸음 더 나아가야 한다. 지저분한 사업 관행에 탐닉하거나 절차를 무시하는 그리스도인들은 그들의 믿음에 대한 증인이 아니라 골칫거리다. 기독교계에서 저명한 인물이나 기관이 적절한 절차가 갖춰져 있고 또 절차가 준수되었더라면 피할 수 있었던 모종의 범죄로 유죄 선고를 받는 것보다 더 나쁜 일은 없다. 교회를 위선자라고 비난하는 것보다 세상이 더 좋아하는 것은 없으며, 그 비난에 실체가 있을 때 그것은 하나님의 백성에게 수치와 불명예를 가져올 수 있을 뿐이다.[47]

그리스도인들이 다뤄야 할 또 하나의 문제는 개인 재산과 공동 재산 사이의 적절한 관계다. 교회의 물건들은 한 개인의 재산이 아니며, 교회 자금이 목사나 어떤 다른 교인의 개인 용도로 유용되지 않도록 각별히 조심해야 한다. 동시에 일반적으로 개별 그리스도인들은 자신들의 자산에 대한 통제권을 교회에 전적으로 넘기지 말고, 자신의 재정 문제를 스스로 처리해서 교회와 교회의 필요를 위해 관대하게 헌금하는 편이

47　롬 2:17-24.

낫다. 기독교 초기에 예루살렘 교회에서 원시 공산주의에 대한 실험이 있었지만, 이 실험은 실제로는 상당한 금액을 남겨두었음에도 전 재산을 공동체에 기부한 척한 아나니아와 삽비라의 이기적인 행동 때문에 실패했다. 아나니아와 삽비라는 그 죄로 처벌 받았고, 이후로 이 실험은 계속되지 못했다.[48] 수백 년 동안 이런 식의 공산주의를 소생시켜 제한된 규모로 성공시킨 수도원과 반(半)수도원 공동체들이 있었지만, 공산주의는 결코 규범이 되지 않았다. 현대에 이렇게 하려는 자발적인 시도들은 대개 눈물로 끝났다. 인간의 이기심이 깊이 뿌리박혀 있는데, 우리는 최선을 다해 이에 맞서 싸워야 하기는 하지만 또한 자신의 재산을 소유하려는 사람들의 욕망은 결코 근절할 수 없다는 점도 인정해야 한다. 초기 교회가 발견한 것처럼, 개인의 소유권을 빼앗고 개인들에게서 소유권에 동반되어야 하는 책임감을 박탈하기보다는 이를 허용하고 관대함을 장려하는 것이 더 낫다.

성경은 하나님이 자기 백성에게 용납하지 않는 것들이 있다고 경고한다. 그것들을 명심하고 그 죄들을 짓지 않기 위해 최선을 다하는 것이 교회의 건강에 필수적이다. 불행하게도 이것은 우리가 이런 죄들에 관해 계속 가르쳐야 한다는 것을 의미한다. 그것은 우리가 이런 죄들을 생각하는 비뚤어진 쾌락을 얻기 원하기 때문이 아니라, 이런 죄들이 일어날 때 이를 알아내고 또한 통제할 수 없는 상태가 되기 전에 이런 죄들을 처리할 준비를 더 잘 갖추기 위함이다. 구약성경의 잠언에는 다음과 같은 목록이 나와 있다.

여호와께서 미워하는 것
곧 그의 마음에 싫어하는 것이 예닐곱 가지이니,
곧 교만한 눈과 거짓된 혀와

---

48   행 5:1-11.

무죄한 자의 피를 흘리는 손과

악한 계교를 꾀하는 마음과

빨리 악으로 달려가는 발과

거짓을 말하는 망령된 증인과

및 형제 사이를 이간하는 자이니라.[49]

추상적으로 이런 목록을 읽으면 그로 인해 움찔하고 우리는 언급된 죄들을 짓지 않았다고 생각할 가능성이 높은데, 그것이 사실일 수도 있다. 예컨대 우리 가운데 많은 사람들이 기도 모임에서 무고한 피를 흘렸을 가능성은 별로 없을 것이다! 그러나 우리는 예수가 그런 일을 어떻게 해석했는지 기억해야 한다. 예수는 제자들에게 만약 우리가 마음속으로 어떤 사람에게 화를 내거나 그 사람을 미워하면 이미 살인을 저지른 것이라고 가르쳤다. 그런 일은 다른 곳에서처럼 교회에서도 일어날 수 있다. 그 기준으로 자신을 판단한다면 우리는 곧 자신이 스스로 생각하는 것만큼 그렇게 죄가 없지 않다는 점을 알게 될 것이다.[50] 잠언의 목록에 언급된 이 모든 일은 경계를 풀면 기독교 진영에서도 쉽게 일어날 수 있고, 우리는 그런 일이 일어나지 않도록 최선을 다해야 한다.

신약성경에서 바울은 피해야 할 일들의 간편한 목록을 우리에게 제시한다.

육체의 일은 분명하니 곧 음행과 더러운 것과 호색과 우상 숭배와 주술과 원수 맺는 것과 분쟁과 시기와 분냄과 당 짓는 것과 분열함과 이단과 투기와 술 취함과 방탕함과 또 그와 같은 것들이라. 전에 너희에게 경계한 것 같이 경계하노니 이런 일을 하는 자들은 하나님의 나라를 유업으로 받

---

49   잠 6:16-19.

50   마 5:21-22.

지 못할 것이요.[51]

이 목록은 잠언에 나오는 목록보다 더 포괄적이고 일반적이며, 따라서 다양한 상황에 더 직접적으로 적용할 수 있다. 우리들 대부분은 아마 우상숭배와 술 취함이 오늘날 교회 안에서 흔하지 않다고 생각하겠지만 말이다. 문자적 의미에서는 그럴 수도 있지만, 중요성에 있어 부차적인 것들에 과도하게 사로잡혀 주된 목적에서 벗어나게 하는 일의 관점에서 생각한다면 이런 일들이 우리 가운데서 어떻게 일어나는지 알기가 더 쉽다. 여느 때처럼 우리는 평소에 우리를 불시에 붙잡을 수 있는 경향들에 대해 경계해야 한다. 자기 훈련은 그리스도인의 섬김에 있어 근본적인 요건이며, 타락한 세상에서 사는 한 이런 것들이 우리가 가장 경계해야 할 대상이다.

타락한 물질세계에 대한 우리의 책임

하나님의 보존 능력은 자연계 즉 물질세계에도 작용하고 있으며, 그리스도인들은 지속가능한 보존과 발전에 대해 다른 사람들만큼 책임이 있다. 인간의 죄 때문에 자연 법칙이 정지되지는 않았다. 사실 홍수 후에 하나님은 노아에게 자연 법칙이 세상 끝날까지 계속될 것이라고 약속하셨다.[52] 이 약속의 유익이 너무 크다 보니 우리는 종종 그것을 알아차리거나 우리가 자연 법칙이 계속 기능하는 데 얼마나 많이 의존하고 있는지 깨닫지 못한다. 최근에 지구 온난화의 결과에 대한 우려로 기온이 약간이라도 변하면 기후와 지형에 막대한 영향을 줄 수 있음이 상기되어

---

51   갈 5:19-21.
52   창 8:22.

이런 무관심이 바뀌기 시작했다. 지구 온난화는 논란이 매우 많은 주제이며 이를 지지하기 위해 사용된 자료는 큰 비판을 받았지만, 극지방의 만년설이 녹으면 태평양의 모든 섬들이 사라지고 인구밀도가 높은 저지대가 침수될 것이 확실하다. 이런 변화 중 인간의 활동에 기인하는 부분이 어느 정도인지, 그리고 어느 정도가 우리가 통제하지 못하는 힘의 결과인지는 불확실하다. 그러나 어쨌건 우리는 물질세계에 우리의 생존을 의존하고 있으며, 따라서 이 세계가 잘 작동하는 상태로 유지되도록 최선을 다해야 한다.

모든 사람의 유익을 위해 자연 질서를 보존하는 것은 기독교 메시지와 주변 세계에 대한 그리스도인들의 섬김의 필수적인 부분이다. 하나님은 모든 인간을 사랑하시며, 우리도 똑같이 사랑하도록 부름 받았다. 우리가 동료 신자들에 대해 특별한 책임이 있는 것은 사실이지만, 그것은 우리가 동료 신자들의 복지에 대해서만 신경 쓰고 다른 사람들의 복지에는 신경을 쓰지 않아도 되기 때문이 아니다. 오히려 그것은 우리를 분리시키고 갈라놓는 장벽들을 뛰어넘는 사랑의 유대로 연합된 믿음의 가족이라는 점을 세상에 보여주기 위함이다. 만약 교회가 교인들을 돌보지 않는다면, 더 넓은 세상에서 증인의 역할을 제대로 감당하지 못할 것이다. 그 점에서 우리는 교인들에게 우선순위를 두어야 한다. 그러나 우리가 그리스도 안에 있는 형제자매들에게 우선순위를 둔다고 해서 다른 사람들을 무시한다는 뜻은 아니다. 기근 구제나 질병 예방과 같은 많은 경우에, 우리의 활동을 다른 신자들에게만 국한시키는 것은 타당하지 않을 것이다. 성격상 그 문제는 그런 식으로는 해결될 수 없기 때문이다. 복음이 두려움이나 편애 없이 인류 전체에게 선포되어야 하는 것처럼, 복음에 동반되는 기독교 구제 활동도 모든 사람에게 값없이 베풀어져야 한다. 그리스도인들은 일반적인 인간 활동의 모든 영역에서 인간의 운명을 향상시키려는 노력에 적극적으로 참여할 의무가 있다. 우리는 건강, 주거, 교육에 대한 필요가 생기는 곳마다 이를 인식하고 주의를 기울여야 하며, 우리와 다른 신앙을 갖고 있는 사람들을 차별하지 않아야 한다. 또한 그런 인도적인 원조를 회심자를 얻는 구실로 사용하지도 않아야 한다. 원조는 그 자체로 베풀 가치가 있으며, 어떤 보답도 기대하지 않아야 한다. 우리가 원조에서 자신을 위해 무엇을 바라기 때문이 아니라, 그것이 우리가 하나님의 피조물로서의 세상을 보살핀다는 점을 보여주기 때문에 이타적인 태도는 기독교적 증언의 중요한 측면이다.

대체로 교회는 이 분야에서 상당히 잘 해왔다. 세계 전역에 기독교와 관련되어 세워진 병원, 학교, 주택 공급 프로젝트들이 있으며, 선교사들은 가는 곳마다 이런 활동을 벌였다. 우리의 신앙에서 이런 활동의 중요성을 과소평가하지 않아야 한다. 예수 자신이 제자들에게 마지막 심판 때 다음과 같은 이유로 그들을 천국에 받아줄 것이라고 말했다.

> 내가 주릴 때에 너희가 먹을 것을 주었고, 목마를 때에 마시게 하였고, 나그네 되었을 때에 영접하였고, 헐벗었을 때에 옷을 입혔고, 병들었을 때에 돌보았고, 옥에 갇혔을 때에 와서 보았느니라.[53]

예수는 계속해서 의인들이 자기들이 언제 이런 일을 했는지 질문하면 자신은 다음과 같이 답변할 것이라고 덧붙였다. "너희가 여기 내 형제 중에 지극히 작은 자 하나에게 한 것이 곧 내게 한 것이니라."[54]

그리스도인들의 인도적인 공헌은 대체로 환영받지만, 우리는 항상 그 한계를 명심해야 한다. 육체에 음식을 주는 일은 중요하고 무시될 수 없지만, 영혼을 변화시키는 일이 훨씬 더 중요하다. 일부 그리스도인들은 사회 활동이 필요한 일의 전부라고 믿도록 유혹받고 있으며, 세상에는 사회 활동을 그런 식으로 유지하기 위해 공모하는 세력들이 있다. 우리

---

53 마 25:35-36.
54 마 25:40.

는 종종 그리스도인들의 물질적 원조는 환영받지만, 그 원조에 동반하고 그 원조를 밑받침하는 영적 메시지는 환영받지 못하는 것을 발견한다. 일부 국가들에서는 복음에 대한 이런 저항 때문에 교회가 인도적인 활동마저 하지 못하게 할 수도 있다. 이 지점에서 우리는 인도적인 과제를 수행하는 것과 예수 그리스도의 복음에 충실하게 머무는 것 사이에서 분명한 경계선을 그어야 한다. 다음 생의 구원을 선포하지 않고 이생의 풍요와 번영을 증진하는 이념은 어떤 것이든 기독교의 메시지에 미치지 못하며, 교회는 이를 받아들일 수 없다. 교회가 아무리 물질적인 지원을 통해 보다 넓은 공동체에 접근하기를 원할지라도, 자신의 영적 사명을 소홀히 하거나 무시해서는 안 된다. 우리가 사람들의 죽을 몸은 보호하지만 영원한 영혼에 대해서는 아무것도 하지 않는다면, 사실상 우리가 하고 있는 일은 계산의 날을 연기하는 것이 전부이기 때문에 진정으로 그들을 돕는 것이 아니다. 그것은 둘 중 하나의 문제가 아니라 둘 다의 문제이며, 우리는 선교의 목표와 우선순위를 정할 때 항상 그 점을 명심해야 한다.

현대에 영적 사역이 환영받지 못하여 교회가 사회 활동을 하지 못하는 것은 주로 그곳의 종교나 이념이 그런 활동을 위협으로 보는 사우디아라비아나 북한과 같은 나라와 관련이 있다. 그러나 최근에 그 문제는 전통적인 기독교 국가들에서도 표면화하기 시작했는데, 그런 국가들에서는 변화하는 사회 규범이 기독교 신앙과 양립하지 않는다. 예를 들어 기독교 병원은 그 병원이 위치한 국가에서 낙태가 합법적이라 해도 낙태 요구를 들어주고 싶지 않을 것이다. 이와 유사하게 교회의 입양 기관들도 동성애 부부가 입양하는 것이 합법이라 해도 그들에게 아기들을 입양하고 싶지 않을 것이다. 일부 국가들에서는 이미 이로 인해 이 분야에서 일하는 기독교 기관들이 그 일들을 완전히 그만두거나, 교회와의 연결을 포기할 수밖에 없게 되었다. 이것은 유감스러운 일이지만, 그것은 편협한 국가의 잘못이다. 교회는 인도주의적인 필요에 대한 편향적인 호소에 의해 자신의 원칙을 훼손하라는 위협에 맞서야 한다. 복음에 대한 우리의 헌신을 상실한다면 우리의 소금이 맛을 잃고, 그 결과 우리가 하는 다른 모든 일들이 훼손될 것이다.

실제로 그리스도인들은 다른 사람들의 문화와 관습들이 자신의 믿음과 양립할 수 있는 한, 그에 적응함으로써 그들에 대한 자신의 사랑을 보여준다. 예수의 제자들은 이방인 회심자들이 유대인이 되기를 기대하지 않고, 그들의 모습 그대로 그들에게 다가갔다.[55] 그러나 기독교 선교 역사에서 항상 이 원칙을 따랐던 것은 아니었다. 이에 대한 가장 두드러진 예는 중세 서유럽의 기독교화였는데, 당시에 라틴어를 이해하는 사람이 거의 없었음에도 불구하고 라틴어가 교회의 보편적 언어로 채택되었다. 보다 최근에는 아프리카나 아시아에서 서구 선교사들이 현지인들에게 유럽 또는 미국의 예배 형태나 외국 교파의 정체성을 부과했고, 토착민들 가운데 일부는 이를 기꺼이 채택한 것으로 알려져 있다. 그러나 복음에는 그런 접근법이 해당되지 않으며, 오순절 성령 강림 사건이 분명히 보여주는 것처럼 모든 사람이 "자신의 언어로" 들었다.[56] 교회의 통일성은 공유된 문화적 준거 틀에 기초하는 것이 아니라 복음의 메시지에 기초했다. 점점 더 세계화되어가는 오늘날, 우리는 특히 이 점에 주의하고 모든 것을 인간 문화의 적법한 다양성을 허용하지 않는 단일한 양상으로 동질화하는 경향에 저항해야 한다.

동시에 교회는 부족주의나 민족주의 세력들에 동화되는 것에도 저항해야 한다. 이것은 특히 종교와 국적의 동일시가 너무 강해서 사람들이 그리스도인이 되기가 사실상 불가능한 세상의 많은 곳에서 중대한 문제다. 그들이 그리스도를 믿는 믿음을 고백할 경우, 그들이 직면하는 사회적·법적 압력이 감당할 수 없을 정도로 크기 때문에 그 믿음을 비밀로

---

55   고전 9:20-21.
56   행 2:6.

해야 한다. 특히 무슬림 세계에서는 회심이 공식적으로 금지되고, 목숨을 잃을까 두려워하며 살고 있을 수도 있는 은밀한 회심자들이 많이 있다. 그리스도인들은 이 상황을 완화시키기 위해 할 수 있는 일을 다 해야 하지만, 어떤 경우에는 회심 금지가 기독교 선교 사역이 잠재적으로 적대적인 외세와 결탁되어 있다는 불합리하지만은 않은 두려움에서 나온다는 점도 인식해야 한다. 이런 잘못된 인식은 바꾸기 어렵지만, 우리는 최소한 이런 견해를 조장하는 어떤 일도 하지 않도록 노력할 수는 있다.

또 다른 차원에서 그리스도인들은 다른 사람들의 종교나 사회적 지위에 상관없이 그들을 개인으로서 존중함으로써 그들에 대한 사랑을 보여 준다. 하나님은 사람들을 차별 대우하는 존재가 아니며, 초기 교회에서 교인 중 가난한 사람들보다 부자들을 편애하는 경향이 있었던 사람들은 그들의 태도에 대해 엄하게 꾸지람을 들었다.[57] 하나님의 눈에는 인간적인 관점에서 그들의 지위가 어떻든 모든 사람이 똑같으며 따라서 동등한 대접을 받을 자격이 있다. 이것은 모든 사람을 가장 낮은 공통분모로 끌어내리는 문제가 아니라, 각자가 우리의 눈에 특별한 사람이 되게 함으로써 그들을 최고 수준으로 끌어올리는 문제다. 사람들을 존중한다는 것은 또한 그들을 정직하게 대하는 것을 의미한다. 세계 여러 곳에서 뇌물 및 기타 형태의 부패가 규범이자 사업 영위에 필수적이라는 것이 당연시된다. 그리스도인들은 그것이 그 자체로 잘못이라기보다는 다른 사람들에게 무례하고 그들을 비하하는 일이기 때문에 이에 저항해야 한다. 우리는 절대로 뇌물을 받지 않아야 하며, 원하는 것을 얻기 위해 다른 사람에게 뇌물을 제공하면 우리가 그들을 부패시킨다는 점을 기억해야 한다. 확실히 이것을 피하는 것이 반드시 쉬운 (또는 심지어 가능한) 것은 아니지만, 최소한 우리는 이 문제를 인식하고 그런 일들을 규범으로 삼는 사람에게 그들 자신의 양심을 점검하도록 도전해야 한다. 슬프게도 정상

---

57   행 10:34; 약 2:1-7.

적인 경제 확립을 불가능하게 만드는 소수의 부패 때문에 세계에서 가장 가난한 사람들과 나라들이 종종 그런 상태에 있다. 그리스도인들은 관련된 모든 사람들의 유익을 위해 이런 끔찍한 골칫거리를 바로잡기 위해 할 수 있는 일을 해야 한다.

물질세계의 최종 변혁

물질세계는 결국 어떻게 될 것인가? 물질세계가 영원히 계속되지 않으리라는 것은 자연과학자들이 확인하는 사실인데, 그들은 신의 개입이 없어도 물질세계는 약 70억 년 안에 서서히 끝날 것이라고 예측한다. 하나님이 물질세계를 구속할 것이라는 데에는 어떤 의미가 있는가? 하나님이 물질세계를 구속한다면 그리고 구속할 때 인류는 어떻게 될 것인가? 성경의 증거로부터 말할 수 있는 한, 창조세계는 제거되고 다른 어떤 것으로 대체될 것이다. 성경은 그것을 "새 하늘과 새 땅"이라고 부르는데 그곳에는 더 이상 바다가 없을 것이다.[58] 그 일이 일어나면, 지금 슬픔과 고통을 일으키는 상태가 더 이상 존재하지 않을 것이기 때문에 슬픔과 고통이 사라질 것이다. 새 창조의 또 하나의 특징은 그것이 우리에게 하나의 도시 곧 새 예루살렘으로 제시된다는 것이다.[59] 도시는 인간의 창의성의 산물인데, 이것은 우리의 창의성도 만물의 변혁에 포함될 것이라는 점을 암시한다. 이것이 실제로 무엇을 수반할지 추측하는 것은 의미가 없을 것이다. 그리고 어서 천국에 가서 그들이 가장 좋아하는 음식을 먹거나 가장 좋아하는 음악을 듣고 싶다고 말하는 사람들은 우리에게 계시되지 않은 것들에 대해 추측하고 있을 뿐이다. 우리가 들은 바로

---

58   계 21:1.
59   계 21:2.

는 새 예루살렘에서 하나님이 인간과 함께 거할 것이다. 그 일이 일어날 때, 우리는 하나님께 열중하느라 다른 것에 주의를 기울일 시간이 없을 것이라고 가정해야 한다.

인간에 관한 한, 죽은 사람들은 새로운 영적 본성을 갖고 부활할 것이고, 아직 살아 있는 사람들은 그와 똑같은 새로운 본성을 가진 존재로 변화될 것이다.[60] 우리가 예상할 수 있는 것에 대한 몇 가지 암시가 사도 바울이 몸의 부활에 관해 말하는 고린도전서 15장에 주어졌다. 요점은 "살과 피는 하나님 나라를 상속할 수 없다"는 것이다.[61] 우리가 알고 있는 대로의 물질세계는 그것이 양립할 수 없는 영적 영역으로 이월되지 않는다. 이 세계는 일시적이고 없어질 세계이지만, 영적 세계는 영원히 불멸하는 세계다. 그러므로 우리가 그 세계에서 중요한 존재가 되려면, 우리를 구성하고 있는 물질이 그 상태에서 존속할 수 있도록 변화되어야 할 것이다. 바울에 의하면, 이 변화가 일어나는 과정은 죽음과 재탄생의 과정이다. 바울은 우리의 몸을, 식물로 태어나기 위해서는 죽어야만 하는 씨앗에 비유하는데, 씨앗은 식물과 다른 모습을 하고 있지만 그럼에도 불구하고 밀접하게 연결되어 있다. 씨를 심지 않으면 식물도 있을 수 없지만, 씨로부터 그 식물이 어떻게 생겼을지는 알 수 없다.[62] 물론 이 유비는 모든 유비들과 마찬가지로 불완전하지만, 그럼에도 이 유비는 우리에게 마지막 때의 변혁을 어떻게 볼 수 있는지에 대한 그림을 제공한다. 우리가 지금 갖고 있는 몸은 전체 창조 질서의 갱신과 관련될 신비한 과정을 통해 영적인 몸으로 변화될 것이다.

우리는 우리의 변화된 몸들이 거할 곳이 없을 것이라고는 상상할 수 없으며, 이미 본 바와 같이 우리는 새 하늘과 새 땅을 약속받았다. 아마도 새 하늘과 새 땅은 변화된 몸의 필요에 맞게 적용될 테지만, 우리의 새로

---

60   살전 4:13-17.
61   고전 15:50.
62   고전 15:36-38.

운 본성이 어떤 모습일지 그 이상은 알 수 없다. 특히 우리는 우리가 서로를 어떻게 알아볼 것인지 알지 못한다. 우리는 젊게 보일 것인가, 아니면 나이 들어 보일 것인가? 우리는 천국에서는 결혼이 없다는 것을 알고 있고, 어쩌면 성의 구별마저 없을지도 모르지만, 이에 대해서는 확실히 알 수 없다.[63] 정확한 세부 내용은 우리의 눈에 숨겨져 있고, 그때가 오면 무슨 일이 일어날지 기다려봐야 할 것이다.

부활은 보편적일 것이라는 점을 기억할 필요가 있다. 아담부터 그리스도의 재림 때까지 죽은 모든 인간이 심판받기 위해 다시 살아날 것이다. 그리스도와 연합한 사람들은 영원히 그리스도와 함께 지내겠지만, 그렇지 않은 사람들은 사탄과 타락한 천사들을 위해 마련된 것과 같은 파멸을 선고받을 것이다.[64] 그들이 멸절될 것이라는 어떤 암시도 없으며, 하나님은 자신이 만든 아무것도 파괴하지 않을 것이기 때문에 오히려 그들은 사탄과 그의 천사들처럼 계속 존재하면서 영원한 형벌로 고통 받을 것이다.

하나님의 구원 계획을 어떻게 이해하든, 우리는 그 계획이 사랑으로 계획되고 실행되었다는 점을 기억해야 한다. 하나님은 우리를 사랑하시고 우리가 자신과 함께 영원히 살기를 원하기 때문에 우리를 구원하신다. 우리는 하나님이 우리를 위해 준비하신 세계는 우리가 그 안에서 영원히 안전하고 하나님과의 밀접한 교제 안에서 하나님이 우리에게 제공할 수 있는 최상을 누리게 될 세계라는 것을 알고 있다. 하늘에서 내려오는 도시의 한 가운데는 원래 에덴동산에 심겨 있던 생명나무가 있을 것이다.[65] 그 생명나무는 그 잎사귀들이 만국을 치유할 그리스도다. 그 천국의 실존으로부터 사망은 물론 모든 슬픔과 고통이 제거될 것이다. 이곳 하늘 아래에서 우리를 그토록 끈질기게 공격했던 세력들은 패배할

---

63 마 22:30.
64 마 25:33-41; 계 21:6-8.
65 계 22:2.

것이고, 우리의 생각에는, 우리의 삶 속에서 역사하는 하나님의 사랑과
능력 외에는 다른 것들에 대한 여지가 없을 것이다. 그것은 정말 강력한
환상이며, 우리가 이를 향해 부름 받은 소망을 구성하는 환상이다. 비록
우리가 지금은 그것을 다 이해할 수 없지만 이 환상은 우리의 신실함에
대한 보상으로 우리에게 주어졌다. 그 신실함은 매우 값비싼 대가를 요
구할 수도 있고 우리가 많은 슬픔을 견뎌야 할 수도 있지만, 결국 우리는
하나님이 창세전부터 우리를 위해 준비하신 영원한 나라에 들어갈 것
이다.[66]

---

66   엡 1:4.

25장
•
하나님의 언약 백성

화해의 논리

자신의 피조물들의 반역에 대한 하나님의 반응은 그들을 살려 두는 것에 한정되지 않았다. 하나님은 거기서 더 나아가 깊은 사랑으로 타락한 인간을 자신과의 교제 안으로 되돌리기로 결정하셨다. 하나님과 인간 사이의 깨진 관계의 회복은 완전히 달성되기까지 여러 세대가 소요될 길고 더디고 힘든 과정이었다. 하나님과 화해하게 된 사람들은 무엇이 잘못되었는지 그리고 그것이 왜 중요한지 이해해야 했는데, 이는 그렇지 않으면 자기들에게 주어진 것을 결코 이해하지 못할 것이기 때문이었다. 그들이 자기들이 선호하는 것이 아니라 하나님이 원하시는 것을 바랄 수 있도록 선악에 대한 그들의 지식은 올바른 기반 위에 세워져야 했다. 무엇보다 그들이 물려받은 죽음이 사탄의 유혹에 영향을 받지 않는 새롭고 영원한 생명에 의해 극복되어야 했다.

아담과 하와는 하나님께 불순종함으로써 영적 죽음에 이르게 되었다. 우리는 그 죽음을 물려받았고, 하나님과 영원히 살기 원한다면 그 유산을 제거해야 한다. 우리 인간의 본성은 스스로를 재생시킬 수 없기 때문에 그렇게 할 수 있는 유일한 길은 죽는 것이다. 그런데 우리가 죽으면 자신을 파괴하고 아무것도 달성하지 못하게 된다는 것이 우리가 당면한 딜레마다. 이것을 우리의 신체적 본성이 작동하는 방식과 비교해보라. 만약 우리의 팔다리가 괴저에 걸렸다면 그것을 잘라내고 계속 살 수 있지만, 온 몸에 암이 퍼졌다면 죽지 않고서야 어떻게 암을 제거할 수 있겠는가? 영적 관점에서 죄는 건강을 회복하는 과정을 시작할 수 있는 멀쩡한 세포를 남겨두지 않고 우리 몸의 모든 부분에 침범한 암과 같다. 우리는 지체 없이 그 나무를 잘라 내거나 그 짐승을 죽인다. 곧 우리와 자연 세계의 관계에서 이 결과를 이해하고, 항상 그에 따라 행동한다. 우리는 병든 나무나 신체가 상한 짐승을 처리해야 하는데, 왜냐하면 우리는 그것이 그 문제에 대해 실행할 수 있는 유일한 해법이라는 것을 알기 때문이다.

논리적으로는 하나님도 우리에게 이와 똑같이 하셔야 한다. 하나님이 자신의 피조물 안의 암과 같은 악을 파괴하신다면, 건강한 나머지 피조물은 하나님이 원래 의도하신 대로 살 가능성이 있을 것이다. 이 정책은 천사의 세계에서는 하나님의 영적 피조물들의 일부(하나님을 반역한 천사들)만 파괴하는 것을 의미할 것이다. 그러나 물질세계에서는 인류 전체를 제거하는 결과를 수반한다. 왜냐하면 우리는 다 죄를 짓고 하나님의 영광에 이르지 못했기 때문이다.[1] 그 일이 일어났다면 창조세계의 면류관이 제거되고 그것을 대체할 것이 아무것도 없을 것이기 때문에, 창조세계는 현재 모습과 완전히 달라졌을 것이다. 나머지 피조물은 여전히 존재하겠지만, 하나님이 원하셨던 연결, 곧 하나님과 자신의 세상 사이의 연결은 끊어졌을 것이다. 하나님이 그렇게 하지 않으신 것은 기적이다. 우리를 향한 사랑으로 하나님은 논리의 지침을 따르지 않으시고, 우리의 어리석음의 결과로부터 우리를 구하셨을 뿐만 아니라 천국에서 자신의 영원한 생명을 공유하도록 우리를 초대하셨다.

---

1   롬 3:23.

이를 위해 하나님은 그 과정에서 우리를 파괴하지 않고 우리의 사악함을 제거하셔야 했다. 그러나 어떻게 그렇게 하실 수 있는가? 기본적으로 하나님이 우리의 죄를 처리하기 위해 택하실 수 있는 두 가지 방법이 있었다. 하나님은 자신에게 저질러진 잘못에 대하여 충분한 보복을 요구하거나, 그것을 용서하고 우리에게 그것은 중요하지 않으니 잊어버리라고 말할 수 있었다. 두 대안들 가운데 전자는 논리적으로 정당하며, 많은 사람들은 자기들이 피해자라면 이와 비슷하게 행동하려고 할 것이다. 그들에게는, 비록 그 결과가 더 큰 피해를 가져올 뿐일지라도 충분한 보복에 미치지 못하는 것은 모두 불공정한 것으로 보인다. 일부 사회들에서는 이것이 대대로 이어져 관련된 모든 당사자들에게 말로 표현할 수 없는 막대한 피해를 가져오는 피의 복수로 이어진다. 이런 파괴적인 결과를 제한하기 위해 대부분의 인간 사회는 가해자의 악행을 처벌할 수 있는 고정된 형벌 체계를 도입했다. 처벌이 시행되면 피해자는 정의의 요구가 만족되었으며, 비록 원래의 문제가 해결되지 않은 채 남아 있더라도 자신은 가해자에게 더 이상 어떤 권리도 갖고 있지 않다는 것을 받아들여야 한다.

하나님은 속죄제사 제도를 정했을 때 이와 비슷한 일을 행하셨다. 모세의 율법에서 하나님은 자기 백성들에게 그들이 저지른 모든 죄에 대해 지불되어야 할 대가가 있다고 말씀하셨다. 그것은 배상으로 정해진 것들을 바침으로써 행해질 수 있었다. 그 제물들이 하나님께 받아들여질 만하다면, 하나님은 문제의 죄에 의해 발생한 빚을 탕감하시고 가해자는 빚에서 해방될 수 있었다. 고대 이스라엘에서 이것은 정교하고 포괄적인 제사 제도로 이어졌는데, 이 제사는 일 년에 한 번 흠 없는 어린양을 바치는 큰 제사에서 절정을 이루었다. 이 제사는 전체 백성의 죄를 덮기 위해 대제사장이 예루살렘 성전에서 드렸다.

하나의 제도로서 이 속죄제사는 상당히 잘 운영되었지만, 거기엔 여전히 해결할 수 없는 문제들이 남아 있었다. 무엇보다 대제사장은 백성들의 죄뿐만 아니라 자신의 죄에 대해서도 제물을 바쳐야 했다. 그는 율법에 규정한 대로 했지만, 자신은 여전히 죄인으로 남아 있었고, 따라서 영적으로 제물을 바칠 자격이 없었다. 제물 자체가 흠 없이 순수해야 했다는 점을 감안하면 대제사장의 부적절함은 불가피하게 그의 행동의 유효성을 의문스럽게 만들었다. 둘째, 제물은 인간에게서 발견되는 영적 측면이 없는 짐승일 뿐이었다. 우리의 사악성이 영적 문제라는 점을 감안하면 수소나 염소, 심지어 흠 없는 어린양의 피조차 어떻게 그 짐승들이 짓지 않은 것은 말할 것도 없고 이해조차 할 수 없었던 죄를 제거할 수 있는지 알기 어렵다.[2]

셋째, 속죄제사는 해마다 드려져야 했다. 성전이 파괴되거나 대제사장 직무가 제거되면 그 제도는 기능할 수 없었다. 주전 586년에서 516년까지 성전은 파괴된 상태로 있었지만, 제사장들은 존속했고 궁극적으로 제사제도가 회복되었다. 그러나 주후 70년에 예루살렘이 멸망당한 뒤로는 성전과 제사장 계급이 사라져 제사제도가 운영되지 못하게 되었다. 그러나 그 이전에도 제사제도가 중단될 위험이 있었기 때문에, 성전과 제사장들에게 무슨 일이 일어나더라도 효력을 유지할 수 있는 길을 찾는 것이 바람직했다.

하나님이 선택하실 수도 있었던 두 번째 대안은 모든 것을 잊고 마치 아무 일도 일어나지 않았던 것처럼 처리하는 것이었다. 요즘 우리는 대개 이것을 **용서**라고 부르고, 이것은 정의의 요구를 넘어서고 보복을 필요 없게 만드는 자비의 행위를 의미한다. 이 경우에 피해자는 피해를 감수하고 자신의 주장을 관철시키기보다 가해자와 화해를 추구하는 편이 더 낫다고(그리고 더 가치가 있을 수도 있다고) 결정한다. 상황이 좋을 때 용서하고 잊어버리기는 어렵지만, 특히 분쟁의 양 당사자에게 어느 정도 책임이 있을 때는 그것이 가장 현명한 방침일 수 있다. 정의를 시행하거나

---

2   히 10:4.

5부 • 하나님이 세상을 이토록 사랑하셨다

보복하려고 하면 자신을 파괴하게 될 수도 있고, 시간이 흐르면 종종 원래의 상처와 보복 수단 모두에 대한 명분이 제거된다. 기억에서 벗어난 것들은 (특히 정확하게 기억하는 것이 불가능하기 때문에) 기억할 가치가 없으며, 바로 잡을 수 없는 것에 대해서는 잊어버리는 것이 확실히 최상의 취할 길이다. 우리 그리스도인들은 용서가 계몽된 자기이익의 한 가지 형태에 불과한 것이 아니라고 가르친다. 용서는 우리가 다른 사람들을 대할 때 보여주도록 기대되는 타인에 대한 연민과 사랑의 표지이며, 자신에 대한 대가를 계산하지 않고 용서하는 것은 영적 성숙에 대한 하나의 척도다.[3]

그러므로 하나님이 우리가 자신에 대해 저지른 죄들에 대해 보복을 요구하고, 우리가 서로 용서하도록 기대되는 방식으로 그 죄들을 용서해주려 하지 않으신다는 것을 발견하면, 그것은 충격으로 다가올 수도 있다. 이런 명백한 "이중 기준"이 기분 나빠서 그것을 하나님을 믿지 않는 구실로 삼는 사람들도 있다. 그들은 만약 하나님이 존재하신다면, 하나님은 인간의 미덕을 무한히 보여줘야 한다고 생각한다. 만약 하나님이 그의 추종자들이 주장하는 것처럼 전능하시다면, 무엇이 하나님이 지나간 것을 잊어버리거나 하나님의 마음속에서 우리의 죄를 지워버리지 못하게 막겠는가? 만약 보복은 좀처럼 목적을 이루지 못하고 용서가 하나님이 우리에게 기대하시는 것이라면, 왜 하나님이 용서를 실천하지 않으시겠는가? 하나님은 우리에게 자신이 실천하시는 기준보다 더 높은 도덕 기준을 요구하시는가? 회의주의자들은 인간사에서 권력자들이 종종 부하들에게 자신이 스스로에게 적용하는 것보다 더 높은 성과를 기대한다는 것을 잘 알고 있지만, 우리는 그것을 고위직의 특권이 아니라 권력 남용으로 간주한다. 하나님이 그런 존재인가?

얼핏 보면 이런 식의 주장은 매우 그럴듯하게 들리며, 많은 사람들이 성경의 하나님을 비도덕적인 폭군으로 간주해 거부하도록 했다. 그리스

---

3   시 15:3-4을 보라.

도인들은 이런 비난에 대해 그것은 하나님과 인간 사이의 근본적인 차이를 무시하는 잘못된 결론이라는 말로 대응한다. 사람은 아무도 도덕적으로 완벽하지 않기 때문에, 한 사람이 다른 사람에게 잘못을 저질렀을 때 피해자는 자신에게 전혀 잘못이 없다고 주장할 수 없다. 우리 모두 실수한다는 사실은 정의가 추구되어야 할 수준을 제한하는 하나의 강력한 이유다. 어느 단계에서는 비난하는 사람의 손가락이 자신을 향할 수 있다. 예수께서 제자들에게 다음과 같이 말씀하신 것처럼 말이다.

비판을 받지 아니하려거든 비판하지 말라. 너희가 비판하는 그 비판으로 너희가 비판을 받을 것이요, 너희가 헤아리는 그 헤아림으로 너희가 헤아림을 받을 것이니라. 어찌하여 형제의 눈 속에 있는 티는 보고 네 눈 속에 있는 들보는 깨닫지 못하느냐.[4]

심지어 잘못이 자백되고 법과 질서의 요구에 따라 그 잘못을 처벌해야 할 때도, 우리 중 아무도 잘난 체하며 다른 사람들의 잘못에 대해 판단을 내릴 수 있을 만큼 순수한 사람은 없다.[5] 우리에게는 항상 "하나님의 은혜가 없었다면 나도 그랬을 것"이라는 의식이 있으며, 정의를 집행하려고 할 때 겸손이 우리의 표어가 되어야 한다. 그러나 하나님과 사람의 깨진 관계에서 잘못이 있는 당사자는 인간뿐이다. 하나님께서는 잘못이 없으며, 일어난 일에 대한 어떤 책임도 없다. 심지어 하나님께 책임이 있을 수도 있다고 주장하는 것도 죄가 되는데, 왜냐하면 그 말은 하나님이 우리처럼 완벽하지 않으시다고 말하는 것과 마찬가지이기 때문이다.

우리는 하나님과 동등한 존재들이 아니다. 종업원은 고용주에게 종속되지만, 그의 고용 관계에서만 그렇다. 인간으로서 그들은 동일한 차원

---

4   마 7:1-3.
5   시 14:3.

에 있으며, 어떤 고용주도 자기를 위해 일하는 사람들을 학대할 권리가 없다(그 반대도 마찬가지다).[6] 그러나 우리는 우리를 지었고 우리에 대한 그의 권리가 도전받지 않는 존재와 논쟁을 벌일 수 없다. 우리가 지금 여기 있는 것은 오로지 하나님이 우리의 존재를 용납하시기 때문이다. 우리는 하나님을 대할 때 사용할 수 있는 유리한 패가 없다.[7] 우리가 하나님이 우리가 행한 일을 용서하고 잊으시기를 기대하는 것은 주제넘은 짓일 뿐만 아니라 하나님의 본성을 부인하는 것이다. 동시에 하나님의 존재는 악의 존재와 양립할 수 없기 때문에,[8] 하나님은 단순히 우리의 죄를 외면하고 죄가 없는 체하실 수 없다. 하나님의 관점에서는 우리의 죄가 하나님의 피조물을 망치고 있기에 우리의 죄를 무시하실 수 없다. 우리의 죄는 반드시 처리되어야 하는데, 그것은 우리가 집이나 정원을 망치는 부식(腐蝕)이나 해충을 제거하는 것처럼 우리의 죄가 제거되는 것을 의미한다. 여기서 유일한 문제는 하나님이 그 과정에서 어떻게 우리를 파괴하지 않으면서 우리의 죄를 제거하실 수 있느냐.

둘째, 그 모든 일들이 아주 오래 전에 일어났기 때문에 우리는 아담과 그의 죄를 잊기 쉽다. 하지만 하나님은 시간 속에 거하지 않으시며 자신에게는 현재와 똑같은 그 과거를 잊을 수 없으시다. 하나님의 마음 안에서 인간의 죄는 항상 현재다. 하나님의 관점에서 우리는 모두 "아담 안에" 있으며, 아담이 자신의 타락한 상태에 대해 책임이 있었던 것과 마찬가지로 우리도 우리의 타락한 상태에 대해 책임이 있다. 달리 말하자면 우리가 하나님과 분리된 비극은 아담과 하와에게 그랬던 것만큼 우리에게도 실제적이고 파멸적이다. 화해는 단순히 과거를 잊는 것으로는 이루어질 수 없고, 오직 과거를 직시하고 잘못된 것을 바로잡을 때만 이루어질 수 있다.

---

6 골 3:22-25을 보라.
7 롬 9:21.
8 합 1:13.

셋째, 하나님이 우리의 죄를 매우 심각하게 여기신다는 사실은 우리를 향한 하나님의 크신 사랑에 대한 하나의 척도다. 역설적이지만 성경은 하나님의 처벌에 관해 말할 때 가장 사적인 표현을 선택한다. 인간인 아버지가 아들을 징계하듯이, 하나님도 자기 자녀들에 대한 크신 사랑 때문에 그들을 징계하신다.[9] 오늘날 벌이 사랑의 한 형태라는 것을 믿지 않고, 심지어 부모가 자녀를 매로 때리는 것도 불법화하기를 원하는 사람들이 있다. 그들에게는 팔목을 가볍게 때리는 것도 금지되어야 할 학대의 한 형태다. 그들은 모든 형태의 체벌 금지를 사랑의 행위로 여기지만, 보다 현명한 사람들은 그들이 틀렸다는 것을 안다. 원하는 것은 무엇이든 하고서도 혼나지 않는 아이들은 자기를 징계할 것으로 기대하는 사람들이 명백히 그런 관심을 보이지 않기 때문에 사랑받지 못하고 있다고 느끼기 쉽다. 단순히 부모들이 자기가 무슨 일을 하고 있는지 알아차리고 그에 대해 어떤 조치를 취할 만큼 충분한 관심이 있는지 알아보기 위해 부모에게 도발해서 벌을 받기까지 하는 아이들도 있다.

우리의 하늘 아버지는 우리가 하는 일을 다 알아차리시며, 우리가 자신에게 불순종하면 그에 대해 강하게 반대하신다. 우리가 하나님께 도발하면, 하나님은 우리가 그렇게 하고도 무사하게 놔두지 않을 것이다. 하나님은 우리가 자신의 기준에 부합되지 않으면 우리가 자기 앞에 서도록 허락하지 않으신다. 그렇기 때문에 우리가 저지르는 모든 죄는 반드시 해명되고 바로잡혀야 한다.

문제는 우리가 하나님의 요구를 만족시킬 방법을 갖고 있지 않다는 것이다. 우리는 아담의 죄를 없던 것으로 간주하고 그의 원래의 의로 돌아갈 수 없으며, 우리가 하는 모든 일은 아담에게서 물려받은 사악함에 의해 정의되고 제한되기 때문에 잘못된 것을 보상할 수도 없다. 하나님이 참으로 우리가 하나님 자신과 영원히 살기를 원하신다면, 우리 스스

---

9   신 8:5, 잠 13:24, 히 12:6-7.

로 그렇게 할 수 없으므로 하나님이 그렇게 되기 위해 필요한 모든 일을 하셔야 한다. 하나님이 다른 어떤 방법으로 자신이 원하는 우리와의 화해를 이루실 수 있었는지 여부는 우리가 추측할 일이 아니다. 하나님은 우리가 우리의 구원에 대한 자신의 계획이 최선이라고 생각하는지 또는 그가 사용할 수 있는 유일한 방법이라고 생각하는지를 우리에게 묻지 않으신다. 대신 하나님은 우리에게 자신이 행하신 일을 제시하고, 우리에게 그것을 우리를 하나님과 갈라놓는 장벽을 극복하는 유일한 수단으로 받아들이라고 요구하신다.

하나님이 행하신 일은 타락의 유산이라는 짐을 지지 않았지만 그럼에도 불구하고 우리의 본성을 공유한 진정한 인간이었던 두 번째 아담을 낳으신 것이었다. 사람과 하나님 사이의 간극을 메우기 위해 두 번째 아담은 신적 존재여야 했다. 왜냐하면 그 어떤 피조물도 창조주 앞에 서서 말할 권리를 갖고 있지 못하기 때문이다. 우리의 죄에서 우리를 구원하기 위해 자신의 아들을 세상에 보내심으로써, 하나님은 자신의 마음을 터놓으셨다. 하나님은 한 인물이 다른 인물에게 보여줄 수 있는 가장 깊은 사랑을 우리와 공유하셨다. 즉 하나님은 우리가 하나님 자신과 천국에서 영원히 살 수 있도록 우리를 위해 땅에서 자신의 생명을 주셨다.[10]

하나님의 아들이 세상에 왔을 때, 그는 아담과 같은 모양을 가졌지만 아담의 죄는 물려받지 않았다. 이 사람은 또한 삼위일체의 두 번째 위격이었기 때문에, 성부와 깊은 관계를 가져서 인간의 죄악성의 무게를 포함하여 자기에게 가해질 수 있는 모든 압력을 견뎌낼 수 있었다. 그러므로 성자는 깨진 관계와 그 원인을 자신이 짊어짐으로써 우리와 하나님의 깨진 관계에 대한 대가를 지불할 수 있었다. 죄 없는 인간이 죄가 되고, 불멸의 하나님이 인간의 고통과 죽음을 파괴하고 우리를 그 힘에서 건져내기 위해 인간의 고통과 죽음을 견디셨다는 것이야말로 최고의 역설

---

10   요 3:16.

이다.[11] 하나님의 아들이 죽은 자 가운데서 다시 살아나셨을 때, 그는 나사로가 그런 것처럼[12] 단순히 우리와 공유했던 인간의 생명으로 돌아오신 것이 아니었다. 그랬더라면 그것은 기적이기는 했겠지만 우리의 구원을 이루지는 못했을 것이다. 그 대신 그는 이전의 존재와 연속성을 갖고 있지만, 더 이상 동일한 한계에 매여 있지 않은 더 높은 형태의 존재로 돌아왔다. 그가 구원하기로 선택한 사람들도 그 새롭고 변화된 생명을 공유할 것이다. 우리 그리스도인들은 이 생명을 지금 여기서의 영적 경험을 통해 알고 있으며, 우리가 죽으면 이 생명은 우리가 하나님 앞에서 영원히 서게 될 천국에서 우리의 새 생명이 될 것이다.

우리는 이 새 생명을 주로 개인적 경험으로 묘사해야 하는가, 아니면 우리가 다른 사람들과 함께 참여할 우리보다 더 큰 어떤 경험으로 묘사해야 하는가? 성경은 죄와 구원에 관해 말할 때 주로 개인의 관점에서 말한다. 아담과 하와 및 예수 그리스도는 모두 그들의 행동과 결정이 광범위하고 오래 지속되는 영향을 미친 개인들이었다. 성경 시대에는 하나님의 부르심이 노아, 아브라함, 모세 등 개인들에게 임했다. 이 사람들은 한 민족의 조상들과 지도자들이 되었지만, 그들 자신은 확실히 이스라엘이라는 이름이 주어진 야곱과 같이[13] 신원을 확인할 수 있는 개인들이었다. 성경에 계시된 구원의 양상은 개인들에게서 시작되어 이 개인들로부터 그들의 가르침과 행동을 통해 만들어지고 형성되며, 그들과 동일시되는 집단으로 나아간다. 이스라엘이 야곱의 확장이었던 것처럼, 교회도 모든 대륙과 세대로 나아가라는 부르심을 받고 그리스도와 연합되는 모든 사람들을 끌어들일 그리스도의 몸이다,

오늘날 복음 메시지는 여전히 그 메시지의 주장을 받아들이거나 거부함으로써 반응하는 특정 개인들에 의해, 그리고 특정 개인들에게 선포

---

11   고후 5:21.

12   요 11:44.

13   창 32:28.

된다. 베드로가 오순절 날에 일어나 설교했을 때 그랬던 것처럼 선포하는 사람이 한 집단을 대표할 수 있지만, 그래도 그는 여전히 특정한 개인이다. 그럼에도 개인들에 의해 선포된 내용은 사적이거나 고립주의적이지 않았다. 베드로는 큰 무리에게 설교했고 그중 3천 명이 넘는 사람이 그의 메시지에 반응한 결과 최초의 기독교 교회가 세워졌다.[14] 복음을 받는 사람은 아무도 혼자만 복음을 갖고 있을 수 없다. 그는 즉각적으로 복음을 다른 사람들에게 전하고 자신의 확신을 공유하는 사람들과의 교제에 참여하려고 할 것이다. 개인들의 증언으로 집단이 형성되며, 집단들은 다른 개인들이 일을 수행하는 데 필요한 지원과 양육을 제공한다. 개인과 집단은 모두 자기 자리를 갖고 있으며, 개인에게 우선 순위가 주어진다면 그것은 다만 집단의 보다 더 효과적인 발전을 증진하기 위해서다.

우리가 교회라고 부르는 믿음의 공동체는 구원의 메시지를 선포한 결과다. 그러지 않았더라면 교회가 존재하지 않았을 것이다. 교회는 복음을 설교하지 않으면 시들어 죽는다. 세상에서 가시적으로 존재하는 교회는 어떤 사람은 끌어들이고 다른 어떤 사람은 쫓아내겠지만, 사람들의 반응으로 복음이 판단받아야 하는 것은 아니다. 교회에 매력을 느끼는 사람들은 교회가 선포하는 메시지에 의해 도전받고 그 메시지의 진리에 의해 납득된다. 신자들의 공동체는 개별 신자들 자신의 헌신만큼 강하며, 교회가 그 헌신을 공유하지 않는 신봉자를 받아들이면 교회는 약화되고 손상된다. 동시에 복음은 결코 한 사람의 소유물이 된 적이 없었고, 참된 신자들은 그들의 믿음을 공유하는 공동체 밖에서 활동할 수 없다. 우리는 모두 그리스도의 몸의 부분들이며, 그리스도의 몸 안에서 적절히 기능하려면 서로를 필요로 한다.[15]

---

14   행 2:41.
15   고전 12:12-30.

성경은 하나님이 아브라함과 이삭과 야곱에게 말함으로써 어떻게 자신의 구원 계획을 계시하기 시작하셨는지 말해준다. 하나님은 그들을 통해 한 민족을 선택해서 그들이 사람과 하나님 사이의 깨진 관계를 고치기 위해서는 무슨 일이 행해져야 하는지 이해하도록 훈련시켰다. 하나님은 한 번에 한 단계씩 그들에게 자신이 누구인지, 자신이 어떤 존재인지, 그리고 자신과 함께 살도록 선택한 사람들에게 자신이 어떤 기준을 요구하는지 가르치셨다. 하나님은 자신이 그들을 위해 준비한 것을 받을 자격이 없는 타락한 인간으로서 그들의 곤경의 심각성을 보여주는 것으로 시작하셨다. 그 뒤 하나님은 그들이 저지른 모든 죄에 대해 어떻게 대가가 치러져야 했는지 자세하게 정했을 뿐만 아니라, 그들에게 우리 안에 이런 단편적인 방식으로는 고쳐질 수 없는 근본적인 죄악성이 있다는 사실을 보여주셨다.

이어서 신약성경은 때가 무르익자 하나님 아버지가, 비록 자신의 선민에 속했던 많은 사람들이 그를 받아들이지 않았지만,[16] 자기 아들을 보내 화해의 과제를 성취하게 하셨다고 말한다. 그러나 비록 이스라엘 사람들은 혼란에 빠졌다고 해도, 다른 민족에 속한 사람들 가운데 하나님의 아들이 이룬 일을 이해하고 그를 믿은 많은 사람들이 있었다. 그들은 선민에 통합된 반면, 하나님의 아들을 거부한 유대인들은 약속된 상속으로부터 단절되었다. 일이 이렇게 된 것이 우리에게는 이상해 보이지만, 그것은 처음부터 하나님의 계획의 일부였다. 누가 영원히 자신을 섬길지에 관한 하나님의 선택은 전적으로 하나님에 의해 결정된 영적 선택이다.[17] 그것은 세상에서 특정 집단의 사람들에 의해 표현되고 선포되지만, 어떤 인간도 단순히 자신이 그 집단에서 태어났다거나 그 집단의 유익을 누리기 위해 그 집단에 참여했다는 이유만으로 하나님의 선택을 받았다고

---

16   요 1:11.
17   요 15:16.

주장할 수 없다.

하나님의 아들이 오실 길을 준비하도록 훈련을 받은 사람들에게는 일정한 이점이 있었지만, 그들이 반드시 그로부터 유익을 얻으리라는 보장은 없었다. 반면에 믿은 사람들에게는 사전 훈련이 없었던 것이 극복할 수 없는 장애가 아니었다. 왜냐하면 하나님의 은사는 본질상 영적이고, 그들은 자신의 믿음 덕분에 그것을 받았기 때문이다. 하나님의 목적은 어떤 식으로든 좌절되거나 수정되지 않았다. 오히려 그것은 줄곧 존재해왔던 그대로 계시되었다. 그 계시는 아들의 사역을 통해 회복된 인격적인 사랑의 관계다. 아들은 우리와 아버지 사이의 화해를 방해했던 장애물을 치우고 우리가 아버지와 영원히 함께 살 길을 열어주셨다.

하나님의 백성

이스라엘과 기독교 교회를 출현하게 한 것은 타락한 인간을 자신과 화해시키겠다는 하나님의 결정이었다. 하나님이 그렇게 하지 않으셨다면 둘 다 존재하지 않았을 것이다. 오늘까지도 그들 각각의 정체성은 하나님이 자신과 영원한 교제 속에서 살도록 그들을 부르셨다는 사실에 의해 결정된다. 가장 깊은 수준에서 그들 각자는 하나님의 백성이기 때문에 서로 통합된다. 그러나 그들은 공통적인 영적 소명을 갖고 있으며, 대부분의 다른 측면들에서 이스라엘과 교회는 서로 완전히 구별된다. 이스라엘은 전통적으로 회심이 아니라 자연적 번식을 통해 성장한 부족 국가였다. 반면에 교회는 모든 부족과 국가 출신의 사람들을 적극적으로 받아들인 혼합 집단이었다. 역사적으로 이스라엘과 교회는 다른 집단이다. 왜냐하면 이스라엘은 하나님의 아들이 세상에 오기 전에 하나님의 백성으로 선택된 반면에, 교회는 하나님의 아들이 이룬 것에 관한 좋은 소식을 전하기 위해 그를 따른 사람들로 구성되었기 때문이다. 그런 의미에서 이스라엘과 교회는 서로 보완적이며, 사도들과 대부분의 1세대 그리스도인들이 그랬던 것처럼, 동시에 두 집단에 속하는 것도 가능하다. 오순절 날 이후 이스라엘과 교회의 공존이 좀처럼 조화를 이루지는 않았지만, 그들은 나란히 존속했다. 그들은 공통의 유산으로 함께 묶여 있지만 그에 대한 이해 방식의 차이로 분열되었고, 슬프게도 이 분열이 지난 2천 년의 대부분의 세월 동안 그들의 관계를 지배했다. 결국 우리는 이 역사적 분열이 극복될 것이고 하나님의 백성이 재결합할 것이라는 약속을 받았지만, 이 일이 정확히 어떻게 일어날지는 우리의 눈에 감추어져 있다.[18]

이스라엘의 최종적 구속에 관해서는 추측이 난무했고, 그것이 무슨 뜻인지에 대해 상당한 이견이 있었다. 이런 불확실성의 한 가지 이유는 다음과 같다. 오늘날의 유대인들에 대해 말할 때 우리는 민족상의 유대인과 이스라엘 국가에 관해 생각하는 경향이 있는 반면, 신약성경의 관점은 보다 내적이고 영적이다. 우리는 모두 세상 끝날에 영적인 마음을 가진 유대인들이 영적인 마음을 가진 그리스도인들과 연합하여 하나의 영원한 하나님의 백성을 구성하리라는 데 동의할 수 있지만, 이것이 가시적인 혹은 제도적인 관점에서 무엇을 의미하는지는 불분명하다. 우리는 모든 민족상의 유대인들이 자기들의 종교를 실천하는지 여부와 상관없이 그리스도를 믿는 믿음을 고백할 것이라고 기대해야 하는가? 과거에 잘못된 인식을 가진 교회 당국이 부분적으로는 유대인들 자신의 이익을 위해, 또 부분적으로는 세상 끝날을 앞당기기 위해, 유대인들을 억지로 기독교로 회심시키려고 시도한 적이 있었다. 그 결과는 재앙적이었다. 우리는 하나님이 이 특별한 예언을 어떻게 성취하실지 기다려봐야 한다. 우리는 그 일이 어떻게 일어날지 모르지만, 유대인들의 회심은 우리 편에서의 강요의 결과가 아니라 그들 사이의 영적 운동일 것이라고 확실

---

18   롬 11:25-27.

히 말할 수 있다.

또한 성경은 이스라엘의 물리적 영역과 영적 영역이 서로 구별된다고 가르친다. 역사 속 이스라엘 민족의 모든 사람이 하나님의 자녀였던 것은 아니며, 그들 대다수는 하나님의 자녀가 아니었을 개연성이 있다.[19] 통계수치는 논쟁의 여지가 있고 오해될 수도 있지만, 이스라엘에 원래 열두 지파가 있었고 이방 민족들 사이에 옮겨지고 흩어짐으로써 열 지파가 "사라졌다면," 남은 두 지파가 원래 민족의 남은 자였다는 주장이 합리적으로 보인다. 이런 가정은 북쪽 열 지파의 군사는 80만 명이지만 유다 지파(아마도 베냐민 지파가 포함된)의 군사는 50만 명에 지나지 않았다고 말하는 사무엘하 24:9에 의해 지지된다. 그러나 이 통계수치가 정확하다면, 유다 지파는 그럴 것으로 예상될 수 있는 바와 같이 이스라엘 전체의 1/12이 아니라 약 1/3을 차지하는 가장 큰 지파였음에 틀림없고, 따라서 "남은 자들"은 결코 적은 수가 아니었다는 점을 주목할 필요가 있다.

또한 우리는 고대 이스라엘 안에 룻이나 시리아의 나아만과 같이 이스라엘 사람이 아닌 신자들이 있었다는 점도 기억해야 한다.[20] 수는 적었을지라도 분명히 그런 사람들이 존재했고, 성경이 그런 사람들에 대해 언급한다는 사실은 우리가 민족적 기원을 특정 개인이 하나님의 백성에 속하는지 여부를 판단하는 기준으로 삼을 수 없음을 상기시켜준다. 이스라엘이 다른 국가들 사이에서 물리적으로 한 국가로 존속하고 있고 거의 전적으로 자연적 출생을 통해 백성을 재생산하는 경향을 보이고 있음에도 불구하고, 이스라엘은 그 구성원의 자격이 사람에 의해 결정되지 않고 하나님에 의해 결정되는 영적 공동체로서 남아 있었다. 방금 언급한 열 지파와 같이 그 공동체에서 떨어져 나간 사람들은 그들의 종교뿐

---

19   롬 3:21-4:25. 또한 눅 4:24-29도 보라.

20   룻 1:16; 왕하 5:17-19.

만 아니라 민족적 정체성도 상실했다. 그리고 아무도 적극적으로 장려되었다고는 말할 수 없더라도, 율법의 엄격한 요구에 복종한 소수 외부인들은 공동체 안으로 받아들여졌다.

그리스도를 믿는 신자들이 유대교와 어떤 관계를 맺어야 하는지를 해결해야 했던 기독교 초기에, 이스라엘이 어떻게 정의되어야 하는지는 매우 중요한 사안이 되었다. 역사적 민족성을 규범으로 삼고, 그리스도인들은 구약 율법 의식의 요구사항들 특히 할례를 준수함으로써 이 민족에 통합되어야 한다고 주장한 사람들이 더러 있었다. 이 사람들은 처음에는 상당히 영향력이 있었던 듯하지만, 오래지 않아 그들의 가르침이 틀렸을 뿐 아니라 그리스도의 복음에 대한 완전한 왜곡이라고 주장한 바울에게 저지당했다. 갈라디아 교회에 보내는 신랄한 서신과 로마 교회에 보내는 위대한 서신에서 바울은 이스라엘을 영적 민족으로 정의하고, 그리스도인들은 그런 바탕에서 하나님의 선택된 백성에 속한다고 주장했다. 우리는 물리적으로 아브라함의 자손이기 때문이 아니라 우리가 아브라함의 믿음을 공유하고 아브라함이 하나님과 가졌던 관계를 물려받았기 때문에, 아브라함이 우리 조상이라고 주장한다. 한편 아브라함의 믿음을 공유하지 않은 유대인들은 자기들이 아브라함의 혈통이라는 사실을 이스라엘에 속해 있음에 대한 증거로 의지할 수 없다. 왜냐하면 아브라함의 믿음이 없으면 하나님으로부터 단절되고 이스라엘 민족으로부터 쫓겨나기 때문이다.[21]

그리스도인들은 바울의 가르침에 기초해서 구약성경에 제시된 율법의 규정을 따를 의무가 있다고 생각하지 않으면서도 이스라엘의 영적유산을 전용(轉用)했다. 이 율법을 그리스도인의 행동 모델로 삼으려는 간헐적인 시도가 있었던 것은 사실이지만, 그런 시도는 항상 단편적이었고 일관성이 없었다. 중세 교회는 기독교 사제들이 유대교의 제사장들

---

21 이것은 롬 2-4장과 9-11장의 주장을 요약한 것이다.

및 레위 사람들에 해당하는 존재이며 따라서 그들과 똑같은 보상과 특권을 누릴 자격이 있다고 주장함으로써, 본래 이스라엘의 제사장들을 후원하기 위해 마련된 십일조 규정을 기독교 사제들에게 적용하려고 했다. 그러나 바로 그 교회는 세습이 고대 이스라엘에서 제사장 직분의 기초였음에도 불구하고, 세습되는 사제 계급의 출현을 막기 위해 사제의 독신 규칙을 강제함으로써 스스로 모순에 빠졌다.

또한 현대의 국가들을 "기독교 국가"로 간주하고 그 국가들에게 안식일 준수를 규율하는 법률과 같이, 고대 이스라엘에서 도출한 법을 채택하도록 기대하는 시도들도 있었다. 엄격한 안식일 준수를 가장 강력하게 옹호하는 사람들도 유대인들의 음식법을 지키거나 간음한 여자를 돌로 쳐 죽이라고 주장하지는 않을 것이기 때문에, 이런 접근은 우발적이고 일관성이 없을 수밖에 없다. 현대의 성경 연구의 유용한 한 가지 결과는 우리에게 역사적 전개 과정을 더 잘 알게 해준 것이다. 이 지식을 통해 우리는 고대 이스라엘의 율법을 그들의 상황과는 완전히 딴판인 우리의 상황에 직접 적용하지 않으면서도, 이를 그들의 배경 안에서 존중할 수 있게 된다. 오늘날 기독교 세계에서는 신약성경에서 발견되는 이스라엘에 대한 "영적" 이해가 거의 보편적이라고 해도 무방하다.

많은 그리스도인들이 기꺼이 현대의 이스라엘 국가를 구약 시대 왕국의 적법한 후계자로 간주하지만, 그들도 오늘날 이스라엘이 성경에 규정된 것과는 전혀 다르게 운영되고 있으며, 다윗 왕정이나 아론의 제사장 직 및 그에 수반된 제사제도를 부활시키려고 하지 않는다는 점을 인정해야 한다. 이런 것들과 관련해서 실제로는 어느 정도 느슨해지기는 했지만, 할례와 대부분의 음식법들은 존속하고 있다. 현대 유대교는 여러모로 특별한 점들이 있는데 그 특징들의 대부분은 구약성경으로 거슬러 올라갈 수 있다. 그러나 유대인들조차도 대체로 특수한 관습들을 통해 표현되지만 그럼에도 더 이상 예수 시대에 통상적이었던 방식으로 정의되지는 않는 영적 믿음이 있다는 데 동의할 것이다. 현대 이스라엘 국가는 유대 "민족"과 동일하지 않으며(유대인들의 대부분은 이스라엘에서 살지 않는다), 자신을 하나님의 백성의 물리적 화신으로 간주하지도 않는다. 현대 이스라엘 국가는 유대인들이 이용하기 원하면 그들에게 국적을 제공하지만, 모든 유대인들에게 이스라엘 국가를 그들의 믿음의 필수요소로 강요하려 하지 않고, 또 그들의 고대 선조들이 그랬던 것처럼 비유대인들을 국민에서 제외하지도 않는다.

그러나 한 가지 측면에서 현대 이스라엘 국가는 이스라엘의 성경적 원형과 연속성을 갖고 있고, 기독교 교회와는 전혀 다른 집단으로 남아 있다. 유대인들은 아직도 외부인들이 원한다면 기꺼이 자기들의 믿음 안으로 받아들이기는 하지만 관례적으로 전도하지는 않는 반면, 그리스도인들은 적극적으로 다른 사람들을 그리스도께 인도하려고 한다. 오순절 날 이후 기독교 교회는 모든 인종과 모든 민족 출신의 남녀가 포함되어 있는 것을 자랑스러워했다. 하나님의 백성은 어디서나 발견될 수 있을 뿐만 아니라, 교회는 그들이 지상의 그리스도의 몸의 가시적인 공동체 안으로 통합될 수 있도록 그들을 찾아나서는 일을 한다. 이 목적을 위해 교회는 거룩한 땅도, 거룩한 언어도, 특권을 가진 인종 집단도 갖지 않는다. 라틴어를 보편적 언어로 삼으려고 시도했던 중세 시대나 19세기와 20세기에 인종 격리 정책과 기타 형태의 인종차별 정책을 묵인했을 때와 같이 교회가 종종 실제로는 이런 이상에서 벗어났다는 것은 사실이다. 그러나 이런 일들에 대한 신학적인 정당화는 결코 보편적으로 받아들여지지 않았고, 한때 이런 정책을 홍보했던 사람들도 그것이 일탈이라며 거부했다.

오늘날 그리스도인들은 모든 인간을 포용하라는 자신들의 소명을 잘 알고 있고, 종종 세계화의 선봉에 서 있다고 말해도 무방하다. 부족 공동체가 붕괴되고 소수 민족들이 사라지는 상황에서 성경 번역자들은 그들의 언어를 보존하고 그들의 정체성을 존중하는 한편, 그들을 세계적인 복음의 공동체에 연결시키기 위해 노력한다. 이 점에서 현대 교회는 예수의 지상명령에 매우 신실했고, 보편적 평등의 메시지를 다른 어떤 종교나 이념이 흉내낼 수 없을 정도로 실천했다.

기독교의 메시지가 온 세계에 전파되었고 유대인과 다른 사람들을 분리시켰던 고대의 장벽이 무너지기는 했지만, 지상의 모든 사람이 이제 하나님의 백성에 속한다고 말할 수는 없다. 아직도 복음을 들어보지 못한 사람들이 있고, 명시적 또는 묵시적으로 (예컨대 다른 종교를 고수함으로써) 복음을 거부하는 사람들이 많다. 고대 이스라엘에서 그랬고 현대 유대교에서도 그런 것처럼, 기독교 교회의 테두리 안에도 영적으로 죽어 있는 사람들이 많다. 외적이고 육체적인 것과 내적이고 영적인 것 사이의 차이는 늘 그래왔던 것처럼 오늘날에도 실재하며, 오직 영적인 마음을 가진 사람들만이 하나님의 백성의 일원이라는 성경의 원리는 고대에 그랬던 것처럼 지금도 타당하다. 더구나 우리 안에 하나님의 영을 불어넣어 주는 이는 하나님을 믿기로 한 우리가 아니라 하나님 자신이시다. 예수가 니고데모에게 다음과 같이 말씀하신 것처럼 말이다.

> 육으로 난 것은 육이요 영으로 난 것은 영이니, 내가 네게 거듭나야 하겠다 하는 말을 놀랍게 여기지 말라. 바람이 임의로 불매 네가 그 소리는 들어도 어디서 와서 어디로 가는지 알지 못하나니, 성령으로 난 사람도 다 그러하니라.[22]

하나님의 선택

이스라엘과 교회의 차이는 알아보기가 아주 쉽지만, 동시에 둘 사이에는 심오한 유사성도 있다. 이 중 가장 중요한 점은 하나님이 그 둘을 선

---

22   요 3:6-8.

택하셨다는 것이다. 이스라엘이나 교회는 자연발생적으로 생긴 것이 아니다. 이 점은 우리를 겸손하게 하고, 우리의 삶을 향한 하나님의 목적이 하나님을 기쁘시게 할 만한 일을 조금도 할 수 없는 우리의 무능력에 의해 좌절될 수 없다고 우리를 안심시키는 진리이기도 하다.[23] 하나님이 왜 우리를 선택하고 다른 사람은 선택하지 않으셨는지 알 길이 있는가? 이 질문에 대한 단순한 답변은 우리는 모른다는 것이다. 구약성경이 지적하는 바와 같이 심지어 이스라엘 사람들도 이 점에 대해 무척 당혹스러웠던 것 같다.

> 네 하나님 여호와께서 지상 만민 중에서 너를 자기 기업의 백성으로 택하셨나니, 여호와께서 너희를 기뻐하시고 너희를 택하심은 너희가 다른 민족보다 수효가 많기 때문이 아니니라. 너희는 오히려 모든 민족 중에 가장 적으니라 여호와께서 다만 너희를 사랑하심으로 말미암아…[24]

하나님의 선택에 동기를 제공하고 우리를 그의 백성으로 함께 묶어 놓는 것은 우리의 명성이나 운이 아니라 하나님의 사랑이었다. 하나님은 사랑이시기 때문에, 사랑이 모든 것을 설명한다. 하나님의 사랑을 경험한 사람들은 그 사랑이 무엇인지 알고 있고, 그에 따라 그 사랑에 반응한다. 우리가 우리를 사랑하는 사람들에게 왜 모든 사람들과 똑같은 관계를 맺지 않느냐고 묻지 않는 것처럼, 하나님의 사랑을 경험한 사람들은 왜 하나님이 다른 모든 사람들에게 똑같은 사랑을 베풀지 않으시냐고 묻지 않는다. 하나님의 사랑이 만들고 유지하는 관계가 하나님 안에 있는 우리의 생명의 원천이고, 우리는 그것만 알면 된다. 우리는 하나의 영적 실재로 함께 묶여 있기 때문에 하나님의 사랑을 받은 다른 사람들

---

23 신 7:6b-8a; 요 15:16; 엡 1:4-6.
24 신 7:6b-8a.

5부 • 하나님이 세상을 이토록 사랑하셨다

과 그 사랑을 공유하며, 그 사랑을 알지 못하는 사람에게 나아가도록 부르심을 받았다. 그러나 우리가 아무리 그들이 그리스도 안에서 하나님의 사랑을 알게 되기를 바랄지라도, 사실 우리는 그들이 하나님의 사랑을 알기 전에는 그리고 알 때까지는 그들과 교제할 수 없다. 이 점에 대해서는 우리가 거듭나기를 원하는 사람들에게 긍휼을 베풀어달라고 하나님께 기도하는 것 외에는 할 수 있는 일이 없다. 우리는 하나님이 우리의 기도를 들어주겠다고 약속하신 것을 알고 있지만, 하나님은 그 기도에 대해 자신의 때에 자신의 방법으로 응답하실 것이다. 고린도 교회 교인들이 그들에게 최초로 복음을 전한 사람이 누구인지를 놓고 다툴 때, 바울이 다음과 같이 말한 것처럼 말이다. "나는 심었고 아볼로는 물을 주었으되 오직 하나님께서 자라나게 하셨나니, 그런즉 심는 이나 물 주는 이는 아무것도 아니로되 오직 자라게 하시는 이는 하나님뿐이니라."[25]

하나님이 선택하신 사람들은 그들을 다른 사람들과 구별시키고 하나님의 선택을 정당화할 수 있는 도덕적 또는 영적 특질을 갖고 있는가? 작고 불운한 민족이 그들의 적들보다 자기들이 도덕적·영적으로 우월하다고 주장함으로써 자신의 불행을 보상받으려 한다고 생각하기 쉽지만, 이스라엘은 그렇게 하지 않았다. 성경 본문은 자기 백성과 그들의 지도자들을 가차 없이 비난하며, 이스라엘 백성이나 지도자들 중 어느 누구도 성경에서 좋게 말해지지 않는다. 심지어 아브라함, 모세, 다윗과 같은 가장 위대한 민족적 영웅들도 심각한 (종종 치명적인) 결함이 있는 사람들로 묘사되며, 성경에서 미래 세대가 역할 모델로 삼을 만한 사람은 오래 찾아봐도 발견하기 어렵다. 요셉이 그런 사람 중 하나일 수 있지만, 그가 야곱에게 가족을 이집트로 데려 오라고 한 초청이 궁극적으로 그들을 노예로 만들었는데, 이것은 요셉이 의도한 것이 아니었다. 또는 나쁜 일은 전혀 저지르지 않은 것으로 보인 요나단이 그런 사람일 수 있지만

---

25 고전 3:6-7.

그는 사악한 부친 사울과 함께 전사하고 말았다.[26] 그리고 요나단의 위상을 차지할 사람은 아무도 없었다. 성경에서 참된 의인의 전형적인 본보기는 욥이다. 그러나 욥은 확실히 이스라엘 사람이 아니었고 존재한 적이 없는 인물일 수도 있다.[27] 이스라엘의 자기 이해가 다른 민족들의 자기 이해와 얼마나 다른지 보려면 암울한 역사를 가진 다른 억압받은 민족들의 고전 문학을 슬쩍 들여다보기만 해도 된다. 때로 이스라엘 사람들은 그들의 특수한 영적 지위를 자기들을 이웃 민족들보다 우월하게 만든 복이 아니라 기꺼이 제거해버리고 싶은 짐으로 간주했던 것으로 보인다.[28]

종종 제기되는 또 하나의 질문은 하나님이 왜 어떤 사람들은 구원하기로 선택하고 다른 사람들은 선택하지 않으셨냐는 것이다. 이스라엘의 수가 아주 적었다는 사실은 하나님이 지구상에서 살았던 사람들의 수에 비해 극히 소수만 구원하셨다는 점을 상기시켜준다. 왜 그랬는가? 모든 인간은 아담의 자손이고, 아담과 하나님 간의 깨진 관계를 물려받았다. 그 점에서 우리는 모두 동등하고, 우리 중 아무도 다른 사람보다 선하거나 악하다고 주장할 수 없다. 많은 사람들에게는 하나님이 아무런 명백한 이유 없이 극소수의 사람들을 자신과 화해하도록 선택하신 반면에, 나머지 사람들은 그들의 운명에 맡겨두신 것이 터무니없어 보인다. 심지어 많은 그리스도인들도 이 사실에 당혹감을 느끼고, 최선을 다해 그것을 둘러대려 한다. 어떤 사람들은 이스라엘은 구원 받기 위해 선택된 것이 아니라, 온 세상의 죄를 짊어지고 다른 사람들 대신 고통당함으로써 보편적 구속을 이루기 위해 선택되었다고 말했다. 어떻게 그런 결론에 도달했는지는 알려지지 않았지만, 구원받을 사람들의 수가 결국 정죄 당

---

26 삼하 1:23-26.
27 본문상으로는 욥이 역사적 실존 인물인지, 아니면 어떤 "유형"을 제시하기 위해 저자가 욥과 다른 인물들을 만들어낸 것인지 분명하지 않다.
28 예컨대 삼상 8:1-9을 보라.

5부 • 하나님이 세상을 이토록 사랑하셨다

할 자의 수보다 훨씬 더 많을 것이라고 주장하는 자들이 없지 않다. 적지 않은 사람들이 특별히 사악하지 않다면 사실상 모든 사람들이 구원받을 것이라는 일종의 보편구원론으로 되돌아간다. 그들은 행위에 의한 멸망이라고 부를 만한 것, 달리 말하자면, 아돌프 히틀러와 같이 열심히 악을 행한 사람들만 천국에 가지 못하고, 악한 일은 거의 또는 전혀 하지 않은 사람들은 천국에 갈 것이라고 믿는 듯하다.

불행히도 이런 식의 견해는 성경이 말하는 내용보다는 정서나 희망의 사고에 더 기반을 두고 있다. 싫건 좋건 복음은 먼저 이스라엘에게 주어졌고 그곳에서 다른 곳으로 퍼져나갔지만, 땅 끝까지 전해지기까지는 수백 년이 걸렸다. 우리 시대에 들어와서야 거의 모든 사람들이 복음을 들을 기회를 갖게 되었다. 왜 그리스 사람들은 그리스도가 온 지 한 세대 안에 그에게 나아갈 기회를 가진 반면에, 북유럽의 게르만 민족들은 같은 기회를 얻기까지 수백 년을 기다려야 했고, 또 대부분의 아프리카 사람들과 아시아 사람들에게는 거의 2천 년 동안 그럴 기회가 저지되었는가? 유럽 사람들이 다른 사람들보다 복음을 더 많이 들었기 때문에, 하나님은 스리랑카 사람들이나 라오스 사람들보다 덴마크 사람들을 더 사랑하신다고 말할 수 있는가? 영국 사람들에게는 하늘에 먼 조상들이 있지만 중국 사람들과 인도 사람들에게는 없다는 것이 정말 사실일 수 있는가? 급속히 세계화되고 있는 세상에서, 특히 많은 사람들이 바로 이 이유로 성경의 가르침을 거부하기 때문에 이런 질문들이 새삼스럽게 절박해졌다. 그들은 하나님이 있다면 하나님이 이처럼 노골적으로 차별하지 못했을 것이라고 생각하고, 유대인들과 그리스도인들은 보편적 평화와 조화를 선포하기보다는[29] 인종주의와 부당함을 낳은 메시지를 전한다고 비난한다.

이 비난에 답변하기는 쉽지 않으며, 하나님의 계획에 관해서는 많은

---

29   사 11:6-9.

것들이 아직 우리에게 신비로 남아 있다. 우리가 이해해야 할 첫 번째 사실은 하나님이 먼저 우리에게 나아오시지 않았더라면 어떤 인간도 구원받지 못했을 것이라는 점이다. 현대인들은 이것을 받아들이기 어려워한다. 우리는 모든 사람이 똑같이 이러저러한 혜택을 받을 자격이 있다고 생각하는 세상에서 살고 있으며, 따라서 어떤 사람들이 그 혜택에서 제외되면(또는 그렇게 보이면) 공정하지 않다고 생각한다. 영원에 관하여 인간에게 주어진 기본적인 상태는 파멸이 아니라 구원이라고 생각하며, 이와 다른 말을 들으면 (화를 내지는 않더라도) 곤혹스러워 한다. 비록 어떤 사람들은 내세를 믿지 않으며 "천국"을 애매하고 어정쩡하게 말하는 사람들도 많기는 하지만, 현대인의 정신세계에서 천국은 모든 죽은 사람의 최후의 안식처라고 가정된다. 그들에게 참으로 중요한 것은 죽은 사람들이 고통과 고난에서 해방되었다는 것이 전부이고, 최소한 그 점에서 그들은 죽기 전보다 더 낫다. 그리고 우리는 우리가 지옥에 갈 것이라는 말을 듣는 것을 싫어하며, 사람들은 지옥이 존재하지 않는다고 생각하기를 좋아한다.

문제는 이런 식으로 생각하면, 성경에 대한 이해는 시작될 수조차 없다는 사실이다. 성경의 관점에서 보면, 인간의 기본적인 운명은 천국이 아니고 영원한 사망이며, 누군가 거기서 구원받는다는 사실은 하나님의 은혜의 기적이다. 성경은 모든 사람이 구원받는다고 생각하길 원하는 사람들에게 어떤 위안도 주지 않는다. 교회를 약화시키는 사람들은 하나님이 소수의 사람들만 선택하셨다고 믿는 사람들이 아니라, 하나님이 모든 사람을 선택하셨다고 믿는 사람들이다. 왜냐하면 그들에게는 전할 복음이 없기 때문이다. 결국 모든 사람이 구원받을 것이라고 생각한다면, 죄와 의와 심판에 관해 말하는 것이 무슨 의미가 있는가?

반대편 극단에서 하나님이 일부만 선택하셨다고 믿는 사람들이 과연 누가 선택된 사람들인지 특정하려고 하거나, 구원받은 사람들은 어떤 일을 하건 하지 않건 천국에 갈 것이라는 가정 아래 뒤로 물러앉아 아무것도 하지 않는다면, 그것은 잘못하는 것이다. 성경은 우리에게 예수께서 이스라엘 집의 잃어버린 양에게 보내심을 받았다고 말하는데, 여기서의 주된 요점은 그들은 비록 양이지만, 아직 **잃어버린** 상태에 있고 따라서 찾아져야 한다는 점이다.[30] 염소들을 모아 그들을 포함시키는 것에 대한 질문은 전혀 없다. 그러나 양이 한 마리라도 길을 잃었다면, 선한 목자는 그 양을 찾아나서서 그 양이 속해 있던 양떼로 데려 올 의무가 있다.[31]

현대적인 비유를 사용하자면, 세상은 추락해서 몇 사람만 운 좋게 살아남은 비행기와 같다. 그런 일이 벌어지면 우리는 즉각적으로 생존자가 있다는 사실에 대해 깜짝 놀라고 그에 대해 감사하는 반응을 보인다. 우리는 왜 생존자들이 그 운 좋은 사람들이어야 했는지 묻지 않으며, 또 탑승객 전원이 구조되었어야 했는데 그러지 못했기 때문에 누군가 비난할 사람을 찾아내야 한다고 생각하지도 않는다. 오히려 비행기가 추락하면 탑승자들은 아마 다 죽을 것이라고 가정하고, 따라서 생존자가 있다면 그것을 기적으로 간주한다. 우리는 우리가 사는 세상을 그런 식으로 바라봐야 한다. 그런 관점은 왜 소수만 구원받았는지 설명하지 않으며, 왜 다른 사람들이 아니라 그 특정한 소수의 사람들만 구원받았는지를 결정할 아무런 방법도 제공하지 않는다. 안전띠를 단단히 맨 사람들만 살아남았는가? 아마 아닐 것이다. 생존자들은 비행기 내의 특별히 안전한 자리에 앉아 있었는가? 그럴 수도 있지만, 그들은 거의 확실히 그 점을 염두에 두고 좌석을 선택한 것이 아니다. 대개는 그것을 설명할 단순한 답이 없다. 그러나 우리의 시선을 올바로 고정시키고 그에 대해 감사하게 만드는 것은 엄청난 목숨이 희생된 비극이 아니라 구원의 영광스러운 사실뿐이다.

물론 그런 재난에서 구조된 사람들은 종종 (그리고 확실히 올바르게) 자

---

30 마 10:6.
31 마 18:10-13.

기들이 왜 살아남았는지 궁금하게 여기고, 이에 대해 생각하면 더 겸손해지며 살아 있는 것에 감사하게 된다. 아울러 그들은 생명의 가치와 불확실성을 더 잘 알게 되고 피하지 못한 사람들에게 깊은 유감을 느낄 것이다. 남의 불행을 자랑하거나 기뻐할 이유가 없으며, 그렇게 하는 사람은 당연히 괴짜 취급을 받을 것이다. 그러나 동시에 살아난 것이 복이라는 점도 부인할 수 없다. 아무리 "불공정"하게 보일지라도 그 일은 일어났고, 그것의 불공정성에 대해 불평하는 것은 흔히 착각하는 것처럼 의로운 분노가 아니라 천한 배은망덕으로 들릴 것이다.

하나님이 왜 어떤 사람만 구원하기로 결정하셨는지가 우리에게 알려지지는 않았지만, 그 이유가 무엇이든 그 결정은 여전히 하나님의 사랑의 최고의 표현이다. 하나님이 공의의 하나님일 뿐이고 그 이상의 존재가 아니라면, 아무도 구원받을 자격이 없기 때문에 하나님은 아무도 구원하지 않으셨을 것이다. 사도 바울이 "모든 사람이 죄를 범하였으매 하나님의 영광에 이르지 못하더니, 그리스도 예수 안에 있는 속량으로 말미암아 하나님의 은혜로 값 없이 의롭다 하심을 얻은 자 되었느니라"[32]라고 말하는 것처럼 말이다. 우리의 구원과 관련된 모든 것은 하나님의 공의의 자연적인 효과를 누그러뜨리는 값없는 은혜와 긍휼 안에서 표현되는 하나님의 사랑의 행위다. 하나님은 자신의 은혜로 우리의 구원을 가능하게 했고, 자신의 긍휼로 우리를 용서하고 우리가 하나님의 은혜가 제공한 복을 공유할 수 있게 하셨다. 아브라함 안에서 선택된 사람들이 구원받은 사건과 홍수 뒤의 노아와 그의 가족을 보존하신 사건을 비교해보면, 은혜와 긍휼이라는 이중 행위의 중요성을 이해할 수 있다. 노아와 그의 후손들의 보존도 하나님의 은혜의 행위였지만, 노아와 그의 자녀들은 그들의 죄에 대해 책임을 져야 했으며 또한 그것 때문에 죽었기 때문에 거기에는 용서의 긍휼이 없었다. 하나님이 자신이 선택한 사람들

---

32 롬 3:23-24.

에게 부여하시는 구원은 단지 이생에서 그리고 이생을 위한 보존 행위가 아니라, 구원 받은 사람들이 영원히 하나님과 함께 살 수 있게 해주는 회복의 행위다.

선택받은 사람들의 본질과 숫자에 관한 한, 하나님은 선택된 사람들 편에서 하나님의 선택을 설명하거나 정당화할 수 있는 어떤 행동도 없이 하나님 자신의 자유 의지에 따라 선택하셨다고 확실히 말할 수 있다. 이스라엘의 역사는 하나님의 부름을 받는다는 것은 이생에서 어떤 특권을 수반하는 것이 아니라 오히려 그 반대를 의미할 수도 있음을 보여준다. 선택 받은 사람들의 대열에는 부자나 유명인이 많지 않았고,[33] 아무도 세상의 성공이 하나님에 의해 영원한 구원으로 부름 받은 자연스러운 결과라고 주장할 수 없다. 예수가 추종자들에게 그들이 자신의 제자가 되기를 원한다면 각각 십자가를 져야 한다고 말했을 때 상기시켜준 바와 같이,[34] 그것은 성공보다는 순교의 길이 될 가능성이 더 높았다. 자신이 원하는 사람을 선택하실 수 있는 하나님의 자유는 우리에게 독단적으로 보일 수도 있지만, 실제로 그것은 우리를 자유롭게 한다. 왜냐하면 그것은 우리가 다른 사람을 멸시하거나 우리가 싫어하는 사람이 복음을 듣지 못하도록 배제할 권리가 없다는 것을 의미하기 때문이다. 하나님은 그 누구도 구원하실 수 있고, 따라서 우리는 우리가 가망 없다고 여기는 사람들을 무시할 권리가 없다. 우리의 과제는 하나님의 말씀을 선포하고, 듣고자 하는 누구에게나 구원의 약속을 제공하며, 우리가 그들을 좋아하건 싫어하건 그 부름에 반응하는 사람들을 받아들이는 것이다. 하나님의 선민에 관한 한 이스라엘은 살아남았고, 그들의 숫자상의 중요성보다 훨씬 큰 이름을 역사에 남겼다. 이스라엘 백성들 가운데 많은 사람들이 그것을 인정하기를 거부하지만, 그들의 업적은 반역적인

---

33   고전 1:26-31.

34   마 16:24.

(그러나 여전히 선택 받은) 자신의 백성들에 대해 약속을 지키시는 하나님의 신실하심에 대한 탁월한 증거로 남아 있다.

하나님은 확실히 이스라엘을 단순히 그 민족 안의 특정한 개인들로서가 아니라 하나의 민족으로 선택하셨다. 아브라함, 이삭, 야곱의 자손으로 태어난 사람은 누구나 어떤 면에서는 그의 개인적 운명과 상관없이 이 선민의 일원이었다. 동시에 성경은 결국 그 민족 가운데서 남은 자만 구원받았다고 증언한다. 이스라엘 민족에 대한 부르심과 그 안의 소수만이 구원받았다는 사실 사이의 이 명백한 불일치를 어떻게 해석해야 하는가?

기본적으로 두 가지 접근 노선을 취할 수 있다. 첫째는 하나님에 의해 선택되지만 구원받지는 않을 수 있다고 말하는 것이다. 그 일이 일어날 수 있는 가장 명백한 방법은 오늘날 사람들이 스스로 결정하면 자기들의 시민권을 포기할 수 있는 것처럼, 선민의 개별 구성원들이 탈퇴할 권리를 갖고 있는 경우일 것이다. 이런 경우에 대한 하나의 변형은, 한 민족의 선택이 자동으로 그 안의 모든 사람이 동일한 권리와 특권을 누린다는 것을 함축하지는 않는다고 말하는 것이다. 이 말이 현대인의 귀에는 비민주적으로 들리겠지만, 대부분의 인간 역사에서 그것은 사실이었고, 성경 저자들도 이 말에 대해 그리 놀라지 않을 것이다. 그럼에도 불구하고 그것은 성경에서 우리에게 주어진 그림은 아니다. 바울이 다음과 같이 말한 것처럼 말이다.

형제들아, 나는 너희가 알지 못하기를 원하지 아니하노니, 우리 조상들이 다 구름 아래에 있고 바다 가운데로 지나며 모세에게 속하여 다 구름과 바다에서 세례를 받고, 다 같은 신령한 음식을 먹으며 다 같은 신령한 음료를 마셨으니, 이는 그들을 따르는 신령한 반석으로부터 마셨으매 그 반

석은 곧 그리스도시라.[35]

바울이 그리스도에 대한 경험이라고 말하는 부르심과 이에 수반된 복은 이스라엘 민족 전체에게 차별 없이 주어졌다. 그러나 바울은 계속해서 이렇게 덧붙인다. "그러나 그들의 다수를 하나님이 기뻐하지 아니하셨으므로, 그들이 광야에서 멸망을 받았느니라."[36] 이 말을 좀 더 구체적으로 들여다보면, 그 이유는 그 백성 중 많은 이들이 하나님이나 하나님의 목적에 대해 이해하지 못했기 때문인 것 같다. 바울은 고린도 교회 교인들에게 그들이 반역적이었을 뿐만 아니라 우상숭배자들이었고, 그것은 하나님께 대한 궁극적인 부인이었음을 상기시킴으로써 구약성경의 기사를 요약한다. 역사적 사실은 의심할 여지가 없지만, 이 사실은 하나님의 능력과 주권에 관한 중대한 신학적 질문을 제기한다. 하나님의 선민은 하나님께 반역하고도 무사할 수 있는 자유가 있었는가? 아니면 하나님은 항상 상황을 통제했고, 일부러 구원할 의도가 없었던 사람들을 선택하셨는가?

두 번째 대안은 하나님이 결코 물리적인 이스라엘 민족과 자신이 구원하기로 선택하신 사람들 사이에 정확한 대응관계가 있도록 계획하지 않으셨다는 것이다. 영적인 사람들은 물리적인 민족에 속하지만, 그들은 그 민족 안에서 남은 자를 구성하며, 또한 항상 남은 자를 구성했다. 이 설명에 따르면, 역사적인 이스라엘 민족은 하나님의 백성을 위한 고향, 즉 그 안에서 그들이 번성할 수 있었지만 궁극적으로는 그곳을 떠나게 될 보호용 인간 공동체로 의도되었다. 따라서 (넓은) 이스라엘 민족 공동체와 (좁은) 선택 받은 하나님의 백성들의 영적 공동체 사이의 이러한 구별은 처음부터 있었지만, 그리스도의 죽음과 부활 뒤에 비로소 표면화

---

35   고전 10:1-4.
36   고전 10:5.

했다. 그때 참으로 선택받은 사람들은 그리스도를 영접하고 점차 자기들의 역사적 유대교를 버렸으며, 유대 민족이 아니면서 교회에 들어간 새 신자들에게 유대교를 부과하지 않았다.

이 노선에 입각한 해법이 성경의 증거와 더 일치한다. 이 견해가 모든 문제를 다 해결하지는 못하더라도, 하나님의 말과 행동이 다르다고 주장하는 어떤 이론보다 선호되어야 한다. 결국 고대 이스라엘이 하나님에 의해 하나의 공동체로 선택받았다는 점은 여전히 사실이며, 우리는 고대 이스라엘을 주로 그 관점에서 보아야 한다. 고대 이스라엘의 의식 준수는 하나님이 명령하신 것이고, 모든 백성이, 심지어 확실히 그럴 자격이 없는 사람도 이를 지켰다. 약속의 땅의 복은 받을 자격이 있건 없건 모든 사람에게 주어졌다. 다윗과 솔로몬이 제국을 건설한 사건이나 바빌로니아 포로 사건과 같은 이스라엘 역사의 중대 사건들은 그들 모두에게 영향을 주었다.[37] 그러나 동시에 오직 남은 자만이 이스라엘 민족의 소명을 참으로 이해했고, 그들만 궁극적으로 구원받았다.

이것을 신학적 관점에서 표현하려 할 때, 우선 문제의 본질에 초점을 맞추고 그다음에 이를 묘사하는 가장 좋은 방법을 찾아야 한다. 먼저 이스라엘 사람들은 특수한 목적을 위해 하나님이 선택하셨다고 역설하는 것으로 시작해보자. 그들은 율법을 받았고, 하나님이 그들을 구속하고 영원히 자신의 선민으로 세우실 것이라는 약속을 받았다. 이것이 정확히 어떻게 일어날지는 분명하지 않았고, 예수 당시의 유대인들은 정확한 세부 사항에 대해 동의하지 않았다. 그러나 그들 모두는 하나님이 계획하신 모든 것이 전적으로 그들에게 영향을 주는 것은 아니더라도 그들에게 중대한 영향을 줄 것이라고 믿었다. 그럼에도 불구하고 그리고 그와 동시에 선택된 민족 **안에서** 선한 사람과 악한 사람을 분리하는 과정은

---

37 모든 사람이 바빌로니아에 포로로 잡혀간 것은 아니었지만, 예루살렘과 예루살렘 성전 파괴는 민족 전체에 영향을 주었다.

　　　　　　　　5부 • 하나님이 세상을 이토록 사랑하셨다

이스라엘이 약속된 땅에 들어가기 전에 이미 잘 확립되었고, 그 주제는 구약성경 전체에 걸쳐 자주 반복된다. 개별적인 유대인들은 단지 자기들이 선민을 구성하는 민족 공동체의 일원이라는 이유만으로 구원받을 것이라고 가정할 이유가 없었다. 많은 유대인들이 그렇게 생각했기 때문에, 바울은 로마서에서 그들을 매우 신랄하게 비판했다.[38] 바울은 유대교의 외적 장식품을 거부하지 않았지만, 그것이 영적 실재를 전달할 의도가 있었음을 이해했다. 그것들에게 외적인 장식품이 없다면 외적인 예식들은 소용없게 되고 심지어 불경스러운 것이 되어버릴 수도 있었다.

신약성경에서 하나님의 백성으로서의 고대 이스라엘의 정체성에 내재하는 많은 긴장과 모호성들이 해소되었다. 비유대인들이 전에는 이스라엘을 위해 유보되었던 언약적 축복의 상속자로 인정된 반면, 하나님이 자기들에게 했던 약속을 그리스도의 생애와 죽음에서 성취했음을 믿지 않은 혈통적 이스라엘 사람들은―자신들의 불신앙을 고집하는 한―그 복에서 제외되었다. 더 중요한 점은 기독교 교회의 출현으로 어떤 새로운 민족이 만들어진 것이 아니었다는 사실이다. 기독교 교회는 처음부터 물리적 혹은 영적인 의미에서 초민족적인 공동체였다. 종종 신자들의 가족들과 자녀들이 이 공동체 속에 포함되는가, 또는 어느 정도까지 포함되는가라는 몇 가지 질문이 제기되었지만, 이에 어떻게 답하든 그리스도인들을 연합시키는 유대는 그들의 부양가족들을 구속력 있게 교회의 일원으로 묶어두지 않는다. 이후에 교회를 떠나기로 선택하면 자유롭게 떠날 수 있으며, 아무것도 그들이나 다른 사람들에게 그들이 자신의 가족 배경을 거부했다고 상기시켜주지 않는다.

교회는 그리스도를 믿는 사람들의 공동체이지 민족 공동체가 아니다. 그리스도인들에게서 태어나 자란 사람들에게 어떤 이점들이 있든 결국 결정적인 것은 개인의 결단이기 때문에, 기독교 교회 안에는 특별한 민

---

38 롬 4:1-25을 보라.

족이나 가족이 있을 수 없다. 아무도 그가 조상들로부터 물려받은 것 때문에 천국에 자리가 보장되지 않으며, 완전히 다른 배경에서 믿게 된 사람들도 그 이유로 차별받지 않는다. 바울은 다음과 같이 말한다.

> 너희는 유대인이나 헬라인이나 종이나 자유인이나 남자나 여자나 다 그리스도 예수 안에서 하나이니라. 너희가 그리스도의 것이면 곧 아브라함의 자손이요 약속대로 유업을 이을 자니라.[39]

그래서 그리스도인들이 하나님에 의해 선택되었다는 개념을 갖고 있다면, 그 개념은 주로 사회 집단이 아니라 개인들에게 적용되어야 한다. 구약성경의 끝 부분에서 한 민족에게서 나온 두 지파의 남은 자 집단은 신약성경에서는 모든 부족들과 민족들로부터 나온 구속받은 사람들의 집단이 되며, 특별히 그중 어느 한 부족이나 민족과 동일시되지 않는다.

다른 측면에서 구약성경을 밑받침하는 영적 실재는 신약성경에도 그대로 남아 있다. 고대 이스라엘과 마찬가지로 교회도 부인되거나 무시될 수 없는 외적 측면과 내적 측면을 모두 갖고 있다. 가시적이고 제도적인 측면에서 기독교 교회는 지상에서 하나님의 백성으로 부름 받았지만, 더 이상 고대 이스라엘이 그랬던 것처럼 "순수"하지 않다. 교회에 소속된다는 것은 교회의 가르침을 믿는다는 것과 동일한 것이 아니며, 교회와 관련을 맺으면서도 그리스도의 몸의 참된 구성원들이 아닌 사람들이 많이 있다. 교회의 가장 바깥쪽 가장자리에는 자기들이 "기독교" 국가에서 태어나 자랐고 그 국적을 버리지 않았기 때문에 자신을 "그리스도인"이라고 자처하는 사람들이 있다. 중심에 좀 더 가까운 자리에는 때때로 교회에 출석하지만 그것을 주로 사교 행사로 보고 그것이 무엇에 관한 것인

---

39   갈 3:28-29.

지에 대해서는 별로 관심이 없는 사람들이 있다. 그리고 그보다 좀 더 안쪽에는 참여 수준이 개인에 따라 크게 다를 수는 있지만 자기들을 제도권 교회와 동일시하는 등록 교인들이 있다. 바로 이들 가운데서 참된 신자들이 발견될 가능성이 있는데, 그것은 교인 신분이 헌신을 이끌기 때문이 아니라 헌신하는 사람이 교인으로 등록하기 때문이다.

다른 무슨 일을 하건, 가시적 교회는 결코 자신에게 소속되는 것이 구원에 대한 보장이라고 가르치지 않아야 한다. 우리는 교회라는 기관에 가장 깊이 관여하는 사람이 하나님과 가장 가까운 사람이라고 가정하는 실수를 저지르지 않아야 한다. 기관에 깊이 관여하는 것이 결코 영적 성장과 동일시되어서는 안 된다. 의식 준수가 참된 영적 헌신을 대신하면 교회의 증언이 상처를 입는다. 참으로 부름 받고 선택 받은 사람들은 교회 기관 자체의 삶에 적극적으로 참여할지라도, 그 위험을 잘 알고 조심할 것이다. 신자들의 가족은 이스라엘 백성이 그들 가운데 믿음을 보존한 남은 자들로부터 유익을 얻었던 것처럼, 참된 신자들의 존재로부터 유익을 얻는다. 그러나 그들이 하나님께로부터 돌아선다면, 그들에게는 율법을 지키지 않은 유대인들이 유대인으로서의 정체성을 보존했던 것과 같은 방식으로 그리스도인으로서의 정체성을 보존할 것이라는 약속이 주어지지 않았다.

동시에 그리스도께 나아오는 사람들은 자연스럽게 다른 신자들과의 교제에 참여하기를 바랄 것이고, 일반적인 상황에서 그것은 가시적 교회의 구성원이 되는 것을 의미할 것이다. 이 교제에서 이탈하는 데 대한 핑곗거리는 없다. 구약성경에서 구원받은 사람들은 대부분 이미 하나님의 선민의 일원이었고, 신앙과 헌신에 대한 권고는 거의 배타적으로 그들에게 주어졌다. 기독교 교회에서는 이와 달리 구원의 메시지가 교회 구성원들에게 제한되는 것은 아니지만, 그들도 또한 이미 하고 있는 것보다 더 깊이 그리고 더 완전히 그리스도를 믿고 따르도록 도전받고 권고받아야 한다. 우리 그리스도인들은 우리가 구원받은 것에 만족하지 말고,

나가서 하나님의 말씀을 들어본 적이 없는 민족들과 공동체들 중에서 잃어버린 양들을 찾으라는 요청을 받는다.

이스라엘은 그렇지 않았지만 교회는 선교 기관이다. 교회는 이스라엘과 달리 구성원들에게 복음의 메시지에 대한 신앙을 개인적으로 고백할 의무를 지우고, 그 메시지를 다른 사람들에게 선포하도록 촉구한다. 우리는 그리스도에 대한 신앙을 고백함으로써 응답한 사람들을 하나님의 선민의 구성원으로 받아들이고 그들을 우리의 형제자매로 인정하지만, 또한 우리는 그들이 하나님의 자녀이며 궁극적으로 하나님께 책임져야 한다는 것을 안다. 하나님은 마음의 가장 깊은 비밀을 알기 때문에 오직 하나님만이 누구의 신앙고백이 진짜인지 확실히 아신다. 참된 신자가 아니면서도 이스라엘 민족에 속할 수 있었던 것처럼, 그 의식들을 존재하게 한 믿음의 영을 통해 변화되지 않아도 가시적인 교회에 참여하고 그 의식을 준수할 수 있다.

동시에 우리는 그리스도를 믿고 우리의 삶 속에서 그리스도의 영의 내주하는 임재와 능력을 경험함으로써 우리의 구원을 확신할 수 있다는 말을 듣는다. 구원에 대한 가시적인 보증이 없어도 신앙의 확신을 가질 수 있다고 말하는 것이 역설적으로 보일 수 있지만, 이 역설은 영적 실재와 물리적 실재 사이의 관계를 반영하며 교회 전체의 건강을 위해 필요하다. 우리 각자는 하나님의 사랑의 팔 안에서 안전하다는 것을 알 필요가 있고, 우리의 마음속에 있는 하나님의 영의 임재가 그것을 증언한다.[40] 그러나 우리는 우리 자신의 신앙고백과 교인 신분을 하나님 앞에서 우리의 영적 지위에 대한 증거로 의존할 수 없으며, 그런 외적 기준을 사용해서 다른 사람들을 판단해서도 안 된다. 누가 자기에게 속해 있는지는 하나님만이 아시며, 우리는 누가 하나님과 영원히 살지, 아니면 살지 못할지에 대해 하나님보다 더 잘 아는 체해서는 안 된다. 교만이 아니라 겸손

---

40 롬 8:16.

이 참된 신자의 표지이며, 하늘나라의 문을 여는 열쇠는 제도권 교회의 의식에 대한 외적 일치가 아니라 하나님의 영에 대한 내적 순종이다.

하나님이 아브라함과 맺으신 예언의 언약

하나님이 영원한 구원의 복을 약속하신 최초의 인물은 아브람이었는데, 그는 (현재 이라크에 있던) 자기 고향을 떠나 서쪽으로 이주하라는 말씀을 들었다. 거기서 아브람은 자신과 자신의 자손이 번성하여 큰 민족을 이루게 될 땅을 받게 될 터였다.[41] 당시 아브람은 75세였고 자녀가 없었다는 점에서 이 일을 이룰 사람으로는 이례적인 선택이었지만, 그는 하나님이 자기에게 주신 약속을 믿고 내려진 지시를 따랐다. 이 신뢰와 순종의 행동은 그의 가족이 세우도록 부름 받은 새로운 민족의 초석이 되었다. 아브람은 자신의 믿음의 표지로 할례의 표를 받았고, 이 할례는 하나님의 약속이 그의 자손들에게 확대된다는 증거로서 이삭을 통해 아브람의 남자 후손들에게 전해졌다.[42] 세월이 흐르면 아브람의 물리적 후손이라고 주장할 수 있는 사람들이 많이 생길 것이고, 그들이 모두 할례를 받기는 하겠지만, 그들 모두가 반드시 그들의 할례가 증언하는 약속을 물려받게 되지는 않을 터였다. 아브람의 참된 상속자들은 아브람의 믿음과 헌신을 공유한 사람들일 것이고, 결국 그들은 아브람의 물리적 자손보다 훨씬 많고 다양해졌을 것이다. 이것을 아신 하나님은 그의 이름을 "고귀한 아버지"를 뜻하는 아브람에서 "여러 민족의 아버지"를 뜻하는 아브라함으로 바꾸셨는데, 오늘날 우리는 그를 이 이름으로 알고 있다.[43]

---

41 창 12:1-3.
42 창 17:10.
43 창 17:4-5.

정실부인을 통해 자녀를 가질 수 없었던 아브라함은 다른 여인들을 통해 많은 자녀를 두었다. 그 자녀들 중 가장 유명한 사람은 사라의 하녀인 하갈의 아들 이스마엘이었다.[44] 아브라함은 모든 자녀들을 사랑했고 그들에게 자기 재산의 한 부분을 물려주었지만, 이 관대함에는 한계가 있었다. 사라가 결국 하나님의 개입으로 아들을 임신할 수 있게 되자, 바로 그 아들이 자기 아버지의 유산의 핵심 수혜자가 되고 자기 아버지에게 주어진 하나님의 약속의 유일한 상속자가 되었다.[45] 이렇게 되도록 보장하기 위해 사라는 이삭의 주요 잠재적 경쟁자라고 생각되는 이스마엘과 그의 어머니를 내보내라고 요구했고, 아브라함은 마지못해 이 결정에 동의했다.[46] 이 사건은 아브라함에게 그가 사랑했고 부양했던 다른 자녀들이 있었지만, 그럼에도 그들은 약속의 자녀들이 아니었고 따라서 영원한 구원의 상속자가 되지 못했음을 보여준다는 점에서 중요하다. 그 특권은 모든 예상에서 벗어나고 자연 법칙을 무시하고 태어난 아들을 위해 유보되었다.

하나님은 아브라함과 일시에 모든 언약을 맺지는 않으셨다. 그 언약은 자기 고향을 떠나라는 요구로부터 시작해서 여러 단계로 진행되었다. 아브라함은 고향을 떠난 후에야 자기에게 뒤를 이을 상속자가 있으리라는 말씀을 들었고, 하나님의 명령에 순종하여 그 상속자를 기꺼이 제물로 바치려고 한 뒤에야 그 언약은 최종적으로 확인되었다.[47] 하나님은 아브라함을 다루실 때 한 번에 한 걸음씩 움직였고, 아브라함이 죽을 때까지도 아직 성취되지 않은 약속들이 많이 남아 있었다. 아브라함은 자기에게 약속된 땅을 보았지만 그곳을 차지할 수 없었고, 그 땅에 대한 아브라함의 권리는 보잘것없는 상태로 있었다. 그의 자손들이 그 땅이 진실

---

44   창 16:15.
45   창 18:9-10; 21:1-7.
46   창 21:9-12.
47   창 22:15-18.

로 자기들의 것이라고 주장할 수 있기 위해서는 수백 년이 흘러야 했고, 그때에도 그 땅에 대한 그들의 소유는 영원하지 않을 것이었다. 하나님이 아브라함과 맺은 언약은 그 뒤로 이어질 모든 사항의 기초를 이루게 될 것의 시작이었지만, 그것이 그 주제에 관한 마지막 말은 아니었다. 구약성경의 저자들도 인식했듯이, 하나님은 자기 백성을 위해 행하실 일이 더 많이 있었다. 오늘날 우리는 감사하는 마음으로 하나님을 되돌아보지만, 하나님의 언약은 결코 원래 상태로 머물도록 의도되지 않았기 때문에, 그 언약을 원래대로 반복하려고 해서는 안 된다.

하나님이 아브라함과 맺으신 언약은 유대교의 기초였던 것과 똑같이 기독교의 기초이기도 하다.[48] 유대인들과 그리스도인들 모두의 뿌리는 이 언약으로 거슬러 올라가지만, 우리는 이 언약을 다르게 해석한다. 유대 전통에서 아브라함 언약은 영적 및 물리적인 관점에서 작동하게 되어 있는 영적 약속이다. 아브라함에게 그의 믿음의 표지로 주어진 할례는 계속 유대인 남자의 표지로 남아 있고, 아브라함 자손의 무리는 유대 사람들을 가리키는 것으로 해석되며, 그들의 역사적 존재와 세상에 대한 영향력은 그 언약의 약속의 성취로 간주된다. 그러나 그리스도인들은 아브라함에게 주어진 약속은 언제나 "주로" 영적 약속이었고, 지금은 "오로지" 영적인 약속이라고 믿는다. 아브라함의 신앙을 공유하는 사람은 누구나 그 약속의 상속자이고 그의 영적 자손이라고 주장할 수 있다. 그리스도인들에게는 할례가 금지되지도 않지만 의무로 부과되지도 않는다. 우리에게 중요한 것은 "마음의 할례"로서, 이는 구약성경에 나오지만 유대인들 사이에서보다 그리스도인들 사이에서 더 중요해진 개념이다.[49]

아브라함 언약은 아브라함을 하나님과 연합시키고 그를 하나님의 목

---

48   롬 4:1-16.
49   신 10:16; 30:6; 렘 4:4.

적을 이루도록 선택받게 한 믿음에 기초한다. 믿음은 우리를 그리스도와 연합시키는 열쇠이자 우리의 구원에 대한 궁극적인 보장이다. 믿음은 아담과 하와의 타락에 의해 파괴된 하나님과의 관계를 회복시킨다. 다른 모든 것이 이 믿음에서 흘러나오며, 언약의 약속들은 믿음이 없으면 말이 되지 않는다. 예수가 아브라함이 자기가 올 것을 미리 보았다고 말씀했기 때문에 그리스도인들에게는 이것이 특히 중요하다.[50] 예수는 이에 대해 자세하게 말하지 않았지만, 본문의 문맥은 아브라함이 예수를 언약의 약속들을 성취할 사람으로 인식했음이 틀림없다고 암시한다. 그런데 그 말이 실제로 의미하는 바는 무엇인가? 선민을 형성하고 약속된 땅에서 사는 것은 큰 복들이었지만, 그것은 예수가 오시기 오래 전에 성취되었기 때문에 그 말이 아브라함이 자기를 문자적 의미에서 그 일을 이룰 사람으로 보았다는 의미였을 수는 없다. 예수는 당대의 유대인 애국자들이 기대했던 방식으로 민족의 구원자 역할을 하려고 하지 않았다. 그 역할이 아브라함이 언약의 약속들의 성취로 상상했던 것이라면, 아마도 예수는 아브라함을 언급하지 않았을 것이고, 초기 그리스도인들도 명백히 사실이 아닌 것을 기록하지 않았을 것이다.

아브라함이 예수를 어떻게 여겼는지에 대한 단서를 보여주는 사람은 아마도 멜기세덱이라는 신비로운 인물일 것이다.[51] 멜기세덱은 살렘의 왕으로서,[52] 불쑥 등장해서 그저 "지극히 높으신 하나님의 제사장"으로 묘사될 뿐이다. 그는 알려진 계보가 없는 왕(이는 고대 세계에서 이례적인 경우다)이었고 아브라함과 아무런 관계가 없었지만, 아브라함은 이른바 "왕들의 전쟁"에서 돌아왔을 때 자신이 얻은 모든 전리품 중 십분의 일을 기꺼이 그에게 주었다. 아브라함이 십분의 일을 준 것은 확실히 훗날 이스라엘 백성이 예루살렘 성전에 있는 제사장들에게 바친 십일조를 상

---

50 요 8:56.

51 창 14:18-20.

52 "살렘"은 "평화"를 의미하며, 우리가 지금 예루살렘으로 부르는 도시였다.

5부 • 하나님이 세상을 이토록 사랑하셨다

기시키며, 멜기세덱이 제사장이었기 때문에 우리는 아브라함이 한 행동에 종교적 의미가 있었다고 가정할 수 있다. 그러나 아브라함이 이교도 제사장에게 십일조를 드린 것이었다면 그 사건이 그렇게 기록되어 기념되지 않았을 것이고, 그런 제사장의 축복도 대단하게 여겨지지 않았을 것이다. 그러므로 비록 멜기세덱은 아론 계열의 제사장이 아니었지만(아론은 그로부터 수백 년 후에 태어났다), 하나님이 그의 제사장직을 인정하셨음이 틀림없다. 다윗 왕이 쓴 것으로 알려진 시편 110편은 이 점을 명확히 한다. 그 시편에서 다윗은 주 하나님이 자신의 주님(그가 누구이든)께 하나님의 오른쪽에 앉아 있으라고 했다고 말하고, 계속해서 이 두 번째 주님을 "멜기세덱의 계열을 따르는 영원한 제사장"으로 묘사한다.[53] 나중에 히브리서 저자는 이 신비로운 진술을 사용해서 멜기세덱을 그리스도의 원형이라고 주장하고, 시편 110편에 나오는 말을 직접적으로 그리스도와 관련된 예언으로 적용해서 그리스도를 멜기세덱 계열의 영원한 제사장으로 묘사한다.[54] 그러므로 예수가 아브라함이 자기가 올 것을 보고 즐거워했다고 말했을 때, 예수가 염두에 둔 것은 멜기세덱의 제사장 사역이었을 가능성이 있다.

그럴 경우 그것은 아브라함의 이야기에서 발견되는 또 다른 주제인 약속된 아들로서 이삭의 제사와 잘 연결된다.[55] 창세기 기사는 하나님께서 아브라함이 이삭을 기꺼이 제물로 바치려 한 것을 높이 여기셨고, 이에 대한 반응으로 아브라함에 대한 자신의 언약들을 성취하기로 결심을 굳히셨음을 분명히 한다. 그러므로 우리는 이 사건을 아브라함의 부름에서 핵심적이고 아브라함을 하나님의 눈에 의롭게 보이게 한 믿음의 최고 표현으로 간주해야 한다. 하나님이 처음에 아브라함과 언약을 맺었을 때, 인간의 죄악성이나 그에 대해 뭔가를 해야 할 필요에 관해서는 아무

---

53   시 110:1, 4.
54   히 7:1-16.
55   창 22:1-18.

말씀도 하지 않으셨다. 하나님은 홍수 후 노아에게 다시는 인류의 불순종 때문에 인류를 멸망시키지 않겠다고 약속하셨지만, 그 문제가 어떻게든 바로잡아질 수 있다는 개념은 언급되지 않았다. 아브라함은 하나님의 부르심에 순종함으로써 보상을 받았지만, 영원한 구원의 약속을 받지는 않았다. 희생제사는 죄를 처리하기 위한 유일한 방법이기 때문에 이삭을 제물로 바친 것의 함의는 분명하지만, 그 사건조차도 영원한 구원의 맥락에서 묘사되지 않는다.

멜기세덱과 제사 사이의 연결은 구약성경에는 나오지 않으며, 히브리서 저자가 그것을 드러낼 때까지 기다려야 했다. 그 이유는 명백하다. 멜기세덱 계열의 우리의 위대한 대제사장 예수는 또한 우리의 죄를 속한 제물이기도 했다. 아브라함과 맺어진 언약에 암시된 것이 그리스도 안에서 성취되었다. 하나님은 아브라함의 아들을 제물로 요구하는 대신 자신의 아들을 제공하실 것이다. 그것은 더 나은 제물일 뿐만 아니라, 최고이자 가장 효과적인 제물일 것이다. 이삭이 죽었더라면 아브라함의 신실한 순종을 입증했겠지만, 이삭에게는 사람들을 그들의 죄에서 구원할 힘이 없었을 것이다. 제사를 드린 제사장과 죽임 당한 제물이 하나로 통합된 하나님의 아들의 죽음만이 그 일을 할 수 있었다.

이삭은 자기 아버지의 언약을 이의 없이 물려받았지만, 이삭의 아내 리브가가 이란성 쌍둥이를 낳았을 때 그 언약의 미래에 의문이 제기되었다. 상속받을 법적 권리가 형 에서에게 있었지만, 하나님은 대신 아우 야곱을 선택하셨다. 우리는 다시 한번 하나님의 선택이 인간의 상속법을 따르지 않는 것을 본다. 훨씬 더 중요한 것이 있다. 우리는 하나님의 선택이 인간의 가치에 의존하지 않는다는 점도 배운다. 인간의 기준으로는 모든 면에서 에서가 야곱보다 나았다. 에서는 그의 신체적 능력이 일반적으로 칭송받는 사냥꾼으로서 남자 중의 남자였다. 에서는 확실히 경솔했고 자신이 상속받을 것의 진정한 가치를 이해하지 못했지만, 그는 매우 정직했다. 에서는 배고픔을 곧바로 해결하기 위해 장자로서의 상속권을 팔라는 유혹을 받았을 때, 분명히 자신의 행동에 심각한 결과가 없을 것이라고 가정하고 그렇게 했다. 야곱은 에서보다 좋은 몸을 타고 나지 않았고, 자기 형을 노골적으로 부정직하게 대했다. 야곱은 형에게 장자로서의 상속권을 팔도록 설득했을 뿐만 아니라, 나중에는 에서인 척 가장해서 자기 아버지의 복까지 가로챘다(이것은 이삭이 눈이 멀지 않았더라면 결코 성공하지 못했을 것이고, 그때도 성공할 가능성이 낮았다). 야곱은 형과 아버지를 다 속였고, 비록 자신의 이런 행동에 대해 오랜 세월 동안 도망자로 사는 대가를 치러야 했지만(거기서 그는 외삼촌 라반에게 속임을 당했다), 그럼에도 불구하고 그는 아브라함에게 주어진 약속의 상속자가 되었다. 이 이례적인 야곱 이야기는 우리에게 하나님의 선택이 사람의 육체적 능력이나 올바른 도덕적 품성과 아무 관련이 없음을 상기시켜준다. 예수가 지적하는 것처럼 하나님은 의인을 구원하기를 원치 않으시고 죄인이 회개하기를 원하신다.[56] 하나님은 우리가 우리 자신의 공적으로 구원받은 것이 아니라 하나님이 우리에게 사랑으로 베풀어주신 은혜로 구원받았다는 점을 세상에 보여주기 위해서 우리의 결점들에도 불구하고 우리를 선택하셨다.

아브라함과 이삭과 야곱은 하나님의 백성의 조상이 될 사람들이었다. 피신처에서 돌아오다 에서의 분노에 직면할 수도 있는 시점에서 야곱은 한 영적 존재를 만나 그와 씨름하게 되었다. 야곱은 그가 누구인지 알지 못했지만, 그러나 그 시험에서 이기고 "하나님과 겨룬 사람"을 뜻하는 이스라엘이라는 이름을 얻었다. 오래 전에 야곱이 에서에게서 도망갈 때 하나님이 그에게 처음 나타나셨던 장소인 벧엘에서 이 이름을 확인한 뒤로, 이 이름은 그의 영원한 이름이 되었다.[57] 이 확인이 특별히 중요했던 이유는 야곱이 벧엘에 가서 그의 첫 번째 계시를 받았던 곳에 하나님

56   눅 5:32.
57   창 32:28; 35:9-10.

께 제단을 쌓았고, 이를 통해 하나님에 대한 이스라엘의 지식과 예배에서 제사의 중심적인 역할이 강화되었기 때문이다. 또한 벧엘에서 하나님이 야곱에게 이전과는 다른 방식으로 자신의 정체성을 계시하셨기 때문에 이 확인이 중요했다. 야곱은 자신의 영적 경험에 대한 상징으로 그 제단을 엘-벧엘("벧엘의 하나님")로 높여 불렀지만, 하나님은 자신을 엘-샤다이 곧 "전능한 하나님"으로 계시하셨다. 이 이름은 야곱에게 말한 존재의 능력과 보편적인 주권을 표현하는 이름으로서 야곱에게 지금까지 알려진 어떤 이름보다도 높은 신의 이름이었다. 야곱은 많은 신들과 많은 주님들이 있었던 세계에서 살았다. 하지만 전능자는 오직 한 분만 있을 수 있었다. 아브라함과 언약을 맺고 이삭과 야곱에게 그 약속들을 수여한 존재가 바로 그였다.

아브라함 및 그의 자손들과 맺은 언약은 본질상 예언적이었다. 아브라함은 결코 이후의 예언자들과 같은 방식으로 예언한 적이 없었지만 그럼에도 실제로 예언자로 불렸다.[58] 그 이유는 틀림없이 아브라함이 그에 관해 말했건 말하지 않았건 하나님의 임재의 표지였기 때문이다. 아브라함이나 그의 아들 이삭은 모두 살아서 그 언약의 약속들이 성취되는 것을 보지 못했다. 이삭의 아들 야곱은 심지어 이집트가 자기들이 생존하고 번성할 수 있는 유일한 장소로 보였기 때문에 가족을 이끌고 하나님이 그들에게 준 땅을 떠나 이집트로 들어갔다. 그들은 수백 년이 지난 뒤에야 그 약속들이 성취되는 것을 보게 될 터였지만, 그들은 결코 그 소망을 포기하지 않았고, 결국 하나님의 부르심이 결실을 맺었다. 히브리서 저자는 족장들의 역사적 경험을 요약하며 다음과 같이 말했다.

이 사람들은 다 믿음으로 죽었고 약속된 것들을 받지 못했지만, 그것들을 멀리서 보고 환영했으며, 또한 자신들이 땅에서 이방인들과 망명자들임

58   창 20:7.

을 인정했다.[59]

이것이 하나님이 아브라함과 맺으신 언약의 본질이었고, 그것은 그리스도가 오시기 전에 하나님의 백성에 관한 고전적인 묘사가 되었는데, 그리스도는 다수의 아브라함의 자손들이 감히 바랄 수 없었던 방식으로 그들에게 약속된 것들을 선사하게 될 것이었다.

하나님이 모세와 맺으신 제사장 언약

이스라엘 민족은 야곱의 후손들의 이집트 탈출에 의해 재구성되었다. 원래 이집트에서 기적적으로 살아남아 이집트 왕의 총리가 된 요셉의 요청으로 그곳에 갔던 이스라엘 백성은 점차 노예로 전락해서 그 상태로 수백 년을 보냈다. 그들은 이집트 사람들이 안심하기에는 수가 너무 많아졌고, 결국 이집트 사람들은 그들을 학살하기 시작했다.[60] 그것은 하나님의 다음 번 구원 행동의 표지였다. 하나님은 그 구원을 모친의 영리함과 이집트 공주의 동정에 의해 죽음에서 구조된 모세라는 인물 안에서 계획하고 실행했다.[61] 모세는 이집트 왕궁에서 자랐지만 우연히 살인하고 광야로 도망쳤는데, 그곳에서 그의 영적 준비가 시작되었다.[62] 그곳에서 하나님은 불타는 덤불 가운데서 모세를 만나 자신을 유일한 참 하나님이자 그의 조상들인 아브라함과 이삭과 야곱의 하나님으로 계시하셨다.[63] 그 사건은 모세의 경력의 진정한 시작이 되었고, 모세는 결국 이

---

59   히 11:13.
60   출 1:8-22.
61   출 2:1-10.
62   출 2:15.
63   출 3:4-15.

집트에서 자기 백성을 이끌고 나와 자신이 광야에서 그들에게 전해준 율법을 통해 그들이 생존할 수 있는 사회를 형성시켰다. 이 율법은 이후 이스라엘 사회의 기본 헌법이 되었고, 지금도 유대교 최초의 그리고 가장 기본적인 토대를 구축하고 있다.

예수가 이스라엘 역사에서 모세보다 아브라함을 더 근본적인 인물로 회상한 것은 사실이다.[64] 아브라함의 우선성은 그리스도가 당대의 유대 지도자들과 논쟁할 때 등장했고, 이후에 바울도 그런 견해를 취했다. 바울은 아브라함의 후손들이 점점 더 멀어져가는 그들의 조상에 의해 세워진 높은 신앙 기준에 부응할 수 없었기 때문에 몇 백 년 후 모세가 왔다고 말한다.[65] 그렇게 말은 했지만, 하나님이 모세와 맺으신 언약은 그 자체의 중요성이 있으며, 쉽게 무시될 수 없었다.

모세 율법은 이스라엘을 다른 민족들로부터 구별하고 이스라엘 사회를 규율할 규범을 세웠다. 예수께서도 율법을 인정하셨다. 예수는 율법 안에서 태어났고 그 아래서 살았으며, 그것을 성취하기 위해 죽으셨다. 예수의 생애와 경력은 율법과 관련해서만 이해될 수 있지만, 동시에 예수와 율법의 관계는 예수를 다른 유대 지도자들과 근본적으로 구별시켰다. 제사장, 서기관, 바리새인들 모두 자기들이 율법에 종속되어 있고, 따라서 율법의 규정을 지킬 의무가 있다고 믿었다. 그들이 종종 율법의 완전한 힘을 회피하는 방식으로 율법의 규정을 해석했다고 해도 이 사실은 변하지 않으며, 이는 죄 많은 인간이 율법의 모든 명령을 지킬 수 없음을 보여줄 뿐이다. 반면에 예수는 그때까지 들어보지 못한 방식으로 자유롭게 율법을 재해석했다. 율법의 규정을 완화한 유대 지도자들과 달리, 예수는 율법을 훨씬 더 지키기 어려운 것으로 만들었지만, 율법이 명령하는 모든 것을 다 지키기도 했다. 예수는 본질적으로 율법 위에 있었

---

64   요 8:39-59.
65   갈 3:17.

는데, 이는 그가 마음대로 율법을 무시할 수 있었다는 의미에서가 아니라 비록 부분적이고 부적합한 방식이기는 해도 율법이 예수에 관해 말하고 예수를 계시했다는 의미에서다.[66] 그리스도의 사명의 한 가지 중요한 요소는 율법의 부적합성을 드러내고, 그렇게 함으로써 유대교의 제사 제도를 무너뜨리고 그것을 더 나은 자신의 제사로 대체하는 것이었다.

제사 원리가 유대 율법의 중심에 놓여 있다. 다양한 유형의 죄에 상응하는 다양한 종류의 제사가 있었지만, 그중 가장 중요하고 엄숙한 제사는 백성의 죄를 위한 연례적인 속죄제였다.[67] 이때 대제사장은 성전의 지성소 안으로 들어가 전년도의 백성의 죗값으로 순전하고 흠없는 어린양을 제물로 바쳤다. 이 의식이 없이는 백성의 죄가 용서받을 수 없었기 때문에 이 의식은 해마다 반복되어야 했다.[68] 바빌로니아 포로 기간 동안이나 주후 70년에 예루살렘이 멸망한 이후처럼 성막이나 성전이 없었을 때도 속죄일(욤 키푸르)의 엄숙성은 계속 준수되었고, 이 준수는 오늘날까지 계속되고 있지만 실제 제사는 드릴 수 없었다. 그로 인해 지난 2천 년 동안 유대인들은 모세 율법에 따른 하나님께 대한 그들의 언약의 의무를 제대로 이행할 수 없었다. 이것은 분명히 오늘날 모세 언약의 타당성에 관해 큰 의문을 제기한다. 왜냐하면 속죄제사가 없으면 모세 언약의 나머지는 유의미한 맥락을 잃게 되고, 따라서 타당하지 않은 것처럼 보일 것이기 때문이다.

이것은 유대인들에게는 문제이지만, 그리스도인들은 이에 대해 신경 쓰지 않는다. 왜냐하면 성전이 파괴되기 한 세대 전에 그리스도의 속죄 제사로 성전 의식들이 불필요해졌기 때문이다. 대제사장의 역할을 맡은 예수가 흠없는 어린양으로 자신을 제물로 바침으로써 자기 백성 모두의 죗값을 지불했다. 예수는 하늘로 올라갈 때 그 제물을 가져가 그것을 영

---

66   요 5:39; 히 1:1.
67   출 30:1-10.
68   히 9:1-14.

원한 속죄제물로 아버지께 제시했다.[69] 그 일이 이루어지고 난 뒤에 모세 율법이 이루어야 할 것은 아무것도 남지 않았고, 그리스도들인의 눈에 모세 율법은 뒤로 사라졌다.

특히 지금은 고대에 흔히 행해졌던 것과 같은 방식으로 제사를 드리는 종교가 거의 없기 때문에, 속죄제가 왜 필요한지 이해하기를 어려워하는 사람들이 많다. 어떤 사람들은 그 개념에 집착한다며 실제로 그리스도인들을 비난하고, 속죄제 개념은 우리의 구원에 있어 그리스도의 사역에 대한 낡고 열등한 은유로 포기되어야 한다고 믿는다. 그들은 하나님이 어떻게 자기 아들에게 세상의 죗값에 대한 지불로서 십자가 위에서의 죽음과 같은 야만적인 일을 요구할 수 있느냐고 묻는다. 하나님이 자기 백성을 구원하실 더 좋은 방법은 없었는가? 극단적인 형태에서 이런 식의 비판은 그리스도의 속죄제사에 대한 믿음은 다른 사람들의 죄로 인해 무죄한 성자가 고통 받았다고 믿는 것이므로, 성부가 우주적인 아동 학대 죄를 지른 셈이라고 주장한다. 하지만 이 교리에 의해 촉발된 도덕적 분노는 적절하지 않다. 특히 이런 주장이 그리스도의 희생이 **자발적인** 사랑의 행위였다는 사실을 무시하기 때문이다.[70] 이런 분노는 결코 새로운 것이 아니다. 고대의 이교 철학자들도 그들의 현대 후손들과 마찬가지로, 그리고 그와 동일한 많은 이유로 그리스도의 속죄제사에 경악했다. 오랫동안 격한 비판을 유발했음에도 불구하고, 그리스도의 속죄의 죽음은 그리스도의 지상 사역에 대한 우리의 이해에서 가장 중요한 요소이며 십자가는 여전히 가장 존중되고 보편적으로 인정받는 우리의 믿음의 상징이다. 왜 그런가?

하나님이 우리에게 또 다른 구원의 방법을 제공하실 수 있었는가라는 질문에 대해서는 사실 답이 없다. 그렇지 않다고 답하면 하나님이 전능

---

69   엡 4:8; 히 9:11-28.
70   빌 2:6-7을 보라.

하지 않다는 얘기가 되므로, 하나님은 틀림없이 그렇게 하실 수 있었을 것이다. 그러나 이것은 실제 상황과 동떨어진 이론적인 결론이다. 하나님은 피의 제사가 필요하게 함으로써, 우리에게 인간의 삶의 잘못된 심각성과 죄에 대한 적절한 속죄가 이루어지지 않으면 우리에게 어떤 일이 벌어지게 될지를 이해시키신다. 치료약이 질병을 정면으로 맞서지 않으면 그 병은 악화될 뿐이고 결국 우리를 죽이고 말 것이다. 죄는 우리의 삶에 폭력과 사망을 들여왔다. 따라서 죄가 용서받으려면 폭력과 사망이 극복되어야 한다. 하나님은 자기 아들에게 불필요한 고통을 가하는 가학성 변태라는 주장은 진상에 대한 오해다. 애초에 우리 인간은 하나님을 반역하고 죄를 범함으로써 이를 자초했다. 단순히 고통과 죽음 자체를 위해 하나님이 자기 아들을 보내 고통받고 죽게 한 것이 아니었다. 우리를 우리의 죄에서 씻기 위해서는 그것이 필요했기 때문에 하나님의 아들이 와서 고통당하고 죽으셨다. 그것은 하나님께가 아니라 우리에게 참혹하게 여겨진다. 그것을 이해하지 못한다면, 하나님이 우리에게 보여주신 사랑의 깊이를 파악하지 못한 것이다. 하나님은 마치 우리의 죄가 별 문제 아닌 것처럼 그저 우리의 죄를 닦아내버리실 수는 없는데, 왜냐하면 죄가 심각한 문제이기 때문이다. 우리가 짓는 **죄**가 무엇인가가 문제라기보다는 그 죄를 짓는 **우리**가 누구인가가 문제인 것이다. 사람을 무는 개는 죄를 짓는 것이 아니며, 설사 그런 이유로 그 개를 죽여야 한다고 하더라도 사람을 물었다고 그 개를 비난하지는 않는다. 그러나 어떤 사람이 다른 사람을 다치게 하면 우리는 그 행동을 매우 심각하게 여긴다. 왜냐하면 사람은 분별력을 가질 것으로 기대되고 자신의 행동에 대해 책임을 져야 하기 때문이다. 이 책임성이 우리의 행동을 중요하게 하고, 인간을 고귀하게 만든다. 성부 하나님이 우리를 위해 자기 아들을 죽음으로 내모셨다는 사실은 우리가 하나님께 얼마나 중요한 존재인지 보여준다. 하나님이 우리를 위해 이처럼 극단적으로 보이는 조치를 취하신 것은 하나님의 가학성 변태 성향의 표지가 아니라 우리를 향한 하나님의 사랑의 표지다. 하나님의 행위를 이해하는 것은 우리 자신을 이해하고, 또 우리가 하나님께 얼마나 중요한 존재인지를 이해하는 것이다.

우리는 구약 제사들의 의미를 이 맥락에서 해석해야 한다. 그 제사들은 그리스도의 속죄에 대한 준비였고, 인간의 죄악성의 정도를 보여줬다. 삶의 모든 측면은 아담과 하와의 타락에 의해 어떻게든 영향을 받았고, 따라서 모든 것이 속죄되어야 했다. 어떤 죄들은 다른 죄들보다 더 심각했고, 따라서 더 큰 제사가 요구되었지만 근본 원리는 똑같다.

언약 안에서 속죄제사의 위대한 원리들과 율법이 통합되고 조화된다는 것이 모세 언약의 장점이다. 모세가 율법 수여자였지만 그의 형 아론이 율법이 규정한 속죄제사를 드린 대제사장이었다. 모세 오경은 율법이 제사를 규율했고 그 반대가 아니었음을 분명히 말하며, 아론(또는 다른 사람들)이 모세와 별도로 제사를 드리려고 했을 때 문제가 생겼다. 율법이 수여되기 전에 아론은 제사를 드리자는 백성들의 요구에 굴복해서 자신의 신, 즉 그 유명한 금송아지를 만들어 그 형상을 경배했다.[71] 제사를 규율하는 율법의 권위 없이 드려진 제사는 하나님께 대한 적절한 초점을 상실했고, 하나님의 백성이 저지를 수 있는 가장 심각한 죄 가운데 하나인 우상숭배로 이어질 여지가 다분했다. 동시에 율법은 결코 백성들이 지키도록 기대된 도덕법에 불과한 것이 아니었다. 복음서에 언급된 젊은 부자 관리의 실수가 그런 오해였다.[72] 그는 평생 계명들을 지켰지만 그것으로는 충분하지 않았다. 그의 문제는 어떤 희생 개념이 없었다는 것이다. 예수께서 그에게 소유하고 있는 모든 것을 팔라고 하셨을 때, 그는 그렇게 할 수 없었기에 슬퍼하며 물러갔다. 율법에 순종하는 것은 좋은 일이지만 그것은 악을 제한할 수 있을 뿐, 악을 치유하지는 못한다. 모세 율법은 거룩하고 의롭고 선했으며, 이는 이방인 그리스도인들에게 율법

---

71 출 32:1-35.

72 마 19:16-22.

을 준수하라고 강요하려는 사람들을 강하게 비난했던 바울도 강조했던 내용이다.[73]

율법은 무엇이 잘못인지 밝혀줄 수는 있었지만, 그 잘못을 바로잡을 수 있는 일은 아무것도 하지 못했다. 오직 제사만 잘못을 바로잡을 수 있었고, 제사가 적절하게 기능하려면 율법의 요구에 맞게 드려져야 했다. 율법의 요구를 지키지 못한 제사는 효력이 없었다. 그리스도인들에게 율법이 계속 중요한 이유는 율법이 하나님이 우리에게 요구하시는 것과 그리스도가 우리를 위해 이루신 것을 모두 보여주기 때문이다. 그리스도가 율법 규정을 완수한 것은 전에는 돌판에 쓰였던 외부의 법이 이제 마음 "판"에 새겨진 내면의 법이 되었음을 의미한다. 그래서 우리는 더 이상 죄를 위한 제사로 죽은 짐승을 바치지 않고, 우리 몸을 산 제사로 드리며, 우리 몸을 하나님의 영광을 위해 할 수 있는 모든 방식으로 사용하겠다고 결심한다.[74] 구약성경에서 발견되는 율법과 제사의 결합은 오늘날 우리에게도 남아 있지만, 다른 모든 것과 마찬가지로 율법도 내면화되었고 지금은 믿음으로 우리의 마음속에서 역사하는 성령의 능력에 의해 작동한다.

제사는 구약 율법의 핵심이었으며, 메시아가 오는 길을 준비한 다른 많은 특징들도 갖고 있었다. "메시아"라는 말은 "기름 부음 받은 사람"을 의미하는데, 이스라엘에는 기름 부음을 받을 수 있는 세 가지 직무가 있었다. 예언자, 제사장, 왕이 그 직무다. 하나님의 말씀을 선포하는 일은 예언자의 의무였고, 하나님의 말씀의 명령을 집행하는 일은 제사장의 의무였으며, 다른 사람들이 방해받지 않고 자신의 일을 할 수 있도록 법과 질서를 유지하는 일은 왕의 의무였다. 이스라엘에서는 제사장이나 왕이 예언자가 될 수는 있었지만(하박국과 다윗이 떠오른다), 아무도 제사장과 왕

---

73   롬 7:12-16.
74   롬 12:1.

의 직무를 결합하도록 허용되지 않았다. 여기에 가장 가까운 사례는 사무엘이다. 사무엘은 성막에서 자라 훗날 이스라엘의 사사가 되었다. 그래서 그는 비록 제사장도 아니었고 왕도 아니었지만 기능적으로 제사장-왕과 비슷했다. 그러나 메시아는 셋 모두가 될 것이었고, 어떤 면에서는 그로 인해 전통적인 세 직무들이 불필요해질 것이었다. 구약의 예언자들은 하나님으로부터 말씀을 받아 그것을 선포했지만, 예수는 자신이 성육신한 말씀이었기 때문에 스스로를 선포했다. 구약의 제사장들은 흠없는 어린양을 제물로 바쳤지만, 예수는 자신이 하나님의 어린양이었기에 자신을 제물로 바쳤다. 구약의 왕들은 자신과 구별된 사람들을 다스렸던 반면에, 예수는 그 나라가 자신의 몸이기 때문에 사람들을 자신과 연합시켰다. 예수는 부활한 후 엠마오로 가던 사람들에게 나타나 히브리 성경을 펴서 그 성경에서 자신을 언급한 모든 것을 지적했다. 그 내용이 무엇이었는지에 관한 확실한 기록은 없지만, 세 가지 위대한 언약 직분들의 확립과 운영은 틀림없이 구약성경이 그리스도를 선포했던 중요한 내용이었을 것이다.[75]

　요약하자면 모세 율법은 하나님을 믿는 우리에게 하나님의 사랑이 무엇을 의미하는지 보여주기 위해 하나님이 이스라엘에게 주신 선물이다. 율법은 우리가 하나님 앞에서 충분히 선한 존재가 아니며, 우리는 하나님께 받아들여질 수 있는 정도로 자신을 개선할 수 없다고 말해준다. 율법은 또한 우리의 난국에 대한 유일한 해결책은 제사라는 점을 말해주고, 다양한 제사들을 제시한다. 죄가 삶 전체에 영향을 주는 것처럼, 율법과 제사도 모든 것에 영향을 준다. 율법에서 하나님은 우리의 실패들과 그 실패들에 대한 하나님의 처방의 포괄적인 성격을 보여주시기 때문에, 율법은 하나님의 사랑의 표지다. 율법은 우리가 "반만 구원받을" 수 없고 그렇게 되지도 않을 것이며, 하나님의 영광을 위해 완전히 구속될 것

75　눅 24:13-35.

이라는 점을 상기시켜준다. 마지막으로 율법은, 자체의 내재적 결함 때문에 지상의 또는 인간의 어떤 활동도 본질상 영적인 문제를 바로잡기 위해 필요한 것을 성취할 수 없다는 점을 상기시켜준다. 심지어 계명들을 완벽하게 지켜도 충분하지 않다. 이것은 부정적으로 들리지만, 사실은 우리에게 큰 복이다. 하나님은 손으로 만든 성전들에 거주하지 않으시며, 따라서 이 성전들이 파괴되더라도 우리의 구원에 아무런 영향을 주지 않는다.

그리스도의 희생과 죽음은 율법의 성취였지만, 또한 그 희생과 제사는 율법을 뛰어넘어 우리에게 율법이 먼 그림자에 지나지 않는 세계로 들어가는 문을 열어줌으로써 율법을 폐지했다. 율법은 우리에게 갈 길을 보여주고, 율법이 제공할 수 있는 제한적인 유익들 너머로 율법이 증언하는 분, 즉 하나님의 아들이자 자신의 피 안에서 우리를 위해 맺은 영원한 새 언약의 유일한 중재자이신 분을 보라고 요청한다. 본질적으로 율법은 사람들의 죄를 위한 속죄제사 원리를 중심으로 세워진 제사장 언약이었다. 자신의 고난, 죽음, 부활을 통해 율법을 성취함으로써, 예수는 율법을 시공간에 의해 제약된 것으로부터 선물, 곧 구원을 위해 예수 자신을 부르는 모든 사람들이 얻을 수 있는 영원한 선물로 변화시켰다.

하나님이 다윗과 맺으신 왕의 언약

고대 이스라엘은 그 제도들을 통해 모세에게 주어진 율법을 보존하고 적용하기 위해 제사장 제도와 왕정 제도를 갖고 있었다. 그러나 하나님이 모세와 맺으신 언약을 통해 특별히 제정하신 제사장 제도와 달리, 이스라엘의 왕정은 처음에는 하나님께 대한 반역 행위로 수립되었다. 이스라엘은 약속된 땅에 들어간 뒤 얼마 동안은, 백성을 다스리고 적들로부터 그들을 구원하도록 수시로 세워지는 카리스마적인 인물들인 일련의 사사들에 의해 통치되었다. 그러나 시간이 흐름에 따라 이스라엘 백성은 주변 민족들의 제도와 유사한 세습 왕정이 더 나을 것이라고 생각하기 시작했다. 이스라엘 백성은 왕이 적대적인 이웃들로부터 그들을 더 잘 보호하고, 위험할 때 카리스마적인 지도자가 나오지 않을 위험을 제거할 것이라고 생각했다. 그들은 그런 위험을 무릅쓰기보다 필요할 때 조치를 취할 준비가 되어 있는 영구적인 리더십 구조를 선호했다. 그들은 당시 자기들의 사사였던 사무엘에게 그의 뒤를 이을 왕을 임명해달라고 요청했다.[76]

순전히 인간적인 관점에서 볼 때 그들의 요청은 충분히 일리가 있었다. 사무엘은 늙어가고 있었고, 이웃 족속들처럼 조직화하면 그들과 동등한 조건에서 경쟁할 수 있는 가능성이 더 클 것이기 때문에 그렇게 하지 않을 이유가 없다고 보았다. 문제는 이스라엘이 다른 민족들과 같은 민족이 아니라 하나님의 선민이라는 것이었다. 하나님이 그들의 왕이었고, 그들은 생존과 번성을 하나님께 의존했다. 인간 왕은 중앙집권 체제를 구성할 것이고, 그런 체제는 백성에게 무거운 세금과 삶의 큰 희생 및 노역을 요구할 것이다. 왕이 백성에게 어떤 보호를 제공하건 그 보호는 더 큰 대가를 치르고 얻어질 텐데, 하나님은 그들의 요청에 동의하시기 전에 사무엘에게 이 점에 대해 말씀하셨다. 그러나 이스라엘 백성은 이런 논증에 설득되지 않았다. 그들의 마음은 정해졌고, 자기 길을 가겠다고 고집했다. 놀랍게도 하나님은 그들에게 동조하셨다. 그들의 반역은 하나님의 목적을 좌절시키는 것이 아니라 오히려 그 목적을 촉진하는 데 사용될 것이었다. 하나님의 지시에 따라 사무엘은 적합한 왕을 찾아 나섰고, 사울이라는 사람에게서 찾고자 했던 것을 발견했다.

사울은 키가 크고 잘 생겼지만, 그 외에는 칭찬할 만한 것이 거의 없었다. 사울은 가장 작고 보잘 것 없는 베냐민 지파 출신이었고, 더구나 그

---

76   그 이야기에 대해 삼상 8:1-22을 보라.

지파에서도 가장 초라한 가문 출신이었다.[77] 사울은 통치 경험이 전혀 없었고, 심지어 자기 아버지의 나귀들을 잃어버렸을 때 그 나귀들을 찾지도 못했다.[78] 그럼에도 이 사람이 바로 하나님이 이스라엘의 초대 왕으로 선택한 인물이었다. 이것은 거의 확실히 사울이 궁극적으로 아무리 위대한 사람이 되기를 열망한다고 해도, 자신을 왕으로 선택하고 임명하신 주님께 모든 것을 빚지게 되리라는 점을 보여주기 위함이었다. 사울은 왕으로서 열렬히 환영받았고, 한동안 상황이 상당히 잘 돌아갔다. 그러나 사울의 힘과 권위가 커질수록, 하나님의 뜻에 순종하려는 그의 의지는 점차 약해졌다. 기술적으로 이스라엘보다 더 발전했고 따라서 더 위험한 블레셋 사람들과 전쟁을 치르게 되자, 사울은 사무엘이 와서 승리를 보장할 번제 드리기를 기다리지 않고 자신이 직접 번제를 드렸다.[79] 그것은 사무엘이 사울이 왕권을 몰수당했다고 선언하기에 충분했으며, 그때부터 모든 것은 내리막이었다. 사울은 점점 하나님의 뜻에 불순종했고, 자신의 왕국이 다른 사람에게 주어질 것이라는 말을 듣자 그는 편집증 환자가 되었다. 결국 사울과 그의 아들 요나단(그는 왕위 계승이 허락되더라면 훨씬 더 나은 왕이 되었을 것이다)은 블레셋 사람들에게 죽임을 당했다. 이스라엘의 왕좌는 또다시 하나님의 지시에 따라 사무엘에 의해 선택된 무명의 인물 다윗에게 넘겨졌다.[80]

다윗은 사울만큼 미천한 출신은 아니었지만, 사울과 마찬가지로 왕이 될 가능성이 낮은 사람이었다. 다윗은 큰 유다 지파 출신이었고 다윗의 아버지 이새는 사울의 아버지 기스에 비해 더 부유하고 유력한 인물이었던 것으로 보이며, 다윗에게는 사울에게 없던 재능들이 있었다. 다윗은 젊었을 때 블레셋 장군 골리앗과의 싸움에서 보여준 것처럼, 물매

---

77   삼상 9:21.
78   삼상 9:3-4, 20.
79   삼상 13:8-14.
80   삼상 16:1-13.

를 사용해 엄청난 결과를 일으킬 수 있는 유능한 들사람이었다.[81] 다윗은
또한 유능한 시인이자 음악가였는데 이는 전사에게는 이례적인 기량이
었고, 노래를 통해 영웅적인 행동들을 기록하고 또 하나님께 예배드렸기
때문에 이 기량은 높게 평가되었다. 전체 백성들의 공개적인 모임에서
왕으로 기름 부음을 받은 사울과 달리 다윗은 사무엘에게서 개인적으로
기름 부음을 받았고 그 절차는 비밀에 부쳐졌다.[82] 다윗은 사울에게 반역
하지 않았고 항상 사울을 합법적인 왕으로 존중했다. 하지만 사울의 점
증하는 광기로 인해 누가 사울의 후계자가 될지가 더 분명해졌다. 다윗
이 궁정에 초대받고 사울의 딸 미갈과 결혼해서 왕족이 되었음에도 불
구하고, 사울과 다윗의 진정한 본질적 관계는 숨겨질 수 없었다. 오래지
않아 다윗은 도망 다니게 되었으며, 여러 번의 위기에도 불구하고 다윗
이 일관성 있게 잡히지 않고 피할 수 있었던 것은 사울의 무능과 상실된
권위의 표지였다.

　사울이 블레셋 사람들에게 죽임을 당했을 때 다윗은 여전히 도망자였
으며, 왕위는 사울의 살아남은 아들 중 하나인 이스보셋에게 넘어갔다.[83]
그러나 유다 지파는 이를 받아들이지 않았다. 그 결과 사울 가문과 다윗
가문 사이에 오랜 내전이 시작되었고, 이 내전은 이스보셋이 살해당하고
그를 따르는 잔존 세력이 다윗의 권위에 굴복했을 때 비로소 끝났다. 다
윗은 최선을 다해 자신의 죽은 경쟁자에 대한 존중을 표현했고 요나단
의 아들이자 사울의 손자인 절름발이 므비보셋을 보살폈지만, 진정한 화
해는 이루어지지 못했다. 므비보셋은 다윗의 통치를 싫어한 사람들의 구
심점으로 남아 있었고, 다윗은 자기를 다른 지파들을 무력으로 제압한
유다 지파의 왕으로 보는 많은 이스라엘 사람들의 감정을 일소시킬 수
없었다. 그 감정은 이스라엘 왕국이 영원히 분열하게 될 그의 손자 르호

---

81   삼상 17:1-49.
82   삼상 16:1-13.
83   삼하 2:8-10.

보암 시대에 다시 떠오르게 된다.[84] 그러나 그 일이 일어날 때 다수파인 북 왕국이 아니라 유다 왕국이 이스라엘의 운명을 이어가게 된다. 때가 되면 북 왕국은 지도상에서 사라지고 유다 왕국이 이스라엘 전체와 동일시되는데, 지금 그런 것과 마찬가지다.

이것은 하나님이 다윗을 사울 대신 왕으로 선택하셨을 뿐만 아니라, 다윗과 언약을 맺고 다윗에게 그의 자손들이 이스라엘 민족을 영원히 다스릴 것이라고 약속하셨기 때문이다. 다윗은 언약궤를 예루살렘에 두고 이스라엘의 예배의 중심점이 될 성전을 그곳에 건축하기로 결심하고 있었기 때문에,[85] 하나님이 그 약속을 하셨을 당시의 상황이 특별한 관심을 끈다. 다윗은 이 계획에 대해 하나님의 승인을 받았다고 생각했지만, 곧바로 그렇지 않다는 말씀을 들었다. 하나님은 다윗에게 자신은 사람의 손으로 지은 건물에 거주하지 않기 때문에 그런 성전이 필요 없다고 설명하셨는데, 이는 이스라엘이 계속해서 다시 배워야 했던 교훈이었다.[86] 그러나 궁극적으로는 이스라엘에게 필요하지 않은 왕이 주어진 것처럼, 다윗이 아닌 그의 아들이자 상속자에 의해 하나님의 집도 지어진다. 나아가 왕정이 백성들의 반역의 표지에서 그들에 대한 하나님의 약속의 성취를 위한 도구로 바뀐 것처럼, 성전 건축도 다윗 계열의 왕정이 계속될 것에 대한 확인으로 바뀐다.

내가 네 몸에서 날 네 씨를 네 뒤에 세워 그의 나라를 견고하게 하리라. 그는 내 이름을 위해 집을 건축할 것이요, 나는 그의 나라 왕위를 영원히 견고하게 하리라. 나는 그에게 아버지가 되고 그는 내게 아들이 되리니, 그가 만일 죄를 범하면 내가 사람의 매와 인생의 채찍으로 징계하려니와, 내가 네 앞에서 물러나게 한 사울에게서 내 은총을 빼앗은 것처럼 그에게서

---

84   왕상 12:16-24.
85   삼하 7:1-3; 대상 17:1-2.
86   사 66:1; 요 2:19-21을 보라.

빼앗지는 아니하리라. 네 집과 네 나라가 내 앞에서 영원히 보전되고 네 왕위가 영원히 견고하리라.[87]

성경은 영원한 나라에 대한 약속이 다윗의 본래적인 미덕 때문이 아니었음을 매우 분명히 하며, 그의 아들이 완벽할 것이라는 어떤 암시도 주지 않는다. 다윗은 사울보다 더 재능이 있었지만, 큰 업적과 함께 더 큰 죄가 왔다. 그는 통제할 수 없는 욕정으로 인해 하나님의 약속의 성취가 달려 있는 자신의 가족의 충성과 연합을 상실하는 대가를 치렀다.[88] 다윗의 말년은 자기 가족 내에서 벌어진 내전 이야기였고, 심지어 임종 순간까지도 자신이 택한 아들 솔로몬의 왕위 계승 작업은 확실하지 못했다.[89] 솔로몬은 40년 동안 통치했는데, 이후 세대들은 그때를 이스라엘의 황금기로 회상하지만, 그 영광을 확인하기 위해 필요했던 군사적·재정적 고역이 피해를 입혔다. 솔로몬은 결혼 동맹을 맺은 주변 민족들의 종교와 타협했다. 그의 통치 말기에 이스라엘은 다시는 회복될 수 없는 위기에 빠졌다.[90] 솔로몬 사후에 그의 왕국은 갈라졌다. 북 왕국 이스라엘은 2백 년 남짓 존속했지만, 왕들은 모두 악했고 대부분의 기간 동안 내부적으로 불안정했다. 많은 왕조들이 일어섰다 무너졌으며, 그 통치자들 가운데 어느 누구도 다윗의 자손이 아니었다.

유다는, 그리 뛰어난 것은 아니었지만, 이 점에서 다소 나았다. 솔로몬 사후 3백 년도 더 지난 주전 586년에 예루살렘이 멸망당할 때까지 왕좌는 다윗 가문의 손에 머물렀다. 흠이 없는 사람은 없었지만, 유다의 일부 왕들은 상당히 선했다. 결국 다윗 왕정은 북쪽의 사촌이 100년도 더 전에 멸망당한 것처럼 완전히 멸망했다. 이스라엘 왕정의 역사는 치욕적이

---

87 삼하 7:12b-16. 대상 17:11b-14과 비교하라.
88 삼하 12:10-12.
89 왕상 1:1-2:27.
90 왕상 11:1-40.

5부 • 하나님이 세상을 이토록 사랑하셨다

었다. 하지만 이것은 원래의 약속에서 예견되었고 왕들의 실패는 하나님의 약속이 철회되는 원인이 되지 못할 것이었다. 이스라엘 왕정도 이스라엘 전반과 마찬가지였다. 즉 하나님의 부르심과 약속은 인간의 공적이나 업적에 달려 있지 않고, 하나님의 확고한 사랑에 의존했다. 이 사랑은 이를 시험하기 위해 어떤 일이 행해지더라도 순전하고 강력하게 남아 있었다.

다윗의 유산은 유다가 이스라엘로 생존한 사실에서 오늘날도 여전히 인식할 수 있다. 그러나 하나님이 다윗에게 주신 약속들은 어떻게 되었는가? 더 이상 다윗의 자손을 확인할 수 없기 때문에, 요즘 다윗의 후손이 이스라엘의 왕이 될 가능성은 전혀 없다. 유대인의 왕이라고 주장하는 사람도 없고, 설사 있다고 해도 그의 주장을 검증할 수 없다. 다윗의 자손을 자처하는 위대한 랍비들과 기타 유대 지도자들이 있었다. 그러나 유대인들이 그런 주장들을 인정한다고 해도 그것은 다윗과의 연결에 대해서라기보다는 관련인들의 위대함에 관해 말해줄 뿐이다. 요컨대 다윗 가문에게 예루살렘에서 영원한 왕좌를 주시겠다는 하나님의 약속은 이제 물리적 의미에서는 실현될 수 없다.

그러나 예수 시대로부터 약 한 세대 가량 뒤인 주후 70년에 예루살렘이 멸망당할 때까지는 유대인들 사이에서 신뢰할 만한 다윗 자손의 계보가 유지되었는데, 예루살렘 멸망 이후로는 다윗 왕정의 연속성이 최종적으로 붕괴되었다. 이는 예수가 다윗의 자손이라는 주장에 이후의 인물들의 주장과는 비교할 수 없는 타당성이 있음을 의미한다. 만약 다윗에게 주어진 약속이 깨뜨려질 수 없는 것으로 간주된다면, 그리스도가 다윗을 계승했다는 주장은 반박될 수 없다. 신약성경은 예수가 다윗의 자손이었을 뿐만 아니라 이것이 예수의 사역과 사명에 매우 중요했다는 점을 분명히 말한다. 예수는 제사장직에 대한 법적 권리가 없었고, 그래서 아론 계열이 아닌 멜기세덱 계열의 영원한 제사장으로 묘사된다.[91] 그러나 그는 왕권에 대한 법적 권리를 갖고 있었으며, 이 점은 신약성경에서 자주 언급되었고 예수가 다윗 가문에서 나올 것으로 기대된 약속된 메시아였다는 주장을 뒷받침한다.[92]

이에 대한 지지로서 예수가 하나님 나라의 메시지를 선포했고 최소한 본디오 빌라도에게는 자신을 "유대인의 왕"으로 주장한 사람으로 인식되었다[93]는 데는 의심할 여지가 없다. 빌라도나 십자가 처형 현장에서 예수를 조롱한 로마 군인들은 자기들이 잠재적 반란에 실패한 지도자를 처형하고 있다고 믿었다. 물론 예수는 로마인들에 맞서 폭동을 일으킬 의도가 전혀 없었고, 최선을 다해 자기를 따르는 사람들이 자신을 그런 사람으로 생각하지 못하도록 했다. 예수는 황제에게 세금을 납부하는 것이 정당한가라는 질문을 받았을 때, 그저 동전을 들어서 그 위에 누구의 머리가 새겨져 있는지 물었다. 황제의 머리가 새겨져 있다는 말을 듣자 그는 사람들에게 황제께 속한 것을 그에게 줘야 한다고 말했는데, 이 말은 세상 국가에 대한 예수의 근본적인 충성을 보여준 것이었다.[94] 빌라도에게 심문 받을 때 그가 유대인의 왕이냐는 질문을 받자, 예수는 이렇게 답변했다.

내 나라는 이 세상에 속한 것이 아니니라. 만일 내 나라가 이 세상에 속한 것이었더라면 내 종들이 싸워 나로 유대인들에게 넘겨지지 않게 하였으리라. 이제 내 나라는 여기에 속한 것이 아니니라.[95]

---

91 히 7:11-17.
92 마 9:27; 12:23; 21:9, 15; 요 7:42; 롬 1:3; 계 3:7; 5:5; 22:16.
93 마 27:37; 요 19:12-16.
94 마 22:21.
95 요 18:36.

부활 이후에 제자들이 "이스라엘 나라를 회복할" 때가 왔다고 확신했을 때, 예수는 그들에게 단순히 이렇게 말씀하셨다.

때와 시기는 아버지께서 자기의 권한에 두셨으니 너희가 알 바 아니요, 오직 성령이 너희에게 임하시면 너희가 권능을 받고 예루살렘과 온 유대와 사마리아와 땅 끝까지 이르러 내 증인이 되리라.[96]

약속된 나라는 마지막 때에 하늘과 땅이 사라지고 새로운 영적 피조물이 자리를 차지할 때 올 것이다.[97] 예수가 다윗의 아들로서 물려받은 영원한 왕국은 제자들이 그 안에서 자리를 차지하도록 부름 받은 영적 실재다. 하나님 나라는 우리 안에 있고, 우리는 그리스도 예수 안에서 하늘에 앉혀졌으며, 제사장들과 왕들로서 그와 함께 영원토록 다스릴 것이다.[98] 그것이 다윗과 맺은 언약의 진정한 성취이며, 예수께서 자신의 나라의 도래에 관해 가르치신 모든 것은 그 방향을 가리킨다.

율법의 축복

율법은 이를 통해 이스라엘이 어떤 민족이 되도록 의도되었는지 배우고 혼합주의의 위험으로부터 보호받도록 하나님이 주신 것이다. 어떤 것을 먹거나 행하지 말라는 율법의 금지 규정이 없었더라면, 이스라엘은 거의 확실히 주변 민족들에게 흡수되었을 것이다. 이스라엘은 뛰어난 언어에 의해 주변 민족들과 구별되지도 않았고(히브리어는 그 지역에서 사용되는 다른 셈족 방언들과 밀접한 관련이 있다), 중동 전역에 걸친 교역 망과 밀접

---

96   행 1:6-8.
97   고전 15:24-28; 계 21:1-4.
98   눅 17:21; 엡 2:6; 딤후 2:12; 계 5:10.

하게 연결되었기 때문에 별도의 경제 체제를 갖고 있지도 않았다. 심지어 종교적인 관점에서도 이스라엘은 그 지역에 성행했던 다양한 형태의 이교 신앙에 노출되어 있었으며, 이스라엘을 당시의 통상적인 가치 체계 속에 통합시키려고 했던 민족들에게 거의 넘어갈 뻔했던 적도 한 번뿐이 아니었다.[99] 그러나 이스라엘은 가망이 전혀 없음에도 불구하고 살아남았다. 그것은 이스라엘이 좋은 통치자의 복을 받았기 때문이 아니라 (전체적으로는 그 반대였다) 신실한 사람들이 종종 개인적으로 큰 대가를 치르면서도 언약을 살려냈기 때문이었다.[100] 신실한 이스라엘 사람들이 준속하게 하고 그들을 하나의 공동체로 결합시킨 힘은 율법이었다. 제사가 드려졌던 예루살렘 성전, 가정의 경건 의식들, 사람들의 삶의 모든 측면에 영향을 준 무수한 규정들은 이스라엘 백성에게 그들의 모든 움직임을 지켜보고 항상 그리고 모든 면에서 그들을 인도하고 보호하시는 하나님의 순결과 거룩을 상기시키는 역할을 했다.

율법은 옳은 것과 그른 것 사이에 명확한 선을 그었다. 율법은 인간의 행동에 대한 도전적이고 압도적인 기준을 제공했다. 바울이 말한 것처럼 율법은 우리가 자신의 잘못에 주의를 기울이게 하고, 그 잘못에 맞서게 한다. 율법을 모를 때, 우리는 그 규정들을 이해하지 못하기 때문에 그것들에 신경 쓰지 않는다. 그러나 율법의 계명들의 말을 듣는 순간, 우리는 그 계명들에 부응하지 못했음을 깨닫고 우리 자신의 비행들에 대해 유죄를 선고받는다.[101] 얼핏 보면 이것은 매우 부정적인 상황이며, 율법은 그것을 받은 사람들에게 전혀 복이 아닌 것으로 보일 수 있다. 그러나 바울은 문제를 그렇게 이해하지 않았고, 그것은 우리가 구약성경에서 읽는 것과 일치하지도 않는다. 시편 작가와 마찬가지로, 바울도 자신이 하나님의 법을 즐거워하지만 "나는 내 안에 있는 내 마음의 법과 싸우고 나

---

99   왕상 11:1-8; 12:25-33; 18:20-40; 왕하 17:7-23; 21:10-18을 보라.

100   왕상 19:10; 히 11:32-38.

101   롬 7:7-13.

를 내 안에 거주하는 죄의 법에 사로잡히게 하는 또 다른 죄를 본다"라고 말한다.[102] 하나는 영적이고 다른 하나는 세상적인 두 가지 법 사이의 싸움이 신자들을 우리 안에 있는 이 갈등을 해결할 수 있는 유일한 존재인 그리스도께 향하게 한다.[103] 바울이 다른 곳에서 말하는 것처럼, 율법은 우리에게 그리스도를 가리키고, 우리가 그리스도에 의해 해방될 때까지 우리를 율법의 힘 안에 있게 하는 교사나 후견인과 같다.[104] 하나님의 율법에 의해 지배되는 사람들은 율법을 제약으로 느낄 수 있지만, 그것은 예수 그리스도를 자기의 주와 구주로 알지 못하는 사람들이 그런 것처럼 죄의 법에 지배되는 것보다 훨씬 낫다. 그래서 구약성경의 유대인들은 그들의 양심 외에는 해야 할 일과 해서는 안 될 일을 말해주는 것이 없는 이방 이웃들보다 나았다.[105]

율법이 사람들에게 온 마음과 영혼과 지성과 힘을 다해 하나님을 사랑하라고 가르쳤고 또 자기 이웃을 자신과 같이 사랑하라고 가르쳤기 때문에, 율법은 본질상 축복이었다.[106] 이 양상은 이 기준에 따라 나눠질 수 있는 십계명에 분명히 나타나 있다. 처음 네 계명들은 주로 우리가 하나님께 보여야 하는 사랑에 관해 말하고, 나머지 여섯 계명들은 우리들 서로에게 보여야 하는 사랑에 집중한다.[107]

나는 너를 애굽 땅, 종 되었던 집에서 인도하여 낸 네 하나님 여호와니라. 너는 내 앞에서 다른 신들을 두지 말라. 애초부터 그들과 하나님의 관계는 그들의 민족을 재구성하고 그들에게 율법이 필요하도록 했던 위대한 구원 행위에 기초했다. 그들과 마찬가지로 우리도 하나님을 우리의 삶의 맨 앞에 두고, 다른 어떤 것도 그 자리를 차지하도록 허락하지

---

102 롬 7:22-23; 시 1:2; 19:7-11; 119:1-176도 보라.
103 롬 7:24-25.
104 갈 3:24-25.
105 롬 2:12-29.
106 마 22:37-39; 신 6:5과 레 19:18을 보라.
107 출 20:2-17.

않아야 한다. 이것이 다른 모든 것의 기초이자 나머지 율법을 의미 있게 만드는 유일한 길이다. 그것은 자기 백성이 하늘에서 자기와 영원히 살도록 준비시키기 위해 하나님이 마련하신 관계의 실제적인 발현이다.

너를 위하여 새긴 우상을 만들지 말고…네 하나님 여호와는 질투하는 하나님이다. 또다시 선들이 분명하게 그어진다. 하나님의 형상을 만드는 것은 하나님을 우리가 통제하고 조종할 수 있는 피조물 수준으로 축소시킴으로써 하나님을 격하시키는 것이다. 다른 아무것도 이보다 더 진리와 동떨어지거나 하나님의 참된 성품에 대한 무지를 보여주는 것은 있을 수 없을 것이다. 더 나아가 이 계명은 하나님이 이런 식으로 자신을 경멸하는 사람들을 처벌하시겠지만, 자신을 사랑하고 자신의 계명을 지키는 사람들에게는 그의 확고한 사랑을 영원히 보여주실 것이라고 말한다.

너는 네 하나님 여호와의 이름을 망령되게 부르지 말라. 하나님의 이름은 하나님의 영광과 하나님의 능력이며, 우리는 하나님의 이름을 큰 존경심을 갖고 대해야 한다. 하나님의 능력이 우리 삶의 원천이고, 하나님의 영광이 우리가 하는 모든 일의 목표이기 때문에, 우리는 하나님을 멸시하거나 하나님을 당연하게 여기지 않아야 한다.

마지막으로 우리는 다음과 같은 말씀을 듣는다. **안식일을 기억하여 거룩하게 지키라.…이는 엿새 동안에 나 여호와가 하늘과 땅과 바다와 그 가운데 모든 것을 만들고 일곱째 날에 쉬었음이라. 그러므로 나 여호와가 안식일을 복되게 하여 그날을 거룩하게 하였느니라.** 하나님의 피조물인 우리는 하나님이 창조하신 작품을 존중하고 그 안에서 우리의 위치를 인식하며, 하나님이 우리에게 주신 세상과 조화롭게 살아야 한다. 피조물을 악용하는 것은 하나님이 우리를 자신의 피조물의 수호자로 삼으신 신뢰를 남용하고 스스로 파멸을 가져오는 짓이다. 종종 모방은 가장 진심어린 아첨이라는 말을 하는데, 이 말이 사실이라면 피조물에 대한 우리의 청지기 직분은 우리가 우리의 창조주 하나님을 모방할 수 있게 되는 데 가장 근접한 길이다. 따라서 그것은 하나님께 대한 우리의 섬김의 최고의 증거이고, 우리가 하나님이 누구시며 하나님이 우리를 위해 행하신 것이 무엇인지를 인정하고 존중한다는 데 대한 궁극적인 보증이다.

그것을 모두 이해한다면, 우리는 우리가 동료 인간들에게 대접받고 싶어 하는 대로 그들을 대해야 한다.[108] 이것은 무엇보다 먼저 우리의 부모를 공경해야 한다는 것을 의미한다. **네 부모를 공경하라 그리하면 네 하나님 여호와가 네게 준 땅에서 네 생명이 길리라.** 물려받은 유산을 버리고 우리가 지나간 세대보다 더 잘 안다고 주장하기 쉬우며, 때로는 그것이 매우 유혹적이다. 현대 기술의 성취는 이런 경향에 그럴듯한 신뢰성을 부여하며, 우리가 우리의 부모들보다 더 잘 안다고 주장하는 것을 용이하게 만들어준다. 그러나 우리는 부모에게 생명 자체를 빚지고 있으며, 우리가 이루는 것은 지난 세대의 거인들의 어깨 위에 세워진다. 이 점을 잊어버리면 우리는 길을 잃고 사람들을 분열시킨다.

우리는 서로 공격하도록 허용되지 않는다. **살인하지 말라.** 우리는 모두 같은 인간 혈통에서 나왔기 때문에 다른 인간의 목숨을 취하는 것은 자신을 파괴하는 것이다.

우리는 다른 사람들의 인격을 침해하도록 허용되지도 않는다. **간음하지 말라.** 두 사람이 결혼하면 그들은 한 몸이 되고, 간음하는 것은 그 관계의 고결성을 파괴하는 것이다.[109] 성경에서 인간의 다른 어떤 유대도 결혼의 유대처럼 일관성 있게 옹호되지 않는다. 이 유대는 아담과 하와에서 시작해서 요한계시록 마지막 부분의 어린양과 교회의 큰 혼인 잔치에서 절정에 달한다. 성적인 부정 외에 다른 어떤 이유로도 그 유대를 깨뜨리는 것은 간음을 저지르는 것이며, 이는 지금과 마찬가지로 예수의

---

108 마 7:12; 눅 6:31.
109 창 2:24.

제자들이 감당하기 어렵다고 생각했던 정신이 바짝 들게 하는 진리다.[110]

도둑질하지 말라. 우리는 다른 사람들의 인격을 침해해서는 안 되는 것처럼, 다른 사람의 소유물을 빼앗아서도 안 된다. 사유 재산권이 우리의 자기 존중감과 책임감에 매우 근본적이기 때문에 율법의 많은 부분이 궁극적으로는 이와 관련이 있다. 우리는 하나님의 피조물에 대한 청지기로 부름 받았지만, 자신의 것을 보호할 때 그 일을 가장 잘한다. 율법은 우리의 소유물을 갖고 친절하고 관대하고 공정하게 처신하고 할 수 있는 한 가난하고 궁핍한 사람들을 도와주도록 가르치지만, 그렇게 하는 수단으로 도둑질에 의존하지 말라고 가르친다. 로빈 후드는 전설적인 민간 영웅일지는 몰라도 그리스도인은 아니었다. 왜냐하면 가난한 사람들에게 주기 위한 것이었다고 해도 부자들의 것을 빼앗는 것은 하나님이 자기 백성을 위해 규정한 방식이 아니기 때문이다.

네 이웃에 대하여 거짓 증거하지 말라. 다른 사람에 관해 거짓말하는 것은 진리의 하나님께 죄를 짓고, 우리와 하나님의 관계 및 다른 사람들과의 관계를 타락시키는 것이기 때문에 그런 거짓말을 하지 않아야 한다. 진실이 없는 곳에는 신뢰가 없고, 인간 사회의 기초가 훼손된다. 진실을 말하는 경우가 드물거나 기대되지 않는 지역에서 사회 붕괴가 만연한 것은 우연이 아니며, 그리스도인들은 때로는 매우 매력적일 수도 있는 그 함정에 빠지지 않아야 한다.

마지막으로 **네 이웃의 집을 탐내지 말라.…무릇 네 이웃의 소유를 탐내지 말라.** 우리에게 주어진 것은 우리의 것이지만 남에게 주어진 것은 부, 명성, 장수, 미모, 지성, 매력, 또는 "행운" 등 모든 것이 그들의 것이며, 우리는 그것을 시기하지 않아야 한다. 아무도 모든 것을 가질 수는 없는데, 우리가 남들에게 주어진 선물들을 갑자기 얻는다면 그것들로 무엇을 할지 어떻게 알겠는가? 하룻밤 사이에 무일푼에서 벼락부자가 되는

---

110 마 19:9-10.

사람들이 있는데, 종종 그들이 자기들에게 찾아온 "행운"에 어떻게 대처해야 할지 몰라서 그들의 삶이 비극으로 끝나는 경우가 있다. 바울이 말한 것처럼 우리는 지금 갖고 있는 것으로 만족하고 분수에 맞는 생활을 하며, 우리에게 주어진 자원들과 기회들을 가지고 하나님을 영화롭게 해야 한다.[111]

이 모든 계명을 실천하려면 철저한 자기 규율이 필요하며, 그것은 다양한 사람들에게 다양한 방식으로 영향을 줄 것이다. 그것의 어떤 측면들은 다른 측면들보다 더 쉽게 다가올 것이고, 우리는 모두 어떤 지점에서는 실패할 것이다. 그러나 최소한 율법은 우리에게 올바른 방향을 가리키고, 율법이 우리의 행동에 유죄 판결을 내릴 때조차 우리의 행동에 의미를 부여한다. 우리는 우리가 어디 서 있는지 알고 있다. 그것을 받아들이기가 아무리 힘들더라도, 그곳이 변화와 개선을 위해 필요한 출발점이다. 그 점에서 율법은 확실히 축복이며, 비록 우리가 더 이상 율법의 힘 아래 있지 않더라도 계속 우리를 지도하고 우리에게 영감을 줄 것이다.

율법의 저주

율법의 복들은 분명하지만, 성경은 율법이 또한 저주이기도 하다고 말한다. 율법의 그 측면은 구약성경에서는 언급되지 않으며, 율법을 성취하러 왔고 율법을 자기들의 편의를 위해 왜곡한 사람들을 비판한 예수의 가르침에서도 발견되지 않는다.[112] 율법은 선하면서도 해롭다는 개념은 바울의 서신들에서 가장 명확히 진술되며, 그것은 바울의 복음 전도 활동의 주된 주제 중 하나였다. 구약성경의 저자들 및 예수와 마찬가지

---

111 빌 4:11, 딤전 6:8.
112 마 5:17-20 막 7:9-13.

로 바울도 율법 자체는 선하고 거룩하다고 믿었다.[113] 문제는 바울이 설명하는 것처럼 다른 곳에 있다.

> 그런즉 우리가 무슨 말을 하리요. 율법이 죄냐? 그럴 수 없느니라. 율법으로 말미암지 않고는 내가 죄를 알지 못하였으니 곧 "율법이 탐내지 말라" 하지 아니하였더라면 내가 탐심을 알지 못하였으리라. 그러나 죄가 기회를 타서 계명으로 말미암아 내 속에서 온갖 탐심을 이루었나니 이는 율법이 없으면 죄가 죽은 것임이라. 전에 율법을 깨닫지 못했을 때에는 내가 살았더니 계명이 이르매 죄는 살아나고 나는 죽었도다. 생명에 이르게 할 그 계명이 내게 대하여 도리어 사망에 이르게 하는 것이 되었도다. 죄가 기회를 타서 계명으로 말미암아 나를 속이고 그것으로 나를 죽였는지라.[114]

여기서 바울은 우리 모두에게 익숙한 무언가를 극적으로 묘사하고 있다. 아무도 우리가 어떤 일을 하는 것이 금지되어 있다고 말해주지 않으면, 그 일을 하고 싶은 마음이 생기지 않을 것이다. 그러나 어떤 일이 금지되었다는 것을 알게 되면, 그것이 허용되지 않는다는 이유만으로 우리 안에 그것을 하고 싶은 욕망이 일어난다. 하지만 이런 느낌은 십계명처럼 우리 자신의 이익을 위해 고안되었을 수 있는 금지 자체와는 아무 관련이 없다. 율법이 하는 일은 우리의 타고난 사악성에서 나오는 우리 안의 사악한 욕망을 일깨우는 것이다. 여기서 바울의 말은 화려하지만, 바울은 율법을 알기 전에 자신이 완벽했다는 인상을 남길 의도가 없었다. 우리는 바울이 그렇게 생각하지 않았다는 점을 알고 있다. 왜냐하면 바울은 불과 두 챕터 전에 아담의 죄가 온 인류에게 확대되었고 그와 더불어 영적 사망을 가져왔다고 언급했기 때문이다.[115] 그보다 바울은

---

113 롬 7:12.
114 롬 7:7-11.
115 롬 5:12.

"모르는 게 약"이라고 말하고 있었던 것이다. 나쁜 짓을 할 잠재력이 우리 안에서 잠자고 있을지라도, 실행하기는 고사하고 생각하지도 않았던 일에 대해 비난받을 수는 없다.

모세 율법의 문제는 잘못을 명확하고 구체적으로 밝힘으로써, 우리에게 자신 안에 있는 모든 종류의 죄를 탐지해내는 완벽한 청사진을 제공한다는 것이다. 이것의 역설은 율법이 더 낫고 더 완벽할수록, 죄도 더 많이 만들어낸다는 것이다. 왜냐하면 율법이 말한 것을 발견한 사람들은 자신의 죄악성을 훨씬 더 많이 인식하게 되기 때문이다. 아담과 하와가 선과 악을 알게 하는 나무의 열매를 먹었을 때, 그들은 하나님께 대해 죄를 지었을 뿐만 아니라 그로부터 나오는 죄악성도 알게 되었다. 그들은 그 이전에는 동물들처럼 벌거벗고 다녔어도 부끄러움을 느끼지 않았지만, 이제 자기들의 죄책감과 취약성을 알게 되었기 때문에 자신을 가려야 했다.[116] 우리의 타락한 상태에서 율법의 완벽함은 끊임없이 우리가 얼마나 부족한지 그리고 우리의 상황이 얼마나 절망적인지 상기시키기 때문에, 바울은 율법이 저주라고 말한다. 율법은 무엇이 잘못인지 지적해줄 수 있고 비뚤어진 방식으로 그것을 하도록 유혹하기도 하지만, 일단 우리가 굴복하고 나면 율법은 우리의 구원을 위해 아무것도 할 수 없기 때문이다. 율법은 치유 능력이나 회복 능력이 조금도 없으며, 율법의 의도, 즉 율법을 순종하지 않는 사람들에게 유죄 판단을 내리는 일 외에는 아무것도 할 수 없다. 심지어 현대의 세속 세계에서도 우리가 법규를 지키는 한, 법규는 우리를 지배할 힘이 없다. 우리는 법규를 지키도록 기대되기 때문이다. 우리는 법규를 어겼을 때 비로소 법규의 힘을 느끼고 법규가 존재하는 이유를 깨닫는다. 오직 그때에만 우리는 법규가 어떤 저주가 될 수 있는지 이해하게 된다. 법규는 구원의 약속은 없이 처벌 위협으로 우리를 협박한다.

---

116 창 3:7.

바울은 갈라디아 사람들에게 보내는 편지에서 같은 주제를 전개하는데, 거기서 바울은 우리와 율법의 관계가 어떤 것인지 그리고 그 관계가왜 변해야 하는지 설명한다.

무릇 율법 행위에 속한 자들은 저주 아래에 있나니 기록된바 "누구든지율법 책에 기록된 대로 모든 일을 항상 행하지 아니하는 사람은 저주 아래에 있는 자라" 하였음이라.[117] 또 하나님 앞에서 아무도 율법으로 말미암아 의롭게 되지 못할 것이 분명하니 이는 "의인은 믿음으로 살리라" 하였음이라.[118] 율법은 믿음에서 난 것이 아니니 율법을 행하는 사람은 그가운데서 살리라 하였느니라.[119] 그리스도가 우리를 위해 저주를 받은바 되사 율법의 저주에서 우리를 속량했으니, 기록된 바 "나무에 달린 자마다 저주 아래에 있는 자라" 하였음이라.[120] 이는 그리스도 예수 안에서아브라함의 복이 이방인에게 미치게 하고 또 우리로 하여금 믿음으로 말미암아 성령의 약속을 받게 하려 함이라.[121]

이 구절은 단순히 우리가 방금 전 로마서 7장에 나오는 구절에 관해말한 모든 것을 다시 진술할 뿐이다. 율법을 지키지 않는 사람들은 저주를 받는다. 그것은 율법을 완벽히 지킬 수 있는 사람은 아무도 없기에,우리 모두가 깊은 곤경에 빠져 있음을 의미한다. 게다가 의롭다 함은 우리 스스로 할 수 있는 행위에 의해 오는 것이 아니라 하나님을 믿는 믿음으로부터 오는 것이기 때문에, 설사 우리가 모든 율법에 완벽하게 순종할 수 있다고 해도 우리는 여전히 하나님 앞에서 의롭다 함을 얻지 못할

---

117 신 27:26을 보라.
118 합 2:4을 보라.
119 레 18:5을 보라.
120 신 21:23을 보라.
121 갈 3:10-14.

것이다. 왜냐하면 율법은 이생으로 제한되고, 따라서 우리가 율법을 지킨다고 해도 이 세상에서의 우리의 일을 올바르게 정돈하는 것으로 그치기 때문이다. 그것은 어떤 범위 내에서는 좋은 일이지만, 우리가 아담과 하와에게 물려받은 하나님과의 깨진 관계를 회복시키는 일은 아무것도 할 수 없다. 그 관계를 회복하려면 신앙이 요구되지만, 신앙은 단순히 하나님의 존재를 믿는 것에 그치지 않는다. 우리의 신앙은 또한 하나님이 우리의 죄를 처리하셨고, 자기 아들을 보내셔서 그 아들이 우리를 위해 죄가 되어 스스로 율법의 저주를 지고 율법에 대해 죽게 하심으로써 그렇게 하셨음도 믿어야 한다. 저주는 그저 사라지지 않는다. 저주는 해제되어야 하는데, 오직 하나님만이 그렇게 할 수 있다.

그러므로 결국 저주 자체가 일종의 위장된 축복이 된다. 저주의 존재는 우리에게 기대되는 선의 표준이 있다는 증거다. 그렇지 않았더라면 구원도 없었을 것이다. 왜냐하면 구원받아야 할 **상태**도 없었을 것이기 때문이다. 우리의 죄악된 상태라는 상황은 완전히 정상적으로 보였을 것이고, 우리가 후회하거나 불평할 것은 아무것도 없었을 것이다. 우리가 현재 상태를 벗어나야 할 저주로 느끼는 것은 오직 뭔가 더 나은 것이 있음을 알기 때문이다. 그런 의미에서 저주는 몸에 이상이 있을 때 느껴지는 고통과 비교될 수 있다. 고통이 없으면 우리의 몸은 우리도 모르는 사이에 썩을 수 있고, 우리는 몸의 붕괴를 정상적인 것으로 받아들이게 될 것이다. 그러나 고통을 느끼기 때문에 우리는 그에 대해 조치를 취하도록 자극받고, 그래서 건전한 상태로 회복할 수 있는 치료를 추구하게 된다. 이것이 우리의 영적 삶에서 율법의 저주가 맡고 있는 역할이다. 율법의 저주가 우리를 짓누르는 것은 우리를 박살내기 위해서가 아니라, 도움을 구하도록 자극하기 위해서다. 그렇다고는 해도 고통 자체가 좋은 것이 아니듯이, 저주도 "좋은" 것은 아니다. 그러나 율법의 저주는 우리가 그렇지 않았더라면 (고통이 없었더라면) 불가피했을 죽음에서 돌아서서 그리스도 안에서 약속된 영생의 복을 향하도록 전환시키기 위해 하나님의 사랑이 우리의 완고한 마음속에 어떻게 작용하는지를 보여준다.

이스라엘의 운명

모든 그리스도인들은 이스라엘에 주어진 율법과 약속들이 유산, 곧 그리스도에 대한 신앙을 고백하고 그에게 구원을 의존하는 사람들이 상속받은 유산에 속해 있다는 점을 인정한다. 우리는 모든 유대인이 그리스도를 믿은 것은 아니며, 오늘날도 여전히 최선을 다해 모세 율법을 지키는 유대인들이 많다는 것도 알고 있다. 이 사람들은 이제 하나님의 자녀가 아닌가, 아니면 하나님의 계획에는 아직 드러나지 않은 채 그들을 위해 유보된 어떤 목적이 있는가? 유대인들 자신은 자기들의 존재 목적에 대해 의견이 갈라져 있다. 그들 대부분은 아마 이 문제에 대해 별로 생각하지 않을 것이다. 현대 이스라엘 국가의 창건자들은 대체로 신앙심이 없었고, 구약성경의 노선에 따라 운영되는 신정 국가를 만들려는 의도가 전혀 없었다. 하지만 하나님이 원래 아브라함에게 주셨던 약속이 없었더라면 그들은 팔레스타인 땅에 대한 어떤 권리도 주장할 수 없었을 것이다. 따라서 우리는 심지어 무신론자인 현대 이스라엘 사람들도 자기들 국가의 존재를 정당화하기 위해 하나님의 언약에 호소해야 하는 이상한 상황을 보고 있다.

그러나 메시아가 오리라고 믿는 다른 유대인들이 있다. 그 메시아는 그리스도인들이 예수가 행했다고 주장하는 그 일을 하겠지만 보다 물리적인 방식으로 하게 될 것이다. 그들은 이 미래의 메시아가 이스라엘을 구속하고 모든 곳에 있는 유대인들의 상태를 변혁시킬 것이라고 믿는다. 그러나 유대인이 아닌 인류의 나머지 사람들이 어떻게 될지는 불분명하다. 어떤 사람들은 유대인들이 그들을 다스릴 것이라고 믿지만, 대부분의 사람들은 아마 하나님을 경외하는 이방인들도 유대인들과 똑같이 메시아의 통치로 혜택을 받을 것이라고 생각할 것이다. 역설적이게도 이런 식으로 생각하는 유대인들은 현대 이스라엘 국가에 대해 별로 관심이 없고, 이스라엘 국가의 건국이 구약 예언의 성취를 나타낸다고 믿지도 않는다. 심지어 예루살렘에는 바로 그 이유로 자기들이 살고 있는 국가를 인정하길 거부하는 유대인 공동체들도 있다!

교회도 유대인들이 어떻게 될지를 둘러싸고 의견이 크게 갈라져 있기 때문에, 그리스도인들은 이를 이해해야 한다. 한쪽 극단에는 팔레스타인에서의 유대인 독립 국가의 회복에서 하나님이 아브라함에게 그의 자손이 그 땅을 차지할 것이라고 하신 약속이 성취되었다고 믿는 사람들이 있다. 그들은 이스라엘을 모으는 일이 이미 시작되었고, 그 일이 완료되면(세계의 유대인 인구의 약 1/3이 현재 그곳에서 살고 있다), 메시아인 그리스도가 재림할 것이라고 믿는다. 이 견해는 확실히 "친이스라엘"적이기는 하지만, 어떤 중요한 유대인 집단에 의해 주장되는 것도 아니고 이스라엘 국가의 공식 정책도 아니라는 점을 이해할 필요가 있다. 달리 말하자면, 친이스라엘 성향의 그리스도인들이 믿는 요소들이 다양한 (그리고 종종 서로 적대적인) 유대인 진영에서 발견될 수 있다고 해도, 그들은 유대인들 세계 자체 안의 어떤 중요한 집단과도 일치하지 않는다.

위에서 간략하게 설명한 견해는 대체로 성경을 문자적으로 해석하는 그리스도인들과 관련이 있지만, 이 견해의 한 변형을 보다 더 자유주의적인 그리스도인들 사이에서도 찾아볼 수 있다. 이들은 하나님이 유대인들과는 별개의 언약을 맺었기 때문에, 또는 (더 흔하게는) 유대인들은 하나님을 발견하고 예배하는 자체적인 방식을 갖고 있기 때문에, 그들에게 전도하려는 것은 잘못이라고 생각하는 사람들이다. 그들에게는 유대인을 그리스도인으로 변화시키려는 시도는 유대인들 자신의 신앙의 진정성과 지속적인 유효성에 대한 무례의 표지이기 때문에, 유대인들에게 복음을 전하는 것은 잘못이다. 이 견해의 명백한 문제점은 초기 그리스도인들 자신이 유대인들이었는데, 그들이 이 견해를 공유했더라면 그들은 결코 자신과 같은 종교를 가진 사람들에게 전도하지 않았을 것이라는 점이다. 베드로와 바울이 사람들을 자기들이 지닌 믿음으로 회심시키려고 하지 않았다면, 그들의 설교는 아무 의미가 없었을 것이다. 그러므로 우리는 이런 생각이 현대 자유주의자들에게 아무리 매력적이라고 할지라도, 신약성경에서 공감하는 내용을 찾을 수 없고, 성격상 예수의 가르침에 반한다고 결론지어야 한다.

다른 극단에는 역사적으로 대부분을 차지하는 그리스도인들이 있다. 그들은 유대인들은 이방인들보다 어느 정도 이점을 갖고 있을 수 있지만, 그리스도가 아브라함에게 주어진 약속들의 성취이기 때문에 그리스도에 대한 신앙에 의하지 않고서는 그 약속들을 물려받을 수 없다고 주장한다. 그리스도를 받아들이는 유대인들은 의심할 바 없이 자기들이 이전에 견지한 믿음들이 성취되었다고 느낄 것이고, 이 믿음들은 이방인들과 다른 종교의 신도들이 자기들의 이전의 확신을 포기해야 하는 것과 같이 포기되어야 한다는 느낌을 갖지 않을 것이다. 최종 결과는 똑같다. 결국 유대인 그리스도인들도 다른 모든 사람들과 같은 토대에서 그리고 똑같은 방식으로 구원받는다.

이 두 입장 사이에 다양한 형태의 절충적인 견해들이 있는데, 이 견해들은 모두 유대인들은 그리스도 안에서만 그리고 그리스도를 통해서만 천국에 갈 수 있기는 해도, 그들에게는 여전히 최종적으로는 그들 모두가 구속받을 것이라는 하나님의 약속이 있다고 주장한다. 바울은 "이방인들의 완전한 수가 들어올 때까지 이스라엘 사람들은 부분적으로 마음이 굳어졌고, 이런 식으로 모든 이스라엘 사람들이 구원을 받을 것이다"라고 말했다.[122] 바울은 모든 이방인에게 복음이 전해질 때까지 유대인들의 최종적인 회심이 미루어졌고, 그 일이 일어나면 구약의 언약이 다시 한번 작동할 것이라고 주장하는 것 같다. 그것이 이 구절들에 대한

---

122 롬 11:25b-26a.

올바른 해석인지는 세상 끝날까지 확실하지 않은 상태로 남아 있을 것이다. 왜냐하면 오직 그때가 되어야만 우리가 역사적인 이스라엘 백성에 대한 하나님의 계획이 무엇인지를 확실히 알게 될 것이기 때문이다. 어떤 경우든 유대인들의 구원이 그들의 메시아인 그리스도 안에서 그리고 그리스도를 통해서만 이루어질 수 있다는 점은 확실하다. 이방인들은 그들을 위한 그리스도의 사역으로 혜택을 입었지만, 그리스도를 이스라엘로부터 빼앗아간 것은 아니다. 회심한 유대인은 그리스도인이 될 때 이스라엘을 버리는 것이 아니라, 하나님에 의해 예정되고 준비된 참된 이스라엘을 아브라함과 이삭과 야곱의 자손으로서 상속받기 위해 그 안으로 들어간다.

26장

•

아들을 보내심

그가 오시기 위한 준비

하나님은 왜 구약성경에서 주신 약속들을 예수께서 이 땅에 오신 바로 그 시기에 성취하기로 하셨는가? 이것은 명확한 답이 없는 신적 신비다. 그때의 상황을 살펴보고서 우리는 유대인 사회가 반란으로 격동에 빠지고 로마인들에게 진압되기 직전에 메시아가 등장하는 것이 적절했다고 추측할 수 있지만, 그것은 나중에 되돌아본 관점이고 상황은 다르게 보였을 수도 있다. 다른 나라에 흩어져 사는 유대인들이 예수의 최초 추종자들에게 지중해 세계 전역에 복음을 전하는 데 사용할 수 있는 연결망을 제공했다고 말할 수 있다. 하지만 그 메시지가 왜 유대인들이 훨씬 더 많았고 포로기 이후로 대규모 유대인 정착지들이 번성했던 동쪽이 아니라 서쪽으로 갔는지는 알려져 있지 않다. 우리가 들은 말은 성자께서 인간이 되셨을 때 "때가 찼다", 즉 올바른 순간이 도래했다는 것이 전부다.[1] 하나님은 확실히 그 순간을 미리 준비하셨고 아마도 방금 언

---

1   갈 4:4; 엡 1:10; 히 1:1-2a를 비교하라.

급한 것과 같은 외적 요인들이 그 준비의 표지들일 것이다. 하지만 성경은 이에 대해 자세히 말하지 않으며, 따라서 우리는 확실하게 어떻다고 말할 수 없다.

우리는 하나님의 아들이 아무런 예고 없이 또는 불시에 세상에 오신 것이 아님을 알고 있다. 하나님은 시므온 같은 남자들과 안나 같은 여자들의 마음을 준비시키셨다. 그들은 구약의 약속들이 성취되기를 경건하게 기도하며 기다렸다. 할례를 시행하기 위해 아기 예수를 성전에 데려 갔을 때 그들은 비록 자신들은 그 결과를 볼 때까지 살지 못한다고 해도, 하나님이 그들의 기도를 듣고 응답했다는 것을 알아차렸다.[2] 그들이 당시의 경건한 유대인들의 전형이었는지, 아니면 예외적이었는지 우리는 모른다. 안나는 젊은 나이에 과부가 되어 평생을 성전에서 보낸 것으로 보이는데, 그것은 아주 이례적이었을 것이고 어쩌면 유일한 사례였을 수 있다. 다른 한편 시므온이나 안나가 메시아 분파에 속했다거나 동료 유대인들과 조금이라도 달랐다는 암시는 전혀 없다. 따라서 그들의 경건은 관례적인 것으로 보인다. 우리는 1세기 유대교에서 메시아에 대한 소망이 컸다는 것을 안다. 따라서 우리는 아마도 시므온과 안나가 메시아에 대한 소망이 당시의 보통 사람들에게 어떤 의미였는지 보여주었다고 결론을 내려야 할 것이다.

우리는 하나님이 예수의 사촌인 세례 요한을 보내시고 사람들에게 세례를 주고 회개하라고 요구하게 함으로써 예수의 길을 준비하셨다는 것은 확실히 안다. 요한의 탄생은 예수의 탄생만큼 기적적이었고, 두 경우 모두 천사 가브리엘이 그들이 올 것을 예고했다.[3] 그러나 둘 사이에는 중요한 차이가 있었다. 요한의 경우에는 그 천사가 그의 어머니 엘리사벳이 아니라 그의 아버지 사가랴에게 나타나 그에게 일어날 일을 알려주

---

2   눅 2:25-38.
3   눅 1:11-20, 26-38.

었다. 엘리사벳은 정상적인 임신 연령이 넘었지만, 사라와 한나에게 일어난 것과 마찬가지로[4] 인간의 일반적인 방식으로 임신하게 되었다. 반면에 예수의 탄생은 마리아의 남편이 될 요셉이 아니라 예수의 어머니 마리아에게 예고되었고, 요셉은 천사의 별도 방문을 통해 마리아의 임신이 주님에 의한 것이라는 점을 듣고 안심해야 했다.[5] 더구나 엘리사벳과 달리 마리아는 아기를 가지기에 너무 늙은 것이 아니라 오히려 너무 어렸다. 왜냐하면 마리아는 아직 결혼하지 않은 처녀였기 때문이었다. 임신 가능성의 면에서는 마리아는 사라보다는 한나와 더 비슷했는데, 이 점이 임신 소식에 대한 마리아의 기쁨의 노래가 비슷한 상황에서의 한나의 노래에서 차용된 이유를 설명해줄 것이다.[6]

세례 요한의 성장 과정에 대해서는 알려지지 않았지만, 요한은 틀림없이 예루살렘과 그 주변에서 성장했을 것이다. 요한이 그의 아버지와 같은 방식으로 제사장직을 수행했는지는 알려지지 않았다. 다만 그런 언급이 없는 것으로 보아 제사장 직무를 수행하지는 않은 듯하다. 그다음에 세례 요한에 관해 언급될 때 요한은 이전에 성전과 어떤 관계를 맺고 있었건 성전과 관계를 끊은 광야의 설교자였다. 그때는 주후 28년이나 29년으로, 요한은 30대 중반이었을 것이다.[7]

적어도 400년 동안 이스라엘에 세례 요한과 같은 예언자는 없었다. 따라서 요한의 등장은 돌풍을 불러일으켰다. 이스라엘의 이전 역사에서 예언의 음성이 드물었던 때가 있었는데, 하나님은 그리스도의 도래에 대한 준비로서 그런 예언의 부재 시기를 허용하셨을 수 있다. 하나님이 사무엘을 부르기 전에 분명히 그렇게 하셨던 것처럼 말이다.[8] 400년은 대략

---

4   창 17:15-21; 삼상 1:12-20.
5   마 1:18-25.
6   눅 1:46-55를 삼상 2:1-10과 비교하라.
7   눅 3:1은 그때가 티베리우스 황제 15년째라고 말하는데, 이 기간은 28년 8월 18일에서 29년 8월 17일까지였다.
8   삼상 3:1.

이스라엘 자손이 이집트에서의 노예 상태에서 탈출하기 전에 보낸 기간과 같았는데, 비슷한 기간 동안 예언이 없었던 것은 그 점을 반영하려는 의도였을 수도 있다. 하나님은 마침내 요한이 등장했을 때 사람들이 흥미를 갖고 주목하도록 요한을 보내기 전에 예언을 중단시키셨을 수도 있다. 어쨌든 엘리야와 엘리사 시대처럼 수백 명의 예언자들이 돌아다녔다면, 보통 사람들은 왜 요한이 다른 예언자들과 다른지 알기 어려웠을 것이다. 그에 대한 진상이야 어떠하든, 요한의 독특성은 그가 예언이 중단되었다고 생각된 지 수백 년 뒤 등장했다는 사실에 있는 것이 아니라 그가 전한 메시지의 내용과 그가 자신의 활동을 이해한 방식에 있었다.

요한은 자신이 이전의 예언자들과는 다른 방식으로 메시아의 선구자라고 알고 있었다. 요한은 광야에서 "주의 길을 준비하라"고 외쳤던 이사야에게서 자신의 역할에 대한 단서를 얻었지만, 이사야는 자신에 대해서가 아니라 미래에 올 어떤 사람에 대해 말하고 있었다.[9] 이전의 예언자들과 달리 요한은 자기에게 나아온 사람들이 죄를 회개했다는 표지로 그들에게 세례를 베풀었다. 이 세례는 특별히 메시아의 도래에 대한 준비로서 행해졌는데, 이는 요한에게 세례를 받은 사람들이 오래 기다릴 필요가 없을 것이라는 점을 함축했다. 물로 하는 의식상의 정화는 고대의 많은 문화들에서 행해진 관습이었고 구약의 율법에서도 찾아볼 수 있는데, 구약의 율법에는 이 관습이 다양한 특정 상황들에 대해 명시적으로 규정되어 있었다.[10] 요한이 그 관습을 채택한 것은 별로 놀랍지 않고, 그것을 자신의 사역의 중심으로 삼았다는 점이 두드러진다. 요한에게 나아온 사람들은 율법에 규정된 방식으로 특정 유형의 의식상의 불결을 깨끗하게 하려고 세례를 받은 것이 아니다. 요한의 세례는 과거에

---

9   사 40:3-5을 인용한 눅 3:4-6.
10   레 11:24-40; 15:5-27; 민 19:17-20.

저지른 죄를 뒤돌아본 것이 아니라, 회개의 열매가 특징이 될 새로운 삶을 내다보았다. 이러한 종말론적인 차원이 요한과 요한의 사역을 이전에 있었던 사역이나 당시에 다른 곳에서 행해지고 있던 사역과 구별했다.

누가가 그 이야기를 전하는 것과 같이, 요한의 설교는 당시 이스라엘 사람들의 유감스러운 상태에 대한 비난으로 가득했다. 요한은 아브라함의 자손이라는 점을 근거로 자기들이 특별한 영적 지위를 갖고 있다는 이스라엘 사람들의 주장을 기각했다. 그리고 바울이 로마서에서 사용한 것과 비슷한 언어로, 좋은 열매를 맺지 않는 나무가 베어지게 되는 것과 마찬가지로 유대인들도 아브라함의 자녀로서 그들에게 기대되는 삶을 살지 못하면 뿌리가 뽑히고 거부당할 것이라고 경고했다.[11] 요한은 신자들이 다른 사람들을 공정하고 정직하게 대하며, 자신의 신분이나 지위를 개인적인 이익을 취하는 데 악용하지 않아야 할 필요가 있다는 점을 특별히 강조했던 것으로 보인다.[12] 당시에 명백하게 이 문제가 만연했는데, 그것은 특히 최고액 입찰자에게 세금 징수를 맡기던 로마의 관례 때문이었다. 이로 인해 세금 징수관들(그리고 그들을 보호한 군인들)은 특히 착취하는 경향이 있었다. 예수도 요한과 비슷하게 접근했으며, 복음서들에서 세금 징수관들이 창녀들 및 기타 악명 높은 죄인들과 똑같이 취급되는 것은 우연이 아니다.[13]

요한은 분명 예수가 훗날 가르치게 될 내용 가운데 많은 것들을 예견했지만, 한 가지 결정적인 점에서 예수는 요한과 확연히 달랐다. 요한은 자신이 메시아가 아니라는 사실을 알았고, 예수가 메시아라는 것도 알았으며, 또 그렇게 말했다.[14] 요한은 예수가 자신에게 세례 받으러 나아오는 것을 보고 자신의 사명의 목적이 이루어졌음을 알아차렸으며, 사람

11 　눅 3:8-9; 롬 11:16-25을 비교하라.

12 　눅 3:11-14.

13 　마 5:46-47; 9:11; 11:19; 18:17; 21:31-32; 눅 18:10-13.

14 　눅 3:16-17; 요 1:19-34.

들이 자신이 아니라 예수를 따르기 시작했을 때 놀라거나 화를 내지 않았다.[15]

요한의 사역은 긍정적인 반응과 부정적인 반응을 모두 야기했다. 요한에게는 신실한 제자들이 있었고, 그는 평범한 사람들에게 인기가 있었다. 그들은 요한과 그의 메시지에 뭔가 다르고 진정한 점이 있음을 알아차렸지만, 요한은 제사장 계층과 분봉 왕[16] 헤롯을 분개하게 만들었다. 요한이 그들의 약점을 지적했기 때문에 요한은 그들에게 직접적인 위협이었다.[17] 그 약점은 제사장들의 위선과 헤롯의 비도덕적인 행동이었고, 요한은 그의 배짱 때문에 헤롯에게 체포되었다. 헤롯은 정치적으로 약했기에 요한을 죽이는 위험을 무릅쓸 수 없었지만, 그의 아내 헤로디아가 요한을 제거하기로 결심했고, 결국 그녀는 자기 남편을 꼬드겨 요한을 처형하도록 명령하게 했다.[18] 다른 상황이었다면 그것은 심각한 문제로 이어질 수도 있었고 최소한 요한을 추앙하는 숭배자 집단이 형성될 수도 있었지만, 그런 일은 일어나지 않았다. 요한은 조직화된 추종자 집단을 남겨두지 않았는데, 그 점은 요한과 예수의 많은 유사점에도 불구하고 요한이 근본적으로 예수와 달랐다는 최종적 확인이다. 헤롯의 묵인 하에 일어난 예수의 죽음은 결코 그의 경력의 끝이 아니었다. 반면에 요한에 대해서는 더 이상 듣지 못한다. 요한의 사명은 성취되었고, 세상은 메시아의 출현을 위해 준비되었다.

---

15   요 3:25-30.
16   당시 유대의 일부를 다스린 헤롯 가문의 일원에게 주어진 명칭이다.
17   눅 3:19-20.
18   마 14:3-12.

예수의 탄생

메시아는 위대한 다윗 왕의 후손으로서 갈릴리 나사렛 마을의 목수인 요셉과 약혼한 처녀 마리아의 아들로 세상에 왔다.[19] 갈릴리에 정착했던 많은 유대인들은 예수가 태어나기 약 두 세대 전에 유대에서 그곳으로 이주하도록 장려되었다. 마리아보다 상당히 나이가 많았던 것으로 보이고 예수가 태어났을 때 이미 나사렛에서 터전을 잡고 있었던 요셉의 집안도 그때 나사렛에 정착했을 수도 있다. 그렇더라도 요셉이 베들레헴과 계속 관련이 있었던 것은 분명하다. 그 관련성은 요셉이 구레뇨의 인구 조사에 응하기 위해 베들레헴에 가야 할 정도로 충분히 강했고, 그곳에 갔을 때 공공 숙박 시설이 필요했을 만큼 충분히 거리가 멀었다. 베들레헴에 대한 요셉의 연결 관계가 더 밀접했다면 요셉이 친척 집에서 묵었겠지만, 그는 그렇게 하지 않았다.[20] 이 인구 조사는 언제 시행되었는지 또는 어떤 내용이었는지가 확실하지 않아 상당한 논란거리가 되어 왔다. 구레뇨는 주전 6년에 시리아 총독이 되었고, 따라서 인구 조사가 그 전에는 시작될 수 없었지만, 그에 관한 성경 외부의 기록은 없다. 아마도 구레뇨가 아우구스투스 황제가 개발한 정책을 시행했기 때문에, 그 사실이 별도로 기록되지 않았을 것이다. 이 정책은 로마의 과세가 "온 세상", 즉 제국이 직접 통제했던 속주들 외에 로마의 치하에 있던 위성 왕국(client kingdom)들에도 확대 시행되어야 한다는 것이었다.[21] 그럴 경우 인구 조사는 지역 별로 시행되었을 것이고, 그것은 요셉과 마리아가 왜 인구조사에 응하러 조상들의 고향인 베들레헴으로 갔는지 설명해줄 것이다. 그것은 로마인들은 알지도 못하고 신경 쓰지도 않았을 유대인의 관습이었다.

---

19   마 1:16, 20; 눅 3:31.

20   눅 2:1-5.

21   눅 2:1.

신약성경의 마태복음과 누가복음에 보존되어 있는 두 개의 예수의 탄생 기사들은 여러 면에서 상당히 다르지만, 예수의 잉태가 성령이 처녀의 자궁에 기적적으로 개입해서 발생했다는 한 가지 측면에서는 일치한다.[22] 처녀 탄생이 자연적으로 일어났다면 임신 시에 남성 염색체가 없었을 것이기 때문에, 그 아기는 여아였을 것이다. 생물학적 관점에서 예수가 남성으로 태어났다는 사실은 그 사건이 기적이었다는 주장을 지지한다. 물론 예수 시대의 사람들은 그것을 몰랐을 테지만, 우리는 예수가 남성이라는 점이 하나님이 "남성"으로 계시된 것에 대한 신학적 정당화로서뿐만 아니라 생물학적 중요성도 갖고 있음을 아는 것이 좋다.

우리는 예수가 헤롯 대왕의 사망 전에 태어난 것을 알고 있는데, 그 사건은 월식이 일어난 날인 주전 4년 3월 13일과 유월절이 시작된 날인 4월 10일 사이에 발생했다. 그때쯤 예수는 최대 두 살이 되었을 수도 있다. 왜냐하면 헤롯이 예수의 탄생 소식을 들었을 때 그는 동방박사들이 자기에게 한 말을 기초로 계산해서 베들레헴에서 두 살 이하의 모든 아기를 죽이도록 명령했기 때문이다.[23] 동방 박사들이 본 "별"은 주전 5년에 여러 번에 걸쳐 나타났던 성운이었다고 추정할 충분한 이유가 있다. 우리는 예수가 주전 6년 이전에는 태어날 수 없었다는 것을 안다. 왜냐하면 그 해가 구레뇨의 인구 조사가 공표될 수 있었던 가장 빠른 해이기 때문이다. 그러나 마리아와 요셉이 인구조사에 응하러 나사렛을 출발했을 때 이미 임신한 상태였다면 예수가 탄생한 날이 주전 5년의 어느 시점이었을 개연성이 없어 보이지 않는다. 누가가 예수가 사역을 시작했을 때 (이 시기는 주후 29년 전일 수는 없었다) "약 삼십 세"였다고 말하는 것은 사실이다.[24] 그러나 그 말은 애매하고 단순히 예수가 삼십대였음을 의미할 수도 있는데, 그것은 의심할 바 없이 사실이었다. 여기서 관련이 있을

---

22 마 1:20; 눅 1:35.
23 마 2:16.
24 눅 3:23.

수 있는 또 다른 요소는, 예수가 주후 33년에 십자가에 처형당했다면(그럴 개연성이 가장 커 보인다) 그는 당시에 40세가 조금 안 되었을 텐데, 그것도 중요할 수 있다. 40은 유대인들에게 거룩한 숫자였고, 예수가 그 나이에 십자가에 못 박혔다면 신약성경은 그 점에 관해서도 뭔가 말을 했을 것이다.

예수가 "정확한" 탄생 연대로 추정되는 주후 1년이 아니라 그보다 여러 해 전에 태어났다는 사실은 성경과는 아무 관련이 없다. 이것은 6세기 로마 수도사 디오니시우스 엑시구우스가 저지른 일련의 연대 계산 오류의 결과다. 그는 로마 황제들을 통해 거꾸로 계산해서 예수의 탄생 시기를 알아내려고 했으나, 그 과정에서 몇 가지를 빠뜨렸다. 그래서 그는 그 기간을 짧게 계산했고, 그 계산은 이후에도 교정되지 않았다.[25] 날짜에 관해서는, 해마다 그 무렵에 개최된 로마의 농경 축제를 대체하기 위해 12월 25일이 그리스도의 탄생 기념일로 선택되었다. 12월 25일은 동지 이후 북반구에서 낮 시간의 복귀를 측정할 수 있는 최초의 시기이고, 따라서 세상의 빛인 그리스도를 상징하기에 적절하다고 생각되었다. 그러나 양떼를 지키던 목자들이 한겨울에는 들판에 나가 있지 않았을 것이기 때문에 그리스도는 12월 25일에 태어났을 수 없다. 예수는 3월에서 11월 사이 어느 한 시점에 태어난 것이 틀림없지만, 그 이상은 알 수 없다. 중요한 것은 예수가 특정한 날에 **태어났다**는 것이고, 12월 25일이 지금 보편적으로 인정된 날이기 때문에 알아낼 수 없는 "정확성"을 위해 그날을 바꾸려고 하는 것은 별 의미가 없어 보인다.

마태복음과 누가복음에 나오는 예수의 족보는 쉽게 해소될 수 없는 다른 어려움들을 제공한다. 마태는 아브라함부터 시작해서 예수까지 계속하는데, 그 명단을 도식적으로 각각 14명씩 세 집단으로 나눈다. 이

---

25 10장에서 지적한 것처럼 0년이라는 해는 없었다. 주후 1년 1월 1일은 주전 1년 12월 31일 다음 날이었다. 따라서 A.D.와 B.C.를 연대를 더할 때 정확한 기간을 얻으려면 반드시 1을 빼야 한다.

세 집단들 중 13명의 이름만 포함하고 있는 마지막 집단에 문제가 있는데, 왜 그런지는 분명하지 않다. 예수와 그리스도가 둘로 다뤄졌거나, 여고냐 (여호야긴) 왕이 한 번은 왕으로 다른 한 번은 개인으로 두 번 세어졌을 수도 있다. 왜냐하면 그가 바빌로니아로 잡혀간 뒤에 그를 대신하여 시드기야가 예루살렘에서 왕이 되어 그는 더 이상 왕이 아니었기 때문이다. 일반적으로 마태의 명단은 아브라함 언약과 아브라함 시대부터의 왕위 계승을 나타낸다고 추측된다. 확실히 그 명단에서 빠진 이름들이 있지만 왜 그런지는 확실히 알 수 없다.

누가의 족보는 예수부터 시작해서 아담까지, 그리고 하나님까지 거슬러 올라간다. 마태복음에는 41명의 이름이 나오는 데 비해 누가복음에는 77명이 나오고, 아브라함까지의 세대들만 센다면 57명이 나온다. 누가의 족보는 법적 상속의 계보가 아니라 실제 물리적 계보를 나타낼 수도 있지만, 그것은 지지될 수 없는 추측이다. 확실한 것은 고대 유대인들은 족보에 큰 주의를 기울였기 때문에 우연히 그렇게 배열한 것이 아니라는 점이다. 누가의 족보는 일곱 명씩 열한 집단으로 나누어질 수 있다. 다윗은 일곱 번째 집단의 맨 앞에 있고 아브라함은 아홉 번째 집단의 맨 앞에 있는데, 7과 9(3x3으로)가 특별한 숫자로 간주되었기 때문에 이것은 중요한 의미가 있을 수 있다. 이런 배열이 누가 자신의 배열인지, 아니면 다른 자료로부터 온 것인지는 알 수 없지만, 세부사항들의 복잡한 관계가 지금 우리의 눈에 부분적으로 감춰져 있다고 해도 이 두 족보들이 정돈된 고대의 계승 관계를 증언하는 것은 분명하다.

족보가 얼마나 복잡할 수 있는지 이해하려면, 멀리 갈 것 없이 영국 왕가의 족보를 보기만 하면 된다. 엘리자베스 2세 여왕의 조상은 대략 1714년의 조지 1세의 즉위로 다소 직접 거슬러 올라갈 수 있지만, 아버지로부터 아들로 계속 계승되지는 않았다.[26] 튜더 왕가(1485-1603)와 스

---

26 1714년 이후 열 한 명의 군주들을 보면, 조지 2세는 그의 손자가 왕위를 계승했고(1760),

튜어트 왕가(1603-1714)로 거슬러 올라가면 두 왕가 사이에 그들이 배출한 열두 명의 통치자들 중, 현재의 여왕은 단지 둘만, 곧 헨리 7세(1485-1509)와 제임스 1세(1603-1625)만 조상이라는 것을 발견한다. 역설적이게도, 현재의 여왕은 엘리자베스 1세 여왕을 자신의 조상으로 주장할 수 없지만, 엘리자베스 1세의 강력한 경쟁자로서 잉글랜드의 왕권을 주장한다는 이유로 엘리자베스 1세에게 처형당한 스코틀랜드의 메리 여왕을 조상에 **포함시킬 수** 있다!(메리 여왕은 엘리자베스 1세에게 처형당한 것이 아니라 병으로 죽은 것으로 알려져 있다 - 역자 주) 법적 가계와 혈통적 가계가 매우 다르며, 세부 사항을 모르면 경합하는 둘 중 하나가 (또는 둘 다) 날조된 것이라고 쉽게 생각할 수 있다. 우리는 예수의 다른 족보들이 무엇을 의미하는지 결정하기 위해 필요한 배경 지식을 갖고 있지 않다. 그러나 영국 왕가의 사례는 우리가 표면적으로는 명백해 보일 수 있어도 실제로 아주 잘못된 결론을 이끌어내지 않도록 조심해야 한다는 경고다.

예수의 인성

예수의 인성이 진짜인지에 관한 문제가 탄생일이나 족보보다 더 중요하다. 그리스도의 위격(person)과 탄생의 유일성 때문에 그는 참으로 우리와 똑같은 존재가 될 수 없었는가? 성경은 하나님의 아들이 처녀 마리아의 자궁에서 성령에 의해 잉태되었다고 말하는데, 이 말은 성령이 일반적인 생식 과정을 뒤엎었고 남성의 개입 없이 생식이 일어나게 했음을 의미한다.[27] 그러나 어떤 종류의 존재가 이런 결합을 일으켰는가? 한 가지 가능한 답변은 성령이 인간 아버지를 대신했고, 아기 예수는 체외 수

조지 4세는 그의 아우가 왕위를 계승했다(1830). 윌리엄 4세는 그의 조카딸이 왕위를 계승했고(1837), 에드워드 8세는 그의 아우가 왕위를 계승했다(1936).

27   마 1:20; 눅 1:35.

정에 해당하는 신의 개입에 의해 잉태되었다는 것이다. 그럴 경우 예수는 다소 이례적인 기원에도 불구하고 다른 사람들과 다르지 않았을 것이다. 또 하나의 가능성은 성령이 마리아의 육체와 결합해서 완전히 사람도 아니고 완전히 하나님도 아닌, 다른 인종에 속한 두 사람이 결혼해서 혼혈 자녀를 낳을 때 일어나는 일과 비슷한 성령과 인간의 혼합체를 만들었다는 것이다. 그렇다면 예수는 실제로는 어느 쪽도 아닌 하나님과 사람의 융합이었는가?

이 두 가지 가능성은 교회의 초창기에 철저히 논의되었지만, 어느 쪽도 설득력이 없었다. 예수가 하나님과 특별한 관계가 있는 평범한 인간이었다는 믿음은 예수가 자신이 신적 권위를 갖고 있다고 한 주장이나 인간의 구원을 이룰 그의 사명을 정당하게 다루지 않았다. 전자의 예로는 자기가 죄를 용서할 수 있다고 한 예수의 주장을 인용할 수 있는데, 그것은 신의 특권이었다.[28] 후자에 관해서 예수는 자기가 사람들에게 영생을 줄 수 있다고 주장했고, 수난 당할 때 자신이 세상이 존재하기 전에 갖고 있던 영광으로 자신을 영화롭게 해 달라고 성부께 기도했다.[29] 예수가 단순히 특이하게 잉태된 인간일 뿐이었다면 이 둘 중 어느 것도 가능하지 않았을 것이고, 따라서 그 견해는 기각되어야 한다.

예수가 일부는 하나님이고 일부는 인간인 모종의 혼합태라는 개념은 오래 지속되었고, 종종 "하나님과 사람 사이에 한 분 하나님이자 한 분 중재자, 곧 인간 그리스도 예수가 있기 때문이다"라는 디모데전서 2:5에 의존하여 정당화되기도 했다. 이 결론은 "중재자"(mediator)라는 단어에 주어진 해석에 근거했는데, 여기서 "중재자"는 신과 인간 사이의 어느 지점에 위치해서 둘을 연결해 줄 수 있는 "중간 존재"(intermediate being)를 의미하는 것으로 여겨졌다. 그러나 이 이론 역시 예수의 존재의 어떤 요

---

28   막 2:7-12.
29   요 17:3-5.

소도 정당하게 다루지 않았기 때문에 결국 폐기되었다. 한편으로 아무도 부분적으로만 하나님일 수는 없다. 하나님이라는 존재는 나뉘지거나 희석될 수 없다. 따라서 예수가 하나님이라면, 그는 완전히 그리고 철저하게 신이어야 한다. 다른 한편으로 만약 예수가 단지 부분적으로만 인간이었다면, 그는 우리를 대신해서 우리를 위해 십자가 위에서 죽을 수 없었을 것이다. 바울이 말한 것처럼 그리스도께서 내가 못 박혔어야 했던 방법으로 십자가에 못 박히셨다면, 나는 틀림없이 그리스도와 함께 십자가에 못 박힌 것이다.[30] 그의 죽음이 내가 경험할 수 없는 어떤 것이라면, 그 죽음은 내게 어떤 영향도 주지 않고 나는 그 죽음으로 구원받지 못할 것이다.

성경의 증언을 정당하게 다루는 유일한 해결책은 예수는 절반은 하나님이고 절반은 사람이었던 것이 아니라, **완전히** 하나님이고 **완전히** 사람이었다고 말하는 것이다. 그러나 예수가 한 인간이었다면 어떻게 그럴 수 있었는가? 이 질문은 4세기와 5세기에 큰 논쟁거리였고, 그 과정에서 성경의 가르침이 명확해졌으며 그것을 표현하기에 적절한 용어가 계발되었다. 그 대략적인 개요는 다음과 같았다.

A. 나사렛의 예수는 영원한 하나님의 성자로서 삼위일체의 두 번째 위격이었다. 이 점은 그가 사람이 되기 전 영원 속에서 존재했다고 진술하거나 강력히 그렇게 암시하는 다수의 신약성경 구절들에서 확실히 알 수 있다.[31] 육체로 예수를 본 사람들은 아버지를 본 것이고, 예수가 말했을 때 그것은 영원하신 하나님의 생각과 음성으로 말한 것이다.[32]

B. 인간이 되기로 한 것은 성자 자신의 결정이었고, 그는 자신의 성육

---

30   갈 2:20을 보라.
31   요 1:1-14; 3:13; 17:5; 빌 2:6-7; 골 2:9.
32   막 1:24; 요 8:58; 14:9.

신의 주체(agent)로 간주되어야 한다.[33] 이 점이 중요한 이유는 그의 구속 사역이 자발적이었기 때문이다. 그가 성부의 뜻을 행하도록 성부에 의해 보내졌다는 것과 겸손한 순종 가운데 그 분의 뜻에 복종했다는 것은 사실이다. 그러나 그는 그렇게 하도록 강요받지 않았고, 그의 고난과 죽음 안에서 그와 연합함으로써 구원받은 우리는 성자가 성부에게서 그렇게 하도록 명령을 받았기 때문이 아니라 우리를 사랑했기 때문에 우리를 위해 죽었다는 것을 알 수 있다.

C. 성육신하신 성자는 사람이 되셨을 때 자신의 신성을 조금도 잃지 않았다. 이 점은 "말씀이 육신이 되어 우리 가운데 거했고 우리는 그의 영광을 보았다.…"라고 말하는 요한복음 1:14에 함축되어 있다. 달리 말하자면 말씀의 영광은 그의 육신에도 불구하고가 아니라 그의 육신 **안에서** 볼 수 있었다. 때로는 빌립보서 2:7에서 바울이 하나님의 아들이 "자기를 비웠다"라고 말하기 때문에, 이 구절은 정반대의 견해를 진술한다고 주장된다. 그러나 이 말은 신적 능력의 상실이 아니라 그의 자발적인 자기 비하를 가리킨다. 예수가 자신에 대해 다음과 같이 말한 것처럼 말이다.

> 내가 내 목숨을 버리는 것은 그것을 내가 다시 얻기 위함이니 이로 말미암아 아버지께서 나를 사랑하시느니라. 이를 내게서 빼앗는 자가 있는 것이 아니라 내가 스스로 버리노라. 나는 버릴 권세도 있고 다시 얻을 권세도 있으니 이 계명은 내 아버지에게서 받았노라 하시니라.[34]

D. 예수는 우리 대신 십자가에 못 박혀 죽기 위해 필요로 했던 모든 것을 갖고 있었다. 다른 모든 인간과 마찬가지로 예수도 자신의 독특한 정

---

33 빌 2:6-8.
34 요 10:17b-18.

체성을 갖고 있었지만, 그에게는 우리 모두를 똑같은 생물학적 종의 구성원으로 만드는 속성들 중 어느 것도 결여되지 않았다. 이에 대해 바울은 다음과 같이 말했다.

> 때가 차매 하나님이 그 아들을 보내사 여자에게서 나게 하시고 율법 아래에 나게 하신 것은…[35]

달리 말하자면 하나님의 아들은 자신을 우리와 동일시함으로써, 자신과 성부의 관계에서 우리가 자기와 동일시될 수 있게 했다. 그가 이 땅에 내려와서 우리가 하늘로 들려 올라가 거기서 자기의 영원한 영광 안에서 자신과 함께 앉아 있을 수 있게 했다.[36]

이 모든 내용을 합치면 예수 그리스도에 관한 계시는 하나님에 관한 전통적인 인식뿐만 아니라 우리가 인간에 대해 생각하는 방식까지도 바꾸어놓았다는 것이 금방 분명해진다. 기독교의 계시는 오직 한 분 하나님만 존재하기 때문에 하나님 안의 세 위격들이 동일한 본성을 공유하고 하나의 본체, 즉 존재를 구성한다고 선언했다. 또한 기독교의 계시는 모든 인간은 공통적인 인간성을 갖고 있지만 여전히 개인적인 인격이라고 말했다. 인격성을 통해 우리는 하나님과 연합하고, 하나님과 관계를 맺으며, 다른 어떤 피조물도 할 수 없는 방식으로 하나님과 상호작용할 수 있는 능력을 받는다. 우리에게 "인간"이라고 불리는 권리를 주는 것은 우리의 공통적인 인간성이 아니라 이 인격성이다.

더구나 본성과 본체를 통제하는 것은 인격(위격)이지, 그 반대가 아니다. 기독교 이전 사람들은 우리가 "인격(위격)"으로 부르는 것을 근저

---

35 갈 4:4.
36 엡 2:6.

의 본체와 그 본성의 표현이라고 생각했지만, 그리스도인들은 그리스도에 관한 신약성경의 계시가 그 반대로 생각하도록 한다는 것을 발견했다. 예수 그리스도는 신의 본성에서 나와 제2의 본성인 인간의 본성을 취함으로써 자신은 자기의 신성에 얽매이지 않는다는 점을 보여준 신적 위격이었다. 예수 그리스도는 신의 본성과 인간의 본성이라는 두 본성으로 나타난 한 신적 위격이었고, 그는 자신의 위격을 통해 이 두 본성들을 통제하고 자신과 연합시켰다. 두 본성은 자체로는 서로 양립할 수 없고 아무 관계도 없지만, 삼위일체의 두 번째 위격에 의해 소유되어 인간 그리스도 예수를 구성한다.

그리스도인들이 이 혁명적 교리의 함의를 알아내기까지는 오랜 세월이 걸렸으며, 그들은 도중에 많은 실수를 저질렀다. 과거의 사고방식은 쉽게 사라지지 않았고, 지금도 사람들이 삼위일체 교리나 그리스도의 신성의 교리에 대해 느끼는 많은 "어려움들"의 표면 아래 잠복해 있는 것을 흔하게 발견한다. 그러나 하나님의 자기계시의 성취는 우리에게 관점을 바꾸라고 요구한다. 바울은 다음과 같이 말한다.

> 비록 우리가 그리스도도 육신을 따라 알았으나 이제부터는 그같이 알지 아니하노라. 그런즉 누구든지 그리스도 안에 있으면 새로운 피조물이라. 이전 것은 지나갔으니 보라 새 것이 되었도다.[37]

바울이 하는 말의 맥락은 이와 다르지만, 원리는 똑같다. 순전히 옛 피조물의 테두리 안에서 이해될 수 없는 새로운 계시에 대해서는 새로운 사고방식이 요구된다. 그리스도가 세상에 옴으로써 우리가 하나님을 인식하고 경험하는 방식이 달라졌을 뿐만 아니라, 인간성도 새롭게 정의되었다.

---

37 고후 5:16b-17.

예수는 인간의 본성을 가진 신적 위격이고, 그런 의미에서 우리와 다르지만, 인격성(위격성)에는 예수와 우리 모두에게 공통인 관계적 측면이 있기 때문에, 인간적 인격들은 신적 위격과 관계를 맺을 수 있다. 사람으로서 예수는 우리를 대신하고 자기 아버지의 심판대 앞에서 우리를 대표할 수 있다. 신적 존재로서 예수는 우리가 할 수 없는 방식으로 신의 다른 두 위격들에게 접근할 수 있다. 그것이 바로 예수가, 성부가 성자를 세상에 보내셨을 때 의도한 대로 우리의 중재자가 되어 우리를 하나님과 화해시킬 수 있는 이유다.[38] 아마도 이 점이 가장 중요할 텐데, 그것은 예수가 니고데모에게 하나님이 "세상"을 무척 사랑하셔서 자기 아들을 우리에게 보내셨다[39]고 말했을 때, 그 말이 무슨 뜻이었는지 이해하도록 우리를 도와준다. 이 말은 "세상"으로 불린 모호한 어떤 것에 관한 추상적 진술이 아니라, 하나님이 자기의 형상과 모양으로 창조한 사람들을 사랑하시며 그들에 대한 사랑 때문에 자기 아들을 보내셨다는 데 대한 명확한 확언이다.

이 주장은 우리에게 인간 안에 있는 하나님의 형상이 무엇인지, 또는 그것은 무엇이 아닌지를 다시 생각하게 한다. 예수가 하나님이었다면, 그는 하나님의 형상을 가질 수 있었는가? 예수는 왜 자신의 형상을 필요로 했는가? 수백 년 동안 하나님의 형상과 모양이 합리적 영혼이라고 믿어졌는데, 그것은 불가피하게 예수가 합리적 영혼을 가졌는가라는 질문을 제기했기 때문에 문제가 더 어려워진다. 만약 합리적 영혼이 신적이었다면, 예수가 왜 그것을 필요로 했겠는가? 이 견해는 고대에 아폴리나리우스에 의해 제시되었고, 381년에 개최된 콘스탄티노플 1차 회의에서 부적합 판정을 받았다. 그 이후 교회는 예수가 인간의 지성과 인간의 영혼을 갖고 있었다고 가르쳤다. 그렇지 않았더라면 예수가 십자가에서 우

---

38 고후 5:18-19을 보라.
39 요 3:16.

리를 대신할 수 없었기 때문이다. 죄는 활동력이 없는 피부와 뼈에 의해서가 아니라 지성과 의지의 행위에 의해 표출된다. 따라서 예수가 영혼을 갖고 있지 않았다면 자신이 죄를 지을 수도 없었고 우리를 위해 죄가 될 수도 없었다. 예수에게 죄가 없었던 이유는 그가 죄를 지을 수 없었기 때문이 아니라, 자신의 인간적인 뜻을 하나님의 뜻에 완벽하게 복종시켰기 때문이다. 성육신한 그리스도가 두 개의 의지, 곧 인간의 의지와 신의 의지를 소유했다는 것은 예수가 자신의 뜻이 아니라 아버지의 뜻이 이루어지도록 기도한 겟세마네 동산의 증거에 의해 지지된다.[40] 신의 관점에서는 하나님 안에 오직 하나의 의지만 있으므로, 성자의 뜻은 성부의 뜻과 동일했다. 인간의 관점에서 예수는 죽기를 바라면서도 심리적으로 정상적인 인간이 될 수 없었지만, 하나님으로서 그는 자기 아버지와 공유한 뜻에서 벗어날 수 없었다. 그러므로 겟세마네 동산의 기도에서 우리는 그의 인간적 의지를 자신의 신적 의지에 복종시킨 것, 달리 말하자면 자신의 인성을 자신의 신성에 복종시킨 것을 본다.

이것의 함의는 지성과 의지가 우리 안에 있는 하나님의 형상과 모양이 아니라는 점이다. 지성과 의지는 우리의 인격에 귀속되는 것이 아니라 우리의 인간적 본성에 귀속된다. 지성과 의지가 부패하거나 파괴되더라도 우리의 인격이 제거되지 않을 수 있는데, 이 점은 의료 윤리에서 매우 중요한 문제다. 사람은 정신 기능이 손상되면 더 이상 완전한 인간이 아닌가? 삶의 특정 기능을 상실하면 인격성을 상실한 것과 마찬가지이기 때문에, 그런 상황에서 안락사는 정당화될 수 있는가? 그리스도인들은 이런 개념들을 받아들일 수 없다. 예수의 본보기는 우리의 자연적 기능들이 정상적인 인간 생활을 영위하기 위해 매우 중요하고 필요하지만, 그럼에도 불구하고 인격체로서의 우리 존재와 구별된다는 것을 보여준다. 이에 대한 궁극적인 증거는 우리가 죽은 뒤에도 계속 지금과 같

---

40 마 26:42.

은 인격체일 테지만, 인간의 본성("살과 피")은 하나님 나라를 물려받을 수 없기 때문에 우리의 나머지 부분은 알아볼 수 없게 변화될 것이라는 점이다.[41]

이 구분을 하고 나면, 그리스도의 두 본성들에 대한 전통적 해석들을 둘러싼 문제들이 앞뒤가 들어맞는다. 예수는 자신의 성육신한 본성 안에 통상적인 인간의 지성과 그 지성에 수반되는 모든 것을 갖고 있었다. 예수가 지성적으로 어떤 특별한 재능이 있었다는 증거는 없으며, 그가 우주의 깊은 비밀을 알았다는 증거는 더욱 없다. 영원한 하나님의 아들이 어떻게 성육신한 상태에서 그토록 제한될 수 있었는지 설명해야 되기 때문에 이 점은 신학자들에게 큰 문제를 야기했다. 이에 대한 답변은, 예수는 비록 신적 위격이었지만 자신의 인간적 본성의 한계들 안에서 활동했고, 자신의 인간성의 온전성을 훼손하지 않고서는 그 한계들을 넘어설 수 없었다는 것이다. 아마도 자신이 하고 있는 일을 완전히 깨닫지 못한 채 아버지와는 한 언어를 사용하고 어머니와는 다른 언어를 사용하는 2개 언어를 사용하는 아이와 예수를 비교함으로써 이에 대한 유추를 찾아볼 수 있을 것이다. 다른 사람들은 이를 인식하고 어떻게 그렇게 쉽게 하나의 사고방식에서 다른 사고방식으로 바꿀 수 있는지 의아하게 생각하겠지만, 그 아이에게는 이것이 자연스러워 보인다. 그는 좀처럼 둘을 혼동하지 않는다. 예수도 어느 정도는 틀림없이 이와 같아서, 그의 마음속에 어떤 혼동이나 모순이 없이 사람들에게는 어떤 한 방식으로 말하고, 자신의 하늘 아버지에게는 또 다른 방식으로 말했을 것이다. 한 언어로 알 수 있는 것이 다른 언어로는 (최소한 같은 방식으로는) 알 수 없는 것들이 더러 있는데, 예수에게도 그러했다. 예수는 하나님의 아들로서 알고 있던 것을 마리아의 아들로서는 전달할 수 없었다.

우리는 하나님의 아들이 아버지께서 주신 사명을 갖고 사람이 되었으

---

41   고전 15:50.

며, 자신의 노력과 관심을 그 사명을 이루는 데 집중했다는 점도 명심해야 한다. 제자들이 그가 이스라엘 나라를 언제 회복할지 묻자 예수는 이렇게 답변했다. "아버지가 자신의 권위로 정한 때와 시기는 너희가 알 바 아니다."[42] **자신이** 그 답을 아는지 여부는 관련이 없기 때문에 예수는 제자들에게 이에 대해 말해주지 않는다. 제자들은 알게끔 **되어 있지** 않았고, 따라서 그 정보는 그들에게 주어지지 않았다. 예수는 십자가에 못 박히기 전 제자들에게 언제 최후의 심판이 있을지에 관한 정보는 성부에게만 속하기에 성자도 모르고 하늘의 천사들도 모른다고 말했다.[43] 삼위일체의 한 위격은 아는데, 다른 위격들은 모르는 것이 있을 수 있는가? 그럴 수 있는 것으로 보이지만, 우리는 하나님의 마음을 꿰뚫어볼 수 있는 방법이 없으므로 이에 대해 극도로 조심해야 한다. 확실한 점은 성부가 성자에게 그럴 권한을 주지 않았기 때문에, 성육신한 성자는 제자들에게 그 정보를 전할 수 없었다는 것이다. 그 이상은 추측일 뿐이고, 이에 관한 성부의 지식이 신격 안에서 오직 그만이 갖고 있는 독특한 지식인지 여부는 확실히 알 수 없다.

예수를 우리와 구별시키는 또 하나의 현상은 예수가 사람으로서 기적을 일으킬 수 있었고, 때로는 자신의 몸을 이용해서 기적을 일으켰다는 것이다. 예를 들어 예수는 땅에 침을 뱉어 진흙을 이겨 눈에 바름으로써 한 시각 장애인을 치료했다.[44] 예수의 침에 치료를 가능케 하는 어떤 신적 속성이 있었는가? 훨씬 더 놀랍게도 출혈 증상이 있는 여인이 예수의 옷을 만지자 치료되었는데, 이때 예수는 분명히 무슨 일이 일어나고 있는지 완전히 파악하지 못했다.[45] 예수의 옷이 어떤 치료 능력을 내뿜었는가? 이 질문은 성물 현상과 관련되어 있기 때문에 중요하다. 알려진 예

---

42 행 1:6-7.
43 마 24:36.
44 요 9:1-7.
45 막 5:28-34.

5부 • 하나님이 세상을 이토록 사랑하셨다

수의 성물은 없지만 그럼에도 예수의 십자가에서 나왔다고 주장되는 조각들이 있으며, 치유 능력이 있다고 여겨지는 다양한 성인들의 성물들도 무수히 많다. 많은 성물들은 가짜지만 최소한 일부는 진짜이며, 그 성물들과 관련이 있는 사람들 때문에 그 성물들이 거룩해지는가라는 질문이 제기된다.

얼핏 보면 예수의 지상 생애의 증거는 여기에 어느 정도의 타당성이 있음을 암시한다. 이 질문에 답하기 위해, 출혈 증상이 있던 여인의 사례로 시작해보자. 예수는 그 여인이 자기 옷을 만졌을 때 자신에게서 능력이 나간 것을 알아차렸지만, 그녀가 치료된 원인을 그 옷이 아니라 그녀의 믿음으로 돌렸다.[46] 예수에게는 치료 능력이 사람들이 아닌 자기에게서 나온다고 할지라도, 치료는 항상 기적을 구하는 사람의 믿음 및 영적 상태와 연결되어 있었다. 이것은 지붕을 뚫고 내려진 중풍병자 이야기에서 분명해진다.[47] 예수가 그 중풍병자를 보았을 때 예수는 그 마비증을 무시하고 그의 죄가 용서받았다고 말함으로써, 그의 영적 상태를 언급했다. 그 말이 당신이 누구이기에 죄를 용서할 수 있느냐고 의아하게 생각한 일부 구경꾼들의 반발을 일으켰을 때 비로소 예수는 그를 치료했다. 이 기적은 치유자로서의 그의 힘을 증명하기 위해서가 아니라 용서자로서의 그의 권위를 증명하기 위해 고안되었다. 예수는 그런 기적을 일으키는 사람이 아니라, 자신이 이루려고 온 복음의 설교자였다. 기적을 일으키는 예수의 능력은 예수의 메시지를 믿지 않는 사람들에 대한 질책이었고, 목적 자체가 아니라 목적을 위한 수단이었다.[48]

그 점을 이해하면 성물 자체에는 치유 능력이 (있을 수) 없기 때문에 성물을 숭배할 이유가 없다는 것을 알 수 있다.[49] 또한 그리스도에 대한 이

---

46   막 5:34.

47   막 2:3-12.

48   요 14:11.

49   그러나 행 19:12에는 특이한 사례가 기록되어 있다. 바울의 몸에 닿은 손수건이 병자들을

례적인 헌신으로 기적을 일으킬 능력을 받은, 특별히 "성인"으로 불릴 자격이 있는 사람들이 있다고 생각할 이유도 없다. 성육신하신 그리스도가 기적을 일으킬 능력을 소유했으므로 성인들도 이런 능력을 소유할 수 있다는 근거에서, 그들도 기적을 일으킨다고 주장하고 그들을 숭배하도록 장려하는 것은 사람들로 하여금 하나님의 용서가 아니라 기적을 신뢰하도록 인도함으로써 복음을 부인하는 것이다. 기적은 일어날 수 있고 일어나기도 하지만, 기적이 일어나는 것은 하나님이 자신의 신실한 백성의 부르짖음을 듣고 그들의 요청에 응답했기 때문이지, 어떤 성물에 닿았거나 어떤 "성인"에게 기원했기 때문이 아니다.

예수의 인성과 관련하여 제기되는 또 다른 문제는 예수의 인성이 예수로 하여금 어느 정도까지 전체 인류의 대표가 되게 해줄 수 있느냐는 것이다. 하나님의 아들은 1세기의 유대인 남자로 성육신했는데, 이것은 아마도 활용할 수 있는 한정된 범위의 대안들 안에서 그의 사명을 성취하기 위해 필요한 일이었을 것이다. 메시아는 아브라함과 다윗의 자손이어야 했고, 다른 이유들도 있었지만 이스라엘 사회의 가부장적 성격 때문에 남성이어야 했다. 이미 본 바와 같이 처녀에게서 남성이 태어나는 것은 신이 개입한 결과로만 가능했지만, 처녀에게서 여성이 태어나는 것은 자연적으로 일어날 수도 있었다. 더욱이 처녀에게서 남성이 탄생하는 것에서는 두 성이 모두 역할을 하지만, 여성 탄생에서는 남성적 요소는 배제되고 따라서 그런 식의 탄생이었다면 인류 전체를 위한 대표성이 떨어졌을 것이다. 가장 중요한 점은 예수가 남성으로 태어난 것은 원래의 창조의 성격에 따라 결정되었다는 것이다. 아담이 먼저 지음 받았고 하와는 아담의 몸의 일부를 취해 만들어졌다. 둘째 아담으로서 예수

___

고치는 데 사용되었다. 이것이 정규적으로 일어났다거나 바울 사도가 이를 승인했다는 증거는 없다. 그러나 이 현상은 바울이 예수의 치유 능력을 어느 정도 갖고 있었다는 점을 증명하는데, 예수의 옷도 그 옷을 만진 사람들을 고쳤다. 그러나 어떤 경우도 이 현상이 영구적으로 지속될 것이라는 암시는 없다.

는, 달리는 가능하지 않았을 방식으로 여성을 포함할 수 있었다.[50] 그러므로 예수가 남성이었다는 사실은 여성들의 구원에 대한 장애가 아니라, 남성과 여성 모두가 하나님의 구원 계획의 수혜자라는 사실을 상기시키는 요소로 간주되어야 한다.

그리스도의 인성이 지닌 제한적이고 전형적이지 않은 요소는 그가 유대인이었다는 점이다. 유대인이라는 말의 민족적인 의미에서가 아니라 유대인에게 부가된 언약적인 의미에서 말이다. 예수는 자기 백성을 구원하러 왔고, 그들은 이스라엘 민족 안에서 발견되어야 했다. 예수가 자신이 살았던 좁은 팔레스타인 세계 밖의 사람들과 관계를 맺었다는 증거는 거의 없다. 예수가 유대인이 아닌 사람에게 얘기한 경우들이 있었던 것은 사실이지만 그 또한 예외적이었고, 그는 그들에게 주저 없이 자신의 사역은 주로 이스라엘 사람들을 향한 것이라고 말했다. 예를 들어 우물가에서 사마리아 여인에게 말했을 때, 예수는 유대인과 다른 사람들 사이의 오래된 구분이 더 이상 중요하지 않은 때가 오고 있다고 지적하는 가운데에서도 그녀에게 "구원은 유대인에게서 나온다"는 사실을 상기시켜주었다.[51] 이와 유사하게 가나안 여인이 자기 딸을 위해 도움을 요청하며 다가왔을 때, 예수는 그녀에게 자신은 이스라엘의 잃어버린 양에게만 보내졌다고 말했지만, 그녀가 자신을 개로 비유하자 마음이 누그러졌다.[52] 다른 경우에 그는 백부장의 하인을 고쳐주었고, 이 사건을 사용해서 동료 이스라엘 사람들에게는 백부장과 같은 믿음이 없을 뿐만 아니라, 땅의 사방에서 많은 사람들이 천국에 와서 아브라함과 이삭과 야곱과 함께 식탁에 앉을 것이지만 천국의 자연적인 상속자들인 유대인들은 바깥 어두운 곳에 던져질 것이라고 말하며 그들을 질책했다.[53]

---

50   고전 15:22, 45.
51   요 4:21-24.
52   마 15:21-28.
53   마 8:5-13.

사회 활동가들은 예수가 다양한 종류의 소외 계층을 보살폈음을 증명하기 위해 4복음서들의 증거를 자세히 조사하지만, 그러나 이를 통해 예수가 가난한 사람, 집 없는 사람, 또는 억압받는 사람에 대한 특별한 사명을 갖고 있었음을 증명하려는 그들의 시도는 대체로 무리한 해석들이고 자기들에게 유리한 말만 하는 느낌이 든다. 예수가 부(富)를 비난했고, 가난한 사람들을 속이고 억압하는 사람들에게 가혹하게 말한 것은 사실이지만, 그것은 예수가 모든 사람이 세상의 재화에 대해 동등한 몫을 가질 자격이 있다고 생각했기 때문이 아니라 그들이 재물과 권력이라는 거짓 신들을 숭배했기 때문이다. 예수 자신이 집이 없었고, 그는 자신의 추종자들에게도 집이 없는 것처럼 행동하기를 기대했다.[54] 예수는 **영이** 가난한 사람들과 **의에** 주리고 목마른 사람들을 칭찬했는데, 이것은 예수가 가난과 궁핍 자체에 대해 편견이 있었다는 뜻이 아니다.[55] 예수를 경제 계급이나 사회 계급의 관점에서 이해하는 것은 불가능하며, 회개와 새 생명에 관한 그의 메시지는 부자와 가난한 사람 모두에게 해당되었다.

요약하자면 하나님의 아들이 "율법 아래서" 유대인으로 성육신하신 것은 우연이 아니라 인류의 구원을 위한 성부의 영원한 계획의 한 부분이었다.[56] 이스라엘 사람들은 다른 민족들에 대한 하나님의 선물로, 즉 어두운 세상에서 희미한 빛으로 부름 받았다. 예수가 온 이유는 이스라엘의 증거의 타당성에 의문을 제기하는 경쟁적인 빛을 비추기 위함이 아니라, 희미한 이스라엘의 빛을 더 밝게 비추기 위함이었다.[57] 예수가 행한 모든 일은 구약성경이 말한 것을 뒷받침했고, 그것을 태초에 고안된 계획에 대한 계시로 인증했다. 그 계획은, 땅의 사방에서 사람들을

---

54   마 8:19-22; 눅 14:26-33.

55   마 5:3, 6.

56   갈 4:4-5.

57   마 5:17-20.

모아 (이 세상에 관한 한) 그들을 죽이고 그들에게 하나님의 영의 능력 안에 있는 새 생명을 주어 그리스도의 형상으로 변화시킴으로써 이루어지게 된다. 이 사람들이 누구였는지 그리고 누구인지는 하나님께만 알려져 있다. 오직 하나님만이 이스라엘의 선택된 사람들 가운데 누가 구원받은 남은 자들을 구성할지 결정할 수 있었던 것처럼 말이다. 설사 세상의 구분이 계속 존재한다고 해도 우리는 더 이상 중요하지 않은 그 구분에 따라 사람들을 규정할 수 없다.[58] 그러나 사람들의 출신 배경이 무엇이건 예수가 그들의 대표자라고 말할 수 있다. 왜냐하면 그들은 예수가 보냄을 받은 이스라엘의 언약 백성에 접붙여졌기 때문이다. 예수의 인성은 그들의 인성을 받아들이고 그것을 구속하기에 적합하다.

예수의 무죄

예수가 자신의 인성 안에서 인류 전체를 대표할 수 있다면, 그다음에는 우리의 구속자가 되기 위해서는 죄가 없어야 한다는 성경의 주장대로 정말로 예수가 죄가 없었는가라는 질문이 제기된다.[59] "죄가 없다"는 것은 어떤 의미인가? 아마도 하나님은 정의상 죄가 없을 것이다. 그러나 예수가 하나님이기 때문에 죄가 없었다면, 그는 어떻게 우리와 같은 사람이 될 수 있었는가? 예수가 죄가 없었다는 것은 그가 완전한 인간이 아니었다는 것을 의미하는가? 그리스도의 성육신이 하나님과 인간에 관한 우리의 인식을 바꿔놓은 것처럼, 또한 성육신은 대부분의 사람들이 죄에 관해 생각했던 것 (어쩌면 지금도 계속 그렇게 생각하는 것)도 바꿔놓았다. 과거에 죄는 일반적으로 모종의 불결이나 부패로 생각되었다. 죄는 다양

---

58   갈 3:28.
59   히 4:14-5:10.

한 방식으로 비롯될 수 있었지만, 요즘에는 과거에 죄라고 생각되었던 것들이 모두 죄라고 간주되지는 않을 것이다. 예를 들어 고대 이스라엘과 그 주변의 이방 국가들에서 "죄가 있게" 되는 한 가지 아주 흔한 방식은 의식상의 오염에 의한 것이었다. 정확하게 씻지 않거나 올바른 제사를 드리지 못하면 쉽게 하나님(또는 신들)을 불쾌하게 만드는 상황을 만들 수 있었고 그 상황에서 벗어나는 유일한 길은 정결 의식에 의한 것이었는데, 이때 정결 의식은 다른 형식을 띨 수도 있었다. 오늘날 우리는, 비록 법은 지켜져야 하고 관습은 가능한 한 존중되어야 한다는 점을 인정하지만, 그런 것들을 하찮게 여기는 경향이 있다. 예컨대 모스크에 들어갈 때 존중의 표시로 신발을 벗겠지만, 설령 벗지 않았다고 해도 뭔가 크게 잘못했다는 느낌은 들지 않을 것이다. 그것을 "죄"로 부른다면 문제를 너무 심각하게 받아들이는 것이다.

그런 외적 행위에 관해 아주 다르게 생각했던 세계를 회상하려면 상당한 노력이 필요하지만, 예수의 생애를 잠깐만 들여다보아도 그것이 예수 당시에는 중대한 문제였음을 알게 될 것이다. 예수는 제자들에게 그들을 더럽게 하는 것은 만지거나 먹는 것이 아니라, 그들의 악하고 불순종하는 마음에서 나오는 것들이라고 가르쳤다.[60] 예수는 이런저런 율법, 특히 안식일 준수에 관한 율법을 어긴 데 대해 유대 지도자들로부터 끊임없이 비난받았다.[61] 게다가 예수는 자신에 관해 신성모독으로 여겨지는 주장을 했고, 결국 이 주장 때문에 처형당했다.[62] 당시의 기준에 의하면 예수는 전혀 죄가 없지 않았다. 오히려 자신에 관한 주장 때문에 죄인들 중 가장 악질로 간주되기 쉬웠다. 그런데도 그의 제자들은 그런 비난을 일축하고 예수는 결코 아무런 죄도 짓지 않았다고 주장했다. 그들이 말하는 "죄"는 어떤 의미였는가?

60　마 15:18-21.

61　막 2:26-27.

62　요 5:18; 마 26:65.

이 논쟁의 모든 당사자들은 법을 어기는 것이 죄라는 최소한 한 가지 면에서는 동의할 것이다. 예수는 율법 아래 태어났고, 다른 모든 유대인들이 율법을 지키도록 기대되었던 것과 같이 예수 역시 율법을 지키도록 기대되었다. 그러나 바울은 율법은 지켜질 수 없다고 말하는데, 그것은 부분적으로 율법이 너무 복잡하기 때문이기도 하지만 또 한편으로는 애초에 우리 안에 율법을 지키는 데 필요한 것이 없기 때문이다. 바울은 비록 내가 율법을 지키길 원한다고 해도 내 몸 안에 이와 다르게 말하는 한 법이 있고, 나는 그 법에 의해 끌려간다고 말한다.[63] 그러나 바울에게 해당하는 것이 예수에게는 분명히 해당되지 않았다. 예수도 그랬다면 그도 죄인이었을 것이기 때문이다. 그러나 예수의 인성이 우리의 인성과 달랐다고 가정할 이유가 없으며, 바울은 심지어 예수가 "죄 있는 육신의 모양으로" 이 땅에 왔다고 말한다.[64] 예수는 처음 30년 동안 모든 사람이 그를 잘 아는 작은 마을에서 살았는데, 그들은 예수를 특이하다고 생각하지 않았다. 예수가 죄가 없다는 사실이 그들에게 명백했더라면 그들은 예수를 특이하게 생각했을 텐데 말이다. 사실 예수는 하도 평범해 보여, 그가 나사렛의 회당에서 설교하기 시작했을 때 그들은 예수를 거만하다고 쫓아냈다.[65]

이 점이 가장 중요한데, 히브리서 저자는 예수의 무죄에 대해 논의할 때 이것은 예수가 특별한 인간이었기 때문이 아님을 확실히 지적한다. 그는 다음과 같이 말한다.

우리에게 있는 대제사장은 우리의 연약함을 동정하지 못할 이가 아니요, 모든 일에 우리와 똑같이 시험을 받은 이로되 죄는 없으시니라.[66]

---

63 롬 7:7-25.
64 롬 8:3.
65 눅 4:16-30.
66 히 4:15.

이로 보아 복음서들이 지적하는 것처럼 유혹을 포함해서 우리가 겪어야 하는 모든 일들을 예수도 겪은 것이 분명해 보인다. 예수가 어떻게 우리가 유혹받는 것과 같은 방식으로 유혹 받았는지에 대한 구체적 사례들은 없지만, 이는 아마 복음서 저자들이 그런 것들에 별로 관심이 없었기 때문이었던 것으로 보인다. 예를 들어 그런 증거가 전혀 없음에도 불구하고 다양한 현대 작가들은 예수가 성이나 돈에 의해 유혹받았다고 추측해서 예수가 막달라 마리아에게 유혹받았다고 묘사하려 하기는 했지만, 실제로 예수가 그런 유혹을 받았는지는 알려지지 않았다. 예수가 동성애자였다고 주장한 사람도 더러 있지만, 복음서 어디에서도 그런 증거를 찾을 수 없으며, 이와 다르게 생각하는 사람들은 자신의 선입견에 따라 본문을 마음대로 해석했다. 예수가 겪은 유혹들은 충분히 실제적이었지만, 우리에게 가해지는 것과 같은 종류의 유혹들은 아니었다.

이는 유혹이란 항상 우리를 거기에 빠지게 할 어떤 힘을 갖고 있는 것이기 때문이다. 그렇지 않으면 그것에 유혹받지 않을 것이다. 예수는 돌을 떡으로 만들라는 유혹을 받았는데, 이것은 우리에게는 불가능한 일이지만 그는 하나님이기 때문에 그렇게 할 수 있었다.[67] 지위가 높고 노출되어 있는 사람들에게는 우리보다 대안들이 많기 때문에, 그들은 종종 보통 사람들보다 더 많은 유혹을 받는다. 예수가 우리와 같이 유혹을 받았다고 말할 때 그 말은 예수 자신의 능력이 허용하는 한계까지 유혹을 받았다는 의미인데, 예수의 경우에는 하나님만이 할 수 있는 일들이 포함되었다. 물론 예수는 그 유혹들에 저항했고, 그래서 죄에 빠지지 않았지만, 저항은 우리 모두에게도 가능한 일이다. 아무도 아니라고 말할 수 있는 능력을 넘어설 정도로 유혹받지는 않으며, 예수에 대한 유혹이 아무리 컸다고 해도 그것은 예수도 마찬가지였다. 바울이 다음과 같이 말하는 것처럼 말이다.

---

67   마 4:3.

사람이 감당할 시험 밖에는 너희가 당한 것이 없나니, 오직 하나님은 미쁘사 너희가 감당하지 못할 시험 당함을 허락하지 아니하시고 시험 당할 즈음에 또한 피할 길을 내사 너희로 능히 감당하게 하시느니라.[68]

예수의 저항은 초자연적인 저항이 아니었고, 우리의 마음이 하나님의 뜻에 명확히 초점이 맞춰진다면 누구나 할 수 있는 저항이었다. 결국, 이 점이 예수가 죄가 없었다는 데 대한 단서를 제공한다. 이에 대해 히브리서 저자는 이렇게 말한다.

그는 육체에 계실 때에 자기를 죽음에서 능히 구원하실 이에게 심한 통곡과 눈물로 간구와 소원을 올렸고 그의 경건하심으로 말미암아 들으심을 얻었느니라. 그가 아들이시면서도 받으신 고난으로 순종함을 배워서 온전하게 되셨은즉, 자기에게 순종하는 모든 자에게 영원한 구원의 근원이 되시고.[69]

이 텍스트를 통해 우리는 비록 예수는 인성에서 죄가 없었지만 통상적인 인간 생활과 관련된 슬픔과 고통에서 면제되지 않았다는 점을 배운다. 이 점은 우리에게 슬픔과 고통을 죄의 불가피한 결과나 오로지 죄의 결과로만 간주할 수 없다고 말해준다. 죄악성은 인성의 본질적 요소가 아니라 인간이라는 것이 무엇을 의미하는지에 대한 왜곡이다. 우리는 모두 아담의 상속자들이기 때문에 오늘날 죄 없는 인간은 하나도 없다. 그러나 그렇다고 해서 죄 없는 인간이 존재할 가능성이 배제되는 것도 아니고, 그런 사람이 죄인들로 가득 찬 세상에서는 괴짜 정도로 이해될 수 있다고 암시하는 것도 아니다. 예수는 우리와 같은 인성을 갖고 있었

---

68   고전 10:12-13.
69   히 5:7-9.

고 그의 어머니를 통해 아담의 후손이 되었지만, 상속에 관한 한 그것은 중요하지 않았다. 그는 우리가 아담의 상속인인 것과 같은 방식으로 아담의 상속인이 아니었다. 마리아의 무염시태(無染始胎) 개념을 만들어낸 중세 신학자들이 그렇게 생각한 것처럼 죄가 몸 안의 결함이었다면 문제는 달라졌을 것이다. 그러나 아담의 죄는 우리에게 고통을 야기하는 육체의 연약함에서 발견되는 것이 아니고, 우리를 하나님으로부터 단절시키는 하나님과의 깨진 관계 속에서 발견된다. 하나님의 아들인 예수는 자기 아버지에게서 단절되지 않았고, 따라서 아담의 유산이 예수에게는 적용되지 않는다. 신학적 관점에서 죄는 본성의 행위가 아니라 인격의 행위이고, 예수의 인격은 하나님의 신적 아들이었다.

우리는 다시 하나님의 아들이 사람이 되심으로써, 신성의 본질을 계시한 것만큼 인성의 본질도 정의했다는 것을 발견한다. 인간의 고통이 죄의 직접적 결과라거나 죄가 없다면 어떤 고통도 겪지 않을 것이라고 주장하는 것은 완전히 잘못이다. 죄를 짓는 사람들도 고통을 겪을 수 있다고 말하는 것은 사실일 수도 있지만, 고통당하고 있는 사람들이 반드시 자신의 죗값을 치르고 있는 것이라고 말할 수는 없다. 예수는 날 때부터 시각 장애인이었던 사람을 고쳐주었을 때 그 점을 지적했고, 자신의 삶과 죽음에서 그 점을 훨씬 더 명확하게 보여주었다. 예수가 죄가 없었다고 해서 그의 인간적 본성이 연약하지 않았던 것은 아니었다. 건강과 부는 경건한 삶의 자연적 열매라고 말하는 이른바 "번영 복음"을 설교하는 사람들에 맞서 이 점이 강조될 필요가 있다.

인간으로서 예수는 하나님의 뜻에 불순종할 수 있었는가? 이것은 어려운 질문이다. 한편으로 예수는 우리와 똑같이 유혹을 받았지만 죄를 짓지 않기 때문에, 질문에 대한 답은 "그렇다"여야 한다. 예수가 죄를 지을 수 없다면 그런 진술은 의미가 없을 것이고, 예수는 유혹받을 수 없었을 것이다. 또 다른 면에서 예수는 하나님이었는데, 예수가 인간으로서 죄를 지었더라면 그는 자신에게 죄를 지은 것이 되었을 것이다. 그것은 정말 터무니없는 일이다. 따라서 우리는 예수가 인간적 본성으로는 죄를 지을 수 있었지만, 하나님의 아들이었기 때문에 죄를 짓지 않았다고 말해야 한다. 어떤 사람들에게는 그것이 마치 그의 인성이 그의 신성에 의해 손상된 것처럼 들리겠지만, 그런 생각은 옳지 않다. 예수로 하여금 죄를 짓지 않게 만든 것은 그의 신성이 아니라, 예수가 영원 전부터 자기 아버지와 맺어온 관계였다. 예수가 이 땅에 온 이유는 우리도 하나님이 보시기에 죄가 없는 자들이 되게 하려고 우리에게 우리의 이해의 범위를 뛰어넘는 그 관계를 선사하기 위함이었다. 따라서 예수가 죄가 없다는 사실은 그를 다른 인간들과 구별시키는 요소이기는 하지만, 그로 인해 예수가 우리와 단절되는 것은 아니다. 왜냐하면 예수는 자기가 지상 생애에서 죄 없는 자로 살 수 있었던 것처럼, 그런 능력을 받을 수 있는 우리에게 바로 그 죄 없는 상태를 주기 위해 이 땅에 왔기 때문이다. 예수는 본성상 죄가 없지만, 우리는 그와 연합되어 그의 본성에 접근함으로써 죄가 없게 된다는 것이 다른 점이다. 달리 말하자면 예수의 무죄한 상태는 그에게 속하고, 우리의 무죄한 상태도 그에게 속한다. 왜냐하면 우리는 오직 그 안에서 그리고 그를 통해서만 그 상태를 얻을 수 있기 때문이다.

예수의 지상 사역

성경은 예수가 세례 요한에게서 세례를 받았을 때 지상 사역을 시작했다고 말하는데, 이때는 아마 주후 29년이었을 것이다. 그렇다면 예수가 주후 30년 4월 7일 유월절에 예루살렘에 있었을 개연성이 있다.[70] 그 뒤에 예수는 갈릴리로 갔는데, 아마도 그다음 유월절은 거기서 보냈을

---

70   아마 요 2:13에 기록된 사건일 것이다.

것이다. 왜냐하면 제자들이 갈릴리에서 이삭을 잘라 먹었다고 기록된 일은 유월절 무렵에 일어났을 것이기 때문이다.[71] 그 후 예수는 그의 지상 사역의 세 번째 해이지만 예루살렘에서 보낸 것으로는 두 번째 해인 주후 32년에 유월절을 지키기 위해 예루살렘으로 돌아가게 된다.[72] 그리고 예수의 십자가 처형은 한 해 뒤인 주후 33년 4월 3일 금요일에 일어났을 것이다. 이 연대기에 따르면 예수는 세례를 받은 직후에 최초로 예루살렘을 방문했고, 이후에 북쪽에서 오랜 기간 사역했으며, 마지막 단계에서 유대로 돌아와 사역을 마쳤다. 복음서에 기록된 다른 많은 사건들이 발생한 시기는 정확히 알 수 없지만 어느 정도 추측할 수는 있다. 예를 들어 예수가 요한보다 더 많은 사람들에게 세례를 베푼다는 소문이 나자 그가 갈릴리로 돌아갔다는 말이 나오는데 이때는 틀림없이 요한이 여전히 활동하던 때인 주후 30년의 어느 시점이었을 것이다. 예수는 이때 돌아가는 길에 사마리아 여인을 만났으며, 따라서 그 사건이 일어난 시기는 상당히 정확하게 추정할 수 있다.[73]

만약 이런 재구성이 정확하다면 예수가 니고데모를 만난 때는 유월절을 지내러 최초로 예루살렘을 방문한 기간 중이었을 것이다.[74] 당시 예수는 아직 신참이었다. 바리새인 편에서 그를 향한 조직화된 적대감이 없었고, 따라서 니고데모가 그런 식으로 예수를 접촉하기가 보다 쉬웠을 것이다. 거기서부터 거슬러 가보면 가나 혼인 잔치는 틀림없이 주후 29년 말이나 주후 30년 초에 열렸을 것이다. 왜냐하면 본문은 예수가 그곳에서 첫 번째 기적을 일으켰다고 말하기 때문이다.[75] 복음서 저자들은 전기의 세부사항이나 연대순 자체에는 관심이 없었기 때문에, 이 이상으

---

71   마 12:1; 막 2:23; 눅 6:1.

72   요 6:4.

73   요 4:1-7.

74   요 3:1-2.

75   요 2:11.

로 정확히 알기는 어렵다.[76] 그럼에도 불구하고 우리는 예수의 사역의 시간표를 합리적으로 확신할 수 있을 만큼 충분히 알고 있으며, 예수의 사역 방향의 전반적인 윤곽도 식별할 수 있다.

신학적 관점에서 예수의 지상 사역이 중요했던 첫 번째 이유는 그 사역의 예언적 성격 때문이었다. 예수는 하나님께로부터 온 예언자이자 교사로 인정받았으며, 이 둘은 거의 같은 일이었다.[77] 예언자의 주된 의무는 하나님의 말씀을 하나님의 백성에게 선포하는 것이었고, 예수는 그의 사역 기간 내내 그 일을 했다. 그러나 하나님의 말씀을 선포하는 그의 방식은 이전의 방식들과 달랐다. 왜냐하면 예수는 하나님이 자기에게 말씀하셨고 또한 자기에게 백성에게 전할 심판과 복의 메시지를 주셨다고 가르치는 대신, 그들에게 자신이 곧 하나님의 말씀이고 이전의 모든 예언들을 이해하는 열쇠라고 말했기 때문이다.[78] 예수는 예언자들의 사역을 계속하러 온 것이 아니라 그들이 예언한 일들을 행함으로써 그들의 사역을 성취하기 위해 왔다.[79] 이는 히브리 성경에 대한 포괄적인 재해석으로 이어졌다. 예수는 제자들에게 성경이 자신에 관해 말하고 자신이 무엇을 하러 왔는지 설명한다고 가르쳤다. 예수는 주저 없이 성경의 권위를 받아들였지만, 성경은 사실 모든 내용이 예수의 사명에 관한 것이었기 때문에 그 사명에 비추어 읽혀야 한다고 주장했다.[80]

예수는 세례 요한의 권위를 인정하고 그에게 세례를 베풀어달라고 요청하는 것으로 자신의 공적 사역을 시작했다.[81] 예수의 세례는 그가 행

---

76 여기서 인용된 예들이 보여주는 것처럼 예수의 지상 사역의 연대를 계산하는 데 가장 좋은 단서를 제공하는 책이 종종 비역사적인 책으로 간주되는 요한복음이라는 점을 주목하면 흥미롭다.

77 요 4:19; 3:2.

78 요 5:39; 마 11:13; 눅 16:16.

79 눅 4:21을 보라.

80 마 5:17-20.

81 마 3:13-17; 막 1:9-11; 눅 3:21-22; 요 1:29-34.

한 일들 중 4복음서 모두에 기록된 몇 안 되는 사건들 가운데 하나라는 사실로 미루어, 그 사건의 중요성을 알 수 있다. 요한은 자신이 예수에게 세례를 줄 자격이 없다고 느꼈기 때문에 그에게 세례를 주지 않으려고 했다. 요한은 예언자로서의 자신의 한계를 이해했고, 예수가 회개하고 세례를 받을 필요가 없는 하나님의 어린양이라는 사실을 알고 있었다. 나중에 예수는 요한보다 더 큰 예언자가 없었다고 말함으로써 요한에게 경의를 표했다. 그 이유는 특히 요한의 역할이 앞으로 올 더 큰 존재, 즉 예수 자신의 길을 준비하는 것이었기 때문이다.[82]

예수는 받지 않아도 되었던 세례를 받으면서 자기를 따르는 사람들에게 "모든 의를 이루기" 위해 자신의 세례가 필요했다고 말했다.[83] 세례는 예수가 지켜야 했던 모세 율법의 요건들 중 하나가 아니었기 때문에 이 구절의 의미는 다소 혼란스럽다. 그러나 이 구절은 예수가 자신은 죄가 없음에도 불구하고 우리 대신 우리의 죄가 되심으로써 우리를 죄에서 구원하러 왔다는 것을 상기시켜준다.[84] 예수의 세례는 세상 죄를 속하게 될 하나님의 어린양으로서의 예수의 대표적·대리적 역할을 선포한 것이다. 예수의 지상 사역의 공인된 시작으로서 그의 세례는 그의 모든 말과 행동은 그 한 가지 목표에 맞물려 있음을 모든 사람에게 알리는 표지였다.

세례를 받은 다음에 예수는 제자들을 선택하기 시작했다. 최초로 예수를 따랐던 사람들 중 하나는 안드레로 보인다. 안드레는 원래 요한의 제자였지만 예수가 세례를 받은 뒤에 예수를 따라다녔다.[85] 안드레는 자기 형제 시몬을 찾아갔다. 예수는 시몬을 곧바로 "게바" 또는 그리스어로는 "베드로"(바위)로 이름을 바꿔주었다. 공관복음서들은 이 일이 갈릴

---

82   마 11:7-11; 눅 7:24-28.

83   마 3:15.

84   고후 5:21.

85   요 1:40.

리 해변에서 일어났다고 말하는데, 이것은 안드레가 틀림없이 예수의 세례 직후에 예수를 그곳으로 데려갔음을 의미한다. 동시에 예수는 세베대의 아들들인 야고보와 요한을 발견하고, 그들도 자기 제자가 되라고 요청했다.[86] 여기서 사건들의 순서가 중요하다. 왜냐하면 안드레가 예수를 따르기로 결정하기는 했지만, 예수가 다른 세 제자를 선택했고, 그 과정에서 시몬의 이름을 고쳐주었기 때문이다. 이후로 안드레는 어느 정도 관심의 대상에서 멀어졌지만, 베드로, 야고보, 요한이 예수의 제자들의 중심 집단이 되어 계속 핵심 제자로 남았다. 이 세 제자는 다른 제자들이 그러지 못할 때도 어디든 예수와 함께 다녔고, 예수의 죽음과 부활 이후에는 얼마 동안 예루살렘 교회의 기둥 역할을 했다.[87]

제자 선택은 두 가지 이유에서 중요하다. 첫째, 그것은 예수를 따르는 사람들은 예수에 의해 선택된 것이지, 그들이 예수를 선택한 것이 아니라는 점을 상기시켜준다. 안드레는 이에 대한 부분적인 예외일 수도 있지만, 안드레가 거부당하지는 않았다 해도 예수를 따르겠다고 한 그의 결정이 규범이 된 것 또한 아니다. 예수의 제자가 되기를 원했던 다른 사람들도 많았을 것이다. 그러나 예수는 거의 항상 그들을 거절하거나, 그들에게 이행하기 어려운 조건들을 부과했다.[88] 자신의 사역의 끝 무렵에 예수는 제자들을 향해 다음과 같이 말할 수 있었다. "너희가 나를 선택한 것이 아니라, 내가 너희에게 가서 열매를 맺게 하려고 너희를 선택해서 임명했다."[89] 이것이 열쇠다. 예수의 진정한 추종자들은 예수가 자기를 선택했고, 특정한 목적을 위해 자기를 임명했다는 것을 알며, 그들의 유일한 소원은 예수의 뜻을 수행하는 것이다.

제자들의 선택이 중요한 두 번째 이유는 그들이 그 위에 교회가 세워

---

86   마 4:21-22.
87   갈 2:9.
88   마 8:18-22, 19:16-22을 보라.
89   요 15:16.

질 기초가 될 사람들이었기 때문이다.[90] 오순절 날에 예루살렘에서 예수의 부활을 선포했던 베드로는 갈릴리 바다에서 고기 잡는 모습을 보고 예수가 자기를 따르라고 불렀던 바로 그 사람이었다. 부활한 주를 본 사람들은 3년 동안 예수와 함께 다니면서 예수의 가르침을 흡수하고, 예수의 기적을 목격하고, 예수가 유발한 반대를 경험했던 사람들이었다. 그들의 증언은 쉽게 무시될 수 없었고, 복음서들은 우리에게 예수의 메시지가 무엇이고 그 메시지가 예수의 죽음과 부활에서 어떻게 작용했는지 상기시켜준다. 예수께서 승천하기 직전에 설명해주신 것처럼 이전에 지나간 것들은 그 이후에 온 것과 일치한다.[91]

예수가 지상 사역 동안에 제자들에게 준 가르침은 유대 율법의 내면화로 이해하는 것이 가장 좋다. 이것은 예수가 십계명을 다룬 방식을 보면 명확하다. 제자들은 살인이나 절도가 잘못이라는 점을 상기시켜줄 필요가 없었지만, 그럼에도 그들은 오늘날 우리가 범죄라고 부를 외적 행위들과 같은 것들에 대해 생각했다. 하지만 예수는 그들에게 자신의 마음을 살피고 그들이 다른 사람들에 관해 나쁜 생각을 했거나 다른 사람들을 시기한 적이 있는지 자문해보라고 가르쳤다. 그런 관점에서 보면 죄를 짓지 않은 사람이 없었고, 얼핏 보기에 지키기가 비교적 쉬워 보였던 율법이 갑자기 제자들의 마음을 찌르는 칼이 되었다.[92]

이 점이 이해되면, 나머지는 자연스럽게 들어맞는다. 예수의 윤리는 하라와 하지 마라의 법 규정에 기초한 것이 아니라, 그 안에서 성령이 우리의 영과 함께 우리가 하나님의 자녀라고 증언하는 변화된 삶에 기초했다.[93] 마음이 깨끗한 사람들에게는 모든 것이 깨끗하지만, 마음이 더러

---

90   마 16:18-19.
91   눅 24:44-48.
92   마 5:21-32.
93   롬 8:16.

워진 사람들에게는 모든 것이 더럽다.[94] 동시에 청결과 율법으로부터의 자유는 우리가 원하는 것은 무엇이든 해도 된다는 허가증으로 여겨져서는 안 된다. 우리의 주된 의무는 하나님을 사랑하고 우리 이웃을 우리 자신처럼 사랑하는 것인데, 그 요구는 우리가 할 수 있는 것과 할 수 없는 것의 명확한 경계를 정한다.[95]

예수의 가르침의 중심 주제는 "하나님 나라"였고, 예수는 그 나라가 가까이 왔다고 예언했다.[96] 예수의 말을 듣는 사람들은 이를 오해하기 쉬웠다. 그래서 하나님 나라의 영적 성격을 역설하는 것도 놀라운 일이 아니다. 예수가 말한 내용 가운데 많은 부분이 비유의 형태로 주어졌는데, 비유는 예수의 특징적인 교수 방식이었다.[97] 비유가 무엇인지 그리고 비유가 어떻게 해석되어야 하는지 설명하기 위해 비유와 관계된 책들이 많이 쓰였지만, 주된 원리들은 아주 명확하다. 비유는 영적 원리를 설명하기 위하여 일상생활에서 취해 사용하는 이야기 또는 사례들이다. 비유 기법의 좋은 예로는 씨 뿌리는 사람의 이야기가 있다.[98] 씨는 여러 종류의 땅에 떨어졌고, 결과도 그에 따라 다양하게 나타났다. 한쪽 극단에서는 땅이 너무 단단해서 새들에게 먹혀버려 씨가 완전히 사라진 경우부터 다른 극단에는 풍성한 결실을 맺는 경우까지 그 결과가 다양했다. 일상생활에서 취한 이야기인 이 비유는 쉽게 이해될 수 있다. 실제로 씨를 뿌리는 사람은 적합하지 않은 땅에 씨를 뿌릴 만큼 부주의하지 않기 때문에 이 비유가 그다지 이치에 맞지 않기는 하지만 말이다. 그러나 이 비유를 그렇게 이해하면 요점을 놓치게 된다. 여기서 씨는 하나님의 말씀으로서, 모든 곳에서 그리고 아무 차별 없이 모든 사람에게 선포되어야

---

94 딛 1:15.
95 롬 14:20-23을 보라.
96 "하나님 나라"는 때로는 "하늘나라"로도 불리는데, 그것은 아마 유대인들이 하나님의 이름을 발음하지 않았기 때문일 것이다.
97 마 13:34.
98 마 13:1-9.

한다. 그러나 하나님의 말씀을 듣는 사람들은 다양하게 반응한다. 어떤 사람들은 그저 하나님을 말씀을 거부하고 그래서 말씀은 상실된다. 또 어떤 사람들은 하나님의 말씀을 받아들이긴 하지만 성의 없이 받아들이고, 오래 지나지 않아 말씀의 효력이 훼손되고 결국 무효화된다. 마지막으로 하나님의 말씀을 듣고, 충분히 이해하고, 생명을 주는 말씀의 능력을 경험하는 사람들이 있다. 그 사람들이 누구일지 결정하고 씨 뿌리기를 그들에게 제한하는 것은 씨 뿌리는 사람의 일이 아니다. 하나님이 씨 뿌리는 사람의 노력을 통해 나타나는 결과로 누가 자신의 소유인지를 드러내실 것이다. 그리고 다른 모든 일에서도 그렇듯이 우리는 이 과정에서도 하나님이 역사하시는 것을 지켜보아야 한다.[99]

비유들은 그리스도의 가르침에 전형적이지만 그럼에도 부름 받지 않은 사람들에게는 거의 의미가 통하지 않으며, 좋은 의도가 영적 지식으로 뒷받침되지 않는 사람들에게 쉽사리 잘못 해석되고 잘못 적용될 수 있다. 마음속에 하나님의 영이 있는 사람들은 예수의 가르침이 무엇을 의미하는지 알고, 예수의 가르침이 자신의 삶에서 열매를 맺는 것을 볼 수 있다. 하나님 나라의 임재는 궁극적으로 그것에 관한 것이다.

예수의 지상 사역에서 주목할 만한 또 다른 측면은 그가 일으킨 기적들이다. 자연히 당시 예수의 기적들에 대해 많은 논평이 있었고, 기적이 일어나는 것을 보기 위해 상당히 많은 사람들이 그를 따라다녔다. 그러나 비유들과 마찬가지로 기적들도 하나님 나라가 오기 위한 길을 닦는 역할을 했고, 반드시 그런 관점에서 이해되어야 한다. 세례 요한이 투옥되었을 때 그는 선구자로서의 자신의 사명에 관해 의심했던 것으로 보이며, 그가 자기의 일부 제자들을 예수께 보내 예수가 진정으로 약속된 메시아인지 물어본 것이 기록되어 있다. 이에 대한 예수의 답변은 진상을 명확히 밝혀준다.

---

99   마 13:18-23.

너희가 가서 듣고 보는 것을 요한에게 알리되 맹인이 보며 못 걷는 사람이 걸으며 나병환자가 깨끗함을 받으며 못 듣는 자가 들으며 죽은 자가 살아나며 가난한 자에게 복음이 전파된다 하라.[100]

현대의 관점에서는 가난한 사람들에 대한 복음 전파가 기적들과 함께 언급되는 것이 이상해 보이지만, 고대 세계의 계급사회에서는 틀림없이 그것이 기적들만큼이나 놀라운 일이었을 것이다. 그러나 요점은 기적들은 하나님 나라의 도래가 가져올 더 큰 계시를 가리키는 표지들이었다는 점이다. 심지어 나사로를 죽음에서 살려낸 기적도 이런 의미에서 예언적이었다.[101] 나사로는 죽기 전에 살았던 삶보다 더 나은 삶으로 돌아온 것이 아니라, 그때와 똑같은 삶으로 돌아왔고 마지막에는 다시 죽었다. 예수는 나사로가 병 들었다는 말을 처음 들었을 때 그의 병이 끝이 아니라는 것을 인식했지만, 또한 그 일이 하나님께 영광을 돌리는 수단으로 나사로에게 일어났다는 것도 알았다. 나사로는 예수가 현장에 도착하기 전에 죽었다. 그것도 역시 예수의 제자들 그리고 죽은 자와 친했던 사람들의 믿음을 시험하고 강화하는 수단으로 미리 정해진 것이었다. 그리고 그런 일이 일어났다. 그의 누이 마르다는 나사로의 죽음이 최종적이라는 것을 운명론적으로 받아들였음에도 불구하고, 예수가 메시아이며 마지막 날에 약속된 부활이 있을 것이라고 믿는 믿음을 고백했다. 그 고백이 이 이야기의 초점으로서, 예수로 하여금 다음과 같이 선언할 수 있게 했다.

나는 부활이요 생명이다. 나를 믿는 사람은 죽어도 살 것이고 살아서 나를 믿는 사람은 결코 죽지 않을 것이다.[102]

---

100 마 11:4-5.
101 요 11:1-44.
102 요 11:25-26.

이 점이 명확해지고 나자 기적의 참된 목적이 이해되었고, 결국 그 기적이 일어날 수 있었다.

기적들은 이 세상에 존재하는 마귀의 세력을 제압하고 패배시키는 예수의 사명과 밀접하게 연결되어 있었다. 비록 예수의 활동에 대한 그들의 해석이 잘못되기는 했지만, 예수가 하는 일을 본 많은 사람들은 예수의 사역의 영적 측면을 이해했다. 니고데모는 예수가 그런 일들을 하고 있었다면 그는 하나님께로부터 온 것이 틀림없다는 것을 인식했지만, 그의 동료 바리새인들은 덜 관대했다. 그들에게 예수의 초자연적인 사역들은 귀신을 힘입은 것이었다. 왜냐하면 (최소한 그들이 이해하기로는) 예수가 모세의 율법을 어겼고, 예수의 명백한 능력들에 대해 다른 설명을 찾아낼 수 없었기 때문이다.[103] 예수는 주저 없이 그들의 위선의 가면을 벗겼고, 심지어 마귀의 자식으로서 마귀의 뜻을 행하고 있는 사람은 자신이 아니라 그들이라고 말함으로써 그들의 비난을 되돌려줬다.[104] 그러나 귀신들은 자기들이 누구를 직면하고 있는지, 그리고 왜 그런지 알고 있었다. 자기 안에 더러운 영이 들어 있던 한 사람이 이렇게 말했다. "나사렛 예수여, 당신이 우리와 무슨 상관이 있습니까? 당신은 우리를 멸망시키러 왔습니까? 나는 당신이 누구인 줄 압니다. 당신은 하나님의 거룩한 자입니다."[105] 또 한 번은, 예수가 귀신 들린 사람에게서 악령들을 쫓아내 (애초에 부정한 짐승들인) 돼지 떼에 들어가게 함으로써 그를 고쳐주었는데, 돼지 떼는 곧장 갈릴리 바다로 내달려 익사했다.[106]

예수의 지상 사역의 영적 중요성은 놀라운 변화산 이야기에서 절정에 달한다.[107] 이 기사는 하도 이상해서 어떤 주석가들은 그 기사는 부활 이

---

103 마 12:22-32.
104 요 8:39-47.
105 막 1:24.
106 막 5:1-13; 눅 8:26-33.
107 마 17:1-8; 막 9:2-8; 눅 9:28-36. 벧후 1:16-18도 보라.

5부 • 하나님이 세상을 이토록 사랑하셨다

후의 이야기가 부활 이전 단계로 옮겨진 것이 틀림없다고 주장했다. 그러나 그것이 사실이라면 그 기사는 거의 의미가 없을 것이다. 예수는 베드로, 야고보, 요한과 함께 산에 올라갔는데, 거기서 그는 그 제자들 앞에서 변화되심으로써 그들에게 자신의 참된 영광이 어떤 모습인지 계시하셨다. 그 사건의 빛 가운데서 그 제자들은 율법과 예언자들을 대표하는 모세와 엘리야가 예수의 양쪽에 서서 예수와 대화하는 것을 보았다. 이것은 우리가 그리스도의 빛 속에서만 모세와 예언자들이 누구였는지, 그리고 그들이 왜 세상에 보내졌는지 이해할 수 있다는 사실을 우리에게 상기시켜준다. 또한 모세 및 엘리야가 그 제자들과 대화하지 않았고 그 제자들도 그들에게 말하지 않았던 점이 주목할 만하다. 그것은 그들의 관계가 그리스도 안에서 그리고 그리스도를 통해 맺어졌기(그렇게만 맺어질 수 있었기) 때문이었다. 오직 그리스도 안에서만 우리는 구약성경이 말하는 것을 제대로 이해할 수 있고, 오직 그리스도로 말미암아 구약의 참된 성격이 계시된다.

예수가 변화된 사건은 예수의 지상에서의 계시가 놀랍기는 하지만 그것이 전부가 아니었다는 것도 가르쳐준다. 세 명의 제자들이 그 사건을 기념하기 위해 사당을 짓기 원했을 때, 예수는 더 위대한 것이 아직 오지 않았기 때문에 그 일을 하지 못하게 했다. 오늘날 많은 사람들이 자신들도 예수 시대에 살아서 그가 이 땅에서 사는 동안 그에 관해 알았더라면 더 좋았을 것이라고 생각한다. 하지만 사당을 짓자는 제자들의 제안에 대한 예수의 반응은 그런 직접적인 경험에 특별한 이점이 없다는 것을 암시한다. 육체로 있었던 예수를 본 사람들 모두가 예수가 누구인지 인식한 것은 아니고, 많은 사람들이 예수의 메시지에 매우 적대적이었다. 그러나 어떤 일이 진행되고 있는지에 관해 어느 정도 알고 있던 극소수의 사람들조차 앞으로 더 많은 일들과 더 좋은 일들이 올 것이라는 말을 들었다. 우리 눈으로 예수를 직접 보지 못했다고 해서 불리한 입장에 놓이지 않는다. 오히려 예수께서 그의 제자들에게 말했듯이, 자기가 아버지께로 가서 자신의 하늘나라의 영광 가운데 우리 마음속에 그의 성령을 보내주셨기 때문에 우리는 그들보다 훨씬 더 큰일을 할 수 있다.[108]

예수의 속죄 죽음

예수는 죄를 짓지 않았지만, 그럼에도 십자가에서 우리를 위해 죄가 되었다.[109] 이 말은 무슨 뜻인가? 그것이 예수의 본성들 중 어느 한쪽에 어떤 변화가 있었다는 뜻일 수는 없다. 예수의 인성은 우리가 겪어야 했던 모든 압력들을 받았지만 그것에 굴복하지 않았고, 예수의 신성은 외부의 영향에 의해 감소되거나 손상될 수 없었다. 예수는 죄인이 되지 않았고, 따라서 예수와 성부의 관계는 영향을 받지 않았다. 오히려 그 관계가 그대로 남아 있었기 때문에 우리를 위한 그의 속죄 사역은 효과가 있었다. 예수가 죄를 지었더라면 그 관계가 깨졌을 것이고 그 결과 예수는 우리를 위해 속죄할 수 없었을 것이다. 사람들은 때로는 예수의 죄에 의해서는 아니더라도 하나님이 그를 포기하심으로써 예수와 하나님의 관계가 끊어졌다고 생각하며, 그 증거로 예수가 십자가 위에서 "나의 하나님, 나의 하나님, 어찌하여 나를 버리셨나이까?"라고 하신 말씀을 인용한다. 그러나 그것은 이 구절에 대한 적절한 설명이 아니다.[110]

예수가 사용한 말은 시편 22편의 첫 줄이었는데, 오늘날 우리가 종종 찬송가를 그런 식으로 사용하듯이, 시편 첫 줄을 그 시편 전체의 약칭으로 사용하는 것이 관례였다. 시편 22편 전체를 읽어보면 그 시는 절망의 외침으로 들리는 말로 시작하지만, 사실은 승리의 찬송이자 하나님께 대한 찬양이다. 그러나 설사 우리의 해석을 그렇게까지 밀어붙이고 싶지

---

108 요 14:12-17.
109 고후 5:21; 갈 3:13.
110 마 27:46; 막 15:24; 시 22:1을 보라.

않더라도, 최고 위기의 순간에 예수가 자기 아버지께 말했다는 점을 주목해야 한다. 예수는 가장 깊은 외로움 속에서도 여전히 아버지께 말하며, 그를 "내 하나님"으로 부르고 있다. 자기가 버림받았다고 생각하는 사람은 결코 그렇게 기도하지 않을 것이다. 이 말들로 예수는 우리가 대부분의 사람들에게서 통상적으로 발견하는 것보다 훨씬 더 깊은 아버지와의 관계를 표현하고 있다. 일이 잘 될 때 하나님을 찬양하고 하나님과 관련시키기는 쉽지만, 문제가 닥치면 얘기가 달라진다. 많은 그리스도인들은 자기가 고통당할 때 하나님이 자기를 버렸다고 느끼고, 하나님께 자신이 이해할 수 없는 일을 설명해달라고 부르짖는다. 그들은 십자가에서 예수가 사용한 것과 비슷한 말을 사용할 수 있지만, 그렇게 하는 이유는 하나님이 자기들이 이해할 수 없는 일을 설명해주시기를 바라기 때문이다. 예수는 자신도 인간의 아픔과 고통의 가장 깊은 부분을 느끼고 있음을 보여주고 있고, 자신을 그런 상황 속에 있는 사람들과 동일시함으로써 우리에게 의심과 절망을 믿음의 상실과 혼동해서는 안 된다는 사실을 상기시켜준다. 오히려 의심과 절망은 폭풍의 구름이 지나간 후 참된 힘이 비로소 드러날 하나님과의 더 깊은 연결의 문을 열어줌으로써 믿음을 강화하는 수단이 될 수 있다.

죄는 보이거나 측정될 수 있는 객관적인 것이 아니다. 따라서 예수가 우리를 위해 죄가 되었다고 말하는 것은 예수가 전과 다르게 보였다는 것을 의미하지 않는다. 우리는 예수가 자신에게 적용한 유월절 어린양이라는 유추를 사용함으로써, 이 말이 무슨 뜻인지 이해할 수 있다. 사람들의 죄를 위해 제물로 바쳐진 어린양은 사람들을 위해 죄가 되었지만, 어린양은 죄들을 나타내는 얼룩들로 덮이지 않았다. 오히려 어린양이 사람들의 죄의 짐을 질 수 있으려면 완전히 흠이 없어야 했다.[111] 어린양이 완벽하지 않은 경우에 누군가는 어린양이 제물로 바쳐지는 것은 그 양의

---

111 출 12:5.

결함 때문이라고 말할 수 있겠지만, 그것은 사실이 아니었다. 문제는 어린양이 아니라 그 양이 대신해서 죽어가고 있는 사람들이었다. 똑같은 원리가 예수의 경우에도 적용된다. 예수는 자신이 저지른 어떤 죄악 때문에 죽임 당한 것이 아니라, 자신이 대신해서 죽은 사람들의 죄 때문에 죽임 당했다.[112] 예수는 죄가 없었기 때문에 죽음에서 면제되었고, 따라서 다른 사람들의 죄를 위한 제물로 적합한 존재가 되었다.[113]

예수는 우리의 죄에 대한 처벌을 짊어지고, 십자가 위에서 우리를 대신해 자신의 고통과 죽음으로 우리가 치를 대가를 지불했다. 예수가 우리를 위해 죽지 않았다면, 우리가 우리 자신의 죄 때문에 죽어야 했을 것이고, 우리는 감당할 수 없는 죄의 무게로 멸망했을 것이다. 대신에 우리는 용서 받았고, 예수가 죽음에서 다시 살아나신 것처럼 우리도 그의 영원한 영광을 공유하기 위해 예수와 함께 살아날 것이라는 약속을 받았다.[114] 예수는 죽임 당할 만한 일을 한 적이 없기 때문에, 성부 하나님이 예수를 죽음으로 몰아넣은 것은 잘못이라고 항의하는 사람들의 말은 일리가 있다. 그러나 그들은 하나님이 예수를 처벌했다고 비판하기 전에, 예수가 우리를 위해 벌을 당했다는 이유로 우리가 부당하게 처벌을 면제받았다고 항의해야 한다. 그리스도의 죽음은 우리에게 자신이 사랑하는 사람들에게 정죄에서 벗어날 수단을 제공하지 않고는 그들을 정죄하지 않으시는 하나님의 참된 본성을 계시한다. 하나님의 정의는 하나님의 자비 및 용서에 의해 균형을 이루는데, 이 점은 예수 그리스도의 십자가에서 가장 잘 드러난다.

또한 예수는 우리 대신 죽으심으로써 어린양이나 다른 어떤 짐승도 결코 할 수 없었던 방식으로 우리의 죄의 대가를 지불했다.[115] 예수는 사

---

112 벧전 3:18.
113 히 10:11-14.
114 롬 6:4-11.
115 히 10:4.

람이 되심으로써 우리 본성의 모든 부분을 취했고, 따라서 우리 안에 있는 죄를 짓기 쉬운 모든 것과 죄의 영향을 받는 모든 것을 취했다. 예수는 우리의 죄악을 추상적으로 담당한 것이 아니라, 우리 존재의 모든 측면에 상응하는 방식으로 담당했다. 우리에게는 예수의 속죄 사역에 포함되지 않은 부분이 없고, 따라서 예수의 죽음으로 우리의 죄악은 완전히 그 대가가 지불되었다.[116] 동시에 예수는 우리가 이미 저질렀거나 앞으로 저지를 수 있는 모든 죄에 대해 대가를 지불했고, 따라서 그가 용서하지 못할 만큼 큰 죄는 없다. 이 점에서 예수의 속죄는 보편적이었다. 그는 온 세상의 죄를 위해 죽었다. 아무도 자기는 예수라는 제물이 가릴 수 없을 정도로 너무 많은 죄를 지었기 때문에 구원받을 수 없다고 주장할 (또는 불평할) 수 없다. 그러나 동시에 예수는 자기 양을 위해 자기 목숨을 내놓기 위해 왔고,[117] 모든 인간이 그의 양 떼에 속한 것은 아니다. 그런 의미에서 예수의 속죄 사역은 예수가 자신의 소유로 주장하는 사람들로만 제한된다. 왜냐하면 예수의 속죄 사역은 부름 받고 선택 받고 예수와 연합하는 맥락에서만 유효하기 때문이다.

여기에 많은 사람들이 받아들이기 어려우며 해결할 수 없다고 생각하는 명백한 역설이 있다. 예수가 온 세상의 구주가 되려고 왔는데, 어떻게 그리스도의 속죄 사역이 선택된 사람들로만 제한될 수 있는가? 이에 대한 답은 이 질문을 어떻게 보느냐에 달려 있다. 죄의 관점에서 볼 때 그리스도의 피가 용서할 수 없을 정도로 큰 죄는 없기 때문에 그리스도의 속죄는 보편적이다. 그러나 죄인들의 관점에서는 모든 사람이 구원받는 것이 아니기 때문에 그리스도의 속죄는 제한적이다. 문제는 이 제한이 하나님의 변하지 않는 뜻에 의해 부과된 것인지, 아니면 인간이 구원의 제의를 활용하기를 자발적으로 거부한 데 따른 것인지 판단하는 것

---

116   히 10:12.
117   요 10:15.

이다. 이에 대해 조금만 생각해보면 성부가 이끌지 않으면 아무도 그리스도께 올 수 없음을 알게 될 것이다.[118] 따라서 어떤 사람이 반응하지 않는다면 그것은 궁극적으로 틀림없이 하나님이 그 사람을 자신에게 이끌지 않았기 때문이다. 왜 그래야 하는지는 우리가 이해할 수 있는 범위를 넘어가지만, 모든 사람이 구원받지 못한다고 해도 하나님이 비난받을 수는 없다. 우리 인간은 하나님께 죄를 지었고 따라서 하나님의 진노와 유죄 판결을 받아 마땅하다. 그래서 누군가가 구원받는다는 것이 기적이며, 이에 대해 우리는 영원히 고맙게 생각해야 한다.

또한 우리는 그리스도의 희생제사가 정해진 과업을 달성하지 못했다고 말할 수 없다. 그리스도가 위해서 죽은 모든 사람은 그들이 원하던 원하지 않던 그의 주권적인 은혜로 구원받는다. 우리가 우리를 지은 하나님의 능력에 저항할 수 있다고 생각하는 것은 어리석고, 하나님의 뜻에 이의를 제기하는 것은 하나님을 반역하는 것이다.[119] 이 원리를 받아들이는 사람들은 양자택일에 직면한다. 그들은 그리스도가 모든 사람을 위해 죽었으니, 그리스도에 대한 믿음을 고백하건 하지 않건 모든 사람이 구원받는다고 말할 수 있다. 또는 그들은 모든 사람이 구원받는 것은 아니므로, 그리스도는 모든 사람을 위해 죽은 것이 아니라고 말할 수 있다. 전자의 대안은 자유주의 신학자들에게 인기가 있으며, 그들은 종종 이를 하나님과의 보편적 화해를 선언하기 위한 기초로 사용한다. 그들은 바울이 고린도 교회 교인들에게 한 말을 언급함으로써 이를 뒷받침한다.

한 사람에 의해서 사망이 온 것 같이, 죽은 자들의 부활도 한 사람에 의해서 왔다. 왜냐하면 아담 안에서 모든 사람이 죽은 것 같이, 그리스도 안에서 모든 사람이 살아날 것이기 때문이다.[120]

---

118 요 6:44.

119 롬 9:19-23.

120 고전 15:21-22.

5부 • 하나님이 세상을 이토록 사랑하셨다

그들의 논리에 의하면 모든 인간이 아담 안에서 죽었고, 따라서 모든 인간이 그리스도 안에서 다시 살아나야 한다. 어떤 면에서 이것은 사실이다. 왜냐하면 성경이 우리에게 그리스도가 다시 올 때 모든 인간이 죽음으로부터 다시 살아날 것이라고 말하기 때문이다.[121] 그러나 그들은 일반적인 부활 뒤에 양들이 염소들로부터 분리되고 오직 양들만 구원받게 될 최후의 심판이 있을 것이라는 점을 간과했다.[122] 염소들이 발각되지 않고 양 우리 안으로 살짝 들어가기를 바라며 양들을 따라다닌다고 해도, 선한 목자는 염소들이 아니라 양들을 위해 자기 목숨을 내려놓는다.[123]

예수는 제자들에게 자신에게는 그들이 알지 못하는 다른 양들이 있으며 양떼가 완전해지려면 그들도 모아야 한다고 단언했지만,[124] 그러나 그것은 염소들을 양들로 바꾸는 것과는 다르다. 왜 어떤 사람들은 양들이고 다른 사람들은 염소인지는 알려지지 않았지만, 모든 것들이 드러날 마지막 때가 되면 그 이유가 분명해질 것이다. 예수 그리스도가 위해서 죽은 사람들은 예수에게 속했기 때문에 하나님은 그들을 아신다. 예수는 "나는 이스라엘 집의 잃어버린 양들에게만 보내졌다"라고 말했지만,[125] 이 말의 맥락을 보면 누가 잃어버린 양인지 언제나 알 수 있는 것은 아니라는 점이 분명하다. 예수는 제자들 중 누구도 하나님의 자녀로 여기지 않았을 가나안 여인에게 이 말을 했지만, 그 여인은 예수에 대한 깊은 신앙을 보여주었고, 그래서 예수는 그 여인이 원하는 대로 귀신 들린 그녀의 딸을 고쳐주었다. 다른 경우에 예수는 유대인들에게 엘리야가 살던 시절에 기근이 들었을 때 이스라엘에도 극심한 기근이 닥쳤지만 엘리야

---

121 요 5:29.
122 마 25:31-46.
123 요 10:11, 14-15.
124 요 10:16.
125 마 15:24.

는 사렙다의 페니키아인 과부에게 보냄을 받아 그녀를 도와주라는 말을 들었던 사실을 상기시켜주었다. 이후에 엘리사는 당시 유대인들 중에도 나병 환자들이 많이 있었음에도 불구하고 시리아 사람 나아만의 나병을 고쳐주었다.[126] 잃어버린 양들이 우리의 눈에는 숨겨져 있을지 모르지만, 예수는 그들 모두를 자신의 나라의 양 우리 안으로 안전하게 들여놓을 때까지 쉬지 않으실 것이다.[127] 그것을 받아들이길 어려워하는 사람들도 있겠지만, 예수의 메시지는 어떤 일을 했는가가 아니라 어떤 사람인가에 따라 일부 사람들은 구원 받게 되고 다른 사람들은 유죄 판결 받게 된다는 것이다. 그것이 바로 우리가 "제한된" 또는 "한정된" 속죄에 관해 말하고, 모든 양들은 그들이 우리 안에 모아졌건 아니건 결국 구원받게 될 것이라고 말할 수 있는 이유다.

예수께서 우리 대신 죄의 대가를 치른 것에 관해 종종 제기되는 한 가지 질문은 우리를 위해 치른 속전(몸값)과 관련이 있다.[128] 이 속전이 누구에게 지불되었는가? 초기 교회에서 몸값은 대개 인질을 석방시키기 위해 적에게 지불된다는 것을 근거로 종종 속전이 마귀에게 지불되었다고 주장되었다. 이 논증은 계속해서 우리는 죄인들로서 사탄에게 인질로 잡혀 있었는데, 하나님 아버지가 자기 아들을 죽음에 내줌으로써 사탄에게서 우리를 사서 해방시켰다고 주장한다. 그러나 사탄은 인질들을 석방하는 대가로 하나님의 아들을 받아들임으로써 자기의 최대의 적을 자신의 요새 안으로 들여보내는 함정에 빠졌고, 그곳에서 승리하신 하나님의 아들은 재빨리 사탄을 무너뜨리고 지옥의 세력을 단번에 그리고 영원히 패배시켰다는 것이다. 트로이의 목마 이야기를 듣고 자란 사람들에게 이런 해석은 특히 매력적으로 보였겠지만, 이 견해의 결함을 찾아내기는 어렵지 않았고, 곧 호되게 비판받았다. 누구를 속인다는 것은, 설사 그 대

---

126 눅 4:25-27. 왕상 17:1과 왕하 5:1-14도 보라.
127 눅 15:4-7.
128 마 20:28; 막 10:45; 딤전 2:6.

5부 • 하나님이 세상을 이토록 사랑하셨다

상이 마귀라고 할지라도 하나님께 합당하지 못한 일로 간주되었다. 마귀에게 속전을 지불하는 것은 그럴 자격이 없는 마귀에게 존엄성을 부여하는 것이었고, 심지어 신적 주권을 넘겨주는 것이었다. 어쨌든 사탄은 하나님의 경쟁 세력이 아니라 애초에 하나님이 허용하지 않으면 행동할 수 없는 하급자였기 때문에, 사탄에게 속전을 지불한다는 것은 이치에 맞지 않았다. 속전을 받을 자격이 있는 유일한 인물은 성부 자신이었다. 왜냐하면 죄로 손상을 입은 것은 그의 정의였고, 누가 자유롭게 될지, 그리고 누가 그렇게 되지 못할지는 그의 결정이었기 때문이다. 따라서 결국 성자가 성부에게 속전을 지불했고, 성부는 죄에게 잡혀 있던 사람들이 성자의 새 나라의 시민이들 될 수 있도록 그들을 석방했다는 데 견해가 일치하게 되었다.

이 답변은 분명히 속전이 마귀에게 지불되었다는 이론보다 진실에 더 가깝다. 그러나 이 견해는 "속전"(ransom)이라는 말이 정확히 무슨 뜻인지 재고함으로써 좀 더 다듬어질 필요가 있다. 그 근저의 관념이 아니라 이를 묘사하기 위해 사용된 언어가 문제다. 속전이라는 말은 우리를 하나님에게서 잘라낸 죄에 대해 하나님께 주어진 배상으로 이해되어야 한다. 우리의 구원은 성자와 성부가 대결한 결과가 아니라, 두 분 사이의 깊은 협력의 결과다. 하나님의 아들은 사람이 되기 전에, (그것을 유지하기는 했지만) 아버지와의 동등성을 주장하기를 포기하고, 종이 되어 자발적으로 희생제물의 역할을 받아들이기로 했다.[129] 하나님의 아들이 나사렛 예수로서 행한 모든 일은 아버지 및 아버지의 뜻과 직접 관련된 것이었다. 예수가 자기 제자들에게 끊임없이 상기시켜준 것처럼, 그는 자기를 보내신 이의 뜻을 행하러 왔고, 그의 생애와 죽음은 달리는 이해될 수 없다.[130] 그런 의미에서 그리고 그 맥락에서 예수의 죽음은 속전으로 불

---

129 빌 2:6-11.
130 요 4:34; 5:30. 마 26:42도 보라.

릴 수 있다. 왜냐하면 예수의 죽음이 성부의 진노를 진정시켜서 포로들을 해방시킬 수 있는 수단을 제공했기 때문이다.

여기서도 핵심은 다름 아닌 어휘 문제로 보이지만, 성부의 진노 개념이 많은 사람들을 혼란시켰다. 어떤 사람들은 하나님께는 어떤 종류의 감정도 없기 때문에 분노할 수 없다고 이의를 제기했다. 그들이 이해하기로는 분노란 자제력의 상실이고 이는 하나님께 적용될 수 없다. 다른 사람들은 하나님의 진노는 어떤 진노든 하나님의 사랑과 모순될 것이고, 따라서 하나님 안에 분노는 있을 수 없다고 주장했다. 이런 이의들은 성경 본문들의 증거와 비교하면 유지되지 못한다. 성경 본문들에서 "하나님의 진노"는 인간의 죄에 대한 감정적인 반응이 아니라, 죄가 심각하게 여겨진다면 반드시 받아야 하는 정당한 처벌이다.[131] 하나님이 죄를 간과했거나 마치 죄가 아무 문제가 아닌 것처럼 단순히 죄를 제거해버렸다면, 그것은 책임 회피이자 우리에 대한 사랑의 부인이었을 것이다. 하나님은 우리를 소중히 여기고 또 우리의 죄를 장벽, 곧 우리가 하나님 자신을 대적해서 세운 장벽으로 보시기 때문에 우리의 죄를 거부한다.

우리와 하나님 자신의 관계를 바로잡기 위해 하나님은 그 장벽을 무너뜨려야 하셨는데, 그 일은 그 장벽을 제거함으로써만 가능하다. 만약 한 아이가 돌무더기 아래 깔려 있다면, 돌 더미를 치우는 구조대원들의 열성을 돌 더미에 대한 분노라는 표현으로 묘사할 수 있을 것이고, 그 아이를 구하는 데 관여하는 사람들은 돌 더미를 치울 때 고통을 느낄 것이다. 이것이 바로 우리가 죄에 대한 하나님의 진노를 바라보아야 하는 관점이다. 하나님은 죄를 용납하실 수 없으며, 죄에 대한 하나님의 진노는 우리에 대한 하나님의 큰 사랑과 우리를 무겁게 짓누르는 짐으로부터 구하시려는 하나님의 결심에 대한 증거다. 그러나 아이를 누르고 있는 돌 더미와 달리 죄는 우리 외부에 있는 어떤 것이 아니라 우리를 영적

---

131 롬 1:18; 9:22; 골 3:6; 히 3:11; 4:3.

5부 • 하나님이 세상을 이토록 사랑하셨다

으로 죽게 하는 하나님으로부터의 분리다. 만약 그리스도가 우리를 위해 죄가 된다면 그가 그 죄에 대한 하나님의 진노를 사서 그 결과 죽음의 고통을 겪게 될 것이라고 예상해야 한다. 그러나 그것이 이야기의 끝은 아니다. 왜냐하면 예수가 스스로 아버지의 진노를 받아 그것을 제거함으로써 그 진노로부터 우리를 보호하는 동시에, 우리를 죄로부터 해방시키고 죄가 깨뜨렸던 하나님과의 교제를 회복시키셨기 때문이다. 예수는 하나님과 사람 사이의 장벽이 아니라, 서로 멀어진 양편에 다가가 서로를 화해하게 하는 중재자시다.[132]

하나님과 죄인들 사이의 화해는 단순히 죄인들의 죄를 속하는 것 이상이다. 속죄는 무수히 많은 특정한 죄들과 위반들을 제거하기 위해 마련된 정교한 제사 제도를 가진 구약 체제에서도 가능했고 또 제공되었다. 그러나 죄는 계속 반복되었고, 따라서 속죄도 계속해서 이루어져야 했다. 그것이 바로 속죄제사를 드리는 것을 주된 과제로 하는 전체 제사장 체계가 존재한 이유였다. 예수 그리스도의 죽음은 이렇게 끝없이 속죄할 필요가 없어지게 했다. 그것은 그가 구속한 죄인들이 더 이상 죄를 짓지 않아서가 아니라, 그의 희생제사가 영원토록 충분했기 때문이다. 요한이 다음과 같이 말하는 것처럼 말이다.

그가 빛 가운데 계신 것 같이 우리도 빛 가운데 행하면 우리가 서로 사귐이 있고 그 아들 예수의 피가 우리를 모든 죄에서 깨끗하게 하실 것이요. 만일 우리가 죄가 없다고 말하면 스스로 속이고 또 진리가 우리 속에 있지 아니할 것이요. 만일 우리가 우리 죄를 자백하면 그는 미쁘시고 의로우사 우리 죄를 사하시며 우리를 모든 불의에서 깨끗하게 하실 것이요.[133]

---

132 딤전 2:5; 고후 5:18-19.
133 요일 1:7-9.

그리스도의 희생제사는 반복될 필요가 없고, 그것에 덧붙이는 것이 요구되거나 가능하지도 않다. 일단 하나님과 화해하고 하나님과 교제를 갖게 되면, 우리는 이 속죄의 능력을 활용할 수 있다. 이상적으로는 아무 죄도 지어서는 안 되지만, 죄를 짓는다 해도 "아버지 앞에서 우리에게 대언자가 있으니 곧 의로우신 예수 그리스도시라. 그는 우리 죄를 위한 화목제물이니…."[134] 그리스도 안에서 맺어진 우리와 하나님의 새로운 관계가 그리스도를 우리의 옹호자가 되게 하고 우리로 하여금 아버지께 접근할 수 있게 해 주며, 나아가 아버지는 우리의 죄가 더 이상 우리에게 불리하게 계산되지 않고 우리를 위해 죽임 당하신 어린양의 피로 덮여질 것이라고 보증해주신다.

예수가 지옥에 내려가심

예수는 십자가에서 죽으신 후에 지옥으로 내려갔다. 이것은 그 주제의 성격에 걸맞게 아주 모호한 사건이다. 지옥은 사탄과 하나님을 반역한 모든 자들의 집이기 때문에, 우리가 곰곰이 생각해보거나 많이 알려고 하는 곳이 아니다. 그러나 지옥은 무시될 수도 없다. 만약 예수가 우리의 죗값을 지불했지만 그 궁극적인 원인을 처리하지 않았다면, 그 죄들이 조만간 다시 돌아와서 예수의 희생제사는 구원의 능력을 상실할 것이다. 죄의 뿌리는 우리의 의지에서 발견되는 것이 아니라, 아담과 하와를 유혹해서 자기를 따르게 한 사탄의 반역에 있다. 아담과 하와는 사탄의 말을 들었고, 따라서 사탄은 그들이 (그리고 아담과 하와를 통해 우리도) 자신의 소유라고 주장했다. 예수가 십자가에서 죽었을 때, 그는 우리가 하나님을 반역한 데 대한 대가를 지불하셨는데, 거기에는 사탄에 의해 우

---

134 요일 2:1b-2a.

5부 • 하나님이 세상을 이토록 사랑하셨다

리에게 가해진 고통도 포함되었다. 그러나 사탄이 우리를 되찾아가려고 시도할 가능성은 어떻게 되는가?

예수가 지옥에 내려간 것은 사실 이 점과 관련이 있다. 예수는 하늘과 땅에 우리의 구원의 대가가 지불되었고 하나님의 선민에 대한 사탄의 지배가 끝났다는 것을 보여주기 위해, 십자가에서 드린 자신의 희생제물을 하나님께 대한 우리의 반역의 한가운데로 가져갔다. 그리스도가 지옥에 내려가신 사건이 이미 지옥에 있던 자들에게 영향을 미쳤는지 그리고 어느 정도로 미쳤는지는 또 다른 문제다. 베드로전서 3:18-20은 그리스도에 대해 다음과 같이 말한다.

육체로는 죽임을 당하시고 영으로는 살리심을 받으셨으니 그가 또한 영으로 가서 옥에 있는 영들에게 선포하시니라. 그들은 전에 노아의 날 방주를 준비할 동안 하나님이 오래 참고 기다리실 때에 복종하지 아니하던 자들이라.

이 구절이 정확히 무슨 뜻인지는 알기 어렵다. 이 구절을 문자적으로 취한다면, 예수는 노아 시대에 지옥에 갇혔던 반역한 영들에게 전도하러 그곳에 내려갔다. 이들은 아마 홍수로 물에 빠져 죽은 사람들을 가리킬 것이다. 그러나 그들이 여기서 왜 특별한 관심의 대상이 되어야 하는지는 분명하지 않다. 다른 모든 사람들은 어떤가? 그들도 복음을 들을 기회를 가지면 안 되는가? 아마도 우리는 노아를 죄악으로 가득 찬 세상이 그 악행에도 불구하고 보존될 것이라는 하나님의 약속을 받은 사람으로 이해해야 할 것이다. 이런 식으로 이해한다면, 이 구절은 그리스도가 오기 전에 죽은 모든 사람에게 복음을 들을 기회가 주어진 것으로 볼 수 있다. 설사 그들이 복음을 들었다고 해도 어떻게 반응했는지는 알 수 없지만 말이다.

성경이 그리스도에 관한 지식이 전혀 없이 죽는 사람들에 관해 말하는 내용은 거의 없다. 모세의 율법 없이 죄를 지은 사람들은 들어본 적이 없는 율법에 따라 심판받는 것이 아니라 그들 자신의 빛에 따라 심판받을 것이라는 말이 나와 있다. 그러나 그것이 복음을 들은 것과 같지는 않다. 그런 사람들이 자신의 양심의 성과에 의해 구원받을 것이라는 암시는 없다.[135] 유대인들은 언제나 율법에 불순종했기 때문에 율법을 갖고 있다는 사실이 유대인들을 정죄한다면, 율법에 대한 무지가 무엇이 옳고 그른지 추측할 수밖에 없는 이방인들을 구원할 것이라고 가정할 이유는 거의 없다.

그리스도가 지옥에 내려간 것과 관련하여 종종 인용되는 또 하나의 본문은 에베소서 4:9이다. 거기서 바울은 이렇게 말한다. "'그가 올라갔다'고 말할 때, 그것이 그가 낮은 지역 곧 땅 속으로도 내려갔다는 것 외에 무슨 뜻이겠는가?" 이 구절은 시편 68:18을 인용한 앞 절의 내용 곧 그가 위로 올라갔을 때 "사로잡혔던 자들을 데려가셨다"에 대한 주석이다. 어떤 사람들은 이 말을 예수가 죽은 사람들에게 내려갔을 때 그들의 결박을 풀고 그들을 해방시켜 모두 하늘로 데려갔다는 것을 의미한다고 해석했다. 이에 대해서는 성경의 나머지 부분들과 모순되는 것으로 보이는 그런 비현실적인 해석을 지지하는 증거가 없다고 말하는 것으로 충분하다. 그리스도가 지옥에 내려간 것에 관해서는 많은 것이 신비로 남아 있지만, 우리는 비록 그것이 사탄의 최종적인 패배를 수반하기는 했어도 인간의 보편적 구원에 대한 서막은 아니었음을 확신할 수 있다.

---

135 롬 2:12-16.

예수의 부활

예수의 부활은 그의 십자가 처형 뒤 3일째에 일어났다.[136] 예수는 유대교 율법에 따라 안식일이 시작되기 전에 매장되어야 했다. 따라서 예수가 안식일을 무덤에서 보내신 것은 놀랄 일이 아니다. 예수께서 한 주의 첫 날에 부활하신 것은 그분이 새 창조의 장본인이라는 사실을 상징한다.[137]

예수의 부활은 실제로 일어났는가? 복음서들은 예수의 부활이 역사적 사건이었다고 주장하며 4복음서 모두 그것을 증언한다. 그 일요일 아침에 무덤에 간 사람들은 무덤이 비어 있는 것을 발견했는데, 이 사실은 예수가 부활했음을 믿기를 거부한 사람들도 인정할 수밖에 없었다.[138] 복음서 기사들은 하나의 내러티브를 구성한다고 말하지 못할 만큼 부활에 관해 말하는 내용이 충분히 다르다. 그래서 비판자들은 부활 기사들이 선전 목적으로 꾸며졌다고 주장하겠지만, 예수가 무덤에서 살아 나왔다는 중심 요점에 대해서는 4복음서가 모두 일치한다. 나아가 부활한 그리스도를 자신의 눈으로 직접 보았다고 주장한 사람들이 그 믿음을 위해 용감하게 박해와 순교를 당할 용의가 있었다는 점도 의심의 여지가 있을 수 없는데, 그들이 예수의 부활이 사실이 아니라고 알고 있었다면 이는 이상한 일이었을 것이다. 예수의 제자들 중 조금이라도 의심했던 유일한 인물은 도마였지만, 그 역시 예수가 자신과 다른 제자들에게 직접 나타나시자 예수의 부활을 확신했다.[139] 그 자리에 있던 사람들 중 적어도 몇 명은 그에 관한 기사가 기록될 때 아직 살아 있었다. 따라서 요한

---

136 당시에 일반적이었던 양편넣기(금요일과 일요일을 포함시키는) 셈법에 따르면, 이것은 그 뒤의 일요일을 가리켰다(아마 주후 33년 4월 5일이었을 것이다).
137 고후 5:17; 갈 6:15; 엡 4:24; 골 3:10.
138 마 28:11-15.
139 요 20:24-29.

과 다른 제자들이 예수의 부활이 결코 일어나지 않았다고 알고 있었더라면 요한이 그 사건을 자신의 복음서에 포함시키기 어려웠을 것이다.

예수의 부활을 목격했다고 주장하고 복음서들에 묘사된 사건들이 진실이라는 데 기꺼이 목숨을 걸 수 있었던 사람들이 많았음을 고려할 때, 그들의 주장은 최대한 진지하게 받아들여져야 한다. 그들이 거짓말을 해서 얻을 것은 아무것도 없었다. 유대 당국자들의 반응에 비춰볼 때 그들 중 일부는 모든 것이 사기임을 드러낼 수 있었고, 그럴 용의가 있었다면 상당히 큰 돈을 벌 수도 있었다. 그러나 오늘날 우리가 쓰는 말로 표현하자면 아무도 "대열에서 이탈하지" 않았고, 예수가 부활하신 뒤에 그를 목격한 사람들은 끝까지 예수의 부활을 확신하고 단합해서 이에 대해 증언했다.

보다 최근에 자유주의 신학 진영에서 부활에 관한 의심이 다시 떠올랐지만, 그들의 견해도 도전을 받았다. 신자와 비신자 사이에 이보다 더 치열한 논쟁이 되는 주제는 없었다. 예수가 육체로서 무덤에서 살아났다는 확신은 다른 면에서는 정통적이지 않은 사람들에게조차 기독교 신앙의 필수 교리로 남아 있다고 말해도 무방하다. 기독교가 참인지 거짓인지가 다른 무엇보다 예수의 부활에 의존하고 있는데, 바울의 다음과 같은 말과 같이, 이는 당연한 일이다.

너희 중에서 어떤 사람들은 어찌하여 죽은 자 가운데서 부활이 없다 하느냐? 만일 죽은 자의 부활이 없으면 그리스도도 다시 살아나지 못하셨으리라. 그리스도께서 만일 다시 살아나지 못하셨으면 우리가 전파하는 것도 헛것이요 또 너희 믿음도 헛것이며 또 우리가 하나님의 거짓 증인으로 발견되리니…그리스도께서 다시 살아나신 일이 없으면 너희의 믿음도 헛되고 너희가 여전히 죄 가운데 있을 것이요.[140]

---

140 고전 15:12b-15a, 17.

예수의 몸의 부활이 우리 신자들에게 직접적인 영향을 주기 때문에, 그것은 기독교 신앙의 필수적인 부분이다. 예수의 몸의 부활은 예수의 십자가의 속죄 사역을 완성했으며, 그렇지 않았더라면 그 구속 사역은 효력이 없게 되었을 것이다. 많은 사람들이 끔찍하게 죽었지만, 그 죽음들은 다른 사람들을 구원하는 효력이 없었다. 예수의 죽음은 의도적이었는데, 그는 죽음 자체를 끝장내기 위해 죽으셨기 때문에 그의 부활도 의도적이었다. 그의 몸은 무덤에서 썩지 않고 다시 살아났고, 언젠가 우리도 다시 살아날 것이라는 약속을 받았다. 그런 의미에서, 그리스도의 부활은 역사적인 시간 안에서 유일한 사건이었다. 마지막 때 우리는 몸으로 부활할 것이고 그리스도를 믿은 사람들은 영원한 영광 속으로 들어갈 것이다.[141] 만약 그리스도가 죽음에서 살아나지 않았더라면 우리의 부활도 불가능할 것이고, 우리를 위해 하늘에 예비된 소망도 망상이 되고 말 것이다.

　　부활하신 예수의 몸은 어떤 모습이었는가? 예수가 죽음에서 부활하신 뒤에 그의 몸은 반(半)천상적인 상태로 변화되었다. 예수의 몸은 마음대로 나타나고 사라질 수 있었고, 그와 동시에 사람들이 여전히 그를 만질 수 있었고[142] 그는 음식을 먹을 수도 있었다.[143] 또한 예수는 무덤 근처에서 막달라 마리아가 자신을 동산지기로 오인했을 때처럼, 그리고 엠마오로 가는 길에서 글로바와 그의 동료에게 말씀하셨을 때처럼 누구인지 인식되지 않고 지나갈 수도 있었다.[144] 예수는 유령이 아니었지만 마음대로 사라지고 다시 나타날 수 있었는데, 그것은 평범한 인간의 몸으로는 할 수 없는 일이었다.[145] 부활하신 그리스도의 몸의 매우 중요한 특

141　고전 15:52; 살전 4:16.
142　마 28:9; 눅 24:39; 요 20:27.
143　눅 24:30; 요 21:12-13도 보라.
144　눅 24:42-43; 요 20:14.
145　눅 24:31, 36-39.

징 중 하나는 그 몸이 그가 겪은 고난과 죽음의 흔적들을 그대로 지니고 있다는 것이었다. 마태나 마가의 기사에는 이에 관한 언급이 없고, 누가의 기사는 간접적으로만 암시하지만,[146] 요한은 이 점에 대해 매우 구체적으로 언급한다.[147] 그 흔적들은 제자들에게 나타난 사람이 (예컨대 천사가 아니라) 참으로 예수였음을 확인했을 뿐만 아니라, 우리의 죄에 대해 지불된 대가가 사라져버리지 않았다는 보증이기도 하다. 그 흔적은 우리가 참으로 속량되었고 영원토록 구속을 받았다는 증거로서, 부활하신 예수의 몸에 선명하게 새겨져 있다.

부활하신 뒤 예수의 몸의 특징이었던 반(半)천상적인 상태는 영속적이지 않았고, 40일 후 하늘로 올라가실 때 다시 변한다. 그러나 반천상적인 상태는 짧은 시간 동안만 지속되었지만, 그 상태가 의미가 없었던 것은 아니다. 왜냐하면 예수가 이러한 과도기 국면에 있는 동안에 제자들을 모아 그들에게 자신의 지상 사역의 참된 의미를 계시하셨기 때문이다.[148] 제자들은 예수와 3년 동안 함께 있었지만, 예수가 무엇을 하러 왔는지 이해하는 것이 거의 없었다. 예수가 배반당하신 날 밤에 제자들은 도망갔고, 따라서 이 끔찍한 사건이 왜 중요한지, 그리고 이 사건이 자기들의 영원한 운명에 얼마나 깊이 영향을 미칠지 거의 이해하지 못했다. 그러나 예수는 제자들이 자기를 버린 것처럼 그들을 버리지 않고 돌아와서 그들이 목격한 (그리고 거기서 도망친) 사건들의 의미를 그들에게 말씀해주셨다. 예수의 지상 사역의 마지막 40일 동안 제자들은 예수의 부활의 영광을 충분히 보고 예수의 사명이 무엇에 관한 것이었는지 이해할 수 있게 되었다. 그들은 스스로 그것을 이해하도록 방치되지 않았다. 예수 자신이 제자들에게 직접 해석해주셨고, 그들에게 자신이 구약의 예언을 성취하고 있다고 말씀하셨다. 예수께서 하늘로 올라가신 뒤

---

146 눅 24:40.
147 요 20:20, 25-27.
148 눅 24:44-48.

에 제자들은 복음의 메시지를 다른 사람들에게 선포할 능력을 부여받게 되지만, 예수께서 이미 설명해주셨기 때문에 더 이상 설득이 필요 없었다.

예수께서 지상에서 마지막으로 하신 일은 제자들에게 선교의 사명을 위임하신 것이었다.[149] 예수는 제자들에게 하늘과 땅의 모든 권세가 자기에게 주어졌다고 말하고, 제자들이 이를 기초로 모든 민족에게 가서 복음을 전하고, 사람들에게 죄 용서를 위한 세례를 주며, 예수 자신이 제자들에게 가르쳤던 것과 같이 그 사람들을 가르쳐서 계명들을 지키게 하라고 말씀하셨다. 우리는 제자들이 즉시 이렇게 할 수 없었던 것을 알고 있다. 왜냐하면 예수께서 하늘에 오르셔서 자신의 나라를 차지하고 그들에게 성령을 보내실 때까지는 제자들이 자기들에게 주어진 과제를 수행할 능력을 받지 못할 것이기 때문이었다.[150] 그러나 제자들의 미래적 사명의 중요한 개요는 수립되었고, 그 일이 끝나자 예수는 마음 놓고 자기 아버지께로 돌아가 하늘의 은혜의 보좌에서 자신의 지상의 사명이 승리로 마무리되게 하셨다.

예수의 승천과 하늘에서의 통치

예수는 하늘로 올라갈 때 상처 자국이 있는 자신의 인성을 동반하고 올라가셨다. 예수의 승천은 제자들이 목격한 사건이었는데, 제자들은 예수가 하늘로 올라가 그들의 시야에서 사라지는 장면을 보았다.[151] 승천이 예수의 부활한 몸에 차이를 만들었다면, 그 차이는 무엇이었는가? 이 질문에 대한 간략한 답변은 예수의 몸이 실재의 다른 차원으로 들어

---

149 마 28:18-20.
150 눅 24:49; 행 1:4-5을 보라.
151 행 1:9.

갔다는 것이다. 예수는 부활하신 후 땅에 머물렀고, 예수의 몸은 비록 더이상 우리의 몸과 똑같지는 않았다고 해도 우리가 인식하고 알아볼 수있는 물리적 특성을 계속 보여주었다. 그러나 그가 승천한 뒤에는 남아있던 이 세상의 한계가 제거되고 예수는 자신의 하늘의 영광 안으로 들어가셨다.

종교개혁 당시에 예수의 이 천상의 몸의 정확한 본질에 관해 길고 복잡한 논쟁이 벌어졌다. 이 문제는 애매함에도 불구하고 오늘날까지도 계속 루터파와 개혁파(또는 "칼뱅주의자")를 갈라놓고 있다. 루터파는 예수의몸이 하나님 안으로 올라갔기 때문에 틀림없이 신적 본성의 특성들을획득했고, 따라서 지금은 하나님의 존재가 그러하신 것처럼 어디서나 발견될 수 있다고 주장했다. 달리 말하자면 승천해서 영광스럽게 된 그리스도의 몸은 "편재한다"는 것이다. 이에 대응해서 개혁파 신학자들은 장칼뱅에게서 단서를 취해 인간의 몸은 본질상 유한하며, 유한하지 않으면더 이상 인간의 몸이 아니라고 반박했다. 그들은 어떻게 몸의 유한성이하늘에서 신적 무한성과 공존할 수 있는지 알 수 없었지만, 둘이 공존하는 것이 틀림없다고 확신했다. 그들은 몸의 유한성과 신적 무한성이 공존하지 않는다면 그리스도의 인성이 그의 신성 안으로 흡수되어버리고, 그리스도의 두 본성의 구별이 상실될 것이며, 인간이신 그리스도 예수의중재자 역할에 의존하는 우리의 구원은 소멸되고 하나님의 무한한 존재안으로 사라질 것이라고 추론했다.

이 두 견해는 각각의 주장 안에서는 맞는 말이지만, 어느 쪽도 승천하신 그리스도의 실재를 완전히 포착하기에는 적합하지 않다. 한편으로 그의 인성은 그대로 보존되었지만, 그렇다고 해서 그것이 어떤 장소에 위치해서 바로 그 장소 및 바로 그 시간에 있는 사람만 접근할 수 있게 된것은 아니다. 누구든 자신이 어디에 있건 상관없이 부활하고 승천하고영광스럽게 되신 그리스도의 임재를 알 수 있고, 따라서 그런 의미에서그리스도의 몸은 "편재한다"고 할 수 있다. 다른 한편으로 그리스도의 몸은 여전히 그 말이 함축하는 모든 제한과 한계를 가진 실재의 몸으로 남아 있다. 사울이 예수의 실제 몸을 보았는지는 확실하지 않지만, 예수는 자신의 승천하신 몸 안에서 다메섹으로 가던 사울에게 말씀하셨다.[152] 요한도 밧모섬에서 예수에 대한 환상을 보았는데, 그 환상에서 예수는 "인자 같은"이로 나타나셨다.[153] 그 문맥이 상징으로 가득 차 있어 이 말을 너무 문자적으로 취해서는 안 된다고 주장할 수 있겠지만, 입수할 수 있는 증거의 비중을 보면 하나님의 아들은 자신의 하늘의 영광 속에서도 여전히 성육신하신 모습으로 보여질 수 있다. 이것이 어떻게 그럴 수 있는지는 우리의 유한한 지성으로는 상상하거나 설명할 수 없는 신비다. 우리의 눈은 유한한 것만 볼 수 있으며, 예수의 몸은 어쨌든 유한한 것으로 보일 수 있다. 그러나 예수는 언제 어디서나 나타나실 수 있기 때문에, 예수의 몸은 특정 장소에 매이거나 하나님의 편재적인 특성으로부터 분리될 수 없다.

승천하신 그리스도의 몸과 우리의 부활의 몸에는 어떤 유사점이 있는가? 예수의 영광스러워진 인성은 과연 우리에게 이전될 것인가? 바울은 그리스도가 돌아올 때 땅에서 살고 있는 사람들은 "공중에서 [그를] 만나기 위해 올라갈" 것이라고 말한다. 이 말은 그들이 몸의 변화와 더불어 일종의 승천을 경험하게 될 것을 암시하는 표현이다.[154] 바울은 또한 "그리스도가 죽은 자 가운데서 살아났는데, 이는 잠에 빠져 있는 사람들의 첫 열매"[155]라고 말한다. 우리의 부활은 그리스도의 부활에 의존하지만, 우리는 예수께서 부활하시던 날의 몸과 같은 형상으로 부활하는 것이 아니라 지금 하늘에서 영광스러워지신 몸과 같은 모습으로 부활한다. 비록 그를 본 모든 사람이 그가 누구인지를 즉시 알아본 것은 아니었지

---

152   행 9:3-5; 고전 15:8; 갈 1:16도 보라.
153   계 1:13.
154   살전 4:17.
155   고전 15:20.

만, 예수는 알아볼 수 있는 형상(form)으로 무덤에서 돌아왔다. 그럴지라도 예수는 대체로 무덤 속에 들어갔던 모습대로, 즉 여전히 십자가에서 입은 상처를 간직한 30대 중반 남자로서 무덤에서 돌아온 것이 분명하다. 우리는 무덤에 내려갈 때의 모습으로 돌아올 것인가, 아니면 그와는 다른 형상일 것인가? 우리는 그리스도를 위해 겪은 고난으로 생긴 상처 자국들을 지니게 될 것인가, 아니면 그 자국들이 사라질 것인가? 그리스도는 우리의 희생제물로서 하늘에서 우리를 위해 간구하고 계시기 때문에, 그의 상처들은 여전히 볼 수 있다고 주장될 수 있다. 그의 상처들은 그 지속적인 가시성을 바람직할 뿐 아니라 본질적인 것으로 만들고자 하는 지속적인 목적을 갖고 있다. 그러나 그것이 우리에게도 똑같은 방식으로 해당되지는 않을 것이다. 우리가 어떤 고난을 받았는지에 대한 상기물로서 그 상처들을 계속 지니고 있어야 할 모종의 이유가 있을 수 있지만, 그것은 또한 우리의 업적에 대한 자랑으로 이어지고, 그리스도께서 우리를 위해 행하신 일에 완전히 의지하지 못하게 할 수도 있다. 하늘에서 우리의 상처를 그대로 갖고 있을 경우의 장점을 그 상처들을 우리의 지상의 몸 뒤로 남겨 둘 경우의 장점과 비교해보아야 하는데, 이에 대해서는 명확한 답변이 주어질 수 없다.

어떻게 생각하든, 그리스도의 승천은 그의 몸의 지상적 상태로부터 천상적 상태로의 변화를 완성했고, 그의 몸은 그 상태로 유지된다. 재림 시에 땅으로 돌아올 때, 예수의 몸은 여전히 천상의 몸일 것이고 우리가 알고 있는 시공간 안으로 다시 들어가지 않을 것이다. 오히려 땅이 새로운 천상의 피조물로 변화되거나 대체되어 치워지고 더 이상 존재하지 않게 될 것이다.[156] 우주의 주님이 세상을 자신의 천상의 몸에 적합하도록 바꾸실 것이고, 그 반대로 되지 않을 것이다. 그리고 모든 피조물은 그의 몸의 승천이 그에 대한 맛보기이자 원형인 변화에 참여할 것이다.

---

156 계 21:1-4.

새 언약의 중재자 예수

예수는 승천한 몸으로 성부의 오른편에 앉으셨고, 성부는 예수가 자신의 피를 흘려 얻은 나라 곧 예수가 위해서 죽은 모든 사람들이 모인 집단의 통치를 예수에게 맡겼다.[157] 성부의 오른손은 권능의 손으로, 성자에게 위임된 권위를 상징한다. 그 권위에 의지하여 성자는 자신의 희생 제사를 사용해서 우리가 계속 저지르는 죄들을 용서해달라고 성부께 간청하는 계속적인 중재 사역을 수행한다.[158] 우리 중 이를 적절히 이해하는 사람은 별로 없겠지만, 그리스도의 사역의 이 측면이 지금 우리 그리스도인들의 삶에 핵심적이다. 어떤 사람들은 예수가 십자가에서 "다 이루었다"고 한 말씀을 예수의 사역이 끝났고 그가 지금은 쉬고 있는 것을 의미한다고 해석했다.[159] 십자가에서 하신 이 말씀이 그리스도의 속죄 사역의 끝을 의미할 의도이건 아니건, 우리는 속죄 사역이 그의 죽음으로 충분히 그리고 최종적으로 완성되었다는 데 동의할 수 있다. 그러나 그 말은 그의 사역이 끝났다는 것을 의미하지 않는다. 그리스도의 사역은 하늘로 옮겨졌고, 그리스도는 이제 그곳에서 자신이 십자가에서 마친 사역을 기초로 아버지 앞에서 우리를 위해 중재하신다.[160] 그래서 바울은 우리가 이 세상에서 어떤 시험이나 시련에 시달릴지라도 우리를 하나님의 사랑에서 분리시킬 수 있는 것은 아무것도 없다고 담대하게 말한다. 왜냐하면 우리는 하늘에서 그리스도가 어떤 존재이며 어떤 일을 하고 있는지 알고, 따라서 우리가 넉넉히 이기고도 남는다는 것을 알기 때문이다.[161]

---

157 히 1:3; 8:1; 고전 15:25-28.
158 요일 2:1-2.
159 요 19:30.
160 롬 8:34.
161 롬 8:34-39.

마지막으로 그리스도의 중재 역할은 십자가뿐만 아니라 그가 성육신하실 때 취한 인간성과도 직결되어 있다. 바울은 이렇게 말했다. "하나님은 한 분이시요, 또 하나님과 사람 사이에 중보자도 한 분이시니 곧 **사람**이신 그리스도 예수라."[162] 하나님의 아들이 우리를 성부와 화해하게 만든 것은 그의 인간성 안에서였다. 우리 가운데 하나가 됨으로써 하나님의 아들은 우리가 자신과 직접 관계를 맺을 수 있게 했는데, 그렇게 함으로써 우리는 하나님의 아들과의 관계와 유사한 아버지와의 관계 속에 들어가게 되었다. 그것은 우리가 하나님의 아들에게 접붙여져서 우리도 그분의 아들들이 되었고, 하나님이 자기 아들의 영을 우리 마음속에 두어 우리가 하나님을 "아바! 아버지!"라고 부르게 하셨기 때문이다.[163] 물론 우리는 하나님의 아들의 성육신이 없었다고 해도 하나님에 관해 어느 정도 알 수 있었을 것이라는 점을 인정해야 한다. 우리는 하나님께 기도하고 하나님으로부터 메시지를 받고 하나님의 뜻을 행할 수 있었을 것이다. 이 모든 일은 고대 이스라엘에서 잘 알려져 있었고, 아무 문제도 야기하지 않았을 것이다. 그러나 그리스도의 성육신은 우리에게 하나님과의 더 깊은 관계, 즉 우리가 그의 아들인 형제를 가졌기 때문에 우리가 하나님을 아버지로 아는 관계를 주었다.

우리는 예수 그리스도 안에서 충만한 신성이 인간의 몸에 거하는 것을 본다.[164] 그는 삼위일체 하나님의 두 번째 위격이지만, 우리는 그를 마음속에 떠올릴 수 있고 개념화할 수 있으며, 그가 우리 중 하나라는 사실을 느낄 수 있다. 우리의 이해를 넘어서는 하나님의 존재가 우리가 이해할 수 있고 관계를 맺을 수 있는 방식으로 우리에게 알려졌다. 나아가 성육신이 일어나자 그것은 성자의 영원하고 신적인 정체성의 영속적인 특징이 되었다. 우리는 성자가 사람이 되었을 때 신성이 조금도 감

---

162 딤전 2:5.
163 롬 8:15; 갈 4:6.
164 골 2:9.

5부 • 하나님이 세상을 이토록 사랑하셨다

소되지 않았으며, 심지어 성자는 나사렛 예수로서 땅을 걷고 있었을 때도 모종의 신비로운 방식으로 하늘에서 전능한 하나님으로서 계속 다스리셨다는 것을 안다. 우리는 예수가 중력의 법칙을 무시하고 바다의 파도를 잔잔하게 하셨을 때처럼 간혹 복음서들에서 이런 점을 어렴풋이 알게 된다.[165] 왜냐하면 이런 법칙들은 예수의 소유로서, 그가 선택하는 대로 이 법칙들을 사용하거나 초월하실 수 있었기 때문이다. 더구나 그는 자신이 우리 역시 중력의 법칙을 초월하도록 우리를 초대할 능력을 갖고 계시는 것도 보여주었다. 왜냐하면 그는 베드로에게 배에서 나와 자신과 함께 파도 위를 걸을 수 있도록 초대하셨기 때문이다. 그때 베드로는 이 시도에 실패했지만, 그 실패는 그의 믿음이 부족한 탓이었지, 그의 인간 본성의 한계 때문이 아니었다.

우리 안에 있는 믿음의 능력은 산을 옮길 수 있는 능력, 즉 사람으로는 불가능하지만 하나님께는 불가능하지 않은 일을 행하는 능력이다.[166] 그러므로 그리스도의 중재 역할은 우리가 믿음으로 그와 연합하는 조치로서 특정한 신적 능력과 특권을 우리에게 확장하는 것을 포함한다. 이것은 참으로 영광스러운 개념이며, 이 개념은 땅의 어떤 힘도 저항하거나 극복할 수 없는 세력이 우리를 공격해 와도 우리가 그것을 이길 수 있다고 말해준다. 이것이 이루어지는 수단은 우리 마음속에 내주하는 성령의 임재이며, 이제 우리가 다루어야 할 주제는 성령의 보내심과 사역이다.

---

165 마 8:27; 14:22-33; 막 4:41; 6:45-51; 요 6:15-21.
166 마 14:31; 17:20; 19:26; 21:21; 막 9:23; 10:27; 11:23.

6부

하나님의 사랑의 완성

27장
·
성령을 보내심

성령이 오시기 위한 준비

그리스도의 속죄와 그의 의로움의 유익은 우리 삶에 임재하시는 성령에 의해 우리에게 전달된다. 성부 하나님은 세상에 자신의 성령을 보내심으로써 우리에게 주신 자신의 약속을 지키고 자기 아들의 사역을 자기가 선택한 백성들의 삶에 적용시키셨다. 이 일은 예수가 부활하고 50일 뒤이자 승천 이후 10일 뒤인 오순절에 일어났는데, 하나님은 이 날에 제자들에게 자신의 영을 부어주었다.[1] 이 시점이 중요하다. 그것은 성자가 자신의 하늘 영광에 앉을 때까지는 성령이 오시지 않았기 때문이다. 예수의 승천은 그의 지상에서의 일시적인 사역이 성부의 오른편에서 행하시는 하늘의 영원한 중재 사역으로 바뀐 전환점이 되었다. 이것이 복음서에 기록된 마지막 사건과 사도행전에 기록된 첫 번째 사건이 오순절 사건이 아니라 승천 사건인 이유다. 성령이 오신 것은 그리스도의 천상의 통치라는 배경에 확고히 자리 잡고 있으며, 성령은 그리스도의 대사다. 예수는 사람들을 자신에게 이끌기 위해서 왔지만, 성령이 세

---

1   행 2:1-4.

상에 오신 것은 예수처럼 사람들을 자신에게 이끌기 위해서가 아니라,[2] 예수의 메시지가 우리의 마음속에서 살아나게 함으로써 그 메시지의 진리를 확인시키기 위해서였다. 성령은 우리 안에서 그 메시지를 유지해서 우리가 점점 더 그리스도를 닮아갈 수 있게 한다.[3]

성경은 왜 오순절이 이 사건이 일어난 날로 선택되었는지 설명하지 않는다. 그러나 오순절은 늦은 곡식을 수확한 마지막 때를 장식하고 첫 열매를 거두는 날로서 이 곡식들로 만든 떡을 제단에 바친 날이기 때문에, 성령이 오신 시점은 적절해 보인다.[4] 바울은 새 창조의 한 부분으로서 우리 몸의 구속을 고대하는 신자들의 삶 속에 내재하는 성령의 임재에 대한 묘사로 첫 열매라는 상징을 취했다. 따라서 이런 관련성이 초기 교회에서 오순절에 성령이 온 이유로 받아들여진 것 같다.[5]

오순절은 삼위일체의 또 다른 위격이 세상 속에 온 것을 나타냈기 때문에 때로는 성자의 성육신과 비교되었지만, 유사성이 정확히 똑같은 것을 의미하지는 않는다. 성자는 이스라엘에게 주어진 약속들을 이루고, 모세 율법에 규정된 제사 제도를 끝내기 위해 왔지만, 성령은 그 사역을 수정하거나 확장하기 위해서가 아니라 그 사역을 확인하러 오셨다. 그러므로 오순절은 하나님의 백성의 삶에서 그리스도의 복음을 넘어서게 해 줄 새 시대의 시작으로 이해되어서는 안 되고, 예수가 이미 이루어놓은 것의 적용으로 이해되어야 한다. 이 양상은 예수가 십자가에 달리기 전에 제자들에게 자신이 이 특별한 선물을 통해 자신에 대한 그들의 사랑을 확인할 것이라고 말했을 때 예수에 의해 정해졌다.

내가 아버지께 구하겠으니 그가 또 다른 보혜사를 너희에게 주사 영원토

---

2   요 12:32을 보라.
3   롬 8:29. 고전 2:14-16도 보라.
4   출 23:16; 레 23:17; 민 28:26.
5   롬 8:22-23.

록 너희와 함께 있게 하리니 그는 진리의 영이라. 세상은 능히 그를 받지 못하나니 이는 그를 보지도 못하고 알지도 못함이라. 그러나 너희는 그를 아나니 그는 너희와 함께 거함이요 또 너희 속에 계시겠음이라.[6]

이 진술에서 우리는 성령이 성부로부터 오지만, 또한 성자의 요청으로 올 것이라는 사실을 배운다. 예수는 성령이 오면 자기와 성부도 오고, 그리하여 세 위격 모두 제자들의 마음속에 영원히 거주할 것이라고 말한다.[7] 그러므로 성자의 성육신이 성부를 계시하는 것이기도 했던 것처럼, 성령이 오는 것은 삼위일체 하나님이 오는 것이다.[8]

성령은 진리의 영이다. 신약성경에서 자주 상기되는 것처럼, 진리가 없으면 사랑이 있을 수 없다.[9] 그것이 성령이 와서 죄와 의와 심판에 대하여 세상에게 유죄를 선고하는 이유다.[10] 이 메시지를 희석하는 것은 거짓말하는 것이기 때문에, 이 거친 메시지와의 타협은 있을 수 없다. "만일 우리가 죄가 없다고 말하면, 우리는 스스로 속이고 우리 안에 진리가 없다."[11] 성령의 사역을 이보다 더 분명히 진술할 수는 없다. 마지막으로 예수는 제자들에게 세상은 성령이 누구인지 그리고 성령이 무엇을 하러 왔는지 알지 못하기 때문에 성령을 받거나 이해하지 않을 것이라고 말한다. 예수가 왔을 때도 이와 똑같았기 때문에, 이 점은 성령이 그리스도의 사역을 계속하러 왔다는 데 대한 궁극적인 증거일 수도 있다. 예수께서 니고데모에게 하신 말씀으로 표현하자면 다음과 같다.

그 정죄는 이것이니 곧 빛이 세상에 왔으되 사람들이 자기 행위가 악하므

---

6   요 14:16-17.
7   요 14:18, 23.
8   요 14:9.
9   엡 4:15; 살후 2:10; 벧전 1:22; 요일 3:18; 요이 1, 3; 요삼 1.
10   요 16:8.
11   요일 1:8.

로 빛보다 어둠을 더 사랑한 것이니라. 악을 행하는 자마다 빛을 미워하여 빛으로 오지 아니하나니 이는 그 행위가 드러날까 함이요.[12]

예수는 제자들에게 진리의 영이 오면 그 영이 제자들에게 알아야 필요가 있는 모든 것을 가르치고, 예수가 지상 사역을 하는 동안 그들에게 말한 것들을 상기시켜줄 것이라고 말했다.[13] 이에 대해 예수는 다음과 같이 말했다.

내가 아직도 너희에게 이를 것이 많으나 지금은 너희가 감당하지 못하리라. 그러나 진리의 성령이 오시면 그가 너희를 모든 진리 가운데로 인도하시리니, 그가 스스로 말하지 않고 오직 들은 것을 말하며 장래 일을 너희에게 알리시리라. 그가 내 영광을 나타내리니 내 것을 가지고 너희에게 알리시겠음이라. 무릇 아버지께 있는 것은 다 내 것이라. 그러므로 내가 말하기를 그가 내 것을 가지고 너희에게 알리시리라 하였노라.[14]

여기서 예수는 성령의 가르치는 역할을 강조하고 그 본질을 정의한다. 우리는 그 사역의 결과를 신약성경에 갖고 있는데, 신약성경은 이후 세대들에 의해 보존된 예수의 가르침의 집적체로서 우리의 믿음의 기둥과 기초다.[15] 성령이 가르치는 것은 성자에게 속해 있고, 성자는 성부에게 속해 있다. 성령은 하나님의 이름과 사역에 영광을 돌리러 왔기 때문에, 성령이 말하는 모든 것은 하나님의 것이고 하나님에 관한 것이다.

성령으로부터 오지 않은 영적 메시지를 받을 수도 있기 때문에, 이것

---

12   요 3:19-20.

13   요 14:26

14   요 16:12-15.

15   딤전 3:15; 딤후 1:13.

은 중요한 시험이다. 오늘날 우리는 "영적인" 것들은 무엇이든지 하나님께 속해 있는 것이 틀림없다고 가정하는 경향이 있다. 그래서 이런 실수를 저지르기 쉽지만, 영적이라고 해서 모두 하나님께 속한 것은 아니다. 요한이 하나님의 백성들에게 다음과 같이 경고하는 것처럼 말이다.

> 사랑하는 자들아, 영을 다 믿지 말고 오직 영들이 하나님께 속하였나 분별하라. 많은 거짓 선지자가 세상에 나왔음이라. 이로써 너희가 하나님의 영을 알지니 곧 예수 그리스도가 육체로 온 것을 시인하는 영마다 하나님께 속한 것이요, 예수를 시인하지 아니하는 영마다 하나님께 속한 것이 아니니 이것이 곧 적그리스도의 영이니라. 오리라 한 말을 너희가 들었거니와 지금 벌써 세상에 있느니라.[16]

우리는 속지 말라는 경고를 받는데, 영이 하나님께 속했는지에 대한 시금석은 하나님의 아들의 성육신에 대한 믿음이다. 성령은 그에 관해 말하게 되어 있으며, 성육신이 부인되면 성령의 음성을 듣고 있는 것이 아니다. 영적 문제들에 대해 매우 관대하고 분별력이 거의 없는 현대 세계에서 하나님으로부터 오지 않은 영에게 미혹되지 않으려면 이 메시지가 어느 때보다 절실하게 요구된다.

성령과 하나님의 백성의 회심

오순절에 성령을 보내심으로써 하나님의 백성의 삶에 새 시대가 시작되었다. 그 전에 성령이 신자들의 삶 속에서 역사하지 않았다고 말할 수 없으며, 구약성경에서 발견되는 영적 체험의 깊이는 성령이 역사했음을

---

16 요일 4:1-3.

강력히 암시한다. 그러나 오순절에 성령을 부어주신 것은 마지막 때 일어날 일에 관한 예언의 성취로 이해되는 차이가 있다.

> 하나님이 말하기를 말세에 내가 내 영을 모든 육체에 부어 주리니 너희의 자녀들은 예언할 것이요, 너희의 젊은이들은 환상을 보고, 너희의 늙은이들은 꿈을 꾸리라.…누구든지 주의 이름을 부르는 사람은 구원을 받으리라.[17]

성령이 시작하신 첫 번째 위대한 일은 그리스도가 선택한 사람들을 살아 있는 믿음을 가진 사람들로 바꾸는 일이었다. 예수의 제자들이 언제 신자가 되었는지 알기는 정말 어려운데, 그중 일부는 예수께서 부활하신 뒤에도 의심하고 있었던 것으로 보인다.[18] 아마도 그들이 이전의 삶을 포기하고 예수를 따르기 위해 뭔가를 믿었음이 틀림없지만, 그들이 믿은 것이 무엇이었는지 또는 얼마나 깊이 믿었는지는 전혀 분명하지 않다. 베드로에게는 예수가 하나님의 아들이라고 고백할 수 있을 만큼 충분한 통찰력이 있었지만, 또한 그는 그리스도가 배반당하시던 날 밤에 그를 부인했고, 예수가 부활하시고 난 뒤에야 그와 화해했다.[19] 베드로나 다른 제자들이 이 시점 이전에 "그리스도인들"이었다고 말할 수 있는가? 특정 시점에서 제자들의 영적 상태가 어떠했는지 판단하는 것은 우리의 할 일이 아니며, 우리는 복음서에서 설명되지 않은 사안에 대해서는 침묵을 지켜야 한다. 그러나 오순절 이전의 상황이 어떠했든, 예수의 제자들이 그 이후로는 그리스도인이라는 말의 완전한 의미에서 그리스도인들이 되었다는 점에는 추호도 의심의 여지가 없다. 그 이후로 더 이상의 의심이나 이탈이 없었고, 그들은 기독교 교회의 토대가 될 준비를

---

17 욜 2:28-29, 32을 인용한 행 2:17, 21.
18 마 28:17.
19 마 16:13-18; 26:69-75; 요 21:15-19.

6부 • 하나님의 사랑의 완성

갖췄다.[20]

성령이 한 사람의 삶에서 행하시는 첫 번째 일은 죄를 깨닫게 하는 것인데, 그 뿌리는 불신앙이다.[21] 그러나 죄에 대해 진정으로 깨닫지 못한 상태에서도 복음에 관한 사실들에 동의하고, 예수 그리스도와 성경에 대해 고귀하게 생각하며 심지어 죄인이라는 사실을 인정할 수도 있다. 죄에 대한 깨달음은 단순한 지식 이상이다. 죄에 대한 깨달음은 우리 자신에 관한 진실을 알게 되면 계속 이전처럼 사는 것을 용납할 수 없기 때문에 우리의 죄에 관해 뭔가 조치가 취해져야 한다는 데 대한 확고한 설득이다. 죄에 대한 자각은 사람이 자신이 저지른 모든 죄를 알거나 죄가 얼마나 심각한지에 대해 완전히 깨달았다는 것을 의미하지 않는다. 이런 것들은 우리 자신의 죄악성의 깊이에 대해 더 명확하게 이해하게 됨에 따라 시간이 흐르면서 자라고 발전하는 사안의 측면들이다. 먼저 우리의 삶에 죄가 존재하는 것은 견딜 수 없는 일이고, 예수 그리스도 안에서 그리고 그를 통해서가 아니면 죄로부터 벗어날 수 없음을 아는 일이 필수적이다. 사람이 스스로 자신의 잘못을 통제할 수 있고, 그 잘못을 요구되는 대로 처리할 수 있다고 생각하는 한, 죄에 대한 깨달음이 없고, 따라서 그 사람 안에서 이루어지는 성령의 깊은 사역도 없다.

죄에 대해 깨달으면 의에 대해, 즉 의가 무엇인지 그리고 의를 어떻게 얻을 수 있는지에 대해서도 이해하게 된다. 인간의 행동 기준은 예수 그리스도에 의해 정해진 기준이고, 예수 그리스도가 그 본보기다.[22] 그의 가르침과 본이 없었더라면, 우리는 의가 실제로 무엇인지 이해할 수 없었을 것이다. 고대 이스라엘 사람들은 하나님의 율법을 갖고 있었기 때문에 의가 무엇인지 이해했지만, 그들은 그 율법을 지킬 수 없었기 때문

---

20   엡 2:20.

21   요 16:8-9.

22   고전 11:1.

에 그들 스스로는 그 의를 얻을 수 없었다.[23] 하나님의 아들은 성육신을 통해 하나님의 의를 세상에 가져왔고, 그것이 알려지게 했다. 그러나 의가 무엇인지 아는 것과 그것을 스스로 얻는 것은 전혀 별개다. 신자는 본질상 자신의 본성에 맞지 않고 자신이 달성할 수 있는 능력 밖에 있는 것을 어떻게 얻을 수 있는가?

이 질문에 대한 답은 의는 오직 하나님 자신이 우리에게 값없이 주시는 선물로만 주어진다는 것이다. 이 값없는 선물은 우리 마음속에서 일하시는 성령의 역사인데 이를 "은혜"라고 한다.[24] 은혜는 그리스도인의 삶의 토대다. 하나님의 은혜가 없으면, 우리는 하나님의 호의를 얻을 어떤 일을 행하는 것은 고사하고 존재할 수조차 없다. 그러나 누구나 이에 대해 동의한다고 해도 이 은혜가 우리에게 주어지는 방법과 수단에 관해서, 그리고 "하나님의 의"[25]를 갖거나 그 의가 되는 것이 무엇을 의미하는지에 관해서는 견해차가 크다.

가장 먼저 결정해야 할 것은 은혜가 실제로 무엇이냐다. 은혜가 예방적 은혜, 협력적 은혜, 충분한 은혜, 효율적 은혜와 같은 명칭들을 가진 다양한 종류의 은혜들로 객관화되고 측정되고 해부되고 분석될 수 있는 것인가? 은혜는 물처럼 사람 속에 부어지거나 주입될 수 있는가, 혹은 유산처럼 전달되거나 수여될 수 있는가, 아니면 권리처럼 인정되거나 귀속될 수 있는가? 이런 질문들은 과거에 격렬한 논쟁의 대상이었으며, 성령이 하나님의 백성들 속에서 어떻게 역사하시는지 이해하려면 반드시 답변될 필요가 있다.

우선 하나님의 은혜는 그의 사랑의 열매라는 점이 이해될 필요가 있다. 하나님은 우리를 사랑해서 우리에게 호의를 베풀어 주었고, 우리를 위해 우리가 자신의 자녀로서 다시 자기의 임재 안으로 들어가는 데

---

23   롬 2:12-24; 7:7-24; 갈 3:10-14.

24   엡 2:8.

25   고후 5:21.

필요한 일을 하셨다.[26] 사랑이 사물이 아니듯 은혜도 사물이 아니다. 그
보다는, 은혜는 하나님의 사랑에 의해 규율되는 하나님과 우리의 관계에
서 흘러나오는 우리를 향한 하나님의 행동이다. 사랑과 마찬가지로 은
혜는 우리가 관계라는 맥락에서 경험하는 어떤 것을 묘사하는 데 사용
되는 추상적인 용어로서, 관계의 맥락이 없으면 은혜는 무의미하다. 하
나님은 우리의 창조주이시기 때문에, 우리와 하나님의 관계는 우리를 향
한 그의 은혜와 함께 시작되어야 한다. 설사 우리가 잘못한 것이 없다고
해도, 이 관계를 맺는 주도권은 여전히 하나님께 있을 것이다. 하나님이
어떤 존재인지 그리고 그와 관련해서 우리가 어떤 존재인지를 생각해볼
때 이는 자명하다. 만약 하나님이 우리의 본성의 상태 또는 우리가 그 안
으로 떨어진 죄악성의 상태 너머로 우리를 고양시키기로 결정했다면, 그
것은 하나님의 선함과 자유 의지 때문이며, 그분은 어느 모로든 우리에
게 의존하지 않으신다.[27]

우리는 하나님의 형상과 모양으로 지음 받은 인격적인 존재이기 때
문에 자연스럽게 하나님의 사랑을 받고 그 사랑에 반응할 수 있다. 그러
나 우리는 하나님의 피조물로서 하나님과의 관계를 깨뜨렸기 때문에, 우
리 안에서 깨진 것이 수선되지 않는 한 그리고 그때까지는 하나님께 반
응할 수 없다. 성령은 우리의 삶 속에서 바로 그 일을 하러 오셨다. 성령
은 우리의 죄를 깨닫게 함으로써 우리에게 무엇이 잘못되었는지 보여주
시고, 그에 대해 뭔가가 행해져야 한다는 점에 대해 우리를 설득하며 이
어서 필요한 일을 하신다. 성경은 이 일을 돌 같은 마음을 살처럼 부드러
운 마음으로 바꾸는 것으로, 또 새 생명으로 거듭나게 되는 것으로 묘사
한다.[28] 그러나 이 새 생명에는 자체의 자율적 실존이 없다. 이 새 생명은

---

26   요 3:16.
27   롬 9:14-29.
28   겔 11:19; 36:26; 요 3:7; 롬 6:4.

성령 안에서 내주하는 예수 그리스도의 임재에 의해서만 가능해진다.[29] 우리가 하나님의 의가 되었다는 말은 우리의 지음 받은 본성이 하나님의 본체와 비슷한 어떤 것으로 변화되었다는 말이 아니고, 우리 안에서 역사하시는 하나님의 능력에 의해 그 본성이 억제된다는 말이다. 하나님의 의를 떠나서는 의가 없고, 우리는 우리 안에 하나님의 임재의 결과가 아닌 어떤 의가 있다고 주장할 수 없다. 그래서 신자는 오직 그리스도와 연합하여 자신의 삶이 아니라 그리스도의 삶을 살 때만 의롭게 될 수 있다.[30]

이로부터 의는 매우 관계적이고 주관적이라는 결론이 나온다. 객관적 실재로서의 의는 오직 하나님 안에만 존재할 수 있고, 심지어 하나님 안에서도 의는 그 자체로 하나의 사물이라기보다는 하나님의 성품의 표현이다. 우리는 결코 하나님이 의로우시다는 의미에서 의로울 수도, 의로워질 수도 없다. 바로 여기에 신학 논쟁이 집중되었다. 주입된 의나 수여된 의에 대해 말하는 사람들은 인간의 진정한 변화가 가능할 뿐만 아니라, 우리 안에서 일하는 성령의 역사에 의해 그것이 실제로 이루어졌다고 믿는다. 하나님의 뜻부터 은혜를 받는 사람의 기질에 이르기까지 다양한 요소들에 따라 이 의는 시간의 흐름과 함께 한 개인에게서 증가하거나 감소할 수 있고, 교회의 여러 구성원들에게 다양한 수준으로 존재할 것이다. 종종 이 문제는 이런 식으로 숙고되었지만, 신약성경에 이 관점에 대한 근거는 없다. 사람이 의롭게 된다는 것은 우리가 그럴 자격을 갖추기 위해 어떤 일을 했는지 여부와 관계없이 우리의 의가 되시는 하나님과 올바른 관계에 있게 되는 것이다.

성화도 마찬가지다. 성화는 종종 시간이 지남에 따라 은혜가 점차 커지고 그와 함께 더 큰 의를 가져다주는 것으로 여겨진다. 그러나 이것은

---

29 갈 4:6.
30 갈 2:20.

불가능하다. 하나님의 의는 인간에게 이전될 수 없다. 하나님의 의가 우리를 위해 그리스도가 드린 희생제사에 의해 전가된다 해도, 시간이 지남에 따라 그 희생제사가 증가하는 것이 아니며 우리에 대한 의의 전가가 증가하지도 않는다. 성화는 우리가 우리의 일상의 삶 속에서 이루어내도록 요구되는 어떤 것이지만, 우리는 우리 안에서 일하시는 성령의 도움으로만 그것을 해낼 수 있다. 우리는 우리에게 주어진 어느 정도의 의나 은혜를 다루는 데 있어 더 나아지거나 능숙한 사람이 되지 않는다.

결국 우리가 신자의 삶 속에서 이런 것들의 "증가"에 관해 말할 때, 실제로는 하나님께 대한 우리의 사랑이 깊어지는 것에 관해 말하고 있는 것이다.[31] 우리에 대한 하나님의 사랑은 이미 완전하기 때문에 증가할 수 없지만, 하나님께 대한 우리의 사랑은 우리가 그리스도인의 삶을 계속해감에 따라 성숙할 수 있고 실제로 성숙한다. 결혼한 지 40년 된 부부가 신혼 시절보다 "더 결혼한" 것은 아니지만, 결혼생활은 그 기간 동안 공통의 노력과 경험을 통해 더 성숙해지고 깊어졌다. 우리와 하나님의 관계도 마찬가지다. 우리는 처음에 회심했을 때보다 40년이 지난 뒤에 더 많이 "거듭나지는" 않지만, 살아오면서 그것이 무엇을 의미하는지 더 많이 배웠다. 인간으로서 개선되기는 고사하고, 우리가 얼마나 구속받을 수 없을 정도로 악한지, 그리고 우리의 삶에서 역사하는 하나님의 은혜를 얼마나 많이 필요로 하는지를 발견하게 된다. 하늘에 가면 우리는 하나님과 완전히 연합할 것이고, 하나님의 은혜에 대한 의존이 완성될 것이며, 하나님이 우리의 삶에서 "만유 안에 계신 만유의 주"가 되실 것이다.[32]

---

31   살전 3:12.
32   고전 15:28.

성령과 하나님의 백성의 선교

　제자들에게 성령을 부어주신 것이 오순절의 유일한 열매는 아니었다. 베드로가 다른 제자들과 함께 일어나 그들의 새 믿음을 설교하고 3천 명이 회심한 일도 바로 그날에 일어났다. 처음부터 신자들의 삶에서 성령이 내주하심에 따라 복음 전도의 명령이 주어졌고, 성령은 구원받도록 부름 받고 선택 받은 사람들에게 그리스도의 복음을 땅 끝까지 전할 능력을 주러 오셨다.

　이 사명은 오순절 절기를 지키러 예루살렘에 온 사람들이 어디서 왔건 상관없이 제자들이 하는 말을 이해할 수 있도록, 제자들에게 다른 외국어들로 말할 능력이 주어진 사실로 상징되었다. 그 본문은 그렇게 명시적으로 말하지 않지만, 일반적으로 오순절은 민족들의 언어들이 혼잡해져 사람들이 더 이상 서로 이해할 수 없게 된 바벨탑에서 일어난 일[33]의 정반대를 나타낸다고 가정되었다. 신약성경은 방언을 말하는 일이 이후에도 일어났다고 기록하지만, 그 맥락들은 다소 예외적이다. 예를 들어 베드로가 백부장 고넬료에게 복음을 전하러 가이사랴에 갔을 때, 베드로의 말을 들은 모든 사람들에게 성령이 내려와 그들이 모두 방언으로 말하기 시작했다고 기록되어 있다.[34] 그러나 우리는 베드로가 고넬료가 이방인이라는 이유로 그에게 가기를 매우 꺼려했으며, 그들이 모두 방언으로 말한 현상은 복음이 유대인뿐만 아니라 이방인을 위한 것이기도 하다는 메시지를 강조하려는 의도였을 수도 있음을 명심해야 한다. 또 다른 예를 들어보면 에베소에서 바울이 그곳 제자들이 성령에 대해 들어본 적도 없음을 발견했을 때 같은 일이 일어났다. 여기서도, 방언으로 말하는 것은 선교를 위해 성령을 보내신 것의 실재성과 중요성을 강

33　창 11:7.
34　행 10:46.

조한 것으로 보이며, 비록 방언에 관한 말은 없지만 사마리아에서도 같은 일이 일어났을 수도 있다.[35] 방언의 은사가 중요하기는 했지만 그것이 성령의 사명에 필수적인 것은 아니었던 것 같다. 그리고 에베소와 고린도, 그리고 어쩌면 사마리아에서 인용된 경우를 제외하면, 신약의 신자 공동체 가운데 방언에 대한 언급은 없다.

동시에, 최초의 그리스도인들의 선교 전략은 매일 성령에 의해 인도되었다는 명확한 진술이 있다. 왜냐하면 성령이 규칙적으로 사도들에게 무엇을 해야 할지 말했고, 때로는 사도들이 세운 계획을 바꾸기도 했기 때문이다.[36] 그 경우 본질상 사도들에게 일어난 일을 우리에게 직접 적용할 수는 없다. 왜냐하면 우리도 사도들과 마찬가지로 성령의 인도와 지도에 열린 마음을 갖고 있어야 하지만, 사도들의 상황은 우리의 상황과 아주 다르기 때문이다. 성령은 주권자로서 자신이 원하는 대로 행하신다. 우리의 의무는 우리에게 성령의 감동이 올 때 그 음성을 듣고 순종하는 것이다. 그러나 구체적인 경우들에 있어 이 일이 어떻게 펼쳐지건, 우리는 하나님의 말씀과 그 말씀이 담고 있는 구원의 메시지를 전파하는 것이 언제나 성령의 목적이라는 사실을 알고 있다.[37] 교회는 그 목적을 진척시키기 위해 존재하며, 교회의 궁극적인 목표는 하늘나라 안에서 하나님의 사랑을 완성시키는 것이다.

오늘날 교회 생활에서 벌어지고 있는 특정 상황이 성령의 역사인지 어떻게 알 수 있는가? 이것은 오늘날 매우 어려운 주제다. 너무도 많은 사람들이 자기들이 생각하고 말하고 하는 일들이 성령의 인도를 받은 것이라고 주장해서, 그것을 비판하기가 거의 불가능하기 때문이다. 어떤 특정 음성이나 활동이 주님의 것인지 판단하도록 도움을 주는 어떤 원리가 있는가? 로마 가톨릭교회에서는, 그리고 그보다 정도는 덜하지

---

35   행 19:6; 8:14-17.
36   행 10:19-20; 16:6.
37   고전 12:13.

만 동방 정교회에서는 언제나 그 질문에 답변할 수 있다고 생각되는 교황 또는 교회 지배층의 권위에 의존할 수 있다. 그러나 거기에서도, 역사상 하나님의 성령의 운동들이 제도 교회 자체의 반대에 부딪친 적이 있었다. 아시시의 프란시스코의 경우와 같이 결국 반대가 극복되고 새로운 영성의 물결이 기존의 교회 제도 안으로 통합된 경우들도 있었다. 그러나 다른 경우들, 특히 개신교 종교개혁 시대에는 그런 일이 일어나지 않았다. 오늘날 누가 감히 교황청이 마르틴 루터에게 유죄 판결을 내린 것이 옳았다고 주장하겠는가? 그것이 실수였다면, 다른 사안에 대해 어떻게 교황의 판단을 신뢰할 수 있는가?

개신교 세계에서는 종종 개인의 활동들에 넓은 재량권이 주어지며, 하나님이 자신에게 그렇게 하라고 인도하고 있다고 생각한 사람들에 의해 시작된 많은 사업들과 사역들이 있다. 실패에 관한 이야기보다 성공에 관한 이야기를 들을 가능성이 더 크지만 잘못된 출발들이 많았고, 개인적인 열정을 보이는 사람들을 만날 때 조심하는 사람들에게는 종종 그럴 만한 충분한 이유가 있다. 신약성경은 이 문제를 직접 다루지 않는다. 하지만 신약성경이 교회의 일반적인 삶에 관해 말하는 내용으로부터 도출할 수 있는 특정 원리들이 있다.

첫째, 복음의 내용은 변경되지 않아야 한다. 누가 와서 신약성경에서 발견되는 것과 다른 복음을 전한다면, 비록 그가 하늘에서 온 천사의 권위를 갖고 있는 것으로 보인다 해도 그는 거절되어야 한다.[38] 이 점은 특히 최근에 감독, 신학자, 교회 공의회들이 명백히 하나님의 말씀과 양립할 수 없는 관념들과 정책들을 조장한 소위 "주류" 개신교 교회들과 관련이 있다. 이런 교회들에 속한 그리스도인들에게는 그런 가르침을 거부하는 것 외에 다른 대안이 없다. 그들은 계시된 진리에 반하는 인간의 권위를 존중해서는 안 된다.

---

38   갈 1:8.

6부 • 하나님의 사랑의 완성

둘째, 내적 혼란과 무질서로 교회의 증언에 나쁜 평판을 초래해서는 안 된다.[39] 만약 어떤 새로운 사업이 빛보다 열을 더 많이 발생시킨다면, 그것은 설사 신학적으로 정당화된다고 해도 아마 잘못되었을 것이다. 초기 교회에서 우상에게 제사지낸 고기를 먹는 데 양심의 가책을 받는 사람들이 있었던 반면에, 문제가 없던 사람들도 있었다. 바울은 원리상으로는 고기를 먹는 데 문제가 없던 사람들 편을 들었지만, 그들에게 부차적인 중요성을 가진 문제로 인해 교회가 분열될 정도로 자신의 믿음을 밀어붙이기보다는 "더 연약한 형제들"을 수용하는 것이 더욱 중요하다고 말했다.[40]

마지막으로 성령은 우리가 다른 사람들의 선교 사역을 방해하게끔 하는 방식으로 우리를 인도하지 않는다. 어떤 사람들은 이미 복음 증거가 활발하게 이루어지고 있는 지역들에서 새로운 교회를 개척하라는 인도를 받았다고 생각했고, 그 결과 불필요한 분열과 중복이 생겼다. 바울은 이 문제를 이해했으며 로마 지역 교인들에게 자기는 다른 사람의 터 위에 교회를 세울 의도가 없다고 선언했다.[41] 만약 하나님이 바울을 선교로 부르고 계셨다면, 바울의 사역은 아직 복음이 전해지지 않은 지역에 교회를 세우는 것이 될 것이었다. 우리의 타락한 세상에서는 늘 어려움과 결정을 내려야 할 힘든 선택들이 있을 것이다. 예컨대 비록 가톨릭교회가 종종 복음 전도의 노력에서 표면 밑으로 침투한 적이 거의 없기는 하지만, 주민들이 전통적으로 가톨릭 신자들이었던 남미에서 개신교 선교사들이 사역해야 하는가? 우리는 기존 제도 안에서 일할 수 있는가, 아니면 기존 제도가 우리에게 뭔가 새로운 일을 시작하도록 강요하는가? 우리와 다른 사람들을 다룰 때 우리가 목표로 삼아야 할 협력의 한계는 무엇인가? 신실한 신자들은 때로는 이런 질문들에 상이한 답변을 제시

---

39   고전 14:40.
40   롬 14:20-23.
41   롬 15:20.

하고 이런 문제들에 의해 제기된 어려움들을 다양한 방식으로 해소하려고 하겠지만, 우리가 기본 원리들을 유념한다면, 최소한 그런 잠재적인 갈등의 원천을 극복할 수 있을 뿐 아니라 죽어가는 세상에 그리스도의 소식을 제시하는 성령의 지속적인 사명을 위해 협력할 수 있는 기회가 있을 것이다.

28장
•
그리스도인의 삶

구원받도록 선택됨

그리스도인이 된다는 것은 자신이 하나님께 선택되었음을 아는 것이다. 우리는 하나님이 왜 우리를 선택하셨는지 그의 마음을 헤아릴 수 없으며, 그의 선택을 결정한 가시적 기준이나 현세의 기준이 없기 때문에 우리는 이에 대해 추측할 수도 없다. 예수는 제자들에게 자신이 영광중에 돌아올 때 두 사람이 나란히 일을 하다가 한 사람은 데려감을 당하고 다른 한 사람은 남겨질 것이라고 말했다.[1] 같은 원리가 지금의 믿음에도 적용된다. 두 사람이 복음을 들어도 한 사람은 회개하고 믿지만, 다른 한 사람은 믿지 않을 수 있다. 상황과 메시지는 똑같지만, 우리가 알 수 없는 이유로 하나님의 뜻은 한 사람은 하나님께 이끌고 다른 한 사람은 뒤에 남겨놓는다. 하나님이 이렇게 하시는 것은 불공정하다고 생각하는 사람들이 있는데, 그런 사람들에게 바울은 다음과 같이 대답한다.

사람아, 네가 누구이기에 하나님께 대꾸하느냐? 지음 받은 물건이 지은

---

1   마 24:40-41; 눅 17:34-36.

자에게 "왜 나를 이렇게 만들었소?"라고 말할 수 있느냐? 토기장이가 진흙에 대해 같은 덩이로 하나는 귀하게 쓸 그릇을, 하나는 천하게 쓸 그릇을 만들 권리가 없느냐? 만일 하나님이 자신의 진노를 보여주고 자신의 능력을 알려주기를 원해서, 자신이 미리 준비해둔 자비의 그릇들에게 자신의 영광의 풍성함을 알려주기 위해 멸망시키기로 준비된 진노의 그릇들을 큰 인내로 참아주었다 한들 그게 무슨 상관이냐?[2]

하나님께 선택된 사람들은 자기가 그런 부르심을 받을 자격이 없다는 것을 알고 있으며, 오히려 다른 사람들이 자기보다 더 자격이 있다고 느낄 수 있다. 그러나 하나님의 선택이 우리의 자격을 토대로 작동한다면 아무도 구원받지 못할 것이기 때문에, 그 선택은 그렇게 작동하지 않는다. 하나님은 다른 아무것에도 의존하지 않고 오직 우리를 향한 자신의 사랑에 의존하는 자신의 의지의 행위로 우리에게 다가와 우리를 구원하신다. 우리는 하나님이 왜 우리를 선택하셨는지 알지 못하며, 그럼에도 하나님이 다른 사람들을 사랑하지 않아서 그들을 거부하셨다고 말할 수 없다. 위의 구절이 암시하는 것처럼 하나님은 그들을 다른 목적을 위해 창조하셨기 때문에 하나님이 그들을 사랑하는 방식은 하나님이 우리를 사랑하시는 방식과 다르다. 유죄 판결을 받은 사람들에게 불평할 권리가 없다면, 구원받은 사람들이 어떻게 하나님의 뜻에 의문을 품을 수 있겠는가?

구원받기로 선택 받는다는 것은 권리가 아니라 특권이며, 만약 우리가 구원에 대해 건방지게 굴면 그 구원이 몰수될 가능성이 실제로 있다.[3] 고대 이스라엘 사람들은 자기들이 하나님의 언약 백성이기 때문에 안전하다고 생각했지만, 하나님은 그들을 물리쳤고 그들 대신 이방인들을 선

---

2 롬 9:20-23.
3 롬 11:17-24.

　　　　　　　　　　　　　　6부 • 하나님의 사랑의 완성

택하셨다. 우리는 아무것도 하나님의 사랑에서 우리를 끊을 수 없고 따라서 우리는 우리의 구원을 상실할 수 없다는 확신을 갖고 있지만,[4] 또한 우리는 하나님의 사랑에 대해 건방지게 굴 수 없다는 것도 알고 있다. 바로 여기에 논리적 분석을 허용하지 않지만 살아 있는 관계의 맥락에서 이해되는 신비가 있다. 하나님을 알고 하나님을 사랑하는 것은 우리가 얼마나 우리에게 주어진 은혜를 받을 자격이 없는지 이해하는 것이다. 사악한 피조물인 우리는 하나님을 반역하려고 시도할 수 있지만, 하나님은 곧 그런 반역이 성공한다면 그 결과가 얼마나 끔찍할지 우리에게 보여주고, 우리를 자신에게로 다시 끌어들인다.

구원받기로 선택된 사람들은 하나님이 부르실 때 그 부르심에 반응할 수밖에 없다는 것도 안다. 하나님은 모든 사람에게 회개하라고 명령하셨고, 그 명령을 듣고 순종하지 않는 사람들은 구원받을 수 없다.[5] 예수가 제자들을 불렀을 때 그들은 즉시 하던 일을 멈추고 예수를 따랐다. 핑계를 댔던 사람들은 하나님 나라에 적합하지 않았기 때문에 받아들여지지 않았는데, 그들처럼 행동하면 우리에게도 같은 일이 일어날 것이다.[6] 다메섹 도상의 다소 사람 사울의 경우처럼 그리스도를 만나는 것은, 그것이 아무리 우리를 자유롭게 하더라도, "선택" 개념을 무의미하게 하는 압도적인 경험이다. 그런 의미에서 그것은 사랑에 빠지는 것과 같다. 그것도 "선택"이 아니지만, 그것은 우리의 정신을 고양시키고 우리의 의지를 자유롭게 해서 우리가 사랑하는 사람을 존중하고 섬기게 한다. 만약 인간의 관점에서도 그렇다면, 하나님의 사랑에 대해서는 얼마나 더 그러겠는가?

하나님이 구원한 사람들은 자기들이 특정한 목적을 위해 선택 받았다는 것도 안다. 구원은 제공한 섬김에 대한 보상도 아니고, 복권에 당첨되

---

4   롬 8:38-39.
5   행 17:30.
6   눅 9:62.

는 것과 비교할 수도 없다. 구원은 우리에게 주어진 어떤 것이다. 우리 안에서 자신의 뜻과 목적을 이루기 위해 일하는 이는 하나님이시기 때문에, 구원은 우리가 "두렵고 떨림으로" 이루어야 하는 어떤 것이다.[7] 그리스도인의 삶에는 조기 은퇴와 같은 것은 없다!

자기가 하나님에 의해 선택되었음을 안다는 것은 우리를 겸손하게 만드는 경험이며, 겸손은 그리스도인의 주된 특징이다. 우리에게 두려움 없이 하나님의 말씀을 선포할 영적 권위를 주는 것은 겸손함이다. 왜냐하면 우리가 자신의 이익을 추구하는 것이 아니라, 우리 구주 예수 그리스도의 영광을 추구하기 때문이다. 바울은 이 점을 잘 보여준다. 그는 하나님께 받은 복음을 전하라는 귀한 사명과 그의 사역에 감동을 받은 모든 사람들에게 받는 존경에도 불구하고, 자신을 "모든 성도 중에 가장 작은 자"와 죄인들 중 "첫째"라고 부르기를 주저하지 않았다.[8] 사도로서 고린도 교회 교인들의 영적 미성숙을 꾸짖고 규율을 정한 뒤에 바울은 이렇게 말했다.

나는 사도 중에 가장 작고, 하나님의 교회를 박해했기 때문에 사도로 불릴 자격이 없다. 그러나 하나님의 은혜로 나는 지금의 내가 되었고 나를 향한 하나님의 은혜가 헛되지 않았다. 오히려, 비록 그것이 내가 한 일이 아니라 나와 함께 한 하나님의 은혜가 한 일이기는 하지만 나는 다른 어느 사도들보다 더 열심히 일했다.[9]

이 말씀 속에는 하나님께 선택된 것이 무엇을 의미하는지 아는 사람의 정신이 살아 숨쉬고 있다. 우리의 죄는 바울의 죄와 다를 수 있지만 우리를 향한 하나님의 은혜는 똑같으며, 우리는 지금 자신의 노력에 의

---

7   빌 2:12-13; 벧후 1:10.
8   엡 3:8-9; 딤전 1:15.
9   고전 15:9-10.

해서가 아니라 바로 그 은혜를 통해 하나님을 섬기고 하나님을 즐겁게 하라고 부름을 받은 것이다.

하나님의 은혜를 안다는 것은 우리의 삶에서 하나님의 권위에 복종하는 것이다. 심지어 예수도 자기 아버지의 뜻에 순종하기를 배워야 했고, 그래서 그는 우리를 위해 십자가에서 죽음을 당했다.[10] 종들인 우리는 우리 주인보다 크지 않으며, 우리 주인이 자신의 십자가를 짊어져야 했다면 우리도 우리의 십자가를 져야 하며, 그것도 날마다 져야 한다고 확신할 수 있을 것이다.[11] 순종은 그리스도인이 배워야 하는 것 가운데 가장 배우기 어려운 것이다. 아마도 우리는 하나님이 우리에게 하고 싶지 않은 어떤 일을 하도록 요구하셨는데, 그것이 옳은 일이라는 것을 알기 때문에 하나님의 뜻에 순종할 때만 순종을 배웠다는 것을 안다고 말할 수 있을 것이다. 예수는 겟세마네 동산에서 그렇게 했다. 예수는 자신이 십자가에서 겪게 되어 있던 고통이 자기에게서 제거되도록 기도했지만, 피 같은 땀을 흘릴 정도의 치열한 영적 투쟁 뒤에[12] 자신의 인간적인 뜻을 자기 아버지께 굴복시켰다. 우리는 예수를 위해 모든 것을 굴복시키도록 부르심을 받았고, 예수의 예가 보여주는 것처럼 그 굴복의 대가는 매우 클 수 있다.

우리에게 치르도록 요구되는 영적 투쟁은 치열할 수 있으며, 달아나 평온한 삶을 추구하기를 열망할 때가 있을 것이다. 그러나 하나님께 선택된다는 것은 하나님이 우리를 도망가도록 내버려두지 않을 것이라는 것을 의미한다. 요나는 도망치려고 했지만 하나님이 개입하셔서, 비록 요나가 그 소명을 완전히 받아들이지는 않았지만 자신의 예언적 소명을 이루게 하셨다.[13] 하나님의 자녀는 이것을 너무 잘 안다. 우리가 하나님

---

10   히 5:8.
11   눅 9:23.
12   눅 22:44.
13   욘 4:1-3.

으로부터 도망칠 때마다 하나님의 사랑의 손이 다가와 우리를 다시 데려 간다. 왜냐하면 하나님의 양들이 아무리 열심히 달아나려고 해도 하나님은 양 한 마리도 잃어버리지 않으실 것이기 때문이다.[14] 우리는 이것이 즐거운 경험인 척할 수 없다. 그 경험은 즐겁지 않은 경우가 아주 흔하다. 우리는 하나님이 우리의 욕구를 좌절시킨 데 대해 하나님께 화를 낼 수 있다. 우리는 원하는 대로 할 수 없기 때문에 좌절감을 느낄 수 있다. 우리는 받을 자격이 있다고 믿는 것이 우리에게 주어지지 않았기 때문에 불공정하게 대우받았다고 생각할 수 있다. 순전히 인간적인 관점에서는 이런 느낌들에 어느 정도 정당성이 있을 수 있으며, 우리 주위에 있는 사람들이 우리가 불공정하게 취급받았다고 믿도록 우리를 부추길 수도 있다. 그러나 하나님은 자기에게 속한 사람들을 아시고, 그들도 그것을 안다. 우리는 마음 속 깊은 곳에서 이런 고통들은 우리가 더 가치 있고 더 유익한 종들로 증명될 수 있도록 하나님이 아버지로서 베푸시는 징계의 한 부분임을 이해한다.[15]

마지막으로 하나님에 의해 구원받기로 선택된다는 것은 우리 주변 세상과 구별되는 것이다. 이 분리는 물리적 분리가 아니라 영적 분리로서, 이를 이루기가 더 어렵다. 만약 우리 그리스도인들이 수도원에 들어가 자신을 세상으로부터 고립시켜 버리기만 하면 된다면, 그것은 비교적 간단할 것이다. 그러나 그리스도인의 삶을 산다는 것은 세상에 있지만 세상에 속하지 않는 것을 의미하며, 이것은 정말 어려운 일이다.[16] 우리는 세상의 사고방식을 거부하고 그리스도의 마음을 입어야 하는데, 이것은 말은 쉽지만 실천하기는 아주 어렵다.[17] 우리의 삶에서 성령의 역사에 의해 우리의 우선순위들과 가치체계가 바뀌어야 하고, 우리의 관심들이 변

---

14   롬 8:38-39.
15   신 8:5; 잠 13:24; 히 12:6-7.
16   요 17:11-16; 요일 2:15-16; 벧후 1:4.
17   골 2:20-23.

화되어야 하며, 우리의 삶의 목적의식이 근본적으로 변경되어야 한다. 하나님을 사랑하면 하나님을 가장 앞에 두어야 하는데, 그래서 우리는 하나님을 사랑하지 않는, 또는 하나님을 알지도 못하는 세상과 불화하게 되어 있다. 하나님이 선택한 사람들은 곧 그 분리의 고통을 배우게 되겠지만, 우리는 또한 우리에게 다른 선택이 없다는 것도 알게 될 것이다. 주인이 우리를 부르셨고, 우리는 그분께 순종하고 이런 큰 사랑과 관심을 우리에게 보여주신 데 대해 감사해야 한다.

소망 안에서 부름 받음

하나님께 선택된 사람들은 그리스도와 함께 고난을 받도록 요구되지만, 이 고난에는 소망이 없지 않다. 소망은 어떤 맥락들에서는 다른 맥락들에서보다 더 강조되는 경향이 있기는 하지만, 성경의 주요 주제 가운데 하나로서 하나님이 말씀을 통해 우리에게 준 언약에서 근본적인 요소다. 구약성경에서 이 말의 신학적 사용은 주로 지혜 문헌(욥기, 시편, 잠언, 전도서)과 예레미야서(예레미야애가 포함)에 한정되었다. 신약성경에서 소망은 거의 바울, 히브리서, 베드로전서에서만 사용된다. 어쩌면 다소 놀랍게도 이 말은 복음서에서는 전혀 발견되지 않고, 요한 문헌에서도 딱 한 번만 발견된다.[18] 그럴지라도 "소망"이라는 단어가 나오는 본문들은 소망의 중요성을 분명히 알려준다. 바울은 아브라함을 언급하면서 자기 아내가 아이를 낳을 수 있는 나이를 지났음에도 불구하고 그가 많은 민족의 아버지가 되리라는 약속을 믿어서 가망이 없는데도 계속 소망을 가졌다고 말한다.[19] 그러므로 언약의 기초에 소망이 놓여 있으며, 언약은

---

18   요일 3:3.
19   롬 4:18.

소망 없이는 이해될 수 없다.

소망에 관한 대부분의 다른 성경 구절들은 "이스라엘의 소망"에 관해서나, 이방인들이었거나 불순종하는 이스라엘 사람들이었기 때문에 소망이 없었던 사람들에 관해 말한다. 바울은 에베소 교회 교인들을 가리켜 이 점을 명확히 밝히는 말로 묘사한다.

> 너희는…그리스도로부터 분리되었고, 이스라엘 공동체로부터 소외되었
> 으며, 약속의 언약에 대해 남이었고, 세상에서 소망이 없고 하나님도 없었
> 음을 기억하라.[20]

이스라엘은 시편에서 하나님 안에서 갖는 그들의 소망을 아주 분명히 그리고 자주(최소 26회) 표현하는데, 시편이 유대인의 찬송가였기 때문에 그것은 특히 적절하다. 하나님을 예배할 때 그들은 자신을 마음껏 표현하면서, 하나님이 그들의 유일한 구원의 소망이심을 서로에게 상기시켜 주었다.

> 이스라엘아, 여호와를 바랄지어다!
> 여호와께서는 인자하심과
> 풍성한 속량이 있음이라.
> 그가 이스라엘을 그의 모든 죄악에서 속량하시리로다.[21]

이스라엘의 소망은 궁극적으로 자기 백성에 대한 하나님의 변함없는 사랑에 대한 신뢰였다. 하나님은 자기가 주변 민족들에게 가하려는 파멸을 자기 백성이 당하도록 내버려두지 않을 것이다. 이스라엘은 뿌리가

20　엡 2:12.
21　시 130:7-8.

뽑히고 거의 견디지 못할 정도로 시험을 받게 되지만, 예언자 예레미야는 그 깊은 절망 속에서도 다음과 같이 부르짖을 수 있었다.

이스라엘의 소망이신 여호와여,
무릇 주를 버리는 사람은 다 수치를 당할 것이라.
무릇 여호와를 떠나는 사람은 흙에 기록이 되오리니
이는 생수의 근원이신 여호와를 버림이니이다.[22]

이것이 바울이 예수 그리스도가 오심으로써 실현되었다고 선포한 "이스라엘의 소망"이었다.[23] 바울이 이해한 것처럼 이 소망의 본질은 죽음으로부터의 부활이었는데, 이 부활은 예수가 자신의 삶에서 성취했고 이후에 자기를 따르는 사람들에게 약속한 실재였다. 부활의 소망은 이스라엘에게 새로운 것이 아니지만, 이전에 모호하고 논쟁적이었던 믿음이 예수 안에서 그리고 예수에 의해서 초점이 잡히고 실현되었다.[24] 예수를 믿으면 소망이 활기를 띤다. 이 소망에 근거해서 우리는 우리의 마음에서 하나님의 사랑을 경험하며, 소망은 우리 삶을 변화시킨다.[25] 소망은 태도와 관점의 구체적인 변화를 일으키며, 미래에 대해 완전히 새로운 관점을 제공한다. 대부분의 세계 종교들과 문명들은 과거가 현재보다 더 좋았고 미래는 더 악화되기만 할 것이라는 신념에 근거해서 작동되어왔다. 심지어 오늘날에도 보통 사람들, 그리고 운명의 날과 아마겟돈 전쟁과 같은 다양한 시나리오를 그리는 많은 이른바 "미래학자들"들이 표출하는 그런 비관적인 관점은 매우 흔하게 들린다. 순전히 물질적인 관점에서 그들은 달리 행동하기 어렵다. 왜냐하면 비록 삶이 단기적으로는 나

---

22   렘 17:13. 같은 생각을 더 길게 표현하는 애 3:21-30도 보라.
23   행 26:7; 28:20.
24   유대인들 사이에서 이에 대한 의견 불일치에 관해 마 22:23-32을 보라.
25   롬 5:5; 15:13.

아질지라도, 장기적으로 우주의 에너지는 고갈되어 붕괴될 것이고, 이 사건에 비하면 우리가 지금 하고 있는 모든 일들이 하찮고 무의미해 보일 것이기 때문이다.

요즘 서구의 사고에 깊이 스며들어 있는 더 나은 미래에 대한 믿음이 항상 수백 년에 걸친 기독교의 가르침의 산물로 이해되는 것은 아니다. 최근에 더 나은 미래에 대한 대표적인 옹호자들이 하나님을 배제하고 자신의 노력으로 바람직한 개선을 가져올 수 있다고 주장했지만, 그들이 성공할 가능성은 크지 않다. 20세기는 고전적인 관념론적 이상주의의 시대였지만, 그 형태가 공산주의였건, 파시즘이었건, 자유시장 자본주의였건, 이상주의는 실패했다. 공산주의와 파시즘은 집중적인 조직화를 낳았고, "이상"을 따르지 않은 (또는 따를 수 없었던) 사람들에게 말로 표현할 수 없는 공포를 심어주었다. 자유시장 자본주의는 보다 미묘하며 지금도 존속하고 있지만, 그것은 우리에게 소비 사회의 공허함과 돈으로 행복을 살 수 없다는 인식을 물려주었다. 그러나 이런 실패들에도 불구하고, 여전히 세속 세상으로부터 희망의 예언들이 흔하게 들려오고 있다. 일부 정치적 "좌파"들은 공산주의의 실패를 비극적인 실수로 간주하는 경향이 있으며, 일부 "우파"들은 자본주의의 과도한 착취는 수정을 요하는 단순한 성장의 고통에 지나지 않는다며 이를 무시한다.

우리는 더 이상 최초의 그리스도인들처럼 소망 없는 세상에서 사는 것이 아니라, 거짓 소망의 세상에서 살고 있다. 거짓 소망이 참된 소망의 모방이라고 주장하기 때문에, 그것은 여러 면에서 악화되고 있다. 기독교의 소망은 오늘날 세상에서 희망이라는 이름으로 통하고 있는 것과는 전혀 다르다. 우선 우리는 피조물의 유한성을 인정하며,[26] 비록 기술과 과학이 삶을 지금보다 더 즐겁고 생산적으로 만들 수 있다 해도 그것들이 우리의 미래의 복지의 열쇠를 쥐고 있다고 믿지 않는다. 그리스도

26　롬 8:20.

인들은, 비록 기술의 진보가 환영할 만한 일이라고 해도, 그들의 자녀들과 손자들의 삶을 향상시킬 수 있는 기술 진보에 소망을 두지 않는다. 결국 우리는 다 죽을 것이고, 그 점에서 미래 세대는 설사 지금보다 평균적으로 좀 더 오래 산다고 해도 우리보다 나을 것이 없을 것이다.

그리스도인의 소망은 미래가 아니라 영원에 고정되어 있다. 우리의 소망은 이 세상의 부패가 알려져 있지 않은 하늘에 우리를 위해 간직되어 있다.[27] 우리는 우리의 물리적 감각으로 인식할 수 없고 우리에게 동의하지 않는 사람들이 신화적인 것으로 무시하는 경향이 있는 실재의 측면에 초점을 맞추도록 요구된다. 예수 그리스도의 역사적 부활이 이 실재의 객관적 토대이지만, 그것은 더 이상 목격될 수 없다. 대신 우리는 그리스도의 부활이 일어났을 뿐만 아니라, 언젠가 우리도 그리스도처럼 부활할 것이라는 믿음에 뿌리를 둔 소망을 갖고 있다. 우리는 "현재의 고난은 장차 우리 안에서 드러날 영광과 비교할 가치가 없다"[28]는 것을 알기에, 그 믿음은 우리에게 현재의 고난을 견딜 힘을 준다.

그리스도인들은 실망과 고난과 죽음에 직면해서 세상에 소망을 보여주도록 요구된다. 그런 상황에서 우리가 어떻게 처신하느냐가 그리스도에 대한 우리의 믿음과 헌신의 참된 증거다. 그것이 우리가 세상 사람들에게 가장 효과적으로 말하는 방법이며, 종종 다른 방식으로는 그들에게 우리의 믿음을 전해줄 수 없었을 법한 기회를 제공한다.[29] 바울은 우리가 죽은 사람들에 관해 어떻게 슬퍼해야 하는지 다음과 같이 말한다.

형제들아, 자는 자들에 관하여는 너희가 알지 못함을 우리가 원하지 아니하노니 이는 소망 없는 다른 이와 같이 슬퍼하지 않게 하려 함이라. 우리가 예수가 죽었다가 다시 살아나심을 믿을진대 이와 같이 예수 안에서 자

---

27   골 1:5. 마 6:19-21도 보라.
28   롬 8:18.
29   벧전 3:15.

는 자들도 하나님이 그와 함께 데리고 오시리라.[30]

우리는 실패에 대해 너무 괴로워하지 않아야 한다. 그리스도인이 하나님의 명령에 순종하며 살더라도 복음을 전하려는 그의 노력이 거의 또는 전혀 결실을 거두지 못할 수 있다. 자신의 메시지에 사실상 아무도 반응하지 않은 나라들에서 평생을 보낸 선교사들도 있다. 기껏 교회를 세웠지만 이런 저런 이유로 교회가 와해되는 것을 지켜본 사람들도 있다. 이런 경험들은 다른 사람들은 별로 노력하지 않고서도 커다란 성공을 거둔 것으로 보일 때, 특히 감당하기 힘들다. 그것이 완전한 사실이 아니라는 점은 거의 확실하지만, 충실하게 전하고 열심히 일하면 그 결과 사역은 성공할 수밖에 없는 것처럼 보이게 하는 방식으로 상황이 전개될 수 있다. 외형적인 성공을 거두지 못하는 것은 불성실에 대한 하나님의 심판의 증거로 보이게 될 수도 있지만, 그것이 항상 사실인 것은 결코 아니다. 바울은 지중해 연안의 중요한 많은 도시들에 교회들을 세웠지만, 실패한 것으로 보이는 도시들도 있었다. 아테네가 이에 대한 현저한 예다.[31] 바울이 그곳에 간 것이 잘못이었는가? 물론 그렇지 않다. 씨를 뿌리는 사람은 그중 일부만 지속되는 열매를 맺을 것이고, 그때조차 그 결과들이 고르지 않을 것이라는 점을 알면서도 할 수 있는 모든 곳에 씨를 뿌려야 한다.[32] 하나님은 결과가 아니라 우리의 신실함으로 우리를 판단하실 것이고, 그것이 우리의 소망이다. 명백한 실패 속에서도 우리는 하나님이 주권적인 주님이라는 것과 우리는 하나님의 소유로 부름 받고 선택 받았기 때문에 하나님께 속했다는 것을 안다.

우리를 위해 하늘에 우리의 유산이 보관되어 있으며, 우리의 눈은 그것에 초점을 맞춰야 한다. 소망 안에서 부르심을 받은 사람들은 그리스

---

30   살전 4:13-14.
31   행 17:32-34.
32   마 13:23.

6부 • 하나님의 사랑의 완성

도가 순결하시다는 것과 그가 돌아올 때 우리도 그와 같게 되리라는 점을 알고, 자신도 순결해지도록 적극적으로 노력해야 한다.[33] 세상으로부터의 분리 그리고 그리스도와의 친밀한 연합이 우리의 소명이며, 이를 추구하는 우리의 열심이 우리가 갖고 있다고 주장하는 소망의 실재에 대한 참된 척도다.

그리스도와 연합함

그리스도께 접붙여지는 것은 인간성 안에서 그리스도와 연합하는 것이고, 우리 삶의 주님인 그리스도께 순종하는 것이다. 이에 대한 성경의 묘사는 그리스도가 머리이고 우리는 그의 몸의 다양한 지체들이라는 것이다.[34] 개별 구성원들은 가지치기 당하거나 심지어 잘라냄 당할 수 있지만, 머리는 몸의 실존의 중심으로 남아 있다. 머리가 구성원들이 할 일을 결정하고 그들이 서로 조화롭게 일하게 하는 조정 원리를 제공한다. 머리가 없으면 구성원들은 아무것도 할 수 없다. 이것을 이해하는 것이 그리스도와 연합하는 것이 무엇을 의미하는지 깨닫는 열쇠다. 우리는 바울이 말하는 것처럼 나무에 접붙여진 가지들이고, 어떤 가지도 나무가 없으면 생존할 수 없다.[35]

그리스도와 연합할 때 우리에게 일어나는 첫 번째 일은 우리가 자신이 진정으로 누구인지, 그리고 그의 세상의 체제에서 우리가 어디에 속해 있는지 발견한다는 것이다. 바울이 고린도전서 12장에서 사용하는 몸의 유비를 취하자면, 만일 우리가 눈이나 손이라면 자신의 완전성을 갖고 있다 해도 곧바로 자율적으로 행동할 수 없다는 사실을 깨닫는다.

---

33   요일 3:3.
34   고전 12:12-31.
35   롬 11:17-25.

눈과 손의 활동은 완전히 다르고 둘 사이에 중복이 없기 때문에, 눈과 손은 기능하기 위해 서로를 필요로 하지 않는다. 그러나 몸에서 빼낸 눈이나 몸에서 잘라낸 손은 전혀 기능할 수 없다. 눈과 손은 몸 안에 있을 때 그것들의 목적이 무엇인지 그리고 어떻게 사용되어야 하는지 알게 된다. 또한 눈과 손은 자기들의 한계가 무엇인지, 그리고 왜 다른 쪽이 몸 전체의 복지에 유용한지도 알게 된다.

설사 자신에게 부족한 것이 아무것도 없다고 해도, 어떤 그리스도인도 독립적으로 존재할 수 없다. 신자는 몸에 형태를 부여하고 몸의 개별 구성원들에게 지시를 내리는 그리스도와 연합할 때만 자신이 진정으로 누구인지, 그리고 그의 세상의 체제에서 우리가 어디에 속해 있는지 알게 된다. 우리는 그리스도와의 연합 안에서만 다른 신자들이 상황의 어디에 들어맞는지, 우리가 어떻게 그리스도께 및 서로에게 도움이 될 수 있는지 이해하게 된다. 우리 서로의 관계는 우리 모두의 주님이자 주인인 예수 그리스도와 우리의 관계의 지배를 받는다. 그리스도의 지시에 대한 우리의 공통적인 복종이 우리를 연합시키는데, 우리는 이 지시를 성경에서 발견하고 우리에게 성경을 해석해주는 성령의 인도에 의해 이 지시를 적용한다.[36] 하나님의 말씀에 대한 이 순종의 정신이 우리가 그리스도께 속해 있다는 것을 증언하고, 그리스도와의 연합을 우리의 경험에서 실재가 되게 한다.

우리는 하나님의 말씀에 복종할 때, 그 안에 표현된 그리스도의 마음을 갖게 된다.[37] 우리를 성령이 가르치는 것을 분별할 수 있는 영적인 사람들로 만드는 것은 그리스도의 마음이기 때문에, 이것은 매우 중요한 문제다. 그리스도는 한 분이고 그의 마음은 하나이기 때문에, 그리스도의 마음을 가진 사람들은 상호 교제 안에서 그리스도께 및 서로에게 연

---

36 살전 2:13.
37 고전 2:16.

6부 • 하나님의 사랑의 완성

합한다. 우리 안에 그리스도의 마음을 갖고 있기에 우리는 그리스도가 누구인지 그리고 그리스도의 목적이 무엇인지 알게 될 뿐만 아니라, 우리에게 이 목적을 이룰 의지와 능력이 주어진다. 이 말은 단순하게 들리고 원리상 간단하지만, 우리가 직면해야 할 한 가지 큰 문제가 있다. 우리는 먼저 자신에 대해 죽지 않으면 그리스도와 연합하거나 우리 안에 그의 마음을 가질 수 없는데, 우리 자신에 대해 죽는 것은 그리 쉽지 않다. 우리는 이 세상에 사는 한 아담의 후손이며, 따라서 아담의 죄악성과 그 죄악성이 만들어낸 하나님과의 깨진 관계의 열매들의 상속자들이다. 하나님은 관계를 바로 잡으시지만 여전히 정리해야 할 것이 많이 있고, 그것은 시간과 인내를 요한다. 자기애(自己愛)는 쉽게 극복되지 않는 강력한 힘이기 때문에 매우 고통스러울 수도 있다. 우리의 가장 큰 문제 중 하나는 종종 우리의 욕망을 하나님의 뜻으로 혼동하고, 거기에 아무 잘못이 없다고 확신하고서 순진무구한 양심으로 그 욕망을 추구하는 것이 편리하다는 것이다. 그러나 바울은 다음의 진술처럼 문제를 전혀 다르게 보았다.

> 내가 그리스도와 함께 십자가에 못 박혔나니 그런즉 이제는 내가 사는 것이 아니요, 오직 내 안에 그리스도가 사시는 것이라. 이제 내가 육체 가운데 사는 것은 나를 사랑하사 나를 위해 자신을 버리신 하나님의 아들을 믿는 믿음 안에서 사는 것이라.[38]

바울은 이것이 쉽거나 고통이 없는 척하지 않았다. 십자가에 못 박히는 것은 불쾌한 경험이지만, 바울은 이 문맥에서 그 유비를 사용하기로 했다. 그것을 감당할 수 있고 실로 설득력 있게 만드는 것은 예수 자신이 이미 우리를 위해 하지 않은 어떤 일을 우리에게 자기를 위해 하라고 요

---

38   갈 2:20.

구하지 않는다는 것이다. 예수는 우리를 사랑했기 때문에 십자가에 처형당했다. 예수는 우리가 자기와 함께 살고 또한 영원히 자기를 위해 살게 하려고 기꺼이 우리를 위해 자신을 희생했다.

가장 놀라운 점은 우리가 그리스도의 고난을 공유하도록 부름 받았을 뿐만 아니라, 세상에서 그리스도를 섬길 때 우리 자신의 삶 속에서 그의 고난을 채우고 완성하는 일이 우리에게 주어졌다는 것이다.[39] 바울은 복음을 위한 자신의 고난을 즐거워하고, 그 고난 속에서 하나님의 백성의 구원을 위한 하나님의 목적이 이루어지고 있는 것을 보는 법을 배웠다. 물론 바울이나 다른 어느 누구도 그리스도의 고난과 죽음이 구원에서 차지하고 있는 의미에 어떤 것도 덧붙일 수 없지만, 바울이 골로새 교회 교인들에게 자신이 "그리스도의 고난에서 부족한 것을 채우고 있다"고 한 말은 그런 뜻이 아니다.[40] 이 놀랄 만한 구절은 그리스도와의 연합이라는 맥락 안에 두어질 때만 제대로 이해될 수 있다. 바울의 생명이 자신의 것이 아니라 그리스도의 것이었던 것처럼, 그의 고난들도 자신에게 속하지 않았다. 그 고난들은, 우리의 구원을 간청하기 위해 하늘로 올라갔지만 그의 몸인 교회 안에서 계속 지상에 머무르고 있는 예수의 고난들이었다. 그리스도의 몸은 지금 상처 없이는 나타날 수 없으며, 따라서 우리가 그리스도의 몸의 부분들이라면 우리는 그의 상처도 공유하리라고 예상해야 한다. 바울은 디모데에게 편지를 써서 "하나님의 능력에 의해 복음을 위해 고난을 공유하라"고 격려하기를 주저하지 않았다.[41] 왜냐하면 그것이 모든 참된 신자들의 소명이기 때문이다.

그리스도의 마음을 가지면 자신이 누구인지 이해하는 데 도움이 되고, 그리스도의 죽음을 본받아 변화되라는 우리의 소명과 함께 오는 고난을 감당할 힘을 얻게 된다. 그것은 또한 우리에게 이 고난의 목적은 멸

---

39 빌 3:10; 고후 1:5; 골 1:24.
40 골 1:24.
41 딤후 1:8.

절이 아니라, 언젠가 우리가 그리스도와 함께 완전히 공유하게 될 부활의 시작이자 약속인 새 생명이라는 사실도 보증해준다.[42] 이생에서 그 약속의 경험은 우리의 마음속에 거하는 성령의 임재 안에서 그리고 그 임재를 통해 오는데, 이 경험은 무엇보다 기도의 삶에서 표현된다. 바울이 다음과 같이 말한 것처럼 말이다.

> 너희가 아들이므로 하나님이 자기 아들의 영을 우리 마음 가운데 보내사 "아바! 아버지!"라 부르게 하셨느니라.[43]

우리 혼자서는 어떻게 기도할지 그리고 무엇을 기도할지 모르지만, 하나님의 영이 우리를 위해 탄원하시며, 성령을 보내시고 성령의 마음을 아시는 성부는 성령이 우리 안에서 그리고 우리를 통해 드리는 기도를 들으신다.[44]

오늘날 그리스도인의 삶의 측면들 중 기도만큼 무시되는 것은 없다. 현대인들은 행동주의자들이며, 수수방관하며 아무것도 하지 않는 사람들을, 특히 "기도"의 힘에 의지함으로써 자기들의 게으름을 정당화하려고 하는 사람들을 불신하는 경향이 있다(그런 태도는 종종 옳을 때가 있다). 그러나 그런 오해와 악용이 가능하다는 사실은 이 필수적인 주제가 소홀히 취급되었음을 보여주며, 바로 그것이 너무도 많은 우리의 활동주의가 참된 열매를 거의 맺지 못하는 주된 이유다. 기도는 우리를 그리스도와 연결하고 우리와 그리스도의 관계에 의미를 부여하는 생명줄이다. 그리스도인이 되고서 기도하지 않는 것은 결혼했지만 배우자와 대화하지 않는 것과 같다. 그것이 이론적으로 가능할 수는 있겠지만, 그렇게 되면 그것이 어떤 관계가 되겠는가? 그것은 확실히 성장하고 번성하는 관계는

---

42 롬 8:17-18.
43 갈 4:6.
44 롬 8:26-27.

아닐 것이다!

간단히 말해 그리스도와의 연합의 친밀도는 우리의 기도 생활의 질에 의해 측정될 수 있다. 이것은 외적 준수나 형식적인 의식의 문제가 아니며, 유창함과도 아무 관계가 없다. 사람들이 공개 석상에서 길고 상당히 열정적으로 기도하는 것을 흔히 들을 수 있지만, 그들은 하나님께 말하고 있는 것이 아니라 그 기도를 듣고 있는 사람들에게 설교하고 있는 경우가 너무도 흔하다. 예수는 자기 제자들에게 기도할 때 과시하기를 즐기고 깊은 인상을 주는 것을 좋아하는 바리새인들과 같이 기도하지 말라고 말했다.[45] 대신 예수는 제자들에게 한적한 곳에 가서 조용히 기도하되, 말을 많이 하지 말고 각각의 말이 중요한 말이 되게 하라고 가르쳤다. 예수가 제자들에게 가르쳤고 사실상 모든 그리스도인이 외우고 있는 기도는 근본적으로 예수 자신과의 연합을 위한 기도다.[46] 무엇보다, 우리는 예수 자신이 사용한 "아버지"라는 말을 사용하여 하나님께 기도하라는 말을 듣는다. 이 말은 유대인들에게서 자연스럽게 나오지 않았고, 유대인들은 예수가 그런 말을 사용하는 것이 실제로 신성모독은 아니라 해도 주제넘은 짓이라고 여겼다.[47] 그러나 예수는 자신이 그 말을 사용했을 뿐만 아니라 제자들에게도 사용하라고 가르쳤고, 그렇게 함으로써 제자들을 예수 자신이 하나님과 가졌던 것과 같은 관계 안에 두었다.

기도의 첫 번째 목적은 하나님을 영화롭게 하는 것이며, 따라서 예수는 제자들에게 하나님의 이름이 "거룩하게 여겨지도록" 요청하라고 말했다. 이것은 그들이 이미 거룩한 존재인 하나님이 더 거룩해지도록 기도해야 한다는 것을 의미할 수 없고, 그보다는 하나님의 이름 즉 하나님의 명성과 영광이 그 자체로 존중되고 그 이름이 우리 마음속에서 다른 무엇보다도 더 초점을 맞출 대상으로 구별되어야 한다는 것을 의미한다.

---

45   마 6:5.

46   마 6:9-13.

47   요 5:18.

일단 그렇게 하고 나면 예수가 다음과 같이 네 가지 주요 제목으로 요약한 것을 위해 기도할 수 있다.

A. 천국의 도래
B. 하나님의 선물 수여
C. 우리의 죄 용서
D. 유혹과 악으로부터의 구원

이 제목들 각각의 기도는 우리가 그리스도와 연합된다는 것이 무엇을 의미하는지에 대한 더 깊은 신비 속으로 우리를 인도한다. 첫째, 천국의 도래와 그에 수반해야 하는 하나님의 뜻을 행함이 있다. 왕이 없으면 나라도 없으므로, 우리는 우리의 마음에 하나님이 임재하시기를 기도한다. 그의 뜻 행하기에 관해서는, 우리는 이미 이것이 예수가 십자가에 처형당하기 전날 밤에 최고의 희생제사를 준비할 때 드렸던 기도였음을 보았다. 그러므로 우리가 실제로 기도하는 것은 우리의 뜻을 예수 자신의 뜻에 복종시키고 우리를 예수 자신의 성령의 힘에 의해 살게 해달라는 것, 그리고 우리 안에 자신의 나라를 가져오는 십자가에 못 박힌 그리스도를 더 깊이 경험하게 해 달라는 것이다.

우리가 받기 위해 기도하는 선물들 가운데 가장 큰 것은 우리의 생존에 필요한 음식이다. 예수는 의심할 바 없이 광야에서 날마다 이스라엘 백성을 먹였던 만나를 암시했다. 이 심상은 신약성경에서 우리가 예수와 연합할 때만 우리의 것이 되는 영적 음식에 대한 묘사로 반복해서 등장한다.[48] 예수는 하늘에서 내려온 빵이고, 예수 안에서 우리의 모든 소원과 필요가 충족된다.

그다음으로 기도하도록 요구받는 제목은 용서다. 물론 용서는 그리스

---

48   요 6:35, 41; 고전 10:3.

도 안에서, 그리고 우리를 위한 그의 희생을 통해서만 받을 수 있다. 그를 떠나서는 속죄도 없고, 용서도 없고, 용서할 능력도 없다. 우리 마음속에서 역사하는 하나님의 사랑이 없으면 우리가 다른 사람들을 사랑할 수 없는 것처럼, 우리가 그리스도와 함께 십자가에 못 박힘으로써 그의 용서를 알지 못하는 한, 우리는 다른 사람들을 용서할 수 없다. 다른 사람들을 용서하고 우리 자신이 용서받을 수 있게 되는 비밀은 그리스도께 연합되는 것이다.

마지막으로 우리는 유혹과 악에서 구원받기 위해 기도하라는 말을 듣는다. 유혹은 우리가 그 안으로 빠져 들어가는 것인 반면, 악은 우리가 그로부터 구원받아야 하는 것이다. 이 둘이 같은 것은 아니지만 우리를 유혹하는 자는 악한 자이고 우리가 유혹에 빠지지 않으려면 악한 자로부터 구원받아야하기 때문에, 그것들은 깊이 관련되어 있다. 이것은 우리가 악의 세력을 패배시키고 그 세력으로부터 우리를 해방시킨 그리스도와 연합할 때만 가능하다. 만약 우리가 죽음에서 해방되었다면 그것은 그리스도가 죽음에서 해방되었기 때문이다. 우리의 새 생명은 우리가 그리스도께 접붙여질 때 그가 우리에게 주시는 생명이다. 여기서도 우리가 싸우도록 요구받는 영적 싸움은 그리스도가 우리를 위해 이미 승리하신 싸움이고, 우리의 승리는 오직 그리스도 안에서 그리고 그리스도를 통해서만 발견될 수 있다.

기도의 삶은 삶 속에서 그리스도와의 더 깊은 연합으로 성장하는 삶, 그리스도와 그의 죽음 및 부활의 능력을 더 충분히 아는 삶이다. 기도는 나중에 생각해낸 것이나 우리가 비상시에만 의존하는 것이 아니고, 그럴 수도 없다. 육체의 음식이 규칙적으로 먹을 때만 유익한 것처럼, 영적 양식도 규칙적으로 그리고 질서 있게 섭취되어야 한다. "기도"를 행동하지 않는 구실로 삼는 사람들에 관한 한, 육체의 음식이 에너지로 소비될 때만 유용한 것처럼 영적 양식도 우리에게 새 생명과 그 생명에 수반되는 능력을 주기 위한 목적임을 기억하자. 뒷전에 물러나 먹기만 하고 아무것도 안 하는 것은 폭식의 죄이며, 폭식은 육체적으로 그럴 수 있는 것과 마찬가지로 영적으로도 그럴 수 있다. 참된 기도는 행동을 피하는 구실이 아니라 행동에 박차를 가한다. 하나님이 우리에게 말씀하실 때, 우리는 듣고 순종해야 한다.

죄 사함을 위한 세례를 받음

니케아 신조는 마지막 단락에서 우리는 "죄 사함을 위한 세례"를 믿는다고 말한다. 이 구절은 복음서에서 취한 말로서, 복음서들에서 세례 요한은 "죄 사함을 위한 회개의 세례"를 전했다.[49] 세례 요한의 메시지는 사람들을 회개로 이끌었지만, 하나님만 죄를 용서하실 수 있기 때문에 요한의 메시지가 그들의 죄를 용서할 수는 없었다. 이것이 세례 요한의 사역과 예수의 사역의 큰 차이였고, 왜 예수가 세례 요한보다 더 위대한지 설명해준다.[50] 그러나 희한하게도 예수의 세례가 회개를 넘어 죄 사함에까지 미쳤다는 사실을 깨닫지 못해도, 예수의 메시지를 알고 심지어 그것을 선포할 수도 있었다. "요한의 세례만 알았지만 예수에 관한 것들을 정확히 가르쳤던" 아볼로가 그런 경우였다.[51] 예수는 제자들에게 아버지와 아들과 성령의 이름으로 세례를 주라고 말했음에도 그렇게 하지 않고 예수의 이름으로 세례를 받은 사람들도 있었다.[52] 이런 변칙 현상들은 우리에게 세례가 항상 어려운 주제였다는 점을 충분히 상기시켜주는데, 이는 대체로 세례에 관한 많은 것들이 성경에서 답변되지 않기 때문이다.

---

49 막 1:4; 눅 3:3.
50 행 19:3-4을 보라.
51 행 18:25.
52 행 8:16. 마 28:19을 보라.

세례 요한의 세례가 그 세례를 받은 사람들에게 충분했는가, 아니면 그들은 예수가 제시한 삼위일체 공식에 따라 다시 세례를 받을 필요가 있었는가? 바울이 에베소에서 요한의 세례만 받은 그리스도인들을 만났을 때 그는 그들에게 두 세례의 차이를 가르쳤고, 그 결과 그들은 다시 세례를 받았다.[53] 그러나 이 일이 그 전에도 일어났다는 암시는 없다. 예수 자신이 그랬던 것처럼 예수의 일부 제자들은 거의 확실히 요한에게 세례를 받았을 것이다. 그러나 성경에는 그들이 나중에 다시 세례를 받았다는 언급이 없다. 아마도 차이는 그들이 요한의 세례로 충분했던 때, 곧 예수의 죽음과 부활 이전에 세례를 받았다는 점일 것이다. 오순절 이후로 요한의 세례가 그리스도의 세례로 대체되었고, 그것은 그 이후에 요한의 세례를 받은 사람들은 다시 세례를 받아야 했다는 것을 의미했다. 그것은 성경에 명시적으로 진술되지는 않았지만 그럼에도 증거에 들어맞는다.

그 의미가 설명되지는 않았지만, 세례 요한은 자기를 따르는 사람들에게 예수는 물로만 세례를 주는 것이 아니라 성령"과 불"로 세례를 줄 것이라고 말했다. 사실 예수는 제자들이 대리해서 세례를 준 것을 제외하면 지상의 사역 기간에 아무에게도 세례를 주지 않은 것으로 보인다.[54] 나아가 성령이나 불의 표지도 없었고, 따라서 우리는 예수가 제자들에게 위임한 "예수의 세례"가 요한이 말했던 세례인지 여부를 모른다. 이 세례는 요한이 말한 세례가 아니었을 가능성이 있다. 왜냐하면 예수는 땅에 불을 던지는 것과 연결시킨 또 다른 세례를 언급했고, 그 세례에 기꺼이 동참하겠다는 제자들에게 도전했지만 제자들은 그것을 확실히 깨닫지 못했기 때문이다.[55] 문맥상 우리는 이것이 예수의 죽음의 "세례"였다고 추정하게 되는데, 어떤 방식인지는 말하지 않았지만 예수는 제자들에

---

53   행 19:5.
54   마 3:11; 요 4:1-2.
55   눅 12:49-50; 막 10:38.

6부 • 하나님의 사랑의 완성

게 그들도 이 세례를 받게 될 것이라고 확언했다. 제자들 가운데 아무도 예수와 함께 죽임을 당하지 않았고, 일부 제자들은 나중에 순교했지만 모두가 순교한 것은 아니었다.[56] 이것이 요한이 언급한 불의 세례였는가, 아니면 요한은 불의 혀가 제자들의 머리에 임하여 있던 오순절 날의 성령 강림을 언급한 것인가?[57] 여기서도 이것은 분명하지 않으며, 이 말은 다양하게 해석되었다. 우리가 갖고 있는 기사들이 모두 교회에서 상당히 표준화된 세례 관습이 확립되고 있던 시기인 예수의 죽음과 부활 후에 기록된 것임을 감안하면 이처럼 애매한 결말은 참으로 주목할 만하며, 우리에게 이 주제에 관한 성경의 가르침을 일관되게 이해하는 것이 얼마나 어려운지를 상기시켜준다.

초기 교회에서 세례는 분명히 사전 교리 교육이 거의 또는 전혀 없이 그리스도에 대한 신앙을 고백하는 사람들에게 시행되었다.[58] 우리가 갖고 있는 한정된 증거로 볼 때, 누구든 새로 회심한 사람을 보다 넓은 교회에 소개하거나 심지어 명시적인 신앙고백을 요구하지 않고서도 그에게 세례를 줄 수 있었던 것 같다. 빌립과 그가 예루살렘에서 가사로 가는 길에서 만난 에티오피아 환관의 이야기에서 이 점을 분명히 알 수 있다.[59] 그 환관은 이사야 53장을 읽고 있었는데 그 내용을 이해할 수 없었고, 빌립은 그 본문이 어떻게 예수의 희생 죽음을 가리키는지 설명해주었다. 본문은 그들이 물 있는 곳에 이르자 환관이 빌립에게 자신이 세례를 받지 못할 문제가 있느냐고 물은 사실을 지적하는 것 외에는, 그가 빌립의 설명에 어떻게 반응했는지 말하지 않는다. 이 이야기를 읽은 유대인 독자들은 본능적으로 문제가 있다고 대답했을 것이다. 왜냐하면 환

---

56 요 21:20-23.
57 행 2:3.
58 행 16:33.
59 행 8:26-39.

관은 하나님의 집에 들어갈 수 없었기 때문이다.[60] 그러나 그것이 빌립에게는 문제가 되지 않았고 빌립은 곧바로 환관에게 세례를 주었다. 그 이야기의 어디에도 환관의 믿음에 대한 언급이 없다. 일반적으로 사람이 세례를 받으려면 예수를 믿어야 하기 때문에, 우리는 그 환관이 빌립이 자기에게 한 말을 믿고 예수를 신뢰했다고 추정해야 한다. 그러나 그것은 우리의 추정이고 본문이 실제로 말하는 내용은 아니다.

에티오피아 환관의 이야기는 세례에 관한 우리의 질문들이 반드시 최초의 그리스도인들을 괴롭힌 질문들은 아니었으며, 그들이 가졌던 세례에 관한 질문들이 우리가 항상 즉시 이해할 수 있는 것도 아님을 상기시켜준다. 우리가 빌립의 입장에 있었더라면, 우리는 거의 확실히 그 환관이 적절한 가르침을 받을 수 있을 때까지 세례주기를 미뤘을 것이다. 우리는 그가 환관이었다는 점을 언급할 생각조차 하지 않았을지도 모른다. 그러나 확실히 누가에게는 그것이 상당히 중요했으며, 우리는 누가가 그 이야기를 쓴 방식이 그의 동시대인들의 우선순위가 무엇이었는지에 관해 말해준다고 추정할 수 있다. 누가의 동시대인들에게 인상적이었던 것은 세례가 그렇게 쉽게 주어질 수 있다는 것이 아니라, 유대 율법 아래에서 환관은 성전에서 하나님을 섬기는 자가 될 수 없었기에 하나님의 은혜를 받을 자격이 없는 사람에게까지 하나님의 은혜가 미쳤다는 것이었다. 누가의 우선순위는 현대의 관심사가 중요하지 않다는 뜻이 아니라, 성경의 증거를 사용해서 우리의 현재 관습이 어떠해야 하는지 결정하는 방식에 주의해야 한다는 점을 상기시켜준다.

세례에 관한 신약성경의 언급들 가운데 가장 특이한 것은 죽은 자를 위한 세례에 대한 언급인데, 바울은 부활의 실재성에 대해 주장할 때 이에 관해 다음과 같이 언급한다.

---

60   신 23:1.

사람들이 죽은 자들을 위해 세례를 받는 것이 무슨 뜻이겠느냐? 죽은 자들이 전혀 다시 살아나지 않는다면, 왜 사람들이 그들을 위해 세례를 받느냐?[61]

위의 질문들은 좋은 질문들이지만, 오늘날 대부분의 사람들은 다소 다른 이유들로 이렇게 질문할 것이고, 아마도 이에 대한 답변들도 다를 것이다. 신약성경의 다른 어느 곳에서도 이런 관습에 대해 언급하지는 않지만, 바울은 분명히 이 관습을 반대하지 않았다. 우리는 이와 관련된 사람들이 그리스도가 오기 전에 죽은 자기 조상들에 대해 걱정하고, 그 조상들이 구원의 약속을 상실하지 않도록 만전을 기하길 원한 그리스도인들이었다고 추측할 수 있다. 그것이 합리적으로 들리기는 하지만 이를 지지할 증거는 없으며, 그래서 이 관습은 정착되지 못하고 곧 사라졌다. (예수그리스도후기성도교회 교인들을 제외하고) 현대에는 누구도 이 관습을 소생시킬 생각을 하지 않았다. 이 경우에는 비록 그리스도가 오시기 전의 우리 조상들은 어떻게 되는가라는 문제가 여전히 세상의 많은 곳에서, 특히 기독교가 최근에야 들어간 지역에서 관심사이기는 하지만, 분명히 이 주제에 대한 실제적인 관심이 없기 때문에 잠재적인 논란이 현실화되지 않았다고 말해도 무방하다.

신약성경 시대에 기독교의 세례 관습이 실제로 어떠했는지 재발견해내기는 어렵지만, 진실은 이 세례 관습을 소생시키는 데 참으로 관심이 있는 사람은 거의 없다는 사실이다. 아무리 반대로 주장할지라도 그렇다. 오늘날 신약성경의 증거는 그 자체를 위해 인용되기보다는 현재 교회 안에서 발견되는 입장과 관습들을 지지하기 위해 인용된다. 자연히 사람들은 자기들이 믿는 것이 신약성경이 가르치는 것이라고 생각하길 원하지만, 그들이 명백해야 한다고 생각하는 것들에 관해 그처럼 불일치가 클 수 있다는 사실은 이 주제에 관해 우리가 직면해야 할 문제들에 대

---

61   고전 15:29.

한 좋은 예다.

우선 오늘날에는 일반적으로 신앙고백 직후에 세례를 주지 않는다. 대부분의 교회들은 세례 후보자들을 검증하며, 일부 교회들은 세례 후보자들이 무엇에 헌신하는 것인지 이해하도록 만전을 기하기 위해 그들을 기독교의 기본을 가르치는 과정에 등록시킨다. 이 관습은 아주 오래 전에 시작되었는데, 명확한 증거는 없지만 신약 시대까지 거슬러 올라갈 수도 있다. 당시에 세례받을 준비를 하고 있던 지원자는 교리문답의 수강자로 알려져 있었고, 우리가 지금 교리문답서라고 부르는 것은 원래 그들을 가르치기 위해 만들어졌다. 교리문답서들이 요즘은 거의 사용되지 않지만, 이는 교수 방법들이 변했기 때문이지, 그 원리 자체가 포기되었기 때문이 아니다. 이제 세례를 받으려고 하는 사람들을 위해 준비된 다양한 과정들과 교재들이 있으며, 세례에 대한 요구가 있는 즉시 시행되는 경우는 거의 없다. 특히 흥미로운 점은 세례의 다른 많은 측면들에 동의하지 않는 그리스도인들이 이에 관해서는 사실상 의견의 일치를 보인다는 것이다. 그리고 지금은 명백히 신약성경의 표준적인 관습, 곧 특별한 준비 과정 없이 즉각 세례를 주던 방식을 따르는 교회는 거의 없다.

유아세례는 더 논란이 많다. 대부분의 교회들에서 유아세례는 여전히 규범이다. 그러나 이에 대해 심각한 반대가 없다거나, 유아세례를 실시하는 사람들 사이에 보편적인 동의를 받은 정당성이 있는 체하는 것은 잘못이다. 신약성경 시대에 유아들에게 세례가 시행되었는지에 대해서는 아무도 확실히 알 수 없지만, 설사 그랬다 하더라도 그것은 거의 확실히 우리가 바울의 선교 사역에서 발견하는 이른바 "가족" 세례의 맥락에서 이루어졌을 것이다.[62] 기독교가 로마 제국에서 소수파였고 교회가 출생보다는 회심을 통해 성장했던 동안에는 유아세례가 규범이 될 수 없었다. 최후의 이교 신앙의 잔재가 사라지고 인구의 대다수가 최소한 명

---

62   행 16:15; 고전 1:16.

목상으로라도 기독교를 고백했던 4세기와 5세기가 되어서야 유아세례가 비로소 규범이 되었다.

흥미로운 점은, 비록 교인의 급격한 증가를 반대한 사람들과 그에 따른 교인들 사이의 기준 저하에 대해 불평한 사람들이 많았지만, 유아세례의 확산에 관한 논란은 없었다는 점이다. 유아세례가 어떤 과정을 거쳐 일반적으로 채택되었든지 관계 없이, 그 결과는 전체 교회에 의해 이의 없이 받아들여졌고 종교개혁 때까지 심각한 반대 없이 계속되었다. 그때까지의 대부분의 기간 동안 유아세례를 주는 신학적 정당성은 원죄에 대한 믿음이었다. 모든 아이들이 죄 있는 상태로 태어났고 그리스도의 구원의 은혜를 필요로 했기 때문에, 그 죄를 없애주기 위해 태어난 후에 가능한 한 빨리 세례를 주었다. 유아 사망률이 높았던 시기에 이 논거는 상당한 설득력이 있었고, 종교개혁자들은 교인들에게서 이 개념을 제거하기가 거의 불가능하다는 것을 발견했다. 심지어 오늘날도 민속 신앙의 수준에서 그런 생각이 남아 있으며, 많은 사람들이 유아세례가 무엇에 관한 것인지 거의 모르면서 본질적으로는 미신적인 이유들로 자녀들에게 세례를 주려고 한다.

원죄로부터 깨끗해진다는 개념은 세례에 의한 중생에 대한 믿음과 밀접한 관계가 있는데, 이것은 아직도 로마 가톨릭교회와 동방 정교회 신학의 특징이다. 이 견해에 따르면 사람은 세례에 의해 거듭나고, 따라서 신앙을 고백하건 안 하건 그리스도인이 된다. 얼핏 보면 신약성경에는 이런 해석을 정당화할 여지가 상당히 많은 것처럼 보인다. 예를 들어 바울이 로마 교회의 교인들에게 다음과 같이 권면하는 것을 고려해보라.

무릇 그리스도 예수와 합하여 세례를 받은 우리는 그의 죽음과 합하여 세례를 받은 줄을 알지 못하느냐? 그러므로 우리가 그의 죽음과 합하여 세례를 받음으로 그와 함께 장사되었나니, 이는 아버지의 영광으로 말미암아 그리스도를 죽은 자 가운데서 살리심과 같이 우리로 또한 새 생명 가

운데서 행하게 하려 함이라.[63]

이 진술을 어느 정도로 문자적으로 취해야 하는가? 세례는 분명히 교회에서 세례를 줄 만큼 권위를 행사할 자격이 있는 사람이 시행하는 물리적 행위로서, 아마 "생명의 새로움"을 낳는 변화도 실제적일 것이다. 동시에 그리스도의 죽음과 부활에 대한 우리의 관계는 그것이 물리적 경험을 갖고 있지 않은 영적 경험에 관해 말하고 있다는 의미에서 명백히 비유적이다. 물리적 행위가 영적 결과를 낳을 수 있는가? 그럴 수 있다면 그것은 정말 이상할 것이다. 그리고 이런 견해는 바울이 같은 서신의 불과 몇 장 앞에서 할례에 관해 말한 모든 것과 모순된다. 그것은 또한 베드로가 세례 의식 자체에 관해 보다 구체적으로 말한 내용에도 어긋난다.

> 물은…이제 너희를 구원하는 표니 곧 세례라. 이는 육체의 더러운 것을 제하여 버림이 아니요, 하나님을 향한 선한 양심의 간구니라.[64]

베드로에 관한 한, 물리적인 세례 행위는 중요하지 않다. 베드로에게 중요한 것은 세례 받는 사람이 회개하고 하나님께 자신의 양심을 깨끗하게 해달라고 요청해야 한다는 것이다. 예수는 니고데모에게 거듭나야 한다고 말씀했다. 예수가 이것을 세례 의식과 관련시켰을 수도 있지만, 그는 가톨릭교회의 전통과는 달리 이 둘을 동일시하지 않았다.[65] 예수에 대한 믿음을 고백했고 바로 그날 예수와 함께 낙원에 있을 것이라는 말

---

63 롬 6:3-4. 골 2:12도 보라.
64 벧전 3:21.
65 요 3:5-7. 예수는 우리가 "물과 성령으로" 나야 한다고 말했지만, "물"이라는 말의 의미는 명확하게 밝히지 않았다. 설사 그 말이 세례를 가리킨다고 해도 예수가 모든 강조점을 성령의 역사에 두고 상정된 물의 효과(들)에 대해서는 전혀 강조하지 않았다는 점은 주목할 만하다.

6부 • 하나님의 사랑의 완성

을 들은 십자가 위의 도둑은 세례를 받지 않아도 거듭날 수 있다는 사실에 대한 명백한 증거다.[66] 영민한 일부 해석자들은 그 도둑이 사실은 예수가 창에 찔렸을 때 예수의 옆구리에서 나온 물로 세례를 받았다고 주장했지만,[67] 그들이 너무 길게 설명한다는 사실 자체가 그들의 논거가 얼마나 약한지를 보여준다. 그런 주장은 무시해도 무방하다.

불행하게도 세례에 의한 중생 교리의 타당성에 반하는 가장 강한 증거들 가운데 하나는 세례받은 사람들 중 많은 사람들이 전혀 진정한 믿음을 갖고 있지 않고, 공식적 또는 비공식적으로 믿음을 부인한 사람도 상당히 많다는 점이다. 아돌프 히틀러는 세례를 받았는데, 누가 히틀러를 그리스도인이라고 말하겠는가? 이오시프 스탈린도 세례를 받았지만, 그렇다고 해서 무슨 차이가 있었는가? 믿음으로 지탱되지 않는 의식은 거듭나게 하는 힘이 없으며, 유아 세례를 받은 사람이 나중에 자기 부모가 자기를 대신해서 고백한 믿음을 거부하면, 그가 거듭났다고 주장할 근거가 있을 수 없다.[68] 그런 주장은 세례를 무의미한 일로 만든다. 그런 주장으로 세례가 너무도 명백히 악용되어 참된 신자들이 아예 세례를 완전히 거부하게 된 것도 전혀 놀랄 일이 아니다.

수백 년 동안 유아세례에 대한 신학적 정당성은 "보소서! 나는 죄악 중에 출생했고, 내 모친은 죄 중에 나를 임신하였나이다"라는 시편 51:5에서 발견되었다. 이에 따라 특히 유아 사망률이 높던 시기에 만연했던, 세례가 죄를 없앤다는 믿음이 신생아에게 세례를 줘야 할 이유로 강조되었다. 우리는 이 점을 잊어버리는 경향이 있지만, 첫돌까지 살아나지 못하는 아기들이 1/3에 달하던 시기에 그들이 타고난 죄악성으로 말미암아 지옥에 갈 거라는 두려움은 매우 컸고, 유아세례는 부모들에게 그들의 자녀가 본질상 자기 잘못이 아니라 조상들의 잘못 때문에 정

---

66   눅 23:43-44.
67   요 19:34.
68   물론 신앙고백을 하고 세례를 받았지만 나중에 믿음에서 떠난 사람도 마찬가지다.

죄 받지는 않을 것이라고 안심시키는 수단이었다. 종교개혁의 시대에 유아세례를 거부한 사람들은 때로는 어린아이들이 죄 없이 태어난다고 믿는다는 비난을 받았다. 죄 없이 태어난다면 이론적으로 어린아이들이 죄를 짓지 않을 수 있을 것이다. 아마도 책임질 수 있는 나이가 되기 전에 죽는 아이들은 자동으로 천국에 갈 텐데, 그것은 모든 아기들의 약 1/3이 출생 시 또는 출생 직후 죽었던 세상에서는 중요한 고려사항이었다.

그 견해는 어떤 교회에서도 공식적인 가르침이 된 적이 없었지만, (어떤 나이든) 세례를 받지 않은 사람들은 반드시 지옥에 간다는 관념도 널리 받아들여지지 않았다. 유아세례를 시행한 사람들을 포함한 개신교인들은 세례를 구원의 필수조건으로 삼을 만큼 세례 의식의 수행에 비중을 둔 적이 없었고, 다른 그리스도인들도 공식적으로는 그렇게 가르칠지 몰라도 실제로는 좀처럼 그렇게 주장하지 않는다. 로마 가톨릭교회가 사산아나 출생 직후 죽은 아기에게 세례를 주는 것은 사실인데, 이는 세례 받지 않은 사람들은 영원히 벌을 받는다는 믿음에 뿌리를 둔 관습이다. 그러나 최근에 보다 어려운 상황에 대처하는 하나의 방법으로 "의도"에 의존하는 경향이 있었다. 어떤 사람이 세례 받을(자녀에게 세례를 받게 할) 의도가 있었지만 모종의 이유로 그렇게 하지 못했다면, 그 의도는 행동과 동등한 것으로 간주된다는 것이다. 여기서도 십자가 위의 도둑이 하나의 예로 인용될 수 있는데, 여기서의 가정은 그 도둑은 할 수만 있었다면 세례를 받았을 텐데 불가피한 상황 때문에 그럴 수 없었다는 것이다!

아마도 오늘날 유아세례의 정당성에 대해 가장 흔하게 듣는 말은 세례를 할례와 연결시키고 유아세례는 구약성경의 관습인 할례에 해당되는 신약성경의 관습이라는 주장일 것이다. 이 견해를 채택하는 사람들은 두 언약 체제 사이에 관습의 차이가 있다는 점을 받아들이는데, 가장 분명한 차이는 세례는 남녀에게 똑같이 시행되고 몸에 확인할 수 있는 표시를 남기지 않는다는 것이다. 다른 한편 세례는 하나님의 백성의 언약 공동체로 들어가는 것을 나타낸다는 점에서 할례와 비슷하다. 부모와 유아 모두 구원이 자녀들에게 확장된다는 약속을 받지만, 할례와의 유비는 이것이 당연하게 여겨질 수 없음을 알려준다. 바울이 유대인들에게 상기시키는 것처럼, 약속의 상속자가 된다는 것은 실제로 그 약속으로부터 혜택을 누리는 것과 동일한 것이 아니다.

> 무릇 표면적 유대인이 유대인이 아니요, 표면적 육신의 할례가 할례가 아니니라. 오직 이면적 유대인이 유대인이며, 할례는 마음에 할지니 영에 있고 율법 조문에 있지 아니한 것이라.[69]

세례를 할례와 동일시하는 사람들은 또한 언약 백성의 구성원이라고 해서 구원이 보장되는 것은 아니고, 유아 세례를 받은 사람들도 개인적으로 신앙을 고백할 충분한 나이가 될 때 그렇게 해야 한다고 주장한다. 예전의 관점에서 이것은 "입교"(견진) 의식으로 나타나는데, 이때 유아 세례를 받은 사람은 자신이 약속된 유산을 받아들이고 신자가 되었음을 확인한다. 물론 이런 식의 공식적인 고백은 진정한 영적 경험에 바탕을 두어야 하며, 그런 경험이 없으면 유효하지 않다. 실제로 많은 사람들이 너무 어린 나이에 또는 그들이 영적 상태에 대한 충분한 조사 없이 입교한다는 점이 인정되어야 한다. 이것이 요즘 십대들에게 그들이 이해할 만큼 충분히 나이를 먹었지만 참된 의미를 아직 경험하지 못했을 수도 있는 의식을 치르라는 압력이 덜 가해지는 한 가지 이유다. 확실히 유아세례와 입교 의식을 시행하는 개혁파 개신교인들은 의식이 어떤 것을 보장하지는 않는다고 믿으며, 공식적으로 언약의 경계 안에 있는 사람들의 회심을 유아세례를 거부하는 사람들만큼 계속해서 강하게 압박한다.

유아세례는 누구나, 심지어 갓난아기까지도, 하나님의 은혜를 필요로 하는 죄인이라는 사실을 상기시킨다. 현대인의 감상적인 태도와 선한 의

---

69 롬 2:28-29.

도가 원죄를 무시한 결과 이성적인 판단을 내릴 수 있는 나이가 되기 전에 죽는 아이는 자동으로 천국에 간다고 가정하는 요즘에는 누구나 죄인이라는 이 중요한 사실이 특히 더 강조되어야 한다. 성경은 그런 견해를 지지하지 않으며, 유아는 어쨌든 "죄가 없다"는 관념은 그것이 아무리 인기가 있다고 하더라도 옳지 않다. 아이들에게 세례를 주는 사람들은 가장 작은 아기라도 구주를 필요로 한다는 사실을 교회에 상기시키는 것이다. 왜냐하면 실제로 죄를 범하는지의 여부와 상관없이 아기도 다른 모든 사람과 똑같이 하나님과의 깨진 관계에 기인하는 죄악성을 물려받았기 때문이다. 우리는 책임을 질 나이에 도달할 때 타락하는 것이 아니라, 줄곧 우리에게 있었고 어떤 인간도 피할 수 없는 하나님과의 단절을 그때 표현할 뿐이다.

유아세례를 거부하는 사람들은 그 관습이 성경에서 명확하게 증명되지 않는다는 사실 외에 두 가지 중대한 이유를 든다. 첫 번째는 유아세례가 너무 많이 남용되어 대부분의 사람에게 무의미해졌다는 것이다. 그들은 세례가 참으로 그리스도 안에 있는 새 생명을 나타낸다면, 그것은 새 생명에 참여한 증거를 보여주는 사람에게만 시행되어야 한다고 주장한다. 어떤 종류의 증거가 요구되어야 하는지 알기가 쉽지는 않지만, 실제로 대부분의 "세례주의자"[70]들은 세례를 입교와 다르지 않은 의미로 생각하는 것 같다. 종종 그들은 갓 태어난 유아를 (세례를 주는 대신) 봉헌하지만, 유아세례를 주는 사람들과 똑같이 아이를 가르치며 대체로 십대 때 세례받을 준비를 시킨다. 말이 난 김에, 많은 젊은이들이 의식을 정당화할 영적 경험이 없이 의식을 치른다는 점에서 그렇게 하는 세례주의자들도 유아세례를 시행하는 다른 사람들과 똑같은 어려움에 직면한다는 점을 지적할 수 있을 것이다. 그래서 나중에 그들이 진정으로 회심하

---

70 여기서 이 말은 신자들에게만 세례를 주어야 한다고 주장하는 사람들을 뜻하는 의미로 느슨하게 사용되며, 그들이 모두 침례교 교인인 것은 아니다.

6부 • 하나님의 사랑의 완성

게 되면 어떻게 해야 할 것인가라는 어려운 문제가 제기된다. 어떤 사람들은 다시 세례를 받으라고 조언하고(그리고 다시 세례를 주고), 다른 어떤 사람들은 그렇게 하지 않는다. 이 점에 대한 명확한 신학적 이해도 없다. 흔하지 않을 수는 있지만 그럼에도 불구하고 일어나는 또 다른 어려움이 있는데, 그것은 어떤 이유로 개인적인 신앙고백을 할 수 없거나 또는 정신적으로 손상되어 그들의 신앙고백이 의심스러운 사람들이 있다는 것이다. 아무도 그런 사람들을 차별하기를 원하지 않지만 그런 경우에는 어떻게 해야 할지 알기가 어려우며, 개인적인 신앙고백의 필요에 크게 의존하는 목회 관습은 이 지점에서 어려움에 직면한다.

세례주의자들이 유아세례를 반대하는 두 번째 이유는, 그들은 세례란 이미 받은 구원의 은혜에 대한 증언이라고 믿기 때문이다. 이것이 신약성경에서의 양상인 듯하며, 그들은 그 양상이 오늘날 예식의 의미와 관습을 결정해야 한다고 생각한다. 유아도 이론상으로는 구원의 은혜를 받을 수 있지만 그것에 대해 우리가 알 수 있는 방법이 없고, 아기가 개인적으로 증언하는 것은 불가능하다. 그러므로 세례는 사람의 영적 상태에 관해 합리적인 확실성을 얻을 수 있을 때까지 피해야 한다. 유아에게 시행된 세례는 아마도 결혼 연령에 미달하는 나이의 결혼처럼 유효하지 않다고 간주되어야 할 것이다. 그러나 유아 때 세례를 받은 성인이 신앙고백을 할 때 다시 세례를 받아야 하는지에 관해서는 세례주의자 사이에도 다소 이견이 있다. 대부분은 다시 세례를 받아야 한다고 말하지만, 어떤 세례주의자들은 당사자가 유아세례를 받은 이후에 신앙고백을 했다는 의미에서 전에 받았던 세례가 명백히 효력을 발휘했기 때문에 다시 세례를 받을 필요가 없다고 주장한다. 유아세례를 받았던 신자가 그 교회의 세례에 관한 믿음이나 관습과는 무관한 이유로 세례주의 교회에 참여하기를 원할 때 복잡한 문제가 발생한다. 그런 사람들이 어른이 되어 신앙고백을 했고, 오랫동안 그 고백에 맞게 생활했어도 다시 세례를 받아야 하는가? 이에 대해서는 세례주의 진영에서 간혹 융통성의 여지가 있지만, 다시 세례 받는 것이 여전히 많은 (아마도 대부분의) 세례주의자 교회의 공식 정책이다.

유아세례 지지자와 반대자 사이의 논쟁에서 종종 등장하는 또 하나의 문제는 소위 세례 방식과 관련이 있다. 세례 받는 사람이 물속에 완전히 잠겨야 하는가, 아니면 머리 위에 물을 뿌리는 것으로 충분한가? 이것은 사실 신학 문제는 아니고, 많은 세례주의자들은 완전히 물에 잠기는 것을 강조한다. 이것은 그리스도와 함께 죽고 사는 것의 상징을 나타낸다.[71] 일부 학자들은 **밥티스마**라는 그리스어 단어가 "담금"이나 "잠김"을 의미하기 때문에 이에 미치지 못하는 것은 충분하지 않다는 점을 "증명"하는 데 많은 시간을 할애한다. 다른 학자들은 그런 문자주의적인 해석은 성경 본문의 지지를 받지 못하며, 완전히 물에 잠그는 것이 세례를 시행한 방식이었을 가능성이 낮은 경우들이 있음을 지적한다. 예를 들면 빌립보 감옥의 간수와 그의 온가족이 어떻게 한밤중에 완전히 물속에 잠기는 방식으로 세례를 받았겠는가?[72] 의심할 바 없이 이 문제에 대해 창의적인 다양한 해결책들이 발견될 수 있지만, 이러한 해결책들은 신빙성이 의문스러우며 개연성이 없는 것으로 간주되어야 한다. 진위가 어떤지는 모르지만, 세례를 묘사하는 고대의 프레스코와 모자이크는 대개 세례를 받을 사람이 무릎에서 허리까지 차는 물에 들어가 있고, 한 동이의 물을 그의 머리 위에 붓는 모습을 보여준다. 그것이 통상적인 관습이었을 수 있고, 빌립과 에티오피아 환관이 "물로 내려갔고" 그가 세례를 받은 뒤에 "물에서 올라왔다"는 묘사와도 불일치하지 않을 것이다.[73] 으레 그렇듯이 우리는 그때 정확히 어떤 일이 일어났는지 알지 못하며, 어느 한 쪽으로 독단적으로 되는 것은 현명하지 못하다.

바울이 음식법과 같은 유대교 관습의 준수에 관해 로마 지역 교인들

---

71   롬 6:4.
72   행 16:33.
73   행 8:38-39.

에게 추천한 정책을 채택하는 것이 아마도 이런 종류의 어려움에 대한 가장 좋은 해결책일 것이다.

> 먹는 자는 먹지 않는 자를 업신여기지 말고 먹지 않는 자는 먹는 자를 비판하지 말라. 이는 하나님이 그를 받았음이라. 남의 하인을 비판하는 너는 누구냐? 그가 서 있는 것이나 넘어지는 것이 자기 주인에게 있으매 그가 세움을 받으리니, 이는 그를 세우시는 권능이 주께 있음이라.[74]

세례의 관습과 방식에 관한 수백 년 동안의 갈등은 이 문제에 관한 보편적 일치가 가능하지 않음을 보여주었지만, 이 갈등은 논쟁의 양 당사자가 똑같이 열렬하게 복음을 고백하고 선포한다는 점도 보여주었다. 사람들이 이 문제에 관해 스스로 결정하도록 맡겨둔다고 해서 교회가 두드러지게 약해지지도 않았고, 의견 차이는 계속될 테니 잠재적으로 해로운 논쟁을 조장하기보다 차이를 용납하는 것이 나아 보인다. 바울이 말한 것처럼 "우리는 평화와 상호 이해를 가져오는 것(화평의 일과 서로 덕을 세우는 일)들을 추구하고" 판단은 하나님께 맡기자.[75]

그러므로 우리는 세례가 무엇을 의미하는지에 관해 합의에 이를 수 있는가? 어떤 관습을 채택하든 그리고 이 문제의 특정 측면에 관해 어떤 견해를 갖고 있든, 우리는 모두 세례가 영적 의미가 있는 물리적 행위라는 점에 동의해야 한다. 세례는 어떤 방식으로 시행되든지 상관없이 그리스도의 죽음과 부활에 의한 구원을 선포하며, 성령에 의해 그리스도에 대한 믿음을 고백하고, 그와 연합하는 사람이 부활에 참여하게 되리라는 약속을 제공한다. 세례 의식이 상징하는 실재와 그 실재에 대한 경험 사이의 정확한 관계는 논란이 되고 있지만, 이 둘은 명확히 구분된다. 세례가 그

---

74   롬 14:3-4. 이번 장의 나머지 부분도 보라.
75   롬 14:19.

경험을 기대하고서 그 경험 이전에 시행되든, 아니면 세례를 받는 사람이 이미 그 경험을 했다고 믿을 만한 충분한 이유가 있을 때만 시행되든, 이 둘이 하나를 다른 하나로 오해하게 할(또는 대체할) 수 있을 정도로 밀접하게 연결되지 않는다는 사실은 그대로 남아 있다. 궁극적으로 경험이 예식보다 중요하다. 왜냐하면 경험이 없으면 구원이 있을 수 없기 때문이다. 그러나 세례 예식은 그 경험을 선포하고 그 경험이 무엇인지 설명하도록 하나님이 정하신 수단이므로 이를 무시하거나 생략할 수 없다.

세례는 신자들이 그리스도와 함께 죽고 새 생명 안으로 다시 태어날 필요가 있다는 점을 표현한다. 이것은 이 세상에서의 진정한 영적 경험이기는 해도, 우리가 영원히 그리스도와 함께 있게 될 때까지는 완성되지 않는다. 세례가 이미 일어난 일을 아무리 잘 증언할 수 있어도, 그것은 언제나 아직 완전히 실현되지 않은 더 이상의 어떤 것을 가리킨다. 세례는 그리스도의 희생과 죽음을 돌아보고, 우리가 그의 영원한 영광 안으로 들려 올라가게 될 때인 그의 재림을 내다본다. 지금 우리의 삶과 더 넓게는 교회의 삶에서 세례의 존재는 우리에게 그리스도에 대한 헌신을 더 깊이 생각하고, 그의 성령의 깨끗하게 하시는 능력이 우리 안에서 실제로 어떻게 역사하는지 자문하도록 도전을 주는 데 도움이 된다. 우리가 세례를 어떻게 이해하고 어떤 각도에서 보든, 세례는 그 자체가 목적이 아니다. 세례는 이 세상의 한계들 위에 그리고 그 너머에 있지만 또한 믿음에 의해 우리 마음속에 거하는 성령을 통해 이 세상 안에도 존재하는 영적 실재를 가리킨다.

이런 점에 동의할 수 있다면, 우리는 신약성경에서 세례에 대한 최초의 언급을 돌아보고 회개와 죄 용서의 메시지를 새롭고 더 깊이 적용할 수 있을 것이다. 세례는 회개할 필요가 있음을 선포하지만, 회개는 우리에게서 나와야 하기에 세례가 회개를 보장할 수는 없다. 심지어 공식적인 신앙고백도 참된 회개가 일어났다는 증거는 아니며, 죄는 우리가 지상에서 사는 동안 영원히 붙어 다니기 때문에 어쨌든 회개는 지속적이다. 세례 받기 전에 회개했다는 사실은 다시 회개할 필요가 없음을 의미하지 않는다! 그러나 용서는 또 다른 문제다. 용서는 하나님으로부터 오며 우리가 회개할 때만 용서가 우리에게 적용되지만, 용서는 사라지지 않고 계속 존재한다. 세례가 회개의 필요성을 선포한다면, 세례는 또한 우리에게 의존하는 것이 아니라 하나님께 의존하는 용서를 받을 수 있다는 것도 선포한다.[76] 실제로 이것이 의미하는 바는 나는 아직 저지르지 않은 죄들에 대해서도 용서받은 것을 알 수 있다는 것이다. 나는 이 세상에 사는 동안 계속 죄를 지을 것을 아는데, 내가 회개할지 알 길은 없다. 회개하지 않는 것이 항상 완고함이나 반역 때문만은 아닐 수도 있다. 왜냐하면 우리가 미처 모르는 사이에 저지르는 죄도 많기 때문이다. 진정한 문제는 우리가 잘못한 죄들이 아니라, 우리가 하는 모든 일들을 어떤 식으로든 반드시 오염시키는 우리의 타고난 죄악성이다. 그리스도인의 삶의 역설은 하나님과 또 우리를 향한 하나님의 뜻을 더 많이 알수록 우리가 그에 부합하게 사는 일에 대한 실패와 타락한 인간으로서의 우리의 경험의 근본적인 부분인 하나님의 뜻에 대한 저항을 더 많이 의식한다는 것이다.[77]

그러나 내 죄들의 수를 알 수 없고 내 회개의 깊이와 진정성을 측정할 수 없다고 해도, 하나님의 용서는 영속적이고 총체적이다. 하나님은 내가 나 자신을 받아들일 수 없을 때에도 나를 받아주신다. 하나님은 내 의식의 자각으로부터 숨겨져 있는 내 존재의 깊은 곳을 안다. 하나님은 내가 잘못했던 것들을 바로잡으려고 한다면 그 과정에서 자멸할 것을 아시기 때문에, 내가 마땅히 회개해야 할 만큼 회개하지 못하는 것까지 용서하신다. 하나님의 용서가 내 생명이지만, 그것은 내가 그리스도 안에서, 즉 세례 안에서 그리스도와 함께 장사되고 새 생명으로 태어났기 때

---

76 행 2:38을 보라.
77 롬 7:21-25.

문이다! 결국, 세례는 우리가 우리의 죄악성으로부터 깨끗해지고 하나님 안에서 새 생명으로 다시 태어날 수 있도록 우리를 위해 자신을 내어 주신 하나님의 사랑에 대한 기념물이다. 세례는 그것을 선포하며, 그래서 중요하다. 세례는 내가 깨끗해지고 하늘의 영원한 의라는 순수한 옷을 입도록 나를 찾아와 나를 자신에게 연합시키신 예수 그리스도의 복음의 표현일 뿐이다.

믿음으로 의롭다고 여겨짐

우리가 우리의 죄악성의 짐에서 해방될 것이고, 그의 영원한 나라에서 죄의 더러운 옷 대신 하나님의 의의 옷을 입고 부활하고 승천해서 영화롭게 되신 성자와 함께 다스릴 것이라는 약속은 우리의 부름과 세례가 증언하는 복음의 위대한 메시지다. 하나님과 우리의 깨진 관계가 회복됨으로써 우리의 삶에 뿌리를 내린 그 약속들이 위와 같은 것들을 추상적이고 이론적인 것으로 만들지 않는다. 이 회복은 믿음에 의해 성취된다. 믿음은 우리가 받아 마땅한 정죄로부터 우리를 건져내어 의로운 상태 안으로 인도한다. 그 상태는 오직 하나님만이 자신의 것으로 주장하실 수 있는 것인데, 바로 그것을 하나님은 사랑 안에서 우리에게 주신다.

"믿음"(faith)은 누구나 이해하고 있다고 생각하는 단어 중 하나지만, 번거롭게 이를 정의하려는 사람은 거의 없다. 많은 사람이 믿음을 신뢰(belief)와 동일시하며, 세속적인 용법에서는 믿음은 "종교 학교"(faith schools)나 "종교에 기반을 둔 자선기관"(faith-based charities)과 같은 용어에서처럼 그저 "종교"에 지나지 않는 개념이 되었다. 믿음이 신뢰와 아무 관계가 없다고 주장하는 것은 분명히 잘못이지만, 이 두 단어를 동일시할 수는 없다. 우리 모두는 역사적 또는 과학적 사실을 얼마든지 신뢰하지만, 이것을 믿음의 행위로 생각하지는 않을 것이다. 어떤 사람들은 오히려 그 반대라고 말할 수도 있다. 그들은 "보아야 신뢰할 수" 있지만, 믿음은 지지할 증거가 없을 때도 신뢰하기 때문이다. 무신론자들은 종종 지지할 증거가 없는데도 신뢰한다는 바로 그 이유로 기독교를 공격한다. 그들이 볼 때 우리의 믿음은 비합리적이다. 왜냐하면 (그들의 주장으로는) 우리의 믿음은 객관적 사실이 아니라 환상과 희망적인 사고에 기반을 두고 있기 때문이다. 하지만 우리는 그런 주장을 기각한다. 그것은 우리가 오직 객관적으로 증명할 수 있는 "사실"만 신뢰해야 한다는 그들의 주장에 동의하기 때문이 아니라, 믿음에 대한 기독교의 이해에 대한 그들의 분석이 피상적이고 불충분하기 때문이다. 간단히 말하자면 믿음에는, 과학적으로 받아들여질 수 있는 방식으로 증명될 수 있는지 여부와 상관없이, 단순히 일련의 사실들을 신뢰하는 것 이상의 요소가 있기 때문이다.

다른 사람들은 믿음이 의지의 행위라고 생각한다. 이 사실이 ─지지해주는 사실들이 있든지 없든지 관계없이─어떻게 믿음이 존속하고 성장하는지를 설명해준다는 것이다. 많은 사람들이 사실이 아닌 것들을 확신하고 그것들을 계속 신뢰한다. 왜냐하면 사실 여부와 상관없이 신뢰하고 싶어 하기 때문이다. 때때로 이것은 자기가 황금을 숨겨둔 곳을 알려주는 레프러콘 요정을 보았다고 맹세하는 아일랜드인들이나 자기가 외계 생명체들을 만났다고 확신하는 미국인들처럼, 다른 어떤 것보다 유쾌한 일이 될 수 있다. 그러나 이런 종류의 믿음은 자기 자녀들이 살인이나 대규모 절도로 유죄 선고를 받았는데도 그 부모들이 자기 자녀가 잘못을 저지를 수 있다는 사실을 받아들이기를 거부할 때와 같이 비극적이고 해로울 수도 있다. 기독교를 비판하는 사람들은 주저하지 않고 우리의 믿음이 유쾌한 것과 위험한 것의 혼합이라고 지적한다. 예수가 물 위를 걸었다고 신뢰하는 것은 매력적인 유별남으로 간주될 수 있지만, 예수를 믿지 않기 때문에 수많은 사람들이 영원한 벌을 향해 가고 있다고 주장하는 것은, 특히 그것이 그리스도인들을 같은 믿음을 갖고 있지 않은 사람들과의 전쟁을 지지하도록 이끄는 것으로 보일 경우, 터무니없는 짓이다. 여기서도 그리스도인의 반응은 그런 분석들이 피상적이고 요점을 놓치고 있다는 것이다.

믿음은 그 자체의 실재를 만들어내고 이어서 그 실재에 따라 행동하는 인간 의지의 행위가 아니라 하나님으로부터 오는 선물이다. 믿음은 일련의 추상적 원리들이나 사실들에 대한 믿음이 아니라, 한 인물 곧 예수 그리스도와의 관계다. 예수는 제자들이 어떤 면에서는 오늘날의 완고한 무신론자들과 똑같았기 때문에 두 번 이상 제자들이 믿음이 없다고 불평했다. 그들은 보아야 믿을 수 있었고, 그 외에 다른 것들은 거부되어야 할 환상이었다.[78] 심지어 그리스도의 죽음과 부활 뒤에도 제자들 가운데 일부는 계속 의심했고, 예수의 말을 듣고 예수를 본 사람들은 예수가 기적을 일으킬 수 있다는 사실을 아주 잘 알고 있었음에도 불구하고, 그들이 모두 기꺼이 예수를 믿은 것은 아니었다.[79] 복음서들에서 예수의 이야기를 읽을 때, 우리는 당시의 종교 전문가들이었던 서기관들과 바리새인들이 종종 예수와 심각한 갈등 관계에 있었던 반면, 가장 그럴 것 같지 않았던 사람들이 가장 깊은 믿음을 가진 사람들로 판명된 것을 발견한다. 아무도 로마의 백부장이 예수에 관해 알거나 관심을 보이리라고 예상하지 못했을 테지만, 어떤 백부장은 예수에 대해 대부분의 이스라엘 사람들보다 더 큰 믿음을 갖고 있었다.[80] 신학 교육을 받지 않았고 아마도 메시아를 기대하고 있지도 않았을 텐데도, 그는 예수에 대해 알았던 것들을 통해 예수가 자신이 필요로 하는 사람이라는 점을 확신했다.

백부장에게 해당되었던 것은 어떤 식으로건 모든 그리스도인에게 그대로 해당한다. 우리의 믿음은 논리적 추론이나 도덕법에 기초하지 않는다. 우리의 믿음은 조상들에게 물려받아 감히 의문을 제기하지 못하는

---

78   마 6:30; 8:26; 14:31; 16:8.
79   마 28:17.
80   눅 7:6-9.

전통적인 믿음도 아니다. 그것은 예수가 우리에게 자신을 계시할 때에만 알게 될 수 있는 예수에 대한 지식과 경험이다. 예수와 개인적으로 조우하지 않고서도 그를 아는 것은 언제나 가능했다. 심지어 복음서들에 나오는 모든 것을 믿으면서도 그 모든 것이 무엇에 관한 것인지 이해하지 못할 수도 있다. 근대 이전에 살았던 대부분의 유럽인들은 아마도 성경을 믿었겠지만, 그것이 그들을 진정한 의미에서 그리스도인들로 만들어 주지는 않았다. 참된 회심은 예수를 만나야만 찾아오는데, 만날 때와 장소는 예수가 정한다.

하나님이 우리의 마음속에 집어넣으신 믿음은 그의 성령 안에서 그리고 성령을 통해서 일어나는 우리와 하나님의 관계다. 다시 말하지만 우리는 그리스도와의 연합이 차이를 만들어낸다는 사실을 발견한다. 바로 이 관계가 신자로서의 우리의 삶을 규정하고 우리가 이해하지 못하는 (그리고 이해할 수도 없는) 세상에서 살 수 있도록 능력을 준다. 그러나 우리에게 이생의 시련들과 유혹들은, 우리가 예수를 떠날 수 없으며 예수의 사랑이 우리를 자신에게로 이끌고 우리가 넘어지면 예수가 일으켜 세워서 우리 자신의 부족함에도 불구하고 우리를 올바른 길로 돌려놓는다는 사실을 깨닫는 계기들이다.

히브리서 저자는 믿음을 "바라는 것들에 대한 보증이고 보이지 않는 것들에 대한 확신"으로 정의했다.[81] 그는 계속해서 이스라엘 역사에서 이끌어낸 여러 인물들의 삶을 예시한다. 그들의 삶이 위의 정의를 실천적으로 실행하는 방식을 보여준다는 것이다. 이 믿음의 위대한 본보기들은 하나님을 알고 그 지식에 따라 행동한 사람들이다. 중요한 것은 그들이 한 말이 아니라 그들이 행한 일이었다. 삶의 모든 단계에서 그들의 행동은 하나님의 뜻에 대한 그들의 지식에 의해 결정되었는데, 그 지식은 그들과 하나님 간의 관계에서 나왔다. 그들은 하나님이 아브라함에게

---

81   히 11:1.

주신 약속이 언젠가 그리스도 안에서 성취될 것이라는 것을 알고 수백 년의 세월 동안 그 약속에 충실히 머물렀다. 이것이 특별한 경우에 무엇을 의미할 수 있는지는 바로의 사악한 궁정에서 일시적인 쾌락을 누리기보다 하나님의 백성과 함께 학대받기로 선택한 모세의 이야기에서 잘 예시된다.

그리스도를 위하여 받는 수모를 애굽의 모든 보화보다 더 큰 재물로 여겼으니…믿음으로 애굽을 떠나 왕의 노함을 무서워하지 아니하고, 곧 보이지 아니하는 자를 보는 것 같이 하여 참았으며…[82]

그들 가운데 일부 신실한 이스라엘 사람들은 믿음으로 큰 기적을 일으켰고, 또 다른 사람들은 똑같은 이유로 심한 고난을 겪었다. 엘리야와 같은 소수의 사람들은 이 두 가지를 다 했다. 그러나 결국 그것이 실제로는 문제가 되지 않았다. 왜냐하면 그들이 한 일은 하나님이 자기들에게 그렇게 하라고 불렀다는 깊은 확신에서 나왔기 때문이다. 초기 교회에서는 많은 그리스도인들이 복음을 위해 목숨을 바쳤으며, 다른 무엇보다도 바로 이 점이 그들을 만난 사람들에게 가장 깊은 인상을 남겼다. 테르툴리아누스는 주후 200년경에 "순교자들의 피는 교회의 씨앗"이라고 말했는데,[83] 이는 종종 그렇다고 증명되었다. 야고보가 다음과 같이 증언하는 것처럼, 이것이 참된 믿음이다.

내 형제들아, 너희가 여러 가지 유혹을 당하거든 온전히 기쁘게 여기라. 이는 너희 믿음의 시련이 인내를 만들어 내는 줄 너희가 앎이라. 인내를 온전히 이루라. 이는 너희로 온전하고 구비하여 조금도 부족함이 없게 하

---

82   히 11:25-27.

83   *Apologeticum*, 50.

려 함이라.[84]

이로 볼 때 옳은 것들에 대한 신뢰가 중요하기는 하지만, 의롭게 하는 믿음이 그것과 동일시되어서는 안 된다는 점은 명백하다. 올바른 믿음은 올바른 행위를 낳아야 한다. 종종 그것은 상황이 어려워질 때 두려워하지 않고 자신의 입장을 밝히는 것을 의미할 것이다. 신자들은 결코 편안한 적이 없었다. 심지어 제도권 교회가 그 땅에서 힘을 갖고 있던 이른바 믿음의 시대에도, 교회 구성원들 중 복음의 원리를 실천하려고 했던 사람들은 종종 힘든 시기를 겪었다. 아마도 오늘날에는 더 자유가 많겠지만, 사람들에게 복음의 메시지를 누그러뜨리고 다른 종교를 용인하고 어떤 식으로든 세상과 타협하라고 가해지는 압력은 이전과 똑같이 강하다. 오늘날 학계나 언론 매체에서 기독교의 믿음과 가치를 옹호하는 것은 옛날에 로마의 콜로세움에서 사자와 맞섰던 것만큼 힘들고, 어쩌면 그보다 훨씬 더 힘들다. 이런 상황들 속에서 우리의 믿음은 혹독하게 검증되며, 그 과정에서 우리는 믿음이 진정으로 무엇인지 알게 된다. 하나님이 대제사장 엘리에게 "나를 존중하는 자를 내가 존중하고, 나를 멸시하는 자를 내가 경멸하리라"[85]고 말한 것처럼 말이다. 엘리는 대가를 치르고 그 말의 진리를 깨달았지만, 이후 세대들은 경험을 통해 그 말이 얼마나 참된지 깨달았다. 그리고 그들은 사망의 그늘진 골짜기를 통과할지라도, 믿음으로 나아가면 하나님이 자기들과 함께하면서 영원한 안식으로 자기들을 인도하고 이끌 것이라는 점을 알았다.[86]

믿음이 무엇인지를 이해하면, 성경이 왜 우리가 하나님이 보시기에 믿음에 의해 의롭게 된다고 말하는지가 더 명확해진다. 그리스도에 대한 우리의 믿음은 그의 고난과 죽음과 부활에 있어 우리가 그와 연합함으

---

84   약 1:2-4.
85   삼상 2:30.
86   시 23:4-6.

로써 생겨난 신뢰다. 이 연합은 물리적인 것이 아니라 영적 연합이지만, 그렇다고 해서 덜 실제적인 것은 아니다. 오히려 영적인 연합이 더 실제적이고 효과적이다. 왜냐하면 우리가 물리적인 의미에서 그리스도와 함께 죽고 다시 살게 되어 있었다면, 우리는 결코 이생에서 그리스도인이 될 수 없을 것이기 때문이다. 복음의 기적은 우리가 지금 여기서 부활하신 그리스도의 새 생명을 살 수 있다는 것이다. 그것은 우리가 어떤 객관적인 의미에서 변화되었기 때문이 아니라, 그리스도께서 자신의 성령을 보내어 속죄 사역을 우리의 삶에 적용시켜서 우리를 자신의 몸에 통합시켰기 때문이다.

이것이 의미하는 바는, 비록 우리는 죄인이고 아담의 유산 때문에 타락한 죄악성 외에는 하나님께 드릴 것이 아무것도 없지만, 하나님은 자기 아들의 피로 우리를 자기에게 이끄시고 우리의 죄와 타고난 죄악성을 제거하셨다는 것이다. 우리의 하나님의 아들과 연합했기 때문에 그의 의가 우리의 의가 되었고, 우리의 지나간 모든 죄를 용서 받고 그리스도의 새로운 부활의 생명 안에서 살 능력을 부여받았다는 것을 알기에 우리 아버지 앞에 설 수 있다. 칭의는 죄의 용서를 포함하고 또한 죄의 용서 없이는 상상할 수도 없지만, 칭의는 용서에 제한되지 않는다는 것을 이해할 필요가 있다. 의롭게 여겨지지 않고서도 단편적으로 용서받을 수 있다는 식으로 생각하는 사람들이 많다. 그들은 죄를 지을 때마다 회개하고 하나님의 용서를 받아야 한다고 믿는데, 이것은 사실이다. 그러나 그들은 자기들의 근본적인 죄악성과 하나님으로부터의 분리가 처리되었다는 확신을 갖고 있지 않다. 그들의 마음속에서 하나님은 여전히 자기들이 만족시켜야 하는 먼 재판관이고, 그들은 늘 자기들이 미처 고려하지 못해 심판 날에 불리하게 작용할 숨겨진 죄가 없는지 두려워한다.

그런 사람들은 완벽하게 진지한 신자들일 수 있지만, 그들은 믿음에 의해 의롭게 된다는 참된 의미를 몰라 덫에 걸렸고, 그래서 그리스도의 자유 안에서 살 수 없다. 16세기 종교개혁자들은 교회 지도자들이 칭의에 관한 진리를 억압했거나 그것을 이해하지 못해 교회가 사람들을 영적 속박 속에 가두어 두고 있는 것을 염려했다. 그래서 마르틴 루터는 칭의야 말로 "교회가 서고 넘어지는 신앙 조항"이라고 말하고, 칭의가 복음의 핵심 강령이라고 믿었다. 칭의를 이해하지 못하면 구속의 메시지는 신자의 경험의 외부에 있는 것으로 머물러 있고, 교회는 영적 자유가 아니라 영적 속박의 장소가 된다.

　의롭다고 여겨지고 그리스도의 의를 공유한다는 것은 무슨 뜻인가? 그리스도의 의는 그가 신자들에게 주시어 그들이 자신의 의라고 주장할 수 있는 것인가, 아니면 신자들이 그리스도와 연합되었기 때문에 그들에게 귀속되는(전가되는) 것이고 객관적인 의미에서 그들에게 부여되거나 이전되지는 않은 것인가? 이것은 칭의의 본질에 관한 종교개혁적 논쟁의 핵심에 놓여 있는 문제다. 우리는 그리스도께 접붙여짐으로써, 우리와 그리스도의 연합으로 인해 그리스도의 의로 덮이고 그리스도의 의를 공유한다. 우리 자신의 의는 조금도 없으며, 그런 의미에서 우리는 그리스도의 의가 우리에게 전가된다고 말해야 한다. 우리는 우리의 부정과 죄 안에서 죽었고 따라서 그것들을 제거할 수 있는 어떤 일도 할 수 없지만, 그리스도가 우리의 죽음을 짊어지시고 우리가 하나님께 진 빚을 대신 청산하셨다.[87] 그러므로 우리가 지금 이 세상에서 사는 삶은 우리 안에 살면서 자신의 의가 우리의 삶에 영향을 주도록 하는 하나님의 아들에 대한 믿음으로 사는 삶이다.[88] 바울은 이에 대해 다음과 같이 말한다.

　긍휼이 풍성한 하나님이 우리를 사랑한 그 큰 사랑을 인하여 허물로 죽은 우리를 그리스도와 함께 살리셨고 (너희는 은혜로 구원을 받은 것이라) 또 함께 일으키사⋯너희는 그 은혜에 의하여 믿음으로 말미암아 구원을 받았

87　엡 2:1; 골 2:13-14.
88　갈 2:20.

으니, 이것은 너희에게서 난 것이 아니요, 하나님의 선물이라. 행위에서 난 것이 아니니 이는 누구든지 자랑하지 못하게 함이라.[89]

어떤 사람들이 그렇게 말한 것처럼, 칭의가 행위에 의해서건 우리가 "믿음"이라고 부르는 일종의 정신적 동의에 의해서건 인간의 협력이 필요로 하는 행동이라고 말하는 것은 잘못이다. 우라는 의롭다고 여겨지기 전에는 영적으로 죽어 있고 따라서 시체이기 때문에, 다시 살아나는 것은 고사하고 어떤 일을 하는 것도 불가능하다. 그래서 믿음에 의한 칭의는 우리 자신의 상태에도 불구하고 우리에게 값없이 주어지는 하나님의 선물일 수밖에 없다. 그런데 하나님은 왜 그렇게 하셨는가? 바울은 두 가지 이유를 분명히 한다. 첫째, 하나님은 "긍휼이 풍성하기" 때문인데, 이는 하나님이 우리의 죄를 충분히 제거하실 수 있고, 인간 재판관처럼 자기는 그러고 싶지 않지만 어쩔 수 없이 처벌해야 하는 어떤 상위의 법이나 원칙에 의해 제약을 받지 않으신다는 것을 의미한다. 둘째, 하나님은 우리를 향한 자신의 사랑 때문에 자신의 긍휼을 보여주신다. 하나님의 용서의 능력은 우리에 대한 그의 행위 안에서 실현되며, 또한 우리가 그리스도 안에서 삶을 얻는 것은 바로 그 행위를 통해서인데, 이것이 바로 우리가 그분의 의로 말미암아 의롭게 된다는 것이 궁극적으로 의미하는 바다.

자녀로 입양됨

그리스도의 피로 의롭다고 여겨지는 것은 죄성의 짐에서 해방되고 그리스도의 의의 능력 안에서 새로운 삶을 살 자유가 주어지는 것이다. 하

---

89 엡 2:4-6; 8-9.

지만 그것이 전부는 아니다. 우리는 때로 죄를 설명할 때 우리의 위대한 의사이신 그리스도가 치료해주신 우리의 영적 질병이라고 묘사한다. 이 것이 틀린 것은 아니지만, 모든 유비가 그렇듯이 여기에도 한계가 있고 조심해서 사용되어야 한다. 이 경우의 위험은 이 비교를 너무 극단적으로 몰고 가서 예수가 지상 사역을 하실 때 고쳐주었던 많은 사람들이 그랬던 것처럼, 환자가 일단 치료되고 나면 자유롭게 떠나도 된다고 가정하는 것이다. 예수께 치료받은 사람들 가운데 예수의 제자가 된 사람은 거의 없었고 예수는 그들이 반드시 자신의 제자가 될 것이라고 기대하지는 않았다. 예를 들어 예수께 치료받은 열 명의 나병 환자들의 경우 딱 한 사람만 감사드리기 위해 되돌아왔는데, 예수는 그것을 칭찬하기는 했지만 그에게 지체 없이 일상의 삶으로 돌아가라고 말씀하셨다.[90] 예수가 그렇게 말한 데는 아마도 구원이 유대인에게서 나오기 때문에 그 사람이 제자가 되고 싶어 했어도 예수가 제자로 삼을 수 없었던 사마리아 사람이었다는 이유가 있었을 것이다.[91] 그러나 그것이 사실이든 아니든, 우리는 이것이 예수가 지금 죄 용서를 받은 죄인들을 다루는 방식이 아니라고 말해도 무방하다.[92]

의롭다고 여기는 행위는 또한 성경이 "입양"으로 묘사하는 하나님과의 새로운 관계를 수반하기 때문에, 의롭다고 여김 받은 죄인은 자기 길을 가거나 이전의 삶으로 돌아갈 자유가 없다. 다시 바울의 말을 인용해 보자.

무릇 하나님의 영으로 인도함을 받는 사람은 곧 하나님의 아들이라. 너희는 다시 무서워하는 종의 영을 받지 아니하고 양자의 영을 받았으므로 우리가 아바 아버지라고 부르짖느니라. 성령이 친히 우리의 영과 더불어 우

---

90   눅 17:19.
91   요 4:22.
92   눅 17:16-18; 요 4:22.

리가 하나님의 자녀인 것을 증언하시나니, 자녀이면 또한 상속자 곧 하나님의 상속자요 그리스도와 함께 한 상속자니, 우리가 그와 함께 영광을 받기 위해 고난도 함께 받아야 할 것이니라.[93]

입양은 그리스도 안에서 이루어진 우리와 하나님과의 관계의 본질을 다른 어떤 것도 그렇게 할 수 없는 방식으로 보여주기 때문에, 특히 잘 선택된 심상이다. 양자는 양부모의 친자가 아니지만, 그가 그 가족의 일원이 된 것은 우연이 아니다. 그의 부모는 사랑과 자기희생으로 확증한 의지의 행위에 의해 그를 의도적으로 선택해서 가족의 일원으로 삼았다. 아이는 자기 양부모에게 자기를 입양할 의무를 지울 수 없으며, 입양하려는 사람에게 입양하지 말라고 권고할 수 있는 많은 고려사항들이 있을 수도 있다. 예를 들어 그 아이가 장애인이라면 아이를 보살피기가 더 힘들 것이다. 아이가 다른 인종일 경우, 그 아이가 입양되었다는 사실이 주목을 끌 것이고 나중에 문제를 야기할 수도 있을 것이다. 아이의 친부모가 아이를 잃는 것을 받아들이지 않을 수 있고, 또 나중에 아이를 되찾아가려고 할 수도 있다. 아이 자신이 입양 사실을 알게 되면 입양에 반항하고 적극적으로 친부모를 찾아 나설 수도 있는데, 그렇게 되면 관련된 가족들에게 심각한 결과가 초래될 수도 있다.

하나님이 우리를 자녀로 입양할 때 이런 모든 요인이 어떤 식으로든 역할을 한다. 우리에게는 하나님이 우리를 자기의 보호 아래로 받아들이게 할 의무를 지울 만한 것이 전혀 없다. 우리의 죄는 우리의 장애이고 그 결과가 여전히 우리에게 남아 있으며 그것이 극복되어야 하기 때문에 죄는 우리를 자녀로 받아들이는 것을 더 어렵게 만든다. 우리는 하나님과는 전혀 다르며, 다른 사람들이 우리가 하나님의 자녀라고 주장하는 말을 듣는다면 그들은 이 점을 지적하며 우리 주장이 우리 편에서의 희

---

93   롬 8:14-17.

망 사항이라며 무시할 수도 있다. 마지막으로, 우리가 구출되기 이전에 섬기던 지배자인 사탄은 이에 대해 기분이 상해서 우리를 되찾아가기 위해 자기가 할 수 있는 모든 일을 한다.[94] 우리는 영적 낙담이나 침체기에 심지어 우리의 옛 생활이 정말 그렇게 나빴는지 의심하면서 사탄을 찾도록 유혹받을 수도 있다. 요약하자면 입양은 자연스럽게 일어나지 않고, 오직 우리 마음속에 있는 성령의 증언에 의해서만 뿌리를 내리며 우리에게 일종의 제2의 천성이 된다.

그러나 입양이 자연적인 권리가 아님에도 불구하고 그 보상은 매우 크다. 양자는 친자들과 똑같은 상속자이며, 이것은 영적 관점에서는 그리스도께 접붙여진 우리가 그리스도의 영화롭게 된 인성 안에서 그에게 부여된 모든 특권과 복들을 공유한다는 것을 의미한다. 그러나 우리가 그리스도의 천상적 통치를 아무리 많이 공유한다고 해도, 그는 여전히 우리의 주님과 구원자이시기 때문에 우리는 모든 일에 그에게 순종함으로써 그에 대한 우리의 빚을 인정해야 한다. 우리는 그리스도가 우리와 동일시되기 위해 우리와 똑같은 인성을 취한 신적 위격이라는 사실을 결코 잊어서는 안 된다. 나아가 우리는 그리스도의 인성에 있어서는 그와 동일시되지만, 우리가 모방하거나 심지어 상상할 수 있는 모든 것을 초월하고 그 위에 있는 그의 신성에 있어서는 그와 동일하지 않다. 그리스도가 자신의 인간의 몸을 그대로 갖고 자기 아버지께 올라갔으므로 우리도 하늘로 올라가 영원히 그와 함께 살 것이다. 우리는 우리의 영적인 몸이 어떤 모습일지 모르지만, 그리스도가 하늘에서 여전히 인간이신 것처럼 우리도 거기서 여전히 인간일 것이라는 점은 안다.[95]

우리가 상황을 이런 관점에서 보아야 한다는 것은 바울이 그리스도와 함께하는 우리의 상속이 그의 고난을 공유하는 데 달려 있다고 덧붙

---

94   벧전 5:8을 보라.
95   고전 15:42-53.

이는 데서 분명해진다. 신적 위격으로서의 하나님의 아들은 고난을 받을 수 없는데, 그것은 고난이 그의 신성에 맞지 않기 때문이다. 그가 우리를 위해 고난을 받고 죽은 것은 인성 안에서였고, 우리는 우리의 인성 안에서 그를 위해 고난을 받고 죽을 수 있다. 그러나 우리가 고난과 죽음에서 그리스도와 연합한다면 그의 부활의 영광에서도 그와 연합할 것이기 때문에, 그리스도와 함께하는 이 고난과 죽음이 그 자체로 목적은 아니다. 여기서 우리는 영적 입양의 진정한 복을 본다.

첫째, 그리스도 안에서의 입양은 우리에게 하나님 아버지께 대한 접근권을 준다.[96] 이것은 우리가 무시당하거나 거부당할까봐 두려워하지 않고 자유롭게 우리의 문제들과 소원들을 아버지께 가져갈 수 있음을 의미한다. 예수는 우리에게 아버지가 자기 자녀들에게 좋은 선물들을 주실 것이라고 말했는데, 우리가 하나님의 가족으로 입양된 것은 우리가 그 선물들을 받을 것이라는 확신을 준다.[97] 그러나 우리의 하늘 아버지와 소통할 자유는 아버지로부터 선물을 받는 것에 관한 것만이 아니다. 그것은 또한 그가 어떤 존재인가에 대해 그리고 그가 하신 일에 대해 아버지께 감사드리는 것이기도 하다. 그것은 단순히 형식적인 관계를 넘어 아버지와 관계를 맺는 일이고, 그의 임재 안에서 쉬고 그의 영원한 팔 안에서 안전하다는 것을 아는 것이다.[98] 그리스도 안에서 입양된다는 것은 우리의 삶의 모든 측면을 포괄하고, 그분의 사랑이야말로 인간이 받을 수 있는 가장 큰 선물인 분에게 사랑받고 있다는 것을 아는 데서 오는 기쁨으로 우리를 가득 채우는 총체적 경험이다

둘째, 그리스도 안에서의 입양은 우리에게 살아갈 목적을 준다. 만약 우리가 하나님의 가족의 일원이라면 그 가족의 일이 우리의 일이 되며, 우리는 그 일을 대표하고 가능한 한 그 일을 진척시키기 위해 우리가

---

96   엡 2:18; 3:12.
97   마 7:7-9.
98   빌 4:7.

할 수 있는 일을 해야 한다. 바울은 그 점에 대해 다음과 같이 명확히 말한다.

곧 하나님께서 그리스도 안에 계시사 세상을 자기와 화목하게 하시며 그들의 죄를 그들에게 돌리지 아니하시고 화목하게 하는 말씀을 우리에게 부탁하셨느니라. 그러므로 우리가 그리스도를 대신하여 사신이 되어 하나님이 우리를 통하여 너희를 권면하시는 것 같이 그리스도를 대신하여 간청하노니 너희는 하나님과 화목하라.[99]

우리는 우리가 하는 일로 자신을 (또는 다른 누구도) 구원할 수 없지만, 그리스도께서 우리와 자기를 믿는 모든 사람을 위해 이루어놓은 메시지를 위임받는 엄청난 특권이 우리에게 주어졌다. 그리스도의 은혜의 증인이자 그리스도의 사랑의 수혜자인 우리는 그리스도의 사신으로서 우리에게 일어난 일이 그들에게도 일어날 수 있다고 세상에 말해줄 이상적인 위치에 있다. 가족의 이름을 지닌다는 것은 입양의 큰 보상 중 하나이며, 우리는 우리를 보는 사람들이 우리 안에서 역사하는 주 예수 그리스도를 보게 되어 있다는 점을 절대로 잊어서는 안 된다. 우리의 행동 방식, 우리가 하는 말, 우리가 하는 일들은 모두 우리가 누구인가를 광고한다.[100] 우리가 실패하면 우리가 거절되거나 무시되는 것이 아니라(우리는 차라리 그렇게 되기를 바랄 수도 있다), 우리가 설교한 것을 실천하지 않고 있는 것을 너무도 똑똑히 지켜본 사람들에게 위선자라고 조롱당하고 정죄받기 때문에 이에 대해 각별한 주의를 기울여야 한다.[101]

셋째, 그리스도 안에서의 입양은 우리가 세상에 대한 그의 통치에 동

---

99   고후 5:19-20.
100 고전 4:1을 보라.
101 고전 6:12-20.

참하게 해준다.[102] 우리는 이에 대한 권리가 없지만, 입양되었기 때문에 "그리스도 예수 안에서 하늘의 자리들에" 앉아 있다.[103] 고대 세계에서는 왕만 앉도록 허용되었고 다른 모든 사람은 왕 앞에 서 있어야 했다. 그러나 그리스도의 나라에서 그에게 속한 사람들은 그리스도와 함께 앉아 그가 자신의 통치에 적대적인 모든 권위와 힘을 파괴할 때까지 그의 힘과 권위를 공유하고 그와 함께 다스린다.[104] 그리스도가 있는 곳에 우리도 있을 것이고, 거기서 세상의 기초가 놓이기 전부터 그의 생명책에 이름이 기록된 우리를 위해 죽임 당한 어린양의 영광을 누릴 것이다.[105]

마지막으로 그리스도 안에서의 입양은 우리가 그를 더 닮아가도록 영적으로 성장할 수단을 준다.[106] 예수는 니고데모에게 거듭나야 한다고 말했는데, 이 주제는 신약성경 전체에서 발견된다.[107] 다시 태어난다는 비유는 진지하게 취해지며, 영적으로 거듭난 사람들은 그들의 사고나 행동에서 즉시 또는 자동으로 성숙한다고 가정되지 않는다. 바울은 교회에서 새로 믿은 그리스도인들에게 그들이 감당하기에 너무 큰 책임이 주어져서는 안 된다고 말한다. 왜냐하면 그런 책임이 주어지면 그들이 교만해져서 마귀의 덫에 걸릴 위험이 있기 때문이다.[108] 신자들은 믿음 안에서 자라가야 하는데, 이는 가장 단순하고 직설적인 지시로 시작하는 것을 의미하며, 그 지시의 많은 부분들은 세상의 방식을 거부하기를 배우는 것으로 구성된다. 베드로가 다음과 같이 말한 것처럼 말이다.

모든 악독과 모든 기만과 외식과 시기와 모든 비방하는 말을 버리고 갓난

---

102 딤후 2:12; 고전 6:3.
103 엡 2:6.
104 고전 15:24-27.
105 계 13:8.
106 벧후 3:18.
107 요 3:3-7; 갈 4:29; 벧전 1:23; 요일 2:29; 3:9; 4:7; 5:1, 4, 18도 보라.
108 딤전 3:6.

아기들 같이 순전하고 신령한 젖을 사모하라. 이는 그로 말미암아 너희로 구원에 이르도록 자라게 하려 함이라. 너희가 주의 인자함을 맛보았으면 그리하라.[109]

영적인 젖은 중요하고 필요하지만, 그것은 시작일 뿐이다. 바울이 고린도 교회에서 직면한 문제들 가운데 하나는 교회 구성원들이 기본사항들에서 벗어나지 못한 것이었다. 바울은 그들에게 자기가 영적인 사람들에게 통상적으로 말하는 방식으로 말하지 못하고, 그들을 단단한 음식으로 옮겨가지 못하고 계속 젖을 먹고 있는 "그리스도 안의 유아들로서 육체의 사람들"로 대할 수밖에 없었다고 불평했다.[110] 같은 서신의 뒷부분에서 그는 이 주제로 돌아와 고린도 교회 교인들에게 생각하는 데 있어 어린이들이 되지 말고 성장해서 영적인 어른들처럼 행동하라고 말했다.[111] 히브리서 저자는 훨씬 더 직접적으로 말한다.

너희가 듣는 것이 둔하므로 설명하기 어려우니라. 때가 오래 되었으므로 너희가 마땅히 선생이 되었을 터인데, 너희가 다시 하나님의 말씀의 초보에 대하여 누구에게서 가르침을 받아야 할 처지이니 단단한 음식은 못 먹고 젖이나 먹어야 할 자가 되었도다. 이는 젖을 먹는 자마다 어린아이니 의의 말씀을 경험하지 못한 자요, 단단한 음식은 장성한 자의 것이니.[112]

같은 저자가 계속해서 주님이 자기 자녀를 징계하시는 것에 관한 잠언 3:11-12을 인용하며, 이렇게 덧붙이는 것은 놀랄 일이 아니다.

---

109 벧전 2:1-3.
110 고전 3:1-2.
111 고전 14:20.
112 히 5:11b-14a.

하나님이 아들과 같이 너희를 대우하시나니 어찌 아버지가 징계하지 않는 아들이 있으리요? 징계는 다 받는 것이거늘 너희에게 없으면 사생자요 친아들이 아니니라.…무릇 징계가 당시에는 즐거워 보이지 않고 슬퍼보이나, 후에 그로 말미암아 연단 받은 자들은 의와 평강의 열매를 맺느니라.[113]

영적 징계는 매력이 없어 보이고 때로는 고통스러울 수 있지만, 우리가 하나님이 보기 원하시는 수준으로 성숙해지려면 그것이 필요하다. 실로, 이 구절은 우리가 징계 받지 않으면 우리는 사생아라고 말한다! 인간적 관점에서는 사생아도 부모의 친자이기 때문에 부모의 관심을 받을 권리가 있지만, 하나님은 적자가 아닌 자식을 두실 수 없다. 하나님의 가족이 되는 유일한 길은 입양이며, 하나님에 의해 입양되지 않았다면 우리는 하나님의 자녀가 아니다. 반면에 일단 하나님의 가족으로 편입되면 우리는 하나님의 아버지 역할을 받아들여야 하는데, 그 역할은 하나님이 우리가 영적으로 성숙한 성인이 되기를 바라서서 우리에게 부과하시는 모든 지시와 징계를 포함한다.

성령 안에서 거룩해짐

영적 성숙도 면에서 성장하는 것은 하나님의 가족으로 입양된 논리적인 결과인데, 우리는 이것을 "성화"라고 부른다. 이것은 우리가 하나님을 피조물로부터 구별시키고 그분을 사랑이 풍성한 영적 아버지로 만드는 특성을 획득해야 한다는 것을 의미한다. 하나님께는 우리가 미치지 못하는 많은 것들이 있다. 우리가 아무리 애를 써도, 우리는 보이지 않거

---

113 히 12:7-8, 11.

나 불멸하거나 아픔을 느끼지 않거나 전능하거나 전지할 수 없다. 이런 말들이 생소하다는 사실 자체가 우리 자신이 그런 특성에 참여하는 것은 고사하고, 그 의미조차 깨달을 수 없는 존재라는 점을 보여준다. 그러나 거룩함은 다르다. 거룩함은 우리가 공유할 수 있고 하나님이 우리가 할 수 있는 한 많이 참여하기를 바라시는 하나님의 특성 중 하나다. 사도 바울이 말한 것처럼 우리의 성화는 하나님의 뜻이다.[114]

거룩하다는 것 또는 거룩하게 된다는 것은 무슨 뜻인가? 교회의 역사상 가장 불행한 상황들 중 하나는 이 말이 모든 사람이 본받을 미덕의 본보기로 제시된 특정 부류의 사람들에게 제한된 것이다. 소위 성인들은 전통이나 교회 당국에 의해 성인으로 추앙되었는데, 성인들에게 기도하라고 가르칠 정도로 그들은 매우 큰 존경을 받게 되었다. 그들은 거룩함으로 인해 우리보다 하나님과 훨씬 가까운 존재가 되었기에, 우리가 기도하는 것보다 그들이 하나님께 더 효과적으로 중재할 수 있다는 근거에서 말이다. 현재 시성된 이런 종류의 "성인품"은 로마 가톨릭교회에 의해 최소한 두 가지 기적을 일으킨 것으로 인정받을 수 있는 사람들에게만 제한된다. 하나의 기적을 일으키면 "시복식(beatification)"을 할 수 있는 자격이 부여되며, 그 사람은 "복자"(blessed)로 불리는 존경을 받을 수 있다. 그러나 완전한 성인 지위가 부여되려면 두 번째 기적이 요구된다. 동방 정교회들도 "성인들"을 시성하는데, 그들의 시성 기준은 보다 유연하다. 대부분의 다른 교회들도 사망한 탁월한 교인들을 특히 그들이 믿음 때문에 순교했을 경우에 공경하지만, 그들을 특별한 "성인" 반열에 두지는 않는다.

이런 식의 성인품은 성경적 토대가 없으며, 신구약성경 모두에서 모든 신자가 "성도"로 간주되는 성경의 정신과도 상반된다.[115] 구약성경에

---

114 살전 4:3.
115 구약성경에서는 "성도"에 대한 대부분의 언급은 시편과 다니엘 7-8장에 있다. 예컨대 시 30:4; 52:9; 85:8; 148:14와 단 7:18-27을 보라. 신약성경에서 이 용어는 바울이 교회들에

서 성도들은 주로 성전에 들어가기 위해 요구되는 정결의식 행위를 치른 사람들이었고, 그 말은 예배의 맥락에서 가장 빈번하게 사용되었다. 신약성경에서는 바울이 정결 심상을 취해서 고린도 교회 교인들에게 그들이 성령에 의해 씻음 받고 거룩해졌다고 말했다.[116] 신자들의 마음속에 내주하는 성령의 임재로 신자들은 성령의 전이 되고, 따라서 고대 이스라엘 사람들에게 적용되었던 거룩함의 원리들이 우리에게도 적용된다.[117] 성령은 구약성경에 나오는 성전의 살아 있는 화신이었던 그리스도의 영이기 때문에, 우리의 몸은 성령의 전들이다.[118] 달리 말하자면, 우리의 성화를 이끄는 것은 그리스도와의 연합이지, 우리로 하여금 "성인"의 영예를 얻게 할 수도 있는 과거와 현재의 어떤 행위가 아니다. 입양과 마찬가지로 성화도 회심한 순간에 우리에게 주어지는 것이다. 우리는 신자로서 성숙해지면서 삶 속에서 이를 발전시키고 적용해야 한다. 어쩌면 입양에서의 성장은 우리가 그리스도 안에서 누구인가에 대해 더 깊이 이해하는 것을 의미하는 반면에, 성화에서의 성장은 보다 더 구체적으로 영적으로 적대적인 세상에서 우리가 어떻게 처신하는지를 가리킨다고 할 수 있을 것이다. 그러나 하나가 없으면 다른 하나도 할 수 없기 때문에 이 구분은 실제적이기보다는 개념적이다. 그리스도인의 성장은 필연적으로 우리가 누구인지에 대한 이해에 영향을 주고, 이어서 그것은 우리의 생명으로 무엇을 해야 할지를 결정할 것이다.

성경에서는 이 점이 명백하지만, 가톨릭 전통의 영향이 너무 커서 오늘날 아무도 자신을 성인이라고 부르지 않을 것이다. 왜냐하면 그렇게 하면 그 사람이 자만심이 강하고 망상에 사로잡혔다는 인상을 줄 것이기

편지를 쓸 때 종종 사용된다. 예컨대 롬 16:2; 고전 6:1; 고후 1:1; 엡 1:1; 빌 1:1; 골 1:4를 보라.

116　고전 6:11.

117　고전 3:16-17.

118　막 14:58

때문이다. 우리가 거룩함을 추구해야 한다는 바로 그 제안이 흔히 다음과 같은 의미에서 조롱을 당한다. 곧 우리는 불가능한 일을 하도록 요청을 받는다는 절망에 빠지거나, 또한 그런 "거룩함"은 진정한 성인이 아니라 위선으로 이끄는 일종의 율법주의가 될 수밖에 없다는 의미다.

이 점에서 지지자들 사이에 일종의 영적 완벽주의를 조장했던 19세기와 20세기 초의 성결 운동은 문제 해결에 도움이 되지 못했다. 그들은 거의 언제나 "거룩함"을 금주, 금연, 춤 금지 등의 절제의 관점에서 정의했다. 불행하게도 이런 배경 출신의 사람들은 음주 등을 포기하기가 교만이나 미움의 감정을 포기하기보다 훨씬 쉽다는 것을 너무도 잘 안다. 금지된 행동들을 하지 않는 사람들은 그렇게 하지 못하는 사람들을 향해 너무도 쉽게 그런 감정을 가질 수 있다. 이런 사고방식에 비판적인 사람들은 성경이 흡연에 관해 아무 말도 하지 않고 춤을 못마땅해 하지 않으며, 술을 많이 마시는 데 대해 우호적이지는 않지만 비난은 술 취함으로만 제한되고 음주 자체를 완전히 금지하지는 않는다는 것을 쉽게 보여줄 수 있다.[119] 그러므로 성결 운동의 과도함에 대한 반응으로 많은 그리스도인들이 거룩함이라는 개념 자체에 반감을 품게 된 것은 그리 놀랄 일이 아니다. 확실히 지금은 심지어 자신의 삶 속에서 하나님의 뜻을 실천하기 위해 진지하게 노력하는 사람들 사이에서도 거룩함을 적극적으로 추구하는 일이 극히 드물다.

거룩함을 추구하는 것은 그리스도인의 삶의 가장 근본적인 측면의 하나이기 때문에 이런 현실은 비극이다. 그것은 그런 것들이 하나님과 더 가깝다는 표지라도 되는 양 금욕적인 자기 절제의 삶을 사는 다소 특이한 사람이 되는 것을 의미하지 않는다. 이런 기준에 의하면 예수는 세례 요한과 비교할 때 매우 초라한 인상을 준다.

---

119 눅 21:34; 롬 13:13; 고전 11:21; 갈 5:21; 엡 5:18; 딤전 5:23.

세례 요한이 와서 떡도 먹지 아니하며 포도주도 마시지 아니하매 너희 말이 "귀신이 들렸다" 하더니, 인자는 와서 먹고 마시매 너희 말이 "보라 먹기를 탐하고 포도주를 즐기는 사람이요, 세리와 죄인의 친구로다" 하니···[120]

많은 교회들이 이런 이력을 갖고 있는 예수를 기꺼이 자기들의 목사로 청빙하리라고 상상하기는 어렵다! 물론 예수는 유대 사회의 관습을 무시함으로써 제자들에게 참된 거룩함은 피상적이고 왜곡된 율법의 견해를 지키는 문제가 아니라, 하나님의 존재와 성품에 맞춘 마음과 정신을 갖는 문제라는 점을 가르쳤다.

하나님께 맞춘다는 것은 초월적이고 영원한 것, 즉 하나님이 지으신 피조물의 한계가 아니라 창조자의 본성을 반영하는 것에 초점을 맞추는 것을 의미한다. 가장 기본적인 수준에서 이는 모든 종류의 우상숭배와 그와 관련된 부도덕을 피하는 것을 의미한다. 현대 세계에서 힌두교와 그 분파들을 제외하면 주요 세계 종교들 가운데 고대 세계에서 알려진 것과 같은 방식으로 우상숭배를 시행하는 종교는 없기 때문에, 우상숭배를 과거의 죄로 생각하기 쉽다. 그러나 우상숭배는 사라지지 않았다. 단지 더 교묘해졌을 뿐이다. 우리는 석상들로 채워진 성전들 대신 레저 문화를 갖고 있는데, 이 문화에서 스포츠와 영화가 만들어낸 새로운 귀족 계층의 도덕적 또는 영적 실패에도 불구하고 그들의 직업이 부러움의 대상이 되고 그들의 생활양식이 모방된다. (고대 이교 사상의 과도한 행위가 그랬던 것처럼) 보다 지나친 그들의 어떤 일탈 행위들은 비난받을 수도 있겠지만, 금으로 신상을 장식하는 것과 할 수 있는 일이라야 기껏 경기장에서 공을 차는 것이 전부인 운동선수에게 일 년에 수백만 달러를 지불하는 것 사이에 실제로 어떤 차이가 있는가? 그런 관점에서 보면, 고대의 이교도들이 더 나았다고 주장할 수도 있다. 그들의 우상들이 우리의 우

---

120 눅 7:33-34; 마 11:19.

상들보다 훨씬 더 값이 쌌으니 말이다!

고대의 우상숭배는 자주 부도덕 특히 성적인 부도덕과 관련이 있었고, 따라서 우리가 피해야 한다고 듣는 성적 부도덕이 두드러진 특징을 이루는 것도 놀랄 일이 아니다. 이것이 바울이 데살로니가 교회 교인들에게 편지를 써서 성화가 그들을 향한 하나님의 뜻이라고 말한 맥락이었다. 바울은 그들 각자가 "하나님을 알지 못하는 이방인들처럼 욕정으로가 아니라 거룩함과 명예로 자신의 몸을 통제할 줄 알아야 한다"고 명시적으로 말했다.[121] 고린도 교회 교인들에게 보내는 그의 편지에서도 같은 연결 관계가 명백한데, 거기서 바울은 성적으로 부도덕한 사람, 우상 숭배자, 간통자, 동성애자들을 하나님 나라에서 명시적으로 배제한다.[122]

최근까지는 이 문제로 다툼을 벌이는 일이 거의 없었지만, 현대 서구 사회에서 기독교적 가치가 쇠퇴함에 따라 교회는 상처를 입지 않을 수 없었다. 지금 우리는 한 세대 전만 해도 사람들이 끔찍하게 여겼던 일들을 용인할 뿐만 아니라 심지어 옹호하는 모습을 발견한다. 동성애 관습은 이에 대한 명백한 하나의 사례다. 동성애는 성경에서 금지되지만, 오늘날 동성애 "취향"을 가진 사람들도 이성애자들이 그들의 욕구를 충족시킬 수 있는 것과 같은 방식으로 자신의 욕구를 충족시키도록 허용되어야 한다고 주장하는 사람들이 있다. 성경은 성욕을 비난하지 않지만, 성욕이 관계에서 결정적인 요인이 될 정도로까지 그 위상을 높이지는 않는다는 점을 기꺼이 지적하는 그리스도인들은 별로 없다. 이성애는 한 배우자에 대한 평생의 헌신 안에서 형성되고 발전되어야 한다. 확실히 다윗이 밧세바를 원한 것처럼 남자가 다른 여자를 원할 수 있지만 그것은 정욕이며, 다윗이 그 정욕에 굴복하자 그는 처벌받았다.[123] 오늘날 대

---

121 살전 4:3-4.
122 고전 6:9.
123 삼하 12:13-14.

부분의 교회는 여전히 다윗과 같은 입장에 있는 사람을 비난할 것이다. 그러나 그들은 이혼한 뒤의 재혼에 대해서는 그것도 간음이라는 것을 망각하고 훨씬 더 관대해졌다.[124] 이 기준을 감당하기 어렵다는 데에는 의문이 없다. 예수의 제자들도 오늘날의 사람들처럼 그 기준을 어려워 했다. 예수는 이 주제에 대해 타협하지 않았고, 그를 따르는 사람들은 그 기준을 받아들이고 지키는 것 외에는 대안이 없다.

성적 부도덕은 신약성경의 성화에 대한 가르침에서 중요한 역할을 하지만, 그것이 그리스도인들이 피하라고 요구되는 유일한 항목은 아니다. 바울은 고린도 교회 교인들에게 보내는 편지에서 주저 없이 도둑, 탐욕을 부리는 사람, 주정뱅이, "모욕하는 사람", 그리고 사기꾼들도 하나님 나라를 상속받지 못할 것이라고 덧붙인다.[125] 이 문맥에서 "모욕하는 사람"이 어떤 사람인지 명확하지는 않지만, 다른 사람이나 어떤 사실에 대해 거짓 증언을 할 정도로 비판적인 사람으로 이해하는 것이 가장 좋을 것이다. 예를 들어 어떤 사람을 도둑으로 고소할 때 고소하는 자가 고소 내용을 진실로 믿고 있었다면 그것은 모욕에 해당하지 않을 것이다. 그러나 그 고소가 사실은 근거가 없고 단순히 상대방의 평판을 떨어뜨리는 수단이라면, 그것은 불운한 희생자의 평판을 빼앗는 것이기 때문에 도둑질에 해당하는 죄다.

갈라디아 교인들에게 보내는 편지에서 바울은 "육체의 일"의 범위를 확대해서 적의, 분쟁, 시기, 격노, 경쟁, 불화, 분열, 시기와 같이 인간관계를 망칠 가능성이 있는 일들뿐만 아니라 마법과 같은 것들을 포함시킨다.[126] 이런 모든 일 그리고 악의와 같이 이와 유사한 일들[127]도 실체가 폭로되어야 하고, 우리 개인과 공동체의 삶에서 배제되어야 한다. 이런

---

124 마 19:9.
125 고전 6:10.
126 갈 5:19-20.
127 엡 4:31; 벧전 2:1.

일들은 우리의 타락한 본성의 부패에 속한 열정들이다. 죽음과 부활을 통해 우리의 타락한 본성이 변화되지 않는 한 이 열정들을 완전히 근절할 수는 없지만, 그럼에도 그것들은 억제될 수 있고 교회를 지배하지 못하도록 방지될 수 있다. 이것이 성화에서 성숙에 이르는 길의 첫 번째 단계다.

두 번째 단계는 우리의 우선순위를 재조정하는 것이다. 많은 사람들이 인생의 다양한 단계에서 우선순위를 재조정하지만, 그리스도인들에게는 그 재조정이 계시된 하나님의 뜻과 일치할 때만 의미가 있다. 다른 무엇보다도 우선순위의 재조정은 지속적인 가치가 있고 우리의 영적 성장에 기여하는 일들에 초점을 맞추는 것을 의미한다. 때로는, 특히 우리에게 해를 끼치기만 할 수 있는 도덕적으로 의심스러운 행동이나 비난받을 수 있는 행동을 피하는 것과 관련해서는 이 일이 비교적 쉽다. 그러나 선택이 항상 단순하거나 명확한 것은 아니다. 예를 들어 스포츠에 열광하는 우리의 세상에서는, 많은 그리스도인들이 참가자(젊고 건강한 경우)나 관람자(그렇지 않은 경우)로서 운동 경기라는 우선순위를 하나님께 대한 예배보다 앞세우려는 유혹을 받는다. 아무도 육체의 운동이 좋은 일이며 이에 참여하는 사람에게 매우 유익할 수 있다는 점을 의심하지 않는다. 그러나 바울은 디모데에게 다음과 같이 말했다.

> 경건에 이르도록 네 자신을 연단하라. 육체의 연단은 약간의 유익이 있으나 경건은 범사에 유익하니 금생과 내생에 약속이 있느니라.[128]

그리스도인 학자들은 신앙을 대가로 치를 때만 학문적 존경을 받을 수 있는 경우에, 그런 존경을 열망하는 유혹을 받기 쉽다. 기독교 신앙에 공감하지 않는 동료들의 검토에 직면해서, 우리 모두는 "십자가의 말이

---

128 딤전 4:7b-8.

멸망하는 사람들에게는 어리석은 짓"이라는 사실을 너무 쉽게 잊어버릴수 있다.[129] 교만의 죄가 학계를 괴롭히고 있다. 하나님과 더 가까워지도록 성장하길 원한다면 그리스도인들은 하나님이 세상이 보기에 지혜 있는 사람들을 부끄럽게 하려고 미련한 사람들을, 강한 사람들을 부끄럽게 하려고 약한 사람들을, 세속적인 영역에서 크게 존중받는 사람들의 공허함을 보여주려고 명성이 없는 사람들을 선택하셨다는 사실을 기억하고, 교만의 죄를 피해야 한다.[130] 바울은 아테네에서 그가 무슨 말을 하고 있는지 전혀 모르는 지식인들에게 조롱받았는데,[131] 오늘날 학계에서 기독교 신자들의 상황은 바울의 그런 상황과 그다지 다르지 않다. 그것은 배우기 힘든 교훈이지만, 지적 탁월함이 하나님 나라에 들어가는 입장권인 신실함의 대용물은 아니다.

이 모든 일에서 더 거룩해지려고 애쓰는 신자는 하나님의 성품을 닮기를 추구해야 한다. 바울은 사랑, 희락, 화평, 인내, 자비, 양선, 충성, 온유, 절제를 포함하는 "성령의 열매"를 묘사함으로써 하나님의 성품을 닮는 것이 무슨 뜻인지 말해준다.[132] 이 모든 특질들은 하나님의 본성을 반영하며, 하나님이 우리를 다루시는 방식에 들어 있다. 사랑은 하나님의 모든 존재와 행위의 기초이기에[133] 사랑에 관해서는 말할 필요도 없다. 주님의 희락은 그가 자기에게 신실한 모든 사람과 공유하는 특성이며, 우리가 그분을 위해 행하는 모든 것을 떠받치고 유지한다.[134] 하나님의 화평도 이 목록에 들어 있는 다른 속성들과 마찬가지로 잘 알려져 있다. 하나님은 절대적이시지만 우리는 그렇지 않기에, 절제는 아마 우리에게 적용되는 것과 같은 방식으로 하나님께 적용되지는 않을 것이다. 그러나

---

129 고전 1:18.
130 고전 1:27-28.
131 행 17:32.
132 갈 5:22-23.
133 요일 4:16.
134 느 8:10.

6부 • 하나님의 사랑의 완성

하나님이 인간의 죄의 계속적인 도발에도 불구하고 또 다른 홍수로 땅을 멸망시키지 않겠다고 노아에게 말씀하신 이유는 절제라고 할 수 있을 것이다.[135]

요약하자면 성화는 성령 안에서의 삶이고, 그것이 그리스도인이 가질 수 있는 유일한 종류의 삶이다. 우리 안에 내주하는 성령의 임재는 우리와 하나님의 접촉점이라고 묘사될 수 있다. 그리고 이 실재는 우리에게 "아바! 아버지!"라고 부르짖을 수 있게 해준다.[136] 우리는 성령의 능력 안에 있을 때 앞으로 나아가고, 성령이 능력을 주심으로써 점차 하나님이 우리에게 예정하신 목표에 이르게 된다.[137]

영원한 영광으로 예정됨

아마도 예정이라는 큰 문제보다 더 철저히 논의되는 동시에 더 완전히 오해 받은 주제는 없을 것이다. 보통 사람들은 모든 것이 하나님에 의해 미리 결정되었다고 주장하는 경향이 있는데, 그렇다면 우리 편에서의 어떤 행동도 불필요해지는 것으로 보인다. 그렇다면 이 논리는 우리가 하는 일은 어쨌든 일어나도록 되어 있는데, 우리가 그 일을 왜 해야 하는가라고 이어진다. 이 문제는 특히 복음 전도의 분야에서 논란이 되었다. 예정을 강하게 믿는 사람들은 때로 하나님이 누구를 구원할지 이미 정해 놓으셨다면, 우리가 하는 말이나 행동이 아무런 차이를 가져오지 못할 것이기 때문에 복음을 전할 필요가 없다고 생각했다. 우리는 신앙고백을 하는 사람들이 자신의 자유의지로 고백해야 한다고 생각한다. 그렇지 않으면 그것이 어떻게 진정한 고백일 수 있는지 알기 어렵기 때

---

135 창 9:11.
136 롬 8:15; 갈 4:6.
137 엡 1:13-14.

문이다. 자유의지는 우리 인간성의 필수조건으로 보인다. 그렇지 않다면 아담이나 그의 어떤 후손도 그들이 피할 수 없었던 죄악성에 대해 비난받을 수 없기 때문이다. 이에 대응해서 그리스도인들은 인간이 언제나 자기 죄에 대해 책임을 져야 한다고 확언해왔지만, 동시에 하나님이 우주를 주권적으로 통제하신다고도 주장해왔다. 이 둘이 어떻게 조화될 수 있는지는 신비지만, 많은 사람들이 예정을 강조하면 자신의 구원에서 담당해야 하는 역할이 줄어들 것이라고 생각한다. 또한 어떤 사람들은 자기들이 구원받기로 예정되어 있지 않다고 스스로 확신하고 그 결과 구원의 희망을 잃어버릴 위험도 있다. 그것도 옳은 것으로 보이지 않는다. 이런 모든 이유로 말미암아 많은 사람들은 예정 교리가 중요한 진리의 요소들을 담고 있다고 할지라도 이를 피해야 한다고 믿는다.

이는 다소 역설적이다. 왜냐하면 현대 세계의 대부분의 세속적 이념들이 결정론적이며, 이는 그 이념들에 예정론의 특성이 있음을 의미하기 때문이다. 그 사고방식에 의하면 우주의 질서는 우주 안에 확립되어 있는 고정된 법칙들에 의해 지배된다. 그것의 법칙들에 대해서는 신적 창조자를 인정하는 견해를 포함해서 다양한 설명들이 있을 수 있지만, 이 법칙들이 어디서 왔건 이 체계는 자체의 내적 논리에 따라 기능한다. 인류는 그들의 유전 및 환경의 산물이고, 그와 다른 존재일 수 없다. 그렇지 않다고 믿는 것은 그 체계 속에 본성과 맞지 않는 변칙이나 무작위 요소를 도입하는 것이고, 그것이 사실이라면 그 체계는 붕괴하게 될 것이다. 그 체계는 분명히 붕괴되지 않으므로 그런 예측할 수 없는 개입은 일어나지 않으며, 일어나는 모든 일들은 그 활동을 지배하는 양상을 연구함으로써 설명될 수 있다.

대체로 현대 과학은 이런 가정 위에 세워졌다. 그런데 시간이 지남에 따라 그리고 새로운 발견들이 이루어짐에 따라 그 체계는 이전에 생각되었던 것보다 훨씬 더 복잡하고 미묘한 것으로 드러났다. 예를 들어 아이작 뉴턴 경과 같은 사람들의 물리학은 최근의 발전들, 특히 알버트 아인슈타인과 관련된 상대성 이론에 의해 상당히 제한되었다. 이 유명한 사례는 사실상 거의 모든 과학 분야에서 수없이 되풀이될 수 있고, 어떤 과학 연구자도 지금 우리가 사물을 보는 방식이 그 사물에 대한 최종적인 설명이라고 주장하지 못할 것이다. 모든 과학 이론은 최소한 원리상으로는 오류가 밝혀질 수 있으며, 과학자들의 목표 가운데 하나는 현재 지배적인 이론들의 오류를 입증함으로써 더 나은 이론을 제시하는 것이다. 그럼에도 불구하고 결정론에 대한 신념은 모든 과학 연구에 여전히 근본적이며, 이 신념이 없으면 연구가 불가능할 것이다.

그리스도인들은 명백히 결정론적 우주관을 받아들일 수 없다. 먼저 어떤 사람이 신자가 될 때 변화가 일어나기 때문에, 우리는 인간이 변할 수 없다고 믿을 수 없다. 또한 우주가 변칙을 허용할 수 없는 패쇄체계라면 기적이 불가능할 것이기 때문에, 우리는 우주가 패쇄체계라는 견해도 인정할 수 없다. 물론 진정한 의미의 기적과 같은 것이 있음을 받아들이지 않는 사람들은 그리스도인들을 순진하고 우둔하거나 지적으로 게으르다고 간주할 것이다. 반면에 그리스도인들은 사람들을 로봇 수준으로 축소시키고 자신이 창조한 체계 밖에서 자유롭게 역사하시는 주권적 하나님에 대한 여지를 조금도 남겨 놓지 않는 기계적인 시계장치와 같은 우주론에 경악한다. 무신론자에게는 과학이 과거의 미신으로부터의 해방이지만, 신자에게는 하나님의 예정 교리에 의해서는 절대로 벌어지지 않는 방식으로 인간의 자유가 비인격적인 힘에 의해 짓밟히는 감옥이다.

이런 배경과 논거들에 비추어볼 때, 우리는 뭐라고 말할 수 있는가? 우리는 결정론의 손아귀에서 예정을 구출해낼 수 있을까? 아니면 예정 관념은 근본적으로 인간의 자유와 양립할 수 없고, 그래서 우리가 누구인가라는 우리의 의식에 위험하므로 (많은 그리스도인들이 그런 것처럼) 포기해야 할까? 이 문제를 해결하고자 할 때, 우리는 먼저 그 말 자체가 암시하는 것처럼 예정은 우리가 어디서 왔는가가 아니라 어디로 가고 있는가에 관한 것임을 이해해야 한다. 이 둘은 관련이 있지만, 예정의 주된 강조점은 과거가 아니라 미래에 있다.

다음으로 이해해야 할 점은 신약성경에서 예정은 대개 그리스도 안에서 일어나는 우리의 구원과 관련하여 언급된다는 점이다. 예정은 하나님의 마음이나 창조세계의 구조 속에 세워진 철칙으로 여겨져서는 안 되고, 하나님의 구원하시는 능력에 대한 우리의 경험이 실제적이면서도 의도적이라는 사실에 대해 하나님으로부터 오는 확신의 언어로 간주되어야 한다. 우리는 무언가를 위해서 구원받았고, 약속된 영원한 영광의 상속자인데, 때가 되면 그 안으로 들어가리라는 것을 안다.[138]

이 확신은 어디에 기초하고 있는가? 이 질문에 대한 답은 그 확신은 하나님의 주권적인 뜻에 뿌리와 기반을 두고 있다는 것일 수밖에 없다. 하나님의 주권적인 뜻에 관해서는 모르는 것들이 많지만, 우리는 하나님의 계획 속에서 우리가 일익을 담당하는 특권이 있다는 말을 듣는다. 인간적 한계 때문에 우리는 하나님의 계획이 어디를 향하고 있는지 언제나 아는 것은 아니지만, 과거의 경험을 되돌아보면 종종 그것을 이해할 수 있다. 실제로, 우리는 종종 지금까지 우리에게 일어난 일은 불가피한 측면이 있었다고 생각한다. 간혹 어느 시점에 다른 길을 택했더라면 어떻게 되었을지 궁금해 할 수도 있지만, 그런 추측들은 재빨리 환상의 세계 속으로 사라져버린다. 왜냐하면 우리의 마음속에서 과거의 한 사건이 바뀌면 그 결과 얼마나 많은 다른 사건들이 다르게 전개되었을지 알 길이 없기 때문이다. 만약 내가 스무 살에 한 여자와 결혼한 다음 아르헨티나에 가서 살았더라면 내 인생은 의심할 바 없이 지금까지의 인생과는 완전히 달라졌을 테지만, 내가 그것 말고 결정적으로 알 수 있는 것이 무엇이 더 있겠는가? 참으로 아무것도 없다! 내가 할 수 있는 일은 실제로 일어난 일을 되돌아보고 그 의미를 이해하는 것이 전부인데, 이것이 그리스도인에게는 불가피하게 자신의 삶의 큰 사건들 속에서 하나님의 손

---

138 롬 8:38-39.

길을 보는 것을 의미하게 될 과정이다.

　그러나 나는 내게 일어난 큰일들 속에서만 하나님의 역사를 발견하게 되는가? 거의 그렇지 않다. 무엇보다도 무엇이 중요하고 중요하지 않은지 어떻게 결정할 수 있었는가? 낯선 사람에게서 편지를 받은 것은 중요하지 않게 보이고 4년제 대학에 들어간 것은 중요하게 보일 수도 있지만, 내가 학위를 어디에도 사용한 적이 없고 익명의 편지는 내가 지금도 다니고 있는 직장의 일을 제안하는 편지였다면, 내가 무엇이 중요한지에 대한 생각을 바꾸는 것이 합리적으로 보이지 않는가? 이것은 지나고 보면 명백하지만, 당시에는 그렇게 보이지 않았을 수도 있다. 대학에 들어갈 것인가, 아니면 낯선 사람의 고용 제안을 받아들일 것인가라는 선택에 직면했을 때, 둘 중 어느 쪽을 결정해야 할지는 전혀 분명하지 않을 것이다. 그와 같은 때 그리스도인들은 "하나님을 사랑하는 사람들, 곧 그의 목적에 따라 부름 받은 사람들에게는 모든 것이 합력해서 선을 이룬다"[139]라는 의식에 의해 인도되어야 한다. 이때가 바로 예정에 대한 우리의 믿음이 소중할 뿐만 아니라 그것이 우리의 삶에 필수적이 되는 시간이다. 왜냐하면 예정은 하나님이 우리에게 무엇을 원하시는지 이해하고 그에 따라 올바른 결정을 하도록 우리를 도와주기 때문이다.

　과거를 돌아볼 때, 예정은 하나님이 우리에게 주신 가장 큰 선물들 가운데 하나인 치유 능력을 갖고 있다. 바울은 젊었을 때 자신이 교회를 박해했었던 일을 결코 잊지 못했기 때문에, 경험을 통해 이 점을 깨달았다. 바울이 다음과 같이 말하는 것을 들어보라.

　내가 이전에 유대교에 있을 때에 행한 일을 너희가 들었거니와 하나님의 교회를 심히 박해하여 멸하고…그러나 내 어머니의 태로부터 나를 택정하시고 그의 은혜로 나를 부르신 이가 그의 아들을 이방에 전하기 위하여

139　롬 8:28.

그를 내 속에 나타내시기를 기뻐하셨을 때에, 내가 곧 혈육과 의논하지 아니하고….[140]

그리스도께 자신의 목숨을 바친 사람들을 박해할 정도로 하나님의 마음을 오해했던 사람이, 그럼에도 불구하고 자신이 태어나기 전에 구별되었고 또한 특별한 목적을 위해 부르심을 받았다는 것을 알게 되었다. 하나님은 왜 바울을 이런 식으로 다루셨는가? 하나님은 왜 나중에 그들의 위대한 방어자와 옹호자가 될 사람에게 자기 백성이 박해를 당하도록 허용하셨는가? 성경 전체에 걸쳐 하나님이 교만한 사람들의 욕망을 좌절시킴으로써 그들을 낮추시고, 겸손한 사람들을 그들이 결코 상상할 수 없었던 방식으로 높이시는 양상이 나타난다는 것 외에는 달리 할 말이 없다. 마리아는 자신이 세상을 전복시키고 우리를 우리의 죄에서 구원할 분의 어머니가 되리라는 말을 듣고 다음과 같이 노래했다.

권세 있는 자를 그 위에서 내리치셨으며 비천한 자를 높이셨고 주리는 자를 좋은 것으로 배불리셨으며 부자는 빈손으로 보내셨도다.[141]

예정은 매우 실제적인 믿음으로서 우리가 종종 "인도"라고 부르는 것과 대단히 밀접한 관계가 있다. 내가 나의 장기적인 운명에 대해 분명한 생각을 갖고 있다면, 그 생각은 내가 사는 방식과 일상생활의 사건들을 평가하는 방식에 영향을 줄 것이다. 내가 예수께서 권한 것처럼 하나님을 첫 번째 자리에 두고 내 보물을 하늘에 쌓아두었다면, 여기 이 땅에서 부자가 되는 것에 신경을 덜 쓸 것이다. 그것은 단지 재물을 하늘로 가져갈 수 없다는 것을 알기 때문만이 아니라, 그래야 내 에너지가 더 유용하

---

140 갈 1:13; 15-16.
141 눅 1:52-53.

게 사용될 것이기 때문이다.[142] 그것은 의심할 바 없이 내 직업과 내가 기꺼이 관여하려는 일들을 바라보는 방식에 영향을 미칠 것이다. 특히 그것은 배우자 선택에 강력한 영향을 미칠 것이다. 그리스도인들은 삶에 대한 우리의 관점을 공유하지 않는 사람들은 하나님이 우리에게 정해주신 길을 함께 갈 수 없기 때문에 믿지 않는 사람과 결혼하지 말라는 경고를 받는다.[143] 사실, 그리스도인들은 할 수만 있다면 결혼하지 말라는 조언을 받는다. 그것은 결혼 자체가 잘못이기 때문이 아니라, 하나님을 섬기는 것이 먼저인데 결혼이 하나님을 섬기는 데 방해가 될 수도 있기 때문이다.[144] 결혼은 인생의 중대한 결정이지만, 이생에만 적용되는 결정이다. 천국에서는 결혼이 없고 우리는 천국을 향해 가고 있다.[145]

이 원리들은 신약성경에 명확하게 진술되어 있지만, 신자들에게 이보다 더 강한 거부감을 주는 가르침은 없다. 대부분의 목사들은 사람들에게 결혼을 우리의 삶에 대한 하나님의 뜻이라는 맥락에서 보라고 권장하기는 고사하고 중매쟁이 역할을 하는 데 너무도 열심이고, 이 점에서 자기들의 조언에 저항하는 사람들에게 압력을 가하기도 한다. 이런 목사들의 의도가 좋을 수도 있지만, 우리는 그런 사람들이 우리에 대한 하나님의 목적이 이생의 한계에 매이거나 지배되지 않는다는 사실을 알기나 하는지 물어보아야 한다. 이런 의미에서 예정은 불편한 교리다. 그것은 예정 교리가 영원이 우리의 삶에 미치는 영향들을 고려하고, 하나님이 우리를 위해 하늘에 준비하신 것과 우리가 땅에서 누리길 원하는 것이 충돌할 경우, 우리가 자신을 위해 바라는 것이 아니라 하나님이 우리에게 원하신다고 알고 있는 것을 선택하는 것이 우리의 의무이고 유익이라는 점을 받아들이도록 강요하기 때문이다.

---

142 마 6:19-21.
143 고후 6:14.
144 고전 7:1-9.
145 마 22:30.

선택이나 자유의지 같은 것이 있는가? 있다고 해도 선택이나 자유의지는 매우 제한된 영역 안에서만 행사될 수 있음이 분명하다. 우리는 우리의 출생과 양육의 시간, 장소, 상황을 선택할 수 없다. 우리는 우리의 현재 상황이 아무리 마음에 들지 않아도 과거로 돌아가거나 미래로 건너 뛸 수 없다. 우리가 어떤 결정을 내릴 때 많은 요인들이 불가피한 역할을 담당할 것이고, 그 요인들은 우리의 선택의 자유를 제한하며, 때로는 상당한 정도까지 제한할 것이다. 우리는 추상적으로 어떤 것을 "선택할" 수 있는 사치를 거의 누리지 못한다. 대개 우리는 구체적인 가능성들 가운데 하나를 선택해야 하는 상황에 직면한다. 역설적으로 그런 결정을 내릴 때 우리가 행사하는 "자유"의 정도는 아마도 우리가 그 결정에 부여하는 중요성에 반비례할 것이다. 예를 들어 "선택"이 다양한 맛을 지닌 아이스크림 가운데서 하나를 고르는 것이라면, 우리는 그 선택에 너무 많은 시간을 들이지 않고 그저 먼저 나오는 것을 먹기로 할 수 있다. 그러나 미래에 장기적인 영향을 미칠 계획을 세워야 한다면, 우리는 아마 결론을 내리기 전에 앉아서 우리가 생각할 수 있는 모든 관련된 고려사항들을 헤아려보며 그 계획에 대해 신중하게 생각할 것이다. 물론 더 많이 그렇게 할수록 우리의 결정은 더 크게 제한될 것이고, 많은 대안들을 배제하고 나면 우리의 최종 선택이 얼마나 "자유로울지" 논란이 될 수도 있다.

그렇게 말은 했지만, 우리는 의심할 바 없이 스스로 결정을 내릴 자유가 있다고 느끼는데, 이 느낌은 단순한 망상이 아니다. 인간은 초자연적인 지성의 통제를 받는 기계가 아니다. 우리는 하나님의 형상과 모양으로 지음을 받았으며, 의사결정 능력은 그것의 일부다. 우리가 작동하는 영역은 우리의 유한성에 의해 제약될 수 있다. 하지만 그 영역 안에서 우리는 하나님과 비슷한 자유를 갖고 있기 때문에, 성경이 말하는 것처럼 우리는 "신들"이다.[146] 우리 안에는 주변 세상보다는 하나님과 더 비슷한 것이 있는데, 그것이 우리에게 다른 피조물은 할 수 없는 선택의 능력을 준다. 물론 궁극적으로 우리도 피조물이며, 하나님은 자신이 지은 것들을 알고 계신다. 하나님은 자신의 존재의 깊은 곳에서, 우리가 결코 헤아릴 수 없는 방식으로 우리를 이해하신다. 하나님은 우리 자신도 모르는 우리의 마음의 비밀들을 아신다. 지성은 관련된 모든 요인을 파악할 수 없기에, 우리는 그 신비의 깊이를 탐사할 수 없다. 불가피하게 우리는 하나님의 계획과 목적을 우리 자신의 이해의 한계로 축소시키게 되는데, 그것은 우리가 하나님의 계획과 목적을 왜곡시키기 마련이라는 것을 의미한다. 우리에게 선택들이 제시되어 있고, 우리는 하나님을 두려워하고 하나님을 아는 지식 안에서 선택하도록 기대된다는 것이 우리가 아는 전부다. 모세는 이 점에 대해서 이스라엘 백성들에게 다음과 같이 매우 적절하게 말했다.

> 내가 생명과 사망과 복과 저주를 네 앞에 두었은즉 너와 네 자손이 살기 위해 생명을 택하고, 네 하나님 여호와를 사랑하고 그의 말씀을 청종하며 또 그를 의지하라.[147]

우리는 이 말을 무시할 자유를 갖고 있다. 하지만 그렇게 하면 사망을 선택하는 것이고, 자유뿐만 아니라 실존 자체가 상실된다. 하나님의 뜻을 떠난 자유의지의 행사는 하나님께 대한 반역 외에 아무것도 될 수 없기 때문에, 하나님의 뜻 밖에서 이루어지는 모든 선택은 궁극적으로 자기 파멸을 가져온다.

---

146 시 82:6; 요 10:34.
147 신 30:19-20.

29장
·
신자들의 공동체

공동체 안에서의 개인들

성령은 그리스도인으로서의 삶을 사는 것을 가능케 하신다. 우리가 회심한 후 성령이 우리를 위해 하시는 모든 일은 그 목적에 맞게 조정되고 그 목적을 위해 고안된다. 회심한 직후 죽어서 그리스도인으로서의 삶을 살 기회를 갖지 못한 사람들도 있지만, 이런 경우는 드물고 일반적이라고 간주될 수 없다. 우리들 대부분은 신자가 된 뒤 상당한 기간 동안 땅에 남아 있고, 따라서 우리 자신의 삶에서 그리고 다른 사람들에 대한 우리의 증언에서 하나님께 영광이 되는 방식으로 우리의 구원을 이루어야 할 의무가 있다.

우리 그리스도인들은 개인으로서 그리고 우리와 믿음을 공유하는 다른 사람들과의 교제 속에서 구원을 이루도록 요구받는다. 이 둘은 함께 가며, 닭과 달걀처럼 어느 것이 먼저라고 말하기 어렵다. 논리적으로 말하자면, 회심하기 전에는 그런 교제를 누릴 수 없기 때문에 그리스도께로 회심하는 것이 다른 사람들과의 교제보다 먼저 온다. 반면에 대부분의 사람들은 이미 그런 기독교 공동체에 속한 누군가에 의해 그런 교제와 접촉하고 그들이 전한 복음을 들었기 때문에 믿음을 갖게 된다. 회심한 개인들이 공동체를 구성하지만, 공동체는 곧 다른 개인들을 모으고 그들을 믿음으로 이끈다. 그리스도인의 삶을 이해하는 열쇠는 이 둘 가운데 어느 하나를 우선시하는 것이 아니라, 개인들과 공동체들이 상호작용하면서 각자 거기서 힘을 얻고 거기에 기여한다고 보는 것이다.

우리가 그 안에 들어가도록 부름 받은 신자들의 공동체는 교회라고 알려져 있는데, 이 말은 여러 층의 의미를 갖는다. "교회"라는 말을 들을 때 다수 일반인들은 먼저 건물을 생각하고, 그다음에는 아마 그 건물을 소유하고 있는 기관을 생각할 것이다. 그러나 그들은 그런 요소들이 영적이고 비가시적인 실재의 외적·가시적인 표출에 불과하다는 점을 깨닫지 못할 수도 있다. 건물들은 그 자체로 중요하고 소홀히 여겨지거나 무시될 수 없지만, 건물들은 그 자체를 넘어 보는 사람의 눈이 즉각적으로 볼 수 없는 어떤 것을 가리킨다. 비가시적 교회는 가시적인 형태로 스스로를 표현하며, 우리가 "교회"라고 부르는 건물과 기관은 그에 대한 증거다. 가시적인 교회에 속하지 않고서 비가시적 교회에 속하는 것은 몸 없이 영이 되려고 하는 것과 같다. 그것은 이론상으로는 상상할 수 있을지 모르지만, 이 세상에서 실제로 가능하지는 않다. 좋건 싫건 우리는 영과 몸이고, 교회도 마찬가지다.

그러나 우리의 몸이 현재 형태로는 일시적이고 낡아지는 것처럼, 가시적 교회도 부패와 사망의 법칙에 예속되어 있는 일시적인 실재다. 비가시적 교회의 완벽한 또는 완전한 현현이라고 주장할 수 있는 가시적 교회는 없으며, 인간의 모든 조직은 모든 인간에게 부과된 한계로 고통을 겪을 것이다. 많은 사람들이 완벽하지 않다고 알려진 가시적 교회에 속하기를 어려워하기 때문에, 이 점을 이해할 필요가 있다. 그들은 가시적 교회가 위선자로 가득 차 있고 정치적 분열로 갈라져 있으며 여러 종류의 추문들로 얼룩져 있는 것을 본다. 어떤 사람들에게는 종종 서로 경쟁하는 것처럼 보이는 다양한 교파들의 존재가 우리 모두는 그리스도 안에서 하나라는 주장을 조롱한다고 생각한다.[1] 확실히 이런 복잡한 문제들에 휩싸이지 않고 예수를 따르고 예수의 가르침을 실천하는 것이 훨씬 더 간단하다.

이에 대해 다양한 답변이 주어질 수 있다. 한쪽 극단에는, 단 하나의 비가시적 교회가 있는 것과 같이 비록 완벽하지는 않지만 비가시적 교회를 대표하는 단 하나의 가시적 교회가 있다고 말하는 사람들이 있다. 이런 사고방식에 의하면 다른 집단들이 교회의 지위를 주장할 수는 있지만, 그런 집단들은 어떤 식으로든 결함이 있다. 그들은 그릇된 교리를 가르치거나, 구성원들 사이에 징계를 시행할 수 없을 수도 있다. 그들은 너무 지역화되어 본질상 한 지역이나 한 민족 집단에 속하고, 인류 전체를 동등하게 포용하지 않을 수도 있다. 이유가 무엇이든 그런 집단은 하나의 참되고 보편적인 교회를 나타내기에 부적합하고, 따라서 설사 그들 안에서 진정한 그리스도인이 발견될 수 있다고 하더라도 자기들만이 진정한 의미에서 교회라는 그들의 주장은 기각되어야 한다.

이것은 로마 가톨릭교회와 다양한 동방 정교회, 또한 일부 개신교 교회 특히 교회에 대한 "회복주의" 견해를 갖고 있는 사람들이 취한 입장이다. 회복주의자들은 지난 2천 년 동안의 부패를 무시하고, 신약성경으로 돌아가 오직 신약성경이 말하는 것을 기초로 한 교회를 세울 수 있다고 말한다. 그들은 그 일이 이루어지면 신적 권위가 없는 후대의 부착물은 제외될 것이므로, 가시적 교회가 더할 나위 없이 완벽해질 수 있다고 주장한다. 물론 실제로는 완전한 회복주의는 불가능하며, 이들 가운데 가장 엄격한 교회들도 어느 정도는 현대성과 타협해야 한다. 로마 가톨릭교회와 동방 정교회가 대개 실제로는 그들의 공식적인 교리가 주장하는 것보다 더 유연하듯이 말이다.

그러나 회복주의자들과 달리 로마 가톨릭과 동방 정교회들은 성경 이

---

1   고전 12:12; 갈 3:28.

후의 전통들을 거부하지 않는다. 오히려 그들은 성령이 계속 교회에 말씀하셨고, 세월이 흐르면서 교회는 기독교 가르침의 역사적 발전과 부합하는 특정 신념들과 관행들을 채택했다고 말함으로써, 그 전통을 정당화한다. 그런 신념들과 관행들은 성경이 말하는 내용에 반할 의도가 없으며, 필요할 때 성경이 말하는 것을 명확히 하고 보충하기 위함이다. 초기 교회의 위대한 신조들은 성경의 진리를 이후 시대의 필요에 적합한 말로 선포하는 것이기 때문에 이에 대한 뛰어난 사례들이다. 역사 속에서 어떤 교리들과 경건한 관습들은 특수한 상황에서 야기된 도전들을 처리하기 위해, 또는 그리스도인들이 믿음 안에서 더 깊이 자라도록 돕기 위해 형성되었다. 어느 시기든 다른 요소들보다 덜 강조되거나 덜 공식적인 요소들이 있기 마련이며, 이런 요소들은 평신도들에 관한 한 선택적인 추가 사항들이다. 그러나 교회가 이런 요소들을 더 정확하게 정의하고 공식화하게 되면, 더 이상 그것들에 참여하지 않을 수 없다. 교회가 내린 결정이 모든 교인들에게 받아들여져야 한다. 로마 가톨릭교회의 교황 무오설이 이에 대한 좋은 사례다. 1870년에 교황 무오설이 공표되기 전에는 그 교리를 믿지 않거나 훨씬 느슨하게 표현했던 사람들이 많았지만, 그 교리가 신앙의 항목이 된 이후로 로마 가톨릭교회에 속하기 원하는 사람은 누구나 그 교리를 믿어야만 했다.

가시적 교회에 대한 이런 견해의 가장 큰 문제들 가운데 하나는 그 견해에 내재된 비신축성이다. 보이는 것이 보이지 않는 것을 반영한다면, 그리고 그것이 반드시 하나의 통합된 신념과 실천 체계를 낳는다면, 가시적인 구조 안에서 어떻게 진정한 다양성이 수용될 수 있을지 알기 어렵다. 로마 가톨릭교회가 보편적 언어로 추정된 라틴어로만 예배를 드리도록 요구하던 때와 같이, 과거에는 가시적 통일성에 대한 필요가 극단적으로 느껴지던 때가 있었다. 동방 정교회들은 대체로 언어 문제에서 보다 유연했지만 그럼에도 그들의 전례 형태는 수백 년 동안 변하지 않았고, 이것은 전 세계에서 쉽게 인식될 수 있다. 이것이 너무 엄격해져서 심지어 약간의 달력 교정(1582년에 로마 교황에 의해 이루어졌고 현재는 세속 영역에서 보편적으로 인정되고 있는 달력과 보조를 맞추기 위한 교정)마저 격렬한 논쟁 대상이 되었다. 그 교정이 본질상 사소하고 성격상 비신학적이었음에도 불구하고, 이로 말미암아 교회의 통일성이 깨뜨려지게 되었다(1년은 대략 365일 5시간 48분 46초인데, 4년에 한 번씩 윤년을 두어 이를 어느 정도 해결하던 율리우스 달력에서는 1600년에 약 10일의 차이가 생겨나서 교황 그레고리우스가 1582년 10월 4일 다음에 10월 15일이 된다고 선언함). 심지어 일부 극단주의자들은 달력 교정을 받아들인 정교회 교인들이 주전 46년에 율리우스 카이사르에 의해 채택되었고 예수 당시에 사용되었던 고대 로마 달력을 사용하고 있을 것으로 추정되는 하늘의 성도들과 같은 대열에 있지 않다고까지 주장했다.[2]

대부분의 개신교인들은 가시적 교회에 대해 방금 설명한 견해와는 다른 견해를 취한다. 그들은 하나의 영적이고 비가시적인 교회가 있다는 점에는 동의하지만, 비가시적 교회가 단 하나의 가시적 형태로 표현된다는 점은 인정하지 않는다. 심지어 신약성경에서도 로마 제국의 다양한 도시와 속주들에는 서로에게가 아니라 사도들의 권위에 복종한 자율적인 지역 교회들이 있었다. (그리스 남부의) 아가야 교회들은 예루살렘의 기근을 구제하기 위해 예루살렘 교회에 돈을 보냈지만, 이 중 어느 쪽도 어떤 식으로든 다른 쪽에 영향력을 행사하거나 징계하려고 했다는 표지는 없다.[3] 이것이 특히 중요한 이유는 예루살렘 교회는 대부분의 이방인 교회들보다 유대교 관습을 더 엄격하게 준수했다는 것이 잘 알려져 있었고, 이 사실로 인해 그리 멀지 않은 과거에 긴장이 초래되었기 때문이다.[4] 그러나 믿음의 본질적 요점에 관련되지 않는 한 이런 차이들은 보다 넓

---

2   그렇다고 예수 자신이 그 달력을 사용했다는 뜻은 아니다. 예수가 살고 있던 유대 공동체
     는 최소한 대부분의 기간 동안 로마 달력이 아니라 유대 달력을 따랐다.
3   고후 9:2; 행 19:21.
4   행 15:1-21.

은 교회의 교제 안에서 수용되었고 그리스도인의 연합을 파괴하는 장벽으로 작용하지 않았다.

대부분의 개신교인들은 이 모델을 채택하지만, 그럼에도 "지역" 교회를 구성하는 요소에 관해서는 의견이 일치하지 않는다. 어떤 사람들에게 지역 교회는 스스로를 다스릴 자유 그리고 적절하다고 생각되면 같은 마음을 가진 신자들과 어울릴 자유를 갖고 있는 개별 회중을 의미한다. "지역"이라는 말을 국가의 넓은 지역이란 뜻으로 보는 사람들도 있다. 그들의 교회들은 관례적이거나 세속적인 영토에 따라 조직되고, 그 영역 안에서는 대개 대표자 위원회나 교회 회의의 투표를 통해 공통의 질서가 채택된다. 그러면 개별 회중들은 이 공통 질서를 지켜야 하고, 그렇지 않으면 징계를 받는다. 이 징계들은 다양한 형태를 띨 수 있고, 때로는 상당히 느슨하기도 하며, 반대자들이 유의미한 소수파를 구성하면 반대자들을 위한 규정을 두기도 한다. 최근에 교회가 예배 형식을 바꾸었는데 많은 교인들이 이미 사용하고 있던 형식을 여전히 고수하고 있다는 것을 발견했을 때, 이런 일이 일어났다. 그런 경우에는 흔히 새로운 질서로의 이전이 완료될 때까지 최소한 일정 기간은 교인들에게 이전의 형식을 계속 사용하도록 허용한다. 그럼에도 불구하고 이런 식의 예외를 허용하기로 하는 결정은 보편적으로 합의된 결정이고, 교회 전체에 의해 받아들여진 지침 안에서 운영된다는 점에서 교회의 가시적 통일성은 보존된다. 여기서 근본 원리는 본질적인 것과 본질적이지 않은 것을 구별하고, 본질적인 것이 위험에 처하지 않을 때에는 전통과 개인의 선호가 설 자리를 가질 수 있도록 허용하는 것이 바람직하다는 것이다.

교회의 통일성이 보존되고 복음의 진리가 유지되려면 본질적인 것과 비본질적인 것을 구분하기를 배우는 것이 개신교인들에게 매우 중요하다. 비본질적인 것이 교회를 분열시키는 논쟁거리가 되면, 사람들은 복음과 직결되어 있는 훨씬 더 중요한 문제들보다 비본질적인 문제들에 더욱 초점을 맞출 가능성이 있다. 로마 가톨릭교회가 금요일에 생선을 먹도록 한 규정(1960년대까지 시행됨)을 의무사항에서 선택사항으로 전환했을 때 많은 평신도들은 자기들의 모든 신앙이 바뀌었다고 생각했다. 물론 일부 교인들은 이런 식의 과잉반응을 거부했지만, 다른 많은 교인들은 여기서 한층 더 나아가 삼위일체와 같은 교리들도 전에 의무적으로 생선을 먹던 정책처럼 폐기해도 무방했던 구시대적인 교회 규례라는 점을 근거로 거부했다. 개신교 교회들은 대체로 그런 의무 규정을 갖고 있지 않지만, 많은 개신교인들 역시 특별한 권위가 없는 예배 형식이나 성경 번역본에 똑같이 집착할 수 있고, 그것들이 포기되면 자기들의 믿음에 본질적인 어떤 것이 상실되었다고 느낄 수 있다.

개신교 분파주의의 역사는 이것이 얼마나 큰 문제가 될 수 있는지 보여준다. 개신교 교회들이 채택한 다양한 신앙고백들을 비교해보면 그것들 모두의 전반부는 거의 같은 경향이 있다. 이는 하나님, 성경, 그리고 구원의 길을 다루는 부분이다. 상당한 차이가 나나나는 곳은 대체로 교회 행정, 의식 관행, 목회 사역, 교회와 국가의 관계, 주일성수 및 평화주의와 같은 사회 문제들을 다루는 후반부다. 교파들이 자기들의 정체성을 밝히는 방식을 보면 이 점이 확인될 것이다. 감독교회는 주교(감독)가 있는 교회이고, 장로교회는 교회 회의가 다스리는 교회이며, 회중교회는 지역 교회의 자율성을 옹호하고, 침례교회는 신자의 침례만 시행하는 식이다. 이것들 가운데 어느 것도 복음의 메시지에 핵심적이지 않지만, 이런 사항들에 대한 감정은 타협이 이루어지지 않으면 교회를 분열시킬 정도로 매우 강했다.

불행하게도 보다 더 본질적인 문제들을 경시하는 경향이 하도 강해서 오늘날 이 모든 교파들에게서 믿음의 기본 교리를 부인하거나 양보할 때는 아무 징계를 받지 않지만, 이른바 "교파의 특징들" 중 하나를 위반하는 사람에게는 큰 일이 일어나는 지경에까지 이르렀다. 예를 들어 장로교 안수의 타당성을 받아들인 감독교회 목사나 유아에게 세례를 준 침례교회 목사는 아마 자기 교회에서 쫓겨날 것이다. 그러나 동일한 교회가 (삼위일체를 부정하고 예수의 신성을 부인하는) 유니테리언주의를 설교하는 것은 그냥 넘어갈 것이다! 이런 일이 일어나면 우선순위들이 뒤바뀌는 것이며, 교회는 반드시 일치해야 하는 근본적인 것과 각 사람이 자신의 마음을 정하고 그에 따라 행동하도록 허용될 수 있는 비본질적인 것 사이의 구분으로 돌아가야 한다.

핵심적인 것과 이차적인 것 또는 심지어 주변적인 것 사이의 구분을 숙고해보면, 그 구분을 유지하기가 그토록 어려운 이유들 가운데 하나를 알 수 있다. 이차적인 것들은 물질적인 것인 경향이 있는 반면에 핵심적인 것들은 보다 영적일 가능성이 있으며, 따라서 많은 사람들에게 순전히 지적이고 이론적인 것으로 보일 가능성이 있는 것이다. 이것이 강단에서 이단에 관해 설교하는 것이 가구를 재배치하거나 새 찬송가책을 도입하거나 예배 방식을 바꾸는 것보다 관심을 끌지 못하는 이유다. 그런 일들은 평신도들에게 관련이 있을 수 있는 일들이고, 그래서 그런 일들을 바꾸면 문제가 생길 수 있다. 우리는 땅에 속한 존재로서 우리의 물리적 감각이 말해주는 것에 집착한다는 점을 이보다 더 명확히 보여주는 것은 없다. 이 점에서 전통주의자와 혁신주의자 모두가 피상적인 것에 집중하는 경향이 있기 때문에 똑같이 잘못하고 있을 수 있다. 그들은 참으로 중요한 문제들을 무시하거나, 외양을 바꾸면 영적 메시지가 더 명확해질 것이라고 가정한다. 대략 1960년 이후로 주류 교회들에 도입된 전례와 예배의 많은 개혁들에는 두 가지 공통점이 있다. 첫째로 그 개혁들이 기독교를 다음 세대에 더 "적절하게" 만들면 사람들이 다시 교회로 올 것이라고 생각했다는 점이다. 둘째로 그 개혁들은 모두 목표를 달성하지 못했고, 그런 개혁들을 채택한 교회들은 이전보다 더 분열되고 약화되었다는 점이다.

이런 상황에 비춰보면, 오늘날 교회의 근본적인 영적 연합을 강조할 필요성이 그 어느 때보다 더 절실해진다. 베드로와 다른 사도들의 설교로 최초의 기독교 공동체가 형성되었던 오순절의 경험에서 볼 수 있는 것처럼, 하나님의 교회는 무엇보다 성령의 창조물이다.[5] 공동체는 하나님의 말씀 선포와 그 말씀에 대한 직접적인 반응으로 생겨났다. 텍스트가 말해주는 것처럼 그들은 당시 알려진 세계의 모든 곳에서 왔고 심지어 같은 언어를 사용한 것도 아니었기 때문에, 그 공동체의 구성원들을 하나로 묶을 다른 것은 전혀 없었다. 사도들이 그들을 조직화할 때까지 그들이 소속될 교회는 없었다. 예루살렘 제일 그리스도 교회(또는 독자들이 더 좋아한다면, 성 베드로와 사도들의 대성당 교회!) 같은 것은 결코 존재한 적이 없다. 복음 선포에 의해 모인 공동체만 존재했고, 복음은 성경에서 직접 나왔다.

사도행전이 말해주는 것처럼 오순절 날 일어난 일이 초기 교회의 양상이 되었다. 우리는 사도행전에서 예수께서 말씀하신 대로 제자들이 예루살렘부터 온 유대와 사마리아로, 그리고 궁극적으로는 땅 끝까지 복음을 전파하는 사역이 전개되는 것을 발견한다.[6] 이 일을 가장 효율적으로 수행하기 위해서는 분명히 설교의 은사를 가진 사람들을 따로 세워 그 일에 전념하도록 위임하는 것이 바람직했다. 그럼에도 불구하고 공식적으로 임명된 설교자들이 그 사역을 독점하지는 않았다. 사도들은 전하는 메시지 자체가 건전하다면 누구나 기꺼이 설교자로 받아들였다. 바울이 다음과 같이 이를 잘 보여준다.

어떤 이들은 투기와 분쟁으로 어떤 이들은 착한 뜻으로 그리스도를 전파하나니, 이들은 내가 복음을 변증하기 위해 세우심을 받은 줄 알고 사랑으로 하나, 그들은 나의 매임에 괴로움을 더하게 할 줄로 생각하여 순수하지 못하게 다툼으로 그리스도를 전파하느니라. 그러면 무엇이냐? 겉치레로 하나 참으로 하나 무슨 방도로 하든지 전파되는 것은 그리스도니, 이로써

---

5   행 2:41-47.
6   행 1:8.

나는 기뻐하고 또한 기뻐하리라.[7]

설교자보다 메시지가 더 중요하다는 사실을 이보다 더 잘 입증하는 본문은 찾기 어려울 것이다. 바울에게는 설교자의 영적 상태와 동기가 설교자가 전하는 메시지의 내용보다 덜 중요했고, 그 내용에 대해서는 어떤 의심이나 타협도 있을 수 없었다. 복음의 메시지는 항상 공개적이었고, 메시지가 무엇에 관한 것인지에 대해서는 합리적인 의심의 여지가 없다. 그럼에도 불구하고 어떤 사람들은 자신의 기호에 따라 복음의 메시지를 왜곡시키려 했고, 그런 일이 벌어지면 진리를 아는 사람들은 반발할 수밖에 없다. 바울은 갈라디아에서 이런 일을 겪었다. 바울이 갈라디아에서 교회들에게 복음을 전하고 많은 사람들을 그리스도께 인도한 뒤에, 갈라디아 교회의 그리스도인들에게 그들이 바울을 통해 들은 메시지가 결함이 있다고 말하려는 사람들이 나타났다. 그들은 예수의 메시지가 모세 율법을 폐기하지 않았기 때문에, 진정한 그리스도인이 되려면 무엇보다 유대인이 되어야 한다고 주장했다. 바울은 이를 발견하자 신속하게 이렇게 반응했다.

너희를 괴롭히고 그리스도의 복음을 왜곡하길 원하는 자들이 있다. 우리나 하늘에서 온 천사라도 우리가 너희에게 전한 복음에 반하는 복음을 전한다면, 그는 저주를 받을지어다![8]

우리는 다시금 설교자의 신임장이 단지 이차적인 중요성만을 갖는 점을 보게 된다. 중요한 것은 메시지다. 왜냐하면 사람들을 그리스도께 인도하고 교회를 구성하는 것은 바로 메시지이기 때문이다. 그래서 교리

---

7   빌 1:15-18.
8   갈 1:7b-8.

의 순수성은 언제나 근본적인 관심사였다. 많은 유명한 독재자들이 보여 준 바와 같이 유창한 연설가가 거짓 메시지를 전하는 일은 얼마든지 가 능하다. 그들은 자신이 말하는 것을 확신하는 것으로 보이고 그 말이 매 우 설득력 있게 다가오기 때문에, 그런 사람들은 특히 위험하다. 교회는 오랜 세월 동안 목소리와 개성에 힘입어 추종자들을 얻은 부류의 사람 들을 많이 알고 있다. 그들은 한동안 매우 성공적일 수 있지만, 그들의 정 체가 드러나거나 그들이 무대에서 사라진 후에는 추종자들이 사라지고, 교회는 제자리로 돌아간다. 아마도 교회가 어떤 일을 겪었는지 보여주는 새로운 상처들을 안은 채 말이다.

갈라디아의 그리스도인들은 바울이 자신들을 바로잡아 주었다는 점 에서 운이 있었지만, 우리는 신약성경 전체를 갖고 있기 때문에 그들 보다 훨씬 나은 입장에 있다. 우리는 누구나 성경을 구입하여 성경이 뭐 라고 말하는지 읽을 수 있다. 설교자가 성경 자체에 반하는 말을 하는지 얼마든지 검증할 수 있고, 신자들은 그렇게 하라는 요청을 받는다.[9] 지적 인 그리스도인들은 하나님의 말씀에 대해 해박하고 하나님의 말씀을 들 을 때 그것을 알아듣는 사람들이다(그리고 하나님의 말씀을 듣지 않을 때도 하나 님의 말씀을 아는 사람들이다). 그러나 어떤 사람들은 이렇게 물을 수도 있다. 성경을 읽고 진리를 충분히 배울 수 있는데, 특히 요즘처럼 쉽게 입수할 수 있는 다른 대중 매체들이 많이 있는 시절에 설교자의 사역이 정말로 필요하냐고 말이다.

성경은 영적이고, 성경이 말하는 내용을 이해하는 사람들에게는 그리 스도인의 삶의 필수적인 지침서이며 우리가 올바른 길에서 벗어나면 우 리를 강력하게 꾸짖는다. 그러나 그런 이해가 없는 사람들에게 성경은 닫힌 책이다. 이따금씩 성경은 위대한 문학책으로 읽힐 수 있다고 말해 지지만, 실제로 성경을 문학책으로 읽는 사람은 거의 없다. 교회나 회당

---

9   행 17:11을 보라.

의 영역을 벗어나면, 성경의 내용이 거의 알려져 있지 않다. 성경의 내용을 잘 아는 비신자들은 거의 언제나 기독교 교육을 받은 사람들이었다. 그러나 서구 문화의 세속화로 인해 이제는 그런 일이 더 이상 당연하게 여겨질 수 없다. 다른 한쪽의 극단에는, 평생 동안 학문적으로 성경을 연구하고서도 성경의 가르침에 동의하지 않고 성경이 말하는 내용을 진정으로 이해하지도 못하는 사람들이 있다. 그 점에서—가시적 교회의 다른 측면들과 마찬가지로—성경이 증언하는 영적 측면에 대해 전혀 이해하지 못하면서도 성경을 읽고 연구할 수 있다.

바로 이 지점에서 설교자가 필요하다. 설교자들은 하나님께서 자신의 말씀이 세상에서 생기를 띠게 하라고 보내신 사람들이다. 성경이 말하는 내용을 가르치는 것이 중요하기는 하지만, 설교자의 목적은 그것만이 아니라 듣는 사람들이 그 가르침을 받아들이도록 도전하는 것이다. 설교는 강의가 아니라 하나님의 말씀을 듣고 그 권위에 복종하라는 호소다. 고대 이스라엘의 문제는 그들이 하나님의 말씀을 듣지 않았다는 것이 아니라, 그 말씀에 겸손하게 순종하지 않았다는 것이었다.[10] 불행하게도 (강의자와 강단 연예인이 아니라) 참된 설교자들이 드물고 그들의 메시지가 무시되기 때문에, 고대 이스라엘에 해당되었던 일이 오늘날 많은 사람들에게도 그대로 해당된다. 참된 설교자는 하나님의 영으로 충만해서 그 영의 능력 안에서 하나님의 말씀이 생생해지도록 할 수 있는 사람이다. 참된 설교자 안에 있는 불이 그의 설교를 듣는 사람들에게 번지면, 마른 나무에 불이 붙고 사람들은 그들의 삶에서 주 예수 그리스도의 능력을 알게 된다.

그 일이 일어나면 회심한 개인들이 교회라고 불리는 새로운 공동체를 세우게 된다. 불은 자체로 존속할 수 있지만, 결국 차갑게 식어 꺼질 것이기 때문에 한동안만 존속할 수 있다. 개개의 불꽃들은 자신들이 공헌할

10　롬 10:18-21.

수 있고 새로운 삶을 이끌어낼 수 있는 완전한 불길을 찾아야 한다. 그 불길과 생명은 "교회"라고 불리는 가시적인 기관들에서 찾을 수 있지만, 이 둘이 동일한 것은 아니다. 성령 안에서 살 때 우리는 가시적 교회 안에서 살지만 그 너머를 보며, 우리의 참된 고향인 하나님의 참된 교회가 영적 몸이라는 것을 아는데, 하늘로부터 오는 성령의 불이 이 세상에서 그 몸에 생명을 가져다준다.

가시적 교회의 다양한 지파들이 자신들과 서로를 어떻게 보는지 고찰하기 전에, 비가시적 교회를 포함하는 영원성의 차원에 관해 뭔가 말할 필요가 있다. 하나님의 백성의 가시적 공동체는 단지 시공간 속에서만 존재하지만, 하늘의 성도, 곧 우리가 더 이상 보지 못하고 종종 그들이 누구인지 알지 못하지만 그들 역시 교회의 구성원인 성도들의 전체 집단이 있다. 여기 아래서 여전히 영적 싸움을 벌이며 "전투하는 교회"를 구성하고 있는 우리와 달리, 그들은 "승리한 교회"로 알려진 집단을 구성한다. 성경에는 승리한 교회가 여기 아래서 영적 싸움을 벌이고 있는 우리를 위해 기도하고 있음을 암시하는 증거가 있지만,[11] 그러나 우리와 승리한 교회의 구성원들의 관계에 관해 어떤 결론을 이끌어내기에는 이 구절이 너무 모호하다. 확실히 우리가 하늘에 있는 성도들에게 기도하고 그들에게 우리의 중보를 위해 탄원해달라고 요청할 수 있다는 증거는 없다. 우리는 하나님 아버지께 직접 나아갈 수 있고, 하나님께 말씀하기 위해 하나님의 종들을 통할 필요가 없다. 이미 하늘에 가 있는 사람들과의 소통이 이론상으로는 가능하지만 신약 시대에 그런 일이 일어났다는 증거는 없으며, 그들과 접촉하려는 시도는 피해야 한다. 하늘에 있는 성도들은 안식하고 있으며, 그들은 그 상태에 머물러 있도록 허용되어야 한다.

---

11 계 6:10을 보라.

하나님의 구약 백성

교회의 기원은 하나님이 아브라함을 부르시어 그에게 부모를 떠나 큰 민족의 조상이 될 땅으로 가라고 하셨을 때인 먼 과거로 거슬러 올라간다. 아브라함은 하나님의 말을 믿었고, 많은 장애와 역경에도 불구하고 실로 우리에게 이스라엘로 알려진 새 민족의 창시자가 되었는데, 이스라엘은 하나님이 그의 손자 야곱에게 주신 이름이다.[12] 하나님의 사랑이 이스라엘 안에서 그리고 이스라엘을 통해 세상에 부어졌으며, 누구든 이스라엘 민족과 낯선 자로 남아 있는 한 하나님을 알거나 하나님의 사랑을 경험할 수 없다는 것이 기독교의 근본적인 믿음이다. 하나님의 모든 자녀는 아브라함의 자손으로서 아브라함의 믿음을 공유하고, 아브라함이 자신의 창조주와 가졌던 것과 똑같은 관계 속으로 들어간다. 오랜 세월 동안 그 관계는 본질적으로 아브라함의 혈통적 자손에 제한되었다. 하지만 그들 모두가 그 관계를 원하지는 않았고, 아브라함의 많은 자손들이 그 관계를 거부하고 불순종함으로써 자기들의 유산에서 잘려 나갔다. 반면에 아브라함의 혈통적 자손이 아니었지만 아브라함의 믿음을 공유하게 된 소수의 사람들이 있었고, 그들은 이후에 아브라함의 혈통적 자손들과 함께 하나님의 백성 안으로 편입되었다. 이들 가운데 가장 유명한 사람은 다윗 왕의 조상이 되었고 또 다윗을 통해 예수의 조상이 된 모압 여자 룻이었다.[13] 또한 간헐적으로, 나아만처럼 이스라엘의 하나님에 대한 믿음을 고백했지만 이스라엘 민족의 일원이 되지는 않았던 개인들의 사례도 있었다. 이례적이기는 했지만, 나아만은 시리아 왕국의 고관이었기 때문에 이교 예배에 참여하는 것이 양해되기도 했다.[14] 하나님께로부터 돌아선 많은 이스라엘 사람들과 하나님께 순종한 소수의 외

---

12   창 32:28.

13   룻 4:17.

14   왕하 5:18.

국인들은 대부분의 경우에 부족과 국가에 대한 충성이 신앙을 결정 짓던 세상에서 예외에 속했다. 배교한 이스라엘 사람들은 주변의 이교 사회들 안으로 급속히 사라진 반면, 믿는 외국인들은 구별된 집단을 구성하기에는 수가 너무 적었다.

하나님의 구약 백성은 다양한 민족들 가운데 한 민족이었고, 그들에 관해 우리가 알고 있는 것은 그 점을 반영한다. 그들의 율법들과 역사는 우리를 위해 충실하게 기록되었으며, 때로는 무척 상세하게 기록되었다. 우리는 그 기록들을 통해 이스라엘이 사회생활의 모든 측면에서 하나님의 선민으로서의 특성을 보여주도록 기대되었다는 것을 배운다. 율법이 소중히 여기는 위대한 정의의 원리들은 오늘날의 신자들에게도 여전히 타당하다. 그러나 지금은 알아볼 수 없을 정도로 상황이 변했기 때문에, 고대의 율법을 상세하게 적용하기란 거의 불가능하다. 이에 대한 좋은 사례가 희년법인데, 이 법에 따르면 50년마다 모든 빚을 면제해주게끔 되어 있었다.[15] 희년법의 목적은 부채가 해결할 수 없는 문제가 되어 이 민족을 압박하고 가난한 사람들이 반영구적인 노예가 되는 상황으로 빠지지 않게 하려는 것이었다. 희년법이 실행된 적이 있었는지는 의심스럽지만 그럼에도 그 원리는 좋은 원리이며, 오늘날도 똑같은 목적을 이루기 위한 다양한 종류의 채무 구제 기법으로 유지되고 있다. 달리 말하자면, 희년법의 정확한 세부 내용은 더 이상 적용할 수 없을지라도, 그 원리는 살아 남았다.

구약성경의 해석을 인도함에 있어 이 구분을 유지할 필요가 있다. 기독교 교회는 고대 이스라엘과 같은 국가가 아니다. 따라서 당시에 원래는 세속 정부를 위해 만들어진 법들이 현대의 상황에 전혀 또는 거의 맞지 않는다면, 우리는 그런 법들을 채택할 수 없다. 또한 어떤 현대 국가도 지상에 있는 하나님의 백성의 구현이 아니며, 비록 성경의 특정 교훈

---

15   레 25:10.

들을 따름으로써 어떤 유익이 있을 수 있다고 해도, 오늘날의 정부들은 그렇게 해야 할 어떤 신적 의무도 없다는 것을 기억해야 한다. 과거에 일부 그리스도인들이 간혹 구약의 본문을 토대로 노예제도와 같은 것들을 정당화하려고 시도했기 때문에 이렇게 말할 필요가 있다. 그들이 사용한 논거는 고대 이스라엘에 노예제도가 존재했고, 따라서—노예제도가 이스라엘에서 장려되지 않았고 또 고대에 노예제도를 폐지하는 것을 어렵게 했던 경제적·사회적 상황이 더 이상 적용되지 않기는 하지만—노예제도는 기독교 사회에서도 허용될 수 있다는 것이었다.

하나님의 신약 백성

하나님이 아브라함에게 주신 약속을 성취하고, 하나님 자신이 성자 예수 그리스도의 위격으로 이 땅에 오신 이후에, 하나님께 대한 이스라엘의 관계가 영원히 바뀌었다. 그 뒤로 아브라함의 참된 자손은 그의 믿음을 공유하는 사람이라면 누구나 누릴 수 있는 영적 유산으로 정의되었다. 스스로를 구별된 인종이라고 생각했던 이스라엘의 혈통적 자손들은 자기들의 인간적 조상을 토대로 하나님과 특별한 관계가 있다고 생각할 근거가 없다는 말을 들었다.[16] 하나님의 아들이 땅에 왔을 때 유대인들 가운데 많은 이들이 자기들에게 약속된 메시아를 받아들이기를 거부했지만, 동시에 이전에는 하나님의 은혜에서 제외되었거나 하나님의 은혜를 받아보지 못했던 많은(사실은 유대인들보다 훨씬 많은) 비유대인들이 구원자이신 메시아를 믿는 믿음을 누리게 되었다. 이 사람들이 세운 새로운 공동체를 "교회"라고 부른다. 새 공동체는 이스라엘 사람이든 아니든 그리스도가 오시기 전에 살았던 신실한 신자들을 포함하지만, 이스라

---

16   롬 2:12-3:18.

엘이 그랬던 것과 같은 "국가"는 아니다.[17] 이스라엘과 교회의 본질적인 차이는 이스라엘에게는 외적이었던 요소들이 이제 교회에게는 내면화되었다는 것이다. 한때 예배의 중심이자 하나님의 임재의 표시로 예루살렘에 세워졌던 성전이 사라지고 그리스도의 몸으로 대체되었는데, 그리스도의 몸은 한때는 육체적 형태로서 지상에 있었지만 이제는 각각의 모든 신자 안에서 영적으로 나타난다.[18] 그리스도인들은 민족 공동체를 구성하지 않지만, 각 민족들 중에서 선택받고 온갖 종류의 인간적 장벽들을 뛰어넘어 그것들을 상대화시키는 특별한 사회로 구별된 특수한 백성이다.[19]

우리가 알고 있는 기독교 교회는 예수께서 부활하신 이후 50일 뒤, 곧 승천하신 이후 10일 뒤에, 기다리고 있었던 제자들이 예수 자신이 떠나간 후에 보내겠다고 약속하신 성령으로 충만했을 때 시작되었다.[20] 그 이후로 하나님의 백성은 그리스도 안에서 계시된 하나님의 사랑의 의미를 그들에게 가르쳐주시는 성령의 내주에 의해 구별되었다.[21] 그 사랑의 표지와 도장으로, 이스라엘에게 유지되었던 하나님과의 관계가 이제 그들의 삶 속에서 현실이 되었다. 더 이상 하나님의 호의를 얻기 위해 하나님이 인정할 만한 기준에 도달하려고 애쓸 필요가 없었다. 대신 아무도 자신의 노력으로 하나님의 요구를 만족시킬 수 없으며, 예수 그리스도가 이미 우리를 위해 필요한 것을 행하셨기 때문에 그런 시도는 무의미하다는 사실이 분명히 인식되었다. 예수 그리스도는 자신의 삶에서 하나님의 율법을 지켰을 뿐만 아니라, 우리의 죄와 허물들을 스스로 감당하

---

17 한때는 이스라엘을 "구약의 교회"로 지칭하는 것이 일반적이었지만 요즘에는 좀처럼 그렇게 부르지 않는다. 아마 이스라엘이 그 말을 자신을 가리키는 데 사용하지 않았기 때문일 것이다.
18 마 26:61; 고후 6:16.
19 갈 3:28.
20 행 2:1-4; 요 16:7.
21 갈 4:6.

고 그 죄와 허물들을 속죄하기 위해 죽으셨다. 게다가 예수 그리스도는 우리를 반대하는 악의 세력들을 물리치셨으며, 비록 우리가 계속 그 세력들과 싸워야 함에도 불구하고 그들은 더 이상 우리의 삶을 통제할 수 없다.

교회는 일차적으로 구원자와 주님이신 하나님의 사랑을 알게 된 사람들의 공동체다. 하지만 교회에는 언제나 모종의 이유로 교회에 이끌리기는 했어도 진정으로 하나님의 참된 자녀를 특징짓는 믿음의 관계 속에는 진실로 들어가지 못한 비신자들이 들어 있었다.[22] 왜 그런지는 신비이지만, 그 이유가 무엇이건 우리는 이것이 자신의 피조물에게 사랑을 보여주시고 자신에게 영광을 돌리시는 하나님의 방법의 일부라고 확신할 수 있다. 어쩌면 하나님은 교회가 비신자에게도 매력을 끌 만한 힘을 갖고 있음을 보여줌으로써 교회에 주어진 복이 얼마나 멋진지를 보여주고 싶으셨는지도 모른다. 또는 외적인 몸에 속해 있다는 사실이 하나님 앞에서의 우리의 영적 상태에 대한 보증이 아님을 우리에게 상기시킴으로써 우리를 겸손해지도록 하고 싶으셨는지도 모른다. 우리가 모르는 다양한 설명들이 있을 수 있다. 이유야 어떻든 가시적 교회는 오로지 참된 신자로만 구성된 적이 없었기 때문에 "순전한" 적이 없었다. 예수 자신의 말로 하자면 "밀과 잡초가 추수 때까지 함께 자라는데", 잡초를 뽑아내려고 하면 그 과정에서 밀을 상하게 할 위험이 있다.[23] 결국 우리는 교회를 통해 하나님께 나아오는 것이 아니라 하나님을 통해 우리의 영적 형제들과 자매들을 인식하는 교회로 온다.

---

22 행 5:1-11을 보라.
23 마 13:29-30.

교회와 교회들

교회와 교회들의 관계는 본질적으로 비가시적인 하나님의 백성과 가시적인 하나님의 백성의 관계다. 성령으로 난 모든 사람은 그리스도의 몸의 구성원들로서 감람나무에 접붙여진 교회의 구성원들이다. 어떤 외적 의식, 공식 기념식, 또는 공식 문서도 그런 효력을 낳을 수 없고, 또 어떤 교회적 권위도 그 효력을 떨어뜨릴 수 없다. 성령이 우리 마음속에 내주하시면, 땅의 어떤 세력도 우리를 그리스도 안에 있는 하나님의 사랑에서 끊을 수 없다.[24] 우리는 가시적 교회의 어느 교파에 속해 있든지 그 교회에 속한 모든 사람과 교제할 수 있고 실제로 교제한다. 반면에, 같은 교파에 속해 있다고 해도 우리는 성령에 의해 거듭나지 않은 사람들과는 교제하지 않는다(그리고 교제할 수 없다). 우리는 비가시적 교회의 경계를 모르며, 그 경계를 규정하는 것은 우리의 일이 아니다. 전 세계의 사람들이 자신의 개인적 경험을 통해 증언하는 것처럼, 영적 교제는 성령 안에서 사는 사람들에게 자연스럽게 다가온다. 그러나 우리가 주님을 알지 못하는 사람들을 만나면, 전통이나 문화에 아무리 많은 공통점이 있다고 해도 그 사이에 놓여 있는 깊은 간격을 메울 수 없다.

우리는 가시적 교회에 관해 말할 때, 특히 개별적인 모임들이나 다양한 교파들에 관해 말할 때, 교회를 복수형으로 말한다. 로마 세계의 주요 도시들마다 신자들의 모임들이 있었기 때문에 신약성경은 최초의 개별 교회들에 관한 증거를 많이 제공하지만, 교파에 대해서는 알지 못한다. 늘 주류 집단과 경쟁하는 분파나 이단 집단들이 있기는 했다. 하지만 당시에는, 그리고 최소한 그 이후 4세기 동안은 참으로 단 하나의 가시적 교회만 있었다.[25] 이 교회는 5세기가 되어서야 오늘날까지 존재하며 일

---

24 롬 8:39.
25 이에 대한 유명한 사례는 북아프리카의 도나투스파와 소아시아의 몬타누스파였다.

반적으로 현재의 교파적 의미에서의 "교회들"로 인식되는 다양한 집단들로 나뉘어지기 시작했다.

이런 영구적인 분열의 첫 번째 도화선이 된 사건은 성육신하신 그리스도가 두 본성을 가진 하나의 신적 위격으로 정의된 451년의 칼케돈 공의회였다. 네스토리우스(381?-451?)의 가르침을 따른 안디옥 학파는 이 어구가 그리스도의 인성의 완전성을 모호하게 만들었다고 생각해서 이를 거부했다. 이른바 네스토리우스주의자들은 484년에 로마 제국에서 쫓겨나 페르시아로 갔는데, 그들은 그곳에서 환영받고 정착하도록 허용되었다. 그들은 수백 년 동안 중앙아시아를 복음화하고 그곳에 많은 교회들을 세워 번창했지만, 박해와 고립으로 점차 약해졌다. 오늘날 그들은 소수만 남아 대부분 이라크 북부에서 살고 있으며, 일부는 미국에서 망명자로 살고 있다. 그들은 자기들이 유일하게 참된 교회라고 주장하지만, 이 주장이 진지하게 받아들여지기에는 그들은 너무 소수이고 교리도 모호하다.

칼케돈 공의회의 결정을 거부한 또 다른 집단은 네스토리우스주의자들과는 정반대의 이유를 내세웠다. 알렉산드리아의 키릴로스(444년 사망)의 추종자들이었던 그들은 성육신하신 그리스도는 성육신 이후로는 사실상 인성이 신성 속으로 흡수된 하나의 본성을 가졌다고 주장했다. "하나의 본성"의 기독론 때문에 그들을 단성론자라고 부르는데, 그들은 이집트, 시리아, 아르메니아에서 주류 교회가 되었다. 이후에 그들은 에티오피아와 남인도로 가서 중요한 교파로 남아 있다. 네스토리우스주의자들과 마찬가지로, 단성론자들도 자기들이 유일하게 참된 교회라고 주장하지만, 여기서도 그들의 역사적 상황을 보면 그 주장을 받아들이기 어렵다.

기독교 세계에서 그다음의 중대한 분열은 서로마 제국 교회와 동로마 제국 교회가 갈라진 것이었다. 로마 제국은 기독교가 (380년에) 공인되기 직전인 313년에 처음으로 분열되었지만 그 분열은 395년에 영속화되었

　　　　　　　　　　　　　　　　6부 • 하나님의 사랑의 완성

고 양측은 더 멀어졌다. 서로마 제국은 476년에 몰락하고 다수의 게르만 왕국들로 대체되었는데, 그들 대부분은 아리우스주의자 아니면 이교도였다. 그런 상황에서 기독교 집단은 그 교회가 이전에 로마 제국의 일부였던 지역을 포괄했기 때문에 자기들을 본질상 로마교회이자 보편적인 교회 곧 "가톨릭"이라고 보게 되었다. 로마는 그 교회의 자연적인 수도였고, 그 도시는 시간이 흐를수록 더 중요한 역할을 맡게 되었다. 라틴어가 그 교회의 공식 언어였는데, 그것은 특히 게르만 부족들에게 자체적인 문자가 없었기 때문이었다. 그래서 라틴어는 급속히 예배와 신학을 위한 보편적 표준으로 자리매김했다. 그러나 동쪽에서는 동로마 제국이 1453년까지 존속했고, 서쪽과 같은 문화적 동질성을 발전시키지 못했다. 그곳에서는 그리스어가 주요 언어였지만 유일한 언어는 아니었다. 교회는 흔쾌히 조지아어, 아르메니아어, 시리아어, 콥트어도 사용했다. 이후에 슬라브 족을 동방 기독교로 개종시키기 위해 선교사들이 북쪽으로 옮겨가자, 슬라브어도 그 목록에 추가되었다.

네스토리우스주의자들 및 단성론자들과 마찬가지로, 로마 가톨릭교회와 동방 정교회도 자신이 유일하게 참된 교회라고 주장한다. 그러나 그들은 규모와 영향력이 훨씬 크기 때문에, 그들의 주장은 보다 더 진지하게 다루어져야 한다. 동방 정교회는 로마 가톨릭교를 특징짓는 한 명의 수장(首長)이나 통일성을 갖고 있지 않다. 동방 정교회는 콘스탄티노플(이스탄불) 총대주교를 중심으로 느슨하게 모여 있으며, 공통의 교리와 전례로 함께 묶여 있다. 공통의 교리와 전례가 그들 사이의 다양한 언어와 문화를 상쇄시키는데, 이 요소가 없다면 동방 정교회들은 서로 확연히 구별될 것이다. 외부인들은 때때로 그리스인들과 러시아인들이 한 교회에 속해 있다는 사실을 믿기 어렵겠지만, 많은 그리스인들과 러시아인들도 그렇게 생각한다는 것을 발견하면 훨씬 더 놀랄 것이다.

자기들이 유일하게 참된 교회라는 동방 정교회의 주장이 갖고 있는 주된 문제는 그들은 분열된 유럽 역사의 산물들임이 분명하고, 따라서 그들의 주장은 언어도단이라는 것이다. 어떻게 루마니아 사람과 불가리아 사람은 진정한 그리스도인들인데, 포르투갈 사람이나 스웨덴 사람은 진정한 그리스도인들이 아닐 수 있는가? 물론 동방 교회 그리스도인들과 서방 교회 그리스도인들 사이에는 교리상의 차이들이 존재한다. 하지만 이런 차이들이 정치와 너무도 밀접하게 연결되어 있기 때문에, 요즘에 이런 주장을 하는 것은 (부드럽게 말하더라도) 뻔뻔해 보인다. 정교회를 옹호하는 사람들은 자기들의 교회가 고대 교회의 순결을 보존해왔으며, 그들의 본질적으로 부정적인 신학이 하나님께 대한 올바른 접근법이라고 주장하기를 좋아한다. 그들에게는 불행하게도 이 주장은―현대 정교회 교회들이 신약성경과 어느 정도의 역사적 및 지리적 연속성을 갖고 있음에도 불구하고―자기들이 신약성경에서 발견되는 것과 비슷한 점이 거의 없다는 명백한 사실을 무시한다. 이 주장은 또한 부정의 신학은 정의상 일방적인 접근법이며, 그 심취자들이 주장하고 싶어 하는 식으로 고대 그리스 세계를 지배하지도 못했고, 16세기 이후로 정교회가 자주 서방 교회 모델들을 차용해서 자신들의 목적에 맞추어 개조했다는 점도 무시한다.

최근에 동방 정교회들은 더 넓은 세상을 받아들여야 했지만 이 일에 그다지 성공적이지 못했고, 지금도 계속 현대생활의 가장 기본적인 요소들과 씨름하고 있다. 서양에서 정교회를 받아들인 사람들은 현대성을 거부하고 현대성에 저항할 수 있는 것으로 보이는 신학과 경건 생활에 매력을 느낀 사람들이다. 그러나 보편 교회의 역할을 하겠다고 주장하는 교회치고 동방 정교회는 그들에게 속하지 않은 대부분의 사람들에게 여전히 너무도 색다른 교회로 남아 있으며, 동방 정교회가 나머지 기독교 세계와 화합할 가능성은 그 나머지 세계가 우리들 대부분이 사용하는 라틴어 알파벳 대신 그리스어나 러시아어 알파벳을 사용하게 할 가능성보다 크지 않다.

이제 자기들에게 "보편 교회"라는 명칭을 붙이는 교회들 가운데 규모가 가장 크고 중요한 로마 가톨릭교회를 살펴보자. 명목상 또는 문화적 기독교를 고려하면 세계 인구의 약 3분의 1이 "그리스도인"이고, 그중 3분의 2가 로마 가톨릭 교인이다. 로마 가톨릭교회는 명백히 지중해 서부에 뿌리를 두고 있지만, 지금은 널리 퍼져 있어 하나의 문화권으로 쉽게 동일시될 수 없다. 로마 가톨릭교회는 라틴어라는 단일한 언어를 갖기는 해도, 라틴어는 지금은 공식 문서에서만 사용되고 예배에서는 가끔씩 사용된다. 대신 로마에서는 지상의 주요 언어들을 들을 수 있으며, 이 교회는 그리스도인들이 사는 거의 모든 지역을 잘 대표하고 있다. 나아가 로마 가톨릭교회는 보편성에 대한 소명을 적극적으로 추구하고, 궁극적으로 다른 교회들을 자신들 안으로 다시 연합시키기를 희망하면서 다른 교회들에게 계속 연합을 제안하고 있다.

통계수치는 기만적이라고 말할 수밖에 없지만, 이처럼 규모가 크고 다양한 측면이 있는 교회를 몇 단락으로 적절하게 평가할 수는 없다. 서류상으로는 전 세계적으로 가톨릭 교인이 10억 명이 넘을 수도 있다. 하지만 이들 중 많은 사람들이 명목상의 교인에 불과하다. 일부는 불가지론자들이이거나 개신교인들이 되었는데, 이런 현상은 특히 남미에서 두드러진다. 세계 많은 곳에서 사제들의 수가 매우 부족하고, 스페인, 아일랜드, 퀘벡과 같이 불과 한 세대 전만 해도 확고하게 가톨릭 교인들이 다수였던 지역들에서 최근에 교인들의 수가 급격히 줄어들었다. 현실은 외관보다 인상적이지 않으며, 가톨릭교회의 미래는 결코 사람들이 생각하는 것만큼 보장되어 있지 않다.

신학적인 관점에서는 성경의 가르침에서 벗어나 있고 종종 시대에 뒤진 사고방식과 연계되어 있는 가톨릭 교리들이 많다고 비난할 수 있다. 특히 이제는 신뢰 받지 않는 아리스토텔레스 철학의 맥락에서 발전했으나 더 이상 이치에 맞지 않는 화체설과 같은 가톨릭교회의 핵심 교리를 보면 이 점이 명확해진다. 신학자들은 이 사실을 알고 있고 오늘날 인정받을 수 있는 방식으로 이를 다시 진술하려고 노력하지만, 대부분의 가톨릭 평신도들은 사제가 성찬식에서 빵과 포도주를 성별할 때 그것들이 문자적으로 그리스도의 살과 피가 되는 것으로 계속 믿고 있다. 독신 의무 및 대체로 현대 세계로부터 격리된 전문가 문화로 인해 교인들과 구별된 성직자들에게 가톨릭 교인들이 전통적으로 보여주는 큰 존경의 바탕에 바로 이런 믿음이 놓여 있다.

그러나 로마 가톨릭교회의 가장 큰 문제는 시간이 지나면서 수정될 수 있는 이런 이탈적 요소가 아니라, 자신이 보편 교회라는 근본적인 주장에 놓여 있다. 그 주장의 논거는 이렇다. 그 교회는 베드로에 대한 예수 그리스도의 직접적인 명령에 의해 세워졌고, 베드로는 최초의 로마 주교가 되었으며, 이후 그의 계승자들에게 자신의 신적 위임을 물려주었다는 것이다. 이 관념에 대한 성경의 지지는 아래의 구절에서 나온다.

[예수께서 자기 제자들에게 이렇게 말씀하셨다.] 이르시되 "너희는 나를 누구라 하느냐?" 시몬 베드로가 대답하여 이르되 "주는 그리스도시요 살아 계신 하나님의 아들이시니이다." 예수께서 대답하여 이르시되 "바요나 시몬아, 네가 복이 있도다. 이를 네게 알게 한 이는 혈육이 아니요 하늘에 계신 내 아버지시니라. 또 내가 네게 이르노니 너는 베드로라. 내가 이 반석 위에 내 교회를 세우리니 음부의 권세가 이기지 못하리라. 내가 천국 열쇠를 네게 주리니, 네가 땅에서 무엇이든지 매면 하늘에서도 매일 것이요 네가 땅에서 무엇이든지 풀면 하늘에서도 풀리리라."[26]

학자들은 베드로의 고백의 진정한 의미에 대해 계속 논쟁을 벌이고 있고, 또한 그에게 주어진 권위가 참으로 그를 다른 사도들과 구별시키는지에 대해 논의하고 있다. 베드로가 오순절 날에 주도적인 역할을 한 것은 확실한 사실이며, 이것은 베드로가 예루살렘 교회의 수장이었음

---

26   마 16:15-19; 요 21:15-19도 보라.

을 암시할 수 있다. 그러나 그리 오래 지나지 않아 바울이 회심하고 예루살렘에 갔을 때, 그는 예루살렘 교회가 베드로, 야고보, 요한의 삼두체제로 운영된다고 생각했던 것으로 보인다.[27] 바울은 베드로가 심각한 잘못을 저질렀다고 본 교리 문제에서 그와 맞섰는데, 이는 확실히 바울이 베드로를 오류가 없는 존재로 믿지 않았음을 보여준다.[28] 사도행전을 보면 누가가 베드로에게 어떤 일이 생겼는지는 말하지 않으며, 베드로는 시간이 지남에 따라 차츰 희미해지는 것 같이 보인다. 베드로가 자신의 기억을 마가에게 불러줘서 마가가 이를 토대로 자신의 이름이 붙은 복음서를 썼다는 고대의 전통이 있기는 하지만, 그럼에도 단지 2개의 신약성경 서신들만 베드로와 직결되어 있다. 로마와의 연결 관계에 대해 신약성경의 그 어디에도 베드로가 로마와 관련이 있었다는 암시는 없다. 바울이 로마서를 썼을 때 베드로는 아마도 그곳에 없었을 것이다. 그렇지 않았더라면 바울은 틀림없이 마지막 장의 문안 인사에서 베드로를 언급했을 것이다. 사도행전의 마지막 부분에서 바울이 죄수의 신분으로 로마에 갔을 때도 베드로가 언급되지 않는데, 베드로가 당시에 로마의 주교였다면 그것은 매우 이상한 일이다.

베드로를 로마와 연결시키는 가장 확실한 증거는 베드로의 것으로 생각되는 바티칸 지하의 무덤이다. 이 무덤이 아주 이른 시기부터 숭배되어 온 것으로 보아 그곳이 베드로가 묻힌 곳일 수도 있지만, 우리가 알 수 있는 것은 그것이 전부다. 우리가 출범 초기의 로마 교회에 관해 알고 있는 어떤 지식도 베드로가 창립 주교였다는 생각을 지지하지 않으며, 현재의 연구 결과는 2세기가 되어서도 한 동안 로마 교회에 단일한 지도자가 존재하지 않았음을 암시한다. 약 주후 180년까지는 베드로의 직계 "계승자들" 가운데 어느 누구에 대한 증거도 없기 때문에 그들의 이름 역

---

27 갈 2:9.
28 갈 2:11-15.

시 허구일 수 있다. 마지막으로 고대 세계의 다른 교회들이 일반적으로 기꺼이 로마 교회에게 중요한 자리를 부여하고 심지어 로마 교회가 베드로에게서 비롯되었다는 점을 받아들이기까지 했지만, 그 교회들은 교회의 일들에서 로마 교회의 관할권에 복종하지는 않았다. 기독교의 핵심 교리를 확립한 고대의 공의회들 중 어떤 회의에도 로마 주교가 참석하지 않았고, 어떤 회의도 로마 주교의 권위로 소집되지 않았다. 상황이 아주 달라진 1123년이 되어서야 교황이 서방 교회의 일반 공의회를 주재하게 되었다. 로마 가톨릭교회는 이를 "세계 교회"(ecumenical)로 간주했지만, 그러나 동방 교회는 이를 인정하지 않았다.

그런 중대한 주장에 대한 토대는 이처럼 빈약하기 그지없다. 오늘날 많은 가톨릭 학자들과 신학자들도 로마 교황의 수위성(primacy)은 성경에 확고하게 근거할 수 없고, 전통, 그것도 훨씬 후대의 전통에 의지하고 있음을 기꺼이 인정한다! 개신교와 관련해서뿐만 아니라 동방 정교회와의 관계에서, 그리고 가톨릭교회 자체 안에서 수위성이 행사된 방식에 비춰볼 때, 다른 그리스도인들은 교황의 주장들에 매우 회의적이며, 그런 주장들에 기반을 둔 교회에 합류하고 싶어 하지 않는다는 사실이 전혀 놀랍지 않다.

이제 개신교 교회들이 남았는데, 개신교 교회들은 주요 백과사전들만 찾아봐도 다 셀 수 없을 만큼 수가 많고 다양하다! 일부 개신교 교회는 외부와의 교제에 장벽을 세운다. 이로 미루어 짐작하건대 그들은 자기들을 유일한 참된 교회라고 간주하는 것 같다. 하지만 개신교 교회들 가운데 자신만이 유일한 참된 교회라고 주장하는 교회는 거의 없다. 과거에, 특히 그들 중 한 교파가 제도권 국가교회가 되고 다른 교파들은 그 결과로 고통을 당한 상황에서는 다양한 교파들 사이에 감정이 거칠어졌다. 그러나 오늘날 그런 문제들은 대체로 극복되었다. 평신도들은 비교적 쉽게 한 교파에서 다른 교파로 옮겨가며, 비 교파 공동체 교회들 및 종종 교파들보다 더 중요한 초교파 기관들도 아주 많다. 그들 거의 대부분이 다양한 교리적 신념을 갖고 있고(또는 그런 신념이 없고), 예배 방식도 서로 다르다는 점에 비춰볼 때, 개별 신자들은 종종 특정 교회가 어느 교파에 속해 있건 자신의 수준에 맞는 교회를 찾아 다닌다. 요즘에는 교파 분열이란 거기에 관심을 기울여야 하는 성직자의 문제이지, 다른 사람들의 문제는 아니라고 말해도 과언이 아니다. 이에 대해 유감스럽게 생각하는 사람들도 있지만, 대부분의 평신도 개신교인들에게는 지금 그들이 참여할 교회를 결정하는 요소는 비가시적 교회의 교제라는 것이 아마 사실일 것이다. 만약 그들이 함께 예배하고 있는 사람들이 성령 안에서 하나라면 다른 것들은 한쪽으로 제쳐둘 수 있고, 원래 의도되었던 대로 그리스도의 몸의 연합이 다시 시현될 수 있다.

교회의 역사적 분열은 현재의 상황이 다양한 이유로 일어났으며 그 이유가 다 정당화될 수는 없다는 점을 우리가 인정하면서 겸손한 마음으로 그 안에서 살아야 할 우리의 현실이다. 모든 교회와 교파에 속한 그리스도인들은 때로는 다른 신자들을 박해하고 특정 교회에서 축출했던 과거의 행동들에 대해 유감을 느껴야 한다. 우리 모두는 이에 대한 책임이 있으며, 잘못된 이유로 생겨난 장벽들을 허물기 위해 최선을 다해야 한다. 우리는 동료 신자들이 있는 곳이라면 어디든 다가가고, 그들을 우리의 교제 안으로 기꺼이 받아들이기 전에 그들에게 아무런 인위적인 조건들도 부과하지 않을 의무가 있다. 그렇게 말은 했지만 또한 어떤 경우에는 매우 실제적인 불일치로 말미암아 분열이 일어났으며, 이 분열은 단순히 선한 의도와 희망적 사고로는 극복될 수 없다는 점도 인정해야 한다. 실제로, 각기 다른 교회에 속한 개인들, 특히 평신도들은 공통의 믿음 때문에 높은 수준의 교제를 나눌 수 있지만, 그들이 속해 있는 교회들은 교회들을 구별하는 다른, 그리고 때로는 서로 상충되는 믿음과 관습 때문에 서로 융합할 수 없는 경우가 일반적이다.

정치적이거나 문화적인 이유들로 일어난 분열을 제외하면, 기독교 세계에는 주로 두 가지 형태의 분열이 존재한다. 하나는 믿음의 문제와 관련이 있고, 다른 하나는 질서와 관련이 있다. 교회생활에서 이 두 가지 측면이 서로 분리될 수 있는지 여부는 논쟁거리이지만, 둘은 확실히 특정 교회 공동체의 독특한 요소들로 인식될 수 있다. 개신교 교회들은 믿음의 문제에 있어 로마 가톨릭교회나 동방 정교회와 분리되는데, 개신교회들에게는 믿음의 문제가 보다 더 직접적이고 명백하다. 서방 교회와 동방 교회의 분리는 종교개혁 이전에 이미 완료되었다. 이것은 로마 가톨릭교회가 동방 정교회와 다른 것만큼, 개신교도 동방 정교회와 다르다는 점을 의미한다. 일부 개신교인들이 로마 가톨릭교회를 제쳐두고 동방 정교회와 재결합을 모색했기 때문에 이 점에 대해 말할 필요가 있다. 그러나 이는 현실적인 대안이 아니다. 왜냐하면 우리와 동방 정교회를 갈라놓은 차이들을 해결하려면 로마 가톨릭교회가 갖고 있는 대부분의 어려움들을 해결해야 할 것이고, 그렇게 되면 전체적인 재결합으로 이어질 가능성이 있기 때문이다. 실제로 서방 기독교와의 재결합 없이 동방 기독교와의 재결합은 상상할 수 없다. 그것은 멀고도 어쩌면 도달할 수 없는 목표일 것이다.

개신교와 로마 가톨릭교회를 갈라놓는 주된 문제들은 성령의 역사라는 제목 아래 요약될 수 있다. 로마 가톨릭은 그들이 시행하는 직무들과 성례들에 작용하는 성령의 증언을 자기들이 유일하게 위임받았다고 믿는다. 로마 가톨릭의 수장인 로마 주교는 "교황"으로서의 공적 지위에서 말할 때, 오류가 없는 것으로 간주된다. 로마 가톨릭 사제들은 빵과 포도주를 그리스도의 살과 피로 변화시켜서, 이를 통해 하나님의 백성에게 하나님의 은혜를 베풀어주거나 그들에게서 하나님의 은혜를 철회하는 능력을 받는다. 이 기본적인 믿음들은 다양한 경건의 관행들과 영성 훈련들에 의해 뒷받침되는데, 그런 관행들과 훈련들은 다른 권위에 근거하지 않았음에도 교회 전통의 한 부분이 되었다. 이런 추가적인 요건들은 예컨대 사제의 독신 의무와 같이 하나님의 말씀의 가르침에 반하는 것이 될 수도 있지만, 이 점은 교회 지도자들, 특히 교황이 하나님의 말씀을 재해석하고 그들이 필요하다고 생각되면 거기에 추가할 권위를 갖고 있다는 점을 근거로 정당화된다. (독신과 같은) 단순한 훈련 문제와 (교황의 무오성과 같은) 근본적 믿음의 문제 사이에 많은 미묘한 구분이 이뤄지지만 실제로는 거의 차이가 없다. 로마 가톨릭교회 교인들은 그들의 교회가 가르치는 것은 무엇이든 정당성 여부와 관계없이 그것을 받아들이도록 기대된다. 그렇게 하지 않는 사람들은 교회의 교제에서 배격된다.

개신교인들은 이를 받아들일 수 없다. 우리는 로마 가톨릭교회와 많은 것들을 공유하지만, 어떤 인간이나 교파도 오류가 없는 권위를 부여받았다고 (또는 부여받을 수 있다고) 믿지 않는다. 성령은 가시적인 제도권 교회의 성직 질서 안에서 그리고 그 질서를 통해 역사할 수 있지만, 어떤 개별적인 교회 지도자나 기구도 이것을 권리로 주장할 수는 없다. 어떤 사람이 교회 사역을 통해 하나님의 은혜를 받는지 여부는 그 사역이 복음의 가르침에 충실한지 여부와 받는 사람의 믿음에 달려 있다. 개신교인들은 로마 가톨릭교회가 가르침에서 순수한 그리스도의 복음에서 벗어났고 신도들의 믿음의 타당성 여부를 궁극적으로 사제단에 의존하게 함으로써 믿음의 가치를 떨어뜨렸다고 믿는다. 우리는 그런 불일치들이 교회 생활과 증언에 근본적인 문제들과 관련이 있다고 믿기 때문에, 로마 가톨릭교회와 교제하지 않는다. 이런 분야들에서 있어 로마 가톨릭교회의 주장들을 받아들인다면, 그리스도의 주장들을 부인하는 셈이다.

개신교 교파들 사이의 관계에서 대부분의 차이는 사역과 성례를 포함하는 교회 질서의 문제들과 관련이 있다. 불행하게도 질서는 믿음보다 눈에 더 잘 뜨이고, 그래서 질서의 차이들은 종종 격한 감정을 자극했다. 교회가 주교들을 두건, 장로회의의 다스림을 받건 그것이 복음의 내용이나 전파에 영향을 주어서는 안 되지만, 그것은 교회 조직의 구조를 바꾼다. 한 집단이 다른 집단을 배제할 정도까지 이런 것들 가운데 하나를 주장할 때, 가시적 교회 안에 분열이 일어난다. 세례의 적절한 시행에 관한 차이들도, 특히 유아세례의 타당성을 거부하는 사람들이 유아세례를 받고 이후에 어른이 되어 신앙고백을 한 사람들에게 다시 세례를 줄 때, 분열과 악감정을 낳았다. 그런 경우에 한 교회가 원칙에 입각해서 일관성을 고수하면 다른 교회의 사역을 거부하게 되고, 그 결과 다른 교회에 의해 선포된 믿음의 타당성을 의심하게 된다.

다른 신자들을 교제에서 배제할 정도로까지 교회정치의 문제들을 고집하는 경향에 대해 죄가 없는 교파는 하나도 없다. 우리는 어느 교회에 속해 있건 이 점을 회개해야 한다. 그리스도의 가르침과 의도에 가장 충실하다고 믿기 때문에 특정 교회정치의 형태 및 성례 관습을 채택하는 것과, 성경에 명확하게 규정되지 않은 문제들에 관해 우리와 일치하지 않는 사람들과의 교제를 거부하는 것은 완전히 별개의 문제다. 이런 문제들에 대해서는 다른 의견들이 가능하다는 점, 그리고 다르게 일하는 방식들은 우리 자신의 절차들의 타당성을 부인하지 않으면서도 그로부터 배울 수 있는 (그리고 배워야 하는) 장점들을 갖고 있다는 점을 받아들이고, 기꺼이 그 유익들을 인정하며 다른 사람들에게 추천할 용의가 있어야 한다. 다행스럽게도 최근의 세계 교회(ecumenical) 운동이 여기서 진정한 진전을 이루고 있으며, 관련 교회들의 근본적 믿음이 동일하다는 점이 분명할 때는 종종 교회 질서의 차이들이 극복되었다고 말할 수 있다.

다양한 유형의 그리스도인들

기독교 세계 안에는 다양한 교파들과 더불어 각자 독특한 강조점을 갖고 있는 다양한 영적 경향들과 운동들이 있다. 이러한 첫 번째 사례는 3세기에 나타났는데, 그때 일부 그리스도인들은 강력한 영적 헌신과 금욕주의로 하나님께 더 가까이 나아가기 위해 사막에서 한적한 삶을 영위하기로 결심했다. "은둔자들"(hermits, "사막"을 의미하는 그리스어 단어에서 나온 말)이라고 불리는 그런 사막 거주자들 중 일부는 나중에 "수도승들"(monks, "홀로"를 의미하는 그리스어 단어에서 나온 말)로 뭉쳐졌고, 그들 가운 데 많은 사람이 초기 교회의 가장 위대한 복음 전도자들이 되었다. 로마 제국의 경계를 넘어 흩어져 있던 수도승들은 복음을 북유럽 전역으로 전파했고, 게르만족과 슬라브족 안의 이교도들을 개종시키기 위한 전진 기지로 수도원 교회들("성직자들", ministers)을 세웠다.

은둔자들과 수도승들이 로마 제국의 도시들에 거주하는 그리스도인 들이 너무 세속화되었다고 생각해서 도시를 떠났던 것에 비춰볼 때, 그들이 주류 교회와 불편한 관계에 있었던 것은 놀라운 일이 아니다. 이후에 수도원들이 부유해지고 "세속화" 되자 개혁 운동이 일어나 새로운 수도회들을 세우거나 경건한 기부로 먹고 사는 구걸 형제단("탁발 수도사들") 이 되었다. 개신교 종교개혁은 대체로 이런 식으로 훈련받은 사람들의 작품이었다. 종교개혁 초기에 이 활동은 거의 대중을 위한 수도원 제도를 만들어내려는 시도로 비쳐질 수 있었다. 예를 들어 매일 성경을 읽거나 찬송 부르기와 같은 많은 경건한 관습들이 수도원에서 시작되었는데, 개신교 복음주의자들과 중세 수도승들 사이에는 커다란 문화적 차이들이 있음에도 불구하고 개신교 복음주의자들은 오늘날에도 이 전통들을 계속 유지하고 있다. 복음주의자들 중에서 성경공부, 열렬한 찬송 부르기(그리고 찬송 작곡하기), 복음 전도의 열정에 깊은 관심을 보이는 사람들을 발견할 가능성이 높다. 그들은 이런 활동들을 통해 과거와 보다 더 영적으로 연결되어 있지만, 피상적으로 전통주의자인 다른 교회들이 반드시 그런 것은 아니다.

다른 한쪽 극단에는 제도권 교회의 구조들에 훨씬 더 애착을 갖고 있는 그리스도인들이 있다. 그들은 소위 복음주의자들의 훈련되지 않은 무질서와 무정부적인 자발성과는 반대되는 위계제도, 질서 및 권위에 대한 복종을 선호한다. 그들은 보다 장기적 관점에서 생각하기 때문에 대성당을 건축하는 것이 복음 전도 십자군을 운영하는 것보다 더 중요하다고 생각하는 경향이 있는 고교회(high church) 교인들이다. 그들이 생각하기에 대성당은 오늘날의 십자군이 미래에 잊혀지고 난 오랜 뒤에도 여전히 남아서 그 대성당을 건축한 사람들의 믿음을 증언할 것이다. 비슷한 이유로 그들은 설교하기보다는 책을 쓰고 싶어 할 수도 있다. 책은 말처럼 현장감은 갖고 있지 못하지만, 말보다 더 오래 지속되고 더 멀리 도달한다. 말할 필요도 없이 대부분의 주류 교회들에 두 유형의 그리스도인들이 모두 있을 수는 있지만, 복음주의자들과 고교회 교인들은 종종 서로를 이해하기를 어려워한다. 고교회 교인들은 자연적으로 로마 가톨릭 교회에서 더 두드러지며 복음주의자들은 (그들은 종종 자신의 교파나 독립 교회를 만들기도 하지만) 개신교 교파에서 더 편안함을 느끼지만, 어느 쪽도 오로지 어느 한 교회와만 동일시될 수는 없다. 복음주의적인 성향이 있는 가톨릭 교인(그리고 정교회 교인)들도 있고, 고교회적인 경향을 가진 침례교인, 장로교인, 감리교인들도 있다. 영국 성공회의 성례는 두 경향 모두를 준공식적으로 인정하고, 그들을 단결시키려고 노력하고 있다. 하지만 그렇게 하는 것이 반드시 성공적이었던 것은 아니다.

이 집단들 외에 그들 사이에 종종 "광교회"(broad church) 또는 "주류"로 불리는 중도 집단이 있다. 이 집단은 자신을 고교회 교인이나 복음주의자가 아니라 "보통" 신자로 보는 교인들로 구성되어 있다. 복음주의자들과 고교회 교인들은 자기들이 취하고 있는 특정 방향으로 개혁하고 싶어 할 가능성이 보다 높지만, 주류 그리스도인들은 자기들이 속해 있는 교파에 열정적이고 현재 상태 그대로 그 교파를 지지할 가능성이 높은 사람들이다. 이 외에 광교회는 정의하기 어려우며, 그것이 광교회가 종종 미지근한 기독교의 형태로 간주되는 한 가지 이유다. 그럼에도 불구하고 C. S. 루이스(1898-1963)와 같은 사람들의 생애와 경력은 광교회 그리스도인들이 신학적으로 완전히 정통적이고 복음주의와 고교회 모두에게 접근할 수 있다는 점을 상기시켜준다. 오늘날 많은 복음주의자들과 고교회 교인들이 루이스를 각기 자기들의 집단에 속한 한 사람으로 주장한다는 사실(실제로는 둘 중 어디에도 속하지 않는다)은 양립할 수 없는 극단들로 보이는 것을 연합시킬 수 있는 기독교 신앙의 공통점이 있다는 것을 보여준다.

이 집단들 외에 세월이 흐르면서 주류 교파 교회들에서 갈라져 나와 자신들만의 공동체를 만든 집단들도 있는데, 다른 그리스도인들은 종종 이들을 극단적인 분파주의자들로 간주한다. 예를 들어 암만 파가 이런 집단으로 분류되어야 할 것이다. 셰이커 파도 마찬가지다. 구세군과 같은 집단들은 이전보다는 주류에 가깝지만, 여전히 그들을 다른 집단들과 구별시키는 특징들을 보존하고 있어 이름을 붙이기 어렵다. 보다 최근에는 은사주의 운동이 기독교 세계를 휩쓸었고 거의 모든 교파에서 추종자들을 끌어들였다. 그러나 은사주의자들이 종종 자기들이 속한 교회에 대한 충성을 유지하기는 하지만, 그들은 의심할 바 없이 그러한 장벽들을 가로지르는 영적 교제를 형성한다. 동시에 은사주의자들과 다른 그리스도인들 사이에 새로운 분열들이 일어났다. 다행스럽게도 이 분열들은 최소한 지금까지는 일반적으로 공개적인 적대감을 피할 수 있었다. 하지만 확실한 이질감이 남아 있으며 일부 비은사주의자들은 자기들이 그릇된 영성이라고 믿고 있는 것에 대해 상당히 강경한 반대의 목소리를 낼 수도 있다.

이런 차이들을 어떻게 다뤄야 하는가? 많은 그리스도인들이 그런 차이들에 대해 필요 이상으로 신경을 쓰고, 영적 견해가 자기들과 다른 사람들을 때할 때 종종 매우 무자비해질 수 있다는 점이 인정되어야 한다. 초기 교회는 이런 다양한 흐름들이 발전하기에는 너무 작고 너무 새로웠기 때문에 성경에서 정확한 유사 사례를 찾기는 어렵지만, 초기 교회에도 우리에게 모종의 유비를 제공해줄 수 있는 차이들이 있었다. 그중에서 가장 중요한 차이는 유대인 그리스도인들과 이방인 그리스도인들 사이의 분열이었다. 이 분열은 바울이 선교 활동을 시작할 무렵에 일어났는데, 이는 상호 관용에 의해 해결될 필요가 있었다. 상호 관용은 양쪽 모두에게 상대방을 비난하지 않고 자신의 신념과 관습을 유지할 수 있게 해줬다.[29] 이에 기초해서 우리와 신념이 다른 그리스도인들을 대할 때 어떻게 해야 하는지 다음과 같이 제안할 수 있다.

1. 당신이 하고 있는 것과 다른 사람들에게 권고하는 것이 성경의 가르침에 의해 정당화된다는 점을 스스로 확신하라. 자신의 신념에 대해 의심이 있는 사람들은 불안하고, 따라서 다른 사람들을 대할 때 보다 더 방어적이고 무자비해질 가능성이 높다.[30]

2. 다른 사람들이 절대로 반박할 수 없다고 생각할지라도, 결코 당신의 양심에 반하는 일을 하지 말라.[31]

3. 다른 사람들을 판단하거나 그들의 삶을 힘들게 하지 말라.[32]

4. 우리는 그리스도께 속해 있으며, 우리의 의무는 우리 자신이 아니라 그리스도를 기쁘게 하는 것이라는 점을 기억하라.[33]

5. 전체적인 시각을 유지하라. 만약 어떤 것이 복음의 근본을 다루지 않으면, 그것을 너무 강조하지 말라.[34]

6. 다른 사람의 관점을 보고 그 사람에게서 배우기 위해 노력하라. 우리 중 완벽한 사람은 아무도 없으며, 우리 모두는 자신과 통찰력 및 경험이 다른 사람들과 접촉함으로써 균형을 유지하는 것으로부터 유익을 얻을 수 있다.[35]

7. 사랑이 율법의 성취라는 것을 기억하라. 다른 그리스도인들에게 다가갈 때 이 정신의 지배를 받아야 한다.[36]

---

29   롬 14:1-15:7.
30   롬 14:5.
31   롬 14:23.
32   롬 14:13.
33   롬 14:7-9.
34   롬 14:20-22.
35   롬 14:6-7.
36   롬 13:10.

교회를 괴롭히는 또 다른 종류의 차이는 보수주의자 또는 "전통주의자"와 자유주의자 사이의 구분이다. 이 명칭들은 종종 명확하게 정의된 사람들의 집단을 가리키는 데 사용되지만, 종종 이들을 정확히 밝히기는 겉으로 보기보다 훨씬 어렵다. 대체로 자유주의자들은 현재 상황의 약점들(또는 그 약점들 중 일부)을 알고 현재 상황에 불만족스러워하며, 변화를 추구하기로 결심하는 경향이 있다. 반면에 보수주의자들과 전통주의자들은 이런 움직임에 저항하는 경향이 더 강하다. 그러나 실제로는 많은 부분이 논의되는 문제들에 의존하며 항상 그렇게 깔끔하게 구분되는 것은 아니다. 예를 들어 복음주의자들은 교리 문제에 대해서는 보수적이지만 전례 문제에 대해서는 그렇지 않을 가능성이 있으며, 그들 중 일부는 기술 혁신이 복음 전도에 중요한 도움을 준다고 보고 기술 혁신의 선봉에 서기도 한다. 반면에 자유주의자들은 특히 변화가 반대자들에게 더 큰 발언권을 줌으로써 자기들이 불리해질 것이라고 생각되면 기존의 교회 구조를 고수하기도 한다. 사회 문제에 관해서도 깔끔한 구분은 없다. 보수적인 그리스도인들은 확실히 미국이나 남아프리카의 인종 차별을 지지할 가능성이 높았고, 자유주의자들은 인종 차별에 격렬히 반대했다. 반면에 자유주의자들은 종종 공산주의 정권에 무비판적이었고 보수주의자들은 할 수 있는 모든 방법으로 공산주의 정권과 싸웠으며, 심지어 그들의 믿음 때문에 옥에 갇히기도 했다. 따라서 어느 쪽도 항상 옳았다고 주장할 수 없고, 어느 쪽도 먼저 자신의 영혼을 살펴보지 않고 다른 쪽이 복음을 배반했다고 비난하지 않아야 한다.

현대 서구 사회가 세속화된 결과들 가운데 하나는 한때 보수주의자들과 자유주의자들의 특징이었던 전통과 혁신 사이의 갈등이 대체로 정통 기독교와 다양하게 희석된 형태의 신앙들 사이의 갈등에 의해 밀려났다는 것이다. 현대 자유주의자는 성경 연구에 대한 학문적 접근법을 주장하거나 그리스도인들을 분리시키기보다는 연합시키는 것이 더 중요하다는 근거에서 전체 기독교의 협력을 호소하는 사람이 아니다. 요즘

에 "자유주의자"라는 말은 예수의 몸의 부활과 같은 기독교의 근본 교리
들을 부인하고 (예컨대) 바울은 그의 가르침에서 부분적으로 틀렸다고 기
꺼이 말하는 사람들에게 붙여질 가능성이 더 높다. 이런 사람들에게는
그들이 전혀 그리스도인이 아니라는 오직 한 가지 대응만 있을 수 있다.
예수는 이런 유형의 "자유주의자들", 곧 부활을 부인한 유대교의 한 분
파인 사두개인들을 다뤄야 했다. 예수는 주저하지 않고 그들에게 이렇
게 말씀하셨다. "너희는 성경도, 하나님의 능력도 알지 못하기 때문에 틀
렸다."[37] 바울도 그런 사람들에게 시간을 낼 여유가 없었다.

> 그러나 우리나 혹은 하늘로부터 온 천사라도 우리가 너희에게 전한 복음
> 외에 다른 복음을 전하면 저주를 받을지어다. 우리가 전에 말하였거니와
> 내가 지금 다시 말하노니 만일 누구든지 너희가 받은 것 외에 다른 복음
> 을 전하면 저주를 받을지어다.[38]

관용과 이해는 주 안에서 형제자매인 모든 사람에게 확장되어야 하지
만, 그리스도인을 자처하면서 믿음의 근본 진리를 부인하는 사람들에게
는 그렇지 않다.

---

37 마 22:29.
38 갈 1:8-9.

30장
•
신자들의 공동체에 속하기

우리가 공통으로 유지하는 신념들

어떤 사람이 그리스도의 몸에 속해 있는지 어떻게 아는가? 대부분의 교회들은 세례를 받을 때나 관련 당사자가 교회의 구성원으로 받아들여질 때, 또는 이 두 시기 모두에 특정 질문을 묻는 모종의 교육을 통해 이를 검증한다. 일반적으로 그 질문들은 "세상을 창조하신 성부 하나님을 믿습니까?"와 같이 매우 단순한 경향이 있다. 훈련받은 신학자라면 이와 같은 진술에서 깊이 있는 내용을 찾아낼 수 있겠지만, 대부분의 사람들에게는 문제가 단순하다. 그들은 세상을 창조하셨고 우리가 하늘 아버지로 여기는 하나님이 있다는 것을 믿는다고 긍정만 하면 된다. 평균적인 그리스도인들은 그 진술에 동의하는 데 별로 어려움이 없을 것이고, 아마도 그 사람에게는 그것이 명백해 보일 것이다.

더 깊이 들어갈수록 사안들은 점점 더 복잡해진다. 신학생들과 목사로 임명되려는 사람들은 같은 질문을 받더라도 자기들의 신념을 더 충분히 설명하도록 기대될 것이다(이는 비합리적이지 않다). 예를 들어 보통 사람들은 위의 질문에 별로 답변할 말이 없을 수 있지만, 훈련받은 목사는 창조가 삼위일체의 세 위격들 전체가 아니라 성부 하나님께(또는 진화론의 선택

과정이 아니라 하나님께) 귀속될 수 있는지, 나아가 "세상"이 어떻게 이해되어야 하는지 등 창조의 의미를 반영할 수 있을 것이다. 세상은 지구인가, 우주 전체인가, 또는 하나님과 대비되는 모든 것을 묘사하는 영적 개념인가? 평신도들도 그런 문제를 논의할 수 있겠지만, 대개 그러리라고 기대되지 않을 것이다. 그런 수준의 신학적 질문들을 논의할 수 없는 사람은 그런 이유로 교인으로 인정될 수 없다고 주장하는 사람은 없겠지만, 일부 교회들은 이런 질문에 만족스러운 답변을 할 수 없는 후보생에게 성직 서임을 허락하지 않을 텐데, 그렇게 하는 것은 옳은 일이다.

그것이 옳다고 말해야 하는 이유는 교회 안에 다음과 같이 주장하는 끈질긴 성향의 사람들이 있기 때문이다. 그들은 고전적인 신조와 신앙고백서에서 발견되는 것과 같은 모든 종류의 구문화된 믿음은 신자들에게 과도한 의무를 부과하는 것이라고 주장한다. 그런 의무는 누구에게도 요구되어서는 안 되고, 심지어 용납되어서도 안 된다는 것이다. 마치 믿음에 대한 다른 진술들은 그리스도와 성경에 대한 우리의 이해를 모호하게 만들어버리기라도 하는 것처럼, "그리스도 외에는 어떤 신조도 필요 없다" 또는 "성경만이 개신교인들의 종교다"라는 말이 그들을 결집시키는 표어다. 물론 우리는 어떤 측면에서 기독교 신앙은 하나의 신조나 신앙고백에 포함된 일련의 신념들로 축소될 수 없다는 점에 대해서는 그런 사람들에게 동의해야 한다. 기독교 신앙은 정의상 말로 설명할 수 없는 그리스도 안에서의 새로운 탄생이고 살아 계신 하나님에 대한 경험이다. 신조의 진술에 동의하면 공식적 교인의 외적 기준은 만족시킬 수 있겠지만, 그것은 교인이 되려는 사람의 마음속에 참된 믿음이 존재하는지 여부에 관해서는 아무것도 말해주지 않는다. 그것은 신자와, 우리에게 그리스도의 마음을 주고 우리의 모든 생각과 행동을 자신의 뜻에 일치하도록 형성하시는 하나님 사이의 문제다.

그렇게 말은 했지만, 개별 신자들이 교회의 공식 신조들과 신앙고백들을 알거나 이해하지 못한다고 할지라도, 그들의 경험은 그 신조들 및 고백들과 공명해야 한다는 것 역시 사실이다. 그렇지 않다면 그러한 믿음의 진술들이 잘못되었거나 관련 당사자들이 잘못된 것이다. 한 개인의 인식이 옳고 나머지 교회 전체는 틀리는 경우가 불가능하지는 않지만, 세상의 이치가 늘 그렇듯이 그런 경우는 매우 드물 것이다. 그 개인의 말이 받아들여지려면 철저한 증거가 요구될 것이다. 대대로 내려온 기독교 공동체의 보편적인 증언은 쉽게 뒤엎을 수 없으며, 어떤 개인적인 계시를 통해서나 이전 시대에 알려지지 않은 어떤 새로운 신학적 발견을 통해 그 증언이 뒤엎어져야 한다고 주장하는 사람들은 매우 조심스럽게 다뤄져야 한다. 교회의 신조들은 완벽하지 않고 포괄적이지도 않지만, 신실한 모든 그리스도인들은 그 신조들이 확언하는 내용을 믿어야 한다.

신조들이 하는 말에 동의하지만 신조를 좋아하지 않는 사람들이 있기 마련인데, 우리는 이를 용납해야 한다. 그들은 인간의 말로 표현할 수 있는 수준을 능가하는 하나님의 위대하심을 증언하며, 이 점은 그들의 믿음뿐만 아니라 우리의 믿음에도 해당되어야 한다는 것을 우리가 명심하도록 도전을 준다. 그럼에도 불구하고 신조가 없으면 거짓 가르침이 몰래 들어오기가 훨씬 더 쉬워지기 때문에 전체 교회가 그런 사안들에 대한 그들의 순수주의적인 접근법을 따를 수는 없다. 그것은 평화주의나 일방적 군축과 비슷하다. 그런 관념은 좋은 생각이며 그리스도인들은 확실히 그런 관념에 공감해야 하지만, 우리가 살고 있는 세상은 그에 대처할 준비가 되어 있지 않다. 우리는 평강의 왕의 최후 승리로 우리의 방어시설이 불필요해질 때까지 그것을 유지해야 한다.

신조들을 충분히 이해하지 못해 신조의 특정 측면들에 문제를 느끼는 사람들도 있다. 여기서 우리는 기독교 전통의 일부로 인정하지만 이해하기 어려운 어떤 내용 때문에 진정으로 당혹해하거나 힘들어하는 사람들과, 자기들이 생각하기에 잘못되었고 거부되어야 하는 그런 신념들을 그리스도인들이 신성시하는 것은 잘못이라고 말하는 사람들을 명확히 구별해야 한다. 전자는 자기들의 믿음을 더 깊이 이해하려는 신자들이고,

후자는 그것을 이해하지 못하고 그 주제에 관해 더 깊이 깨우치기를 싫어하는 사람들이다.

우리의 공통의 믿음을 표현하는 신조들의 일부 측면들에 정면으로 모순되거나 이를 부인하는 내용을 교회에서 설교하거나 가르치는 것은 받아들일 수 없다. 그리스도의 몸의 부활을 부인하고 그것을 믿는 사람들을 원시적인 "근본주의자"라고 조롱하는 설교자나 신학자는 그리스도인이 아니며, 교회 강단에서 퇴출되어야 한다. 여기서 우리는 하나님 앞에서 할 수 있는 한 우리가 선포하는 메시지의 순수성을 유지할 책임이 있으며, 불신앙과의 어떠한 타협도 불가능하다. 교회 안에는 목회직의 권위를 갖고 거짓 가르침을 퍼뜨리는 데 그 권위를 사용하는 사람들이 항상 있을 것이다. 이는 거짓 사도들이 돌아다니며 복음을 전복시키려 했던 첫 세대에도 그랬고, 오늘날도 여전히 마찬가지다. 우리는 이에 대해 항상 경계할 필요가 있으며, 아무리 불쾌하더라도 이런 행위를 비난하는 것은 그리스도의 신실한 종으로서 우리에게 부과된 의무다.

신조들과 신앙고백들의 가장 중요한 기능들 중 하나는 성경의 개별적인 부분들에 대한 해석의 틀을 형성하는 "하나님의 전체 계획", 즉 성경 전체의 가르침을 이해하도록 돕는 것이다. 초기 교회에는 예수가 하나님이 아니고 하나님이 자기 아들로 입양한 사람이었다고 말하는 자들이 있었다. 그들은 그런 견해를 만들어낸 것이 아니라, 그것이 예수가 세례를 받았을 때 하늘에서 "이는 내 사랑하는 아들이고 내가 그를 매우 기뻐한다"[1]라는 마태복음 3:17에 대한 올바른 해석이라고 믿었다. 그들은 예수가 왜 세례를 받아야 했는지 이해하고자 했고, 그들이 찾아낸 답은 그때 성부가 예수를 입양해서 예수 위에 그의 성령을 비둘기 형태로 보냈다는 것이었다.

예수가 완전한 하나님에 미치지 못했다는 관념은 고대에 매우 인기가

---

1   막 1:11; 눅 3:22도 보라.

있었다. 왜냐하면 그 관념이 사람들의 마음을 괴롭힌 많은 문제들을 해결하는 것으로 보였기 때문이다. 그들은 무한하신 하나님이 유한한 존재가 될 수 있었다는 사실, 또는 그가 어떤 이유로든, 특히 우리를 위해 "죄가 되심"으로써 고통당하고 죽을 수 있었다는 사실을 믿지 않았다. 하나님은 완벽하고 영원하고 선하셔야 했으며, 항상 그런 상태로 유지되셔야 했다. 만약 세상이 완벽한 사람의 죽음에 의해 구원받아야 했다면, 그 완벽한 사람은 하나님이 아니라 피조물이어야 했다. 그들에게 성부 하나님이 세상을 창조하신 것을 믿느냐고 물으면, 그들은 열정적으로 "그렇다"고 대답할 것이다. 그러나 또한 그들은 "아버지"라는 호칭이 아들과 성령은 아버지보다 열등한 존재이고 아버지의 창조 행위에서 제외되었음을 의미하는 것으로 이해할 것이다. 그들은 성자가 피조물 가운데 가장 높은 존재이며 다른 어떤 피조물보다 하나님께 더 가깝고, 따라서 하나님께 더 잘 중재할 수 있다고 여겼지만, 성자가 그 자체로 하나님이셨다는 점은 부인했다.

이런 이단은 오늘날 많은 사람에게 거리가 멀고 잘 알려져 있지 않은 것으로 보일 수 있다. 그러나 그것이 얼마나 심각한 문제인지 알고 싶으면 평균적인 교인들에게 예수가 하나님이신지 여부를 물어보라. 그들 중 많은 이들은 아마 잠시 어찌할 바를 모르다가 예수는 하나님의 아들이지만, 하나님 자신과 똑같지는 않다고 대답할 것이다. 이런 사람들은 그럴 의도가 없으면서도 신조들이 피하고자 했던 바로 그 오류에 빠지게 될 것이다. 예수를 하나님이 입양한 사람이나 피조물들 중 최고의 존재라고 말하는 사람들은 모든 증거를 고려하지 않거나 자기들이 이미 사로잡힌 이론에 맞추려고 증거를 왜곡함으로써 성경 텍스트에 의해 제기된 어려움들을 해결하려 하고 있다는 점을 깨닫지 못할 것이다. 예를 들어 그들은 "말씀이 육신이 되었다"[2]와 같은 구절을 말씀이 인간으로 변

---

2   요 1:14.

화되어 더 이상 신이 아니게 되었다는 뜻으로 해석할 것이다. 그들은 인자가 하늘에서 내려온 것이나 인자가 자신의 영원한 영광으로 복귀하는 것에 관해 말하는 다른 구절들도 비슷하게 무시하거나 잘못 해석할 것이다.[3]

이런 사고의 전반적인 결과는 구원을 잘못된 방식으로 설명하려고 함으로써, 사람들에게서 구원을 빼앗는 것이었다. 그래서 당시 교회 지도자들이 함께 모여 자기들의 믿음을, 성경의 가르침에 들어맞고 (비록 좋은 의도였겠지만) 이 거짓 교사들이 초래했던 오류를 피할 수 있는 말로 다시 진술해야 했다. 그들의 노력은 성공적이었으며 그 결과로 미래 세대를 위한 참된 믿음이 보존되었는데, 우리는 이에 대해 깊이 감사해야 한다. 그러나 평균적인 신도들을 대상으로 간단하게 조사해보면 오류는 결코 표면 아래서 그리 멀지 않으며, 우리의 가르침이 적절하지 않으면 언제라도 다시 침투해 들어올 수 있음을 보여줄 것이다. 오늘날 교회를 뒤흔드는 많은 논쟁들은 기독교의 가르침 가운데 특정 측면이 무시되거나 충분히 강조되지 않았기 때문에 일어났다. 예를 들어 우리는 마르틴 루터가 오직 믿음만으로 의롭게 되는 이신칭의를 기독교의 근본 진리로 간주했다고 해서 오늘날 루터의 유산을 물려받았다고 주장하는 모든 사람이 루터에게 동의할 것이라고 가정할 수 없다. 현실은 그들 중 많은 이가 그 말을 들어보지 못했고 그 말이 진실로 무슨 뜻인지 설명할 수 있는 사람은 소수에 지나지 않는다는 것이다. 그러나 오직 믿음으로 의롭게 되는 실재가 없으면 복음 전파도 불가능하고, 우리의 교회들도 존재하지 않을 것이다.

결론적으로 믿음의 진술문들을 작성하는 사람들은 자기들이 말하는 내용이 우리의 믿음에 핵심적인 중요성을 갖도록 만전을 기하기 위해 극도로 조심해야 한다. 예를 들어 대주교 토머스 크랜머는 영국 성공회

---

3   요 3:13; 17:5.

의 교리를 설명하는 일련의 "조항들"을 작성할 때, 세상의 종말을 다룬 두 조항을 포함시키고 종교개혁 이후에 분출한 천년왕국설적인 경향들을 비판했다. 그러나 그의 조항들이 약 10년 뒤에 개정되었을 때, 그 특정 조항들은 삭제되었다. 개정한 사람들이 관련 문제들에 관한 생각을 바꿨을 가능성은 지극히 낮지만, 그들은 틀림없이 이 문제들이 교회 구성원들이 그에 관한 하나의 특정한 견해를 받아들여야 할 정도로 근본적이지는 않다는 점을 깨달았을 것이다. 우리는 그리스도가 살아 있는 자와 죽은 자를 심판하러 다시 오시리라고 믿지만, 이 일이 정확히 언제 그리고 어떻게 일어날지는 신비이고 모든 신자들에게 부과될 수 있는 하나의 답변은 없다. 교회 지도자들은 천년왕국주의자들을 싫어하고 그들에게 동의하지 않았을 수 있지만, 그들은 천년왕국주의자들을 그리스도의 교제에서 배제하고 싶지 않았고, 따라서 알 수 없는 것에 관해서는 침묵을 지켰다.

불행하게도 이런 관용은 너무 드물었고, 신앙고백 신학의 평판을 떨어뜨린 것은 다른 무엇보다 지나친 열심이었다. 예를 들어 유명한 웨스트민스터 신앙고백을 작성한 신학자들은 훌륭하고 박식한 사람들이었지만 때로는 편견이 지나쳤고, 그들이 좀 더 자제했더라면 좋았을 것이라고 생각한 이후 세대들을 당황하게 한 일들을 고집했다. 이에 대한 가장 악명 높은 사례가 25조 6항에서 나타난다. 이 고백서는 교황이 교회의 머리라는 점을 부인하면서 그곳에서 계속해서 교황을 "그리스도 및 하나님으로 불리는 모든 것을 대항하여 교회에서 자신을 높이는 적그리스도, 불법의 사람이자 멸망의 아들"로 묘사한다.[4] 그것이 당시의 공통적인 정서였지만, 로마 주교가 요한이 말한 적그리스도라고 진정으로 주장될 수는 없다. 오늘날 이 진술의 일반적인 취지에 동의하는 사람들조차 대체로 그 진술이 덜 공격적인 (그리고 더 정확한) 말로 표현되기를 원한다. 우리는 미

---

4   요일 2:18, 22; 4:3; 요이 7을 보라.

래 세대에게 이런 식의 당혹스러움을 안겨주지 않도록 조심해야 한다.

그러므로 신조들과 신앙고백들을 작성할 때 개인적이거나 지엽적인 해석에 그치면서 성도들에게 과거로부터 전달된 신앙에 근본적이지 않은 것들을 포함시키지 않도록 조심해야 한다.[5] 만약 과거로부터 물려받은 진술들에서 이런 것들을 발견한다면, 겸손히 오류를 인정하고 나머지 내용의 평판을 떨어뜨리지 않도록 그것들을 제거해야 한다. 또한 거짓 가르침은 모든 세대에 활발하게 살아 있음을 기억해야 하며, 우리 자신의 신앙고백을 작성함으로써 오늘날 교회 안에 침투해 진리를 변질시킨 오류를 지적할 의무도 있을 수 있다. 미래 세대들은 우리가 우리 자신을 최선의 방식으로 표현했는지 판단할 것이다. 그들은 우리가 예측할 수 없는 상황 전개에 비추어 지금 말하는 것을 개정하겠지만, 우리의 과제는 우리가 참되다고 이해한 것에 충실하고, 그 이해를 우리 뒤에 오는 후손들에게 전달하는 것이다.

그리스도 안에서 우리가 갖는 자유

종교개혁 시대에 특히 열정적으로 강조되었던 신약성경의 위대한 주제들 가운데 하나는 우리가 그리스도 안에서 갖고 있는 자유라는 주제다. 이 자유는 해방, 곧 그리스도가 우리를 위해 십자가에서 죽으시고 죽은 자 가운데서 다시 살아나셨기 때문에 우리가 누리는 죄로부터의 해방에 뿌리를 두고 있다. 이 자유는 지금 우리의 삶에 많은 영향을 준다. 첫째, 고대 유대교의 율법 규정들은 예수에 의해 다 성취되었고 따라서 이제 불필요해졌으며, 우리는 그 율법을 지킬 필요에서 해방되었다. 둘째, 우리는 과거의 죄와 실패들의 짐을 짊어질 필요가 없이 새로운 삶을

---

5   유 3.

살도록 해방되었다.

오늘날 우리 가운데 유대교의 율법 준수에 특별히 신경을 쓰는 사람은 거의 없다. 유대교의 율법 준수는 (주로 유대인이었던) 첫 세대 그리스도인들에게 중대한 문제였던 것과 같은 방식으로 현대 교회에서 중대사는 아니다. 그러나 아직도 많은 사람들에게 자신의 과거의 죄에 대한 죄책 감이라는 짐은 심각한 현실이며, 따라서 우리는 최선을 다해 이 문제를 처리해야 한다. 모든 사람이 하나님의 영광에 미치지 못했고 하나님께서는 어떤 사람이 다른 사람보다 더 크게 타락한 것이 아무 차이가 없기 때문에, 원리상 모든 죄인은 하나님이 보시기에 똑같다.[6] 그러나 실제로 살인과 같이 중대한 범죄를 저질렀거나, 다양한 방식으로 자신이 과거에 저지른 행동의 결과를 안고 살아야 하는 사람들은 다른 사람들보다 죄에 대한 질책을 느낄 가능성이 더 크다. 이것은 어느 정도는 그들 내면의 죄책감 때문일 수 있지만, 또한 다른 사람들이 여전히 자신을 나쁘게 생각할 것이라는 느낌 때문일 수도 있다. 언제나 그런 일들이 잊혀지도록 놔두지 않을 사람들이 있기 마련이고, 그것에 대해 아무 일도 할 수 없다는 생각의 희생자가 되기 쉽다. 바울은 바로 이런 영적 속박감에 대해 다음과 말했다.

그러므로 이제 그리스도 예수 안에 있는 자에게는 결코 정죄함이 없나니, 이는 그리스도 예수 안에 있는 생명의 성령의 법이 죄와 사망의 법에서 너를 해방하였음이라.[7]

그리스도 안의 자유는 원하는 것은 무엇이든 해도 된다는 면허증이 아니며, 율법의 도덕적 교훈은 고대 이스라엘 사람들에게 타당했던 것처

---

6   롬 3:23.
7   롬 8:1-2.

럼 우리에게도 여전히 타당하다. 거짓말, 속임수, 도둑질은 다른 모든 곳에서 그런 것처럼 기독교의 맥락에서도 용납할 수 없으며, 성령이 내주하시는 사람들은 하나님의 자녀로서 살 책임과 능력을 갖고 있기 때문에 더욱더 용납할 수 없다. 대부분의 사람들은 이것을 아주 쉽게 이해하지만, 어떻게 해야 할지 완전히 명확하지는 않은 회색 지대들이 항상 있기 마련이다. 우리는 신약성경에서 우상들에게 제사 지내진 고기를 먹을 자유가 있다고 느낀 사람들의 경우에서 이런 현상을 만난다.[8] 그리스도인들은 우상들이 존재한다고 믿지 않으며, 따라서 고기가 우상에게 제사 지내진 것이 문제가 되지 않아야 한다. 엄격한 논리적 관점에서 이는 의심할 바 없는 사실이며, 사도 바울은 원리상으로 이런 이교적 관습을 무시하는 데 아무 잘못이 없다는 점을 인정했다. 그러나 그런 고기를 먹은 사람들이 사용한 논거가 논리적으로 흠이 없었다고 해도 그들이 주는 인상은 전혀 달랐기 때문에, 유대인으로 자란 사람들은 이에 대해 민감했다. 그들이 그런 일을 하고 있는 것을 본 사람들은 이교도 관습과 관련을 맺은 것만으로도 손쉽게 그들이 이교의 관습에 빠졌다고 생각할 수도 있었고, 그래서 그들은 "우상의 고기"를 철저히 피하는 것이 더 낫다고 믿었다.[9]

여기서 우리는 "인식은 실재의 일부다"라는 현상을 본다. 이론상으로는 내가 윤락녀들에 대한 사역의 일부로 사창가를 찾아가고, 거기에 반드시 그와 관련된 어떤 온당치 못한 행동이 있는 것은 아닐 수도 있다. 그러나 내가 사창가에 가는 것을 본 사람들은 그렇게 고상한 결론을 내리겠는가? 만약 내가 가난한 사람들을 대상으로 사역한다고 주장하면서 비싼 옷을 입고 대부분의 사람들은 살 수 없는 자동차를 타고 다닌다면, 다른 사람들에게 어떤 인상을 주겠는가? 그런 일들에 객관적으로 잘못

8   고전 8:1-13.
9   고전 8:1-13; 롬 14:13-23.

된 것은 조금도 없을 수 있지만, 우리는 우리의 행동이 우리의 증언에 미칠 수도 있는 영향을 알고 그에 따라 행동해야 한다.

개인들에게 적용되는 것이 교회들에도 적용된다. 교회들이 비윤리적인 방법으로 사업하는 회사에 투자하는 일이 없지 않은데, 그런 일은 가능한 한 피해야 한다. 교회 재산은, 종종 그렇듯이, 아무리 규모가 작고 비교적 순진해 보일지라도 도박과 같은 활동에 사용되어서는 안 된다. 또한 교회 건물을 나이트클럽으로 바꿀 부동산 개발업자나, 그곳을 자기들의 예배 장소로 사용할 타종교 신도들에게 팔아도 안 된다. 건물은 "단지 건물"일 뿐이라는 것이 사실일 수도 있지만, 그것이 분명히 하나님께 드리는 예배와 관련이 있을 경우 그곳을 다른 목적을 위한 용도로 사용하게 되면 잘못된 메시지를 보내고 복음 증거에 해롭다. 우리는 세계의 일부 지역에서 이슬람의 신이 기독교의 하나님보다 위대하다고 주장하기 위해 교회 예배당들을 강제로 모스크로 바꾼 곳들이 있으며, 따라서 자발적으로 그렇게 하는 것은 근시안적이고 우리의 행동이 어떻게 인식될 가능성이 있는지에 대해 무지한 짓이라는 점을 잊지 말아야 한다.

자유와 관련된 어려움은 모든 상황에 적용될 수 있는 고정된 규칙들이 없다는 것이다. 그런 법칙들이 있다면 우리의 자유는 상실될 것이다. 각각의 상황은 그에 맞춰 결정되어야 하며, 세상 일이 으레 그렇듯이 사람들은 저마다 다른 결론을 내리기 마련이다. 바울이 이런 상황에 대해 조언하는 한 가지는 사랑의 법칙이 우선해야 한다는 것이다. 만약 내가 다른 그리스도인들의 양심을 상하게 하는 어떤 일을 하고 있다면, 그 일이 내게 얼마나 중요한가? 내가 그 일을 포기하면 내게 정말 문제가 되는가? 바울은 그 대답이 "아니다"라면 그 일을 포기하여 실족케 하는 불필요한 일을 피하는 것이 옳은 일이라고 말한다. 시간이 지나면 나의 겸손과 자기희생의 정신으로 "더 약한 형제"의 양심이 치유될 수 있지만, 내가 완고하게 내 "권리들"을 고집한다면 나는 거의 확실히 그 형제를 잃게 될 텐데 그것은 그럴 가치가 없는 일이다.

그리스도 안의 자유는 깨끗한 양심으로 살도록 요구되는 방식에 적용된다. 여기에는 우리가 확실히 알지 못하고 있으며 또한 그리스도인들이 다른 의견, 심지어 모순되는 의견을 갖고 있는 일들이 포함되어 있다. 아무도 미래에 무슨 일이 일어날지 정확히 알 수 없음에도 불구하고 어떤 사람들은 종종 "종말"에 대해 매우 자세하게 묘사하고, 자기가 계시적 권위를 갖고 있다고 주장한다. 다른 사람들은 다른 결론을 내리지만, 그들도 마찬가지로 자기 견해가 정확한 것으로 받아들여져야 한다고 생각한다. 그런 상황에 직면할 때 적절한 반응은 성경을 주의 깊게 살펴보고, 성경의 증거가 명확한 교리를 구성하는 데 충분하지 않으면 겸손하게 그 점을 인정하는 것이다. 그리스도가 정확히 어떻게 또는 언제 다시 오실지 알지 못한다고 말하는 것은 그리스도가 다시 오시리라는 것을 믿지 않는다는 뜻이 아니라, 다만 그것에 관해 알 필요가 없는 것을 듣지 못했다고 말하는 것이다.[10] 알려지지 않은 것 앞에서 겸손해지는 것은 그 일에 무관심한 것과 다르다. 어쨌든 하나님의 존재는 그 진면목이 알려지지 않았음에도 불구하고 우리의 관심의 초점이자 우리의 노력의 목표다. 어떤 그리스도인도 하나님의 본성을 헤아릴 수 없다는 이유로 하나님의 본성은 중요하지 않고, 따라서 그것을 무시하고 사는 편이 더 낫다고 주장하지 못할 것이다!

동시에 하나님의 말씀에 충분히 계시되어 있지 않은 가시적 교회의 생활과 관련된 일들이 있는데, 이런 일에 대해서는 우리가 스스로 결정할 자유가 있다. 교회 질서와 예배는 이에 관한 명백한 사례들이다. 어떤 그리스도인들은 믿음과 질서가 병행한다고 믿고, 행함은 믿음과 일치해야 한다고 말함으로써 이를 정당화한다. 물론 믿음과 행함이 일치해야 한다는 것은 사실이지만, 그런 주장은 우리가 믿는 것을 다른 방식으로 이행할 자유를 갖고 있으며 따라서 신앙의 통일성을 위험에 빠뜨리

---

10 행 1:7.

지 않고서도 교회 질서와 예배 형식들에는 합법적으로 차이가 있을 수 있다는 사실을 무시하는 것이다. 여기서 우리는 글을 읽고 쓸 줄 아는 문화와 그렇지 못한 문화 사이에 차이가 있다는 점을 인식해야 한다. 누구나 글을 읽고 쓸 수 있는 현대 서구 사회에서 관습의 차이는 사람들이 동작과 의례(ceremony)에 큰 비중을 두는 지역에서보다 덜 중요하다. 내게는 성찬식에서 사용되는 빵이 발효되었는지 여부나 심지어 그것이 "빵"인지 여부도 중요하지 않지만, 상징을 통해 배우는 사람들은 나와 다르게 생각할 것이다. 그들에게는 이처럼 명백하게 사소한 세부 사항들이 매우 중요할 수 있으며, 그럴 경우 우리의 관습은 거기에 맞게 조정되어야 한다.

그것은 다시 더 연약한 형제에 대한 원리와 같은 원리이며, 똑같이 해결하기 어려울 수도 있다. 많은 개발도상국들에서 다양한 선교 집단들이 복음을 소개했는데, 그들은 자기들의 전통적인 관습들이 본질적인지(또는 적절한지) 여부를 불문하고 그 관습들을 들여왔다. 그런 국가들의 그리스도인들은 이런 관습들을 그들의 신앙의 내용과 연결시키게 되었는데, 이로 인해 교파의 경계를 초월하여 교회들을 연합시키고자 할 때 문제가 야기될 수 있다. 공통의 예배 형식이 고안될 수 있는가, 아니면 기존의 예배 형식에 익숙해진 사람들을 자극하지 않도록 다양한 예배 형식들의 공존을 허용할 필요가 있는가? 이 질문에 대한 단순한 답변은 없다. 그러나 우리가 채택하는 교회 질서의 형태는 하나님이 우리에게 주신 자유의 한 부분이지 성경이나 고대의 이질적인 전통들에 의해 규정된 것이 아니라는 것을 받아들인다면, 최소한 이에 대한 답변이 시작될 수 있을 것이다.

성령의 은사

교회는 성령의 내주와 능력으로 형성되어 보존되는 그리스도의 몸이다. 이 몸을 정상적으로 잘 작동하는 상태로 유지하기 위해 성령은 어떤 사람들에게 그 몸의 성장을 위해 사용하도록 은사들을 주신다.[11] 신약성경에는 이 은사들에 대한 네 개의 목록이 있는데 그것은 표 30.1과 같다.

로마서 12:6-8	고린도전서 12:8-10	고린도전서 12:28	에베소서 4:11
예언	예언	1. 사도들 2. 예언자들	사도들 예언자들 복음 전도자들 목사들
가르침		3. 교사들	교사들
	지혜 지식		
섬김	기적들 치유	4. 기적을 일으키는 사람들 5. 치유자들 6. 조력자들 7. 관리자들	
	방언 해석 방언으로 말하기	8. 방언으로 말하는 사람들	
권고 구제 인도 긍휼을 베풂			
	믿음 영들 분별		

표 30.1

처음 두 목록들에서 바울은 은사들을 기능의 관점에서 표현하는 반면

11　고전 12:7.

에, 세 번째와 네 번째 목록에서는 그 기능들을 행사하도록 임명된 사람들의 관점에서 은사들을 표현한다. 바울이 단순히 방언을 말하기만 하는 사람들보다 명백하게 더 높게 여겼던 방언을 해석하는 사람들을 생략한 것을 보면 흥미롭기는 하지만, 세 번째 목록은 중요성의 순서를 매긴 유일한 목록이다.[12] 지혜와 지식의 발언이 주어진 사람들은 아마도 교사들이었을 것이라고 주장할 수 있겠지만, 매우 흥미롭게도 예언의 은사는 네 목록에 모두 나타나는 유일한 은사다.[13] 어느 목록도 결정적이지 않다는 점은 확실하며, 성령이 초기 교회에서 어떤 일들을 하고 있었는지에 대한 포괄적인 그림을 얻으려면 네 개의 은사 목록 모두를 살펴볼 필요가 있다.

성격상 일부 은사들은 특별히 그 직무를 감당하도록 임명된 사람들만 갖고 있었던 것으로 보이지는 않는다. 예컨대 많은 교회들에 이례적으로 관대한 기부자들이 있지만, 그들은 종종 익명으로 남아 있기를 원한다. 마찬가지로 뛰어난 믿음의 능력을 가진 사람들이 교회에서 눈에 띄지 않게 조용히 기도하며 다른 사람들을 격려할 수도 있으며, 특별한 긍휼을 베푸는 사람들에 대해서도 같은 말을 할 수 있다. 권고, 인도, 위로, 영들의 분별은 정의하기가 보다 어렵다. 아마도 모종의 인정된 권위를 갖지 않으면 회중을 "인도"하기가 불가능할 것이다. 그러나 특별한 지위가 없어도 다른 사람들을 움직일 수 있는 능력을 가진 사람들이 있는데, 바울은 여기서 그런 사람들을 가리킬 수도 있다. 권고하는 사람들도 마찬가지일 수 있다. 권고하는 사람은 사람들에게 교회에서 그들의 의무와 과제를 환기시켜주도록 부름 받은 사람을 가리킬 수 있고, 이 일은 때로는 일대일로 조용히 하는 것이 가장 좋다. 영들을 분별하는 것도 정확히 파악하기가 어렵다. 어떤 사람들은 사안의 본질을 간파하는 특별한 능력을 갖고

---

12 고전 14:5.
13 고전 12:8.

있는데, 그것이 여기서 의미하는 것일 수도 있다. 바울은 분명히 모든 교회에 이런 유형의 사람들이 포함되어 있을 것이라고 믿었고, 그들을 선발해서 특별히 임명하거나 위임할 필요가 있다고 생각하지 않았다.

세 번째 목록은 이와 다소 다르다. 최소한 처음에 언급된 몇 가지 은사들이 하나님으로부터 특정 사역을 감당하도록 부름 받은 특정인들에게 적용된다는 점은 명백하다. 그중 가장 중요한 은사는 사도직이며, 다른 사도들과 같은 방식으로는 아니었지만 바울 자신도 이 은사를 받았다.[14] 그러므로 사도직의 은사부터 설명을 시작한다.

복음이 교회에서 순수성을 유지하도록 만전을 기하기 위해, 성령은 그리스도 이후 첫 세대에서 복음의 최고 수호자들로서 사도들을 임명했다. 그들 대부분은 그리스도의 지상 사역 동안의 제자들이었지만, 그렇다고 제자들과 사도들이 완전히 겹치지는 않았다. 주지하다시피 예수를 배반하고 사도가 되지 못한 유다라는 유명한 제자가 있었고, 제자가 아니었던 다소 출신의 사울 즉 바울이라는 사도도 있었다. 그러나 모든 사도들이 부활하신 그리스도를 보았는데, 그것은 사도들의 직분과 사역의 필수적인 기준이었다. 사실 "사도"라는 말은 원래는 부활의 목격자들(총 5백 명이 넘는다)로서 첫 세대의 복음 전도자들을 형성했던 사람들을 가리키는 데 사용된 것으로 보인다.[15] 안드로니고와 유니아를 "사도들에게 잘 알려진" 사람들이라고 지칭하는 바울의 언급이 그들을 사도 집단에 포함시키는 것으로 해석되어야 한다면, 그들은 틀림없이 이 범주에 속할 것이다.[16]

바울의 사역을 망칠 의도로 바울 주위를 따라 다녔던 것으로 보이는 소위 거짓 사도들에 대한 바울의 비난에서, 많은 사도들이 있었다는 사

---

14   고전 15:8.
15   고전 15:4-7.
16   롬 16:7. 이 말은 "사도들 중에서 유명한"으로도 번역될 수 있지만, 그 의미는 더 모호하다.

실에 대한 추가 증거를 발견할 수 있다.[17] 만약 사도들의 수가 예수의 원래 제자들로 한정되었더라면 사도를 사칭하는 사람들을 간과하기가 쉬웠을 테지만, 이 사람들이 고린도 교회 교인들에게 자기들의 지위를 납득시킬 수 있었다는 사실은 사도직이 그렇게 좁게 정의되지 않았음을 암시한다. 그러나 "사도"라는 말은 머지않아 처음부터 구별된 집단으로 존재해온 12명으로 제한되었다는 말도 덧붙여야 한다. 여기서도 우리는 초기 교회가 자신의 신학 용어를 어떻게 발전시켰는지에 대한 좋은 사례를 발견한다. 원래 다양한 의미를 갖고 있던 "사도"라는 말이 범위가 좁혀져 특정한 의미를 지닌 전문 용어가 되었는데, 바울은 고린도전서 12장에서 사도라는 말을 그 의미로 사용하는 것으로 보인다.

역사적인 사도들에게는 후계자들이 없었고, 이 점에서 로마의 주교가 사도의 계승자라는 주장은 근거가 없다. 자기들 안에 "사도들"이 있다고 주장하는 훨씬 최근에 생겨난 다른 교회들에 대해서도 마찬가지다. 사도적인 사역이 오늘날에도 존재한다면, 그것은 사도들의 가르침에 대한 권위 있는 기록인 신약성경 안에서 그리고 신약성경을 통해 존재한다. 바울은 자신의 사역을 디모데와 디도에게 넘겨줄 때 그들에게 자신이 보유한 것과 동일한 권위를 주지 않고 그들에게 맡겨진 믿음의 기탁물을 잘 지키라고 말했는데, 오늘날 우리도 계속 그렇게 하고 있다.[18]

오늘날 문서 형태로 전해져오지 않은 사도들의 관습들이 있었음은 거의 확실하다. 아마 그런 관습들은 특별히 논란이 되지 않아 전해지지 않았을 것이다. 우리가 알고 있는 한 그런 관습들 중 대부분은 초기 교회의 예배와 관련된 것이었고, 기독교 공동체에 전해져온 구두 전승으로서 존재했다. 그런 관습들이 무엇이었는지에 대해 절대적으로 확신할 수는 없으며, 그것들이 신약성경에서 발견되지 않기 때문에 우리를 구속하는 권

---

17 고후 11:13; 갈 2:4도 보라.
18 딤후 1:13.

위를 갖고 있지 않다는 것이 여기서의 어려움이다. 예를 들어 세례 때 십자가를 들고 노래 부르는 것은 사도들에게까지 거슬러 올라갈 수도 있는 고대의 관습이지만, 사도들은 결코 당시의 교회들에게 이렇게 해야 한다고 말하지 않았으며, 따라서 이 관습을 오늘날 사도적인 신앙의 필수요소라고 주장할 수 없다.

바울의 은사 목록에서 사도 다음에 나오는 항목은 예언자인데, 이 말은 다양하게 해석할 수 있는 애매한 용어다. 물론 구약성경에 예언자들이 나오지만, 그 형태의 예언은 그리스도가 오기 약 400년 전에 소멸되었다가 세례 요한에 이르러 소생되었다. 그럴지라도 우리는 성전에서 메시아가 오기를 기다리고 있던 늙은 여인 안나가 여예언자였다는 기록을 본다.[19] 예루살렘에서 안디옥으로 내려가 기근이 올 것이라고 예언했고, 이후에 바울이 팔레스타인으로 돌아가는 길에 바울을 만나서 그가 예루살렘에 가면 체포될 것이라고 예언했던 아가보도 예언자였다.[20] 안나도 이와 비슷한 예언을 했는지는 알려지지 않았지만, 아가보의 행동들은 구약 시대의 예언자들에게서 기대할 수 있는 바를 상기시켜주며, 누가의 설명에 따르면 아가보가 이런 식의 사역을 한 유일한 사람이 아닌 듯이 보인다.[21]

복음 전도자 빌립에게는 예언을 했던 네 명의 딸들이 있었다. 바울이 에베소의 일부 제자들에게 안수했을 때 그들도 예언하기 시작했다는 사실로 볼 때, 초기 교회에는 예언자로 인정받은 사람들이 있었다는 것도 분명하다.[22] 더구나 바울은 고린도 교회에 공개적으로 예언을 장려했으며, 고린도 교회 안에 예언의 은사를 받았다고 주장하는 사람들이 있다

---

19   눅 2:36.
20   행 11:28; 21:10.
21   행 11:27.
22   행 21:10; 19:6.

고 가정했던 것으로 보인다.[23] 문제는 그것이 어떤 종류의 은사였느냐 하는 것이다.

구약성경의 예언자들은 하나님의 말씀을 이스라엘에 전하기 위해 하나님이 사용하신 사람들이었지만, 그 사역은 어떤 경쟁자들도 용납하지 않았던 사도들에게 넘어갔기 때문에 그것이 신약성경에서 발견되는 예언자들의 기능이었을 수는 없다. 바울은 고린도에서 예언의 은사를 받았다고 주장하는 사람은 누구든, 만약 그 주장이 참되다면, 사도들이 하나님의 말씀으로 가르친 것들을 받아들이고 그 말씀을 따라야 할 것이라고 주저없이 경고했다.[24] 예언자의 말이나 행동은 무엇이든 사도의 가르침과 일치해야 했고, 일치하지 않으면 거부되어야 했다. 16세기에, 그리고 일부 진영에서는 오늘날에도 신약성경의 "예언자들"은 설교자들을 가리키고, 예언은 종종 일반적인 설교 사역에 사용된 용어라고 여겨졌다. 그러나 예언자들이 설교했을 수도 있지만, 설교가 초기 교회에서 예언자들의 주된 기능이었던 것으로 보이지는 않으며, 마치 예언자와 설교자의 기능에 아무런 차이가 없는 듯이 이 둘을 동일시할 수는 없다.

우리는 아가보의 예언을 제외하면 신약성경의 예언자들이 실제로 말한 내용을 갖고 있지 않기에, 지금은 사실상 신약성경의 예언 현상을 분석할 수 없다. 우리가 갖고 있는 유일한 단서는 바울이 "예언하는 자는 사람에게 말하여 덕을 세우며 권면하며 위로하는 것"[25]이라고 한 말이다. 이런 자질들은 좋은 목사의 자질들인데, 신약성경의 예언자들은 본질적으로 그런 존재였을 수 있다. 이후로 설교가 대부분의 교회에서 목회적 인도의 주된 원천이 됨에 따라 설교와 예언이 어떻게 융합될 수 있었는지 쉽게 알아볼 수 있지만, 처음에는 그런 사례에 대한 증거가 없으며, 우리가 현재 조금 알고 있는 바에 따르면 설교와 예언은 처음에는

---

23   고전 14:4-5, 37.
24   고전 14:37.
25   고전 14:3.

융합되지 않았던 듯하다.

바울은 예언자들과 더불어 복음을 전하도록 부름을 받은 복음 전도자들을 언급한다. 팔레스타인의 순회 복음 전도자였던 빌립에 관한 기록 및 바울이 누군가 복음을 듣고 믿음을 갖게 되려면 복음을 전할 필요가 있다고 말하는 것으로 볼 때 복음 전파가 그들의 주된 활동이었음이 분명해 보인다.[26] 복음 전도자들의 특별한 직무는 일차적으로 변증학에 종사하면서, 무지나 가능한 반대에 직면하여 기독교의 의미를 설명하고 그 세계관을 방어하는 것이다. 그것이 빌립이 에티오피아 환관에게 얘기했을 때 행한 일이다. 빌립은 계속해서 팔레스타인 해안 전역을 돌아다니며 전에 복음이 전해지지 않은 마을들에서 복음을 전한 것으로 보인다.[27]

복음 전도는 오늘날의 교회에서도 필수적인 사역으로 남아 있다. 복음으로 외부인들의 관심을 끌 의지나 능력이 없으면, 복음 전도는 불리한 입장에 놓인다. 복음의 전도자들은 지적인 삶과 대중문화의 최신 동향을 잘 알아두고, 거기서 발생하는 질문들과 문제들을 다룰 줄 알아야 한다. 동시에 복음 전도자는 복음 메시지에 충실해야 하고, 그 메시지를 듣는 사람들의 말로 바꿀 줄도 알아야 한다. 다양한 종교들과 철학들 사이의 대화와 상호 이해를 주로 강조하는 듯하고, 다른 사람들에게 자신의 관점이 옳다고 설득하려는 것이 (온건하게 말하면) 천박하게 간주되는 세상에서, 복음 전도는 그 어느 때보다 더 필요하다. 기독교의 복음은 많은 종교들이나 철학 의견들 가운데 하나의 수준으로 축소될 수 없다. 기독교 복음은 그 독특성으로 주의를 끌고 듣는 사람들로부터 반응을 요구한다. 우리에게 이런 것들을 상기시키고, 그리스도의 복음이 가져오는 구원의 메시지를 필요로 하는 모든 사람들에게 그 메시지를 분명하고 도전적으로 제시하는 것이 복음 전도자들의 특별한 은사다.

---

26   롬 10:14-15.
27   행 8:40.

목사들은 네 개의 목록 가운데 하나에서만 특별히 언급되지만, 다른 목록들에서 언급된 많은 항목들(권고와 심지어 영들의 분별과 같은 항목들)이 목회 사역의 필수적인 부분이기 때문에 그런 항목들이 아마 이 범주에 들어갈 수 있을 것이다. 목사의 특별한 의무는 복음 전파에 반응한 사람들을 보살피고 그들을 영적 성숙의 길로 안내하는 것이다. 거의 언제나 새로 믿은 그리스도인들이 아직 듣지 못했거나 깨닫지 못한 것들이 있기 마련이며, 영적 연약함을 피하도록 이러한 틈새들을 메꾸는 것이 목사의 직무의 일부다. 목사가 해야 하는 또 다른 일은 어린 그리스도인들이 곧 맞닥뜨리게 될 영적 전투를 잘 치르도록 준비시키는 것이다. 복음에 반응한 사람들이 머지않아 시험의 때를 통과하는 일이 종종 벌어지는데, 이를 통해 그들의 헌신이 실제로 얼마나 견고한 것인지 확인할 수 있다. 그럴 때 목사는 특히 시련을 겪고 있는 사람에게 지원을 제공하고 그들을 지도해줄 필요가 있다. 이후의 단계에서도 영적 지도는 모든 그리스도인의 삶의 중요한 부분으로 남아 있고, 어떤 교회도 그 과정에서 도움을 줄 목사들이 없이는 번창할 수 없다.

　목사들 다음에 교사들이 나오는데, 교사들은 새로운 개종자들을 교육시키기 위해 임명된 것으로 보인다. 그러나 신약성경의 교사들은 현대의 강사들과 같은 방식으로 강의만 했다는 징후가 없기 때문에, 그들은 아마 설교자들이기도 했을 것이다. 가르침이 효과적이려면 교리문답 교육이 필요하다는 데는 의심할 바가 없지만, 가르침의 요점은 듣는 사람들이 메시지를 받아들이도록 설득시키는 것이었다. 이것을 사도행전에서 볼 수 있다. 바울은 회당들에서 대성공을 거두었다. 그곳의 청중들은 오랜 세월 동안 구약성경으로부터 가르침을 받아 준비가 되어 있었다. 그러나 아테네에 갔을 때 바울은 전혀 성공하지 못했다. 그 지역 사람들은 그런 가르침을 받은 적이 없었고, 바울이 말하는 기본적인 내용조차 이해하지 못했다.[28] 달리 말하자면 사람들이 아브라함이 누구인지 그리고 왜 아브라함이 오늘날 우리에게 중요한지에 대해 전혀 알지 못하면, 아브라함과 아브라함의 믿음에 관해 설교하는 것은 별로 가치가 없다. 사람들이 성경에 관해 더 많이 알수록, 성경에 기반을 둔 설교도 더 효과적일 것이다. 이 점은 현대 세계에서 특히 더 그렇다. 이전에 기독교가 지배했던 지역 그리고 다른 종교들과 이념들이 지배했던 지역들에 만연한 세속주의로 인해, 현대 세계 안에서는 인간의 본성과 구원의 필요성에 관한 기독교 신앙의 전제들이 거의 이해되지 못하거나 심지어 완전히 거부되고 있다.

기독교의 기본 원리조차 이해하지 못하면 복음 전파는 방해받고 심각한 오해를 야기할 위험이 있다. 많은 선교 현장에서 이 점을 볼 수 있는데, 그곳에서는 종종 현지의 종교 전통들과 결합된 기독교 혼합주의의 형태가 발생해 큰 영향력을 발휘했다. 초기 교회에서 이렇게 행했던 영지주의 이단자들이 있었고, 오늘날 이런 발자취를 따르는 자들로는 특히 콩고의 킴방구주의자들과 한국의 문선명 추종자들이 있다. 오늘날 아프리카 기독교에 대해 넓이는 1마일이나 되지만 깊이는 1인치 밖에 안 된다는 말이 종종 들려온다. 이 말이 사실이라면, 그것은 부적절하거나 존재하지 않는 가르침에 기반을 둔 설교의 결과임이 분명하다. 많은 사람들이 회심했지만 그들은 믿음을 깊이 있게 공부하지 못했고, 따라서 믿음을 일상생활에 적용시킬 수 없다. 기본적인 기독교 교육이 더 이상 이전과 같은 방식으로 제공되지 않고, 바울이 설교한 아테네 사람들처럼 그리스도인들이 무엇을 믿는지 모르는 사람들이 점점 더 많아짐에 따라, 점차 다른 곳도 아프리카처럼 되고 있다.

은사 목록의 그다음 항목에서 기적을 일으키는 사람들과 치유자들이 나온다. 이 둘이 동일하지는 않지만, 특히 예수와 그의 제자들에 의해 일

---

28   행 17:22-34.

어난 기적들은 모종의 형태의 치유들과 관련이 있었기 때문에 이 둘 사이에는 실제로 중첩되는 부분이 있는 것으로 보였을 것이다. 초기 교회는 기적을 알고 있었고, 또 (비기적적인) 치유 사역도 있었다는 사실에는 의문의 여지가 없지만, 치유 은사를 가진 사람으로 인정된 특정인들이 있었는지는 확실하지 않다.[29] 바울은 그런 사람들이 있었다고 가정하는 듯하다. 바울의 그런 말은 받아들여야 하지만, 그들이 누구였는지 또는 어떻게 사역했는지는 알 수 없다. 아마도 그들은 자기들의 사역 수행에 대해 입이 무거웠을 것이고, 그래서 우리가 그 사역에 관해 거의 아는 것이 없게 되었을 것이다. 현대 교회에 간혹 등장하는 "신앙 치유자들"이 있지만, 그들에 대한 평판은 대체로 좋지 못하고, 교회도 기적을 인정하기를 극도로 조심한다. 우리는 기적이 일어나는 것을 부인하지 않지만, 기적은 드물다. 전문적인 치유 사역들이 보다 흔하고 일반적으로 높은 존경을 받고 있으며, 여기서는 확실히 비밀유지가 중요하다. 우리는 그런 사람들에 관해 거의 듣지 못하고 기적이 일어나더라도 우리가 그것을 발견할 가능성은 낮다. 그럼에도 불구하고 치유와 기적이 계속 존재하는 것은 이 형태의 사역이 오늘날에도 작동하고 있고 교회의 보다 넓은 증언을 위해 이 특별한 은사가 존재한다는 점을 보여준다.

치유자들 다음에 조력자들과 관리자들이 나온다. 이 두 은사는 아마도 하나로 묶을 수 있고, 사도들이 이런 의무들에서 벗어나려고 세운 집사의 사역과 관련이 있을 가능성이 크다.[30] 업무 보조 직원은 모든 교회의 사역에 매우 중요하며, 그들의 사역도 다른 사역들과 똑같이 영적 은사라는 사실을 기억할 필요가 있다.

마지막으로 방언으로 말하기와 방언 해석이 나온다. 최근에는 다른 모든 영적 은사들을 합한 것보다 방언에 더 큰 관심이 기울여졌다. 그러나

---

29   약 5:13-16.
30   행 6:1-7.

바울은 방언이 은사들 중 가장 덜 중요한 은사였음을, 그리고 어쩌면 지금도 가장 덜 중요한 은사임을 명확히 밝혔다. 그것은 방언 자체로는 교회에 아무 유익이 되지 않기 때문이다.[31] 바울은 개인 경건의 한 형태로서의 방언 은사에 대해 아무 문제도 느끼지 않았고, 바울 자신도 이 은사를 이례적으로 많이 갖고 있었지만, 방언이 공적 예배에서 남용되어서는 안 된다는 점을 매우 분명히 했다. 그것이 방언에 대해 바울이 언급한 주된 취지다.[32]

방언 말하기는 오순절 날에 시작되었는데, 그때 방언은 로마 제국의 도처에서 온 사람들이 자신의 언어로 복음의 메시지를 들을 수 있게 하는 기능적 목적을 갖고 있었다.[33] 이후의 방언 현상의 발현은 그런 목적을 갖고 있지 않았고, 성령이 참으로 신자들에게 내려왔다는 표지였다.[34] 고린도 교회에서 방언은 예배의 정규적인 부분이었다. 바울은 그 은사를 갖고 있는 사람들에게 그 은사를 책임 있게 사용하고 다른 사람들에게도 덕을 세울 수 있도록 해석을 추구하라고 강력히 권장했다. 하지만 방언을 금지하지는 않았다.[35]

이후에 방언 말하기는 사라진 것처럼 보였고, 수백 년 동안 방언 현상은 소멸된 것으로 간주되었다. 간혹 방언이 터지면 히스테리로 취급되고 무시되었으며, 그렇게 취급되다 보니 20세기 초에 이 현상은 일반적으로 거짓으로 간주되었다. 그러나 방언 말하기가 많은 교회에 돌아오고 신 오순절 교파와 교회들이 형성됨에 따라 상황이 변하기 시작했다. 이 교회들은 19세기의 성결 운동에서 나왔는데, 성결 운동은 신자의 삶 속에서 신자를 죄로부터 보호하고 그의 미래의 구원을 보장하는 성령의

---

31   고전 14:5-12.
32   고전 14:18-19.
33   행 2:8-11.
34   행 19:6.
35   고전 14:13-17.

보증이 될 "제 2의 축복"의 필요성을 강조했다. 1960년대에 이르러 오순절 현상이 가톨릭교회를 포함한 주류 교파들로 확산되었는데, 때로는 구(舊)오순절주의자들을 당황시키기도 했다. 구오순절주의자들의 신학은 대체로 더 보수적이고 확연한 개신교 신학이었다. 이런 형태의 새 오순절주의는 오늘날 일반적으로 은사주의 운동으로 알려져 있는데, 이들은 성결 운동과 아무 관련이 없고 보수주의 신학과 연계되지도 않았기 때문에 고전적 오순절주의와 구별된다. 일반적으로 은사주의 운동은 전통적 의미의 "제 2의 축복"보다는 그 운동에 참여하는 사람들에게 내면의 영적 에너지를 방출할 기회를 제공하는 것으로 보인다.

이 현상에 관해 뭐라고 말할 수 있는가? 한편으로, 우리는 방언 말하기가 더 이상 교회의 삶에서 소멸되었거나 휴면 상태에 있다고 간주할 수 없다는 점을 인정해야 한다. 이에 대한 공식 용어인 "글로소랄리아"(glossolalia)는 심리적으로 유도될 수 있지만, 이것으로 방언의 모든 발현을 설명할 수는 없을 것이다. 그랬더라면 은사주의 운동은 지금쯤 사라졌을 것이다. 다른 한편으로, 은사주의 교회들은 방언 현상을 엄격하게 통제하고 적절한 자리에 두라는 바울의 권면을 좀처럼 따르지 않는다. 오히려 그들은 종종 방언을 자기들의 정체성의 중심으로 삼는 경향이 있으며, 사람들이 진실로 성령으로 충만하면 카리스마적인 은사를 반드시 입증해야 한다고 주장하려 한다. 게다가 성경의 근거도 없이 "그림"을 보는 것이나 심지어 개처럼 짖는 것 등에 이르기까지 카리스마적인 은사들의 범위가 상당히 확대되었다. 이들 진영에서는 성령에게서 받았다고 주장되는 "예언들"에 큰 비중이 주어질 수 있고, 때로는 이상하고 심지어 기괴한 것들을 강조하는 것으로 보인다. 우리는 그리스도가 흘리신 피로 구원받은 것이지 성령으로부터 나온다고 주장하는 특별한 현상으로 구원받은 것이 아니라는 사실 외에, 이 모든 것이 신자의 삶에서 성령의 진정한 사역과 관계가 있는지는 알기 어렵다. 그리스도의 피로 구원받는다는 이 강조점이 상실되거나 흐려진다면, 그 현상은 사람들을 십자가와 그리스도의 속죄제사의 중심성에서 멀어지게 할 것이다. 그렇기 때문에 그것은 하나님께 속한 것일 수 없다.

교회의 사역

이들 카리스마적 은사들과 더불어 지역 교회가 기능을 행사하는 공동체로 유지되도록 하기 위해 사도들이 세운 교회 사역에는 두 가지 제도가 있다. 성경의 증거에 따르면 말하자면 첫 번째는 집사들이었고, 이어서 세워진 제도는 장로들(elders 또는 "presbyters")이었다.[36]

사도들이 회중의 일상적 필요를 돌보면 기도하고 말씀을 전할 시간을 낼 수 없다는 점이 명백해졌을 때, 집사의 사역이 시작되었다. 따라서 사도들은 그들의 목회상의 의무들을 넘겨주고 자기들은 자유롭게 복음을 전하기 위해 "평판이 좋고, 성령과 지혜가 충만한" 일곱 명을 임명했다.[37] 그러나 이 분업이 엄격했다고 가정하면 오해일 것이다. 우리는 집사들이 임명된 직후에 스데반과 빌립 같은 집사들이 말씀을 전한 것을 발견한다. 스데반은 담대하게 복음을 증언한 결과로 기독교 신앙 때문에 목숨을 잃은 최초의 인물이었고,[38] 빌립은 에티오피아 환관에게 복음을 전한 것으로 보아 복음을 땅 끝까지 가지고 간 최초의 그리스도인이었다고 할 수 있다.[39] 이후에 바울은 디모데에게 술 취하지 않고 정직하고 믿음의 기초가 잘 잡힌 남성들을 집사로 임명하라고 지시했다. 또한 그는 집사의 아내는 존경할 만한 여성이어야 하고, 집사의 자녀들과 가솔들은 적절하게 감독되어야 한다고 말했다. 바울은 집사의 임명에 교회의 평판

---

36 "장로"(Presbyter)는 원래 "연장자"(elder)를 의미한 그리스어 단어에서 채용된 단어다.
37 행 6:3-4.
38 행 7:60.
39 행 8:26-39.

이 걸려 있음을 잘 알고 있었고, 따라서 디모데가 집사 직분을 맡는 사람은 누구나 그리스도를 믿는 믿음에 신뢰를 더 할 수 있도록 만전을 기하길 원했다.[40]

집사들은 초기 교회의 삶에서 중요한 역할을 했지만, 신약 시대 이후 그들의 역할은 종종 과소평가되고 애매해졌다. 중세에 그리고 중세 교회의 사역 제도를 유지해온 교회들에서 집사는 오늘날도 여전히 견습 성직자에 지나지 않고 집사 직분을 1년 이상 수행하는 경우는 거의 없으며, 때로는 임기가 훨씬 짧은 경우도 있다.[41] 다른 교회들에서는 집사 직분이 대개 비상근, 무보수로 일하는 평신도에게 주어졌다. 그런 제도는 불가피하게 직사 직분을 개발할 범위를 제한하고 목회 관리란 설교 및 가르침보다 다소 열등하다는 생각을 퍼뜨리는 데 기여한다. 교회 생활에서 집사 직분보다 더 개혁이 필요한 분야는 거의 없을 테지만, 수백 년의 경험으로 보면 그 전망은 고무적이지 않다. 분명 상근 집사 직분이 이상적일 것이다. 그래서 상근 집사직을 창설하려는 간헐적인 시도들에도 불구하고, 그것이 조만간 표준이 될 것이라는 조짐은 거의 없다.

정확히 언제였는지는 알 수 없지만, 집사들이 등장하고 오래지 않아 장로 직분이 생겼다. 신약성경의 증거는 맨 처음에 사도들 자신이 예루살렘 교회의 "장로들"이었음을 암시하는 것 같다[42] 그러나 설사 그랬다고 하더라도 그 상황은 오래 지속되지 않았다. 이방인 개종자 문제를 다루기 위해 대략 주후 48년이나 49년에 예루살렘에서 회의가 개최되었을 때 예루살렘 교회에는 사도들 외에 장로들이 있었고, 그때쯤에 지역 교회를 이끌도록 장로들을 임명하는 관행은 분명히 다른 곳에서도 규범

---

40 딤전 3:9-13.
41 오늘날 로마 가톨릭교회에는 영구적인 집사들이 많이 있는데, 사제들이 절대적으로 부족하기 때문에 영구적인 집사들의 대부분이 사제들을 대체한다.
42 갈 2:9.

이 되어 있었다.[43] 이 관행을 유대교로부터 취했다는 데는 의심의 여지가 없는 듯하다. 유대교에서는 예루살렘뿐 아니라 모든 회당에 장로들이 있었고, 장로들은 공인된 집단을 형성해서 대제사장들 및 서기관들과 나란히 활동했다.[44] 유대교에서 장로들은 율법의 전문성을 인정받아 주로 전통의 수호자 역할을 했던 것으로 보인다. 그것이 확립된 양상이었는지는 알 수 없지만, 바울이 설교한 회당들에 속해 있던 장로들 가운데 바울을 따르고 그리스도인이 된 사람들이 있었다면, 그들이 새로 세워진 교회에서 장로가 되었을 수 있다. 확실히 이런 교회들에는 바울이 다른 곳으로 떠나기 전에 임명한 장로들이 있었는데, 그들이 회당이 아니라면 어디서 필요한 영적 성숙을 얻었을지 알기 어렵다. 반면에, 이방인들이 교회들에서 장로로 임명되었다면(확실히 이방인들이 장로로 임명되었다), 그들은 아마 "하나님을 경외하는 자들"이었을 것이다. 이 이름은 유대인으로 신분을 전환하지 않은 채 이스라엘의 하나님께 예배했던 이방인 회당 지지자들에게 붙여진 것이었다. 하지만 이들이 그 이전에 유대교 장로들이었을 수는 없다.[45]

장로들은 큰 존경을 받았고, 사도들은 다양한 교회에 편지를 쓸 때 기꺼이 자신에게 그 호칭을 붙이며 그 교회들의 장로들을 자신들과 동류로 간주한 것으로 보인다.[46] 이는 장로들이 사도들과 똑같이 설교와 가르침 사역에 종사한 것을 의미한다. 그러나 사도들은 모든 교회를 순회하는 사명을 갖고 있었고, 디모데나 디도와 같은 그들의 개인적인 조수들도 그랬지만, 한 지역 교회의 장로가 다른 곳에서 이 사역을 할 수 있었다는 암시는 없다.

장로들은 그들이 책임진 교회의 감독들로 간주되었고, 두 용어가 상

---

43   행 15:2. 행 11:30; 14:23도 보라.
44   마 26:3; 57-59; 막 8:31; 11:27; 눅 9:22; 22:66.
45   행 13:50; 16:14; 17:4, 17; 18:7.
46   벧전 5:1, 2; 요 1, 3; 요 1.

6부 • 하나님의 사랑의 완성

호 교차적으로 사용될 수 있었던 것으로 보인다. 그래서 우리는 바울이 디도에게 그레데의 "모든 마을들에 장로들"을 임명하라고 지시하고, 계속해서 감독으로서의 그들의 자격이 어떠해야 하는지 묘사하는 것을 발견한다.[47] 이 자격은 사실상 집사들에게 요구된 자격과 같은데, 다만 감독들은 "건전한 교리 안에서 지도할 수 있고 또한 건전한 교리에 반하는 사람들을 꾸짖을 수 있도록" 기대되었다는 점이 한 가지 차이일 수 있다.[48] 그 외에 장로들은 집사들에게 요구된 것과 같은 수준의 영적 성숙을 보여주고 지역 공동체에서 평판이 좋아야 했다.[49]

신약성경에서 직접적으로 다루어지지 않은 한 가지 문제는 한 교회에 장로들이 몇 명이 있었는지, 그리고 그들 가운데 한 명이 다른 장로들보다 우위에 있었는지 여부다. 장로라는 말은 대개 사도를 가리킬 때만 단수형으로 사용되며,[50] 각 지역 교회에는 장로의 책임을 수행한 사람들이 여러 명 있었다는 인상을 받는다. 질서 유지를 위해서라도 당연히 그들 가운데 한 명이 장로 회의를 주재했을 것이다. 그러나 특정인이 그 목적을 위해 임명되었다거나 한 장로가 다른 장로들에게 권위를 행사했다는 암시는 없다. 그것이 실제로 어떻게 운영되었는지는 알 수 없지만, 지역 교회 차원에서의 리더십은 합의체였던 것 같다. 특정 사안을 처리하는 데 만장일치가 필요했는가, 아니면 다수결로 충분했는가? 예루살렘 공의회 절차가 암시하듯이, 가능하면 의견일치를 추구하려고 했을 것이라는 데는 의심의 여지가 없다. 그러나 어느 곳에서 만장일치가 달성되었는지, 그렇지 않았다면 어떻게 했는지는 알 수 없다.[51] 바울과 바나바는 예루살렘 공의회의 요청으로 안디옥으로 갔지만 그들은 안디옥에 도

---

47   딛 1:5, 7.
48   딛 1:9.
49   딤전 3:1-7.
50   딤전 5:19은 예외다. 그러나 그 예외의 이유는 쉽게 이해할 수 있다. 그것은 이 본문이 장로들 가운데 한 명에 대한 고소를 다루기 때문이다.
51   행 15:1-29.

착하자마자 사이가 틀어져 갈라섰으며, 이것은 아마도 심각한 불일치가 있을 때 어떤 일이 벌어졌는지 보여줄 수 있을 것이다.[52]

사도들이 생존한 동안에 이런 교회 정치의 형태는 바뀌지 않고 계속된 것으로 보이지만, 그들 사후에 변화가 일어났다. 모든 교회에서 장로들 가운데 한 명이 수석 감독으로 부상해서 사도의 메시지를 보존하고 선포하는 특별한 책임을 맡은 것으로 보인다. 디모데와 디도는 특히 자신의 교회를 넘어 다른 교회들을 감독하는 사역을 감당했기 때문에, 그들은 수석 감독의 원형으로 간주될 수 있을 것이다. 교회가 성장해서 새로운 지교회들이 세워지면, 그 지교회들을 다스리도록 임명된 장로들이 이미 있었을지라도 수석 감독은 자신의 사역을 새로운 교회들에게까지 확대시켰다. 이런 식으로 점차 주교들과 교구들이 형성되었다.[53] 주요 도시마다 자신의 주교를 두었는데, 그들은 그 도시와 인근 지역의 모든 교회들에 대해 책임이 있었다. 당연히 머지않아 가장 큰 도시들의 주교들이 특별히 중시되었으며, 4세기에 기독교가 공인된 후로는 이 양상이 공식적으로 확립되었다. 이 계층 구조의 최상부에 로마, 알렉산드리아, 안디옥(이 순서대로)의 주교들이 있었고, 이들에게는 총대주교(patriarch)라는 명예로운 호칭이 주어졌다. 이후에 콘스탄티노플이 이 명단에(로마 다음에 두 번째로) 추가되었다. 그때쯤에 예루살렘은 그다지 중요하지 않았지만 그럼에도 최초의 교회였기 때문에 명단 끝에 덧붙여졌다. 또한 개별 교구들은 대주교가 이끄는 대교구들로 묶였는데, 이 체계는 역사적으로 중요한 대부분의 교회들에서 오늘날에도 발견된다.

주교들(그리고 대주교들)에 대한 독신의 의무가 692년에 부과되어 로마 가톨릭교회와 동방 정교회에서 규범으로 존속되었다. 종교개혁 때 로

---

52 행 15:36-41.

53 "주교"(bishop)는 "감독"을 의미하는 그리스어 단어 '에피스코포스'가 영어화한 형태다. 교구(diocese)는 원래 로마 제국의 행정 단위였는데, 실제적인 이유에서 교회가 그 말을 채택해 사용했다.

6부 • 하나님의 사랑의 완성

마 가톨릭교회에서 분리되어 나온 개신교인들은 이 유산에 다양한 방식으로 접근했다. 현대 영국 성공회와 루터 교회가 보여주는 것처럼, 그들은 그렇게 할 수 있는 곳에서는 종종 중세의 주교와 대주교 체계를 유지했다. 그러나 대체로 정치적 이유들로 그렇게 할 수 없었던 곳에서는 개혁파 교회들은 자기들이 성경적 노선이라고 생각하는 바에 따라 개편했다. 일반적으로 그들은 장로들의 집단 지도 체제를 소생시켰으며, 대개 장로들 가운데 한 명을 정해진 기간 동안 의장(또는 "진행자")으로 임명했다. 한 교회의 장로들이 다른 곳의 교회들에 대해 얼마나 멀리 그리고 어떤 방식으로 책임을 져야 하는지에 대해 논란이 일어났고, 더 많은 중앙 집권화를 선호하는 사람들과 지역 교회의 더 많은 독립성을 선호하는 사람들 사이에 분열이 깊어졌다. 그러나 이런 차이들을 제쳐둔다면, 감독파가 아닌 대부분의 개신교 교회들에서 기본 구조는 비슷했고, 오늘날까지 그 상태가 유지되고 있다.

교회에 주교들이나 그에 상응하는 직분을 두는 것에 대한 성경의 사례가 있는가? 단순히 신약성경의 "장로"와 "감독"이라는 단어들의 의미를 조사하거나, 한 교회의 경계를 넘어 권위를 행사한 유일한 존재로 알려진 사도들이 간혹 자신들을 "장로들"로 불렀다는 사실만 갖고는 이 질문에 답변할 수 없다. 바울처럼 초교회적 사명을 가졌지만 사도의 완전한 권위는 누리지 못했던 바울의 조력자 디모데와 디도는 현대의 주교들과 매우 비슷한 사람들이다.[54] 한 집단의 교회들에 대한 일반적인 감독권이 있는 사람을 둘 때의 실제적인 장점은, 한 교회에서 중립적이지만 권위가 있는 감독만이 해결할 수 있는 문제가 생길 때 명확해진다. 사도들은 종종 이런 일을 했으며, 오늘날 당시보다 중재자가 덜 필요하다고 생각할 이유가 없다.

또한 교회 전체를 대변하고 장로들을 소집해 회의를 주재함으로써 교

---

54   딛 1:5.

회의 활동을 조정할 공인된 권위를 가진 직분자를 두는 것은 유익하고, 신약 시대에 장로들이 사도들을 의지했던 것처럼 장로들이 목회상의 조언과 지원을 받기 위해 의지할 어떤 사람을 두는 것도 유용할 것이다. 그렇게 말은 했지만, 역사가 보여주는 현실은 주교들이 종종 자신의 책임을 이행하지 못했고, 그들 가운데 일부는 견제 받지 않는 지배력이 주어지자 폭군이 되었다는 것이다. 감독의 사역은 교회의 몸과 유기적으로 연계되고 교회의 몸에 대한 책임을 질 때만 제대로 작동할 수 있다. 어느 한 사람에게 제약되지 않은 권력과 종신 임기를 부여하는 것은 재앙의 지름길이고, 그것은 교회를 감독할 필요가 있다는 성경의 원리에 입각해서 볼 때 정당화될 수 없다.

종교개혁자들이 직면해야 했던 한 가지 문제는 중세 시대에 고대의 장로 직분이 임명된 사제 제도로 바뀌었다는 것이다. 그들은 더 이상 지역 교회에 대한 책임을 지지 않고, 주교가 보내는 곳이라면 어디서든 기능을 행사할 수 있었다. 동시에 이 기능들이 이해되는 방식도 바뀌었다. 이론상으로는 장로들은 여전히 믿음을 가르치고 오류를 꾸짖을 책임을 지고 있었지만, 많은 장로들이 거의 교육을 받지 못했고 따라서 그런 과제에 전혀 적합하지 않았다. 대신 그들은 아기들에게 세례를 주거나 성찬식을 거행하는 데 초점을 맞추었고, 이로써 성찬식이 기독교 예배의 중심이 되었다. 세월이 흐르자 그것은 십자가에서 일어난 그리스도의 희생제사의 재현으로 이해되었고, 그 결과 장로는 구약의 제사장과 비슷한 역할을 맡게 되었다. 교구 수준에서는 이 사제직의 합의체적 요소가 유지되었지만, 지역 교회들에서는 대개 그 직무에 한 사람만 임명되었다. 1123년 이후에 서방 교회는 주교들뿐만 아니라 사제들에게도 독신을 요구했고, 이로 인해 사제들과 교인들 사이의 거리가 더 멀어졌다.

종교개혁 때 모든 개신교 교파들은 독신 의무를 포기했고, 장로 직분의 가르치는 역할이 다시 전면에 부각되었다. 보다 보수적인 영국 성공회와 루터 교회들은 "사제"라는 말을 계속 사용했지만, 다른 교회들은 목회자나 목사와 같이 덜 극단적인 용어를 선호했다. 그러나 사실상 모든 개신교 교회에서 거의 변하지 않고 계속 유지된 중세 체계의 한 가지 특징이 있다. 그것은 이론상 목사의 권위를 공유하는 것으로 추정되는 장로회가 있을 때도 목사가 자신의 교회에서 독특한 위치를 차지한다는 것이다. 장로들은 집사들과 마찬가지로 대부분 비상근이고 무보수인 반면 목사는 일반적으로 상근하는 전문가인데, 이 점이 목사에게 내재적인 이점을 부여한다. 신약성경의 장로 직분 형태를 소생시키려는 노력은 집사 직분을 소생시키려는 노력보다 더 진지하게 추구되었지만 그 노력들은 별로 성공적이지 못했고, 중세 사제 제도의 유산이 오늘날도 교회에 여전히 많이 남아 있다. 교인들은 자신의 지도자들에게 복종해야 한다는 말을 듣기는 해도,[55] 많은 교회들에서 다양한 리더십 양상과 그런 리더십 양상에 만족하지 못하는 사람들이 다른 교회로 비교적 쉽게 옮길 수 있는 현실을 고려하면 성경의 이 교훈을 실제로 적용하기는 어렵다.

현대에 들어와서 이런 형태의 사역에 여성을 받아들일 수 있는가라는 질문이 부상했다. 일반적으로 교회가 안수 받은 성직자의 지위를 더 강조할수록, 여성 안수를 승인할 가능성이 더 낮다. 이로 인해 많은 개신교인들은 여성들에게 가해진 제약들을 거부해야 할 가톨릭의 과거 유산으로 보고, 여성에게 남성과 동등한 사역상의 지위를 부여할 때가 되었다고 믿는다. 그런데 그것이 성경의 가르침이 아니라는 게 문제다. 성경은 교회 생활에서 남성과 여성에게 주어진 역할을 명확히 구분하며, 여성은 집사 직분에서는 아니라고 해도 장로 직분에서는 제외된다는 입장을 유지한다.[56]

여성 안수를 옹호하는 사람들은 성경의 증언을 피하기 위해 온갖 기발한 논거들을 채택했다. 한쪽 극단에는 유니아가 사도였다거나,[57] 막달

---

55   히 13:17.
56   신약성경에서 여성 집사에 대한 증거는 롬 16:1을 보라.
57   롬 16:7.

라 마리아가 부활한 그리스도를 본 최초의 인물이어서 그녀도 사도였다거나,[58] 그리고 "머리"에 해당하는 그리스어 단어는 어떤 근저의 권위와 관련된다는 함의는 없이 단순히 "근원"을 의미한다[59]는 등의 다소 기이한 주장들이 있다. 그리스도 안에 "남자나 여자가 없고", 따라서 교회에서 남성과 여성 사이에 어떤 차별도 없어야 한다는 주장은 더 심각하다.[60] 문화적 조건 지우기(물론 우리의 조건이 아니라 고대인들의 조건)와 그리스도 안에서의 자유가 차츰 고대의 장벽들을 깨뜨려 목표를 달성하고자 하는 노력에 있어, 우리는 신약성경보다 더 나아갈 수 있다는 소위 성경적 사상의 "더 먼 도달영역"(trajectory)에 호소하기도 한다. 그러나 그런 기발함에도 불구하고 성경은 이 문제에 대해 아주 단순 명확하다. 바울은 서슴지 않고 디모데에게 다음과 같이 말한다.

> 여자가 가르치는 것과 남자를 주관하는 것을 허락하지 아니하노니 오직 조용할지니라. 이는 아담이 먼저 지음을 받고 하와가 그 후며, 아담이 속은 것이 아니고 여자가 속아 죄에 빠졌음이라.[61]

이에 관해 두 가지가 지적되어야 한다. 첫째, 바울은 여기서 예배에의 참여에 관해서가 아니라 장로 직분(가르침과 권위의 행사)에 관해 말하고 있다. 바울은 여성들에게 교회에서 기도하고 예언하도록 기꺼이 허용했으며, 여성들은 남성들의 권위에 복종한다는 표지로 머리를 가려야 한다고 주장할 뿐이다.[62] 머리를 가리는 것의 의미가 사라진 현대 서구 사회에서는 여성이 남성에게 복종한다는 것을 나타내는 문화적으로 더 적절

---

58   요 20:14-18.
59   고전 11:3.
60   갈 3:28.
61   딤전 2:12-14.
62   고전 11:4-11.

한 방법들이 있다고 주장될 수 있다. 우리의 특수한 상황에서 새로운 표현 형태가 요구된다고 할지라도 그 원리는 여전히 타당하다.

둘째, 성경은 여성들이 남성들의 권위에 복종해야 하는 두 가지 이유를 제시한다. 첫 번째는 창조의 순서와 관련이 있고, 두 번째는 인류가 하나님의 계획에서 떨어져 나간 방식과 관련이 있다. 그리스도의 죽음과 부활이 타락의 결과를 뒤집었다고 주장하려는 사람들도 있지만, 이 주장은 그 후에 주어진 것이며, 이로 볼 때 바울은 아담의 죄가 무시될 수 있다고 생각하지 않은 것이 분명하다. 그러나 설사 타락의 결과가 뒤집어졌다고 해도, 창조 규정은 그대로 남아 있고, 그것이 더 근본적이다. 남성들과 여성들은 그렇게 지음 받았기 때문에, 서로 그런 방식으로 관련된다. 여성들은 남성들보다 열등하지는 않지만 남성들과 다르며, 그 차이는 존중되어야 한다. 그 차이가 존중되지 않으면, 하와가 속임당하고 아담이 하와에게 설득당했을 때처럼 혼란에 빠질 수 있다. 이 명령이 주어진 목적은 창조 명령을 성취하고 불순종의 함정을 피하기 위함이며, 따라서 여성들은 교회에서 장로 역할을 수행할 수 없다.

이것이 남성에게 특권을 준다고 생각하는 사람이 없도록 바울이 한 말을 다른 맥락에서 살펴보자. 바울은 결혼에 관해 말하면서 교회가 그의 머리로서 그리스도께 복종하듯이 아내들이 자기들의 머리로서 자신의 남편에게 복종해야 한다고 말했다.[63] 그러나 바울은 남편들에게 그리스도가 교회를 살리기 위해 자신을 죽음에 내어주신 것처럼 자기 아내를 사랑하고 아내를 위해 자신을 희생하라고 말한다.[64] 그것은 어려운 주문이지만 특별한 영예를 위해 부름 받은 사람들은 더 큰 자기부인을 요구받기 마련이고, 자기 양을 위해 목숨을 버릴 것으로 기대되는 목자(목사)보다 더 그렇게 요구되는 사람은 아무도 없다.[65]

---

63   엡 5:22-24.
64   엡 5:25-28.
65   요 10:11.

하나님께 대한 예배

공적 예배를 인도하는 것이 오늘날 교회 사역자들에게 부여된 주요 과제들 가운데 하나이지만, 이 사역이 신약 시대에 확립된 양상이었는지는 분명하지 않다. 우리는 초기 교회가 함께 예배했다는 것을 알고 있지만, 예배에서 누가 사회를 맡았는지 그리고 예배들이 어떻게 조직되었는지는 모른다. 어떤 사람들은 성경에서 특별히 인가되지 않은 것은 아무 것도 하려고 하지 않기 때문에, 그들에게는 이것이 문제가 된다. 그러나 하나님께 드리는 공적 예배에 관해 성경은 예배 순서를 어떻게 해야 하는지를 충분히 말해주지 않는다. 그 결과 모든 교회는 자신들이 성경의 원리들과 양립할 수 있다고 간주하는 자체 규정으로 신약성경에서 발견되는 내용을 보충할 수밖에 없다.

현대 세계에서 예배는 전례 예배와 비전례 예배라는 두 가지 형태로 나눠진다. 전례 예배가 종교개혁 이전의 규범이었기 때문에, 대체로 교회가 중세의 유산을 더 많이 보존할수록 예배는 더 전례적일 가능성이 높다. 전례 예배는 수백 년에 걸쳐 성장했고, 궁극적으로 아주 다양한 형태로 성문화되었다. 그러나 종교개혁 기간 중에 전례 예배를 보존한 교회들의 수가 줄어들었다. 누구나 같은 양상에 따라 예배드리게 함으로써 교회 교리의 통일성을 보호하려는 목적으로 전례 예배들은 한층 더 표준화되었다. 전례를 이해하는 열쇠는 전례가 우리의 경건 생활에 넓이와 깊이를 제공하기 위해 고안되었음을 인식하는 것이다. 좋은 전례는 예배하는 사람들이 성경과 교리의 중요한 모든 주제들을 기억하고 오랫동안 그 주제들을 깊이 생각할 수 있게 해주는 방식으로 그런 주제들을 다룬다. 대체로 전례 예배는 대림절에서 시작해서 성탄절과 부활절을 거쳐 오순절 성령 강림에서 절정에 달하는 교회력에 기반을 둔 규칙적인 성경 읽기의 주기를 포함할 것이다. 그때부터 그다음 대림절까지 거의 반 년에 가까운 기간은 구체적으로 조직화되지 않고 다른 교리상의 주제들에 할애될 수 있다.

특성상 전례 예배는 대충 시험 삼아 시행해 볼 수 없다. 전례 예배는 헌신을 요구하며, 예배하는 사람들이 그 원리와 강조점을 온전히 체득할 때 장기적인 유익을 낳는다. 그래서 전례 예배는 종종 젊은이들과 즉각적인 영적 만족을 원하는 사람들에게는 매력이 없다. 반면에 보다 나이든 사람들은 전례 예배를 좋아하게 되고, 그들의 기도의 흐름을 방해하고 하나님께 집중하지 못하게 하는 변화를 싫어할 수 있다. 또한 전례 예배는 좋은 설교와 가르침의 결여를 보충하는 데 도움이 되기 때문에 그런 요소가 없는 교회들에게 자양분을 공급해줄 수도 있다. 물론 이것이 이상(理想)은 아니고, 또 그런 이유로 전례들이 만들어진 것은 아니지만, 다른 형태의 영적 자양분을 빼앗긴 그리스도인들은 자기가 배웠고 그처럼 건조한 시기에 자기를 지탱해준 전례들에 대해 감사할 충분한 이유들이 있다.

비전례 예배 지지자들은 종종 비전례 예배는 "자유롭기" 때문에 전례 예배보다 우수하다고 주장한다. 그들이 생각하기에 이는 비전례 예배가 성령 안에서 사는 공동체와 더 잘 조화된다는 것을 의미한다. 그러나 두 예배 형태를 객관적으로 비교해보면 그것이 그렇게 명백하지는 않다. 비전례 예배는 전례 예배보다 훨씬 더 예측가능하고 단조로운 경향이 있다. 왜냐하면 예배를 신선하게 하는 데 필요한 즉흥성을 장기간 유지하기 어렵기 때문이다. 전례 예배를 드리는 교회들은 거기서 선택하기가 당황스러울 정도로 다양한 기도문들을 갖고 있을 수 있고, 사역자들은 사소한 세부 순서에 쉽게 사로잡힐 수 있다. 그러나 비전례 예배를 드리는 교회들은 대체로 무의미한 "찬송 샌드위치" 양상(찬송, 기도, 찬송, 성경 읽기, 찬송 등)으로 귀결된다. 심지어 은사주의 교회들에서조차 "성령의 음성"이 때로는 실제로 얼마나 되풀이될 수 있는지 깜짝 놀랄 정도다! 고대에도 그랬고 오늘날도 많은 교회들에서 계속되고 있는 것처럼, 시간을 실용적으로 사용하고 교리적 정통성의 표준을 확보할 필요 때문에 보편적인 전례를 채택하는 데 찬성할 수 있다. 그러나 전례들이 유용하고 실용적일 수 있지만, 그것들이 개인 기도의 실천이나 교회의 각 교인들이 드리는 기도의 실천을 억압해서는 안 된다. 가장 좋은 형태조차 악용될 수 있으며, 기도가 단순한 반복이 되면 교회의 삶에서 적절한 역할을 수행하지 못하게 된다.

우리의 현대 예배는 사도들의 가르침을 반영해야 하지만, 그럼에도 모든 세부사항들에서 그들의 관습들에 구속되지는 않는다. 설사 그런 구속이 가능하다고 해도, 그렇게 하면 교회가 경직되어 교회가 세상에서 사명을 감당하는 데 방해가 될 것이다. 왜냐하면 사도들의 많은 관습들은 그 시대의 필요에 맞춰져 있고, 우리의 필요는 종종 그들의 필요와 다르기 때문이다. 고대의 자료에서 모은 "전통들"을 소생시켜 확실성의 이름으로 현대 교회에 접붙이는 것도 똑같이 위험하다. 이렇게 하는 것이 어느 정도 중요할 수 있지만, 그런 인위적인 소생은 (아마도 이를 깨닫지 못한 채) 본래의 의미와 의도를 쉽게 왜곡할 수 있고 교회의 사명을 방해할 수도 있다. 일부 개신교 교회들에서 성직자들에게 로마 제국 말기의 유행을 반영하지만 현대의 삶과는 아무 관계가 없는 제복을 입게 하는 경향이 증가하는 것은 이에 대한 좋은 예다. 다른 사람들이 그들이 누구인지 알아볼 수 있도록 교회 직원들에게 일종의 유니폼을 입히는 데는 어느 정도 장점이 있을 수 있다. 그러나 현대 세계와 전혀 조화되지 않는 것을 선택해서 그것에 신학적 의미를 부여하고 나아가 누구나 그것을 입어야 한다고 주장하는 것은 터무니없고, 4세기에 적절했던 것처럼 우리 시대에도 적절한 영원한 메시지의 담지자인 교회의 신뢰성을 해칠 것이다.

어떤 예배 양상을 채택하든 교회에 수치와 불명예가 되지 않도록 모든 것을 "품위 있고 질서 있게" 해야 한다.[66] 원칙적으로 교인들은 누구나 교회에서 자신의 영적 은사를 자유롭게 발휘할 수 있으며, 그렇게 할 기회가 주어져야 한다. 신약성경에서는 누구나 공개 기도에 참여할 자격

---

66   고전 14:40.

이 있었고, 시와 찬송과 영적인 노래를 부르는 것은 공동체 활동으로 장려되었다.[67] 상황에 따라 방법이 달라지는 것은 불가피하며, 작은 모임에서 가능한 것이 큰 교회에서는 실행할 수 없는 것이 될 수 있다. 이 지점에서는 인정된 상식에 의존해야 하며, 우리는 성경이 각 공동체와 회중의 필요에 맞게 우리의 관습을 조정할 자유를 준 데 대해 감사해야 할지 모른다.

기독교 예배의 핵심에 일반적으로 "성례"(sacrament)라 부르는 규례가 있다. "성례"라는 말은 "맹세"에 해당되는 라틴어 단어에서 왔는데, 이 말은 원래 세례에 적용되었다. 세례는 로마 군인이 군에 입대할 때 했던 맹세와 비슷한 것으로 여겨졌다. 교회는 주님의 군대였고, 신자는 세례를 받음으로써 그분께 충성을 맹세하는 것이었다. 이에 해당하는 그리스어 단어(미스테리온, *mysterion*)를 성례의 의미로 취하지 않는 한, 신약성경에는 "성례"라는 말이 나오지 않는다. 그런데 성례는 그 말이 나오는 문맥에 맞지 않고, 대부분의 학자들은 그 단어가 부정확한 번역이라고 믿는다.[68] 그러나 4세기가 되자 **미스테리온**이 지금 우리가 성례로 부르는 것에 사용되게 되었고, 이후에 신학 전체도 이를 중심으로 성장했다.

성례에 대한 서구의 이해는 중세 시대의 신학 교과서가 된 페트루스 롬바르두스(1160년 사망)의 『명제집』(*Sentences*)에서 체계적으로 정리되었다. 롬바르두스는 성례를 은혜의 수단들에 소속시키고, 일곱 가지 성례가 있다고 선언했다. 그것은 분명히 그가 7을 거룩한 수로 생각했기 때문이었다. 이 정의나 분류법은 교회에서 공식적으로 인정받은 적이 없지만, 『명제집』은 당연하게 여겨졌고 종교개혁 시대에 모든 진영에서 이를 논쟁의 토대로 삼을 정도로 영향력이 컸다.

페트루스 롬바르두스는 일곱 가지 성례를 모든 그리스도인에게 적용

---

67   엡 5:19; 골 3:16.
68   예컨대 엡 3:9; 5:32; 6:19을 보라.

되는지 아니면 일부 그리스도인에게만 적용되는지에 따라, 다섯 가지 성례와 두 가지 성례로 구분했다. 다섯 가지 보편적 성례는 세례, 견진[입교], 고해, 성찬, 종유성사였다. 나머지 둘은 신품성사와 혼인성사로서, 이 둘은 모든 개인이 다 받을 필요가 없었고 한 사람이 둘 다 받을 수도 없었다.[69] 롬바르두스는 성례를 교회가 하나님의 은혜를 교인들에게 나누어주는 수단이라고 믿었기 때문에, 성례의 집전을 주교와 사제들의 사역의 주된 기능으로 보았다. 롬바르두스의 분류에서 한 가지 기이한 점은 일곱 가지 전체 "성례들" 가운데 단 하나, 즉 성찬만이 공적 예배에서 정규적으로 시행된다는 점이다. 그런데 중세에는 성찬마저도 개인화되는 경향이 있었고, 사제들이 자기들끼리 또는 단지 극소수의 신자들과만 이 의식을 거행하기도 했다.

개신교 종교개혁자들은 다른 원리에 근거해서 이 성례 체계를 개편했다. 그들이 생각하기에 성례는 복음 선포의 연장이었고, 그렇지 않으면 어떤 규례가 성례로 불릴 자격이 없었다. 신약성경에 "성례"라는 말이 나오지 않는 점에 비춰보면, 종교개혁자들의 개편도 페트루스 롬바르두스의 분류보다 더 성경적이지는 않다고 주장할 수도 있다. 확실히 성경에서 서로 연결되어 있지 않은 규례들을 하나로 묶는 것을 조심해야 하지만, 최소한 세례와 성찬이 그리스도의 복음을 선포하고 신약성경에 나온다는 점은 누구나 인정한다. 세례와 성찬을 제외한 다섯 가지는 성경의 가르침을 오해한 데서 나왔다는 이유로 버려지거나 다른 범주로 강등되었다. 예를 들어 견진성사[입교]는 유아세례를 시행하는 교회들에서 계속 사용되지만 지금은 대체로 유아세례의 완성으로 간주되고 그 자체로는 별도의 성례로 간주되지 않는다. 확실히 자신의 죄를 회개하는 것이나 병들어 죽어가는 사람을 위해 기도하는 것에는 아무런 잘못

---

69 그것은 페트루스 롬바르두스 생전인 제1차 라테라노 공의회(1123)가 모든 주교와 사제들에게 독신 의무를 부과했을 때 결정되었다.

6부 • 하나님의 사랑의 완성

이 없음에도 불구하고, 고해성사와 종유성사는 더 이상 규칙적으로 시행되지 않는다. 여기서 차이는 고해성사나 종유성사는 더 이상 의식(儀式)화되지 않으며, 사제에게 고백해서 용서받아야 하는 잘못의 경중에 따라 결정되는 특정 참회 행위로 이어지는 고백 체계 안으로 통합되지 않는다는 것이다.

신품[목사 안수]과 혼인도 현대 교회의 규례들이지만, 개신교인들은 이 둘을 서로 배타적인 것으로 간주하지 않는다.[70] 신품은 특정인의 사역에 대한 교회의 공식적인 인정이지만, 그것이 어떤 추가적인 은혜를 받은 것을 기초로 특수한 지위를 부여하지는 않으며, 성례의 관점에서 해석될 수 없다. 대부분의 국가들에서 국가의 개입이 점점 더 증가되어 많은 복잡한 문제들이 생겨나기는 했지만, 혼인예식도 교회에 의해 시행된다. 일반적으로 교회는 국가에 의해 시행된 결혼의 타당성을 인정하고 결혼식을 반복하지 않는다. 이것은 의무적으로 민사 결혼을 해야 하는 나라들에서 교회는 그렇게 계약된 결합을 축복하는 역할만 할 수 있음을 의미한다.

또한 교회는 민사 이혼을 받아들일 의무가 있다. 하지만 민사 이혼이 결혼을 해체하지는 않기 때문에, 이혼한 사람이 전(前) 배우자가 살아 있는 동안에 재혼하면 그것은 교회의 눈에는 간음을 저지르는 것이다.[71] 불행하게도 종종 이것을 실제로 집행하기는 어렵고, 이혼한 사람들 가운데 이에 관한 성경의 가르침을 무시하고 종교적인 결혼식을 거행하면서 재혼하는 사람들이 있다. 일부 교회들에서는 결혼에 관한 규율이 너무 느슨해서 이혼한 뒤에 재혼한 사람들이 설교하고 가르치는 직분을 담당하도록 허용되기도 한다. 이는 기독교 공동체의 도덕적 무결성을 위협하고 보다 넓은 세상에 대한 기독교 공동체의 증언을 훼손하는 추문이다. 일

---

70 모든 개신교 교파들이 안수식을 인정하는 것은 아니지만, 결혼식은 보편적으로 시행된다.
71 마 19:9.

부 국가들에서는 결혼으로 인정되는 동성 간의 결합도 성경에 의해서는 금지되며, 어떤 기독교 집단도 동성 결합을 적법하게 시행하거나 축복할 수 없다. 여기서도 이 기준을 느슨하게 집행하다 보니 종종 이런 일이 일어나며, 자유주의적 항의자들은 교회가 복음의 진리를 포기하고 그런 부도덕을 합법적인 것으로 인정하라고 목소리를 높이고 있다.[72]

성찬식

가장 중요한 성례이자 평신도들이 정기적으로 참여할 가능성이 높은 성례는 주의 만찬, 곧 "유카리스트" 또는 "마스"(Mass)로도 알려진 성찬식이다. 각기 다른 명칭들은 다른 신학적 전통들을 반영하며, 참으로 중립적인 명칭을 찾기는 어렵다. 복음주의적 개신교인들은 "주의 만찬"이라는 명칭을 선호하는 경향이 있는데, 이 명칭은 고대에도 선호되었다. 학문적 세계교회주의자들은 "유카리스트"라는 명칭을 좋아하고, 고교회 성향의 사람들은, 비록 "마스"가 예배가 끝날 무렵 회중을 해산시킬 때 나오는(ecclesia missa est) 라틴어 **미사**라는 말이 변형된 것에 불과함에도 불구하고 "마스"라는 명칭을 좋아한다. 이 명칭은 자체로는 신학적 의미가 없지만, 의식 집행자가 참여자들에게 로마 가톨릭의 성체성사 교리를 고수한다는 신호를 보낸다. 그래서 가톨릭 신자들은 계속 그 명칭을 사용한다. 어떤 명칭을 사용하든지 주의 만찬은 항상 기독교 예배의 핵심 행위였다. 그러나 주의 만찬의 형태와 시행 빈도는 다양했으며 많은 논란의 주제였다.

성찬의 기원은 예수와 제자들의 마지막 만찬까지 거슬러 올라간다. 그때 예수는 빵을 떼서 제자들에게 나눠주시면서, 그것이 그들을 위해 찢

---

72   고전 6:9; 딤전 1:10.

길 자신의 몸이라고 말씀하셨다. 또한 예수는 포도주 잔을 돌리면서 제자들에게 그것이 그들을 위해 쏟아질 자신의 피라고 말씀하셨다.[73] 이 만찬이 유월절 식사였는지가 논란이 되어왔지만, 그리스도가 유월절 어린 양으로 불렸다는 점으로 볼 때 마지막 만찬과 유월절이 관련이 있다는 것은 분명하다.[74] 예수는 부활하신 뒤에 엠마오로 가는 길에서 만난 두 사람의 환대를 받아들였고, 그들에게 불과 며칠 전에 일어났던 자신의 십자가 처형 사건을 설명해주셨다. 그들은 식사하러 앉아서 예수가 빵을 떼실 때까지 예수를 알아보지 못했는데, 이는 확실히 마지막 만찬에서 어떤 일이 일어났는지 상기시켜준다. 그 본문은 이것이 성찬식의 거행이었다고 말하지 않으며, 그들이 예수를 알아보자마자 예수께서 그들의 시야에서 사라진 점에 비춰보면 그것은 거의 확실히 성찬식이 아니었다. 그러나 빵을 떼신 것은 그들의 기억을 환기시키기에 충분했고, 이것의 상징성은 성찬 예배의 일부가 되었다.[75]

나중에 바울은 고린도 교회 교인들에게 성찬식이 어떻게 수행되어야 하는지 자세히 알려준다. 그것은 사실상 바울이 예수께서 부활하기 전에 언급하신 말을 직접 언급하는 유일한 경우인데, 이는 그 일이 얼마나 중요한지를 암시한다.[76] 우리는 그리스도의 죽음이 고린도 교회에서 자주, 어쩌면 매주, 또는 심지어 매일 기념되었고, 그것은 오늘날 애찬식으로 알려진 보다 넓은 친교 식사의 일부였을 수 있다는 인상을 받는다. 그것이 사실이었는지 (또는 일반적으로 초기 교회에서 전형적이었는지) 알기는 어렵지만, 초점은 항상 예수의 죽음과 미래의 재림에 대한 약속을 기억하는 것이었다. 머지않아 그것은 성찬 식사의 유일한 목적이 되었고, 교회

---

73   눅 22:19-20.
74   고전 5:7. 그리스도는 또한 "세상 죄를 지고 가는 하나님의 어린양"으로 불렸는데, 그때는 마지막 만찬 때가 아니라 그가 세례를 받았을 때였다(요 1:29을 보라).
75   눅 24:13-35.
76   고전 11:23-26.

의 삶에서 예배의 한 부분으로 양식화되었다. 우리가 아는 한, 세례 받은 신자들만 주의 식탁에 참여하도록 허용되었다. 왜냐하면 성찬은 그리스도인들이 예수 그리스도의 죽음과 부활에 부합하는 삶을 살도록 성령이 주시는 선물을 나타내는 것으로 이해되었기 때문이다. 세례 받을 때 그리스도와 함께 죽고 새 생명으로 다시 살아난 신자는 끊임없이 십자가 밑으로 되돌아가 십자가를 지고 예수를 따르라는 도전을 받음으로써 그 새 생명 안에서 계속 자라도록 기대되었다. 이를 이해하지 못한 채 주의 몸을 "분별하지" 못하고 먹고 마시는 사람은 누구든 파멸을 초래하고 심지어 병에 걸리고 죽을 위험도 있었다.[77]

이상하게도 신약성경 밖의 가장 초기의 기독교 증거들은 성찬보다 세례에 관해 훨씬 더 많이 말해준다. 그것은 아마 그리스도인의 삶에서 회심이 더 근본적으로 간주되었기 때문일 것이다. 이유야 어떻든 4세기에 이르러 비로소 주의 만찬에 관해 광범위한 신학적 숙고가 이뤄졌는데, 그때는 주의 만찬이 점점 더 정교해진 전례의 중심이 되었다. 그리스도가 성찬식에 임재해서 자기 백성을 먹인다는 것이 보편적으로 인정되었다. 그 일이 정확히 어떻게 일어났는지는 설명되지 않았지만, 성령의 중개를 통해 일어났다는 것도 인정되었다. 훨씬 뒤인 중세 시대가 되어서야 신학자들은 성찬에서 어떤 일이 일어났는지 묘사하기 시작했는데, 그때 그들은 빵과 포도주라는 요소들에 일어난 일에 집중했다. 692년에 트룰로에서 개최된 공의회[78]에서, (그 공의회에 따르면) 발효되지 않은 빵은 너무 유대교 색채를 띠기 때문에 성찬에서 오직 발효한 빵만 사용해야 한다고 규정했을 때, 작은 논쟁이 벌어졌다. 불행하게도 서방 교회들은 대체로 웨이퍼 과자 형태(wafers)의 발효되지 않은 빵[79]을 사용해왔는데, 트룰로 공의회 이후로도 계속 그것을 사용하다가 논쟁이 촉발되어

---

77   고전 11:27-30.
78   트룰로는 콘스탄티노플에 있는 황궁의 한 건물이었다.
79   이 빵은 "발효하지 않은"을 의미하는 그리스어 단어 **아지메스(azymes)**로 알려졌다.

1439년에 개최된 피렌체 공의회 때까지 논쟁이 계속되었고, 오늘날까지도 일부 진영에서는 논란이 계속되고 있다. 어리석고 불필요했던 이 논쟁은 이 성례 의식이 항상 예민하게 다뤄져왔다는 사실을 상기시켜준다. 실제로는 아주 작은 차이라도 그것은 새로운 관습에 익숙하지 않은 사람들의 반발을 불러일으킬 수 있었고, 정당화되든 그렇지 않든 거의 모든 것에 신학적 중요성이 부여될 수 있었다. 성찬을 둘러싼 경건의 관행들로부터 핵심 교리를 뽑아내는 일은 결코 쉽지 않았으며, 이 문제는 다양한 방식으로 오늘날에도 교회에 계속 영향을 주고 있다.

9세기가 되어서 화체설이 처음으로 주장되었다. 화체설은 빵과 포도주가 성별될 때 그것들의 외양(소위 "비본질적 속성")은 그대로 있지만 그 실체는 그리스도의 살과 피로 변한다는 믿음이다. 이 이론은 아리스토텔레스의 물리학에 기반을 두었는데, 그의 물질관이 폐기되자 지지할 수 없게 되었다. 그러나 로마 가톨릭교회는 화체설을 고수하고 이를 중심으로 일련의 경건의 관행들을 구축했다. 화체설은 구약성경이 점진적으로 교회의 삶 안으로 통합된 다른 상황과 연결되지 않았더라면, 그 자체로서는 덜 중요했을 수도 있다. 6세기 즈음에 열왕기상 6-7장에 묘사된 예루살렘 성전의 청사진에 따라 교회 건물들이 건축되었다. 구약성경의 모델에 따라 성직자들에게 십일조를 낼 정도까지 구약성경의 제사장 제도에 부여된 존엄성이 기독교 성직자에게 적용되었다. 심지어 구약의 방식에 따라 십일조를 거둘 정도였다. 구약 제사장의 기능들이 기독교 교회의 성직자에게 이전되어, 그들이 고대 예루살렘 성전에서 섬겼던 제사장들과 똑같은 방식으로 하나님께 제사를 드린 사람들로 간주된 것도 놀랄일이 아니다.

그러나 고대 유대교 제사장들과 기독교 성직자들 사이에는 한 가지 큰 차이가 있었다. 구약의 제사장직은 아브라함과 이삭과 야곱의 세대를 거치는 유대교 체제의 본질과 궤를 같이 해서 세습제였다. 신약 시대의 교회는 혈통적 의미에서 민족이 아니라 새로운 종류의 인간 공동체였다.

모세의 율법에서 제사장들은 이스라엘의 모든 지파들 중에 흩어져 살면서 그들의 십일조로 살게 되어 있었기 때문에, 약속된 땅에서 자기 몫으로 주장하는 땅을 소유해서는 안 된다고 명시했다.[80] 이것은 중세 교회에서 기독교 성직자들이 독신을 유지해야 하는(그러므로 상속이 없는) 것으로 재해석되었다. 화체설의 도입으로 기독교 성직의 신비성이 크게 증가했고, 그 결과 구약의 제사장과 신약의 성직자 간 차이뿐만 아니라 (더 중요하게는) 구약 제사장과 비교해서 신약 성직자의 우월성이 강조되었다. 결국 백성들의 죄를 위해 어린양을 바치는 데는 하나님으로부터의 특별한 능력이 요구되지 않았기 때문에 아무나 그렇게 할 수 있었다. 그러나 성령의 능력을 부여받은 사람만이 빵과 포도주를 그리스도의 살과 피로 변화시킬 수 있었는데, 그 행위는 재빨리 "제단의 기적"으로 알려지게 되었다.

그 믿음이 더 강해짐에 따라, 그를 둘러싼 보조적인 경건의 관행들이 성장했다. 성별된 빵과 포도주는 교회에 보존되었고 그것이 마치 실제로 그리스도의 몸과 피인 것처럼 존중되었다. 때로는 빵과 포도주가 "성막(이는 구약의 심상으로 되돌아가는 또 하나의 요소다) 안에 보관되었고, 마치 그것들이 그리스도이기라도 한 것처럼 들고 거리를 돌아다니면서 사람들에게 그것들에게 기부하도록 장려했다. 도둑들이 "성체"(host)[81]로 알려진 성별된 빵을 훔쳐, 그 빵이 그들이 조종할 수 있는 어떤 영적 힘을 담고 있을 것으로 기대하며 검은 미사(black mass)로 알려진 주술을 시행하는 데 그 빵을 사용하기도 했다. 성별된 빵은 평신도들이 만지는 것이 금지될 정도까지 신성해졌다. 그 빵은 사제가 직접 성찬에 참여하는 사람의 입에 넣어주도록 되어 있었다. 잔도 점차 사람들이 접촉하지 못하게 되었는데, 이는 처음에는 전염병이 창궐하던 시기에 위생적인 이유에서

---

80 민 18:20.
81 "희생자" 또는 "희생제물"을 의미하는 라틴어 단어 호스티스(hostis)에서 나왔다.

6부 • 하나님의 사랑의 완성

비롯되었을 수도 있지만 궁극적으로는 신학적 원리에 따라 금지되었다. 이것이 비성경적인 관습이라는 이의가 제기되자, 신학자들은 피는 몸 안에 담겨 있으므로 빵을 받는 사람은 누구나 그리스도의 피도 함께 받는 것이라고 교묘하게 결론을 내렸다. 사제는 계속 성별된 잔에서 포도주를 마셨고, 이를 통해 하나님과 사람들 사이의 중개자로서의 자신의 지위를 강화했다. 이 모든 것은 신약성경의 마지막 만찬 장면과는 전혀 다르며, 종교개혁이 일어나자 불가피하게 시정되어야 할 주요 적폐들 중 하나가 되었고 그에 따라 미사 및 이를 둘러싼 관습들에 초점이 맞춰지게 되었다.

불행하게도 종교개혁을 시작하기도 전에 마르틴 루터와 스위스 종교개혁자 울리히 츠빙글리 사이에 불화가 생겨 오늘날까지 계속 영향을 주고 있다. 둘 다 화체설은 잘못되었고 유지될 수 없는 교리라는 데 일치했지만, 화체설 대신 어떤 견해를 취해야 하는지에 대해서는 의견이 달랐다. 루터는 성찬식에서 그리스도의 실제 임재에 계속 초점을 맞추고, 그 임재가 빵과 포도주의 요소들 안에 있다고 보았다. 그러나 그는 로마 가톨릭교회의 견해와 달리 빵과 포도주가 화체 과정을 통해서가 아니라, 지금 우리가 "공재설"(consubstantiation: 성체공존)이라고 부르는 방식으로 빵과 포도주의 요소 안에, 그 요소와 함께, 그 요소 "아래" 임재한다고 믿었다. 루터의 견해에서 볼 때 그리스도의 살과 피는 성찬에서 영적으로 임재했고, 연상에 의해 그 요소들과 연결되었다. 빵과 포도주는 그대로 남아 있지만 그리스도의 몸과 피를 영적 실재로서 전달하는데, 이 영적 실재가 빵과 포도주라는 자연적인 실체에 부착되어 이 물리적인 요소들을 먹고 마시는 사람은 그리스도를 믿는지 여부를 불문하고 그의 몸과 피에 참여한다는 것이다. 합당하게 먹고 마신 사람들은 이를 통해 복을 받지만, 합당하게 먹고 마시지 않은 사람들은 바울이 말한 것처럼 정죄

되고 질병과 죽음을 포함한 많은 위험에 노출된다.[82]

반면에 츠빙글리는 빵과 포도주는 원래의 것 그대로 남아 있고, 다른 어떤 것도 될 수 없다고 말했다. 주의 만찬에서 빵과 포도주는 그리스도의 몸과 피가 아니며 어떤 식으로도 그리스도의 몸과 피가 되지 않으면서 그의 몸과 피를 상기시키는 역할을 한다. 성찬의 유익은 기념물, 즉 신자들이 삶 속에서 영적으로 그리스도를 추구하도록 그들의 마음을 자극하는 그리스도의 죽음을 재현하는 역할에서 그 가치를 발견할 수 있었다. 그의 죽음의 의미를 깨달은 사람들은 성찬을 통해 유익을 얻겠지만, 그것을 알지 못하는 사람들은 성찬에서 아무것도 얻지 못할 것이다.

이 차이들은 매우 심각하게 여겨졌고, 하마터면 종교개혁이 시작되지도 못할 뻔했을 정도로 그들의 반목이 심해졌다. 마르틴 부처가 양쪽을 중재하는 입장을 발전시켰고, 이 입장은 그의 제자 장 칼뱅을 통해 보다 넓은 개신교 세계에 전달되었다. 성체공존설(공재설)이 성찬을 받는 사람들보다 성찬의 요소들에 더 초점을 맞추었기 때문에 부처와 칼뱅은 그 이론을 거부했지만, 그들은 츠빙글리의 기념설도 좋아하지 않았다. 그들은 중세의 미신이나 그와 비슷한 것에 빠지지 않고 성찬식의 영적 가치를 유지할 **중용**을 원했다. 그들이 내놓은 해결책은 성찬식과 하나님의 말씀 선포를 연결하는 것이었다. 그리스도 안에 있는 구원의 메시지는 결코 순전히 지적인 것이 아니었다. 복음의 메시지 안에는 몸의 부활의 교리가 포함되어 있었고, 따라서 복음의 메시지에 몸을 포함시킬 필요가 있었다. 이것은 신자들이 성찬을 통해 그리스도의 죽음과 부활을 자기들의 몸 안으로 취할 때 주의 만찬에 의해 이뤄진다. 그러나 빵과 포도주는 참여자의 몸을 변화시킬 수 있는 초자연적인 능력을 갖고 있지 않기 때문에, 성찬의 유익은 주께서 다시 오실 때 일어날 몸의 부활에 대한 약속처럼 영적으로 이해되어야 했다. 이것이 바로 바울이 성찬의 종말론적

---

82   고전 11:29-30.

측면을 강조한 이유다. 곧 성찬은 그리스도가 십자가에서 단번에 드린 제사를 돌아볼 뿐만 아니라 만물의 완성을 내다보았다.[83]

한편으로 성찬의 기능은 그리스도 안의 새 생명이 우리 존재의 모든 부분에 미친다는 메시지를 강화하는 것이다. 종교적인 것과 세속적인 것, 영적인 것과 물리적인 것 사이에 구분은 없다. 모든 것이 그리스도의 통치 아래 있고, 모든 것이 그리스도께 복종하고, 그리스도에 의해 변화되어야 한다. 성찬은 예수의 십자가의 역사적 희생과 사흘째 일어난 부활을 상기시킨다는 의미에서 확실히 기념물이다. 그러나 시공간 속에서 단 한 번 일어난 일이 이제 하늘로 들려 올려져, 거기서 부활하고 승천하고 영광스럽게 되신 그리스도께서 자신의 상한 몸과 흘린 피를 우리의 죄를 위한 화목제물로 성부 하나님께 제시함으로써 우리를 용서해달라고 간청하고 계신다. 우리는 성찬에서 빵과 포도주의 요소들을 수단으로 사용해서 그리스도께서 우리를 위해 무슨 일을 하고 계신지 알게 되며, 우리가 그것을 받아들이도록 도전하는 성령에 의해 이 천상의 실재를 명확히 깨닫게 된다. 성찬에는 흔히 무시되곤 하는 종말론적 차원이 있는데, 바울은 고린도 교회에 대한 지시에서 이 점을 조심스럽게 강조했다. 주의 만찬은 두 방향을 향하고 있다. 즉 성찬은 시공간에서 예수의 속죄제사를 뒤돌아보고, 영원에서 그 속죄제사의 완성을 내다본다. 예수는 십자가에서 자신이 단번에 행한 일을 이제는 하늘에서 영원히 하고 계신다. 우리는 시간 속에서 고대 팔레스타인으로 돌아갈 수는 없다. 하지만 우리는 그리스도 예수 안에서 하늘에 앉아 있고 우리가 죽임 당한 어린양의 만찬에 참여하는 것은 바로 그 맥락이기 때문에, 그것은 문제가 되지 않는다.[84]

땅에서 성찬에 참여하는 신자들은 하늘에서 자기를 위해 중재하시는

---

83   고전 11:26.
84   마 26:29; 막 14:25; 계 19:6-9.

그리스도의 사역에 헌신하고 있음을 보여주는 것이며, 성찬에서 그에 따른 유익을 누린다. 빵과 포도주를 먹고 마시지만 그 의미를 알지 못하는 사람은 주의 몸을 분별하지 못하기 때문에 자신에 대한 저주를 먹고 마시게 된다. 모종의 화체에 의해 그리스도의 몸을 땅으로 되가져오려는 시도는 성령의 사역을 무시하는 것이다. 이렇게 하는 사람들이 그리스도의 중재 역할을 감소시키지는 못한다고 해도, 그들은 물리적 수단을 통해 그리스도의 중재에 접근하려고 시도함으로써 성령의 사역을 뒤엎고, 자기들이 제공한다고 주장하는 바로 그것에 사람들이 다가가지 못하게 막고 있는 것이다. 이것이 미사의 진정한 추문이며, 그래서 부처와 칼뱅은 미사를 우상숭배적이라고 정죄했다. 미사는 천상적이고 영적인 실재를, 그에 대한 접근을 약속하지만 실제로는 접근하지 못하게 하는 땅의 서투른 모방으로 대체하려 했다. 사탄이 아담과 하와에게 하나님께 대한 접근을 약속했지만, 실제로는 그들을 하나님으로부터 단절시켰듯이 말이다. 이 점이 이해될 때 종교개혁자들이 중세 교회를 그토록 맹렬하게 공격한 것이 제대로 이해될 수 있고, 그때 우리 자신의 예배와 관습에서 종교개혁자들의 관점을 놓치지 않는 것이 그토록 중요한 이유도 이해될 수 있다. 주의 만찬이 그리스도인으로서 우리의 예배 생활에 핵심적인 이유는 그것이 바로 하나님께서 성령의 능력 안에서 우리를 당신께로 가까이 이끄시는 주요 수단 중 하나이기 때문이다. 하나님은 성령을 보내셔서 주의 만찬이 웅변적으로 드러내는 그리스도의 복음의 진리를 선포하게 하셨다. 그것을 왜곡하면 우리는 길을 잃고 만다. 반면에 그것을 기억하면, 우리는 단순히 말로만 들었을 때보다 주의 만찬이야말로 하나님의 사랑을 우리가 더 깊이 숙고하고 경험할 수 있도록 하나님이 우리에게 주신 복이라는 사실을 발견할 것이다.

소속의 경계

누가 주의 만찬에 참여할 권리를 갖는가? 세례 받은 모든 교인들은 주의 식탁에서 성찬을 받는 사람으로 환영되어야 한다는 점에서, 이 질문은 원리상으로는 평이한 것처럼 보일 것이다. 그러나 실제로는 그렇게 단순하지가 않다. 우선 세례 받은 유아들은 일반적으로 개인적인 신앙고백을 하고 입교할 때까지 성찬을 받도록 허용되지 않았다. 이것은 유아세례를 시행하는 교회들에서의 현명한 대책이고, 성찬을 받는 사람들은 주의 몸을 "분별할" 수 있어야 한다는 근거에서 옹호될 수 있다.[85] 이 말은 아마도 성찬 참여자가 자신이 무엇을 하고 있는지 이해할 수 있어야 한다는 의미일 것이다. 그러나 성례에는 일관성이 있어야 한다. 즉 세례 받은 사람들은 누구나 성찬에 참여하도록 허용되어야 한다고 믿는 사람들이 항상 있었다. 동방 정교회들에서는 유아들이 세례 받은 직후에 그들에게 성찬식 빵과 포도주를 주지만, 일반적으로 그들은 더 나이가 들어 스스로 성찬을 받을 수 있을 때까지 다시 성찬에 참여하지 않는다. 서방 교회에서 전례 개혁자들이 이 선례를 종종 인용하기도 하지만, 그 가치는 제한적이다. 동방 교회들에서는 정기적인 성찬식이 훨씬 드물고, 성찬 받기를 거부하는 것이 오늘날 대부분의 개신교나 로마 가톨릭교회에서만큼 이상한 일이 아니기 때문이다.

현대의 전례 개혁의 효과들 가운데 하나는 성찬을 많은 교회들에서 주일 아침의 주요 예배 형태로 만든 것이다. 그러나 이것이 전례의 관점과 신학적 관점에서 정당화될 수는 있지만, 그 효과가 긍정적이기만 한 것은 아니었다. 가장 큰 문제는 성찬이 규범이 되면 영적 규율의 시행이 불가능하지는 않더라도 어려워진다는 점이다. 신약성경은 교회에 오기

---

85   고전 11:29.

전에 문제를 해결함으로써 성찬을 받을 준비를 해야 한다고 말한다.[86] 그러나 매주 당연히 성찬을 받도록 기대된다면, 그렇게 하는 것이 매우 어렵다. 대부분의 현대 예배들의 구조도 성찬이 제공될 때 이를 받지 않는 것을 사실상 불가능하게 한다. 따라서 어떤 이유로 성찬에 참여하고 싶지 않은 방문자가 있으면 당혹해 할 수 있다. 성찬에 참여하지 않는 것은 더 어려워졌고, 성찬에 대한 준비와 그것이 암시하는 규율에 대해서는 사실상 아는 바가 없다. 전례 개혁자들의 의도와는 반대로 성찬은 남용되어 사소한 것이 되었고 가치가 떨어졌으며, 그에 따라 신자와 교회의 삶에서 성찬의 중요성도 흐려졌다.

다른 교회 교인들에게도 어려움이 생길 수 있다. 대부분의 개신교 교파들은 다른 교회에서 온 어느 신자들이든 기꺼이 자기들의 성찬 식탁에 받아들이지만 로마 가톨릭교회나 동방 정교회에서는 그렇게 하지 않는다. 이들 교회 당국은 다른 교회 교인들이 자기들의 성찬에 참여하는 것을 받아들이지 않을 뿐만 아니라 그들의 교인들이 다른 교회들의 성찬에 참여하지도 못하게 한다.[87] 위와 같은 제약의 배경에는 자기들이, 그리고 자기들만이 참된 교회이고 오직 그 교회의 친교 안에서만 성찬이 의미를 갖는다는 믿음이 자리잡고 있다. 하지만 개신교인들은 좀처럼 자기 교파만 참된 교회이고 다른 교파들은 그렇지 않다고 주장하지 않는다. 그래서 그들은 대개 자기 교회 교인이 아닌 사람들, 특히 다른 교회에서 온 방문객들이 성찬에 참여하도록 기꺼이 받아들인다. 그 결과 성찬 참여의 여부에 대한 결정이 성찬을 받는 사람에게 맡겨질 경우, 어떤 규율도 행사될 수 없다. 이 경향은 심지어 일부 개신교인들이 어떤 감독이나 규율도 불가능한 교회 밖에서 성찬식을 거행하는 데까지 확대되었다.

이것은 분명히 원칙의 차원에서 다뤄지고 그런 다음에 실행에 옮겨질

---

86   마 5:24.
87   이런 관습은 배타적 형제단과 같은 소규모 개신교 집단에서뿐만 아니라 일부 영국 성공회
      와 루터교회에서도 발견할 수 있다.

6부 • 하나님의 사랑의 완성

필요가 있는 만족스럽지 못한 상황이다. 교회 당국들은 가능한 한 성찬이 그것을 받을 의향이 있고 준비가 되어 있는 사람에게 한정되도록 해야 할 책임이 있다. 성찬은 기본적으로 용서와 화해에 관한 것이기 때문에, 항상 말씀 선포 및 회개하고 그리스도께로 돌아오라는 충분하고 강력한 권고를 동반해야 한다. 이런 것들이 상실되면 성찬은 더럽혀지고 성령이 그의 복을 철회하시며, 교회는 교인들이 그들에 대한 하나님의 사랑 안에서 자라도록 도울 귀중한 기회를 잃어버린다.

과거에는 관련 당사자에게 성찬이 주어지지 않고 다른 교인들과의 친교에서 배제되는 것을 의미하는 파문이 교회로부터의 출교의 특징이었다. 소수의 작은 교회들이 여전히 출교를 시행하지만, 현대 교회에서는 대체로 출교가 사라졌고, 현대 교회는 오는 사람이라면 누구나 받아들이는 경향이 있다. 이 접근법은 교회 당국과 충돌하게 되었을 수도 있는 사람들을 부당하게 차별하지 않는다는 장점이 있다. 예를 들어 영국에서는 십일조를 내지 않거나 교회 법정을 무시하는 사람을 출교하는 것이 관례였고, 본질적으로 세속적인 맥락에서 이 관행이 상당히 악용되었다.

오늘날 우리는 정반대의 극단으로 나아가, 신앙을 가진 것으로 확인되지도 않은 사람들이나 노골적으로 부도덕한 삶을 살고 있는 사람들까지 기꺼이 받아들이는 것으로 보인다. 그 결과 어떤 기준도 유지할 수 없을 정도로 교회의 신뢰성이 훼손되었다. 그러나 신약성경의 증거를 보면 교회의 교리를 믿지 않거나 교회의 가르침을 무시하고 부도덕한 삶을 산 사람들은 출교당했고, 그들의 행위가 기독교의 제자도와 양립할 수 있다는 주장은 허용되지 않았음이 분명하다.[88] 현대 교회가 이런 의미의 규율을 회복하지 않는 한, 그리고 그런 규율을 회복할 때까지 교회는 약화되고 무력해져서 교인들에게 성령의 가르침이란 음식을 먹여줄 수 없고, 믿지 않는 세상에 그리스도의 복음을 전할 수 없을 것이다.

---

88   고전 5:9-13.

31장
•
시간에서 영원으로

마지막 때에 살아가기

신약성경에서 가장 빈번하게 등장하는 주제들 가운데 하나는 우리가 "마지막 때"를 살고 있으며, 시간이 갑자기 그리고 경고 없이 끝나게 되리라는 것이다. 많은 학자들은 이것이 단순히 종말이 자신들이 살아 있을 동안에 임하고 그때 그리스도께서 하늘의 영광 가운데 이 땅에 다시 오실 것이라고 믿었던 것으로 추정되는 제자들에게 특별히 매력을 끌었던 예수의 메시지 중 하나였다고 생각했다. 이 사건은 **파루시아**("재림")로 알려져 있고, 신약성경 신학을 묘사할 때 "파루시아 소망"(parousia hope)이라는 말이 종종 발견된다. 세월이 흐르고 그 일이 일어나지 않자, 초기 그리스도인들은 점차 이 소망을 포기하고 침착한 마음으로 교회를 세웠으며, 이 상태는 기약 없는 미래로 이어지게 되었다. 달리 말하자면 예수는 재앙과 심판을 설교한 묵시적 인물로 묘사되었지만 제자들이 대중이 소화할 수 있도록 어조를 낮췄고, 그 이후 교회는 이를 따랐다는 것이다.

이 이론이 당대의 제도권 교회가 자신들에게 가했던 제약을 좋아하지 않았고 초기 기독교에 대해 보편적으로 인정된 견해와 완연히 다른 관점을 제시함으로써 이에 반박하고자 했던 19세기 자유주의 독일 학자들에 의해 전개되었다는 것은 그리 놀랄 일이 아니다. 예수와 예수의 제자들에 대해 그들이 제시한 자료들은 그들이 옳다고 보이게 할 만한 충분한 진실을 갖고 있었고, 이후 그들의 견해가 상당히 수정되고 보완되기는 했지만 그들이 제시한 기본 관점은 오늘날도 널리 받아들여지고 있다.

그러나 역사는 첫 세대 제자들이 죽은 뒤 "파루시아 소망"이 쇠퇴했다는 논지를 지지하지 않는다. 2세기에 그리스도가 소아시아에서 이 땅으로 돌아올 것이라고 믿었던 예언자 몬타누스가 있었는데, 그의 추종자들은 페푸자라는 곳에 모여 그 사건을 기다렸다. 이후에(즉 380년에) 기독교가 로마 제국의 공식 종교가 되고 (410년에) 로마가 야만인 알라리크 왕에게 약탈당한 뒤에 종말이 다가왔다는 추측이 널리 퍼졌다. 이에 위대한 히포의 아우구스티누스(354-430)는 이런 역사 해석이 잘못임을 보여주기 위해 『하나님의 도성』이라는 권위 있는 책을 쓰지 않을 수 없었다. 그 후로 중대한 사회적·정치적 위기 때마다 비슷한 묵시적 열정이 분출되었다. 7세기의 이슬람교의 세계 정복, 서기 1000년의 도래, 14세기의 흑사병, 16세기의 종교개혁, 18세기의 프랑스 혁명, 그리고 20세기의 대격변에서 모두 종말의 예언자들이 속출했고, 그들의 추종자들이 있었다.

이런 예언 운동들 중 일부는 금방 사라졌지만 또한 훨씬 오래 지속된 운동들도 있었다. 전천년설, 후천년설, 무천년설과 같은 변종이 있는 현대 천년왕국설이 프랑스 혁명의 결과로 출현했다는 점은 잘 인식되지 않고 있다. 프랑스 혁명의 합리주의적이고 무신론적인 경향은 적그리스도의 통치의 전조라고 널리 믿어졌는데, 이후 다윈주의, 마르크스주의, 프로이트주의, 그리고 기타 세속적 이념들이 일어남으로써 이 감정이 더 강화되었다. 그런 세력들에 대한 우리 세대의 싸움의 특징이면서 묵시적 시나리오에 대한 현재의 관심에 기름을 붓는 "문화 전쟁"은 실제로 200년이 넘게 진행되고 있고, 이는 미국의 초창기에 매우 중요한 사안이었다. 토머스 제퍼슨이 받아들일 수 없는 기적적 요소들을 제거하기 위해 신약성경을 다시 쓴 것과 1800년의 대통령 선거에서 그의 반대자들이 제퍼슨의 무신론, 곧 (프랑스 혁명의 과격함 때문에) 세상을 파괴하기 직전에 나타날 것으로 생각되었던 세력을 공격한 것을 기억하는 사람이 지금 몇이나 되겠는가?

이런 역사적 인식이 필요한 이유는 그것이 마지막 날에 관한 많은 말들이 공상이었음을 보여주기 때문이 아니라, 우리가 예수의 가르침을 있는 그대로 보고 신약성경에서 우리에게 계시된 것의 참된 의미에 초점을 맞추도록 도와주기 때문이다. 이것을 적절하게 하려면 히브리서 서두의 위대한 신학적 진술부터 시작해야 한다.

> 옛적에 선지자들을 통하여 여러 부분과 여러 모양으로 우리 조상들에게 말씀하신 하나님이 이 모든 날 마지막에는 아들을 통하여 우리에게 말씀하셨으니, 이 아들을 만유의 상속자로 세우시고 또 그로 말미암아 모든 세계를 지으셨느니라.[1]

히브리서의 메시지는 예수 그리스도가 유대 역사의 정점이자 옛 예언자들이 가리킨 종착점이며, 그때까지 부분적으로 그리고 산발적으로만 계시되었던 것들의 완벽한 성취라는 것이다. 우리가 그리스도 안에서 창조자이자 만물의 상속자인 아들을 보았기 때문에 하나님으로부터 추가적인 계시는 있을 수 없다. 다른 누가 와서 보여줄 것이 남아 있지 않고, 이제 일어나는 일은 무엇이든지 우리가 그리스도로부터 받은 계시에 비춰 이해되어야 한다.

이것의 첫 번째 실제적인 결과는 예수가 말한 것에 더하거나 그것을 대체한다고 주장하는 어떤 메시지도 거부해야 한다는 점이다. 예수는 제자들에게 이렇게 경고했다. 곧 자기가 약속된 메시아라고 사칭하며 사람

---

1   히 1:1-2.

들을 오도하는 사람들이 많이 나올 것이라는 것이었다.[2] 이후에 초기 그리스도인들은 사람들을 진리에서 멀어지게 하려고 시도하는 거짓 예언자들에 대해 조심하라는 경고를 받았다.[3] 그렇지 않으면 발각되기 쉽기 때문에, 속임수는 다양한 형태를 띠며 불가피하게 교묘할 수밖에 없다. 그러나 우리는 우리가 받은 믿음을 굳게 고수한다면 그런 속임수로부터 보호받고 보존될 것이라는 약속을 받았다.[4]

둘째, 우리는 세계의 역사가 전개되는 것을 바라볼 때, 어떤 일이 일어나든지 그리스도께서 영광의 보좌에 앉아 사건들을 통제하고 계신다는 것을 기억해야 한다. 이것이 요한계시록의 기본 메시지다. 요한계시록은 미래에 찾아올 많은 두려운 일들을 묘사하지만 동시에 그리스도, 곧 "지금 존재하고 있고 전에도 있었고 앞으로 올 전능자"이신 왕에 관한 환상으로 시작해서 악의 세력을 멸하고 창조세계를 재창조하는 위대한 심판에서 절정에 달한다.[5] 요한계시록의 환상들을 역사의 특정 사건들과 연결하려는 많은 시도들이 있었지만, 그것은 우리의 제한된 인간적 관점에 얽매인 절반의 진리일 뿐이다. 인간 역사의 진행이 요한계시록에 예언된 재앙들을 보여주는 것은 확실히 사실이며, 예수는 제자들에게 전쟁과 전쟁에 관한 소문들을 예상하라고 말씀하셨다.[6] 제1차 세계대전 중에 그것이 "모든 전쟁을 끝내기 위한 전쟁"이 될 것이라는 말로 표현된 낙관적인 희망만큼 어리석은 일은 다시 있을 수 없을 것이다. 그렇게 말했던 많은 사람들이 자신들의 생애 중에 히틀러와 스탈린의 집권을 보았고 1914-1918년을 경험했던 사람들이 상상할 수도 없었던 잔혹한 행위를 목격했다. 심지어 "평화"의 시기에도 어디선가는 항상 전쟁이 벌어지고

---

2   마 24:5; 막 13:6; 눅 21:8.
3   벧후 2:1; 요일 4:1; 유 4-18.
4   유 20.
5   계 1:8; 19:1-22:5.
6   마 24:6; 막 13:7; 눅 21:9.

있었다. 우리는 풍족하게 살지 몰라도 또한 굶주리는 사람들이 있고, 세계 도처에는 여전히 지독한 기근이 있다. 우리는 현대 의학의 혜택을 누리고 있을지 몰라도, 여전히 생소하고 치명적인 질병들이 흔하다.

신약성경의 묵시 문헌에 묘사된 시나리오들은 우리에게 친숙하며, 그리스도께서 다시 오실 때까지 그렇게 남아 있을 것이다. 그 시나리오들은 광범위하게 적용되어야지 특정 사건들과 결부되어서는 안 된다. 이일반 규칙에 대한 하나의 예외는 예수께서 제자들에게 다음과 같이 말씀하신 것이다.

> 그러므로 너희가 선지자 다니엘이 말한 바 멸망의 가증한 것이 거룩한 곳에 선 것을 보거든 (읽는 자는 깨달을진저) 그때에 유대에 있는 자들은 산으로 도망할지어다.[7]

누가복음의 관련 텍스트가 확인하는 것처럼, 이 말은 주후 70년에 일어난 예루살렘의 멸망을 가리킨다. 그때 예루살렘에 있던 그리스도인들은 예수께서 그들에게 말한 대로 도망쳐서 화를 면할 수 있었다. 유대인의 관점에서 보면 주후 70년에 일어난 사건은 그 중요성에 있어서 확실히 묵시적이었다. 왜냐하면 고대 이스라엘 국가는 멸망당했고, 이후 결코 회복되지 못했기 때문이다. 그러나 여기서도 대부분의 학자들이 예루살렘의 멸망 뒤에 기록되었다고 생각하는 복음서 기사들은 흥미롭게도 개방형이다. 예루살렘의 멸망이 예수의 예언의 성취였다면, 확실히 복음서들은 그렇게 말했을 것이다. 그러나 제자들에게 주어진 경고는 기본적으로 본질상 영적이기 때문에 지금도 적용될 수 있다. 예루살렘은 역사적인 도시이지만, 신약성경이 우리에게 상기시켜주는 바와 같이 영원한

---

7   마 24:15-16; 막 13:14; 눅 21:20. 이 말이 언급하는 곳은 단 9:27; 11:31; 12:11이다.

중요성을 갖고 있는 도시다.[8] 하늘에 있는 것이 나타나기 위해서는 땅에 있는 것이 파괴되어야 하는데, 예수는 자기를 따르는 사람들에게 그들에게 일어날 일에 대비하도록 경고하면서 우리가 이 세상에서는 영원한 집을 갖고 있지 않다는 사실도 상기시킨다. 참으로 예수를 따르고 있다면, 우리는 예수가 그랬던 것처럼 "진영 밖으로" 나가 그가 돌아오실 때 다가올 영광을 기대하면서 아울러 그가 견뎠던 치욕을 짊어질 준비가 되어 있어야 한다.[9]

구원받은 자들의 시련

이생에서 우리가 겪는 고통으로부터 좋은 일이 올 것이라고 생각한다면, 그것은 스스로를 기만하는 것이라고 말할 사람이 많을 것이다. 안락한 중산층은 자신에게 아주 나쁜 일이 결코 일어나지 않을 것처럼 생각하기 때문에 그런 식으로 말하는 것이 당연할지도 모른다. 그러나 악몽 같은 고통에 시달리거나 겨우 생존할 정도로 가난한 사람들은 그렇게 초연할 수 없다. 우리의 상은 여기 이 땅에 있지 않고 하늘나라에 있다고 말함으로써 고통에 핑계를 대는 것으로 보이는 그리스도인들은 불의를 눈감아 주고 동료 인간들의 고통을 완화시켜주어야 할 책임을 회피하는 방법으로 "죽으면 하늘에 파이가 있다"고 설교한다는 비난을 받기 쉬울 것이다. 종종 스스로 그런 고통을 경험하지 않고 다른 사람들의 고통을 지켜보기만 한 사람들이 그렇게 비난한다는 것이 주목할 만하기는 하지만, 그것에는 쉬운 답이 없다. 어떤 인간도 고통에서 면제되지 않으며, 그들이 신자이건 아니건 우리는 모두 고통의 희생자들을 돕는 데 있어 우리의

---

8   갈 4:25; 히 12:22; 계 3:12; 21:2.
9   히 13:12-14.

역할을 담당해야 한다. 우리는 다른 사람들의 고통을 분담하도록 부름을 받았건 우리 자신의 비극을 견디도록 기대되건, 모든 곳에 있는 사람들이 도움을 필요로 할 때 그들과 함께해야 한다.

이생에서 고통이 면제되지는 않지만, 그리스도인들에게는 고통 자체가 끝이 아니다. 바울이 데살로니가 교회 교인들에게 다음과 같이 말한 것처럼 말이다.

> 형제들아, 자는 자들에 관하여는 너희가 알지 못함을 우리가 원하지 아니하노니, 이는 소망 없는 다른 이와 같이 슬퍼하지 않게 하려 함이라. 우리가 예수께서 죽으셨다가 다시 살아나심을 믿을진대 이와 같이 예수 안에서 자는 자들도 하나님이 그와 함께 데리고 오시리라.[10]

사별은 우리 모두에게 오는 것이지만, 죽음이 끝은 아니다. 하나님의 아들이 세상에 오신 것은 우리의 고통을 무시하기 위해서가 아니라, 자신이 우리의 고통을 짊어지고 그것을 새 생명으로 바꾸기 위해서였다. 우리의 시련이 아무리 혹되다고 해도, 그리스도인들은 다음과 같은 욥의 말에 공감한다.

> 내가 알기에는 나의 대속자가 살아 계시니
> 결국은 그가 땅 위에 서실 것이라.
> 내 가죽이 벗김을 당한 뒤에도
> 내가 육체 밖에서 하나님을 보리라.
> 내가 그를 보리니 내 눈으로 그를 보기를
> 낯선 사람처럼 하지 않을 것이라.[11]

---

10 살전 4:13-14.
11 욥 19:25-27a.

이것이 우리의 경험이다. 즉 이것이 하나님을 참으로 아는 것이고 우리가 "신학"이라고 부르는 것의 본질이다. 그것은 모든 사람에게 주어지는 것이 아니고, 심지어 그것을 바라는 사람들에게조차 자동으로 계시되지도 않는다. 인류 역사상 그 진리를 추구했지만 그것을 발견하지 못한 사람들, 구원을 기대하고 하나님과의 평화를 바랐지만 그것을 거부당한 사람들이 있었다. 성경은 우리에게 전심으로 주님을 찾는 자는 그를 발견할 것이라고 말한다.[12] 이 약속은 이스라엘 언약 공동체에 주어졌으며, 그를 찾는 사람들은 자기들이 찾고 있는 대상이 누구인지 알게 될 것임을 암시한다. 하나님이 왜 어떤 사람에게는 자신을 계시하고 다른 사람에게는 계시하지 않으시는지는 신비지만, 자신의 기록을 남겨 놓은 위대한 사람들은 그 실재를 증언한다. 그런가 하면 다소의 사울처럼 하나님을 만나거나 자기들의 삶을 바꾸기를 원하지 않았지만 선택권이 없었던 사람들도 있었다. 하나님은 그들이 전혀 예상하지 않았을 때 그들에게 찾아오셨고, 그들은 얼굴을 땅에 대고 엎드려 자기들의 삶을 하나님께 맡길 수밖에 없었다.

성경은 하나님이 아벨은 받아들였지만 가인은 거부하셨으며,[13] 야곱은 사랑했지만 에서는 미워하셨다고[14] 말한다. 그러나 하나님이 왜 그렇게 하셨는지는 우리에게 말해주지 않는다. 관련 인물들에 관해 우리가 알고 있는 내용에 기초해 선택할 기회가 우리에게 주어진다면, 우리는 다른 선택을 했을 가능성이 높다. 가인과 에서는 훌륭한 사냥꾼들이었고, 요즘 말로 "상남자"였다. 그러나 하나님은 지혜로운 사람들을 부끄럽게 하려고 세상의 미련한 사람들을 택하셨고, 스스로 중요하다고 여기는 사람들을 낮추기 위해 하찮은 사람들을 택하셨으며, 부유한 사람들을

---

12   신 4:29; 렘 29:13.

13   창 4:1-16.

14   말 1:3.

6부 • 하나님의 사랑의 완성

당혹스럽게 하려고 가난한 사람들을 택하셨다.[15] 하나님은 왜 그렇게 하셨는가? 자수성가한 사람들은 이생에서는 칭찬받을 수 있겠지만, 아무도 스스로의 힘으로는 하늘나라에 들어갈 자격을 얻을 수 없다. 천국에 들어가는 것은 인간의 성취의 결과가 아니라 하나님의 은혜의 행위다. 천국 문을 열어 우리를 그리로 들어가게 하는 분은 하나님이며, 우리가 겸손히 그 점을 보지 못하면 그 문은 우리에게 열리지 않을 것이다. 그리고 우리는 교만으로 인해 하나님의 값없는 선물을 받을 수 없기 때문에, 설사 하늘 문이 열린다고 해도 즐겁지 않을 것이다.

남에게 부담을 주기 싫어하는 사람들, 남에게 빚지지 않고 살아가기를 고수하고 빚지는 것을 견딜 수 없는 사람들에게는 뭔가 고상해 보이는 측면이 있다. 인간적 관점에서 이런 것들은 좋은 특질들이며, 그런 특질들을 권장하는 것은 옳은 일이다. 그러나 하나님과의 관계에서 그런 특질들은 소용이 없을 뿐만 아니라 해롭기도 하다. 영생은 노력해서 얻거나 받을 자격이 있어서 받는 것이 아니기 때문에, 하나님은 자신이 영생을 얻을 만한 어떤 일을 했다고 생각하는 사람을 받아들일 수 없다. 그것은 값없이 주어지는 선물이고, 겸손히 받아야 한다. 이것이 우리의 자존감을 떨어뜨리는 것으로 들릴지라도, 우리는 그것이 하나님의 최고의 사랑의 행위라는 점을 기억해야 한다. 하나님이 우리에게 성취 기준을 부과했다면 우리가 구원받을 가능성이 얼마나 되겠는가? 가인과 에서가 받은 대우에 대한 그들의 반응이 보여주는 것처럼, 그들조차도 요구된 수준에 이를 수 없었다. 이미 지적했듯이 실상은 "모든 사람이 죄를 저질렀고 하나님의 영광에 이르지 못했으며",[16] 우리 가운데 어느 누구도 하나님이 보시기에 의롭지 않다.[17] 우리는 하나님의 사랑을 얻을 수 없지만, 구원의 기적은 우리가 이런 존재임에도 불구하고 하나님이 자신의

---

15   고전 1:18-31을 보라.
16   롬 3:23.
17   시 14:3을 인용한 롬 3:10하.

사랑으로 우리를 얻으러 오셨다는 것이다.

미래에 대한 믿음

　신약성경의 묵시적 요소에 지나치게 초점을 맞춘 결과, 기독교의 가장 두드러진 특징들 중 하나가 미래에 대한 믿음이라는 사실을 잊어버리기 쉽다. 대부분의 고대 종교들은 태고의 과거는 더없는 행복의 시대였지만 시간이 지남에 따라 차츰 그 행복이 약화되었고, 미래는 상황이 훨씬 더 악화될 것이라고 가르쳤다. 마지막에 무슨 일이 일어날지는 다양하게 설명되었지만, 고대할 만한 것은 그리 많지 않았다. 유대교는 비록 인간이 원래의 낙원에서 쫓겨나기는 했어도, 미래에 하나님의 개입으로 하나님의 기름 부음을 받은 자(메시아)가 와서 그들(하나님께 속한 유대 백성)을 어려움에서 구원할 것이라고 믿었기 때문에, 그런 종교들과 달랐다. 기독교는 메시아가 예수 그리스도라는 사람으로 왔고, 그가 택한 백성이 그의 죽음과 부활에 의해 구속받았다고 선언하는 신앙으로 등장했다. 그러나 기독교의 복음은 부활하신 그리스도가 하늘로 올라가셨고 종말 때 다시 오실 것이라고 덧붙임으로써 이것을 넘어섰다. 그때 세상은 심판을 받고 하나님께 적합한 나라로 변화될 것이다.[18]
　그러므로 그리스도 안에 있는 신자들은 도래할 그날을 지켜보고 기도하라는 권고를 받는다. 그리스도가 언제 돌아올지 아무도 알 수 없지만, 어느 순간에든 일어날 수 있고 불시에 우리를 덮칠 수 있는 사건에 모두가 대비해야 한다.[19] 그리스도의 재림에 대한 준비가 되어 있지 않은 사람들은 그 결과로 고통을 받겠지만, 준비된 사람들은 창세부터 그들을

18　고전 15:20-28.
19　마 25:1-13.

위해 준비된 나라를 상속받을 것이다.[20] 이것은 우리에게 소망을 주는 중요한 관점이다. 물질세계는 부식되고 사라질 것이지만, 우리의 삶은 희망이 없는 것도 아니고 무의미한 것도 아니다. 우리가 하는 일은 하나님께 중요하고 결국 보상을 받게 될 것이다.[21] 바울이 말한 것처럼 "현재의 고난은 장차 우리에게 나타날 영광과 비교할 가치가 없다."[22] 그것이 어떤 모습일지는 아무도 확실히 알 수 없으며, 예수는 우리에게 우리가 바라는 것이나 우리가 그럴 자격이 있다고 생각하는 것과 관계없이 각자를 위해 자리를 준비하고 계신 하나님께 대해 감히 우쭐대지 말라고 경고한다.[23] 미래의 소망은 우리에게 큰 위로와 복이지만, 또한 주의 두려운 심판 앞에서 겸손해야 할 이유이기도 하다.

죽음과 영생

이 가르침의 함의는 광범위하다. 세상에서 사건들의 전환기에 나타나는 비관주의와 절망은 하나님을 사랑하는 사람들에게는 모든 것이 합력해서 선을 이룬다는 깊은 낙관주의 의식으로 대체된다. 특정 사건들을 이해하거나 받아들이기가 아무리 어렵더라도, 결국은 선이 악을 이기고 하나님 나라가 사탄과 그의 무리들의 반역적인 세력을 이기는 때가 도래할 것이다.[24] 이 확신은 죽음의 순간에 가장 명확히 드러날 것이다. 그리스도인들은 이방인과 같이 슬퍼하지 말고, 영생과 영광으로의 부활에 대한 소망을 품고 있는 사람으로서 슬퍼하라는 말을 듣는다.[25] 죽음은 모

---

20 마 25:34.
21 고전 3:12-14.
22 롬 8:18.
23 마 20:23; 막 10:40.
24 롬 8:28-39.
25 살전 4:13.

든 것의 끝이기는커녕 이생에서 더 좋은 세상으로 옮겨가는 것이다.[26] 그리스도인들은 죽음을 두려워할 것이 아니라, 그것을 더 좋은 삶으로 들어가는 관문으로 환영하고 우리가 기다리며 힘써온 모든 것들의 성취로 받아들여야 한다.

우리가 죽음에 다가서는 모습은 우리의 기독교 신앙의 수준에 대한 가장 강력한 지표다. 세상 사람들은 죽음 너머를 볼 수 없고, 가능하면 죽음을 연기하려고 한다. 극단적인 경우에 사람들은 젊음을 연장시키기 위해 할 수 있는 모든 일을 하고, 심지어 자기들이 앓고 있는 병을 고칠 수 있고 자기들이 무한히 살 수 있을 때까지 몸을 냉동시켜놓을 생각을 하는 사람들도 있다. 현대 사회에서 죽음은 내어 놓고 말할 수 없는 심각한 주제이며, 어떤 사람들은 때 이른 죽음이 찾아오면 그것을 좀처럼 받아들이지 못한다. 죽음이 사랑하는 사람을 빼앗아갔기 때문에 자기는 하나님을 믿을 수 없다고 말하는 사람들이 많고, 찰스 다윈처럼 이 일 때문에 믿음을 잃어버린 유명한 사람들도 있다.[27]

그러나 그리스도인들은 죽음을 전혀 다른 관점에서 바라본다. 그리스도인들은 이 땅에서의 생명을 경멸하거나 또는 자연적 수명이 다하기 전에 생명을 끝내려고 하지 않는다. 다른 사람들과 마찬가지로 우리도 이 땅의 생명은 가능하면 보존되고 향상되어야 한다고 믿는다. 생명은 개발하고 향유하라고 우리에게 창조세계를 주신 하나님의 선물이며, 그래서 우리는 질병이나 재앙들에 맞서 싸운다. 그러나 동시에 우리는 땅의 생명은 일시적이며 앞으로 올 더 위대한 삶을 위한 준비로 여겨야 한다는 것도 알고 있다. 땅의 것들이 아무리 훌륭할지라도, 그것들은 그 너머에 있는 것들과 비교하면 초라해진다. 신자에게는 젊어서 죽는 것이 땅의 생명이 충분한 수명을 누리지 못했다거나 잠재력을 완전히 발휘하

---

26 빌 1:21.
27 다윈은 그의 어린 딸이 죽자 하나님께 대한 믿음을 상실한 것으로 보인다.

6부 • 하나님의 사랑의 완성

지 못했다는 의미에서는 슬픈 일이지만, 그것은 또한 우리가 그토록 염원하는 더 좋은 삶으로의 이동이기도 하다. 그러므로 젊어서 죽는 것이 완전한 비극으로만 여겨질 수 없다. 영원의 관점에서는 하루가 천 년 같으며, 우리에게 할당된 70년을 살든 살지 못하든, 일단 하늘의 궁정에 들어가면 우리는 결코 뒤돌아보지 않을 것이다.[28] 그리스도 안에 있는 우리의 삶은 영원하며, 이 사실을 이해한다면 우리가 여기 이 땅에서 얼마나 오랫동안 영적 삶을 영위하는지는 별로 중요하지 않다.

우리가 죽으면 시간은 우리에게 존재하지 않게 되고, 우리는 즉시 하나님 앞으로 간다.[29] 그리스도가 다시 오시기 전에 "영혼 수면"의 기간이 있다고 주장하는 사람들이 있지만, 그것은 이 땅의 관점에서 그렇게 보일 뿐이다. 그리스도가 다시 오실 때 아직 땅에 살고 있는 사람들은 죽은 사람들이 무덤에서 살아나오는 것을 보게 될 것이다. 그러나 죽은 사람들은 이미 시간의 영역에서 영원의 영역으로 옮겨졌기 때문에 그들 자신에게는 그 경험이 즉각적인 경험일 것이다.[30] 성경이 구약 시대의 성도들은 그리스도를 믿는 우리가 그들의 수에 더해질 수 있을 때까지 그들에게 약속된 복을 받도록 허락되지 않았다고 말하는 것은 사실이지만,[31] 그 말이 어떻게 이해되어야 하는지는 명확하지 않다. 모세와 엘리야가 변화산에 나타났을 때 그들은 확실히 하늘에 있었지만,[32] 모세는 분명히 약속된 복을 받지 못한 사람들에 속해 있었다. 구약 시대의 신자들은 죽었을 때 우리 그리스도인들이 죽을 때처럼 영원한 영역으로 들어갔을 가능성이 크다. 땅에서 그들은 믿음으로 그리스도가 오기를 고대했지만, 하늘에는 시간이 존재하지 않으므로 그들이 우리가 구원의 복을 누리기

---

28   삼하 12:23을 보라.
29   빌 1:23; 눅 23:43.
30   살전 4:13-17.
31   히 11:39-40.
32   마 17:1-8; 막 9:2-8; 눅 9:28-36.

전에 그 복을 누렸다고 말할 수는 없다.

시간과 영원이 어떻게 공존하는지는 우리가 현재 상태에서 해결할 수 없는 신비이다. 우리가 영원에서 산다는 것은 우리의 영원한 자아가 시공간의 세계를 내려다보며 우리의 지상에서의 삶이 우리 앞에서 획 지나가는 것을 볼 수 있다는 것을 의미하는가? 일단 시공간을 떠나고 나면, 어떻게 시공간의 실재를 경험하는 것이 가능한가? 지금 여기서 우리와 영원한 세계의 관계는 무엇인가? 우리는 어떤 방식으로건 영원한 세계와 소통할 수 있는가? 있다면 어떻게 소통하는가? 우리는 이미 영생의 첫 열매를 누리고 있다는 말을 들었지만, 그것은 무슨 뜻인가? 이 주제에 관해 생각하자마자 이 모든 질문들 및 다른 질문들이 떠오르며, 우리의 무지함을 고백할 수밖에 없는 분야들이 엄청나게 많다. 우리는 언젠가 우리가 하나님께 알려진 것처럼 명확하게 알게 되겠지만, 그곳에 갈 때까지는 "[청동] 거울로 희미하게" 보며 우리에게 주어진 약속들에 의존해야 한다.[33] 우리는 그 약속들 가운데 일부가 우리의 삶 속에서 이미 성취된 것을 보았기 때문에 그 약속들을 신뢰한다. 우리는 영원한 하나님의 임재와 능력이 지금 우리의 삶 속에서 역사하고 있는 것을 경험하는데, 그것은 우리에게 영원을 향해 나아감에 따라 지금까지 우리가 경험한 것들이 더 자라고 더 깊어질 것이라는 확신을 준다. 우리는 믿음으로 행하지만, 과거와 현재의 하나님은 또한 미래의 하나님이기도 하며, 우리는 하나님이 과거에 우리를 버리지 않으셨듯이 당신이 영원 속에서 우리를 위해 준비하신 목적지에 우리가 도달할 때까지 우리를 인도하고 보호하실 것으로 믿는다.

이곳에서의 생명과 영원한 세상에서의 생명의 관계는 성경에서 씨앗과 식물의 비유로 묘사된다.[34] 씨는 밀 등의 낱알 형태로 뿌려진다. 그러

---

33   고전 13:12.
34   고전 15:35-58.

나 그것이 돌아올 때는 하나님이 그것을 위해 선택하신 몸으로 올 것이고, 그 몸은 지금 갖고 있는 몸과는 완전히 다를 것이다. 바울이 다음과 같이 말하는 것처럼 말이다.

> 죽은 자의 부활도 그와 같으니 썩을 것으로 심고 썩지 아니할 것으로 다시 살아나며, 욕된 것으로 심고 영광스러운 것으로 다시 살아나며, 약한 것으로 심고 강한 것으로 다시 살아나며, 육의 몸으로 심고 신령한 몸으로 다시 살아나나니, 육의 몸이 있은즉 또 영의 몸도 있느니라.[35]

우리가 어떤 형태로 돌아오건 그것이 승천한 그리스도와 영원한 교제를 갖는 생명에 맞춰질 것이라는 점은 확실하다. 그 교제를 누리기 위해 필요한 모든 것이 우리에게 주어질 것이고, 다른 것은 전혀 필요하지 않을 것이다. 세부사항들은 지금 우리에게는 감춰져 있지만 그것들은 변화가 일어날 때 우리에게 드러날 것이며, 우리는 영원히 주와 함께 살 것이다.[36]

최후 심판

시간과 영원이 어떻게 다른 실재의 차원들 속에서 공존할 수 있는지 알기 어렵지만, 우리는 시간의 끝에 심판이 있으리라는 점을 알고 있다. 마지막 날에 지금까지 땅에서 살았던 모든 사람이 죽은 자들 중에서 부

---

35 고전 15:42-44. "육"에 해당되는 그리스어 단어는 우리가 예상할 수 있는 것과 같이 **퓌시콘(physikon)**이 아니라 '**프쉬키콘**'(**psychikon**)이라는 점을 주목하라. 우리는 이에 대한 정확한 단어를 갖고 있지 않으며, 그래서 "영적이지 않은" 또는 어쩌면 "거듭나지 않은"으로 말해야 할 것이다.

36 살전 4:17.

활해서 그리스도의 심판대 앞에 설 것이다. 옳은 일을 한 사람들은 영원한 복을 누리고, 옳은 일을 하지 않은 사람들은 영원한 벌을 받을 것이다.[37]

그리스도가 다시 오실 때는 아기로 베들레헴의 구유 안에 오시지 않고, 영광의 왕으로서 하늘의 구름들을 타고 오실 것이다.[38] 그 구름들은 그리스도의 신적 위엄의 상징이며, 우리에게 분명히 계시될 때조차도 헤아릴 수 없는 신비로 덮여 있을 것이다. 최후의 심판은 우리의 행위에 대한 심판이 될 것이고, 성경에서 들은 바에 따르면 세 가지 다른 결과들이 있을 것이다. 악을 행한 사람들은 천국에 들어가는 것이 거절되고 영원한 벌에 처해질 것이다.[39] 선을 행한 사람들은 낙원의 복으로 보상받을 것이다.[40] 그러나 그 사람들 중에는 자신들의 행위가 하나님께 받아들여질 수 없어서 파괴되겠지만 그럼에도 불구하고 벌거벗은 것처럼 천국에 들어가도록 허용될 사람들이 있을 것이다.[41]

언뜻 보기에 이것은 우리가 행위가 아니라 믿음으로 의롭게 되었다는 믿음과 모순되는 것으로 보인다. 그러나 이것은 비록 자기들의 행위가 파괴될지라도 구원 받는 자들이 있음을 보여주는데 이는 우리에게 심판이 실로 어떤 것인지에 관해 알 수 있게 해준다. 하나님은 단순히 사람들의 행위를 기초로 그들을 심판하지 않으실 것이다. 왜냐하면 하나님이 그렇게 하신다면 겨우 살아남은 자들도 정죄 받을 것이기 때문이다.[42] 사람들이 구원 받는 것은 그들의 행위에도 불구하고 선택 받았기 때문이며, 이것은 각기 다른 두 집단이 누구인지 이해하는 데 단서를 제공한다. 그들의 행위가 악하고 그로 인해 처벌 받는 사람들은 애초에 선택 받지

---

37 마 25:31-46; 계 20:11-15.
38 행 1:11; 살전 4:16; 계 1:7.
39 마 25:41-46.
40 마 25:34-40.
41 고전 3:15.
42 욥 19:20을 보라.

6부 • 하나님의 사랑의 완성

않았다. 선택 받은 사람이라면 그들의 행위가 선했거나 또는 그들의 행위에도 불구하고 구원 받았을 것이다. 마찬가지로 선을 행하고 천국에 들어가도록 허용되는 사람들은 그들이 구원 받도록 선택되었기 때문에 선을 행한 것이다. 이들은 자기들의 부르심에 일치하는 삶을 산 사람들이고, 심판 받을 때 그에 대해 보상받을 것이다.

거절당한 사람들에게는 어떤 처벌이 가해지는가? 이것은 기독교 신학에서 가장 논란이 되는 문제들 가운데 하나이고, 현대에는 상당히 부정적인 반응을 야기했다. 표준적인 답변은 그들이 지옥에 보내져서 그곳에서 영원히 벌을 받는다는 것이다. 그런 견해가 정당화되는가? 구약성경에서 지옥의 개념은 모호한데, 지옥은 대개 스올, 즉 죽은 자들의 장소로 언급된다. 그곳의 거주자들은 모종의 방식으로 하나님으로부터 분리된 것으로 보이기는 하지만, 지옥에서 어떤 일이 벌어졌는지는 분명하지 않다. 그들이 불에 태워지는 벌을 받았거나 다른 방식으로 고통을 받았는지는 진술되어 있지 않으며, 사탄이 그들을 통제하고 있는 것에 관해서도 아무런 말이 나와 있지 않다.[43]

지옥에 관한 더 명확한 그림은 예수의 지상 생애 동안 주어진 가르침에서 나타난다. 예수가 다른 누구보다 지옥에 관해 더 분명하고 끈질기게 말하는 분이라는 사실이 종종 망각된다. 그가 누구인지 생각한다면, 그것은 권위 있는 말씀이다. 예수의 말씀에서 지옥은 불같은 고통의 장소이고 지옥에 가는 사람들은 하늘의 복으로부터 영원히 단절된다.[44] 그런 개념이 하나님의 사랑과 조화될 수 있는가? 이 질문은 수백 년 동안 신학자들의 흥미를 불러일으켰고, 다양한 답변이 제시되었다. 아마도 가장 깨우침을 주는 답변은 시리아의 이삭으로 알려진 8세기 수도사에 의해 명확히 제시된 답변일 것이다. 이 견해는 훗날 정교회 전통에서도 간

---

43   예컨대 민 16:30-33; 신 32:22; 시 9:17; 16:10; 30:3; 사 5:14; 38:18; 호 13:14; 욘 2:2를 보라.

44   마 5:22, 29-30; 10:28; 11:23; 18:9; 23:33; 막 9:43-47; 눅 12:5; 16:23.

혹 되풀이되었다.

그에 따르면 지옥에 가는 사람들은 그들의 가장 큰 욕구가 모든 생명의 근원인 하나님으로부터 가능한 한 멀어진 사람들이다. 그러나 하나님은 이 반역적인 영혼들을 창조하셨고 자신이 만든 것은 아무것도 미워하지 않으시기 때문에[45] 그들이 자기들의 욕구를 성취하도록 놔두지 않으실 것이다. 반역적인 영혼들에게는 이 좌절된 욕구가 고통으로 느껴지지만, 하나님의 눈에 그것은 멸망으로부터의 보존이고 따라서 하나님의 사랑의 표지다. 이삭이 옳았는지는 알 수 없지만, 최소한 그는 어떻게 영원한 처벌 개념이 하나님의 사랑과 조화될 수 있는지 보여준다. 그의 해석에서 하나님의 사랑의 행위가 그 사랑을 받는 사람들에게 고통으로 경험되는 이유는 그들이 하나님을 외면했고 따라서 하나님의 사랑을 액면 그대로 인식할 수 없기 때문이다.

최근에 나온 또 하나의 견해는 지옥에 가 있는 영혼들은 결국은 멸절될 것이라고 말한다. 이 견해의 지지자들은 하나님이 어떤 사람을 영원한 벌에 처하는 것은 거기에 어떤 구속적인 목적도 없기 때문에 아무 의미가 없다고 주장하며, 하나님은 자신의 어떤 피조물에 대해서도 그런 일을 하지 않으실 것이라고 추정한다. 지옥에 보내진 사람들은 영원한 구원을 받을 가치가 없기 때문에 그들이 용서 받고 천국에 들어가도록 받아들여져야 할 이유가 없다. 이 문제를 해결하기 위해 제공되는 답변은 하나님이 지옥에 가 있는 영혼들을 아무런 의미 없는 영원한 벌로부터 보존하기 위해 그들을 멸절시키신다고 말하는 것이다! 이 견해가 제안하는 내용이 무덤 너머의 안락사라는 점을 깨닫지 못하는 사람에게 이 견해는 좋은 이론, 심지어 인간적인 이론으로 들린다. 이 견해의 기본 관념은 사람들은 멸절됨으로써 그들의 불행에서 벗어난다는 것이다. 그러나 이렇게 된다면 그것은 치료가 질병보다 더 나쁜 경우라고 주장될 수 있다. 생명

---

45   창 1:31.

이 있는 한 희망이 있지만, 당사자가 죽으면 희망도 소멸된다. 멸절론 옹호자들은 아마도 살아 있는 사람들의 경우 항상 그들의 고통을 끝내는 치료법이 발견될 기회가 있지만, 지옥에서는 형 집행이 경감될 기회가 없다고 생각한다. 따라서 영원히 고통당하느니 차라리 고통을 끝내는 것이 더 좋기 때문에 멸절은 안락사가 아니라는 것이다. 이 논거의 의도는 좋지만 동정이 멸절로 이어져야 한다는 관념은 혐오감을 자아내며, 거부되어야 한다.

오늘날 자유주의 진영에서 일반적으로 채택하는 세 번째 해결책은 지옥에 관한 모든 이야기는 신화라고 말하는 것이다. 이 견해는 사람들이 죽으면 그들이 이를 알건 모르건 그리스도 안에서 구속받는다고 주장한다. 예수는 온 세상의 죄를 위해 죽었고, 따라서 결국은 모든 사람이 구원받는 것이다. 이 견해에 대한 주요 반론들은 그것이 공정하지 않다는 점과 예수 자신도 그렇게 가르치지 않았다는 점이다. 죄는 마땅히 처벌받아야 할 실재다. 예수는 우리를 위해 십자가의 죽음으로 그 대가를 지불하고, 우리가 영원히 자신과 살도록 우리를 해방시켰다. 원리상으로 예수는 모든 인간의 죗값을 지불했을 수 있지만, 모든 사람이 그것을 받아들지는 않는다. 그 사실에 대해 들어본 적이 없는 사람들도 있지만, 어떤 사람들은 구원의 제공을 의식적으로 그리고 일관성 있게 거부했다. 그런 사람들이 왜 응분의 처벌을 받지 않아야 하는가? 하나님이 어쨌든 그들을 구원하신다면, 그것은 하나님이 그들 개인의 자유나 고결성을 존중하지 않는 방식으로 자신의 뜻을 그들에게 강요하는 것이다. 그것은 또한 십자가 위에서 이루어진 그리스도의 사역의 중요성도 감소시킨다. 보편적 구원이 미리 보장되어 있었다면 왜 그리스도가 우리를 위해 죽으러 이 땅에 오셨는가?

과거에 상당히 유행했고 지금도 여전히 로마 가톨릭교회의 공식 교리인 또 다른 견해는 아직 천국에 들어갈 준비가 되어 있지 않은 사람들이 죽은 뒤에 가는 연옥이라는 곳이 있다는 것이다. 그들은 연옥에서 두 번째 기회를 얻는다. 그들은 연옥에서 대가가 다 지불되면 천국에 갈 것이라는 희망을 품고 죄의 형벌을 씻어낼 수 있다. 연옥은 중세 시대에 매우 인기가 있었는데, 심지어 살아 있는 사람들이 이미 죽은 친구들과 친척들이 결국은 천국에 갈 수 있도록 그들을 대신해 공적을 쌓을 수도 있었다. 세월이 흐르자 죽은 자들에게 연옥에서의 휴식을 부여하는 "면죄부"라는 증명서가 사람들에게 발부되었을 뿐만 아니라 실제로 팔리기도 했는데, 이것은 종교개혁을 촉발시킨 추문이었다. 이 관념에는 성경적 토대가 없으며, 죄인들은 사후에 시정 조치로 자신의 죄를 씻어내야 한다는 개념을 전제하기 때문에 은혜에 의한 구원의 복음을 뒤엎는다는 것을 쉽게 알 수 있다. 연옥과 면죄부 판매는 교회의 역사에서 큰 역할을 했지만, 성경에는 그것들을 지지하는 내용이 없다. 연옥과 면죄부 판매는 교회의 가르침이 성경의 가르침에서 벗어날 때 얼마나 잘못될 수 있는지에 대한 주요 사례다.

천국에서의 삶

신약성경은 악인들의 운명에 대한 묘사와는 대조적으로 하나님의 자녀에 대해서는 천국에서 누리는 영원한 복에 대한 그림을 보여준다. 지옥에 대한 가르침과 마찬가지로 이 가르침도 종종 희화화되었는데, 이 경우에는 지나친 감상성에 의해 그렇게 되었다. 하얀 솜털 구름 위에서 하프를 연주하는 통통한 어린 천사들의 그림은 너무나 익숙하지만, 그것은 성경이 말하는 천국의 모습이 아니다. 우리는 확실히 천국에서 천사들과 교제하게 되겠지만, 그것을 사후에 들어갈 모종의 유치원으로 묘사해서는 안 된다. 천국의 삶은 이 땅에서의 삶의 성취로서, 우리가 여기서 누리는 어떤 것보다 더 깊은 하나님과의 교제이자 우리를 존재하게 하는 모든 것으로 하나님을 찬양하고 그분을 영화롭게 할 더 큰 기회가 될 것이다. 그것은 어린아이 같은 미성숙함으로의 퇴보가 아니라, 그리스도와 함께 영원히 다스리도록 부름 받은 하나님의 자녀들에게 주어진 책임 안으로의 진보가 될 것이다.[46] 천국에서 우리는 아담과 하와에게 기대되었던 모든 것, 그리고 그 이상의 존재가 될 것이다. 아마도 우리가 우리의 죄악성에서 벗어날 뿐만 아니라 타락의 가능성으로부터도 보호받게 되리라는 것이 가장 중요한 점일 것이다. 우리가 그리스도의 생명 안으로 완전히 통합되면, 우리는 그의 몸의 불가결한 부분이 될 것이기 때문에 다시는 그를 반역할 수 없을 것이다.

많은 사람들이 천국을 이 땅의 죄가 완전히 제거되고 우리가 하나님이 아담과 하와에게 의도하셨던 자유롭고 자율적인 존재가 될 치유의 장소로 묘사하기 때문에, 이 점을 이해할 필요가 있다. 그러나 새 창조에서는 아픔과 고통과 사망이 존재하지 않지만, 천국은 결단코 에덴동산으로의 회귀는 아닐 것이다. 비록 그것이 고상하고 영원한 차원이라 하더라도 말이다.[47] 예수가 하늘로 올라가셨을 때 자신의 희생제사를 가져가셨으며, 그의 상처는 그곳 성부 하나님의 우편에서 우리의 구원을 위해 계속 간청하고 있다.[48] 천국에 가면 우리는 그리스도의 몸에 접붙여지고 그가 우리를 위해 드리신 희생제사의 혜택을 누릴 것이다. 이 땅의 비유를 사용하자면, 그리스도의 몸은 우리의 생명 유지 장치가 될 것이다. 거기서 끊어지면 우리는 죽게 될 것이다. 그러나 그 장치에 붙어 있으면 우리는 영원히 살고, 아무도 우리를 그분에게서 떼어낼 능력이나 권위를 갖지 못할 것이다.

---

46 딤후 2:12; 계 5:10; 20:4; 22:5.
47 계 21:1-4.
48 히 10:12-14, 19.

그리스도의 영원한 통치

그리스도와 영원히 함께 사는 것은 그리스도의 하늘나라의 보좌에 그와 함께 앉게 되는 것이다. 이것은 무슨 의미인가? 그리스도의 나라의 본질보다 논란이 많은 주제는 거의 없다. 예수께서 오셔서 그 나라를 선포했다는 데는 누구나 동의하지만, 그 의미에 대해서는 격렬한 논쟁이 벌어졌고 특히 지난 약 100년 동안에는 그 논쟁이 더 치열했다. 어떤 사람들은 그 나라를 이 땅에서 일어나도록 되어 있는 사회 변혁으로 해석했다. 과거에는 사람들이 이 나라를 고대 이스라엘 왕조의 재건으로 보았을 수도 있지만,[49] 요즘에는 정의가 공동체 생활의 주요 특징을 이루는 사회의 건설로 여길 가능성이 높다. 그리스도의 나라를 보다 더 영적인 의미로 해석한 사람들도 있지만, 여기에는 두 가지 주된 방향들이 있다. 어떤 사람들은 그리스도의 나라를 하늘나라에서 도출된 원리에 따라 자연적인 인간관계를 재구성하는 일종의 초사회로서의 교회를 설립하는 것으로 이해했다. 중세 시대에 그렇게 생각했는데, 당시에는 교회가 땅에 임한 천국이라고 주장함으로써 수도원 생활과 사제의 독신 의무가 정당화되었다. 여기서의 논거는 천사들은 결혼하지 않으며 부활한 성도들도 결혼하지 않기 때문에, 그들과 같이 되기를 원하는 사람들은 그들을 본받아야 한다는 것이었다. 다른 사람들은 이 해석에 반발하고, 그 나라를 세상이 끝날 때 실현될 것으로 생각하기를 선호했다.

이런 견해들 가운데 어느 것을 택할지는 우리가 미래를 어떻게 이해하는지에 좌우될 텐데, 이것은 종종 요한계시록이 말하는 천년왕국에 대한 다양한 해석과 연결되었다.[50] 요한은 믿음을 굳게 지키고 신앙 때문에 순교당한 사람들에 관해 얘기하면서 다음과 같이 말한다.

---

49   행 1:6.
50   계 20:1-6.

…아니한 자들이 살아서 그리스도와 더불어 천 년 동안 왕 노릇 하니 (그 나머지 죽은 자들은 그 천 년이 차기까지 살지 못하더라) 이는 첫째 부활이라. 이 첫째 부활에 참여하는 자들은 복이 있고 거룩하도다! 둘째 사망이 그들을 다스리는 권세가 없고, 도리어 그들이 하나님과 그리스도의 제사장이 되어 천 년 동안 그리스도와 더불어 왕 노릇 하리라.[51]

초기 교회에서 대부분의 사람들은 요한계시록을 미래에 대한 예언으로 읽고, 요한계시록이 자기들이 살고 있는 박해의 시대를 묘사한다고 결론지었다. 박해 시대가 끝나면 모든 민족에게 복음이 전파될 평화의 시대가 오고, 그다음에는 또 다른 박해 시대가 있고, 이어서 그리스도가 다시 올 것이다. 이 해석은 일반적으로 천년왕국설(millennialism; 그리스어로 chiliasm)로 알려져 있다. 천년왕국설은 아우구스티누스에게 공격받았는데, 아우구스티누스는 요한계시록이 본질적으로 풍유적이며 역사로 해석되어서는 안 된다고 주장했다. 그의 견해는 특히 그리스도가 천 년이 지난 뒤에 재림하지 않으리라는 것이 명백해진 주후 1,000년 이후에 팽배해졌다. 중세 시대 말에 인기 있는 형태의 천년왕국설이 재등장했지만, 그 견해는 교회에서 받아들여지지 않았고, 종교개혁 때까지는 일반적으로 지하로 퍼지다가 종교개혁 때 여러 극단적인 형태로 분출했다. 그들은 결국 신임을 잃고 사라졌지만, 천년왕국설은 프랑스 혁명의 여파로 소생해서 현재까지도 일부 개신교 진영에서 인기를 유지하고 있다. 경제적 또는 정치적 위기의 시대에 천년왕국설은 그리스도인들이 직면한 어려움에 대한 해석으로서 특히 적절해 보였고, 본문이 현재의 사건들을 가리키는 것으로 해석하는 전통이 자라났다. 이런 해석들은 시간이 지남에 따라 바뀌지만, 요한계시록이 예언적인 역사라는 근본적인 믿음은 유지되고 있다.

---

51   계 20:4b-6.

본문을 이런 식으로 읽는 사람들 대부분은 그리스도가 천년왕국이 시작되기 전에 돌아와서 천년 동안 땅에서 다스리실 것이라고 믿는 전천년주의자들이었다. 이 주제에 대해서는 종말 때 유대인들의 회심을 강조하는 세대주의 전천년설부터 휴거와 대환난에 초점을 맞추는 믿음에 이르기까지, 미묘하게 다른 많은 견해들이 있다.[52] 신자들은 환난 이전에 휴거되는가, 환난 도중에 휴거되는가, 아니면 환난 이후에 휴거되는가? 휴거되지 않고 남겨진 사람들에게는 무슨 일이 일어나는가? 이런 일들이 언제 일어날지 미리 알 수 있는가? 이런 주제들에 대한 인기 있는 문헌이 많이 등장했지만, 대부분은 완전히 허구다. 얼마나 많은 사람들이 실제로 전천년설을 믿는지는 알 수 없지만, (주로 미국에) 여전히 이런 믿음을 그들의 신앙고백의 일부로 요구하고 그것을 진지하게 받아들이는 신학교들이 분명히 있다.

이와 정반대 편에는 기독교 교회가 지금 천년왕국 시대를 살고 있다는 믿음에 붙여진 이름인 후천년설이 있다. 세계 전역으로의 복음 전파와 기독교 및 기독교적 가치의 진전이 여기 이 땅에서 하나님 나라가 확장되는 표지로 간주된다. 이것은 온 세상이 그리스도의 통치를 인정할 때까지 무한히 계속될 것이다. 이 견해는 요한계시록과 느슨하게 연결되어 있을 뿐인 요한계시록 밖의 다수의 성경 구절들에 대한 문자적 주석에 기초한다.[53] 후천년설은 20세기 초에는 흔했지만 이후로 약화되어 요즘은 거의 주목받지 못하는 낙관적이고 승리주의적인 견해다. 20세기의 끔찍한 박해와 전통적인 기독교 국가들에서의 신앙의 쇠퇴로 후천년설은 타당성이 크게 떨어졌고, 한때 그 견해에 매력을 느꼈던 진영들은 대체로 사라졌다. 예측은 위험하지만, 후천년설 시장은 적어도 한 동안은 거의 소멸된 것으로 보인다.

---

52   휴거는 주로 살전 4:14-17에 근거하며, 대환란은 계 7:14에 근거한다.
53   이 견해를 지지하기 위해 사용되는 텍스트들은 다음과 같다. 요 12:32; 롬 11:25-26; 히 10:13; 사 2:4; 9:7; 마 5:18.

이제 아우구스티누스의 견해가 남았는데, 이 견해는 현대의 형태로는 무천년설로 알려져 있고, 다수의 주요 교회들의 표준적인 믿음이다. 이 견해는 그리스도의 재림은 종말을 알리는 결정적인 사건이 될 것이고, 요한계시록은 그리스도인들이 현재 벌이고 있는 영적 전투에 대한 상징적 묘사라고 주장한다. 종말이 오면 이 싸움은 사탄의 세력에 대한 그리스도의 승리로 마무리될 것이며, 사탄은 영원히 무력화될 것이다. "불의 연못에 던져지는" 것이 그들이 멸절되는 것인지, 아니면 단순히 영원한 벌에 처해지는 것인지에 대해 논란이 있지만, 본문은 그들이 영원토록 괴로움을 받을 것이라고 말하기 때문에 그것이 절대적 파괴가 아니라 영원한 처벌을 가리킨다고 말하는 것이 더 안전하다.[54] 하나님은 자신이 만든 것들 가운데 아무것도 미워하지 않는다는 점과 심지어 사탄도 선하게 창조되었다는 점을 결코 잊어서는 안 된다. 하나님이 사탄도 타락한 인간들과 마찬가지로 완전히 존재를 지워버리기보다는 영원히 처벌할 가능성이 더 높다.

무천년설의 타당성은 현대에 묵시 문학이 그 자체로 문학의 한 장르로 재발견됨으로써 확인되었고, 지지자들도 상당히 증가했다. 묵시는 예언과 유사성이 있지만 예언과 동일한 것으로 간주될 수 없다. 묵시 문헌은 확실히 오늘날 우리가 과도기와 위기의 시대라고 부를 만한 특수한 역사적 상황에서 나오기는 했지만, 역사로 이해될 수는 더더욱 없다. 분명한 점은 요한이 기존 저술의 전통을 이용해서 이를 하나님의 말씀의 도구 역할을 하도록 적응시켰다는 것이다. 요한의 묵시록은 여러 모로 신약성경 가운데 가장 심오한 신학 서적이라고 말해도 과장이 아니지만, 그 책을 정확히 해석하려면 정교한 해석학적 열쇠가 요구된다. 예를 들어 요한의 묵시록은 결코 구약성경을 직접 인용하지 않지만, 히브리 성경에 대한 깊은 지식이 없으면 그 내용을 거의 이해할 수 없다. 요한계시

54　계 20:10.

록의 상징은 복잡해도 내적으로 일관성이 있으며, 일단 그것이 파악되면 요한계시록은 해독되어 영적 싸움의 본질과 결과를 설명하는 데 사용될 수 있다.

그 결과 우리는 다양한 천년왕국설들을 불신임하는 것이 아니라 그것들을 뛰어넘어 새로운 차원으로 논의하게 된다. 그리스도의 통치는 알려지지 않은 미래의 어느 시점에 있을 것으로 고대하는 어떤 것이 아니라, 지금 여기서의 실재다. 그리스도는 하늘 보좌에 앉아 권능의 말씀으로 세상을 다스리고 있다. 사탄의 활동들은 당분간 계속되도록 허용되고 있지만, 그는 하늘에서 쫓겨났고 땅의 한정된 영역에 제한되어 있다. 여기서 우리는 사탄과 싸우지만, 이미 승리를 얻었다. 죽임당한 어린양이 창세전부터 우리의 삶과 인간사 일반을 통제하고 있다는 것을 알기에, 우리는 고난 가운데서도 개가를 부를 수 있다. 이 드라마의 마지막 무대는 아직 완전히 펼쳐지지 않고 있지만, 우리는 마지막 때를 살고 있으며 그 완성이 가까이 와 있다.

영원 속에서 사는 삶은 어떤 모습일까? 우리는 현재의 우리 모습 그대로 영원 속으로 들어가리라는 것을 알고 있다. 땅에서의 우리가 하늘에서의 우리일 것이다. 그렇지 않으면 구원이 아무 의미가 없을 것이기 때문에 반드시 그래야 한다. 누군가 다른 존재로 돌아오는 것은 일종의 환생이며 우리의 정체성에 대한 부인이 될 것이다. 그것은 신약성경의 증언에도 반한다. 이 땅에서의 우리의 몸은 변화될 것이지만, 그럼에도 불구하고 그것들은 여전히 몸일 것이고, 그것은 우리가 여전히 유한한 존재이지만 천사들과 같은 영적 존재일 것이라는 점을 암시한다. 하늘에서는 종의 재생산이 없을 것이고, 결혼도 더 이상 존재하지 않을 것이다.[55] 그것이 지금은 상상하기 어렵지만, 우리는 아마도 나이를 먹지 않으며 시간을 초월할 것이다. 아기 때 죽은 사람들은 어른으로 돌아올 것인가?

---

55   마 22:30.

우리는 죽을 때의 모습, 아니면 회심했을 때의 모습으로 보일 것인가? 우리는 이런 질문들에 대한 답을 알지 못하며, 아마도 영원의 관점에서는 이런 질문들이 무의미할 것이다. 더 중요한 점은 우리가 지금 살고 있는 창조 질서가 우리의 영원한 삶을 위해 설계된 새로운 실재로 변화될 것이라는 사실이다. 새 하늘과 새 땅이 있을 것이다. 바다는 사라질 것이고, 주님 자신이 우리가 살게 될 새 예루살렘으로서 하늘에서 내려올 도시의 빛이 되실 것이기 때문에, 빛을 비춰줄 해와 달도 없을 것이다.[56]

여기서 우리는 고도의 상징을 다루고 있으며, 그것을 새로운 물리적 실재의 관점에서 해석하려고 시도하는 것은 어리석은 짓일 것이다. 우리가 아는 것은 새 창조에서 우리는 하나님과의 영원한 교제 속에서 살고, 여기 이 땅에서의 모든 고통은 사라질 것이라는 점이다. 하늘의 도시에는 슬픔이 없을 것이고, 끝없는 즐거움과 보좌에 앉은 어린양에 대한 찬양만 있을 것이다. 거기서 그의 상처가 계속 우리의 구원을 위해 간청하고,[57] 우리를 성령 안에서 성부와 영원히 연합시킬 것이다.

그 이상으로는 우리에게 말해지지 않았고, 무리하게 추측하는 것은 현명하지 못하다. 우리는 우리가 모든 부족과 민족들 가운데서, 그리고 모든 시대와 상황 가운데서 구속 받은 사람들과 교제를 나누리라는 것을 알고 있다. 이것은 우리가 그들과 직접 대화를 나누리라는 것을 의미하는가? 변화산에서 모세와 엘리야의 사례가 상기시켜주는 것처럼, 아마 그렇지 않을 것이다. 우리는 지옥에 있는 사람들을 내려다보면서 그들이 지옥에 갇힌 것을 즐거워할 것인가? 일부 신학자들은 그렇게 생각했고, 심지어 악인들의 처벌을 구경하는 것이 구속받은 사람들에게는 하늘의 즐거움들 중 하나라고 말할 정도까지 나아갔다! 하지만 그럴 개연성은 없어 보이며, 성경에는 우리에게 그렇게 생각하라고 장려하는 말이 전혀

---

56 계 21:23-24.
57 히 9:11-10:18.

없다. 그곳에서 우리의 초점은 하나님께 버림받은 사람들이 아니라 그리스도가 될 것이고, 그리스도께 완전히 몰두하게 되면 그들이 무엇을 하고 있는지는 결코 생각나지 않게 될 것이다.

천국은 또한 우리의 모든 잠재적 가능성이 완전히 성취되는 곳이다. 우리가 땅에서 그런 존재가 되도록 의도되었지만 우리의 죄악성 때문에 이룰 수 없었던 것들이 천국에서 우리에게 주어질 것이고, 우리는 우리의 구주인 어린양과 함께 영광 가운데 다스릴 것이다. 심지어 우리는 그분과 함께 천사들도 심판할 것인데, 왜냐하면 우리 존재의 일부가 구주이신 어린양의 하늘 생명에 통합되었기 때문이다.[58] 모든 심판은 어린양께 속해 있기 때문에 이 심판이 우리에게 의존할 수는 없을 테지만, 그 심판은 그리스도의 하늘나라에서 우리가 그와 얼마나 밀접한 관계를 맺게 될지에 대한 하나의 표지다. 궁극적으로 그 나라는 외부 세계가 아니라 하나님의 내적 생명에 초점이 맞춰져 있다. 우리는 심판이 끝나면 하나님이 만유의 주가 될 수 있도록 성자께서 자신의 나라를 성부께 양도하실 것이라는 말씀을 듣는다.[59] 그렇게 되면 우리의 삶은 완전히 하나님 안에 연루될 것이다. 우리는 성령의 능력으로 사랑 안에서 생동하는 삶인 성부와 성자의 생명 안으로 완전히 입양될 것이다. 사랑은 우리의 영원한 운명으로서, 우리가 지음 받은 목적과 여기 이 땅에서의 삶 동안에 준비되고 있는 것의 핵심이자 토대다. 혼인 잔치가 준비되었고 성령과 신부가 "오라"고 말씀하신다. 그리스도인의 기도는 오직 "아멘 주 예수여, 오시옵소서!"일 수밖에 없다.[60]

---

58   고전 6:3.
59   고전 15:28.
60   계 22:17, 20.

6부 • 하나님의 사랑의 완성

갓 이즈 러브

현대를 위한 조직신학

Copyright ⓒ 새물결플러스 2019

1쇄 발행	2019년 1월 20일
2쇄 발행	2021년 4월 20일

지은이	제럴드 브레이
옮긴이	김귀탁·노동래
펴낸이	김요한
펴낸곳	새물결플러스

편 집	왕희광 정인철 노재현 한바울 정혜인
	이형일 나유영 노동래 최호연
디자인	윤민주 황진주 박인미 이지윤
마케팅	박성민 이원혁
총 무	김명화 이성순
영 상	최정호 곽상원
아카데미	차상희

홈페이지	www.holywaveplus.com
이메일	hwpbooks@hwpbooks.com
출판등록	2008년 8월 21일 제2008-24호
주 소	(우) 04118 서울시 마포구 마포대로19길 33
전 화	02) 2652-3161
팩 스	02) 2652-3191

ISBN 979-11-6129-088-1 93230

책값은 뒤표지에 있습니다.